1. Auflage

Bernd Biege

IRLAND

STEFAN LOOSE
TRAVEL HANDBÜCHER

IRLAND

1 Dublin

Irlands lebendige Hauptstadt mit ihrem wunderbar erhaltenen georgianischen Stadtbild – inklusive der berühmten „Dublin Doors". S. 121

Die Highlights

2 Newgrange und Brú na Bóinne

Steinerne Zeugen einer vergessenen Kultur – Newgrange, Knowth und Dowth am Fluss Boyne. S. 213

3 Clonmacnoise

Die Klosterstadt am Shannon eignet sich gut als Station auf dem Weg nach Westen – heute wie schon vor Jahrhunderten. S. 251

4 Glendalough

In der Einsamkeit des Tals der zwei Seen lassen sich auf kurzen Wanderwegen verlassene Kirchen und Klöster entdecken. S. 292

5 Halbinsel Dingle und die Blasket Islands

Irland, wie es die Postkarte zeigt: Steilküsten, Strände und Berge. Die Blasket Islands sind schon immer eine Welt für sich. S. 398

6 **Burren**

Raue Karstlandschaft mit verstecktem Charme – der Burren ist nur auf den ersten Blick „Mondlandschaft“. S. 435

7 Aran Islands

Inseln am Ende der Welt – nur drei der sieben vom Atlantik umtosten Eilande sind bewohnt. S. 453

8 Carrowmore

Die Dolmen und Ganggräber der prähistorischen Friedhofsanlage geben bis heute Rätsel auf. S. 490

9 Slieve League

Wo kann man schon 600 m über dem Meer wandern? Sleave League hat die höchsten Meeresklippen Europas. S. 505

10 Giant's Causeway

Glaubt man der Legende, so dienten die bizarren Basaltsäulen dem Helden Finn McCool als Brücke nach Schottland – auf dem Weg zu seiner Geliebten. S. 527

11 Ulster American Folk Park

Von Nordirland in die USA an einem Nachmittag – im Ulster American Folk Park wird die Geschichte der Auswanderung lebendig. S. 550

12 Belfast

Frontstadt, die ihren Frieden gefunden hat – Belfast hat sich in den letzten Jahren immens gewandelt. S. 559

Inhalt

Belfast
Dublin

Belfast
Dublin

Belfast
Dublin

Belfast
Dublin
Cork

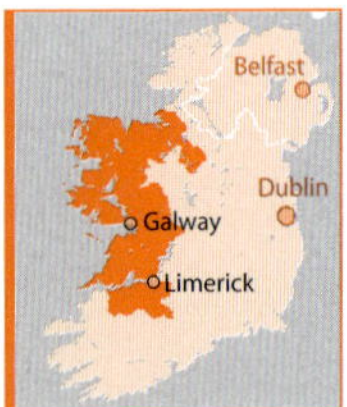
Belfast
Dublin
Galway
Limerick

Belfast
Dublin

Themen

Reiseziele und Routen

Reiseziele

Irland übt auf viele Mitteleuropäer eine ungeheure Faszination aus. Das liegt zum einen an der grandiosen Natur, den einsamen Moorlandschaften und Bergketten, den rauen, windumtosten Küsten und am immerwährenden Grün der Insel. Eine Landschaft, der die Monumente aus der Steinzeit, die frühchristlichen Kirchen, verfallenen Burgen und Schlösser, die prachtvollen Gutsherrensitze und natürlich die typisch irischen Rundtürme zusätzlich einen ganz besonderen Charme verleihen. Zugleich basiert die Faszination auf einem Mythos, an dem Musiker wie die „Dubliners", der Autor Heinrich Böll, Werbeschaffende und Produzenten von Fernsehserien à la Rosamunde Pilcher eifrig mitgewirkt haben. So lebte der deutsche Nobelpreisträger Heinrich Böll eine Zeit lang in einem kleinen Häuschen auf Achill Island (S. 478) und legte seine Irland-Erfahrungen und -Beobachtungen in einem *Irischen Tagebuch* nieder. Obwohl Böll bewusst idealisierte, nahmen viele Leser seine Beschreibung des idyllischen Landlebens in Irland für bare Münze und träumten fortan davon, selbst in einem Cottage irgendwo im Nirgendwo ein einfaches, beschauliches Leben zu führen. Selbst nach fünf Jahrzehnten wird das *Irische Tagebuch* als immer noch aktuelle und wahrheitsgetreue Beschreibung Irlands angesehen. Genau wie die durch irische Folkloregruppen wie die „Dubliners" populär gewordenen Trink- und Kampflieder, die „Rebel Songs", ungebrochen ihre Fans finden, auch wenn sich die irische Musik längst weiterentwickelt hat.

Längst schon stimmen diese Bilder und Mythen mit der Realität nicht mehr überein. So spannt der Bauer nicht mehr den Esel vor den Karren, sondern steigt ganz entspannt in seinen japanischen Geländewagen und durchquert das Land auf modernen Autobahnen, an denen Neubaugebiete liegen, die weder Reetdach noch Sprossenfenster aufweisen. Irland hat sich weiterentwickelt, ist mittlerweile Lichtjahre von dem romantisierenden Bild der Werbung entfernt. Was, das muss ganz klar gesagt werden, für die Iren selbst eine äußerst positive Entwicklung war – denn vieles, was von Besuchern als romantisch, altmodisch und unverfälscht angesehen wurde, war in Wirklichkeit Ausdruck von Armut und Rückständigkeit.

Und doch finden viele Irlandreisende genau das, was sie gesucht haben: grandiose Naturlandschaften. Vor allem die Westküste, ungeschützt dem Wind und den unaufhörlichen Wellen des Atlantik ausgesetzt, oft zerklüftet und dann wieder wie von einem gigantischen Spaten glatt durchtrennt, begeistert Besucher. Hier findet man Sandstrände in geschützten Buchten, die eingerahmt sind von 30–40 m hohen steilen Felswänden. Oder grüne Wiesen, die sich zum Meer hin erstrecken und urplötzlich an einer steilen Kante abbrechen, die mehrere hundert Meter tiefer von nie enden wollender, tosender Brandung umspült wird. Manchmal so stark, dass die Gischt dem Besucher hoch oben auf der Klippe wieder ins Gesicht sprüht. Irland ist ein Land, in dem man den Urgewalten der Natur sehr nahe sein und in dem man die Erfahrung wirklicher Einsamkeit machen kann – die Wanderwege etwa auf dem verkarsteten Plateau des Burren oder in den Wicklow Mountains erlauben es, der Zivilisation für eine Weile zu entfliehen.

Die imposantesten Steilküsten

Achill Island – hier fand schon Heinrich Böll „sein" Irland.

Achill Island Am westlichen Zipfel der sehr gebirgigen und von Steilküsten geprägten Insel Achill erhebt sich direkt am Meer der 667 m hohe Berg Croaghaun. S. 478

Causeway Coast An der Nordküste des County Antrim erstreckt sich links und rechts des bekannten Giant's Causeway (S. 527) eine bizarre Küstenlandschaft mit „Orgelpfeifen" aus Basaltsäulen und in die Felsen hineingewaschenen Höhlen.

Cliffs of Moher Der Klassiker für alle Irlandtouristen und zugleich trauriges Beispiel dafür, wie Natur vermarktet werden kann. S. 434

Halbinseln im Südwesten Sowohl die **Halbinsel Dingle** (S. 398) als auch **Iveragh** (S. 396) und **Beara** (S. 373) haben zahlreiche Steilküsten zu bieten, die jeweils mit Rundtouren sehr gut erschlossen sind.

Hook Head Ein fast 1000 Jahre alter Leuchtturm ist nicht die einzige Attraktion an der südöstlichen Spitze von Wexford, die Küstenlandschaft wechselt von lieblich zu bizarr. S. 316

Howth Cliff Walk Ein ideales Ausflugsziel von Dublin aus ist die Halbinsel Howth. Ein Klippenwanderweg führt um sie herum und bietet schöne Ausblicke auf die Bucht von Dublin. S. 171

Killary Harbour Irlands einziger Fjord, keine Steilküste im eigentlichen Sinne, sondern eine enge, von sehr hohen Bergen eingeschlossene Meeresbucht, die am besten vom Boot aus zu genießen ist. S. 468

Slieve League Vielleicht die dramatischste Steilküste Irlands mit zum Teil sehr schmalen Wanderwegen. Nur etwas für Mutige! Von den Klippen geht es etwa 600 m steil bergab ins Meer. S. 505

Auch als Land der Legenden zieht Irland viele Besucher an. Die faszinierenden Zeugen der Vorzeit wie das Ganggrab von Newgrange und der sagenumwobene Hügel von Tara sind wahrscheinlich die bekanntesten Orte, an denen man sich den legendären Gestalten aus den alten Handschriften am nächsten fühlt. Und nicht zuletzt wird man die sprichwörtliche irische Gastfreundschaft erleben. Vorausgesetzt man nimmt sich etwas Zeit, um mit den Menschen in Kontakt zu treten. Wer auf die „Grüne Insel" fliegt, um im Eiltempo eine Sehenswürdigkeit nach der anderen abzuhaken, der wird das „wahre Irland" nicht finden, sich stattdessen mit der „Ware Irland", zufriedengeben müssen. Wer aber die schnellste Strecke mal zugunsten der „scenic route" verlässt, der kann sich auf ein ganz anderes Irland freuen. Ein Irland mit versteckten Schönheiten, einsamen Plätzen und sehr viel Romantik. Wie schon Heinrich Böll sagte: „Dieses Irland gibt es wirklich ..."

Irland am Wasser

Die Küste

Nirgendwo in Irland, so heißt es, sei man mehr als zwei Stunden Fahrtzeit vom offenen Meer entfernt. Grundsätzlich stimmt diese Faustregel – wenn man nicht gerade im Stau auf der M50 steht! Dank einer Küstenlänge von rund 8000 km findet wohl jeder Reisende den Küstenstrich, der ihm zusagt. Tropische Strände und ein Badevergnügen wie am Mittelmeer darf man jedoch nicht erwarten, das Meer ist selbst im Hochsommer oft richtig kalt. Zudem sind Irlands Küsten an vielen Stellen von steil aufragenden Klippen geprägt, den höchsten Europas. Doch gerade diese Landschaft ist es, die den ganz besonderen Reiz Irlands ausmacht. Wo sonst kann man in Europa in rund 600 m Höhe oberhalb des Meeres entlangwandern und das fantastische Schauspiel beobachten, wenn die Wellen an der Steilküste anbranden und weiße Gischt meterhoch aufspritzt?

Doch natürlich gibt es auch in Irland lange **Sandstrände**, die im Hochsommer einen erholsamen Tag am Meer versprechen und für Familien mit Kindern bestens geeignet sind. Dabei sollten sich Urlauber allerdings vorher ein wenig über die aktuelle Wasserqualität informieren, 💻 www.blueflag.org, einige irische Strände haben in den letzten Jahren die „Blaue Flagge" wieder aberkannt bekommen. An unbewachten Badestränden sollte man zudem etwas Vorsicht walten lassen, der Gezeitenwechsel und Strömungen können eine Gefahr für Schwimmer darstellen. An besonders gefährlichen Stellen sind meist Warnschilder angebracht.

Empfehlenswerte Strände

Brittas Bay Ein sehr langer Strandabschnitt zwischen Arklow und Wicklow, populär bei Nudisten. S. 308

Bull Island Der Hausstrand vieler Dubliner, eine im Laufe der Jahre künstlich entstandene Insel mit einer schönen Dünenlandschaft, in der sich – als kleine Randnotiz – eine eigene Mäuseart angesiedelt hat. S. 173

Inch Wie ein schlaffes Anhängsel ragt dieser fast endlos wirkende Strand in die Bucht von Dingle hinein und bietet genug Platz, selbst an den schönsten Sommertagen. S. 409

Keel Vielleicht der beste Badestrand auf Achill Island (S. 478), sollte nicht mit dem wesentlich kleineren und nur über eine sehr alpine Strecke erreichbaren Badestrand von **Keem** (S. 478) verwechselt werden.

Killiney Einer der schöneren Strände des südlichen County Dublin, hier haben auch viele gut betuchte Iren und bekannte Künstler ihr Domizil. S. 183

Rosslare Knapp 10 km Strand erstrecken sich im Südosten in einer der sonnigsten Gegenden Irlands. S. 314

Tramore Wörtlich übersetzt heißt der Ort schlicht „Großer Strand", einer der beliebtesten Urlaubsorte der Iren. S. 335

Inseln

Irland hat neben seinen bizarren Küstenstrichen auch zahlreiche Inseln zu bieten, die einen ganz und gar erholsamen Urlaub versprechen. Teilweise kann man bequem mit dem Auto anreisen und findet hier allen erdenklichen Komfort. Andere Inseln eignen sich allenfalls für einen Tagesausflug mit dem Boot.

Achill Island (S. 478) mit seinen imposanten Klippen und herrlichen Stränden ist die wohl am leichtesten zu erreichende Insel und seit Heinrich Bölls Zeiten auch eines der populärsten Reiseziele unter deutschen Touristen. Der schmale Sund wird auf einer Brücke so schnell überquert, dass man kaum merkt, das Festland verlassen zu haben.

Die **Aran Islands** (S. 453) vor der Galway Bay wurden bekannt durch den Film *Man of Aran* und die warmen Pullover, die hier traditionell hergestellt wurden. Vom Festland aus erreicht man die Inseln mühelos mit der Fähre oder dem Flugzeug.

Sie bieten nahezu ungestörten Urlaub umgeben von Meer. Die meisten Besucher kommen jedoch als Tagesgäste.

Bere Island (S. 373) ist eine felsige Insel südlich der Halbinsel Beara, die man mit einer Fähre von Castletownbere aus leicht erreicht und die ideal ist für lange Wanderungen. Der Ausblick von den sehr hohen Bergen ist unvergesslich, vorausgesetzt das Wetter spielt mit.

Die **Blasket Islands** (S. 402) vor der Dingle-Halbinsel, Gegenstand zahlreicher Erzählungen, sind seit vielen Jahrzehnten nicht mehr bewohnt. Besucher finden eine Art „Geisterstadt" vor, über deren Geschichte das Blasket Centre auf dem Festland ausführlich informiert.

Von Cleggan aus fahren täglich mehrere Boote auf die kleine Insel **Inishbofin** (S. 466) vor der Küste von Connemara, ideal für einen Tagesausflug, bei dem man ausgedehnte Wanderungen über weite Wiesen unternehmen kann, die dann jäh an steilen Klippen enden. Die Festung eines spanischen Piraten kann ebenfalls erforscht werden.

Ireland's Eye (S. 172) ist eine kleine Insel, fast zum Greifen nahe vor Howth gelegen. Vom Hafen aus verkehren kleine Fähren, die Besuchergruppen auf das karge Eiland bringen, wo man ganz hervorragend Meeresvögel beobachten oder einen alten Festungsturm und die Ruinen einer Kirche besichtigen kann. Ein typischer Sonntagsausflug für die Einwohner Dublins und eine angenehme Abwechslung bei einem längeren Aufenthalt in der Hauptstadt.

Die Insel **Mahee** (S. 538) im Strangford Lough ist so abgelegen, dass die dort befindliche Klosteranlage Nendrum samt einem Rundturm über Jahrhunderte hinweg schlicht vergessen wurde. Belohnt wird die weite Fahrt über Brücken und Dämme mit Einsamkeit und dem schönen Ausblick auf den Meeresarm.

Nur einige Menschen leben auf der Insel **Rathlin** (S. 532) nördlich des County Antrim, die bekannt ist für ihre weißen Klippen und eine ungeheuer große Zahl an Seevögeln, die hier ihre Nistplätze haben. Die Überfahrt ist von Ballycastle aus möglich.

Skellig Michael (S. 389), das ehemalige Kloster auf einer schroffen Felseninsel vor der Halbinsel Iveragh, gehört heute zum Weltkulturerbe der Unesco und sollte nur von sportlichen – und auch schwindelfreien – Besuchern betreten werden.

Seen

Nicht zuletzt prägen zahlreiche Seen die irische Landschaft. Auch sie sind beliebte touristische Anziehungspunkte. Wie z. B. die **Lakes of Killarney**, die miteinander verbundenen Seen im Nationalpark von Killarney (S. 384). Die Seen sind von einmaliger Schönheit und lassen sich auf die verschiedensten Arten erkunden. Die traditionelle Art ist die Fahrt auf einem kleinen, offenen Boot, etwas bequemer geht es mit einem der neuen „Wasserbusse". Oder man nutzt die Seeufer für ausgedehnte Wanderungen, die sich natürlich auch bestens mit einer Bootsfahrt kombinieren lassen.

Nördlich der Stadt Galway (S. 444) zieht sich der **Lough Corrib** weit in die Landschaft von Connemara (S. 463) hinein. Eine Umrundung mit dem Auto kann einen ganzen Tag in Anspruch nehmen, romantischer ist eine Bootsfahrt von Galway aus bis nach Cong (S. 479). **Lough Erne** (S. 554): Die zwei durch den Erne verbundenen Seen Lower Lough Erne (im Norden) und Upper Lough Erne (im Süden) bilden ein landschaftlich sehr reizvolles Gebiet, in dem sich auch zahlreiche historisch interessante Stellen finden lassen. Die Erkundung ist mit einem Hausboot oder auf Ausflugsfahrten ab Enniskillen (S. 552) möglich.

Der **Lough Neagh** (S. 535) ist Irlands größter Binnensee, dessen Größe und Schönheit man am besten beim Landeanflug auf den Belfast International Airport erkennt, wenn die große Wasserfläche unter einem im Sonnenlicht glitzert. Der See ist ein beliebtes Segelrevier, weil der Wind hier bisweilen für Bedingungen wie auf dem offenen Meer sorgt. Zahlreiche Wanderwege führen am Seeufer entlang.

Der **Lough Ree** (S. 235) nördlich von Athlone ist ausgesprochen beliebt bei Urlaubern, die ihre Ferien auf einem Hausboot verbringen wollen, zumal der große See dank seiner zahlreichen Inseln viel Abwechslung bietet. Dazu gehört auch eine Attraktion, die einen das Gruseln lehrt: Das Lough Ree Monster soll seit Urzeiten sein Unwesen in den Tiefen treiben.

Der landschaftlich schön gelegene **Lough Sheelin** (S. 208) ist vor allem unter Anglern bekannt, denn der große See im County Cavan ist berühmt für seinen Forellen-Reichtum. Wer mag, kann den See mit einem kleinen Mietboot erkunden – das Ross House (S. 210) etwa vermietete Ruder- und Motorboote.

Kanäle und Flüsse

Die großen Flüsse Irlands und die Kanäle sind ebenfalls beliebte Reiseziele – sei es für Hausbootfans (S. 248, „Mit dem Hausboot über den Shannon") oder für Leute, die einfach lange Uferspaziergänge unternehmen möchten. Der Shannon, der Erne, der Barrow, der Grand Canal und der Royal Canal bieten zahlreiche Gelegenheiten dazu (S. 132, „Der Royal Canal Way"). Eine besondere sportliche Herausforderung bietet das „Riverwalking": Über Stock und Stein wird ein Flussbett erwandert (S. 73).

Schauplätze der Geschichte

Geschichtsinteressierte, die Irland bereisen, haben in der Regel zwei Interessenschwerpunkte: zum einen die Religionsgeschichte, die sich mit der Entwicklung des Christentums in Irland, mit den zahlreichen Heiligen und Pilgerstätten beschäftigt (S. 99). Zum anderen den irischen Unabhängigkeitskampf, von dem oftmals eine hoffnungslos romantisierende Vorstellung be-

Die schönsten Wanderrouten

Wer auf Schusters Rappen unterwegs ist, wird Natur und Landschaft auf ganz besondere Weise kennenlernen. Und Irland eignet sich hervorragend zum Wandern, nicht zuletzt dank des ausgezeichneten Netzes an **Fernwanderwegen** und des ausgeglichenen Klimas, das Wandertouren das ganze Jahr über möglich macht.

Aran Island Ways Insgesamt drei Wanderwege unterschiedlicher Länge machen mit den Aran-Inseln bekannt. Der Wanderweg auf Inishmaan ist 8 km, der auf Inisheer rund 12 km lang und Inishmore bietet einen 6 und einen 18 km langen Wanderweg. S. 453

Beara Way Ein fantastischer, fast 200 km langer Wanderweg führt über den Bergrücken der Halbinsel Beara. S. 376

Burren Way Der insgesamt über 120 km lange Weg von Lahinch nach Corofin führt an den Cliffs of Moher vorbei und quer durch die Einöde des Burren. S. 438

Dingle Way Der kürzeste der drei Wanderwege auf den Halbinseln im Südwesten ist 168 km lang und führt in einem Kreis um die Halbinsel Dingle. Der Weg beginnt in Tralee und schließt u. a. Camp, Inch, Annascaul, Lispole, Dingle, Ventry, Dunquin, Ballydavid, Brandon, Cloghane, Stradbally und Castlegregory ein. S. 405

Kerry Way Es geht 214 km durch das wunderschöne County Kerry, über die Halbinsel Iveragh (bekannt durch den Ring of Kerry) und durch den Nationalpark in Killarney. Die Strecke beschreibt einen Rundkurs. S. 396

Slieve Bloom Way Dieser rund 84 km lange Rundweg durch die Slieve Bloom Mountains führt durch eine einsame Gebirgslandschaft. S. 259

South Leinster Way Der sich durch die Berglandschaft der Counties Carlow und Kilkenny ziehende Weg ist etwa 107 km lang und führt von Clonegal über Borris, Inistioge und Mullinavat nach Carrick-on-Suir. S. 287

Tain Way Es geht 40 km durch das County Louth und quer über die sagenumwobenen Cooley Mountains. Die Tour ist als Rundstrecke ab Carlingford angelegt. Der Streckenverlauf: von Carlingford über Omeath, Ravensdale, zurück nach Carlingford. S. 196

Ulster Way Die Königsklasse unter den Fernwanderwegen in Irland bietet genug Strecke für mehrere Wanderurlaube, insgesamt beträgt die Entfernung ungefähr 1000 km. S. 572

Wicklow Way Der klassische Bergwanderweg südlich von Dublin zieht sich über 127 km nach Süden hin. Die ausgeschilderte Strecke beginnt im Marlay Park und führt über Glendalough bis nach Clonegall. S. 299

steht, die mit der Realität nur ansatzweise übereinstimmt. Immer noch gibt es Menschen, die aus Irland enttäuscht zurückkehren, weil sie keine brennenden Barrikaden gesehen haben! Dabei hat Irlands Geschichte doch so viel mehr zu bieten als Not, Elend und Krieg. Wer sich näher und intensiver mit der interessanten Historie des Landes beschäftigen möchte, der sollte folgende Orte besuchen:

Vor- und Frühgeschichte

Ausflüge zu den wichtigsten Stätten der Vorzeit können nahe Dublin beginnen, etwa in **Newgrange** (S. 213) oder **Tara** (S. 218). Etwas weiter entfernt liegt **Loughcrew** (S. 228). Bei **Armagh** findet man Emain Macha (S. 547), bei **Sligo** den gigantischen Friedhof von Carrowmore (S. 490).

Mittelalterliches Irland

Sehenswert sind die großen Burganlagen bei **Trim** (S. 223) oder **Limerick** (S. 416), die Klöster von **Mellifont** (S. 190) und **Fore** (S. 231), auf jeden Fall auch das **Museum Dublinia** (S. 153).

Rebellen gegen die Krone

Die versuchte Landung in der **Bantry Bay** (S. 369) oder auch der **Osteraufstand 1916** (S. 155), Irland ist voll von Erinnerungen an den Jahrhunderte dauernden Befreiungskampf.

Der Nordirlandkonflikt

Ob nun die Plantation Castles von **Fermanagh** (S. 556) oder die Stadtmauer von **Derry** (S. 517), sie alle erinnern an die Kolonialisierung, die in den Bürgerkrieg im 20. Jh. mündete. Heute zeugen etwa in **Belfast** zahlreiche überdimensionale Wandgemälde (S. 568) von diesen noch immer nicht verheilten Wunden.

Irland für Literaturliebhaber

Irland hat gleich vier Literaturnobelpreisträger vorzuweisen: George Bernard Shaw, William Butler Yeats, Samuel Beckett und Seamus Heaney. Dazu kommen noch zahlreiche andere Literaten, vom international bewunderten Schriftsteller James Joyce bis zu Cecilia Ahern, der hochbezahlten Produzentin von romantischem Herzschmerz. Ganz wichtig für das Irlandbild der Deutschen ist auch Heinrich Böll, sein *Irisches Tagebuch* gilt auch heute noch als Pflichtlektüre für Irlandfans.

In **Sligo und Umgebung** holte sich der Nobelpreisträger, Mystiker und Patriot **William Butler Yeats** seine Inspiration. Auf seinen Spuren kann gewandert werden, bis hin zu seinem Grab auf dem kleinen Friedhof von Drumcliff unterhalb des **Ben Bulben** (S. 487). Fans von **James Joyces** werden **Dublin** besuchen. Mit dem *Ulysses* in der Hand kommt man zwar nicht durchs ganze Land, lernt aber die Hauptstadt Dublin bis ins kleinste Detail kennen. Wer dies im Kreise Gleichgesinnter tun möchte, der kann jedes Jahr am „Bloomsday" die Wanderung am Martello Tower in **Sandycove** (S. 189) beginnen. Wer in **Navan Fort bei Armagh** weilt, sollte wissen: Wohl an keiner Stelle in Irland ist man den alten **Mythen** so nahe wie auf dem geheimnisvollen Hügel von **Emain Macha** (S. 547). Von hier ist es nur ein kurzer Weg zu den Gebirgspässen, die Cúchulainn gegen die Männer von Connaught verteidigte (S. 543).

Das **Trinity College und seine Old Library** in Dublin sind Aufbewahrungsort des vielleicht berühmtesten Manuskriptes des Mittelalters, des fantastisch illustrierten **Book of Kells** (S. 100), von dem aber immer nur eine aufgeschlagene Seite zu sehen ist. Aber das Bibliotheksgebäude selbst lässt die Herzen aller Bücherfreunde höherschlagen. Und schließlich bewahrt die **Chester Beatty Library** (S. 150) in Dublin eine umfangreiche Sammlung von Büchern und Manuskripten aus allen Perioden der Menschheitsgeschichte auf, mit einem Schwerpunkt auf religiösen Texten. Die von dem Philanthropen Chester Beatty zusammengetragene Kollektion wird in einer Auswahl sehr ansprechend präsentiert.

Die Insel der Heiligen

Die zentrale Rolle, die das Christentum auch heute noch in Irland spielt, kann kaum überbetont werden. Zwar hat vor allem die katholische Kirche unter den Skandalen der letzten Jahre erheblich gelitten und der gesellschaftliche Einfluss der Kirche, gleich welcher Kon-

Ashford Castle in Cong – einst Guinness-Besitz, heute ein Luxushotel

fession, ist etwas zurückgegangen, ein Wort von der Kanzel hat aber immer noch die Kraft des Gesetzes. Zumindest in kleineren Ortschaften, in denen der Pfarrer noch eine der wichtigsten Persönlichkeiten sein kann.

Irland weist zahlreiche Gedenkstätten für Heilige auf, von Brigid in Kildare bis zu St. Oliver Plunkett in Drogheda. Ausgesprochen präsent jedoch ist der **Nationalheilige Patrick**. Eine Rundfahrt durch Irland auf seinen Spuren könnte etwa folgende Ziele einschließen: **St. Patrick's Cathedral** in **Dublin** (S. 150) – angeblich gründete er hier eine seiner ersten Kirchen; **Slane** (S. 217) – auf diesem Hügel entzündete Patrick das Osterfeuer und forderte den auf Tara residierenden Hochkönig direkt heraus; auf Irlands heiligem Berg **Croagh Patrick** (S. 475) meditierte und fastete Patrick 40 Tage, noch heute ist die Besteigung des Berges eine populäre Pilgerfahrt; auch auf **St. Patrick's Purgatory** im **Lough Derg** (S. 501) soll Patrick gefastet und gebetet haben; heute fasten und beten auf der kleinen Insel barfüßige Pilger an langen Wochenenden im Sommer; **Armagh** (S. 543) ist die wichtigste Stadt sowohl der katholischen Kirche in Irland als auch der Church of Ireland, seit Patricks Zeiten soll der Bischof dieser Stadt der Führer der irischen Christenheit sein. An den Heiligen selbst erinnert das Saint Patrick's Trian, ein Museum in der Innenstadt; direkt neben der kleinen Kathedrale von **Downpatrick** (S. 537) soll Patrick begraben liegen, ein Findling mit seinem Namen markiert das einfache Grab. Am Fuße des Hügels ist dem Heiligen ein modernes und sehr sehenswertes Museum gewidmet.

Aktivurlaub

Wer im Urlaub so richtig aktiv werden will, der ist in Irland goldrichtig – im Kapitel Sport und Aktivitäten (S. 69) sind genügend Anregungen zu finden. Beliebt sind, neben Wanderungen durch die Natur, vor allem Bergsteigen, Coasteering („Küstenklettern"), Hochseilgärten, Kanu- und Kajakfahrten auf den Binnengewässern und an den Küsten, Kitesurfing, Radfahren, Reiten, Riverwalking, Segeln, Surfen, Tauchen und Whalewatching in freier Natur oder vom Boot aus.

Surfen an der irischen Westküste – nur mit Wärmeanzug

Reiserouten

Die eine Reiseroute, die zu jedem Irlandbesucher passt, gibt es nicht. Zu unterschiedlich sind die individuellen Vorlieben, zu vielfältig die Landschaften und das Angebot an Sehenswürdigkeiten und Attraktionen. Und doch: Bestimmte Orte und Flecken möchte wohl niemand auf einer Irlandreise versäumen. Hier also einige Tourenvorschläge, die die Highlights beinhalten. Und doch sollten sie nur als Grundlage für individuelle Planungen angesehen werden.

Kulturelle Highlights

- 12 bis 14 Tage

Der erste Tag gehört **Dublin** (S. 121). Besuchen Sie das Nationalmuseum sowohl in der Kildare Street (S. 142) als auch in der Außenstelle, den Collins Barracks (S. 154). Und schon sind Sie bestens vertraut mit der irischen Geschichte und Kultur. Wer sich für die irische Trinkkultur interessiert, dem sei ein Abstecher in die Guinness-Brauerei (S. 153) empfohlen, am Abend stehen ein Theaterbesuch oder etwas Folklore im Pub auf dem Programm. Ein Tagesausflug von Dublin aus ermöglicht anschließend die Besichtigung sowohl der Weltkulturerbestätte **Newgrange** (S. 213) als auch des Hügels von **Tara** (S. 218), gut organisierte Bustouren mit vorbestellten Eintrittskarten in Newgrange kann eigentlich jedes Hotel vorbuchen. Ein weiterer Tagesausflug führt in die **Wicklow Mountains** (S. 290) und zu den mittelalterlichen Klosterruinen von **Glendalough** (S. 292). Hierfür sind ebenfalls organisierte Bustouren ideal. Am Abend wird dann der Mietwagen abgeholt, bevor man am nächsten Morgen zur Rundreise startet. Von Dublin aus geht es quer durchs Land in den Südwesten nach **Killarney** (S. 279) (300 km). Mit etwas Glück kann dann schon ein verspätetes Mittagessen in Killarney eingenommen werden, bevor man den Rest des Tages mit ausgedehnten Spaziergängen verbringt. Von Killarney aus erreicht man leicht den **Ring of Kerry** (S. 386), für viele Besucher ein Highlight ihrer Irlandreise. Überlegen Sie, ob nicht eine Bootsfahrt hinaus zu den **Skelligs** (S. 390), die zum Weltkulturerbe zählen, noch in den Zeitplan passt, die Fahrt lohnt sich. Eine Strecke von rund 250 km mit einem Schlenker an den berühmten **Cliffs of Moher** (S. 434) entlang und über das Karstgebiet des **Burren** (S. 435) bringt den Besucher dann nach **Galway** (S. 444) und **Salthill** (S. 448). Am darauffolgenden Tag sollten Sie einen Tagesausflug auf die **Aran Islands** (S. 453) unternehmen, am besten mit der Fähre oder – etwas unökologischer – mit dem Flugzeug. Ein ganz und gar erholsamer Tag, bei dem man zudem saubere, frische Luft tanken kann.

Im großen Bogen geht es nun am nächsten Tag durch Connemara, mit Zwischenstopps in **Roundstone** (S. 463), **Clifden** (S. 464) oder an der **Kylemore Abbey** (S. 467). Am Fjord von **Killary** (S. 468) entlang, erreicht man schließlich **Westport** (S. 472). Ein kurzer Abstecher im Abendlicht zum imposanten **Croagh Patrick** (S. 475), dem 765 m hohen Berg an der Küste, ist bestimmt noch möglich, danach ein Pint in Matt Malloys Pub (S. 474) und ein weiches Bett. Die Fahrt geht dann über **Castlebar** (S. 471) und Swinford weiter nach **Sligo** (S. 485). Hier gibt es in der unmittelbaren Umgebung gleich eine ganze Reihe interessanter Sehenswürdigkeiten: das Grab von William Butler Yeats in **Drumcliff** (S. 493), der imposante **Ben Bulben** (S. 487) und der nicht minder faszinierende **Knocknarea** (S. 486) sowie der Steinzeitfriedhof von **Carrowmore** (S. 490).

Von Sligo geht es weiter nach **Donegal Town** (S. 498) und dann nach **Killybegs** (S. 503), danach hoch über dem Meer zu den Klippen von **Slieve League** (S. 505). Spätestens hier wird klar, warum die dagegen fast zwergenhaften Cliffs of Moher nur im Vorbeifahren gestreift wurden. Anschließend geht es nach Osten. Nach einer kurzen Besichtigung der Stadt **Derry** (S. 517) mit einem Spaziergang auf der mittelalterlichen Stadtmauer geht die Fahrt zum Aufsehen erregenden **Giant's Causeway** (S. 527), der nicht ohne Grund zum Weltnaturerbe zählt. Hierfür sollte man mindestens zwei bis drei Stunden einplanen, bevor man dann über Ballymena nach **Belfast** (S. 559) weiterfährt. Im Stadtzentrum findet man zahlreiche Hotels, die Unterkünfte zu einem vernünftigen Preis anbieten. Der Abend kann z. B. im Crown Liquor Salon (S. 575) ausklingen. Belfast selbst erkundet man entweder zu Fuß oder mit einem der offenen Doppeldeckerbusse. Einige Stunden reichen dafür, so dass man (wenn man es eilig hat) am späten Nachmittag die Rückfahrt nach **Dublin** antreten kann.

Von Dublin bis Donegal und zurück

- 2 Wochen

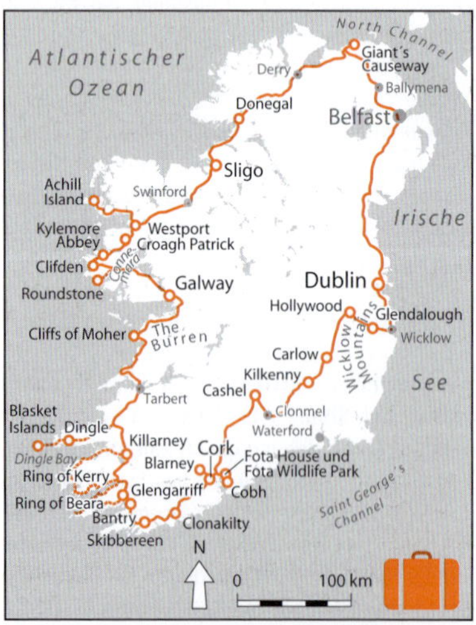

Es ist ein weit verbreiteter Wunsch von Irlandbesuchern, das Land auf einer Rundreise komplett kennenzulernen. Zwar ist Irland recht klein, dennoch sollte man die Entfernungen nicht unterschätzen. Wer „ganz Irland in einer Woche" machen möchte, der wird die meiste Zeit im Auto verbringen. Sinnvoller erscheint es da, sich einige Highlights herauszupicken und diese gezielt anzusteuern.

Im Grunde ist der Ausgangspunkt für die Rundreise variabel. Da jedoch die meisten Flugverbindungen nach Dublin bestehen, beginnt der folgende Tourenvorschlag mit einer Übernachtung in der sehenswerten Hauptstadt. Von **Dublin** (S. 121) aus geht es zunächst nach Süden, durch die **Wicklow Mountains** (S. 290) und nach **Glendalough** (S. 292), wo im wunderschönen „Tal der Seen" die berühmten Klosterruinen aus dem Mittelalter locken. Über **Hollywood** (S. 297) und **Carlow** (S. 263) erreicht man das bildschöne Städtchen **Kilkenny** (S. 322).

Der Weg führt am nächsten Tag weiter über die N76 nach Clonmel und von da aus zum beeindruckenden **Rock of Cashel** (S. 266). Etappenziel ist das lebhafte **Cork** (S. 342), sofern der Besucher nicht auf dem Weg dorthin dem Sirenengesang der nahe gelegenen Burg von **Blarney** (S. 356) erliegt.

Ein Ausflug auf die östliche Seite des Cork Harbour bietet sich an. Hier locken der **Fota Wildlife Park** (S. 354), das **Fota House** (S. 354), in dem interessante Landschaftsbilder zu sehen sind, und die sehr schöne und geschichtsträchtige Stadt **Cobh** (S. 354), von der aus einst zahlreiche irische Auswanderer ihre Heimat verließen. Von Cork aus geht es in den Westen. Die Fahrt führt an der Südküste entlang über **Clonakilty** (S. 364) und **Skibbereen** (S. 365) bis nach **Bantry** (S. 369) oder **Glengarriff** (S. 370).

Auf keinen Fall versäumen sollte man die Umrundung der Halbinsel Beara auf dem **Ring of Beara** (S. 372). Hier erlebt der Besucher die wunderschöne Natur und die schroffe Küstenlandschaft des irischen Südwestens hautnah.

Danach die Entscheidung: Soll es einmal um den **Ring of Kerry** (S. 386) gehen oder genießt man lieber ganz entspannt einen Tag in **Killarney** (S. 379)? Ein weiterer Abstecher nach **Dingle** (S. 398) mit der Chance, den **Delphin Fungie**

Unterwegs mit Auto, Rad, Bus und Bahn

Irland ist ein klassisches Reiseland für Autofahrer – viele Sehenswürdigkeiten sind ohne eigenen fahrbaren Untersatz nicht gut erreichbar, Motorradtouristen leiden oft unter dem typischen irischen Wetter und schlechten Straßen, Radfahrer müssen sich meistens auf eine bestimmte Region beschränken. Eine große Tour durch Irland mit öffentlichen Verkehrsmitteln ist zwar möglich, würde aber sehr viel Zeit beanspruchen und meist auch längere Wanderstrecken beinhalten.

Wer rechtzeitig plant, wird sowohl einen günstigen Flug als auch einen preiswerten Mietwagentarif erwischen. Die Anfahrt mit dem eigenen Wagen und der Fähre (die zudem noch zwei bis vier kostbare Urlaubstage beansprucht), ist meist teurer.

Eigentlich alle großen Mietwagenfirmen haben an den Flughäfen Anmietstationen – auch Einwegmieten, etwa zwischen Dublin und Cork, sind i. d. R. möglich. Bei einem Preisvergleich ist das Internet ein unschlagbares Werkzeug, wobei die Webseiten der Mietwagenfirmen meistens die schlechtesten Preise und Konditionen bieten. Zahlreiche Internetportale dagegen suchen schnell die günstigsten Angebote aller Firmen zusammen. Als sehr empfehlenswert hat sich **m-broker**, 💻 www.m-broker.de, erwiesen. Und bitte nicht an falscher Stelle sparen. Eine Buchung sollte immer eine Vollkaskoversicherung einschließen, mit möglichst geringem Selbstbehalt und Einschluss von Reifen, Windschutzscheibe und Schäden am Unterboden.

Mehr zum Thema Transport in Irland s. S. 80.

(S. 408) zu sehen, der seit nunmehr 27 Jahren in der Bucht lebt, ist für die meisten Irlandtouristen unverzichtbar. Eine Tour um die Halbinsel schließt auch einen Blick auf die **Blasket-Islands** (S. 402) ein. Mit der Shannonfähre geht es dann bei Tarbert weiter ins County Clare, bis zu den **Cliffs of Moher** (S. 434) und zu einem Abstecher in die Karstlandschaft des **Burren** (S. 435).

In **Galway** (S. 444) beginnt die nördliche Hälfte der Tour, es geht nach Nordwesten und somit nach Connemara. Die „Hauptstadt" von Connemara, **Clifden** (S. 464), ist ein idealer Ort für eine Übernachtung. Von hier aus bieten sich Ausflüge an, etwa zum Fischerort **Roundstone** (S. 463). Danach steht eine etwas längere Fahrt auf dem Programm: an der **Kylemore Abbey** (S. 467) vorbei und über **Westport** (S. 472) und den **Croagh Patrick** (S. 475) bis hinauf nach **Achill Island** (S. 478).

Von hier sind je nach Lust und Laune Touren nach **Sligo** (S. 485) und **Donegal** (S. 298) oder sogar bis an den **Giant's Causeway** (S. 527) möglich. Diese Touren sind jedoch mit erheblichen Fahrtzeiten verbunden. Auf jeden Fall sollte man den Rückweg nach Dublin noch in den Zeitplan einkalkulieren, er wird mindestens einen halben Tag in Anspruch nehmen.

Durch den Südwesten

- 1 Woche

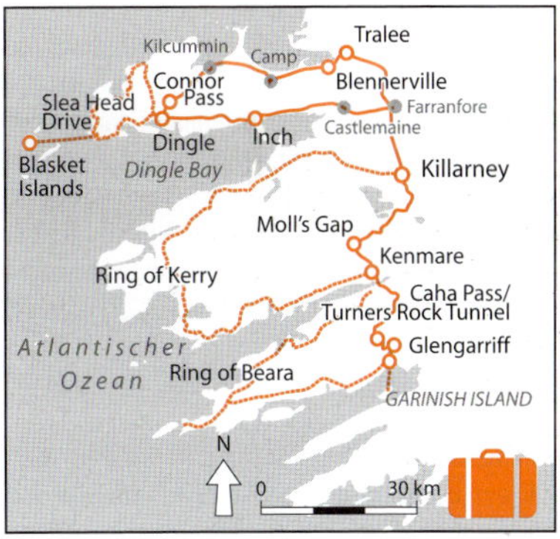

Wer eine Reise in den Südwesten Irlands plant, der sollte vorab genau überlegen, welchen Zielflughafen er wählt: Cork, Shannon oder sogar Kerry. Dublin anzufliegen hat den Nachteil, dass man von dort recht lange (je nach Verkehrslage 4–6 Std.) unterwegs ist, bis man den Südwesten Irlands erreicht hat. Zwar sind die Verbindungen von Dublin in den Südwesten mittlerweile besser

Streckenplanung mit der AA

Die **Automobile Association** (AA, britisch-irisches Pendant zum ADAC) bietet auf ihrer Webseite, www.aaireland.ie, nicht nur aktuelle Verkehrsmeldungen, sondern auch einen hervorragenden Streckenplaner (Route Planner). Die darin angegebenen Entfernungen und vor allem Fahrtzeiten können als das letzte Wort zur Planung einer Tagesetappe gelten. Außerdem gibt es hier aktuelle Verkehrsinformationen, Wetterwarnungen und auch Situationsberichte aus dem Flugverkehr und von den Fähren.

geworden, die Straßen wurden modernisiert, aber die gerade einmal zehnminütige Fahrtstrecke vom Kerry Airport in die Touristenhochburg Killarney ist ein gutes Argument für den Direktflug in den Südwesten. Ein genaues Studium der Flugpläne und Straßenkarten wird empfohlen. Wie auch immer die Anreise erfolgt: Wer eine einwöchige Autotour durch den Südwesten plant, der sollte Killarney als Ausgangspunkt wählen.

Nach einer Übernachtung in **Killarney** (S. 381) wird man am nächsten Tag erst einmal die nähere Umgebung erkunden. Die Besichtigung des Ortes und der Seenlandschaft nimmt den ganzen Tag in Anspruch. Sie können Killarney entweder zu Fuß oder von der Pferdekutsche aus entdecken, anschließend lohnt eine Bootsfahrt über den See. Am nächsten Tag steht eines der Highlights jeder Irlandreise auf dem Programm: die rund 180 km lange Fahrt auf dem **Ring of Kerry** (S. 386) mit seinen malerischen Buchten im Süden und Westen der Iveragh-Halbinsel. Anschließend geht es weiter nach **Tralee** (S. 409), wo ein kurzer Stopp bei der Windmühle von **Blennerville** (S. 410) lohnt, bevor man weiterfährt Richtung Westen, über Camp und Kilcummin zum **Connor Pass** (S. 409). Von hier bietet sich schon eine schöne Aussicht auf die Dingle Bay, der Ort **Dingle** samt seinem weltbekannten Delphin (S. 400) ist das nächste Etappenziel. Einen ganzen Tag kann der **Slea Head Drive** (S. 401) beanspruchen, zumindest wenn man ihn mit einem Besuch auf den vorgelagerten **Blasket-Inseln** (S. 402) kombiniert. Am nächsten Tag geht die Fahrt über **Inch** (S. 409) mit seinem wunderschönen Strand und Castlemaine nach Farranfore und wieder nach Killarney. Hier beginnt die Bergstrecke: Man verlässt Killarney am nächsten Morgen über die N71, erklimmt zunächst **Moll's Gap** (S. 387), danach geht es zum Mittagessen bergab nach **Kenmare** (S. 388). Frisch gestärkt, folgt man weiter der N71 nach Süden, bis der Aufstieg zum **Caha Pass** und zum **Turner's Rock Tunnel** erreicht ist, danach geht es auf der sich stark windenden Straße wieder bergab bis zum geschützt gelegenen **Glengarriff** (S. 370). Wer nun noch Lust hat, auch den nächsten Tag im Auto zu verbringen, der könnte eine schöne Tagestour auf dem **Ring of Beara** (S. 373) unternehmen. Die Alternative wäre eine Bootsfahrt hinaus nach **Garinish Island** (S. 371), wo man ausgedehnte Spaziergänge durch die schönen Gärten unternehmen kann. Wanderbegeisterte sollten überlegen, ob sie ein Stück dem **Beara Way** (S. 376) in die Bergwelt folgen. Von Glengarriff geht es dann zurück nach **Killarney**, dort endet die einwöchige Autotour durch den Südwesten mit der Abgabe des Mietwagens, die viele, fast schon zu viele Eindrücke in kürzester Zeit bietet.

Entlang der Westküste

- 1 Woche

Auch bei einer Reise durch Irlands Westen stellt sich zuerst die Frage, wohin die Anreise erfolgen soll. Die großen Flughäfen von Shannon im Süden und Knock im Norden stellen durchaus passable Alternativen zu einer Landung in Dublin dar – wenngleich seit Eröffnung der Autobahn die Fahrt von Dublin nach Galway längst keine Tagesreise mehr darstellt. Wer am Vormittag in Dublin landet, kann in der Regel – ob mit Mietwagen oder Fernbus (diese fahren direkt ab Dublin Airport) – den Nachmittagskaffee schon in Galway genießen. Wo genau man die Reise durch den Westen beginnt, spielt letzten Endes keine Rolle – Galway als zentraler Ort bietet sich jedoch für die erste Übernachtung an. Hier ein Vorschlag für eine einwöchige Tour durch den irischen Westen ab Galway:

Von **Galway** (S. 444) aus geht es zunächst nach Süden, über Oranmore und Kilcolgan an die Südküste der Galway Bay und dieser folgend bis **Ballyvaughan** (S. 441). Von hier aus führt die R480 nach Süden durch die Karstlandschaft des **Burren** (S. 435), dann nach **Kilfenora** (S. 443) und schließlich an die berühmten **Cliffs of Moher** (S. 434), die schon einen ersten Vorgeschmack von den eindrucksvollsten Klippenlandschaften Irlands geben. Am besten suchen Sie sich in der Nähe der Klippen eine Übernachtungsmöglichkeit, z. B. in **Lahinch** (S. 433) oder **Doolin** (S. 436). Von Doolin aus legen Fähren zu den **Aran Islands** (S. 453) ab, diesen Tagesausflug sollten Sie nicht verpassen, das Auto bleibt jedoch auf dem Festland. Wer den teilweise immer noch sehr archaisch wirkenden Lebensstil der Inselbewohner näher kennenlernen und einen lebhaften Eindruck davon bekommen möchte, wie sehr Wind, Wellen und Wetter den Alltag auf den Inseln beeinflussen können, der sollte allerdings ein paar Tage bleiben und die Aran Islands zu Fuß oder mit dem gemieteten Fahrrad intensiv erkunden. Wieder über Galway und die N59 geht es dann nach Connemara, nach einem Schlenker über **Roundstone** (S. 463) erreicht man das Etappenziel **Clifden** (S. 464) oder das kleinere **Cleggan** (S. 466). Wer Zeit hat, legt einen weiteren Inseltag auf **Inishbofin** (Fähre ab Cleggan, S. 466) ein, am nächsten Tag locken der **Connemara National Park** (S. 466) und der **Fjord von Killary** (S. 468). Über Leenaun und **Westport** (S. 472) geht es danach rund 130 km bis nach **Achill Island** (S. 478). Eine Alternative wäre (unter Verzicht auf Achill) der wesentlich kürzere Weg durch das Joyce Country nach **Cong** (S. 469) am Ufer des großen Lough Corrib.

Durch Nordirland

■ 1 Woche

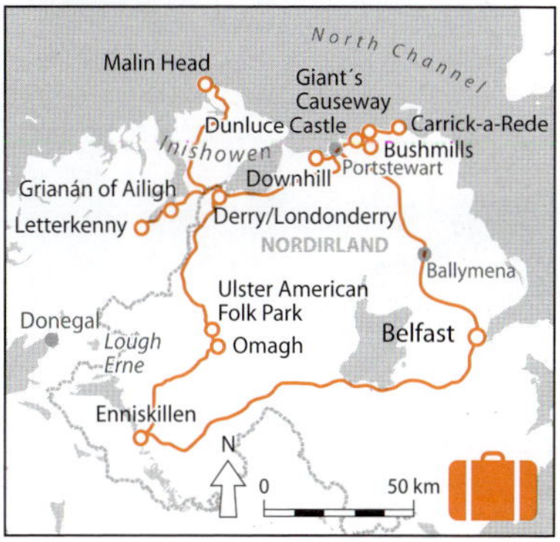

Wer eine Reise durch Nordirland plant, fliegt in der Regel nach Belfast, das über zwei Flughäfen verfügt: Einer liegt direkt am Belfast Lough, der andere am Lough Neagh, beide sind für einen schnellen Transfer bestens geeignet. Aber auch Dublin bietet sich als Zielflughafen an. Über die M1 ist man mittlerweile in rund 80 Min. an der Grenze, danach geht es über die A1 nur unwesentlich langsamer weiter nach Belfast. Die Hauptstadt Nordirlands ist Ausgangspunkt der hier beschriebenen einwöchigen Tour. Wer mit dem Auto unterwegs ist, sollte wissen, dass das Straßennetz in Nordirland besser ausgebaut ist als in der Republik und daher einige längere Fahrtstrecken am Stück erlaubt.

Den ersten Tag sollte jeder Besucher nutzen, um **Belfast** (S. 559) zu Fuß oder mit einem der Doppeldeckerbusse zu erkunden. Selbst die einst verrufenen Gegenden, etwa rund um die Falls Road (S. 568) und die Shankill Road (S. 568), gehören heute zum touristischen Programm. Da das Nahverkehrsnetz relativ gut ausgebaut ist, sind auch noch Ausflüge etwa zum Ulster

Belfast, Echos des Empire – Königin Viktoria vor der City Hall

Folk & Transport Museum (S. 571) oder in den landschaftlich reizvoll gelegenen Zoo (S. 570) möglich. Am nächsten Morgen geht es über die M2 und A26 nach Norden in Richtung **Giant's Causeway** (S. 527). Dieses einmalige Naturerlebnis sollte man auf keinen Fall versäumen. Ein tagesfüllendes Programm wird die Tour dann, wenn man noch die Hängebrücke von **Carrick-a-Rede** (S. 531) und die bizarre Strandlandschaft westlich von **Dunluce Castle** (S. 529) besucht. Alternativ kann man auch die **Whiskeyfabrik von Bushmills** (S. 530) besichtigen. Hier sind auch zahlreiche Übernachtungsmöglichkeiten gegeben.

Am nächsten Tag geht es weiter nach Westen, über die reizvollen Touristenorte Portrush und Portstewart bis zum **Mussenden Temple bei Downhill** (S. 527). Für die Besichtigung der geschichtsträchtigen Stadt **Derry** (S. 517) sollte man mindestens einen halben Tag einplanen, je nach Lust und Laune auch länger.

Von Derry aus geht es anschließend in westliche Richtung über die A2 in die Republik Irland, die nur einen Katzensprung von Derry entfernt liegt, und weiter zum berühmten **Grianán of Ailigh** (S. 513). Nach einer Besichtigung dieses geheimnisumwitterten Steinforts führt der Weg weiter nach Norden auf die Halbinsel **Inishowen** (S. 512) und zum nördlichsten Punkt Irlands, dem sturmumtosten **Malin Head** (S. 513), wo einige Gebäude noch an den Zweiten Weltkrieg erinnern. Eine Übernachtung kann dann in **Letterkenny** (S. 511) oder wieder in Derry gebucht werden.

Am nächsten Tag fährt man wieder zurück nach Nordirland, Richtung Süden zum **Ulster American Folk Park** (S. 550), der recht anschaulich über die Emigrationsbewegung des 18. Jh. informiert. Von hier ist es nur ein Katzensprung bis **Omagh** (S. 550), wo sich Übernachtungsmöglichkeiten bieten.

Von Omagh aus ist am nächsten Tag rasch das (vor)letzte Etappenziel der Route erreicht: das hübsche Städtchen **Enniskillen** (S. 552) am **Lough Erne** (S. 554), das über zahlreiche Pubs und Restaurants verfügt und außerdem ein beliebter Stopp für Ferienreisende auf dem Hausboot ist. Von hier kehrt man nach Belfast zurück.

€ Die Budget-Route

- 1 Woche

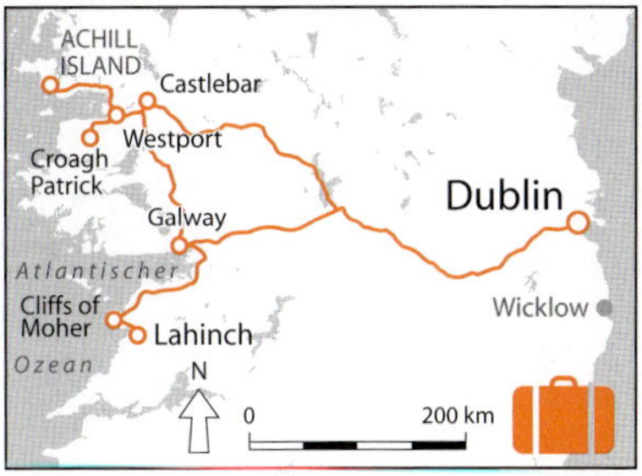

Auch wer nur ein kleines Budget zur Verfügung hat, kann Irland bereisen – unter Nutzung der jeweiligen Budgettipps in diesem Buch findet man vor Ort schnell eine preisgünstige Unterkunft. Die meisten Hostels bieten eine Küche für Selbstversorger, damit ist schon ein großer Posten der Reisekosten geschrumpft. Bleibt der Transport. Wer auf einen Mietwagen zurückgreifen kann, bleibt bei einer Reise zu zweit (oder mehreren) schnell unter den Kosten des billigsten Transportmittels im Land und kann dann zwischen den ab S. 31 vorgeschlagenen Routen frei wählen.

Eine einwöchige Reise durch Irland ohne Mietwagen ist aber auch machbar. Folgende Route wäre eine Idee: Ankunft in **Dublin**, zwei Übernachtungen in der irischen Hauptstadt, die auch mit kostenlosen Sehenswürdigkeiten lockt (S. 129). Anschließend Fahrt mit der Bahn nach **Galway** (Online-Preis 10 €), wo die nächste Übernachtung erfolgt (S. 450). Mit einem Open Road Pass von Bus Éireann fährt man die nächsten drei Tage für 54 €. Die Busfahrt am ersten Tag führt nach **Lahinch** (S. 433) und an die **Cliffs of Moher** (S. 434). Am zweiten Tag geht es von Galway über Castlebar nach **Achill Island** (S. 478). Von Achill Island am dritten Tag nach **Westport** (S. 472) und zum **Croagh Patrick** (S. 475), Übernachtung erfolgt in Westport, der quirligen Provinzmetropole. Von dort nimmt man am letzten Tag den Zug zurück nach Dublin (10 € online) zum Flug in die Heimat. Gesamtkosten für Transport ca. 80 € (inkl. Flughafentransfer in Dublin), für Unterkunft vielleicht 75 € (Bett im Schlafsaal, Nebensaison), dazu Lebensmittel und Eintritte.

Klima und Reisezeiten

Klima

Irland wird nicht umsonst gerne als „Grüne Insel" bezeichnet – das Land ist in der Tat jahrein, jahraus grün. Das liegt an einem gemäßigten, ausgeglichenen **Klima** mit einer doch beachtlichen und relativ konstanten **Niederschlagsmenge**. Es scheint Besuchern oft, als gäbe es keine echten Jahreszeiten. Spötter behaupten, der Unterschied zwischen dem irischen Sommer und dem irischen Winter spiegele sich lediglich in den leicht unterschiedlichen Temperaturen des Regens wider.

Die **Durchschnittstemperatur** in Irland steigt im Sommer gerade einmal auf die 20 °C, eine Temperatur, die nur im Juli und August erreicht wird. Nördlich einer imaginären Linie zwischen Galway und Dublin kann man sogar mit 1 oder 2 °C weniger rechnen. Der Süden wird durch den **Golfstrom** etwas begünstigt, hier wachsen sogar Palmen. Dass sie den Winter überleben, liegt daran, dass die Temperaturen selten unter 5 °C fallen. Unter den Gefrierpunkt fällt das Thermometer eigentlich nur nachts, in höheren Lagen oder (bislang jedenfalls) in seltenen Frostperioden. Die heftigen, lang anhaltenden Kälteperioden von 2010 allerdings lassen eine Veränderung befürchten.

Die zwei wärmsten Monate in Irland insgesamt sind Juli und August, der niederschlagsärmste Monat ist dagegen überraschenderweise der April. Den Rekord an Sonnenstunden hat seit vielen Jahren der Südosten inne, die Gegend um Rosslare gilt als die sonnigste Ecke Irlands. Im Winter dagegen zählen die Umgebung der Ortschaft Birr und das County Cavan mit zu den kältesten Gegenden des Landes.

Reisezeiten

Irlands „klassische" Reisezeit wird von zwei Kalenderdaten bestimmt: Um Ostern beginnt der Ansturm der Touristen und Ende Oktober schließen viele Attraktionen und die meisten saisonal betriebenen B&Bs ihre Pforten. Aus diesem Schema heraus fällt eigentlich nur der St. Patrick's Day (17. März), der für ein enormes Reiseaufkommen sorgt. Von November bis Mitte März dagegen fällt Irland touristisch gesehen in einen Dornröschenschlaf. Je nach den individuellen Ansprüchen können diese Monate aber auch ideal für einen Urlaub sein (s. u., Irland außerhalb der Saison).

Innerhalb Irlands sind die Hauptreisezeiten von den jeweiligen Feiertagen und verlängerten Wochenenden bestimmt, dazu von den Schulferien und den (seit Beginn der Rezession allerdings nicht mehr ganz so wichtigen) Builders' Holidays, einem tariflich vereinbarten und festgelegten Urlaub auf Baustellen landesweit.

Ein empfehlenswerter Reisemonat ist der September. Die Temperaturen sind meist noch angenehm, wenngleich immer wieder mit Regen gerechnet werden muss. Die Sehenswürdigkeiten sind noch geöffnet, aber nicht mehr überlaufen. Zudem beginnt bereits die Nebensaison, in der in vielen Hotels die Preise purzeln.

Eine Alternative ist der regenarme Monat April, dessen recht stabiles Wetter allerdings mit einigen kühlen Tagen erkauft wird. Langsam bereitet man sich auf die bevorstehende Saison vor, viele Sehenswürdigkeiten aber sind noch geschlossen oder haben eingeschränkte Öffnungszeiten. Besonders empfehlenswert ist diese Zeit für ausgedehnte Wandertouren.

Belfast

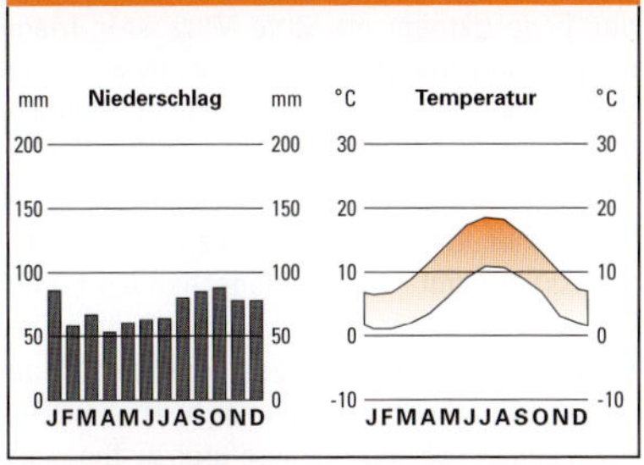

Claremorris

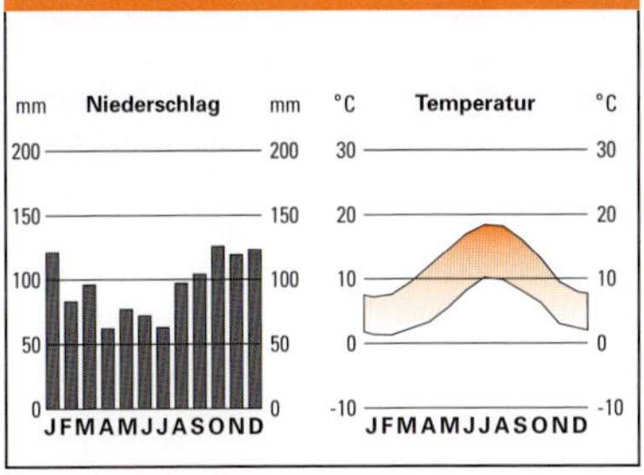

Cork

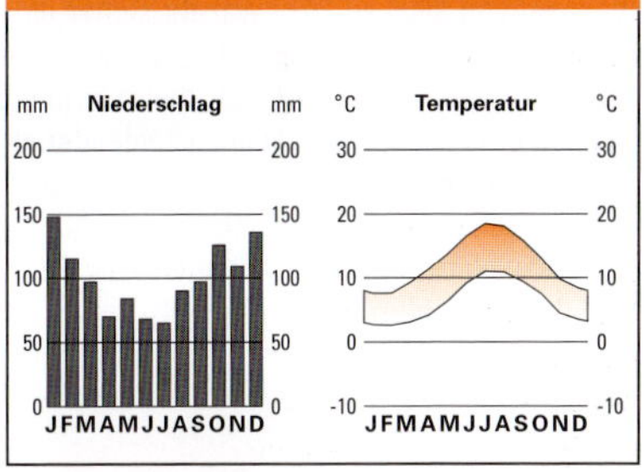

Dublin

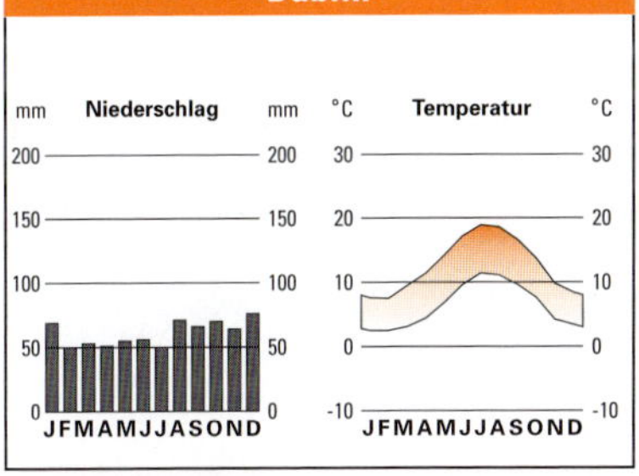

Malin

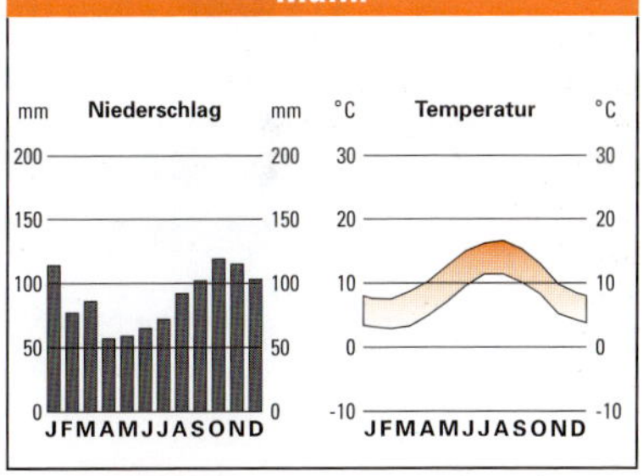

Rosslare

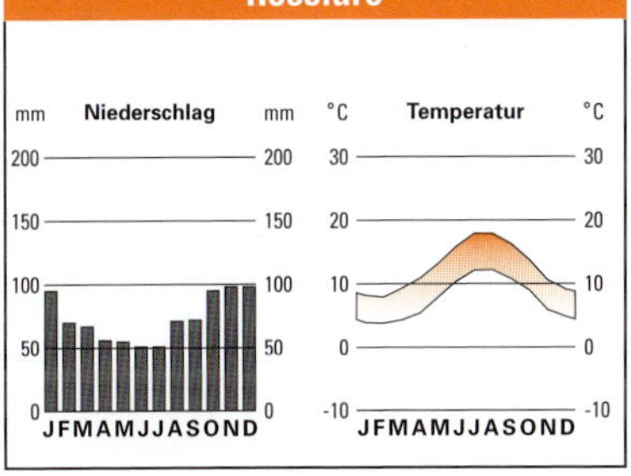

Valentia Island

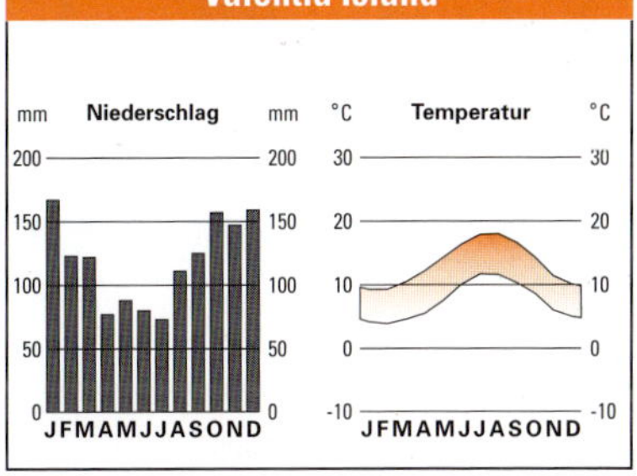

Irland außerhalb der Saison

Von Ende Oktober bis Mitte März ist in Irland nichts mehr los. Die stark kommerzialisierten Feierlichkeiten um Halloween oder Samhain sind ein letztes Aufbegehren, Advent und Weihnachten in Irland lassen kaum festliche Gefühle aufkommen. Und ein Aufenthalt zu Silvester hinterlässt bei den meisten Menschen ein Gefühl wie ein vom Regen durchweichter Chinaböller. Es gibt wesentlich angenehmere Länder, um dort den Spätherbst und Winter zu erleben. Das hat weniger mit den Temperaturen zu tun – der Winter in Irland ist selten arktisch (der Jahreswechsel von 2009 zu 2010 war da sicher eine Ausnahme) und es gibt herrliche, sonnige Tage mit einem wunderbaren Licht, das allerdings früh wieder schwindet. Viel entscheidender ist, dass fast ganz Irland – außerhalb der Einkaufszentren – in dieser Zeitspanne von einer Art „Winterschlaf" ergriffen wird. Auch viele B&Bs sind dann geschlossen.

Allerdings bietet Irland außerhalb der Saison den Vorteil, dass nur ganz wenige Touristen unterwegs sind, man selbst in besseren Hotels noch Schnäppchen machen kann und sogar die Hauptattraktionen kaum besucht sind. Wobei eine Recherche im Vorfeld lohnt: Nicht jede als „geschlossen" bezeichnete Einrichtung ist es auch. Ein bekanntes Beispiel ist Tara, wo die offiziellen Öffnungszeiten nur für das Besucherzentrum gelten, keineswegs jedoch für die Anlage selbst. Tatsächlich kann man Tara, wie viele prähistorische Denkmäler, im Winter besser und ungestörter genießen als in der Saison. Allerdings muss man auch gelegentlich Renovierungsarbeiten in Kauf nehmen.

Enorm wichtig für einen Irlandaufenthalt außerhalb der Hauptsaison ist aber die richtige Kleidung: Regenfest und windabweisend sollte sie in jedem Falle sein. Die feuchtkalten Winde Irlands sind wesentlich durchdringender als die meist moderaten Temperaturen.

Tara – der Heilige Patrick betrachtet die Kirche von Skryne.

Reisekosten

Irland ist eines der teuersten Länder Europas. Egal ob man sich in der Metropole Dublin oder dem hintersten Winkel Donegals befindet, das **Preisniveau** ist überall annähernd gleich. Anders bei den **Benzinpreisen**: Sie können von Tankstelle zu Tankstelle um bis zu 10 % schwanken, auch wenn es sich um die gleiche Marke handelt.

Eine Preiskalkulation für den Irlandurlaub ist dennoch schwierig, hängt sie doch wesentlich davon ab, welche individuellen Ansprüchen man stellt. Ein Beispiel: 2 l Mineralwasser aus dem Supermarkt kosten weit weniger als 50 Cent, eine Halbliterflasche im „Convenience Store" dagegen schon gerne über 2 €. Bei manchen Waren betragen die Preisunterschiede bis zu 400 %. Das ist etwa die Spanne zwischen einem Toastbrot „Hausmarke" im billigen Supermarkt und demselben Brot einer großen Marke in einem Dorfladen. Und noch ein Hinweis: In Irland sind Waren in größeren Mengen oftmals wesentlich billiger, teilweise bekommt man die doppelte Menge für nur ein, zwei Cent mehr.

Der klassische Rucksackreisende, der in Massenunterkünften ohne großen Komfort schläft, sich seine Mahlzeiten in der Gemeinschaftsküche selber kocht und überwiegend zu Fuß unterwegs ist, kann auf der untersten Stufe der Kostenleiter Platz nehmen. Mit rund 20 bis 25 € pro Tag und Person sollte man sich schon durchschlagen können, zumindest in der Nebensaison und mit dem Glück, immer das günstigste Bett im Hostel zu erwischen.

Wer sich in B&Bs einmietet und abends seine Hauptmahlzeit im Pub oder einem günstigen Restaurant einnimmt, der kann das Tagesbudget bei ca. 60 € p. P. ansetzen. Ein Budget von 100 € pro Tag ermöglicht schon den Aufenthalt in guten Mittelklasse-Hotels oder besseren B&Bs, gelegentliche Restaurantbesuche, bei denen man nicht auf das Tagesmenü zurückgreifen muss, und auch einige Extras. Nach oben sind dem Budget selbstverständlich keine Grenzen gesetzt.

€ Spartipps und Ermäßigungen

Am besten sparen kann man bei der **Unterkunft und Verpflegung**! Wer in einfachen Hostels im Mehrbettzimmer übernachtet und sich sein Essen selbst kocht, der wird die geringsten Kosten haben. Details dazu s. „Essen und Trinken" (S. 48) sowie Übernachtung (S. 88).

Die zwei wichtigsten Sparmöglichkeiten bei **Besichtigungen** sind zum einen die **Heritage Card** von Heritage Ireland, 💻 www.heritageireland.ie.

Was kostet wie viel?

Mineralwasser	2 €
Tasse Kaffee	2 €
Softgetränk	2 €
Bier	4 €
Frühstück im Restaurant/Café	3,50–7 €
Mittagsmenü	ab 7 €
Abendessen im Pub/Carvery	ab ca. 10 €
Abendessen im Restaurant	ab ca. 16 €
Benzin (1 l) (in Nordirland etwas teurer)	1,29 €
Taxifahrt (Dublin Flughafen bis Innenstadt)	35 €
Mietwagen pro Tag	25–50 €
Bett im Hostel	8–20 €
Übernachtung p. P. im B&B (gehoben)	30–40 €
Übernachtung im Mittelklassehotel, mit Frühstück (DZ)	60–150 €

Für 21 € hat man ein Jahr lang freien Eintritt zu den wichtigsten Sehenswürdigkeiten des Landes. Da hier auch Newgrange, Tara, Clonmacnoise, Glendalough und andere Highlights eingeschlossen sind, kann sich diese Investition enorm schnell amortisieren. Auf dem privaten Sektor bietet **Heritage Island** ein Gutscheinheft an, das für knapp 7 € viele Ermäßigungen bietet. Details unter 💻 www.heritageisland.com.

Sparen kann man auch beim **Transport** – mit etwas Planung. Die in Irland erhältlichen **Busfahrkarten** gelten jeweils eine bestimmte Anzahl von Tagen in einem bestimmten Zeitraum – z. B. 8 Tage Fahrt innerhalb von 15 Tagen. Dabei gibt es zwei Varianten: Der **Bus Éireann Open Road Travel Pass** für 8 Fahrttage (in 16 Tagen) kostet 129 €, gilt aber nur in der Republik, 💻 www.buseireann.ie. Der **Irish Rover** gilt in ganz Irland, 8 Fahrttage (in 15 Tagen) kosten dabei 190 €, 💻 www.buseireann.ie.

Spartipps beim **Bahnfahren**: **Interrail** bietet ein Irland-Ticket (auch in Nordirland gültig) für z. B. 4 Tage an, Kosten 139 € für Erw. (Jugendl. 90 €), 💻 www.bahn.de. Ebenfalls 4 Tage gültig ist der **Rail Trekker Pass**, den Irish Rail anbietet – er gilt aber nur in der Republik und kostet 100 €, 💻 www.irishrail.ie.

Bei den Bahnpässen sollte genau nachgerechnet werden – eine einfache Fahrt von Dublin nach Killarney war 2010 online bereits für 10 € zu bekommen!

Kombitickets: Ein **Irish Explorer Bus & Rail Pass** kostet für 8 Tage (binnen 15 Tagen beliebig kombinierbar) 245 € für 1 Erw., damit können alle Busse und Bahnen in der Republik benutzt werden (ausgenommen Privatbusse, Dublin Bus und LUAS), 💻 www.buseireann.ie. Nur in Nordirland gilt dagegen **iLink**, dafür aber auf allen öffentlichen Verkehrsmitteln – 1 Woche kostet für 1 Erw. 55 £, 💻 www.translink.co.uk.

Traveltipps von A bis Z

Anreise

Mit dem Flugzeug

Die schnellste und unkomplizierteste Anreise nach Irland bietet das Flugzeug, in Zeiten der Billigflieger ist es dazu meist noch die preiswerteste. Schon für 10 € kann man mit etwas Glück ein Ticket von Frankfurt nach Dublin bekommen. Nachteile sind: eingeschränktes Gepäck und die Notwendigkeit, das Weiterkommen auf der Insel selbst zu organisieren. Von den verschiedensten mitteleuropäischen Flughäfen gehen täglich Flüge nach Irland. Führende Fluglinien sind hier Ryanair, www.ryanair.com, und Aer Lingus, www.aerlingus.com. Auch Lufthansa, www.lufthansa.de, Germanwings, www.germanwings.com, und Swiss, www.swiss.com, bieten Flüge nach Irland an. Austrian Airlines fliegt nur im Verbund mit Lufthansa über Deutschland, Ryanair bietet zurzeit noch Flüge ab Salzburg an.

Irland hat mehrere Flughäfen, **Dublin** ist der größte mit den meisten Flugverbindungen. Nach umfangreichen Bauarbeiten hat man nun nicht mehr den Eindruck, in der Empfangshalle niedergetrampelt zu werden. Es kann trotzdem beengt zugehen und zu den Hauptabflugzeiten sind Verzögerungen bei der Sicherheitskontrolle nach wie vor vorprogrammiert. Von Dublin aus existieren Anschlussflüge zu den kleinen Inlandsflughäfen. Diese werden entweder von Ryanair oder Aer Arann, www.aerarann.ie, angeboten.

Eine beliebte Alternative für Besucher des Südwestens sind die Flughäfen **Shannon**, **Kerry** und **Cork**, sie werden ebenfalls von Ryanair und Aer Lingus angeflogen.

Relativ gute Verbindungen vom Kontinent bestehen auch nach **Belfast** – dabei ist zu beachten, dass der Belfast International Airport am Lough Neagh liegt, nur der Belfast City Airport befindet sich nahe der Stadt.

Weitere Regionalflughäfen finden sich in **Derry**, **Donegal**, **Sligo**, **Galway**, auf den **Aran Inseln** und in **Waterford**. Sie werden aber entweder nur von irischen Flughäfen oder Großbritannien aus angeflogen oder dienen dem saisonalen Flugverkehr nach Südeuropa und Nordafrika.

An allen Flughäfen sind Autovermieter präsent, eine Vorbestellung ist jedoch an den kleineren Flughäfen unbedingt empfehlenswert.

Mit dem Auto

Die Anreise mit dem eigenen Auto hat den Vorteil, dass man in Irland sofort mobil ist. Sie beinhaltet aber auch lange Fahrtzeiten und mindestens eine Fährfahrt. Theoretisch benötigt man von

Weniger fliegen – länger bleiben! Reisen und Klimawandel

Der Klimawandel ist vielleicht das dringlichste Thema, mit dem wir uns in Zukunft befassen müssen. Wer reist, erzeugt auch CO_2: Der Flugverkehr trägt mit einem Anteil von bis zu 10 % zur globalen Erwärmung bei. Wir sehen das Reisen dennoch als Bereicherung: Es verbindet Menschen und Kulturen und kann einen wichtigen Beitrag für die wirtschaftliche Entwicklung eines Landes leisten. Reisen bringt aber auch eine Verantwortung mit sich. Dazu gehört darüber nachzudenken, wie oft wir fliegen und was wir tun können, um die Umweltschäden auszugleichen, die wir mit unseren Reisen verursachen.

Wir können insgesamt weniger reisen – oder weniger fliegen und länger bleiben, den Zug nehmen (wenn es einen gibt), Nachtflüge meiden (da sie mehr Schaden verursachen). Und wir können einen Beitrag an ein Ausgleichsprogramm wie **www.atmosfair.de** leisten.

Dabei ermittelt ein Emissionsrechner, wie viel CO_2 der Flug produziert und was es kostet, eine vergleichbare Menge Klimagase einzusparen. Mit dem Betrag werden Projekte in Entwicklungsländern unterstützt, die den Ausstoß von Klimagasen verringern helfen.

nachdenken • klimabewusst reisen

atmosfair

Deutschland nach Irland ungefähr 24 Stunden – wenn alles wie am Schnürchen läuft! Verpasst man eine Fähre, sind auch die Anschlussverbindungen passé oder müssen, meist mit einem Kostenaufwand verbunden, auf die nächste passende Verbindung umgebucht werden.

Fährverbindungen bestehen ab Frankreich (Roscoff, Cherbourg, Le Havre), alternativ nutzt man die sog. „Landbridge" über England und Wales oder Schottland. Bei der „Landbridge"-Variante kann man zwei Fähren oder eine Fähre und den Kanaltunnel kombinieren. Hierbei ist man natürlich der kleinsten Verzögerung hilflos ausgeliefert, falls man zu knapp geplant hat.

Eine klassische Route etwa von Frankfurt aus wäre die Fahrt nach Belgien, an Brüssel vorbei geht es zum Fährhafen Ostende (alternativ nach Dünkirchen, Frankreich). Von hier verkehren durchaus komfortable Fähren etwa nach Folkestone. Auf der Fähre kann man sich etwas die Beine vertreten und auch eine Mahlzeit einnehmen (oder wenige Stunden Schlaf mehr oder minder ungestört genießen), dann geht es an London vorbei nach Wales. Der Fährhafen Holyhead bietet mehrere direkte Verbindungen nach Dublin.

Zwischen Großbritannien und Irland stehen zwei Typen von Fähren zur Verfügung, die normale Autofähre und die Schnellfähre. Dabei ist zu beachten, dass die Schnellfähren auf einigermaßen gutes Wetter angewiesen sind und bei Sturm und schlechter Sicht teilweise mehrere Tage hintereinander nicht verkehren. Die konventionellen Fähren, die allerdings auch wesentlich länger brauchen, sind da unempfindlicher.

Mit der Bahn

Die Anreise mit der Bahn ist vergleichbar der Anreise mit dem Auto, kostet aber, je nachdem wie oft man umsteigen muss, erheblich mehr Zeit. Nimmt man sich jedoch diese Zeit, kann die Bahnfahrt durchaus zu einer interessanten Alternative werden, etwa wenn man noch einen Zwischenaufenthalt in London einplant. Dabei sollte man sich im Vorfeld genau über die Fahrpreise der mit den Fähren kombinierten Tickets erkundigen. Gerade in Großbritannien können die

Flughäfen und Fähren

Fahrpreise zwischen einer Vorbestellung im Internet und einem Kauf am Bahnhof um mehrere 100 Prozent variieren.

Über die Webseite der **Deutschen Bahn**, 💻 www.bahn.de, wird z.B. die Fahrt nach London schon für 49 € angeboten, von Deutschland aus geht es zunächst nach Brüssel, danach mit

Wann Flug und Fähre buchen?

Dank „Frühbucherrabatten", „Last Minute Sales" und anderen Spezialangeboten ist der Ticket-Markt unüberschaubar geworden. Deshalb gilt: frühzeitig und intensiv Preise vergleichen. Oft findet man gerade im Internet besonders günstigste Angebote. Besonders Billiganbieter wie Ryanair steigen frühzeitig mit Sonderangeboten ein, danach schnellen die Preise in die Höhe und kurz vor Abflug kann es (muss es aber nicht) wieder Schnäppchen geben.
Wer auf einen bestimmten Reisetermin angewiesen ist, etwa durch Betriebs- oder Schulferien, sollte drei Monate vor Abfahrt alle Buchungen unter Dach und Fach haben. Danach kann es erfahrungsgemäß knapp werden, alle Wunschbuchungen noch zu koordinieren.

Das eigene Fahrrad mitnehmen

Wer sein Fahrrad mit nach Irland nehmen möchte, muss dies gut planen und unter Umständen teuer bezahlen. Ob man nun mit dem Bus, der Bahn oder dem Flugzeug anreist, ein Fahrrad gilt immer als Sondergepäck, das frühzeitig angemeldet werden muss. Wer den Drahtesel mit in den Flieger nehmen will, muss ihn zuvor nach Vorschrift verpacken, die jeweiligen Anweisungen findet man auf den Internetseiten der jeweiligen Fluglinie. Auf jeden Fall wird es zu erhöhten Gepäckgebühren kommen. Deswegen sollte man sich genau ausrechnen, ob sich die Mitnahme lohnt. In vielen Fällen wird es günstiger und weitaus weniger Aufwand sein, ein Fahrrad vor Ort zu mieten. (s. S. 86)

dem Eurostar durch den Kanaltunnel nach London St. Pancras. Eine Weiterfahrt kann über die Webseite 💻 www.rail.co.uk gebucht werden, von London Euston nach Holyhead beträgt der Fahrpreis etwa 76 £ (rund 90 €), die anschließende Weiterfahrt mit der Fähre als „Foot Passenger" bis nach Dublin kostet noch einmal 26 £ (31 €). Für diese Tour sollte man rund 24 Stunden veranschlagen, immer abhängig von der Zeitreserve, die man sich in Brüssel, London und Holyhead zum Umsteigen gönnt.

Wer sich im Umgang mit den verschiedenen Buchungsmaschinen und in der Kalkulation der Umsteigezeiten etwa in London nicht ganz firm fühlt, sollte sich in einem Reisebüro ein entsprechendes Angebot einholen.

Mit dem Bus

Empfehlen kann man die Anreise mit dem Bus nicht, da sie oft eine Tortur darstellt, nicht selten sogar teurer als das Flugzeug ist, in jedem Falle aber unbequemer als die Anreise mit der Bahn.

Eine Busfahrt von Frankfurt/Main nach Dublin z. B. dauert mindestens 26 Stunden. Von manchen deutschen Städten fahren zwei Busse pro Tag. Der Vorteil: Man muss sich nur um eine

Fährverbindungen nach Irland

Birkenhead (GB) nach Belfast, 8 Std.,
Norfolk Line, 💻 www.norfolkline-ferries.co.uk
Birkenhead (GB) nach Dublin, 7 Std.,
Norfolk Line, 💻 www.norfolkline-ferries.co.uk
Cairnryan (GB) nach Larne, 1 Std. 45 Min.,
P&O Irish Sea, 💻 www.poirishsea.com
Cherbourg (F) nach Rosslare, 19 Std.,
Irish Ferries, 💻 www.irishferries.com
Douglas (Isle of Man) nach Belfast, 3 Std.,
Isle of Man Steam Packet Co.,
💻 www.steam-packet.com
Douglas (Isle of Man) nach Dublin, 3 Std.,
Isle of Man Steam Packet Co.,
💻 www.steam-packet.com
Fishguard (GB) nach Rosslare, 3 1/2 Std.,
Stena Line, 💻 www.stenaline.ie
Fleetwood (GB) nach Larne, 8 Std.,
Stena Line, 💻 www.stenaline.ie
Holyhead (GB) nach Dublin (Schnellfähre und normale Fähre, 2 bzw. 3 1/4 Std.), Irish Ferries,
💻 www.irishferries.com
Holyhead (GB) nach Dublin, 3 1/4 Std.,
Stena Line, 💻 www.stenaline.ie
Holyhead (GB) nach Dun Laoghaire (Schnellfähre und normale Fähre,
1 Std. 50 Min. bzw. 110 bzw. 3 1/4 Std.),
Stena Line, 💻 www.stenaline.ie
Liverpool (GB) nach Dublin, 8 Std.,
P&O Irish Sea, 💻 www.poirishsea.com
Pembroke (GB) nach Rosslare, 4 Std.,
Irish Ferries, 💻 www.irishferries.com
Roscoff (F) nach Cork, 14 Std.,
Brittany Ferries, 💻 www.britannyferries.ie
Roscoff (F) nach Rosslare, 18 Std.,
Irish Ferries, 💻 www.irishferries.com
Stanraer (GB) nach Belfast (Schnellfähre und normale Fähre, 2 bzw. 3 Std.), Stena Line,
💻 www.stenaline.ie
Swansea (GB) nach Cork, 11 Std.,
Fastnet Line, 💻 www.fastnetline.com
Troon (GB) nach Larne, 2 Std.,
P&O Irish Sea, 💻 www.poirishsea.com

Umsteigestation kümmern, eigentlich alle internationalen Verbindungen laufen über London Victoria.

Die 13-stündige Fahrt von Frankfurt/Main nach London ist im Verbund von **Eurolines**, 💻 www.eurolines.com, oder 💻 www.touring.de, schon für 39 € zu haben. Ab dort geht es mit **Bus Éireann**, 💻 www.buseireann.ie, weiter, auch die Strecke bis Dublin nimmt noch einmal 13 Stunden in Anspruch, das Ticket ist schon ab 35 € erhältlich.

Botschaften und Konsulate

In Irland

Botschaft der Bundesrepublik Deutschland
31 Trimleston Av., Booterstown,
Blackrock, Dublin
📞 01-2693011, 📠 01-2693946
💻 www.dublin.diplo.de/Vertretung/dublin
🕓 Mo, Di, Do und Fr 8.30–11.30,
Do auch 13.30–15.30 Uhr, telefonisch erreichbar Mo–Do 8–17, Fr 8–14 Uhr.
Im Notfall auch 📞 087-2211382 (nicht 24 Std.).

Honorarkonsul Garvan Corkery
Ronan Daly Jermyn Solicitors,
12 South Mall, Cork
📞 021-4802700, 📠 021-4802790
✉ german.consul@rdj.ie

Honorarkonsul Frank Hewitt
Northern Ireland Science Park Innovation Centre, Queen's Island, Belfast
📞 028-92698356
✉ german.consulni@btinternet.com

Botschaft der Republik Österreich
15 Ailesbury Court Apartments,
93 Ailesbury Rd., Dublin 4
📞 01-2694577, im Notfall auch 📞 087-9027361
💻 www.bmeia.gv.at/botschaft/dublin/die-botschaft.html
🕓 Nach Vereinbarung

Botschaft der Schweiz
6 Ailesbury Rd., Ballsbridge, Dublin 4
📞 01-2186382, 📠 01-2830344
💻 http://www.eda.admin.ch/dublin
🕓 Mo–Fr 8.30–12 Uhr, nachmittags nur für Schweizer Staatsbürger auf telefonische Vereinbarung.

Schweizer Konsulat
54 Priory Park, Belfast
📞 077-33595595
✉ belfast@honorarvertretung.ch

Irische Botschaften

... in Deutschland

Embassy of Ireland
Jägerstr. 51, 10117 Berlin
📞 030-220720, 📠 030-22072299
💻 www.embassyofireland.de
🕓 Mo–Fr 9.30–12.30 und 14.30–16.45 Uhr

... in Österreich

Embassy of Ireland
Rotenturmstr. 16–18, 5. Stock, 1010 Wien
📞 01-7154246, 📞 01-7136004
💻 www.embassyofireland.at
🕓 Mo–Fr 9.30–11.30 und 13.30–16 Uhr, telefonische Beratung Mo–Fr 9–17 Uhr

... in der Schweiz

Embassy of Ireland
Kirchenfeldstr. 68, 3000 Bern 6
📞 031-3521442, 📠 031-3521455
💻 www.embassyofireland.ch
Mo–Fr 10–12 und 14–16 Uhr

Einkaufen

Irland ist ein Einkaufsparadies – jedenfalls, was die **Öffnungszeiten** angeht. Die meisten Geschäfte sind von Montag bis Samstag zwischen 9 und 17 Uhr geöffnet, oftmals noch länger. Auch der Sonntag ist kein Ruhetag, meist öffnen die Geschäfte jedoch etwas später. Selbst an Feiertagen kann man in Kaufhäusern und Supermärkten einkaufen. Nur am 25. Dezember bleiben alle Geschäfte geschlossen. Auf den Dörfern sind die Ladenöffnungszeiten zwar etwas eingeschränkter, in der Regel findet sich jedoch immer ein kleiner Kaufmann, der zumindest die wichtigsten Lebensmittel sowie Zeitungen und Zigaretten zum Verkauf anbietet. Anders bei den **Tankstellen**: Selbst in den Großstädten schließen die meisten Tankstellen am Abend und öffnen erst wieder ab etwa 7 Uhr morgens.

Natürlich hat dieser Rund-um-die-Uhr-Service seinen Preis. Dies spürt man vor allem bei den kleinen Geschäften, deren **Preise** für viele Artikel unverhältnismäßig hoch sind. Hier sollte man also nur in absoluten Notlagen einkaufen. Wer Lebensmittel und Dinge des täglichen Bedarfs günstig einkaufen will, der ist bei den Supermarktketten am besten bedient. In der Republik Irland sind dabei Aldi, Dunnes, Lidl, SuperValu und Tesco mit einem breiten Angebot und günstigen Preisen führend. In Nordirland kommen noch Asda und Sainsbury dazu. Preisvergleiche zwischen den Supermärkten lohnen sich ebenfalls, vor allem bei besonders hochpreisigen Artikeln.

Neben Bargeld akzeptieren die meisten Geschäfte (wichtige Ausnahmen sind Lidl und Aldi) auch **Kreditkarten**, die jedoch mit Chip- und-PIN-Technologie ausgestattet sein müssen. Daneben machen viele Geschäftsinhaber den Einsatz einer Karte von einem Einkauf in Mindesthöhe abhängig, meist gelten 10 € oder 10 £ dabei als Grenze.

Zigaretten sind richtig teuer! Wer aufs Rauchen nicht verzichten kann, der sollte sich unbedingt noch auf dem heimischen Flughafen eindecken. Innerhalb der EU ist der zollfreie Import von Zigaretten für den eigenen Bedarf weitgehend möglich, wer als Erwachsener aus Deutschland etwa zwei Stangen Zigaretten mit sich führt, bewegt sich immer noch in den vom Zoll tolerierten Grenzen.

Ebenfalls hoch sind die Kosten für **Alkohol** jeder Art. Tatsächlich ist es günstiger, in Deutschland gekauften irischen Whiskey mit sich zu führen, als das „Wasser des Lebens" im Erzeugerland selbst zu kaufen.

Als typische **Souvenirs** aus Irland gelten alle Arten von Guinness-Fanartikeln (und die gibt es nun wirklich für jeden Geschmack und Geldbeutel), Aran-Pullover, Sportbekleidung in den Farben und mit den Emblemen irischer Vereine oder Counties, Claddagh-Ringe und –Anhänger (s. S. 445), Kleidung und vor allem Mützen aus Tweed und mit „typisch keltischen Motiven" verzierte Gebrauchsgegenstände oder Schmuckstücke. Ungeheuer populär sind auch kleine Modelle von irischen Häusern, für die ein Stückchen Torf zum Abbrennen beigelegt wird – gewissermaßen ein Räuchermännchen auf Irisch.

Irisches Kunsthandwerk wird oftmals von den Künstlern direkt verkauft, an zahlreichen Orten haben sich mit staatlicher Hilfe Kunsthandwerker in Gemeinschaftsateliers zusammengefunden und lassen sich bei der Arbeit über die Schulter schauen. Ein sehr schönes Beispiel ist das Kilkenny Design Center (s. S. 323), aber auch wesentlich einfacher gehaltene Einrichtungen wie das Donegal Craft Village (s. S. 526) oder der Buttermarket in Enniskillen (s. S. 552) sind immer wieder einen Zwischenstopp wert. Dabei werden in den verschiedenen Betrieben die unterschiedlichsten Artikel hergestellt, von Strickwaren über Drechslerarbeiten bis hin zu Schmiedekunst kann alles dabei sein. Sehr oft trifft man auch auf Töpfer, von denen einige mittlerweile internationalen Erfolg genießen. Diese haben dann aber meist nicht mehr nur ein kleines Studio, sie betreiben regelrechte „Ausflugsziele", wie z. B. Louis Mulcahy auf der Dingle Halbinsel (s. S. 403).

Essen und Trinken

Die irische Küche ist besser als ihr Ruf. Das einzige im Ausland wirklich bekannte irische Gericht ist das Irish Stew. Dabei hat das Land weitaus mehr zu bieten. Basis der meisten regionaltypischen Gerichte ist fast immer die Kartoffel.

Grundsätzlich kann man in Irland überleben, ohne einmal die lokale Küche genossen zu haben – internationale Fast-Food-Ketten und eine hohe Zahl an internationalen Restaurants (vor allem asiatische) machen es möglich, sogar den Verlegenheitsgang zum „Chippie" (Schnellimbiss mit dem typischen Gericht Fish & Chips) zu vermeiden. Im Gegenteil: Es ist sogar relativ schwierig, Restaurants mit typisch irischer Küche zu finden.

Restaurants

In ganz Irland findet man normale Restaurants, die **gutbürgerliche Küche** anbieten. Vor allem auf dem Lande gibt es zahlreiche, oft an Pubs angeschlossene Speisegaststätten, in denen teilweise auch typisch irische Gerichte wie Colcannon und Boxty (s. S. 52) serviert werden. In den größeren Städten sind Restaurants oft sehr teuer, nicht immer eine Garantie für Service und Qualität. **Gourmet-Lokale** erkennt man, wenn überhaupt, an Plaketten oder Auszeichnungen neben dem Eingang. Wer tatsächlich eine kulinarische Reise durch Irland wagen will, der sollte in den jährlich neu erscheinenden Restaurantführer von Georgina Campbell investieren, hier werden sehr gute Hinweise gegeben.

In den letzten Jahren haben immer mehr Restaurants verschiedener **Länderküchen** geöffnet, die sich erfolgreich am Markt behaupten. Begonnen hatte diese Entwicklung vor allem mit indischen Restaurants (oft von Pakistanis betrieben) und dem allfälligen Chinesen, der seit einigen Jahren auch gerne Thai-Gerichte anbietet. Die Qualität dieser Restaurants ist unterschiedlich, es empfiehlt sich ein Blick in den Gastraum: Sitzen dort viele Angehörige der jeweiligen ethnischen Minderheit, ist die Küche zumindest „authentisch" – was für den westlichen Gaumen bei einem Vindaloo schon den Feuertod bedeuten kann. Gerade in den großen Städten sind noch afrikanische, vorderasiatische und erstaunlich häufig koreanische Restaurants dazugekommen. Die verschiedenen europäischen Küchen sind eher schwach vertreten, die meisten Pizza-Restaurants pflegen einen US-amerikanischen Stil.

Kaufhausrestaurants können eine Alternative sein. Eine Reihe von Kaufhäusern und Supermärkten hat eigene Restaurants, gelegentlich sehr gut ausgeschildert und ab und an umso besser versteckt. Diese bieten meist Frühstück, Mittagessen und Kaffee an, je nach Öffnungszeit des Kaufhauses auch noch warme Abendmahlzeiten. In der Regel sind die Mahlzeiten von ordentlicher Qualität, wenn auch nicht unbedingt eine kulinarische Offenbarung. Die Preise dagegen sind oftmals recht günstig.

An die großen Museen mit hohem Publikumsverkehr sind oftmals eigene Cafés oder sogar **Museumsrestaurants** angeschlossen, die in der Regel aber einen eigenen Wirtschaftsbetrieb bilden und zum Teil hohe Mieten zahlen müssen. Deshalb sind die Preise hier in vielen Fällen recht hoch. Und doch hat ein Museumsrestaurant auch klare Vorteile. Beim Nationalmuseum in Dublin etwa kann so zwischen den einzelnen Ausstellungen problemlos ein Imbiss eingenommen werden. Die Bandbreite der Qualität und Preise in diesen Restaurants ist enorm, ein kurzer Blick auf das Angebot kann gelegentlich wie eine kalte Dusche wirken. Andererseits gibt es auch wirklich empfehlenswerte Restaurants, wie etwa das Silk Road Café in der Chester Beatty Library.

Und dann wären da noch die **Roadside Cafés**. Dies sind kleinere Restaurants, teilweise sogar nur Imbissstände, die v. a. auf die Bedürfnisse von Autofahrern und Truckern eingerichtet sind. Das Angebot schließt meist Hamburger, Breakfast Rolls, warme Getränke und Schokoriegel ein.

Vegetarische Restaurants findet man nur selten, der Verzehr von Fleisch ist nach wie vor Standard. Sehr empfehlenswert sind allerdings die Govinda's-Restaurants in Dublin, die nach den Richtlinien der Hare-Krishna-Bewegung betrieben werden und garantiert fleischlose (oder auch „Karma-freie") Gerichte anbieten. In den meisten anderen Restaurants muss die Speisekarte genau nach vegetarischen Optionen durchsucht werden, die breiteste Auswahl bieten dabei asiatische und indische Restaurants.

€ Wann günstig essen?

Da die Hauptmahlzeit in Irland am Abend eingenommen wird, bei einem Restaurantbesuch bevorzugt nach 19 Uhr, sind Speisen vor dieser magischen Grenze oftmals wesentlich preiswerter. Viele Restaurants und Pubs bieten zudem einen günstigen Mittagstisch an. Auch ist es durchaus noch normal, dass die Preise für dieselben Gerichte im Laufe des Abends in die Höhe schnellen. Oftmals werden um 19 Uhr durch das Personal einfach die Speisekarten ausgetauscht. Auf die Qualität der Gerichte oder den Service hat diese wundersame Verteuerung keinen Einfluss.

Pubs

Größere Pubs haben oft ein recht gutes Angebot an Mahlzeiten, das sogar preislich attraktiv sein kann (den größten Profit machen die Wirte immer noch mit flüssiger Nahrung). Dabei unterscheidet man zwischen den Varianten Pub Food und Carvery, obwohl die Grenzen mittlerweile stark verschwommen sind. Pub Food sind im Wesentlichen Snacks und kleine Mahlzeiten, die schnell zubereitet werden können und nur eine Ergänzung zum Getränk darstellen. Hat der Pub eine Carvery, gibt es irgendwo einen Tresen, hinter dem frische Stücke vom Braten abgeschnitten werden und dann zusammen mit Kartoffeln und Gemüse eine wirklich vollwertige Mahlzeit bilden.

Cafés

Obwohl Irland nicht das klassische Kaffeeland ist, haben sich zahlreiche Cafés hier etabliert. Die meisten davon bieten auch kleine Imbisse an, wobei dies eine Bandbreite von süßen Teilchen bis hin zu vollwertigen Mittagessen einnehmen kann. Die Preise schwanken sehr stark, es lohnt sich aber oft, Kombi-Angebote wahrzunehmen. So kann etwa ein Bagel mit Kaffee billiger werden als ein Bagel ohne Kaffee! Eine böse Falle in vielen Cafés ist aber die Frage „Möchten Sie noch ...?" Während einige Cafés Beilagen schon in den Endpreis eingerichtet haben, berechnen andere sie extra. Fragen Sie daher, ob die angebotene Beilage im Preis inbegriffen ist.

Fast Food

In Irland sind die internationalen Fast-Food-Ketten vertreten: also **Burger King**, **Kentucky Fried Chicken** und **McDonalds**, das Angebot ist in etwa dasselbe wie in Kontinentaleuropa (mit der berühmten Ausnahme, dass ein Hamburger Royal in Irland ein *Quarterpounder* ist). Drei irische Ketten gesellen sich hinzu. **O'Brien's Sandwich Bars** bieten belegtes Weißbrot in einigen Dutzend Versionen an, frisch zubereitet hinter dem Tresen. **Supermacs** ist gewissermaßen die irische Version einer Hamburger-Kette, hat aber einige landestypische Gerichte wie die Breakfast Roll. Als Dritter im Bunde existiert **Abrakebabra**, eine vor allem auf Döner Kebab spezialisierte Kette – wobei hier der Kebab ausschließlich aus Pressfleisch hergestellt wird.

Fish & Chips, das archetypische Abendessen aus der Tüte, muss jeder Besucher mindestens einmal probiert haben, komplett mit einer Handvoll Salz und ungefähr einem halben Liter Essig auf den Chips. Um Überraschungen zu vermeiden, sei gesagt, dass Chips nicht den bekannten Kartoffelchips entsprechen, sondern eher eine sehr grob zurechtgeschnittene Variante von Pommes Frites sind. Wer Pommes Frites möchte, sollte *Fries* bestellen. Der Fischanteil in diesem traditionsreichen Gericht kann aus verschiedenen Fischsorten bestehen, die preislich unterschiedlich gehandelt werden. Der Fisch wird vor der Zubereitung in einer Fritteuse grundsätzlich mit einer Art Panade umhüllt, entweder tatsächlich aus Brotkrümeln bestehend oder in Form eines Teiges. Bestellt man das Gericht mit *salt and vinegar*, wird meistens ziemlich stark gesalzen und Essig in angemessener Menge dazugegeben. Anfänger sollten *Just a Bit* bestellen. Eine typische Beilage sind dann noch *Mushy Peas*, bis auf die Konsistenz von Kartoffelbrei zerkochte Erbsen.

Trinkgeld

Gibt man in Irland Trinkgeld? Und wie viel? Dazu gibt es keine klaren Regeln. Dennoch ein paar Hinweise: In **Pubs** wird in der Regel kein Trinkgeld gegeben, das Personal am Tresen erwartet auch keins. In **Restaurants und Cafés mit Tischbedienung** liegt das Trinkgeld im Ermessen des Gastes. Ein Richtwert ist 10 %. Viele Restaurants allerdings berechnen eine Pauschale, die „Service Charge". Diese muss auf der Speisekarte ausgewiesen sein. Wenn die Pauschale berechnet wird, ist ein Trinkgeld unnötig.

Der einzige andere Berufsstand in Irland, der auf Trinkgeld wartet, sind **Taxifahrer**. Auch hier ist der Richtwert 10 % oder eine annähernde Rundung des Fahrpreises.

Supermärkte

In vielen Supermärkten und auch kleineren Geschäften wird warmes Essen von der heißen Theke angeboten. Dies ist zwar nicht unbedingt der kulinarische Höhepunkt einer Irland-Reise, aber oftmals bietet der **Deli Counter** eine preisgünstige Möglichkeit, sich den Bauch mit warmem Essen vollzuschlagen. Die Preise variieren dabei sehr stark, am günstigsten sind in den meisten Fällen die großen Supermarktketten. Das Standardangebot beginnt meistens mit diversen Kartoffelsorten, dazu dann Würstchen, Schinken, Spiegelei und andere Beilagen. Teilweise können auch selbst belegte Pizzen binnen Minuten aufgebacken werden. Größere Märkte haben oft auch Rippchen, Schweinshaxen, Hähnchenteile oder ganze Brathähnchen im Angebot. Bei Letzteren ist Vorsicht geboten, sie sind nicht annähernd so knusprig, wie man es von zu Hause gewohnt sein mag.

Größere Supermärkte bieten oft eine **Salattheke**, die eigene Zusammenstellung wird dann nach Gewicht abgerechnet. Gewöhnungsbedürftig sind die zahlreichen schweren, mit Mayonnaise belasteten Salate und die irische Version des Kartoffelsalats (ungeschälte Babykartoffeln in einer Essigsauce). Es lohnt sich auch, einen vergleichenden Blick in die Kühlregale zu werfen, wo oftmals abgepackte Salate erhältlich sind. Diese sind gelegentlich preiswerter und appetitlicher.

Das traditionell bunt belegte Weißbrot, das **Sandwich**, wird eigentlich an jeder Straßenecke angeboten. Findet der Besucher keine ausgewiesene Sandwich-Bar, springt er in den nächsten Supermarkt oder kleinen Laden und findet dort eine Auswahl im Kühlregal, sauber in Plastik verschweißt und für den kleinen Hunger zwischendurch geeignet. Aufkleber mit den Inhaltsstoffen sind oftmals hilfreich bei der Identifizierung des Belags. Beliebt ist vor allem BLT (Bacon, Lettuce and Tomato, also gekochter Schinken mit etwas Gemüse), ungewöhnliche Inhaltsstoffe sind für den Mitteleuropäer *Stuffing* (eine Masse aus Brotkrümeln und Gewürz, mit der etwa ein Truthahn gefüllt wird) und *Coleslaw* (eine Mischung aus Weißkohl, Karotten und Mayonnaise). Leider sind mittlerweile viele Sandwiches hoffnungslos überteuert, ein Preisvergleich lohnt sich. Gerade Supermärkte bieten oft auch attraktive Kombi-Angebote mit Getränken.

Selbstversorger

Am günstigsten lebt nach wie vor der Selbstversorger, der sich seine Lebensmittel im Supermarkt oder Gemüseladen kauft und dann selbst zubereitet. So z. B. lässt sich eine Riesenportion Sandwiches für eine fünfköpfige Familie für den Bruchteil eines Preises herstellen, die ein wesentlich bescheideneres Mahl aus der Kühltheke kosten würde.

Viele **Schlachtereien** haben im Verkaufsraum eine heiße Theke, die Qualität und das Angebot entsprechen in etwa dem Deli Counter in einem Supermarkt.

Bioprodukte

In eigentlich allen größeren irischen Geschäften gibt es eine zumindest kleine Auswahl an Bioprodukten, meist gekennzeichnet durch die Bezeichnung „Organic". Man kann davon ausgehen, dass solche Bezeichnungen auch korrekt verwendet werden. Die Preisunterschiede zu den konventionellen (aber nicht unbedingt schlechteren) Produkten können erheblich sein. Man sollte auch auf das Herkunftsland achten, teilweise wird Gemüse aus ökologischem Anbau im Kühlcontainer eingeflogen.

Wer bei seiner Ernährung auf die Vermeidung bestimmter Produkte achten muss (oder will), der hat es in Irland leicht. Eigentlich jeder Supermarkt hat eine Ecke mit z. B. glutenfreien Produkten, auch Sojamilch ist fast überall zu bekommen.

Gute Nachricht für Vegetarier

Die Kennzeichnung fleischloser Lebensmittel in den Geschäften ist fast durchgängig gegeben, sodass man selbst vegetarische Produkte mühelos erkennt, die man von zu Hause nicht kennt.

Typisch irische Gerichte

Boxty vor allem in der nördlichen Hälfte Irlands bekannte Beilage, bestehend aus geriebenen (rohen) Kartoffeln, die dann gepresst werden und vor dem Essen in die Bratpfanne oder auf den Grill kommen. Neben dem klassischen Boxty, der als etwa faustgroßes Stück verkauft wird, gibt es *Boxty Bread* und *Boxty Pancakes*.

Breakfast Roll zu Deutsch etwa „Frühstücks-Brötchen". Ein komplettes Irish Breakfast wird in ein Baguette gepresst und kann dann locker während der Fahrt zur Arbeitsstelle genossen werden. Als Extras gibt es diverse Saucen.

Brown Sauce eine vor allem aus Essig bestehende Sauce, Alternative zum Ketchup.

Champ in Ulster gebräuchliche Bezeichnung für *Colcannon*.

Chip Butty zwei Scheiben Toastbrot mit einer Portion Chips dazwischen, gewöhnungsbedürftig, aber nahrhaft.

Chips grob geschnittene und frittierte Kartoffeln, die irische Variante der Pommes Frites.

Coddlepot oder Dublin Coddle Eintopfgericht aus Kartoffeln, Zwiebeln, Würstchen und Schinken. Die ideale Basis für einen langen Abend im Pub.

Colcannon sehr zufriedenstellender Mix aus Kartoffelbrei, kleingehacktem Kohl und Zwiebeln, serviert mit darauf schmelzender Butter.

Crisps die irische Bezeichnung für Kartoffelchips, das Spektrum der Geschmackssorten reicht von „Gesalzen" über „Gesalzen mit Essig" bis hin zu „Ente in Hoi-Sin-Sauce". Crisps werden oft als vollwertige Beilage gereicht, etwa zum Sandwich oder zum Salat.

Custard Vanillesauce.

Irish Breakfast der Tagesbedarf an Kalorien für einen normalen Menschen auf dem Frühstücksteller. Das durchschnittliche Frühstück besteht aus Spiegelei oder Rührei, einem gebratenen Stück *Potato Bread*, gebratenen Würstchen, gebratenem Pudding, gegrilltem Schinken, sautierten Pilzen, gebackenen Bohnen in einer sehr süßen Tomatensauce und (eine Konzession an den Vitamingehalt) eine halbe, gegrillte Tomate. Dazu gibt es Toast, Butter, Marmelade sowie Ketchup und *Brown Sauce*. Und in der Regel eine Kanne Tee.

Irish Stew Eintopfgericht aus Lammfleisch, Kartoffeln und Zwiebeln, in den letzten Jahren auch durch Karotten ergänzt.

Jam Marmelade aus roten Früchten.

Marmalade Marmelade aus Zitrusfrüchten.

Pasties Teigtaschen mit unterschiedlichen Füllungen, sehr beliebt sind **Cornish Pasties** mit der klassischen Füllung aus Hackfleisch, Kartoffeln und Gemüse.

Pickled Eggs hartgekochte Eier, die in Essig eingelegt wurden.

Pies Pasteten mit unterschiedlichen Füllungen.

Porridge Haferbrei, der mit Milch oder Wasser gekocht und entweder süß oder gesalzen gegessen wird.

Potato Bread meist ein flaches, an einen quadratischen Pfannkuchen erinnerndes Brot, das aus Mehl und Kartoffeln hergestellt wird.

Pudding oft keine Süßspeise, sondern eine deftige „Wurst". Von vielen Touristen gefürchtet wird der **Black Pudding**, zu dessen hauptsächlichen Inhaltsstoffen Blut gehört.

Shepherd's Pie ein nahrhaftes Gericht auf der Basis von Hackfleisch mit Gemüse, die Mixtur wird dann mit Kartoffelbrei überdeckt und gebacken.

Southern Fried Chicken gebratenes oder frittiertes Huhn in einer würzigen Umhüllung.

Spotted Dick wörtlich übersetzt ein „gefleckter Richard" oder ein „pickeliger Penis", in Wirklichkeit aber eine sehr gut schmeckende

„Trinken" in der Öffentlichkeit

Der Genuss von Alkohol im öffentlichen Raum, also vor allem auf Straßen und Plätzen, ist mittlerweile in fast allen Städten untersagt und wird mit deftigen Geldstrafen geahndet. Die Hinweisschilder zeigen meist einen rot durchgestrichenen Bierhumpen ... Die Ausrede, man trinke doch aus der Dose, wird nicht akzeptiert. Als Tourist kommt man bei einer Zuwiderhandlung in der Regel mit einer freundlichen Ermahnung davon, man sollte diese jedoch nicht unbedingt herausfordern.

Süßspeise aus Mehl, Fett und getrockneten Früchten, meist Korinthen, mit Vanillesauce.

Three in One eine Spezialität vieler chinesischer Imbisse, die ultimative „Fusion" und die Basis ungezählter Abendmahlzeiten von Pubbesuchern und Partygängern. In einem Behälter aus Aluminium findet man ein Gemisch aus Chips, gekochtem Reis und Currysauce. Magenfüllend.

Ulster Fry-die nordirische Variante des Irish Breakfast, die sich nur minimal unterscheidet, aber oft von einem Stück in Butter gebratenen Toast oder (seltener) Sodabrot begleitet wird.

Getränke

Grundsätzlich sind in den Supermarktregalen alle gängigen und in Mitteleuropa bekannten Getränkemarken erhältlich. Vorsicht ist lediglich geboten bei den sogenannten **Squash**, dies sind Saftkonzentrate, die unbedingt mit Wasser verdünnt werden müssen. Apropos Wasser: **Mineralwasser** in allen Formen ist auch in Irland erhältlich, obwohl die ersten irischen Abfüller noch vor wenigen Jahren ausgelacht wurden. Die Mineralwasserpreise sind teilweise sehr hoch, die Qualität dagegen oft nicht höher als beim Leitungswasser.

Besonders beliebte und bekannte Getränke in Irland sind folgende:

Alcopops Mixgetränke mit relativ hohem Alkoholgehalt, der jedoch von Bonbonsüßen Säften übertüncht wird. Die teilweise in extremen Neonfarben leuchtenden Mixturen sind vor allem bei der jüngeren Generation beliebt und werden in Fehleinschätzung des Alkoholanteils sehr schnell und in großen Mengen getrunken.

Ale ein meist dunkles Bier (Ausnahme *Pale Ale*) mit würzigem Geschmack, etwas an Bock- oder Starkbier erinnernd.

Cider eine Art herber Apfelwein, Varianten sind der liebliche *Sweet Cider* und der (seltener erhältliche) *Scrumpy*, eine trübe Version.

Guinness Markenname eines in Dublin gebrauten Stout (s.u.), aber auch anderer Produkte der Brauerei. Aus Nigeria importiert werden mittlerweile Guinness Malta (ein alkoholfreies Malzbier) und das in Afrika beliebte, einen wesentlich höheren Alkoholanteil besitzende Guinness.

Herbal Tea oder Infusions Früchte- oder Kräutertee.

Horlicks ein Malztrunk, der heiß genossen für einen erholsamen Schlaf sorgen soll.

Irish Coffee eine Kombination aus heißem Kaffee, irischen Whiskey und Sahne. Ursprünglich erfunden, um die Lebensgeister der ersten Transatlantik-Passagiere wieder zu beleben.

Irish Cream ein Likör mit hohem Sahneanteil.

Leitungswasser bedenkenlos genießen?

Die Qualität des irischen Trinkwassers kann stark schwanken. Gelegentlich wird auch schon einmal ein ganzes Wassernetz als „gesundheitsgefährdend" eingestuft. Dabei sind Farbe und Geruch nicht unbedingt ein Hinweis auf Gefahren. Wer sicher gehen will, sollte sich vor Ort erkundigen oder doch lieber Flaschenwasser trinken. Siehe auch S. 59 und S. 205.

Im Pub

In Pubs gibt es keine Bedienung. Getränke werden am Tresen bestellt, sofort bezahlt und dann selbst zum Tisch getragen.

Befindet sich der Besucher in einer fröhlichen Runde mit Iren, lernt er schnell das verhängnisvolle „Rundensystem" kennen. Diese Tradition verlangt, dass jeder am Tisch eine Runde schmeißt. Wer sich davor drückt, trinkt am nächsten Abend alleine. Dieses System hat zwei Nachteile. Nachteil Nr. 1 ist, dass jeder Mittrinker versucht, seine Runde noch vor der Sperrstunde einzubringen. Sind also acht Mann in der Runde, müssen (mindestens) acht Pints pro Person vernichtet werden. Nachteil Nr. 2 ist, dass viele Ausländer das System nicht begreifen oder sogar absichtlich ausnutzen und sich freihalten lassen. Achten Sie also darauf, angemessen früh Ihre Runde einzubringen, dann können Sie auch unbesorgt später aus dem Kreislauf aussteigen, ohne böse Blicke zu ernten.

Kaffee die Qualität des Kaffees in Irland ist sehr schwankend, zumal selbst bessere Restaurants nicht davor zurückschrecken, den billigsten Instantkaffee auszuschenken.

Lager ein helles, süffiges Bier, das am ehesten dem Pils nahekommt (aber dieses nicht erreicht). Das Getränk der Wahl für Kampftrinker, auch bekannt als „Lager Louts".

Stout ein dunkles, fast schwarzes Bier mit sehr intensivem Geschmack, der bekannteste Markenname ist Guinness.

Poitin oder Poteen das „kleine Töpfchen" ist der gängige Name für einen aus Kartoffeln, Getreide, Hefe und teilweise Früchten gebrauten Schnaps, der traditionell illegal hergestellt wurde, mittlerweile aber auch ganz normal im Handel erhältlich ist.

Porter ursprünglich eine etwas schwächere Version des Stout (s.o.), der Begriff ist nicht mehr im allgemeinen Gebrauch.

Tee grundsätzlich schwarzer Tee. Irland ist das Land der westlichen Welt, in dem am meisten Tee pro Kopf getrunken wird, i. d. R. mit Milch und Zucker. Die bekannteste Variante abseits des ganz normalen Schwarztees ist der mit Bergamottöl verfeinerte *Earl Grey. Specialty Teas*, also aromatisierte oder gemischte Teesorten, sind im Supermarkt erhältlich. Die in Mitteleuropa verbreiteten Teeläden sind so gut wie unbekannt. Ebenfalls keinen großen Bekanntheitsgrad genießen grüner und weißer Tee, beide sind jedoch erhältlich.

Wein das Weinangebot in Irland hat sich, vor allem in Restaurants der etwas gehobenen Preisklasse, in den letzten Jahren verbessert. Es ist zwar noch nicht unbedingt von Weltklasse, hat jedoch das alte Vorurteil hinter sich gelassen, dass es genau zwei Weine zur Auswahl gäbe: roten und weißen. Sehr bekannt sind australische und kalifornische Weine, die Auswahl an europäischen Weinen ist mehr oder minder zufällig. Der beliebteste deutsche Wein ist Liebfrauenmilch.

Whiskey neben Guinness das zweite Nationalgetränk und von verschiedenen Herstellern in einer verwirrenden Anzahl von Varianten erhältlich. Kenner genießen das goldene Wasser des Lebens (so die ursprüngliche Bedeutung) unverdünnt und auf Raumtemperatur.

Feste und Feiertage

Für die Reiseplanung sollte man drei Dinge wissen: Die Feiertagsregelungen in der Republik und in Nordirland unterscheiden sich voneinander, wobei die Geschäfte lediglich am 25. Dezember geschlossen bleiben und sich folglich für den Besucher daraus keine Probleme ergeben dürften.

Es besteht die Regelung, dass bewegliche Feiertage, die auf ein Wochenende fallen, am darauf folgenden Montag nachgeholt werden. Ist der 1. Januar etwa ein Samstag, wird stattdessen der 3. Januar freigegeben. An solchen verlängerten Wochenenden (zu denen auch alle Bank Holidays gehören), scheint ganz Irland unterwegs zu seien, viele touristische Ziele sind dann überlaufen. Für die Urlaubsplanung heißt das, die Unterkünfte rechtzeitig zu buchen. Zudem können Banken geschlossen, die Bankomaten regelrecht geplündert sein.

Und schließlich gibt es eine absolute Unzuverlässigkeit im Umgang mit den Feiertagen allgemein – an den meisten Feiertagen sind lediglich die Banken und Behörden wirklich geschlossen, Geschäfte in den größeren Orten dagegen öffnen wie an einem Sonntag spätestens gegen Mittag und schließen etwa gegen 17 oder 18 Uhr.

Der einzige echte Feiertag ist der erste Weihnachtsfeiertag (25. Dezember). Ein Tag von ähnlicher Dramatik ist der Karfreitag, an dem kein Alkohol verkauft oder ausgeschenkt werden darf. Was zu regelrechten Panikkäufen am Gründonnerstag führt.

Gesetzliche Feiertage

1. Januar Neujahrstag

17. März Saint Patrick's Day

Karfreitag gesetzlicher Feiertag nur in Nordirland, in der Republik Irland haben die Banken und Behörden geschlossen und es darf kein Alkohol ausgeschenkt werden

Ostermontag

Erster Montag im Mai Bank Holiday

Letzter Montag im Mai Bank Holiday nur in Nordirland

Erster Montag im Juni Bank Holiday nur in der Republik Irland

Patrick's Parade – Dublins buntestes Spektakel

Vorsicht Stau!

Wer eine Fähre erreichen oder aus anderen Gründen pünktlich am Ziel ankommen muss, der sollte sich genauer mit der Feiertagsregelung beschäftigen. Denn nicht selten bilden sich lange Staus, wenn z. B. die Bewohner der Republik an Feiertagen in einer Art Massenexodus Richtung Norden aufbrechen. Und wer dann im 1- oder 2-stündigen Stau auf der Autobahn kurz vor Newry steht, wird vielleicht die Fähre in Belfast verpassen. Vor allem die Freitage vor Bank Holiday Weekends und die Tage vor Weihnachten lassen den Verkehr ungeheuer anschwellen. Zu diesen Gelegenheiten kann es auch zu erheblichen Engpässen bei den öffentlichen Verkehrsmitteln kommen.

12. Juli Battle of the Boyne Day oder Orangemen's Day, nur in Nordirland

Erster Montag im August Bank Holiday nur in der Republik Irland

Letzter Montag im August Bank Holiday nur in Nordirland

Letzter Montag im Oktober Bank Holiday nur in der Republik Irland

25. Dezember Christmas Day, der einzige Tag des Jahres, an dem tatsächlich ganz Irland stillsteht.

26. Dezember St. Stephen's Day oder Boxing Day

Weitere wichtige Festtage

Neben den gesetzlichen Feiertagen gibt es einige religiöse Festtage, die im irischen Jahreskalender wichtig sind. Sie werden jedoch eher im Privatbereich begangen und haben keinen Einfluss auf Öffnungszeiten oder das Geschäftsleben:

Februar St. Bridget's Day, auch Frühlingsanfang (im vorchristlichen Kalender *Imbolc*).

Aschermittwoch viele katholische Iren tragen heute noch das Kreuz aus Asche auf der Stirn.

31. Oktober Halloween (im vorchristlichen Kalender *Samhain*), vielerorts Grusel-Paraden.

8. Dezember Fest der Unbefleckten Empfängnis und traditionell der Tag, an dem die Landbevölkerung in der nächstgrößeren Stadt Weihnachtsgeschenke kauft, mit viel Gedränge in den Einkaufsstraßen ist zu rechnen.

Fotografieren

Fantastische Fotomotive findet man in Irland im Überfluss. Taktgefühl ist, wie stets, angezeigt, wenn man Menschen ablichten möchte. Durch den Missbrauchsskandal und die zum Teil sensationsheischende Berichterstattung sind viele Iren, aber auch Behörden sowie öffentliche Einrichtungen, mittlerweile gegen „Pädophile" übersensibilisiert. Oftmals reicht der Verdacht, man wolle ein fremdes Kind fotografieren, um eine Auseinandersetzung mit wohlmeinenden Erwachsenen zu provozieren. In vielen Einrichtungen ist es sogar ausdrücklich untersagt, fremde Kinder zu fotografieren. Eine schriftliche Erlaubnis, für die man einen Fragebogen ausfüllen muss, verpflichtet zur Einhaltung dieser Bestimmungen. Da niemand die Angaben zur Person überprüft, hat dies allerdings eher eine Alibifunktion.

Nicht unproblematisch ist es auch, bei Demonstrationen und Versammlungen, die im Zusammenhang mit der Teilung Irlands stehen, zu fotografieren. Es wird immer Beteiligte geben, die hinter dem Fotografen einen Spitzel der anderen Seite vermuten. Auch hier kann es schnell zu handgreiflichen Auseinandersetzungen kommen.

Ob man in Museen und Ausstellungen fotografieren darf, sollte man am jeweiligen Informationsschalter erfragen. Meist geben Piktogramme einen Hinweis. Wo sie fehlen, heißt das noch lange nicht, dass Fotografieren erlaubt ist.

Frauen unterwegs

Generell ist Irland ein sicheres Reiseland für Frauen, es sind keine besonderen Vorsichtsmaßnahmen zu treffen. Und doch gibt es ein paar Dinge zu beachten. Die Zahl der Vergewaltigungen und sexuellen Belästigungen und ist in den letzten Jahren laufend angestiegen, wobei Touristinnen eher selten zu den Opfern zählten. Dabei ist natürlich die Grenze zwischen einem willkommenen Flirt und einer sexuellen Belästigung individuell verschieden anzusetzen. Das Bild des charmanten, verschmitzten Iren, der seine Aufmerksamkeit gerne den Touristinnen widmet, kann sich schnell ins Gegenteil verkehren. Viele Iren scheinen die Bedeutung des Wortes „Nein" sehr flexibel auszulegen und können im Laufe eines Abends im Pub langsam, aber sicher sehr lästig werden. In so einem Fall ist die beste Methode, ihnen das Desinteresse an näherem Kontakt ohne dezente Umschreibungen direkt ins Gesicht zu sagen.

Auf keinen Fall ist es zu empfehlen, alleine auf sog. „House Parties" mitzugehen, wenn der Pub schließt. Oft sind die „Feierlichkeiten" durch extremen Alkohol- und illegalen Drogengenuss geprägt.

Geld

In der **Republik Irland** gilt der **Euro**, wobei Scheine über 50 € kaum gebräuchlich sind und oft nur zögerlich oder auch überhaupt nicht angenommen werden. Automaten akzeptieren in der Regel kein „Kupfergeld", also Münzen kleiner als 10 Cent.

In **Nordirland** gilt das **Pfund Sterling** (£, ein Pfund entspricht 100 Pence, p), das es als Münzgeld zu 1 p, 2 p, 5 p, 10 p, 20 p, 50 p, 1 £ und 2 £ gibt. Als Geldscheine sind vor allem Werte von 5, 10, 20 und 50 £ im Umlauf, höhere Scheine werden wiederum selten verwendet und akzeptiert.

Ganz wichtig: Die verschiedenen Privatbanken im Vereinigten Königreich haben das Recht, **eigene Geldscheine** auszugeben, die überall in Nordirland akzeptiert werden. So sind neben den Noten der Bank of England auch Noten der Bank of Ireland, Northern Bank oder Ulster Bank im Umlauf. Dazu kommen (allerdings wesentlich seltener) schottische Banknoten. Für den Reisenden besonders wichtig: Beim Rücktausch von Banknoten, die nicht von der Bank of England ausgegeben wurden, kann es im Heimatland zu Schwierigkeiten kommen.

In grenznahen Städten und in Belfast werden oft auch Euros als Zahlungsmittel akzeptiert – achten Sie auf den jeweiligen Wechselkurs, der zu Ihren Gunsten oder (häufiger) Ungunsten ausfallen kann. Es werden fast nur Banknoten angenommen, das Wechselgeld wird in Pfund Sterling gegeben. Auch viele Parkautomaten akzeptieren beiderseits der Grenze beide Währungen.

An Bargeld kommt man problemlos. **Bankomaten** (ATM, Cash Machine, auch „Hole in the Wall" genannt) sind weit verbreitet und werden oft auch in Geschäften bereitgestellt. Dabei wird meistens schon im Bedienfeld angezeigt, welche Karten akzeptiert werden. Wegen der zu erwartenden Kosten sollten Sie sich vor der Abfahrt mit Ihrer eigenen Bank in Verbindung setzen. Die maximale Summe, die aus Bankomaten gezogen werden kann, beträgt in Irland 700 € pro Tag. Dies kann jedoch durch die jeweilige Bank oder sogar durch den jeweiligen Bankomaten eingeschränkt werden, gerade am Wochenende auf dem Lande sind Abhebungen von maximal 200 € üblich. Wollen Sie also eine größere Rechnung (z. B. für die Unterkunft) bar bezahlen, kann dies zu einer Odyssee von Bankomat zu Bankomat führen.

Die elektronische Zahlung mit der **Bankkarte** ist in vielen Geschäften möglich, erkundigen Sie

Nur irische Euros, bitte!

Es kann in Irland kurioserweise bei Automaten passieren, dass nicht-irische Euromünzen zurückgewiesen werden – es soll da minimale Gewichtsunterschiede geben. Die Suche nach irischen Euromünzen im Geldbeutel ist an Parkautomaten durchaus ein normaler Vorgang. An den Mautstellen der Autobahn sollte, wer gerade keine irischen Münzen zur Hand hat, unbedingt an eine besetzte Kasse fahren und den Geldeinwurf vermeiden.

Wechselkurs Nordirland

1 £ = 1,17 € 1 € = 0,85 £

Aktueller Wechselkurs unter
www.oanda.com

sich vor der Fahrt bei Ihrer Bank über die Akzeptanz (oder das Partnersystem) und die Kosten. **Kreditkarten** werden allgemein akzeptiert, sind jedoch vor allem in Nordirland gelegentlich nur mit Chip und PIN benutzbar. Kleinere Geschäfte erlauben den Einsatz von Kreditkarten oft nur ab einer bestimmten Summe. Die Zahlung mit einem **Scheck** ist zwar in Irland noch weit verbreitet, Schecks von ausländischen Banken werden jedoch nicht unbedingt gerne gesehen und lassen sich in der Regel nur auf ein Konto in Irland einzahlen. Seit Mitte 2010 nehmen einige Banken auch keine **Travellerschecks** mehr an.

Bankkarten und Kreditkarten sperren

Zentraler Sperrnotruf: ✆ +49/116116.

Gepäck und Ausrüstung

Mit welchem Gepäck man reist, hängt von der Reiseart und natürlich von der Saison ab. Da die Fluggesellschaften klare Begrenzungen vorgeben und z. B. die irischen Eisenbahnen recht klein dimensionierte Gepäckräume haben, empfiehlt es sich, möglichst kompakt zu packen. Wer mit einem kleinen Gepäckstück zurechtkommt, ist in jeder Situation im Vorteil. Oftmals ist dabei der **Rucksack** die sinnvollste Alternative, auch wenn man in Dublin jeden Tag Dutzende von Menschen mit Rollkoffern durch die Innenstadt laufen sieht.

Der **Diebstahl** von größeren Gepäckstücken ist relativ selten, dennoch sollte man sein Gepäck prinzipiell nicht unbeaufsichtigt lassen. Dies kann aber zugegebenermaßen mitunter zum Problem werden, denn eine **Gepäckaufbewah-**

☒ Gepäck-Check

Hier eine kleine Liste von Gegenständen, die sich bei Urlauben in Irland als sinnvoll und fast unverzichtbar erweisen:

- ☐ **Adapter für Elektrogeräte** Für größere Geräte (mit einem hohen Stromverbrauch, etwa ein Haarfön) wird auf jeden Fall ein Adapter gebraucht, der von der üblichen Steckdose mit drei rechteckigen Öffnungen auf eine mitteleuropäische Steckdose übergeht. Solche Adapter sind vielerorts in Irland erhältlich, besser ist es jedoch, gleich einen mitzubringen. Achten Sie darauf, dass der Adapter möglichst keine eigene Sicherung hat oder aber für 13 Ampere geeignet ist. Kleinere Geräte, z. B. das Ladegerät für ein Handy, können oft auch über die Rasierer-Steckdose im Bad betrieben werden.
- ☐ **Essbesteck** immer praktisch, wenn man einen Salat aus dem Kühlregal oder ein *Takeaway* kauft und dann irgendwo in Ruhe genießen möchte. Ein einfaches Campingbesteck aus Plastik reicht meist aus, solider und gut verpackbar ist ein Essbesteck aus dem Militärbereich (im Sport- und Campinggeschäft oder US-Shop zu bekommen). Denken Sie bitte daran, dass solche Essbestecke nicht ins Handgepäck bei einem Flug nach Irland gehören.
- ☐ **Gefrierbeutel** immer praktisch, wenn etwas schnell und ordentlich verpackt werden soll, vom Sandwich bis zum Müll. Ein Dutzend Gefrierbeutel zusammengerollt nimmt keinen Platz weg und hat ein minimales Gewicht. Der Vorteil gegenüber anderen Beuteln ist die Haltbarkeit und Widerstandsfähigkeit.
- ☐ **Heftpflaster** für kleinere Verletzungen oder wunde Stellen an den Füßen.
- ☐ **Kondome** Sollte sexuelle Aktivität im Bereich des Möglichen liegen, ist es einfach eine gute Vorsorge, Kondome mit sich zu führen. Sexuell übertragbare Krankheiten sind in Irland relativ häufig, Kondome dazu teuer und im entscheidenden Moment garantiert nicht einfach zu bekommen.
- ☐ **Taschenlampe** Eine kleine Taschenlampe ist zwar nicht unbedingt ein Muss, kann aber sehr hilfreich sein.
- ☐ **Taschenmesser** ein einfaches Taschenmesser mit nur einer Klinge oder ein Schweizer Offiziersmesser mit USB-Anschluss, beide können hilfreich sein. Bei einer Flugreise dürfen Sie natürlich nicht im Handgepäck mitgeführt werden.

rung wird man meist vergebens suchen und die wenigen Schließfächer selbst in großen Bahnhöfen sind teuer, wenn sie nicht sogar auf Dauer belegt zu sein scheinen. Stellen Sie sich also darauf ein, Ihr Gepäck beim Transit zwischen den Unterkünften immer bei sich zu führen.

Eine generelle Packliste für einen Urlaub in Irland gibt es nicht. Keineswegs sollte man aber festes Schuhwerk, einen warmen Pullover und eine Regenjacke vergessen. Das Wetter in Irland ist mit „wechselhaft" eher schmeichelnd umschrieben. Man muss immer mit Niederschlägen rechnen, dazu kommen selbst im Hochsommer kältere Tage. Abzuraten ist von einem Regenschirm, der im Gewühl der Stadt nur stört und auf dem Lande eher vom Wind weggerissen wird, als dass er Schutz bietet.

Wer mit kleinem Gepäck reist, wird eventuell mal Wäsche waschen wollen. Nur in den Großstädten gibt es **Waschsalons** mit Selbstbedienung, bei zahlreichen **Reinigungen** kann man jedoch auch normale Wäsche abgeben. Allerdings sollten Sie nicht erwarten, die Wäsche nach ein paar Stunden wiederzubekommen, meist kann die Wäsche am Abend des nächsten Arbeitstages abgeholt werden. Einige Hostels bieten auch einen Waschservice an, entweder in Selbstbedienung oder durch das Personal. Bei Unterkunft in einem B&B ist es oft durchaus möglich, gegen einen kleinen Aufpreis eine Waschmaschine mitlaufen zu lassen.

Gesundheit

Besondere Gesundheitsgefahren sind für Irland nicht bekannt, daher sind auch keine vorbeugenden Impfungen notwendig. Selbst in der freien Natur sind Ansteckungsgefahren gering – Irland kennt keine Tollwut und die wenigen Zecken übertragen nur selten Krankheiten. Die Gefahr einer Ansteckung etwa mit Hepatitis C durch mangelnde Hygiene ist allerdings gegeben. Vor allem jüngere Reisende sollten sich bewusst sein, dass sexuell übertragbare Krankheiten in Irland relativ häufig vorkommen und man sich daher ohne geeignete Schutzmaßnahmen schnell anstecken kann.

Im Notfall

Bei einem akuten medizinischen Notfall oder Unfall kann man unter der Telefonnummer **112** (oder 999) einen Rettungswagen anfordern. Ein Notarztsystem existiert in Irland nicht. Dieselbe Nummer gilt auch für Polizei und Feuerwehr.

Ein großes Problem, wenn auch meistens kein ernsthaftes Gesundheitsrisiko, kann sich aus dem Leitungswasser ergeben. Gerade auf dem Lande, aber auch in Großstädten, ist das Wasser mitunter bakteriell belastet. In der westirischen Stadt Galway etwa war zeitweise während der Hochsaison das Leitungswasser nur nach Abkochen genießbar. Solche Warnungen werden jedoch eigentlich immer erst herausgegeben, wenn es bereits eine größere Anzahl von Erkrankungen gegeben hat. Da die örtliche Bevölkerung eine gewisse Resistenz gegen kleinere Verunreinigungen aufgebaut hat, sind Touristen oftmals das Opfer einer „normalen" Wasserqualität.

Arztbesuche

Benötigt man medizinischen Rat oder Hilfe, ist der Gang zu einem *General Practitioner* (GP, Allgemeinarzt) üblich – Fachärzte können nur mit Überweisung besucht werden. Eine Alternative ist die Notaufnahme eines Krankenhauses, wo man jedoch mit langen Wartezeiten rechnen muss. In beiden Fällen muss der Patient normalerweise die Behandlungskosten tragen, beim Arzt in Höhe von etwa 50 €, im Krankenhaus das Doppelte. Dies kann durch die Europäische Krankenversicherungskarte (EKVK) vermieden werden, die rechtzeitig vor der Reise bei der eigenen Krankenversicherung beantragt werden muss. Ob eine weitere Reisekrankenversicherung sinnvoll ist, lässt sich nicht endgültig sagen. Die Notfallbehandlung ändert sich durch sie nicht, allenfalls bei längeren Behandlungen oder stationärer Aufnahme können sich Vorteile ergeben.

Bei Zahnschmerzen sollte man den nächstgelegenen *Dentist* anrufen und einen Termin vereinbaren, um zumindest eine schmerzstillende Behandlung durchführen zu lassen. Für darüber hinausgehende Behandlungen sind längere Wartefristen in Kauf zu nehmen.

Eine zusätzliche, private Auslandskrankenversicherung kann nützlich sein, v. a. wenn sie den Rücktransport in die Heimat mit abdeckt. Für die medizinische Basisversorgung ist sie jedoch nicht notwendig, wenn die EKVK vorliegt.

Medikamente

Vom Arzt verschriebene Medikamente müssen in der Republik Irland grundsätzlich bar bezahlt werden, in Nordirland wird eine Rezeptgebühr fällig. Apotheken sind meist durch ein grünes Kreuz gekennzeichnet und als *Pharmacy* oder *Chemist* bekannt. Wer wegen Dauerkrankheiten auf bestimmte Medikamente angewiesen ist, sollte diese in ausreichender Menge mitführen und auch die Beipackzettel dabei haben – nicht jedes Medikament ist unter dem gleichen Markennamen in Irland erhältlich. Kopfschmerztabletten, Hustensaft und Ähnliches sind auch in normalen Läden und vielen Tankstellen erhältlich, große Supermärkte bieten diese oft zu wesentlich günstigeren Preisen als Apotheken an.

Entgegen immer noch kursierender Gerüchte ist der Verkauf von Verhütungsmitteln in Irland mittlerweile legal – Kondome sind fast überall erhältlich, aber teuer. Die Pille muss durch einen Arzt verschrieben werden, in den Städten ist der Gang zu einer Beratungsstelle für Familienplanung oder in ein Frauengesundheitszentrum oft der schnellste und einfachste Weg. Letztere sind auch die Anlaufstelle, wenn es zu ungeschütztem Geschlechtsverkehr gekommen ist und die Möglichkeit einer Schwangerschaft besteht. Die „Pille danach" ist in der Republik Irland eine absolute Ausnahmeerscheinung.

Informationen

Zur Einstimmung vor Reiseantritt oder zur gezielten Vorbereitung der Irlandreise lohnt es sich, die einschlägigen Websites des Irischen Fremdenverkehrsamtes oder anderer Organisationen zu besuchen.

Fremdenverkehrsämter

Tourism Ireland

... in Deutschland
Gutleutstr. 32, 60329 Frankfurt
✆ 069-9231850
💻 www.tourismireland.de

... in Österreich
Argentinierstr. 2/4, 1040 Wien
✆ 01-5818922
💻 www.entdeckeirland.at

... in der Schweiz
Badenerstr. 15, 8004 Zürich
✆ 044-2869914
💻 www.discoverireland.ch

In Irland und Nordirland

Dublin Tourism Centre
Suffolk St., Dublin 2
✆ 01-6057799
Zentrale Information für ganz Irland

Belfast Welcome Centre
47 Donegall Pl., Belfast
✆ 028-90246609
Zentrale Information für Nordirland.

Nützliche Websites

Wer allgemeine oder spezielle Informationen zu Irland sucht, dem wird vielleicht eine der folgenden Internetseiten nützlich sein:

💻 **www.auswaertiges-amt.de/diplo/de/Laenderinformationen/01-Laender/Irland.html**
Aktuelle Länderinformationen, auch spezielle Hinweise zu Sicherheitsfragen.

💻 **www.discoverireland.com**
💻 **www.discovernorthernireland.com**

Letztere sind die offiziellen Seiten der irischen Tourismusbehörden, untergliedert nach Regionen und Spezialthemen.

Daneben gibt es zahlreiche regionale Internetseiten, die von den örtlichen Fremdenverkehrsämtern betrieben werden. Deren Informationen sind oftmals deckungsgleich mit der allgemeinen Seite, gehen aber gelegentlich mehr ins Detail und können auch andere Abbildungen aufweisen (ein nicht unwichtiger Faktor bei der Entscheidung, ob eine Sehenswürdigkeit einen Umweg wert ist). Nicht selten stolpert man darüber, dass auf verschiedenen offiziellen Internetseiten unterschiedliche Öffnungszeiten und Preise für ein und dieselbe Sehenswürdigkeit angegeben sind. Ist diese Information für Ihre Planung wichtig, investieren Sie am besten in einen kurzen Telefonanruf.

www.geo-reisecommunity.de/reisen/irland/reiseberichte
Eine Sammlung von sehr guten Reiseberichten, zum Teil exzellent bebildert und auch mit praktischen Tipps (etwa für Motorradfahrer) versehen.

www.entertainmentireland.ie
Umfangreiche Website, die über aktuelle Veranstaltungen informiert.

www.ticketmaster.ie
Die größte Website für Veranstaltungstickets, für die wichtigsten Events können hier Eintrittskarten (auch Abholung an der Abendkasse) vorbestellt werden.

www.heritageireland.ie
Offizielle Website der unter staatlicher Verwaltung stehenden Altertümer, bietet eine sehr gute Übersicht auch in Deutsch mit sehr vielen nützlichen Tipps.

www.megalithomania.com
Private Website, die sich ausschließlich mit prähistorischen Monumenten befasst und dazu eine einmalige Auswahl an Fotos präsentiert.

cain.ulst.ac.uk
Conflict Archive on the Internet – vielleicht die beste Seite überhaupt zum Nordirlandkonflikt, rein dokumentarisch und ohne jede Wertung.

www.gov.ie
www.northernireland.gov.uk
Die offiziellen Webseiten der Regierungen der Republik Irland und Nordirlands bieten umfassende Informationen, doch es ist etwas mühsam, sich dort durchzuklicken.

www.citizensinformation.ie
Vorbildlich ist die Bürgerinformationsseite der irischen Regierung, auf der die wichtigsten Infos sinnvoll nach Themen geordnet und vor allem in einem verständlichen Englisch präsentiert werden.

Websites verschiedener Medien

Folgende Seiten sind zur aktuellen Information sehr hilfreich, zum Teil enthalten sie auch gute Veranstaltungshinweise und Tipps für Ausflüge (vor allem Do und Fr und für das Wochenende):

www.rte.ie
RTÉ, staatliches irisches Radio und Fernsehen.

www.bbc.co.uk
BBC, staatliches britisches Radio und Fernsehen.

www.irishtimes.com
Irish Times, Tageszeitung aus Dublin.

www.independent.ie
Irish Independent, Tageszeitung aus Dublin.

www.examiner.ie
Irish Examiner, Tageszeitung aus Cork.

www.belfasttelegraph.co.uk
Belfast Telegraph, Tageszeitung aus Belfast.

www.irelandman.de
Eine Auswahl von übersetzten und zum Teil kommentierten Nachrichten aus den genannten Quellen bietet seit Jahren der Deutsche Jürgen Kullmann auf seiner kleinen, aber feinen Website.

www.boards.ie
Hier liest man, welche Themen im Moment das Land beschäftigen. Ungeheuer großes Internetforum.

Landkarten

Für die grobe Reiseplanung reicht im Regelfall eine Übersichtskarte von gesamt Irland, auf der die wichtigsten Städte und Straßen eingezeichnet sind. Werden für bestimmte Teilstrecken oder die gesamte Planung genaue Angaben der besten Routen und der zu veranschlagenden Fahrzeiten benötigt, ist der laufend aktualisierte und kostenlos im Internet verfügbare Routenplaner der **Automobile Association Ireland** das beste Hilfsmittel (s. S. 34).

Für den Autotouristen besonders empfehlenswert ist der Straßenatlas, der regelmäßig aktualisiert von **Ordnance Survey Ireland** (OSI) herausgegeben wird und in einem kompakten Format die wichtigsten Informationen bereithält. Dieser Autoatlas ist in Irland eigentlich in jedem Buchladen erhältlich, man sollte nur darauf achten, dass man auch wirklich die aktuellste Version kauft.

Wer detaillierte Informationen zu bestimmten Gebieten braucht, der sollte auf die im Maßstab 1:50 000 gehaltenen Karten aus der Discovery Series zurückgreifen, die auf dem Lande bis auf das Niveau einzelner Häuser genau sind und wirklich jede Straße und auch jeden Feldweg anzeigen und zudem auch wertvolle Informationen über prähistorische Monumente enthalten. Der einzige Nachteil ist, dass Irland in diesem Maßstab nicht weniger als 89 Karten aufweist. Die Karten sind in den meisten Buchläden erhältlich, nicht selten ist jedoch gerade die Karte der jeweiligen Region, in der man sich befindet, ausverkauft. Eine Bestellung vor Beginn der Reise zahlt sich auf jeden Fall aus. Übrigens ist das detaillierte Kartenmaterial auch in einer Computer-Version lieferbar, über diese herrschen jedoch geteilte Meinungen. Eine nasse Karte mitten in den Wicklow Mountains muss man nur schonend behandeln, ein Laptop ohne Batterie dient nur noch der Beschwerung des Rucksacks.

In den letzten Jahren hat Ordnance Survey Ireland auch noch verschiedene Kartensets herausgebracht, die speziell für Touristen gedacht sind und z. B. Fernwanderwege abdecken. Diese können eine sehr sinnvolle Alternative zu den Einzelkarten der Discovery Series sein.

Das gesamte Angebot von OSI, 💻 www.osi.ie, ist auf der Webseite dieser staatlichen Behörde zu sehen, hier wird auch über Kaufmöglichkeiten und geplante Neuauflagen informiert.

Internet und E-Mail

In den meisten größeren Orten gibt es zumindest ein **Internet-Café**, in dem man für oft hohe Preise Zugriff auf seine E-Mails hat. Die Übertragungsgeschwindigkeit ist oft erstaunlich gering, vor allem außerhalb der großen Ballungsgebiete. Zusätzlich gibt es Internet-Terminals verschiedener Firmen, die in einer Art Telefonzelle das Surfen im Minutentakt erlauben. Die Kosten für diesen Service sind teilweise exorbitant. Viele der Terminals sind zudem langsam und in einem technisch schlechten Zustand, der die Bedienung zu einer frustrierenden Angelegenheit macht.

Wer mit einem **WLAN**-geeigneten Gerät unterwegs ist, wird auch viele kostenlose (oft überlastete) oder kostenpflichtige Hotspots vorfinden, oftmals bieten Hotels und Hostels vor allem im Lobbybereich diesen Service. Die großen Mobiltelefonanbieter in Irland (O2, Vodaphone, Meteor, Three) haben mittlerweile auch über USB anschließbare Modems für einen mobilen Internetzugang im Angebot, die ohne Vertrag genutzt werden können. Abgesehen von der nicht optimalem Netzabdeckung und den relativ hohen Preisen kann dies eine Alternative für alle Menschen sein, die auch im Urlaub mehrere Gigabyte auf ihren Laptop downloaden müssen.

Ein eingeschränkter kostenloser Internetzugang wird auch von den **Bibliotheken** im Land angeboten – dieser ist aber nicht immer für Touristen nutzbar. Erkundigen Sie sich am Informationsschalter nach den jeweiligen Modalitäten vor Ort. Oftmals sind diese Computer zusätzlich durch Firewalls oder Filterprogramme stark in ihrer Flexibilität eingeschränkt, nicht immer ist der Zugriff auf alle Webmail-Anbieter möglich.

Jobben in Irland

Besucher aus der EU und den EEA-Staaten (European Economic Area, Europäischer Wirtschaftsraum, beinhaltet auch Island, Liechtenstein und Norwegen) sowie der Schweiz können in Irland ohne ein Arbeitsvisum eine Anstellung annehmen – vorausgesetzt sie besorgen sich eine Sozialversicherungs- und Steuernummer (PPS-Number) und werden von ihrem Arbeitgeber nach den geltenden gesetzlichen Bestimmungen behandelt und entlohnt. Schwarzarbeit ist mit den üblichen Risiken behaftet (fehlender Versicherungsschutz) und generell nicht zu empfehlen. Die Zahlungsmoral gegenüber nicht korrekt gemeldeten Arbeitnehmern ist ohnehin nicht die beste.

Wer sich als **Straßenkünstler** betätigen will, hat in Irland ein weites Feld, das sich jedoch fast nur auf die größeren Städte beschränkt. Die Konkurrenz allerdings ist hart, in der Dubliner Grafton Street etwa treten regelmäßig Musiker auf, die auch reguläre Konzertsäle füllen könnten. Die beliebte Methode, sich einfach an einer Touristenattraktion zu platzieren, ist mittlerweile auch schwieriger geworden. An den Cliffs of Moher etwa, früher ein beliebtes Ziel abgebrannter Rucksacktouristen mit einer Billigflöte, werden Straßenmusiker ohne Genehmigung von den Sicherheitsleuten einfach vertrieben. Was soll's! Die durch hohe Parkgebühren und den Eintritt zum Besucherzentrum geschröpften Touristen haben wohl ohnehin keine Spendierhosen mehr an. Übrigens: Die Hoffnung, mit spontanen Auftritten in Pubs Geld zu verdienen, sollten sich Musiker am besten gleich aus dem Kopf schlagen.

Eine immer wieder auftauchende Idee ist es, sich gegen Kost und Logis zur Arbeit auf einem **Bauernhof** zu verpflichten. Tatsächlich gibt es einige Programme, die u. a. freiwillige Helfer auf Biohöfen vermitteln. Über den Wert dieser Programme kann man geteilter Meinung sein. Während die Helfer meistens mit einer sehr großen Portion Enthusiasmus an die Sache herangehen, sind sie auf manchen Höfen doch nur billige Arbeitskräfte, die den Profit maximieren sollen. Auf anderen Höfen dagegen werden sie sogar in das Familienleben integriert.

Eine traditionelle Job-Möglichkeit bieten Au-Pair-Stellen, mittlerweile übrigens auch für junge Männer. Die meisten Familien suchen jedoch eine weibliche Kraft zur Betreuung der Kinder und Mitarbeit im Haushalt. Leider ist in den letzten Jahren von der ursprünglichen Idee, dass das Au Pair weitgehend in die Familie integriert wird und auch ausreichend Zeit für Sprachkurse und andere Beschäftigungen hat, in manchen Familien wenig übriggeblieben. Hier sucht man nur eine anspruchslose und billige Haushaltshilfe. Auf der anderen Seite bewerben sich mittlerweile nicht nur Teens und Twens um eine Stelle, auf Anzeigen etwa in Internetforen reagieren sogar Menschen älteren Semesters. Wer sich für eine Au-Pair-Stelle interessiert, sollte sich bei einer Agentur melden, die auch als Ansprechpartner bei Problemen und in Notfällen zur Verfügung steht.

Kinder

Irland mit Kindern ist ein Spagat – allzu viele ausgesprochene Kinderattraktionen gibt es nicht. Neben **Strandvergnügen** und **Zoobesuchen** begeistern sich die meisten Kinder für die großen Freilichtmuseen, in denen auch Darsteller in den traditionellen Kostümen einen Einblick in das Leben vergangener Zeiten gewähren. Vorbildlich sind etwa der **Ulster American Folk Park** (s. S. 550), der **Irish National Heritage Park** (s. S. 312) oder auch das **Ulster Folk & Transport Museum** (s. S. 571). Daneben sind auch zahlreiche sportliche Aktivitäten für Kinder geeignet.

Generell sind die Iren Kindern gegenüber positiv eingestellt, für manche Besucher aus Mitteleuropa oftmals sogar überraschend ungezwungen. Die Toleranz von irischen Eltern, etwa lautstark quengelnden Kindern gegenüber, scheint höher zu sein als bei deutschen Eltern. Das kann sich jedoch binnen einer Sekunde ändern. Dann sehen sich die Kids fast schon archaischen Erziehungsmethoden, gekoppelt mit einem Schwall derbster Flüche, ausgesetzt.

Wichtig für Besucher ist oftmals die Frage, ob man mit Kindern einen irischen Pub besuchen

Von wegen langweilige Museen!

Viele Museen in Irland halten für Kinder eigene „Activity Packs" bereit, die man oft sogar kostenlos an der Information bekommen kann. Diese führen dann spielerisch durch die Ausstellung und sind meist recht gut auf die Interessen der jüngeren Besucher zugeschnitten. Allerdings in der Regel nicht auf Deutsch, sodass etwas Hilfe durch Eltern oder ältere Geschwister notwendig ist.

darf. Grundsätzlich bestehen einige zeitliche Beschränkungen, in denen Kinder überhaupt (immer nur in Begleitung von Erziehungsberechtigten) in einen Pub dürfen. Darüber hinaus hat jeder Wirt das Hausrecht und darf Kinder aus dem Schankraum verbannen. Hiervon wird generell nur in zwei Fällen Gebrauch gemacht. Nämlich dann, wenn das Kind durch sein eigenes Benehmen den anderen Gästen auf die Nerven geht. Oder aber wenn nach Einschätzung des Wirtes entweder seine Kneipe oder auch deren Stammgäste nicht unbedingt förderlich auf die Entwicklung eines Kindes einwirken dürften. Sehr selten ist der Ausnahmefall, dass der Wirt schlicht und einfach Kinder nicht leiden kann. Als Eltern sollte man eine Verbannung aus dem Pub hinnehmen und keine lange Diskussion beginnen. Irland hat genug Pubs und man ist zudem in einer sehr schwachen rechtlichen Position.

Maße und Elektrizität

Die Stromversorgung in Irland basiert auf 220 Volt Wechselstrom, sodass eigentlich alle Elektrogeräte ohne Probleme funktionieren sollten. Einen geeigneten **Adapter** sollte man allerdings im Gepäck haben. Stromschwankungen und -ausfälle können vorkommen, für besonders empfindliche Geräte ist ein Überspannungsschutz angebracht. Mietwagen haben meist eine Autosteckdose, ideal geeignet für Ladegeräte während der Fahrt. Dem Status Irlands als geteilte Insel entsprechend, werden im Straßenverkehr zwei verschiedene Maßeinheiten angewendet. In der **Republik Irland** sollte mittlerweile das gesamte System auf **Kilometer** umgestellt sein, dies ist vor allem bei Entfernungsangaben und Geschwindigkeitsbeschränkungen wichtig. Gerade bei Ersteren gilt aber die Regel, dass ältere Versionen (z. B. die noch gegossenen Metallschilder auf dem Lande) auch heute noch Meilen anzeigen können. Die Bevölkerung selbst verwendet beide Systeme nebeneinander.

In **Nordirland** dagegen wird noch immer mit „imperialen" Maßstäben gemessen, die wichtigste Einheit ist die **Meile**. Im Straßenverkehr sind Entfernungen und auch Geschwindigkeitsbeschränkungen so angegeben.

Ein ganz besonderes Problem sind **Kleidergrößen**, denn hier kann der Kunde niemals sicher sein, welche Größe nun gerade gemeint ist. Die verschiedenen Systeme sind fast parallel im Gebrauch, viele Kleidungsstücke sind Importware, die nicht besonders ausgezeichnet wird. Konkrete Maßangaben (Bundweite, Brustumfang) können sowohl in Inch als auch in Zentimetern erfolgen und die mit Kleidergrößen versehenen Label müssen nicht unbedingt der mitteleuropäischen Auffassung entsprechen. Zum Glück werden die meisten von Touristen gekauften Artikel in vereinfachten Größen wie „XL" verkauft.

Rasch umgerechnet

1 Mile	1,61 km
1 Yard	0,91 m
1 Foot	30,48 cm
1 Inch	2,54 cm

Medien

Als 1912 die „Titanic" im Eismeer versank, berichtete eine irische Zeitung angeblich unter der Hauptschlagzeile „Corkman Drowns" über die Katastrophe. Wer sich heute die irischen Medien ansieht, wird oft eine ähnliche Nachrichtenaufmachung wiederfinden. Der Autounfall eines Iren im Ausland nimmt oft mehr Raum ein als ein im selben Land gleichzeitig stattfindender blutiger Staatsstreich. Der Reisende sollte also darauf gefasst sein, die eine oder andere Nachricht aus der Heimat zu verpassen.

Presse

Die wichtigsten Printmedien Irlands kann man an einer Hand abzählen: *Belfast Telegraph* (Belfast, tgl. außer Sonntag), *Irish Examiner* (Cork, tgl. außer Sonntag), *Irish Independent*

(Dublin, tgl. außer Sonntag), *Irish Times* (Dublin, tgl. außer Sonntag). Weitere Tageszeitungen sind die zahlreichen Boulevardblätter und einige Abendzeitungen, in allen sind Klatsch und Tratsch wichtiger als die harte Nachrichten. In Dublin werden zusätzlich die kostenlosen Zeitungen *Herald AM* und *Metro* morgens auf der Straße verteilt – gut für den schnellen Überblick auf Boulevardblatt-Niveau. Hinzu kommen verschiedene Sonntagszeitungen, die oft von beachtlicher Dicke sind – sehr zu empfehlen ist die *Sunday Times*, die in einer spezifisch irischen Ausgabe erscheint.

Lokalzeitungen erscheinen oft nur einmal in der Woche und berichten tatsächlich nur über lokale Ereignisse, teils mit großen Zeitverzögerungen. Für den Touristen haben sie meist nur durch ihren Veranstaltungsteil einen gewissen Wert.

Ausländische Zeitungen und Zeitschriften sind eigentlich nur in den Großstädten zu bekommen und selbst dort nicht unbedingt aktuell oder in großer Menge vorhanden.

Radio

Im Radio tummeln sich neben den staatlichen Sendern RTE (Irland) und BBC (Nordirland) zahlreiche zum Teil kleinste Privatsender. Auch hier beschränkt sich die Nachrichtenauswahl oft auf den reinen Lokalbereich. Der beste Tipp: einfach öfter die Kanäle wechseln.

Fernsehen

Das terrestrische Fernsehen in Irland beschränkt sich im Wesentlichen auf maximal acht Kanäle, von denen nicht alle auf der ganzen Insel zu empfangen sind: die öffentlich-rechtlichen Sender RTE1 und RTE2 (Republik Irland) sowie BBC1 und BBC2 (Nordirland), die Privatsender TV3 (Republik Irland) sowie UTV und Channel 4 (Nordirland), dazu der Irisch-sprachige Sender TG4 (öffentlich-rechtlich, Republik Irland). Die wichtigsten Nachrichtensendungen findet man um 18 Uhr auf RTE1 und BBC1, auf UTV sind die News at Ten (22 Uhr) empfehlenswert.

Talkshows ohne Ende

Den meisten Besuchern Irlands fällt schnell auf, dass das Radioprogramm von Sendungen dominiert wird, die den Hörer zur Interaktion per Telefon einladen und eine Art „Talkshow des Volkes" darstellen. Sehr beliebt war über viele Jahre die Gerry Ryan Show am Vormittag auf RTE 2fm, in der wirklich jeder Mensch zu Wort zu kommen schien. Je skurriler die Geschichte und je extremer die Meinung, desto besser für das Programm. Wer wirklich erfahren will, was Irland und die Iren im Alltag so bewegt, der sollte hier reinhören. An guten Tagen wird man aus dem Staunen nicht herauskommen.

Ausländisches Fernsehen stellt ein Problem für sich dar. Zwar kann man über Satellitenempfang z. B. deutsches Fernsehen empfangen, die meisten Hotels aber sehen eher einen Bedarf für Sportsender. Gehen Sie davon aus, während des Urlaubs in Irland ausschließlich irische und britische Sender zu sehen.

Nationalparks

Die irischen Nationalparks sind nicht vergleichbar etwa mit den Nationalparks in den USA, sie sind wesentlich kleiner und bei Weitem nicht so spektakulär. Generell sind sie gut erschlossen und bergen keine besonderen Gefahren, so lange man auf den (meist gut ausgeschilderten) offiziellen Wegen bleibt. Eintrittsgelder werden nicht erhoben, die Parks sind das ganze Jahr über zugänglich. In Nordirland gibt es bislang keinen Nationalpark, die Ernennung eines Teils der Mourne Mountains zum Nationalpark ist jedoch in der Diskussion.

Neben den Nationalparks existieren auf der Insel zahlreiche *Forest Parks*, die meist von der Forstbehörde betrieben werden und neben dem kommerziellen Forstbetrieb (der teilweise auch in den irischen Nationalparks zu bemerken ist) eine Rolle als Naherholungsgebiete spielen.

Irlands Nationalparks auf einen Blick

Irland hat sechs erklärte Nationalparks, die allesamt für Touristen zugänglich sind:

Ballycroy National Park
www.ballycroynationalpark.ie.
Ein ausgedehntes, aber nicht sehr spektakuläres Moorgebiet im County Mayo, das auch als Vogelschutzgebiet dient.

Burren National Park
www.burrennationalpark.ie
Die Karstlandschaft südlich der Galway Bay im County Clare gehört zu den Höhepunkten einer Irlandreise (s. S. 444).

Connemara National Park
www.connemaranationalpark.ie
Eine sehr schöne Wald- und Berglandschaft im County Galway, die v. a. für lange Wanderungen interessant ist (s. S. 466).

Glenveagh National Park
www.glenveaghnationalpark.ie
Ein unter Schutz gestelltes Stück des County Donegal, in dem man mit sehr viel Glück Adler beobachten kann (s. S. 512).

Killarney National Park
www.killarneynationalpark.ie
Irland wie aus dem Bilderbuch, mit Seen, Wäldern, Rotwild und einigen sehr schönen Ausblicken von den Bergen (s. S. 384).

Wicklow Mountains National Park
www.wicklowmountainsnationalpark.ie
Weite Teile der Berge südlich der Hauptstadt Dublin wurden unter Naturschutz gestellt, den größten Genuss findet man im Tal von Glendalough (s. S. 292) oder auf dem Wicklow Way (s. S. 299), der aber dann auch mehrere Tage in Anspruch nimmt.

Sie sind mitunter, vor allem in der Hauptsaison, eintrittspflichtig. Ein Beispiel wäre der **Glenariff Forest Park** im County Antrim (s. S. 532) oder auch der **Lough Key Forest Park** im County Roscommon (s. S. 238). Ähnlich verhält es sich mit dem **Silent Valley**, dem gigantischen Trinkwasserreservoir für Belfast in den Mourne Mountains (s. S. 539).

Vor allem im Küstenbereich findet der Besucher zusätzlich verschiedene **Vogelschutzgebiete**, die jeweils örtlich ausgeschildert und auch auf Karten vermerkt sind.

Post

In der Republik Irland ist die privatisierte **An Post** tätig, Briefkästen und Postämter sind an ihrer grasgrünen Farbe erkennbar. In Nordirland liegt die Postbeförderung in den Händen der ebenfalls privatisierten **Royal Mail**, deren Identität vor allem durch die feuerrote Farbe bestimmt wird. Briefmarken sind in beiden Teilen des Landes auch in vielen anderen Geschäften erhältlich. Das Porto einer Postkarte von Irland nach Deutschland beträft 0,55 €, von Nordirland 0,88 £.

Reisende sollten darauf achten, mit britischen Briefmarken frankierte Stücke nur in rote Briefkästen zu werfen, mit irischen Briefmarken dagegen in grüne – eine grenzüberschreitende Verwendung der Postwertzeichen gibt es nicht.

Beiden Landesteilen gemein ist die Tatsache, dass reine Postämter im Verschwinden begriffen sind und durch Poststellen in Geschäften und Supermärkten abgelöst werden. Diese haben oft eingeschränkte Öffnungszeiten und bieten nicht immer das komplette Dienstleistungsangebot.

Reisende mit Behinderungen

Reisende mit Behinderungen werden in Irland sehr unterschiedliche Gegebenheiten vorfinden – während viele Museen und öffentliche Gebäude gut auf behinderte Besucher eingestellt sind, etwa mit Rampen und eigenen Toiletten, gibt es auf der anderen Seite Attraktionen, die für Menschen mit Handicap vollkommen unzugänglich sind. Der Hügel von Tara (s. S. 218) etwa ist schon bei kleineren Einschränkungen der Mobilität ein Problem, prähistorische Monumente wie Newgrange (s. S. 213) sind definitiv nicht mit einem Rollstuhl zu besichtigen.

Auch die Nutzung von öffentlichen Verkehrsmitteln kann, vor allem außerhalb Dublins, eine kaum zu meisternde Herausforderung darstellen. Positiv hingegen ist, dass Behinderten in Irland relativ schnell Hilfestellung gegeben wird und sie nicht unbedingt vor den Augen einer lethargischen Menschenmenge einen einsamen Kampf mit dem Einstieg in den Bus führen müssen.

Wer auf einen **Begleithund** angewiesen ist, sollte unbedingt beachten, dass die Abschottung Irlands gegenüber Haustieren aus Europa (und dazu zählen auch Blinden- oder Rettungshunde) immer noch sehr streng ist und eine Einreise nur über das sogenannte „Pet Passport Scheme" überhaupt sinnvoll ist. Die genauen Bestimmungen dazu finden Sie unter 💻 http://www.agriculture.gov.ie/pets.

Reiseveranstalter

Die unterschiedlichsten Reiseveranstalter bieten Irlandreisen an: von relativ teuren Studienreisen bis zu Schnäppchenangeboten beim Discounter. Das Erstaunliche dabei: Auf den ersten Blick unterscheiden sich oftmals die Leistungen kaum, die Reiserouten sind bisweilen fast identisch. Daher ist es unbedingt empfehlenswert, sich intensiv mit den Reiseplänen und den angebotenen Leistungen zu beschäftigen.

Dies ist umso wichtiger, sollte man ein spezielles Interesse mit der Reise verbinden. Die üblichen Rundreisen sind oft derart deckungsgleich, dass allenfalls das Alter des Reisebusses und die Größe des Hotelzimmers die zum Teil erheblichen Preisunterschiede zu rechtfertigen scheint. Wesentlich wichtiger werden Unterschiede dagegen bei Aktivreisen, z. B. Wanderreisen. Die Werbetexte versprechen stets, dass man das ganz Besondere Irlands und die unverfälschte Natur entdeckten wird. Die Frage ist nur: Wandert man abseits der ausgetretenen Pfade oder entlang touristischer Highlights? In unterschiedlich langen Tagesetappen an verschiedenen Orten oder auf einem geradezu militärisch geplanten Marsch einen der Fernwanderwege entlang? Mit dem Rucksack und einem Feldbett im Hostel oder doch eher mit bequemem Gepäcktransfer und etwas höherwertiger Unterkunft? Natürlich sind die individuellen Wünsche und Bedürfnisse ausschlaggebend, doch auch hier lohnen Preisvergleiche.

Vielleicht das bunteste Programm an **Rundreisen** bietet **Paddywagon Tours**, 5 Beresford Pl., Lower Gardiner St., Dublin 1, 📞 01-8230822, 💻 www.paddywagontours.com. In relativ kleinen Gruppen und ungezwungener Atmosphäre kann man Irland entdecken, Touren von drei, sechs oder zehn Tagen werden angeboten, die meisten ab Dublin. Die Preise sind dabei sehr erschwinglich, besonderen Komfort und viel Privatsphäre darf der Reisende allerdings nicht erwarten. Dennoch: eine der einfachsten Möglichkeiten, ganz Irland preisgünstig kennenzulernen.

Etwas konservativer, komfortabler und teurer sind die Angebote für Rundreisen mit Bus und Bahn, die **Railtours Ireland**, Railtours House, 16 Amiens St., Dublin 1, 📞 01-8560045, 💻 www.railtoursireland.com, anbietet.

Einige Veranstalter haben sich auf **Wanderreisen** spezialisiert. Sehr zufrieden sind Reisende mit den geführten Wandertouren von **Highländer Reisen**, Takustr. 1–3, 50825 Köln, 📞 0221-7609970, 💻 www.highlaender-reisen.de. Maßgeschneiderte Wandertouren bietet auch **The Pathway Porter**, Sky Business Centre, Damastown Business Centre, Plato Business Park, Dublin 15, 📞 086-0566212, 💻 www.thepathwayporter.co.uk, an.

Auf den **Bootstourismus** spezialisiert hat sich seit Jahren **Shannon-Travel Bootsreisen**, Stefan Kupner, Bergweg 6, 59427 Unna, 📞 02303-963777, 💻 www.shannon-travel.de. Trotz des Firmennamens werden nicht nur Boote auf dem Shannon angeboten.

Einer der führenden Anbieter von **Angelreisen** mit sehr guten Kenntnissen der irischen Verhältnisse ist **Kingfisher Reisen** (Rhein-Kurier GmbH), Pastor-Klein-Str. 17, Haus A, 56073 Koblenz, 📞 0261-915540, 💻 www.kingfisher.de.

Studienreisen mit sehr kompetenter Führung bietet u. a. Dr. Tigges, Gebeco GmbH & Co KG, Holzkoppelweg 19, 24118 Kiel, 📞 0431-54460, 💻 www.drtigges.de. Gerade bei Studienreisen sollte der Kunde allerdings darauf achten, dass diese so weit wie möglich auf sein Interesse zugeschnitten sind.

Schwule und Lesben

Homosexualität ist in Irland nicht mehr strafbar, aber nach wie vor mit einem Stigma belegt – was in einer weitgehend von der katholischen Kirche dominierten Gesellschaft kaum verwundert. In Nordirland sieht es ähnlich aus, da sich auch die Presbyterianer gegen Homosexualität wenden und sogar führende Politiker diese als Krankheit bezeichnen. Mit zum Teil extremen Vorurteilen ist immer noch außerhalb der Ballungsräume zu rechnen. Innerhalb der Ballungsräume kommt es im Gegenzug gelegentlich zum „Queer Bashing“, dem nicht provozierten tätlichen Angriff auf Menschen, die sich an (echten oder vermeintlichen) Szene-Treffpunkten aufhalten.

Homosexuelle Touristen werden am ehesten Probleme bekommen, wenn sie eine Unterkunft im B&B suchen. Werden zwei Frauen noch als Bewohner eines Doppelzimmers akzeptiert, kann bei zwei Männern die Grenze des Akzeptablen schon überschritten sein. Dabei steckt der Teufel schon im Detail – ein „Double“ (mit einem Doppelbett) ist verfänglicher als ein „Twin“ (mit zwei getrennten Betten).

Sicherheit

Irland gilt gemeinhin als sicheres Reiseland, was aber nicht bedeutet, dass gar keine Kriminalität existiert. Gewaltverbrechen und Vergewaltigungen nehmen in den letzten Jahren sogar stetig zu. Generell unterscheiden sich die Gefahren in Irland nicht wesentlich von denen in den mitteleuropäischen Ländern. Touristen sollten jedoch ein paar Dinge wissen und beherzigen. Thema **Ausländerfeindlichkeit**: Die weitaus größte Mehrheit der Iren ist nicht ausländerfeindlich, auch wenn oft ein unterschwelliges Misstrauen gegenüber Fremden herrscht. Der Tourist wird dies kaum zu spüren bekommen, erst bei einem längeren Aufenthalt kristallisieren sich manche Probleme heraus. Ganz besonders gegenüber dunkelhäutigen Menschen bestehen noch viele Vorurteile, die gelegentlich in sehr hässlichen Bemerkungen (seltener in physischer Gewalt) gipfeln. Als deutscher Tourist sollte man sich auf ein sehr vereinfachtes Weltbild einstellen, in dem das Dritte Reich immer noch eine große Rolle spielt.

Diebstahl

Ein Auto zu stehlen, es für eine kurze Spritztour zu nutzen und dann irgendwo in Brand zu stecken, gilt in manchen Kreisen als Kavaliersdelikt oder sogar akzeptable Freizeitbeschäftigung (im Radio äußerte eine Mutter, man solle ihren Sohn wegen einer solchen Aktion doch nicht kriminalisieren, er habe doch sonst keine Möglichkeiten zur Zerstreuung). Es ist daher immer angebracht, das Fahrzeug abzuschließen, auch wenn es nur für kurze Zeit verlassen wird. Gerade in den Großstädten sollte der Fahrer auch niemals das Auto verlassen, ohne den Zündschlüssel abgezo-

Hilfe im Notfall

Sollten Sie wider Erwarten und trotz aller Vorsichtsmaßnahmen Opfer eines Verbrechens werden, wenden Sie sich auf jeden Fall an die **Polizei**. Diese wird Ihnen in jedem Falle behilflich sein und ein Protokoll aufnehmen, das Sie für spätere Versicherungsfragen unbedingt benötigen. Des Weiteren kann die Polizei Ihnen Tipps geben, an welche Stellen Sie sich wenden müssen, etwa um Kreditkarten sperren zu lassen oder einen entwendeten Reisepass wieder zu beschaffen.

Notruf für Polizei, Feuerwehr, Rettungsdienst: **112** oder **999**.

Opferhilfe für Touristen: Touristen, die Opfer eines Verbrechens geworden sind, können sich auch an den Irish Tourist Assistance Service (Department of Justice, Equality & Law Reform, 1a Grand Canal Street Lower, Dublin 2, ✆ 01-6610562, 💻 www.itas.ie, wenden, der Hilfe bei der Bewältigung des Verbrechens leisten kann.

gen zu haben. Es sind zahlreiche Fälle von Carjacking bekannt, bei denen das Auto samt den noch darin sitzenden Beifahrern geklaut wurde.

Grundsätzlich gilt: Keine Wertsachen im Hotelzimmer oder im Auto zurücklassen, vor allem nicht gut sichtbar liegen lassen. Bei Autos sollte zudem der Innenraum möglichst freigehalten werden, sonst könnte eine „Smash and Grab"-Aktion geradezu herausgefordert werden. Eine weitere beliebte Art von Diebstahl ist es, eine abgestellte Tasche oder einen Rucksack im Vorbeigehen mitzunehmen. Die beste Art, dagegen vorzubeugen, ist die Befestigung des Trageriemens am Stuhl oder am Tisch. Nichts ist so komisch wie ein Gelegenheitsdieb, der ganz unauffällig einen Restauranttisch hinter sich herzieht. Taschen- und Trickdiebe sind in Irland genauso wie im Rest der Welt tätig und konzentrieren sich entweder auf große Menschenmengen oder auf allzu sorglose Passanten mit offenen Taschen. Das beste Rezept dagegen ist nach wie vor, wichtige Papiere und die Brieftasche direkt am Körper und möglichst in einer engen oder verschließbaren Tasche zu tragen. Auch Brustbeutel und Geldgürtel können eine wertvolle Hilfe sein. An Geldautomaten finden nicht selten Diebstähle statt: Ein Täter lenkt den Nutzer in einem geeigneten Zeitpunkt ab, der zweite Täter greift sich derweil schnell das Geld.

Straßenraub und tätliche Angriffe

Sogar in belebten Gegenden kommt es mitunter zu Fällen von Straßenraub, der meit die unmittelbare Androhung von Gewalt mit sich zieht. Hier gilt nur eine Regel: Vermeiden Sie jede Art von physischer Konfrontation! Jeder materielle Verlust kann ersetzt werden, ein schneller Stich mit dem Messer dagegen kann den Verlust des Lebens bedeuten.

Zu einem tätlichen Angriff, zu körperlicher Gewalt – ob voraussehbar oder vollkommen überraschend – kann es in Irland schnell kommen. Die gerade Rechte als Antwort auf eine Bemerkung kommt nicht selten vor, besonders in den Nachtstunden ist eine Strategie der Konfliktvermeidung grundsätzlich angebracht. Raucht etwa ein anderer Passagier im Bus, dann beschweren Sie sich beim Busfahrer. Kommen Sie niemals auf die Idee, dem Raucher seine Zigarette wegzunehmen. Werden Sie von einem Betrunkenen angerempelt, entschuldigen Sie sich und gehen Sie weiter. Vermeiden Sie physischen Kontakt. Die größte Gefahr, Opfer eines tätlichen Angriffs zu werden, besteht um die Schließungszeit der Pubs herum in städtischen Bereichen.

Betrug

Als Tourist das Opfer eines Betrügers zu werden, ist in Irland relativ unwahrscheinlich. Zwar mag nicht jeder, der einen Wegezoll erhebt oder ein Lotterie-Ticket verkauft, auch dazu befugt sein, hier geht es aber meist um kleine Summen. Größere Summen kommen bei Unfällen ins Spiel, hier sollte immer eine Aufnahme des Unfalls durch die Polizei eingeleitet werden. Ein ganz eigenes Thema sind Kreditkarten, diese sollten niemals aus der Hand gegeben werden oder zumindest immer im Blickfeld bleiben.

Sport und Aktivitäten

Wassersport, Wandern, Radfahren, Reiten ... Irland bietet zahlreiche Möglichkeiten, an der frischen Luft aktiv Sport zu treiben. Die unzähligen Seen und Flüsse sind ein hervorragendes Terrain für Kanu- und Kajakfahrer, herrliche Naturlandschaften laden zum Wandern, Walken oder Radeln ein und passionierte Reiter werden es sich nicht nehmen lassen, Irland vom Sattel aus zu erkunden.

Wer selbst nicht aktiv Sport treiben, sondern anderen beim Schwitzen lieber zuschauen möchte, der hat die Wahl, ob er sich ein Rugby- oder gar ein Gaelic-Football-Spiel anschauen möchte. Ein besonderes Highlight ist zweifellos das Whalewatching (s. S. 76).

Wer gerne schwimmen geht, sollte wissen, dass der Atlantik selbst im Sommer eiskalt ist. Alternativen bieten mancherorts Hallenbäder. Allerdings sind sie relativ dünn gesät und verfügen nur über eingeschränkte Öffnungszeiten, ihre Ausstattung erscheint oftmals vorsintflutlich. Viele andere Sportarten, die spezielle Einrichtungen erfordern (etwa Tennis oder Badminton) können teilweise nur in Clubs gespielt werden.

Wer im Urlaub spezielle Sportarten betreiben möchte, sollte am besten vorher Kontakt zu den jeweiligen Dachorganisationen aufnehmen.

Bergsteigen

Bergsteiger finden in Irland reichlich Betätigungsmöglichkeiten, von alpinen Gipfeln (die jedoch bei maximal rund 1000 m Höhe noch keinen Sauerstoff erfordern) bis hin zu Steilwänden in ehemaligen Steinbrüchen wie Dalkey (s. S. 182), die oftmals eine wesentlich größere Herausforderung darstellen.

Die beste Zeit für Bergsteigertouren sind die Monate von April bis Oktober. Aber auch außerhalb dieser Zeit lassen sich Bergtouren unternehmen, die dann natürlich etwas besser vorbereitet und unter Berücksichtigung der stark verkürzten Dauer des Tageslichtes geplant werden müssen. Das wechselhafte irische Wetter macht es auf jeden Fall notwendig, dass sich Bergsteiger auch auf schwierige Bedingungen mit Regen und Kälte einstellen müssen, wenn am Morgen die Sonne scheint. Eine entsprechende Notfallausrüstung (Rettungsdecke, warme Kleidung) ist immer empfehlenswert.

Mountaineering Ireland, 🖳 www.mountaineering.ie, ist die Dachorganisation für alle bergsteigerischen Aktivitäten in Irland, die sehr informative Webseite hält sämtliche Informationen bereit, die man sich wünschen kann. Sie bietet auch Links zu örtlichen Vereinen, die für anspruchsvollere Bergtouren Hilfestellung geben können. Gelegentlich ist es hier auch möglich, Ausrüstung leihweise zu bekommen – im Regelfall muss der Bergsteiger jedoch seine eigene Ausrüstung mitbringen.

Coasteering

Wer etwa Hook Head besucht und eine Klippenwanderung wagt, der wird eventuell auch Menschen beim Coasteering (Küstenklettern) beobachten können. Also Sportler, nicht Lebensmüde! Weite Teile der irischen Küste sind nun einmal mit Klippen gesegnet und teilweise nur in gewagten Kletterpartien zugänglich. Das macht die Herausforderung für die Freunde des Coasteering aus, die mit einer Strandwanderung nicht mehr zufrieden sind. Sie wandern auch an der Küste entlang, müssen dabei aber auch klettern, springen, in Höhlen herumkriechen und teilweise auch einmal tauchen. Coasteering ist nichts für Anfänger ohne örtliche Kenntnisse oder Unterstützung. Wer unterhalb der Flutmarke in einer Höhle feststeckt, der lernt allenfalls noch den „Fliegenden Holländer" kennen, mit steigendem Wasser schwinden die Überlebenschancen. Generell sollte man die Gefahr an der Küste nicht unterschätzen, erst vor wenigen Jahren starb ein weltbekannter Freeclimber, als er beim Ausruhen nach einem erfolgreichen Klettergang von einer Welle ins Meer gespült wurde. Touristen sollten sich einem der zahlreichen Zentren anvertrauen, die entsprechende Kurse anbieten und auch für die nötige Sicherung sorgen.

Kanu und Kajak

Die zahlreichen Seen, Flüsse und Kanäle in Irland bieten fantastische Möglichkeiten für Wasserwanderer. Auch in vielen Küstenbereichen ist das Kajakfahren eine beliebte Sportart. Den Irland-Neuling mag es zwar überraschen, dass Kajakfahrer etwa in West Cork auf dem Atlantik unterwegs sind, doch für die Iren ist diese sportliche Herausforderung nichts Ungewöhnliches. Gerade die wilden und schroffen Küstenlandschaften des Südwestens sind prädestiniert dazu, sie aus einer ungewöhnlichen Perspektive zu besichtigen, aus der Robbenperspektive sozusagen. Der Kajakfahrer sollte jedoch um die Gefahren wissen, sonst könnte er bei ungünstigen Wind- und Wetterverhältnissen erst in Neufundland wieder Boden unter die Füße bekommen. Seakayaking ist in Irland langsam immer populärer geworden. Die Vorteile liegen auf der Hand: Mit einem Kajak kann der Paddelfreund nahezu überall ins Wasser und findet auch an den meisten Stellen wieder einen Weg hinaus.

Küstenklettern – nur unter Anleitung

Klettern am Burren

Wer das Coasteering ausprobieren möchte, sollte dies nicht auf eigene Faust, sondern unter fachlicher Anleitung tun. Hier eine Liste von Kontaktadressen:

Achill Outdoor Education Centre
County Mayo, 🖳 www.oec.ie/achill
Action Outdoors Activity Centre
County Down, 🖳 www.actionoutdoors.info
Activities Ireland Activity Centre
County Down, 🖳 www.activitiesireland.co.uk
Ardclinis Outdoor Adventure Centre
County Antrim, 🖳 www.ardclinis.com
Bluelough Castlewellan Forest Park
County Down, 🖳 www.mountainandwater.com
Burren Outdoor Education Centre
County Clare, 🖳 www.burrenoec.com
Cappanalea Outdoor Education Centre
County Kerry, 🖳 www.cappanalea.ie
Gartan Outdoor Education Centre
County Donegal, 🖳 www.gartan.com
Kilfinane Outdoor Education Centre
County Limerick, 🖳 www.kilfinaneoec.com
Mobile Team Adventure
🖳 www.mobileteamadventure.com
Outdoor Fox Activity Centre
County Down, 🖳 www.theoutdoorfox.com
Peak Discovery Activity Centre
County Down, 🖳 www.pd-group.eu
Shielbeggan Outdoor Education Centre
County Wexford, 🖳 www.oec.ie/shielbeggan
Tollymore Mountain Centre
County Down, 🖳 www.tollymore.com
Xplore Outdoors Activity Centre
County Derry, 🖳 www.xploreoutdoors.co.uk

Allgemeine Informationen zum Coasteering bieten auch 🖳 **www.coasteering.org** oder die Website der British Coasteering Federation, 🖳 **www.britishcoasteering federation.co.uk**.

Geringer Tiefgang und ein geringes Gewicht machen es möglich, das Boot wirklich überall abseits einer Steilküste wieder an Land zu ziehen. Auch der Transport stellt kein großes Problem dar, zwei Kajaks passen selbst auf einen Kleinwagen. Und auf dem Wasser? Es gibt wohl kaum eine ökologischere Art der Fortbewegung auf dem Wasser. Dass speziell West Cork sich für diesen Sport anbietet, verwundert kaum. Zahlreiche kleine Buchten, vorgelagerte Inseln und idyllische Küstenabschnitte machen die Region zu einer der schönsten Küstenlandschaften Irlands. Doch sie ist nicht nur romantisch und abwechslungsreich, sondern auch immer mit einem Wetterschutz verbunden – bei plötzlich aufkommendem starkem Wind kann der Paddler eigentlich immer relativ schnell eine Leeseite erreichen.

Die besten Infos rund um den Sport findet man auf der Webseite der Irish Canoe Union, 💻 **www.canoe.ie**.

Wer Lust und Zeit hat, im Irlandurlaub das Seakayaking zu erlernen, hat vor allem im Südwesten der Insel Möglichkeiten dazu. Hier gibt es einige Firmen, die Kurse, organisierte Touren und auch den Verleih von Kajaks anbieten. Da sich die Kosten je nach Saison und Angebot stark unterscheiden, ist eine direkte Anfrage erforderlich. Zu den Anbietern zählen:

Atlantic Sea Kayaking in Skibbereen,
💻 www.atlanticseakayaking.com
H2O Sea Kayaking in Kinsale,
💻 www.h2oseakayaking.com
Kinsale Outdoor Education Centre,
💻 www.kinsaleoutdoors.com

High Ropes

Was bei uns der Hochseilgarten ist, das sind den Iren die High Ropes – eine Kombination aus klassischen Bergsteigtechniken, Trainingskursen für militärische Spezialeinheiten und einer großen Portion „Tarzan im Urwald". Denn man schwingt sich auch ohne Hast von Ast zu Ast. Kletterkurse sind in Irland generell sehr beliebt, eine schöne Möglichkeit bietet sich z. B. in Killary. Der Fjord von Killary (s. S. 468) bietet Aktivurlaubern schon lange die Möglichkeit zum Wassersport und zu Bergwanderungen, nun wird hier in Kursen auch das Klettern mit dem Seil vermittelt. Selbst Anfänger kommen so in den Genuss dieser schwindelerregenden Aktivität. Nicht immer finden solche Kurse in freier Natur statt, die meisten Zentren greifen auf künstliche „Hindernisse" zurück, die aber, das sei gleich gesagt, anstrengender als ein echter Fels sein können. Stehen Sie erst einmal ganz ruhig auf einem leicht hin- und herschwingenden Telegraphenmasten. Nicht gerade die einfachste Übung! Wer das Ganze ausprobieren und einmal mitschwingen möchte, dem bieten sich folgende Möglichkeiten:

Carlingford Adventure Centre, County Louth,
💻 www.carlingfordadventure.com
Delphi Adventure Centre, County Galway,
💻 www.delphimountainresort.com
Donegal Adventure Centre, County Donegal,
💻 www.donegaladventurecentre.net
Killary Adventure Centre, County Galway,
💻 www.killaryadventure.ie
Kippure Estate Lodge, County Wicklow,
💻 www.kippure.com
Lurgaboy Lodge Adventure Centre,
County Armagh, 💻 www.lurgaboylodge.com
University of Limerick Activity Centre,
County Clare, 💻 www.ulac.ie

Kitesurfing

Dieser in Irland noch recht junge Sport hat in den letzten Jahren einen ungeheuren Zulauf erfahren. Waren zu Beginn des Jahrhunderts ganze drei Kitesurfer noch ein seltener Anblick im Wasser, sind es heute teilweise mehrere Dutzend Männer und Frauen, die sich auf einem Surfbrett von einem Drachen durch die Brandung ziehen lassen. Einem Lenkdrachen oder, genauer gesagt, einem gestelllosen Konstrukt, das Insider als „Matte" bezeichnen. Kitesurfen ist ein Sport, der alle Sinne fordert … vor allem aber den Gleichgewichtssinn. Wer schon etwas Erfahrung und das richtige Equipment mitbringt (ein Kälteschutzanzug ist

Kitesurfen will gelernt sein

Anfänger sollten auf keinen Fall einfach aufs Brett steigen und den Drachen in den Wind hängen! Das kann böse enden und gefährdet, je nach Situation, auch andere Wassersportler. Deshalb ist es für Interessierte ratsam, erst einen Kurs zu besuchen. Kitesurfkurse bietet z. B. **Pure Magic**, 💻 www.puremagic.ie, in Dublin.

eigentlich unerlässlich), der kann sich auch direkt auf die Wellen der Dublin Bay wagen. Zahlreiche Kitesurfer tummeln sich bei Bull Island. Bitte bedenken Sie immer: Bull Island ist auch ein Badestrand. Das Wasser kann stellenweise extrem flach sein, was mit einer sehr überraschenden Vollbremsung einhergehen kann. Mehr Informationen zum Kitesurfing in ganz Irland bietet die Webseite 🖳 www.kitesurf.ie.

Radfahren

Der Radsport ist in Irland relativ populär, wird aber auf eine recht unorganisierte und zum Teil gefährliche Weise betrieben. Dies wird anderen Straßenteilnehmern meist dann schlagartig klar, wenn ihnen hinter einer Ecke ein Pulk Radfahrer im Renndress und ohne jede Absicherung entgegengeschossen kommt. Wobei man sich automatisch fragt, wie ein modernes Rennrad überhaupt die irischen Straßen „überleben" kann. Reisende werden das Fahrrad allerdings eher als umweltfreundliches Transportmittel von A nach B nutzen. Siehe dazu S. 86.

Reiten

Irland ist nach wie vor ein Pferdeland, zahlreiche Pferdehöfe oder Reitställe bieten neben Trainingsstunden auch geführte Ausritte am Strand oder durch die Landschaft an. Die Qualität ist dabei so unterschiedlich wie die Preisgestaltung. Wer einen Ausritt unternehmen möchte, sollte auf jeden Fall vorher Modalitäten und Kosten in Erfahrung bringen (zumindest einen Helm muss man sich meist leihen) und sich auch über die Route erkundigen. So ist ein Dubliner Reitstall, auf den ersten Blick recht idyllisch gelegen, dafür bekannt, dass bei Ausritten in den Phoenix Park erst einmal einer der meistbefahrenen Kreisverkehre der Stadt gequert werden muss.

Die besten Informationen zum Thema bietet die Webseite von Equestrian Holidays Ireland, 🖳 www.ehi.ie, eine Vereinigung von geprüften Reitställen, die sich als zuverlässiger Partner erwiesen hat.

Riverwalking

Eine relative junge Sportart, deren Name täuscht. Hier geht es keineswegs um einen gemütlichen Spaziergang am Ufer eines Flusses entlang. Im Gegenteil: Es geht darum, das Flussbett zu erwandern. Kein alltägliches Abenteuer, das man nur in der Gruppe angehen sollte. Zum Glück ist der Begriff „Fluss" in Irland recht weitgefasst. Die meisten so bezeichneten Gewässer sind flach und breit, nach kontinentaleuropäischen Maßstäben eher Bäche. Zum Riverwalking – bei tief ins Land einschneidenden Flüssen auch als Canyoning oder Gorge Walking bekannt – ist eine gute Ausrüstung unerlässlich. Dazu gehören Schutzanzüge, Schwimmwesten und in der Regel Helme. Ein wackliger Kiesel kann ausreichen, um eine mehrere hundert Meter anhaltende Rutschpartie flussabwärts einzuleiten. Und manchmal muss eine Rutschpartie auch freiwillig erfolgen, denn einige Strecken gehen über Wasserfälle. Abseilen oder kontrolliert herunterrutschen? – das ist dann hier die Frage.

Anfänger können das Riverwalking auch in speziellen Zentren erlernen. Hier eine Auswahl:

Birr Outdoor Education Centre, County Offaly, 🖳 www.oec.ie/birr
Bluelough Mountain and Water Sports Centre, County Down, 🖳 www.mountainandwater.com
Delphi Adventure Centre, County Galway, 🖳 www.delphimountainresort.com
Gartan Outdoor Education Centre, County Donegal, 🖳 www.gartan.com
Gortin Activity Centre, Northern Ireland, 🖳 www.gortin.net
Kilfinane Outdoor Education Centre, County Limerick, 🖳 www.kilfinaneoec.com
Killary Adventure Centre, County Galway, 🖳 www.killaryadventure.ie
Lilliput Adventure Centre, County Westmeath, 🖳 www.lilliputadventure.com
Peak Discovery Activity Centre, County Down, 🖳 www.pd-group.eu
Petersburg Outdoor Education Centre, County Galway, 🖳 www.petersburg.ie
Tain Adventure Centre, County Louth, 🖳 www.tainadventure.net

Segeln, Surfen, Tauchen

An den Küsten und an vielen Seen sind Segelclubs ansässig. Wer hier mitsegeln möchte, muss in der Regel Vereinsmitglied sein oder persönliche Kontakte zu Seglern besitzen. An verschiedenen Orten kann man jedoch auch ein **Segelboot** mieten, eines der größeren Unternehmen ist Baltimore Yacht Charters in West Cork, 💻 www.baltimoreyachtcharters.com. Hier stehen unterschiedliche Segelboote zur Auswahl. Im Gegensatz zu den beliebten Hausbooten, die auf den Binnengewässern unterwegs sind, ist dies jedoch nicht ohne entsprechende Erfahrung möglich. Was genau man vorweisen muss, ist mit dem Vermieter zu klären – ein Segelschein sollte auf jeden Fall vorhanden sein. Für Anfänger wird z. B. ein Drascombe Lugger angeboten, ein recht einfach zu handhabendes Familienboot (125 € pro Tag, 575 € pro Woche). Und wer noch gar keine Segelerfahrung besitzt, der kann sich auch ein Boot samt Besatzung chartern.

Surfern bietet die Atlantikküste, vor allem in den Counties Sligo und Donegal (aber auch im Surfer-Paradies Lahinch, County Clare), atemberaubende Wellen und an den meisten Tagen sehr gute Verhältnisse zum Wellenreiten. Dafür sorgt nicht zuletzt der Wind, der fast immer kräftig bläst. Dabei ist jedoch ein Wärmeschutz unerlässlich und es sollten unbedingt Erkundigungen über die jeweiligen Gefahrenstellen vor Ort eingeholt werden.

Die beliebtesten Plätze zum Surfen sind Portrush in Nordirland, Dunfanaghy, Bloody Foreland und Dungloe im nördlichen Donegal sowie Rossnowlagh und Bundoran an der Westküste Donegals. Die weiteren Surfspots ziehen sich dann die Westküste hinab, in Sligo sind es Strandhill, Aughris, Easkey und Enniscrone. Belmullet, Achill Island und die Gegend von Westport/Louisburgh sind im County Mayo beliebt. Etwas ruhiger sind die Wellen in Galway, allenfalls die Gegend rund um Clifden wird für Surfer empfohlen. Lahinch im County Clare schließlich ist schon voll auf das Surfen eingestellt, hier unterbieten sich die verschiedenen Schulen und Brettverleihe geradezu mit den Preisen. Vielleicht ist Lahinch auch der Ort, an dem Besucher der Insel am ehesten schnell einmal Wellenreiten können. Gleich gefolgt von Ballybunion und Castlegregory im County Kerry, ebenfalls sehr stark auf den Surftourismus eingestellt. An der Südküste dann sind Clonakilty und Tramore sehr gut erschlossen. Am wenigsten gesurft wird an der Ostküste, Windverhältnisse und mangelnder Wellengang machen die Küste für Surfer eher unattraktiv. Die besten Informationen zum Surfen in Irland bietet die Irish Surfing Association, 💻 www.isasurf.ie.

Der **Tauchsport** ist in Irland immer beliebter geworden, es gibt sehr viele örtliche Vereine und eine beachtliche Anzahl an Tauchschulen, die auch geführte Tauchgänge an besonders schönen oder interessanten Stellen anbieten. Die Auswahl der Tauchziele ist immer davon abhängig, wie viel Erfahrung der Besucher mitbringt, ohne einen international anerkannten Tauchschein wird man sich weder eine Ausrüstung leihen noch auf einen geführten Tauchgang gehen können. Zwar wird auch die absolute Anfängerschulung in Irland angeboten, dies ist jedoch für den Touristen aus verschiedenen Gründen (Kosten und Wassertemperatur stehen ganz vorne) weniger attraktiv. Sehr beliebt ist in Irland das Wracktauchen, das aber nur in erfahrener Begleitung gewagt werden sollte. Eine sehr gute Übersicht über die verschiedenen Tauchschulen und -zentren bietet die Webseite der irischen Sporttaucher, 💻 www.scuba.ie/centres/index.htm.

Wandern

Wenn Irland für eine Sportart absolut geeignet ist, dann ist es das Wandern. Es gibt zahlreiche **Fernwanderwege** und sehr viele ausgeschilderte **Rundwege** in Naturschutzgebieten, die eine oder mehrere Stunden in Anspruch nehmen. Und natürlich ist es auch möglich, einfach mit einer Landkarte, einem Kompass und einem Lunchpaket im Rucksack auf eigene Faust seinen Weg zu finden (s. auch S. 27, Wanderwege).

Und doch gibt es ein paar Einschränkungen: Da wäre zuerst das Wetter zu nennen. Denn allzu häufig regnet es auf der „Grünen Insel", wohl dem, der solide Regenkleidung im Gepäck hat. Ein größeres Problem aber können die irischen

Tipps für Wandertouren

Informative Websites
Irish Trails
www.irishtrails.ie
Mountaineering Council of Ireland
www.mountaineering.ie
Countryside Access and Activities Network for Northern Ireland
www.countrysiderecreation.com
Ulster Federation of Rambling Clubs
www.ufrc-online.co.uk

Buchtipp
Einer der besten Wanderführer ist *Walking in Ireland* von Sandra Bardwell, Helen Fairbairn und Gareth McCormack. Das Buch beinhaltet sowohl kurze Wanderungen in Dublin als auch lange Strecken quer durchs Land. Alle Touren sind mit Übersichtskarten versehen, diese dienen jedoch nur der groben Orientierung, sodass genaueres Kartenmaterial benötigt wird (s. u.).

Veranstalter von geführten Touren
Empfohlen werden vor allem die organisierten Wanderungen von Highländer Reisen und von Pathway Porter, Adressen s. S. 67.

Ausrüstung
Wegen des wechselhaften Wetters ist die Kleidung im Wesentlichen an das „Zwiebelsystem" anzupassen, mit mehreren Lagen, von denen die äußerste einen zuverlässigen Wind- und Wetterschutz bieten muss. Feste Wanderstiefel sind unerlässlich. Ein guter Wanderstock ist auf Bergstrecken sehr hilfreich. Immer mitführen sollte man einen kleinen Vorrat an Nahrung und Getränken, in der Nähe der Wanderwege findet man nur selten Geschäfte oder Gaststätten. Ein Mobiltelefon für den Notfall ist generell eine gute Idee, allerdings sind etwa in den Wicklow Mountains viele Gebiete außerhalb der zuverlässigen Reichweite der Netze. Ganz wichtig bei Wanderungen gerade an der Küste ist ein Schutz mit Sonnencreme – weht eine angenehme, frische Brise vom Meer, merkt man nicht, wie die Haut auf den Armen langsam verbrennt.

Was man noch beachten sollte
Die Beschilderung von Wanderwegen kann oft verwirrend sein, man ist nie davor gefeit, eine falsche Richtung einzuschlagen. Bei plötzlich aufkommendem Nebel, einer sich absenkenden Wolkendecke oder Einbruch von Dunkelheit ist extreme Vorsicht geboten. Niemals ignorieren darf man Schilder, die den Zutritt verbieten – die Aufrechterhaltung des irischen Netzes an Wanderwegen ist streckenweise sehr stark von der Kooperation örtlicher Landbesitzer abhängig. Die Missachtung von Privateigentum kann in Gegenreaktion schnell zur Schließung ganzer Wegstrecken führen.

Landbesitzer sein, die nicht unbedingt bereit sind, ihr Eigentum für die Öffentlichkeit freizugeben. Hauptsächlich Versicherungsgründe stecken hinter dieser Verweigerung eines (oft nur vermeintlichen) Wegerechtes. Aber auch das Verhalten mancher Wanderer hat Anlass zu Konflikten gegeben, von spontan auf Weiden entsorgtem Müll bis hin zu Weidegattern, die nicht wieder geschlossen wurden.

Mittlerweile werden von zahlreichen Firmen **geführte Wandertouren** kreuz und quer durch Irland angeboten: teilweise in kleinen Etappen und mit Ruhepausen, teilweise als strammer Marsch über mehrere Tage, teilweise mit Komfortunterkunft und Gepäcktransport, teilweise mit Rucksack von Jugendherberge zu Jugendherberge. Doch man muss sich nicht zwingend einer geführten Tour anschließen, wenn man Irland per pedes „erobern" will. Das Netz der ausgewiesenen Fernwanderwege ist wie gesagt hervorragend. Außerdem sind zahlreiche **Wanderführer** im Buchhandel erhältlich, das z. T. sehr detaillierte **Kartenmaterial** bekommt man in den meisten Outdoor-Läden. Dabei ist darauf zu achten, dass es sich jeweils um die neueste Auflage handelt. Ideal ist es, sich diese Unterlagen vor Ort zu besorgen und gleich das Gespräch mit dem Fachpersonal zu suchen. Hier erhält man die aktuellsten Informationen, was Streckenänderungen oder auch Alternativrouten angeht.

Whalewatching an Irlands Küsten

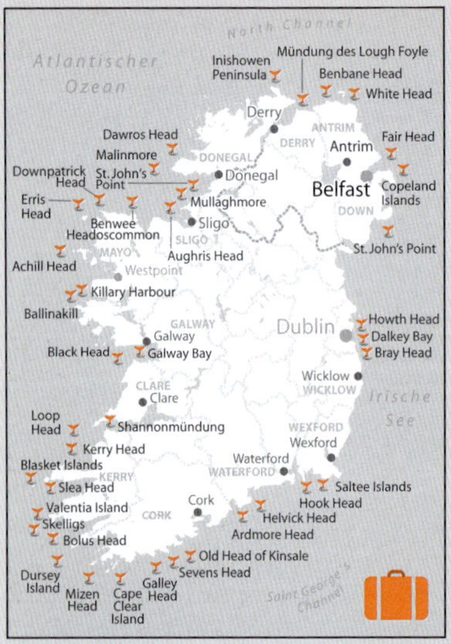

Wohl nirgendwo in Europa kann man Wale und andere Meeressäuger so gut beobachten wie in Irland. Dafür sorgen der offene Atlantik, der warme Golfstrom und ein ganz spezieller Status. Im Juni 1991 erklärte die irische Regierung alle Territorialgewässer zu einem Schutzgebiet für Wale und Delphine, das erste Schutzgebiet dieser Art in Europa. Ein Jahr vorher war bereits auf privater Basis die Irish Whale and Dolphin Group (IWDG) gegründet worden, die mit ihrer Website 💻 www.iwdg.ie die vielleicht besten Informationen zum Thema liefert. Allein die Liste von Sichtungen lässt erahnen, welche Artenvielfalt in irischen Gewässern anzutreffen ist.

Von der Küste aus

Wer heute an Whalewatching denkt, der denkt meist an Schiffstouren hinaus auf hohe See, wo man mit ziemlich hoher Wahrscheinlichkeit Wale sehen wird. In Irland ist das nicht nötig. Denn von den zahlreichen höher gelegenen Küstenabschnitten hat der Beobachter eine weitaus bessere Sicht übers Meer als von einem kleinen Boot aus. Und natürlich kostet das auch nicht so viel! Die IWDG weist allerdings darauf hin, dass regelmäßige Beobachtungen von einem Standort aus am vielversprechendsten sind. Heißt für den durchreisenden Touristen: Erwarten Sie nicht an jedem bekannten Beobachtungspunkt eine Sichtung. Wale und Delphine sind Wildtiere, keine bezahlten Künstler mit genauen Auftrittszeiten.

Gute Beobachtungspunkte

Einige bekannte und beliebte Beobachtungspunkte, von Dublin aus im Uhrzeigersinn:

Dublin Howth Head und Dalkey Bay
Wicklow Bray Head
Wexford Saltee Islands und Hook Head
Waterford Helvic und Ardmore Head
Cork Old Head of Kinsale, Sevens Head, Galley Head, Cape Clear Island, Mizen Head und Dursey Island
Kerry Bolus Head, Valentia Island, die Skelligs, Slea Head, die Blasket Islands und Kerry Head
Clare Shannonmündung, Loop Head und Black Head
Galway Galway Bay, Ballinakill und Killary Harbour
Mayo Achill Head, Erris Head, Benwee Head und Downpatrick Head
Sligo Aughris Head und Mullaghmore
Donegal St. John's Point, Malinmore, Dawros Head und die Inishowen Peninsula
Derry Mündungsbereich des Lough Foyle
Antrim Benbane Head, Fair Head und Whitehead
Down Copeland Islands und St. John's Point

Tourismus und Naturschutz miteinander vereinbaren

Daneben gibt es mittlerweile aber auch eine ganze Reihe von Touranbietern, die Besuchern dabei behilflich sind, die Meeressäuger zu beobachten. Nicht unbedingt immer mit hehren Tierschutzgedanken, meist steht das Geschäft im Vordergrund. Weswegen die IWDG detaillierte Empfehlungen für solche Aktivitäten entwickelt hat und sich bemüht, die Betreiber der Boote von ihren Vorstellungen zu überzeugen. Ziel ist es, den Tourismus mit dem Naturschutz zu vereinbaren und Whalewatching als „sustainable industry" zu etablieren. Zu erhalten ist jede Industrie nur so lange, wie es Rohstoffe gibt. Der Rohstoff der Walbeobachter sind die Wale – und wenn diese durch zu viele Beobachtungsboote und zu rücksichtslose Skipper vertrieben werden, dann ist eben Ende. Übrigens – den Fungie-Kult in Dingle stufte die IWDG auf ihrer Webseite 2010 wie folgt ein: „Although a huge number of people pay to see Fungie, this dolphin-watching is unsustainable as it is based on one dolphin."

Empfehlenswerte Anbieter
Hier eine Auswahl von Bootsbetreibern, die sich in der Vergangenheit als vernünftige Vertreter ihrer Zunft erwiesen haben:

Whale Watch with Colin Barnes
Reen Pier Union Hall, County Cork,
✆ 086-3273226,
💻 www.whalewatchwithcolinbarnes.com
Aquaventures Ltd.
Baltimore, County Cork,
✆ 086-3843995 oder 028-20511,
💻 www.aquaventures.ie
Youghal Dive Charters
County Cork,
✆ 024-90437 oder ✆ 087-3166722,
💻 www.seahunter.ie
South Coast Charter Angling
Youghal und Dunmore East,
✆ 087-2657177,
💻 www.charterangling.ie
Atlantic Cruise Company Ltd.
Dingle, County Kerry,
✆ 064-36040 oder ✆ 087-2213900
Blasket Island Eco-Marine Adventure Tours
Dunquin, County Kerry,
✆ 066-9154864 oder ✆ 086-3353805,
💻 www.blasketislands.ie
Robert Stack
Doon, Ballybunion, County Kerry
✆ 068-27245
Scattery Island Ferries,
✆ 065-9051327,
💻 www.discoverdolphins.ie
Dolphinwatch Carrigaholt
County Clare,
✆ 065-9058156,
💻 www.dolphinwatch.ie
Michael Fennell
Fodera, Kilbaha, County Clare,
✆ 087-6974624
Brazen Charter
Bundouglas, Moyard, County Galway,
✆ 086-2795118
Spirit Adventure
Rosses Point, County Sligo,
✆ 086-0675833,
💻 www.spiritadventure.net
Donegal Seafishing
Donegal Bay,
✆ 086-8937225,
💻 www.donegalseafishing.com
North Irish Lodge
County Antrim,
✆ 0775-3816069 (Nordirland),
💻 www.northirishlodge.com

Den Lebensbereich der Tiere respektieren
Und noch ein letztes warnendes Wort: Ganz gleich ob Wal oder Delphin, es handelt sich um Wildtiere, die an näherem Kontakt zum Menschen wenig interessiert sind. Im Gegenteil, man sollte ihren Lebensraum unbedingt respektieren, schon in eigenstem Interesse. Sonst kann es einem ergehen wie jenem deutschen Touristen vor einigen Jahren, der jubelnd ins Wasser gehüpft war und unbedingt mit einigen Delphinen schwimmen wollte. Als er jedoch in deren persönlichen Bereich eindrang, nahm ihm das einer der Delphine ziemlich übel und setzte zum verteidigenden Rammstoß an. Ob Zufall oder vielleicht auch ausgezeichnete Kenntnis der menschlichen Anatomie – der Delphin rammte seine harte Schnauze mit hoher Geschwindigkeit in den weichen und sehr empfindlichen Unterleib des Mannes. Ein mehrwöchiger Krankenhausaufenthalt folgte.

Anhänger des **Nordic Walking** finden auf den Fernwanderwegen, im Gebirge oder an den Küsten beste Möglichkeiten, ihrem Sport nachzugehen. Mittlerweile haben sich auch die Einheimischen an diesen Anblick gewöhnt und betrachten die stockschwingenden Kontinentaleuropäer nicht mehr ganz so fassungslos. Bei der Anreise beachten, dass die mitzubringenden Wanderstöcke i. d. R. nicht ins Handgepäck dürfen.

Sportveranstaltungen

Sportbegeisterte Besucher werden vielleicht die Gelegenheit beim Schopfe packen und als Zuschauer einem sportlichen Wettkampf beiwohnen. Auf der internationalen Sportbühne ist Irland zwar eher selten vertreten, Ausnahmen sind in den letzten Jahren das Springreiten, Leichtathletik, Golf und der Boxsport.

Der bekannteste irische **Fußballclub** ist Celtic Glasgow (s. S. 492). Und der ist nicht in Irland zu Hause, sondern hat nur historische Wurzeln auf der Insel. Fußballfans können gleich zwischen zwei Ligen wählen: Sowohl in Nordirland als auch in der Republik spielen professionelle Vereine, allerdings nicht unbedingt auf dem Niveau der Premier League. Man sollte jedoch nie vergessen, dass die Karriere einiger Stars der englischen Liga bei irischen Provinzvereinen begonnen hat. Mit etwas Glück sieht man hier die Großverdiener von morgen kicken. Übrigens wird Fußball, wie wir ihn kennen, immer als Association Football oder kurz Soccer bezeichnet.

Wesentlich populärer ist zumindest in der Republik **Gaelic Football**, die spezifisch irische Variante des Spiels, die eine ungeheuer lange Tradition haben soll. Unterschiede zum in Mitteleuropa bekannten Fußballspiel bestehen u. a. in den Möglichkeiten, Punkte zu machen (ein Schuss über die Latte gilt). Der wichtigste Unterschied ist jedoch, dass der Ball auch mit der Hand gespielt werden darf.

Gleich hinter Gaelic Football in der Popularität kommt **Hurling**, ein Hockey-ähnliches Spiel, angeblich die schnellste Mannschaftssportart der Welt. Ein kleiner Ball wird mit hölzernen Schlägern vorangetrieben oder auch auf ihnen getragen. Tragen die Aktiven Röcke, nennt sich die Sportart **Camogie**. Dies ist die etwas abgeschwächte Version des Hurling für Frauen. Die jedoch mit nicht weniger Enthusiasmus und Körpereinsatz gespielt wird. Als weitere „gälische" Sportart gibt es noch **Handball**, der jedoch weni-

Pferderennen auf dem Curragh – eines der beliebtesten Wett-Ereignisse

ger mit dem in Deutschland gespielten Handball (in Irland offiziell „Olympic Handball") zu tun hat, sondern schon fast an Squash erinnert. Streng reguliert werden alle diese Sportarten durch die Gaelic Athletic Association, kurz GAA. Da es eigentlich in jeder Gemeinde in der Republik Irland und auch in vielen Gemeinden in Nordirland mindestens ein Football- oder Hurlingteam gibt, hat man reichlich Gelegenheit, ein Spiel zu sehen. Wenn die Regeln auch für Besucher nicht unbedingt schnell erschließbar sind, so ist ein Nachmittag auf den örtlichen GAA-Grounds doch eigentlich immer unterhaltsam.

Ungeheuer an Popularität gewonnen hat in den letzten Jahren **Rugby**. Dieser eigentlich typisch englische Mannschaftssport wird zwar schon seit weit über 100 Jahren in Irland gespielt, die jüngsten Erfolge von irischen Mannschaften auf dem internationalen Parkett haben jedoch für ein verstärktes Interesse gesorgt. Regelmäßige Spiele werden am ehesten in den größeren Städten ausgetragen, in der internationalen Liga sind die Teams von Munster, Leinster und Ulster vertreten. Eine interessante Fußnote: Rugby ist die einzige Sportart, in der Nordirland und die Republik eine gemeinsame Nationalmannschaft stellen. Was regelmäßig zu Problemen beim Abspielen der Nationalhymne führt, es wurde eine eigene Rugby-Hymne geschaffen.

Die wahrscheinlich **wichtigsten Sportereignisse** Irlands finden im September statt – dann spielen die besten Mannschaften in den „gälischen Sportarten" im Dubliner Croke Park um die Pokale. Das erste und dritte Wochenende im September sind die Fixtermine. Das zweite und vierte Wochenende sind für eventuelle Neuauflagen vorgesehen, denn in den Gaelic Games gibt es nach einem Unentschieden kein Elfmeterschießen. Stattdessen wiederholt man einfach das Spiel komplett.

Neben diesen sehr populären Sportarten sind Wettkämpfe und Turniere aller Art für Zuschauer zugänglich. In Belfast etwa gibt es regelmäßig **Eishockey-Spiele**, in Dublin ist die **Horse Show** im August ein international wichtiges Springreitturnier, **Pferderennen** finden mit schöner Regelmäßigkeit statt und sind teilweise gesellschaftliche Ereignisse. Nicht zuletzt locken große **Golfturniere** Profis auf die Insel. Das Rennpferd des kleinen Mannes ist in Irland nach wie vor der Windhund, in eigenen Stadien finden vielbesuchte **Windhunderennen** statt – wobei allerdings nicht verschwiegen werden soll, dass sich dieser Rennbetrieb und Tierschutz nicht unbedingt vertragen. Am Rande der Rennbahn kommt es immer wieder zu unschönen Szenen.

Sprachkurse

Es gibt in Irland zahlreiche Anbieter von Sprachkursen sowohl für Englisch (Hauptzentren Dublin und Galway) als auch für Irisch (hauptsächlich in den Gaeltacht-Gebieten, aber auch in Dublin). Ein weit verbreitetes Vorurteil ist, dass man in Irland kein „richtiges Englisch" lernen könne.

Irisch und Englisch lernen

Eine sehr gute Übersicht über Sprachschulen bietet die Webseite der **MEI**, 💻 www.mei.ie, ein Verband von rund 60 qualifizierten und anerkannten Sprachschulen, die an 120 Standorten in Irland Programme anbieten. Die Kurse rangieren dabei vom einfachen Schulenglisch über spezialisiertes Business English bis hin zur Zertifizierung für Englischlehrer.
Wer seinen Sprachurlaub nicht selbst organisieren möchte, kann sich in einem Reisebüro über Komplettangebote informieren. Zahlreiche Reiseveranstalter bieten Pakete, in denen Transport, Unterkunft, Verpflegung sowie ein Ausflugsprogramm enthalten sind. Oft können diese wesentlich günstiger sein als ein selbst zusammengestelltes Programm.
Wer dagegen in Irland Irisch lernen möchte, dem sei **Oideas Gael**, 💻 www.oideas-gael.com, ans Herz gelegt. Diese alteingesessene Sprachschule in Glencolumbkille (s. S. 506) bietet jedes Jahr zahlreiche Kurse speziell für Anfänger, für Fortgeschrittene und sogar für Lehrer an. Dabei sind die Preise nicht unbedingt exorbitant, 2010 kostete ein Wochenkurs 200 € (natürlich nur der Unterricht). Auf der Website vertreibt Oideas Gael auch zahlreiche Hilfsmittel zum eigenständigen Erlernen der Sprache.

Ein Sprachkurs in England sei sinnvoller, da dort in jeder britischen Sprachschule das BBC-Englisch (sog. Received Pronounciation, RP) in Reinstform gelehrt werde. Tatsächlich wird jede Sprachschule von örtlichen oder persönlichen Dialekten beeinflusst, so dass der Schulungsort nahezu austauschbar ist.

Bei der Suche nach einem Sprachkurs sollte man unbedingt die Leistungen der Schulen miteinander vergleichen und auch versuchen, Erfahrungsberichte von anderen Teilnehmern zu erhalten. Eine Reihe von irischen Sprachschulen mit zum Teil wohlklingenden Namen und hohen Gebühren hat sich in den letzten Jahren als reines Visa-Beschaffungssystem für asiatische und afrikanische „Studenten" herausgestellt.

Telefon

Die Versorgung mit öffentlichen Fernsprechern und Telefonzellen hat unter dem Siegeszug des allgegenwärtigen Handys stark gelitten – in Irland gibt es mehr aktive Mobiltelefone als Einwohner, streckenweise aber kaum noch eine andere Möglichkeit zum Telefonieren. In der Großstadt findet man gelegentlich Call Shops, die vor allem für Ferngespräche günstige Tarife bieten.

Wer etwas länger in Irland unterwegs ist und ein eigenes Handy mitbringt, sollte den Kauf einer Prepaid-SIM-Karte erwägen, um kostengünstiger als über den Umweg ins Heimatnetz zu telefonieren. Dabei ist wieder darauf zu achten, dass die irische Insel zwei nationale Bereiche hat und eine in Dublin gekaufte SIM-Karte in Newry schon zum Auslandstarif abgerechnet wird. Die Abdeckung der jeweiligen Netze ist nur in Details unterschiedlich, sodass die Kaufentscheidung nur über den Preis getroffen werden kann.

Die wichtigsten Vorwahlen

Vorwahlen aus Irland
(Republik und Nordirland):
Deutschland 0049
Österreich 0043
Schweiz 0041

Vorwahlen nach Irland
Republik Irland 00353 (dann Ortsvorwahl ohne 0, gefolgt von der Rufnummer)
Nordirland 004428 (dann Rufnummer), aus der Republik Irland 048 (plus Rufnummer)

Transport

Flüge

Es gibt einige inneririschen Flugverbindungen, die z. T. von der Regierung subventioniert werden und daher recht günstig sind. Die meisten dieser Flüge werden sich für den Touristen, der Land und Leute kennenlernen möchte, nicht lohnen.

Einige der größeren Strecken, etwa zwischen Dublin und Donegal, können jedoch sinnvoll sein. Auch wer die Aran Islands besuchen möchte, sollte über einen Flug nachdenken. Das geht nicht nur schnell, man hat mit etwas Glück auch einen fantastischen Blick auf die Inseln aus der Luft.

Eisenbahn

Das irische Eisenbahnnetz hat sich immer noch nicht von den erheblichen Streichungen und Streckenstilllegungen Mitte des 20. Jhs. erholt und bietet zwar von Dublin aus einige interessante Strecken in die Provinz an, ein dichtes Netz ist jedoch nicht gegeben. Wer Irland mit der Eisenbahn bereisen will, muss zum Teil erhebliche Fahrtzeiten (bedingt durch Umwege) in Kauf nehmen und auch auf viele Gegenden verzichten oder dort auf den Bus umsteigen. Landschaftlich reizvolle Strecken gibt es an der Ostküste. Die Strecke von Dublin nach Süden führt direkt am Meer entlang, ähnlich zwischen Dublin und Belfast, zumindest auf weiten Strecken. Eine sehr interessante Bahnfahrt verspricht die Tour von Belfast nach Derry, wo die Schienen teilweise unter der Steilküste verlaufen. Auch die Fahrt von Dublin nach Cork oder Galway kann unter Umständen sinnvoll sein. Anbieter sind Irish Rail (CIE), 💻 www.irishrail.ie, und Northern Ireland Railways (NIR), 💻 www.translink.co.uk.

Bahnstrecken

N

0 100 km

Busse

Auf den ersten Blick ist das irische Busnetz relativ gut ausgebaut, im Detail weist es jedoch einige Lücken auf und die Frequenz der angebotenen Fahrten lässt streckenweise sehr zu wünschen übrig. Der dominierende Anbieter in der Republik Irland ist Bus Éireann, 💻 www.buseireann.ie, in Nordirland Ulsterbus, 💻 www.translink.co.uk. Beide Firmen bieten auch grenzüberschreitenden Verkehr an, teilweise in direkter Zusammenarbeit. Daneben bestehen noch private Linien im Fernverkehr zwischen den großen Städten, vom Flughafen Dublin etwa fahren Busse direkt nach Galway. Der Standard der eingesetzten Busse ist unterschiedlich, ebenso deren Geschwindigkeit – am schnellsten sind die sogenannten Expresslinien, andere Busse verlassen für jede

Aktuelle Fahrpläne im Internet

Wer vorhat, sich mit dem Bus durch Irland zu bewegen, der sollte seine Streckenplanung flexibel halten und sich zeitnah über das Internet (Websites s. o.) die aktuellen Fahrpläne besorgen. Gedruckte Fahrpläne sind zunehmend wertlos geworden. Mitte 2010 etwa war es unmöglich, einen solchen zu bekommen – und der für Ende Juli angekündigte neue Fahrplan war nach Auskunft von Schaltermitarbeitern bei Erscheinen bereits teilweise wertlos, da kurzfristig zahlreiche Strecken zusammengestrichen worden waren.

größere Siedlung die Hauptstraße und halten auch schon mal an einsamen Gehöften an.

Gerade für Touristen interessant sind die verschiedenen **Bus-Pässe**, die eine erhebliche Vergünstigung gegenüber Einzelfahrkarten bedeuten können. Eine Besonderheit der irischen Netzkarten ist die Gültigkeit an einer bestimmten Anzahl Tage in einer bestimmten Periode, etwa acht Tage binnen 16 Tagen. Dies führt immer wieder zu Verwirrung. Konkret bedeutet das, dass die Netzkarte 16 Tage lang gültig ist, in dieser Zeit aber nur an acht Tagen genutzt werden kann. Wer also jeden Tag auf Achse sein möchte, der muss sich zwei Netzkarten kaufen.

Folgende Bus- und Bahnpässe sind derzeit erhältlich:

Open Road Pass – können uneingeschränkt auf allen Strecken von Bus Éireann genutzt werden. Kosten für acht Reisetage bei 16 Tagen Gültigkeit 129 €.

Irish Rover – Netzkarte für alle Busse von Bus Éireann und Ulsterbus. Kosten für acht Reisetage bei 15 Tagen Gültigkeit 190 €.

Irish Explorer – Netzkarte für alle Strecken von Bus Éireann und Irish Rail, allerdings nur in der Republik Irland. Kosten für acht Reisetage bei 15 Tagen Gültigkeit 245 €.

Die Netzkarten können nicht am Schalter erworben werden, sie müssen online bestellt und bezahlt werden und werden dann entweder mit der Post zugeschickt oder man holt sie an den zentralen Busstationen von Dublin (Busaras), Cork (Parnell Pl.) oder Galway (Eyre Sq.) ab.

Ob sich dieser Netzkarten lohnen, ist ein Rechenexempel – mit den zahlreichen Vergünstigungen etwa bei Irish Rail und Tagesrückfahrkarten bei Bus Éireann wird die Situation wahrscheinlich immer unüberschaubar bleiben. Der Vorteil liegt jedoch darin, dass die Transportkosten auf jeden Fall kalkulierbar bleiben.

€ Günstige Tickets

Die Preisgestaltung der meisten öffentlichen Verkehrsmittel in Irland gleicht für den Kunden einem Lotteriespiel. Verlierer ist dabei eigentlich immer derjenige, der direkt am Bahnhof oder im Bus selbst das Ticket löst. Denn in diesem Fall bezahlt man den vollen Fahrpreis, der mit etwas Vorplanung gar nicht fällig gewesen wäre.

Bus Éireann, 💻 www.buseireann.ie, **Irish Rail**, 💻 www.irishrail.ie, und **Northern Ireland Railways**, 💻 www.translink.co.uk, bieten alle ein breites Spektrum an Alternativen zur einfachen Fahrt an. Tagesrückfahrkarten, Mehrfahrtenkarten, Wochenkarten und spezielle Kombinationsangebote können enorme Einsparungen ergeben, ebenso spezielle Angebote für Studenten, Familien oder Senioren. Das Angebot wechselt relativ häufig. Deshalb sollte man sich rechtzeitig vor Reiseantritt im Internet über das aktuelle Ticketangebot informieren, eventuell auch kurzfristig vor Ort noch einmal, die Investition von 1 € im Internetcafé kann sich rasch auszahlen.

Wie verwirrend die irischen Eisenbahnpreise sein können, sei an einem Beispiel kurz erläutert. Für die Fahrt zwischen Dublin und Killarney bezahlt man im Internet 10 € je Strecke. Dieselbe Fahrkarte kostet am Schalter 68 €, als Tagesrückfahrkarte 51 €, als länger gültige Rückfahrkarte 72 €. Billiger sind dort nur Rückfahrkarten für Studenten (47,50 €, von Irish Rail ausgestellte Travel Card erforderlich) oder Familien (105 € für zwei Erwachsene und bis zu vier Kinder).

Weitere Ermäßigungen lassen sich durch den Kauf von bestimmten Pässen oder Zeitkarten (s. Busse) erzielen.

Eine eigene Netzkarte ist in Nordirland erhältlich, iLink bietet für 55 £ eine Woche uneingeschränkte Nutzung des gesamten Nahverkehrsangebotes in der Provinz. Nähere Informationen unter 💻 www.translink.co.uk/Fares/Translink-Products/ILink.

Auto

Wer viel von Irland sehen und auch abgelegene Sehenswürdigkeiten besichtigen möchte, der ist gut beraten, Irland mit dem Auto zu erkunden. Ob man das eigene Auto mitbringt oder vor Ort ein Fahrzeug mietet, hängt von der Art der gewünschten Anreise ab. Zeitsparend ist auf jeden Fall die Kombination: Flug nach Irland, kombiniert mit einem Mietwagen, der dann auch die einheimische Rechtslenkung aufweist. Womit man beim Thema **Linksverkehr** wäre. Während der ersten Kilometer auf der „falschen Straßenseite" fühlt sich jeder Besucher in seine erste Fahrstunde zurückversetzt. Der Gewöhnungseffekt tritt jedoch schnell ein und das Fahren wird immer entspannter. Kleinere Fehler werden den meisten Fahrern vom Kontinent immer passieren, zu wirklich schweren Unfällen kommt es aber äußerst selten.

Mietwagen

Der Vorteil des eigenen Autos ist schlicht die Tatsache, dass der Wagen einem bekannt ist. Bei einem **Mietwagen** bedarf es der Gewöhnung an die jetzt mit der linken Hand zu bedienende Gangschaltung (Gas- und Bremspedal sind nicht vertauscht). Der große Vorteil des Mietwagens ist aber tatsächlich die Rechtslenkung, denn durch die dem Linksverkehr angepasste Fahrerposition besteht eine wesentlich bessere Übersicht über den Straßenverkehr. Ein Überholvorgang auf einer unübersichtlichen Strecke ist mit einem Linkslenker teilweise unmöglich.

Die Voraussetzungen, um einen Mietwagen zu leihen, sind in Irland je nach Anbieter unterschiedlich. Grundsätzlich ist der Standardmieter mindestens 25 Jahre alt, hat seit mindestens zwei Jahren einen uneingeschränkt gültigen Führerschein eines mitteleuropäischen Staates und fährt mit Schaltgetriebe. Alles, was hiervon abweicht, kann die Kosten schnell in die Höhe treiben. So werden jüngere Fahrer und Führerscheinneulinge nur gegen Aufpreis ein Fahrzeug bekommen, Inhaber von südeuropäischen Führerscheinen müssen oft wesentlich älter sein und eine höhere Kaution hinterlegen. Wer einen Automatikwagen wünscht, der zahlt mindestens 50 % mehr. Zu den jeweiligen Bestimmungen im Detail geben die Webseiten der Vermieter Auskunft, hier eine Liste der wichtigsten Firmen:

353, 💻 www.carhire.ie
Avis Rent A Car, 💻 www.avis.ie
Budget Car Rental, 💻 www.budget.ie
County Car Rentals, 💻 www.countycar.ie
Dan Dooley Car Hire, 💻 www.dan-dooley.ie
Enterprise Rent-a-Car, 💻 www.enterprise.ie
Europcar Ireland, 💻 www.europcar.ie
Hertz Car Rental, 💻 www.hertz.ie
Sixt, 💻 www.sixt.ie
Thrifty Car Rental, 💻 www.thrifty.ie

Auch wenn theoretisch die Möglichkeit besteht, direkt am Flughafen ein Schnäppchen zu machen, ist es auf jeden Fall zu empfehlen, rechtzeitig im Voraus einen Mietwagen zu buchen. In den Jahren 2009 und 2010 haben viele Mietwagenfirmen die Kapazitäten enorm zurückgeschraubt, zum Teil kam es sogar zu Engpässen. Dass die günstigsten Angebote rasch weg sind, liegt dabei auf der Hand. Ohnehin sind die Konditionen bei einer Direktanmietung meist schlechter als bei einer Anmietung über ein Reisebüro oder einen Broker. Sehr günstige Preise mit einem umfassenden Versicherungsangebot bietet in der Regel **M-Broker**, 💻 www.m-broker.de.

Es gibt nur wenige Vermietungen von **Wohnmobilen**, die Preise sind relativ hoch und das Fahren auf den teilweise sehr engen Straßen stellt sich oftmals nicht unbedingt als erholsam dar. Eine kostengünstige und vor allem auch praktische Alternative sind die kleinen und insgesamt unspektakulären Wohnmobile von Bunk Campers, 💻 www.bunkcampers.com. Diese sind auf handelsüblichen Lieferwagen aufgebaut, dadurch sind sie kompakt und im Verbrauch sehr günstig. Das kleinste Modell, der „Roadie", ist im Prinzip ein ausgebauter Kombi. Mit dem

Entfernungen (in km)

	Athlone	Belfast	Cork	Derry	Donegal	Dublin	Dundalk	Galway	Kilkenny	Killarney	Limerick	Portlaoise	Roscommon	Rosslare	Shannon Airport	Sligo	Waterford	Wexford
Belfast	227																	
Cork	219	424																
Derry	209	117	428															
Donegal	183	180	402	69														
Dublin	126	167	257	237	222													
Dundalk	145	84	325	156	158	85												
Galway	93	306	209	272	204	219	238											
Kilkenny	126	284	148	335	309	117	198	172										
Killarney	232	436	87	441	407	309	352	193	198									
Limerick	121	323	105	328	296	198	241	105	113	111								
Portlaoise	74	253	174	282	257	84	151	150	51	225	114							
Roscommon	32	224	251	211	151	146	151	82	158	264	151	106						
Rosslare	209	330	208	397	391	163	246	274	100	275	211	135	241					
Shannon Airport	134	346	129	351	283	222	265	92	137	135	24	138	154	235				
Sligo	117	206	336	135	66	217	167	138	245	343	232	191	85	327	219			
Waterford	174	333	126	383	357	158	243	220	48	193	129	100	208	82	153	293		
Wexford	188	309	178	378	372	142	227	253	80	254	190	114	222	19	214	307	63	
Wicklow	177	219	267	288	275	51	137	270	124	335	227	124	198	116	251	261	141	90

kann man sogar unproblematisch in den meisten Parkhäusern unterkommen, wenn man eine Stadt besucht (natürlich zum Parken, nicht zum Übernachten).

Unterwegs im Straßenverkehr

Die wichtigsten **Verkehrsregeln**, die der Fahrer in Irland berücksichtigen muss, sind schnell aufgezählt: Verkehrsinseln werden links umfahren, Kreisverkehre werden im Uhrzeigersinn befahren und überholt wird auf der rechten Seite. Eigentlich alles umgekehrt wie auf dem Kontinent, mit einer wichtigen Ausnahme – an nicht durch Verkehrsschilder regulierten Kreuzungen hat auch der von rechts kommende Fahrer die Vorfahrt. Beachtet werden müssen auch gelbe Linien am Straßenrand, sie markieren in der Regel ein Parkverbot. Falschparken kann sehr teuer werden, in vielen Städten werden Reifenkrallen eingesetzt. Eine weitere gelbe Markierung in Form einer deutlichen Schraffierung kennzeichnet oft Kreuzungen oder Bereiche von Einfahrten, die bei einem Rückstau nicht befahren werden dürfen.

Die **Verkehrszeichen** in Nordirland entsprechen weitgehend den in Mitteleuropa gebräuchlichen. In der Republik Irland gibt es eine Reihe von Abweichungen, die jedoch leicht erkennbar sind und nur selten für Verwirrung sorgen. Ganz besonders wichtig sind allerdings die dreieckigen Warnzeichen vor Kreuzungen, bei denen das Schema der Kreuzung in verschieden dicken Linien aufgezeichnet wird. Die dicke Linie hat immer Vorfahrt – befindet man sich auf der Straße, die durch eine dünne Linie angedeutet ist, muss man bremsbereit sein. Dankenswerterweise ist der Kreuzungsbereich in den meisten Fällen auf der nicht vorfahrtsberechtigten Straße noch einmal mit einem Stoppschild gekennzeichnet (das allerdings nicht dem achteckigen, roten Stoppschild entsprechen muss).

Neben den Kosten für Benzin (oder Diesel) kommen auf Autofahrer mitunter beträchtliche **Parkgebühren** zu. Eine Stunde auf einem öffentlichen Parkplatz in der Provinz kostet vielleicht nur 40 Cent, auf einem ähnlichen Parkplatz in Dublin dagegen 4 €. Oftmals muss die Parkgebühr im Voraus entrichtet werden, ein Automat druckt einen Schein mit der maximalen Parkdauer. Dabei ist darauf zu achten, dass auch der korrekte Automat verwendet wird, in Dublin etwa gibt es drei verschiedene Preiskategorien, deren jeweilige Automaten in Sichtweite stehen können. Schilder am Straßenrand machen dann deutlich, welcher Automat (meist mit Farbcodierung) der richtige ist.

Bei einer ganzen Anzahl von Autobahnen in der Republik Irland besteht **Mautpflicht**, die meisten davon können direkt an der Mautstelle bezahlt werden. Eine Ausnahme ist die M50 bei der Querung der Liffey, hier wird lediglich das Kennzeichen registriert und dann eine Zahlung binnen eines Tages erwartet. Dies ist per Telefon, im Internet oder auch bei verschiedenen Zahlstellen möglich. Verlassen Sie sich nicht da-

Irland ohne Auto

Die schlechte Nachricht gleich vorweg – Irland ist nicht unbedingt ein ideales Land für Alternativreisende und Rucksacktouristen. Im Gegenteil: Die „Grüne Insel" lässt dem Reisenden für eine individuelle Route in einem eingeschränkten Zeitrahmen kaum eine andere Wahl als die Benutzung eines Autos. Viele Sehenswürdigkeiten sind ohne einen eigenen fahrbaren Untersatz kaum erreichbar. Die Frequenz und Streckenführung öffentlicher Verkehrsmittel ist selten an die Bedürfnisse der Touristen angepasst, als Alternative gibt es lediglich organisierte Bustouren oder eben die Klassiker Fahrrad oder Wanderstiefel.
Wer allerdings Mut zur Lücke hat und sich dazu entschließt, nur einen kleinen Teil Irlands zu erforschen, der hat mit diesem erzwungenen langsamen Reisen vielleicht das große Los gezogen. Ein Vorschlag für eine Reise auf eigene Faust mit Bus und Bahn ist die Budget-Route auf S. 37.
Es wird immer wieder heftig diskutiert, ob sich die sehr kompakten organisierten Touren, mit denen Irland in sieben Tagen „komplett" bereist werden sollen, überhaupt lohnen. Letzten Endes bleiben hier oft nur flüchtige Eindrücke von Orten, die man in jedem Irland-Bildband sehen kann.

rauf, dass ein ausländisches Kennzeichen verschont wird, die wesentlich kostenintensivere Mahnung wird auch ins europäische Ausland verschickt.

Noch ein Wort zur **Verkehrssicherheit**: In Irland besteht Anschnallpflicht, auch auf den Rücksitzen, Kinder müssen in einem geeigneten Kindersitz untergebracht sein. Es ist verboten, ein Handy ohne Freisprecheinrichtung während der Fahrt zu benutzen. Das Fahren in angetrunkenem Zustand oder unter Einfluss von Drogen oder Medikamenten ist selbstverständlich verboten. Die Promillegrenze liegt momentan bei 0,8, soll aber auf 0,5 gesenkt werden.

Motorrad

Irland mit dem Motorrad zu bereisen, kann ein ganz besonderes Erlebnis sein, allerdings nur für Tourenfahrer, die nicht unbedingt auf Geschwindigkeit aus sind. Denn der Zustand vieler irischer Straßen macht eine erhöhte Aufmerksamkeit erforderlich. Und natürlich ist wetterfeste Kleidung angebracht, für Schönwetter-Fahrer auf einem sehr empfindlichen Motorrad ist Irland kein geeignetes Land. Apropos empfindlich: Motorradfahrer sollten unbedingt vor der Reise Informationen über Werkstätten sammeln und sich auch eine Liste der jeweiligen Händler und Vertretungen geben lassen. Diese Liste bekommt man über den eigenen Fachhändler oder eben den Importeur/Hersteller. Das Servicenetz für Motorräder ist nicht sehr engmaschig. Schon eine Reifenpanne kann zu einem mehrtägigen Aufenthalt führen, da der Ersatz erst aus Dublin oder Belfast bestellt und dann mit dem Kurier angeliefert werden muss. Eine Dose Pannenspray gehört einfach zum Equipment. Nordirland ist übrigens motorradfreundlicher als die Republik, dort sind auch mehr irische Motorradfahrer unterwegs.

Fahrrad

Weite Teile Irlands sind leider mittlerweile für Fahrradfahrer nicht mehr so gut geeignet, der zunehmende Verkehr hat für eine Verschlechterung der Situation gesorgt und der Radfahrer wird mehr als störendes Hindernis denn als Partner auf der Straße angesehen. Nach wie vor gibt es jedoch Urlauber, die auf diese Art der Fortbewegung schwören und auch keine Probleme mit dem irischen Straßenverkehr sehen. Wer allerdings daheim nur auf Radwanderwegen unterwegs ist und intensives Verkehrsgewühl meidet, der sollte sich auf eine Radtour in Irland gut vorbereiten. Auf jeden Fall sollte in Irland auffällige Kleidung getragen werden, am besten eine Warnweste. Die zum Teil engen, unübersichtlichen und mit Schlaglöchern übersäten Straßen sowie die oft nicht sehr rücksichtsvollen Autofahrer verlangen vom Radfahrer eine erhöhte Aufmerksamkeit. Das Radeln bei Nacht, Nebel oder anderen schlechten Sichtbedingungen sollte nach Möglichkeit vermieden werden.

Spezielle Radwege neben den Straßen findet man recht selten. Nur wenige Radwege, etwa an den Seen von Killarney oder im Dubliner Phoenix Park, versprechen ein wirklich ungestörtes Radelvergnügen. Die meisten Radwanderrouten führen über öffentliche Straßen. Die Broschüre *Cycling In Ireland* ist bei der irischen Touristeninformation erhältlich und gibt Informationen über zwei Dutzend empfohlene Radwanderwege. Eine genaue Ausschilderung ist vor Ort nicht immer gegeben, sodass gutes Kartenmaterial unerlässlich ist.

Soll das Fahrrad auf längeren Strecken transportiert werden, kann es gelegentlich zu Problemen kommen. Die Fernbusse von Bus Éireann und Ulsterbus können Fahrräder mitführen, wenn sie einen geeigneten Gepäckraum und auch noch freien Platz darin haben. Eine Garantie für die Mitnahme kann aber nicht gegeben werden. Dieselbe Situation entsteht im Prinzip auch bei Nutzung der Bahn, im Zuge der Modernisierung des Fuhrparks wurde die Kapazität zur Fahrradmitnahme immer weiter eingeschränkt, zum Teil sogar ganz abgebaut.

Eine Lösung bieten die zwei großen, landesweit tätigen Netze von Fahrradverleih-Firmen, Ireland Rent-a-Bike, 💻 www.irelandrentabike.com, und Raleigh, 💻 www.raleigh.ie. Sie bieten auch Einwegmieten an, sodass man sich eine kombinierte Tour mit Fahrrädern und öffentlichen Verkehrsmitteln zusammenstellen kann.

Stadtrundfahrt auf dem Oberdeck: Auch so lassen sich Dublins Sehenswürdigkeiten entdecken. S. 139

Trampen

Eine Fahrt durch Irland per Anhalter ist nach wie vor möglich. Etwas Glück gehört jedoch auch dazu, will man an entlegenen Stellen vom Fleck kommen. Obwohl vom Trampen nicht generell abgeraten werden muss, ist es umgekehrt nicht unbedingt eine empfehlenswerte Reiseart. Besonders allein reisende Frauen sollten eher auf Bus oder Bahn umsteigen.

Taxi

Früher war ein Taxischein in Irland eine Lizenz zum Gelddrucken, seit der Deregulierung dieses Bereiches gibt es mehr Taxis als Fahrgäste. Für den Touristen ist das Taxi eher für einen schnellen Transfer, z. B. von der Stadt zum Flughafen, interessant, oder wenn es wirklich gar kein anderes Verkehrsmittel ans gewünschte Ziel gibt. Die Fahrt ist relativ teuer, kann dafür aber auch sehr interessant werden – irische Taxifahrer müssen keine Ortskenntnisse besitzen, haben dafür im Gegenzug aber auch keine Scheu, den Gast nach einer Wegbeschreibung zu fragen.

Übernachtung

Die Bandbreite an Übernachtungsmöglichkeiten ist riesig und reicht von einfachen Zeltplätzen bis hin zu Luxushotels mit Thai-Massage und Golfplatz. Für welche Art der Unterkunft sich der Reisende entscheidet, ist vor allem eine Frage des Geldes. Hartnäckig hält sich das Gerücht, auch kostenlose Unterkünfte stünden Reisenden zur Verfügung. Ein Bett im Pfarrhaus sei schließlich immer für einen einsamen Touristen frei. Es mag da Ausnahmen geben, als generelle Urlaubsplanung taugen solche Erzählungen nicht. Tatsache ist vielmehr, dass die Kosten einer Übernachtung eigentlich fast immer einen zweistelligen Eurobereich erreichen.

Preiskategorien der Unterkünfte

Wir haben die Unterkünfte in sechs Kategorien unterteilt. Die Preise beziehen sich auf ein Doppelzimmer.

	Irland	Nordirland
❶	bis 40 €	bis 35 £
❷	bis 70 €	bis 60 £
❸	bis 100 €	bis 85 £
❹	bis 130 €	bis 110 £
❺	bis 160 €	bis 135 £
❻	über 160 €	über 135 £

Hotels

Der Begriff „Hotels" schließt eine nahezu unüberschaubare Bandbreite von Unterkünften ein und erlaubt keine generelle Aussage, was die Qualität anbetrifft. Ebenso unterschiedlich können natürlich die **Preise** ausfallen. Ein Hotelzimmer der Touristenklasse ohne großen Komfort kostet, je nach Lage und Saison, bei Belegung mit zwei bis drei Personen mit Glück nur 50 €, nicht selten 100 €. Eine vierstellige Summe für eine Nacht zu bezahlen, dürfte in Irland kein Problem sein. Ob hier immer das Preis-Leistungs-Verhältnis stimmt, ist natürlich eine ganz andere Frage. Bei der Buchung eines Hotels, entweder über die Webseite des Hotels oder der Hotelkette oder über eine der zahlreichen Buchungsmaschinen (die meist billiger sind als die eigenen Hotelseiten), sollte der Interessent darauf achten, welche Extras eingeschlossen sind. Mittlerweile sind die meisten irischen Hotels anscheinend dazu übergegangen, ein typisch US-amerikanisches Angebot zu machen: Der Übernachtungspreis bezieht sich auf das Zimmer und beinhaltet kein Frühstück. Ein **Frühstück** kann dann dazugebucht werden, die Preise hierfür sind oftmals unverschämt hoch. In abgelegeneren Gebieten bleibt den Gästen oft keine andere Möglichkeit, als das Frühstück mitzubuchen, es sei denn man will sich auf nüchternen Magen auf den Weg machen. Grundsätzlich lässt sich sagen, dass viele irische Hotels älterer Bauart sehr kleine Zimmer haben, die zwischen Bett und sonstiger Möblierung nur wenig Bewegungsfreiheit lassen. Dazu kommt, dass die Ausstattung der Zimmer oftmals etwas antiquiert ist, was allerdings auch wieder einen gewissen Charme hat. Neuere Hotels, vor allem die der internationalen Ketten, weisen meist größere Zimmer auf. Dieser Vorteil wird allerdings mit einer absoluten Seelenlosigkeit erkauft – ist der Vorhang einmal zugezogen, kann man nicht mehr ansatzweise spüren, ob man in Dublin, Dallas oder Düsseldorf ist. Eine ganz neue Erscheinung sind sogenannte „Zombie-Hotels", in den letzten Jahren des Wirtschaftsbooms gnadenlos hochgezogene Bettenburgen, die heute unter chronischer Unterbelegung leiden. Die wenigen Gäste in diesen Hotels haben gelegentlich den Eindruck, dass sie Figuren in einem Roman von Stephen King sind. Leider ist die Unterbelegung keine Garantie dafür, dass nicht auf demselben Stockwerk oder direkt über einem sehr laute und absolut uneinsichtige Hotelgäste wohnen.

Die gängigen **Hotelkategorien** rangieren zwischen einem und fünf Sternen: fünf Sterne – Luxushotel; vier Sterne – sehr gutes Hotel mit großen Zimmern; drei Sterne – mittelgroße Zimmer mit komfortabler Einrichtung; zwei Sterne – kleine bis mittelgroße Zimmer, nicht immer mit eigenem Bad; ein Stern – einfache Unterkunft. Grundsätzlich dieselben Kategorien gelten auch für Guesthouses, hier wird allerdings keine Kategorie mit fünf Sternen verzeichnet. Die Unterkunft kann generell etwas einfacher sein.

Bei allen Unterkünften empfiehlt es sich, auf **besondere Angebote** zu achten, die sowohl in den Buchungsmaschinen im Internet, auf den eigenen Webseiten der Hotels oder auch über Reisebüros zu finden sind. Besonders beliebt sind Kombinationen von zwei oder drei Übernachtungen mit Frühstück und einem oder zwei Abendessen. Diese sind oftmals für denselben Preis erhältlich wie einzeln gebuchte Übernachtungen ohne jede Verpflegung.

Hotelzimmer

Single Einzelzimmer, die auch vom Komfort meist niedrigste Kategorie überhaupt, gerade in älteren Hotels kann es sich um die Besenkammer mit einem Feldbett handeln.

Double Doppelzimmer mit einem Doppelbett, wobei *Queen Size* ein sehr schmales Doppelbett bezeichnet, *King Size* ist immer zu bevorzugen.

Twin Doppelzimmer mit getrennten Betten.

Family entweder ein Doppelzimmer mit zusätzlichen Einzelbetten (teilweise auch als Ausziehcouch) oder eben ein größeres Zimmer, in das je nach Bedarf zusätzliche Betten oder auch ein spezielles Kinderbett eingestellt werden können.

Ensuite dieser Zusatz bedeutet, dass sich Bad und WC direkt an das Zimmer anschließen.

Private Bath dieser Zusatz bedeutet, dass der Gast zwar ein Bad und WC zur alleinigen Benutzung hat, dies kann jedoch auch auf der anderen Seite des Ganges liegen.

Bed & Breakfast

Die klassische Unterkunft ist nach wie vor das B&B. Privatleute bieten eine Nacht im Gästezimmer ihres Hauses mit Frühstück. Ursprünglich aus einer Notlage heraus entstanden, denn es gab nicht genug Fremdenzimmer, um dem Touristenansturm gerecht zu werden, entpuppte sich das B&B zugleich als perfekte Hinzuverdienstmöglichkeit für viele Familien, die auch noch steuerlich sehr begünstigt wurde. Mittlerweile allerdings ist das B&B weitgehend zu einem reinen Wirtschaftsbetrieb mutiert und die Abfertigung erfolgt ähnlich wie in einem kleinen Hotel. Die Idee vom „Familienanschluss" im B&B ist längst überholt, und doch gibt es immer wieder auch positive Überraschungen. Die Möglichkeiten, ein B&B zu buchen, sind vielfältig. So gibt es eigene Verzeichnisse mit angeschlossenen Buchungssystemen im Internet, teilweise bieten diese auch ein Gutscheinsystem an. Das Gutscheinsystem, bei dem die Unterkunft an eine Agentur vorausbezahlt wird, hat sich jedoch in den letzten Jahren eher als nachteilig erwiesen für Reisende wie „Hoteliers".

Folgende **B&B-Verzeichnisse** geben einen guten Überblick:

- www.bandbireland.com;
- www.bedandbreakfastireland.net;
- www.goireland.com;
- www.irishbnb.com;
- www.ireland-bnb.com;
- www.irishfarmholidays.com.

Eine weitere Buchungsmöglichkeit erfolgt über die örtlichen Tourist Informationen, die meist eine moderate Gebühr für diese Dienstleistung erheben, einem aber im Gegenzug dann auch eine Wegbeschreibung geben können. Etwas informeller ist die Buchung über das B&B, in dem man sich gerade auf die Abreise vorbereitet. Es ist durchaus üblich, dass die Wirtsleute weitere B&Bs in der Umgebung kennen und empfehlen und per Telefon dann auch eine Buchung vornehmen. Und die direkteste Möglichkeit ist es immer noch, einfach an einem B&B anzuhalten (99 % sind durch ein Hinweisschild gekennzeichnet, das meist auch über die Verfügbarkeit von Zimmern informiert) und sich nach Preis und Zimmerausstattung zu erkundigen. Der durchschnittliche Preis für eine Übernachtung im B&B liegt (immer inkl. Frühstück) irgendwo zwischen 25 und 40 € p. P. Für Einzelzimmer wird oft ein erheblicher Aufschlag erhoben. Bei der Zimmerausstattung sind mittlerweile Fernseher und ein kleiner Wasserkocher zur Tee- oder Kaffeezubereitung Standard, die Mehrzahl der Zimmer hat ein eigenes Bad und WC (*en suite* oder *private bath*). Für die Bezahlung bevorzugen die meisten Wirtsleute übrigens Bargeld, eine Quittung wird nur auf Nachfrage gegeben. Die Zahlung mit Kreditkarte ist oft gar nicht möglich, in anderen Fällen wird eine Bearbeitungsgebühr erhoben.

Wer eine Übernachtung an einem bestimmten Ort wünscht, der sollte in der Hochsaison unbedingt ein B&B vorausbuchen. In der Nebensaison kann es funktionieren, einfach die Straßen entlangzufahren und bei einem ansprechenden Haus mit dem Schild „Vacancies" (Zimmer frei) nach einer Unterkunft zu fragen.

Ferienhäuser

Ideal für Familien und kleinere Gruppen sind eventuell sogenannte Holiday Cottages oder Holiday Homes, also kurzzeitig gemietete Wohnungen oder Häuser mit kompletter Ausstattung und mehreren Schlafzimmern. Dieser Häuser weisen in der Regel den Komfort auf, den man von zu Hause gewohnt ist. Küche und Wohnzimmer gehören zur Mindestausstattung, ebenso Fernseher und Herd. Die Zahl der Schlafzimmer und damit die mögliche Belegung variiert enorm, ebenso unterschiedlich sind die Preise. Je nach Ausstattung, Lage und Komfort kann eine solche Ferienwohnung p. P. sogar denselben Preis wie ein B&B oder ein günstiges Hotel haben. Die Möglichkeit zur Selbstversorgung aber spart deutlich Kosten. Viele dieser Ferienhäuser gehören aber zu Feriensiedlungen, sodass man sich unter Touristen bewegt.

Vorsicht Nebenkostenfalle!

Bei der Buchung eines Ferienhauses sollte darauf geachtet werden, welche Nebenkosten enthalten sind und was vor Ort noch beglichen werden muss. Die Heiz- und Stromkosten für ein Ferienhaus können je nach Abrechnungsmodus des Vermieters recht hoch werden.

Zur Planung: Die meisten Ferienwohnungen werden wochenweise vermietet, mit festen An- und Abreisetagen. Über folgende Webseiten können zuverlässig Ferienwohnungen und -häuser gebucht werden: 💻 www.cottagesinireland.com, 💻 www.irishcottageholidays.com, 💻 www.iscf.ie, 💻 www.nischa.com, 💻 www.rentacottage.ie, 💻 www.selfcateringhomes.ie.

Interessant ist auf jeden Fall ein Preisvergleich, ein und dasselbe Haus wird oft zu unterschiedlichen Preisen angeboten. Wenn Sie den Namen oder den Standort kennen, versuchen Sie es einfach einmal mit Google und testen dann, wo Sie das Haus am günstigsten bekommen. Das kann über eine Buchungsmaschine, über einen Reiseveranstalter oder auch direkt beim Vermieter selbst sein – eine pauschale Aussage lässt sich hier nicht treffen.

Jugendherbergen und Hostels

Diese Einrichtungen unterscheiden sich eigentlich nur in ihrer Zugehörigkeit zum internationalen Jugendherbergswerk oder eben ihrem „unabhängigen" Status. Das klassische Bild der Jugendherberge hat sich mittlerweile überlebt, auch wenn es in abgelegenen Gegenden noch immer diese sehr spartanischen Einrichtungen gibt. Die meisten Hostels können mittlerweile mit einer ganzen Bandbreite an Räumen aufwarten, vom einfachen Zweibettzimmer über die Familienunterkunft bis hin zum Etagenbett in einem großen Schlafsaal (nicht immer nach Geschlechtern getrennt). Dementsprechend unterschiedlich sind auch die Kosten für eine Übernachtung. Ein Bett in einem größeren Schlafsaal kann bei längerer Belegung schon auf einen Preis unter 10 € sinken, ein Zweibettzimmer mit eigenem Bad kann mitunter mehr kosten als ein Hotel der einfachen Klasse. Für eine Übernachtung sollten mindestens 15 € eingeplant werden, je nach gewünschtem Komfort und erhoffter Privatsphäre. Hostels sind mittlerweile über das Internet buchbar, zum Teil über dieselben Seiten wie Hotels, zum Teil über eigene Hostel-Seiten. Empfehlenswert: 💻 www.anoige.ie, 💻 www.hostelireland.com, 💻 www.independenthostelsireland.com, 💻 www.hostelworld.com.

Die meisten Hostels bieten ihren Gästen aber auch Annehmlichkeiten, die ein Hotel nicht hat. Etwa eine Küche für Selbstversorger oder auch die Möglichkeit zum Wäschewaschen. Eine Sperrstunde gibt es eigentlich nicht mehr. Da Hostels in den größeren Städten und Touristenzentren gerne von Gruppen fröhlicher Party-Touristen genutzt werden, kann es schon mal zu Einschränkungen bei der Nachtruhe kommen. Der einzige Trost in diesem Fall: Mit einem frühen und lauten Aufbruch am Morgen kann man sich revanchieren. Im Allgemeinen nehmen die Gäste in den Hostels aber Rücksicht aufeinander. In Dublin jedoch sollten sich ruhebedürftige Menschen am Wochenende lieber in einem konventionellen Hotel oder B&B einmieten.

Insgesamt gibt es in Irland weit über hundert Hostels, diese sind von vollkommen unterschiedlichen Größen, bieten die verschiedensten Ausstattungen und liegen sowohl in den größeren Städten als auch in den beliebten Touristenregionen und zum Teil in Gegenden, in die sich nur selten ein Mensch verirrt.

Campingplätze

Wer mit dem Wohnwagen (*caravan*), Wohnmobil (*motorhome*) oder Zelt unterwegs ist, der muss sich für die Nacht auf einem der rund 130 Campingplätze einquartieren. Wer lieber außerhalb von Campingplätzen nächtigen möchte, muss in jedem Fall die Genehmigung des Grundbesitzers einholen. Auf öffentlichem Grund ist davon auszugehen, dass diese Genehmigung nicht erteilt wird (s. auch S. 232). Die Ausstattung der Campingplätze, die es nicht flächendeckend gibt, und damit auch die Preise sind sehr unterschiedlich: Das Zelt auf dem Rasen hinter einem Hostel aufzuschlagen, kostet vielleicht 5 €, ein Stellplatz mit Stromanschluss und anderem Komfort auf einem zertifizierten Campingplatz dagegen 20–30 € pro Nacht.

Andere Übernachtungsmöglichkeiten

Hausboote

Weniger eine Übernachtungsart als eine Urlaubsphilosophie. Vor allem auf dem Shannon und am Lough Erne gibt es zahlreiche Vermieter von Hausbooten. Diese werden meist wochenweise angeboten. Einen Bootsführerschein oder spezielle Vorerfahrung braucht man nicht (s. S. 248, „Mit dem Hausboot auf dem Shannon").

Bauernhöfe

„Farmhouse Accommodation" ist im Grundsatz nichts anderes als B&B auf einem Bauernhof, nicht unbedingt für Langschläfer geeignet, aber für manche Familien vielleicht von Interesse. Allerdings sollte man sich vorher unbedingt erkundigen, ob Teile der landwirtschaftlichen Anlagen besichtigt werden können oder sogar als „Besucherattraktion" ausgebaut sind. In der Regel wird der Gast schon aus Sicherheits- und Gesundheitsgründen keinen Zugang zu den Wirtschaftsbereichen haben.

Schlösser und Herrenhäuser

Ein Teil der irischen Schlösser und Herrenhäuser sind zu Unterkünften umgebaut worden oder nehmen Gäste auf. Der Standard der Unterkunft variiert von einem einfachen Guesthouse bis hin zu 5-Sterne-Hotels. Möchte man sich als Gast wirklich einmal wie der Schlossherr fühlen, sollte man letztgenannte Möglichkeit wählen und sich nach Strich und Faden verwöhnen lassen.

Verhaltenstipps

Grundsätzlich sollte man sich vor Antritt der Reise mit den kulturellen Gepflogenheiten des Urlaubslandes ein wenig auseinandersetzen. So vermeidet man Konflikte oder die Möglichkeit, ins „Fettnäpfchen" zu treten. Allerdings sind die Iren Touristen gegenüber enorm verzeihlich, kleinere Fehler werden mit einem Lachen übergangen. Ja sogar bei Autofahrern, die es schaffen, auf der falschen Seite einer Verkehrsinsel vorbeizufahren. Solange es nicht kracht, wird gelacht – oder auch schon mal ein Vogel oder der erhobene Mittelfinger gezeigt. Meist herrscht ein sehr entspanntes Verhältnis vor, Ausnahmen bilden mitunter Gespräche mit alkoholisierten Menschen am späten Abend. Einige Themen sollten aber in der Diskussion erst einmal vermieden werden, um nicht den Stein des Anstoßes zu bieten, den andere dann quer durch das Glashaus werfen können: **Politik** z. B. Irische Politik ist ein Minenfeld, egal ob nun im Norden oder im Süden. Es kann auch heute noch zu heftigen Auseinandersetzungen führen, wenn eine Diskussion politisch wird. Iren haben grundsätzlich (zumindest im Pub) sehr polarisierte Meinungen zu allen möglichen Themen, zu Parteien und Politikern.

Anderes Stichwort: **Terrorismus**. Die meisten Iren haben von den Auseinandersetzungen in und um Nordirland ein wesentlich weniger romantisches Bild als das, was einige Touristen im Herzen tragen. Das bringt das Leben in einem Land mit sich, in dem ein abgestelltes Auto schon einmal in einem Feuerball explodieren konnte und Dutzende Menschen in den Tod riss. Als Außenstehender ist es nicht angebracht, von den „Helden des Widerstandes" zu schwärmen. Wer die ernsthafte Diskussion über die „Troubles" sucht, wird sicherlich Gesprächspartner finden.

Und dann wäre da noch die **Religion**. Auch wenn die katholische Kirche in den letzten Jahren starke Rückschläge im Ansehen und in der Zahl der Kirchenbesucher hinnehmen musste, der Glauben spielt nach wie vor eine wichtige Rolle im Leben vieler Iren. Immerhin ist dies ein Land, in dem „Blasphemie" mit hohen Geldstrafen geahndet werden kann. Und nicht nur die Katholiken verstehen keinen Spaß, wenn es um ihren Glauben geht. Auch die vor allem in Nordirland ansässigen Presbyterianer sind oftmals recht konservativ. Ein lockerer Witz über religiöse Themen kann sehr übel genommen werden.

EU-Subventionen: Der Tenor in den meisten irischen Pubs zum Thema Europäische Union ist in etwa, dass Brüssel dem kleinen Mann das Leben schwermacht und dass so langsam jede Art von Freiheit durch zentralistische Bestrebungen den Bach hinuntergeht. Kontert der Besucher auf solche Bemerkungen mit einem Hinweis auf die zahlreichen Gelder, die aus den Töpfen der Gemeinschaft nach Irland geflossen sind, nehmen ihm das nicht nur die EU-Kritiker schnell sehr böse. Auch das Thema Quotenregelungen in Landwirtschaft oder Fischfang sollte man nicht in die Diskussion einfließen lassen.

Und nun zum **Wetter**. Das irische Wetter ist nun einmal wechselhaft. Die Akzeptanz dieser Tatsache hat bei den meisten Iren dazu geführt, dass eigentlich jeder Tag ein „not too bad a day" ist. Nicken Sie. Fluchen können Sie immer noch, wenn Sie vom Pub durch knietiefes Wasser und prasselnden Regen zu Ihrem Auto waten.

And finally: **Don't mention the war!** Dieser alte Grundsatz aus der Fernsehserie *Fawlty Towers* lässt sich nicht immer beherrschen, vor allem deutsche Touristen werden gerne mit der Vergangenheit konfrontiert. Keineswegs in einer aggressiven, fast immer aber in einer befremdlichen Weise. Geschichtskenntnisse sind selten die besten und eine Bewunderung für das „Dritte Reich", vor allem wegen der Bomben auf England, kann zumindest in der Republik schon mal vernommen werden.

Versicherungen

Reisende mit Anspruch auf eine **Europäische Krankenversicherungskarte** sollten auf jeden Fall die aktuelle Karte mit sich führen. Diese berechtigt dann in der Republik Irland zu denselben Leistungen, wie sie ein irischer Staatsbürger erhält. Genaue Infos zu den Abrechnungsmodalitäten erhält man unter 💻 http://www.hse.ie/eng/services/Find_a_Service/entitlements/EHIC/Visitors_to_Ireland.html. In Nordirland gelten im Prinzip ähnliche Bestimmungen, hier greift für EU-Bürger allerdings der **National Health Service** und es sind wesentlich geringere Zuzahlungen etwa für Medikamente zu leisten. Die EKVK sollte man auf jeden Fall vorweisen können.

Weitere spezielle Reiseversicherungen für den Fall von Krankheit oder Unfall sind abzuwägen – unbedingt notwendig sind sie nicht. Eine **Reiserücktrittsversicherung** ist empfehlenswert, wenn man große finanzielle Vorleistungen erbringen muss (Flugbuchungen, Kautionen).

Visa

Der durchschnittliche Leser dieses Reiseführers wird kein Visum für Irland oder Nordirland benötigen – die Einreise von Bürgern der EU- und der EEA-Staaten (European Economic Area, Europäischer Wirtschaftsraum, beinhaltet auch Island, Liechtenstein und Norwegen) sowie der Schweiz ist uneingeschränkt möglich, es gibt keine maximale Aufenthaltsdauer.

Bürger anderer Länder sollten sich allerdings genau mit den Einreise- und Aufenthaltsbedingungen befassen, um Probleme zu vermeiden.

Schengener Vertrag?

Ein großes Problem bei der Einreise können die sogenannten Schengen-Visa darstellen, die in Irland und Nordirland keine Gültigkeit haben. Zwar sind sowohl die Republik Irland als auch das Vereinigte Königreich dem Abkommen von Schengen beigetreten, beide Länder haben jedoch den freien Grenzverkehr ausgesetzt. Daher ist auch jede Einreise mit einer Passkontrolle verbunden. Inhaber von Schengen-Visa ohne zusätzlich gültiges Visum für die Einreise in die Republik Irland oder in das Vereinigte Königreich werden spätestens bei der örtlichen Einreisekontrolle zurückgewiesen.

Unbedingt ist zu beachten, dass ein für Irland gültiges Visum nicht in Nordirland gilt (und umgekehrt genauso wenig). Da die Grenze nicht immer klar markiert ist und in der Regel keine Kontrollen stattfinden, kommt es rasch zu einem „illegalen Aufenthalt".

Weiterreise

Es ist eine reizvolle Idee, den Aufenthalt in Irland mit einem Besuch in den „keltischen Nachbarländern" zu kombinieren. Hier einige Ideen:

Isle of Man

Die zwischen Nordengland und Irland liegende Insel Man, in der noch viele Reste der keltischen Kultur erhalten geblieben sind, ist von Dublin und Belfast aus mit einer Fähre erreichbar. Ebenso bestehen Fährverbindungen nach Großbritannien. Wer mit dem Auto anreist, kann eventuell einen Zwischenstopp auf der Insel einplanen. Die Isle of Man ist auch mit dem Flugzeug erreichbar.

Schottland

Fährverbindungen direkt nach Schottland bestehen von Nordirland aus, Fahrtzeit 2–3 Std. In Kombination mit einem nordenglischen Hafen an der Ostküste kann eine „Landbridge" auch einen kurzen Aufenthalt in Schottland beinhalten. Abstecher per Flugzeug etwa nach Glasgow oder Edinburgh sind sogar als Tagesausflug von verschiedenen Flughäfen Irlands aus möglich.

Wales

Die schnellste Verbindung in das landschaftlich reizvolle nördliche Wales bietet die Fähre ab Dublin oder Dun Laoghaire. Auch hier ist wieder die Möglichkeit der „Landbridge" zu erwägen. Diese Möglichkeit bieten auch die Fährverbindungen ab Rosslare oder Cork in das südliche Wales, das ebenfalls seine Reize hat. Abstecher in die interessante Hauptstadt Cardiff sind auch mit dem Flugzeug als Tagesausflug von Dublin möglich.

England

Eigentlich alle „Landbridge"-Verbindungen laufen durch englisches Gebiet, sodass ein Zwischenstopp etwa in London durchaus Sinn machen kann. London ist meist auch der Umsteigepunkt für viele Flugreisende, die keine Direktverbindung nach Irland gebucht haben. Da es sich hier meist um Point-to-Point-Verbindungen handelt, ist ein Aufenthalt von einem oder zwei Tagen vor dem Weiterflug kein Problem.

Frankreich

Aus dem irischen Südosten bestehen Fährverbindungen ab Cork und Rosslare direkt nach Frankreich (Roscof, Cherbourg), die vor allem für Besucher aus dem südlicheren Mitteleuropa interessant sein können. Und die Gelegenheit bieten, noch ein paar Tage die französische Atlantikküste zu genießen.

Zeit und Kalender

In Irland gilt die Greenwich Mean Time (GMT), die gegenüber der Mitteleuropäischen Zeit eine Stunde zurückliegt. Die Umstellung von Normalzeit auf Sommerzeit (Daylight Saving Time) erfolgt nach europäischem Standard. Reisende dürfen in Westirland einen sehr späten Sonnenuntergang genießen – die Region liegt eigentlich schon in der nächsten Zeitzone (GMT-1).

Irland verwendet den Gregorianischen Kalender, wie in Europa fast überall üblich.

Zoll

Reisende aus EU-Staaten können im Regelfall alle Dinge des persönlichen Bedarfs ohne weitere Verzollung einführen und auch beliebig viele in Irland erworbene Waren zurück in die Heimat nehmen. Die Definition der Menge, die zum persönlichen Bedarf zählt, ist dabei eine Auslegungssache. Als unproblematisch haben sich folgende Mengen erwiesen: 800 Zigaretten, 400 Zigarillos, 200 Zigarren, 1 kg Tabak, 10 l Branntwein, 20 l andere Alkoholika, 90 l Wein, 110 l Bier. Einen absoluten Anspruch auf die abgabenfreie Einfuhr dieser Waren hat man nicht. Bei Waren aus einigen osteuropäischen Staaten, besonders Zigaretten, werden wesentlich strengere Maßstäbe angelegt. Wichtig ist es auf jeden Fall, Kaufquittungen mit sich zu führen, die dem Nachweis dienen, dass die Waren bereits in der EU verzollt und versteuert wurden.

Die derzeit gültigen Richtwerte und bestehende Ausnahmeregelungen werden auf den jeweiligen Seiten des Zolls aktuell im Internet angezeigt: unter 💻 www.revenue.ie und 💻 www.hmrc.gov.uk. Diese Seiten informieren auch darüber, welche Gegenstände nicht eingeführt werden dürfen. Dazu gehören u. a. Waffen, auch Schreckschusspistolen oder Pfeffersprays, illegale Drogen und bestimmte Medien (z. B. pornografische oder gewaltverherrlichende DVDs oder Bücher).

Land und Leute

Geografie

Fläche: Republik Irland 70 273 km^2, Nordirland 13 843 km^2
Länge der Grenze zwischen Republik und Nordirland: 360 km
Küstenlinie (gesamt): 5631 km
Größte Städte: Dublin (1 045 769 Einw.) und Belfast (483 418 Einw.)
Längste Flüsse: Shannon (370 km, Republik Irland), Bann (129 km, Nordirland)
Größte Binnengewässer: Lough Corrib (Republik Irland), Lough Neagh (Nordirland)
Höchste Berge: Carrantuohill (1041 m, Republik Irland), Slieve Donard (849 m, Nordirland)

Irland hat die Form einer großen Schale. Die zentrale Ebene wird eingefasst von den entlang der Küstenlinie oft unmittelbar am Meer aufragenden Gebirgen. Vom höchsten Berg Irlands, dem Carrantuohill im County Kerry (1041 m), hat man einen ausgezeichneten Blick übers Meer. Die Midlands dagegen sind flach und oft mit Mooren überzogen. Mit einer maximalen Nord-Süd-Ausdehnung von 485 km und einer Ost-West-Ausdehnung von bis zu 304 km ist Irland ein Stück kleiner als Bayern und Thüringen zusammengenommen.

Längster Fluss ist der Shannon, der bei Glangevlin im County Cavan entspringt, in seinem Verlauf die Grenze zum „Westen" des Landes bildet und bei Limerick ins Meer mündet. Touristen zieht es meist an die vielerorts spektakuläre, windumtoste Küste, die sich über mehrere Tausend Kilometer erstreckt und Hunderte von Meeresarmen und Buchten, steilen Klippen und Sandstränden aufweist.

Zu den landschaftlichen Besonderheiten Irlands zählen die Karstlandschaft des Burren (s. S. 435) und die Basaltsäulen am Giant's Causeway (s. S. 527).

Spektakulär sind die Klippen an der Atlantikküste, etwa an den Cliffs of Moher (s. S. 434), auf Achill Island (s. S. 478) oder am Slieve League (s. S. 505). Sie erreichen locker 600 m Höhe und können schwindelerregend sein.

Flora und Fauna

Der Golfstrom und das generell milde Klima haben dafür gesorgt, dass viele Pflanzen in Irland heimisch werden konnten, die man in diesen Breiten eigentlich nicht vermuten würde. So weist die **Flora** Irlands alpine und mediterrane Pflanzen auf – und solche, die eher für Nordeuropa typisch sind. Paradebeispiel ist dabei immer der Südwesten. Cork hat die rote Fuchsie sogar zur „Nationalpflanze" erhoben, zwischen Palmen und Rhododendron gedeiht sie prächtig. Mancherorts gar zu prächtig, denn der importierte Rhododendron, den die Gartengestalter und Touristen so lieben, hat sich in der freien Natur wild vermehrt und bedroht die einheimische Flora. Wer sich für Botanik interessiert, der sollte den Burren ansteuern – hier wachsen, wenn auch nicht immer auf den ersten Blick erkennbar, auf und zwischen Kalksteinen arktische, alpine und mediterrane Pflanzen, an einigen Orten sogar seltene Orchideenarten. Mit **Wäldern** ist Irland dagegen nicht mehr gesegnet, vieles wurde in den vergangenen Jahrhunderten abgeholzt. Vereinzelt trifft man auf Eichen-, Kiefern- und Fichtenwälder, oft gemischt mit Tannen und Lärchen. Die Wiederaufforstung wird staatlich gefördert, leider findet sie nicht immer in sinnvollem Rahmen statt und ist oft mehr „tree farming", etwa um den Bedarf an Brennstoff und Weihnachtsbäumen zu decken.

Die **Tierwelt** ist weitaus weniger artenreich, als man es vom Kontinent oder aus Großbritannien gewohnt ist. Viele der ursprünglich in Irland ansässigen Tierarten sind längst ausgestorben, darunter Bären und Wölfe. Andere Tierarten schafften es einfach nicht auf die Insel; als die Landbrücken nach Großbritannien und zum Kontinent abbrachen, war die Migration vieler Tiere noch nicht so weit fortgeschritten. So gab es, allen legendären Erzählungen rund um den Hl. Patrick zum Trotz, in Irland wahrscheinlich nie Schlangen. Und der Quälgeist aller Gärtner, der Maulwurf, konnte sich auch nie nach Irland durchwühlen – was jedoch einen Baumarkt in Dublin nicht daran hinderte, Maulwurfsfallen anzubieten. Andererseits hat Irland eine einzigartige Mäuse-Art vorzuweisen, auf Bull Island passten sich die Nager mit ihrem hellen Fell an die neue Umgebung an. Insgesamt sind in Irland nur knapp 30 Arten von Landsäugetieren heimisch, wobei fast ein Viertel Fledermausarten sind. Und einige andere sind Importe: Das Kaninchen etwa kam erst mit den Normannen auf die Insel, um den Speiseplan zu bereichern. Und die mittlerweile weit verbreiteten Nerze entkamen aus Fellfarmen.

Vogelfreunde kommen in Irland garantiert auf ihre Kosten und sollten unbedingt ein Fernglas mitnehmen. Rund 200 heimische Vogelarten kann man hier beobachten, hinzu kommen noch einmal fast genauso viele Zugvögel. Besonders an den klippenreichen Küsten und auf den Inseln sind große Brutkolonien anzutreffen. Brutzeit ist vor allem in den Monaten Mai und Juni. Interessant sind auch die Seen und Marschen im Landesinneren, hier leben zahlreiche Wasservögel.

Einmalige Tierbeobachtungen sind an der Westküste möglich, wo sich **Wale und Delphine** tummeln. Die Tiere sind hier zwar nicht zu Hause, aber bisweilen auf der Durchreise. Gelegentlich werden sogar Orcas gesichtet.

Das Tier, mit dem Touristen allerdings den meisten Kontakt haben werden, sind die *midges* – ein Sammelbegriff für alle Arten von **Mücken**. Von denen einige nur eine Belästigung bilden, andere sich durch einen Biss für längere Zeit in Erinnerung behalten. Sie können in Feuchtgebieten vor allem am Abend zur Plage werden und reagieren auch nicht unbedingt auf gängige Anti-Mücken-Mittel.

Umwelt

Umweltschutz ist in Irland ein schwieriges Thema. Obwohl seit einigen Jahren die **Grünen** (Green Party) mit in der Regierung sitzen, übertrifft die Zahl der noch zu bewältigenden Probleme die Zahl der nachweisbaren Erfolge bei Weitem. Die Beseitigung von **Altlasten**, illegalen Mülldeponien und nicht mehr zeitgemäßen Industriebetrieben geht nur schleppend voran. Gleichzeitig hat sich durch die **enorm gestiegene Motorisierung** der irischen Bevölkerung der Ausstoß von Abgasen so stark erhöht, dass die angestrebten Maximalwerte kaum realistisch erscheinen. Diesen großen Problemen gesellen sich die ganz kleinen, in der Masse aber schwerwiegenden Probleme hinzu. So ist es für irische Bauern kaum verständlich, dass sie ihre **Gülle** nicht in der Nähe von oder direkt in Gewässer versprühen dürfen. Und für den Privathaushalt ist die **Müllentsorgung** über ein kleines Feuer im Garten immer noch das probate Mittel, um Geld zu sparen. Die Alternative dazu sieht man tagtäglich am Straßenrand – mit Müll vollgestopfte Einkaufstüten werden im hohen Bogen aus dem fahrenden Auto geschleudert. Immerhin sind die seit Einführung einer Sondersteuer überall herumfliegenden Tüten ohne Inhalt seltener geworden.

Als Tourist kann man diese Umweltprobleme kaum angehen, man kann sich nur bemühen, selbst nicht noch Schaden anzurichten. So ist etwa das romantische **Torffeuer** ein Sargnagel für die irischen Moorlandschaften, deren industrielle Ausbeutung kurz davor steht, diese auf Jahrtausende zu zerstören. Torf wird in Irland so intensiv abgebaut, da er fast der einzige Rohstoff zur Energieerzeugung ist.

Einige Probleme fallen jedoch gar nicht sofort ins Auge – so gehören weite Gebiete des Landes zu Gefahrenzonen, in denen aus dem Boden ausströmendes **Radon** auf Dauer die Anwohner schädigt. Mittlerweile betreibt die Regierung hier eine offensive Informationspolitik, neue Baurichtlinien sollen eine Verstrahlung der Einwohner verhindern.

Öko-Tipp

Einrichtungen, die sich durch ein starkes ökologisches oder soziales Engagement auszeichnen, sind in diesem Buch mit einem Baumsymbol gekennzeichnet. Sie setzen z. B. auf Solarenergie, sind auf harmonische und verträgliche Weise in die Umwelt integriert oder verwenden in ihrem Restaurantbetrieb überwiegend ökologisch angebaute oder regionale Produkte.

Bevölkerung

Einwohner: Republik Irland 4,25 Mio., Nordirland ca. 1,78 Mio.
Bevölkerungsdichte: Republik Irland 60,5 Einw./km^2, Nordirland 128,2 Einw./km^2
Lebenserwartung: etwa 78 Jahre
Stadtbevölkerung: über 60 % in der Republik, wesentlich höher in Nordirland

In Irland leben, natürlich, Iren. Wie man allerdings Iren definiert, das ist ein weites Feld. Geht man davon aus, dass es sich dabei um eine im Pass eingetragene Staatsangehörigkeit handelt, dann schließt man die Nordiren aus und schafft gleichzeitig durch die mittlerweile beachtliche Anzahl von Immigranten aus Europa, Asien, Afrika und Amerika Verwirrung. Geht man dagegen von einer Art „irischen Rasse" aus, dann ist man ebenso auf dem Holzweg. Und „irisch" mit „keltisch" gleichzusetzen, ist auch nicht korrekt. Tatsächlich ist es schwer zu definieren, was ein Ire oder eine Irin ist.

Allein das Klischee des Rothaarigen ist schon falsch, diese ungewöhnliche Haarfarbe ist auch auf der grünen Insel eher selten vertreten und damit keineswegs typisch. Im Gegenteil: Die Mehrzahl der Iren sind dunkelhaarig, wenn sie nicht gerade den modischen Glatzkopf tragen. Und einige Iren entsprechen sogar mehr dem mediterranen Typ – der Legende nach Abkömmlinge von Überlebenden der Spanischen Armada. Nun ja, mit Spanien mag dies zu tun haben, mit der Armada nicht. Tatsächlich ist „der Ire" das Produkt einer rund 10 000-jährigen Völkervermischung, hervorgerufen durch Invasionen und Migrationen.

Nordirland hat übrigens ganz besondere Probleme mit dem Begriff „irisch". Während Nationalisten auf diese Bezeichnung bestehen, wehren sich Unionisten mit Händen und Füßen dagegen und bestehen darauf, dass sie Briten sind. Hier ist die Staatsbürgerschaft weitaus wichtiger als der Geburtsort. Und auch mit der griffigen Bezeichnung „Ulster" kommt man nicht sicher weiter, denn ein Drittel von Ulster gehört immerhin zur Republik Irland. Keineswegs ist Ulster Synonym zu Nordirland.

Völkergemisch

Die Insel Irland war tatsächlich erst vor rund 10 000 Jahren menschliches Siedlungsgebiet. Über die Identität der ersten Immigranten wissen wir wenig, doch vermischten sie sich schnell mit weiteren Neuankömmlingen. Dazu gehörten u. a. Spanier (in der irischen Legende als „Milesier" bekannt), Kelten vom europäischen Festland (wobei diese Bezeichnung eine Sprachgruppe und keine „Rasse" beschreibt), später Wikinger und dann vor allem Engländer und Schotten. Sie alle heirateten untereinander, sodass von „den" Iren streng genommen gar nicht gesprochen werden kann. Untersuchungen haben erst vor wenigen Jahren das nicht unbedingt populäre Ergebnis hervorgebracht, dass die Iren von ihren genetischen Anlagen fast identisch mit den Briten sind. Letzten Endes reduziert sich das Irischsein auf eine Staatsbürgerschaft und ein Lebensgefühl. Oftmals auch nur auf ein Lebensgefühl. Immer wieder gut zu demonstrieren am Beispiel der Irish-Americans, deren Verbundenheit mit der „Alten Heimat" in vielen Fällen an eine Fiktion grenzt. Man bedenke: Barack Obama ist auch ein Ire (s. Kasten S. 257)!

Wie hoch heute der Ausländeranteil in Irland ist, ist eine viel diskutierte Frage. Bei Volkszählungen scheint es unter Nicht-Iren eine gewisse Zurückhaltung bei der Angabe ihrer Daten zu geben. So sind nach wie vor, trotz wesentlich verschärfter Bestimmungen, zahlreiche asiatische und afrikanische „Studenten" im Lande, deren akademisches Wochenpensum in einem krassen Missverhältnis zu ihren „Aushilfsjobs" steht.

Sprache

Keineswegs sollte man sich übrigens darauf verlassen, dass Iren auch **Irisch** sprechen (Irisch: Gaeilge, im Deutschen oft auch „Gälisch" bezeichnet, was allerdings Verwechslungen mit dem schottischen Gälisch, englisch „Gaelic", erzeugen kann). Nominell die erste Sprache des Landes, spielt Irisch in der Realität eine vollkommen untergeordnete Rolle. Zwar muss jedes Kind die Sprache in der Schule lernen und auch jedes offizielle Dokument muss auf Irisch vorliegen, tatsächlich spricht aber nur 1 % der Bevölkerung im Alltag regelmäßig Irisch.

Wer **Englisch** spricht, der kommt in Irland auf jeden Fall zurecht. Dies spiegelt sich auch im täglichen Leben wider, auf Irisch vorliegende offizielle Schriften werden kaum beachtet, solange die englische Version nicht vollkommen vergriffen ist. Bei Geldinstituten etwa übersteigt die Zahl der auf Chinesisch oder Polnisch benötigten Broschüren weit die Zahl der ausgegebenen irischen Prospekte. Tatsächlich ist Polnisch die am zweithäufigsten gesprochene Sprache in Irland, Initiativen von Migrantengruppen zur Anerkennung des Polnischen als Amtssprache verliefen jedoch, wie zu erwarten war, im Sande.

In Nordirland gibt es mittlerweile sogar drei offiziell anerkannte Sprachen. Neben der Sprache der Mehrheit, also Englisch, und der Sprache der nationalistischen Minderheit, also Irisch, hat sich **Ulster-Scots** dazugesellt. Dies ist die Sprache der schottischen Immigranten, eigentlich nur eine nördliche Version des Englischen mit einigen Lehnwörtern. Politisch motivierter Lobbyismus hat jedoch dazu geführt, dass dieser Dialekt als eigenständige Sprache und damit schützenswert anerkannt wurde. Die Meinung über dieses Vorgehen einiger unionistischer Politiker ist sehr geteilt.

Geschichte

Eine kurze Übersicht über Irlands Geschichte zu geben, ist ein fast unmögliches Unterfangen. Zwar ist die Rede von gerade einmal 10 000 Jahren, in denen viele Jahrtausende lang eigentlich nichts passierte, doch die Irrungen und Wirrungen der letzten Jahrhunderte machen die Geschichte des Landes kompliziert.

Vor- und Frühgeschichte

Rund 8000 v. Chr. kamen die ersten Menschen nach Irland – über eine damals noch vorhandene Landbrücke von Großbritannien aus. Etwa 4000 bis 5000 Jahre später begann eine zweite Siedlungswelle, die Herkunft dieser Siedler ist bis heute nicht ganz geklärt. Mit ihnen begann jedoch die **jüngere Steinzeit**, etwa 2500 v. Chr. wurden Monumente wie **Newgrange** (s. S. 213) errichtet. Die Einwohner Irlands begannen Ackerbau zu betreiben und die Wälder zu roden. Einige Jahrhunderte später besiedelten die sogenannten „Becher-Leute" Irland, mit ihnen begann die **Bronzezeit**. Die Metallverarbeitung wurde zum epochemachenden Handwerk, Schmuckstücke aus Gold zeugen heute im Nationalmuseum von Dublin (Kildare St., s. S. 142) von der Kunstfertigkeit jener Zeit. Oftmals wird dieser Schmuck als „keltisch" bezeichnet – ein Irrtum. Erst etwa 600 v. Chr. kamen die ersten **keltischen Einwanderer** nach Irland, die flächendeckende Besiedlung durch die Kelten erfolgte jedoch später. Die Kelten bildeten aber schnell die herrschende Schicht des Landes, unter ihnen hatte sich das Konzept des irischen Hochkönigs durchgesetzt und **Tara** wurde zu seiner Residenz ernannt. Eine große Einwanderungswelle um 200 v. Chr. machte Irland endgültig „keltisch". Seit dieser Zeit erscheinen die Begriffe „keltisch" und „irisch" synonym.

Die große Zeit des Römischen Kaiserreiches ging an Irland fast spurlos vorüber. Zwar überlegte der Gouverneur von Britannien, Agricola, auch Irland in das Reich einzuverleiben, es blieb jedoch bei kleineren Handelskontakten. Irland war bekannt, aber nicht wichtig genug, um eine Invasion zu wagen. Um 150 erwähnte Ptolemäus die Insel in seinem geografischen Grundlagenwerk. Einen wesentlich deutlicheren Eindruck machten die Iren, als sie Mitte des 4. Jhs. begannen, die nördlichen Teile von Großbritannien zunächst zu plündern und dann zu besiedeln. Hier wurden die irischen Eindringlinge als „Schotten" bezeichnet.

Christianisierung

Da die Insel und ihre barbarischen Einwohner auch in Rom bekannt waren, schickte der Papst um 430 **Palladius** als Bischof und Missionar auf die grüne Insel. Sonderlich erfolgreich war der

Mann nicht, sodass schon 432 ein weiterer Missionar nach Westen geschickt wurde – **Patrick**. Dieser kannte die Insel schon von einem Aufenthalt als Sklave und war von der Idee beseelt, mit der **Missionierung** die Endzeit herbeizuführen. Tatsache war, dass Patrick einen enormen Erfolg hatte und in den nächsten Jahrzehnten zahlreiche Klöster und Kirchen gründete und selbst zur Legende wurde. Die meisten ihm zugeschriebenen Wundertaten allerdings lassen sich schnell in das Reich der Legende verbannen – so etwa die Geschichte, Patrick habe die Schlangen aus Irland verscheucht. Interpretiert man die „Schlangen" als das Heidentum, dann hat die Geschichte einen gewissen Wahrheitsgehalt. Zoologen allerdings werden immer anmerken, dass es in Irland auch vor Patricks Mission keine Schlangen gab.

Die Bewohner Irlands übernahmen das Christentum mit Leib und Seele. Zahlreiche Klöster entstanden und ab 563 wurde der christliche Glauben sogar zu einem Exportartikel – der irische Mönch **Columba** gründete ein Kloster auf den Hebriden. Auch Teile Mitteleuropas wurden von irischen Missionaren besucht, eine ganze Reihe von diesen starb allerdings als Märtyrer. In der Heimat selbst wurden die Klöster zu Stätten der Bildung und Kunst. Reich bebilderte Manuskripte entstanden, darunter das berühmte **Book of Kells** (s. S. 100). Allerdings entfernte man sich in der Kirchenlehre auch zusehends von Rom. Zum endgültigen Knackpunkt wurde eine Nichtigkeit – die Festlegung des genauen Datums für das Osterfest. Im Jahre 664 wurde auf der Synode von Whitby beschlossen, dass Rom in solchen Sachen künftig allein das Sagen haben würde. Zur selben Zeit nahm der Kult um den Hl. Patrick an Bedeutung zu.

Überfälle der Wikinger

Nachdem man sich der geistlichen Probleme mit Rom entledigt hatte, standen allerdings weitaus brennendere weltliche Probleme ins Haus. Diesmal aus Richtung Norden kommend. Kurz vor dem Ende des 8. Jhs. begannen die ersten Wikingerüberfälle auf irische Klöster, die typischen **Rundtürme** (s. S. 188) wirkten auf die Nordmänner wie eine Neonreklame. Auf ihren „Geschäftsreisen" entdeckten sie zudem, dass Irland durchaus ein begehrenswertes Siedlungsland sein konnte. Um 836 begannen die Wikinger, das irische Festland zu erkunden, ab 837 nutzten sie Flussmündungen und auch die Bucht von Dublin zum Überwintern. Fünf Jahre später waren die Wikinger in Irland gefestigt genug, um mit den Iren diplomatische Kontakte aufzunehmen und auch erste Allianzen einzugehen.

In den nächsten 100 Jahren verwandelten sich die Winterquartiere in große Städte, Dublin und Limerick sind nur zwei Beispiele davon. Gleichzeitig wuchs allerdings die Unzufriedenheit der Iren, sie hatten Angst vor einer Übernahme ihres Landes durch die fremden Invasoren. 967 starteten sie eine Gegenoffensive, die Wikingersiedlung in Limerick wurde von den Iren geplündert. Kurz danach wurde mit **Brian Boru** ein begnadeter Feldherr König von Munster. Um die Jahrtausendwende hatte Brian nicht nur seine irischen Konkurrenten ausgeschaltet, auch der Wikingerkönig von Dublin, Sitric Seidenbart, hatte sich ihm unterworfen. Die Wahl zum irischen Hochkönig im Jahr 1002 war nur noch Formsache. 1014 schließlich schaffte es Brian bei der **Schlacht von Clontarf**, die Wikinger endgültig und vernichtend zu schlagen. Ein Triumph, den er selbst nicht auskosten konnte – der Hochkönig wurde unmittelbar nach dem Sieg getötet, als seine Leibwache schon feierte.

Nachdem der gemeinsame Feind besiegt war, konnte man also wieder zur Tagesordnung übergehen. Die mehr als 100 Könige im Lande konzentrierten sich jetzt darauf, untereinander Krieg zu führen. Nahezu unbemerkt kam dabei eine ganz neue Macht ins Land. 1142 gründeten die Zisterzienser in **Mellifont** (s. S. 190) ihr erstes Kloster, damit hielten die europäischen Mönchsorden Einzug auf der Insel. Dies war allerdings nicht der einzige Einfluss, den Rom geltend machte. Der englische **Papst Adrian IV.** befand im Jahr 1155 überraschend, dass er König Henry II. von England die Nachbarinsel Irland als Geschenk überreichen könne. So jedenfalls die offizielle Version, die päpstliche Bulle mag aber auch eine Fälschung gewesen sein. Ausgerechnet in dieser Verwirrung schaffte es der König von Leinster, **Dermot MacMurrough**, in den irischen Machtkämpfen als Verlierer dazustehen. 1166 setzte er sich nach England ab und begann, eine Armee von Abenteurern zusammenzustellen. Die anglo-normannischen Fürsten zeigten sich sehr interessiert ...

Invasion der Anglo-Normannen

1169 schließlich führte Dermot seine Verbündeten zurück nach Irland, der Abenteurer **Strongbow** erwies sich dabei als der talentierteste und rücksichtsloseste der Heerführer, heiratete Dermots Tochter und setzte sich selbst auf den Thron von Leinster. Sein Lehnsherr Henry II. akzeptierte gnadenvoll die Unterwerfung der meisten irischen Könige und Bischöfe, die englische Herrschaft über Irland hatte begonnen. 1175 beanspruchte zwar Rory O'Connor den Titel des Hochkönigs, er konnte jedoch nur über die nicht besetzten Teile Irlands herrschen, als Vasall Henrys. Zwei Jahre später wurde **Prinz John**, Bruder des Richard Löwenherz, offiziell zum Herrscher Irlands ernannt. Er festigte und erweiterte die englische Herrschaft über Irland, u. a. durch den Bau vieler Festungen.

Wer meint, dass nun eine dunkle Epoche in der Geschichte des Landes anbrach, der irrt. Im 13. Jh. begann die sog. **klassische Epoche** in der irischen Literatur, die bis etwa 1600 anhielt. Und am Ende des 13. Jhs. trat erstmals das **irische Parlament** in Dublin zusammen.

Frieden allerdings war dem Land nicht richtig vergönnt, 1315 ließ sich der Schotte **Edward Bruce** zum irischen König proklamieren, sein Feldzug schlug jedoch fehl und er selbst verlor sein Leben. Rund 20 Jahre später führten Unruhen dazu, dass die Engländer ihre Kontrolle über Connacht und Ulster verloren. Die Situation im Lande war weiterhin chaotisch, die Mitte des 14. Jhs. ausbrechende **schwarze Pest** tat ein Übriges. Ungefähr ein Drittel der Gesamtbevölkerung starb an der Krankheit. Und den Engländern wurden ihre eigenen Landsleute in Irland suspekt – es ging das Gerücht, dass diese irischer als die Iren werden würden. In den **Statuten von Kilkenny** wurde also 1366 bestimmt, dass künftig Siedler aus England die irische Sprache nicht verwenden dürften. Weitere Sicherheit sollten die ersten Rassengesetze bieten, nach denen Hochzeiten zwischen Siedlern und Iren verboten wurden.

Im Laufe des Mittelalters stellte sich jedoch heraus, dass Irland keineswegs von London aus regiert werden wollte. Mehrfach schlug sich der etablierte anglo-irische Adel auf die Seite obskurer Umstürzler wie Lambert Simnel oder Perkin Warbeck. Gab es Ärger um die englischen Thronfolger, konnte man sicher sein, dass die Iren mitmischten – in der Regel auf der Seite der Verlierer. Dazu kam die irische Tendenz, das Land auch durch endlose Debatten und immer wieder herausgeschobene Entscheidungen nahezu unregierbar zu machen. 1494 schließlich machte man vonseiten der Engländer Nägel mit Köpfen: **Poyning's Law** legte fest, dass künftig vom englischen Parlament verabschiedete Gesetze automatisch und ohne Debatte auch in Irland Gültigkeit erhielten. Ein mehr theoretischer Schritt, denn die folgenden Jahre waren von Bürgerkrieg und Aufständen geprägt, de facto herrschten **Anarchie und Raubrittertum**.

Zeitalter der Reformation – Beginn der Kolonialisierung

Die englischen Eingriffe in die inneren Angelegenheiten Irlands wurden schließlich im wahrsten Sinne des Wortes dadurch gekrönt, dass **Henry VIII.** durch das Parlament den Titel **König von Irland** zugesprochen bekam. Damit verbunden war ein einschneidender Eingriff in die Besitzverhältnisse des Landes: Aller Landbesitz in Irland musste dem neuen König übertragen werden, der dann die Ländereien neu verteilen konnte. Dass diese Art der Bodenreform vor allem die Günstlinge des Königs bevorzugte, muss nicht sonderlich erwähnt werden.

Henrys Tochter Mary, auch als die **„blutige Maria"** bekannt, machte dann Irland endgültig zur **Kolonie**. Unter ihr begann 1557 die Ansiedlung von Immigranten in Offaly und Laois. Eine Politik, die auch Schwester und Nachfolgerin Elizabeth I. konsequent weiterverfolgte, gekoppelt mit wenig dezenten Maßnahmen, die die Reformation auch in Irland durchsetzen sollten. War die Kolonisierung Irlands zu Anfang noch vor allem eine Privatangelegenheit, wurde sie 1576 zur offiziellen Regierungspolitik Englands. Durchgesetzt mit Feuer und Schwert, denn für viele Immigranten musste erst einmal auf Kosten der Iren Platz geschaffen werden. Verschiedene irische Aufstände, teilweise gefördert durch den spanischen König, wurden nach und nach niedergeschlagen. Zu Beginn des 17. Jhs. lag die irische Sache am Boden, der englische König James I. nahm die Kapitulation der Rebellen an und durfte zusehen, wie 1607 die wichtigsten irischen Adligen bei der „Flucht der Herzöge" (**Flight of the Earls**) ins Exil gingen. Unmittelbar danach begannen besonders in Ulster massive Zwangsansiedlungen vor allem **schottischer Presbyterianer**.

Der Englische Bürgerkrieg lieferte dann den nächsten Ansatz für eine irische Rebellion. Zwischen 1641 und 1658 erlebte Irland den totalen **Krieg** – dieser begann mit einem **katholischen Aufstand**, der an Brutalität kaum zu überbieten war. So jedenfalls schien es, bis **Oliver Cromwell** sich selbst der irischen Rebellen annahm und einen Befriedungsfeldzug startete, der heute unter dem Stichwort „ethnische Säuberung" die Nachrichten beherrschen würde. Cromwell erkaufte sich die Loyalität seiner Soldaten mit dem Versprechen, dass sie Landgüter in Irland bekommen würden. Die bislang dort angesiedelten Iren bekamen die in den Volksmund eingegangene Cromwellsche Auswahl: „To Hell or to Connacht". Entweder ein Leben im kargen Westen oder den Tod.

Nachdem allerdings Charles II. wieder den englischen Thron bestiegen hatte, sollte es zu einer teilweisen Kehrtwendung kommen. Unschuldige Katholiken konnten ihre Ländereien von den Kolonisten zurückfordern. Die Beamten der englischen Krone legten allerdings sehr strenge Maßstäbe an, was die jeweilige „Unschuld" betraf. Wieder einmal waren es v. a. die engsten Freunde des englischen Königs, die profitierten.

Zeitalter der Aufklärung – Protestantische Herrschaft

Wie auch einige Jahre später, als **James II.** plötzlich in Irland begann, protestantische Beamte durch katholische zu ersetzen. Was ihm prompt die englische Krone kostete – 1688 kam es zur **Glorious Revolution** und James II. wurde durch **Wilhelm von Oranien** ersetzt. Vom eigenen, gottgegebenen Recht auf den englischen Thron überzeugt, arrangierte sich James mit dem katholischen König von Frankreich und versuchte, seine Machtbasis in Irland zu errichten. Dabei hatte er offensichtlich nicht mit dem Widerstand der protestantischen Siedler gerechnet, die seinen Truppen die Stadttore von Derry 1689 überraschend vor der Nase zuschlugen. Nur ein Jahr später kam es zur ersten und einzigen Schlacht, bei der beide Könige tatsächlich anwesend waren. Am Fluss Boyne versuchte James, den Vormarsch Williams auf Dublin zu stoppen (s. Kasten S. 227). Erfolglos. James floh Hals über Kopf nach Frankreich, William beseitigte methodisch (und oft wenig zimperlich) den Widerstand in Irland. Und da der Kampf um den Thron unweigerlich mit der Religion verbunden schien (und obwohl ausgerechnet der Protestant William den Segen des Papstes hatte), kamen ab 1695 strenge **anti-katholische Gesetze** zum Tragen. Der katholische Klerus wurde sogar komplett aus Irland verbannt. Im Jahr 1728 verloren die Katholiken das Wahlrecht.

Gleichzeitig verschrieb man sich dem Fortschritt – die Royal Dublin Society förderte ab 1731 sowohl die Naturwissenschaften wie auch die Künste. Im gleichen Jahr erschien erstmals der *Belfast Newsletter*, die älteste kontinuierlich gedruckte Zeitung der Welt. **Händel** führte seinen *Messias* erstmals in Dublin auf (1741), die Rotunda öffnete als erste Geburtsklinik auf den Britischen Inseln (1751) und ein gewisser Arthur Guinness begann in Dublin sein dunkles Bier zu brauen (1759). Die irische Hauptstadt erlebte einen Boom und ihr neu erstarktes Selbstbewusstsein äußerte sich auch politisch: **Henry Grattan** wurde Führer und bekanntester Agitator der „Patriotischen" Opposition im irischen Parlament. Und dieses Parlament schaffte es sogar, nach fast drei Jahrhunderten Abhängigkeit von London im Jahr 1782 wieder die legislative Unabhängigkeit zu erhalten.

Reformbestrebungen und aktiver Widerstand

Wesentlich mehr Freiheit und Unabhängigkeit forderten allerdings die Männer um den **Patrioten Wolfe Tone**, die durch die Französische Revolution inspiriert, gleiche Rechte auch für Katholiken forderten und sich als „United Irishmen“ im selben Jahr etablierten, als mit dem Custom House (s. S. 131) ein deutliches Symbol der britischen Macht in Dublin geschaffen wurde – 1791. Nur ein Jahr später wurden Katholiken wieder zum Anwaltsberuf zugelassen, die katholische Emanzipation begann 1793. Nicht ohne Reaktion einiger radikaler Protestanten – der **Oranierorden** wurde 1795 gegründet, um die protestantische Macht zu sichern.

Der langfristige politische Prozess brachte jedoch unter den radikaleren Reformern Ungeduld hervor und musste in ihren Augen durch revolutionäre Aktionen abgelöst werden. Bereits 1796 wurde eine Rebellion geplant, die jedoch schnell im Sande verlief. Zwei Jahre später kam es jedoch zu einem wesentlich besser organisierten und auch die Massen mitreißenden Aufstand. Iren aus dem Exil und eine französische Armee landeten gemeinsam 1798, gleichzeitig ergriffen Rebellen in weiten Teilen des Landes die meist improvisierten Waffen. Nach kurzfristigen Erfolgen zeigte sich allerdings schnell, dass die britische Armee und loyalistische Einheiten die Oberhand gewannen, der Aufstand verlor an Rückhalt. Wolfe Tone wurde festgenommen und beging kurz vor seiner Hinrichtung Selbstmord. Ein von seinen Aktionen inspirierter Aufstand, geleitet von **Robert Emmet**, endete 1803 noch wesentlich schneller und mit der Hinrichtung des Rebellenführers. Seine Rede unmittelbar vor der Hinrichtung allerdings gehört mit zu den viel zitierten patriotischen Klassikern des irischen Widerstandes.

Dem Establishment war es mittlerweile in Dublin wesentlich zu heiß geworden. Im Jahr 1800 unternahm das **irische Parlament** einen in der Geschichte einmaligen Schritt – es **löste sich selbst auf**. Die irischen Abgeordneten beschlossen, ihr Land künftig von London aus zu regieren und ihre Abgeordnetensitze in Westminster einzunehmen. Irlands Parlamentarische Unabhängigkeit war damit Geschichte. Wollten Iren künftig in der irischen Politik mitmischen, mussten sie dies in London tun – oder zu außerparlamentarischen Mitteln greifen, mit populistischer Rhetorik oder der Waffe in der Hand. Dublin verlor im Zuge dieser Änderungen an Bedeutung – aus der irischen Hauptstadt wurde ein weiteres britisches Provinzstädtchen. Zwar begann zum Ende der Napoleonischen Ära in Irland der reguläre Postkutschendienst, und 1817 wurde der Royal Canal eröffnet, die Blütezeit war jedoch vorbei. Auf der anderen Seite beflügelte die Unzulänglichkeit des politischen Systems auch eine neue Generation von irischen Politikern. Führend unter ihnen war **Daniel O'Connell**. 1823 gründete er die katholische Vereinigung mit dem Ziel der Emanzipation, nur fünf Jahre später wurde er zum Parlamentsmitglied für Clare gewählt. Im Jahre 1829 begann die Emanzipation der Katholiken Irlands. Rund ein Jahrzehnt später fühlte sich O'Connell so sicher, dass er eine weitere Vereinigung gründete, deren einziges Ziel die Auflösung der Union mit England war. Um die Popularität seiner Forderung zu unterstreichen, hielt er sog. „Monster Meetings“ ab, eines der beeindruckendsten fand in **Tara** (s. S. 218) statt. Hunderttausende kamen zu diesen Großkundgebungen, die ein eindeutiges Wiedererstarken des irischen Selbstbewusstseins dokumentierten. Ein Selbstbewusstsein, das kurz danach von einer Katastrophe stark angegriffen wurde.

The Great Famine und Emigration

Zwischen 1845 bis 1849 kam es beim Kartoffelanbau zu mehreren Missernten, die zur sog. **Großen Hungersnot** (The Great Famine, s. S. 243) führten. Die Kartoffel war die Nahrungsgrundlage für weite Teile der ländlichen irischen Bevölkerung. Ohne Kartoffeln war eine ausreichende Ernährung nicht mehr gewährleistet – selbst mit Kartoffeln war die Ernährung schon extrem einseitig. Extrem einseitig war allerdings auch die Art und Weise, wie die Kartoffeln angebaut wurden. Die Anbaumethoden waren primitiv und ein Fruchtwechsel wurde kaum durchgeführt. Gleichzeitig bevorzugte man eine bestimmte Kartoffelsorte, die zwar billig war, aber als anfällig galt. Und als ausgerechnet diese Kartoffelsorte von einer Seuche befallen wurde, versagte die Ernte fast vollkommen. Mehrfach, denn der Boden hatte keine Chance, sich zu erholen. Die Kartoffelfäule wurde von Generation zu Generation weitergetragen.

Hilfsprogramme für die hungernde Landbevölkerung gab es zwar, diese waren allerdings oft an nicht-katholische Kirchen gebunden und wurden schon grundsätzlich mit Misstrauen betrachtet. Teilweise begründet: Manch findiger Kirchenmann versuchte, über den Suppenlöffel zu missionieren. Und mancher nur auf den Profit bedachte Landbesitzer schaffte es, höherwertige Lebensmittel zu exportieren, während seine eigenen Landarbeiter unterhalb des Existenzminimums vegetierten. Relativ schnell setzte ein **Massensterben** ein – Hunderttausende, eventuell sogar mehr als 1 Mio., fielen dem Hunger zum Opfer, direkt oder über Mangelkrankheiten. Für die Überlebenden gab es oft nur eine einzige Möglichkeit, sich selbst zu retten: **Emigration**. Die massive Auswanderung der Iren, vor allem in die USA, setzte ein. Und außer der Kleidung, die sie am Leib trugen, exportierten diese Iren vor allem eins in die „Diaspora" (heute ein fester Begriff in Irland, s. S. 320) – den Hass auf die Engländer. Ein Hass, der 1858 zur Gründung von zwei miteinander in Kontakt stehenden **revolutionären Vereinigungen** führte. In Irland bildete sich die Irish Republican Brotherhood (IRB), in den USA die Fenian Brotherhood. Dass dies nicht nur Debattierclubs waren, zeigte sich schnell. Schon 1867 kam es zu regionalen Aufständen in Cork und Dublin, die allerdings u. a. dem schlechten Wetter zum Opfer fielen. In Nordamerika versuchte eine selbsternannte „Irish Republican Army" gleich dreimal eine Invasion in Kanada. Nützlich für die Propaganda, aus militärischer Sicht ein vollkommener Fehlschlag.

Reformbestrebungen Ende des 19. Jhs.

Nahezu gleichzeitig allerdings kam es in Irland selbst zu **Reformen**. Erstes Opfer war die Church of Ireland. Obwohl nur eine Minderheit der Bevölkerung dieser Glaubensrichtung überhaupt angehörte, war die anglikanische Kirche Staatskirche. Im Jahre 1869 verlor der Klerus diesen Status. Ein Jahr später setzte der britische Politiker William **Gladstone** ein Gesetz durch, das Pächtern weitgehende Rechte zusprach. Diese Rechte bedeuteten allerdings keinen absoluten Schutz – als um 1880 eine neue Hungersnot drohte, kam es zu Unruhen. Die Landbesitzer reagierten nach wie vor mit Kündigungen von Pachtverträgen und scheuten auch nicht davor zurück, den Pächtern schlicht ihre Häuser abzureißen. Dies war der Beginn des sog. **Landkriegs**, in dem die Iren mit zivilem Ungehorsam, ergänzt durch terroristische Akte, reagierten. Gladstone versuchte weiterhin, die Situation durch neue Gesetzgebung und sogar das Versprechen von „Home Rule" zu beruhigen. Das britische Parlament allerdings wollte seiner Idee von einem selbstregierten Irland noch nicht folgen.

Nachdem verschiedene irische Politiker wie **Charles Steward Parnell** oder **John Redmond** die irische Selbstbestimmung vor allem über den Umweg des britischen Parlaments erreichen wollten, bildete sich in Irland eine Gruppierung sowohl desillusionierter wie idealistischer Menschen. Sie machte den Anspruch, dass die Iren ihr Schicksal allein bestimmen sollten, zum Programm- und Parteinamen: „Wir selbst", auf Irisch **Sinn Fein**. Hiermit begann die Radikalisierung innerhalb der irischen Politik, in der nur eine vollkommene Trennung von London Freiheit für Irland bedeuten konnte. Eine Koexistenz, so der Grundsatz dieser Politik, sei nur als Nachbarstaaten möglich.

Polarisierung zwischen Nationalisten und Unionisten

Solche Bestrebungen waren zwar in weiten Teilen der Insel populär, besonders im industriell geprägten Norden jedoch eine Horrorvorstellung. Dort polarisierte sich die Situation wesentlich extremer als an anderen Orten – und zwar auch entlang religiöser Grenzen. Schon während des **Streiks der Hafenarbeiter in Belfast** (1907) kam es zu handgreiflichen Auseinandersetzungen zwischen katholischen und protestantischen Bevölkerungsgruppen. Der Politiker **Edward Carson** machte sich selbst zum wesentlichen Fürsprecher der Union und agitierte entschieden gegen jede Trennung von London. In bewusster Anlehnung an die schottische Geschichte verfasste er einen „Solemn Covenant", in dem die vor allem protestantischen und presbyterianischen Bewohner Nordirlands ihre **Treue zur englischen Krone** bekundeten und ihre Kampfbereitschaft unterstrichen. Eine Kampfbereitschaft, die keineswegs nur auf die politische Ebene beschränkt war.

Sowohl auf unionistischer wie auch auf nationalistischer Seite bildeten sich schnell Vereinigungen, die sich unter dem Vorwand des Heimatschutzes einer paramilitärischen Ausbildung ihrer Mitglieder widmeten. Dabei war die Definition von „Heimat " der Punkt, an dem sich die Ideale radikal unterschieden. Die **Ulster Volunteer Force** war bereit, Carsons Ideale und die Union mit England mit der Waffe in der Hand zu verteidigen. Und in Dublin bildeten sich die **Irish Volunteers**, deren Ziel ein einiges, freies Irland war. Eine Ironie der Geschichte: Beide Fraktionen waren bemüht, ihre Arsenale durch eingeschmuggelte Waffen aus Deutschland aufzustocken – am Vorabend des Ersten Weltkriegs war eine Destabilisierung Irlands im Kaiserreich durchaus willkommen.

Erster Weltkrieg und Osteraufstand

Der Ausbruch des Ersten Weltkriegs im Jahre 1914 stoppte dann auch die bis dahin erfolgreichste Initiative, sich eine Selbstverwaltung zu geben. Angesichts des Konflikts auf dem Festland legte man fest, dass „Home Rule" bis auf Weiteres verschoben werden müsse. Im Nachhinein ist es leicht zu sagen, dass London eine Entscheidung auf die lange Bank geschoben hatte – immerhin war man zu dieser Zeit noch der Ansicht, dass der Krieg bis Weihnachten beendet sein würde. Vor allem die Nationalisten wurden allerdings sehr schnell ungeduldig. Die Irish Republican Brotherhood etablierte einen geheimen Militärrat unter Führung von **Patrick Pearse** innerhalb der Irish Volunteers mit dem einzigen Ziel, einen bewaffneten Aufstand herbeizuführen. Gleichzeitig bemühte sich der ehemalige britische Diplomat **Roger Casement**, in Deutschland eine aus britischen Kriegsgefangenen ausgehobene „Irische Brigade " zu bilden. Und der radikale Gewerkschaftsführer **James Connolly** war der Ansicht, dass nur ein bewaffneter Sturz der britischen Verwaltung dem irischen Arbeiter die Freiheit geben würde. Die Masse der irischen Bevölkerung jedoch ließ solche Fantasien kalt: Unionisten wie auch Nationalisten meldeten sich in Massen zum britischen Militär, um gegen Deutschland zu kämpfen.

1916 schließlich kam es in Dublin zur Katastrophe. Nach einer an eine Farce erinnernden Mobilisierung wagten die irischen Nationalisten und Gewerkschafter den **bewaffneten Aufstand gegen die Briten am Ostermontag** (s. Kasten S. 155). Nach den Erfolgschancen befragt, rief James Connolly Männern fröhlich zu: „Wir werden alle sterben!" Eine Einschätzung, mit der er fast Recht behalten sollte. Die Aufständischen besetzten zwar einige Teile Dublins, darunter das Hauptpostamt, dies war jedoch nur ein kurzzeitiger Überraschungserfolg. Wesentlich besser bewaffnet, konnten die Briten den Aufstand binnen weniger Tage niederschlagen. Dublin lag in Trümmern, die Popularität der radikalen Nationalisten ebenso. Doch dann schafften es die Briten, in einem kurzen Zeitraum einen Sieg in eine totale Niederlage zu verwandeln: Sie füsilierten die vermeintlichen Führer des Aufstandes nach kurzem Prozess und sorgten so dafür, dass mehr als ein **Dutzend Märtyrer** geschaffen wurden. Märtyrer, die künftig das Leitbild des irischen Nationalismus darstellen sollten.

Eine ganz andere Gruppe von Märtyrern wurde wenige Wochen später auf dem europäischen Kriegsschauplatz geschaffen – die Ulster Division, mehrheitlich aus Protestanten aus Nordirland gebildet, wurde an der Somme fast vollständig aufgerieben. Unter den Unionisten bildete sich daher der naheliegende Eindruck, dass den Soldaten an der Front Verräter in der Heimat den Dolch in den Rücken stießen.

Unabhängigkeitskrieg, Teilung und Bürgerkrieg

Bei Kriegsende 1918 waren die Gräben zwischen den Unionisten und den Nationalisten tiefer denn je. Die Unionisten waren nach wie vor nicht gewillt, den Status quo auch nur um einen Millimeter zu verändern. Den Nationalisten dagegen war es mittlerweile vollkommen egal, was London zu ihren Ambitionen meinte. Als bei der Parlamentswahl die Republikaner nahezu unwidersprochen Parlamentssitze gewannen, weigerten sich die Abgeordneten, diese Sitze auch einzunehmen. Der Treueeid auf den englischen König war ihnen zu viel. Stattdessen traten sie **in Dublin als eigenes irisches Parlament** zusammen. Praktisch nicht mehr von London aus regierbar, rutschte Irland in den Status eines „besetzten Landes". Mit hastig zusammengestellten, schlecht vorbereiteten und an einer friedlichen Lösung des Konfliktes absolut nicht interessierten Soldaten versuchte man, die Macht im Lande zu behalten. Der irische **Unabhängigkeitskrieg** begann. Dieser Krieg wurde hauptsächlich als eine Art Guerillakrieg geführt. Die nationalistischen Truppen schlugen mit enormer Flexibilität und Mobilität gegen die „Besatzer" zu. Im Gegenzug wandten die britischen Truppen Taktiken an, die weder Herzen noch die Hirne der Iren öffneten. Gegenüber vermeintlich anti-britischen Bevölkerungsteilen wurde teilweise eine Strategie der verbrannten Erde praktiziert. Auf dem Höhepunkt des Krieges eröffneten britische Truppen im Dubliner Croke Park bei einem Fußballmatch das Feuer auf Spieler und Zuschauer. Der **erste „Blutsonntag"** war eine Kurzschlussreaktion auf eine Mordserie an britischen Agenten. Er ging umgehend in die irische Geschichte und die republikanische Mythologie ein.

Nachdem sich die Vertreter der britischen Regierung und der irischen Nationalisten endlich wieder an den Verhandlungstisch gesetzt hatten, kam es 1921 mit dem **Anglo-Irischen Vertrag** zu einem Kompromiss. Ein Kompromiss, der keine Seite richtig zufriedenstellte: Irland wurde geteilt. Sechs Counties in Ulster bildeten den **eigenständigen Staat Nordirland**, in einer Union an Großbritannien gebunden. Das restliche Gebiet der Insel, von Dublin aus regiert, bildete den teilweise schwammig definierten „**Irischen Freistaat**". Rein rechtlich war dies noch keine vollkommene Unabhängigkeit.

Während ein Teil der irischen Politiker mit dieser Kompromisslösung erst einmal zufrieden war, ging die scheinbare und dann auch nur für Teile der Insel geltende Unabhängigkeit den radikaleren Nationalisten keineswegs weit genug. Kaum war der irische Unabhängigkeitskrieg beendet, begann der **irische Bürgerkrieg**. Die Armee des Freistaates kämpfte für den Erhalt der erreichten Kompromisslösung, während die Irisch-Republikanische Armee dies als Hochverrat einstufte und das Ziel einer kompletten Unabhängigkeit nicht aufgab. Der Bürgerkrieg wurde mit unnachgiebiger Härte von beiden Seiten geführt. Die Truppen des Freistaates gingen zwar am Ende des Krieges als Sieger hervor, moralisch jedoch endete die Auseinandersetzung mindestens mit einem Unentschieden – der Freistaat schaffte es, mehr Hinrichtungen anzuordnen und durchzuführen, als es die Briten jemals taten.

Entwicklung vom Freistaat Irland zur Republik

Die folgenden Jahre waren durch zahlreiche politische Unsicherheiten und eine insgesamt ungünstige wirtschaftliche Lage des Landes geprägt. Auch zwei Nobelpreise für Literatur, 1923 an **William Butler Yeats** und 1925 an **George Bernhard Shaw**, konnten von den diversen innenpolitischen Problemen nicht ablenken. Erst als 1932 mit der Wahl von **Eamon de Valera** einer der letzten überlebenden Anführer des Osteraufstandes an die Macht kam, schien eine Periode der Stabilität zu beginnen. De Valera galt als der „starke Mann" Irlands, der eine Blut- und Bodenmystik geschickt entwickelte, um selbst die gröbsten Fehler seiner Politik als für Irlands Unabhängigkeit unbedingt notwendig darzustellen. Selbst die kurzfristig populären faschistischen „Blauhemden" konnten dazu keinen Gegenpol bilden, zumal es de Valera verstand, seine Regierung eng mit der katholischen Kirche zu verbinden. So eng, dass 1935 der Freistaat Irland den Import von und Handel mit Verhütungsmitteln komplett verbot. Ein Jahr später wurde auch die Irisch Republikanische Armee als illegale Vereinigung verboten. Und 1937 feierte de Valera, 21 Jahre nach dem Osteraufstand, seinen größten Triumph: Der Freistaat Irland ging in die Geschichte ein, als **Republik Irland** erklärte man unilateral die Unabhängigkeit von Großbritannien.

Eine Unabhängigkeit, die London zwar ein Dorn im Auge war, aber angesichts der großen Umwälzungen in Europa nicht absolute Priorität bekam. 1938 gab Großbritannien sogar einige strategisch wichtige Häfen auf, ein enorm wichtiger Schritt für das Eigenbild der Republik Irland. Als nur ein Jahr später der **Zweite Weltkrieg** ausbrach, demonstrierte Irland seine Unabhängigkeit dadurch, dass man sich für **neutral** erklärte. Hinter den Kulissen allerdings war die Neutralität nicht vollkommen – die Irisch Republikanische Armee, die seit 1939 wieder Bomben in Großbritannien legte, träumte von einem Aufflammen des Unabhängigkeitskrieges mit deutscher Hilfe. Gleichzeitig gewährte die irische Regierung den Briten einige spezielle Konzessionen, die es jedoch offiziell nicht gab. Ganz verschont vom Weltkrieg wurde Irland nicht. Vor allem auf See kam es zu mehreren Verlusten durch U-Boote und Minen. Die nordirische Hauptstadt Belfast wurde zudem als Hafen- und Industriestadt von der deutschen Luftwaffe bombardiert. Vereinzelte Bomben auch auf das Gebiet der Republik waren dagegen wohl eher Versehen oder durch Navigationsfehler bedingt. In seinem Bemühen um absolute Neutralität beging de Valera allerdings 1945 noch einen Fauxpas, der bis heute in der Erinnerung vieler Menschen blieb: Als die Nachricht vom Tod Hitlers aus Berlin eintraf, machte de Valera einen Kondolenzbesuch in der deutschen Botschaft.

Dieses Pochen auf Neutralität machte klar, dass es keine gemeinsame Zukunft von Großbritannien und Irland geben könnte. Drei Jahre nach Kriegsende erklärte die Republik ihre **absolute Unabhängigkeit**. Der Anspruch auf die sechs zu Nordirland gehörenden Counties allerdings wurde nicht fallengelassen, sondern Teil der irischen Verfassung. Während die irischen Regierungen dies realistischerweise allein durch politische und diplomatische Mittel erreichen wollten, nahm die schon totgeglaubte **Irisch Republikanische Armee** 1954 ihre Angriffe in Armagh wieder auf. In vielen Fällen wurden Straßen und Brücken, die die Grenze überquerten, zerstört – die Trennung sollte deutlicher werden.

Auf offizieller Ebene dagegen bemühte man sich um Annäherung. Das **Anglo-Irische Freihandelsabkommen** von 1966 vereinfachte den Handel zwischen Nordirland und der Republik und sorgte durch Wegfall der Einfuhrzölle für höhere Profite.

Bürgerrechtsbewegung in Nordirland

Unter dem Eindruck der amerikanischen Bürgerrechtsbewegung in den 1960er-Jahren kam es dann 1967 zur Gründung der **Northern Ireland Civil Rights Association**. Diese Vereinigung wollte gleiche Rechte für alle Bewohner Nordirlands durchsetzen – in der Praxis bedeutete dies, die Rechte der katholischen Bevölkerungsteile denen der protestantischen anzupassen. Keine leichte Aufgabe angesichts einer teilweise sehr verwirrenden Gesetzgebung und der fast sofort einsetzenden Angst, dass eine juristische Gleichstellung fast nahtlos in eine Eingliederung Nordirlands in die Republik führen könnte. Schon die ersten größeren Demonstrationen von Bürgerrechtlern führten zur Konfrontation mit der Polizei, vor allem in Derry.

Die Situation spitzte sich im Jahre 1969 noch weiter zu. Kundgebungen der Bürgerrechtsbewegung wurden von der Polizei behindert oder sogar gezielt angegriffen, unionistische Extremisten beteiligten sich an diesen Attacken oder organisierten eigene Gegenreaktionen.

„The Troubles" – Bürgerkrieg in Nordirland

Binnen weniger Wochen eskalierte die Situation, was folgte, waren **bürgerkriegsähnliche Zustände**. Mit Schusswaffen, Brandsätzen und Bomben verdiente sich Nordirland den Ruf „Unruheprovinz". Die Regierung in London griff daraufhin zur Notbremse und schickte die **britische Armee nach Nordirland**, um die verfeindeten Fraktionen zu trennen und die innere Sicherheit zu stabilisieren. Der Erfolg dieser Maßnahme war kurzfristig – wurden die Soldaten zunächst sogar als Beschützer begrüßt, waren sie schnell ein Teil des nationalistischen Feindbildes. Und als Vertreter der britischen Krone legitimes Ziel für Terroraktionen der Irisch Republikanischen Armee.

In der Diskussion über das weitere Vorgehen in Nordirland zeigte sich auch schnell ein Riss innerhalb der republikanischen Bewegung und besonders der Irisch Republikanischen Armee. Die offizielle Irisch Republikanische Armee befürwortete einen mehr diplomatischen Kurs, die Provisorische Irisch Republikanische Armee dagegen schwor sich auf den Kampf mit der Waffe ein. Dies war jedoch nur der erste Akt in der fortschreitenden Zersplitterung der paramilitärischen Gruppierungen in Nordirland. Eine Zersplitterung, die nicht nur auf der republikanischen Seite für wiederholte Verwirrung sorgte. Auch die unionistischen Milizen kämpften in immer neuen Konstellationen und unter immer neuen Namen.

Im Jahre 1971 verschärfte sich der Konflikt durch verschiedene Faktoren. Auf unionistischer Seite wurde der laute und fundamentalistische presbyterianische Prediger **Ian Paisley** zum Wortführer der Radikalen, wichtige Bürgerrechte wurden durch die Einführung von Internierung außer Kraft gesetzt und schließlich tötete die Irisch Republikanische Armee den ersten britischen Soldaten in Belfast. In dieser angespannten Situation kam es dann Anfang 1972 zur Katastrophe: Bei einer Demonstration in Derry schossen britische Fallschirmjäger wahllos in die Menge. 13 Demonstranten starben am „**Bloody Sunday**", nach Bekanntwerden dieser Nachricht brannte eine wütende Menge die britische Botschaft in Dublin nieder. Nordirland wurde unter die **direkte politische Kontrolle Londons** gestellt.

Angesichts dieser Ereignisse gerieten andere Entwicklungen nahezu in Vergessenheit. So änderte 1972 die Irische Republik ihre Verfassung dahingehend, dass die festgeschriebene „Sonderrolle" der katholischen Kirche abgeschafft wurde. Und 1973 traten Irland und das Vereinigte Königreich gleichzeitig in die **Europäische Wirtschaftsgemeinschaft** ein. Wer sich davon allerdings eine friedliche Annäherung versprach, der hatte nicht mit den Extremisten auf beiden Seiten gerechnet. Ohne Warnung explodierten 1974 Bomben in Dublin und der Grenzstadt Monaghan, Dutzende von Zivilisten fanden den Tod. Doch dieses Verbrechen von Unionisten stand nicht allein da: Im gleichen Jahr jagte die Irisch Republikanische Armee mehrere Pubs in England in die Luft. Auch hier starben Menschen, die den Nordirlandkonflikt nur aus den Fernsehnachrichten kannten.

Irland am Scheideweg – vom Papstbesuch zum Karfreitagsabkommen

Erst Ende der 1970er-Jahre kamen wieder positive Nachrichten von der Insel – **Papst Johannes Paul II.** besuchte die Republik und zelebrierte vor einer Million Gläubigen im Dubliner Phoenix Park die Messe. Obwohl die Insel von politischen und wirtschaftlichen Krisen geschüttelt wurde, galt dieser Besuch lange Zeit als eine Art Aufbruch in die Zukunft. Ein ganz anderer Aufbruch in die Zukunft wurde dagegen sehr misstrauisch betrachtet. Im Jahr des Papstbesuches wurde in der Republik erstmals wieder die Möglichkeit geschaffen, legale Verhütungsmittel zu kaufen. Mehr als 40 Jahre waren Abstinenz oder Koitus Interruptus die einzigen, oftmals kaum erfolgreichen Mittel der Verhütung.

Die 1980er-Jahre, in beiden Teilen Irlands durch **Wirtschaftskrise** und weit verbreitete **Armut** charakterisiert, begannen auch mit einem einschneidenden Ereignis in der Geschichte des republikanischen Widerstands. Nach und nach traten 1981 mehrere Gefangene aus der IRA und der radikaleren Splittergruppe INLA (Irish National Liberation Army) in einen unbefristeten **Hungerstreik** für die Anerkennung als politische Gefangene und erweiterte Rechte. Ihnen gegenüber stand die unnachgiebige Regierung Thatcher, die zunächst zu keinen Konzessionen bereit schien. **Bobby Sands**, lange Zeit kommandierender Offizier der Irisch Republikanischen Armee im Gefängnis, wurde während seines Hungerstreiks zum Parlamentsmitglied in London gewählt und starb als erster Beteiligter. Weitere neun Insassen ließen ihr Leben, bevor der Hungerstreik ergebnislos abgebrochen wurde. Die endgültige Bewertung dieser Aktion ist auch fast 30 Jahre später noch umstritten. Zumindest machte sie jedoch den republikanischen Widerstand weltweit zum Thema. Und schuf, wieder einmal, zehn Märtyrer „für die Sache".

Innenpolitisch brachten die 1980er-Jahre die meisten Fortschritte in Nordirland, in der Republik bestätigten Volksabstimmungen das Verbot sowohl von Abtreibung als auch von Ehescheidung. Erst die Wahl von **Mary Robinson** zur irischen Präsidentin im Jahre 1990 schien einen gesellschaftlichen Wandel anzudeuten. Vielleicht noch wichtiger war allerdings die Flucht des Bischofs **Eamon Casey**, der eine rund zwei Jahrzehnte zurückliegende Affäre eingestand und das dabei gezeugte Kind anerkannte. Als dieser Skandal 1992 an die Öffentlichkeit kam, schien es zu einer Art Deichbruch zu kommen – in den folgenden Jahren wurde die katholische Kirche Irlands nach und nach von immer umfassenderen Enthüllungen gebeutelt, teilweise stand die Amtskirche wie ein Netzwerk von Pädophilen und Sadisten dar. Nicht ganz ohne Grund. Immerhin war es zu dieser Zeit immer noch möglich, „gefallene Mädchen" in die „Obhut" von Nonnen zu geben, die sie dann wie Sklavinnen in großen Wirtschaftsbetrieben ausnutzen konnten.

Die größten Probleme Irlands lagen jedoch weiterhin auf den Gebieten der Wirtschaft und der inneren Sicherheit, nördlich wie südlich der Grenze. Die Lösung dieser Probleme konnte nur in internationaler Kooperation erfolgen – innerhalb der EU und im direkten Kontakt zwischen der Republik und Großbritannien. Dabei kam es den Politikern teilweise entgegen, dass sich die Milizen sowohl der Republikaner wie auch der Unionisten immer mehr ins gesellschaftliche Abseits bombten und schossen. Die von der Irisch Republikanischen Armee am Volkstrauertag in Enniskillen gezündete Bombe von 1987 war nur einer der Meilensteine dabei – die Masse der Bevölkerung stand nicht mehr hinter solchen mörderischen Aktionen. Und die vergeblichen Versuche der Terroristen, ihre Tat zu rationalisieren oder sogar die Sicherheitskräfte als die eigentlich Schuldigen hinzustellen, endeten in einem Verlust der Glaubwürdigkeit. Letzten Endes wurde die Irisch Republikanische Armee an den Verhandlungstisch gezwungen, um nicht vollkommen aus dem politischen Prozess ausgeschlossen zu werden. Diese Verhandlungen führten mehrmals zum Waffenstillstand und 1998 schließlich zum **Karfreitagsabkommen**. Der Grundstein zu einer Beendigung des bewaffneten Kampfes und hin zu einer politischen Lösung. Die vor allem auf einer festgeschriebenen Teilung der Macht zwischen den einzelnen Interessengruppen in Nordirland basiert. Bis diese nordirische Version von Demokratie allerdings funktionierte, sollte es noch zu mehreren Krisen, Wahlen und Neuwahlen kommen.

Irland auf dem Sprung – der „Celtic Tiger"

Die gesellschaftlichen Veränderungen sowohl in der Republik als auch in Nordirland in den letzten Jahren des 20. Jhs. waren immens. So musste man lernen, dass althergebrachte Feindbilder nicht unbedingt die Realität widerspiegelten. Aber auch in anderen Ländern längst selbstverständliche Neuerungen hielten noch auf der Insel Einzug. **Multinationale Firmen** entdeckten Irland als Sprungbrett für den europäischen Markt, es kam zu einer **Zuwanderung von ausländischen Arbeitskräften**. Und zu skurrilen Erscheinungen: In Belfast etwa wurden indische Einwanderer schon einmal von einer Delegation besorgter Nachbarn nach ihrer Religionszugehörigkeit befragt. Die Antwort „Hindu" führte dann schnell zur Nachfrage, ob man denn nun protestantischer oder katholischer Hindu sei. Religion blieb auch an der Schwelle zum 3. Jt. ein wich-

Was haben uns die Briten gebracht?

Ob schlechte Straßen, Wirtschaftsprobleme oder sogar das Wetter – für viele Iren scheinen die Briten an allem schuld zu sein. Egal was auf der Insel schiefgeht, über kurz oder lang kommt das Argument, dass man schließlich 800 Jahre Unterdrückung mit berücksichtigen müsse. Manche Iren haben sich so sehr in die Opferrolle hineingesteigert, dass sie voll und ganz in ihr aufgehen und sie auch nicht mehr ablegen können. Alles Britische ist per Definition schlecht, alle negativen Aspekte Irlands lassen sich durch „die Briten" entschuldigen.

Dabei liegt die Sache eigentlich ganz anders. Der Besucher fühlt sich oftmals an die legendäre Szene im Monty-Python-Klassiker „Das Leben des Brian" erinnert, in der die jüdischen Widerstandskämpfer die Frage diskutieren: „Was haben uns die Römer eigentlich gebracht?" Binnen kürzester Zeit finden sie Dutzende von positiven Dingen, die die Jahre römischer Besatzung mit sich brachten. Dennoch endet die Bestandsaufnahme mit einem abwertenden: „Aber sonst nichts!".

Das moderne Irland ist, auch wenn es Nationalisten nicht wahrhaben wollen, vollkommen von der britischen Kultur geprägt. Das beginnt bei der Sprache (kaum ein Mensch spricht im Alltag Irisch) und endet bei der Popmusik. Nahezu alle irischen Gesetze basieren auf dem britischen Rechtssystem. Bis zur Angleichung an die EU wurden britische Maßeinheiten, Größen und Standards verwendet. Und selbstverständlich fährt man auf der linken Seite – man stelle sich nur das Chaos an der Grenze zu Nordirland vor, wenn es anders wäre. Dennoch besteht die Tendenz, das britische Erbe unter den Teppich zu kehren. Zum Teil ist dies verständlich – was soll Irland mit einer Statue der Königin Viktoria anfangen? Also verkaufte man das Kunstwerk von seinem Dubliner Sockel weg direkt in eine andere ehemalige Kolonie. Die Statue des Prinzgemahls Albert dagegen steht immer noch auf dem Parkplatz des irischen Parlaments. Immerhin die einzige Statue an dieser Stelle. Wenn man auch eine gewisse Ironie darin sehen kann, dass der deutsche Prinz jetzt Irlands einziger blaublütiger Parkplatzwächter geworden ist.

Für den Besucher, der die grüne Brille des irischen Nationalismus für einige Zeit ablegen kann, ist diese selektive Wahrnehmung von Vergangenheit aber gelegentlich verwirrend – dass der Zweite Weltkrieg in der irischen Geschichte anscheinend gar nicht stattgefunden hat, ist eigentlich nur ein Problem der Linguistik. Dass aber das große Denkmal für die Gefallenen des Ersten Weltkriegs nie richtig fertiggestellt wurde und heute noch ein stiefmütterliches Dasein fristet, ist eine direkte Reaktion der extrem nationalistischen Strömung in der irischen Gesellschaft. Die irischen Soldaten in der britischen Armee kämpften in den Augen Vieler schlicht für die falsche Seite. Die britische Seite, das ist irische Tradition, ist immer die falsche Seite.

tiger Faktor, selbst wenn in der Republik eine Volksbefragung im Jahre 1996 die **Ehescheidung** und sogar eine neue Eheschließung legalisierte.

Einige Ewiggestrige allerdings versuchten, dringend notwendige Prozesse wieder rückgängig zu machen. Vielleicht das furchtbarste Beispiel war die Autobombe von Omagh, die 1998 nach Abschluss des Karfreitagsabkommens von einer republikanischen Splittergruppe gezündet wurde und mehr als 30 Menschen in den Tod riss. Nach und nach erklärten jedoch sowohl republikanische wie auch unionistische Milizen den bewaffneten Kampf für beendet und begannen mit der Entwaffnung ihrer Mitglieder. Lediglich einige Splittergruppen hängen noch den alten Idealen der gewalttätigen Durchsetzung politischer Ziele an. Dass diese Gruppierungen weiterhin eine Gefährdung der inneren Sicherheit darstellen, zeigte sich 2009 und 2010 aufs Neue. Es kam zu Bombenattentaten und gezielten Mordanschlägen auf britische Soldaten und Polizisten. In einem Statement, das den gesamten Wahnsinn hinter dieser Strategie zusammenfasst, wurde auch der versuchte Mord an einem polnischen Pizzaboten begründet – er habe schließlich britischen Soldaten die Pizza geliefert.

Zur Zeit der Jahrtausendwende galt Irland als Insel am Rande von Frieden und Wohlstand.

Die politische Annäherung zwischen Unionisten und Republikanern stand zwar noch auf wackeligen Beinen, schien aber unaufhaltsam. Und wirtschaftlich ging es zumindest der Republik so gut wie nie zuvor: Mit Hilfe von EU-Geldern und durch eine gezielte Anwerbung von multinationalen Firmen mit niedrigen bis niedrigsten Steuersätzen erfolgte ein Sprung in die wirtschaftliche Zukunft, der sogar die asiatischen Tigerstaaten zu überflügeln schien. Der Begriff des „**Celtic Tiger**" wurde geprägt. Die Löhne stiegen, die Preise auch – aber man konnte es sich leisten. Auch wenn Teile des irischen Wohlstandes durch Niederlassungen internationaler Firmen begründet wurden, die sich kaum von Briefkastenfirmen unterschieden und als eine Art ökonomischer Durchlauferhitzer eine fantastische Geldvermehrung ermöglichten. Ein kurzes Schwächeln der neuen irischen Ökonomie um 2001 wurde als vernachlässigbare Erscheinung kollektiv ignoriert. Weder Privatleute noch der irische Staat legten Reserven an, um eventuelle schlechtere Zeiten überbrücken zu können.

Zusammenbruch 2008/2010

Im Gegenteil: Nach dem Motto „Was wir haben, können wir auch ausgeben!", wurde das Geld mit vollen Händen verteilt. Die (zumindest auf dem Papier) neureichen **Iren wurden Spekulanten** – das Apartment in Spanien, Rumänien oder Dubai war anscheinend ein Standard, den man anstreben musste. Ein Spiel, das die **Banken** mit Blick auf den Profit mitspielten. Die **Kredite** wurden gern und häufig gegeben, sodass eine hoffnungslose **Überschuldung** kaum zu vermeiden war, wenn man den Kopf verlor. Eines der besten Beispiele zeigte sich gegen Ende dieser Hochphase mit einem Piloten der irischen Luftwaffe – bei einem Jahresgehalt von 65 000 € schaffte er es, mithilfe seiner Kredit gebenden Banken Schulden in Höhe von 8 Mio. € anzusammeln. Der Gedanke, dass die Spirale von steigenden Immobilienwerten und ständigem Kauf und Verkauf irgendwann einmal enden würde, schien weder Kreditgeber noch Kreditnehmer zu kommen.

Im Jahre 2008 kam es dann zum großen **Crash** – die fiktiven Werte der irischen Immobilien zeigten sich auf den Markt real nicht mehr erreichbar, sodass das Karussell von Kauf und Verkauf plötzlich stoppte, die Bauwirtschaft binnen Wochen zusammenbrach und die auf niedrigen Steuern bei hohem Umsatz basierenden irischen Staatsfinanzen dem Ruin nahekamen. Der Witz kam in Umlauf: „Was ist der Unterschied zwischen Irland und Island? Ein Buchstabe und drei Monate." Ohne großen Kampf, aber unter zuversichtlichem Röhren, schläferte sich der keltische Tiger in kurzer Zeit selbst ein. Steigende Arbeitslosenzahlen, steigende Steuern und gleichzeitig sinkende Inlandsumsätze führten zu einer **Wirtschaftskrise**, wie sie weder irische Politiker noch das irische Volk jemals erwartet hätten.

Eine Verschärfung der Situation trat 2010 ein. Irland meldete ein Rekorddefizit, als erstes Land der EU wurde für die Republik Irland der EU-Rettungsschirm aufgespannt. Eine Finanzhilfe von 85 Mrd. € wurden von der EU und dem IWF zugesagt. Zugleich beschloss die Regierung in Dublin einen Nothaushalt für 2011.

Regierung und Politik

Staatsform: Demokratie, in Nordirland allerdings mit einer vorgeschriebenen Teilung der Macht zwischen den verschiedenen Bevölkerungsgruppen (erzwungene Koalitionsregierung)
Hauptstädte: Dublin (Republik Irland), Belfast (Nordirland)
Staatsoberhäupter: Präsidentin Mary McAleese (Republik Irland), Königin Elizabeth II. (Nordirland)
Regierungschefs: Taoiseach Brian Cowen (Republik Irland), First Minister Peter Robinson (Nordirland)

Das politische System der Republik Irland

Die politischen Strukturen der Republik Irland können für Kontinentaleuropäer sehr verwirrend sein. Hier eine kurze Übersicht.

Irland ist eine Parlamentarische Demokratie, an deren Spitze der Premierminister steht – auf Irisch Taoiseach, ein seit den 1930er-Jahren vorgeschriebener Begriff, der sich mit „Häuptling" oder auch „Führer" übersetzen lässt. Ihm zur Seite steht der Tanaiste, der Stellvertreter oder auch „Thronfolger". Diese archaischen Begriffe bekommen einen etwas merkwürdigen Beigeschmack, wenn man feststellt, dass in Irland Parlamentssitze tatsächlich „vererbbar" zu sein scheinen. Die Nachfolge des Sohnes eines Abgeordneten als Kandidat und auch als Abgeordneter scheint schon fast der Normalfall zu sein.

Die Abgeordneten treten im **Dáil Éireann**, dem Rat Irlands, zusammen. Dieses Parlament hat gemessen an der Bevölkerungszahl eine recht große Anzahl von Abgeordneten, die nach einem komplizierten Wahlsystem in ihren Wahlkreisen gewählt werden. Jeder wahlberechtigte Ire hat so viele Stimmen, wie es Kandidaten in seinem Wahlkreis gibt. Auf dem oft ellenlangen Wahlzettel markiert er dann seine Präferenz. Kandidat X als Nr. 1, Kandidat Y als Nr. 2 und so weiter, bis alle Kandidaten einen Rang haben oder der Wähler keine Lust mehr hat. Bei der Auszählung der Stimmen gelten dann zunächst die ersten Präferenzen, nach der Elimination der aussichtslosen Kandidaten werden deren zweite Präferenzen den ersten Präferenzen zugerechnet, bis schließlich alle Parlamentssitze des Wahlkreises mit Kandidaten gefüllt sind. Dabei kann es vorkommen, dass der Kandidat mit der größten Anzahl an ersten Präferenzen gar nicht gewählt wird – nur wer in der ersten Auszählung die Mindestquote des Wahlkreises erreicht, hat seinen Sitz sicher.

Dieses Wahlsystem begünstigt Kandidaten, die in ihrem Wahlkreis bekannt wie der sprichwörtliche bunte Hund sind. Gerade auf dem Lande ist es ein untrügliches Zeichen für eine bevorstehende Wahl, wenn Ortspolitiker auf jeder Beerdigung auftauchen, um möglichst viele Hände zu schütteln. Die Wichtigkeit der Person des Kandidaten, nicht seiner Partei, macht es für kleinere Parteien und unabhängige Kandidaten leichter, einen Parlamentssitz zu ergattern.

Die wichtigsten Parteien in der Republik Irland sind, in der Reihenfolge ihrer Mandate, Fianna Fail, Fine Gael, Labour, die Grünen und Sinn Fein. Diese in ein herkömmliches, kontinentaleuropäisches System von Rechts und Links einzuordnen, ist ungeheuer schwierig. Fianna Fail und Fine Gael sind beide liberal-konservative Parteien, Labour ist eher rechts von den sozialdemokratischen Parteien zu sehen und Sinn Fein vertritt gleichzeitig sozialistische, nationalistische, internationalistische und konservative Standpunkte.

Neben dem Dáil Éireann gibt es noch den **Seanad Éireann**, den Senat Irlands. Dies ist eine nach dem Vorbild des britischen Oberhauses geschaffene zusätzliche Kammer, die jedoch nur eine Beraterfunktion hat. Die Mitglieder des Senats werden nicht direkt vom Volk gewählt, zum Teil sogar vom Taoiseach direkt ernannt. Insgesamt gilt der Senat als teurer Debattierclub, in dem altgediente Parteimitglieder ihr Gnadenbrot erhalten oder Unterstützer der Regierung belohnt werden.

Ebenfalls nur eine repräsentative Funktion hat die irische **Präsidentin**, das Staatsoberhaupt kann in die Tagespolitik nicht eingreifen. Die „Wiederwahl" der amtierenden Präsidentin Mary McAleese geriet sogar zur Farce, denn dank des Desinteresses der Oppositionsparteien und eines komplizierten Nominierungssystems gab es außer der Amtsinhaberin keine weiteren Kandidaten. Statt einer Wahl gab es so schlicht eine Amtszeitverlängerung ohne Widerspruch.

Das politische System Nordirlands

Eine ganz eigene Art von Demokratie herrscht in Nordirland. Die dort stärksten politischen **Parteien**, Sinn Fein und die Democratic Unionist Party (DUP), repräsentieren die (noch gemäßigten) Extreme der Gesellschaft. Dennoch zwingt das ausgeklügelte Regierungssystem in Nordirland die beiden Parteien dazu, **gemeinsam eine Regierung** zu bilden, und noch dazu alle weiteren Parteien an ihr zu beteiligen. Um die Dominanz einer Bevölkerungsgruppe zu verhindern, kann selbst eine die absolute Mehrheit erreichende Partei niemals alleine regieren. Dass dies zu äußerst schwerfälligen Prozessen in der täglichen Arbeit der Regierung führt, bewies sich bereits in den frühen Jahren dieser ganz speziellen Demokratie.

Wirtschaft

BIP: 220 Mrd. € (Republik Irland), 33,2 Mrd. £ (Nordirland)
Wachstum: 7,5 % in der Republik Irland
Inflation: 0,2 % in der Republik Irland
Agrarsektor: 5 % in der Republik Irland
Industrie: 46 % in der Republik Irland
Dienstleistungen: 49 % in der Republik Irland

Eines der größten Probleme bei der Teilung Irlands war die Tatsache, dass zahlreiche Industriebetriebe in Nordirland verblieben sind und die Republik Irland hauptsächlich von der Agrarwirtschaft leben sollte. Ein weiteres Problem bestand darin, dass die irische Wirtschaft stark von den Exporten nach Großbritannien abhängig war. Diese Situation hat sich in den letzten Jahrzehnten radikal geändert, nicht zuletzt durch die EU-Mitgliedschaft Irlands und die äußerst kreative Werbung um ausländisches Kapital. Gleichzeitig änderte sich die industrielle Landschaft in Nordirland dadurch, dass traditionell starke Betriebe wie die Werften, der Flugzeugbau und sogar die Leinenherstellung einen starken Niedergang erfuhren.

Eine Zeit lang waren die **Bauwirtschaft** und der **Immobilienhandel** gemeinsam der größte Boom-Faktor im Wirtschaftsleben – Irland strotzte nur so von Neubauten. Investitionen, vor allem im Immobiliensektor, wurden hoch gelobt. Zahlreiche Iren, im Norden wie im Süden, besitzen Immobilien, die ursprünglich zur Eigennutzung vorgesehen waren. Dabei galt es, das Eigenheim, je nach Lebensphase, zu vergrößern oder (seltener) zu verkleinern, sodass Makler ein geregeltes Leben hatten. Das Zauberwort hieß „Property Ladder", der erste Hauskauf sollte nur ein Einstieg (die erste Sprosse) sein, nach einigen Jahren musste der Kauf eines größeren Objektes fast zwangsweise erfolgen. Nach dem **Immobilien-Crash** von 2008/2009 stellte sich jedoch heraus, dass der Immobilienmarkt eine reine Luftblase war. Obwohl zahlreiche Bauprojekte abgebrochen wurden und ganze Wohngebiete nur zu vielleicht 10 % realisiert wurden, rechnete man in der Republik mit fast 40 000 leerstehenden und nicht notwendigen Wohnungen vor allem im „Pendlerbereich" (bei gleichzeitigem Mangel an bezahlbarem Wohnraum in den Städten).

Der Anteil der **Landwirtschaft** ist mittlerweile auf rund 2 % des Bruttoinlandsproduktes (BIP) gesunken. Dabei nimmt die **Viehhaltung**, die über 80 % der landwirtschaftlichen Nutzfläche beansprucht, den größten Raum ein. Vor allem in der **Milchwirtschaft** werden noch Überschüsse erzielt. Der **Ackerbau** beschränkt sich hauptsächlich auf Kartoffeln, Rüben und Gerste – Letztere als Futtermittel und für Brauereien.

Fast zwei Drittel des BIP werden durch den **Dienstleistungssektor** erwirtschaftet, hieran haben die zahlreichen Niederlassungen multinationaler Konzerne und Banken einen erheblichen Anteil. So wird gerne von Politikerseite betont, dass Irland einer der größten Exporteure von Software weltweit sei. Dies ist statistisch gesehen richtig, faktisch aber irreführend – die Software wird oft nicht in Irland entwickelt, sondern hier lediglich auf Datenträger gebrannt und dann wegen der niedrigen **Unternehmenssteuersätze** weltweit versandt.

Die **Industrie** Irlands konzentriert sich vor allem auf die Bereiche der leichteren Metallverarbeitung und Aluminiumverhüttung, der Lebensmittelverarbeitung sowie der Softwareentwicklung. Wichtig wurde in den letzten Jahren auch besonders die chemische und pharmazeutische Industrie. Der erfolgreichste Exportartikel von Irland nach Österreich etwa war ... Viagra.

Exportkunden finden sich vor allem in der EU (ohne UK), danach in den USA und im UK. **Importe** dagegen kommen in erster Linie aus dem UK,

Vorsicht bei den Billionen

Wer in Irland die Wirtschaftsnachrichten liest, der kann schnell schwindelerregende Summen sehen. Da werden die Billionen nur so durch die Gegend geworfen, dass man sich fragt, wo das ganze Geld herkommen soll. Der Besucher vom Kontinent muss einfach umdenken und kurzerhand drei Nullen streichen. Reden Briten und Iren von einer Billion, so meinen sie unsere Milliarde. In Zahlen: 1 000 000 000. Geschrieben nach dem britisch-irischen Punkt-und-Komma-System jedoch 1,000,000,000.

dann aus der EU und erst an dritter Stelle aus den USA.

Irlands **Energiebedarf** wird durch importiertes Erdöl, Erdgas und Kohle abgedeckt, als einziger einheimischer Brennstoff steht (noch) Torf zur Verfügung, der auch industriell genutzt wird.

Religion

Christliche Kirchen

Die weitaus größte Zahl der Bewohner der Republik Irland bekennt sich zum **katholischen Glauben**. Statistisch gesehen sind etwa 87,5 % der irischen Bevölkerung Katholiken (oder 95 % der sich als Christen einstufenden Iren). Eine katholische Kirche werden Sie an jedem Ort finden. In der Republik Irland wurde die katholische Kirche de facto zur Staatsreligion ernannt, als sich führende Politiker und ganze Regierungen wiederholt der „Väterlichen Führung" des Papstes unterstellten. Der Einfluss Roms ist nach wie vor stark zu spüren, auch wenn Benedikt XVI. weitaus weniger populär ist als Johannes Paul II.

Viele religiöse Traditionen wurden vollkommen verinnerlicht. Wundern Sie sich nicht, wenn ein junger Ire, mit der linken Hand das Handy ans Ohr haltend, an einem Friedhof vorbeiradelt und sich spontan und unbewusst mit der rechten Hand bekreuzigt. Ein gewisses Gottvertrauen ist auf den irischen Straßen ohnehin angebracht!

Die **Church of Ireland** ist die Vertreterin der anglikanischen Kirche in Irland. Bis ins 19. Jh. als Staatskirche vorgeschrieben, verlor sie nach Abschaffung dieser Sonderstellung schnell an Einfluss. Da es in dem Land keine Kirchensteuer gibt, müssen die Gemeinden auch finanziell von ihren Mitgliedern getragen werden. Das bedeutet, dass viele Kirchen verkauft und Gemeinden zusammengelegt werden mussten. Übrigens ist die Church of Ireland laut Selbstdarstellung eine katholische Kirche, die lediglich den Papst nicht anerkennt.

Eher in Nordirland aktiv ist die **Presbyterianische Kirche**, hauptsächlich von den Nachkommen der schottischen Einwanderer getragen. Von ihr spaltete sich die Freie Presbyterianische Kirche des Ian Paisley ab. Im Gegensatz zu den vorgenannten Kirchen haben die Presbyterianer keine Bischöfe – sie hatten sich als fundamentalistische und fast basisdemokratische Strömung von solchen Strukturen losgesagt.

Christliche Splittergruppen sind in Irland unterschiedlich stark vertreten. So findet man methodistische Kirchen vor allem in Nordirland, regional sehr unterschiedlich sind auch Baptisten, Pfingstgemeinden, Zeugen Jehovas und die Mormonen vertreten. Wachsenden Zulauf haben verschiedene afrikanische Gruppen, die jedoch ihre größte Popularität eben unter afrikanischen Immigranten finden. Am anderen Ende des christlichen Spektrums findet man auch orthodoxe Kirchen in Irland, die vor allem von Immigranten aus Ost- und Südosteuropa am Leben gehalten werden.

Weitere Religionsgemeinschaften

Bedingt durch die starke Immigration aus den verschiedensten Ländern haben sich in Irland in den letzten Jahren auch zahlreiche nichtchristliche Religionen etablieren können. Die ersten **hinduistischen Tempel** wurden wahrscheinlich von den Hare Krishna errichtet, zugleich findet man in Irland **buddhistische Zentren** verschiedener Strömungen. In West Cork wird sogar an der Errichtung eines großen buddhistischen Tempels gearbeitet.

Das wohl dynamischste Wachstum kann der **Islam** aufweisen, sowohl sunnitische als auch schiitische Gemeinden sind in Irland aktiv, zahlreiche Moscheen oder Versammlungsräume zeugen davon. Bislang zeigt sich die irische Bevölkerung dem Islam gegenüber weitgehend tolerant, zumal radikale Islamisten hier bislang nicht stark in Erscheinung getreten sind.

Ein echtes Schattendasein führt dagegen die **jüdische Gemeinde in Irland**. Obwohl man noch mehrere Synagogen und auch eine Schule betreibt, scheint die Zahl der Juden in Irland ständig abzunehmen.

Von Besuchern oft hoffnungslos überbewertet werden die verschiedenen Gruppierungen der **Neuheiden**. Zwar gibt es zahlreiche (meist selbsternannte) Druiden, Priester und Hexen, von einer breiten religiösen Strömung kann jedoch nicht die Rede sein.

Kunst und Kultur

Architektur

Sie zählen zu den bedeutendsten Sehenswürdigkeiten Irlands: die verstreut liegenden prähistorischen Gräber, Dolmen, Kloster- und Burgruinen. Irlands Architekturgeschichte beginnt genau genommen in grauer Vorzeit – mit der Anlage verschiedener Grabhügel, die heute noch existieren. Newgrange (s. S. 213) ist nur eine, aber die wohl bekannteste der **prähistorischen Grabanlagen**. Über die Konstruktion dieser Grabanlagen gibt es die unterschiedlichsten Theorien, die einfachste Erklärung erscheint allerdings die zutreffendste zu sein: Demzufolge wurden zuerst die Steine aufgestellt, die die Wände der inneren Kammern bilden, danach wurden die Decksteine über schräge Rampen daraufbefördert. Anschließend markierte man den geplanten Grabhügel mit einer Umfriedung aus größeren Steinen. Von diesen aus wurde dann die gesamte Anlage mit Schotter und Erde bedeckt, sodass sich ein an der Spitze abgerundeter Konus ergab. Die Steine der Umfriedung veränderten dabei ein Abrutschen der Bedeckung. Als viele Jahrhunderte später die Hügelgräber als Steinbrüche dienten, entfernte man die Umfriedung. Resultat: Die gesamte Anlage wurde instabil, es kam zu Erdrutschen und zum Verfall. Im Extremfall blieb von einem Hügelgrab nur die aus großen Steinen errichtete zentrale Kammer stehen, dies ist der Ursprung der heute frei stehenden Dolmen. In einigen dieser Anlagen lassen sich astronomische oder geomantische Ausrichtungen feststellen, diese könnten Zufall sein. Sehr wahrscheinlich ist es jedoch, dass hier ein genauer Plan befolgt wurde. Der Sinn und Zweck dieser Planung allerdings ist uns nicht bekannt, jede Spekulation darüber driftet sehr schnell in den Bereich der Esoterik und des New Age ab.

Doch die Hügelgräber sind nicht die einzigen Zeugen aus der Vorzeit, die heute noch Rätsel aufgeben und dadurch faszinieren. Erhalten sind daneben wahrscheinlich zeremoniell genutzte Anlagen wie Tara oder Emain Macha (Navan Fort, s. S. 546).

Einige von ihnen wurden bis in **frühchristliche Zeit**, teilweise noch über das 5. Jh. hinaus genutzt.

Nicht genau datieren lassen sich viele der Befestigungsanlagen, die auf Siedlungen hindeuten. Im ganzen Land verstreut gibt es Hunderte von Ringforts, im Prinzip Überreste von kreisförmigen Wallanlagen, die wie ein Kral als Wohn- und Zufluchtsorte dienten. Eine besondere Variante davon waren die sogenannten Crannogs, künstliche Inseln in kurzer Entfernung zu einem Seeufer. Eine Übersicht zu all diesen Anlagen mit sehr genauen Rekonstruktionen findet der Besucher im Irish National Heritage Park bei Wexford (s. S. 314). In manchen Gegenden haben sich auch massive Festungen aus Stein erhalten, deren Konstruktion von so hoher Qualität war, dass sie heute noch fast unverändert in der Landschaft stehen. Bekannte Beispiele sind der Grianán of Ailigh in Donegal (s. Kasten S. 513) und das an eine Klippe gebaute Dún Aengus auf den Aran Islands (s. S. 454).

Eine ganz andere Bautätigkeit entwickelten die Mönche, die sich in Irland an vielen abgelegenen Orten niederließen. Ihr eventuell von ägyptischen Vorbildern beeinflusstes Konzept des Klosterlebens betonte den Rückzug vom Weltlichen, Komfort war nicht das Ziel. In frei tragender Bauweise wurden aus Bruchsteinen Gebetshäuser wie das Gallarus Oratory (s. S. 404) und, als Unterkunft, die winzigen Bienenkorbhütten wie etwa auf Skellig Michael (s. S. 389) errichtet. Erst später strebte man nach Höherem, aufwendige Klosteranlagen wie Glendalough (s. S. 292) und Clonmacnoise (s. S. 251) entstanden.

Im **Mittelalter** entwickelte sich dann Irlands ganz eigener Beitrag zur Sakralarchitektur, der **Rundturm** von etwa 30 m Höhe, vielleicht das typischste aller irischen Gebäude (s. Kasten S. 188). Dicht gefolgt vom Turmhaus, den Festungsbauwerken des ausgehenden Mittelaters und der Renaissance. Schöne Beispiele der

Glendalough – einer der am besten erhaltenen Rundtürme in Irland

Baukunst aus dieser Periode sind auch die mittelalterlichen Kathedralen und die Stadtbefestigung von Derry (s. S. 517).

Im 18. Jh. erlebte der **italienische Palaststil** („Palladian") eine Blüte, nach südlichen Vorbildern adaptierte Gebäude wie Castletown House (s. Kasten S. 278), das irische Parlament (heute die Bank of Ireland, s. S. 139), Leinster House (s. S. 142) oder Russborough House (s. S. 297 entstanden. Die zweite Hälfte des 18. Jhs. brachte jedoch den etwas strengeren, klassischeren **georgianischen Baustil** („Georgian"), für den vor allem Dublin berühmt ist. Zu den georgianischen Gebäuden gehören auch die berühmten „Doors of Dublin" (s. S. 145). Die aus Ziegelsteinen erbauten Häuser besitzen geschwungene Eingänge mit Oberlichtern, oft sind sie in knallbunten Farben bemalt. Heute noch am besten zu erkennen etwa am Ely Place und Fitzwilliam Square, rings um den Merrion Square und in der Harcourt Street. Das viktorianische Zeitalter brachte dann die verschiedenen Formen der **Neogotik** nach Irland. Ein sehr schönes Beispiel dafür ist die St. Fin Barre's Cathedral in Cork (s. S. 347).

Im **20. Jh.** entstand ein Stilgemisch. Während man an vielen Orten streng konservativ baute, wurde 1928 in Cork eine Kirche im Stil des Art déco (Turner's Cross) errichtet. Ähnlich gewagt war Busaras, Dublins Busbahnhof (S. 131), der 1953 mit immensen Kosten errichtet wurde und seinerzeit als Meisterwerk des Architekten Michael Scott galt. Die letzten 20 Jahre standen im Zeichen der neuen, nach oben strebenden Architektur – zu sehen in den Dubliner Docklands oder am „Spire" (s. S. 129). Eines der gewagtesten Projekte, der (gleich zweimal entworfene) U2-Tower, liegt jedoch erst mal auf Eis. Der 130 m hohe Turm aus Glas und Metall, ein Mix aus Apartments und Büros/Geschäften, sollte u. a. ein Aufnahmestudio für U2 enthalten, das an ein auf dem Dach gelandetes Ufo erinnert. Zusammen mit dem ebenso hohen „Watchtower" auf der anderen Seite der Liffey war eine Art „Twin Towers"-Skyline und ein symbolisches Tor nach Irland geplant. Mit der Wirtschaftskrise 2008 wurden beide Projekte auf unbestimmte Zeit verschoben. 2010 eröffnete das neue Theater an den Grand Canal Docks, entworfen von Daniel Libeskind – Irlands neueste architektonische Attraktion.

Literatur

Irland galt bereits im Mittelalter als das Land der Heiligen und der Gelehrten. Später hieß es, die Insel brächte vor allem Politiker, Priester und Poeten hervor. Betrachtet man die hohe Zahl der Nobelpreise für Literatur und ähnliche Ehrungen, die an irische Schriftsteller gingen, dann scheint dies immer noch seine Berechtigung zu haben – wenngleich der wahrscheinlich kreativste Schriftsteller Irlands, **James Joyce** (1882–1941, *Ulysses*), nicht mit einem Nobelpreis geehrt wurde und der so geehrte **Samuel Beckett** (1906–1989, *Warten auf Godot*) seine Werke auf Französisch schrieb. Wobei man der Fairness halber anmerken muss, dass ohnehin kein irischer Nobelpreisträger die irische Sprache konsequent verwendete.

Dabei hat Irland mit den ersten auf Irisch niedergeschriebenen Sagen und Legenden nach der Antike die älteste Literatur Europas vorzuweisen. Umfangreiche Epen und auch kürzere Dichtungen, vermutlich aus mündlichen Überlieferungen, gehören dazu. Berühmt ist vor allem der Ulster-Zyklus mit dem epischen *Táin Bó Cúailgne* (s. S. 195). Wobei sich schon früh ein auch heute noch typischer Zug der irischen Literatur zeigte – ein Hang zur Übertreibung, zum Grotesken und zur beißenden Satire.

Die moderne irische Literatur begann dann mit **Jonathan Swift** (1667–1745, *Gullivers Reisen*) und **Oliver Goldsmith** (1728–1774, *The Vicar of Wakefield*). Zu den bekanntesten Autoren des 19. Jhs. gehörten **Maria Edgeworth**, **John Banim**, **Gerald Griffin**, **Charles Kickham**, **William Carleton**, **George Moore**, aber auch Dracula-Erfinder **Bram Stoker** (1847–1912) und natürlich **Oscar Wilde** (1856–1900). James Joyce schließlich setzte einen Meilenstein der Literaturgeschichte und machte „Stream of Consciousness" bekannt, wenn auch nicht unbedingt für die Massen populär (einige Literaturwissenschaftler behaupten, man könne Joyce am besten in angetrunkenem Zustand verstehen).

Daneben hat Irland eine ganze Reihe bedeutender Lyriker hervorgebracht, auch hier wurden zwei mit dem Nobelpreis geehrt. **William Butler Yeats** (1865–1939) und **Seamus Heaney** (geb. 1939), wohl die im Ausland bekanntesten Dichter, gelten als die Vorzeige-Poeten der Grünen Insel. Wobei die Werke von Heaney wesentlich leichter zugänglich sind. Ein in Irland sehr beliebter Dichter ist nach wie vor **Patrick Kavanagh** (1904–1967), dessen Werke oftmals sehr volkstümlich wirken und zum Teil sogar zu populären Liedern (*Raglan Road*) wurden. Populär, aber auch extrem sentimental, sind auch die Liedtexte des **William Percy French** (1854–1920).

Die Bestseller irischer Autoren heute sind allerdings meist in die zwei Kategorien „Chick Lit" („Literatur für Hühner", Zielgruppe sind junge Frauen) und „Mis Lit" („Miseren-Literatur", möglichst auf die Gefühlsebene abzielende Beschreibungen von Not und Elend) einzuordnen – unter ersteres Genre fallen etwa die Bücher der Politikertochter **Cecilia Ahern**, letztere Gruppe dagegen sind all die Lebenserinnerungen, die Leser fast zum Selbstmord ob so viel Leid in der Welt treiben. Während **Frank McCourt** mit „Die Asche meiner Mutter" ein recht humorvolles Bild seiner zweifelsohne harten Kindheit in Limerick zeichnete, geht den meisten Schriftstellern dieses Genres jede Art von Humor ab. Zwei Extreme des Literaturmarktes, die sich in Irland extrem gut verkaufen.

Im deutschsprachigen Raum etwas weniger bekannt sind die Kinderbücher des **C.S. Lewis** (1898–1963), die mit *Narnia* eine ganz eigene Welt entwickeln, dabei aber einen eindeutig christlichen Unterton aufweisen.

Literaturtipps auf Deutsch finden sich im Anhang, s. S. 590.

Malerei und Bildende Kunst

Über Irlands Malerei weiß man gemeinhin wenig. Die ersten Werke der bildenden Kunst sind wahrscheinlich die Steinschnitzereien an Monumenten wie Newgrange, über deren konkrete Bedeutung die Gelehrten heute noch rätseln. Ihre Muster wurden jedenfalls später von der allgemein als „keltisch" bezeichneten Kunst adaptiert, in die auch kontinentale Elemente mit einflossen. Diese wiederum ging direkt in die fantastische Buchmalerei des Mittelalters (*Book of Kells*, s. S. 100) und die Steinmetzarbeiten vor allem an den Hochkreuzen über. Bei beiden wurden realistische Darstellungen mit fantasievoller Ornamentik kombiniert, die einen heute sofort erkennbaren „irischen" (oder auch „keltischen") Stil begründeten. Das Mittelalter brachte jedoch auch Invasionen und Kriege mit sich, sodass die bildende Kunst fast zum Erliegen kam.

Erst im 17. Jh. machten irische Künstler wieder von sich reden, allerdings nach Lehrjahren in der Fremde. Walter Frederick Osborne etwa studierte und arbeitete in Frankreich, William Orpen in England. Das Celtic Revival des ausgehenden 19. Jhs. führte dann aber wieder zur Entwicklung einer eigenen irischen Kunstströmung, die sich auf die Zeit des Mittelalters zurückbesann und oftmals vor allem eine nationalistische Agenda verfolgte. Sir John Lavery, John Butler Yeats, William Orpen und Jack Yeats entwickelten, jeder auf seine Weise, eine neue irische Kunst. Weit über Irland hinaus bekannt wurde Francis Bacon.

Für einen Überblick über die irische Kunst im Allgemeinen empfiehlt sich ein Besuch in den drei großen Galerien von Dublin – der National Gallery (s. S. 148), der Hugh Lane Gallery (s. S. 122) und des Irish Museum of Modern Art (s. S. 153).

Musik

Traditionelle Musik in Irland ist eigentlich spontane Musik – gespielt von Amateurmusikern abends im Pub im Rahmen einer sogenannten **Session**. Hier treffen Musiker aufeinander, um aus Spaß an der Freude Musik zu machen. Musik, die sich aus alten, traditionellen Melodien und spontanen Improvisationen zusammensetzt. Klassische Instrumente dabei sind die Fiedel, die einfache Blechflöte (Tin Whistle), das Akkordeon, Gitarre und Rhythmusinstrumente wie Löffel oder Bhodhran. Solche spontanen Konzerte finden landauf, landab jeden Abend irgendwo statt. Oft werden sie nicht groß beworben und sind nur den örtlichen Musikfreunden bekannt. Zuhörer sind jedoch stets willkommen. Den größten Fauxpas als Tourist kann man sich jedoch leisten, wenn man bei solchen Sessions mit der gerade im Andenkenladen erworbenen irischen Flöte hoffnungslos falsche Töne einbringt oder laut und ausdauernd irische Schlagermusik zu hören verlangt. Meist verbietet die irische Freundlichkeit einen direkten Rausschmiss, man kann jedoch leicht das Gespött der örtlichen Bevölkerung auf sich ziehen.

Irische **Schlagermusik** ist jene Musik, die auf dem Kontinent und in Nordamerika oftmals als **Irish Folk** gehandelt wird – Musik, wie sie die „Dubliners" oder eine der zahlreichen Nachahmer-Gruppen auf ihren Konzerten spielen. Deren Melodien man zumindest mitsummen kann, deren Texte gerne lautstark mitgebrüllt werden – und deren Tradition sich oft nur auf wenige Jahre erstreckt. Diese Musik wird man in Irland an allen Ecken und Enden hören können.

Die Grenzen zwischen traditioneller Musik, Irish Folk und dem Schlager sind dabei fließend. Längst sind einige eigens komponierte und relativ moderne Lieder so populär geworden, dass sie zumindest in den Bereich der volkstümlichen Musik fallen. Sie sind nicht traditionell, haben aber mittlerweile ihre eigene Tradition. Dazu gehören u. a. die von Seán O'Riada adaptierten oder sogar eigens komponierten Stücke, Lieder von Phil Coulter oder auch aus dem Ausland stammende Songs wie z. B. *Green Fields of France* oder *Dirty Old Town*. Manchmal werden sogar Songs der Pogues oder auch die von Bill Whelan eigens komponierten Melodien zum Tanzspektakel Riverdanc*e* als Irish Folk gehandelt.

Eine ganz spezielle Kategorie dabei nehmen die **Rebel Songs** ein, Hymnen für ein freies Irland und immer gegen England, in denen Helden und Märtyrer heraufbeschworen werden, heute nicht unbedingt mehr zeitgemäß, aber immer noch gerne gehört. Zu den bekanntesten Vertretern dieses Musikstils gehört die republikanische Kampfkapelle „Wolfe Tones".

Weniger am Hut mit dieser Musik haben die zahlreichen jüngeren Touristen, die nach Dublin kommen und dort auf den Spuren von Bono wandeln möchten. **U2** gilt nach wie vor als die irische Rockgruppe schlechthin, auch wenn die Popularität der neueren Veröffentlichungen längst nicht mehr an alte Glanzzeiten heranreicht. Mittlerweile hat Irland allerdings so viele neue Musikgruppen und Solokünstler zu bieten, dass U2 eigentlich die zweite Geige spielen könnte. Dennoch

Earagail Arts Festivals, Ballyshannon

gehören sie mit mehr als 175 Mio. verkauften Tonträgern an die einsame Spitze der kommerziellen irischen Charts, gefolgt von **Enya** (New Age), **Van Morrison** (Soul, Rock und Pop), den **Cranberries** (Rock) und den **Corrs** (Pop). An dieser Stelle darf man den erfolgreichsten Künstler Irlands nicht vergessen – **Daniel O'Donnell**. Der extrem weichgespülte Schlagersänger aus dem Nordwesten verkauft in Irland selbst mehr CDs als jeder andere Künstler, seine Konzerte sind regelmäßig ausverkauft. Genau wie die Konzerte einer Truppe ganz alter Recken des irischen Rock-Pop: **Aslan**. Benannt nach dem Löwen von „Narnia", touren die Mannen seit Jahrzehnten durch die Provinz und spielen in großen Arenen wie auch in kleinen Pubs. Unbedingt sehenswert!

Im Bereich des Classic Rock dagegen sind vor allem zwei Namen erwähnenswert: Der legendäre Gitarrist **Rory Gallagher** spielte zwar einen satten Blues, irische Elemente waren darin jedoch nicht unbedingt auszumachen. Ganz anders bei **Thin Lizzy** mit dem Frontmann **Phil Lynott**, sie nahmen zum Teil irische Melodienfolgen und auch textliche Anspielungen auf die irischen Mythologie, Teile von irischer Poetik und mit *Whiskey in the Jar* sogar direkt irische Volksmusik in ihr Repertoire auf. Noch weiter gingen **Horslips**, die sogar mit *The Táin* ein komplett auf der frühen irischen Epik basierendes Konzeptalbum vorlegten, gleichzeitig aber mit *The Men Who Built America* ein modernes irisches Selbstbewusstsein fördern wollten.

Dublin

1 HIGHLIGHT

Stefan Loose Traveltipps

Moore Street Ein traditioneller Straßenmarkt und in der Moore Street Mall multikulturelle Vielfalt. S. 136

Trinity College Das altehrwürdige Gemäuer hütet mit dem Book of Kells einen ganz besonderen Schatz. S. 140

National Library Die Yeats-Ausstellung beleuchtet Leben und Werk des Nationaldichters. S. 141

Georgian Dublin Was hat es mit den typischen Stadthäusern auf sich und wer hat sie gebaut? S. 145

National Gallery Neben Meisterwerken der Kunstgeschichte ist auch George Bernhard Shaws private Gemäldesammlung ausgestellt. S. 148

Chester Beatty Library Die Sammlung umfasst einige der ältesten Bibelfragmente und prachtvolle Beispiele orientalischer Buchkunst. S. 150

Howth Robben tummeln sich im Hafen des alten Fischerorts, der ein beliebtes Ausflugsziel der Dubliner ist. S. 171

Irlands Hauptstadt (1 045 769 Einw.) ist eine lebendige, facettenreiche Metropole, laut, frech, voller Widersprüche und von ganz besonderem Charme. Dabei ist Dublin im Grunde nichts anderes als ein zu groß gewordenes Dorf. Oder besser: eine Kleinstadt mit zahlreichen umliegenden Dörfern, die sich mittlerweile zu einem Stadtgebiet verbunden haben. Im Vergleich zu vielen anderen europäischen Hauptstädten ist Dublin wesentlich kompakter, der zentrale Innenstadtbereich, in dem sich die meisten Sehenswürdigkeiten befinden, ist in weniger als zwei Stunden zu Fuß erforscht.

Glanz und Elend liegen in Dublin nahe beieinander, kein Wunder also, dass für Schriftsteller, Musiker und Künstler seit jeher etwas Inspirierendes von dieser Stadt am Meer ausgeht. Leider hat sich Dublin in den letzten Jahren in den Augen vieler Touristen auf das Vergnügungsviertel Temple Bar und das Motto „Party bis zum Abwinken" reduziert. Die irische Hauptstadt galt lange Zeit als eine einzige Vergnügungsmeile, in die man am Freitagabend einschwebte, nur um sie dann am Sonntag in oftmals leicht benebeltem Zustand wieder zu verlassen. Der Fluch der Billigflieger, angeführt von Irlands Ryanair, hatte die kleine Metropole an der Liffey ereilt. Nachdem sich die Partyzone in osteuropäische Metropolen verlagerte, ist wieder eine gewisse Normalität eingekehrt.

Dublin, so heißt es oft, sei nicht Irland. Stimmt – Dublin ist nur ein Teil des Landes, auch wenn hier etwa ein Viertel der Bevölkerung lebt. Aber Irland ohne Dublin ist auch nicht denkbar. Wer die Insel in ihrer Gesamtheit kennenlernen möchte, der kann die Hauptstadt ebenso wenig ausklammern wie Nordirland oder die Tourismus-Schwerpunkte im Südwesten. Es gibt auch gar keinen Grund, um Irlands Hauptstadt einen Bogen zu machen. Im Gegenteil: Dublin ist selbst ein Reiseziel. Außerdem gibt es (mit Ausnahme von Belfast vielleicht) keine lebendigere, multikulturellere Stadt auf der Insel, die so viel Vergnügen und Kultur bietet – und zudem viel Grün und Natur in den Außenbezirken. Ob man nun Bergtouren oder Klippenwanderungen unternehmen oder einfach einen Strandspaziergang machen möchte: In Dublin ist das möglich. Verlockende Ziele sind zudem das Fischerdorf Howth, das teilweise mediterran wirkende Dún Laoghaire, die immense Nekropolis von Glasnevin oder der Phoenix Park mit seinen großen Freiflächen, auf denen Rehe frei umhertollen.

Am Parnell Square

Eine Erkundung von Dublins Innenstadt kann auf verschiedenen Wegen erfolgen. Hier soll der Weg am Rand der nördlichen Innenstadt, am Parnell Square, beginnen.

Hugh Lane Gallery

Die Hugh Lane oder Dublin City Gallery, Charlemont House, Parnell Square North, ✆ 01-2225550, 💻 www.hughlane.ie, eine städtische Galerie moderner Kunst mit dem Schwerpunkt auf dem französischen Impressionismus, zeigt einen Teil der Sammlung des Millionärs und Namensgebers Hugh Lane, der Rest der Sammlung ist in der Regel in London zu sehen. Diese ungewöhnliche Teilung hat ihren Ursprung in einem Testamentsstreit. Ursprünglich hatte Lane seine gesamte Sammlung der Stadt Dublin vermacht. Später allerdings kamen ihm Bedenken und er änderte sein Testament dahingehend um, dass die Sammlung nun doch nach London gehen sollte. Mit dem fertigen, aber noch nicht rechtlich gültigen Testament machte er sich dann auf dem Weg von den USA nach England. Wo er niemals ankam – sein Schiff, die *Lusitania,* wurde kurz vor Cork von einem deutschen U-Boot versenkt. Lane starb und es begann der Streit, welches Testament nun das gültige sein sollte. Schließlich einigten sich die beteiligten Parteien auf einen Kompromiss – die Sammlung wurde zwischen London und Dublin geteilt und ein regelmäßiger Austausch vereinbart. So kann man dann heute eine der interessantesten Sammlungen des frühen 20. Jhs. am nördlichen Parnell Square sehen. Dabei blieb die Kollektion, zu der Werke von Rodin, Degas, Monet und Manet zählen, seit dem Tod des ursprünglichen Eigentümers nicht statisch, die spektakulärste Neuerwerbung war vor einigen Jahren das komplette Studio des Malers Francis Bacon. Dieses wurde ohne Kompromisse in seinen ursprünglichen Zustand zurückversetzt, sodass es den

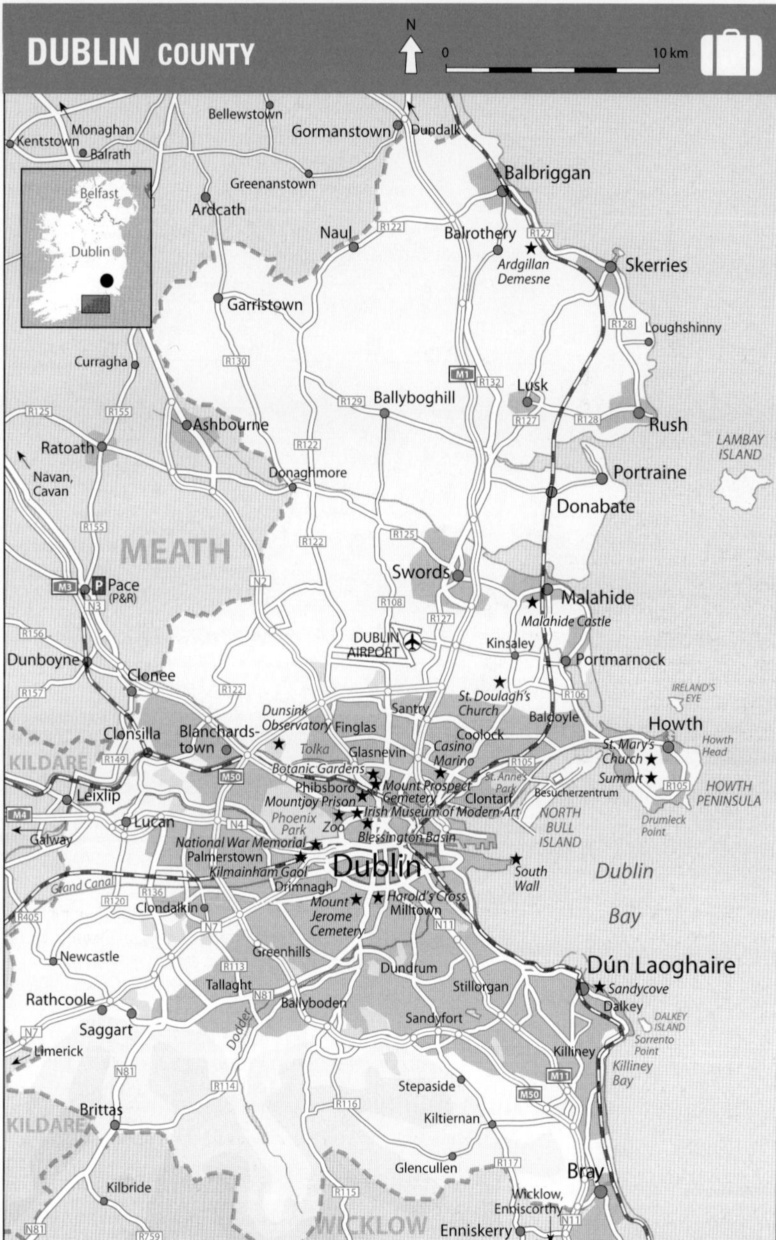
DUBLIN COUNTY
N
0
10 km
Bellewstown
Monaghan
Kentstown
Balrath
Gormanstown
Dundalk
Belfast
Dublin
Greenanstown
Ardcath
Balbriggan
Naul
R122
Balrothery
R127
Ardgillan Demesne
Skerries
Garristown
R128
Loughshinny
Curragha
R130
M1
R132
Lusk
R129
Ballyboghill
R125
R155
R127
R128
Rush
Ashbourne
LAMBAY ISLAND
R122
Ratoath
Navan, Cavan
Donaghmore
Portraine
Donabate
R155
R125
R122
MEATH
Swords
M3
Pace (P&R)
N3
N2
R108
Malahide
Malahide Castle
R127
R156
DUBLIN AIRPORT
Kinsaley
Dunboyne
Portmarnock
Clonee
R157
R122
St. Doulagh's Church
R106
IRELAND'S EYE
Santry
Dunsink Observatory
Finglas
Baldoyle
Howth
Clonsilla
Blanchards-town
Coolock
Tolka
Glasnevin
Casino Marino
St. Mary's Church
Howth Head
KILDARE
R149
R105
Botanic Gardens
Summit
M50
Mount Prospect Cemetery
St. Annes Park
Besucherzentrum
R105
HOWTH PENINSULA
Leixlip
Phibsboro
Clontarf
Mountjoy Prison
Irish Museum of Modern Art
NORTH BULL ISLAND
M4
Phoenix Park
Zoo
Drumleck Point
Lucan
N4
Galway
Blessington Basin
National War Memorial
Palmerstown
South Wall
Dublin
Kilmainham Gaol
Dublin
Grand Canal
Drimnagh
R136
R120
Mount Jerome Cemetery
Harold's Cross
Clondalkin
Milltown
Bay
R405
N7
N11
Newcastle
Greenhills
Dún Laoghaire
R113
Dundrum
Tallaght
Stillorgan
Sandycove
Rathcoole
N81
Ballyboden
Dalkey
DALKEY ISLAND
Saggart
Sandyfort
Sorrento Point
N7
Dodder
Limerick
Killiney
Killiney Bay
N81
M11
R114
Stepaside
M50
R116
Brittas
KILDARE
Kiltiernan
Glencullen
R117
Bray
Kilbride
R115
Wicklow, Enniscorthy
WICKLOW
N11
Enniskerry
N81
R759

Dublin City

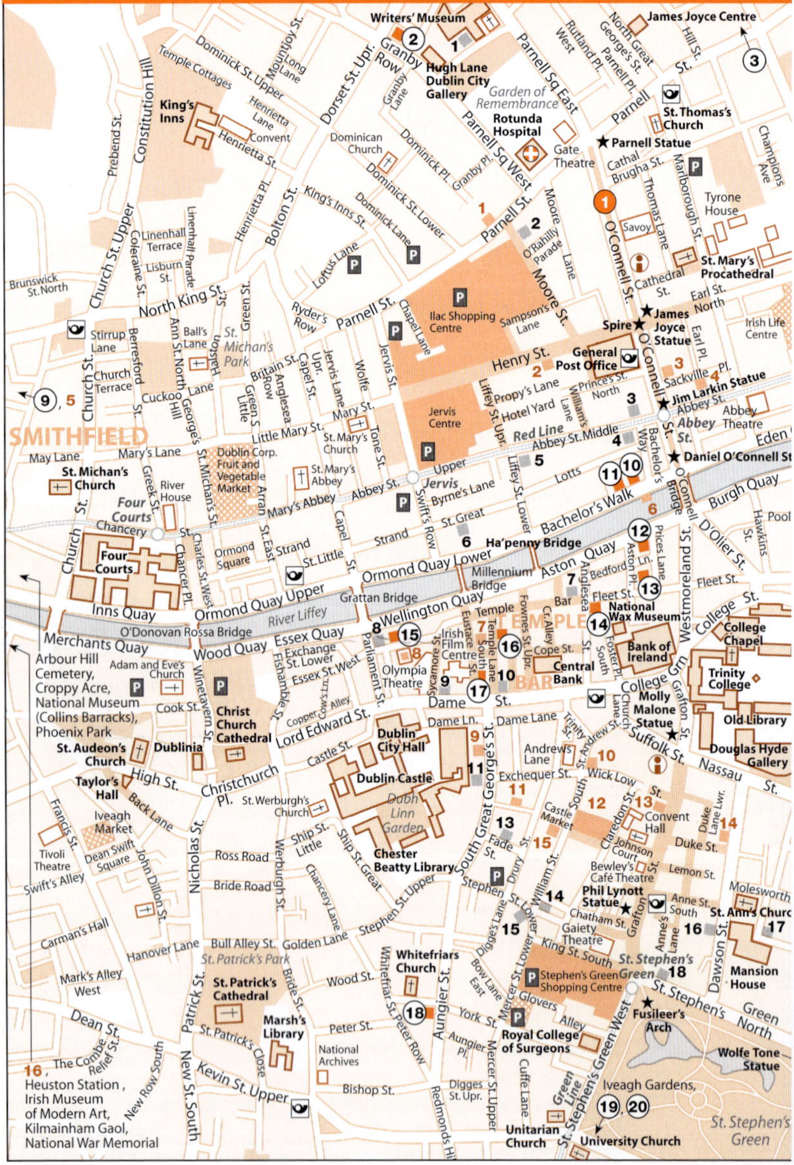
Writers' Museum
Hugh Lane Dublin City Gallery
Garden of Remembrance
Rotunda Hospital
Gate Theatre
James Joyce Centre
St. Thomas's Church
Parnell Statue
Tyrone House
St. Mary's Procathedral
Irish Life Centre
Dominican Church
King's Inns
Temple Cottages
Dominick St. Upper
Mountjoy St.
Long Lane
Dorset St. Upr.
Granby Row
Granby Lane
Henrietta Lane
Convent
Henrietta St.
Henrietta Pl.
Bolton St.
King's Inns St.
Dominick St. Lower
Dominick Lane
Dominick Pl.
Granby Pl.
Parnell Sq West
Parnell Sq East
Parnell St.
Rutland Pl. West
North Great George's St.
Parnell Pl.
Hill St.
Champions Ave
Cathal Brugha St.
Thomas Lane
Marlborough St.
Savoy
O'Connell St.
Cathedral St.
Earl St. North
Earl Pl.
Sackville Pl.
Moore St.
Moore Lane
O'Rahilly Parade
Sampson's Lane
Ilac Shopping Centre
Chapel Lane
Spire
James Joyce Statue
General Post Office
Henry St.
Propy's Lane
Hotel Yard
Princes St. North
Williams Lane
Liffey St. Upr.
Jim Larkin Statue
Abbey St.
Abbey Theatre
Red Line
Abbey St. Middle
Bachelor's Way
Eden
Daniel O'Connell St
Jervis Centre
Jervis
Upper
Liffey St. Lower
Byrne's Lane
Lotts
Bachelor's Walk
O'Connell Bridge
Burgh Quay
D'Olier St.
Hawkins St.
Pool
Ha'penny Bridge
Aston Quay
Aston Pl.
Bedford Ln.
Prices Lane
Westmoreland St.
Fleet St.
Millennium Bridge
Ormond Quay Lower
Ormond Quay Upper
Grattan Bridge
Wellington Quay
River Liffey
Inns Quay
O'Donovan Rossa Bridge
Merchants Quay
Wood Quay
Essex Quay
Exchange St. Lower
Essex St. West
Fishamble St.
Parliament St.
Irish Film Centre
Olympia Theatre
Sycamore St.
Eustace St.
Temple Lane South
Fownes St. Upr.
Cr. Alley
Cope St.
Anglesea St.
Temple Bar
Bar
National Wax Museum
Foster Pl.
Bank of Ireland
Central Bank
College Grn
College St.
College Chapel
Trinity College
Old Library
Douglas Hyde Gallery
Nassau St.
Church Lane
Molly Malone Statue
Grafton St.
Suffolk St.
Trinity St.
St. Andrew St.
Andrews Lane
Wick Low St.
Exchequer St.
Dame St.
Dame Ln.
Dame Lane
Copper Alley
Cow's Ln.
Lord Edward St.
Castle St.
Dublin City Hall
Dublin Castle
Dubh Linn Garden
Chester Beatty Library
South Great George's St.
Castle Market
Clarendon St.
Convent Hall
Johnson Court
Duke Lane Lwr.
Duke St.
Lemon St.
Bewley's Café Theatre
Phil Lynott Statue
Anne St. South
Anne's Lane
Molesworth St.
St. Ann's Church
Dawson St.
Mansion House
Chatham St.
Gaiety Theatre
King St. South
St. Stephen's Green
Stephen's Green Shopping Centre
Fusileer's Arch
St. Stephen's Green North
Wolfe Tone Statue
Iveagh Gardens
University Church
St. Stephen's Green West
Green Line
Unitarian Church
Royal College of Surgeons
Glovers Alley
York St.
Mercer St. Lower
Mercer St. Upper
Cuffe Lane
Digges Lane
Digges St. Upr.
Aungier St.
Aungier Pl.
Bow Lane East
Drury St.
Fade St.
William St.
Stephen St. Lower
Stephen St. Upper
Whitefriars Church
Whitefriar St.
Peter Row
Peter St.
Redmonds Hill
National Archives
Bishop St.
Wood St.
Golden Lane
Chancery Lane
Ship St. Great
Ship St. Little
St. Werburgh's Church
Werburgh St.
Bull Alley St.
St. Patrick's Park
St. Patrick's Cathedral
Marsh's Library
St. Patrick's Close
Bride St.
Kevin St. Upper
New St. South
Patrick St.
Nicholas St.
Ross Road
Bride Road
Christchurch Pl.
Christ Church Cathedral
Winetavern St.
Cook St.
Adam and Eve's Church
High St.
Back Lane
St. Audeon's Church
Dublinia
Taylor's Hall
Iveagh Market
Francis St.
Tivoli Theatre
Dean Swift Square
John Dillon St.
Swift's Alley
Carman's Hall
Hanover Lane
Mark's Alley West
Dean St.
The Combe Relief St.
New Row South
Arbour Hill Cemetery, Croppy Acre, National Museum (Collins Barracks), Phoenix Park
Heuston Station, Irish Museum of Modern Art, Kilmainham Gaol, National War Memorial
Four Courts
Chancery St.
Chancery Pl.
Charles St. West
Ormond Square
Strand St. Little
Capel St.
Strand
St. Great
Swift's Row
Mary's Abbey
Abbey St.
St. Mary's Abbey
Arran St. East
Dublin Corp. Fruit and Vegetable Market
St. Michan's St.
River House
Greek St.
Church St.
St. Michan's Church
May Lane
Mary's Lane
SMITHFIELD
Cuckoo Lane
Church Terrace
Stirrup Lane
Beresford St.
George's Hill
Ann St. North
Ball's Lane
Halston St.
St. Michan's Park
Green St.
Little Green St.
Britain St.
Anglesea Row
Upr. Capel St.
Jervis Lane
Wolfe Tone St.
Jervis St.
Mary St.
St. Mary's Church
Little Mary St.
Ryder's Row
Parnell St.
Loftus Lane
North King St.
Brunswick St. North
Linenhall Terrace
Lisburn St.
Linenhall Parade
Coleraine St.
Church St. Upper
Constitution Hill
Prebend St.

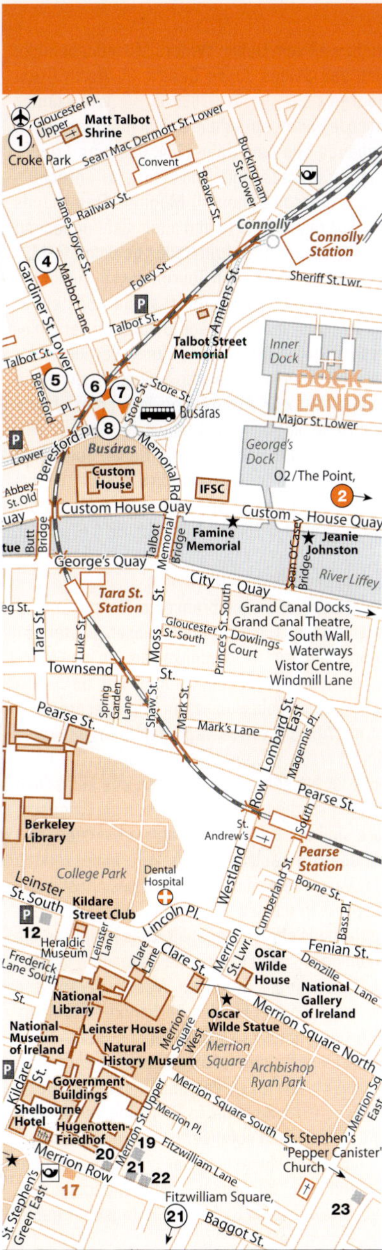

Übernachtung:

1. Croke Park Hotel
2. Maldron Hotel Parnell Square
3. Clifden Guesthouse
4. Abraham House
5. Celtic Lodge Guesthouse
6. Isaac's Hostel
7. Hotel Isaacs
8. Paddy's Palace
9. Maldron Hotel Smithfield
10. Abbey Court Hostel
11. Arlington Hotel O'Connell Bridge
12. Abigail's Hostel
13. Temple Bar Hotel
14. Oliver St. John Gogarty's Hostel
15. Clarence Hotel
16. Barnacles Temple Bar House
17. River House Hotel
18. Avalon House
19. Harcourt Hotel
20. Pembroke Townhouse Hotel
21. Old Schoolhouse Hotel

Essen:

1. Chapter One Restaurant
2. Moore Street Mall
3. Govinda's
4. Café Manila
5. Epicurean Food Hall
6. Hanyang
7. Gallagher's Boxty House
8. Porterhouse
9. Mermaid Café
10. Tante Zoe
11. Yamamori
12. Pig's Ear
13. Market Bar & Tapas
14. Khyber Tandoori
15. Break for the Border
16. Café en Seine
17. One Pico Restaurant
18. Thorntons's Restaurant
19. Cellar Restaurant (Merrion Hotel)
20. Bang Café
21. Patrick Guilbaud
22. Pearl Brasserie
23. L'Ecrivain

Sonstiges:

1. Chapters
2. Arnott's
3. Clery's
4. Sackville Lounge
5. Old Jameson Distillery
6. Liffey River Cruises
7. Button Factory
8. Project Arts Centre
9. George
10. International Bar
11. George Street Arcade
12. Powerscourt Town House
13. Brown-Thomas
14. Hodges-Figgis
15. Grogan's Castle Lounge
16. Guinness Storehouse
17. O'Donoghue's Pub

Transport:

1. Taxistand
2. Fähranleger

Anschein hat, als sei der Maler gerade einmal für fünf Minuten außer Haus, um noch etwas Farbe zu kaufen. Beim Anblick der von Bacon geschaffenen „Ordnung" stufen selbst leidgeplagte Eltern von Teenagern deren Ordnungssinn plötzlich ganz neu ein.

🕓 Di–Do 10–18, Fr–Sa 10–17, So 11–17 Uhr, Eintritt frei.

Dublin Writers Museum

Das Dublin Writers Museum, 19 Parnell Square North, ✆ 01-8722077, 🖳 www.writersmuseum.com, widmet sich, was eigentlich wenig überraschend ist, den zahlreichen Schriftstellern der irischen Hauptstadt. Untergebracht in einem sehr schön restaurierten Stadtpalais aus dem 17. Jh., konzentriert sich die Ausstellung auf die Dichter der letzten 300 Jahre. Anhand von Gemälden, Manuskripten, Briefen und seltenen Erstausgaben wird über die verschiedenen Literaten informiert, persönliche Gegenstände ergänzen die Sammlung. Vielleicht am eindrucksvollsten ist die Galerie, die den verschiedenen Schriftstellern gewidmet ist. Die Hauptfiguren in dieser gelungenen Hommage sind Menschen wie Jonathan Swift, Oscar Wilde, William Butler Yeats, George Bernard Shaw und natürlich James Joyce. Aufmerksamen Lesern wird vielleicht auffallen, dass keine dieser literarischen Größen in Irisch schrieb. Per Audioguide kann man manchen Texten lauschen – auch auf Deutsch. 🕓 Mo–Sa 10–17, So 11–17 Uhr (Fei wie So), Eintritt 7,50 €.

€ 2 Tage Dublin für unter 100 €

2 Übernachtungen im Hostel Abbey Court (Mehrbettzimmer)	26 €
2x leichtes Frühstück bei Easons, O'Connell St. (oder Dunnes Stores, St. Stephen's Green Shopping Centre)	10 €
2x Mittagsimbiss im Food Court der Moore Street Mall	12 €
2x Abendessen in einem Pub, z. B. im Oliver St. John Gogarty's	30 €
Dreitagesticket „Rambler" für Dublin Bus (inkl. Airporttransfer)	13,30 €
Gesamt	**91,30 €**

James Joyce Centre

Nicht weit vom Dublin Writers Museum befindet sich das James Joyce Centre, 35 North Great George's St., ✆ 01-8788547, 🖳 www.jamesjoyce.ie, untergebracht in einem georgianischen Gebäude aus dem Jahr 1784, das eine Erwähnung in *Ulysses* fand. Und zwar als Tanzschule des Professor Dennis J. Maginni. Das Irlands wohl bekanntestem (wenn auch nicht unbedingt meistgelesenen) Schriftsteller gewidmete Museum organisiert auch Touren durch Dublin mit einem Joyce-Thema. Am faszinierendsten ist jedoch die Ausstellung von Biografien verschiedener Figuren aus Joyces Werk. Vorbild vieler seiner Romanfiguren waren Einwohner der Stadt Dublin. Mit der Ausstellung im James Joyce Centre kommt man dem teilweise extrem komplizierten Werk näher. Was in Dublin überhaupt erst seit Ende der 1960er-Jahre möglich ist, bis dahin war *Ulysses* als Pornografie verboten. 🕓 Di–Sa 10–17, So 12–17 Uhr, Eintritt 5 €.

Garden of Remembrance

Der Garden of Remembrance am Parnell Square ist eine kleine Oase der Ruhe. Dieser „Garten der Erinnerung" soll das Andenken an alle jene Menschen aufrechterhalten, die ihr Leben für die irische Freiheit gelassen haben. Die Beschreibung ist mit Absicht etwas vage gehalten, um keine Bevölkerungsgruppe auszuschließen. Die Symbolik ist ein seltsames Gemisch aus keltischen und christlichen Elementen. Schon die Eingangstore sind mit klassischen Motiven verziert, das abgesenkte Zentrum der Anlage bildet jedoch ein Wasserbecken in der Form eines christlichen Kreuzes. In diesem wiederum sind mit Kacheln keltische Waffen dargestellt. Dies knüpft an die Tradition an, nach der irische Kelten ihre Waffen als Gabe an die Götter im Wasser versenkten und so auch den Frieden herbeiführen wollten. Den (auch physischen) Höhepunkt der Anlage bildet jedoch eine monumentale Figurengruppe, die die Kinder des Lir darstellt. Diese wurden, so die irische Mythologie, in Schwäne verwandelt und zu ewigem Leben verdammt. Ihre Rückverwandlung in Menschen war die Erlösung, aber der Tod kam gleichzeitig – nicht unbedingt eine zukunftsweisende Symbolik. 🕓 Tagsüber geöffnet, Eintritt frei.

James Joyce, Autor des Ulysses

Wohl kein Dubliner Dichter ist so bekannt wie James Joyce, der seiner Heimatstadt mit dem monumentalen Werk *Ulysses* ein unvergleichliches Denkmal setzte. Die Stadt selbst spielt in diesem Buch eine mindestens so wichtige Rolle wie die Romanfiguren. Das zeigte sich schon in der Recherche, die Joyce anstellte – während er die Akteure frei erfand und sich dabei lediglich von real existierenden Personen inspirieren ließ, überprüfte er jedes Detail seiner Beschreibung Dublins genau und obsessiv. Was ihm nicht immer leichtfiel, denn er hatte Dublin schon lange den Rücken gekehrt und war der Überzeugung, dort niemals glücklich werden zu können. Überhaupt Joyce – wer hat ihn denn jemals gelesen? Natürlich gibt es seine Werke an jeder Ecke Dublins und in allen möglichen Ausgaben zu kaufen. Natürlich steht ein Buch von James Joyce in jedem Buchschrank, der einem einigermaßen gebildeten Iren oder einem Irlandfreund gehört. Und natürlich bewerten nicht nur Universitätsprofessoren wie Senator David Norris, sondern auch Kreti und Plethi James Joyce als innovativen Schriftsteller, großen Erzähler und literarischen Giganten Irlands. Gelesen allerdings haben die meisten Menschen seine Werke nur in Auszügen, die meisten Ausgaben des *Ulysses* wurden nach dem Genuss der ersten paar Dutzend Seiten mehr oder minder ehrfurchtsvoll ins Regal gestellt. Nein – man liebt Joyce so, wie er Dublin geliebt hat. Als Ideal, als Idee, am besten aus der Entfernung. Außer am Bloomsday. Da wird Joyce plötzlich zum Volkshelden und seine Fiktion von Dublin zum Feiertag. Jedes Jahr am 16. Juni feiert Dublin den 16. Juni 1904, zumindest seit 1954. Also den Tag, an dem sich ein gewisser Leopold Bloom auf seine ganz persönliche Odyssee kreuz und quer durch Dublin begab. Das Datum hatte Joyce mehr oder minder zufällig gewählt, es war der Tag seines ersten Rendezvous.

Was passiert am Bloomsday? Museen zeigen Ausstellungen zu Joyce, mit Joyce verbundene Sehenswürdigkeiten werden besonders hübsch herausgeputzt, die Literaturkolumne der Tageszeitung erinnert und schwelgt in Plattitüden. Aber, und da unterscheidet sich der Bloomsday von so manch anderem literarischen Jubiläum, plötzlich kann man sich auch mit Figuren aus dem Roman konfrontiert sehen. Ein Teil der Tradition ist es nämlich mittlerweile, dass sich die Fans des wohl berühmtesten irischen Schriftstellers in zeitgenössische Kostüme zwängen, um dann mit dem *Ulysses* in der Hand die Wege des Leopold Bloom nachzuvollziehen und an wichtigen Stellen aus dem Werk zu rezitieren. Natürlich nur die wichtigsten Stellen, eine komplette Lesung des Wälzers würde „etwas" mehr als die darin beschriebene Zeit in Anspruch nehmen.

Dublin an einem Tag

Die wichtigsten Sehenswürdigkeiten liegen im Zentrum der Stadt, das man in wenigen Stunden durchstreift hat. Verzichtet man auf Besichtigungen, sind die Highlights von Dublin innerhalb eines halben Tages „abgegrast". Fußgänger sind oft schneller als Autos und Busse und können zudem Abkürzungen nehmen.

Dublin zu Fuß

Beginnend an der **O'Connell Bridge** am nördlichen Ufer der Liffey, geht es von der monumentalen Statue für Daniel O'Connell die O'Connell Street aufwärts. Linker Hand liegt das **General Post Office** (GPO, s. S. 130), direkt voraus der **Spire** (s. S. 129) und rechts die **Statue von James Joyce** (s. S. 129). Weiter die Straße hoch liegt das **Denkmal für Parnell** (s. unten), dahinter der Parnell Square mit dem **Garden of Remembrance** (s. S. 126), dem **Dublin Writers Museum** (s. S. 126) und der **Hugh Lane Gallery** (s. S. 122).

Die Parnell Street führt zur Moore Street mit ihrem **Straßenmarkt** (s. S. 136). Nach einem Besuch hier geht es wieder zur Liffey, auf der O'Connell Bridge dann über den Fluss, rechts sieht man die **Ha'penny Bridge** (s. S. 136). Ein Stück geradeaus wird das College Green mit der **Bank of Ireland** (s. S. 139) und das **Trinity College** (s. S. 140) erreicht. Durch den kleinen Eingang geht es in den Innenbereich des College, dann rechts an der Bibliothek vorbei durch ein Gebäude hindurch zur Nassau Street.

Von der Nassau Street biegt der Besucher in die Kildare Street, hier liegen der **Kildare Street Club** (s. S. 142), die **National Library** (s. S. 141), **Leinster House** (s. S. 142) und das **National Museum** (s. S. 154), am oberen Ende der Straße dann **St. Stephen's Green** (s. S. 143). Über Merrion Row gelangt man zur Merrion Street, wo die **Regierungsgebäude** (s. S. 146), das **Natural History Museum** (s. S. 146), die **National Gallery** (s. S. 148) und **Merrion Square** (s. S. 146) liegen.

Geht der Besucher nun stur geradeaus, wird binnen weniger Minuten wieder die Liffey erreicht. Es bietet sich ein guter Blick auf das International **Financial Services Centre** (s. S. 134) und, wenn man flussaufwärts geht, das **Customs House** (s. S. 131). Dem Flussufer folgend, geht es an der O'Connell Bridge vorbei zur Ha'penny Bridge, an der links ein Durchgang in das Vergnügungsviertel **Temple Bar** (s. S. 137) führt. Von dort zur Dame Street und dann zum **Dublin Castle** (s. S. 149) und zur **City Hall** (s. S. 139). **Christ Church Cathedral** (s. S. 151), von der aus auch die **St. Patrick's Cathedral** (s. S. 150) sichtbar ist, ist nur noch einige Gehminuten entfernt.

Dann geht es wieder bergab zur Liffey hinunter, die imposanten **Four Courts** (s. S. 157) sind im Blickfeld. Folgt man nun einfach dem Flusslauf wieder zum Meer, landet man nach einigen Minuten Fußmarsch wieder am Ausgangspunkt.

Etwas unterhalb der Parkanlage findet man einen kleinen Gedenkstein, den man im Vorbeigehen fast übersieht. Das graue Monument auf dem grünen Rasen zeigt eine gesprengte Kette und eine irische Inschrift, die an die Gründung der Irish Volunteers an dieser Stelle 1913 erinnert.

Parnell Monument

Das Parnell Monument, das zwischen O'Connell Street und Parnell Square auf einer Verkehrsinsel thront, war die letzte vom Bildhauer Augustus Saint-Gaudens geschaffene Statue. Sie zeigt den Politiker in wegweisender Pose vor einem Obelisken, der die Namen der irischen Counties trägt. Diese sind rein alphabetisch angeordnet, neben 30 bekannten Namen findet man auch Queen's County und King's County, die im 19. Jh. noch gültigen Namen der Counties Offaly (s. S. 251) und Laois (s. S. 262).

O'Connell Street

Dublins Prachtstraße hieß unter britischer Herrschaft noch Sackville Street, als solche trug sie auch die Hauptlast der Kämpfe von 1916. Fast alle heute noch zu sehenden Gebäude mussten nach dem Osteraufstand renoviert oder komplett neu aufgebaut werden. Dennoch hat die Straße insgesamt einen sehr altertümlichen Charme, der nur durch einige moderne Gebäude empfindlich in Mitleidenschaft gezogen wird. Je nachdem, an welcher Stelle der Straße man sich gerade befindet, hat man unterschiedliche Eindrücke. Dabei lohnt sich der Blick die Häuserfassaden hinauf, von viktorianischen Uhren bis zu einem (leider nicht mehr funktionierenden) Windmesser findet man allerlei interessante Details. In der Mitte der Straße zwischen den Fahrspuren verläuft ein Fußweg, auf dem zahlreiche Statuen zu finden sind. Beachtenswert ist vor allem die Darstellung des Gewerkschaftsführers **Jim Larkin**, dessen bekanntester Ausspruch auf dem Sockel zu finden ist: „Die Großen erscheinen nur groß, weil wir auf den Knien sind – lasst uns aufstehen!" Einige Spötter behaupten allerdings auch, dass Larkin die Arme schlicht wegen der Verschwendung öffentlicher Gelder verzweifelt in die Luft wirft. Denn nur etwas weiter nördlich, direkt hinter seinem Rücken und unmittelbar neben dem Hauptpostamt, befindet sich Dublins modernstes Wahrzeichen – der sogenannte Spire.

Der Spire

Von Dublinern wird er auch gerne als Ghetto-Stilett oder Drogen-Nadel bezeichnet. Das mit 123 m angeblich größte freistehende Monument der Welt wurde aus rostfreiem und selbst reinigendem Stahl genau an der Stelle errichtet, an der 1966 die Nelson-Säule von der IRA gesprengt wurde. Es mag für Dublin und Irland irgendwie typisch sein, dass die Konstruktion, die aus Anlass der Jahrtausendwende errichtet wurde, de facto erst weit nach dem Jahr 2000 fertig wurde, dass sie doch Rost ansetzt und dass die aufwendige Reinigung riesige Geldsummen verschlingt. Über die großspurige Angabe, dass man den Spire überall in Dublin sehen könne, darf sich der Besucher selbst (k)ein Bild machen.

Joyce-Denkmal

Unweit des Spire kann man auch eine direkte Begegnung mit Dublins bekanntestem Schriftsteller haben, dem Dichter **James Joyce** wurde hier ein lebensgroßes Denkmal vor einem Café errichtet. Amüsiert scheint der Literat das Treiben auf der Straße durch seine runde Brille zu betrachten, den Hut fesch schräg auf dem Kopf, den Gehstock wie Charlie Chaplin an der Seite. Der Dubliner Volksmund nennt diese Hommage

€ Dublin (fast) umsonst

Dublin kann ins Geld gehen – wenn man nicht aufpasst! Dabei gibt es kostenlose Vergnügungen zur Genüge:

Ein **Rundgang zu den wichtigsten Sehenswürdigkeiten** (s. Kasten „Dublin an einem Tag") kostet außer Sohlenleder und etwas Puste gar nichts. Und dauert auch nicht unbedingt länger als die Rundfahrt mit dem Doppeldecker, auf den man ja an jeder Station wieder warten muss, wenn man aussteigt.

Der Besuch des **National Museum** (Kildare St. oder Collins Barracks), des **Natural History Museum**, der **National Gallery**, der **National Library**, der **Hugh Lane Gallery** und auch der **Chester Beatty Library** ist ebenfalls kostenlos. Alle sind sehenswert, bieten interessante Sammlungen und sind nur wenige Gehminuten voneinander entfernt.

Straßenkünstler zeigen, vor allem im Sommer und am Wochenende, ihr Können auf der Grafton Street, teilweise mit wirklich gutem Repertoire. Und einer der besten **Chöre** Dublins, der Palestrina Chor, singt am Sonntag bei der Messe in der St. Mary's Pro-Cathedral. Wobei auch die gesungenen Messen in der Christ Church Cathedral durchaus ein musikalischer Genuss sind. **Folkmusik** im weitesten Sinne bieten viele Pubs in der Innenstadt am Abend für ihre Gäste – und es fällt wirklich nicht auf, wenn man sich drei Stunden an einem Glas festhält.

Wer etwas frische Luft braucht, kann den riesigen **Phoenix Park** westlich der Innenstadt erforschen (s. S. 178), in **Howth** (s. S. 171) auf den weitläufigen Hafenpiers spazieren gehen oder am South Wall in die **Dublin Bay** laufen (s. S. 148).

Der öffentliche Nahverkehr ist vor allem bei letzteren Zielen unverzichtbar, kostet aber nicht die Welt – ein **Tagesticket (Rambler)** für den Bus gibt es bereits für 6 € (s. S. 168).

an die irische Literaturtradition auch „The Prick with the Stick", auf Deutsch etwa „der Nervbolzen mit dem Stock".

General Post Office

Das General Post Office, kurz GPO (Dublins Hauptpostamt), in der O'Connell Street zählt zu den geschichtsträchtigsten Gebäuden der Stadt. Denn just hier fand der berühmte **Osteraufstand** von 1916 (s. S. 155) statt. In ihrem Bemühen, ein möglichst repräsentatives Gebäude in der Innenstadt zu besetzen, marschierten die Rebellen um Pádraig Pearse und James Connolly zum Postamt, verlasen vor ihm die Deklaration der Republik und verschanzten sich anschließend in der Schalterhalle. Eine patriotische Geste, die weder militärischen noch politischen Sinn machte. Kein anderes Gebäude wird heute so sehr mit der vergeblichen Rebellion von 1916 identifiziert wie das Hauptpostamt. Mit dem 1916 besetzten und anschließend zerstörten neoklassizistischen Gebäude hat die heutige Hauptpost allerdings wenig gemein. Es ist eine Rekonstruktion, die jedoch einige Verbesserungen und sogar ganze neue Gebäudeteile aufweist. Neben der viel fotografierten Fassade sollten sich Besucher vor allem die Schalterhalle von innen ansehen. Diese ist zwar komplett renoviert und weist somit keine Spuren des Kampfes mehr auf, aber als eine wirklich altmodische und prunkvoll ausgestattete Schalterhalle ist sie an sich schon einen Blick wert. Vor einem Fenster an der Gebäudefront steht in der Schalterhalle auch die bekannte Statue des irischen Helden Cúchulainn (s. S. 195), dargestellt bei seinem letzten Kampf, tödlich verwundet an einen Baum gefesselt. Obwohl diese Statue bereits Jahre vor dem Osteraufstand entstand, wird sie heute als das passende Symbol dieser verzweifelten Rebellion angesehen. Von der zentralen Schalterhalle abgehend, befindet sich ein kleiner Verkaufsraum, in dem sich Briefmarkensammler eindecken können – hier hängt auch ein Original der Proklamation der irischen Republik von 1916. ⓘ Schalterraum während der normalen Geschäftszeiten zugänglich.

Heiligtum des irischen Sports

Von der Brücke über den Royal Canal aus kann man das gigantische Stadion **Croke Park**, 🖳 www.crokepark.ie, sehen, eines der größten und modernsten Stadien Europas und voll und ganz den „Gälischen" Sportarten gewidmet. Hier finden regelmäßig die großen Spiele statt, jedes Jahr im September die Endspiele der verschiedenen Ligen. Im Stadion selbst informiert ein Museum über die Geschichte der Gaelic Athletic Association (GAA), des streng nationalistischen Dachverbandes der Nationalsportarten. Übrigens: Ein Spiel im Croke Park mitzuerleben, ist für Sportfans unbedingt empfehlenswert, nicht zuletzt wegen der freundlichen und fast familiären Atmosphäre auch zwischen den rivalisierenden Fangruppen. ⓘ Mo–Sa 9.30–17, So 12–17 Uhr (Fei wie So), Eintritt 6 €, mit Stadiontour 11 €.

Östlich der O'Connell Street

St. Mary's Procathedral

St. Mary's Procathedral, 83 Marlborough St., 🖳 www.procathedral.ie, die „vorläufige" katholische Kathedrale von Dublin, die eigentlich keine Kathedrale ist, führt ein Aschenputtel-Dasein in einer engen Nebenstraße. Im Zuge der katholischen Emanzipation hatte sich die Kirche mehrfach um ein Areal in der Stadtmitte bemüht, das Eckgrundstück dicht neben der O'Connell Street war jedoch das Einzige, das letzten Endes geeignet und genehm war. Über die Cathedral Street nähert man sich der Kirche von der Seite, das klassische Portal findet sich in der Marlborough Street. Die Prokathedrale wirkt gewaltig, ist aber architektonisch gesehen nicht unbedingt wertvoll. Vielleicht war dies mit einer der Gründe, warum der Architekt bis heute unbekannt geblieben ist. Seine Pläne waren von Anfang an ein Gemisch aus verschiedenen Baustilen und wurden von wohlmeinenden Baumeistern auch noch weiter geändert. Ein Besuch lohnt sich also nur der Vollständigkeit halber oder am Sonntag, wenn bei der Hauptmesse der Palestrina Chor singt. Übrigens ist die Kirche niemals als katholische Kathedrale anerkannt worden, sie erfüllt diese Funktion nur als Provisorium.

Our Lady of Lourdes

Wesentlich interessanter als die Prokathedrale ist die nahegelegene Kirche Our Lady of Lourdes in der Sean McDermott Street mit dem **Matt Talbot Shrine**. Die Kirche wurde in einem Arbeiterviertel errichtet und erscheint auf den ersten Blick viel zu überdimensioniert. Doch gerade in Dublins Arbeiterschaft spielt der katholische Glaube nach wie vor eine wichtige Rolle, die Kirche ist meist gut gefüllt. Für den Touristen ist sie wegen eines in einem Seitenflügel befindlichen Schreines besonders interessant. Hier sind die sterblichen Überreste des Dubliner Arbeiters Matt Talbot in einem für sein Leben untypisch prunkvollen Grabmal aufgebahrt. Talbot führte nämlich ein wildes und bewegtes Leben, bis er zum katholischen Glauben fand und sich fortan vollkommen diesem Glauben hingab. Obwohl er weiterhin seinem weltlichen Beruf im Hafen nachging, lebte er das entbehrungsreiche, asketische und fromme Leben eines Mönches. Dies machte ihn in den Augen seiner Mitbürger schnell zu einem lebenden Heiligen. Tatsächlich ist der Dubliner von der katholischen Kirche für die Heiligsprechung schon vorgesehen, es scheint sich nur um eine Frage der Zeit zu handeln, bis Irland seinen ersten modernen Heiligen bekommt.

Connolly Station

Von der Sean McDermott Street geht es über die Buckingham Street schnell zur Connolly Station. Dieser vor allem für den Fernverkehr nach Nordirland genutzte Bahnhof ist wegen seines klassischen Eisenbahn-Baustils einen Blick im Vorbeigehen wert. Wer sich für die Industriegeschichte Dublins interessiert, der wird hier und in der näheren Umgebung fündig. Allerdings gehören die umliegenden Wohnviertel nicht unbedingt zu den besten Bereichen der Hauptstadt. An einer Kreuzung etwas nördlich der Connolly Station stehen die **Five Lamps** – fünf Gaslaternen, die eine Kreuzung beleuchten. Dies ist der letzte Überrest der klassischen Innenstadt-Beleuchtung. Noch etwas weiter nördlich überquert die Straße den Royal Canal, bis zum Zweiten Weltkrieg befand sich hier noch das dorfähnliche Quartier North Strand. Dieses wurde jedoch 1941 durch eine deutsche Luftmine dem Erdboden gleichgemacht. Dieser vollkommen überraschende Luftangriff auf das neutrale Irland ist heute noch eines der ungeklärten Rätsel in der Geschichte der Stadt.

Talbot Street Memorial

In der Talbot Street befindet sich das Talbot Street Memorial, das an eine Serie von Autobomben erinnert, die im Mai 1974 von loyalistischen Terroristen in der Dubliner Innenstadt zur Explosion gebracht worden waren. Hierbei und bei einem fast zeitgleichen Attentat im grenznahen Monaghan (s. S. 199) starben mehr als 30 Menschen.

Der zentrale Busbahnhof von Dublin, **Busaras** (Irisch für „Haus des Busses") genannt, ist für die meisten Menschen heute nur noch ein Verkehrsknotenpunkt und, wenn man ehrlich ist, ein nicht gerade angenehmer Anblick. Es ist skurril, dass dieses Gebäude in der Store Street zu seiner Zeit als ein hervorragendes Beispiel der neuen irischen Architektur galt. Tatsächlich wird es in Fachbüchern heute noch zu den 1000 wichtigsten Gebäuden der Welt gezählt. Über dieses Urteil mag man streiten, zumal in unmittelbarer Nähe wesentlich ästhetischere Bauwerke stehen.

Custom House, IFSC und Docklands

Gegenüber dem Busaras und direkt an der Liffey liegt das **Custom House**. Das ehemalige Verwaltungsgebäude des Zolls in Dublin, zuständig für Gesamtirland, ist ein Prachtbau. Die klassizistische Architektur und die weithin sichtbare Kuppel gelten als Wahrzeichen der irischen Hauptstadt, heute hat hier das Umweltministerium seinen Sitz. Dies wurde jedoch nur durch umfangreiche Renovierungsarbeiten möglich – in den Wirren von Unabhängigkeitskampf und Bürgerkrieg wurde das Gebäude durch die IRA niedergebrannt. In seiner Gesamtheit lässt sich das Custom House am ehesten vom gegenüberliegenden Ufer der Liffey oder von der Talbot Memorial Bridge bestaunen. Von der Stadtmitte dagegen versteckt es sich hinter einer Eisenbahnbrücke.

Urbanes Abenteuer – der Royal Canal Way

- **Strecke:** 16 km bis Clonsilla
- **Dauer:** 3–4 Std. bis Clonsilla
- **Zeitpunkt:** nur bei Tageslicht empfehlenswert, im Dunkeln u. U. gefährlich!
- **Wegbeschaffenheit:** Teile des Weges sind geteert bzw. geschottert, andere Teile Trampelpfade ohne Befestigung. Wichtig: bequeme Wanderschuhe.
- **Ausrüstung:** Nehmen Sie Proviant mit, für Notfälle kann ein Handy hilfreich sein.

Eigentlich wird der Royal Canal in Dublin nicht mehr benötigt. Einst verband dieser Wasserweg die Liffey und den Dubliner Hafen mit den Midlands, war eine wichtige Handelsroute und gleichzeitig ein Teil der Wasserversorgung für die Hauptstadt. Weder als Fernverbindung noch als Aquädukt spielt der Kanal heute noch eine Rolle. Eigentlich könnte man ihn zuschütten, auch wenn damit ein Stück industrieller Geschichte Irlands für immer verloren wäre. Geschichtsbewusstsein allerdings hat den Kanal nicht gerettet. Als Bauland wäre die Gegend zweifellos infrage gekommen, wenn sie nur besser zugänglich und die Grundstücke besser zu parzellieren gewesen wären. Vor einigen Jahren jedoch entstand die Idee, die Region als Naherholungsgebiet zu erschließen. Die Treidelpfade links und rechts des Kanals waren schließlich ideale Wanderwege auf ebener Strecke und oft, vor allem außerhalb der Dubliner Innenstadt, von viel Grün umgeben. Heute stellen sie eine Einladung für den Wanderer dar, der Dublin einmal aus einer anderen Perspektive kennenlernen möchte.

Beginn am North Strand

Ein idealer Ausgangspunkt der Wanderung ist die **Newcome Bridge**, die etwas nördlich der Connolly Station die North Strand Road über den Royal Canal führt. Das kleine Häuschen direkt an der Schleuse ist ein Schmuckstück aus dem 19. Jh., ein Cottage wie in Connemara, die Schleuse ähnelt dagegen leider meist eher einem nassen Mülleimer. Von hier muss man einfach dem Kanal nach Norden folgen, verlaufen kann man sich nicht. In Richtung Süden würde man zwar über das Spencer Dock irgendwann an die Liffey kommen, diese Wege sind jedoch nicht begehbar. Also auf nach Norden oder genauer Nordwesten. Dabei geht der erste Teil des Weges durch urbanes Hinterland – unter den Tribünen des riesigen Stadions **Croke Park** (s. S. 130) hindurch, an einer **Bronzeplastik des irischen Dichters Brendan Behan** vorbei und dann an den Mauern des **Gefängnisses von Mountjoy** entlang. Dass der Dichter in der Nähe des Knasts geehrt wird, ist kein Zufall, denn

Behan war einer der prominentesten Insassen und verarbeitete seine Eindrücke im Theaterstück *The Quare Fellow*. Danach folgt ein Gang durch die Industriegeschichte, diverse alte und heute oft nicht mehr genutzte Fabriken stehen direkt am Kanal. Nicht alle davon sind Schmuckstücke. Rechter Hand kann der Wanderer das gigantische Denkmal in Form eines **Rundturms für Daniel O'Connell** (s. S. 103) auf dem Friedhof von Glasnevin sehen.

Dublin „von hinten"

Interessant ist die Broom Bridge, heute offiziell **Rowan Hamilton Bridge** genannt. Der weltberühmte Mathematiker genoss einen Spaziergang mit seiner Frau, als ihm hier im Jahre 1843 die Lösung eines mathematischen Problems einfiel. Da er nichts zu schreiben bei sich trug, ritzte er die Formel schnell in die Steine der Brücke ein. Die Strecke bis zur nächsten Brücke, der **Reilly's Bridge**, ist einer der unattraktivsten Abschnitte des Weges, aber bald bewegt man sich durch eine ländliche Szenerie und begegnet einigen Anglern und oft auch Pferden. In der Nähe der **Longford Bridge** ist ein Umstieg auf die Bahn zurück nach Dublin möglich, es lohnt sich jedoch, den Weg noch weiter fortzusetzen.

M50 Interchange

Eine komplizierte Schleusenanlage und eine scheinbar sinnlose Brücke, die durch einen Neubau ersetzt wurde, sorgen für Abwechslung. Spektakulär wird es dann, wenn man kurz vor Blanchardstown die **M50** überqueren muss. Das Kanalbett liegt auf einer Brücke hoch über der Autobahn, links und rechts führen weitere Brücken Straßen, die Eisenbahnlinie und einige Versorgungsleitungen über den Abgrund. Diese komplizierte Kreuzung wurde 1996 fertiggestellt. Kurz danach kommt man zur **12. Schleuse**, ab der der Kanal auch für Touristenboote genutzt wird. Obwohl die ehemaligen Industriegebäude hier mittlerweile in Apartments umgewandelt wurden, hat man hier noch ein wenig das Bild des alten Kanals vor sich.

Hoch über dem Kanal

Die weitere Strecke führt dann durch Wohngebiete, hier sind die Treidelpfade teilweise eng und leider auch verschmutzt, häufig Jugendtreffs am Abend. Nach einigen Minuten gelangt man jedoch an eine der aufregendsten Stellen des Kanals, **„The Deep Sinking"**, der tiefe Einschnitt. Hier wurde das Kanalbett tatsächlich in einen Hügel eingeschnitten, sodass der Treidelpfad bis zu rund 10 m über der Wasseroberfläche verläuft, direkt neben dem steil abfallenden Einschnitt. Als der Kanal noch industriell genutzt wurde, kostete dieser Abschnitt so manchem Zugpferd das Leben. Auch moderne Wanderer sollten hier ein wenig mehr darauf achten, wohin sie ihren Fuß setzen. Erst hinter der **Keenan Bridge** führt die Strecke wieder ebenerdig in normaler Höhe weiter, der Pfad ist jetzt auch wieder breiter. Kurz danach sieht man den **Bahnhof von Clonsilla**, ein idealer Punkt, um mit dem Zug den Rückweg anzutreten. Alternativ kann man sich auch zum nahegelegenen Blanchardstown Shopping Centre begeben, von wo dann zahlreiche Busse in die Innenstadt fahren.

Wer allerdings eine noch längere Wanderung genießen will, der folgt einfach weiter dem Kanalufer und wird dann nach einiger Zeit in Leixlip (s. S. 277) ankommen, es sei denn, man hält sogar bis Maynooth (s. S. 278) durch.

An den Schleusen in Blanchardstown

Hat man den obligatorischen Schnappschuss vom Gesamtgebäude gemacht, lohnt sich ein Spaziergang rings um das Gebäude mit einem näheren Blick auf die reichen Verzierungen vor allem im Dachbereich. Hier werden u. a. die 14 wichtigsten Flüsse Irlands als allegorische Darstellungen gezeigt und ein Loblied des freien Handels (unter der schützenden Hand Britannias) wird in Stein gesungen. Die schützende Hand machte übrigens das Custom House nur neun Jahre nach seiner Fertigstellung auch schon obsolet. Denn in Folge der Act of Union im Jahre 1800 wurden von da an alle Steuerangelegenheiten direkt in London verwaltet. Im Garten des Custom House finden sich noch einige Reste von Gebäudeteilen, die nicht mehr renoviert werden konnten. Ebenfalls hier befindet sich, den Blick ziemlich abschätzig in Richtung Busaras gerichtet, eine Statue für alle im irischen Freiheitskampf gefallenen Soldaten und Milizionäre. Die von dem Bretonen Yann Goulet geschaffene Statue hält einen verwundeten, sterbenden Krieger an sich und weist deutliche Ähnlichkeiten zur französischen Marianne auf. Was nicht nur auf Iren ungewöhnlich wirken mag, denn der Künstler musste wegen seiner Kollaboration mit den Nazis Frankreich nach Ende des Zweiten Weltkriegs fluchtartig verlassen.

Das IFSC, **International Financial Services Centre**, befindet sich gleich nebenan. In den 1990er-Jahren entstand in der irischen Hauptstadt ein Finanzzentrum, dessen Daseinsberechtigung von Kritikern auch gelegentlich als „legale Steuerhinterziehung " beschrieben wurde. Der extrem niedrige Steuersatz für Firmengewinne machte Irland plötzlich als Standort attraktiv. Viele international tätige Firmen und Geldinstitute gründeten kleine und kleinste Niederlassungen, die wenigen Mitarbeiter konnten hier in Irland weltweite Rechnungen ausstellen und Einnahmen verbuchen – auch wenn die Firma oder Bank in Irland ansonsten gar nicht tätig war. Immerhin bekam Dublin so ein in die Höhe strebendes Viertel von Glasbauten östlich des Customs House.

Ein Gang durch diese Schluchten lohnt sich, um die alten Reste der **Docks und Hafenanlagen** zu entdecken. Allerdings empfiehlt sich für solch eine Exkursion ein Wochentag, am Wochenende gleicht die Gegend einer hypermodernen Geisterstadt. Gelegentlich wird eines der ehemaligen Docks auch für Veranstaltungen genutzt, etwa für ein typisch deutsches Oktoberfest oder einen Weihnachtsmarkt. Beides gekoppelt mit typisch irischen Preisen, nie war die Bratwurst so wertvoll wie hier.

Zwischen dem IFSC und der Liffey, nahe der Matt Talbot Bridge, bildet eine **Statuengruppe zur Erinnerung an die Hungersnot** und die daraus resultierende Auswanderungswelle einen krassen Kontrast zum Reichtum der Bankgebäude. Die abgerissenen Gestalten und der halb verhungerte Hund gewinnen deutlich an Eindringlichkeit, wenn gegen 9 Uhr oder um 17 Uhr nachmittags die Massen von Bankern in ihren dezenten Büro-Uniformen, die Aktentasche in der Linken und den Pappbecher Kaffee in der Rechten, an ihnen vorbeieilen.

Überhaupt sind die gesamten Dubliner Docklands nicht mehr mit einem richtigen Hafengebiet vergleichbar. Das Viertel wurde geradezu hemmungslos umgestaltet und besitzt nur noch wenige Anklänge an den alten Hafen. Einige Backsteingebäude stehen zwar noch, Glas, Stahl und Beton sind jedoch die beherrschenden Elemente. Von alter Seefahrer-Romantik ist hier nichts mehr zu spüren. Allenfalls einige Statuen, **das Segelschiff Jeanie Johnston** und gelegentlich zu Besuch weilende Großsegler können diesen Eindruck noch erhalten. Die noch in Betrieb befindlichen Teile des Hafens von Dublin sind weiter östlich in der Mündung der Liffey zu finden. Einen Besuch sind sie nicht wert.

O'Connell Bridge und Umgebung

Vom Custom House aus ist der Weg zurück zur O'Connell Street durch die Abbey Street am einfachsten und angenehmsten. Rechter Hand sieht man am Irish Life Centre eine an einen keltischen Wagenlenker erinnernde Statuengruppe mit einem Springbrunnen, die dahinter liegende Einkaufspassage ist vernachlässigbar. Die wichtigste Sehenswürdigkeit dieses Straßenabschnitts ist nur wenige Meter weiter das Abbey Theatre linker Hand.

Mit dem Bus durch Dublin

Sag nicht, dass du den Bus nimmst … frag lieber, ob der Bus dich nimmt! Busfahren in Dublin ist herrlich – wenn man weiß, wie es geht!

Das Straßenbild rings um die O'Connell Street wird von einem Fahrzeug dominiert – dem klassischen Doppeldeckerbus, der sich mehr oder minder laut und mühsam durch den Verkehr quält. An sich ein geniales Nahverkehrsmittel, denn in den rollenden Sardinenbüchsen können ungefähr 100 Passagiere auf kleinem Raum transportiert werden. Raum, den die Busfahrer noch weiter ausnutzen, indem sie bis auf 10 cm an das vor ihnen haltende Fahrzeug heranfahren. Und mit den **günstigen Tagestickets** ist der Bus auch für Touristen eine Alternative. Wenn sie es denn schaffen, den Bus zu nehmen!

Der **Fahrplan** ist nur darin zuverlässig, dass zwischen dem ersten und dem letzten Bus ein Konzeptpapier von Dublin Bus besteht, wie man sich einen Fahrplan vorstellen könnte. Die nicht unbedingt kundenfreundlich ausgelegten Fahrpläne hängen nur an wenigen Haltestellen überhaupt aus.

Haltestellen bestehen meist aus einer rostigen Metallstange mit dem Logo von Dublin Bus. Busse haben die unheimliche Eigenschaft, mit Vollgas an der Bushaltestelle vorbeizudonnern. Das liegt meist daran, dass sich der hilflose Tourist nicht mit vollem Körpereinsatz als williger Passagier geoutet hat. Regel Nr. 1 an jeder Bushaltestelle ist es deshalb, dass der **Wunsch zur Mitfahrt** deutlich geäußert werden muss, indem man dem Busfahrer zuwinkt. Verlassen Sie sich nie darauf, dass es die anderen Wartenden schon tun werden, diese könnten auch Touristen sein oder auf einen ganz anderen Bus warten. Regel Nr. 2 besagt, dass man spontan eine **Schlange** bildet und geordnet den Bus besteigt. Theoretisch jedenfalls. Dubliner sind Meister darin, diese Regel kreativ auszulegen und vor allem Einkaufstüten und Kinderwagen als „Nahkampfwaffen" einzusetzen.

Wer keine Tages- oder Wochenkarte hat, muss beim Fahrer einen **Fahrschein** lösen. Mit passendem Kleingeld, denn Wechselgeld gibt es nicht. Allenfalls bekommt man bei Überzahlung einen an die Fahrkarte angehängten Gutschein, der dann im Hauptquartier auf der O'Connell Street gegen Bargeld eingelöst werden kann.

Eine weitere wichtige Regel: Der Fahrgast muss Bescheid sagen, wenn er wieder **aussteigen** möchte. Deshalb bitte den meist roten Signalknopf rechtzeitig drücken, damit der Fahrer weiß, dass er an der nächsten Haltestelle auch tatsächlich halten muss. Wichtig ist hier der Begriff „rechtzeitig", denn es scheint zum Ehrenkodex vieler Busfahrer zu gehören, auch einen schnell daherkommenden Bus noch zum Stehen zu bringen. Steht man in diesem Moment etwa auf der Treppe, die vom Oberdeck nach unten führt, kann der Ausstieg wesentlich schneller und akrobatischer erfolgen als geplant.

Trotz all dieser Merkwürdigkeiten hat man das Busfahren in Dublin schnell im Griff. Und die Fahrten kreuz und quer durch die Metropole sind vor allem auf dem Oberdeck der Busse eine sehr angenehme Art, Dublin kennenzulernen. Streckenpläne, die tatsächlich zuverlässiger sind als die Fahrpläne, sind im großen **Büro von Dublin Bus auf der O'Connell Street** erhältlich.

Abbey Theatre

1904 von W.B. Yeats gegründet, ist das Abbey Theatre, Abbey St., ✆ 01-8787222, 💻 www.abbeytheatre.ie, heute das irische Nationaltheater und eine nationale Institution mit einer enorm wichtigen künstlerischen Vergangenheit, ein Schmuckstück für die Stadt ist es jedoch nicht. Werfen Sie aber einen Blick auf das aktuelle Programm – ein Besuch im Theater lohnt meistens. Mit etwas Glück bekommt man einen echten irischen Kulturskandal mit. Immerhin haben Vorführungen in den heiligen Hallen der irischen Dramatik schon für manches Drama vor dem Eingang besorgt, bei dem die Polizei schlichtend eingreifen musste. Die jüngsten Dramen spielten sich um eine Verlegung des Theaters an einen neuen Ort ab. Mit staatlicher Hilfe sollte das Nationaltheater ein neues Zuhause bekommen, die verschiedenen Planungen scheiterten teilweise an den Kosten, teilweise an unüberwindbaren

Der orientalische Basar

Am nördlichen Ende der Moore Street ist unterirdisch die **Moore Street Mall**, 💻 www.moorestmall.com, entstanden, in der vor allem Produkte für ethnische Minderheiten angeboten werden. Wenn Dublin so etwas wie einen orientalischen Basar hat, dann ist er hier unterhalb des Lidl zu finden. Zahlreiche Geschäfte mit afrikanischem, osteuropäischem und asiatischem Hintergrund drängen sich hier und verkaufen von Haarverlängerungen bis Unterhaltungselektronik eigentlich alles. Besonders beachtenswert: der kleine Food Court, wo man sich für kleines Geld richtig sattessen kann.

Bauauflagen. Zum Zeitpunkt der Drucklegung sah es so aus, als ob das Abbey Theatre in den nächsten Jahren in das General Post Office umziehen könne.

O'Connell Monument

Dieses direkt an der Liffey nördlich der O'Connell Bridge stehende Denkmal zeigt den „Befreier" (s. S. 103) in würdiger Pose, umringt von Engeln und Symbolen der irischen Freiheit, angehimmelt von Arbeitern, Klerikern und vor allem der irischen Jugend. Beim näheren Hinsehen sind in einigen Statuen Löcher zu entdecken. Diese sind nicht etwa auf mangelnde Qualität der Arbeit zurückzuführen, sondern ein direktes Resultat des Osteraufstands – es sind Einschüsse.

Die unmittelbar vor der Statuengruppe die Liffey überquerende **O'Connell Bridge** bildet gewissermaßen das Zentrum Dublins, Denkmal und Brücke sind die beliebtesten Treffpunkte. Eine Eigenschaft der Brücke wird dem Beobachter nicht sofort klar, am ehesten erkennt man dies in einer Luftaufnahme: Die Brücke ist tatsächlich breiter als sie lang ist!

Westlich der O'Connell Street

Ganz in der Nähe der O'Connell Bridge legen auch die **Liffey River Cruises**, Bachelors Walk, 📞 01-4730000, 💻 www.liffeyrivercruises.com, ab, die einem Dublin auf einer 45-minütigen Flussfahrt zeigen. Dazu wird ein extrem flaches Boot mit großzügiger Verglasung genutzt. Nun ist aber Dublin weder London noch Paris und die Zahl der von der Liffey aus zu betrachtenden Sehenswürdigkeiten hält sich (vor allem bei Niedrigwasser) in Grenzen. Mit einer Busrundfahrt ist der Tourist eigentlich besser bedient. Wer dennoch die Liffey-Fahrt mitmachen möchte, sollte sich erkundigen, wann Flut ist – bei hohem Wasserstand ist die Aussicht einfach besser. 🕓 März–Okt legt das Boot um 11.30, 12.30, 14.15 und 15.15 Uhr ab, in den Sommermonaten kommen noch zusätzliche Fahrten um 10.30 und 16.15 Uhr dazu, Fahrpreis 14 €.

Die **Henry Street** geht von der O'Connell Street ab und ist eine der Haupteinkaufsstraße in der Hauptstadt. Hier finden sich große Kaufhäuser, zahlreiche kleinere Geschäfte, die selten beachtete Einkaufsarkade des GPO sowie zwei große Einkaufszentren. Besonders in der Vorweihnachtszeit ist die Straße zusätzlich von zahlreichen Straßenhändlern bevölkert. Ständig in der Hand der Straßenhändler ist dagegen die nach Norden abzweigende **Moore Street**, in der meist weibliche Straßenhändler Obst, Gemüse, Blumen und auch Fisch anbieten. Hier kann man noch den echten Dubliner Akzent hören und muss sich auch auf die scharfe Zunge der Gewerbetreibenden einstellen. Ein ganz besonders Einkaufserlebnis – vor allem wenn das Gemüse noch mit dem Pferdewagen angeliefert und die Geduld der Autofahrer auf die Probe gestellt wird. Von den duftenden Hinterlassenschaften einmal ganz abgesehen.

Dublins heimliches Wahrzeichen und das Motiv ungezählter Postkarten ist **die Ha'penny Bridge** – die Brücke des halben Pfennings. Sie wurde als clevere Geschäftsidee errichtet, denn ihre Benutzung musste mit einem halben Penny („half penny", zusammengezogen „ha'penny") bezahlt werden. Heute ist Überquerung der Liffey kostenlos, auch wenn zahlreiche Bettler die Brücke nutzen und so eine neue Art von Brückenzoll zu kassieren versuchen. Die Romantik der Brücke mit ihren Geländern und Lampen aus Eisen und ihrem kühnen Schwung über den Fluss kann nicht darüber hinwegtäuschen, dass es in der Hauptstadt Irlands selbst in der wirtschaftlich günstigsten Periode weit verbreitet Not und

Elend gab. Obdachlose und Bettler gehören nach wie vor zum Straßenbild, an den Ufern der Liffey und auf den Brücken fallen sie jedoch am meisten auf.

Über die Ha'penny Bridge gelangt man auch direkt in Dublins beliebtestes Kneipenviertel.

Temple Bar

Temple Bar, 💻 www.templebar.ie, direkt südlich der Liffey gelegen, ist das Vergnügungsviertel von Dublin – eigentlich zum Abriss freigegeben, wurde es als Künstler- und Gastronomen-Viertel renoviert und gilt seitdem als die Party-Meile der Hauptstadt. Ateliers, Galerien, Restaurants, Kneipen, kleine Geschäfte mit ungewöhnlichen Angeboten, Straßenkünstler und eine hauptsächlich junge, internationale Klientel haben für den Ruf gesorgt, dass es sich um Dublins Bohemeviertel handle. Nun ist es mit der Boheme nicht unbedingt weit her, letzten Endes handelt es sich bei dem gesamten Projekt Temple Bar um das Geschäft mit dem Vergnügen und den Touristen. Sicherlich kann man nirgends in Dublin so viel Unterhaltung auf so wenig Raum finden, oft kommt es einigen Besuchern aber auch zu viel, zu laut und zu schrill vor. Dabei haben Veranstaltungen wie das jährlich Ende Januar stattfindende Temple Bar Trad Fest, 💻 www.templebartrad.com, einen guten Namen und die meisten Besucher fühlen sich auch gut unterhalten. Auf

Die organisierte Fröhlichkeit

Wenn etwas untrennbar mit Dublin verbunden sein soll, dann sind es „Ceol agus Craic" – Gesang und Spaß. Die Flammen auf den drei Türmen im Dubliner Stadtwappen sollten vielleicht durch eine Leuchtreklame „Party Tonight" ersetzt werden. Die Hauptstadt Irlands gilt ja bis heute als eine der Hauptstädte der Party-Generation Europas. Mit einem Handkoffer vom Billigflieger zum Hostel in der Innenstadt strömende Massen sind auch in Zeiten der Rezession weder kleiner noch leiser geworden.

Egal wie das individuelle Konzept von Spaß und Gesang aussehen mag, Dublin bietet es. Für viele Menschen, gleich welchen Alters, beinhaltet das Konzept jedoch definitiv „traditionelle irische Musik". Doch das, was so manchem Touristen als „unverfälschte Volksmusik der Grünen Insel" Tränen der Freude und Rührung ins Gesicht treibt, bringt mehr fundamentalistische Musikfreunde zum Heulen. Und wird auch gerne abfällig (aber treffend) als „Diddly-Ey-Musik" bezeichnet. Eben das, was man aus dem irischen Volksmusik-Repertoire so kennt, wenn man in der Heimat das jährliche „Dubliners"-Konzert als musikalische Offenbarung einstuft. Nur dass es in vielen Dubliner Touristen-Kneipen von schlechteren Sängern mit miserablen, aber lauten Verstärkern vorgetragen wird. Und alle singen mit – bei den sentimentalen Balladen die Amerikaner am lautesten, bei den Kampfliedern der Rebellen legen dann die Deutschen los.

Ist man neu in Dublin, wird man sich der Faszination solcher Veranstaltungen kaum entziehen können. Die meisten von Touristen frequentierten Pubs bieten sie in irgendeiner Form an. Und sie können auch ganz lustig sein, wenn man sich nicht gerade unterhalten will oder lärmempfindlich ist. Gerät man allerdings aus Versehen einen oder zwei Tage später in dieselbe Kneipe, wird man schnell feststellen, wie durchorganisiert die ganze Sache ist. Die Volksmusiker treten zum exakt gleichen Moment auf, spielen das exakt gleiche Programm herunter, machen die exakt gleichen Bemerkungen ins Publikum. Man hofft, dass zumindest ihre Guinness-Gläser mit frisch gezapfter Flüssigkeit gefüllt sind.

Natürlich gibt es immer noch echte Folklore, auch in Dublin. Diese spielt sich allerdings meist ohne große Namen und ohne große Reklame ab, in kleineren Gaststätten, in denen noch die traditionelle Session gefeiert wird. Ein spontanes Zusammenspielen von Musikern, denen es mehr um den Spaß an der Freude geht als um die organisierte Fröhlichkeit. Hier hört man dann nicht die irische Schlagerparade von oben nach unten, der „Wild Rover" trinkt sich nicht der ewigen Leberzirrhose entgegen.

jeden Fall vermeiden sollte man diese Gegend in den Morgenstunden, vor der Mittagszeit macht Temple Bar oft einen menschenleeren, schmutzigen und bisweilen deprimierenden Eindruck.

Nach Süden hin endet der Vergnügungsbezirk am architektonisch interessanten Gebäude der **Central Bank**, 2 Foster Pl., vor der ein goldenes Bäumchen wächst. Der Platz vor der Bank ist ein beliebter Treffpunkt. Von den Steinbänken aus lassen sich auch in Ruhe die Häuserfronten der Dame Street betrachten, die noch etwas Prunk aus dem 18. und 19. Jh. erhalten haben, meistens allerdings in den Obergeschossen.

Das Dubliner Wachsfigurenkabinett, jetzt **The National Wax Museum Plus** genannt, The Armoury, Foster Pl., Temple Bar, ✆ 01-6718373, 💻 www.waxmuseumplus.ie, hat eine lange Tradition. Und zwar die Tradition, dass die ausgestellten Figuren oft eine eher zufällige Ähnlichkeit mit den angeblich dargestellten Personen haben. Dies hat sich auch nach einigen Jahren in einer Lagerhalle und einem Umzug nicht geändert. Stellt allerdings für den Touristen auch selten ein Problem dar, denn wer in Irland als Berühmtheit gilt, dessen Namen kennt man außerhalb Irlands oft gar nicht. Es kann schließlich nicht jeder ein Bono sein, den man zumindest an der Sonnenbrille sofort erkennt. 🕓 Tgl. 10–19 Uhr, Eintritt 10 €.

Georges Street und Grafton Street

Südlich von Temple Bar führt die South Georges Street bergauf nach Süden. Die **George's Street Arcade**, 💻 www.georgesstreetarcade.ie, dient als ganz besonderes Einkaufszentrum. Untergebracht in einem alten Backsteingebäude mit reichlich Verzierungen, ist der lang gestreckte und überdachte Durchgang links und rechts von kleinen Geschäften gesäumt, während sich in der Mitte Rücken an Rücken einige Dutzend Verkaufsstände befinden. Deren Waren reichen von Oliven und Schafskäse über Briefmarken, gebrauchte Bücher und CDs, Stoffe und Kleidung aus dem Orient bis hin zu Intimschmuck. Die Atmosphäre ist sehr entspannend und lädt geradezu zum Stöbern ein.

Dublins interessantestes Einkaufszentrum

Das etwas versteckt gelegene **Powerscourt Townhouse**, 💻 www.powerscourtcentre.com, eigentlich als Stadtwohnung des Landadels erbaut, ist heute eines der vielleicht attraktivsten Einkaufszentren in der irischen Hauptstadt. Der Innenraum des Hauses wurde mit einem riesigen Atrium versehen, dessen umlaufende Galerien verschiedene kleine Geschäfte beherbergen. Diese verkaufen nicht unbedingt die üblichen Souvenirs und Markenartikel, sondern einen bunten Mix von Alltäglichem und Ungewöhnlichem. Ein Bummel lohnt sich schon wegen der eigentümlichen Atmosphäre des gesamten Komplexes, das Café im Atrium lädt zudem zu einer Erholungspause ein.

Eine ganz spezielle Sehenswürdigkeit Dublins ist die **Whitefriars Church**, 56 Aungier St., ✆ 01-4758821, 💻 www.carmelites.ie, die man im Vorbeigehen gerne übersieht. Der Eingang zur Kirche versteckt sich in einem typischen Stadtgebäude, durch das ein langer Gang in den eigentlichen Kirchenbereich führt. Eine Merkwürdigkeit gleich rechts neben der Tür ist eine Wassertonne, in der man normalerweise Regenwasser sammelt. Hier macht ein Schild klar, dass es sich um Weihwasser zum Selbstzapfen handelt. Die Tonne mit dem geheiligten Inhalt ist jedoch nicht der Grund, warum man diese Kirche besuchen sollte – wesentlich wichtiger sind die **Gebeine des St. Valentin**, die im 19. Jh. auf Geheiß des Papstes nach Dublin gebracht wurden. Alljährlich wird in der Kirche am 14. Februar, dem Valentinstag, ein besonderer Gottesdienst für liebende Paare abgehalten. Der kleine Schrein mit seiner grell-bunten Statue des Heiligen dürfte demnach der ideale Ort sein, um um die Hand der Angebeteten anzuhalten. Dabei ist es allerdings noch nicht einmal zu 100 % sicher, dass es sich bei den Gebeinen um den richtigen Valentin, also den Schutzheiligen der Liebespaare, handelt. Die Aktenlage in Rom scheint da (verständlicherweise) etwas unklar zu sein. Nicht ganz geklärt ist auch die Herkunft „Unserer Frau von Dublin", einer mittelalterlichen Holzfigur der Jungfrau Maria, gezeigt in einer Altarnische rechts des Kircheneingangs. Sie soll die Wirren der Reformation in verschiedenen Verstecken überstanden haben und gilt heute als eine der ältesten Heiligendarstellungen in Dublin.

Die **Grafton Street** ist, abgesehen von der Henry Street auf der Nordseite, Dublins wichtigste Einkaufsstraße. Neben dem großen Kaufhaus Brown-Thomas, eine Dubliner Institution samt livriertem Türsteher, finden sich hier zahlreiche Niederlassungen internationaler Ladenketten, vor allen Dingen aus dem Bereich Damenmode. Im Zuge der Wirtschaftskrise kam es hier zwar zu einigen Schließungen, die Preisgestaltung der noch existierenden Geschäfte scheint dies jedoch nicht beeinflusst zu haben. Man sollte sich beim Schaufensterbummel auch nicht durch die fast ständig in den Fenstern hängenden Schilder „Ausverkauf" irritieren lassen. Selbst dramatisch mit dem Rotstift korrigierte Preise liegen hier meist noch über dem mitteleuropäischen Niveau. Viel interessanter sind allerdings die zahlreichen Straßenmusiker, die man auf der Straße antreffen kann. Die Qualität der Darbietungen reicht von grottenschlecht bis Konzertreife. Oftmals finden die Darbietungen unter dem Blick des ersten irischen Weltstars der Rockmusik statt – die **Statue des Thin-Lizzy-Sängers Phil Lynott** steht in der Chatham Street.

Am nördlichen Ende der Fußgängerzone, in der Nähe des Trinity College, findet man auch Dublins bekannteste Statue – die berühmte und oft besungene Fisch- und Muschelhändlerin **Molly Malone**. Mit ihrem Verkaufswagen steht sie dort, umlagert von Touristen, millionenfach fotografiert, als Standort für recht merkwürdige „Straßenkünstler" begehrt. Und mit einer Frisur und einem Dekolleté, als sei sie eben einem frivolen Kostümdrama entstiegen. Ihre Geschichte wurde durch das gleichnamige Volkslied bekanntgemacht und unsterblich. Wobei böse Zungen behaupten, dass das Lied und somit auch Molly eine komplette Erfindung sind und mehr in den Bereich „Schlager" gehören. Andere Experten dagegen behaupten, durchaus alle Spuren einer historischen Gestalt gefunden zu haben. Wobei nun eine an einem Fieber verstorbene Straßenhändlerin über die Jahrhunderte hinweg keine Seltenheit gewesen sein dürfte. Womit es dann auch vollkommen egal ist, wie authentisch und wahrheitsgetreu der Text ist. Für viele Besucher ist die Statue die Verkörperung der Stadt Dublin, das Erinnerungsfoto obligatorisch.

Am College Green

Bank of Ireland

Die das College Green beherrschende, im klassischen Stil zwischen 1729 und 1739 erbaute Bank of Ireland schrieb Geschichte. Denn das Gebäude war ursprünglich Sitz des irischen Parlaments. Als sich das Parlament im Jahr 1800 in einer weltweit einmaligen Aktion (Act of Union) freiwillig selbst abschaffte, hängte man ein Schild „Office Space for Rent" vor die Tür und die Banker griffen schnell zu. Die heutige Schalterhalle war der ehemalige Sitzungssaal des Parlaments, eine Besichtigung kann während der normalen Öffnungszeiten ohne große Probleme erfolgen. Allerdings erinnert nichts mehr daran, dass hier einst Wortduelle ausgefochten wurden. Die ehemalige Sitzungskammer des House of Lords mit ihren prachtvollen Wandteppichen kann ebenfalls besichtigt werden, hier finden am Dienstag jeweils um 10.30, 11.30 und 12.30 Uhr kostenlose Führungen statt. Besonders beachtenswert sind die Kanonen im Eingangsbereich, die keineswegs nur stilistische Elemente darstellen, sondern in früheren Zeiten

Sparen mit dem Dublin Pass?

Der Dublin Pass, 🖳 www.dublinpass.ie (1 Tag gültig, Erw. 35 €, inkl. Stadtrundfahrt 50 €), verspricht Vergünstigungen bzw. freien Eintritt bei manchen Sehenswürdigkeiten. Doch man sollte genau prüfen, ob sich das Angebot für einen wirklich lohnt. Angenommen man plant für den Tag einen Besuch im National Museum (Kildare St.), in der Chester Beatty Library, in Dublinia, der Christ Church Cathedral und der Guinness-Brauerei, dann kommen Eintrittskosten von 26 € auf einen zu (Kombiticket Dublinia und Cathedral 11 €, Guinness Storehouse an der Kasse 15 €). In diesem Fall wäre der Pass ein schlechtes Geschäft.

die Sicherheit der Bank gewährleisten sollten. Im 19. Jh. hatte das Geldinstitut sogar eine eigene bewaffnete Miliz.

Trinity College

Vielleicht die wichtigste Sehenswürdigkeit in Dublin ist das **Trinity College**, 💻 www.tcd.ie, dessen eher unscheinbarer und durch Statuen von Edmund Burke und Oliver Goldsmith flankierter Eingang durch einen Vorraum in den Innenhof führt. Hier, am **Parliament Square**, wird man von einem der bekanntesten Anblicke Dublins begrüßt: dem **Campanile**, einem 1853 von Sir Charles Lanyon errichteten Glockenturm mit beachtlichen 30 m Höhe. Das Trinity College hat aber eine wesentlich längere Geschichte. Ursprünglich lag an dieser Stelle ein Kloster des Augustinerordens, das im Zuge der Reformation aufgelöst wurde. 1592 gründete Königin Elizabeth I. das Trinity College Dublin als „Sitz der protestantischen Gelehrsamkeit". Katholische Studenten konnten zwar in späteren Jahren aufgenommen werden, erst ab 1970 war dies jedoch vollkommen problemlos möglich – in diesem Jahr gab die katholische Kirche ihren Bann gegen ein Studium am Trinity College auf. Die Annalen des Trinity College weisen bedeutende Namen auf: darunter Samuel Beckett, Jonathan Swift und Wolfe Tone.

Heute ist das College immer noch Universität und gleichzeitig eine Oase mitten in Dublin. Während rings um das Gelände das Verkehrschaos eine wahre Kakofonie erzeugt, macht sich in den kopfsteingepflasterten Innenhöfen des College eine angenehme Ruhe breit. Gleich hinter dem Haupteingang bieten sich an den meisten Tagen an einem kleinen Schalter Fremdenführer an, die eine kurzweilige Tour über das Universitätsgelände im Programm haben. Die etwa einstündige Tour kostet nur wenig mehr als der Eintritt zum *Book of Kells* (im Preis inbegriffen). Billiger ist ein Rundgang auf eigene Faust. Diesen beginnt man am einfachsten auf dem **Parliament Square**, zwischen dem Haupteingang und dem Campanile. Direkt vis-à-vis stehen sich zwei identische Gebäude gegenüber, mit dem Rücken zum Haupteingang sind dies links die **Kapelle** und rechts die **Examination Hall**. Beide wurden Ende des 18. Jhs. errichtet und haben sehr schöne Details. Der Innenraum der Kapelle ist relativ schlicht, aber durchaus gelungen. Etwas hinter der Kapelle versteckt sich die kaum weniger schöne

Alte Bibliothek im Trinity College – hier wird auch das Book of Kells bewahrt.

Dining Hall von 1761, heute noch als Mensa genutzt. Und zwischen den beiden Gebäuden befindet sich Dublins kleinster **Friedhof**, auf dem eine Handvoll Professoren ihre letzte Ruhe fand.

Nach einer ausgiebigen Bewunderung des hohen Campanile sollte man sich den seltsam holländisch wirkenden Backsteingebäude am Ende des Library Square (hinter dem Campanile) zuwenden. Die links auf dem Rasen zu sehende rundliche Form ist eine **Statue von Henry Moore**. Doch wesentlich interessanter sind dagegen die Häuserfronten, wobei die sog. **Rubrics** direkt vor dem Besucher der älteste Teil des Colleges sind. Zumindest der älteste erhaltene Teil, denn sie entstanden um 1700. Die typischen Giebel im holländischen Stil sind allerdings Ergebnisse einer späteren Umbaumaßnahme. Wird der Weg links an den Rubrics vorbei genommen, ist der Besucher am **New Square** und kann sich nach rechts wenden, wo das 1857 in venezianischen Stil errichtete **Museum Building** den Blick auf sich zieht. Neben ihm (und vor der modernen **Berkeley Library**, 1967) steht die häufig fotografierte **Skulptur Sphere within Sphere** von Arnoldo Pomodoro.

Ein Schwenk nach rechts führt dann auf den Fellows' Square, von dem auch die **Old Library**, 💻 www.bookofkells.ie, zugänglich ist. Folgen Sie einfach der Schlange, um einen der größten Schätze des College zu sehen: **The Book of Kells**. Die Alte Bibliothek mit ihrem spektakulären Long Room (64 m lang und die Heimat von 200 000 wertvollen Büchern) ist den Eintritt wert. 🕒 Mo–Sa 9.30–17, So 12–16.30 Uhr, Eintritt 9 €.

Hauptgrund dafür, dass zahlreiche Besucher diesen Eintritt zahlen, sind aber weder die fantastischen Innenräume noch die älteste Harfe Irlands, sondern eben die illuminierten Manuskripte, allen voran das *Book of Kells*. Dieses Buch ist wahrscheinlich im 8. Jh. in Schottland im Kloster Iona entstanden und während der Wikingerüberfalle aus Sicherheitsgründen nach Irland gebracht worden, wo es bis 1654 in Kells (County Meath, S. 222) aufbewahrt wurde. Das Book of Kells, ein Meisterstück der abendländischen Buchmalerei, enthält die vier Evangelien und ist überaus aufwendig mit ornamental gestalteten Tiermotiven sowie Flechtwerkmustern verziert. Leuchtende Farben schmücken die 340 Pergamentseiten. Um die Farbe Blau zu gewinnen, wurden Lapislazuli-Steine aus Afghanistan verwendet.

Während der Kriege im 17. Jh. wurde das Buch von Kells ins Trinity College gebracht, damit es vor Plünderungen sicher war. Nicht sicher war es jedoch vor dem Trinity College selbst, das den Kunstschatz seitdem nicht mehr herausrückt. Was auch vernünftig zu sein scheint, denn schließlich fehlen in Kells jegliche Möglichkeiten, das Buch angemessen zu präsentieren. Angemessen heißt in diesem Zusammenhang aber auch, dass kein Besucher einfach einmal in diesen einmaligen Kunstwerk herumblättern darf. Ein Besuch beim Book of Kells läuft mit nahezu militärischer Präzision ab, der Besucherstrom wird direkt vor den gläsernen Buchschrein gelotst, wo dann ein kurzer Blick auf zwei aufgeschlagene Seiten geworfen werden kann, bevor die dezente Aufforderung zum Weitergehen erfolgt. Es ist weder ein entspanntes Erlebnis, noch ist es möglich, das Buch in Ruhe auf sich wirken zu lassen. Vor allem im Sommer, wenn die Schlange der wartenden Besucher ins Unermessliche wächst, kann der Besuch beim Buch etwas frustrierend sein. Zum Glück bietet der gut sortierte Andenkenladen eine große Auswahl an Büchern zum Buch an.

Kildare Street

National Library

Die National Library, 📞 01-6030200, 💻 www.nli.ie, ist Irlands offizielle Sammlung aller in der Republik erscheinenden Werke. Der Bestand und der Lesesaal sind beeindruckend – lassen sich aber für den Touristen nicht ohne Weiteres bestaunen. Zwar kann man den Vorraum der Bibliothek ohne Probleme betreten, ein Vordringen in die tatsächlich interessanten Bereiche gelingt jedoch nur mit einem Leser-Ausweis. Dieser kann spontan beantragt werden, der Vorgang nimmt jedoch etwas Zeit in Anspruch. Frei zugänglich ist dagegen die Sammlung zu Leben und Werk von William Butler Yeats, Freunde der irischen Literatur sollten sich diese nicht entgehen lassen. Yeats wird in der sehr interessant gestalteten Ausstellung von allen Seiten

Wo Dublins Affen Billard spielen

Der **Kildare Street Club** am Fuß der gleichnamigen Straße ist heute Heimat eines französischen Kulturinstituts und einiger Büros der National Library. Hier ist auch der irische Wappenherold beheimatet. Für die meisten Touristen ist jedoch die Außenfassade des Gebäudes wesentlich faszinierender. Im Bereich der Erdgeschossfenster ziehen zahlreiche hellgraue Steinmetzarbeiten, die mit zu den humorvollsten Attraktionen Dublins zählen, die Blicke auf sich. Hier sind verschiedene Tiere nachgebildet, die jedoch sehr menschlichen Tätigkeiten nachgehen. So spielt ein Nagetier die Laute, an anderer Stelle sind mehrere Affen in eine Partie Billard vertieft.

beleuchtet, seine Biografie wie auch sein Schaffen unter verschiedenen Aspekten betrachtet. So sieht man ihn als Mystiker, als unglücklichen Liebhaber, als Patriot und letztlich vor allem als Mensch seiner Zeit. ◷ Mo–Mi 9.30–21, Do–Fr 9.30–17, Sa 9.30–16.30, Eintritt frei.

Leinster House

Zwischen der Nationalbibliothek und dem Nationalmuseum liegt der Haupteingang zum Leinster House, das das irische Parlament, den Dáil Éireann, beherbergt. Der Zutritt ist nur auf Einladung möglich, auf dem Innenhof und vor den Toren kann man jedoch mit etwas Glück Politiker bei Interviews vor den Fernsehkameras entdecken. Aufgrund des relativ geringen Bekanntheitsgrades irischer Politiker außerhalb des Landes ist es jedoch für Nicht-Iren oftmals schwierig, zwischen Reporter und Politiker zu unterscheiden. Vor dem Leinster House sammeln sich an Sitzungstagen auch regelmäßig Protestgruppen oder unzufriedene Einzelpersonen. Die Polizei schreitet dabei eigentlich nur ein, wenn der Verkehr behindert wird.

National Museum of Ireland

Gleich neben dem Leinster House befindet sich das Nationalmuseum, dessen Eingang eher unscheinbar ist. Das National Museum of Ireland, ✆ 01-6777444, 🖳 www.museum.ie, wurde in den letzten Jahren in mehrere geografisch getrennte Bereiche unterteilt. In der Kildare Street widmet man sich vor allem der Vor- und Frühgeschichte der Insel bis zum Mittelalter – weitere Teile sind in den Collins Barracks (s. S. 154) untergebracht, im Natural History Museum (s. S. 146) und im National Museum of Country Life in Mayo (s. S. 471). Ein Besuch des Museums in der Kildare Street ist unbedingt empfehlenswert, wenn man sich auch nur ein wenig für die Geschichte Irlands interessiert. Allerdings machen die Ausstellungen teilweise einen etwas ungeordneten Eindruck, einen Rundgang chronologisch aufzubauen, wird schwierig.

Kostenlose **Führungen** werden regelmäßig angeboten, mit Hilfe eines kleinen Lageplans (kostenlos und in mehreren Sprachen an der Information erhältlich) kommt man jedoch auch sehr gut alleine zurecht.

Beim Betreten des Museums durch die imposante Vorhalle gelangt man direkt in den **prähistorischen Bereich** der Ausstellung. Hier sind vor allem Bodenfunde zu bestaunen, deren materieller Wert alleine immens sein muss. Viele Schmuckstücke sind aus feinstem Gold hergestellt und weisen eine handwerkliche Kunst auf, die in krassem Widerspruch etwa zu dem ausgegrabenen Einbaum stehen. Das herkömmliche Bild von einer weitgehend primitiven Gesellschaft wird hier eindrucksvoll widerlegt. Zwar sind die Strukturen und Gebräuche dieser Gesellschaft nicht bekannt, ihre stummen Zeugen, teils Opfergaben, teils vergrabene Schätze, zeugen jedoch von Reichtum und hohem handwerklichem Geschick.

Ein Versuch, in die Glaubenswelt der prähistorischen Iren einzudringen, wird in der relativ neuen Ausstellung **Kingship and Sacrifice** (Königtum und Opfer) gewagt – hier findet man mehrere Moorleichen, die beim Torfabbau in Irland gefunden wurden. Teilweise muss es sich um hochrangige Persönlichkeiten gehandelt haben, deren Tod und anschließende Versenkung im Moor wohl einen rituellen Charakter hatten. Die Ausstellung versucht, diese Funde in einen europäischen Zusammenhang zu stellen, ist aber nicht unumstritten – die Präsentation von Leichen wird von manchen Kritikern schlicht als geschmacklos empfunden.

Keine Diskussion gibt es dagegen um die sogenannte **Schatzkammer**, in der hervorragende Zeugnisse der Handwerkskunst vor allem aus der frühchristlichen Zeit ausgestellt sind. Hier sieht man auch einige Stücke, die mit zu den bekanntesten Ikonen des „Keltisch-christlichen Irlands" gehören. Dazu gehören die Brosche von Tara oder auch der Messkelch von Ardagh.

Weitere sehenswerte Teile der Ausstellungen sind die vielen Funde aus der Wikingerzeit, die anhand von Modellen „lebendig" gemacht werden. Eine weitere Abteilung behandelt **Irland im Mittelalter**, hier wird allerdings mehr Wert auf Beschreibungen denn auf die Präsentation von Funden gelegt. Einen kleinen Hauch von Kuriositätenkabinett verleihen Ausstellungen, die sich im weitesten Sinne mit **Römischer Geschichte** beschäftigen oder Mumien aus dem **alten Ägypten** zeigen. Bei diesen in keinem Zusammenhang mit Irland stehenden Sammlungen kommt schnell der Eindruck auf, dass die Kuratoren auch die Bestände ihrer Rumpelkammer zeigen wollten. Was im Nationalmuseum in den Collins Barracks tatsächlich bewusst gemacht wird und so weniger wie eine Verlegenheitslösung wirkt.

🕓 Di–Sa 10–17, So 14–17 Uhr, Eintritt frei.

St. Stephen's Green und Umgebung

Der zentral gelegene Park ist der Mittelpunkt der südlichen Innenstadt. Umringt von Regierungsgebäuden, Universitätsinstituten, Einkaufszentren und Hotels, ist „the Green" eine kleine grüne Lunge in der Innenstadt und ein beliebter Aufenthaltsort der Dubliner in der Mittagspause. Die nordöstliche Ecke beim **Shelbourne Hotel**, in dem die irische Verfassung entworfen wurde und das bereits viel Prominenz beherbergt hat, ist unübersehbar dem Revolutionär und Freiheitshelden **Wolfe Tone** gewidmet, das Arrangement von steil aufragenden Basaltsäulen hinter der leicht abstrakten Figur hat zum Spitznamen „Tonehenge" geführt. Wer sich ein wenig Zeit nehmen kann, sollte die Parkanlage in Ruhe auf sich wirken lassen, nur so entdeckt man auch die etwas versteckten Details. Die dominierenden Elemente des Parks sind der **Teich** mit seiner wildromantischen Brücke und einigen Klippen, der Kinderspielplatz und die großen Grünflächen rings um den Musikpavillon. Daneben gibt es zahlreiche Statuen und Denkmäler zu entdecken. So ist in der südöstlichen Ecke eine **Figurengruppe mit den drei Nornen** – Urd, Verdandi und Skuld – zu sehen, die von der Bundesrepublik Deutschland als Dank für die Nachkriegshilfe aus Irland gespendet wurde. Diagonal gegenüber, am Ende der Grafton Street, wird dagegen mit der gigantischen **Fusileer's Arch** der Toten des Burenkriegs gedacht. Etwas versteckter stehen Statuen und Büsten von **Robert Emmet**, weiteren Dichtern und Patrioten, in Erinnerung an die nationalistischen Pfadfinder der Fianna Éireann und der Rebellenführerin Constance Markiewicz. Und ein Denkmal zu Ehren von **William Butler Yeats**, Letzteres stammt von Henry Moore. Ganz ohne Statue kommt dagegen die südwestliche Ecke des Parks aus, hier ist ein überraschend romantisches Häuschen zu finden, das einst dem Parkwächter diente.

Verwunschener Ort

Ganz in der Nähe des St. Stephen's Green befindet sich einer der letzten Geheimtipps Dublins – **Iveagh Gardens**. Der Park versteckt sich zwischen Wohngebäuden und einigen Bürohäusern, den Eingang (in der Harcourt St.) findet man nicht ohne Probleme. Die Belohnung dafür: Man hat hier weitaus mehr Ruhe als in den anderen Parks und befindet sich auch nicht mitten auf einer begrünten Verkehrsinsel. Eine Kuriosität des Parks ist die versenkte Bogen-Schießbahn. Die verschiedenen Trümmer von Statuen, über deren Ursprung nicht sehr viel bekannt ist, sorgen zusätzlich für das Flair eines verwunschenen Märchengartens.

University Church

Zwischen den Iveagh Gardens und dem St. Stephen's Green liegt etwas versteckt die University Church, offiziell „Our Lady Seat of Wisdom", 💻 www.universitychurch.ie. Ein langer, schmaler Gang führt den Besucher in das Kirchenschiff der Mitte des 19. Jhs. erbauten Kirche, die einen byzantinisch-orientalischen Eindruck macht.

Unmittelbar nebenan liegt das **Newman House**, 1738 von Richard Cassels errichtet und Teil der National University of Ireland.

Kirche der Unitarischen Gemeinde

Die die südwestliche Umgebung des Green dominierende **Kirche im neogotischen Stil** ist dagegen ein viel fotografiertes Kuriosum – mitten in der Stadt erhebt sich hier ein Gebäude, das keiner der herkömmlichen christlichen Kirchen zugeordnet ist, sondern von der Unitarischen Gemeinde, 💻 www.unitarianchurchdublin.org, genutzt wird. Leider nagt an den Steinmetzarbeiten schon der Zahn der Zeit, die Autoabgase haben dem Bauwerk stark zugesetzt. Zum Glück hat sich das in den letzten Jahren gebessert, nachdem der Individualverkehr stark eingeschränkt wurde und Lastwagen fast vollkommen aus diesem Stadtbereich verbannt wurden.

Royal College of Surgeons

Nur wenig weiter nördlich steht der tempelähnliche Bau des Royal College of Surgeons, 💻 www.rcsi.ie, gewissermaßen die heilige Halle der irischen Ärzteschaft. Dieses Gebäude spielt auch in der republikanischen Tradition eine wichtige Rolle: Nachdem Rebellen im Jahr 1916 den Park besetzt hatten, erwies sich dies schnell als eine Schnapsidee. Ohne vernünftige Deckung waren die Milizionäre dem Maschinengewehrfeuer der Briten, u. a. aus dem Shelbourne Hotel, schutzlos ausgesetzt. Sie zogen sich daher in das College zurück, noch heute kann man die Einschüsse in der Steinfassade deutlich sehen.

Dublin-Tour auf Wikingerart

Auf dem St. Stephen's Green in der Nähe der Dawson Street startet die **Viking Splash Tour**, ☎ 01-7076000, 💻 www.vikingsplash.ie, die vielleicht originellste Stadtrundfahrt durch Dublin. Mit Amphibienfahrzeugen aus dem Zweiten Weltkrieg und Fahrern im Wikingerkostüm geht es lautstark kreuz und quer durch die Stadt. Dabei wird es durchaus begrüßt, wenn die Fahrgäste Passanten zumindest böse ansehen, gelegentlich auch gemeinsam anbrüllen. Die Tour führt an den wichtigsten Sehenswürdigkeiten der Innenstadt vorbei (Aussteigen nicht möglich) und endet im Grand Canal Dock. Ja, genau, im Dock – die Fahrzeuge schwimmen ungefähr eine Viertelstunde hier herum, bevor es zurück zum Green geht. 75 Minuten Höllenspaß für 20 € mit einer brauchbaren Einführung in Dublins Geschichte aus Wikingersicht.

Saint Stephen's Green Shopping Centre und Gaiety Theatre

Weitaus schlimmere Zerstörungen des Gesamtbildes wurden jedoch angerichtet, als man Stadtplaner mit der Modernisierung Dublins beauftragte. Das **Saint Stephen's Green Shopping Centre**, 💻 www.stephensgreen.com, mit seiner an ein Palmenhaus erinnernden Fassade ist da eher ein positives Beispiel neuer Architektur. Es harmoniert sogar mit dem alten **Gaiety Theatre**, 💻 www.gaietytheatre.ie, direkt daneben.

Mit wesentlich weniger Einfühlungsvermögen wurden verschiedene Büro- und Geschäftshäuser in die bestehenden Häuserzeilen mit ihrer georgianischen Architektur eingefügt. Das Resultat ist ein Gemisch von Baustilen, das nur selten harmonisch wirkt. Besonders deutlich wird dies bei einem Gang von der Grafton Street hinüber zur Merrion Row.

Hugenotten-Friedhof

Schräg gegenüber vom „Tonehenge" stößt man auf diesem Weg allerdings auch auf den alten Hugenotten-Friedhof, der vor allem zur Zeit der Blüte der „Bluebells" (blaue Sternhyazinthen) ein sehr romantisches Fotomotiv abgibt.

Mansion House

Im oberen Teil der Dawson Street befindet sich das Mansion House, 💻 www.mansionhouse.ie, seit dem Jahr 1715 Amtssitz des Oberbürgermeisters von Dublin. In diesem eher unscheinbaren Gebäude, 1710 von Joshua Dawson als Wohnhaus gebaut, trat im Januar 1919 auch das erste irische Parlament der Neuzeit zusammen – ohne dazu offiziell befugt zu sein.

St. Ann's Church

Etwas weiter bergab steht die St. Ann's Church (💻 stann.dublin.anglican.org). Dies ist die anglikanische Gemeindekirche dieses Stadtteils und

Dublins georgianisches Erbe – und seine Türen

Wer sich für Architektur interessiert, der wird in Dublin das georgianische Erbe besichtigen. Die „Georgian Heritage“ wird oft von Fachleuten heraufbeschworen. Der Laie wundert sich, was gemeint ist – und kauft sich eine Postkarte mit den berühmten „Doors of Dublin“. Dabei sind beide doch dasselbe ...

„Georgianisch“ ist weniger ein Stil- als ein Epochenbegriff. Er umschreibt grob die Periode zwischen 1703 und 1837. Und in diesem Zeitraum saßen vor allem die (deutschen) Könige mit Namen George gleich reihenweise auf dem englischen Thron. Davor war die Renaissance, danach kam die viktorianische Periode. An Baustilen konnte „georgianisch“ das späte Barock, das italienisch angehauchte „Palladian“ und auch das orientalisch-verspielte „Regency“ umfassen. Wenn aber im Zusammenhang mit Dublin von „georgianisch“ die Rede ist, dann ist meist der von Robert Adam populär gemachte Stil des Stadthauses gemeint.

Stadthäuser waren nicht Selbstzweck, sondern Notwendigkeiten: Die Oberschicht der Britischen Inseln bestand traditionell aus dem Landadel. Und der hatte seinen Erstwohnsitz auf einigen hundert Hektar im Grünen. In die Stadt ging es nur der Geschäfte, Kultur oder Politik wegen. Also wurde ein ansehnlicher, aber nicht allzu komplizierter Zweitwohnsitz in den Zentren der Macht errichtet. In Irland war dies Dublin, Sitz des Parlamentes. Das klassische georgianische Stadthaus nach den Ideen von Adam war ein mehrstöckiger, eigentlich schlichter und recht eckiger Bau. Was man an Dekorationselementen investierte, war im Innenraum zu finden. Nach außen glich ein Stadthaus bis auf feine Details dem anderen.

Und diese feinen Details fanden sich im Eingangsbereich. Die Eingangstür im Hochparterre wurde zum Fokus des externen Dekors. Standardmäßig über eine Treppe zu erreichen, von Eisengeländern flankiert und mit einem Oberlicht versehen, war diese das wirklich individuelle architektonische Element. Die kleinen Details des Schuhabputzers, des Türklopfers oder der Gestaltung des halbrunden Oberlichtes waren es, die Geschmack und Individualität ausdrückten. Oft zusammen mit den Säulen, die die Tür einfassten. Und später mit der Farbe der Tür, denn verbesserte Lacke machten eine wirklich dauerhafte und kräftige Farbgebung möglich. Und so entstanden dann die „Doors of Dublin“.

In London sah es ähnlich aus, sogar noch prunkvoller ... warum also ist heute Dublin so berühmt? Die irische Hauptstadt hatte das „Glück“, um 1800 bedeutungslos zu werden. Nachdem sich das irische Parlament auflöste und Politik künftig in Westminster gemacht wurde, zog auch der Landadel weiter. Die Häuser in Dublin wurden vermietet oder als Drittwohnsitz behalten. In jedem Fall aber nicht groß modernisiert und dem Zeitgeschmack angepasst. So fror dann die architektonische Entwicklung des typischen Stadthauses um 1800 ein.

Das zweite Glücksgeschick war Irlands Neutralität im Zweiten Weltkrieg. Nicht nur blieben Dublin wirklich verheerende Bombenangriffe erspart. Auch die Sammelwut der an Metall armen Rüstungsindustrie kam nicht zum Tragen. In den englischen Städten wurden indes die Treppengeländer, Balkone, Verzierungen und alle nicht wirklich strukturell notwendigen Metallteile abgeschraubt und abgesägt, nur um etwa als Panzer ein neues Leben zu finden.

In Dublin waren es erst die Stadtplaner der Nachkriegsjahre, die wirkungsvoller als Görings Luftwaffe ganze Straßenzüge vernichteten. Wie eben am **Fitzwilliam Square** (S. 146), einem der drei großen georgianischen „Squares“ in der Stadtmitte. Die anderen zwei sind **Merrion Square** (S. 146) und **St. Stephen's Green** (S. 143), Grünflächen, umgeben von einer (zumindest ursprünglich) geschlossenen Häuserfront aus georgianischer Zeit. Und beim Fitzwilliam Square hat sich auch noch eine Besonderheit erhalten: Der kleine Park in der Mitte des Platzes ist Gemeineigentum, aber nicht der Allgemeinheit zugänglich. Die Anwohner haben Schlüssel und dürfen ihn nutzen. Andere Dubliner nicht.

besonders durch zwei karitative Aktionen bekannt. Neueren Datums ist der „Schwarze Weihnachtsmann“: Jeweils zur Adventszeit stellt sich der Gemeindepfarrer im vollen Ornat auf die Straße und sammelt Geld für Obdachlose und Arme. Rund 300 Jahre älter ist allerdings die Tradition, die dazu führte, dass in der Kirche neben dem Altar ein Regal für Brotlaibe eingebaut wurde. Ein wohlhabendes Gemeindemitglied hinterließ der Kirche ein Legat, das dazu genutzt werden sollte, immer Brot für Bedürftige vorrätig zu halten und es diesen unentgeltlich zu geben. Bei einer Besichtigung der Kirche kann man auch heute noch einige Laibe Brot in den Regalen stehen sehen.

Fitzwilliam Square

Eine der schlimmsten Freveltaten in der historischen Innenstadt Dublins spielte sich in der Nähe des idyllischen Fitzwilliam Square ab. Angepriesen wird gerne No. 29 Fitzwilliam Square, ✆ 01-7026165, 💻 www.esb.ie/numbertwentynine, ein vollständig restauriertes Haus aus dem georgianischen Zeitalter. Bei der Besichtigung erhält man einen guten Einblick in das Leben im frühen 19. Jh. ⏲ Di–Sa 10–17, So 12–17 Uhr, Eintritt 6 €. Bevor man in diesen Genuss kommt, ereilt einen erst einmal der Schlag. Der größte Energieversorger des Landes, das Electricity Supply Board (ESB), hat hier ein geradezu monströses Verwaltungsgebäude errichtet und dafür eine komplette Häuserzeile in den 1960er-Jahren niedergerissen. No. 29 ist der letzte Rest dieser Häuserzeile, den die ESB dann gewissermaßen als Feigenblatt-Museum aufwendig renovierte.

Am Merrion Square

Nördlich des Fitzwilliam Square liegt ein weiterer, vielleicht der bekannteste von Dublins „Georgian Squares“.

Government Buildings

Die Government Buildings, also der nominelle irische Regierungssitz, befinden sich zwischen der Merrion Row und dem Merrion Square. Sie erscheinen auf sonderbare Weise zu groß für das kleine Land. Was daran liegen mag, dass sie gar nicht als Regierungsgebäude geplant waren, sondern als eines der letzten von den Briten errichteten Großprojekte 1910 als Teil der National University of Ireland gebaut wurden. Um 1990 wurde das Gebäude aufwendig restauriert, zu einer Zeit, als die Regierung ihre Bürger bat, doch den Gürtel etwas enger zu schnallen. In Bezug auf den damaligen Taoiseach Charles Haughey, dessen Ruhm durch unrühmliche Enthüllungen mittlerweile stark verblasst ist, wurde das Gebäude im Volksmund „Chas Mahal“ oder auch „Taj Mahaughey“ genannt. Von hier kann auch ein schöner Blick auf die südliche Seite des Merrion Square geworfen werden. Links liegt der eingezäunte Park, rechts eine Reihe der bekannten Dubliner Stadthäuser mit ihren bunten Türen und am Ende der Straße schließlich St. Stephen's, die Pepper-Canister Church.

St. Stephen's

Die Pepper-Canister Church, 💻 www.peppercanister.ie, die übrigens sowohl in einem Video von U2 als auch auf einen Album von Boyzone auftaucht, ist benannt nach ihren an einen Pfefferstreuer erinnernden Türmchen. Die Kirche wirkt aus der Entfernung schöner als bei näherer Betrachtung. Ein Abstecher lohnt sich aber vielleicht wegen der sehr schönen Statue eines Kindes, das hinter der Kirche an einer Straßenlaterne spielt. Die Skulptur soll an das alte Dublin erinnern und wurde als private Initiative aufgestellt.

Natural History Museum

Das Natural History Museum, Merrion St., ✆ 01-6777444, 💻 www.museum.ie, im Dubliner Volksmund auch als „der tote Zoo“ bekannt, war vor allem für seine ausgestopften Tiere bekannt. Diese waren nicht immer Meisterstücke der Taxidermisten, der Panda etwa hatte nur eine mehr zufällige Ähnlichkeit mit lebenden Exemplaren und deutliche Löcher an den Stellen, wo Motten oder allzu neugierige Finger ihm im Lauf der Jahrzehnte zusetzten. Der Zahn der Zeit nagte jedoch nicht nur an den Exponaten, sondern unerkannt auch am Gebäude selbst – vor einigen Jahren stürzte eine Steintreppe unter der Last einer Besuchergruppe zusammen und führte zur umgehenden Schließung des Museums. Einige

Oscar Wilde am Merrion Square – die vielleicht bunteste Statue Dublins ist ein würdiges Monument.

Jahre blieb das Museum geschlossen, dann wurde es nahezu unverändert wieder eröffnet. Experten meinen, dass das Natural History Museum nach wie vor nur ein (allerdings wertvolles) Exponat hat – ein typisch viktorianisches Naturkundemuseum in einer Art Zeitkapsel. ◷ Di–Sa 10–17, So 14–17 Uhr, Eintritt frei.

Archbishop Ryan Park

Gegenüber dem Leinster House liegt einer der größten Parks der Dubliner Innenstadt. Der Merrion Square Park, oder besser der Archbishop Ryan Park, war über lange Jahrzehnte hinweg eines der begehrtesten Baugrundstücke in Dublin. An dieser Stelle sollte eine gigantische katholische Kathedrale entstehen. Aus verschiedenen Gründen, einer davon war letzten Endes auch Geldmangel, kam es niemals zur Umsetzung dieses Planes. Weswegen sich der Bischof letztlich entschloss, das Gelände den Bürgern von Dublin zu schenken und als öffentlichen Park zugänglich zu machen. Heute nutzen die Dubliner diese große „Grüne Lunge" für lange Spaziergänge. Ein Gang durch den Park bietet zwar nicht unbedingt die gleiche landschaftliche Abwechslung wie das nahe St. Stephen's Green, die im Park ausgestellten **Statuen und Kunstwerke** allerdings machen ihn durchaus interessant. Hier kann man eine enorme Bandbreite von Themen entdecken. Ein großer Stuhl, der in einer Art Narrenkappe endet, ist etwa dem irischen Satiriker Dermot Morgan gewidmet, der als „Father Ted" in die moderne Folklore einging. Sehr bedrückend wirkt dagegen eine Figurengruppe, die schlicht „Opfer" benannt ist und trotz ihrer Abstraktion deutlichen Schmerz ausstrahlt. Gar nicht weit entfernt geht es dann wesentlich heroischer auch um Opfer. Ein Obelisk mit einer ewigen Flamme und vier Bronzestatuen dient dem Gedenken an die gefallenen irischen Soldaten. Das wohl spektakulärste Denkmal allerdings steht in der nordwestlichen Seite des Parks, hier wurde der irische Schriftsteller **Oscar Wilde** verewigt. Überlebensgroß lungert der Lebemann auf einem riesigen Steinblock herum. Sein Gesicht ist von einer Seite nachdenklich-traurig, von der anderen Seite mit einem bitteren Lächeln versehen. Der bunte, farbige Effekt der Statue wurde allein durch die Verwendung verschiedenfarbiger Steinarten erreicht. In der Nähe des großen Denkmals stehen noch zwei kleinere Säulen, die u. a. mit Bonmots von Wilde selbst versehen sind. Und mit zwei kleineren Plastiken. Die eine zeigt Wildes Frau schwanger und splitternackt, die andere einen Männertorso. Ein verwirrendes Arrangement, das geradezu zur Beschäftigung mit der Biografie des Schriftstellers herausfordert. Einen leicht pikanten Hauch bekommt es zudem durch seine unmittelbare Nähe zu einer (jetzt geschlossenen) öffentlichen Bedürfnisanstalt, die lange Jahre als Treffpunkt homosexueller Dubliner galt. Das Haus, in dem Wilde einen Teil seiner Kindheit verbrachte, liegt übrigens auf der gegenüberliegenden Straßenseite und wird heute vom American College genutzt. Mittlerweile sind Teile des Hauses in ein **Oscar-Wilde-Museum**, ✆ 01-6620281, 🖳 www.acd.ie, umgewandelt worden.

National Gallery of Ireland

Die National Gallery of Ireland, Merrion Square West, ✆ 01-6615133, 🖳 www.nationalgallery.ie, ist die größte staatliche Kunstgalerie auf der Insel und beherbergt eine recht breit gestreute Gemäldesammlung. Schwerpunkte liegen dabei naturgemäß auf irischer Kunst, auf den Porträts historischer irischer Persönlichkeiten und einigen Aquarellen von Turner (nur im Jan). Diese Sammlung ist eine kleine Kuriosität. Da die Aquarelle extrem lichtempfindlich sind, dürfen sie nur im Januar aus dem Lager geholt und öffentlich gezeigt werden. Nun mag man argumentieren, dass die Beleuchtungstechnik heute so weite Fortschritte gemacht hat, dass man vielleicht die Sammlung auch in den anderen elf Monaten zeigen könnte – aber auf diese Art bekommt die Galerie regelmäßig einen garantierten Besucherstrom außerhalb der Saison. Andere Sonderausstellungen dagegen sind keinem solch strengen Kalender unterworfen. In Zusammenarbeit mit internationalen Museen werden immer wieder interessante thematische Kollektionen gezeigt. Die ständige Ausstellung der National Gallery zeigt dagegen Werke alter Meister, wie etwa Vermeer, oder auch modernerer Künstler wie Picasso und Nolde. Diese sind entweder thematisch oder chronologisch geordnet. Ein ganz besonderer Schatz ist dabei eine Bibelszene, die von Caravaggio gemalt sein soll. Das Bild hing lange Zeit nahezu unbeachtet in einem Gebäude der Jesuiten und wurde erst vor wenigen Jahren als Caravaggio identifiziert. Ob diese Zuordnung allerdings korrekt ist, darüber streiten sich nach wie vor die Gelehrten – die Nationalgalerie spricht meist von einer „sehr wahrscheinlichen" oder „so gut wie sicheren" Urheberschaft. Überhaupt sind viele in der Galerie ausgestellte Werke auf indirektem Weg hierher gelangt. So hat der Nobelpreisträger George Bernard Shaw seine komplette private Gemäldesammlung dem irischen Staat vermacht. An diese großzügige Spende erinnern nicht nur kleine Bemerkungen im Museumsführer, sondern auch eine lebensgroße Statue des Dichters. 🕔 Mo–Sa 9.30–17.30 (Do 20.30), So 12–17.30 Uhr (Fei wie So), Eintritt frei, Sonderausstellungen sind eventuell kostenpflichtig.

Grand Canal Docks und Poolbeg

Fast direkt am Ufer der Liffey liegt die Windmill Lane, die wohl bunteste Straße Dublins. Wer hier unvorbereitet um die Ecke biegt, der bekommt sofort den Eindruck, dass hier einige Graffitikünstler zu viel Zeit und Farbe, jedoch weniger Inspiration gehabt haben. Faktisch die gesamte Straße ist vollgeschmiert, selbst der Parkscheinautomat wird in der Regel nicht verschont, und als einziges Thema ist die Verehrung der irischen Rockgruppe U2 zu erkennen. Das kommt nicht von ungefähr: In den **Windmill Lane Studios** haben Bono und Co. einige ihrer Werke aufgenommen. Was seit vielen Jahren dazu führt, dass vor allem aus Südeuropa stammende Fans der Gruppe durch Dublin pilgern und sich hier verewigen. So wie Gläubige in der Kirche vor den Heiligenstatuen Kerzen anzünden, so zückt der U2-Fan hier die Sprühdose. Besonderen künstlerischen Wert hat dies in der Regel nicht.

South Wall

Eine ganz besondere Attraktion Dublins findet sich an der Mündung der Liffey und hinter der Poolbeg Power Station am Ende des South Wall. Dieser dient für die Einfahrt in den Hafen von Dublin als Brandungsschutz und ragt scheinbar endlos in die Dublin Bay hinein. Ganz am Ende steht ein blutroter Leuchtturm mitten in der

Bucht. Die Mole ist begehbar und die Plattform um den Leuchtturm bietet einen einmaligen Ausblick auf die gesamte Bucht von Dublin. Da der Weg auf der Mole relativ uneben ist, sollte man hier auf jeden Fall nur bei Tageslicht spazieren gehen. Bei starkem Sturm oder Eis besteht zudem erhöhte Unfallgefahr. Wer nicht mit dem eigenen Auto unterwegs ist, kann sich von einem Stadtbus (Linie 1) beim Kraftwerk absetzen lassen, dieselbe Linie bringt Passagiere auch wieder in die Innenstadt zurück, wobei man den Grand Canal überquert.

Grand Canal Docks

Der Grand Canal ist der zweite Wasserweg, der zusammen mit dem Royal Canal Dublins Innenstadt umschließt. Auch er beginnt an der Liffey und führt in die westlich gelegenen Midlands, dabei durchquert er jedoch erst mal die südlichen Vororte von Dublin. Am Ende des Sir John Rogerson Quay liegt die Einfahrt zu den Grand Canal Docks, die in den letzten Jahren zunächst gereinigt und dann teilweise von Neubauten eingerahmt wurden. So haben sie zwar einiges von ihrem post-industriellen Charme verloren, dieser bestand jedoch vor allem aus einer Atmosphäre des langsamen Verfalls. Eine sehr mutige Architektur hat hier Einzug gehalten, Metall und Glas sind die bestimmenden Elemente und das erst 2010 eröffnete **Grand Canal Theater** von Daniel Libeskind, 💻 www.grandcanaltheatre.ie, ist eines der herausragenden Gebäude. Ganz in der Nähe wurde auch ein alter Gasspeicher in ein rundes Bürogebäude umgebaut, ein spektakulärer Anblick. In den Docks kann man heute z. B. das Windsurfen lernen. Und hier findet man auch das **Waterways Visitor Centre**, in dem anschaulich über die Geschichte der Wasserstraßen in Irland berichtet wird und vor dem vor allem im Sommer oftmals schöne alte Kanalboote vor Anker liegen. Wer sich für die Geschichte der Binnenschifffahrt und der Kanäle interessiert, sollte unbedingt den Abstecher wagen. 🕓 nach der Renovierung: bei Redaktionsschluss noch unklar, Infos unter 💻 www.waterwaysireland.org abrufen.

Von hier aus kann man auch eine kleine Wanderung am Kanal entlang unternehmen. Beidseitig verlaufen allerdings relativ dicht befahrene Straßen, sehr idyllisch ist die Wanderung meist nicht. Dabei wird der Kanal aber praktischerweise auch häufig von Hauptstraßen überquert, die einen schnell in die Innenstadt zurückführen können.

Das alte Herrschaftszentrum

Dublin City Hall

Die City Hall, Dame St., ✆ 01-2222204, 💻 www.dublincity.ie, das alte Rathaus der Stadt Dublin, ursprünglich Sitz der Börse, ist ein prachtvoller Bau, der heute jedoch nur noch für Präsentationszwecke genutzt wird. Der Zutritt zur großen Halle mit ihren Säulen und reichen Verzierungen ist tagsüber in der Regel unentgeltlich möglich. Im Untergeschoss befindet sich ein kleines Museum zur Geschichte der Stadtverwaltung, hier wird ein Eintrittsgeld verlangt. Wenn man „Dublin komplett“ erleben will, dann mag ein Besuch unerlässlich sein, ansonsten ist die Ausstellung nicht unbedingt den Eintritt wert. 🕓 Mo–Sa 10–17.15 Uhr, Eintritt 4 €.

Dublin Castle

Das Dublin Castle, 2 Palace St., ✆ 01-6458813, 💻 www.heritageireland.ie/en/Dublin/DublinCastle, erhöht auf dem Cork Hill gelegen, ist nicht das, was man im Allgemeinen unter einer Burg versteht. Die Anlage hat mittlerweile kaum noch den Charakter einer Festung und ist zudem ein buntes Gemisch verschiedenster Baustile, die zum Teil im Laufe der Jahrhunderte stark verändert wurden. Selbst die mittelalterlichen Teile spiegeln eher den Zeitgeist späterer Jahrhunderte wider. Dennoch werden Teile der Fassade gern bei Filmaufnahmen genutzt – so turnte hier schon Jackie Chan akrobatisch herum und auch die Fernsehserie *The Tudors* griff auf Dublins „Burg“ zurück.

Im Rahmen einer Führung können viele Teile des Dublin Castle besichtigt werden. Der Rundgang beginnt in der Regel mit den **State Apartments**, einst die Arbeits- und Repräsentationsräume des Vizekönigs und heute von der Republik für besondere Empfänge genutzt. Nächste Station ist die **Chapel Royal**, das altertümliche Kirchengebäude im Stil des „Gothic

Buchkunst und „Heilige Schriften"

Wenn man eine Liste der in Irland unbedingt zu besichtigenden Museen macht, dann gehört die **Chester Beatty Library**, Dublin Castle, ✆ 01-4070750, 💻 www.cbl.ie, ohne Zweifel dazu – obwohl sie mit Irland eigentlich gar nichts zu tun hat. Sie ist die Heimat der umfangreichen Sammlung des amerikanischen Unternehmers und Philanthropen Chester Beatty, dem ersten Ehrenbürger der Stadt Dublin, der seine Kunstschätze den Bürgern der Stadt hinterließ. Der vor allem durch Bergbau reich gewordene Beatty war ein Sammler, der besonders von der Buchkunst fasziniert war. Auf seinen Reisen kaufte er zahlreiche Manuskripte, Fragmente, einzelne Bücher und komplette Sammlungen. Dabei waren religiöse Texte einer der Schwerpunkte. Bei seinem Tod ging die komplette Sammlung in den Besitz der Stadt Dublin über, seit einigen Jahren ist sie in einem Gebäude hinter dem eigentlichen Dublin Castle untergebracht. Die Sammlung ist nicht komplett zugänglich, in teilweise wechselnden Ausstellungen werden den Besuchern jedoch einige Höhepunkte präsentiert. Besonders beeindruckend sind Bibel-Fragmente, die mit zu den ältesten Exemplare in ihrer Gattung gehören, prachtvolle Ausgaben des Koran aus dem Nahen Osten und reich illustrierte Schriftrollen aus dem Fernen Osten. Die Ausstellungen werden durch passende Ergänzungen aus den verschiedensten Sammlungen noch lebendiger, von Werkzeugen für Ledereinbände bis hin zu kompletten Samurai-Rüstungen. Unbedingt hineinschauen sollte der Besucher auch in das Silk Road Café, 💻 www.silkroadcafe.ie, im Erdgeschoss, das orientalische Spezialitäten vom Feinsten bietet. ◷ Mai–Sep Mo–Fr 10–17, Sa 11–17, So 13–17 Uhr, Okt–April Mo geschl., Eintritt frei.

Revival", entworfen von Francis Johnston. Besonders beachtenswert: die Wappen der fremden Machthaber von Hugh de Lacy (1172) bis FitzAlan (1922). FitzAlans Wappen nimmt den allerletzten Platz ein, hätte die englische Herrschaft länger gedauert, wäre ein neues System notwendig geworden. Sehr interessant ist der dritte Teil der Besichtigung, der sich unterhalb der Burg in der **Undercroft** abspielt. In einer leicht gruseligen Atmosphäre kann man hier sogar die mittelalterlichen Fundamente sehen, um die der heute unter der Erde verschwundene Fluss Dodder den „Burggraben" bildete. Hier sind auch die Reste der Verbindung zur Liffey zu sehen. ◷ Führungen Mo–Sa 10–16.45, So 14–16.45 Uhr (Fei wie So), Eintritt 4,50 €.

Das kleine **Garda-Museum**, ✆ 01-6669998, befindet sich gegenüber der Polizeistation im normannischen „Record Tower" aus dem 13. Jh., dem letzten mittelalterlichen Teil des Dublin Castle. Es bietet einen kurzen Einblick in die Geschichte der irischen Polizei.◷ Werktags 9.30–16.30 Uhr (Fei wie So), Eintritt frei.

Wesentlich unterhaltsamer ist das neue **Zollmuseum**, das in der Krypta der Chapel Royal eingerichtet wurde und mit einigen wirklich interessanten Ausstellungsstücken glänzt. Wo etwa kann der Normalsterbliche schon eine illegale Schnapsbrennerei sehen? Und wenn der Blick auf das spezielle, zur Bekämpfung des Drogenschmuggels konstruierte Klo fällt ... ◷ Werktags 10–16 Uhr, Eintritt frei.

Das Kathedralenviertel

St. Patrick's Cathedral

Die altehrwürdige St. Patrick's Cathedral, Saint Patrick's Close, ✆ 01-4539472, 💻 www.stpatricks cathedral.ie, im 19. Jh. im gotischen Stil prachtvoll restauriert, ist streng genommen gar keine Kathedrale mehr. Der Status einer Kathedrale wird einer Kirche schließlich nur dadurch verliehen, wenn in ihr das Pult („cathedra") des Bischofs steht. Diese Kirche jedoch gehört gar keinem Bischof, stattdessen wird die dem Nationalheiligen geweihte Kirche als „Nationale Kathedrale Irlands" bezeichnet. Dieser etwas ungewöhnliche Schritt ergab sich aus politischen Gründen – nachdem die anglikanische Kirche ihren Status als Staatskirche verloren hatte und die katholische Kirche wieder volle

Rechte bekam, hatte Dublin zwar zwei anglikanische Kathedralen, jedoch keine katholische. Um jeder Forderung nach Rückgabe entgegenzuwirken, wurde der Status der Nationalkathedrale geschaffen. Die Kathedrale selber weist einige interessante Monumente und Statuen auf. Sehr auffällig ist die **Statue des Hl. Patrick**, der an dieser Stelle angeblich Menschen mit dem Wasser einer heiligen Quelle taufte und der in vollkommen untypischer Pose als Suchender dargestellt wird, fast wie ein Blinder sich vortastend. Manchem Betrachter mag diese Statue zu modern sein, sie steht auch in starkem Kontrast zu den Jahrhunderte alten Grabmälern. Diese sind teilweise stark verziert und im Falle des **Boyle-Monument** mit der Darstellung ganzer Familien versehen. Wesentlich bescheidener nimmt sich das Grab des wohl bekanntesten ehemaligen Mitarbeiters der Kathedrale aus – **Jonathan Swift**, heute vor allem als Autor von *Gullivers Reisen* bekannt. Er und seine geliebte Stella fanden hier ihre letzte Ruhestätte. Ein weiterer Kulturschaffender, **Turlough O'Carolan**, auch als der letzte irische Barde bekannt, wird ebenfalls mit einem Denkmal geehrt. Diese Tradition setzt sich übrigens auch außerhalb der Kathedrale fort, im benachbarten Park sind Gedenksteine für wichtige irische Schriftsteller aufgestellt. Eine ganz andere Tradition hat ihren letzten Widerhall in der Kapelle des Ordens vom Hl. Patrick. Von 1783 bis 1869 kamen hier die Mitglieder des Ordens zum Gebet zusammen, noch heute kann man ihre Banner und Helme sehen. Der Orden selbst allerdings ist Vergangenheit. 🕓 März–Okt tgl. 9–17.30, Nov–Feb Mo–Sa 9–17, So 9–15 Uhr, Eintritt 5,50 €.

Marsh's Library

Die in unmittelbarer Nähe gelegene Marsh's Library, St. Patrick's Close, ✆ 01-4543511, 💻 www.marshlibrary.ie, eingerichtet durch Erzbischof Marsh, ist ein Traum für Bibliophile und Bibliothekare. Erstere werden die zahlreichen uralten Bücher, viele von ihnen haben religiöse Inhalte, mit Ehrfurcht betrachten und sich an der schönen Gestaltung der Bibliothek erfreuen. Letztere werden vor allem das Sicherheitssystem bewundern – will ein Nutzer besonders wertvolle Bücher lesen, wird er mitsamt dem Buch in einen ausbruchsicheren Käfig eingeschlossen. Allein diese kuriose Art der Diebstahl-Prävention machte diese etwas versteckt gelegene Einrichtung zu einem der Highlights des alten Dublin. Die Bücherei wurde im Jahre 1701 von Sir William Robinson gebaut und hat rund 25 000 Bücher aus dem 16., 17. und 18. Jh. im Bestand, dazu eine große Anzahl an einzelnen Schriftstücken, Manuskripten und Landkarten. Auch James Joyce und Jonathan Swift waren hier häufig zu Gast. 🕓 Mo und Mi–Fr 9.30–13 und 14–17, Sa 10–13 Uhr, Eintritt 2,50 €.

Iveagh Market

Nur wenige Minuten von der St. Patrick's Cathedral entfernt, ist eine alte Markthalle, der Iveagh Market in der Francis Street, einen kurzen Abstecher wert – schon alleine wegen der sehr schönen Steinmetzarbeiten. Eine ganze Reihe von Köpfen repräsentiert die verschiedenen Länder, aus denen die hier früher verkauften Waren kamen. Die Darstellungen bedienen sich so mancher Stereotypen und in einem klingen rassistische Töne an: Die Levante wird von einer äußerst verschlagenen Gestalt repräsentiert. Leider liegt das Gebäude seit einigen Jahren brach.

Christ Church Cathedral

Ein klassisches Touristenziel ist Dublins dritte Kathedrale. Auf einem Hügel über der Liffey gebaut, thront die Christ Church Cathedral, Christchurch Pl., ✆ 01-6778099, 💻 www.cccdub.ie, auch heute noch über ganz Dublin. Sie ist die einzige „echte" Kathedrale in Dublin und wirkt immer noch sehr mittelalterlich. Ihr heutiges Aussehen verdankt sie jedoch der erst 1878 beendeten Renovierung, die z. T. mehr fantasievolle Rekonstruktion war. Teile der Kirche stammen heute noch aus dem 13. Jh., sind jedoch ohne besonderen Hinweis nur für Fachleute zu erkennen. Zu den ältesten Teilen der Kirche gehört die große **Krypta**, die heute als Museum genutzt wird und eine recht bunte Sammlung von Erinnerungsstücken aufweist. Gleich zwei englische Könige, Charles II. und James II., fristen hier ein verstecktes Dasein, ihre Statuen waren nach der „Glorious Revolution" nicht mehr politisch korrekt. Ein weiterer Erzbösewicht der irischen

Dublins älteste und einzig „echte“ Kathedrale

Geschichte, der anglo-normannische Eroberer Richard de Clare, genannt **Strongbow**, soll sein Grabmal in der Kathedrale haben. Ob hier aber tatsächlich Strongbow ruht, ist nicht absolut sicher. Übrigens wird Christ Church Cathedral an jedem Silvesterabend zum zentralen Treffpunkt vieler traditionsbewusster Dubliner, die sich vom nahen Vergnügungsviertel Temple Bar losreißen können. Kurz vor Mitternacht läuten die Glocken das alte Jahr zu Grabe, das neue Jahr wird dann mit einem aufwendigen Glockengeläut begrüßt, bei dem alle 19 Glocken zum Einsatz kommen. 🕓 Mo–Sa 9.45–16.15, So 12.30–14.30 Uhr (längere Öffnungszeiten im Sommer), Eintritt 6 €.

In einem ehemaligen Synodengebäude, das mit der Kathedrale über eine fast mediterran wirkende Brücke verbunden ist, findet man die Ausstellung **Dublinia**, ✆ 01-6794611, 💻 www.dublinia.ie, wegen der eigenwilligen Schriftgestaltung auch gelegentlich als „Dvblinia" bekannt. Hier kann man, so die Werbung, das mittelalterliche Dublin „live" erleben. Tatsächlich handelt es sich um eine sehr sehenswerte Ausstellung, in der mit lebensgroßen Figuren, einigen nachgebauten Straßenzügen und einem gigantischen Modell die Stadt Dublin im Mittelalter dargestellt wird – Bettler, Opfer der Pest, Kaufleute und (natürlich) Rebellen inklusive. Obwohl die Präsentation ein wenig den Gedanken an Disneyland erweckt, ist sie doch für historisch interessierte Touristen den Eintritt wert. Kinder kommen voll auf ihre Kosten, vor allem auch im später ergänzten (und daher chronologisch falsch angeordneten) Teil, der Dublin zur Wikingerzeit darstellt. 🕓 Tgl. 10–16.30 Uhr, im Sommer bis 17 Uhr, Eintritt 6,95 €, ein Kombi-Ticket für Dublinia und die Kathedrale ist ebenfalls erhältlich.

St. Audoen's Church

Nahe bei der Christ Church Cathedral steht Dublins einzige Kirche, die seit dem Mittelalter unverändert erhalten geblieben ist – die St. Audoen's Church, Cornmarket, ✆ 01-6770088, 💻 www.heritageireland.ie. Das heute noch genutzte Gotteshaus stammt in wesentlichen Teilen aus dem 13. Jh. 🕓 Ende April–Ende Okt tgl. 9.30–17.30 Uhr, Eintritt frei.

Der umliegende Park wird noch dazu von den Resten der **mittelalterlichen Stadtmauer** begrenzt, hier hat man tatsächlich auf wenigen Quadratmetern die letzten Reste des mittelalterlichen Dublin vor sich.

Kilmainham

Guinness-Brauerei

Eine echte Pilgerstätte für viele Touristen ist das **Guinness Storehouse**, Market St., ✆ 01-4084800, 💻 www.guinness-storehouse.com, geworden, eine in einem ehemaligen Lagerhaus untergebrachte weitläufige Ausstellung über die Geschichte der Guinness-Brauerei. Bereits im 12. Jh. sollen Mönche hier Bier gebraut haben, 1759 dann kaufte Arthur Guinness die bestehende Brauerei und machte sie zu einem Weltkonzern. Die Brauerei selbst kann man nicht besichtigen, doch das Firmenmuseum, wo sogar die Lok ausgestellt ist, die früher über das riesige Fabrikgelände ratterte, gilt als die am meisten besuchte (Eintritt verlangende) Touristen-Attraktion in Irland. Bedenkt man, dass man hier eigentlich Eintritt für die gigantische PR-Veranstaltung eines Weltkonzerns bezahlt, bekommt das „kostenlose" Glas Guinness, das man anschließend ausgeschenkt bekommt, schnell einen schalen Geschmack. Andererseits sind Guinness und Dublin synonym, das beliebteste Mitbringsel aus Irland sind Werbeartikel der Marke und ohne ein Glas des Nationalgetränks zu „genießen", kehrt kaum jemand wieder nach Hause zurück. Zudem bietet die **Gravity Bar** einen wirklich schönen Rundblick über Dublin und die Ausstellung ist gut gestaltet und insgesamt sehr interessant. 🕓 Tgl. 9.30–17.30 Uhr, Eintritt 15 €.

Irish Museum of Modern Art

Weiter westlich und damit nicht mehr im Innenstadtbereich liegt das **Irish Museum of Modern Art** (IMMA), Royal Hospital, ✆ 01-6129900, 💻 www.modernart.ie, im ehemaligen Royal Hospital von Kilmainham untergebracht. Dieses beeindruckende Gebäude aus dem 16. Jh. erinnert an Les Invalides in Paris und wurde von Sir William Robinson als Alten- und Pflegeheim für 300 Soldaten gebaut. Erst im Jahr 1927 wurde das Pflegeheim geschlossen. 1991 dann erhielt das Gebäude seine neue Bestimmung: Das Museum für moderne Kunst hielt Einzug. Es ist ein Museum der Gegensätze, denn das klassische Gebäude mit seiner Barock-Kapelle und den Gärten aus dem 17. Jh. kontrastiert mit den nicht unbedingt immer „leicht zugänglichen" Kunstwerken. Die Sammlung zeigt sowohl irische Gegenwartskunst als auch internationale Werke, Sonderausstellungen finden regelmäßig statt. Es werden Führungen durch die Ausstellung angeboten. ⌚ Di–Sa 10–17.30, So 12–17.30 Uhr (Fei wie So), Eintritt frei.

Kilmainham Gaol

Eine der zahlreichen heiligen Stätten des Republikanismus in Irland ist Kilmainham Gaol, Inchicore Rd., ✆ 01-4535984, 💻 www.heritageireland.ie. In diesem 1795 errichteten Gefängnis wurden nicht nur viele Patrioten inhaftiert, hier wurden auch die Führer des Osteraufstands hingerichtet. James Connolly sogar wegen seiner schweren Verletzungen auf einem Stuhl sitzend. Bei der Führung betritt man auch die Kapelle, in der Joseph Plunkett, Schriftsteller und Anführer des Osteraufstandes, am 4. Mai 1916 Grace Gifford ehelichte, bevor er zwei Stunden später exekutiert wurde. Dies ist natürlich der Stoff, aus dem Legenden geschmiedet werden. Aber auch von dieser ganz spezifisch irischen Geschichte einmal abgesehen, ist das ehemalige Gefängnis interessant. Hier hat man die seltene Gelegenheit, eine viktorianische Strafanstalt in unverändertem Zustand zu sehen. In der übrigens auch ganz „normale" Kriminelle in engen Zellen schmorten. Dass Rehabilitation nicht unbedingt eine der Hauptziele an diesem Ort war, wird schon am Eingang deutlich: Über der schweren Tür zeigt ein Steinrelief in Ketten gehaltene Schlangen. Die Ausstellung im Gefängnis beleuchtet die Geschichte von Kilmainham und betont vor allem das Schicksal der Rebellen von 1916. Wie in Irland normal, ist die Darstellung sehr heroisch und extrem patriotisch. ⌚ Tgl. 9.30–18 Uhr (Winter etwas kürzer), Eintritt 6 €.

War Memorial

Unmittelbar an der Liffey und von der Hauptstraße über eine Treppe zugänglich, liegt das nur selten besuchte War Memorial, das an die Toten des Ersten Weltkriegs erinnern soll. Hunderttausende von Iren dienten in diesem Konflikt in der britischen Armee, viele ließen ihr Leben vor allem auf den europäischen und vorderasiatischen Schlachtfeldern. Nach Kriegsende 1918 wurde hier mit der Errichtung einer nationalen Gedenkstätte begonnen, zu der auch eine turmartige Kammer gehörte, in der Bücher mit den Namen der Gefallenen verwahrt werden. Da Irland allerdings zu dieser Zeit einen komplett neuen Kurs einschlug und der Erinnerung an die „dem Feind dienenden" irischen Soldaten keine richtige Bedeutung beimaß, wurde das Denkmal eigentlich nie vollendet. Erst in den letzten Jahren ist es hier zu offiziellen Gedenkfeiern gekommen. Die weitläufige Anlage lädt zu einem nachdenklichen Spaziergang ein, bei einigermaßen gutem Wetter kann man auf der Liffey Ruderer beobachten.

Heuston Station

Auf dem Weg zurück in Richtung Innenstadt kommt man an der Heuston Station vorbei, einem der prachtvollsten Bahnhöfe Dublins. Wie ein Palast den großräumigen Platz an der Liffey beherrschend, ist er ein Monument des Eisenbahnbaus im 19. Jh.

Collins Barracks und Umgebung

National Museum

Das National Museum in den Collins Barracks, ✆ 01-6777444, 💻 www.museum.ie, einer ehemaligen Kaserne mit Blick auf die Liffey und die Guinness-Brauerei, präsentiert eine bunte Mischung von Sammlungen in einem etwas verwirrend gestalteten Bau. Hier hat man das um den zentralen Exerzierplatz angeordnete Kasernengebäude in seiner Grundstruktur weitgehend erhalten und die Innenräume dem neuen Verwendungszweck als Museum so gut wie möglich angepasst. Dass dies nicht ohne Kompromisse ging, wird bei einem Besuch schnell deutlich. Ohne einen Plan ist der Besucher ziemlich verloren. Da das Museum viele Themenbereiche abdeckt, sollte man sich entscheiden, was man sehen möchte. Die Sammlungen asiatischer Kunst sind hier nicht unbedingt ideal untergebracht (sie würden besser in die Chester Beatty

Osteraufstand 1916

Wenn Dublin durch ein geschichtliches Ereignis geprägt wurde, dann war dies der Osteraufstand von 1916 (s. S. 105). Geprägt nicht nur im historischen Sinne – die Kämpfe und das zum Teil heftige Bombardement durch die Briten legten Teile der Innenstadt in Schutt und Asche. Dies fällt jedoch im modernen Stadtbild kaum noch auf, denn die Zerstörungen von 1916 (und die nachfolgenden Zerstörungen im Anglo-Irischen Krieg und im Irischen Bürgerkrieg) wurden längst behoben, einige neue Gebäude sogar im alten Stil gebaut. Wer allerdings mit offenen Augen durch Dublin geht, der wird auf zahlreiche Plaketten, Gedenksteine oder auch monumentale Statuen stoßen, die an den Osteraufstand von 1916 erinnern.

Was genau passierte Ostern 1916? Nachdem verschiedene nationalistische Milizen und bewaffnete Gewerkschafter vor dem Hauptpostamt die Irische Republik ausriefen, besetzten sie einige relativ unbedeutende Gebäude. Und wurden nach ersten Anfangserfolgen von den besser organisierten, besser ausgebildeten und vor allem besser mit Nachschub ausgestatteten britischen Truppen nach und nach zusammengeschossen und schließlich zur Kapitulation gezwungen. Das Ergebnis war eine in Trümmern liegende Dubliner Innenstadt, deren Bewohner nur ein Ende des Aufstands wollten und mehrheitlich die Rebellen überhaupt nicht unterstützten. Militärisch war die Rebellion ein vollkommener Misserfolg. Nach der Kapitulation allerdings machte der Oberkommandierende der britischen Truppen den schwerwiegendsten Fehler des gesamten Osteraufstandes. Mehr als ein Dutzend Rebellen wurden kurzerhand vor ein Kriegsgericht gestellt und wegen Hochverrats zum Tode verurteilt. Obwohl dieser Vorgang rein juristisch wenig anfechtbar war, blieb er zumindest moralisch fragwürdig. Und hatte ein vollkommen überraschendes Endergebnis – mit der langen Reihe von Exekutionen hatten die Briten eine Gruppe von unsterblichen Märtyrern geschaffen, die über Nacht in das Pantheon des irischen Nationalismus katapultiert wurden.

Patrick Pearse hatte in seinen patriotischen Schriften schon immer darauf hingewiesen, dass nach seiner Meinung jede Generation von Iren einen „Blutzoll" für die Unabhängigkeit des Landes erbringen müsse. Solch eine mystische Ideologie fand selbst zu Beginn des 20. Jhs. nur wenige Anhänger. Nachdem allerdings Pearse seinen Blutzoll mit Hilfe eines britischen Exekutionskommandos im Gefängnis von Kilmainham entrichtete, wurde er zum Inbegriff des Patrioten und nicht mehr kritisierbaren Volkshelden. Seine Blut-und-Boden-Ideologie, gut im **Pearse-Museum** in seiner ehemaligen Schule St. Enda's, St. Enda's Park, Grange Rd., Rathfarnham, ✆ 01-4934208, 💻 www.heritageireland.ie, dokumentiert, wirkt heute zumindest befremdlich.

Erst in den letzten Jahren hat sich die Beschäftigung mit dem Osteraufstand und den Hingerichteten von der reinen Heldenverehrung hin zu einer etwas differenzierteren Betrachtungsweise verändert. Dies ist allerdings mehr ein akademisches Phänomen, auf der Straße ist die Glorifizierung nach wie vor ungebrochen.

Library passen) und die zahlreichen, aber nicht besonders bemerkenswerten, elektrisch „versilberten" Gebrauchsgegenstände sind zu Recht in die (allerdings zugängliche) Rumpelkammer verbannt.

Die zwei interessantesten Ausstellungen in diesem Museum haben mit bewaffneten Konflikten zu tun. Nachdem vor einigen Jahren die stark romantisierende und an Heldenverehrung kaum zu übertreffende Ausstellung über den irischen Freiheitskampf aus der Kildare Street ausgelagert wurde, entstand sie hier als eine wesentlich differenziertere **Darstellung des Osteraufstandes** und seiner Nachwirkungen neu. Hier kann der Besucher nun die Geschichte dieser Rebellion im Detail studieren, wobei jetzt dankenswerterweise die Fakten überwiegen und Emotionen wie Legenden etwas in den Hintergrund gestellt wurden. Thematisch teilweise eng verwandt ist die zweite große Ausstellung, **Soldiers and Chiefs**, die sich mit der irischen Militärgeschichte seit etwa 1600 befasst. Dabei wird einerseits die militärische Geschichte Irlands dargestellt, andererseits wird der oft nicht unerhebliche Beitrag irischer Soldaten an Konflikten in aller Welt aufgezeigt. Dies zieht sich von den „Wildgänsen" über österreichische Kampfflieger des Ersten Weltkriegs bis hin zu UN-Friedensmissionen im Kongo oder Libanon hin. Neben zwei Buchläden hat das Museum auch ein relativ großes Café, dessen Bedienung allerdings oft etwas Enthusiasmus vermissen lässt. 🕓 Di–Sa 10–17, So 14–17 Uhr, Eintritt frei.

Bedeutende Friedhöfe

Der große Park zwischen dem Museum und der Liffey ist übrigens der sog. **Croppy Acre**, ein Massengrab für hingerichtete Rebellen von 1798, „Croppies" genannt.

Ein weiteres Massengrab mit erheblicher patriotischer Bedeutung befindet sich vom Eingang aus gesehen hinter dem Museum, der **Arbour Hill Cemetery**, ✆ 01-8213021, 💻 www.heritageireland.ie, ein ehemaliger Militärfriedhof. Die interessante Kirche des Friedhofs ist die offizielle Kirche der irischen Streitkräfte. In ihr hängt ein fast überwältigender militärischer Fahnenschmuck in sehr kräftigen Farben. Ein Großteil der Grabsteine auf dem Friedhof wurde mittlerweile von den Gräbern entfernt und an die Friedhofsmauern gestellt, sodass die eigentlichen Gräber nicht mehr genau identifizierbar sind. Wesentlich wichtiger als die Grabstätten von britischen Soldaten waren dem irischen Staat die nicht eindeutig markierten Gräber der im Gefängnis von Kilmainham (s. S. 153) hingerichteten Führer des Osteraufstandes. Deren Leichname wurden hastig in einem gemeinsamen Grab verscharrt, das heute von einem großen Denkmal deutlich hervorgehoben wird. Wer sich beim obligatorischen Foto beobachtet fühlt, der spürt vielleicht den Blick eines modernen Gefängniswärters auf seinen Schultern – ein verglaster Wachturm des benachbarten Gefängnisses bildet einen herben Kontrast zu Denkmal und Grabstätten. 🕓 Mo–Fr 8–16, Sa 11–16, So 9.30–16 Uhr.

Die Mumien, die zu Dracula wurden

Etwas versteckt neben den Four Courts ragt der Turm der mittelalterlichen **St. Michan's Church**, Church St., ✆ 01-8724154, 💻 www.cccgroup.dublin.anglican.org/Christ_Church_Cathedral_Group/St._Michans.html, in die Höhe. Diese Kirche gehört mit zu den sehenswertesten der Stadt Dublin. Sie ist zwar weder bombastisch geschmückt noch von besonderem architektonischen Interesse, die geschnitzten Musikinstrumente im Orgelbereich lassen jedoch auch den flüchtigen Beobachter aufmerken. Wenn man dann noch erfährt, dass auf der Orgel Georg Friedrich Händel (oder, wie er hier eher bekannt ist: George Frederick Handel) selbst seinen *Messias* erstmals gespielt haben soll, dann begreift man, wie nahe einem Geschichte hier ist. Ein spezieller Stuhl für Sünder, in dem Gemeindemitglieder ihre Verfehlungen öffentlich machen mussten, ist ein weiteres außergewöhnliches Ausstellungsstück.

Die wirklich interessanten Seiten der Kirche, für die man sich einer kostenpflichtigen Führung anschließen muss, liegen jedoch hinter soliden Stahltüren im Kellerbereich des Gebäudes. Hier befinden sich Katakomben, in denen u. a. die sterblichen Überreste von hingerichteten Rebellen und adligen Familien ihre letzte Ruhestätte haben. Ein offenes Gewölbe am Ende des Ganges zeigt dann die Besonderheit dieser Katakomben – eine Kombination von Umweltfaktoren hat dafür gesorgt, dass die Leichen nicht verwesten, sondern langsam mumifizierten. Die Identifikation der Toten als Kreuzritter oder Dieb mag zwar etwas an den Haaren herbeigezogen sein, ihrer Faszination tut dies jedoch keinen Abbruch. Auch wenn es etwas makaber erscheint, dass man hier an Leichen herumfummeln darf. Immerhin sagt man in Dublin, dass es Glück bringt, die Hand des „Kreuzritters" zu schütteln. Übrigens soll niemand Geringerer als Bram Stoker zur Schar der früheren Touristen an diesem Ort gehört haben und dabei gleich die Inspiration für seine unsterbliche Romanfigur Dracula gefunden haben. 🕓 Mo–Sa zu wechselnden Zeiten, Eintritt 4 €.

Smithfield und Four Courts

Östlich der Collins Barracks (vom Nationalmuseum den Gleisen des LUAS nach Osten folgen) befindet sich der Stadtteil Smithfield, heute bei Touristen am ehesten durch die ehemalige Whiskey-Brennerei Jameson bekannt. Die Bewohner von Dublin verbinden diesen Stadtteil allerdings vor allem mit dem traditionellen Pferdemarkt an der Bow Street. An jedem ersten Sonntag im Monat werden hier auf dem unnachgiebigen Kopfsteinpflaster nach wie vor Pferde und Ponys gehandelt.

Old Jameson Distillery

Auf dem Werksgelände der ehemaligen Old Jameson Distillery, 7 Bow St., ✆ 01-8072353, 💻 www.jamesonwhiskey.com, befindet sich heute ein Museum, in dem man eine Tour auf den Spuren des „Wassers des Lebens" unternehmen und die Produkte des Hauses Jameson probieren kann. Übrigens wurde in früheren Jahrhunderten für die Herstellung der Alkoholika Wasser aus dem Royal Canal verwendet, vielleicht ein Argument gegen den Genuss allzu alten Whiskeys. Zur Destillerie gehörte auch ein eigenes kleines Kraftwerk, das für Dampfenergie sorgte und gleichzeitig als Wärmequelle diente. Der große Schornstein steht heute noch, auf der Spitze des **Chimney** wurde nachträglich eine verglaste Aussichtsplattform installiert, die bequem mit einem Aufzug erreicht werden kann. Auch hier hat man, wie in der Gravity Bar des Guinness Storehouse, das Vergnügen, Dublin „von oben" zu sehen. 🕓 Tgl. 9–18.30 Uhr, Eintritt 13,50 €.

Four Courts

Die Four Courts sind Irlands wichtigste Gerichtshöfe. Ein Zugang ist nur mit speziellem Ausweis möglich. Allerdings kann man versuchen, bei einem Verfahren einen Platz in der Besuchergalerie zu ergattern. Die meisten Touristen werden sich allerdings mit einem Spaziergang rings um das Gelände begnügen. Den besten Standort, um ein Foto des repräsentativen Komplexes mit seiner zentralen Kuppel zu schießen, hat man allerdings vom anderen Ufer der Liffey aus. Übrigens sind die Four Courts eine Rekonstruktion des ursprünglich 1786–1802 errichteten Gebäudes, das bei den Kampfhandlungen des frühen 20. Jhs. stark beschädigt worden war.

Übernachtung

Nördliche Innenstadt (Stadtbezirke D1, D3)

Paddy's Palace, 5 Beresford Pl., Lower Gardiner St., Dublin 1, ✆ 01-8230822, 💻 www.paddyspalace.com. Hostel in der Nähe des Custom House. Positiv gesehen gute Verkehrsanbindung, aber auch Innenstadtlärm. Paddy's Palace ist das einzige Hostel mit eigenem Airport-Transfer. Bett ab 9,50 €.

€ **Abraham House**, 82 Lower Gardiner St., Dublin 1, ✆ 01-8550600, 💻 www.abraham-house.ie. Georgianisches Gebäude, zum Hostel umgebaut, in einer Straße voller Billigunterkünfte. Nahe O'Connell St. und Connolly Station, nicht unbedingt die beste Gegend Dublins. Schließfächer, Küche und Automaten mit Snacks und Getränken. Bett ab 10 €.

Isaac's Hostel, Frenchman's Ln., Dublin 1, ✆ 01-8556215, 💻 www.isaacs.ie. Beliebtes Hostel mit guter Verkehrsanbindung, der DART fährt als Hochbahn regelmäßig am Haus vorbei. Ruhige Nächte sind nicht unbedingt gegeben. Hostelstandard mit Gästeküche, Schließfächern, Café und Restaurant. Sauna, Poker und angeblich Dublins billigste Wäscherei. Bett ab 10 €.

Abbey Court Hostel, 29 Bachelor's Walk, Dublin 1, ✆ 01-8780700, 💻 www.abbey-court.com. Direkt an der O'Connell Bridge liegt dieses Hostel, nur wenige Schritte vom Stadtzentrum entfernt, mit günstiger Verkehrsanbindung, die sich aber auch in früh beginnendem Verkehrslärm niederschlägt. Doppelzimmer oder Zimmer mit 4–12 Betten (Bett ab 19 €), teilweise Privatbad und Schließfächer. Selbstversorgerküche und Restaurant vorhanden. ❷

€ **Celtic Lodge Guesthouse**, 81/82 Talbot St., Dublin 1, ✆ 01-8788732, 💻 www.celticlodge.ie. Einen Katzensprung von der O'Connell St. entfernt liegend, bietet diese Pension 29 relativ kleine Zimmer mit einfacher Ausstattung, das echte „Keltengefühl" wird dabei eher nicht aufkommen. Preis und Lage machen dieses Haus am ehesten attraktiv. ❷

€ **Clifden Guesthouse**, 32 Gardiner Pl., Dublin 1, ✆ 01-8746364, 💻 www.clifdenhouse.com. Ein 200 Jahre altes georgianisches Gebäude nördlich des Custom House mit 15 Zimmern. Das verwinkelte Gebäude bietet einen annehmbaren Standard, hat aber kleine Zimmer und eine einfache Ausstattung. ❷

Dublin

Arlington Hotel O'Connell Bridge, Bachelors Walk, O'Connell Bridge, Dublin 1, ✆ 01-8049100, 💻 www.arlington.ie. Hotel für Leute, die im Eingangsbereich viel Trubel vertragen können und nicht stark lärmempfindlich sind, eine gutbesuchte Bar mit Unterhaltungsprogramm gehört zum Hotel. 130 Zimmer, zentrale Lage. Ungeheuer populär bei Reisegruppen aus den USA, eine gewisse Elefantenhaut gegenüber deren oft auffälligem Auftreten sollte bestehen. ❸–❹

The Croke Park Hotel, Jones's Rd., Dublin 3, ✆ 01-8714444, 💻 www.doylecollection.com. Modernes Hotel in der Nähe des Stadions, etwas außerhalb der Innenstadt, aber noch bequem zu Fuß von der O'Connell St. erreichbar (morgens auch kostenloser Shuttlebus ins IFSC). Gute Zimmerausstattung, wenn auch insgesamt etwas anonym. Bei Veranstaltungen im Croke Park schnell ausgebucht. ❸–❹

Hotel Isaacs, Store St., Dublin 1, ✆ 01-8134700, 💻 www.hotelisaacs.com. Im Stadtzentrum gelegen, ist dieses Hotel idealer Ausgangspunkt für Stadtbesichtigungen. Es hat 103 Zimmer und befindet sich unmittelbar neben dem Busaras und in kurzer Entfernung zur Connolly Station. Relativ einfacher Standard, aber eine Alternative zum verschwisterten Isaacs Hostel und damit etwas für den anspruchsvolleren Gast. ❸–❹

Maldron Hotel Parnell Square, Parnell Sq. West, Dublin 1, ✆ 01-8716800, 💻 www.maldronhotels.com. Hotel der Mittelklasse in sehr günstiger Lage, zur Hugh Lane Gallery sind es nur wenige Schritte. Das erst vor Kurzem komplett neu gebaute Hotel befindet sich an einer verkehrsreichen Straße, man nimmt deren Geräusche allerdings kaum wahr. Große, sehr bequeme Zimmer und ein reichhaltiges Frühstücksbuffet, Gäste können im Restaurant auch überraschend günstig speisen. ❸–❹

Maldron Hotel Smithfield, Smithfield, Dublin 7, ✆ 01-4850900, 💻 www.maldronhotels.com. Ein weiteres Hotel der Maldron-Gruppe mit ähnlichem Standard wie das Maldron am Parnell Sq., etwas außerhalb der Innenstadt, aber mit einer LUAS-Haltestelle nur wenige Schritte entfernt. Nahe an den Four Courts und dem National Museum (Collins Barracks) gelegen, auch der Phoenix Park ist zu Fuß erreichbar. ❸–❹

Wohnen bei Bono

Direkt an der Liffey und mitten in Dublin gelegen, ist das exklusive Hotel **The Clarence**, 6–8 Wellington Quay, Dublin 2, ✆ 01-4070800, 💻 www.theclarence.ie, im Besitz von niemand Geringerem als Bono und bietet 49 Zimmer für zahlungskräftige Gäste an. Mit dem U2-Frontmann allerdings kommt man nicht in Kontakt und auch Rock'n'Roll wird in der noblen Herberge eher kleingeschrieben. Das Boutique-Hotel mit dem etwas ungepflegt wirkenden Äußeren ist zwar Pilgerstätte der Fans, aber letztlich doch nur eines der vielen Investitionsobjekte der Bandmitglieder. Allerdings steigen hier schon gelegentlich Kollegen aus dem Rock-Olymp ab. In den kommenden Jahren soll das Clarence aufwendig umgebaut werden – Besucher sollten sich sicherheitshalber erkundigen, ob sie sich gerade auf einer Baustelle teuer einmieten. ❻

Südliche Innenstadt (Stadtbezirke D2, D4)

Abigail's Hostel, 7–9 Aston Quay, Dublin 2, ✆ 01-6779300, 💻 www.abigailshostel.com. Einen Steinwurf von O'Connell St., O'Connell Bridge und der Ha'penny Bridge entfernt, Straßenlärm unvermeidbar. Fußgängerfreundliche Anbindung an Temple Bar, fast 30 Gästezimmer (Bett ab 9 €), alle mit „Privatbad". Kontinentales Frühstück im Preis inbegriffen (aber nicht unbedingt nennenswert). ❷

€ **Barnacles Temple Bar House**, 19 Temple Ln., Dublin 2, ✆ 01-6716277, 💻 www.barnacles.ie. Hostel im Herzen

Wo übernachten?

Übernachtungen in Dublin können ins Geld gehen, deswegen ist der Trend zum Hostel in der Innenstadt ungebrochen. Der Nachteil: Die meisten Hostels in Dublin sind zwar zentral gelegen, bieten aber nicht unbedingt erholsame Nächte. Eine ruhige Nacht versprechen eher die sehr teuren, traditionellen Hotels oder auch moderne, aber gesichtslose Ketten. Lärmschutzfenster sind dabei oftmals wichtiger als alles andere – abgesehen von der Lage in einer ruhigen Seitenstraße. Übrigens kann man ein gutes 2-Bett-Zimmer im Zentrum von Dublin auch gelegentlich für 70 € inklusive reichhaltigem Frühstücksbuffet ergattern.

Dublins billigste Unterkünfte findet man rings um den südlichen Abschnitt der O'Connell Street und im Vergnügungsviertel Temple Bar, hier sind die meisten Hostels und auch Billighotels angesiedelt. Je weiter man sich von diesen zwei „Brennpunkten" entfernt, desto ruhiger werden die Straßen in der Nacht.

Dublins Hauptsaison beginnt um den St. Patrick's Day (17. März, hier sollte man Unterkunft weit im Voraus buchen) und endet im Oktober. Nur an wenigen Terminen kann es zu wirklichen Engpässen kommen, z. B. während der Endspiele der GAA im September (abhängig davon, welche Counties im Endspiel sind). Und große Konzertereignisse wie U2 im Croke Park lassen Zimmer ebenfalls rar oder teuer werden.

Wer sich einen Überblick zur Hotelsituation verschaffen will, der sollte gezielt Internetportale nutzen und dabei auch die Bewertungen lesen. Empfehlenswert sind dabei folgende Seiten: Booking.com, 💻 www.booking.com; Ebookers, 💻 www.ebookers.de; Tripadvisor, 💻 www.tripadvisor.com.

Ein wichtiger Tipp ist allerdings auch der Besuch der Internetseite des Hotels selbst – manchmal kann man hier kurzfristig Angebote finden, die unter den langfristig ausgehandelten Kontingentpreisen der Internetportale liegen.

von Temple Bar, Nachtruhe teilweise eingeschränkt. Die Zimmer (Bett ab 10 €) im hinteren Teil des Hauses sind ruhiger. Hoher Wert wird auf Sauberkeit gelegt. „Kontinentales" Frühstück ist im Preis inbegriffen, Gästeküche, Schließfächer, Gepäckaufbewahrung und Internetzugang sind vorhanden. Insgesamt eines der empfehlenswerteren Billighostels in der Stadt. ❶

€ **Avalon House**, 55 Aungier St., Dublin 2, ✆ 01-4750001, 💻 www.avalon-house.ie. Etwas abseits in durchaus ruhiger Innenstadtlage, aber mitten in Dublin und in Gehweite von Temple Bar. Ökologisch freundlich durch Nutzung von Wind- und Sonnenenergie! Kostenloses Kino, kostenlose Stadtrundgänge und leichtes Frühstück im hauseigenen Café. Nach Meinung vieler Backpacker vielleicht das beste Dubliner Hostel, wenn man auf sehr günstige Preise achtet. Bei den Familienzimmern kann aber preislich ein normales Hotel schnell eine sinnvolle Alternative sein. Bett (in gemischtem Schlafsaal) ab 12 €. ❷

€ **Oliver St. John Gogarty's Hostel**, 18–21 Anglesea St., Dublin 2, ✆ 01-6711822, 💻 www.gogartys.ie. Hostel mitten in Temple Bar in Einheit mit dem gleichnamigen Pub – vom Guinness-Hahn direkt ins Bett. Kinder unter zwölf Jahren werden gar nicht erst als Gäste akzeptiert. Drei Bars und ein Restaurant im Hause. Nachtruhe kurz. Frühstück dafür inklusive. Bett ab 12 €. ❶

River House Hotel, 23/24 Eustace St., Temple Bar, Dublin 2, ✆ 01-6707655, 💻 www.riverhousehotel.com. Dieses familiengeführte Hotel mit insgesamt 29 Zimmern befindet sich direkt im Vergnügungsviertel Temple Bar. Mangelnde Nachtruhe gleicht ein kräftiges Frühstück aus. Die Ausstattung ist einfach, aber eine echte Alternative zu den Hostels. ❷–❸

€ **Temple Bar Hotel**, Fleet St., Temple Bar, Dublin 2, ✆ 01-6129200, 💻 www.templebarhotel.com. Idealer Ausgangspunkt für Stadtbesichtigungen. Das Hotel hat 129 Zimmer zu günstigen Preisen, zwar insgesamt etwas unpersönlich, aber durchaus von akzeptablem

Standard. Relativ ruhige Zimmer, trotz des vor der Tür herrschenden Trubels. ❷–❹

Harcourt Hotel, 60–65 Harcourt St., Dublin 2, ✆ 01-4873677, 💻 www.harcourthotel.ie. St. Stephen's Green und Grafton St. sind in der Nähe. Teilweise leichte Lärmbelästigung durch den oft mit Gebimmel vorbeifahrenden LUAS. Das Hotel hat 51 Zimmer. Kleinere Reparaturen werden anscheinend nur im Jahrestakt durchgeführt, sodass nicht schließende Fenster oder Toilettentüren vorkommen können. ❷–❺

Pembroke Townhouse, 90 Pembroke Rd., Ballsbridge, Dublin 4, ✆ 01-6600277, 💻 www.pembroketownhouse.ie. Hotel mit 48 Zimmern in 3 alten, aber vollkommen renovierten georgianischen Häusern. Geschmackvolle Inneneinrichtung mit sehr gemütlichen Zimmern (die einen Tick größer sein könnten), hervorragendes Frühstück à la carte. Wenig Parkplätze. In einer ruhigen Seitenstraße mit guter Lage zur Innenstadt. ❸–❻

The Old Schoolhouse Hotel, 2–8 Northumberland Rd., Dublin 4, ✆ 01-6675014, 💻 www.schoolhousehotel.com. Haus mit viel Charakter, direkt am Grand Canal und in einem alten Schulgebäude. Große Betten, viele mögliche Extras. Einrichtung schön altmodisch, aber sehr gut in Schuss und mit allem Komfort. ❺–❻

Vegetarisch – garantiert!

Wenn es eine Restaurantkette in Dublin gibt, wo man mit gutem Gewissen als Vegetarier einkehren kann, dann ist das **Govinda's**. Hier gibt es nur Karma-freie Küche, zubereitet und mit einem Lächeln serviert von den Hare-Krishna-Jüngern. Qualität, Preis und vor allem Geschmack befriedigen auch anspruchsvolle Gäste, die mit dem Kantinenambiente leben können. Viele der in der Küche verwendeten Gemüse werden auf Inis Rath („Hare Krishna Island", s. S. 558) selbst angebaut. Hervorragend sind die Lassis (Joghurtgetränk, auch mit Frucht vermischt) und die süßen Nachspeisen. Mittlerweile kann man gleich dreimal in Dublin speisen, ohne sein Karma zu belasten: 83 Middle Abbey St., 18 Merrion Row und 4 Aungier St., 💻 www.govindas.ie.

The Shelbourne Hotel, 27 St. Stephen's Green, Dublin 2, ✆ 01-6634500, 💻 www.theshelbourne.ie. Dublins klassisches Luxushotel direkt am St. Stephen's Green mit 265 Zimmern, vor einigen Jahren aufwendig renoviert. Perfekte Innenstadtlage mit hohem Komfort. Was das Shelbourne an Komfort bietet, setzt Maßstäbe – die Zimmerpreise sind dementsprechend hoch. Im Gegensatz zum Clarence eher konservativ eingerichtet. ❻

Essen

Restaurants findet man eigentlich überall in der Innenstadt von Dublin – von Fast-Food-Ketten bis zu Gourmetpalästen. Die größte Dichte ist dabei vor allem in und um Temple Bar gegeben – neben dem Kerngebiet selbst auch in der Dame Street, der South George Street und, auf der anderen Liffeyseite, rund um die O'Connell Street. Hier verkehren Studenten, Angestellte und Touristen gleichermaßen.

Nördliche Innenstadt (Stadtbezirke D1, D3)

Chapter One Restaurant, 18/19 Parnell Sq., Dublin 1, 💻 www.chapteronerestaurant.com. Klassisch-französische Küche und Käsemenü. Spezialitäten: langsam gekochte Fleischgerichte und Fischplatte. Spezielles „Pre-Theatre Menu". Mittagessen und frühe Abendessen sind preiswerter.

Café Manila, 74 Middle Abbey St., Dublin 1. Kleines Restaurant mit philippinischen Spezialitäten. Das reichhaltige Mittagsbuffet mit Angeboten wie „all you can eat" stellt eine sehr preisgünstige Option dar. Die Getränke sind im Vergleich zum Essen teuer.

€ **Epicurean Food Hall**, Lower Liffey St., Dublin 1. Bunte Vielfalt an Gastronomie aus aller Herren Länder, von Gourmetadressen bis hin zum „offenes Buffet". Empfehlenswert auf jeden Fall der Hühnchen-Döner bei Istanbul.

€ **Hanyang**, 22 Great Strand St., Dublin 1. Koreanischer Supermarkt mit kleinem Restaurant (Marke „koreanische Mensa", allerdings Südkorea). Hervorragendes, frisch zubereitetes Essen zu günstigen Preisen. Besonders gut: Kimbap (koreanisches Sushi).

€ **Moore Street Mall**, Moore St. (unter dem Lidl), Dublin 1, 💻 www.moorestmall.com.

Faszinierender Mix der verschiedensten Kulturen, mehrere Cafés und ein „Foodcourt". Wechselnde asiatische, afrikanische und osteuropäische Mieter. Tipp: „Coin de Mire" mit Spezialitäten aus Mauritius.

Südliche Innenstadt (Stadtbezirke D2, D4)

Bang Café, 11 Merrion Row, Dublin 2, ✆ 01-4004229, 💻 www.bangrestaurant.com. Kunstwerke schmücken das moderne Restaurant auf 3 Ebenen. Gute Auswahl an einfachen bis hin zu mehr aufwendigeren Gerichten. Gute Cocktails, vernünftige Preise, aber Reservierung erforderlich.

Break for the Border, 2 Johnston's Pl., Lower Stephen St., Dublin 2, 💻 www.breakforthe border.com. Super-Pub auf mehreren Ebenen, das Restaurant im Obergeschoss serviert sehr gute Tex-Mex-Küche zu vernünftigen Preisen und mit Blick auf die tief unten gelegene Tanzfläche.

Café en Seine, 40 Dawson St., Dublin 2, 💻 www.cafeenseine.ie. Keine Kosten gescheut wurden bei der Ausstattung. Populär bei den „beautiful people" der irischen Hauptstadt. Gut: Steak-Sandwich oder Quiche mit Salat.

Cellar Restaurant im Merrion Hotel, Upper Merrion St., Dublin 2, 💻 www.merrionhotel.com. Entspannende Atmosphäre, gute Küche mit Produkten der Saison. Noch vernünftige Preise.

Tea Room im Clarence Hotel, 6–8 Wellington Quay, Dublin 2, 💻 www.theclarence.ie. Das Hotelrestaurant hat einen separaten Eingang in der Essex St. Klassische Gerichte. Gute hausgemachte Brote. „Market Menus" (Kombination von 5 kleineren Gerichten) sind eine Spezialität und noch relativ erschwinglich.

L'Ecrivain, 109a Lower Baggot St., Dublin 2, 💻 www.lecrivain.com. Restaurant auf zwei Ebenen. Klassisch-französische Küche mit modernem Einfluss. Spezialitäten je nach Saison, wie Austerngerichte oder Kaninchen. Die Gerichte werden individuell garniert. Tee und Kaffee in guter Auswahl. Gehobenere Preise.

Khyber Tandoori, 44 South William St., Dublin 2. Eines der älteren indisch-pakistanischen Restaurants in Dublin, nahe dem St. Stephen's Green gelegen und oft gut besucht. Nicht unbedingt billig, aber gute Qualität und ausreichende Portionen.

Mermaid Café, 69–70 Dame St., Dublin 2, ✆ 01-6708236, 💻 www.mermaid.ie. Kleineres Restaurant mit französisch und US-amerikanisch beeinflusster Küche. Täglich wechselndes Menü. Spezialitäten: New England Crab Cakes, Giant Seafood Casserole und Pecan Pie. Reservierung erforderlich.

One Pico Restaurant, 5–6 Molesworth Pl., Schoolhouse Ln., Dublin 2, 💻 www.onepico.com. Ruhig gelegenes, feines Restaurant. Klassische Küche. Traditionelle Fleischgerichte. Gerichte individuell garniert. 8-Gänge-Probiermenü, vegetarisches Menü auf Anfrage. Mittagessen und Pre-Theatre-Menüs sind preiswert.

Patrick Guilbaud, 21 Upper Merrion St., Dublin 2, 💻 www.restaurantpatrickguilbaud.net. Dublins wohl feinstes Restaurant. Beste moderne, französische Küche. Themen-Menüs wie „Meer und Land" oder „Gallic Flair". Haus-Spezialität: Ente. Die Schokoladen-Nachspeisen sind unbedingt empfehlenswert.

Pearl Brasserie, 20 Merrion St. Upper, Dublin 2, ✆ 01-6613572, 💻 www.pearl-brasserie.com. Gemütliches Restaurant im Erdgeschoss. Schwerpunkt: Fisch und Meeresfrüchte. Gutes Eis, Kaffee mit hausgemachter Schokolade. Vernünftige Preise, Reservierung ratsam.

The Porterhouse, 16–18 Parliament St., Temple Bar, Dublin 2, 💻 www.theporterhouse.ie. Pub mit Mikro-Brauerei (10 Biersorten). Probierauswahl. Speisen sind eine Kombination aus traditioneller und innovativer Küche, gut sind Beef & Guinness Kasserolle oder Irish Stew.

The Still im Dylan Hotel, Eastmoreland Pl., Dublin 4, 💻 www.dylan.ie. Restaurant im „1940er Hollywood"-Ambiente. Schmackhaftes Essen. Vernünftige Preise.

Tante Zoe, 1 Crow St., Dublin 2, 💻 www.tantezoes.com. In Temple Bar gelegenes, kleines Restaurant mit sehr guter Cajun-Küche. Kann sich enorm schnell füllen. Portionen gut, etwas teurer.

Thorntons's Restaurant, 128 St. Stephen's Green, Dublin 2, ✆ 01-4787008, 💻 www.thorntons

Klassisch irische Küche

Die irische Küche hat (etwas zu Unrecht) den Ruf, außer Kartoffeln und verkochtem Gemüse nur einfallslose Fleisch- und Fischportionen zu servieren. Weit gefehlt – es gibt mehr. Wer in Dublin richtig traditionell (und gut) irisch essen will, der hat gleich zwei Adressen in der südlichen Innenstadt zur Auswahl:

Gallagher's Boxty House, 20/21 Temple Bar, Dublin 2, 🖳 www.boxtyhouse.ie. Qualitativ gute Küche, umfangreiche Speisekarte, wegen der Lage in Temple Bar oft überlaufen.

The Pig's Ear, 4 Nassau St., Dublin 2, 🖳 www.thepigsear.ie. Etwas verstecktes Restaurant mit traditionellen irischen Favoriten, kreativ zubereitet. Und ja, Schweineohren gibt es auch.

Beide Restaurants sind eher teuer, bieten jedoch auch günstigere Menüangebote (drei Gänge zwischen 20 und 25 €, Details jeweils auf den Internetseiten).

restaurant.com. Restaurant im Fitzwilliam Hotel. Schmackhafte Gerichte. 5-, 8- oder 14-Gänge-Menüs. Besonderheit: Trüffeln. Geboten werden auch seltene Gerichte wie Ferkel und Schweinspfoten, dazu exquisite Desserts. Reservierung ratsam.

€ **Market Bar & Tapas**, Fade St., Dublin 2, 🖳 www.marketbar.ie. Einfach ausgestattete Bar in der George's Street Market Arcade. Gute, schmackhafte Portionen, dafür so gut wie keine Privatsphäre. Sehr laut.

La Peniche, Grand Canal, Mespil Rd., Dublin 4, 🖳 www.lapeniche.ie. Restaurant auf einer im Grand Canal meist festgemachten Barge (Do auch „Dinner Cruises"). Authentische französische Küche. Preislich im mittleren Bereich – bei den „Kreuzfahrten" kommen aber noch die Fahrkosten (5 €) dazu.

Silk Road Café, Chester Beatty Library, Dublin Castle, Dublin 2, 🖳 www.silkroadcafe.ie. Im Erdgeschoss des Museums gelegenes Restaurant mit exotischer Küche aus dem Mittelmeerraum und Nahen Osten. Geflügel- und Lammgerichte sowie Vegetarisches stehen täglich auf dem Speiseplan. Gute Süßwaren. Vernünftige Preise.

Yamamori, 71 South Great George's St., Dublin 2, 🖳 www.yamamorinoodles.ie. Japanisches Restaurant mit weitgehend authentischen Gerichten und guter Sushi-Auswahl. Koordination des Service bei größeren Gruppen kann hapern.

Unterhaltung und Kultur

Weitaus mehr als 90 % der Besucher Dublins werden als kulturellen Höhepunkt einen Besuch im Pub oder sogar einen „Pub Crawl" (wörtlich: Kriechen von Kneipe zu Kneipe) anstreben – so jedenfalls hat es den Anschein. Tatsächlich wäre ein Besuch in Dublin ohne einen Besuch in einem Dubliner Pub irgendwie unvollständig. Zum Glück findet sich ein Pub an jeder Ecke, einfach hineinschauen und bei Gefallen bleiben, ist die Devise. Wer sein Abend- oder Kulturprogramm jedoch etwas genauer planen möchte, der sollte sich folgende Dubliner Attraktionen samt aktuellem Programm im Vorfeld ansehen:

Theater

Abbey Theatre, 26/27 Lower Abbey St., Dublin 1, ✆ 01-8787222, 🖳 www.abbeytheatre.ie. Irlands Nationaltheater, gegründet von W.B. Yeats, das neben teilweise umstrittenen Neuproduktionen auch immer wieder ältere irische Stücke inszeniert.

Bewley's Café Theatre, 78 Grafton St., Dublin 2, ✆ 086-8784001, 🖳 www.bewleyscafetheatre.com. Kleine Bühne in dem altehrwürdigen Café, auf dem meistens ebenso kleine Stücke zur Aufführung gelangen. Manchmal hat man allerdings das Gefühl, dass das Ambiente wichtiger ist als das Geschehen auf der Bühne.

Gate Theatre, Cavendish Row, Parnell Sq., Dublin 1, ✆ 01-8744045, 🖳 www.gate-theatre.ie. Theater am nördlichen Ende der O'Connell St., das vor allem Klassiker und irische Stücke zur Aufführung bringt.

Gaiety Theatre, South King St., Dublin 2, ✆ 01-6771717, 🖳 www.gaietytheatre.ie. Dieses große und älteste Theater Dublins in der Nähe des St. Stephen's Green bietet ein sehr abwechslungsreiches Programm, das aber meistens auf einen sehr breiten Geschmack zugeschnitten ist. Am Wochenende verwandelt es sich in eine Diskothek.

Lambert Puppet Theatre, Clifton Ln., Monkstown, 01-2800974, www.lambertpuppettheatre.ie. Irlands einziges permanentes Puppentheater, seit 1972 aktiv und mit einem Programm, das nicht nur auf Kinder ausgerichtet ist.

Olympia Theatre, 72 Dame St., Dublin 2, 01-6793323. Etwas heruntergekommenes aber gleichzeitig sehr gemütliches Theater mit dem Flair einer viktorianischen „Music Hall" und einem gemischten Programm, das sich sehr stark am populären Zeitgeschmack orientiert.

Project Arts Centre, 39 East Essex St., Temple Bar, Dublin 2, 01-8819614, www.projectartscentre.ie. Kunst- und Kulturzentrum im Temple Bar, das teilweise sehr anregende experimentelle Stücke zur Aufführung bringt.

Konzerte

Button Factory, Curved St., Temple Bar, Dublin 2, 01-6709202, www.buttonfactory.ie. Konzertsaal mitten in Temple Bar und bekannt für Auftritte auch bekannter Künstler, Indie-Bands und der Stars von morgen.

International Bar, 23 Wicklow St., Dublin 2, 01-6779250. Wer genug hat von irischer Folklore oder Popsongs und Fußball auf Großbildschirm, der wird in der International Bar aufatmen. Hier beherrschen am Abend Jazz und Blues das Programm.

National Concert Hall, Earlsfort Terrace, Dublin 2, 01-4170000, www.nch.ie. Konzertsaal nahe des St. Stephen's Green mit einem recht breiten Programm vor allem klassischer Musik, u. a. spielt hier das RTÉ National Symphony Orchestra.

O2 (The Point), North Wall Quay, Dublin 1, 01-8198888, www.theo2.ie. Der führende Veranstaltungsraum für große Konzerte und Produktionen in Dublin, seit 2010 über den LUAS bequem mit der Innenstadt verbunden.

Pubs

Grogan's Castle Lounge, 15 South William St., Dublin 2, 01-6779320. Einer der wirklich noch einigermaßen traditionellen Pubs in der Innenstadt, sehr beliebt bei Künstlern und allen jenen, die sich ihnen nahe fühlen. Prominenz wird man allerdings eher nicht erblicken.

Oliver St. John Gogarty's, 18–21 Anglesea St., Dublin 2, 01-6711822, www.gogartys.ie. Bunter Pub im Zentrum von Temple Bar, zeitweise absolut überlaufen und hauptsächlich von Touristen heimgesucht. Einen Blick wert ist allerdings die regelmäßig am Nachmittag stattfindende Einführung in traditionelle irische Musik und Tanz. Hier kann man leichtfüßig wie eine Elfe (oder ein Elefant) „Riverdance" unter fachlicher Anleitung nachtanzen.

Sackville Lounge, Sackville Pl., Dublin 1. Sehr kleiner Pub mit einer schönen, original viktorianischen Einrichtung, nur wenige Schritte von der O'Connell St. entfernt und dennoch nicht fest in der Hand von Touristen.

Whelan's, 25 Wexford St., Dublin 2, 01-4780766, www.whelanslive.com. Wahrscheinlich der beste Platz in Dublin, um neue (oder auch bekannte) Singer-Songwriter zu erleben. Unter anderem Oscar-Preisträger Glen Hansard ging hier zeitweise ein und aus.

Legendär: O'Donoghue's

Wer an irischer Musik interessiert ist, der kommt am **O'Donoghue's Pub**, Merrion Row 15, 01-6607194, www.odonoghues.ie, nicht vorbei. Dies ist im Kern ein immer noch traditioneller, relativ kleiner Pub, in dem regelmäßig irische Folklore gespielt wird. Legendär wurde die Gastwirtschaft dadurch, dass hier die irischen Folk-Legenden „Dubliners" ihren ersten gemeinsamen Auftritt hatten. Dank eines Fehlers in der Druckerei angekündigt als Ballett-Truppe – der Unterschied zwischen Ballett und Ballade schien dem Setzer nicht unbedingt geläufig zu sein. Im O'Donoghue's spielte im Laufe der Zeit so ungefähr jeder Musiker, der in der irischen Folk-Szene Rang und Namen hat. Ein Geheimtipp ist die Kneipe jedoch schon seit Jahrzehnten nicht mehr und viele Besucher, die hier ein unverfälschtes Folklore-Erlebnis erwarten, zeigen sich mehr oder minder enttäuscht. Und dennoch: Das O'Donoghue's bietet auch heute noch ein sauber gezapftes Pint und ein sehr gutes Musikprogramm.

George, 89 South Great George's St., Dublin 2, ✆ 01-4782983. Dublins beliebteste Schwulenkneipe, in der jedoch auch durchaus „Normalos" willkommen sind. Die Betonung liegt auf Spaß, einen Besuch wert sind die Bingoabende am Sonntag ab 18.30 Uhr.

Dublin

Kino

Irish Film Centre, 6 Eustace St., Dublin 2, ✆ 01-6795744, 💻 www.irishfilm.ie. Vielleicht der beste Ort in Dublin, um sich Filme jenseits der aktuellen Hollywood-Trends anzusehen. In bester Programmkino-Tradition wechseln sich Klassiker und Avantgarde ab. Sehr oft sind auch irische Produktionen zu sehen, die außerhalb der Insel so gut wie unbekannt bleiben.

Feste und Festivals

Januar

Das **Temple Bar Trad Fest**, 💻 www.templebartrad.com, Ende Januar/Anfang Februar, ist ein Festival traditioneller irischer Musik mit gemischtem Programm im „Vergnügungsviertel" Temple Bar (s. S. 137). Aufführungsorte sind z. B. die Christchurch Cathedral und die Button Factory in der Curved St.

Februar

Im Februar findet das **Jameson Dublin International Film Festival**, 💻 www.jdiff.com, statt, das sich teilweise an den großen Filmfestivals orientiert, aber nicht immer auch die großen Namen anzieht.

März

Das **Saint Patrick's Festival,** 💻 www.stpatricksfestival.ie, ist eine knapp siebentägige, stark kommerzialisierte Festlichkeit rund um den 17. März. Höhepunkt ist die Parade durch die Innenstadt am St. Patrick's Day selbst, die jedoch eher US-amerikanisch als „echt irisch" wirkt. Was nicht wundert: Die Idee wurde aus den USA importiert.

Mai

Das **Heineken Green Energy Festival**, 💻 www.heinekenmusic.ie, verwandelt seit einigen Jahren die Gärten am Dublin Castle in eine Konzertarena – zieht auch große Namen der Indie-Szene an und ist so eine gute Ergänzung zum oft vom Mainstream geprägten Konzertprogramm der Stadt.

Juni

Genießer lieben es: **Taste of Dublin**, 💻 www.tastefestivals.ie, das Gourmetfestival im Juni, bei dem zahlreiche bekannte Köche in den Iveagh Gardens (s. S. 143) ihr Können unter Beweis stellen. Nicht unbedingt zum „Sattessen" geeignet.

Am 16. Juni, dem **Bloomsday**, 💻 www.jamesjoyce.ie, feiert Dublin James Joyces *Ulysses* und vor allem sich selbst. Das Fest beginnt regelmäßig am Martello Tower in Sandycove (s. S. 175).

August

Ein Muss für den Pferdefreund ist die **Dublin Horse Show**, 💻 www.dublinhorseshow.com, im August. Springreitturnier und mehr …

September

All-Ireland Finals, 💻 www.gaa.ie, ein wichtiges Event. Jedes Jahr am 1. und 3. Wochenende im September finden im Croke Park die Finalspiele der Counties um die Trophäen im Fußball und Hurling statt. Touristen geraten hier nur zufällig oder mit viel Glück hinein, da das ausgeklügelte Vorverkaufssystem die Vorbestellung von Tickets fast unmöglich macht.

Das **Dublin Fringe Festival**, 💻 www.fringefest.com, im September ist ein „alternatives" Theaterfestival mit viel Kleinkunst und Produktionen, die immer wieder das Publikum schockieren. Teilweise treten hier die „Stars von Morgen" auf.

Ende September und Anfang Oktober findet das **Dublin Theatre Festival**, 💻 www.dublintheatrefestival.com, statt, ein mehr traditionelles Theaterfestival mit interessanten Produktionen und einigen großen Namen.

Oktober

Der **Dublin Marathon**, 💻 www.dublinmarathon.ie, ist das Laufereignis Ende Oktober, am letzten Montag des Monats. Für Zuschauer am interessantesten ist der Start, wenn teilweise bunt kostümierte Athleten loslaufen.

Dezember

Dezember, das ist die Zeit des **Christmas Market**, 💻 www.dublindocklands.ie, in den Dublin Docklands. Irlands Version eines deutschen Weihnachtsmarktes, ein stark kommerzielles Event mit hohen Preisen.

Einkaufen

Wer in Dublin auf Shoppingtour geht, sollte bedenken, dass hier die internationalen Marken oft um 10–30 % teurer sind als auf dem Kontinent.

Die zwei **Haupteinkaufsstraßen** von Dublin sind die **Henry Street** (abzweigend von der O'Connell St. am GPO) und die **Grafton Street** (zwischen St. Stephen's Green und Trinity College). Insgesamt ist die Grafton Street vielleicht einen Tick nobler mit mehr Boutiquen und dem altehrwürdigen Kaufhaus **Brown-Thomas** (dessen Weihnachtsdekoration der Schaufenster jedes Jahr ein Erlebnis ist). Dafür hat die Henry Street die ebenso alteingesessenen Kaufhäuser **Arnott's** und nebenan (auf der O'Connell St.) **Clery's**.

Ansonsten spielt sich der Einkaufsbummel der meisten Iren in großen Zentren ab, die fast an nordamerikanische Malls erinnern.

Kaufhäuser und Einkaufszentren

In der Innenstadt

ILAC Shopping Centre, 💻 www.ilac.ie, zwischen Henry St. und Parnell St.

Jervis Centre, 💻 www.jervis.ie, Mary St., Ecke Jervis St.

Stephen's Green Shopping Centre, 💻 www.stephensgreen.com, am St. Stephen's Green.

Powerscourt Town House, 💻 www.powerscourtcentre.com, zwischen William St. und Clarendon St. (s. S. 138)

George Street Arcade, 💻 www.georgesstreetarcade.ie, zwischen South Great George's St. und Drury St.

Außerhalb der Innenstadt wachsen die Malls fast ins Unermessliche, auf der grünen Wiese (oder ehemaligem Industriegelände) wurden drei der größten Einkaufszentren Europas errichtet:

Blanchardstown Centre, 💻 www.blanchardstowncentre.ie, erreichbar mit Buslinie 39 und 70 von der Innenstadt.

Dundrum Town Centre, 💻 www.dundrum.ie, erreichbar mit LUAS (Green Line) von der Innenstadt.

Liffey Valley Centre, 💻 www.liffeyvalley.ie, erreichbar mit Buslinien 25 oder 66 von der Innenstadt.

Märkte

Food Markets, jeden Sa in Temple Bar, Meeting House Sq., 10–16.30 Uhr, jeden So in Dún Laoghaire, People's Park, 11–16 Uhr.

Buchmarkt in Temple Bar, Temple Bar Sq., Sa und So 11–18 Uhr. Buchliebhaber können hier unter Umständen fündig werden, vielfältiges, gemischtes Angebot.

Designer Markt in Temple Bar, Cow's Ln., Sa 10–17 Uhr. Coole Designerartikel werden hier zu günstigen Preisen angeboten.

„Peoples Art", 💻 www.peoplesart.ie. Gemälde verschiedenster Richtungen sieht man an mehreren Sommerwochenenden an den Gittern des St. Stephen's Green hängen. „Peoples Art" dient als reine Ausstellung und auch Verkaufsschau unbekannterer Künstler.

Buchhandlungen

Dublin als Literaturzentrum sollte natürlich auch erwähnenswerte Buchhandlungen haben, leider sind einige aber in den letzten Jahren geschlossen worden. Schon in Joyces Werken wird jedoch **Hodges-Figgis**, 56–58 Dawson St., Dublin 2, erwähnt – heute gehört der sich über mehrere Stockwerke und in verwinkelter Architektur ausbreitende Laden zur Waterstones-Gruppe, bietet aber vielleicht die beste Buchauswahl in Dublin. Unbedingt die „Billigecke" im Keller besuchen!

Irlands größter unabhängiger Buchladen ist **Chapters**, Ivy Exchange, Parnell St., 💻 www.chapters.ie. Die Auswahl ist einfach überwältigend und die Sonderangebote sind beeindruckend, auch die Auswahl an Büchern, CDs und DVDs aus zweiter Hand lässt sich sehen.

Musik

Claddagh Records, 2 Cecilia St., Temple Bar, Dublin 2, 💻 www.claddaghrecords.com. Hier gibt es eine gute Auswahl irischer Musik auf CD (und DVD).

Celtic Note, 12 Nassau St., Dublin 2, 💻 www.celticnote.com. Ebenfalls gutes Sortiment an irischer Musik.

Walton's, 69 South Great Georges St., Dublin 2, 💻 www.waltons.ie. Wer sich für irische Musik „zum Selbermachen" interessiert, findet sowohl Tin Whistles wie auch Bodhrans in zahlreichen Souvenirgeschäften. Ein wesentlich anspruchsvolleres Angebot hat dagegen Walton's. Hier bekommt man von der Blechflöte bis zur Konzertharfe wirklich alles, inklusive Noten und Lehrbüchern.

Kunsthandwerk und Souvenirs

Eine breite Auswahl an Designerstücken und Kunsthandwerk bieten vor allem drei (schon Kaufhaus-ähnliche) Geschäfte in der Nähe des Trinity College:

Avoca, 11–13 Suffolk St., Dublin 2, ✆ 01-6774215, 💻 www.avoca.ie. Das Angebot umfasst schwerpunktmäßig Textilien, aber auch andere Artikel, sehr gutes Café.

Designyard, 48–49 Nassau St., Dublin 2, ✆ 01-4741011, 💻 www.designyard.ie. Teilweise etwas „kalt", nüchtern wirkend und vor allem auf Schmuck und Skulptur spezialisiert.

Kilkenny Shop, 6 Nassau St., Dublin 2, ✆ 01-6777066, 💻 www.kilkennyshop.com. Wahrscheinlich das größte Kaufhaus für Kunsthandwerk in Irland, leider oft durch hier eintreffende Busladungen von vor allem asiatischen und nordamerikanischen Touristen überlaufen. Café im Obergeschoss.

Wer letzten Endes noch Souvenirs benötigt: Fast überall in Dublin sind die Läden von **Carroll's**, 💻 www.carrollsirishgifts.com, zu finden. Von Kitsch bis zu Keksen, von Guinness-Fanartikeln bis zu Golfsocken bekommt man hier alles, was die Erinnerung an Irland wachhält.

Touren

Stadtrundfahrten und -rundgänge

Am beliebtesten sind die **Hop-On-Hop-Off-Touren in Doppeldeckerbussen**, die in einem Rundkurs an allen wichtigen Sehenswürdigkeiten anhalten und den ganzen Tag genutzt werden können. Die einfachste Zusteigemöglichkeit besteht in der O'Connell St., grundsätzlich kann man jedoch auch an jeder Station zusteigen und ein Ticket (gilt 1 Tag, 16 €) beim Fahrer kaufen. Die zwei großen Anbieter sind **Dublin Bus**, 💻 www.dublinsightseeing.ie, und **Dualway**, 💻 www.irishcitytours.com – die Routen sind fast identisch und beide Firmen bieten sowohl mehrsprachigen Kommentar „aus der Konserve" oder englischen Live-Kommentar an. Der Vorzug ist dem Live-Kommentar zu geben, wenn die Sprachkenntnisse ausreichen: Zum einen ist dieser wesentlich spontaner, zum anderen ist die Qualität der Kopfhörer in den multilingualen Bussen oftmals sehr, sehr schlecht.

Eine ungewöhnliche Stadtrundfahrt ohne Aussteigen inkl. einer Tour im Grand Canal Dock bietet **Viking Splash Tours** (s. S. 144) an.

Die interessanteste Tour durch Dublin ist die mit dem **Ghostbus**, 💻 www.dublinsightseeing.ie, 28 €, der erst am Abend fährt und die Gäste dann mit Schauspielern und nächtlichen Friedhofsbesuchen zum Erschauern bringt. Ein Erlebnis für sich, auch wenn man nicht unbedingt das typische Dublin der Tourismuswerbung sieht. Am besten macht man die Tour allerdings im Winter, im Sommer ist es für den echten Gruseleffekt einfach noch zu hell.

Wer Dublin zu Fuß erkunden möchte, der kann sich einem **Stadtrundgang** anschließen – die vielleicht beste Auswahl bietet **Hidden Dublin Walks**, 💻 www.hiddendublinwalks.com, von ganz normalen Führungen bis zu schaurigen Nachttouren. Oder man entscheidet sich für eine Stadtwanderung mit **Pat Liddy**, 💻 www.walkingtours.ie – der Geschichts- und Architekturexperte hat wirklich Dublins schönste und interessanteste Ecken im Programm.

Die im Moment vielleicht ungewöhnlichste Tour durch Dublin bietet dagegen **GlideTours**, 💻 www.glidetours.ie, die Docklands oder der Phoenix Park werden auf einem Segway (Elektroscooter mit zwei parallelen Rädern) durchquert. Training inklusive, nicht jedermann kann sich sofort auf dem (an sich sicheren) Vehikel wohlfühlen.

Bootsfahrten

Liffey River Cruises, Bachelors Walk, Dublin 1, ✆ 01-473000, 💻 www.liffeyrivercruises.com, fährt regelmäßig den Fluss auf und ab, s. S. 136.

Barge MV Cadhla, Charlemont Place Jetty, Dublin 6, ✆ 01-4979519, 💻 www.citycanal cruises.ie. Sie kreuzt auf dem Grand Canal, man sieht eher die weniger bekannten (wenn auch recht interessanten) Ecken Dublins direkt am Kanal.

Sea Safari, ✆ 01-6688113, 💻 www.seasafari.ie. Wer es aufregend mag, der ist hier richtig. Von verschiedenen Anlegern (u. a. Docklands) werden rasante Touren mit schnellen Booten durch die Dublin Bay gestartet, mit sachkundigen Führern und der Chance, auch Robben und Delphine zu sehen.

Kutschfahrten

Am St. Stephen's Green stehen in der Sommersaison **offene Kutschen**, mit denen Rundfahrten durch die Innenstadt möglich sind. Wegen der hohen Verkehrsdichte allerdings nicht immer ein uneingeschränktes Vergnügen.

Sonstiges

Autovermietungen

Die Autovermietungen haben einen Sitz am Flughafen, es besteht aber auch die Möglichkeit, in der Stadt selbst ein Auto anzumieten. Infos dazu auf den Websites, s. S. 83.

Internetcafés

Internetcafés findet man im Bereich der O'Connell Street und in Temple Bar – zum Teil gibt es auch in Einkaufszentren und Hotels Terminals mit Geldeinwurf.

Medizinische Versorgung

Wer einen Arzt aufsuchen (General Practitioner, GP) oder die Notfallaufnahme eines Krankenhauses (Accident and Emergency, A&E) in Anspruch nehmen muss, bekommt die entsprechenden Adressen und Telefonnummern der nächstgelegenen Praxis oder Klinik in seiner Unterkunft.

Die wichtigsten Krankenhäuser mit Notfallaufnahme im Innenstadtbereich sind:

Mater Hospital, Eccles St., Dublin 7, ✆ 01-8032000.

St. Vincent's Hospital, Elm Park, Dublin 4, ✆ 01-2214000.

Zur medizinischen Versorgung s. auch S. 59.

Notfall

Bei einem akuten Notfall rufen Sie **Rettungsdienst**, **Polizei** oder **Feuerwehr** unter der europäischen Notfallnummer ✆ **112** oder der irischen ✆ **999**. Sie werden dann zuerst mit einem Mitarbeiter verbunden, der nach der Art des Notfalls, dem gewünschten Dienst und der Region, in der Sie sich befinden, fragt. Danach wird dann die Verbindung in die jeweilige Leitstelle weitergeschaltet. Weitere Hinweise s. S. 68.

Polizei

Stationen der Garda, 💻 www.garda.ie, sind mit einer deutlichen Beschriftung und einer blauen Laterne gekennzeichnet – nicht alle sind jedoch 24 Stunden besetzt. Die in der Dubliner Innenstadt wichtigsten Stationen sind:

Pearse Street Garda Station, 1–6 Pearse St. (gegenüber Trinity College), Dublin 2, ✆ 01-6669000.

Store Street Garda Station, Store St. (gegenüber Busaras), Dublin 1, ✆ 01-6668000.

Post

Das komplette Spektrum aller Postdienstleistungen deckt das **General Post Office**, O'Connell St., ab, allerdings verkaufen auch viele kleinere Postämter (Liste auf 💻 www.anpost.ie) und auch Ladengeschäfte Briefmarken. Postkästen sind grün und im Innenstadtbereich häufig zu finden. S. dazu auch S. 66.

Radverleih

Dublin lässt sich auch mit dem Fahrrad erkunden – wobei man die Innenstadt besser meiden sollte. Gut ausgebaute Wege bestehen jedoch etwa an der nördlichen Küste nach Howth und im Phoenix Park. Der beste Vermieter ist **Phoenix Park Bike Hire** direkt am Park Gate, ✆ 086-2656258, 💻 www.phoenixparkbikehire.com, Tagesmiete 20 €. Eine Alternative sind die

Dublin Bikes, 💻 www.dublinbikes.ie, eigentlich eine Nahverkehrsinitiative, die aber über ein 3-Tages-Ticket (2 €) auch für Besucher nutzbar wurde. Nachteil des Systems ist eine Beschränkung auf die Innenstadt, eine Abhängigkeit von der tatsächlichen Verfügbarkeit an den Mietstationen und eine Bevorzugung von Kurzzeitmietern – acht Stunden sind bei Phoenix Park Bike Hire schon günstiger.

Informationen

Dublin Tourism Information Centre, Suffolk St., Dublin 2, ✆ 01-6057700, Infos auch unter 💻 www.visitdublin.com. Die zentrale Tourist Information ist von 9 (So, Fei 12) bis mind. 17 Uhr geöffnet.
Weitere Infoschalter:
Dublin Tourism Office O'Connell Street, 14 Upper O'Connell St., Dublin 1.
Dublin Tourism Office Airport, Arrivals Hall.
Dublin Tourism Office Dún Laoghaire, Ferry Terminal, Dún Laoghaire.

Dublin Bus: Netzkarten

3-Day Freedom Ticket – die einzige als „Tourist Ticket" ausgewiesene Karte bietet 72 Stunden uneingeschränkte Benutzung aller Busse von Dublin Bus (inkl. Airlink Bussen) und der Dublin Bus Tour (Stadtrundfahrt). Letztere ist vielleicht die einfachste Möglichkeit, alle wichtigen Sehenswürdigkeiten schnell und ohne Umwege zu erreichen. Kostenpunkt: 26 €.

€ **Rambler Ticket** – berechtigt zur Benutzung aller regulären Busse von Dublin Bus, gilt aber nicht auf den Nachtbussen (Nitelink) oder der Dublin Bus Tour. Der Vorteil gegenüber dem Freedom Ticket: flexiblere Gültigkeit und günstigerer Preis. Allerdings muss man sich im Gegenzug mehr mit dem Busnetz Dublins befassen, um etwa nach Kilmainham oder zur Guinness-Brauerei zu kommen. Kosten je nach Geltungsdauer: 1 Tag 6 €, 3 Tage 13,30 €, 5 Tage 21 €.

€ **Rambler Family Ticket** – eine Alternative schon für Paare, ein Tag Benutzung aller regulären Busse für bis zu zwei Erwachsene und bis zu vier Kindern 10,50 €.

Nahverkehr

Stadtbus

Nahezu das gesamte Busverkehrssystem wird von **Dublin Bus**, 💻 www.dublinbus.ie, mit seiner gelb-blauen Flotte bedient, private Buslinien verkehren nur auf wenigen Strecken, vor allem als Pendlerbusse oder Zubringer zum Flughafen. Nachteil des Busnetzes ist, dass die gesamte Verkehrsplanung sternförmig von der Innenstadt erfolgt und Querverbindungen kaum oder mit sehr geringer Frequenz vorhanden sind.
Die meisten Buslinien kommen irgendwie in die Nähe der Liffey; an den Quays, in der Abbey Street und O'Connell Street gibt es die meisten Haltestellen (gekennzeichnet mit einem „Lolli", auf dem das stilisierte „db" zu sehen ist). Am Busaras dagegen fahren nur die Flughafenbusse von Dublin Bus ab, ansonsten ist der Busbahnhof den weiß-roten (und im Stadtverkehr nicht nutzbaren) Überlandbussen vorbehalten.
Wer den Bus mehr als einmal am Tag benutzen will, kommt meist mit einem Tagesticket oder einem Mehrtagesticket gut zurecht, **Tickets** und brauchbare **Buspläne** gibt es im Büro von Dublin Bus auf der O'Connell Street. Einfache Fahrten im Innenstadtbereich kosten ohne solch ein Tagesticket bis zu 2 €.

LUAS

Im Innenstadtbereich verkehrt der **LUAS**, 💻 www.luas.ie, Dublins moderne Straßenbahn. Derzeit hat der LUAS nur zwei Strecken, die eigentümlicherweise nicht miteinander verbunden sind und eigentlich nur den südlichen Vororten zum Nutzen gereichen.
Die **Red Line** führt von Connolly Station über den Busaras (hier beginnt auch ein Abzweig in die Docklands und zum Veranstaltungszentrum „O2") durch die Abbey Street und am National Museum in den Collins Barracks vorbei bis nach Tallaght. Sie ist durch ihre Verbindung zwischen Innenstadt und Phoenix Park (Heuston Station) am ehesten für den Touristen interessant, die einfache Fahrt kostet ca. 2 €.
Die **Green Line** beginnt am St. Stephen's Green und zieht sich am großen Dundrum Shopping Centre vorbei bis nach Sandyford.

Dublin Nahverkehr

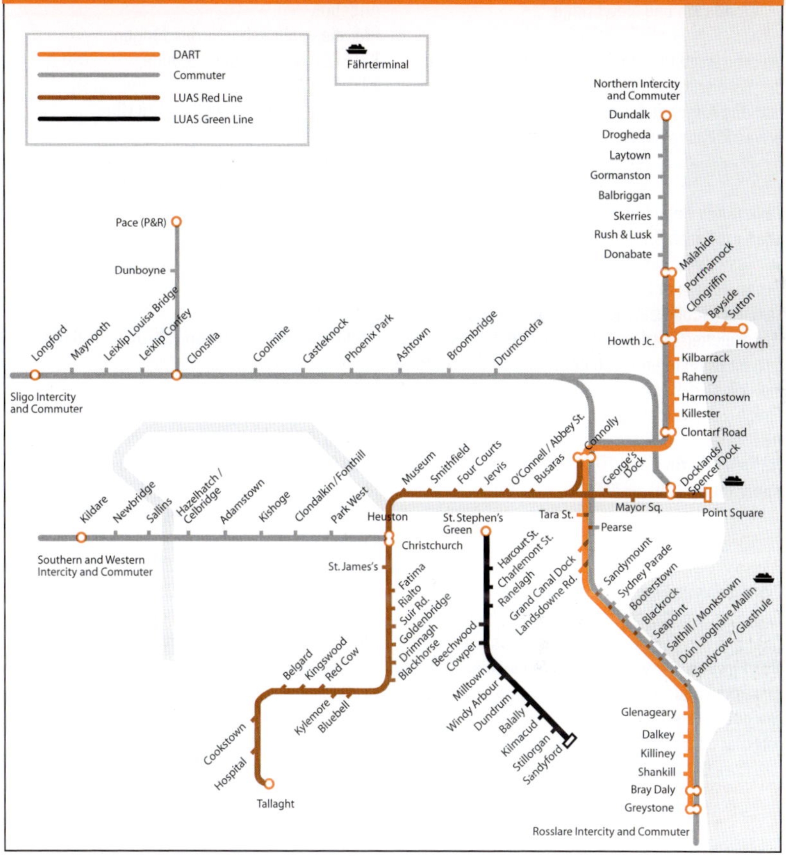

DART und Commuter Services

Wichtigste Bahnstrecke in Dublin ist der **DART**, 💻 www.dart.ie, eine Art S-Bahn zwischen Malahide oder Howth nördlich und Greystones südlich von Dublin. Der DART verkehrt tagsüber etwa alle 20 Min. In der Innenstadt sind Connolly Station, Tara St. und Pearse Station die wichtigsten Haltepunkte. Die interessantesten Ziele liegen auf dem südlichen Abschnitt: Blackrock, Dún Laoghaire, Dalkey, Killiney und Bray. Rückfahrttickets gibt es auch am Automaten.

Zusätzlich besteht der **Vorortverkehr** (Commuter Services) auf dem Fernstreckennetz. Die Linien hier sind:

- Connolly Station bis Dundalk über (u. a.) Malahide, Skerries, Balbriggan und Drogheda
- Connolly Station bis Mullingar über (u. a.) Drumcondra, Ashtown, Clonsilla, Leixlip und Maynooth

- Connolly Station bis Arklow über (u. a.) Dún Laoghaire, Bray und Wicklow
- Heuston Station bis Kildare über (u. a.) Clondalkin und Newbridge

Wichtig ist zu beachten, dass die Frequenz der Vorortzüge am Berufsverkehr orientiert ist und das Angebot daher für Touristen nur mit etwas Planung sinnvoll nutzbar ist.

Taxi

Taxistände befinden sich am Flughafen, an allen größeren Bahnhöfen und Einkaufszentren sowie in der Innenstadt etwa am St. Stephen's Green oder in der O'Connell Street. Ist das Taxi frei (Schild beleuchtet), kann es auch per Handzeichen herangerufen werden. Soll ein Taxi im Hotel telefonisch bestellt werden, sollte man dies am besten der Rezeption überlassen. Einige verlässliche Unternehmen:
ABC Taxis, ✆ 01-2855444;
National Radio Cabs, ✆ 01-6772222;
Xpert Taxis, ✆ 01-6670777.

Transport

Busse

Eigentlich alle Fernverbindungen ab Dublin beginnen am **Busaras**, direkt neben dem Customs House, hier starten die Busse von **Bus Éireann**, 💻 www.buseireann.ie, ins gesamte Land.
Die günstigsten Fahrpreise erhält der, der im Internet vorbestellt hat, hier ist der reguläre Fahrpreis angegeben. Bus Éireann bietet auch Buspässe (s. S. 168) speziell für Touristen an, die Webseite gibt Auskunft über das aktuelle Angebot.
Hier die wichtigsten Verbindungen:
BELFAST, tgl. zur vollen Stunde, 2 1/2 Std., 15 €.
CORK, 6x tgl. zwischen 8 und 18 Uhr, 4 1/2 Std., 13 €.
DONEGAL, 9x tgl. zwischen 7 und 24 Uhr, 4 Std. 20 Min., 19,50 €.
GALWAY, tgl. zwischen 7 und 21 Uhr zur vollen Stunde, 3 1/2 Std., 15 €.
KILLARNEY mit Umsteigen in Limerick, 5x tgl. zwischen 8.30 und 16.30 Uhr, mind. 5 1/2 Std., 25,50 €.
LIMERICK, stdl. zwischen 7.30 und 18.30 Uhr, zusätzlich 20 Uhr, 3 Std. 40 Min., 11 €.
MONAGHAN, mind. 16x tgl. zwischen 6.15 und 22.45 Uhr, 2 Std., 13,50 €.
ROSSLARE HARBOUR, stdl. zwischen 5.30 und 21.30 Uhr, auch Nachtbusse, 3 Std. 20 Min., 18,50 €.
SLIGO, mind. 5x tgl. zwischen 8 und 20.45 Uhr, 4 Std., 19 €.
TRALEE, mit Umsteigen in Limerick, tgl. alle 2 Std. zwischen 7.30 und 17.30 Uhr, etwa 5 Std., 25,50 €.
WATERFORD, mind. 7x tgl. zwischen 7.15 (So 10) und 20 (So 21.30) Uhr, mind. 3 Std., 13,50 €.

Mit dem Fahrradtaxi unterwegs

Umweltschonend sind die eigentümlichen „Fahrradtaxis", die vom Frühjahr bis zum Herbst in der Innenstadt verkehren und bis zu zwei Personen zwischen den Haltepunkten kostenlos befördern. Getragen von Werbeeinnahmen sollen diese ein „alternatives Verkehrssystem" promoten. Ein wenig abenteuerlich zwischen den Doppeldeckerbussen ist es schon ... die Pedalmobile können am **St. Stephen's Green**, am Nordende der **Grafton Street** und in der **O'Connell Street** bestiegen werden. Trinkgeld ist willkommen!

Fernbusse vom Flughafen

Ardcavan, 💻 www.ardcavan.com, bietet Verbindungen Mo–Sa vom Flughafen über das Stadtzentrum Dublin nach GOREY, ENNISCORTHY und WEXFORD.
Aircoach, 💻 www.aircoach.ie, Verbindungen nach BELFAST und CORK.
Bus Éireann, 💻 www.buseireann.ie, die meisten Fernverbindungen laufen über den zentralen Busbahnhof Busaras, erreichbar mit Dublin Bus Airlink 747 oder 748.
Citylink, 💻 www.citylink.ie, tagsüber stdl. Direktverbindung nach GALWAY.
Dublin Coach, 💻 www.dublincoach.ie, 16 Verbindungen am Tag nach PORTLAOISE, Stationen auf der Strecke sind Naas, Newbridge, Kildare und Monasterevin.

GoBus, 💻 www.gobus.ie,
mehrere Verbindungen tgl. nach GALWAY über Dublin Stadtzentrum.

John McGinley Coaches, 💻 www.johnmcginley.com, Verbindungen nach ARDEE, MONAGHAN, OMAGH und weiter nach DONEGAL.

JJ Kavanagh Coaches, 💻 www.jjkavanagh.ie, tgl. Verbindungen nach KILKENNY, CLONMEL, LIMERICK, WATERFORD und TRAMORE.

Wexford Bus, 💻 www.wexfordbus.com, tgl. Verbindungen nach WEXFORD über Gorey, Camolin, Ferns und Enniscorthy.

Eisenbahn

Dublins Hauptbahnhöfe sind **Connolly Station** im nordöstlichen Zentrum, Amiens St, und **Heuston Station** im Westen. Von hier bestehen diverse Verbindungen in die Provinzen und nach Nordirland. Die genauen Fahrpläne und vor allem preisgünstige Tickets sind im Internet bei **Irish Rail**, 💻 www.irishrail.ie, erhältlich. Die wichtigsten Linien ab Dublin sind:

Dublin – Wicklow – Arklow – Gorey – ROSSLARE
Dublin – Kildare – Carlow – Kilkenny – WATERFORD
Dublin – Kildare – Portarlington – Limerick Junction – Mallow – CORK/bzw. KILLARNEY
Dublin – Kildare – Portarlington – Limerick Junction – Limerick – ENNIS
Dublin – Kildare – Portarlington – Athlone – GALWAY
Dublin – Kildare – Portarlington – Athlone – Manulla Junction – WESTPORT/bzw. BALLINA
Dublin – Mullingar – Longford – SLIGO
Dublin – Drogheda – Dundalk – Newry – BELFAST

Flüge

Rund 13 km nördlich vom Stadtzentrum liegt der Flughafen von Dublin, ✆ 01-814111, 💻 www.dublinairport.com. Von hier aus starten Maschinen in alle Welt. Am Ausgang stehen Taxis bereit, die einen nach der Ankunft in die Innenstadt bringen (Kostenpunkt rund 35 €). Für Kleingruppen kann ein Großraumtaxi mit 7 Sitzen eine gute Alternative zu den Flughafenbussen sein.

Flughafentransport

Dublin Airport ist im öffentlichen Nahverkehr ausschließlich mit dem Bus erreichbar.

Dublin Bus: Linie 16A bietet ab der O'Connell St. zwischen 6.40 Uhr und kurz vor Mitternacht eine lange Fahrt mit vielen Zwischenstopps, 2,70 €. Schneller (und etwa doppelt so teuer) sind die Busse 746, 747 und 748 (Airlink), die den Flughafen direkt mit der Innenstadt verbinden (O'Connell St. oder Busaras, verkehren zwischen 5.10 und 23.30 Uhr). Infos unter 💻 www.dublinbus.ie.

Aircoach bietet rund um die Uhr bequeme Verbindungen vom Flughafen in die Innenstadt (Haltestellen vor großen Hotels) und weiter ins südliche Dublin bis nach Greystones. Fahrtpreis etwa 6 €. Infos unter 💻 www.aircoach.ie.

FlyBus verbindet tagsüber den Flughafen, das Liffey Valley Shopping Centre und Tallaght, keine Innenstadtverbindung. Infos unter 💻 www.flybus.ie.

UrBus verkehrt tagsüber zwischen Flughafen und Swords bzw. Castleknock (Phoenix Park) und Blanchardstown Shopping Centre, ebenfalls keine Innenstadtverbindung. Infos unter 💻 www.urbus.ie.

Nördlich von Dublin

Verlässt man Dublin in nördliche Richtung, kommt man rasch in sehr ländliche Gegenden und selbst die noch dicht an der Stadt liegenden Vororte haben sich eine gewisse Eigenständigkeit bewahrt. Howth und Malahide etwa sind Kleinstädte für sich und locken mit ganz eigenen Reizen.

Howth und Umgebung

Der alte Fischerort **Howth** ist mit dem DART leicht zu erreichen und daher ein beliebtes Ausflugsziel der Dubliner, die an Sommerwochenenden die Fahrt hierher in vollen Zügen genießen. Der Status als Ausflugsort zeigt sich schon in der Restaurantdichte, sogar der Ausgang des Bahnhofs führt praktisch durch einen Pub. Hat man den Bahnhof verlassen, wendet man sich

Howth – das Baily Lighthouse sichert die Zufahrt zum Dubliner Hafen.

nach links und kann den Ort erforschen. Scharf links liegt der Fischereihafen, schnell erkennbar an mehreren industriell genutzten Gebäuden, der großen Schiffshebeanlage und den Fischkuttern, die festgemacht am Kai liegen.

Einige Fischhändler haben ihre Läden direkt gegenüber und bieten heimische wie exotische Fische zum Verkauf an. Selbstversorger können sich hier mit frischem Fisch eindecken, für alle anderen Besucher lohnt zumindest ein Blick ins Schaufenster. Wer allerdings mit totem Fisch wenig anfangen kann, der sollte sich auf die Suche nach den weitaus lebendigeren Meeresbewohnern machen – im Hafenbecken tummeln sich regelmäßig einige **Robben**. Meistens warten sie opportunistisch auf Fischreste, die sowohl die Fischer wie auch die Laden- und Restaurantbesitzer publikumsgerecht im Hafenbecken entsorgen. Ein kleines Kuriosum, im wahrsten Sinne des Wortes, findet sich am Ende der Straße. Die ersten Fußstapfen König Georgs auf irischem Boden wurden hier für die Ewigkeit in Stein gemeißelt. Das Kunstwerk ist zwar etwas verwittert, macht aber deutlich, dass zumindest dieser König nicht auf großem Fuß lebte.

Obwohl der Hafenleuchtturm nur einen Katzensprung entfernt scheint, muss man auf dem Weg zu ihm den gesamten Binnenhafen umrunden, ein beliebter und erfrischender Spaziergang. In der Nähe des **Leuchtturms** findet man eine Gedenkplakette, die an den organisierten Schmuggel von Waffen für die „Irish Volunteers" erinnert – an dieser Stelle machte der Schriftsteller Erskine Childers mit seiner Jacht Asgard fest und brachte so die in Hamburg erworbenen Schusswaffen in die Hände der patriotischen Miliz. Das Howth Gun Running ist auch heute noch Teil der republikanischen Folklore. Childers selbst wurde allerdings im Irischen Bürgerkrieg nach kurzem Prozess hingerichtet – wegen illegalem Waffenbesitz. Sein Sohn, Erskine Childers Jr., wurde dagegen später irischer Präsident.

In der Nähe des Leuchtturms legen auch die Boote zur kleinen Insel **Ireland's Eye**, 💻 www.islandferries.net, ab. Nach einer nur wenige Minuten dauernden Überfahrt kann man sich dieses winzige Eiland in aller Ruhe ansehen, interessant sind die Reste einer Kirche. Die ehemalige Kirche von Kilmacnessan soll sogar einst einen Rundturm getragen haben.

Wesentlich interessanter (und einfacher zu organisieren) ist eine Wanderung hinauf zum **Summit** (Bergspitze) mit einem anschließenden Cliff Walk, also Spaziergang entlang der Klippen. Um auf die Bergspitze zu kommen, kann man einfach der Hauptstraße durch den Ort folgen oder auch einen Bus nehmen. Geht man zu Fuß, sollte man zumindest kurz die Ruine der **St. Mary's Church** mit ihren zwei Kirchenschiffen und alten Grabmälern betrachten. Direkt neben der Kirche findet man auch das kurioseste Grab Dublins, statt eines Grabsteins ragt ein Stück Eisenbahn-Schiene aus dem Boden. Hier liegt ein Unbekannter begraben, der bei den Bauarbeiten für die örtliche Straßenbahnlinie ums Leben kamen. Nach einem doch recht anstrengenden Aufstieg zur Bergspitze hat man einen sehr guten Ausblick über die Bucht von Dublin. Vom Parkplatz auf dem Summit erreicht man auch den **Wanderweg um die Klippen** herum. Hält man sich links, kommt man wieder zum Hafen zurück. Dabei sollte man auch den Ausblick auf den Leuchtturm genießen, der auf einer Klippe den Eingang zum Hafen von Dublin markiert.

Wer nach einer Tour durch Howth noch Energie hat, der kann zusätzlich noch **Howth Castle** ansehen, ein mehrfach renoviertes Gebäude, das ursprünglich aus dem 15. Jh. stammt. Das Gebäude selbst ist nicht zugänglich, die Parkanlagen, teilweise jetzt als Golfplatz genutzt, sind jedoch weitläufig. In einigen ehemaligen Wirtschaftsgebäuden ist das **National Transport Museum** (Heritage Depot, Howth Demesne, ✆ 01-8320427, 🖳 www.nationaltransportmuseum.org) untergebracht, das viele Freunde alter Autos begeistert. Allerdings ist die Sammlung so gedrängt abgestellt, dass sich eine Besichtigung nur für echte Liebhaber lohnt. 🕓 Sa–So 14–17, Juni–Aug auch Mo–Sa 10–17 Uhr, Eintritt 3 €.

Bull Island

Ein beliebtes Naherholungsgebiet für viele Dubliner ist Bull Island, ursprünglich eine nach der Errichtung der nördlichen Hafenmole entstandene Sandbank, die dem eigentlichen Ufer vorgelagert und über zwei Brücken erreichbar ist. Die Dünenlandschaft auf der Insel steht unter Naturschutz, nicht zuletzt wegen der nur hier lebenden Mäuseart. Ganz normale Mäuse hatten sich im Laufe der Zeit auf Bull Island niedergelassen, waren aber im hellen Sand schnell Beute von Raubvögeln geworden. In einem Selektionsprozess überlebten nur die hellsten Mäuse, sodass heute eine Population von hellen, sandfarbenen Nagetieren die Dünen durchstreift. Um sie zu sehen, braucht man allerdings sehr viel Geduld und vor allem sehr gute Augen. Die Beobachtung der zahlreichen Wasservögel, darunter auch im Winter hier Station machende nicht einheimische Arten, ist schon einfacher. Ein **Besucherzentrum** im nördlichen Teil der Insel gibt Hilfestellung dabei. Die meisten Besucher allerdings fahren nur wegen des Strandes auf die Insel, hier kann man stundenlang am Meer faulenzen oder wandern.

Der einzige Wermutstropfen dabei ist die Tatsache, dass Teile des Strandes von Autos befahren werden dürfen. Vorsicht beim Parken: Zu leicht kann man sich im Sand festfahren. Außerdem auf Ebbe und Flut achten! Auf Bull Island langsam im Meer verschwindende Personenwagen sind kein seltener Anblick!

St. Anne's Park

Gegenüber von Bull Island liegt auf der anderen Seite der Uferstraße der ausufernde St. Anne's Park, einer der größten öffentlichen Parks in Dublin, ehemals ein Landgut der Familie Guiness. Bekannt ist die Anlage vor allem durch ihre **Rosengärten**, die zur Blütezeit Blumenfreunde aus nah und fern anziehen. Aber auch abseits der großen Blüte ist der Park für lange Spaziergänge in gezähmter Natur ideal geeignet, neben großen Freiflächen, Kinderspielplätzen, dem hübschen Uhrturm und einigen künstlich errichteten Ruinen und antiken Tempeln ist die von der Bucht hereinwehende frische Seeluft die große Attraktion hier. Am Wochenende kann es schon einmal sehr voll sein, aber unter der Woche darf man sich oftmals Stunden alleine in einem verwunschenen Park fühlen. Der Park ist übrigens auch bei Nacht ohne Weiteres zugänglich, dies wird jedoch nicht empfohlen. Packen Sie bei Einsetzen der Dunkelheit ihre Siebensachen.

Marino Casino

Das Marino Casino, Cherrymount Crescent, Malahide Rd., Marino, ✆ 01-8331618, 🖳 www.heritageireland.ie, etwas abseits der Straße nach Dublin gelegen, ist eine Art Lustschloss, das auf einem großen Gartengelände in der Nähe des Fairview Park liegt. Die Konstruktion des 1762 errichteten Baus grenzt ans Geniale, denn nichts ist hier, wie es auf den ersten Blick scheint. Kein großer, zentraler Raum, sondern viele kleine Räume empfangen den Besucher, der das klassizistische Bauwerk durch einen Eingang in der Tempelfassade betritt. Schornsteine sieht man nicht. Doch natürlich musste in Irland, wie sollte es anders sein, trotz aller ästhetischer Erfordernisse, geheizt werden, also ließ der Architekt den Rauch der Kamine und Öfen schlicht durch die ornamentalen Vasen im Dachbereich abziehen. Das Casino ist heute noch weitgehend in seinem Originalzustand erhalten und für an Architektur interessierte Besucher Dublins ein Muss. ⌚ April–Okt tgl. 10–17 Uhr, Eintritt 3 €.

Übernachtung und Essen

Gleann-Na-Smol, Nashville Rd., Howth, ✆ 01-8322936. Kleine Pension nur 5 Min. von der Ortsmitte von Howth entfernt, nahe am Meer und mit Möglichkeit zu Klippenwanderungen. Zum Frühstück werden auch selbst gebackenes Brot und Marmelade aus eigener Herstellung serviert. ❸

Dublins schönste Kirche?

Etwas südlich von Malahide steht einsam und verlassen in der Landschaft die kleine **St. Doulagh's Church** (Malahide Rd., Balgriffin), ein mittelalterliches Kleinod, das nur wenige Touristen besuchen. Auch diese Kirche ist im Laufe der Jahrhunderte stark verändert worden. Der Kern des Gebäudes stammt aus dem 13. Jh. und hat noch ein Dach aus Stein, der Turm dagegen wurde erst rund zwei Jahrhunderte später errichtet. Die Kirche soll von Eremiten genutzt worden sein, kleine Zellen dabei als Unterkunft gedient haben. Nicht weit von der Kirche befindet sich auch noch eine Brunnenanlage, die wohl auch als Pilgerstätte in Benutzung war. Die bauliche Gestaltung ist jedenfalls recht aufwendig. ⌚ Besichtigungen im Sommer So 15–17 Uhr, Aushang an der Kirche beachten.

King Sitric, East Pier, Howth, ✆ 01-8325235, 💻 www.kingsitric.ie. Kleines Hotel, das mit dem gleichnamigen (hervorragenden) Fischrestaurant eine Einheit bildet und dessen Zimmer alle Meerblick haben. Gemütliche, traditionelle Einrichtung. Direkt am Hafen gelegen, Busse in die Dubliner Innenstadt fahren vor der Haustür ab. ❻

King Sitric Fish Restaurant, East Pier, Howth, 💻 www.kingsitric.ie. Eines der besten Fischrestaurants im Großraum Dublin, aber nicht das günstigste. Reservierung unbedingt erforderlich.

Transport

Stadtbus

Dublin Bus, 💻 www.dublinbus.ie, betreibt Buslinie 31 zwischen Howth und der Innenstadt (Eden Quay), die etwa alle halbe Stunde sowohl den Hafen als auch den höchsten Punkt „The Summit" ansteuert.

Bahn

Der **DART**, 💻 www.dart.ie, verbindet zwischen 6 Uhr und Mitternacht etwa alle 30 Min. Howth mit der Innenstadt (Connolly Station, Tara St. und Pearse Station) und dann mit Bray oder Greystones.

Malahide

Der Dubliner Villenvorort Malahide, direkt am Meer gelegen, galt lange Zeit als bevorzugte Wohngegend. Der kleine Hafen wird von Sportbooten dominiert. Den touristischen Anziehungspunkt bildet jedoch das **Malahide Castle**, ✆ 01-8462184, 💻 www.malahidecastle.com, eine durch verschiedene Umbauten eher schlossähnliche Burg mit einem großen Parkgelände (**Talbot Botanic Gardens**). Das Anwesen war bis vor einigen Jahrzehnten noch in Privatbesitz und bewohnt, dann wurde es von der Stadt Dublin gekauft und zur Besucherattraktion umgewandelt. Besichtigungen der stellenweise recht düsteren Innenräume der Burg und der Gärten sind möglich. Das Gebäude wurde mit historischen Möbeln und Gemälden aus dem Bestand der Nationalgalerie sehr überzeugend ausgestattet und vermittelt einen guten Eindruck davon, wie das Schlossleben in vergangenen Jahrhunderten aussah. ⌚ Tgl. 10–17 Uhr (Fei und So im Winter erst ab 11 Uhr), Eintritt 7,50 €.

In einem ehemaligen Wirtschaftsgebäude neben dem Schloss ist die besonders bei Kindern beliebte **Fry Model Railway**, ✆ 01-8462184, 💻 www.malahidecastle.com, untergebracht. Der Eisenbahn-Ingenieur Fry begann damit, irische Lokomotiven und Wagen im einheitlichen Maßstab 1:43 zu bauen und ein Museum der irischen Eisenbahngeschichte im Modell zu errichten. Die sich über 200 m^2 erstreckende Modellbahn, die jetzt hier in Betrieb ist, gehört weltweit mit zu den schönsten Einrichtungen ihrer Art. Getreu des Vorbilds, kann der Besucher hier verschiedene Dubliner Gebäude erkennen. ⌚ April–Sep Di–Sa 10–13 und 14–17, So 13–17 Uhr, Eintritt 6 €.

Essen

Bon Appetit, 9 St. James Terrace, 💻 www.bonappetit.ie. Luxuriös eingerichtetes Restaurant. Hohe Kochkunst und hohe Preise, wenn man zu den Hauptzeiten essen will (verbilligte Menüs am frühen Abend). Die mit einem Michelin-Stern geehrte Küche unter Leitung von Oliver Dunne kann als „kontinental" mit französischem Touch bezeichnet werden. Besonders empfehlenswert sind die Fleischgerichte mit feinstem Aberdeen Angus. Klavierspieler am Wochenende.

Swords

In der Nähe des Flughafens von Dublin gelegen, ist Swords schon fast eine Kleinstadt für sich – vor einigen Jahren war es sogar noch ein großes Dorf, bis sich hier einige internationale Firmen mit ihren Service-Niederlassungen etablierten. Für die meisten Touristen ist Swords eine Landschaft von Call Centern und unübersichtlichen Kreisverkehren, die es möglichst schnell zu durchqueren und dann zu vergessen gilt. Damit wird man allerdings dem historischen Swords nicht gerecht. Mitten im Ortskern findet der Besucher zwei Attraktionen, die ein wenig das Flair des mittelalterlichen Irland heraufbeschwören.

Stark renoviert wurde die **Burg** von Swords, die dem Erzbischof von Dublin gehörte und irgendwie den Eindruck einer gerade aufgebauten Filmkulisse vermittelt. ⌚ Mo–Do 10–12 und 13–16, Fr nur bis 15 Uhr, Eintritt frei.

Etwas versteckt neben der anglikanischen Kirche in der Church Road steht der **Rundturm** von Swords, der letzte Rest eines mittelalterlichen Klosters. Er konkurriert nicht nur mit dem Kirchturm, sondern auch mit sehr hohen Bäumen im Kirchhof selbst. Da es sich um einen der wirklich noch gut erhaltenen Türme dieser Art handelt, lohnt sich ein kurzer Abstecher schon.

Von Swords aus sind auch die am Meer gelegenen nördlichen Vororte Dublins gut erreichbar.

Lusk

Lusk ist vor allem für seine ungewöhnliche **Kirche**, die Baustile aus mehreren Jahrhunderten aufweist, berühmt. Das Kirchenschiff selbst wurde erst 1847 errichtet und diente der Church of Ireland als Gemeindekirche. Dabei wurde ein spätmittelalterlicher Kirchturm wieder verwendet. Dieser wiederum hat einen Rundturm aus dem 10. oder 11. Jh. als einen der Ecktürme inkorporiert. Das gesamte Arrangement entbehrt nicht einer gewissen Dramatik, auch wenn es teilweise etwas künstlich oder unwirklich wirken mag. Der Rundturm ist heute noch fast 27 m hoch, die konische Kappe fehlt jedoch und durch die Einbeziehung in den mittelalterlichen Turm sind einige Fenster verlorengegangen. Heute befindet sich in der Kirche das **Lusk Heritage Centre**, ✆ 01-8331618, 💻 www.heritageireland.ie. ⌚ Telefonisch erfragen, Eintritt frei.

Skerries

Auf den ersten Blick erscheint Skerries nicht übermäßig interessant zu sein, ein Spaziergang am Hafen und am Strand lässt jedoch erkennen, warum dies ein beliebtes Ausflugsziel für die Stadtbewohner von Dublin ist. Hier kann man frische Seeluft tanken, Robben beobachten, gleich mehrere **Martello-Türme** sehen, im Meer baden

Dublin

und sich hinterher in einem der zahlreichen Pubs und Restaurants wieder aufwärmen. An Wochenenden ist Skerries regelmäßig ziemlich gut besucht, wenn irgend möglich, sollte man also unter der Woche hier eintreffen.

Die auffälligste Sehenswürdigkeit des Ortes sind die **Windmühlen von Skerries**, ✆ 01-8495208, 💻 www.skerriesmills.org. Diese sind noch betriebsfähig und in ihnen wird die Technik und das Handwerk des Müllers anschaulich erklärt. Teilweise kann man auch hier gemahlenes Mehl oder frisch gebackenes Brot mitnehmen. Da mittlerweile die meisten der irischen Windmühlen verschwunden sind und nur noch einige als Museumsstücke erhalten wurden, ist diese Gruppe von Mühlen schon bemerkenswert. Besonders lohnt sich der Besuch am Samstag, dann findet auf dem Gelände zusätzlich ein Obst- und Gemüsemarkt statt. ⏲ Tgl. 10–16.30 Uhr (Winterhalbjahr bis 15.30 Uhr), Eintritt 6,50 €.

Übernachtung und Essen

Carroll's Pierhouse Hotel, The Harbour, ✆ 01-8491033, 💻 www.pierhousehotel.ie. Dieses familiengeführte Hotel mit 10 Zimmern bietet einen Ausblick aufs Meer. Leicht altmodische, teilweise klein wirkende Zimmer. ❸

Redbank House Guesthouse & Restaurant, 5–7 Church St., ✆ 01-8491005, 💻 www.redbank.ie. Das Hotel bietet 18 elegant ausgestattete Räume mit einer sehr gemütlichen Einrichtung. Hat einen ganz eigenen Charme und kann auch als Basis für einen längeren Aufenthalt dienen. ❹

Redbank House & Restaurant, 5–7 Church St., 💻 www.redbank.ie. Restaurant im ehemaligen Bankgebäude, der Tresorraum dient als Weinkeller. Gerichte werden nach lokalen Persönlichkeiten benannt. Der Dessert-Wagen ist berühmt – wer Süßes mag, sollte Platz lassen.

Vorsicht beim Baden!

Viele Strände Irlands genießt man besser als Spaziergänger denn als Badegast – das Wasser ist einfach schmutzig. Balbriggan und Skerries haben in den letzten Jahren etwa mit dem Problem zu kämpfen gehabt, dass die Wasserqualität weit unter den europäischen Mindestanforderungen blieb. Grund: menschliche Fäkalien im Wasser!

Balbriggan

In dem eher unscheinbaren Ort lädt alleine der Sandstrand zum längeren Verweilen ein. Wesentlich interessanter ist aber ein Besuch auf der **Ardgillan Demesne**, Skerries, ✆ 01-8492212, 💻 www.ardgillanskerries.com, einem sehr großen Anwesen oberhalb von Balbriggan mit schönen Aussichten aufs Meer und über die Ostküste. Das Herrenhaus ist restauriert worden, eine Besichtigung ist möglich, aber nicht unbedingt unverzichtbar. Die meisten Besucher geben sich mit einem kurzen Abstecher in das Café zufrieden und erforschen dann die ausgedehnten Parkanlagen. Diese beginnen direkt am Haus mit formellen Gärten und erstrecken sich über weite Gebiete, in denen sich immer wieder neue herrliche Aussichten bieten. ⏲ Park tgl. ab 10 Uhr bis Sonnenuntergang kostenlos, Touren durch das Haus tgl. 11–16 Uhr (im Winter Mo geschl.), Eintritt 7 €.

Nahverkehr

Stadtbus

Nahezu das gesamte Busverkehrssystem wird von **Dublin Bus**, 💻 www.dublinbus.ie, bedient, lediglich in Balbriggan gibt es einen Stadtbusverkehr von **Bus Éireann**, 💻 www.buseireann.ie (unter City/Town Services).

UrBus, 💻 www.urbus.ie, bietet eine Verbindung von Swords zum Flughafen und weiter zum Blanchardstown Shopping Centre und nach Castleknock (Phoenix Park).

Bahn

Der **DART**, 💻 www.dart.ie, verbindet Malahide und Howth mit der Innenstadt (Connolly Station, Tara St. und Pearse Station). Daneben gibt es den Vorortverkehr zwischen Connolly Station und Dundalk über (u. a.) Malahide, Skerries und Balbriggan, 💻 www.irishrail.ie.

Im Nordwesten von Dublin

Blessington Basin

Das Blessington Basin im Ortsteil Phibsboro, Blessington St., ist ein Kuriosum – früher wurde dieses Becken direkt aus dem Royal Canal gespeist und diente u. a. der Versorgung der Jameson-Destillerie mit „Frischwasser" Nachdem diese Aufgabe wegfiel, nutzten Anwohner das Reservoir recht enthusiastisch als Müllkippe. Später allerdings erkannte man das Potenzial als Naherholungsgebiet, reinigte das Wasserbecken und befestigte die Wege ringsherum, sodass sich hier heute ein kleiner, fast nur von unmittelbaren Anwohnern genutzter Park befindet.

Mountjoy Prison

Kaum noch einen Hauch von Romantik hat das Mountjoy Prison, nahe Glangarriff Parade, bekannt als zeitweise Wohnstätte des Dichters Brendan Behan und als Ort eines der spektakulärsten Gefängnisausbrüche von IRA-Häftlingen, bei dem ein gekaperter Hubschrauber einfach im Innenhof landete und Passagiere aufnahm. Das Gefängnis wurde mehrfach renoviert, sodass sein viktorianischer Charakter heute nur noch teilweise erkennbar ist. Auffallend sind die hohen Schornsteine, die hier jedoch nicht dem Rauchabzug dienen, sondern ein Teil der Ventilationsanlage sind. Zu ihrer Zeit waren sie der Inbegriff des humanen Strafvollzugs, da sie für frische Luft in den Zellen sorgten.

Mount Prospect Cemetery

Der Vorort Glasnevin ist vor allem durch eine Einrichtung bekannt, und zwar den riesigen Friedhof, auf dem mehr Dubliner begraben liegen, als die Stadt heute Einwohner hat. Der offiziell Mount Prospect Cemetery, Finglas Rd., ✆ 01-8301133, 💻 www.glasnevintrust.ie, heißende Friedhof wurde von einem Konsortium geplant und gegründet, zu dem auch der „Befreier" Daniel O'Connell gehörte. Dabei ging es aber nicht um Geld, sondern vor allem um Religion – auf den meisten Friedhöfen waren katholische Zeremonien verboten, sie gehörten fest zur anglikanischen Kirche. So schuf man dann in Glasnevin einen Friedhof, auf dem es keine Bestimmungen über das Zeremoniell gab. Und wo es keine Bestimmungen gibt, da kann man auch beliebige Zeremonien abhalten, sodass hier gewissermaßen durch die Hintertür ein „katholischer Friedhof" entstand.

Heute erstreckt sich der Friedhof mit über 1 Mio. Grabanlagen über ein nur schlecht zu überschauendes Gelände (zu dem auch eine ausgelagerte Anlage gehört) und man muss sich entweder einer geführten Wanderung anschließen oder zumindest mit dem eigentümlichen Nummerierungssystem der Grabstätten anfreunden, um bestimmte Gräber zu finden. Glücklicherweise liegen die meisten „wichtigen" Gräber in relativer Nähe zum Haupteingang. Dazu gehört u. a. das nicht zu übersehende Mausoleum von **Daniel O'Connell** selbst, auf dem die gigantische Nachbildung eines Rundturms errichtet wurde. George Petrie, der den Bau dieses Monuments als Berater begleitete, wollte keine Garantie für die strukturelle Stabilität übernehmen. Und ursprünglich sollte der Rundturm nur Teil eines patriotischen Arrangements sein, auf die geplante „typisch irische" Kapelle und ein Hochkreuz verzichtete man jedoch später. Die Grabstätten rund um den Turm und das in die Erde versenkte Mausoleum bilden die „Erste Adresse" des Friedhofs, hier findet man auch an prominenter Stelle das Grab des in London hingerichteten Patrioten **Roger Casement**.

Etwas weiter entfernt liegen sowohl **Eamon de Valera** als auch **Michael Collins** begraben, und selbst im Tod gingen sie auf Abstand voneinander. Und beide sind gleichzeitig ein gutes Stück Weg vom „Republican Plot" entfernt, in dem nebeneinander zahlreiche Patrioten und Nationalisten ihre letzte Ruhestätte fanden. Selbst wer sich mit der Geschichte des irischen Freiheitskampfes nur oberflächlich beschäftigt hat, wird hier eine Menge bekannter Namen entdecken. Ein gewisses Gefühl von „Bekanntheit" wird ein Teil der Besucher übrigens auch beim Anblick des Monuments für die Toten des Osteraufstandes empfinden, bei dem die Bildhauerin Dora Sigerson einen sterbenden jungen Mann in die Arme der personifizierten „Mutter Irland" legte – jede Ähnlichkeit mit der Pietà von Michelangelo ist nicht rein zufällig.

In vollen Kontrast dazu steht die Grabstätte des Politikers **Charles Stewart Parnell**, eine weite Rasenfläche mit einem Findling, den nur der Nachname des Verstorbenen ziert. Wo genau Parnell hier begraben liegt, das ist ein Mysterium. Gemäß seinem letzten Wunsch wurde er in einem anonymen Armengrab beerdigt. Sind diese Pflichtpunkte des Besuchs erledigt, sollte sehr viel Zeit eingeplant werden, um den Friedhof weiter zu erforschen.

Die ältesten Teile befinden sich vom Eingang aus gesehen rechts, die viktorianischen Grabstellen sind auch in ihrem teilweise stark verfallenen Zustand noch sehr sehenswert. Dabei ist auch die Friedhofsmauer zu beachten, die nicht nur sehr hoch angelegt wurde, sondern in unregelmäßigen Abständen einige Wachtürme aufweisen kann. Dies sind nicht nur stilistische Elemente, sie wurden früher von den Nachtwächtern des Friedhofs genutzt. Deren Einsatz war erforderlich, da die anatomischen Institute immer wieder einen Nachschub an frischen Leichen für die Studierenden benötigten.

Während man in den alten Teilen des Friedhofs auch einige Gräber finden kann, die einen Bezug zu den Werken von James Joyce haben (eine Episode des *Ulysses* spielt auf diesem Friedhof), wird man bei neueren Grabstätten eher die ausufernde Fantasie der Gestalter bemerken. So sind Grabsteine mit den Emblemen von Fußballclubs (meist aus der englischen Liga) keine Seltenheit. ⌚ Tagsüber frei zugänglich, Touren tgl. um 14.30 Uhr, 5 €.

National Botanical Gardens

Direkt an den Friedhof von Glasnevin grenzen die **National Botanical Gardens**, 6/7 Finglas Rd., ✆ 01-8040300, 💻 www.botanicgardens.ie, an, die mit ihrem Mitte des 19. Jhs. erbauten Palmenhaus und ihrer reichen Sammlung von einheimischen und exotischen Pflanzen ein ideales Areal für lange Spaziergänge in gepflegter Umgebung darstellen. ⌚ Tgl. 9–16.30 Uhr, im Sommer bis 18 Uhr, Eintritt 2 €.

Dunsink Observatory

Über die Dunsink Lane (abgehend von der N3, Navan Rd.) erreicht man das Dunsink Observatory, 💻 www.dias.ie, Dublins Sternwarte. Diese ist im Rahmen von „Open Nights" vor allem im Winter regelmäßig für Jedermann offen, eine Anmeldung muss jedoch unter ✆ 01-6621333 erfolgen. Die jeweils nächste Öffnung ist auf der Webseite aktuell angegeben.

Nahverkehr

Stadtbus

Dublin Bus, 💻 www.dublinbus.ie, bedient die westlichen Vororte mit hoher Frequenz, etwa Linien 38 oder 70, nach Glasnevin Linie 13 (Botanic Gardens) oder 40 (Cemetery).

Bahn

Im Vorortverkehr werden Connolly Station und Ashtown verbunden, die Frequenz ist eher gering, 💻 www.irishrail.ie.

Phoenix Park

Der weltbekannte Phoenix Park, 💻 www.phoenixpark.ie, im Westen Dublins ist einer der größten städtischen Parks überhaupt. Man sollte schon einen ganzen Tag einplanen, wenn man das Gelände zu Fuß durchwandern will.

Der Phoenix-Park ist den ganzen Tag über zugänglich, es ist jedoch nicht empfehlenswert, den Park nachts als Fußgänger zu nutzen.

Ursprünglich wurde das gesamte Gelände als Jagdrevier eingezäunt und angelegt, eine komplette Umfriedung mit Mauern sollte dafür sorgen, dass die extra importierten Hirsche und Rehe nicht den Jagdgesellschaften entgingen. Die Jagd wird heute allerdings nur noch einmal im Jahr durchgeführt – wenn die Anzahl des Wildes im Frühjahr festgestellt ist, kommt es zum geplanten Abschluss von Überbeständen. Außer dem Wild, das sich in großen Herden frei über das Parkgelände bewegt und sogar bis auf wenige Meter an Menschen herangeht, besitzt der Park zahlreiche weitere Anziehungspunkte.

An erster Stelle steht für viele die Residenz des Präsidenten, früher des Vizekönigs – **Áras an Uachtaráin**. Das sehr repräsentative weiße Gebäude wurde von 1751 bis 1754 von Nathaniel Clements gebaut. 🕓 Sa, Eintrittskarten müssen im Besucherzentrum des Parks (s. u.) am selben Tag beantragt werden.

Schräg gegenüber liegt die **Residenz des Botschafters der USA**, hinter der sich das gigantische **Papstkreuz** auf einem künstlich aufgeschütteten Hügel erhebt. Hier hatte Johannes Paul II. im Jahr 1979 vor rund 1 Mio. Gläubigen die Messe gefeiert.

Wesentlich älter und für viele Menschen auch interessanter ist das etwas versteckt in der Nähe liegende **Ashtown Castle**, ein typisches Turmhaus. Direkt daneben ist in einer alten Stallung das **Besucherzentrum des Parks**, ✆ 01-6770095, untergebracht. Die Ausstellung zur Geschichte des Parks ist interessant, das Café im Haus durchaus empfehlenswert. 🕓 Tgl. 10–17.30 Uhr.

Weitere Gebäude im Park sind das altmodische Verwaltungszentrum der **Ordnance Survey Ireland** (OSI, kartografische Behörde), das aufwendig restaurierte **Farmleigh House** (offizielles Gästehaus der Republik Irland, geöffnet an den meisten Tagen zwischen 10 und 17 Uhr, 💻 www.farmleigh.ie), ein altes Krankenhaus, das Hauptquartier der irischen Polizei und ein stark befestigtes Munitionslager (**Magazine Fort**) hoch über der Liffey, das während des Osteraufstandes eine wichtige Rolle spielte und rechtzeitig zum Kriegsbeginn 1939 von der IRA leergeräumt wurde. Diverse Sportfelder runden das Bild ab, wobei die hier ausgeübten Sportarten nicht gerade typisch irisch sind, darunter etwa Polo und Cricket.

Eine der wichtigsten Attraktionen im Park ist jedoch nach wie vor der **Dublin Zoo**, ✆ 01-4748900, 💻 www.dublinzoo.ie, der vor allem am Wochenende ganze Horden von Besuchern anzieht und trotz hoher Eintrittspreise ungebrochen beliebt ist. Der Tierpark gehört mit zu den ältesten Einrichtungen dieser Art und wurde u. a.

Polo im Phoenix Park – ein Relikt der „britischen“ Zeit

durch Hollywood berühmt – der brüllende Löwe zu Beginn der MGM-Filme wurde hier aufgenommen. In den letzten Jahren ist der Zoo erheblich erweitert und verbessert worden, in Zusammenarbeit mit internationalen Tiergärten wurde der Tierbestand durch Abgabe und Tausch optimiert. Besonders beeindruckend sind die Sibirischen Tiger in ihrem Freigehege, die sich an Glaswänden bis auf 2 cm den Besuchern nähern können. Oder auch die weitläufige Savanne, die erst 2009 eröffnet wurde und in der verschiedene Tierarten wie in freier Wildbahn in Afrika beobachtet werden können. Tgl. ab 9.30 und bis mind. 16 Uhr, Eintritt 15 €.

Nicht mehr im Park, aber dicht dran (und zwar mit dem Rücken an der Parkumfriedung) ist der **Hole in the Wall Pub**, Blackhorse Av., 01-838 9491. Gebaut Mitte des 17. Jhs. und eigentlich ein Schlauch miteinander verbundener kleiner Häuser. Das etwas unübersichtliche, aber recht gemütliche Etablissement gilt als der längste Pub in Irland.

Transport

Von der **Bahnstation Phoenix Park** zum Park selbst ist es noch ein ziemlich langer Fußweg. Wesentlich leichter dagegen wird es, wenn man mit dem **LUAS bis zur Heuston Station** fährt und dann entweder zu Fuß geht oder, was praktischer ist, den umweltfreundlichen Shuttlebus, www.phoenixpark.ie/visitorinformation/phoenixparkshuttlebus, nimmt. Er fährt etwa im Stundentakt einen Rundkurs durch den gesamten Park.

Mit dem Rad durch den Park

Wer den Phoenix Park ausgiebig kennenlernen will, sollte in der Nähe des Haupteingangs am Parkgate beim Fahrradverleih vorbeischauen – **Phoenix Park Bike Hire**, 086-2556258, www.phoenixparkbikehire.com, bietet die verschiedensten Arten von Zweirädern zur Miete an. Die Preise beginnen bei recht gewagten 5 € pro Stunde für ein normales Fahrrad, eine Tagespauschale von 20 € ist eher akzeptabel.

Südlich von Dublin City

Mount Jerome Cemetery

Im dorfähnlichen **Harold's Cross** ist der Mount Jerome Cemetery einen längeren Spaziergang wert, neben Glasnevin der zweite der großen viktorianischen Friedhöfe in Dublin. Da diese Anlage keine wichtigen Politiker und Patrioten aufzuweisen hat, fehlt sie in vielen Stadtführern einfach. Der Friedhof ist jedoch nicht minder interessant, zahlreiche große Grabmale und Mausoleen zeugen vom Willen der Verblichenen (oder ihrer Hinterbliebenen), auch nach dem Tod noch wichtig zu erscheinen. Eine der spektakulärsten Grabstätten trug dabei die überdimensionale Statue eines Hundes, der auf dem Mantel seines längst ertrunkenen Herren jaulend auf dessen Rückkehr wartet. Angeblich hatte sich diese Szene am Unglücksort ereignet. Das beeindruckte jedoch einige Vandalen wenig – der Kopf des Hundes wurde wiederholt gestohlen und zeitweise zur eigenen Sicherheit getrennt vom Körper verwahrt. Eine andere Art von Vandalismus hatte mit einem „prominenten" Toten zu tun: Der Dubliner Unterweltboss Martin „The General" Cahill wurde hier beerdigt, sein Grabstein bald zerstört. Mittlerweile ist die Leiche sogar aus Sicherheitsgründen in ein anonymes Grab umgebettet worden. Tagsüber frei zugänglich.

Dún Laoghaire

Bei Dún Laoghaire (ausgesprochen Danlieri) südlich von Dublin liegt der Fährhafen Dublins, auch heute noch legt hier die Schnellfähre nach Wales ab. Selbst Könige nutzten den Hafen, so etwa Georg IV. für die Passage zurück nach Großbritannien im Jahr 1821. Eine so große Ehre, dass der Besuch dem Ort für eine ganze Zeit den Namen **Kingstown** einbrachte. Wesentlich mehr Bootsverkehr erzeugt heute allerdings der Jachthafen, in dem gleich mehrere Klubs aktiv sind.

Der Spaziergang hinaus auf den Pier nimmt einige Zeit in Anspruch und bietet sowohl eine schöne Aussicht auf den Ort selbst als auch auf

Strandleben in Dublin

In Dublin sichere und geeignete Badeplätze zu finden, ist nicht ganz leicht. Auch wenn etwa die Jugendlichen, die die Hafenmauer als Sprungturm nutzen und sich furchtlos durch einen dünnen Film von Dieselöl ins Wasser stürzen, da anderer Meinung sind. Vertrauen Sie diesen Experten besser nicht. Nein – begeben Sie sich stattdessen an einen der vielen Badestrände. Diese liegen alle außerhalb und sind dennoch mit dem DART einfach zu erreichen. Diese irische Variante einer S-Bahn fährt die Küste der Bucht von Dublin entlang und lässt Passagiere wenige Gehminuten vom Dollymount Strand oder dem Kiesstrand von Bray aussteigen. Ideale Plätze, um das irische Strandleben zu genießen. Das alles aber ist „Baden in Dublin für Anfänger". Denn der echte Profi geht zum Baden im Meer natürlich in eine Badeanstalt. Leider wurden viele dieser Badeanstalten mittlerweile geschlossen. Sie stehen ungenutzt und ungeliebt immer noch da und versprühen den Charme einer Befestigung am Atlantikwall. Mit viel Beton wurde die Natur gezähmt, etwas Farbe diente zur Tarnung, Geländer aus Rost sind mehr Verletzungsgefahr denn Beruhigung. Und es bedarf eigentlich nicht der Erwähnung, dass selbst die künstlich angelegten Schwimmbecken noch nie einen Tropfen angenehm geheizten Wassers sahen. Das hätte ja schließlich auch den Eindruck zerstört, dass man hier wirklich in freier Natur badet.

An manchen Stellen, oft nicht unbedingt die besucherfreundlichsten, haben sich weniger aufwendige „Badeanstalten" erhalten. Sie bestehen meist aus halboffenen Umkleidekabinen, einer Treppe ins Meer und einem Warnschild, dass das Baden auf eigene Gefahr erfolgt. Eine der bekanntesten Badestellen dieser Art ist das sog. „40 Foot", benannt nicht nach der Wassertiefe, sondern nach einem Infanterie-Regiment. Bis vor Kurzem war diese Einrichtung nur Männern vorbehalten. Auch heute sind es vor allem Männer um die 40 oder 50, die hier baden gehen.

Dies erfolgt nach einem ganz bestimmten Ritual. Der Badegast fährt vor (seltener kommt man zu Fuß), geht um eine Felsnase herum in eine dezente Umkleidekabine, entledigt sich der Straßenkleidung und schreitet dann unter Aufwärm- und Lockerungsübungen ins Wasser. Das Ganze dann wieder in voller Sicht von der Promenade. Und meist ohne Badehose. Auch dies ist typisch für Irland: FKK ist landesweit verboten, Sonnenbaden „oben ohne " gilt als moralisch verwerflich. Aber wenn die nackten Herren von Dublin in die Fluten stürzen, dann stört das niemanden. Das, so sagt man, war doch schon immer so – und schaut dezent weg. Oder auch verschämt hin. Unauffällig natürlich.

die gesamte Bucht von Dublin. Mit etwas Glück sind sogar Robben zu beobachten. Eine kleine Kuriosität ist ein auf dem Pier aus Stein gebautes Haus, das etwas an einen ägyptischen Tempel erinnert und einen hohen Mast aufweisen kann. Hier installierte Rev. Thomas Romney Robinson Mitte des 19. Jhs. den **ersten Windmesser der Welt**, den er kurz zuvor am Trinity College erfunden hatte. Sein Gerät funktionierte bis fast ans Ende des 20. Jhs., wurde dann aber von einer moderneren Wetterstation abgelöst.

Die **Innenstadt** von Dún Laoghaire bietet sich ebenfalls für einen kleinen Spaziergang an, viele Häuser wirken irgendwie mediterran. Im Gegensatz zum nahen Dublin wirkt Dún Laoghaire verspielt, fast frivol. Den Eindruck, den auch der filigrane Trinkbrunnen am Eingang zum Hafen und das deutlich im italienischen Stil gehaltene Rathaus schräg gegenüber vermitteln.

Für an der maritimen Geschichte Irlands interessierte Menschen ist ein Besuch im **National Maritime Museum**, Haigh Terrace, 💻 www.mii.connect.ie, reizvoll, die kleine Sammlung ist in einer ehemaligen Seefahrerkirche untergebracht. In der Ausstellung werden kleinere Boote, Schiffsmodelle und zahlreiche Artefakte der irischen Seefahrt präsentiert, die endgültige Zusammenstellung ist jedoch noch in der Schwebe – das Museum war 2010 noch wegen Renovierung geschlossen.

Dalkey – Dublins nettestes Dorf

Der kleine Hafenort Dalkey südlich von Dún Laoghaire ist ein beliebtes Ausflugsziel, die fast spielzeughaft wirkende Innenstadt mit ihren kleinen Burgen hat einen ganz eigenen Charme. Früher war Dalkey bekannt als „Stadt der sieben Burgen", zwei sind noch sehr gut erhalten. Eine der Burgen dient als **Dalkey Heritage Centre**, Castle St., ✆ 01-2858366, 💻 www.dalkeycastle.com, und informiert über die Geschichte des Ortes. 🕓 Tgl. außer Di mind. zwischen 10 und 17 Uhr, Eintritt 6 €. Allerdings lässt sich Dalkey auch ohne diesen theoretischen Überbau genießen, ein Spaziergang die Hauptstraße entlang reicht schon, um ein gutes Gefühl für den Ort zu bekommen. Vom Hafen aus sind Fahrten nach **Dalkey Island** möglich. Auf der kleinen Insel locken ein Vogelschutzgebiet, ein Martello-Turm und der Rest einer mittelalterlichen Kirche.

Ein sehr schöner Spaziergang führt von Dún Laoghaire nach Süden, immer am Meer entlang, bis **Sandycove** erreicht wird. Wenn man dann plötzlich auf einer Felsnase einen nackten Mann herumspringen sieht, ist das keine optische Täuschung! Sondern ein ganz normaler Tag in der Badeanstalt. Denn auf dieser Felsformation befindet sich die altehrwürdige Badestelle **40 Foot**, nicht viel mehr als ein paar Betonstufen, die in das eiskalte Wasser der Bucht von Dublin führen. Wer hier ins Wasser steigt, der ist garantiert kein Weichei. Und meistens nackt.

Nur wenige Schritte weiter steht ein weiteres Museum für Dublins bekanntesten Dichter. Der **James Joyce Tower** in Sandycove ist ein alter Martello-Turm, der den Hafen von Dublin zu Napoleons Zeiten gegen Angriffe von See sichern sollte. Nachdem die Türme als Festungsanlagen nicht mehr benötigt wurden, verkaufte sie der Staat an private Nutzer. So kam dieser Turm schließlich in die Hände von Oliver St. John Gogarty. Einem irischen Schriftsteller, der ihn als Refugium für das Wochenende nutzte und auch Freunde einlud. Darunter James Joyce. Dessen Aufenthalt hier war nicht unbedingt friedlich, denn die anderen Gäste hatten ihn als Zielscheibe ausgewählt und mit dem Gewehr auf ihn angelegt. Da nun aber Joyce den Turm in seinem Werk *Ulysses* zum geografischen Beginn der Handlung machte, ist er untrennbar mit Dichter und Werk verbunden und beherbergt seit einigen Jahren auch ein **Joyce-Museum**, 01-2809265, www.visitdublin.com. Unbedingt empfehlenswert für alle Fans von James Joyce. April–Aug Di–Sa 10–17, So 14–18 Uhr, Eintritt 6 €.

Als südlichster Zipfel von Dublin ist letztlich **Killiney** ein sehr begehrtes Stück Erde, hier haben zahlreiche begüterte Dubliner ihre Wohnung mit Blick aufs Meer. Wer sich eine solche Behausung nicht leisten kann, der kann zumindest den Strand genießen. Er bietet Möglichkeiten zu stundenlangen Spaziergängen direkt am Meer. Allein schon die Straßen nach Killiney hinein bietet einen wunderbaren Ausblick, der Vergleich mit der Bucht von Neapel allerdings erscheint nur an wenigen, sehr sonnigen Tagen angebracht.

Übernachtung

Dún Laoghaire

€ **Marina House**, 7 Old Dunleary Rd., 01-2841524, www.marinahouse.com. Im Ortskern gelegenes Hostel mit 36 Betten, darunter Doppel-, 4- und 10-Bettzimmer, einige davon mit eigenem Bad. Waschmaschine vorhanden. Einfaches Frühstück. Kreditkarte akzeptiert. Bett ab 19 €.

Royal Marine Hotel, Marine Rd., 01-2300030, www.royalmarine.ie. Das an der Hauptstraße und damit sehr zentral gelegene Hotel mit 228 Zimmern ist ein guter Ausgangspunkt für Spaziergänge im Ort. Nach Renovierung sehr gutes Haus, die Zimmer sind jetzt modern, aber komfortabel eingerichtet. Zum Hafen sind es nur wenige Schritte, gute Anbindung nach Dublin über den DART und Busse. Durchaus eine Alternative zu den teuren Stadthotels. ❹–❻

Essen

Südliches Dublin

Harvey Nichol's First Floor Restaurant, Dundrum, Town Centre, Sandyford Rd., Dublin 16, www.harveynichols.com. Restaurant von französischem Innenarchitekten entworfen. Moderne und klassische Küche. Luxuriöse Vorspeisen. Portionen sind eher klein, also nicht für den großen Hunger geeignet.

Locks Restaurant, Number 1 Windsor Terrace, Portobello, Dublin 8, 01-4200555, www.locksbrasserie.com. Gemütliches Restaurant. Rustikale französische Klassiker wie Schnecken. Verwendung von Trüffeln. Reichhaltige Portionen. Reservierung ratsam.

Dún Laoghaire

Jewel in the Crown, 54 Upper George's St. Von außen unscheinbares indisches Restaurant, oft als „old school" beschrieben. Sehr gute Speisenauswahl zu vernünftigen Preisen, freundliche aber nicht aufdringliche Bedienung.

Unterhaltung und Kultur

Civic Theatre, Tallaght, Dublin 24, 01-4627477, www.civictheatre.ie. Kommunales Kunst- und Kulturzentrum mit wechselndem Programm, Klassiker ebenso wie moderne Stücke, Tanztheater, Konzerte oder Aufführungen für Kinder.

The Mill Theatre, Dundrum Town Centre, Dublin 14, 01-2969340, www.milltheatre.com. In das große Einkaufszentrum integriertes Kulturzentrum, hauptsächlich Tourneetheater und Konzerte.

Klettergarten im Steinbruch Dalkey

Wer Lust auf ein etwas halsbrecherisches Abenteuer hat, der kann in den ehemaligen Steinbrüchen von Dalkey auf seine Kosten kommen. Hier sind mittlerweile verschiedene Routen abgesteckt und markiert, von der Übungswand für den Anfänger bis zur Herausforderung für den erfahrenen Kletterer. Der Dalkey Quarry hat den Ruf der besten Felsenkletteranlage Irlands. Kein Wunder, verzeichnet die irische Bergsteigervereinigung hier doch nicht weniger als 300 Routen.

Auf dem „Gipfel" angekommen, wird der irische Alpinist mit einem herrlichen Ausblick belohnt. Zumindest, wenn das Wetter mitspielt. So liegen im Norden fast ganz Dublin und die Dublin Bay unter einem, im Süden locken die Wicklow Mountains und im Osten, gleich hinter dem Meer, die Berge von Wales.

Mehr Informationen zu Dalkey und weiteren Klettermöglichkeiten bietet die Webseite des Mountaineering Council of Ireland, www.mountaineering.ie.

Pavilion Theatre, Marine Rd., Dún Laoghaire, ✆ 01-2312929, 💻 www.paviliontheatre.ie. Mittelgroßes Theater mit einem bunten Mix, der aber sehr stark familienorientiert ist. Teilweise Auftrittsort bekannter Künstler und sehenswerter Tourneetheaterproduktionen, da gut von Dublin City aus erreichbar.

Feste

Ende Juli findet das **Festival of World Cultures in Dún Laoghaire**, 💻 www.festivalofworld cultures.com, statt, ein multikulturelles Spektakel über ein Wochenende mit Musik und leiblichen Genüssen.

Transport

Stadtbus

Das gesamte Busverkehrssystem in den südlichen Vororten wird von Dublin Bus, 💻 www.dublinbus.ie, bedient. Von Dublin Innenstadt fährt die Linie 46 nach Dún Laoghaire, Linie 8 nach Dalkey.

Bahn

Der **LUAS**, 💻 www.luas.ie, fährt einen Teil der südlichen Vororte an und bietet eine schnelle Verbindung zur Innenstadt.
Die **Red Line** führt von Connolly Station über den Busaras (hier beginnt auch ein Abzweig in die Docklands und zum Veranstaltungszentrum „O2") nach Tallaght. Die **Green Line** beginnt am St. Stephen's Green und zieht sich am großen Dundrum Shopping Centre vorbei bis nach Sandyford.
Wichtigste Bahnstrecke in den Süden von Dublin ist der **DART**, 💻 www.dart.ie, zwischen der Innenstadt und Greystones, etwa alle 20 Min. Die interessantesten Haltestellen: Blackrock, Dún Laoghaire, Dalkey und Killiney. Der nicht so häufige und auf Pendler ausgerichtete Vorortsverkehr auf dem Fernstreckennetz der **Irish Rail** kann ebenfalls genutzt werden. Die Strecke von Connolly Station nach Arklow führt über Dún Laoghaire, 💻 www.irishrail.ie.

Der Nordosten

Stefan Loose Traveltipps

Drogheda In einem Schrein ruht hier der Schädel des 1681 hingerichteten und später heiliggesprochenen Erzbischofs Oliver Plunkett. S. 189

Monasterboice Auf dem ehemaligen Klostergelände stehen ein alter Rundturm und das vielleicht schönste Hochkreuz Irlands. S. 190

Mellifont Die Klosterruine war die erste Bastion der Zisterzienser in Irland. S. 190

Shannon Pot Von der Quelle bahnt sich Irlands längster Fluss seinen 370 km langen Weg zum Meer. S. 207

Blacklion Essen beim irischen Fernsehkoch Neven Maguire. S. 207

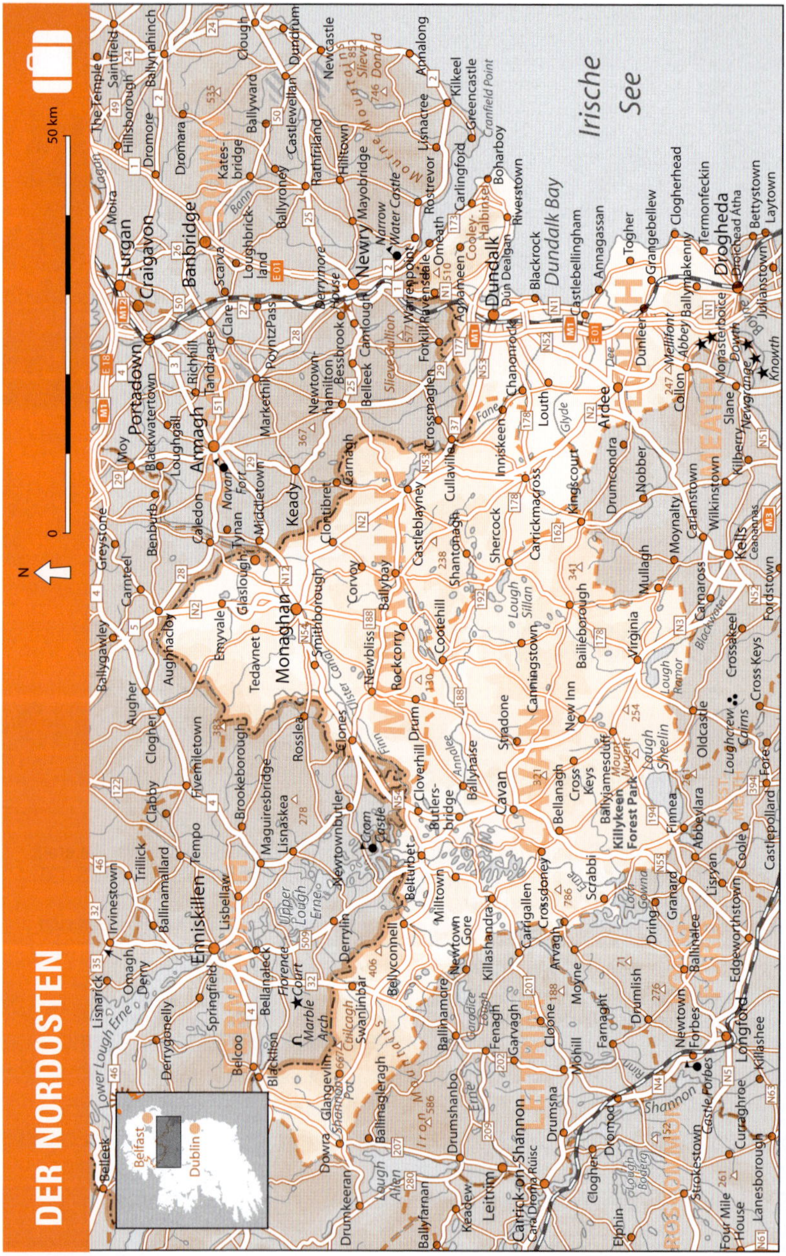
DER NORDOSTEN
N
0
50 km
Belfast
Dublin
Irische See
Dundalk Bay
Lower Lough Erne
Upper Lough Erne
Lough Allen
Lough Sheelin
Lough Ramor
Lough Gowna
Mourne Mountains
Slieve Donard
Cooley Halbinsel
Carlingford
Newry
Armagh
Portadown
Craigavon
Lurgan
Banbridge
Monaghan
Castleblayney
Carrickmacross
Dundalk
Drogheda
Ardee
Kells
Navan Fort
Cavan
Enniskillen
Longford
Carrick-on-Shannon
Leitrim
Newgrange
Knowth
Dowth
Killykeen Forest Park
Marble Arch
Castle Coole
Crom Castle
LEITRIM
CAVAN
MONAGHAN
MEATH
LOUTH
DOWN
ROSCOMMON
LONGFORD
FERMANAGH
ARMAGH
Shannon
Erne
Boyne

Zahlreiche landschaftliche Gegensätze kennzeichnen den Nordosten der Republik Irland, der aus drei Counties besteht. Louth (auf Irisch Lú), das kleinste County der Insel, erstreckt sich an der Ostküste. Zu ihm zählt auch die gebirgige Halbinsel Cooley. Im Westen grenzt Louth an das County Monaghan, das vor allem durch die Hügellandschaft der Drumlins gekennzeichnet ist, von den Gletschern der letzten Eiszeit abgeschliffene, an Bienenkörbe erinnernde Anhöhen. Im County Cavan schließlich sind zwischen den Anhöhen ungezählte kleine und große Seen entstanden. Hier ragt der 667 m hohe Cuilcagh Mountain in den Himmel, sein Gipfel liegt genau auf der Grenze zu Nordirland.

Der Nordosten ist noch immer Grenzland – die drei Counties Louth, Monaghan und Cavan schmiegen sich um die südliche Grenze Nordirlands und waren lange Zeit von ihrem nördlichen Hinterland abgeschnitten. Mitte des 20. Jhs. sorgte die Border Campaign der IRA dafür, dass zahlreiche Grenzübergänge verschwanden. Oft bildeten Flüsse die Grenze, diese wurden von Brücken überquert, die Brücken von den Republikanern gesprengt. Als dann Ende der 1960er- und vor allem in den 1970er-Jahren die Situation in Nordirland eskalierte, wurden die verbliebenen Übergänge von Norden her entweder vollkommen blockiert oder mit so starken Kontrollpunkten versehen, dass ein einfacher Übergang kaum noch möglich war. Das Resultat: Die Bewohner der drei Counties orientierten sich nach Westen, Süden oder (mit Ausnahme von Louth) nach Osten. Und der Nachbar im Norden geriet in Vergessenheit. Tatsächlich gibt es selbst im 21. Jh. noch Iren, die die abenteuerlichsten Umwege fahren, nur um die Grenze zu vermeiden. Die längst nicht mehr dicht, ja teilweise meist nicht einmal mehr erkennbar ist. Im Gegenteil: Seit das Preisgefälle zwischen dem mittlerweile teuren Süden und dem oft erheblich billigeren Norden bekannt wurde, hat der Cross-border-traffic einen ungeahnten Aufschwung genommen. Dazu trug auch der Bau der Autobahn M1 bei, die von Dublin direkt nach Nordirland führt und die Tortur quer durch die Ortschaften erspart.

Für Irlandbesucher war die „Abnabelung" des Nordostens der Republik vom nordirischen Hinterland in gewisser Weise ein Segen. Denn da der andernorts übliche Touristenverkehr wegfiel und die Gegend lange Zeit als „Ende der Welt" galt, fielen vor allem Cavan und Monaghan in eine Art Dornröschenschlaf. Das einzige wirklich moderne Besucherzentrum wurde – mit deutschem Geld und zu Ehren des Würzburger Ortsheiligen Kilian – in Mullagh (s. S. 210) errichtet. Die anderen touristischen Attraktionen blieben weitestgehend unberührt und so, wie es in Irland vor Beginn des Massentourismus üblich war: frei zugänglich, ohne teuren Schnickschnack.

County Louth

Louth ist nicht nur das kleinste County Irlands. Es zählt trotz der historischen Klöster von Monasterboice und Mellifont und der vergleichsweise großen Städte Drogheda und Dundalk auch zu den unbekannteren Regionen des Landes. Zu Unrecht, denn der Landstrich am Meer hat durchaus seine Reize und einiges zu bieten. Am spektakulärsten ist sicherlich die Halbinsel Cooley zwischen dem Carlingford Lough und der Dundalk Bay. Hohe Berge direkt am Meer, steinzeitliche Denkmäler und ein wundervoller Blick auf die Mourne Mountains im Norden (s. S. 539) lohnen den Abstecher von der Autobahn zwischen Dublin und Belfast. Und auch Drogheda, die Stadt am Boyne mit ihrem mittelalterlichen Stadttor, ist ein lohnenswertes Ziel. Nicht nur, aber auch wegen der Reliquie von St. Oliver Plunkett, die man hier besichtigen kann.

Drogheda und Umgebung

Auf den ersten Blick erscheint die Stadt Drogheda („Stadt der Brücke"), die sich zu beiden Seiten des Boyne erstreckt, als touristisches Ziel wenig attraktiv zu sein. Die Hauptstraße von Dublin nach Belfast führt mittlerweile an der Stadt vorbei. Die alte Straße jedoch erlaubt einige Blicke über den Fluss auf ein Stadtbild, das sich zwischen Mittelalter und Moderne nicht so recht entscheiden kann. Wer Drogheda zum Ausgangspunkt für Touren wählt, wird allerdings

Irlands phallische Wegweiser – Rundtürme

Wohl kaum ein Gebäude ist so typisch irisch wie der Rundturm. Und um kein anderes irisches Gebäude ranken sich so viele Geschichten wie um den Rundturm. Dabei liest sich die Geschichte dieser Turmbauten längst nicht so prosaisch, waren die Rundtürme doch eigentlich nichts anderes als frühe Vorläufer der Kirchtürme, allerdings mit einigen Nebenfunktionen.
Die typischen Vertreter dieser runden, in den Himmel aufragenden Gebäude sind extrem schlank und rund 30 m hoch. Ihr Eingang liegt mehrere Meter über dem Boden und ist die einzige größere Öffnung, durch die Licht und Luft in die aus massiven Natursteinen gemauerten Türme gelangt. Das Innere des Turms ist mit Zwischendecken aus Holz versehen, die Stockwerke sind mit Leitern untereinander verbunden, winzige Fensteröffnungen sorgen für – sehr schwaches – Licht. Nur im obersten Stockwerk gibt es in der Regel vier Fenster, die nach den vier Himmelsrichtungen ausgerichtet sind. Den Abschluss bildet ein spitzes Dach aus Stein.
Was aber war Sinn und Zweck solcher Gebäude? Da alle Rundtürme zu Klosteranlagen gehörten – oftmals sind sie der sichtbarste Rest der Gesamtanlage –, dienten sie aller Wahrscheinlichkeit nach als optische und akustische Wegweiser. Zum Gottesdienst wurde im obersten Stockwerk eine Glocke geläutet, durch die enorme Höhe war dieses Signal kilometerweit zu hören. Und der hohe Turm konnte Reisenden gleich anzeigen, wo das nächste Kloster lag.
Gerade diese Funktion des Rundturms entpuppte sich jedoch auch als Problem. Viele Klöster horteten begehrenswerte Güter: von Honig und Met bis hin zu kostbarem Kirchenschmuck. Und so war es dann kein Wunder, dass etwa die Wikinger, sobald sie einen Rundturm am Horizont erblickten, gleich wesentlich enthusiastischer ruderten. Angesichts dieser Bedrohung erhielt der Turm eine zweite Funktion: Dank der soliden Bauweise und des hohen Eingangs konnte man ihn zugleich als relativ sichere Schatzkammer nutzen.
Übrigens ist heute noch weitgehend ungeklärt, wie die sicherlich nicht immer sehr sportlichen Mönche eigentlich in den Turm gelangten. Über eine Leiter, so die naheliegende Idee. Diese hätte man aber wegen der Zwischendecken kaum in den Turm bekommen. Und hätte der Eingang dann nicht gleich ebenerdig eingerichtet werden können? Auch Mönche an einer Strickleiter sind eine leicht groteske Vorstellung. Eventuell gab es eine aus Holz gezimmerte Treppe, die bei nahender Gefahr schnell eingerissen werden konnte; die steinerne Treppe am Rundturm von Clondalkin lässt erahnen, wie so etwas ausgesehen haben könnte.
Über die Jahrhunderte hinweg haben die irischen Rundtürme aber auch zahlreiche mit geradezu blühender Fantasie gesegnete Historiker beschäftigt. Ihrer Meinung nach waren die eigentlich nur in Irland zu findenden Gebäude derart gut konstruiert, dass sie nicht von Iren gebaut worden sein konnten. Also entwickelte man Theorien, wie der irische Rundturm nach Irland gekommen sein könnte. Eine Theorie besagt, dass dänische Wikinger ihn mitgebracht hätten. Das Detail, dass es bei der Errichtung der Rundtürme noch keine Wikinger in Irland gab und dass es in Dänemark keine Rundtürme gibt … Nun, nicht jede Theorie kann perfekt sein.
Eine andere Theorie entwickelte der selbsternannte Historiker Henry O'Brien im 19. Jh. Ihm zufolge kamen die Rundtürme aus Asien nach Irland. Mit Mönchen. Und zwar als Manifestationen eines buddhistischen Phalluskultes. Sigmund Freud hätte sicherlich einige Sätze zu der zweifelsohne phallischen Erscheinung dieser Monumente verlieren können, aber wie und wann alle weiteren Spuren des Buddhismus in Irland von der Bildfläche verschwanden, das wäre sicher auch für ihn schwieriger zu erklären gewesen.

überrascht sein. Denn die schmucke Einkaufsstadt wartet mit einigen durchaus interessanten Sehenswürdigkeiten auf.

Es waren die Wikinger, die im Jahre 910 an der Mündung des Boyne eine Siedlung gründeten. Im 12. Jh. dann erbauten die Normannen eine Brücke über den Fluss, dehnten die Siedlung nach Süden hin aus und schützten sie durch den Bau einer mächtigen Burganlage. Im Mittelalter entwickelte sich Drogheda zu einer der bedeutendsten Städte Irlands, besaß eine imposante Stadtmauer, wurde reich und selbstbewusst. Die Stadt durfte eigene Münzen ausgeben, gründete 1465 eine Universität und war sogar mehrfach Tagungsort des irischen Parlamentes. Das alles endete jäh am 11. September, und zwar im Jahr 1649. Oliver Cromwells Truppen eroberten die Stadt und „befreiten" sie so von ihrer katholischen Besatzung unter Sir Arthur Aston. Nach der Eroberung kam es zu einem grauenhaften Massaker, bei dem rund 3500 Menschen ihr Leben ließen. Der Name Cromwell ist in Drogheda nach wie vor verhasst. Die Stadt hatte jedoch ihre Lektion gelernt, nach der Schlacht am Boyne (s. S. 227) ergab sie sich sofort den Truppen König Williams.

Die mittelalterliche Stadtmauer ist fast vollkommen verschwunden, doch das **St. Lawrence Gate** aus dem 13. Jh. blieb vollständig erhalten und bildet nach wie vor einen der Zugänge in den Innenstadtbereich. Zwar erfüllt es keine Verteidigungsaufgaben mehr, doch flößt es dem Betrachter immer noch ein wenig Ehrfurcht ein. Der Eindruck einer selbstbewussten Stadt wird bewahrt, der Besucher duckt sich noch immer fast unweigerlich vor dieser Demonstration der Macht. Übrigens war das St. Lawrence Gate nur eines von insgesamt zehn Stadttoren.

Hinter dem Stadttor allerdings bietet sich ein wenig einheitliches Bild, Häuser aus der georgianischen Periode und einige Neubauten wechseln sich ab, repräsentative Gebäude und kleine Wohnhäuser bilden Kontraste. Zu den interessantesten Gebäuden in der Innenstadt gehören die Kirchen. Die beiden wichtigsten davon sind Petrus geweiht, die **St. Peter's Church of Ireland** wurde Mitte des 18. Jhs. errichtet und bietet zusammen mit ihrem Kirchhof einen sehr schönen Anblick, auch wenn die Farbe Grau hier eindeutig dominiert. Interessant sind vor allem einige alte Grabsteine und -stelen, in der Friedhofsmauer befindet sich z. B. die lebensgroße Darstellung eines verwesenden Leichnams. Mit solchen Monumenten wurden die Nachkommen daran erinnert, dass die Zeit nach dem Tode unweigerlich den Verfall bringt. Der Innenraum birgt einige sehenswerte Stuckarbeiten.

Die nicht weit entfernt und sehr zentral gelegene **St. Peter's Catholic Church**, die im neogotischen Stil erbaut wurde, ist vor allem wegen St. Oliver Plunkett einen Besuch wert. Der Schädel dieses 1681 hingerichteten Erzbischofs von Armagh wird hier als Reliquie in einem Schrein aufbewahrt. Plunkett war, als sich die Gesetze gegen die Katholiken im Lande verschärften, in den Untergrund gegangen und hatte Abertausenden von Menschen die Firmung erteilt. 1679 wurde er als angeblicher Hochverräter festgenommen und zum Tode am Galgen verurteilt. 1975 wurde er heiliggesprochen.

Etwas abseits befindet sich der **Magdalene Tower**. Die Stadt überragend, war dies der Glockenturm eines Dominikanerklosters. Rings um ihn befinden sich moderne Gebäude, was den aus dem 14. Jh. stammenden Turm wie einen Fremdkörper erscheinen lässt.

Über die Stadtgeschichte von Drogheda informiert das **Museum auf dem Millmount**, ✆ 041-9833097, 💻 www.millmount.net, das vis-à-vis der Innenstadt unübersehbar auf einem Hügel liegt und über die St. Mary's Bridge und Pitcher Hill in etwa 10 Min. zu Fuß zu erreichen ist. Dies war der ursprüngliche Standort der Burg von Drogheda, später wurde hier ein Martello Tower zum Schutz des Hafens errichtet. Das Museum befindet sich heute in den ehemaligen Militäranlagen. Die Ausstellung selbst ist bunt gemischt: Die Exponate reichen von historischen Boyne Curraghs (kleine Boote aus Leder und Weidengeflecht), die lange von den Fischern benutzt wurden, über Morseapparate bis hin zu einer beachtlichen Sammlung an Handfeuerwaffen. Mit diesen sollen sowohl Cromwell wie auch die späteren Besatzungstruppen bekämpft worden sein. Ein kurioser Fund waren die Fenian Rifles (Waffen verbotener nationalistischer Milizen), die mehr als ein Jahrhundert auf dem Dachboden der Franziskanerabtei in ihrem Versteck schlummerten. 🕓 Mo–Sa 9.30–17.30, So und Fei 14–17 Uhr, Eintritt 3,50 € oder 5,50 € mit Besuch des Aussichtsturms.

Monasterboice

Nur etwa 6 km nordwestlich von Drogheda liegt bei Timullen das ehemalige Kloster von Monasterboice, dessen 28,5 m hoher **Rundturm** das höchste Bauwerk in der Umgebung und sogar von der Autobahn aus zu sehen ist. Dabei ist der Rundturm nur eines der vielen Relikte der hier im 5. Jh. von dem Heiligen Buite gegründeten Klosteranlage. Sie entwickelte sich im Laufe der Jahre zu einem der wichtigsten Klöster Irlands. Heute ist das Kloster allerdings fast völlig von dem immer noch genutzten Friedhof „geschluckt" worden. Den Klosterbezirk kann man nur noch erahnen, lediglich Einzelgebäude existieren noch. Am auffälligsten ist natürlich der Rundturm, der mitten auf dem Friedhof steht und fast vollständig erhalten ist. Lediglich im Oberteil fehlt ein Stück des Turmkörpers selbst, auch die typische konische Kappe ist nicht mehr erhalten. Die zwei neben dem Turm befindlichen Kirchen sind ebenfalls heute ohne Dach und insgesamt schmucklos.

Das wahre Juwel an diesem Ort ist **Muiredach's Cross**, ein 5,10 m hohes Hochkreuz aus dem 10. Jh., wahrscheinlich das schönste Hochkreuz in Irland überhaupt. Es ist komplett erhalten und die ausgesprochen schönen Steinmetzarbeiten sind auch nach 1000 Jahren noch sehr gut zu erkennen. Sie dienten dazu, der einfachen Bevölkerung die biblischen Geschichten nahezubringen. Auf der westlichen Seite sind vor allem Bilder aus dem Leben Christi zu sehen, die östliche Seite dagegen zeigt einen Bildermix aus vielen Epochen. An der Basis etwa sieht der Betrachter, wie Adam und Eva die verbotene Frucht pflücken, direkt daneben erschlägt Kain schon seinen Bruder Abel. Dem Kreuz aufwärtsfolgend, erkennt man den Kampf zwischen David und Goliath, Moses und die Israeliten in der Wüste, die drei Weisen aus dem Morgenland und dann das Jüngste Gericht, inklusive der Darstellung des Teufels. Beachtung verdient die Darstellung im unteren Teil: Man erkennt zwei Männer, die sich gegenübersitzen und gegenseitig an den langen Bärten ziehen. Hier hat der Steinmetz eindeutig Humor gezeigt.

Das nicht weit entfernt befindliche **West Cross** oder Tall Cross (6,50 m hoch) ist eines der größten Hochkreuze Irlands, seine Steinmetzarbeiten sind jedoch wesentlich stärker verwittert. Auch hier findet sich ein relativ bunter Mix an Motiven: Von den Jünglingen im Feuerofen über die Taufe Christi und den Kuss des Judas bis hin zu Kreuzigung und Himmelfahrt reicht die thematische Darstellung.

Deutlich weniger Schmuck findet sich auf dem nur noch in Fragmenten erhalten gebliebenen **North Cross**, das teilweise von Besuchern sogar übersehen wird. ⌚ Der Friedhof ist ständig zugänglich, Eintritt frei. Die Autofahrt nach Monasterboice erfordert etwas Aufmerksamkeit, denn, so kurios es klingen mag, je weiter man sich dem weithin sichtbaren Rundturm nähert, desto schlechter sieht man ihn. Und die (durchaus vorhandenen) Wegweiser sind oft klein und von Pflanzen überwuchert.

Mellifont

Mellifont Abbey, Tullyallen, ☎ 041-9826459, 💻 www.heritageireland.ie, ist eine Klosteranlage, die erst im Jahr 1142 gegründet wurde und zum Zisterzienserorden gehörte. Den Befehl zur Klostergründung gab der Hl. Malachy (Malachias), damals noch Erzbischof von Armagh, der das insgesamt sehr heruntergekommene Klosterwesen in Irland reformieren wollte. Dabei war er sehr stark vom Heiligen Bernhard von Clairvaux beeinflusst, dem wohl berühmtesten Abt des Zisterzienserordens. Am Fluss Mattock, etwa 10 km nordwestlich von Drogheda, errichteten die Mönche das erste Kloster ihres Ordens in Irland und führten damit die neuen Ordensregeln und auch die neue Architektur ein, die zum Vorbild zahlreicher anderer Klosterbauten wurde. Ein großer Teil der Abtei liegt heute in Ruinen, man kann jedoch die einstige Größe der Anlage erahnen. Besonders herausragend ist das **Lavabo** aus dem 13. Jh., ein Waschhaus der Mönche, dessen Seitenwände noch etwa zur Hälfte erhalten sind. Im Zuge der Reformation wurde Mellifont dann 1539 aufgelöst, Teile des Klosters wurden in ein befestigtes Herrenhaus umgebaut. 1690, zur Zeit der Schlacht am Boyne, nutzte Wilhelm von Oranien Mellifont als Hauptquartier (s. S. 227). ⌚ Ende April–Ende Sep tgl. 10–17 Uhr, Eintritt 3 € (die Öffnungszeiten gelten für das Visitor Centre, die Anlage selber ist immer zugänglich).

Übernachtung

€ **Green Door**, 13 Dublin Rd., ☎ 041-9873333, 💻 www.greendoorireland.com. Günstiges und insgesamt akzeptables Hostel in der Stadtmitte. Zur Auswahl stehen Mehrbettzimmer (Bett ab 18 €) sowie Doppelzimmer mit und ohne Bad. Selbstversorger können in einer Gemeinschaftsküche kochen. Im Gemeinschaftsraum samt TV trifft man sich am Abend. Mitunter wird Straßenlärm moniert (zumindest bei einigen Zimmern) und auch die Lärmbelästigung im Haus selbst kann bisweilen hoch sein. ❶

€ **Harpur House**, William St., ✆ 041-9832736, 🖳 www.harpurhouse.com. Einfaches, aber komfortables, familiengeführtes Hostel mitten in der Stadt. Neben Schlafsälen (Bett ab 20 €) gibt es auch Einzel- und 2-Bett- sowie Familienzimmer, die meisten verfügen über Farb-TV. Privatparkplatz vorhanden, Reservierung empfehlenswert. ❷

Orley House, Dublin Rd., Bryanstown, ✆ 041-9826459, 🖳 www.orleyhouse.com. Nicht allzu weit vom Zentrum entferntes, recht ruhiges und bequemes B&B. Abholung von Bus- oder Bahnstation auf Wunsch. Moderne, komfortable Ausstattung. ❷

Westcourt Hotel, West St., ✆ 041-9830965, 🖳 www.westcourt.ie. Ideal im Zentrum der Stadt gelegenes, etwas altmodisches Hotel mit 27 Zimmern. Eigener Nachtclub sorgt an Wochenenden für regen Betrieb bis in den frühen Morgen. ❸

The d, Scotch Hall, ✆ 041-9877700, 🖳 www.thedhotel.com. An den Ufern des Flusses Boyne, 30 Min. vom Flughafen Dublin entfernt gelegenes Hotel mit 104 gut ausgestatteten, modernen Nichtraucher-Zimmern, die über Plasma-TV, WLAN, Minibar, Kaffeeecke etc. verfügen, allerdings auch für Hochzeitsfeiern beliebt und dann recht „lebendig" sind. Auf Wunsch Kinderbetreuung. ❹–❻

Essen

€ **Kieran's Deli**, 15 West St., ✆ 041-9838728, 🖳 www.kieransdeli.com. Mehr Laden und Schnellimbiss als Restaurant, wenngleich man in dem kleinen Restaurant/Café recht angenehm sitzt. Bekannt ist der Laden, in dem man auch frühstücken kann, für eine gute Auswahl an hervorragend zubereitetem Schweinefleisch. ⌚ Mo–Sa 8.30–17 Uhr.

La Pizzeria, St. Peter St., ✆ 041-9834208. Wie der Name sagt: ein italienisches Restaurant, das köstliche und vor den Augen der Gäste selbst gemachte Pizzen serviert. Die Qualität ist ausgezeichnet, das Design des Restaurants erinnert an eine Filmkulisse. Oft rappelvoll, was sicherlich am vernünftigen Preisniveau liegt.

Unterhaltung und Kultur

Droichead Arts Centre, Stockwell Ln., ✆ 041-9833946, 🖳 www.droichead.com. Das örtliche Kulturzentrum bietet ein abwechslungsreiches Programm. Geboten werden: Theatervorstellungen, Filmabende, Konzerte und vieles andere mehr.

Bridgeford Arms, Termonfeckin Rd., Newfoundwell, ✆ 041-9838558. Traditioneller Pub mit guter Session am Montag. ⌚ Ab etwa 21.30 Uhr.

Drogheda Omniplex, Bolton St., ✆ 0818-719719. Kino mit mehreren Vorführungen parallel, geboten wird aktuelles Hollywood-Kino.

Sonstiges

Festival

Das **Drogheda Arts Festival** Anfang Mai (May Bank Holiday Weekend), 🖳 www.droghedaartsfestival.ie, ist ein buntes Kulturfest. Über das verlängerte Wochenende versammeln sich Musiker, Theaterensembles, Tanzgruppen, Schriftsteller, Comedians und bildende Künstler

Speisen zwischen Kunstwerken

Für Gourmets mit fahrbarem Untersatz kann sich der Abstecher nach Collon lohnen, es sind etwa 16 km von Drogheda oder 6 km von Monasterboice. Das **Forge Gallery Restaurant**, Church St., ✆ 041-9826272, 🖳 www.forgegallery.ie, bietet eine Kombination aus bester französischer und irischer Küche. Spezialität sind: Meeresfrüchte und Wild nach Jahreszeit, nur frischeste Zutaten finden in der Küche Verwendung. Zudem gibt es eine hervorragende Auswahl an Weinen. In der ersten Etage speist man zwischen Kunstwerken, die hier in Wechselausstellungen zu sehen sind: ob abstrakte Kunst, Stillleben oder Landschaftsmalerei. Die stimmungsvoll illuminierten Bilder schaffen eine ganz besondere Atmosphäre. Allerdings gehört das Lokal zu den etwas teureren Adressen. ⌚ Di–Sa 19–21.30 Uhr.

in der Stadt, um an verschiedenen Orten Einblick in ihre Arbeit zu geben. Die Bandbreite reicht dabei von „kommerziell" bis „Avantgarde", multikulturelles Flair.

Information

Tourist Information Drogheda, Mayoralty St., Ecke Bessexwell Ln., ✆ 041-9837070.
Etwa zwischen 9 und 17 Uhr unter der Woche geöffnetes, kleines Informationsbüro. Infos auch unter 💻 www.drogheda.ie.

Der Nordosten

Nahverkehr

Das **Busnetz in der Stadt Drogheda** wird von Bus Éireann, 💻 www.buseireann.ie (Stichwort City/Town Services), betrieben. Für Touristen weniger interessant, da vom Busbahnhof aus alle örtlichen Sehenswürdigkeiten zu Fuß gut erreichbar sind.

Transport

Busse

Fernbusse starten am **Busbahnhof** an der John St. (Ecke Donore Rd.). Wichtig sind vor allem die Nord-Süd-Verbindungen nach BELFAST und DUBLIN. Verbindungen nach Westen sind selten, sodass der Umweg über Dublin sinnvoll sein kann, 💻 www.buseireann.ie oder Drogheda Bus Office, ✆ 041-9835023.
DUBLIN, regelmäßige Verbindungen unter der Woche zum Flughafen oder in die Innenstadt, Fahrtzeit 40 Min. oder 1 Std., Linie 110X, zwischen 5 und 23.30 Uhr, teils im 20-Min.-Takt. Langsamere Verbindung über Balbriggan und Swords mit Linie 101, Fahrtzeit 1 Std. 20 Min. bis Dublin (zentraler Busbahnhof Busaras). Regulärer Fahrpreis etwa 6 €. Tagsüber etwa stdl. Verbindungen von Dublin weiter nach DUNDALK, NEWRY und BELFAST mit Linie 1 oder 200.
TRIM, mit Linie 188 via Navan, 8x tgl., etwa alle 2 Std.

Eisenbahn

Zugverbindungen, 💻 www.irishrail.ie, bestehen nach Norden und Süden ab dem außerhalb der Stadt gelegenen **Bahnhof** an der Hauptstraße nach Dublin. Die Fahrpläne der Pendlerzüge zwischen Dundalk und Dublin sind auf den Bedarf der Arbeitnehmer ausgerichtet, mit diesen erreicht der Besucher jedoch auch die Küstenorte südlich von Drogheda. Ferner kann der Intercity zwischen Belfast und Dublin genutzt werden.
DUBLIN tgl. zwischen 6 Uhr und Mitternacht mehr als zwei Dutzend Verbindungen.
Da der Bahnhof ungünstig liegt und Bahnfahrten nicht preisgünstiger oder schneller sind, ist der Bus meist die bessere Alternative.

Dundalk

Im Mittelalter war Dundalk die nördlichste Stadt des sogenannten Pale, der von den Engländern kontrollierten Region rund um Dublin. Heute ist sie die nördlichste Stadt Irlands, die Erwähnung verdient, bevor man das britische Nordirland erreicht. Die Hauptstadt des County Louth bietet touristisch gesehen keine Besonderheiten. Wer aber z. B. auf dem Weg zur Halbinsel Cooley (s. S. 194) hier einen Zwischenstopp einlegt, der sollte das **Rathaus** und das **Gericht** im Zentrum besichtigen, beide Gebäude stammen aus dem 19. Jh. Neben der dem heiligen Nikolaus gewidmeten katholischen Kirche aus dem 18. Jh. lohnt ein Blick in die 1848 erbaute **St. Patrick's Cathedral**. Ihr Entwurf orientierte sich sehr stark an der Kapelle des King's College in der englischen Universitätsstadt Cambridge.

Interessant ist vielleicht das **Museum in einer alten Destillerie**, Roden Pl., Jocelyn St., ✆ 042-9327056, 💻 www.dundalkmuseum.ie, das die Geschichte des Ortes sehr anschaulich dokumentiert. Die im Museum ausgestellten Industrieerzeugnisse lassen jedoch ein wenig Wehmut über den teilweise spürbaren Niedergang der Stadt in den letzten Jahren aufkommen. Begrüßt werden die Besucher von einem Heinkel-Kabinenroller – dieses Meisterstück deutscher Nachkriegstechnik lief tatsächlich einmal in Dundalk vom Band. Etwas skurriler sind dann schon Oliver Cromwells angeblicher Rasierspiegel und der Mantel, den William of Orange bei der Schlacht am Boyne getragen haben könnte. 🕓 Di–Sa 10–17 Uhr, So, Fei geschl., Eintritt 3,80 €.

Übernachtung

€ **Greengates B&B**, Dublin Rd., Blackrock, ✆ 042-9322047, 💻 www.greengatesblackrock.com. Familiäres B&B in einem sehr ruhigen Vorort von Dundalk, nahe am Meer. Mehrfach ausgezeichnet als besonders gastfreundlich und komfortabel. Die warmen und freundlich eingerichteten Zimmer verfügen über Du/WC, TV und WLAN. Sehr gutes Frühstücksbuffet. Ein Haus so richtig zum Wohlfühlen. ❶

€ **Keernaun House**, Dublin Rd., Blackrock, ✆ 042-9321795. Guesthouse in ruhiger Umgebung. Sehr gute Auswahl beim Frühstück, für jeden Geschmack ist etwas dabei.
Als Alternative zum „Full Irish" sind z. B. süße Pfannkuchen im Angebot. ❶

Crowne Plaza Hotel, Green Park, ✆ 042-9394900, 💻 www.cpireland.crowneplaza.com. 129 Zimmer stehen in dem noblen 4-Sterne-Hotel zur Verfügung, alle mit Plasma-TV. Vom Hotel Blick aufs Meer und die Cooley Mountains. Frühe Buchung notwendig.
Die Zimmer sind modern, praktisch, aber relativ gesichtslos, der Service ist effizient. ❹

Essen

Fitzpatrick's Bar & Restaurant, Rockmarshall, Jenkinstown, ✆ 042-9376193, 💻 www.fitzpatricks-restaurant.com. Bar: Hausmannskost zu normalen Preisen. Das Restaurant bietet eine gute Auswahl an Fisch- und Meeresfrüchte-Gerichten sowie ein Grill-Menü. Die Portionen sind groß, die Preise etwas gehoben. Im Sommer sitzt man auf einer schönen Außenterrasse inmitten einer Blumenoase. Radverleih!

The Rosso, 5 Roden Pl., ✆ 042-9356502, 💻 www.rossorestaurant.com. Michelin-ausgezeichnetes Restaurant in der Ortsmitte mit etwas anspruchsvollerem Menü und entsprechenden Preisen. 2010 wurde das „Recession Buster Menu" angeboten, 25,50 € für ein 3-Gänge-Menü (nicht am Wochenende!).

Unterhaltung

Cheers Bar, 96a Clanbrassil St., ✆ 042-9326048. Beliebter Pub für alle Altersstufen, sehr spät am Montag, ab etwa 22.30 Uhr, traditionelle Sessions. Am Wochenende eher jüngeres Publikum.

Dundalk, Grenzstadt am Schwanzende des Celtic Tiger

Dundalk sollte die ganz große Erfolgsstory des Celtic Tiger werden. Druckergigant Xerox war nur eine der Firmen, die als Garant des Wohlstandes galten und Tausenden Lohn und Brot versprachen. Und damit der Lohn auch in Brot (und Konsumgüter) umgesetzt werden konnte, entstanden in Dundalk zeitgleich Einkaufszentren und Supermärkte. Nicht zuletzt die Grenznähe war ein wichtiger Planungsfaktor, denn man war schließlich gewohnt, dass die Nordiren gerne ins billigere „Südirland" auf eine Art Butterfahrt gingen. Zu Beginn des neuen Millenniums winkte der Stadt ungeahnter Reichtum.
Heute steht die Grenzstadt vor dem Ruin. Der Grund: Das Werk für Druckerpatronen der Firma XEROX lief noch nicht einmal auf voller Kapazität, als aus der New Yorker Konzernzentrale das Aus für die Inkjets kam. Nicht der einzige Rückschlag für ein fest auf den kommenden Wohlstand vertrauendes Dundalk. Der Treck der Nordiren blieb ebenfalls aus – die rasante und nicht mehr zu erklärende Preissteigerungsspirale in der Republik machte den Einkauf hier immer unattraktiver.
Selbst die Bewohner Dundalks und seines Hinterlandes machten sich plötzlich gen Norden auf die Socken, um im benachbarten Newry zu rundgerechnet 60 % der Kosten einzukaufen. Wie ernst die Lage tatsächlich war, zeigte sich spätestens in dem Moment, als der irische Luxus-Supermarkt Superquinn ankündigte, man werde die neue Niederlassung in Dundalk wieder schließen. Auch Superquinn war von den Konsumenten des Celtic Tiger getragen worden, die aber in Zeiten der Krise schnell in die einfacheren, aber eben preisgünstigeren Märkte einige Kilometer nördlich abwanderten.

Spirit Store, George's Quay, ✆ 042-9352697, 💻 www.spiritstore.ie. Ausgesprochen beliebte Kneipe direkt am leicht heruntergekommenen Hafen von Dundalk (erkennbar am großen Warnschild mit ins Wasser stürzendem Auto). Hier finden regelmäßig Veranstaltungen statt: Konzerte, Comedy etc. Eine gute Bar mit sehr lebendiger Atmosphäre.

Informationen

Touristinformation Dundalk, Jocelyn St., ✆ 042-9335484. ⌚ Meist werktags 9–17 Uhr, Öffnungszeiten ändern sich mitunter.
Infos auch unter 💻 www.dundalk.ie.

Nahverkehr

Das Busnetz in der Stadt Dundalk wird von **Bus Éireann**, 💻 www.buseireann.ie (Stichwort City/Town Services), betrieben und bietet einen eingeschränkten lokalen Fahrplan bis hinaus nach Carlingford und in den Norden nach Newry an.

Transport

Busse

Wichtig sind vor allem die Nord-Süd-Verbindungen nach Belfast oder Dublin. Verbindungen nach Westen sind selten, sodass der Umweg über Dublin sinnvoll sein kann, 💻 www.buseireann.ie oder Dundalk Bus Office, ✆ 042-9334075.
CAVAN, mit Linie 166, werktags 3–4 Verbindungen, etwas ungünstiger Takt.
DUBLIN, regelmäßige Verbindungen unter der Woche zwischen 4.30 Uhr und Mitternacht, teils im Halbstundentakt, via Drogheda zum Flughafen und in die Innenstadt, Linie 100X, Fahrtzeit etwa 2 Std. 10 Min. oder 2 1/2 Std. Regulärer Fahrpreis 8 €.
Stdl. Verbindungen nach DROGHEDA und DUBLIN sowie nach NEWRY und BELFAST mit Linie 1 (Bus Éireann) oder 200 (Ulsterbus).

Eisenbahn

Verbindungen per Eisenbahn bestehen nach Norden und Süden. Die Fahrpläne der Pendlerzüge zwischen Dundalk und Dublin sind auf den Bedarf der Arbeitnehmer ausgerichtet, mit diesen erreicht der Besucher jedoch auch DROGHEDA und die Küstenorte weiter im Süden. Ferner kann der Intercity zwischen Belfast und Dublin genutzt werden.
DUBLIN, 12x tgl. zwischen 5.40 und 22.30 Uhr.

Halbinsel Cooley

Die Cooley Halbinsel ragt wie ein knorriger Finger in die irische See hinein, begrenzt im Norden vom Carlingford Lough und im Süden von der Dundalk Bay. Unberührte Naturlandschaften, die längst noch nicht für den Tourismus erschlossen sind, kennzeichnen das Zentrum der Halbinsel, die aufgrund ihrer Grenzlage zu Nordirland lange als Rückzugsgebiet republikanischer Kämpfer diente. Die Küste des Carlingford Lough dagegen ist am Wochenende ein beliebtes Ausflugsziel, die Bewohner von Dundalk und Newry suchen hier etwas Frieden am Wasser. Diesen findet man vor allem im alten Hafenort Greenore, während es in Carlingford schon etwas geschäftiger zugeht.

Zugleich ist die Cooley Halbinsel ein Platz der Legenden, denn hier soll den irischen Sagen zufolge der *Táin Bó Cúailgne* stattgefunden haben, der „Viehdiebstahl von Cooley". Eine epische Auseinandersetzung zwischen Königin Meabh von Connacht und Ulsters Über-Held Cúchulainn. Bei der es tatsächlich um einen braunen Bullen ging. Eine interessante Statue von ihm, gefertigt aus Drahtgeflecht, erscheint heute geisterhaft neben der Autobahn M1. Hier, wo sich die Autobahn durch die Berge nach Norden windet, hat in grauer Vorzeit der Champion von Ulster, Cúchulainn, im Alleingang die Krieger von Connacht aufgehalten, die den Preisbullen stehlen wollten.

Rund 6 km hinter Dundalk lohnt der **Dolmen von Proleek** einen Besuch. Mit seinem auf 40 t Gewicht geschätzten Deckstein soll er geheime Wünsche erfüllen. Wirft man einen Stein auf den Deckstein (und bleibt dieser darauf liegen), heiratet man noch im selben Jahr! So zumindest will es die Legende. Der Dolmen liegt etwas versteckt auf dem Gelände eines Golfplatzes. Anfahrt: Auf der R173 fahrend, entdeckt der Besucher dicht bei den Auffahrten zur Autobahn M1 (Abfahrt 18 in Richtung Carlingford) das Ballymascanlon-

Táin Bó Cúailnge – der große Viehdiebstahl

Der Viehdiebstahl von Cooley lautet der vollkommen unprosaische Name für jenes Nationalepos, das den Mittelpunkt des Ulster-Zyklus bildet. Die Geschichte stammt sehr wahrscheinlich schon aus dem 7. oder 8. Jh. und ist in verschiedenen Versionen überliefert.

Die Hauptgeschichte: Medb, die Kriegerkönigin von Connacht, streitet sich mit ihrem Mann Ailill mac Máta um die Frage, wer reicher sei. Ailill verweist auf seinen prächtigen weißen Bullen Finnbennach, der aus Medbs Herde flüchtete, weil er keine Frau als Beherrscherin ertragen konnte. Da Medb keinen vergleichbaren Bullen besitzt, entschließt sie sich spontan, den braunen Bullen Donn Cuailgne aus Ulster zu holen und so ihren Mann zu übertrumpfen. Nachdem ihr Versuch, Dáire mac Fiachna den Bullen abzukaufen, keinen Erfolg zeitigt, versammelt Medb eine Armee. Männer aus Connacht und Leinster, ergänzt durch verstoßene Ulstermen, die unter düsteren Blutprophezeiungen der Seherin Fedelm losziehen und Meath und Louth verwüsten.

Wesentlicher Widerstand kommt nur von Cúchulainn, der jede Nacht rund 100 Krieger erschlägt, Verhandlungen ablehnt und schließlich im Kampfgetümmel auf seinen Halbbruder Ferdia trifft. In der zentralen Szene des Epos kämpfen Cúchulainn und Ferdia an einer Furt bei Ardee vier Tage lang gegeneinander. Das gesamte keltische Waffenarsenal muss herhalten und Cúchulainn kann erst siegen, als er Ferdia mit dem magischen Speer Gáe Bulga trifft. Ferdia haucht so sein Leben aus, der verwundete Cúchulainn erleidet einen Nervenzusammenbruch.

Am Ende der Kampfhandlungen steht Cúchulainn als Sieger da und überlässt Medb dennoch den braunen Bullen.

In Connacht angekommen, fordert der Bulle Donn Cuailgne Finnbennach zum Kampf heraus. Vor den versammelten Kriegern kämpfen die Bullen stundenlang gegeneinander, wobei sie quer durch Irland traben. Irgendwann spießt Donn Cuailgne seinen Widersacher auf und rennt dann, Finnbennachs Eingeweide an den Hörnern hinter sich herziehend, zurück nach Ulster. Dort angekommen, stirbt der Stier. Es kommt zur Versöhnung zwischen Medb und Cúchulainn sowie zwischen Connaught und Ulster.

Hotel an der Straße, die Einfahrt ist gut ausgeschildert, das Hotel selbst liegt etwa zurück. Wer hier parkt, kann zu Fuß in etwa 10 Min. den Dolmen von Proleek erreichen. Der Weg führt zwischen Hotel und Parkplatz an einigen Wirtschaftsgebäuden vorbei und dann über einen Golfplatz, bis man schließlich erst ein Ganggrab und kurz danach den Dolmen selbst erreicht.

Die Halbinsel lässt sich per Auto in einer Stunde oder mit dem Rad umrunden. Dann braucht man etwa vier bis fünf Stunden, je nach Kondition und gewählter Strecke. Anschließend sollte man zumindest mit dem Auto dem steilen Weg hinauf in die Berge folgen. Von der R173 zweigt bei Omeath eine Straße ins Binnenland ab, die einen wunderschönen Ausblick auf die Bergwelt ermöglicht. In der Nähe des **Long Woman's Grave**, vermutlich ein Grab aus der Steinzeit, vielleicht aber euch ein Kultplatz, können vom Parkplatz aus Wanderungen in die Berge unternommen werden. Die Wege sind zwar nicht ausgeschildert, aber erkennbar.

Übernachtung

Carrickdale Hotel, Carrickarnon, Ravensdale, ✆ 042-9380900, 💻 www.carrickdale.com. Großes Hotel mit Swimmingpool, Spa und anderen Annehmlichkeiten. Seit Eröffnung der Autobahn wesentlich ruhiger geworden. Sehr beliebt bei Hochzeitsgesellschaften am Wochenende – Reservierung ratsam. ❷–❸

Transport

Busse

NEWRY, Linie 161 fährt von Drogheda über Greenore, Carlingford, Omeath bis nach Newty (und zurück), 3–5x tgl., Informationen unter 💻 www.buseireann.ie.

Der Tain Way – zu Fuß durch die Cooley Mountains

- **Wegstrecke:** etwa 40 km
- **Dauer:** 2 Tage
- **Steigungen:** einige anstrengende Wegstücke
- **Wegbeschaffenheit:** teilweise nur ein Naturpfad, teilweise Straße
- **Ausschilderung:** recht gut
- **Karten:** OSI Discovery Series Sheet 36, www.osi.ie

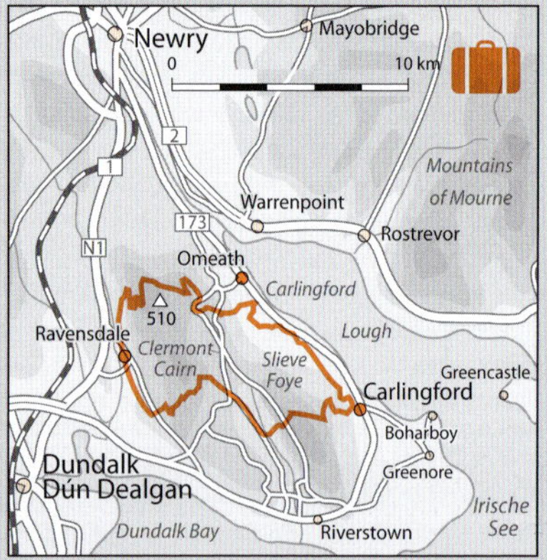

Gerade einmal 40 km lang ist der ausgeschilderte Tain Way, die Rundwanderstrecke durch die Cooley Mountains, die in Carlingford beginnt. Der keineswegs überlaufene Tain Way gilt als gute „Einstiegswanderung". Doch aufgepasst! Es gibt einen wesentlich längeren Radwanderweg namens **Tain Trail**, dessen Ausschilderung man nicht versehentlich folgen sollte.

Die Route

Die Strecke verläuft von Carlingford über Omeath und Ravensdale quer durch die Berge und über den Golyin Pass zurück nach Carlingford. Dabei werden jedoch einige Höhenmeter überwunden (die Berge auf der Halbinsel Cooley sind erstaunlich hoch, der Gipfel des Slieve Foye bei Carlingford ragt bis auf 587 m hoch) und es geht oft durch unwegsames Gelände. Was schlichtweg bedeutet, dass die 40 km in der Regel zwei Tage beanspruchen. Entweder richtet man sich auf eine Übernachtung ein oder man läuft den Weg in zwei Tagesetappen.

Von **Carlingford** aus folgt man dem ausgeschilderten Weg zunächst in den Forst von **Slieve Foye**. In etwa dem Verlauf des Carlingford Lough folgend, geht es weiter nach Nordwesten. Die Aussicht über das Wasser hinüber zu den Mourne Mountains (s. S. 539) ist stellenweise schon jetzt sehr schön, wird aber immer besser, je höher man steigt. Kurz vor **Omeath** biegt man nach Westen ab und steigt auf gewundenen Wegen langsam zum **Clermont Cairn** auf. Dieses frühzeitliche Hügelgrab auf einer Bergspitze beeindruckt in erster Linie durch seine Lage. Von hier hat der Bergwanderer eine herrliche Aussicht – und kann eine längere Rast einlegen.

Vom Clermont Cairn geht es dann hinab in die kleine Ortschaft **Ravensdale**, wo das Carrickdale Hotel eine ideale Übernachtungsmöglichkeit bietet (s. S. 195). Alternativ kann hier auch die Tour abgebrochen werden und man hebt sich die zweite Etappe für einen anderen Tag auf. Der

Bus der Linie 100, 💻 www.buseireann.ie, fährt tagsüber (außer sonntags) etwa alle zwei Stunden nach Drogheda oder Newry, von dort geht es mit der 161 nach Carlingford.

Von Ravensdale aus führt der Tain Way ein Stück nach Südosten, bevor es wieder in nordöstlicher Richtung in die Berge geht. Hier beginnt ein großzügiger Zick-Zack-Kurs, der über Berg und Tal wieder zurück nach Carlingford führt. Wanderer sollten sich unbedingt die Zeit nehmen, ab und an anzuhalten und den Rundblick zu genießen – im Süden liegt die irische Ostküste und man kann mit etwas Glück Drogheda und sogar Dublin zumindest erahnen. Im Norden dagegen fällt der Blick auf die höheren Mourne Mountains, die zur nordirischen Küste hin abfallen und auf denen man streckenweise den **Mourne Wall** (s. S. 540) erkennen kann. Schließlich windet sich der Weg wieder an das Ufer des **Carlingford Lough** zurück, bis man den Ausgangsort **Carlingford** mit seinem mittelalterlichen Stadtkern erreicht.

Praktische Tipps

Der Tain Way wird allgemein als leichter Weg eingestuft, ein Spaziergang ist er dennoch nicht – gutes Schuhwerk und zweckmäßige Kleidung (inkl. Wetterschutz) sind auch hier erforderlich. Insgesamt sind rund 1000 Höhenmeter in teilweise längeren Steigungen zu bewältigen. Ein wenig Kondition sollte man also haben.

Erfreulich: Der ausgeschilderte Weg besteht vor allem aus ruhigen Nebenstraßen, Waldwegen und gut begehbaren Pfaden durch die Bergwelt. Die Ausschilderung ist in einem durchweg guten Zustand. Auf eine Wanderkarte sollte man dennoch nicht vollkommen verzichten.

Carlingford Castle – idealer Ausgangspunkt für den Tain Way

Carlingford und Umgebung

Allein durch seine Abgeschiedenheit am Ende einer Halbinsel – auf der einen Seite liegt das Carlingford Lough, auf der anderen Seite der immerhin 587 m hohe Carlingford Mountain – hat sich dieses kleine Örtchen seine Ursprünglichkeit bewahrt.

Wer das romantische Irland sucht, der ist hier richtig. Der Blick auf die schon in Nordirland liegenden Mourne Mountains vom Ufer aus ist sehr schön, die Stadt selbst ist einen ausgedehnten Spaziergang wert, um die altertümliche Atmosphäre zu genießen. Viele Häuser sind im traditionellen Kalkweiß gehalten und teilweise noch mit Reet gedeckt.

Die Anglo-Normannen errichteten hier eine Burg, um die Einfahrt zum Naturhafen des Carlingford Lough zu schützen. Die **Ruine des King John's Castle** ist aber nur eines der stark befestigten Gebäude am Ort, bemerkenswert ist auch die **alte Münze**. In der mittelalterlichen Kirche **Holy Trinity** wurde ein **Besucherzentrum**, ✆ 042-9373888, 💻 www.carlingfordheritage-centre.com, eingerichtet, das eine sehr interessante Ausstellung zur Geschichte der Stadt und des Hafens zeigt. 🕒 Mo–Fr 10–12.30 und 14–16.30 Uhr, Eintritt 3 €.

Übernachtung

Carlingford ist ein beliebter Ort für einen kleinen Kurzurlaub am Meer und weist dementsprechend viele kleine Unterkünfte auf, vom Campingplatz am Giles Quay bis hin zu teureren Hotels. Empfehlenswert:

Carlingford Adventure Centre, Tholsel St., ✆ 042-9373100, 💻 www.carlingfordadventure.com. Modernes Outdoor- und Freizeitzentrum im Ortskern, das auch Hostel-Unterkunft anbietet (Bett ab 20 €). Unbedingt vorbestellen, da viele Gruppen das Hostel nutzen. ❷

€ **Beaufort House**, Ghan Rd., ✆ 042-9373879, 💻 www.beauforthouse.net. Dieses ausgezeichnete Guesthouse, fußläufig von Carlingford zu erreichen, stellt 5 Zimmer mit Blick aufs Meer und die Berge zur Verfügung. Alle Zimmer verfügen über ein eigenes Bad und eine kleine Sitzecke. Familiäre Atmosphäre, angemessener Komfort. Segelunterricht kann organisiert werden. Frühzeitig buchen! ❸

Magna Charta in Carlingford?

Der Irlandbesucher sollte nicht unbedingt jeder Geschichte Glauben schenken – manches Mal machen sich Attraktionen wichtiger, als sie in Wahrheit sind. Ob König John wirklich die ersten Entwürfe zur Magna Charta in der **Burg von Carlingford** niederlegte, ist zumindest umstritten. Schlagkräftige Beweise dafür konnten bis heute nicht gefunden werden. Dennoch: Die Burgbesichtigung ist zugleich ein reizvoller Ausflug in die englische Geschichte und die Aussicht von der Burg über den Carlingford Lough wirklich beeindruckend.

Essen

Carlingford Marina Bar & Restaurant, North Commons, ✆ 042-9373073, 💻 www.carlingfordmarina.ie. Modernes Restaurant. Kein ellenlanges Menü, dafür aber eine gute Auswahl an Gerichten, viele davon Meeresspezialitäten. Nicht ganz preiswert, aber noch vernünftig. Die Tische mit Blick aufs Wasser sind vor allem am Abend begehrt.

Schooners Restaurant im McKevitt's Village Hotel, Market Sq., ✆ 042-9373116, 💻 www.mckevittshotel.com. Beliebtes Restaurant, bekannt für Fischspezialitäten, aber auch gute Lamm- und Rindfleischgerichte. Besonders lecker ist das Seafood Chowder, eine cremige Suppe mit Fisch und Meeresfrüchten je nach Saison. Preise noch normal, kann aber an Wochenenden und in der Saison recht voll sein.

Sonstiges

Feste

Das **Tain Walking Festival** ist eine „Volkswanderung" im März auf dem Tain Way. Unterschiedliche Längen und Schwierigkeitsgrade, wer sich fit genug fühlt, darf loswandern.

Information

Tourist Information Carlingford, auf dem Parkplatz gegenüber dem Hafen, ✆ 042-9373033, 💻 www.carlingford.ie, 🕒 April–Sep 10–17 Uhr, Di geschl.

Transport

Busse

NEWRY, als Transportmöglichkeit kann die Linie 161 von Drogheda über Greenore, Carlingford, Omeath bis nach Newry (und zurück) genutzt werden, es verkehren 3–5 Busse am Tag, 💻 www.buseireann.ie.

County Monaghan

Nordwestlich an Louth schließt sich das County Monaghan an, das schon in der Provinz Ulster liegt, aber noch zur Republik Irland zählt. Weite Felder und Wiesen sowie die bei der letzten Eiszeit entstandenen, von Gletschern rundgeschliffenen Hügel (Drumlins) kennzeichnen das agrarisch geprägte County, das heute ein wichtiges Anbaugebiet von Pilzen ist. Vor einigen Jahren geriet die Region jedoch wegen ganz anderer Reichtümer in die Schlagzeilen: Geologen entdeckten ein sehr großes Goldvorkommen, dessen Ausbeutung zwar sehr kostenintensiv sein, sich aber dennoch lohnen wird.

Touristisch ist die Region zwar längst nicht so bedeutend wie manch andere in Irland, dennoch bilden Inishkeen, Monaghan und Clones empfehlenswerte Ziele.

Und noch ein kleiner Hinweis zu der komplizierten geografischen Einordnung der Counties: Es ist ein viel verbreiteter Irrtum, Nordirland mit Ulster gleichzusetzen. Tatsächlich besteht die Provinz Ulster aus insgesamt neun Counties, von denen sechs zu Nordirland gehören. Die drei anderen wurden Teil der Republik. Monaghan und Cavan sind die südlichsten Counties von Ulster, Donegal das nördlichste und damit auch der geografische Norden Irlands.

Monaghan Town

Der Reiz der lebendigen Countyhauptstadt Monaghan (6000 Einw.) mit ihren charakteristischen Kalksteinhäusern liegt vor allem in den Details. Ein gutes Beispiel dafür ist das **Rossmore Memorial**, ein wie ein kleiner Kirchturm gestalteter Trinkbrunnen. Dieser steht auf dem Diamond, dem ursprünglichen Marktplatz der Stadt. Die heutige Stadtmitte wird von einem weiteren Platz gebildet, dem Church Square, umgeben von Gebäuden vor allem aus dem 19. Jh. Dazu gehört auch das **Gerichtsgebäude**, das im klassizistischen Stil errichtet wurde. Der dritte große Platz in der Stadtmitte ist der Market Square, an dem ein sehr schönes **Markthaus** aus dem 18. Jh. die Blicke auf sich zieht. Teilweise sind die dicken Eichenbalken, die zur Konstruktion verwendet wurden, noch gut sichtbar.

Ganz in der Nähe befindet sich auch das ausgezeichnete **Monaghan County Museum**, 1–2 Hill St., 📞 047-82928, 💻 www.monaghan.ie, das eine recht interessante Sammlung zur Heimatgeschichte von der Frühzeit bis zur Gegenwart besitzt. Da Monaghan einst für die Produktion von Leinen und Spitzen berühmt war, liegt der Schwerpunkt auf der Geschichte der Textilindustrie. Herausragendes Exponat bei den Kunstgegenständen aber ist das Kreuz von Clogher, ein Altarkreuz vom Beginn des 15. Jhs. 🕓 Mo–Fr 11–17, Sa 12–17 Uhr, Eintritt frei.

Ein kurzer Fußmarsch führt zur **Kathedrale des Heiligen Macartan**, die auf einem Hügel südlich der Innenstadt errichtet wurde. Die Kirche entstand im Baustil des Gothic Revival, vor allem die Erkertürmchen sind beachtenswert: Aus größerer Entfernung wirken sie wie nachträglich angesetzt. Der Aufstieg zur Kathedrale lohnt sich auch wegen des Ausblicks über die gesamte Stadt.

Wer danach etwas Erholung braucht, kann im **Rossmore Forest Park** südlich der Stadt kurze Spaziergänge auf den Forstwegen unternehmen.

Murder Weekend in Monaghan

Das **Hillgrove Hotel Leisure & Spa**, Old Armagh Rd., 📞 047-81288, 💻 www.hillgrovehotel.com, ist ein nur wenige Minuten vom Zentrum entfernt gelegenes erstklassiges Hotel mit 87 Zimmern, das über Thermal- und Wellnesseinrichtungen wie Sauna, Massage, Jacuzzi und viele andere Freizeiteinrichtungen verfügt. Das Besondere aber: An speziellen Murder Mystery Weekends können sich Gäste auch als Detektive betätigen – alleine, als Paar oder als Gruppe. Agatha Christie lässt grüßen. ❷–❸

Übernachtung

Ashleigh House, 37 Dublin St., ✆ 047-81227, 💻 www.ashleighhousemonaghan.com. Zentral gelegenes, recht gemütliches und familiäres Haus. Die Inhaber können Freizeitangebote wie Golf, Reiten, Angeln oder auch Fahrradverleih organisieren. ❷

Essen

Andy's Bar & Restaurant, 12 Market St., ✆ 047-82277, 💻 www.andysmonaghan.com. Bar im viktorianischen Stil. Restaurant mit guter Fisch- und Steakkarte. Publikum ist bunt gemischt, Preise sind angemessen.

Squeeling Pig Restaurant, The Diamond, ✆ 047-84562, 💻 www.thesquealingpig.ie. Wahrscheinlich die beliebteste Kneipe in Monaghan, mit Sports Bar, Nachtclub und einem recht preiswerten Restaurant. Hier trifft sich ein durchweg junges Publikum, am Wochenende kann es sehr lebendig zugehen.

Unterhaltung und Kultur

Garage Theatre, Armagh Rd., ✆ 047-81597, 💻 www.garagetheatre.com. Ein kleines Theater mit gemischtem Programm, geboten werden vor allem Tourneetheater und Konzerte, aber auch literarische Lesungen und Comedy.

Market House, Market Sq. Vor einigen Jahren restaurierte und zum Kulturzentrum umgebaute Markthalle. Wechselnde Ausstellungen und gelegentliche Kulturabende.

The Shambles, Dublin St. Schön altmodischer Pub mit bunt gemischtem Publikum. Ein sehr kommunikativer Ort, ideal, um mit Einheimischen in Kontakt zu kommen. Gelegentlich werden traditionelle Sessions oder modernere Livemusik geboten.

Reiterurlaub in Glaslough

Umgeben von Wäldern und herrlichen Seen, liegt bei Glaslough eines der romantischsten Hotels der Region: **The Lodge at Castle Leslie Estate**, Co. Monaghan, ✆ 047-88100, 💻 www.castleleslie.com. Insgesamt 30 nostalgisch anmutende Zimmer, in denen schon einige Prominenz genächtigt hat, werden auf dem einstigen Herrensitz, rund 6 km nordöstlich von Monaghan, vermietet. Aktivurlauber kommen hier voll auf ihre Kosten. Denn neben herrlichen Wandermöglichkeiten, einer Kochschule im Schloss und dem viktorianischen Kurbad, das noch für „Wohlfühlbehandlungen" genutzt wird, bietet das Schlosshotel auch Reiterurlaub für Anfänger und passionierte Reiter an. Mehr als 50 Pferde stehen für Reitstunden und Ausritte zur Verfügung, Reitstunde 30 €, 2-stündiger Ausritt 75 €. ❺

Feste

Nordamerikanisch geprägte Musik erklingt beim jährlich am ersten Septemberwochenende stattfindenden **Monaghan Rhythm & Blues Festival**, jetzt auch als Harvest Time Blues Festival bekannt, 💻 www.harvestblues.com. Konzerte finden an mehr als einem Dutzend Orten statt.

Informationen

Tourist Information Monaghan, Mullacroghery, Clones Rd., ✆ 047-81122, 💻 www.monaghantourism.com.

Transport

Nach Monaghan gelangt man trotz des noch existierenden Bahnhofs nur noch mit dem **Bus**, die wichtigsten Verbindungen bestehen nach Dublin, 💻 www.buseireann.ie oder Monaghan Bus Office, ✆ 047-82377.

CAVAN, Linie 175 über Cootehill, nur 1 Bus je Richtung am Tag.

CLONES, Linie 162, 5x tgl.

DERRY, mehrere Verbindungen am Tag mit der Linie 33.

DUBLIN, in der Woche rund um die Uhr häufige Verbindungen zum Airport und zum zentralen Busbahnhof Busaras mit den Linien 33 oder 274, Fahrtzeit etwa 1 Std. 40 Min. oder 2 Std., tagsüber mind. im Stundentakt. Regulärer Fahrpreis 13,50 €. Auch Verbindung nach Dublin über Ardee und Slane mit Linie 177.

OMAGH, mehrere Verbindungen am Tag mit der Linie 33.

Inishkeen

Der kleine Ort Inishkeen (auch Inniskeen genannt) liegt im äußersten Osten des County Monaghan, nur etwa 17 km von Dundalk entfernt. Bekannt geworden ist das Dorf durch den irischen Dichter und Schriftsteller Patrick Kavanagh (1904–1967) (S. 118), der hier geboren wurde. Bis heute halten die Dorfbewohner die Erinnerung an ihn wach. Am besten gelingt dies im **Patrick Kavanagh Centre** in der ehemaligen Kirche, 🖳 www.patrickkavanaghcountry.com, 🕓 Di–Fr 11–16.30, Juni–Sep auch So 15–17.30 Uhr. Der Dichter ist auf dem Friedhof nebenan begraben, im Centre aber wird er wieder „zum Leben erweckt". Dokumente und Artefakte informieren über den Kavanagh und seine Werke. Ein echter Tipp für Literaturliebhaber.

Feste

Mit dem **Patrick Kavanagh Weekend** in Inishkeen wird jedes Jahr Anfang Nov dem irischen Dichter gedacht. Das Festival-Programm enthält von volkstümlicher Musik bis zu akademischen Vorträgen einfach alles, was zum Thema passt. Und das wohl bekannteste Gedicht von Kavanagh ertönt immer wieder als Lied: *Raglan Road*.

Clones

Nur wenige Kilometer südwestlich von Monaghan liegt der kleine Grenzort Clones. Hier erkennt man noch Reste des **Ulster Canal**, der früher den Lough Erne mit dem Lough Neagh verband. Eine Wiederbelebung dieses Kanals für touristische Zwecke wird immer mal wieder erwogen und dann vor allem wegen der hohen Kosten verschoben.

Der Hauptgrund für einen Stopp in Clones, wo im 6. Jh. ein bedeutendes Kloster gegründet wurde, ist der **Rundturm** auf dem alten Friedhof mitten im Ort. Der Turm ist fast vollständig erhalten, allerdings fehlt die konische Kappe. Mit etwa 23 m Höhe ist er einer der kleineren Türme, die nur grob behauenen Steine verleihen ihm ein sehr einfaches Aussehen. Wahrscheinlich ist er einer der früheren Rundtürme, seine Entstehung wird auf das 10. Jh. datiert. Der **Friedhof** an sich ist schon einen Besuch wert, denn zahlreiche Grabsteine aus dem 17. und 18. Jh. weisen sehr schöne Steinmetzarbeiten auf. Beachtung verdient auch das wie ein kleines Haus gestaltete Grabmal aus dem 12. Jh. Es diente der Aufbewahrung der Gebeine des Heiligen Tighernach, im 6. Jh. Bischof von Clogher.

Auf dem kleinen Marktplatz von Clones befindet sich noch ein **Hochkreuz**, das eventuell früher in der Nähe des Rundturmes gestanden hat. Irgendwie scheinen dabei die Proportionen

Auf dem Kavanagh Trail

Am Patrick Kavanagh Centre beginnt der Kavanagh Trail, ein interessanter, insgesamt etwa 10 km langer Weg durch Inishkeen und die nähere Umgebung. Die meisten Wegstrecken befinden sich in Inishkeen selbst und sind bequem zu Fuß zu erreichen, einige andere Passagen erreicht man mit dem Auto. Der Besucher wird zu Stätten geführt, die in Büchern wie *Tarry Flynn* oder *The Green Fool* Erwähnung finden. Oder die Kavanagh als Inspiration dienten. Literaturwissenschaft einmal ganz praktisch ... Informationen und Übersichtspläne zum Kavanagh Trail erhält man im Patrick Kavanagh Centre oder unter 🖳 www.patrickkavanagh country.com, Stichwort Kavanagh Trail.

Nobles Öko-Hotel

Das **Hilton Park**, ✆ 047-56007, 🖳 www.hiltonpark.ie, ist ein exklusives Hotel und mit Übernachtungskosten von rund 100 € pro Nacht und Person nur etwas für betuchte Gäste. Die aber dürfen sich nicht nur auf eine hervorragende Küche und ruhige Nächte im Herrenhaus und im Himmelbett freuen. Das Nobelhotel bietet, ganz im Trend der Zeit, auch „Kitchen Gardening Weekends" an. In herrschaftlicher Umgebung wird den Gästen gezeigt, wie sie künftig Kräuter, Obst und Gemüse selbst anbauen, ernten und kochen können. ❻

nicht zu stimmen. Der Grund: Oberteil und Unterteil gehörten ursprünglich nicht zusammen, dieses Monument wurde aus zwei Fragmenten zusammengesetzt.

Feste

Anfang Juni (am June Bank Holiday Weekend) findet mit dem **Flat Lake Festival**, 💻 www.theflatlakefestival.com, in Clones ein intellektuell anspruchsvolles, drei Tage dauerndes Literatur- und Musikfestival statt. Das Programm ist sehr bunt gemischt, genauso wie das Publikum – von „curious locals" bis hin zu den literarischen Zirkeln von Dublin und Belfast ist alles vertreten.

Transport

Busse

MONAGHAN, 5x tgl., Linie 162, 💻 www.buseireann.ie.

County Cavan

Auch im County Cavan prägen Drumlins die Landschaft. Hinzu kommen zahlreiche Seen und kleine Flüsse. Gewundene Straßen führen durch die grüne, hügelige Landschaft, in der Schafe und Kühe das Bild bestimmen. Auf schnurgeraden – und nicht immer den besten – Straßen geht es durch große Moorgebiete, die sich von hier Richtung der Midlands erstrecken.

Von den Iren wird das County übrigens wenig schmeichelhaft auch als „Pothole County" oder „Mean Shite County" bezeichnet. Für den ersten Spitznamen gibt es eine geologische Erklärung: Der Kalkboden in der Gegend bricht immer wieder ein und reißt Teile der Straßen mit sich, Schlaglöcher gehören in Cavan zum Alltag. Der zweite Spitzname dagegen erklärt sich aus der sprichwörtlichen Sparsamkeit der Einwohner dieses Landstrichs. Geld auszugeben ist den meisten Menschen hier anscheinend zuwider. Es geht sogar das Gerücht, dass Kupferdraht erfunden wurde, als sich zwei Männer aus Cavan gleichzeitig nach einem Penny bückten.

Altes Irland wie aus dem Bilderbuch

Das **Derragarra Inn** in Butlersbridge direkt am Fluss, ✆ 049-4331003, lockt mit einem bunten Mix aus Antiquitäten (und Trödel) die Besucher an – nicht gerade in Museumsqualität, aber doch sehenswert. Ideal für einen Stopp zum Verschnaufen, vielleicht bei einem kleinen Snack.

Von Clones nach Cavan

Von Clones aus führt die N54 Richtung Cavan. Auf den nächsten 8 km wird nicht weniger als viermal die Grenze nach Nordirland überquert. Da mittlerweile die Grenzkontrollen nahezu weggefallen sind, ist der plötzliche Wechsel teilweise verwirrend. Aus der N54 wird für zwei kurze Teilstrecken die A3, auf der dieselbe Höchstgeschwindigkeit gilt, aber dann in Meilen angegeben wird. Ein oder zwei Wechselstuben bieten ihre Dienste an, in den Zeiten der Kreditkarten kaum noch notwendig. Allenfalls der Verkauf von Feuerwerkskörpern (in der Republik illegal) scheint hier noch ein gutes Geschäft zu sein.

Ein kurzer Zwischenstopp lohnt in dem Dorf **Cloverhill**. Vor allem die neogotische St. John's Church, die alte Poststation, in der sich heute ein Gasthaus befindet, und der Eingang zum mittlerweile verfallenen Herrenhaus aus dem 19. Jh. sind durchaus sehenswert.

Kurz danach wird **Butlersbridge** erreicht, wo man den Fluss Annalee überquert. Leider war die nachträgliche Installation der Abwasserleitung an der ansonsten sehr sehenswerten alten Brücke über den Fluss nicht gerade ein Geniestreich. Direkt am Fluss steht eine schöne Kirche. Sehr interessant ist in der Nähe der Brücke, direkt an der Einfahrt zu einem größeren Landsitz, ein etwas zwischen Steinmauern und Bäumen versteckter Bunker aus Beton. Solche einfachen Verteidigungsanlagen sind an vielen Flussübergängen in der Nähe zu sehen. Sie wurden im Zweiten Weltkrieg errichtet, um eine mögliche Invasion britischer und amerikanischer Truppen von Norden her aufzuhalten – in den Augen des neutralen Irland eine größere Bedrohung als eine potenzielle deutsche Invasion. Ein weiteres kleines (und wesentlich friedfertigeres) Kuriosum ist die in der Nähe des Kreisverkehrs stehende Creamery, eine aus Wellblech erbaute Molkerei.

Essen

Cloverhill

The Olde Post Inn, ✆ 047-55555, 💻 www.theoldepostinn.com. Rustikales Restaurant. Spezialität: Le Coq Hardi, Hühnerbrust, gefüllt mit Kartoffeln, Äpfeln, Schinken, Kräutern, eingewickelt in Schinken und serviert mit Irish Whiskey Sauce. Auf der Karte stehen auch vegetarische Menüs. Es werden 6 schöne Doppelzimmer vermietet.

Cavan Town

Übersetzt bedeutet Cavan so viel wie Tal oder Grube. Egal aus welcher Himmelsrichtung man sich der kleinen Stadt nähert, der Ursprung dieser Bezeichnung wird sofort klar: Zur Stadtmitte von Cavan geht es immer bergab. Die Hauptstadt des gleichnamigen County zählt gerade einmal rund 3500 Einwohner, ruhige und erholsame Urlaubstage sind hier garantiert.

Ein Beweis für die sprichwörtliche Sparsamkeit, die im County vorherrschen soll, könnte die pompöse **Kathedrale** von Cavan sein, gewidmet den Heiligen Patrick und Felim. Mit ihrem Bau wurde 1938 begonnen, die Pläne orientierten sich teilweise an einer Kirche in Dublin, die wiederum fast eine Kopie von St. Martin's in the Fields (London) war. Man kann sagen, dass die Kathedrale von Cavan den dritten Aufguss einer guten Idee darstellt. Einen Besuch ist sie auf jeden Fall wert, denn das sehr großzügig angelegte Gotteshaus ist aus verschiedenfarbigem Marmor erbaut und besitzt nicht nur sehr schöne Glasfenster, sondern auch interessante Wand- und Deckenmalereien. Wesentlich bescheidener ist dagegen die vis-à-vis gelegene, ältere **Kirche der Church of Ireland**, hinter der die Hauptstraße des Ortes beginnt. Neben der Kathedrale ist das große **Gerichtsgebäude** noch einen Blick wert, vor ihr steht eine an republikanische Kämpfer erinnernde Statue. Sie dient heute auch dem Gedenken an Kieran Doherty, der während des Hungerstreiks von 1981 als Abgeordneter von Cavan-Monaghan ins irische Parlament gewählt wurde und am 2. August nach 73 Tagen Nahrungsverweigerung starb.

Die weiteren touristischen Attraktionen sind von hier rasch erreicht, die Farnham Street ist vielleicht die attraktivste Straße des Ortes. An ihr liegen mehrere interessante Gebäude, darunter das **Versammlungshaus der Freimaurer**, die **methodistische Kirche**, die **presbyterianische Kirche**, die sehr schön gestaltete **Town Hall** und etwas hinter ihr, über die Abbey Street Parade zu erreichen, die spärlichen Reste der **St. Mary's Abbey**. Im Prinzip existiert hier nur noch ein Kirchturm aus dem 16. Jh., der Rest ist Friedhof. Die Gräber sind meist unbeschriftet, eines davon ist die letzte Ruhestätte des katholischen Oberbefehlshabers Eoghan Roe O'Neill, des Helden von Benburb (s. Kasten).

Etwas außerhalb von Cavan Richtung Crossdoney/Killeshandra liegt der **Killykeen Forest Park**, ein beliebtes Naherholungsgebiet mit sehr schönen Wanderwegen durch die Seenlandschaft.

Eoghan Roe O'Neill

Eoghan Roe O'Neill war einer der Kommandeure der irischen Truppen, die sich um 1642 gegen die englische Herrschaft auflehnten und ein unabhängiges, katholisches Irland schaffen wollten. Wie dies in der Praxis umgesetzt werden sollte, hatten Rebellen schon im Vorjahr bewiesen – zahlreiche protestantische Siedler waren „ethnischen Säuberungen" zum Opfer gefallen. Zum Schutz der Siedler landete eine Armee schottischer Covenanter (fundamentalistische Protestanten) in Irland, die sich die nächsten Jahre ein Katz- und Mausspiel mit den katholischen Rebellen lieferte, währenddessen Ulster in weiten Teilen verwüstet wurde. 1646 schließlich griff O'Neill mit päpstlicher Hilfe die Schotten direkt an und besiegte Generalmajor Robert Monro bei Benburb. Anstatt aber diesen Sieg auszunutzen, musste sich O'Neill auf Befehl des päpstlichen Legaten nach Süden zurückziehen und verpasste so die vielleicht beste Gelegenheit, zumindest den Norden Irlands zu befreien.

Übernachtung

€ **Lisnamandra House**, Crossdoney, ✆ 049-4337196. Das schön im Grünen gelegene B&B ist in einem Haus aus dem 17. Jh. untergebracht. Schöne Inneneinrichtung, sehr gute Küche. Ideal zum Ausspannen und um sich etwas verwöhnen zu lassen. ❷

Farnham House B&B, 38 Farnham Rd., ✆ 049-4372764, 💻 www.farnhamhousebedandbreakfast.com. Kleines Guesthouse in der wohl schönsten Straße der Stadt, ideal zur Innenstadt und zum Busbahnhof gelegen. Alle Zimmer mit TV und WLAN. Sehr gutes Frühstück. ❸

Cavan Crystal Hotel, Dublin Rd., ✆ 049-4360600, 💻 www.cavancrystalhotel.com. Am Rand der Stadt, bei einer Glasfabrik gelegenes Hotel mit 85 Zimmern und gutem Restaurant. Angeschlossen ist das Besuchszentrum zur Glasherstellung. Die Umgebung des Hotels ist allerdings wenig reizvoll. ❻

Essen

Opus One, Dublin Rd., 💻 www.cavancrytal hotel.com. Elegantes Opus One Restaurant im Cavan Crystal Hotel, bietet gute irische Küche zu vernünftigen Preisen. Exzellente Weinkarte.

The Oak Room Restaurant, Main St., ✆ 049-4371414, 💻 www.theoakroom.ie. Eine warme, gemütliche Atmosphäre herrscht in dem modern gestalteten Restaurant über dem Smith & Wilson Pub, das Gourmetgerichte und auch herzhafte Kost serviert. Zwischen 17.30 und 19.30 Uhr gibt es das „Early Bird Menu" für 25 €.

Unterhaltung

Brady's Bar, 16 Main St. Typischer Pub mit traditionellen Sessions am Donnerstag und Sonntag ab etwa 21.30 Uhr. Sehr beliebt bei allen Bevölkerungsgruppen, lebhafte Gespräche am Tresen über Politik, Fußball oder das Wetter sind garantiert.

Farnham Arms Hotel, Main St. Als Musikpub ist die Bar des Hotels mehrfach ausgezeichnet worden und hat auch oft ausgezeichnete Musiker zu Gast. Sessions am Mittwoch ab etwa 21.30 Uhr. Am Wochenende oft Programm mit Einzelkünstlern und Gruppen.

McCaul's, 10 Bridge St. Vor allem bei jüngeren Leuten beliebter Pub mit traditioneller Musik am Dienstag und gelegentlich am Wochenende. Bei den häufigen Blues-Sessions wird ein vollkommen anderer Ton angeschlagen. Kann schon einmal etwas lauter werden.

Sonstiges

Feste

Jeden März weckt das bunte Kunst- und Kulturfest **NYAH County Cavan Arts Festival** den kleinen Ort mit einem abwechslungsreichen Programm aus dem Winterschlaf. Theatervorstellungen, Konzerte, traditionelle Musik sowie Tanz spiegeln die kulturelle Identität des County wider.

Informationen

Die **Tourist Information** befindet sich in der Farnham St., ✆ 049-4331942, ✉ cavan@failteireland.ie. Achtung: Das Büro versteckt sich etwas in der Bibliothek, es ist mit dem Fahrstuhl rechts in der Vorhalle erreichbar.

Transport

Busse

Vom **Busbahnhof in der Farnham St.** starten die Busse, die wichtigsten Verbindungen bestehen nach Dublin, Infos 💻 www.buseireann.ie oder Cavan Bus Office, Farnham St., ✆ 049-4331353.

DONEGAL, Linie 30, mehrmals tgl. Halt auch in Belturbet und Enniskillen sowie Belleek und Ballyshannon.

DUBLIN, unter der Woche zwischen 6 und 20.30 Uhr stdl. Verbindungen via Virginia, Kells, Navan und Dunshaughlin zum zentralen Busbahnhof Busaras, Linie 109, Fahrtzeit etwa 1 Std. 10 Min. Regulärer Fahrpreis 13,50 €.

DUNDALK, mit Linie 166, 3–4 Busverbindungen werktags, schlechte Taktung.

MONAGHAN, Linie 175 über Cootehill, nur wenige Verbindungen am Tag.

Von Cavan Town Richtung Nordwesten

An Sehenswürdigkeiten eher arm, lohnt im County Cavan die Fahrt zum **Rundturm von Drumlane**, ungefähr 1 km südlich von **Milltown** an der R201 gelegen. Oberhalb des **Lough Oughter** befindet

365 Seen und kaum Gewässerschutz

Cavan, so sagt der Volksmund, hat 365 Seen. Für jeden Tag des Jahres einen, in Schaltjahren kommt noch ein aus Regenwasser gebildeter Tümpel hinzu. Genau nachgezählt hat noch niemand, aber dem Angler bietet das County mehr fischreiche Seen, als er nutzen kann. Und so zieht es Angeltouristen aus aller Welt an die Seeufer und auf die Boote, etwa auf der Jagd nach den braunen Forellen im Lough Sheelin. Der, das weiß der Volksmund auch, alle sieben Jahre ein Leben fordert.

Wenn man einen Vorfall in Betracht zieht, der sich vor einigen Jahren ereignet hat, und wenn man auch Fischleben mitzählt, dann muss das Gewässer die nächsten Jahrhunderte recht sicher sein: Kurz nach einem kräftigen Regenguss war die Wasseroberfläche eines Teils des riesigen Sees plötzlich mit den Kadavern Tausender Forellen bedeckt. Ohne äußere Verletzungen und ohne ersichtlichen Grund waren die Fische binnen kürzester Zeit in Massen verendet.

Der Grund: Im nahen Ort Oldcastle war die Kläranlage übergelaufen und hatte über einen kleinen Fluss Tonnen von Abwässern und Kloake in den See und in die Laichgründe gespült. Die Kläranlage war einst für eine wesentlich geringere Bevölkerungsdichte gebaut und während des raschen Bevölkerungswachstums der Jahre zuvor nie erweitert worden. Umweltkatastrophen wie diese sind längst Alltag in Irland.

Um Wasser, so könnte man meinen, dürfte sich in Irland niemand Sorgen machen – zumal es genug davon gibt und häufige Niederschläge für Nachschub sorgen. Aber Probleme wie am Lough Sheelin sind längst keine Ausnahme mehr. Die Universitäts- und Touristenstadt Galway etwa musste ihre Bewohner mehrfach und über Monate dazu anhalten, nur noch abgekochtes Wasser zu verwenden. Im Trinkwasser der Stadt waren Kolibakterien aufgetaucht, die durch die Einleitung menschlicher und tierischer Fäkalien in das Grundwasser wieder in den Kreislauf gelangt waren. Auch dies ist kein Einzelfall, Experten stufen bis zu einem Drittel der irischen Wasserversorgung in Privathaushalten als potenziell gesundheitsgefährdend ein. Manch ein Besucher durfte das am eigenen Leibe erfahren. Während die Iren gegen das heimische Wasser sozusagen immunisiert sind, verspürt manch ein Gast, dem man zuvor ein Glas Wasser angeboten hatte, rasch ein gewisses Unwohlsein. Natürlich zeigt sich der Gastgeber in solchen Fällen betreten und beschwört, dass er sich gar nicht vorstellen kann, wie „so etwas" passieren konnte. Gerade Landbewohner schwören Stein und Bein, dass das Wasser noch nie jemandem geschadet habe und der Besucher zweifellos „etwas Falsches gegessen" haben müsse – um sich dann auf den Trecker zu schwingen und den voll beladenen Gülletank am nächsten Fluss- oder Seeufer auf einer Wiese zu entleeren.

sich ein kleiner Kirchhof mit den Resten einer Kirche aus dem 13. Jh. Im 15. Jh. ausgebaut, wurde das Gotteshaus noch bis in viktorianische Zeit genutzt. Die noch immer beeindruckenden Ruinen weisen einige sehr schöne Steinmetzarbeiten auf. Bereits im 6. Jh. wurde an dieser Stelle ein Kloster errichtet, rund 600 Jahre später kam der heute nicht mehr vollständig erhaltene Rundturm dazu. Er ragt immer noch beeindruckende 11,6 m in die Höhe. Bis heute erkennt man die zwei Bauphasen: Der untere Teil des Turmes ist aus sehr schön zurechtgehauenen Steinen gebaut, beim oberen Teil wurde wesentlich einfacheres Material verwendet. Die Eingangstür und ein erhaltenes Fenster des Turmes zeugen von qualitativ hochwertiger Arbeit, ein einmaliges Detail des Turmes sind die Steinmetzarbeiten an der Außenwand, die Vögel darzustellen scheinen.

Der einige Kilometer weiter nördlich gelegene Ort **Belturbet** ist eine klassische Grenzstadt, nur wenige Kilometer von der Grenze zum County Fermanagh und damit zu Nordirland entfernt. Zahlreiche Einkaufsmöglichkeiten sind vorhanden. Was vielleicht etwas überrascht, ist die große Dichte an Gaststätten und Restaurants. Vermutlich sind sie dem großen Jachthafen zu verdanken, an dem zahlreiche Hobbykapitäne,

Auf dem Shannon quer durch Irland

Es ist das letzte Stückchen Abenteuertourismus, das man in Irland noch erleben kann. Kondition, Erfahrung und Improvisationsfreude gehören dazu, wenn man mit dem Kanu oder Kajak den Shannon entlangpaddeln möchte, der im County Cavan entspringt dann in südwestlicher Richtung durch verschiedene Seen fließt und schließlich westlich von Limerick in den Atlantik mündet. Wer über einige Paddelerfahrung verfügt, keinen großen Komfort braucht, viel Zeit hat und Irland einmal aus einer absolut ungewöhnlichen Perspektive kennenlernen möchte, der könnte tatsächlich mit dem Kanu oder Kajak von Cavan bis zum Atlantik schippern – vorausgesetzt Wind, Strömungen und Wetterlage machen einem nicht kurzfristig einen Strich durch die Rechnung. Die umgekehrte Richtung empfiehlt sich nicht, denn da paddelt man wochenlang gegen die Strömung an. Die 370 km lange Tour ist allerdings nur etwas für Paddler, die auf sich selbst gestellt längere Zeit ohne die Segnungen der Zivilisation auskommen können. Die ganze Tour würde mehrere Wochen dauern und birgt einige Gefahren.

Gefahren richtig einschätzen

Wenn Reisebüros für Bootsurlaub auf dem Shannon Werbung machen, dann beziehen sie sich meist auf den Streckenabschnitt zwischen Killaloe (s. S. 431) im Süden und dem Lough Allen im Norden, denn längst nicht alle Streckenabschnitte sind problemlos befahrbar. Die Mündung des Shannon z. B. ist definitiv schon Teil des Ozeans. Dazu kommt das Problem, dass zwischen den „sicheren" Teilen des Shannon und seiner Mündung ein Wasserkraftwerk liegt, das Mensch und Maschine einige Leistung abfordert. Laufen die Turbinen auf Höchstleistung, kommt schon der Motor des durchschnittlichen Hausbootes kaum noch gegen die Strömung an, ein Paddler hat keine Chance. Ab Killaloe, wo sinnvollerweise für die meisten Kabinenkreuzer die Fahrt endet, wird der Shannon auch für den Paddler gefährlich!

Tipps für die Planung

Wer das Abenteuer Shannon wagen möchte, muss gut planen. Denn: ein Bootsverleih besteht nicht, es muss also ein eigenes Boot mitgebracht oder vor Ort ein privates Arrangement gefunden werden. Unterkünfte in Flussnähe zu finden, ist meist schwierig. Deshalb bleibt vor allem zwischen den Orten am Fluss Camping die einzige Möglichkeit – wobei wildes Campen verboten ist. Hier kann es nur eine Empfehlung geben: Entweder den Landbesitzer suchen (was fast unmöglich ist) oder aber getreu dem Motto „Wo kein Kläger, da kein Richter!" dezent das Lager aufschlagen und keine Spuren hinterlassen. Der kleine Kocher und ein Lebensmittelvorrat sind notwendiges Gepäck, ebenso ein vernünftiger Wetterschutz.
Engstellen können mit dem Kanu oder Kajak leicht überwunden werden, entweder zu Fuß im Fluss oder ein kurzes Stück über Land. Wind und Wetter machen die Überquerung größerer Seen bisweilen problematisch. Paddler sollten dann sicherheitshalber in Ufernähe bleiben und längere Wege in Kauf nehmen.
Ganz wichtig: Paddler müssen ein Auge auf den Bootsverkehr haben, denn sie sind neben Kabinenkreuzern, Sportbooten und Jet-Skis immer der schwächste Verkehrsteilnehmer. Zur Sicherheit empfiehlt es sich auch, Kleidung und ein Boot in möglichst grellen Farben zu haben. Besorgen Sie sich Karten aus der OSI Discovery Series, je nach geplanter Wegstrecke, 💻 www.osi.ie.
Eine Paddeltour den gesamten Shannon hinunter empfiehlt sich nur für erfahrene Kanuten. Für sie jedoch ist es ein einmaliges Erlebnis von absolutem Seltenheitswert.

die auf dem Lough Erne und dem Shannon-Erne-Waterway unterwegs sind, Station machen. Zwischen Ostern und Oktober bevölkern jedenfalls zahlreiche Wassersportler die Innenstadt, oft hört man dann mehr Niederländisch und Deutsch als Irisch. Unter den Besuchern sind jedoch nicht nur Bootstouristen, sondern auch zahlreiche Angler, die sich hier intensiv ihrem Hobby widmen.

Für Touristen auf der Durchfahrt ist ein kurzer Halt in Belturbet vor allem wegen des sehr schönen alten Postgebäudes an der Kreuzung hoch über dem Fluss lohnenswert. Daneben, an der

Bushaltestelle, verdient eine Statuengruppe, die zwei wartende Teenager darstellt, Aufmerksamkeit. Sie wurde in Erinnerung an zwei Jugendliche errichtet, die genau an dieser Stelle von einer loyalistischen Autobombe getötet wurden.

Selbst in so scheinbar idyllischen Provinzorten wie Belturbet hat der Bürgerkrieg tiefe Narben hinterlassen. Der Hoffnung, dass solche Narben langsam verheilen, verleiht etwas nördlich am Grenzfluss eine weitere Statuengruppe Ausdruck. Hier nimmt eine keltische Frau einen Krieger in zärtlicher Geste in den Arm. Die Brücke an dieser Stelle stammt übrigens aus dem Jahre 1999, sie bildete die erste Verbindung nach Norden, nachdem Jahrzehnte zuvor die alte Brücke von Terroristen gesprengt worden war.

Von Belturbet in Richtung Westen führt die Route über Swanlinbar in das „alpine" Cavan und die Cuilcach Mountains. Der kleine Ort **Swanlinbar**, von Jonathan Swift als die Heimat des schlechtesten Eisenerzes im ganzen Königreich beschrieben, war eine Zeit lang als Kurort bekannt. Einige Brunnen und Quellen im Nordosten hatten einen sehr hohen Anteil an Schwefel und Magnesium. Vor allem im 18. Jh. wurde ein Aufenthalt in Swanlinbar als wirksam gegen Skorbut, schlechte Nerven, Depressionen und mangelnden Appetit empfohlen. Allerdings sollen die hygienischen Zustände teilweise so schlecht gewesen sein, dass die Besucher bei ihrer Abreise kränker waren als bei der Ankunft.

Lohnend ist eine Wanderung durch die **Cuilcach Mountains**, die sich von hier nach Norden bis ins County Fermanagh ziehen. Vor allem der Aufstieg zum 665 m hohen Gipfel des Cuilcach ist empfehlenswert, der Blick von dort geht weit über den Lough Erne.

Auf der R200 südlich der Cuilcach Mountains fahrend, dann auf die R206 in Richtung Blacklion wechselnd, wird bei **Glangevlin** der sogenannte Lug na Sionná oder auch **Shannon Pot** erreicht. Dieser kleine, unscheinbare Tümpel am Fuß der Cuilcach Mountains gilt als die Quelle des großen Shannon, der von hier ungefähr 370 km bis zum Meer braucht.

Das nordwestliche Ende des County Cavan wird schließlich in **Blacklion** erreicht, einem kleinen Ort am Lough MacNean. Im Prinzip ein unscheinbarer Grenzort, der im 19. Jh. eine lebendige Marktstadt war und dann nach der Trennung Irlands einen großen Teil seines Hinterlandes verlor.

Pilgerstätte für Gourmets

Neven Maguire, der wohl **bekannteste Koch Irlands**, unterhält in **Blacklion** sein MacNean House & Restaurant, Main St., ✆ 071-9853022, 🖳 www.macneanrestaurant.com, das zu Recht für die besondere Qualität der Speisen gerühmt wird. Spezialität des Hauses ist die Schweineplatte. Daneben gilt Nevens Leidenschaft auch der Herstellung von himmlischen Desserts. Dabei werden hauptsächlich lokale Produkte verwendet, die möglichst frisch auf den Tisch kommen. Und noch etwas unterscheidet das MacNean House von anderen Restaurants, die von Starköchen gleich in Serie eröffnet werden: Neven Maguire steht Tag für Tag selbst in der Küche. Abgesehen von einem 14-tägigen Krankenhausaufenthalt „fehlte" er in den letzten zehn Jahren mal gerade an einem Dutzend Tagen. Hier kocht der Chef in der Tat selbst! Die Gerichte am Sonntagmittag sind (im Verhältnis) besonders günstig. Reservierung erforderlich.

Übernachtung und Essen

Belturbet

International Fishing Centre, Loughdooley, ✆ 049-9522616, 🖳 www.angling-holidays.com. Am Wasser gelegenes Guesthouse mit 18 Zimmern. Ideal für Bootstouristen. Restaurant nur für Gäste oder an- oder vorbeikommende Bootstouristen (falls Platz ist). Französische Küche, spezialisiert auf elsässische Gerichte. Holzhütten stehen für einen mehr rustikalen Urlaub zur Verfügung. ❸

Seven Horseshoes, ✆ 049-9522166, 🖳 www.sevenhorseshoes.com. Im Zentrum gelegenes Haus mit 10 Zimmern, alle mit eigenem Bad und TV. Gemütliche Pub-Atmosphäre und günstiges Essen. ❹

Blacklion

MacNean House & Restaurant, Main St., ✆ 071-9853022, 🖳 www.macneanrestaurant.com. Das Guesthouse bietet 10 Zimmer.

Angelparadiese

Das County Cavan mit seinen zahlreichen Seen ist bei Petrijüngern ganz besonders beliebt. Ob vom Ufer oder vom Boot aus, wer etwas Geduld mitbringt, hat garantiert irgendwann einen Fisch am Haken. In ganz Irland ist das Angeln eine beliebte Freizeitbeschäftigung und die Ausbeute kann mitunter beachtlich sein. Makrelenangler etwa klagen gelegentlich, dass die Tiefkühltruhe zu klein sei und langsam ein Räucherofen ins Haus müsse.

Für Touristen ist eine Angelpartie kein Problem, vorausgesetzt man bringt die eigene Rute mit und besorgt sich einen Angelschein in einem der örtlichen Geschäfte (Adressen finden sich auf den unten angegebenen Webseiten). Kontrollen finden zwar nur punktuell statt, sind aber immer möglich. Zusätzlich muss man sich nur an die jeweiligen Fangvorschriften in Bezug auf die Saison sowie die Größe und Menge der zu entnehmenden Fische halten. Ist das alles geklärt: Petri Heil!

Hier die wichtigsten Adressen für Angler in der Übersicht:

Unter **www.fishinginireland.info** erhält man alle notwenigen Infos rund ums Angeln. Das Central Fisheries Board (CFB, Fischereibehörde Republik Irland) listet auch die Adressen von Angelgeschäften auf. Die Website **www.dcal-fishingni.gov.uk** vom Department of Culture, Arts and Leisure (DCAL, Fischereibehörde Nordirland), informiert über das Angeln in Nordirland.

Berühmt für seine Küche, der Service im Beherbergungsteil des Hauses ist exzellent. Frühe Buchung ist erforderlich, dafür winkt eine entspannte Nacht in luxuriöser, dabei aber zugleich auch familiärer Atmosphäre. ❺

Unterhaltung

Belturbet

Die Pubs von Belturbet sind gerade am Wochenende oft fest in touristischer Hand, wenn nämlich die Bootsmieter wechseln. Das „traditionelle" Programm kann darunter leiden. Zur Freude der zahlenden Gäste (und zum Verdruss manches Traditionalisten) kommen dann schon einmal eher volkstümliche Weisen und „Schlager" zum Vortrag.

The Widows, Main St. Pub im Ortskern mit traditionellen Sessions am Sonntag. Immer recht lebhaft, kann aber auch schnell zu lebhaft werden, dann leidet der Service etwas. Am besten unter der Woche zu genießen.

Yukon Bar, Holbourn Hill. Die traditionellen Sessions am Freitag sind eine Konzession an die irische Kundschaft (und die Touristen), an anderen Tagen gibt sich dieser sehr beliebte Pub eher ein nordamerikanisches Image. Gut und gerne besucht sind die Karaoke-Abende, die unentdeckte Talente und echte Nervensägen zutage fördern. Ruhiger Abend? Eher unwahrscheinlich.

Blacklion

Frank Eddie's, Main St. Pub mit Folk am Sonntagabend. Im Prinzip der beliebteste Treffpunkt im Dorf mit bunt gemischtem Publikum.

Transport

Busse

BELFAST, mehrmals tgl. von Sligo, auch über Blacklion (Linie 66 hält direkt vor Maguire's Bistro) und Enniskillen, auch Linie 261, Gesamtfahrzeit etwa 4 Std., Infos unter 💻 www.buseireann.ie.
DONEGAL, mehrmals tgl., Fahrzeit ca. 2 1/4 Std.
DUBLIN, stdl. Verbindungen, Fahrzeit ca. 2 Std.
ENNISKILLEN, Busverbindung über Belturbet, mehrere Busse tgl. in beide Richtungen.

Von Cavan Town Richtung Südosten

Auf dem Weg nach Virginia, das gewissermaßen am anderen Ende des County, zwischen Cavan und Navan, liegt, lohnt auf jeden Fall der Schlenker zum **Ballyjamesduff Cavan County Museum**, Virginia Rd., ✆ 049-8544070, 💻 www.cavanmuseum.ie, in **Ballyjamesduff** – trotz der engen und teilweise gewundenen Straßen abseits der N3. In diesem Museum wird die wechselvolle Geschichte des County Cavan mit vielen, nach Themenbereichen gruppierten Ausstellungsgegenständen dokumentiert. Interessant ist vor allem der den verschiedenen „Geheimbünden" gewidmete Raum, der nebeneinander Insignien und Fahnen des protestantisch-loyalistischen Orange Order und der katholisch-nationalistischen Vereinigungen zeigt. 🕓 Di–Sa 10–17, So 14–18 Uhr (Juni–Sep auch So).

Der Ort selbst ist im Kern noch recht altertümlich und besitzt ein recht schönes Markthaus, das jetzt aber als Restaurant dient. Vor ihm sitzt auf einer Bank der Dichter Percy French (oder zumindest eine Bronzestatue von ihm), der Ballyjamesduff mit dem sentimentalen *Come Back, Paddy Reilly* berühmt machte.

Nur wenige Kilometer südwestlich von Ballyjamesduff liegt der kleine Ort **Mount Nugent**, der im Wesentlichen aus zwei Kirchen, zwei Geschäften, Tankstelle, Pub und Postamt besteht. Ganz in der Nähe befindet sich der Lough Sheelin, der größte See der Gegend. Zwar ist er noch nicht so recht für Urlauber erschlossen und man gelangt nur an wenigen Stellen ans Ufer, doch eine Bootstour über den Lough Sheelin ist durchaus empfehlenswert. Eine Bootsvermietung befindet sich u.a. im Ross House, s. Übernachtung.

Wesentlich größer ist der sehr nette Ort **Virginia**, direkt an der N3 südöstlich von Ballyjamesduff gelegen. Zu Beginn des 17. Jhs. als typische Ansiedlung der Krone gegründet, wurde er zu Ehren von Königin Elizabeth I., der jungfräulichen Königin, nach ihr benannt. Eine andere Version der Geschichte allerdings besagt, dass der Ort nach der Kolonie Virginia und so nur indirekt nach der Königin benannt wurde. Bekannt ist der Ort heute vor allem für seine schöne Lage am Lough Ramor, ein kleines Theater und die landwirtschaftliche Ausstellung im Sommer. Eine gewisse Kuriosität besitzt ein Pub in der Innenstadt, der direkt gegenüber der Polizeistation u. a. „Hangovers" als Spezialität des Hauses anpreist.

Irische Missionare in Mitteleuropa

Die Christianisierung weiter Teile Mitteleuropas ging nicht etwa von Rom aus, sondern wurde von irischen (und teils von ihnen ausgebildeten) englischen Wandermönchen vorangetrieben. Diese bekehrten in der Tradition Patricks die Heiden zum wahren Glauben. Anders als Patrick verstanden sie sich jedoch oft nicht auf Diplomatie im rechten Moment – so wie Kilian und seine Begleiter wurden viele zu Märtyrern.

Interessant ist auch das in der Nähe gelegene Dorf **Mullagh**, Geburtsort des Heiligen Kilian. Er war einer der sogenannten Frankenapostel, die das Christentum von Irland nach Würzburg brachten und im Jahr 689 das Martyrium dafür erlitten. Mullagh besitzt auch Ogham-Relikte, die im örtlichen **St. Kilian's Heritage Centre**, Virginia Rd., ✆ 046-9242433, 💻 www.cavantourism.com, zu sehen sind. Dieses sehr schöne Besucherzentrum erzählt daneben von den Reisen und Taten des Ortsheiligen und wurde in Zusammenarbeit mit dem Bistum Würzburg eingerichtet. 🕓 Ostern–Okt Di–Fr 10–18, Sa, So 14–18, sonst Mo–Fr 9.30–17.30, Sa 14–18 Uhr.

Übernachtung und Essen

Mount Nugent

Ross House, Mount Nugent, ✆ 049-8540218, 💻 www.ross-house.com. Farmhouse am Lough Sheelin gelegen, bekannt für seine braunen Forellen. Vermietet werden 6 Zimmer, in 4 Zimmern ist ein offener Kamin, außerdem steht 1 Apartment mit Küche und Wohnraum zur Verfügung. Neben Sandstrand und Bootsverleih gibt es auch einen Tennisplatz, vor allem aber ist das Ross House ein Reitzentrum. Herrliche Ausreitmöglichkeiten. Für das leibliche Wohl wird bestens gesorgt, neben reichhaltigem Frühstück gibt es auch Brote zum Mitnehmen. Abendessen auf Bestellung möglich. ❸

Virginia

Ramor Lodge Hotel, Main St., ✆ 049-8547669. Im Ortskern und nahe dem Lough Ramor gelegenes Hotel mit einfachem Standard. Nichts für Langschläfer – der Lärmpegel auf der Hauptstraße sinkt spät und am Morgen beginnt früh der Schulbusverkehr. ❷–❸

Lakeside Manor Hotel, Dublin Rd., ✆ 049-8548200, 💻 www.lakesidemanor.ie. Am Lough Ramor gelegenes, modernes Hotel mit 31 Zimmern. Ein Boot kann gemietet werden, Bootstouren werden auf Anfrage organisiert. Am Wochenende beliebter Nachtclub im Haus – eventuell Lärmbelästigung vor allem durch Fahrzeuge. ❸–❹

€ **The Mason's Apron**, Main St., 💻 www.themasonsapron.ie. Kleines Café mit hervorragenden Kuchen, leckeren Snacks und glutenfreiem Brot! Nur tagsüber geöffnet. Auch auf der Durchfahrt durchaus einen Stopp wert.

Unterhaltung

Ballyjamesduff

The High Stool ist ein populärer Pub direkt im Ortskern mit Session am Donnerstag ab etwa 21.30 Uhr. Sehr beliebt und daher auch meist rappelvoll. Die Zurschaustellung republikanischer Paraphernalien im Pub hat eine lange Tradition, Diskussionen zur Nordirlandfrage können hier schon einmal recht hitzig werden.

Virginia

Healy's, Main St. Vielleicht der empfehlenswerteste Pub in Virginia (die Auswahl ist groß genug) mit traditionellen Sessions am Donnerstag ab etwa 21.30 Uhr. Am Wochenende meist schnell rappelvoll.

Feste

Ende Oktober dreht sich in Virginia beim **Pumpkin Festival** alles um Halloween und Kürbisse. Es findet eine den ganzen Ort einnehmende Kostümparty statt.

Transport

Busse

Ab **Virginia** fahren Busse nach:

CAVAN, stdl. Verbindung mit Linie 109.

Der Bus von Dublin nach DONEGAL (Linie 30) fährt mehrfach tgl. über Virginia nach Cavan und hält auch in Belturbet und Enniskillen sowie Belleek und Ballyshannon.

DUBLIN, stdl. Verbindungen unter der Woche zwischen 6.15 und 21 Uhr von und zum zentralen Busbahnhof Busaras, Linie 109, Fahrtzeit etwa 1 Std. 40 Min., via Kells, Navan, Dunshaughlin. Regulärer Fahrpreis 13,50 €, Infos unter 💻 www.buseireann.ie oder Dublin Travel Information, ✆ 01-8366111.

Meath und die Midlands

Stefan Loose Traveltipps

2 Newgrange und Brú na Bóinne Das geheimnisumwitterte prähistorische Gräberfeld ist nicht nur zur Wintersonnenwende eine Reise wert. S. 213

Tara Mystisches Erbe aus Irlands grauer Vorzeit. S. 218

Loughcrew Vom „Hügel der Hexe" reicht der Blick weit über die Ebene von Meath und die Hügel von Cavan. S. 228

Lough Key Forest Park Einladung in ungezähmte Natur und zu einem Spaziergang in luftiger Höhe durch den Wald. S. 238

Strokestown Park House Geschichtsstunde im Famine Museum, das an die Große Hungersnot erinnert. S. 241

Clonalis House Verwahrt die Harfe des letzten Barden Irlands und eine Abschrift der ältesten irischen Gesetze. S. 241

3 Clonmacnoise Die „Heilige Stadt" am Shannon war einst Pilgerziel von Mönchen und Kirchenmännern, heute ist sie ein Muss für jeden Touristen. S. 251

Stradbally Schauplatz eines jährlichen nostalgischen Oldtimertreffens und eines großen mehrtägigen Rockfestivals. S. 262

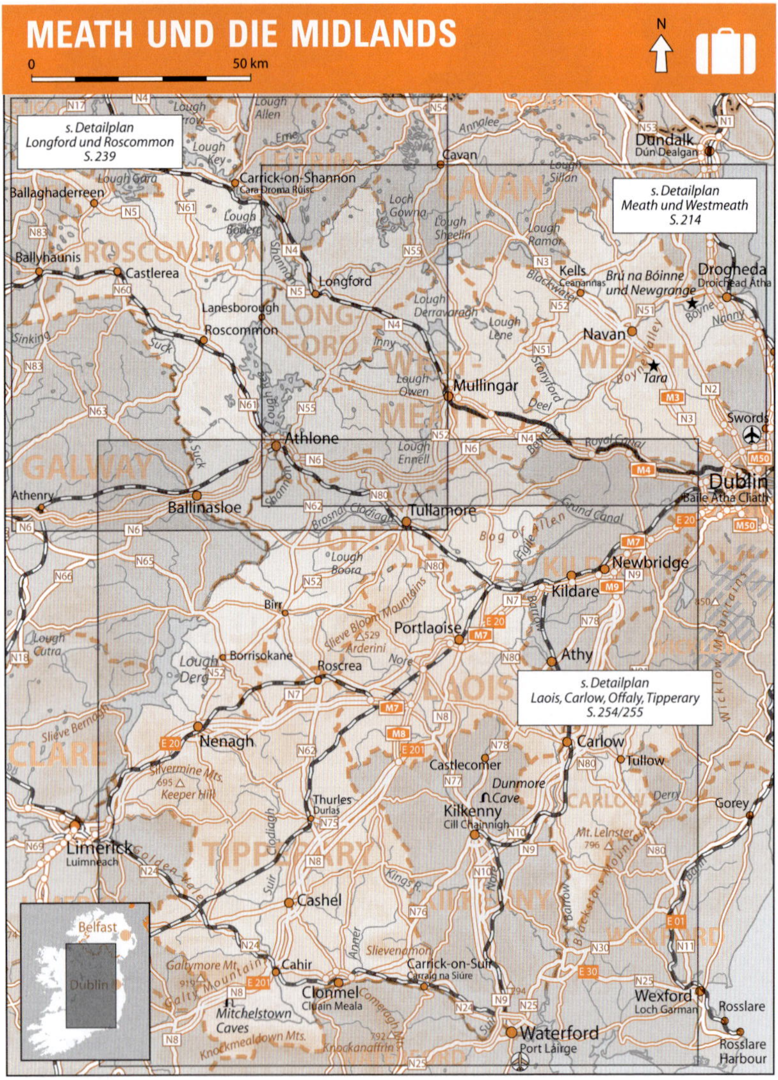

Meath war, rein historisch gesehen, immer die „Mitte Irlands" und bildet zusammen mit den „Midlands" eine gemeinsame Region, die sich von einem kleinen Küstenstreifen im Osten bis hin zum Fluss Shannon im Westen erstreckt. Dabei war das County Meath zusammen mit dem County Westmeath über lange Zeit das politische und teilweise auch kulturelle Zentrum Irlands. Der wohl wichtigste Königssitz des frühen Mittelalters lag auf dem Hügel von Tara, selbst heute noch hat Meath den Beinamen „Royal Meath". Die Midlands dagegen, zu denen die Counties

Roscommon, Longford, Offaly, Laois, Carlow und Tipperary zählen, bilden die geografische Mitte des Landes. Eine Mitte, die von ausgedehnten Ebenen mit wenigen Hügelketten, dafür aber zum Teil endlos erscheinenden Mooren geprägt ist.

Für die meisten Touristen scheint das County Meath interessanter zu sein als die Midlands – wenngleich hier etliche der Postkarten-Ansichten der Insel zu finden sind und sich bei der Fahrt übers Land herrliche Landschaftsimpressionen bieten. In erster Linie sind es jedoch Bootstouristen, die in den Midlands ihren Urlaub verbringen, etwa bei einer Fahrt auf dem Shannon.

County Meath

Das County Meath und sein westlicher Nachbar Westmeath bildeten in grauer Vorzeit wahrscheinlich die sagenumwobene „Fünfte Provinz" Irlands. Der Sitz des Hochkönigs in Tara, der auch heute noch Meath den Spitznamen „Royal County" beschert, war sozusagen losgelöst aus den klassischen Provinzen Leinster, Munster, Connacht und Ulster. Meath war die Mitte. Nicht unbedingt geografisch, auf jeden Fall aber spirituell. Und immer wieder umkämpft. Dafür sorgte schon der Fluss Boyne – als natürliche Grenze zwischen dem Norden und der Mitte Irlands war er 1690 ein entscheidendes Etappenziel für die Armeen der rivalisierenden Könige von England.

Viele Besucher sind überrascht von der vielgestaltigen Landschaft: lange Sandstrände an der Irischen See, dann überwiegend grünes Flachland, in dem sich abrupt Hügel von bis zu 300 m Höhe erheben. Und genau diese Hügel sind es, die einen Besuch im County Meath so interessant machen. Von ihnen kann man weit ins Land schauen, eine geografische Besonderheit, die die oft isoliert stehenden Anhöhen schon in grauer Vorzeit zu interessanten „Baugrundstücken" machten. Ob es die alten Hügelgräber von Loughcrew, der ehemalige Königssitz von Tara oder das vom Heiligen Patrick favorisierte Slane sind: Auf den Hügeln von Meath hat sich irische Geschichte abgespielt. Reisende, die über etwas Ortskenntnis verfügen, können von einem der Hügel bei gutem Wetter ihr nächstes Ziel schon in der Ferne erblicken. Die berühmten Anlagen von Brú na Bóinne etwa, die mit dem Hügel von Slane verbunden sind.

2 HIGHLIGHT

Newgrange und Brú na Bóinne

Kaum ein Irlandbesucher lässt sie aus: die stark mythologisierte vorzeitliche Stätte von Newgrange. Längst sind nicht alle Geheimnisse um die Grabanlagen gelüftet, die zugleich Kultplätze gewesen sein könnten. Newgrange ist, genau wie Tara, für das klassische Bild des „keltischen" Irland von großer Bedeutung, wenngleich diese kulturelle Zuordnung nicht vollkommen korrekt ist. Seit 1993 gehören Newgrange, Knowth und Dowth zum Unesco-Weltkulturerbe.

Newgrange ist Teil einer mythologisch-mystischen Landschaft am Fluss Boyne (Brú na Bóinne), die eine uns weitgehend unbekannte Steinzeit-Zivilisation einst eng bebaute. Neben Newgrange zählen vor allem die großen Grabhügel von Knowth und Dowth zu den Hauptattraktionen, lediglich Letzterer ist jedoch frei zugänglich, kann dafür aber nicht von innen besichtigt werden. Den komplett restaurierten Hügel von Newgrange selbst kann man von der öffentlichen Straße aus sehen, aber nicht ohne eine Führung betreten – und diese Führungen beginnen im modernen Besucherzentrum auf der anderen Seite des Flusses.

Besucherzentrum

Wer nicht nur im Vorbeifahren einen Schnappschuss machen will, sollte unbedingt der Ausschilderung zum Besucherzentrum, ✆ 041-9880300, 🖳 www.heritageireland.ie, folgen und sich dort einer Besichtigungstour anschließen. Der Transfer zu den Grabhügeln selbst erfolgt mit Bussen, die in der Nähe des Besucherzentrums abfahren (etwa 5 Min. zu Fuß). Man kann wählen, ob man nur Newgrange, nur Knowth oder beides besichtigen möchte. Im Besucherzentrum selbst lockt eine interessante Ausstellung und Multimediaschau.

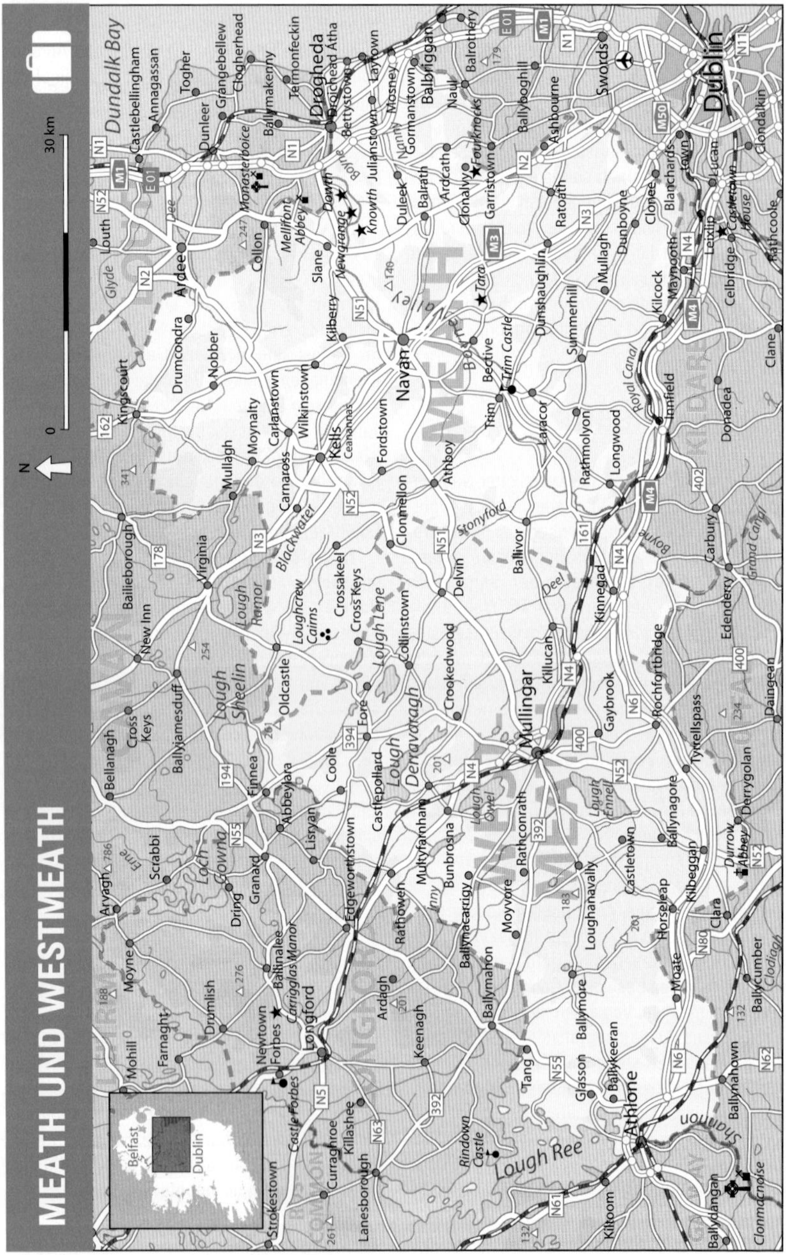
MEATH UND WESTMEATH
0
30 km
N
Dundalk Bay
Castlebellingham
Annagassan
Togher
Grangebellew
Clogherhead
Termonfeckin
Drogheda
Droichead Átha
Laytown
Balrothery
Dunleer
Ballymakenny
Bettystown
Mosney
Balbriggan
Naul
Monasterboice
Mellifont Abbey
Dowth
Newgrange
Knowth
Julianstown
Gormanstown
Fourknocks
Ballyboghill
Swords
Dublin
Louth
Ardee
Collon
Slane
Duleek
Balrath
Ardcath
Clonalvy
Garristown
Ashbourne
Ratoath
Dunboyne
Clonee
Blanchardstown
Lucan
Clondalkin
Castletown House
Leixlip
Celbridge
Rathcoole
Maynooth
Kilcock
Dunshaughlin
Mullagh
Tara
Navan
Kilberry
Bective
Trim Castle
Trim
Laracor
Summerhill
Rathmolyon
Longwood
Innfield
Donadea
Clane
Kingscourt
Drumcondra
Nobber
Moynalty
Carlanstown
Wilkinstown
Kells
Ceanannas
Fordstown
Mullagh
Athboy
Carnaross
Clonmellon
Stonyford
Ballivor
Delvin
Bailieborough
Virginia
Lough Ramor
Blackwater
Crossakeel
Cross Keys
Loughcrew Cairns
Lough Lene
Collinstown
Crookedwood
Killucan
Kinnegad
Carbury
Edenderry
Grand Canal
Royal Canal
New Inn
Oldcastle
Lough Sheelin
Ballyjamesduff
Cross Keys
Bellanagh
Fore
Coole
Lough Derravaragh
Castlepollard
Mullingar
Gaybrook
Rochfortbridge
Tyrrellspass
Daingean
Finnea
Abbeylara
Lisryan
Edgeworthstown
Multyfarnham
Bunbrosna
Lough Owel
Rathconrath
Lough Ennell
Ballynagore
Derrygolan
Durrow Abbey
Kilbeggan
Castletown
Loughanavally
Horseleap
Clara
Scrabbi
Loch Gowna
Granard
Dring
Arvagh
Moyne
Ballinalee
Carrigglas Manor
Drumlish
Longford
Newtown Forbes
Castle Forbes
Farnaght
Mohill
Rathowen
Ballymacarrigy
Moyvore
Ardagh
Keenagh
Ballymahon
Ballymore
Moate
Ballycumber
Ballykeeran
Glasson
Tang
Athlone
Ballynahown
Shannon
Curraghroe
Killashee
Lanesborough
Strokestown
Rindown Castle
Lough Ree
Kiltoom
Ballydangan
Clonmacnoise
Belfast
Dublin
MEATH
WESTMEATH
KILDARE
Boyne
Deel
Inny
Clodiagh
Glyde
Dee

Um einer möglichst großen Zahl von Besuchern dieses Erlebnis zu ermöglichen, ist die gesamte Operation generalstabsmäßig geplant und lässt wenig Spielraum für eigene Exkursionen und Sonderwünsche. Dennoch kann es, vor allem in der Hochsaison, zu Wartezeiten von mehreren Stunden kommen, bis man mit einem Bus vom Besucherzentrum nach Newgrange gefahren wird. Dies wird einem jedoch schon im Eingangsbereich mitgeteilt. Beste Chancen haben diejenigen, die schon früh am Tag hier einzutreffen. ⌚ Tgl. ab spätestens 9.30 bis mind. 17 Uhr (Juni–Mitte Sep 9–19 Uhr), Eintritt 4 € für das Besucherzentrum, 11 € für Besucherzentrum und Besuch von Newgrange und Knowth.

Besichtigung

Der Bus bringt seine Passagiere zu einem kleinen Wartebereich, an dem sie später von einem sachkundigen Führer abgeholt werden. In den nächsten Minuten erfährt man dann einiges über die (wahrscheinliche) Geschichte der Anlage und über die verschiedenen Theorien, die es zu den reichlich vorhandenen Ornamenten auf den großen Steinen rings um das Hügelgrab gibt. Danach kommt es dann zum zweifellosen Höhepunkt der Besichtigung: In einer kleinen Gruppe betritt man das Innere der Anlage, wo mithilfe von Lichttechnik der Sonnenaufgang während der Wintersonnenwende simuliert wird. An diesem Datum dringt das Licht der aufgehenden Sonne durch eine über dem Eingang liegende Öffnung bis in die hintere Kammer ein. Ein Phänomen, das auf eine kulturell hochstehende prähistorische Zivilisation hinweist – oder auf eine sehr fantasievolle Rekonstruktion. Denn die Öffnung und ihre solare Ausrichtung wurde erst während der kompletten Restaurierung der Anlage vor einigen Jahrzehnten entdeckt und präzise gestaltet. Ob sie so in der Steinzeit bestanden hat, ist keineswegs sicher. Das letzte Wort hatten vor einigen Jahren wieder irische Akademiker, die die Rekonstruktionen als glaubwürdig oder zumindest nicht allzu abwegig einstuften. Sei es wie es will – faszinierend ist der Effekt immer wieder.

Noch einige Fakten: Der Hügel von Newgrange ist etwa 5000 Jahre alt und wurde vor rund 50 Jahren restauriert, seitdem ist er 11 m hoch bei mehr als 90 m Durchmesser und macht dank seiner Verkleidung durch Quarzsteine (auch diese Rekonstruktion ist umstritten) etwas den Eindruck eines gerade gelandeten Ufos. Der fast 20 m lange Gang in die innere Grabkammer wird von 43 Steinen gebildet, die Höhe schwankt zwischen 150 und 240 cm, die Breite liegt bei 1 m. Die zentrale Kammer hat ein aus Steinplatten gebildetes Gewölbe, das selbsttragend ist und dank seiner Konstruktion die Kammer absolut wasserdicht hält. Kreuzförmig von der zentralen Kammer abzweigende Nischen weisen Steinschalen auf, die früher vielleicht Opfergaben oder menschliche Überreste enthalten haben. Zur Klaustrophobie neigende Menschen sollten vielleicht von einer Besichtigung absehen, es ist eng und das Licht wird sogar ausgeschaltet. Sie können sich stattdessen mit den 97 t schweren Megalithen beschäftigen, die im Kreis die äußere Umfassung des Hügels bilden. Sie sind reichlich mit Gravuren versehen, besonders der sog. Schwellenstein K1 und der ihm gegenüberliegende Stein K51 weisen die weltberühmten Spiralmuster auf. Deren Bedeutung allerdings liegt vollkommen im Dunkeln, Vermutungen reichen von religiösen Darstellungen bis hin zu einer Art Landkarte. Übrigens werden diese Spiralen immer wieder gerne als „typisch keltisch" bezeichnet, die Kelten kamen jedoch erst Jahrtausende später nach Irland. Tatsächlich wissen wir nicht, welche Kultur das gigantische Bauvorhaben Newgrange in Angriff nahm.

Der nur wenige hundert Meter entfernt stehende Grabhügel von **Knowth** weist ebenfalls Ausrichtungen nach der Sonne auf, diese sind jedoch weitaus weniger spektakulär. Spötter behaupten, dass dies vielleicht auch an einer etwas vorsichtigeren Arbeit beim Wiederaufbau der

Komplettprogramm oder Auswahl?

Die meisten Besucher geben Newgrange die Präferenz. Wer Zeit hat und einigermaßen früh am Besucherzentrum ankommt, sollte sich jedoch unbedingt für beide Touren entscheiden: für Newgrange und Knowth. Der Kontrast zwischen den zwei Anlagen ist so groß, dass sich kein Ermüdungseffekt einstellen wird.

Wintersonnenwende in Newgrange

Wer gerne die Wintersonnenwende in der zentralen Kammer von Newgrange erleben möchte, der muss sich auf sein Lotterieglück verlassen. Die wenigen Plätze werden nach dem Zufallsprinzip zwischen allen Antragstellern (am einfachsten per Internetseite, 💻 www.heritageireland.ie) verlost. Hat man einen Platz ergattert, muss man jedoch noch einmal die Glücksgöttin oder besser den Wettergott anbeten, denn ein großer Teil der Sonnenaufgänge zu dieser Jahreszeit findet in Irland hinter einem wolkenverhangenen Himmel statt.

Anlage liegen könnte. Hier wurden z. B. auch die Quarzsteine nicht als eine Art Ziermauer verarbeitet, sondern als (wesentlich leichter zu konstruierende) Bodenbedeckung um das Grab genutzt. Dieser Hügel hat sogar zwei Passagen, die Besucher jedoch nicht betreten können, stattdessen werden sie in einen speziell in den Hügel eingebauten „Besucherraum" geführt. Anschließend kann man sogar den Hügel selbst noch besteigen, er wurde im Mittelalter auch als Basis einer Befestigung genutzt. Wer sich ernsthaft für steinzeitliche Archäologie interessiert, der sollte unbedingt beide Grabhügel besichtigen und auch die jeweiligen Rekonstruktionen miteinander vergleichen. Knowth ist übrigens die einzige Anlage, die nicht von der Straße aus einsehbar ist. Die Anlage steht in ihren Abmessungen nur wenig hinter Newgrange zurück – sie ist etwa 10 m hoch, bei einem Durchmesser von etwa 85 m. Rund um den zentralen Hügel finden sich noch 18 weitere Erhebungen. Es wird vermutet, dass sie der Beisetzung wichtiger, aber eben nicht ganz hochrangiger Persönlichkeiten dienten.

Nicht Teil der Touren vom Besucherzentrum ist der stark verfallene Hügel von **Dowth**, der östlichste der drei großen Grabhügel. Diesen kann man in eigener Regie von außen besichtigen, einige Schautafeln erläutern die Geschichte und Konstruktion der Anlage. Dieses Monument ist ein gutes Beispiel dafür, wie solche Hügel aussahen, bevor sie in die Obhut des Staates kamen oder rekonstruiert wurden. Teile des Hügels scheinen wie bei einem Erdrutsch abgesackt zu sein, hier handelt es sich allerdings nicht um ein Naturereignis – es waren Schatzgräber und Hobby-Archäologen, die diese Zerstörungen anrichteten. Wenigstens braucht man sich heute so keine Sorgen mehr zu machen, wenn man auf die Kuppe steigt, von der man einen guten Blick auf Newgrange hat. Nicht begehbar ist der 8 m lange Gang in eine der beiden Grabkammern, den man jedoch nicht mit den benachbarten „Souterrains" verwechseln sollte, den mit steinzeitlichen Wohnanlagen in Verbindung stehenden unterirdischen Gängen und Lagerräumen.

Übernachtung

€ **Newgrange Lodge**, Donore, ✆ 041-9882478, 💻 www.newgrangelodge.com. Wer mitten in der historischen Landschaft von Brú na Bóinne übernachten möchte, der liegt hier nicht falsch – wenn auch entweder im Schlafsaal (Bett 18 €) oder in einfachen Zimmern, die relativ klein sind (Privaträume). Fahrradvermietung und Stellmöglichkeiten für Wohnmobile vorhanden. ❶

Feste

Wintersonnenwende in Newgrange:
Nur für geladene Gäste ist das Erlebnis des Sonnenaufgangs am kürzesten Tag des Jahres möglich, die zentrale Kammer kann nur etwa zwei Dutzend Personen aufnehmen. Wer dennoch mitfeiern möchte, kann dies von der Straße aus tun. Aus einiger Entfernung ist dann zu sehen, wie die Morgensonne langsam den Grabhügel beleuchtet. Einen einigermaßen wolkenlosen Himmel natürlich vorausgesetzt.

Informationen

Tourist Information Brú na Bóinne,
im Vorraum des Newgrange Visitor Centre, Donore, ✆ 041-9880305,
✉ brunaboinne@failteireland.ie.

Transport

Von Donore (Newgrange) mehrmals tgl. Busverbindung mit DROGHEDA mit der Linie 163, 💻 www.buseireann.ie, der Bus fährt auch über Duleek.
Von DUBLIN aus werden tgl. mehrere Bustouren angeboten, die sowohl Newgrange

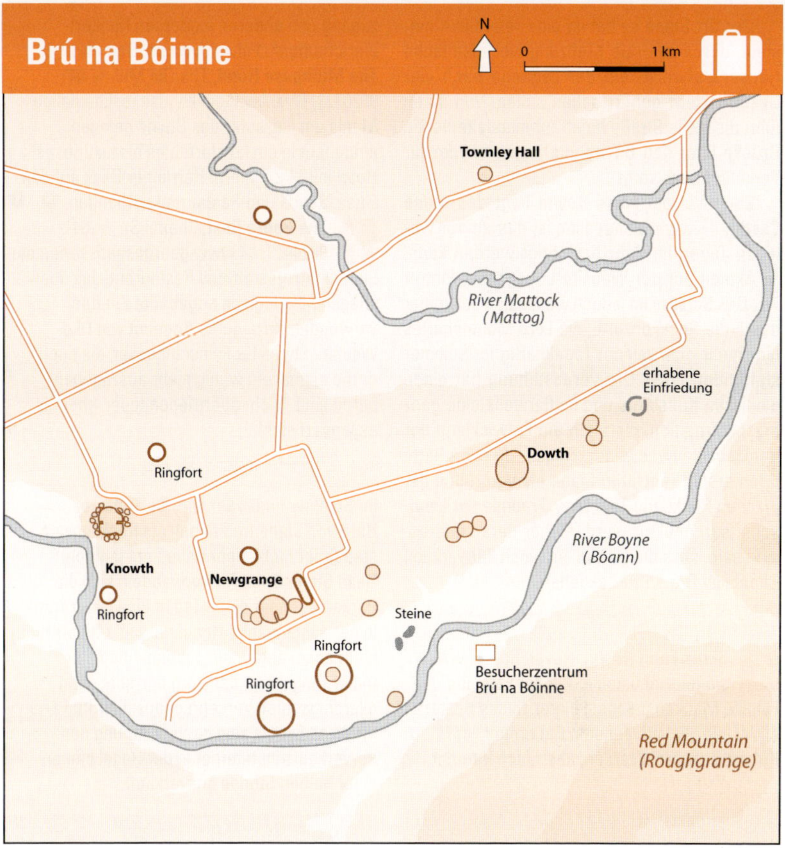

wie auch Tara in einem mehrstündigen Ausflug einschließen. Das aktuelle Angebot an solchen Touren, die einen relativ kostengünstigen Besuch dieser beiden etwas abgelegenen Stätten ermöglichen, kann in der zentralen Touristeninformation, 2 Suffolk St., ✆ 01-6057700, erfragt werden.

Slane

Von den Grabhügeln am Boyne kann man in der Regel auch den Berg von Slane sehen. Dort soll im Jahre 433, also nur ein Jahr nach Beginn seiner Mission, der Heilige Patrick den irischen Hochkönig direkt herausgefordert haben. Zu Ostern entzündete der Missionar auf dem weithin sichtbaren, etwa 150 m hohen Hügel ein riesiges Feuer, das den unausweichlichen Sieg des Christentums dokumentieren sollte. Dieses Feuer war eine gezielte Provokation, denn der Hochkönig hatte es ausdrücklich untersagt. Wenn jemand um diese Zeit einen Feuerzauber veranstaltete, dann war er es selbst, und zwar auf dem Hügel von Tara. Später wurden zur Erinnerung an dieses (möglicherweise sogar historische) Ereignis immer wieder Klöster und Kirchen auf dem Hügel errichtet, die heute noch erkennbaren Ruinen stammen vor allem von einem Kloster der Franziskaner aus dem 16. Jh.

Der Ort Slane selbst ist eine reizvolle Kleinstadt, deren zentrale Kreuzung vier identische Häuser aufweist, die der Legende nach vier Geschwistern gehört haben sollen. Von ihnen führt die steile Straße hinab zur mittelalterlichen Brücke über den Boyne, die immer wieder für Verkehrschaos sorgt.

Ebenfalls am Fluss Boyne liegt das **Slane Castle**, 💻 www.slanecastle.ie, das an nur wenigen Tagen im Jahr besichtigt werden kann. 🕒 Aktuell auf der Website angegeben, Eintritt 7 €. Das Schloss ist jedoch wesentlich bekannter durch die Rockkonzerte, die Lord Mountcharles hier mehr oder minder regelmäßig im Sommer stattfinden lässt. Die Veranstaltung hat einen gewissen Kultstatus und mittlerweile eine ganz eigene Tradition, die auch die Entwicklung der Rockmusik etwas widerspiegelt: U2 etwa hatte ihren ersten Auftritt in Slane als Vorgruppe der irischen Rockband Thin Lizzy. Freunde der Landschaftsarchitektur werden eher daran interessiert sein, dass die Gärten auf einen Entwurf von Capability Brown zurückgehen.

Übernachtung und Essen

€ **Slane Farm Hostel**, Navan Rd., 💻 www.slanefarmhostel.ie. Auf der Farm der Familie Macken gelegen, bietet dieses Hostel ein wenig „Urlaub auf dem Bauernhof" mit Kühen, Schafen, Pferden, aber auch Internetzugang und anderen modernen Komforteinrichtungen. Fahrradverleih. Bett ab 18 €.

The Millhouse Hotel, The Old Mill, 📞 041-9820723, 💻 www.themillhouse.ie. Ehemalige Mühle am Flussufer des Boyne gelegen, umgebaut in ein komfortables bis luxuriöses Hotel mit 11 Zimmern. Herrlicher Blick auf den Fluss, Sauna und Restaurant vorhanden. ❹–❺

The Poet's Rest, Chapel St., 📞 041-9824493, 💻 www.georgespatisserie.com. Einfach ausgestattetes Restaurant, das überwiegend ökologisch angebaute Zutaten verwendet. Dazu gutes Angebot von Öko-Weinen. Etwas für Feinschmecker, die auch gerne einmal ein wenig mehr auszugeben bereit sind. Nicht übertrieben teuer, aber ... es läppert sich!

Am schönsten im Winter

Der Winter ist die beste Zeit für einen Tara-Besuch, nur wenige Besucher finden dann den Weg hierher. Und wer sich kurz vor dem Morgengrauen auf den Hügel wagt, der wird, natürlich nur bei entsprechend geringer Wolkendichte, mit einem spektakulären Sonnenaufgang belohnt. Um diese Zeit hat man die gesamte Anlage eigentlich für sich alleine. Einzig die Schafe werden dem Besucher Gesellschaft leisten, sich aber auch mit klebrigen Souvenirs an den Füßen in Erinnerung halten. Für solche Besichtigungen vor Morgengrauen ist eine gute Taschenlampe sinnvoll. Das ländliche Irland ist vom sog. Licht-Smog noch weitgehend verschont und bei Nacht tatsächlich stockdunkel.

Feste

Im Sommer findet auf dem Gelände der Burg von Slane traditionell ein Rockkonzert statt (aber nicht mehr unbedingt jährlich). Beim **Slane Open Air** verwandeln sich die Parkanlagen für einen Tag in eine Naturarena, in der ausgewählte Headliner und oftmals auch nicht unbekannte Vorgruppen aufspielen. In der Umgebung der Burg herrscht dann allerdings auch Verkehrschaos. Eintrittskarten für diese Events sind nach Eröffnung des Vorverkaufs im Internet in der Regel binnen einer halben Stunde ausverkauft.

Transport

Busse verkehren nach:
DROGHEDA, mehrmals tgl., 35 Min., 💻 www.buseireann.ie oder Dublin Travel Information, 📞 01-8366111.
DUBLIN unter der Woche 5x tgl. zwischen 8.55 und 20.45 Uhr, regulärer Fahrpreis 11,40 €.
NARVAN, mehrmals tgl., 20 Min.

Tara

Der Hügel von Tara, einst Sitz der Hochkönige von Irland, hatte schon in prähistorischer Zeit eine hohe kultische Bedeutung, wovon ein Ganggrab zeugt. Daran mag vor allem die natürliche Beschaffenheit der Landschaft einen wesentlichen Anteil gehabt haben. Auch heute noch kann man von Tara aus einem Großteil der irischen Landmasse überblicken. Wer allerdings keltische Paläste und die Schlösser von Zauberern und Feen erwartet, der wird von Tara eher enttäuscht sein. Im Prinzip sieht man nur eine Kirche und eine Statue des Heiligen Patrick, der Rest des Geländes macht im ersten Moment den Eindruck eines ungepflegten Golfplatzes. Was vor allem aus der Luft deutlich zu erkennen ist, lässt sich am Boden nur mithilfe einer Karte und viel Vorstellungskraft erschließen. Zumal sich die Natur den Sitz der ehemaligen irischen Hochkönige weitgehend zurückgeholt hat.

Rundgang durch Tara

Auf dem Gelände des Hügels von Tara sind mehrere wahrscheinlich miteinander in Verbindung stehende Erdanlagen zu erkennen.

Das Zentrum bildet dabei der **Königshof**, umschlossen von einem gewaltigen Ringwall. Diese Wallanlage hatte wahrscheinlich nur zeremoniellen Zweck, sie wurde nicht als Verteidigungsanlage genutzt. Im Königshof selbst sollen (zumindest zeitweise) die irischen Hochkönige ihre Residenz gehabt haben. Der **Lia Fail**, eine steinerne Säule in der Nähe von **Cormacs Haus**, soll etwa „geschrien" haben, wenn der rechtmäßige König sie berührte. So weit die Mythologie – eine weniger fantastische Erklärung wäre etwa ein Wagenrennen, bei dem die Radnabe der rasanten Fahrer an diesem Stein schleifte und so ein kreischendes Geräusch verursachte.

Wie üblich, gibt es sehr unterschiedliche Erklärungen für den **Hügel der Geiseln**, ein Ganggrab aus der Zeit von 1800 v. Chr. Angeblich hielt man hier Geiseln gefangen oder begrub sie an dieser Stelle. Eventuell ist der Hügel aber auch eine Grabanlage, die lange vor der Nutzung Taras durch die Hochkönige entstanden ist. So liegen Dichtung und Wahrheit nah beieinander.

Eine ganz besondere Erwartung hatte übrigens eine Besuchergruppe, die um 1900 das Fort der Synoden durch unwissenschaftliche und ziellose Grabungen weitgehend zerstörte: Die sogenannten „Britischen Israeliten" suchten auf Tara nichts weniger als die Bundeslade des

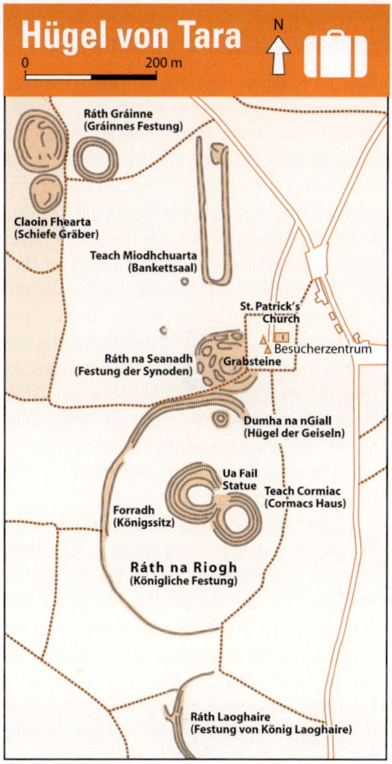

Alten Testaments. Trotz ihres enthusiastischen Vandalismus mussten sie allerdings mit leeren Händen wieder abreisen.

Der sogenannte **Bankettsaal**, im Prinzip zwei parallel verlaufende Wallanlagen mit einer Vertiefung zwischen ihnen, war wahrscheinlich niemals ein Saal und wurde auch nicht für Ban-

Mittsommer in Tara

Auf dem Hügel von Tara findet jedes Jahr zur Sommersonnenwende am 21. Juni ein großes Fest von Wicca, Druiden und anderen „Heiden" statt – in recht unorganisierter Form und teilweise an den Karneval erinnernd. Das Fest beginnt am Abend zuvor, Höhepunkt ist der gemeinsame Genuss des Sonnenaufganges am längsten Tag des Jahres.

Irlands Kampf ums prähistorische Erbe

Tara ist nicht nur der Sitz der alten irischen Hochkönige, Tara ist auch das Symbol des Widerstandes irischer Traditionalisten gegen die moderne Welt. Ein Streit, bei dem es schon lange nicht mehr rational zugeht. Aber auch ein Streit, der weltweite Aufmerksamkeit erlangte.

Was war passiert? Als der keltische Tiger noch prosperierte, entwickelten sich im Umland von Dublin rasend schnell die typischen Schlafstädte. Wer es sich leisten konnte oder wer sich Dublin nicht mehr leisten konnte, zog hinaus aufs Land. Nach und nach entstanden Orte, die vor allem Pendler beherbergten. Ehemalige Dörfer bekamen gewissermaßen über Nacht riesige Vororte mit Häusern wie aus dem Versandhauskatalog, ohne Rücksicht auf die fehlende Infrastruktur.

Das Leben auf dem Lande hatte natürlich einen riesigen Nachteil: Da man weiter in der Stadt arbeitete, musste man zweimal pro Tag ein bis zwei Stunden auf der Straße verbringen. Auf der zu kleinen Straße! In der Nähe von Tara war dies die Nationalstraße 3. Eine Straße, die man in Kontinentaleuropa eher als gemütliche Landstraße in abgelegenen Gegenden vorfinden würde und die mit dem wachsenden Verkehr hoffnungslos überfordert war. Also beschloss die irische Regierung, in ihren Bemühungen um die Verbesserung der Infrastruktur, auch durch die EU unterstützt, fast parallel zur Nationalstraße eine Autobahn zu bauen – Motorway 3. Geplant von Cavan bis hinein nach Dublin.

Allerdings wurde damit die Landschaft wieder auf einigen Quadratkilometern Fläche versiegelt. Flächen, die auch in der Nähe der alten Kultstätte Tara lagen. Nun war sich niemand sicher, was da lag, aber dass dort etwas lag, das war sicher. In Irland ist es schlicht unmöglich, ein oder zwei Quadratkilometer ohne eine prähistorische Hinterlassenschaft zu finden. In Tara selbst hatte man schließlich schon die Bundeslade vermutet und die Landschaft ringsherum gilt allgemein als „Heilige Landschaft". Was genau diese Heiligkeit definiert, darüber streiten sich die Gelehrten und Gläubigen.

Während die Straßenbauer und die Regierung dem Volk vergewissert hatten, dass beim Bau der neuen Autobahn kein altes Monument zerstört würde, befürchtete ein Teil des Volkes, dass die Straße ohne Rücksicht auf kulturelle Verluste durch die Landschaft planiert werden würde. Zur Beruhigung begleiteten Wissenschaftler die Bauarbeiter, aber da das Gehalt der Wissenschaftler von der Regierung in Dublin gezahlt wurde, trauten die Schützer der „Heiligen Landschaft" ihnen auch wieder nicht. Das einzige Mittel zur Rettung der historischen Stätten, so die schnell gegründete Bürgerinitiative, sei ein sofortiger Baustopp und Verzicht auf das Projekt. Oder zumindest eine weiträumige Umleitung.

Dass die geplante Autobahn einige hundert Meter weiter von Tara entfernt liegen würde als die vorhandene Nationalstraße, war bei den Protesten unbedeutend. Tara definierte sich weniger als ein physisch fassbarer Ort, eher als ein Gemütszustand. Und die Demonstranten sahen sich bestätigt, als man bei den Straßenbauarbeiten tatsächlich ein bislang unbekanntes Monument fand. Das, fast hatte man es erwartet, unverzüglich als „weniger wichtig" eingestuft und überbaut wurde.

Und die Pendler? Denen war das mythologische Erbe Irlands weniger nahe als die Zeit, die sie täglich im Auto zubringen mussten. So wurde dann die Autobahn mit einigen Schönheitskorrekturen wie geplant gebaut. Jedenfalls bis zu dem Moment, als der Regierung im Zuge der Wirtschaftskrise das Geld knapp wurde. Erst ein Loch in der Kasse stoppte die Planierraupen – allerdings viele Meilen hinter der „Heiligen Landschaft" von Tara.

kette genutzt. Seine Gestaltung und Anordnung im Gesamtbild der Anlage macht es viel eher wahrscheinlich, dass es sich hier um eine Art zeremonielle Straße gehandelt hat.

Bankettsaal, Festung der Synoden und der Königshof bilden die wichtigsten Teile von Tara. Zahlreiche, zum Teil kaum noch sichtbare Anlagen sind jedoch in der Landschaft verstreut.

Praktische Infos

Der Hügel ist 24 Stunden am Tag zugänglich, Eintritt frei. Öffnungszeiten wie Eintrittsgebühren gelten nur für das Besucherzentrum in der ehemaligen Kirche. Allerdings ist die Multimediaschau im Besucherzentrum, ✆ 046-9025903, 💻 www.heritageireland.ie, sehenswert. 🕓 Juni–Mitte Sep tgl. 10–18 Uhr, Eintritt 3 €.

Für die Erforschung des Geländes außerhalb des Kirchhofes ist rutschfestes Schuhwerk unbedingt erforderlich, die Trampelpfade, die der Touristenstrom hinterlassen hat, sind teilweise steil und rutschig. Die Hinterlassenschaften der zahlreichen Schafe, die das Gras auf ökologisch freundliche Art kurz halten, können für weitere Überraschungsmomente sorgen. Für Gehbehinderte ist ein Besuch nur eingeschränkt möglich, für Benutzer eines Rollstuhls ist das Gelände absolut ungeeignet.

Der Laden von Maguires in der Nähe des Parkplatzes bietet eine gute Auswahl an Literatur über Tara. Diese erstreckt sich von wissenschaftlichen Abhandlungen bis hin zu Fantasieberichten aus dem Bereich New Age. Hier kann man bei Kaffee und einem kleinen Imbiss die Erforschung der Hügelanlage im Detail planen. Das Restaurant ist übrigens sehr empfehlenswert und, für die Lage zumindest, erstaunlich preiswert.

Rath Maeve

Nicht einmal 1 km südlich von Tara findet man eine weitere Ringwallanlage – das sogenannte Rath Maeve, angeblich ein Fort der Gottkönigin Maeve. Von Tara aus auf der Straße leicht zu erreichen, versteckt sich die Anlage unter viel Unterholz. Dies macht das Erkennen der Strukturen wesentlich mühsamer, sorgte aber auch für ein wenig Mystik. Mystik, die vor allem in der Touristensaison vielen Besuchern bei Tara schlichtweg fehlt.

Feste

Zur **Sommersonnenwende auf dem Hügel von Tara** treffen sich am 21. Juni Druiden und Hexen bereits am Abend zuvor, um dann im Morgengrauen der aufgehenden Sonne am längsten Tag des Jahres die Ehre zu erweisen. Ein für alle Interessierten offenes Happening, das irgendwo zwischen Tradition, New Age und hemmungsloser Selbstdarstellung angesiedelt ist.

Transport

Die etwa halbstündlich verkehrenden **Busse** zwischen Navan und Dublin halten auch an der N3 in der Nähe zur Stichstraße nach TARA – unbedingt den Fahrer vorher informieren, dass man hier aussteigen möchte. Von der N3 ist es ein etwas längerer Fußmarsch zum Hügel von Tara selbst (etwa 10–15 Min.).

Navan

Die quirlige Kleinstadt Navan ist Verwaltungssitz des County Meath. Ein kurzer Spaziergang durch die Innenstadt, in der sich enge Gassen mit alten Geschäften und ein modernes Einkaufszentrum in einer Art Waffenstillstand gegenseitig zu respektieren scheinen, bringt dem Touristen das Flair einer Provinzstadt in Irland etwas näher. Besonders schön ist Navan allerdings nicht.

Interessant sind vielleicht die Flussufer des Boyne, der auch von einer langen, mittelalterlichen Brücke überquert wird. Die historischen Wassermühlen sind allerdings längst schon modernen Apartments gewichen und auch die ehemaligen Befestigungsanlagen, als „Ramparts" heute ein beliebter Wanderweg, sind kaum noch zu erkennen. Nördlich der Innenstadt kann es zu erheblichem LKW-Verkehr kommen und aus dem Wald ragen die Türme eines Bergwerks – in Navan wird das größte Zinkvorkommen Europas abgebaut.

Übernachtung und Essen

€ **Millrace Lodge**, Old Rd., Athlumney, ✆ 046-9028222, 💻 www.navanaccommodationcentre.ie. In der Nähe der Ortsmitte in einem ruhigen Viertel gelegenes Guesthouse mit Schlafsälen und Privatzimmern, auch für etwas größere Gruppen geeignet. Grillplatz im Freien für lange (und trockene) Sommerabende, Internet im Haus. Gute Basis für eine Erkundung des Boyne Valley. ❷

Ma Dwyers Guesthouse, Dublin Rd., ✆ 046-9077992, 💻 www.olddarnley.com. Nahe beim Stadtkern befindliches Guesthouse mit 25 Zimmern. Familiär und bequem. Liegt allerdings an der teilweise schon sehr früh stark befahrenen N3. ❸

Ardboyne Hotel, Dublin Rd., ✆ 046-9023119, 💻 www.ardboynehotel.com. Nur wenige Minuten vom Zentrum entfernt gelegenes Hotel mit 29 Zimmern. Bequeme, moderne und geräumige Zimmer, trotz Nähe zur Hauptstraße ruhiges Haus. ❸

€ **The Loft Restaurant**, 26 Trimgate St. Modernes Restaurant mit internationaler Küche zu vernünftigen Preisen. Tapas-Bar im Erdgeschoss.

The Russell Restaurant, 15–16 Ludlow St. Elegantes Restaurant. Selbst gebackene Brote und Pasta, Sorbets und Eis sind die Spezialitäten auf der sehr umfangreichen Speisekarte.

Unterhaltung und Kultur

Brady's Bar, Ludlow St. Pub mit traditioneller Session am Freitag ab etwa 21.30 Uhr.

Diamond Cinema, ✆ 046-9074755, Kino, in dem am Abend parallel mehrere Streifen laufen.

Nahverkehr

In der Innenstadt von Navan besteht ein eingeschränkter **Busverkehr**, für Touristen kaum von Interesse. Details finden sich unter 💻 www.buseireann.ie (Stichwort City/Town Services).

Transport

DUBLIN, zahlreiche Verbindungen unter der Woche zwischen 5.20 Uhr und Mitternacht, tagsüber teilweise im Halbstundentakt. Der reguläre Fahrpreis kostet 11,40 €, 💻 www.buseireann.ie, Dublin Travel Information, ✆ 01-8366111.

DUBLIN AIRPORT, direkte Verbindung mit Linie 109A stdl. zwischen 4 und 22 Uhr (Fahrtzeit 65 Min.).

CAVAN, stdl. Verbindungen, auch nach KELLS und VIRGINIA mit Linie 109.

Kells

Das kleine Städtchen Kells ist vor allem durch einen Kunstschatz berühmt, der schon lange nicht mehr vor Ort ist. Das nach dem Ort benannte *Book of Kells* (das zwar nicht in Kells entstand, aber im dortigen Kloster verwahrt wurde) wurde vor vielen Jahrhunderten nach Dublin in Sicherheit gebracht. Im Besucherzentrum von Kells, das in einem ehemaligen Gerichtsgebäude untergebracht ist, findet sich nur eine Kopie, die allerdings sehr gut gelungen ist und die man bislang in Ruhe und im Detail betrachten konnte, Headfort Pl., ✆ 046-9247840. ⏲ Ende 2009 wegen finanzieller Probleme vorübergehend geschlossen, Datum der Wiedereröffnung unsicher.

Unmittelbar vor dem Eingang des Besucherzentrums sieht man auch eine weitere Attraktion von Kells – ein **Hochkreuz**, das als Marktkreuz diente. Heute ist es mit einem transparenten Glasdach vor Verwitterung geschützt. Die unmittelbar vorbeidonnernden Lastwagen auf der Hauptstraße lassen das Hochkreuz aber oft erbeben.

Wesentlich ruhiger haben es dagegen die **Hochkreuze bei der alten Kirche**. Wobei der Besucher hier ein etwas seltsames Arrangement vorfindet: Der Kirchturm, schon von Weitem zu sehen, steht neben der Kirche, ohne jede Verbindung. Zusätzlich findet sich nur wenige Schritte entfernt ein massiver Rundturm. Im Kirchhof selbst befinden sich mehrere Kreuze, von denen einige noch nicht fertiggestellt sind. Die Arbeit wurde aus unbekanntem Grund aufgegeben, sodass der Besucher heute einen faszinierenden Einblick in die Entstehung solcher Steinmetzarbeiten erhält. Während die Grundform des Kreuzes bereits fertiggestellt ist, sind die einzelnen Bildpaneele nur vorbereitet und scheinen seit dem Mittelalter „eingefroren" zu sein. Andere Kreuze dagegen sind stark beschädigt. Das südliche Kreuz (South Cross) ist vielleicht das vollständigste und stammt aus dem 9. Jh. Die reichlichen Verzierungen zeigen vor allem Szenen aus der Bibel, so sieht man den Sündenfall, die Jünglinge im Feuerofen, auch Daniel in der Löwengrube, Abraham, David, die Kreuzigung, Streitwagen, einige Tiere und das übliche, typisch irische Flechtwerk. Insgesamt ein Bilderbogen, der das Alte wie das Neue Testament umfasst und früher zur Illustration von Predigten genutzt wurde. Am Rande des heutigen Kirchhofs befindet sich ein **Rundturm**. Dieser zählt zu den höchsten Rundtürmen in Irland und ist bis auf seine Spitze nahezu vollständig erhalten. Der Kirchhof ist bei Tageslicht generell zugänglich, sollte der Fußgängereingang neben dem Rundturm geschlossen sein, nutzt man den etwas bergab um die Ecke liegenden Haupteingang unterhalb der Kirche.

In einer kleinen Seitenstraße neben dem Kirchhof, versteckt hinter einer hohen Mauer, steht ein weiterer Teil des mittelalterlichen Klosters von Kells. Dieses wird allgemein als **St. Columbas Haus** bezeichnet, war jedoch keineswegs die Wohnung des Heiligen, der im 6. Jh. das Kloster am Ort gründete. Stattdessen handelte es sich hier um eine frühe Kirche, die etwa im 10. Jh. gebaut wurde und deren steiles Dach in die Seitenwände übergeht, ein typisch irischer Baustil. Eine Besichtigung ist möglich, wenn man sich den Schlüssel besorgt (Hinweisschild am Tor beachten).

Übernachtung und Essen

€ **Kells Hostel**, Moynalty Rd., ✆ 046-9249995, ✉ kellshostel@gmail.com. Kleines, aber durchaus ansprechendes Hostel an einer belebten Kreuzung. Große Küche kann optimal genutzt werden – ein Supermarkt liegt fast nebenan. Zelten im Garten im Sommer möglich. Bett ab 18 €

Headfort Arms, Headfort Pl., ✆ 0818-222800, 💻 www.headfortarms.ie. Im historischen Ortskern gelegenes Hotel mit 45 Zimmern. Gemütlich und durchaus komfortabel, neben Standard- auch luxuriöse Zimmer. Gutes Freizeitangebot: Wellness, Golf. Schöner Garten zum Entspannen, Restaurant und „Kelltic Bar". ❸

Vanilla Pod Restaurant, Headfort Arms Hotel, 💻 www.headfortarms.ie. Modernes Restaurant mit schmackhaften und interessant angerichteten Speisen. Kalorienbombe des Hauses: Schokoladenfondue für mehrere Personen mit einer Platte frischer saisonaler Früchte.

Leuchtturm ohne Meer

An der Straße von Kells nach Oldcastle begegnet man mitten im Binnenland einem Leuchtturm. Natürlich keinem echten Leuchtturm, das große Monument auf dem **Hill of Lloyd** im People's Park soll an eine prominente Familie des Ortes erinnern und bietet einen hervorragenden Ausblick über die gesamte Umgebung. Die Öffnungszeiten variieren, der Blick vom Hügel selbst ist aber auch schon lohnenswert.

Transport

DUBLIN, unter der Woche regelmäßige Buserbindungen zwischen 5.20 und 23 Uhr, tagsüber im Halbstundentakt und teilweise sogar alle 15 Min. via Navan und Dunshaughlin zum zentralen Busbahnhof Busaras, Linie 109, Fahrtzeit etwa 1 Std. 25 Min. Regulärer Fahrpreis 12,70 €, 💻 www.buseireann.ie, Dublin Travel Information, ✆ 01-8366111.
CAVAN, stdl. Verbindungen mit Linie 109.
VIRGINIA, stdl. Verbindungen mit Linie 109.

Trim und Umgebung

Direkt am Fluss Boyne liegt die Kleinstadt Trim, ehemals ein Machtzentrum der Anglo-Normannen und heute noch durch seine gigantische Burganlage bekannt. Hier zeigten die Eroberer den Iren, wer künftig Herr im Haus sein würde. Eine der größten mittelalterlichen Burganlagen Irlands sicherte den Übergang über den Fluss Boyne. Was einst als Machtdemonstration gedacht war, bildet heute eine der Haupteinnahmequellen des Ortes – ohne den Festungsbau würden weit weniger Touristen den Weg hierher finden. Dabei hat Trim weitaus mehr als seine Burganlage zu bieten. Noch in Sichtweite der Burg findet man eine mittelalterliche Brücke, an deren einem Ende eine große und noch gut erkennbare **Abtei** in Ruinen liegt, während an ihrem anderen Ende die einst **größte Kirche Irlands** stand. Von beiden sind nur noch Ruinen vorhanden – diese sind allerdings durchaus sehenswert. Vor allem kann man sie in aller Ruhe, ohne Führung, besichtigen, Eintritt frei. Hinweistafeln erläutern die Geschichte und die ehemalige Größe dieser Bauten. Auf die ab und an zu beobachtenden Kletterpartien, die örtliche Jugendliche gewissermaßen als Mutprobe auf den Ruinen veranstalten, sollte man im Interesse der eigenen Sicherheit verzichten.

Zentrum des Interesses der meisten Besucher ist aber ohnehin die **Burg**, ✆ 046-9438619, 💻 www.heritageireland.ie. Auf ungefähr 1,2 ha direkt am Fluss stehen heute die Ruinen der immer noch beeindruckenden und uneinnehmbar wirkenden Festung. Eine umfassende Besichtigung ist nur mit Führung möglich. Wer den großen Bergfried von innen sehen möchte, sollte allerdings einigermaßen schwindelfrei sein – eine recht luftig wirkende Brücke zieht sich im Obergeschoss quer durch das Gebäude. In diesem quadratischen Bau, der von vier Ecktürmen eingerahmt wird, sind mehrere Modelle zu sehen, die die Baugeschichte dokumentieren. Mittelalterliche Romantik macht sich jedoch nicht breit, das Gebäude ist leer und besitzt keine Inneneinrichtung mehr. Dafür entschädigt den Besucher der Ausblick vom Dach aus. Neben dem Bergfried kann man noch Reste verschiedener Wirtschaftsgebäude und die fast vollkommen erhaltene Burgmauer sehen. Ein südlich gelegener Turm schützte früher die Zugbrücke und den Haupteingang. Die erste Burganlage baute übrigens im Jahr 1172 Hugh de Lacy, der sich im Zuge der Eroberungen weite Teile des Landes unter den Nagel gerissen hatte. Die heute noch zu sehenden Gebäude stammen hauptsächlich aus dem 14. Jh. Eine politische Blütezeit erlebte die Burg von Trim im 15. Jh., als hier mehrfach Versammlungen des Parlaments von Irland abgehalten wurden. 🕓 Ostern–Ende Sep tgl. 10–18, Okt tgl. 9.30–17.30, Nov–Jan Sa, So 9–17, Feb–Ostern Sa, So 9.30–17.30 Uhr (Fei wie So), Eintritt 3 €, inkl. Besichtigung des Hauptturms 4 €.

Auf der anderen Seite des Boyne ragt ein weiteres Wahrzeichen der Stadt in die Höhe: der **Yellow Steeple**, ein im Abendlicht golden wirkender Turmrest. Der ehemalige Kirchturm hat immerhin noch eine Höhe von 40 m. Daneben erblickt man die Reste eines Klosters, die Augustiner errichteten hier im 12. Jh. ihre Abtei. Diese wurde später in ein Herrenhaus umgebaut, danach diente sie als Schule, in der u. a. der Herzog von Wellington Bildung vermittelt bekam.

Alte Zeiten in Trim

Jedes Jahr im Frühsommer, genauer gesagt Mitte Juni, findet in Trim das **Haymaking Festival**, 💻 www.trimhaymakingfestival.com, statt, auf den weiten Wiesen am Ufer des Boyne und mit Blick auf die Burg. Dabei wird mit traditionellen historischen Geräten Heu geerntet. Zudem werden alte Landwirtschaftstechniken demonstriert, Theater gespielt, Musik gemacht, und was noch so zu einem Dorffest dazugehört. Wenn das Wetter halbwegs mitspielt, unbedingt empfehlenswert.

Abtei von Bective

Nur wenige Kilometer von Trim entfernt, etwas abseits der Straße R161 nach Navan, liegt ein wenig beachtetes mittelalterliches Kleinod, die Abtei von Bective. Dieses Kloster direkt am Fluss Boyne war eine „Tochter" von Mellifont. Die Ausschilderung ist nicht optimal und auf den engen Straßen, die nur wenige Parkmöglichkeiten bieten, fährt man selbst bei Schneckentempo schon einmal schnell an der Anlage vorbei. Spätestens bei der Brücke über den Boyne ist man ihr ganz nahe. Zur Abtei selbst gelangt man durch ein Metallgitter, in das eine winzige Tür eingelassen ist, die viele Besucher übersehen. Etwa 100 m Fußmarsch über eine Wiese, dann eine kleine Kletterpartie über Steinmauern und man ist am Ziel. Einige auch heute noch beeindruckende Teile der Kirche und des Kapitelhauses sowie alte Bäume bilden einen einmaligen Anblick, ein echtes Postkartenmotiv. Die Abtei wurde vom Zisterzienserorden im 12. Jh. gegründet und, eine Konzession an die niemals ganz friedlichen Zeiten in Irland, im 15. Jh. wie eine kleine Burg befestigt. In dieser Zeit entstanden auch der Kreuzgang, ein fast militärisch wirkender Wohnturm und die große Halle. Tatsächlich könnte man Bective Abbey auf den ersten Blick auch für eine verfallene Raubritterburg halten.

Übernachtung

Trim

€ **Bridge House Tourist Hostel**, Bridge St., Trim, ✆ 046-9431848. Einfaches, aber sauberes und vor allem ideal gelegenes Hostel mitten in Trim. Von hier sind es nur wenige Schritte bis zur Burg. Hat auch Familienzimmer. Große Preisunterschiede je nach Saison. Bett ab 20 €.

Brogan's, High St., ✆ 046-9431237, 💻 www.brogans.ie. Zentral gelegenes Guesthouse mit 18 Zimmern. Das 200 Jahre alte Haus bietet etwas beengten, aber wirklich gemütlichen Komfort nur einige Schritte von Burg und Boyne entfernt. ❸

Knightsbrook Hotel Spa & Golf Resort, Dublin Rd., ✆ 046-9482100, 💻 www.knightsbrook.com. Viel Entspannung bietendes Hotel mit 131 modernen, komfortabel eingerichteten Zimmern. Eigener, weitläufiger Golfplatz am Haus. ❹

Ashbourne

€ **Aisling Guest House**, Dublin Rd., Baltrasna, ✆ 01-8350359, 💻 www.aislingguesthouse.ie. Nur wenige Minuten vom Zentrum entfernt gelegenes Guesthouse mit 20 Zimmern. Bushaltestelle vor der Haustür. Schmucklos und nicht unbedingt gemütlich im Sinne von „alte Welt", aber praktisch gelegen und bequem. ❷

Dunboyne

Dunboyne Castle Hotel & Spa, ✆ 01-8013500, 💻 www.dunboynecastlehotel.com. Ideal für Besuche in Dublin und Meath gelegenes, erstklassiges Hotel mit 145 Zimmern. Der alte Herrensitz wurde komplett renoviert, die Zimmer sind modern und angenehm hell sowie geräumig. ❹

Essen

Franzini O'Briens, French's Ln. Restaurant in Trim neben der Burg. Gemütlich eingerichtet. Gute Auswahl an internationalen Gerichten. Von der Preisgestaltung her sicherlich nicht das billigste Restaurant in Trim, aber auch sehr beliebt bei Einheimischen.

Pferderennen in Fairyhouse

Einige Kilometer östlich von Trim, **zwischen Ashbourne und Dunboyne** (beide Orte eignen sich auch durch ihre Lage und Verkehrsverbindungen als eine gute Basis), befindet sich noch ein weiteres heimliches Heiligtum der Iren, die **Pferderennbahn von Fairyhouse**, 💻 www.fairyhouseracecourse.ie. Die Rennen, die hier stattfinden, ziehen große Besucherscharen an, besonders beliebt ist die Rennserie an den Ostertagen. Diese hatte sogar einen indirekten Einfluss auf die irische Geschichte – die britische Reaktion auf den Osteraufstand 1916 verzögerte sich, da die meisten Offiziere Dublin verlassen hatten und in Fairyhouse auf die Pferde setzten. Nach wie vor wird das Irish Grand National jährlich am Ostermontag hier abgehalten.

Unterhaltung und Kultur

Ashbourne

The Hunter's Moon, Main St. Traditioneller Pub mit Session am Donnerstag ab 21.30 Uhr und am Sonntagnachmittag. Die letzteren Sessions sind mehr „familiär" und gehen oft nahtlos in das Schlagergenre über, was aber auch sehr unterhaltsam sein kann.

Clonee (bei Dunboyne)

Village Inn, Main St. Pub mit Musik; donnerstags traditionelle Session ab etwa 21.30 Uhr, sonntags abends gemischtes (aber oft stark traditionelles) Musikprogramm; teilweise auch traditioneller Tanz. Interessant vor allem für Besucher, die gerne einen noch nicht bis zur Unkenntlichkeit renovierten Pub besuchen möchten.

Ratoath (bei Ashbourne)

The Venue (Theater), Main St., ✆ 01-6895600, 💻 www.venuetheatre.ie. Ein relativ modernes Kulturzentrum in der Ortsmitte, das den üblichen Mix von kleineren Konzerten, Tourneetheatern und auch lokalen Veranstaltungen bietet. Bedingt durch die Nähe der Hauptstadt Dublin sind die ganz großen Namen eher selten.

Informationen

Tourist Information Trim, Castle St., ✆ 046-9437227, ✉ trimvisitorcenter@eircom.net. Kleines Informationszentrum mit angeschlossenem Café, gut für einen schnellen und preisgünstigen Happen zwischendurch.

Transport

Zu den großen Rennveranstaltungen in **Fairyhouse** werden Sonderdienste eingerichtet. Infos bei **Dublin Bus**, 💻 www.dublinbus.ie, Dublin Travel Information, ✆ 01-8366111, oder Bus Éireann, 💻 www.buseireann.ie.

Busse von **Trim** nach:
DUBLIN, unter der Woche mind. 8x tgl. zwischen 6.45 und 20 Uhr zum zentralen Busbahnhof Busaras, Linie 111, Fahrtzeit etwa 70 Min. Regulärer Fahrpreis 10,30 €.
GRANARD, einige Verbindungen mit der Linie 111 am Vormittag und Nachmittag via Athboy.

Am Fluss Boyne

Ganz in der Nähe der Stadt Drogheda bildet der Fluss Boyne für einige Kilometer die natürliche Grenze zwischen den Counties Louth und Meath. Heute durch eine moderne Autobahnbrücke binnen Sekunden überquert, bildete der Fluss über viele Jahrhunderte hinweg ein enormes Hindernis. Was 1690 auch König William erfuhr, als er sich mit seinen Truppen von Norden näherte, um König James aus Dublin zu vertreiben. Die jakobitische und hauptsächlich katholische Armee unter dem Oberbefehl von James persönlich hatte das südliche Ufer des Boyne besetzt und versuchte, die vorrückenden Truppen des Protestanten William zu stoppen. Am 1. Juli marschierten Williams Soldaten (kurioserweise mit dem päpstlichen Segen) auf den Fluss zu. Binnen weniger Stunden erzwangen sie den Übergang und machten so den Weg nach Dublin frei. Seit wenigen Jahren ist das **Boyne Battlefield** als moderne Touristenattraktion erschlossen, die meisten Besucher kommen allerdings aus Nordirland.

Das Zentrum des Schlachtfeldes, von dem kaum noch Spuren vorhanden sind, lag am Fluss. Mit einer genauen Karte und einem Fachbuch ist der Verlauf der einstigen Schlachtlinien jedoch heute noch nachvollziehbar. Eine gute Einstimmung ist die Fahrt den King William's Glen auf der Nordseite des Flusses hinunter, dies war auch der Weg, den die Garden des Königs nahmen. Kurz danach kann man den Boyne bequem über eine Brücke überqueren und gelangt rechter Hand zum Besucherzentrum. Dieses ist im alten Herrenhaus des **Oldbridge Estate**, ✆ 041-9809950, 💻 www.battleoftheboyne.ie, untergebracht, das viele Jahre dem Verfall preisgegeben war und zu Beginn des 21. Jhs. mit erheblichen Geldmitteln restauriert wurde. Heute erstrahlt das Gebäude vor allem von außen in alter Pracht und bietet einen Blick über die Landschaft, in der einst die Schlacht stattgefunden hat. Wanderungen (ausgeschildert) über das Schlachtfeld sind möglich, Führungen werden ebenfalls angeboten. Den Kern der Ausstellung bilden jedoch die Informationen über die politischen und militärischen Hintergründe der Schlacht. Dokumente, lebensgroße Figuren und eine Nachstellung der Schlacht mit modernster Lasertechnik auf einem Landschaftsmodell bringen die Ereignisse in Erinnerung. Danach geht es in ein Nebengebäude, wo ein sehr gut gemachter Film über die Schlacht von 1690 informiert. Im Innenhof sind noch Artilleriestücke zu bewundern. In dem geräumigen Café kann man sich anschließend erfrischen. 🕓 März/April tgl. 9.30–17.30, Mai–Sep 10–18, Okt–Feb 9–17 Uhr, Eintritt 3 €.

Spaziergang am Boyne

Lohnenswert ist auch ein Spaziergang am Südufer des Boyne, von der Brücke am Oldbridge Estate aus ziehen sich einige Wanderwege am Flussufer und am alten Kanal entlang. Gelegentlich kann man Angler beim Fliegenfischen beobachten, ab und an auch Schwäne oder sogar einen Ruderer in einem traditionellen Boot aus Weidengeflecht und Stoff. Die Bedeutung des Flusses als Verteidigungslinie bezeugen einige kleine Bunker. Diese wurden im Zweiten Weltkrieg errichtet, um eine mögliche Invasion von Nordirland aus zumindest kurzfristig zu verzögern.

Die Schlacht am Boyne und die ewige Verwirrung

Die Schlacht am Boyne fand am 1. Juli 1690 statt und wird heute jedes Jahr am 12. Juli feierlich begangen. Zumindest in Nordirland, wo der Sieg des Protestanten William noch immer ein Grund zur Freude ist. Und wo man es mit dem Kalender nicht so genau zu nehmen scheint. Nach dem Julianischen Kalender war das Datum der Schlacht der 1. Juli, die Feier findet jedoch nach dem Gregorianischen Kalender am 12. Juli statt. Aber schließlich wurde die Oktoberrevolution in der Sowjetunion auch im November gefeiert.

Warum aber ist die Schlacht überhaupt so wichtig? Militärisch gesehen wurde durch den Sieg am Boyne eigentlich nur der schnelle Marsch auf Dublin möglich, im Verlauf des Krieges gab es wesentlich wichtigere Schlachten. Aber diese Schlacht zeichnete sich durch eine einmalige Besonderheit aus. Denn es war das einzige Gefecht, in dem die beiden konkurrierenden Könige von England persönlich ihre Armeen führten und so direkt aufeinandertrafen. Was mit dem Triumph Williams und der übereilten Flucht James' endete, geradezu ein Gottesgeschenk für die Propagandisten.

Irische Nationalisten haben die Schlacht am Boyne über Jahrhunderte hinweg entweder ignoriert oder dämonisiert. Hier, so sagten sie, endete Irlands Unabhängigkeit endgültig. Was historisch nicht ganz korrekt ist, aber eine verständliche Gegenreaktion auf die Feierlichkeiten der Sieger. Das Siegerdenkmal wurde nach der Erlangung der Unabhängigkeit rasch gesprengt und das Schlachtfeld ignoriert, sodass es sogar zum Spielfeld für Grundstücksspekulationen werden konnte. Erst im Rahmen des Friedensprozesses ließ sich der irische Staat darauf ein, das Schlachtfeld zu schützen und ein Informationszentrum zu errichten. Zuerst eine kleine Baracke, heute ein wirklich sehenswertes Museum im aufwendig renovierten Oldbridge Estate.

Der in der Nähe gelegene Ort **Duleek** ist weniger wegen seiner Verbindung zur Schlacht am Boyne interessant als vielmehr wegen seines „Geister"-Rundturms. Im Dorf befindet sich die Ruine einer Kirche, deren Turm im 15. Jh. errichtet wurde. An einer Seite scheint sich eine Art „Narbe" bis in 14 m Höhe zu ziehen, es ist deutlich zu sehen, dass hier irgendetwas fehlt. Was fehlt, ist der Rundturm, an den der Kirchturm einst angebaut wurde. Im Laufe der Zeit ist er in sich zusammengestürzt und wurde schließlich abgetragen. Bekannt ist, dass dieser Rundturm schon vor der Mitte des 12. Jhs. existiert haben muss. Ein kurioser Ort – man sieht den „Schatten", den der Rundturm in dem neueren Kirchturm hinterließ, kann ihn erahnen, aber nicht erkennen. Neben dem „Geisterturm" sind auch die Grabmäler in der Kirche und der Rest eines Hochkreuzes sehenswert.

Von Duleek lohnt sich ein kurzer Abstecher an die Küste, auf der R150 geht es gerade nach Osten bis ans Meer bei **Laytown**. Dieser Ort ist, zusammen mit dem etwas weiter nördlich liegenden **Bettystown**, ein beliebtes Naherholungsgebiet mit schönem Strand, aber schwankender Wasserqualität. Ausgedehnte Spaziergänge am Ufer sind auf jeden Fall möglich.

Sehenswert ist auch das südlich von Duleek gelegene Hügelgrab von **Fourknocks**. Es versteckt sich etwas in der Nähe des Ortes **Clonalvy** und ist selbst beim direkten Vorbeifahren nicht unbedingt auffällig. Vor etwa 3500–3800 Jahren errichtet, ist das restaurierte Ganggrab wegen seiner ungewöhnlichen Bauweise vor allem für Experten einen Stopp wert. Die meisten Touristen jedoch bevorzugen die in der Nähe befindlichen Gräber von Newgrange und Knowth. Oder die ganz im Westen des County Meath gelegenen Gräber bei Loughcrew, die einen großen Umweg durchaus wert sind.

Dabei sind die Megalithgräber von **Loughcrew**, ✆ 049-8541240, 💻 www.heritageireland.ie, im Vergleich zu den anderen prähistorischen Fundstätten in Meath, relativ unbekannt. Dafür mag es vor allem zwei Gründe geben. Zum einen befinden sich die in der Nähe des kleinen Ortes **Oldcastle** gelegenen Grabhügel nicht an einer der großen Hauptstraßen, zum anderen sind sie nicht unbedingt leicht zugänglich. Hat man erst einmal auf den Parkplatz gefunden, ist man noch lange nicht am Ziel – die *cairns* wurden nämlich auf eine der größten Hügelkuppeln der Gegend gesetzt. Ein mittelschwerer Anstieg auf weitgehend naturbelassenen Wegen ist Teil des Erlebnisses von Loughcrew. Wer die mit stabilen Eisengittern abgesperrten Ganggräber auch von innen besichtigen möchte, der muss sich einen Schlüssel besorgen. Eine Hinweistafel am Parkplatz zeigt an, an wen man sich aktuell wenden muss. Wem dies zu umständlich ist, der sei beruhigt, auch ohne Schlüssel kann man einen eingeschränkten Blick ins Innere werfen und zahlreiche Ornamente in den Steinen erkennen. Dabei handelt es sich hauptsächlich um als Darstellungen der Sonne angesehene kreisförmige Symbole und abstrakte Muster. Ihre endgültige Bedeutung ist nicht geklärt, wird es wahrscheinlich auch nie werden. An der Seite des größten Grabhügels befindet sich ein Stein, der in seiner Form etwas an einen Sessel erinnert und auch im Volksmund als „Sitz der Hexe" bekannt ist (auch der irische Name des Berges bedeutet „Hügel der Hexe"). Mythologie hin oder her – einen wunderbaren Ausblick auf die Tiefebene von Meath im Süden und die Hügellandschaft von Cavan im Norden hat man auf jeden Fall. Übrigens weisen einige Grabhügel eine Ausrichtung nach der Sonne auf. 🕓 Juni–Aug tgl. 10–18 Uhr, Eintritt frei (Anlage selbst ist immer zugänglich, Öffnungszeiten gelten nur für Grabhügel).

In der Ebene unterhalb des steinzeitlichen Friedhofs liegt der **Herrensitz von Loughcrew**, ✆ 049-8541356, 💻 www.loughcrew.com, dessen Haupthaus heute jedoch nur noch als Ruine die Landschaft ziert. Die Familie Plunkett hatte hier ihren Sitz, die mittelalterliche Kirche auf dem Anwesen wurde von den Familienmitgliedern und ih-

Die Sache mit dem Schlüssel

Viele irische Sehenswürdigkeiten sind verriegelt und ohne ständige Aufsicht. Um interessierten Besuchern dennoch den Zugang zu ermöglichen, werden Schlüssel meist in der näheren Nachbarschaft deponiert. Hinweisschilder geben an, wen man wann um einen Schlüssel bitten kann und wo oder wie man diese Personen erreicht. Meist wird vor Abgabe des Schlüssels eine Kaution erhoben, oftmals muss man auch seine Personalien nachweisen und z. B. den Führerschein hinterlegen. Das System klappt erstaunlich gut, auch wenn gelegentlich Engpässe dadurch entstehen, dass man den Schlüsselhalter nicht erreicht oder andere Besucher gerade mit dem Schlüssel unterwegs sind. Sollten Sie sich einen Schlüssel auf diese Art besorgen, seien Sie doch bitte so nett, ihn sofort nach Beendigung der Besichtigung wieder zurückzubringen. Andere Touristen werden es Ihnen unbekannterweise danken.

ren Bediensteten genutzt. Das wohl bekannteste Familienmitglied war Oliver Plunkett, ein irischer Kirchenmann, der im Rahmen eines (vollkommen fiktiven) katholischen Umsturzversuches vor Gericht gestellt und anschließend hingerichtet wurde. Er gilt als Märtyrer der katholischen Kirche in Irland und wurde heiliggesprochen. Sein Kopf wird in der Kirche von Drogheda (s. S. 189) aufbewahrt, die nahe Kirche von Oldcastle stellt einen Beinknochen des Heiligen aus. Abgesehen von der historischen Verbindung und den pittoresken Ruinen ist Loughcrew Estate vor allem für eine Wanderung durch die weitläufigen Parks und Gärten interessant, im Sommer finden hier regelmäßig Opernaufführungen im Freien statt. Neu in den letzten Jahren hinzugekommen ist ein Abenteuerzentrum, das Gruppenaktivitäten anbietet. ◷ März–Okt tgl. 12–18 Uhr, Eintritt 6 €.

Übernachtung

Bettystown Court Conference & Leisure Hotel, ✆ 041-9812900, 💻 www.bettystowncourthotel.com, in Bettystown. Nur wenige Gehminuten vom Strand entfernt gelegenes, großes und modernes Hotel mit 120 Zimmern. Modern, effizient, aber auch etwas unpersönlich. ❸

Feste

Im Juni, am Bank Holiday Weekend, findet das Opernwochenende **Loughcrew Garden Opera,** 💻 www.loughcrew.com, statt. Für wenige Tage wird das ehemalige Anwesen der Familie Plunkett zu einer Freilicht-Oper. In den Gärten werden dann beliebte Singspiele zur Aufführung gebracht, der Erfolg ist immer ein wenig vom Wetter abhängig, trotz eigens errichtetem Wetterschutz.

Unterhaltung und Kultur

Laytown

Das The Cottage Inn, Beach Grove, ist ein traditioneller Pub, in dem donnerstags ab etwa 22 Uhr Session abgehalten werden. Interessant sind die Abende in der Nebensaison, wenn überwiegend Einheimische hier einkehren.

Oldcastle

Das **Ceili House**, Cogan St., 💻 www.oldcastlehousehotel.com, bietet oft Musikprogramme und traditionelle Sessions. Sehr beliebt auch als Treffpunkt der jüngeren Generation in der näheren Umgebung.

Die rote Fahne aus Meath

Für alte Sozialisten ist der Abstecher zu dem kleinen Ort **Crossakeel** verlockend, in der Ortsmitte erinnert ein Denkmal an den größten Sohn der Stadt. Jim Connell wurde hier im Jahr 1852 geboren, ging später nach Dublin und dann nach England. Im Jahr 1889 schrieb er die Hymne des britischen Sozialismus, „The Red Flag". In Ermangelung einer eigenen Melodie verwendete die organisierte Linke das altbekannte „O Tannenbaum". Was bei deutschen Betrachtern immer wieder Verwirrung auslöst, wenn etwa die Labour Party plötzlich brüderlich Weihnachtslieder zu singen scheint. George Bernard Shaw soll die sozialistische Hymne auch wenig schmeichelhaft als „Trauermarsch für einen gebratenen Aal" bezeichnet haben.

Transport

Busse

Mehrmals tgl. Verbindung zwischen DULEEK und DROGHEDA mit der Linie 163, 💻 www.buseireann.ie. Der Bus fährt auch über DONORE (NEWGRANGE).

Eisenbahn

Bahnverbindung, 💻 www.irishrail.ie, besteht nach LAYTOWN an die Küste des County Meath, diese Strecke wird häufig durch Züge zwischen Dublin und Drogheda bedient.

County Westmeath

Im Zentrum Irlands gelegen, ist Westmeath gewissermaßen die ungeliebte Stiefschwester von Meath. Während Meath die Touristenattraktionen dicht gedrängt präsentiert, ist dieses County auf den ersten Blick eher *underwhelming*. Den einzigen Bezug zur großen Mythologie bietet der Hügel von Uisneach zwischen Mullingar und Athlone.

Sheela na Gigs und Heilige Quellen

Alte Göttin oder christliche Warnung?

Wer aufmerksam alte irische Kirchen studiert, der kann manchmal merkwürdige Skulpturen erkennen. Oft im Eingangsbereich angebracht, begrüßen ihn nackte Frauen, die in hockender Stellung ihre Schamlippen weit auseinanderziehen. Diese kruden Steinmetzarbeiten strahlen allerdings nicht ein Quäntchen Erotik aus. Das war wohl auch nie ihr Zweck.

Von Neuheiden gerne als bildliche Darstellung der alten Göttinnen angesehen, haben die sogenannten Sheela na Gigs wahrscheinlich einen späteren, christlichen Ursprung. Und eine moralische Aufgabe: Mit ihrer letztlich obszönen Geste sollen sie als Warnung vor der Fleischeslust dienen. Dies allerdings ist nur die konservative Meinung, die der Interpretation durch Neuheiden diametral entgegensteht. Nach deren Theorie ist die Nacktheit keine Warnung, sondern die schamlose Präsentation der weiblichen Scham ein Ausdruck der Lust am Leben und alter Fruchtbarkeitsriten. So wird dann auch die Sheela na Gig in logischer Konsequenz von feministischen Autorinnen plötzlich zur „Alten Göttin Irlands" ernannt, obwohl es hierfür in der reichhaltigen irischen Mythologie keine stichhaltigen Anhaltspunkte gibt. Die Wahrheit, so es sie denn wirklich gibt, liegt wahrscheinlich irgendwo dazwischen.

Heilige Relikte des Heidentums

Auf wesentlich festerem Boden stehen die Neuheiden, wenn sie sich mit den heiligen Quellen Irlands beschäftigen. Denn diese waren nachweislich schon vor der Missionierung Irlands religiöse Stätten. Und schon der Heilige Patrick, der im Jahre 432 seine Mission begann, machte es sich einfach: Entdeckte er einen heiligen Ort irgendwo in Irland, nutzte er ihn für den christlichen Glauben weiter. Ein wenig Weihwasser, eine kurze Predigt, dann war der eben noch irgendeiner Gottheit gewidmete Platz dem einzigen, alleinigen Gott geweiht.

Das machte die Sache mit der neuen Religion natürlich auch für die missionierten Iren einfacher. Hatten sie gestern noch an der Quelle einem heidnischen Gott geopfert, konnten sie denselben Ort nach ihrer Taufe einem christlichen Heiligen zu Ehren besuchen. Ganz praktisch war dies, wenn die heidnische Gottheit gleich als heilige Gestalt aufgenommen wurde, wie es etwa in Kildare der Fall war, als St. Bridget die Schutzheilige des Ortes wurde.

Auf der Fahrt durch Irland stößt man auch heute noch auf zahlreiche heilige Quellen. Sind sie nicht ausgeschildert, was meistens der Fall ist, erkennt man sie oft schon von Weitem an den geschmückten Bäumen und Büschen. Zahlreiche Stofffetzen, aber auch andere Votivgaben, hängen in den Ästen. Jedes dieser Teile steht für einen frommen Wunsch, manchmal kann man sogar aus der Art des Kleidungsstückes den Wunsch erschließen. Wobei man sich natürlich fragen darf, welches Ziel man mit der Opferung eines Spitzen-BHs erreichen will.

Übrigens ist der Besuch an einer heiligen Quelle keineswegs den abergläubischen Landbewohnern vorbehalten. Selbst sich sonst äußerst skeptisch und aufgeklärt gebende Menschen schwören gelegentlich auf die Kraft des Wunsches an der heiligen Quelle. Des Menschen (erfüllter) Wille und Wunsch bestimmt auch hier die Natur seines Himmelreichs.

Auch landschaftlich ist Westmeath eher unspektakulär. Neben einigen Seen rund um Mullingar und dem Shannon bei Athlone prägen vor allem landwirtschaftlich genutzte Grünflächen und sanfte Hügel das Bild. Ausgedehntes Grasland wechselt sich mit Torfmooren ab, die Straßen passen sich immer noch den natürlichen Gegebenheiten an und folgen seit Jahrhunderten dem gleichen Weg. Lediglich die neuen Autobahnen garantieren ein schnelles Vorankommen. Die meisten Besucher werden diese Gegend auf der Durchfahrt kennenlernen, auf dem Weg etwa von Dublin nach Galway. Einige Orte sind jedoch durchaus einen Zwischenaufenthalt wert.

Fore und Umgebung

Der kleine Ort, in den sich nur wenige Touristen verirren, ist ein irisches Dorf wie aus dem Bilderbuch und kann mit zahlreichen pittoresken Ruinen aufwarten. In einer Senke gründete der Heilige Fechin im 7. Jh. das erste Kloster am Ort. Dank seiner „Sieben Wunder" wurde es schnell zum Ziel vieler Pilger. Denn hier floss Wasser bergauf – eine optische Täuschung natürlich! Das heutige Kloster, von dem nur noch Ruinen künden, wurde im 13. Jh. von den Mönchen des Benediktinerordens erbaut. Die Kirche mit ihren zwei Türmen ist noch erhalten, ebenso Teile des Kreuzgangs und einige Wirtschaftsgebäude. Den besten Blick auf die Gesamtanlage hat man entweder von der Straße aus oder vom runden Taubenstall auf dem Hügel hinter der Kirche.

Die kleine Kirche auf einer Anhöhe gegenüber dem Kloster ist wesentlich jünger und mit ihrem auffälligen Turm ein beliebtes Fotomotiv. Ein Hochkreuz im Friedhof, eine alte Kirchenruine und Teile der ehemaligen Stadtbefestigung sind die weiteren Attraktionen von Fore. Am besten stellt man den Wagen auf dem großen Parkplatz am ehemaligen Kloster ab und erkundet den Ort zu Fuß. Eventuell kann man dabei auch Pilger entdecken, die einige wie abgestorben wirkende Bäume mit bunten Stofffetzen behängen. Sie bringen Opfer an den heiligen Quellen, die hier seit vielen Jahrhunderten zu finden sind.

Nicht sehr weit entfernt, in der Nähe des kleinen Ortes **Crookedwood**, steht die nur selten besuchte Kirche des St. Munna aus dem 15. Jh., ein an sich recht schmuckloser Bau mitten im Nichts. Hier hatte der Heilige schon im 7. Jh. seine eigene Kirche errichtet. Über einem der Fenster neben dem Eingang zur Kirche befindet sich an (eigentlich ungewöhnlicher Stelle) eine seltsame Steinfigur. Hierbei handelt es sich um eine *Sheela na Gig*, eine groteske weibliche Gestalt, die ihre Genitalien präsentiert. Eine im Mittelalter durchaus übliche Verzierung an Kirchen, die jedoch später meist moralisch entrüsteten Bilderstürmern zum Opfer fiel. Selbst im Nationalmuseum in Dublin sind diese Figuren fast schamhaft in einer Ecke unauffällig ausgestellt.

Multyfarnham und Umgebung

Der kleine Ort Multyfarnham liegt in der Nähe eines Sees, auf dem in mythologischer Vorzeit die Kinder des Meeresgottes Lir als Schwäne ihre Bahn gezogen haben sollen. Der Sage nach wurden alle Kinder Lirs von ihrer bösen Stiefmutter in Wasservögel verwandelt und verflucht, ewig in Tiergestalt zu leben. Erst nach Jahrhunderten gelang es, diesen Fluch zu brechen. Diese Geschichte wird auch in den Glasfenstern der Abtei von Multyfarnham erzählt, wo der Franziskanerorden ein Kloster mit einem angeschlossenen Altenheim unterhält. Die Kirche des Klosters wurde bereits im Mittelalter gebaut, musste jedoch vom Orden über viele Jahrhunderte verlassen werden. Diese Geschichte wird in einem weiteren Glasfenster erzählt. Beachtenswert sind auch die Darstellungen des Kreuzweges in der Kirche, sehr moderne Töpferarbeiten. Im weitläufigen Park des Klosters werden dagegen die Stationen des Kreuzweges in Lebensgröße präsentiert. Die Figuren sind relativ realistisch, aber durchgehend in dunklem Grau gehalten. Beeindruckend ist vor allem die Darstellung der Kreuzigung selbst, für die ein eigenes, kleines Golgatha aufgebaut wurde.

Ein sehr starker Kontrast ist das nicht weit entfernt gelegene **Tullynally Castle** bei Castlepollard, ✆ 044-9661159, 💻 www.tullynallycastle.com, eine der größten Anlagen dieser Art in Irland. Die Burg gehört zum Besitz der Familie Pakenham. Das erste Gebäude wurde als Turmhaus Mitte des 17. Jhs. erbaut, dann in der georgianischen Periode modernisiert und schließlich zu Zeiten von Königin Viktoria mit einer großzügigen Portion Neogotik erneut dem Zeitgeschmack angepasst. Das Ergebnis ist ein riesiges Fantasieschloss, mit zahlreichen Türmen und militärisch sinnlosen, optisch aber sehr romantischen Wehranlagen. Der Innenraum des Schlosses ist nur für größere Gruppen nach Voranmeldung zugänglich, die Außenanlagen jedoch sind im Sommer für das Publikum geöffnet. Sie stammen noch weitgehend aus der Mitte des 18. Jhs., haben aber auch sehr schöne viktorianische Elemente. 🕓 Wochenenden im Mai und Juni, an Bank Holidays und vom 1. Juli–17. Aug tgl. 14–18 Uhr, Eintritt 6 €.

Mullingar und Umgebung

Mullingar zählt wahrlich nicht zu den reizvollsten Städten Irlands. Die meisten Touristen kennen die Stadt nur von der Durchfahrt, seit Eröffnung der Umgehungsstraße vom Vorbeifahren. Viel versäumt man nicht.

Das größte Gebäude am Platze ist die Kathedrale. Unmittelbar vor dem Zweiten Weltkrieg erbaut, fällt sie vor allem durch ihre über 40 m hohen Türme auf. Ein kleines Museum informiert über die Kirchengeschichte. Das Rathaus und das Gerichtsgebäude aus dem 18. Jh. sowie ein kleines Museum in den Kasernen bilden weitere

Zelten und Campen in Irland

Mullingar wird oft mit den irischen *Pavee* (wie sie sich selbst bezeichnen) oder *Traveller* (wie sie allgemein genannt werden) in Zusammenhang gebracht, einer nichtsesshaften Minderheit am Rande der irischen Gesellschaft. Denn in Mullingar haben viele Pavee-Familien ihren (zumindest zeitweisen) Standort. Obwohl sie gemeinhin auch als „Zigeuner" bekannt sind, haben sie mit den Sinti und Roma keine Gemeinsamkeiten – sie sind schlicht Iren, die seit Generationen auf der Straße leben. Es ist bis heute nicht geklärt, wann die ersten Traveller auftauchten und warum sie sich für diesen Lebensstil entschieden. Sicher ist: Kaum ein Ire will Traveller in seiner Nähe lagern sehen und ist froh, wenn er die (oft defekten) Rücklichter der Wohnwagen von Weitem sieht.

Was hat dies alles nun mit dem Touristen zu tun? Ganz einfach: Wer etwa denkt, nach skandinavischem Vorbild einfach am Wegesrand lagern zu dürfen, der kommt mit dem irischen Gesetz in Konflikt. Einem Gesetz, das vor allem wegen der (und gegen die) Traveller geschaffen wurde und das das nicht genehmigte Übernachten auf fremdem Grund verbietet. Nach Definition ist jeder öffentliche Grund fremder Grund, somit muss man eine Sondergenehmigung vorweisen können, um dort sein Zelt aufschlagen zu können. Es ist eigentlich müßig zu sagen, dass es eine solche Sondergenehmigung de facto nie geben wird. Wer sich also zu „wildem Camping" entschließt, der kann schnell mit der Garda Bekanntschaft schließen. Um diese Bekanntschaft möglichst unangenehm zu machen, wurde das Gesetz mit einem ganz besonderen Passus versehen. Statt eines festgelegten Bußgeldes, das nur selten zur Abschreckung dient, ist es die Beschlagnahme des Corpus Delicti, was die meisten Traveller fürchten. Ein Bußgeld kann man so lange herausschieben, bis es verfällt oder der Staat aus Kostengründen jedes Interesse an der Verfolgung verliert. Beschlagnahmt die Polizei aber den Wohnwagen einer Familie, bedeutet dies direkt Obdachlosigkeit.

Nun sind die Traveller Irlands aber als gesellschaftliche Minderheit ganz offiziell anerkannt und somit per Gesetz wieder vor Diskriminierung geschützt. Würde die Garda sich nun bei der Durchsetzung der gesetzlichen Vorschriften vor allem auf die Traveller konzentrieren und deren mobile Wohnungen beschlagnahmen, könnte dies einen Rattenschwanz von Prozessen nach sich ziehen. Also muss man gegen jeden Camper ohne Genehmigung einschreiten und darf den Touristen nicht schonen.

In einer Gegend, in der Traveller selten sind, wird man den wild zeltenden Touristen eher ignorieren oder tolerieren. Will man aber ernsthaft gegen Traveller vorgehen und sich nicht gleichzeitig dem Vorwurf der Diskriminierung aussetzen, muss man auch den deutschen Wohnwagen ins Depot schleppen.

Für Camper gilt daher eine Faustregel: Erkundigen Sie sich beim örtlichen Landbesitzer, ob er Sie auf seinem Land lagern lässt. Oft ist der Daumen nach oben die einzige Antwort, vielleicht noch verbunden mit der Ermahnung, keinen Schmutz zu hinterlassen. Bei öffentlichem Grund und Boden ist es allerdings sinnlos, überhaupt nach so einer Genehmigung zu fragen. Andererseits gilt auch in Irland oft das Motto: „Wo kein Kläger, da kein Richter!" In der Weite der Wicklow Mountains etwa wird ein Einmannzelt in einer Mulde kaum auffallen. Das Risiko, hier von einer Polizeistreife erwischt zu werden, ist verschwindend gering. Das Gesetz allerdings bricht man immer noch.

Attraktionen von Mullingar. Ein mehr kommerzielles Interesse steckt hinter dem Besucherzentrum der örtlichen Bronze- und Zinnindustrie bei Mullingar Pewter, ✆ 044-48791. Hier kann man Handwerker bei der Arbeit erleben und natürlich ihre Produkte kaufen.

Belvedere House

Etwas südlich von Mullingar steht das sehr schöne Belvedere House, ✆ 044-9349060, 💻 www.belvedere-house.ie, eine palastähnliche Villa mit traumhafter Aussicht auf den Lough Ennel. Das Haus wurde 1740 von Richard Castle gebaut und besitzt nicht nur weitläufige Gartenanlagen, sondern auch gut erhaltene Stuckarbeiten im Stil des Rokoko. Diese mögen ein Trost für den ersten Earl of Belvedere gewesen sein, als er seine Frau wegen einer Liebesaffäre für die nächsten 31 Jahre in einem anderen Haus einsperrte. Allerdings mag der heutige Besucher vielleicht auch etwas am Geisteszustand des Earls zweifeln, wenn er den Jealous Wall sieht. Diese gigantische, künstlich gebaute Ruine wurde vom Hausbesitzer in Auftrag gegeben, damit er nicht mehr das Haus seines Bruders sehen musste. Denn dieser, obwohl jünger, hatte es gewagt, ein noch schöneres Haus in Sichtweite des Belvedere House zu errichten. Weitere pittoreske Ruinen, ein Arboretum und diverse Gärten laden zu langen Spaziergängen ein. 🕓 Mai–Aug tgl. 9.30–20 Uhr, sonst eingeschränkt, Eintritt 8,75 €.

Kilbeggan

Noch ein Stück weiter südlich, auf dem Weg nach Tullamore, wird der kleine Ort Kilbeggan erreicht. An sich nur ein Fleck auf der Landkarte, zieht er vor allem die Liebhaber des Whiskeys an. Hier wurde seit 1757 in **Locke's Distillery**, ✆ 01-8332833, 💻 www.kilbegganwhiskey.com, der edle Tropfen hergestellt. Allerdings erlebte das Unternehmen seinen 200. Geburtstag nicht mehr, 1954 war die Konkurrenz der schottischen Mitbewerber endgültig zu groß, die Firma ging Pleite. Eine kleine Wiederbelebung gelang dann rund 30 Jahre später mit der Eröffnung des Whiskey-Museums. Bei einer Besichtigung erfährt der Besucher alles Wissenswerte zum Thema Whiskey. Und mehr, als er vielleicht wissen möchte – z. B., dass die Arbeiter früher in den Fässern baden durften. 🕓 April–Okt tgl. 9–18, andere Monate 10–16 Uhr, Eintritt 7 €.

Übernachtung

Multyfarnham

Mornington House, ✆ 044-9372191, 💻 www.mornington.ie. Guesthouse im viktorianischen Stil mit prasselndem Kaminfeuer, 5 nette Zimmer mit gemütlicher, traditioneller Einrichtung. Kurzer Weg zum Lough Derravarragh. Küchenspezialität ist Rindfleisch in Guinness gekocht. ❺

Mullingar

Greville Arms Hotel, ✆ 044-9348563, 💻 www.grevillearmshotel.ie. Im Zentrum gelegenes Hotel mit 39 Zimmern. Kurios: Die Ulysses Bar ziert eine lebensgroße Wachsfigur von James Joyce. Zimmer sind recht luxuriös eingerichtet. ❸

Bloomfield House Hotel, Belvedere, ✆ 044-9340894, 💻 www.bloomfieldhouse.com. Am Ufer des Lough Ennell gelegenes Hotel mit mehr als 100 Zimmern. Komfortabel und durch die umgebenden Anlagen für einen entspannenden, etwas längeren Aufenthalt ideal. ❹

Selbstversorger-Garten

Eine der neuesten Attraktionen am **Belvedere House** ist der Selbstversorger-Garten am See, unmittelbar an einigen alten Wirtschaftsgebäuden gelegen. Im Zuge des neu erwachenden Interesses an selbst gezogenem Gemüse hat das County hier einen Mustergarten angelegt, in dem sich Besucher Ideen und Anregungen holen können. Angebaut werden Kartoffeln, Gurken, Tomaten, Küchenkräuter und andere essbare Dinge. Die Angestellten, die den Mustergarten pflegen, geben gerne Tipps, wie man zu Hause selbst einen solchen Garten konzipieren und anlegen kann. Entsprechende Bücher und sogar eine Auswahl an Pflanzen erhält man in dem zum Anwesen gehörenden Gartenzentrum.

Essen

Moate

Einen Abstecher wert ist das Restaurant im **Temple Country Retreat & Spa**, Horseleap, ✆ 057-9335118, 💻 www.templespa.ie. In dem modernen Restaurant setzt man ganz auf leichte und „gesundes Kost", auf der Speisekarte findet man jedoch auch herzhafte Gerichte. Öko-Weine. Reservierung erforderlich. Preislich eher im gehobenen Bereich.

Mullingar

€ **Ilia Tapas & More**, 37 Dominick St., ✆ 044-9345947, 💻 www.iliatapasandmore.ie. Das moderne Restaurant bietet großzügige Tapas-Portionen zu vernünftigen Preisen. Das Lokal ist unterteilt in verschiedene Bereiche. Reservierung erforderlich.

Unterhaltung und Kultur

Mullingar

Mullingar Arts Centre, Lower Mount St., ✆ 044-9347777, 💻 www.mullingarartscentre.ie. Das relativ moderne Kulturzentrum bietet ein wechselndes Programm, das Ausstellungen, Konzerte und auch Tourneetheater von unterschiedlicher Qualität beinhaltet.

Informationen

Tourist Information Mullingar, Market Sq., ✆ 044-9348650, ✉ eastandmidlandsinfo@failteireland.ie.

Transport

Busse

Busse fahren u. a. von der Bahnstation ab. DUBLIN, von Mullingar unter der Woche zwischen 6.15 und 23 Uhr häufige Verbindungen. Regulärer Fahrpreis 14,30 €, 💻 www.buseireann.ie oder Dublin Travel Information, ✆ 01-8366111.
Von Ballina mit Linie 22 nach DUBLIN (zentraler Busbahnhof Busaras) via Foxford, Strokestown, Longford, Mullingar, Maynooth, Gesamtfahrtzeit 3 1/2 Std.
Linie 23 mehrmals tgl. von Dublin Busaras über Dublin Airport, Maynooth, Mullingar, Longford, Carrick-on-Shannon, Boyle nach SLIGO, Gesamtfahrtzeit 4 Std.

Eisenbahn

Eisenbahnverbindung mit Mullingar besteht über die Intercity-Strecke zwischen Dublin und SLIGO mehrfach am Tag, 💻 www.irishrail.ie. Diese Strecke bedient auch LONGFORD, CARRICK-ON-SHANNON und BOYLE.

Athlone

Athlone wäre vermutlich ein unbedeutendes Dorf mitten im Nichts geblieben, wenn der Shannon nicht Irland in zwei Teile teilen würde. Die Stadt entstand an einer der großen Ost-West Verbindungen. An dieser Stelle konnte man den Fluss relativ sicher überqueren, was dann später zur Folge hatte, dass Athlone in die irische Geschichte einging. Denn hier versuchten die Jakobiten den Vormarsch des Heeres von König William zu stoppen. Es handelte sich dabei um eine der wirklich entscheidenden Schlachten des Krieges um die englische Krone. Erst mit der Erzwingung des Übergangs über den Shannon konnten Williams Truppen den Widerstand der treuen Soldaten König Jakobs brechen. Eine lange Brücke direkt im Schussfeld der Festung erschien ideal dafür.

Wer sich für irische Geschichte interessiert, wird an einem Besuch des **Burgmuseums**, ✆ 090-6442100, 💻 www.athlone.ie, nicht vorbeikommen. Mit Multimediaeffekten und lebensgroßen Figuren wird die blutige Schlacht um die Brücke von Athlone zum Leben erweckt. Neben der mehr geschichtlichen und militärischen Ausstellung informiert das Museum auch über die Geschichte des Shannon und seine Nutzung als Wasserstraße. Ein besonderer Raum ist dem wahrscheinlich berühmtesten Sohn der Stadt gewidmet – dem Tenor John McCormack. Das Idol des frühen 20. Jhs. wurde in Athlone geboren und erlangte als Konzerttenor Weltruhm. Die kurze Einführung in sein Leben und seine Bedeutung arbeitet mit zeitgenössischen Bildern und Tonaufnahmen, während eine Wachsfigur des Tenors den Besucher geradezu hypnotisch anstarrt. 🕓 Bei Drucklegung unsicher, das Museum wurde 2010 renoviert und soll zum Sommer 2011 neu eröffnen.

Die weiteren Attraktionen von Athlone sind schnell aufgezählt – die Stadt lebt heute u. a. vom Bootstourismus. Zahlreiche Kabinenkreuzer

Wie Loch Ness ... Seeungeheuer in Irland

Einheimische wissen schon seit Jahrhunderten, dass im Lough Ree ein Monster lauert. Ein Ungetüm, das Menschen nicht nur erschreckt, sondern bei Gelegenheit auch verspeist. Und nicht das einzige seiner Art in Irland ist, denn die zahlreichen größeren Seen scheinen dem weitaus berühmteren Loch Ness Konkurrenz machen zu wollen. Alles nur Legende?
Kryptozoologen sind sich nicht einig. Für die einen sind die verschiedenen Seeungeheuer eine Manifestation der Fantasie und keineswegs real. Für andere wiederum klingt die Theorie glaubwürdig, dass es sich hier um Lebensformen aus der Vorzeit handeln könnte, die auf irgendeine Art und Weise überlebt haben. Oder schlicht um unbekannte, aber nicht monströse Wesen.
Neben den klassischen Monstergeschichten und den sensationellen Berichten der Boulevardpresse gibt es auch glaubwürdigere Erzählungen. So wurde von einem „Master Otter" berichtet, einer besonders großen Otterart. Sie wurde zwar niemals nachgewiesen, ist aber vielleicht dennoch existent.
Genauso wie besonders große Aale, deren Fortbewegung dicht unter der Oberfläche eines Sees sehr stark an eine „Seeschlange" erinnern.

machen vor der **Schleuse** fast schon zwangsweise Station, ihre oft dem Frohsinn stark zugeneigten Besatzungen bevölkern die zahlreichen Restaurants und Pubs der Innenstadt. Daneben hat sich Athlone zum Einkaufsparadies der Midlands entwickelt, neue Einkaufszentren und zahlreiche Kaufhäuser laden zum Bummeln ein.

Nur wenige Minuten nördlich von Athlone erweitert sich der Shannon zum großen **Lough Ree**, einem sehr schönen See, auf dem auch Tagestouren angeboten werden – etwa die Fahrten mit einem „Wikingerschiff" (zumindest ist das Ausflugsboot optisch etwas nordisch gestaltet), das auch nach Clonmacnoise (s. S. 251) fährt. Infos bei Viking Tours Athlone, ✆ 086-2621136, 💻 www.vikingtoursireland.ie. Die Boote legen gegenüber der Burg von Athlone ab.

Eine gute Aussicht über die Seenlandschaft bietet sich direkt neben der N55 zwischen **Glasson** und Ballykeeran. Bei Glasson beginnt auch der **Lough Ree Trail**, eine Route von etwa 8 km Länge, die hauptsächlich für Radfahrer angelegt wurde, aber auch von Fußgängern genossen werden kann. Mit etwas Glück kann der aufmerksame Beobachter dann auch das Lough Ree Monster sehen (s. Kasten).

Übernachtung

Athlone

Prince of Wales, Church St., ✆ 090-6476666, 💻 www.theprinceofwales.ie. Im Zentrum gelegenes, etwas altmodisches Hotel mit 46 Zimmern. Nicht unbedingt das „führende Haus", aber seit der Renovierung vor einigen Jahren wieder durchaus empfehlenswert. ❷

Sheraton Athlone Hotel, ✆ 090-6451000, 💻 www.sheratonathlonehotel.com. Im Zentrum gelegenes Hotel mit 167 Zimmern und großem Erholungs- und Aktivitätsangebot. Groß, etwas unpersönlich, aber mit allem modernen Komfort gesegnet. ❹

Glasson

Glasson Hotel & Golf Club, ✆ 090-6485120, 💻 www.glassongolfhotel.ie. Erholung, Entspannung und gutes Essen sind hier angesagt. Das Hotel bietet 65 sehr bequeme Zimmer und stellt eine echte Alternative zu den großen Hotels in Athlone dar. Zudem ist es ein guter Ausgangspunkt zur Erkundung der Mitte Irlands. ❸

Irlands erstes Öko-Gästehaus

Das **Coosan Cottage**, ✆ 090-6473468, 💻 www.ecoguesthouse.com, etwa 2–3 km außerhalb von Athlone, ist Irlands erstes Öko-Gästehaus. Das hübsche B&B, im typischen Cottage-Stil gehalten, ist zugleich ein modern eingerichtetes Niedrigenergiehaus. Geheizt wird mit Pellets, in speziellen Behältern wird das Regenwasser aufgefangen. In herrlicher Umgebung kann man hier naturnahen Urlaub verbringen. ❸

Essen

Athlone

Kin Khao Thai Restaurant, 1 Abbey Ln., ✆ 090-6498805, 🖳 www.kinkhaothai.ie. Gemütliches Restaurant, Köche sind tatsächlich aus Thailand. Große Auswahl, daher Empfehlung: Vorspeisenplatte für zwei. Normale Preise, aber Reservierung ratsam.

The Olive Grove Restaurant, Custume Pier, 🖳 www.theolivegrove.ie. Restaurant mit Veranda über dem Shannon. Spezialitäten: Antilopenfilet und Marokkanisches Huhn. Dazu als Nachtischsünde der Schokoladen-Amaretto-Biskuitkuchen.

Restaurant Le Chateau, St. Peter's Port, The Docks, ✆ 090-6494517. Restaurant in ehemaliger Presbyterianischer Kirche, Essen bei Kerzenlicht inkl. Preiswert: Frühe Abendessen, Kindermenüs und Sonntagsmittagessen.

Sean's Bar, 13 Main St. Angeblich ältester Pub von Irland und England, eröffnet erstmals im Jahre 900. Populär bei Studenten. Gute Auswahl an Sandwiches. Session am Sonntagnachmittag.

Glasson

Glasson Village Restaurant, ✆ 090-6485001. Genau in der Ortsmitte gelegenes Restaurant, untergebracht in einer alten Polizeistation, Küche im traditionell französischen Stil mit irischem Einfluss. Schwerpunkt Fischgerichte, in der Saison auch Wild, bei noch vernünftigen Preisen.

Wineport Lodge, ✆ 090-6439010, 🖳 www.wineport.ie. Etwas außerhalb, modernes Restaurant mit schönem Ausblick. Sehr gute Weinauswahl. Lassen Sie sich die Probierplatte „Turf-Smoked Ham" nicht entgehen.

Feste

Im Juli findet der **TriAthlone** in und um Athlone statt, die Schwimmwettbewerbe im Shannon sind durchaus auch für Zuschauer attraktiv (und wenn man nur mitfröstelt).

Unterhaltung und Kultur

Dean Crowe Theatre, Chapel St., Athlone, ✆ 090-6492129, 🖳 www.deancrowetheatre.com. Renoviertes Theater in der Ortsmitte, das ein recht abwechslungsreiches Programm bietet: Konzerte und gelegentliche Auftritte von Tourneetheatern oder örtlichen Gruppen.

Informationen

Tourist Information Athlone, im Innenhof der Burg direkt neben dem Eingangstor, ✆ 090-6494630. Schwankende Öffnungszeiten, hauptsächlich unter der Woche während der Hauptsaison geöffnet. Ist das Büro geschlossen, helfen die Mitarbeiter der Museums-Rezeption nach Möglichkeit gerne weiter. Infos auch unter 🖳 www.athlone.ie.

Nahverkehr

Details zum Fahrplan des **Stadtbusses** von Athlone erfährt man unter 🖳 www.buseireann.ie (Stichwort City/Town Services).

Transport

Busse

Der **Busbahnhof** liegt neben dem Bahnhof. DUBLIN, in der Woche zwischen 7 und 22 Uhr stdl. Verbindungen zum zentralen Busbahnhof Busaras, Linie 20, Fahrtzeit etwa 2 Std. Regulärer Fahrpreis 12 €, 🖳 www.buseireann.ie oder Athlone Bus Station, ✆ 090-6484406. Weitere Verbindungen nach GALWAY, WESTPORT und MULLINGAR.

Eisenbahn

Gut ist auch die Anbindung per Eisenbahn, der **Bahnhof** befindet sich an Southern Station Rd. Athlone liegt an den Intercitystrecken von Dublin nach Ballina, Westport und Galway. Mehrere Züge tgl. bedienen auch interessante Orte wie KILDARE, TULLAMORE, ROSCOMMON, FOXFORD, CASTLEBAR und ATHENRY, Fahrplan 🖳 www.irishrail.ie.

County Roscommon

Roscommon wird im Osten durch den Shannon begrenzt, im Westen über lange Strecken durch den Fluss Suck. Das überwiegend flache County ist im Norden durch roten Sandstein geprägt, in den Hügeln wurde früher sogar Kohle abgebaut.

Fährt man weiter nach Süden, verändert sich die Landschaft: Die in der letzten Eiszeit entstandenen abgerundeten Hügeln wechseln sich mit weiten Grasflächen und Mooren ab. Im Osten schließlich befinden sich die großen, zum Flusslauf des Shannon gehörenden Seen. Während im Norden des County die Rinderzucht dominiert, grasen auf den Wiesen im Süden vor allem Schafe. Obwohl Roscommon nicht im Mittelpunkt des touristischen Interesses steht, werden Besucher, die einen Ausflug hierher wagen, angenehm überrascht sein. Zum einen wären da die historischen Städte Boyle und Roscommon selbst, zum anderen der wunderschöne Naturpark am Lough Key.

Boyle und Umgebung

Sie gilt als die schönste Stadt im County Roscommon. Beim Bummel durch den vergleichsweise kleinen Ort entdeckt man neben der typischen georgianischen Architektur auch Überreste aus dem Mittelalter. Vor allem die **Abtei von Boyle**, ✆ 071-9662604, 🖳 www.heritageireland.ie, ein ehemaliges Kloster der Zisterzienser und mit der weitaus berühmteren Abtei von Mellifont verbunden, macht noch heute einen soliden Eindruck. Dies mag zum Teil daran liegen, dass das säkularisierte Gebäude im 17. Jh. zu einer Burg umgebaut wurde. Ursprünglich war die Abtei 1161 gegründet worden und hatte dann in den folgenden Jahrhunderten diverse Raubüberfälle sowohl der Anglo-Normannen als auch der Iren selbst überlebt. Auch die allgemeine Auflösung der Klöster im Jahr 1539 hinterließ zumindest am Gebäude keine großen Spuren. So ist trotz der massiven Umbauten von 1659 noch ein großer Teil der ursprünglichen Gebäude erhalten. Dazu gehören die Kirche, der Klosterbereich, die Sakristei sowie Kellerräume und die Küche. Das Kirchenschiff ist bemerkenswert, da es sowohl romanische als auch gotische Bögen aufweist. Ein Teil der Verzierungen an den Säulen stammt noch aus den Anfangsjahren des Klosters. Das kleine Besucherzentrum vermittelt zusätzliche Informationen auf Schautafeln. ⏱ Ostern–Sep tgl. 10–18 Uhr, Eintritt 3 €.

Das **King House**, Main St., ✆ 071-9663242, 🖳 www.kinghouse.ie, hat keine königliche Verbindung, der beeindruckende Bau ist das Stammhaus der anglo-irischen Familie King, der späteren Earls of Kingston, die hier ab 1730 für rund

Abtei von Boyle – Mönche hinter festen Mauern

50 Jahre residierten. Unter der Bevölkerung waren die Kings als strenge Herren bekannt und wenig beliebt. Heute wird das King House als eine Art Heimatmuseum und Kunstgalerie genutzt. Besonders attraktiv ist es für Kinder dank diverser interaktiver Stationen und Mitmachprogramme – so kann man in mittelalterlichen Kostümen „Geschichte erleben" oder sich als Baumeister versuchen. ◷ April–Sep Di–Sa 11–16 Uhr, an Bank Holidays auch So und Mo, Eintritt 7 €.

Ganz im Kontrast zu den verhassten Kings standen die Besitzer des 1750 errichteten und auch heute noch beeindruckenden **Frybrook House** in der Stadtmitte, ✆ 071-9663513. Sie sollen so gastfreundlich gewesen sein, dass sie per Glocke alle hungrigen Menschen der Umgebung zum Essen einluden. So etwas lässt sich kaum jemand zweimal sagen (oder läuten). Der Freitisch im Frybrook House wurde schließlich so beliebt, dass er vom Haus in ein Zelt im Garten verlegt werden musste. Das Haus in seinen Zustand, den es etwa gegen Ende des 18. Jhs. hatte, zurückversetzt worden. ◷ Juni–Sep Mi–So 14–18 Uhr.

Lough Key Forest Park

Nicht weit von der Stadt entfernt liegt der Lough Key mit dem **Lough Key Forest Park**, ✆ 071-9673122, 💻 www.loughkey.ie. Der See mit seinen vielen Inseln ist landschaftlich äußerst reizvoll. Ursprünglich gehörte der über 500 ha große Park zum Rockingham House, doch das von Stararchitekt John Nash entworfene ehemalige Schloss wurde 1957 Opfer einer Brandkatastrophe. Die Wälder wurden im 17. Jh. von den Besitzern angelegt. Neben der mittlerweile teilweise ungezähmten Natur, durch die sich Wanderwege ziehen und in der auch Rotwild lebt, befinden sich mehrere Ringforts auf dem Gelände, die allerdings teilweise kaum noch erkennbar sind. Besser zu sehen sind dagegen ein Eishaus aus dem 17. Jh., eine Art natürlicher Kühlschrank. Aus derselben Periode stammt der „Tempel" am See, ein Pavillon, in dem der Naturfreund nicht ganz den Elementen der Natur ausgesetzt war. Neueren Datums ist der Beobachtungsturm, der einen schönen Rundblick über den Park erlaubt. Wer den See nicht nur vom Ufer aus bewundern will, der kann mit einem Wasserbus auf **Church Island** und **Trinity Island** hinausfahren, beide Inseln besitzen Ruinen aus dem Mittelalter. Ebenfalls besuchen kann man **Castle Island**, das eine romantische Ruine aus dem 19. Jh. trägt. Die irische Forstbehörde Coillte hat in dem Anwesen mittlerweile ein sehr einladendes **Aktivitätszentrum** errichtet, das vor allem Familien mit Kindern begeistern dürfte. Eine auch für Erwachsene interessante Attraktion dabei ist die Erforschung der unterirdischen Gänge, die in Kontrast steht zum Tree Top Walk – in mehr als 9 m Höhe zieht sich ein Wanderweg mit Glaswänden (nur für Schwindelfreie!) durch den Wald. Für diese Einrichtungen werden jedoch zusätzliche Eintrittsgelder erhoben. ◷ Tgl. mit einer Kernzeit von 10–18 Uhr (Informationszentrum/Café), Parkgebühr 4 €.

Freiheitshelden am Kreuzweg

Nur wenige Kilometer von Elphin entfernt steht an einer Kreuzung im Nichts das Denkmal für die Kolonne Roscommon der IRA, das nicht weniger als drei Kämpfer in einer Gruppierung zeigt und sehr an die „Befreiungsdenkmäler" des ehemaligen Ostblocks erinnert. Ein daneben stehender Gedenkstein für Patrick Pearse zeigt das Standardporträt des Rebellenführers von der rechten Seite, ergänzt durch einen fast grotesk klein wirkenden und anatomisch befremdlich wirkenden Oberkörper.

Arigna

In der Nähe des Lough Allen, nordöstlich vom Lough Key, befindet sich ein Museum, das einer Industrie gewidmet ist, die die meisten Besucher eher nicht mit Irland verbinden – dem Bergbau. Bei Arigna, ✆ 071-9646466, 💻 www.arignamining experience.ie, befand sich eines der (meist recht kleinen) Bergwerke Irlands, eine Ausstellung in einem speziell konstruierten Besucherzentrum erinnert an diesen Teil der Geschichte von Roscommon. ◷ Tgl. 10–17 Uhr, Eintritt 10 €.

Frenchpark

Wirklich nur etwas für Geschichtsinteressierte ist das **Douglas Hyde Interpretative Centre** in Frenchpark, ✆ 094-9870016. In einer ehemaligen

LONGFORD UND ROSCOMMON

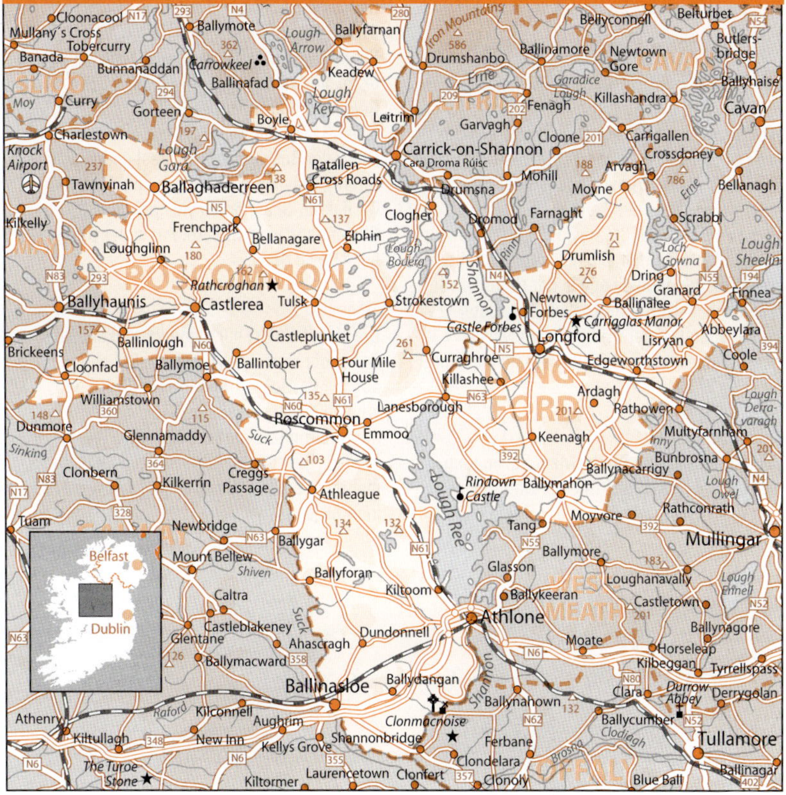

Kirche wird man umfassend über das Leben und Werk von Douglas Hyde informiert, dem ersten Präsidenten Irlands. Hyde wurde 1860 hier in Roscommon geboren. ⌚ Mai–Sep tgl. 10–17 Uhr, Eintritt frei.

Elphin

Der kleine Ort, der früher eine Kathedrale besaß (sie brannte vor einigen Jahrzehnten ab), lockt heute mit einer Windmühle Touristen an. Etwas außerhalb des Ortes ist die kleine, sehr schön restaurierte Mühle zu besichtigen, auch wenn das Eintrittsgeld für die **Elphin Windmill**, ✆ 086-4002765, manchem Besuchswunsch den Wind aus den Segeln nehmen wird. Einen Schnappschuss vom Parkplatz gegenüber ist sie auf jeden Fall wert. ⌚ Saisonal wechselnd, Eintritt 5 €.

Übernachtung und Essen

€ **Rosdarrig House B&B**, Carrick Rd., Boyle, ✆ 071-9662040, 💻 www.rosdarrig.com. Nahe dem Ortskern gelegenes, sauberes und komfortables B&B mit schönen Gärten am Haus und Blick auf Berglandschaft. Gutes Frühstück, auch für Familien geeignete Zimmer (bis 5 Betten). ❷

Stone House Café, Bridge St., Boyle, ✆ 071-9664861. Direkt am Fluss gelegenes, kleines Café mit leichten Snacks und gutem Kaffee, geöffnet tgl., außer So zwischen 10 und 18 Uhr.

Unterhaltung und Kultur

Moving Stairs, The Crescent, Boyle, ✆ 071-9663586. Bekannt für Livemusik verschiedenster Richtungen, dementsprechend unterschiedliches Publikum. Fast immer gut besucht, platzt der Pub beim Auftritt von Lokalmatadoren auch schon einmal aus den Nähten.

Wynne's Bar, Main St., Boyle. Sehr beliebte und auch belebte Bar mit altmodischer Einrichtung, die durch ihre ideale Lage in der Hauptstraße eigentlich nie zur Ruhe kommt. Der späte Freitagabend ist der traditionellen Musik gewidmet, eine sehr beliebte Session kommt ab etwa 21.30 Uhr in Gang.

Informationen

Tourist Information Boyle, Main St., im King House, ✆ 071-9662145. Besetzt während der normalen Öffnungszeiten in der Hauptsaison.

Transport

Busse

Die besten Verbindungen im County Roscommon bestehen mit den Bussen von Bus Éireann, 💻 www.buseireann.ie.
So unterhält **Boyle** unter der Woche mind. 6x tgl. Verbindungen von und nach DUBLIN. Regulärer Fahrpreis 19 €.
Linie 23 fährt mehrmals tgl. von Dublin (zentraler Busbahnhof Busaras) über Dublin Airport, Maynooth, Mullingar, Longford, Carrick-on-Shannon, Boyle nach SLIGO, Gesamtfahrtzeit 4 Std. Abfahrt in der Bridge St., beim Royal Hotel.

Eisenbahn

Die Eisenbahn ist nur eingeschränkt nutzbar, Bahnhöfe sind in **Boyle** (Elphin St.) und auch in **Carrick-on-Shannon** (s. S. 496, nur wenige Meter jenseits der County-Grenze nach Leitrim) zu finden. Beide sind Teil der Intercity-Strecke von Dublin nach Sligo, die mehrfach am Tag befahren wird, 💻 www.irishrail.ie.

Relikt der Vergangenheit – die Windmühle von Elphin

Strokestown und Umgebung

Ende des 18. Jhs. entstand der Ort Strokestown, dessen ursprüngliches Straßenbild sich in der Innenstadt noch erhalten hat. Kleine Steintafeln an den Häusern erinnern an die Geschichte des Ortes und weisen auf interessante Punkte und die georgianische Architektur hin. Die ehemalige Kirche ist heute Heimat des Genealogischen Zentrums von Roscommon, Church St., ✆ 071-9633380, 💻 www.roscommonroots.com. Hier kann Ahnenforschung betrieben werden. Interessant ist aber für weniger ahnenversessene Menschen eher der Kirchhof selbst, auf dem mehrere Gruften aus Naturstein (teilweise mit Abdeckungen aus Grabsteinen) zu finden sind. 🕓 Mo–Fr 14.30–16.30 Uhr (Kirchhof in der Regel immer zugänglich).

Die Hauptstraße, die vom Ortszentrum zum Eingang des Strokestown Park House, ✆ 071-9633013, 💻 www.strokestownpark.ie, führt, ist von außergewöhnlicher Breite. Fast ergibt sich der Eindruck, als seien hier drei Straßen nebeneinander in die Landschaft gebaut worden. Das palastähnliche Gebäude wurde in der ersten Hälfte des 18. Jhs. für Thomas Mahon gebaut und ist samt Originalinventar noch vollkommen erhalten. Die Familie Mahon hatte die ausgedehnten irischen Ländereien nach der Wiederherstellung des englischen Thrones von König Karl II. für treue Dienste bekommen. Nachdem man sich zuerst mit einem Turmhaus aus dem 17. Jh. behalf, ließ Mahon um 1730 von dem Landsitz-Spezialisten Richard Cassels das neue Haus auf der Basis der schmucklosen Festung errichten. Der damals beliebte „Palladian Style" wurde von Cassels adaptiert. Vor allem die Wirtschaftsbereiche wie die Küche und die Stallungen sind ein bemerkenswertes Beispiel für diese typisch anglo-irische Entwicklung. Allerdings war Strokestown Park auch für den Niedergang vieler Großgrundbesitzer typisch. Ursprünglich hatte das Gelände 12 000 ha, nach und nach wurden die Ländereien zur Geldbeschaffung verkauft. 1979 entschied die Familie, das Haus mit nur noch 120 ha und in einem stark reparaturbedürftigen Zustand endgültig zu verkaufen. Sie hatten genau 99 % des Landbesitzes verloren. Die anschließende Renovierung des Hauses gestaltete sich sehr vernünftig und behutsam. Auf dem umliegenden Gelände konnten Teile der Zier- und Nutzgärten wieder belebt werden. Als eine Art späte Rache der Iren an den Mahons kann man das in den Stallungen eingerichtete Famine Museum sehen, das die Geschichte der Großen Hungersnot dokumentiert. Dabei geht es schwerpunktmäßig um die Art und Weise, in der sich die Großgrundbesitzer der Notlage ihrer Angestellten, Arbeiter und Pächter annahmen. Major Denis Mahon, der damalige Herr auf Strokestown, zeigte sich angesichts der Katastrophe wenig fürsorglich – etwa zwei Drittel der Hungernden wurden von ihm einfach vertrieben. Übrigens ist das Museum eine der wenigen nicht nur auf Irland ausgerichteten Ausstellungen zum Thema, es wird nicht nur die Great Famine des 19. Jhs. behandelt, sondern auch an den noch immer weltweit herrschenden Hunger erinnert. 🕓 17. März–Ende Okt tgl. 11–17 Uhr, Eintritt 12 €.

Castlerea

Mit der Familie O'Conor verbunden ist das bei Castlerea gelegene **Clonalis House**, ✆ 094-9620014, 💻 www.clonalis.com, der Stammsitz der herrschaftlichen Familie – sie waren Könige von Connacht und auch Hochkönige von ganz Irland. Auf dem Gelände erkennt man noch die Reste des alten Hauses aus dem 17. Jh., das eigentliche Herrenhaus stammt jedoch aus viktorianischer Zeit. Der Krönungsstein im Park wird immerhin auf das Jahr 90 v. Chr. Datiert, worüber sich allerdings streiten lässt. Das eigentliche Clonalis House ist im zeittypischen Stil unter Einbeziehung verschiedener europäischer Einflüsse gebaut worden. Beeindruckend ist die Eingangshalle in venezianischem Stil und die Sammlung historischer irischer Bücher und Dokumente in der Bibliothek. Familienporträts dokumentieren etwa 500 Jahre Geschichte. Eine ganz besondere Kostbarkeit ist die Harfe des Turlough O'Carolan, bekannt als der letzte Barde von Irland. Der blinde Musiker soll im Billardzimmer von Clonalis House einst Konzerte gegeben haben. Für Juristen könnte die Abschrift der frühesten irischen Gesetze, des *Brehon Law*, interessanter sein. 🕓 Juni–Aug Mo–Sa 11–17 Uhr, 7 €.

Rathcroghan

Bei Rathcroghan befand sich angeblich der Krönungsplatz der Könige von Connacht. Es handelt sich um eine Anlage ähnlich wie der Hügel von Tara, nur in wesentlich bescheidenerem Maßstab. Wohl am ältesten ist ein Hügel, der künstlich angelegt wurde und ein Ganggrab sein könnte. Für diese Annahme sprechen auch die diversen Megalithgräber in der näheren Umgebung. Weitere Teile der sich in der Landschaft ausdehnenden Anlagen bestehen aus Ringforts, eines von ihnen weist einen stehenden Stein in der Mitte auf. Es heißt, dass hier der König Dathi begraben liegt, ein Heide. Was nun genau an der Legende dran ist, lässt sich ohne weitere archäologische Untersuchungen nicht sagen. Es erscheint jedoch sicher, dass hier bei Rathcroghan eine vorchristliche, zumindest teilweise kultisch genutzte Stätte erhalten ist.

Übernachtung und Essen

Castlerea

Clonalis House, ✆ 094-9620014, 💻 www.clonalis.com. Dieses Herrenhaus der O'Conors of Connacht im viktorianisch-italienischen Stil hat 4 Zimmer mit Originalmöbeln. Schlafen wie die Adligen von damals … aber bitte unbedingt mit Voranmeldung! ❻

Termonbarry

Wer im County Roscommon gut essen will, muss bis an die Grenze zum County Longford fahren, einige Kilometer östlich von Strokestown liegt der Ort Termonbarry.

Keenan's, direkt am Shannon in der Ortsmitte gelegen, 💻 www.keenans.ie. Bar mit mehr traditioneller Küche, das Steak-Sandwich mit hausgemachter Meerrettichsauce ist hervorragend. Im Restaurant internationale Küche, Empfehlung: Ente in Honig. Unterkunft im Haus möglich.

The Purple Onion Bar & Restaurant, in der Ortsmitte, 💻 www.purpleonion.ie. Kleines Restaurant mit nicht ganz üblichen Gerichten wie gegrillten Sardinen oder auch Wildschweinwurst. Die Preise können subjektiv hoch erscheinen, die Qualität ist jedoch entsprechend. Interessant: Eine Kunstgalerie ist ebenfalls im Hause.

Transport

Strokestown ist tgl. mehrmals angebunden durch die Buslinie 22 von BALLINA nach DUBLIN (zentraler Busbahnhof Busaras) via Foxford, Strokestown, Longford, Mullingar, Maynooth, Gesamtfahrtzeit 3 1/2 Std., 💻 www.buseireann.ie oder Dublin Travel Information, ✆ 01-8366111.

Roscommon

Roscommom ist die Hauptstadt des gleichnamigen County und vor allem als Marktstadt bekannt. Gegründet wurde sie durch den Heiligen Coman als Klostersiedlung.

Touristen verirren sich relativ selten in diese Gegend, obwohl der Ort einige interessante Sehenswürdigkeiten aufweisen kann und auch reich an Geschichten ist. Am bekanntesten ist die Geschichte des letzten Henkers von Roscommon, ein frühes Beispiel für Gleichberechtigung in Irland. Eine nur als Lady Betty bekannte Frau wurde im Jahre 1780 wegen Mordes an ihrem Sohn zum Tode verurteilt, der Ort hatte jedoch zu der Zeit keinen eigenen Henker. So schlug Betty dann ein Geschäft vor: Sie werde den ungeliebten Job übernehmen, wenn ihr im Gegenzug dafür das Leben geschenkt würde. Die Stadtväter gingen auf das Geschäft ein, die nächsten 30 Jahre wurden Übeltäter in Roscommon von weiblicher Hand gerichtet. Das Gefängnis, in dem die Henkerin ihrem Beruf nachging, steht heute noch in der Main Street.

Wesentlich friedlicher ging es im **Dominikanerkloster** zu, das sich etwas südlich der Stadtmitte in der Abbey Street befindet. Das Kloster wurde 1253 durch Felim O'Conor, seines Zeichens König von Connacht, gegründet. Sein Grabmal findet sich immer noch in der Nordwand des Chores. Interessant sind dabei die gleich acht Bewaffneten, die wie Wächter über seine letzte Ruhestätte wirken. Allerdings ist der Rest der Kirche im 15. Jh. stark verändert worden.

Interessant ist vielleicht auch noch die **Sacred Heart Church**, die das Stadtbild aus der Ferne dominiert und einen verwirrenden Mix von Baustilen und Zierelementen aufweist. Die

The Great Famine – die Große Hungersnot

Wenn es in der irischen Geschichte ein Thema gibt, das im Bewusstsein der gesamten Nation tief verankert ist, dabei aber schon fast mythologische Dimensionen annimmt, dann ist das die Große Hungersnot, „The Great Famine" (s. S. 103). Sie führte dazu, dass etwa ein Viertel der irischen Bevölkerung aus dem Land verschwand. Exakte Zahlen gibt es nicht, aber die meisten Schätzungen gehen davon aus, dass 1,1 Mio. Menschen an Hunger und Mangelkrankheiten starben. Eine weitere Million emigrierte, viele davon in die Vereinigten Staaten.

Die Ursache der Hungersnot – Monokultur

Was war der Grund? Im Jahr 1845 verbreitete sich eine verheerende Kartoffelfäule in vielen europäischen Regionen. Mehrere Ernten hintereinander wurden vernichtet. Was sich in anderen Ländern noch auffangen ließ, war für die irische Landbevölkerung ein Todesurteil auf Raten. Dazu trug vor allem die Monokultur bei. Die Kartoffel war das Grundnahrungsmittel für die meisten Iren, Getreide und tierische Produkte gingen zu einem Großteil in den Export. Hinzu kam das Problem, dass der Kartoffelanbau auf immer demselben Boden stattfinden musste und eigentlich nur die Sorte „Lumper" angebaut wurde. War ein Landstück erst einmal mit dem Pilz infiziert, der die Kartoffelfäule verursachte, war eine Infektion der folgenden Aussaat unvermeidbar, wenn dem Boden nicht eine Ruheperiode gegönnt oder eine weniger empfindliche Sorte eingeführt wurde.

Habsucht und Ignoranz – tödliche Faktoren

Das zweite Problem war allerdings Profitgier, gekoppelt mit absoluter Unfähigkeit seitens der Regierung, die Situation in den Griff zu bekommen. Die irischen Kaufleute, egal welcher Religion sie angehörten oder wo ihre Wurzeln lagen, exportierten auch auf dem Höhepunkt der Hungersnot weiter Lebensmittel. Dabei wurde auf der Insel mehr Nahrung produziert, als tatsächlich benötigt wurde. Diese Nahrung wurde jedoch außer Landes geschafft. Die Importe über Hilfsmaßnahmen der Regierung dagegen waren schwankend und zum Teil auch Preisspekulationen unterworfen. Erst 1847 kam es zu umfangreichen Lebensmittellieferungen, vor allem von Maismehl, das jedoch für viele Iren erst einmal unverdaulich war. Als endlich im Sommer des Jahres etwa 3 Mio. Iren über Suppenküchen versorgt wurden, kam es erstmals zu einer Besserung der Lage. Die Hungersnot hielt sich jedoch vor allem im Westen Irlands noch bis 1850, in einigen Gegenden sogar noch länger. Die höchste Todesrate wurde in den Gegenden westlich des Shannon verzeichnet, die niedrigsten Todesraten verzeichneten die Counties Derry, Down und Wexford.

Die Hungersnot als ideologisches Problem

Teilweise wurde die Not auch dadurch verstärkt, dass viele Menschen nicht über ihren eigenen (oft religiösen) Schatten springen konnten! So wurden Versuche der Hilfeleistung durch nichtkatholische Kirchen – vor allem die Quäker waren hier sehr aktiv – mit Misstrauen betrachtet. Es ging vielerorts das Gerücht, dass man den katholischen Glauben aufgeben müsse, um die Suppe löffeln zu können. Und in der Tat waren solche Hilfsaktionen oft mit missionarischer Arbeit verbunden. Aber auch ganz einfache Möglichkeiten zur Linderung des Hungers versagten. In manchen Gegenden des irischen Westens weigerte sich die hungernde Bevölkerung, den reichlich im Meer vorhandenen Fisch zu essen – aus Gewohnheitsgründen. Das erklärt, warum die Todesstatistiken verschiedener Dörfer so weit auseinanderklafften. Was jedoch in Erinnerung blieb, war die zum Teil zynische Art der Regierung, mit der Hungersnot umzugehen. Herausragendes Beispiel dafür bleibt Sir Charles Trevelyan, dem im Finanzministerium die Koordination der staatlichen Hilfe übertragen wurde. Er hing dem Dogma an, dass die Hungersnot von Gott geschickt sei, um die Iren zu mehr Selbstständigkeit zu erziehen. Mit dieser religiösen Überzeugung als Grundlage seines politischen Handelns verschleppte er die Hilfsmaßnahmen so sehr, dass man seiner ideologisch motivierten Untätigkeit Tausende von Toten anlasten kann.

graue, neogotische Außenfassade wird durch Mosaikarbeiten mit goldenem Hintergrund aufgelockert, zwei Statuen von Engeln links und rechts des Eingangs strahlen geradezu in grellen Farben. Vor der Kirche befindet sich in einer Art Souterrain eine lebensgroße, nicht weniger farbige Darstellung der Kreuzigung. Im Innenraum wechseln sich fast klinisch weiße Bereiche und sehr bunte Darstellungen ab, einige schöne Glasfenster mit zum Teil scheinbar an präraphaelitische Gemälde angelehnten Darstellungen gehören ebenso dazu wie die Darstellungen der Passionsgeschichte.

Die **Burg von Roscommon**, nördlich der Innenstadt gelegen, wurde kurz nach der Klostergründung errichtet. 1269 baute der Anglo-Normanne Robert d'Ufford die erste Festung an dieser Stelle, nur um sie elf Jahre später noch einmal zu bauen, nachdem sie von Hugh O'Conor dem Erdboden gleichgemacht worden war. Die immer noch imposante Anlage mit ihren runden Türmen wurde später noch ein wenig wohnlicher gestaltet, die meisten Fenster erst im 16. Jh. nachträglich eingebaut. Heute liegt die Burg allerdings weitgehend in Trümmern, ihre einstige Größe ist aber noch deutlich an den recht gut erhaltenen Außenmauern erkennbar. Die Burg ist frei zugänglich vom kleinen Stadtpark aus, der in der Regel während des Tages geöffnet ist.

Übernachtung und Essen

€ **Willowbrook Hostel & Camping Park**, Kiltybranks, Ballaghaderreen, ✆ 094-9861307, 🖳 www.willowbrookpark.com, ⌚ März–Okt. Einfaches Hostel mit angeschlossenem Campingplatz, nicht übermäßig komfortabel, aber durchaus empfehlenswert für den Reisenden ohne große Ansprüche oder dicken Geldbeutel. Bett ab 16 €, Stellplatz ab 19 €.

Gleeson's Townhouse & Restaurant, Market Sq., ✆ 090-6626954, 🖳 www.gleesonstownhouse.com. Zentral gelegenes Guesthouse mit 19 Zimmern. Ideale, komfortable Basis, um den Ort kennenzulernen und die Midlands zu erkunden. Angeschlossen ist das Manse Restaurant, das auch für Nicht-Gäste offensteht. ❸–❹

Unterhaltung und Kultur

In der Stadt Roscommon bieten verschiedene Kneipen häufig traditionelle Sessions an, beliebt sind vor allem **Doorly** (Mo ab etwa 21.30 Uhr), **Foxe's** (1. Di im Monat) und das **Sportsman's Inn** (Musiksession am 3. Fr im Monat), alle sind direkt in der Innenstadt zu finden.

J.J. Harlow's, The Square, ✆ 090-6626468. Vielleicht der urigste Pub in Roscommon, er wirkt wie eine Kombination aus Krämerladen und Kneipe (was viele irische Pubs eigentlich wirklich waren). Bekannt für Musik: traditionelle Session am Mittwoch ab etwa 21.30 Uhr, an anderen Abenden oft auch Jazz oder Bluegrass.

Informationen

Tourist Information Roscommon, Harrison Hall, ✆ 090-6626342, nur im Sommer während der üblichen Geschäftszeiten geöffnet. Infos auch unter 🖳 www.roscommon.ie.

Transport

DUBLIN, unter der Woche tgl. zwischen 8 und 17 Uhr 3 Buserbindungen über ATHLONE zum zentralen Busbahnhof Busaras, Linie 21 und 20, Fahrtzeit jeweils etwa 30 Min. oder 2 Std. Regulärer Fahrpreis 19 €, 🖳 www.buseireann.ie oder Dublin Travel Information, ✆ 01-8366111.

Weitere Verbindungen nach KNOCK, CASTLEBAR und WESTPORT mit der Linie 21 mehrmals am Tag. Abfahrt am Square.

County Longford

Der Shannon bildet die Grenze zwischen den Counties Roscommon und Longford. Beide Counties ähneln sich landschaftlich sehr, ausgedehnte Moorgebiete, die sich mit Wäldern abwechseln, sorgen in Longford jedoch insgesamt für ein kontrastreicheres Landschaftsbild. Viehzucht bestimmt den Süden, der bereits in die Tiefebene übergeht, während im Norden das Land hügeliger wird und die eigentlich für das südliche Ulster typische Landschaft beginnt.

Mit Ausnahme von Bootsfreunden, die sich auf den Gewässern des Shannon tummeln, zieht Longford kaum Touristen an. Zu spärlich sind die Attraktionen, die dieses County bietet. Allenfalls Literaturkenner werden auf Anhieb zwei von ihnen nennen können: Carrigglas Manor und Edgeworthstown.

Longford Town

Die Hauptstadt des County, mit rund 20 000 Einwohnern recht groß, ist im Grunde kein lohnendes Reiseziel. Von den Wikingern als Stützpunkt im Binnenland gegründet, ist Longford auch heute noch eher ein Verkehrsknotenpunkt und Handels- sowie Industriezentrum. Touristisch interessant ist allenfalls die **St. Mel's Cathedral** mit ihren Glasfenstern. Diese allerdings wurde Weihnachten 2009 durch ein Feuer stark beschädigt und befindet sich noch im Wiederaufbau.

Durch die gute Lage in den Midlands eignet sich Longford aber als Basis zur Erkundung der Umgebung.

Übernachtung

Longford Arms Hotel, Spa & Leisure Centre, Main St., ✆ 043-3346296, 🖳 www.longfordarms.ie. Im Stadtzentrum gelegenes Hotel mit 30 Zimmern. Vor wenigen Jahren renoviert und somit auf der Höhe der Zeit, jedoch immer noch etwas altmodisch. Meerwasserpool, Massagen, Aromatherapie und andere Wellnessangebote. ❸

Viewmount House, Dublin Rd., ✆ 043-3341919, 🖳 www.viewmounthouse.com. Nur 1 km vom Stadtkern entfernt gelegenes Hotel im georgianischen Stil mit 13 unterschiedlich gestalteten, bequemen, gemütlichen Zimmern, die zu einem Aufenthalt mit Restaurantbesuch einladen. Themengärten umgeben das Hotel. ❹

Essen

Aubergine Gallery Café, The White House, 17 Ballymahon St. Pub mit jugendlicher Atmosphäre. Gute Auswahl an Fisch und Meeresfrüchten.

Viewmount House, Dublin Rd., 🖳 www.viewmounthouse.com. Stimmungsvolles Restaurant in einem ausgebauten Stall, das saisonale Gerichte bietet. Besonders die Fisch- und Geflügelgerichte sind sehr empfehlenswert.

Feste

Am letzten Wochenende im September findet in Longford Town das **Johnny Keenen Banjo Festival** statt, 🖳 www.johnnykeenan.com. Ein ganzes Wochenende Banjomusik aus aller Welt zu Ehren eines der bekanntesten irischen Banjospieler.

Das **Longford National Writers Group Festival** (Literaturfestival), Mitte Februar, 🖳 www.virtualwriter.net, beinhaltet Lesungen, Nachwuchswettbewerbe und alle möglichen kulturellen Zusatzveranstaltungen.

Informationen

Tourist Information Longford Town, ✆ 043-3342577, 🖳 www.longfordtourism.ie, im Sommer unter der Woche während der normalen Geschäftszeiten geöffnet, im Winter meist geschlossen.

Transport

Busse

Auch im County Longford ist der Bus, 🖳 www.buseireann.ie, die beste Option, wenn man nicht den eigenen Wagen benutzt. Busse der Linie 22 von Ballina nach DUBLIN (zentraler Busbahnhof Busaras) halten in Foxford, Strokestown, Longford, Mullingar und Maynooth, Gesamtfahrtzeit 3 1/2 Std. Linie 23 fährt mehrmals tgl. von Dublin (Busaras) über Dublin Airport, Maynooth, Mullingar, Longford, Carrick-on-Shannon, Boyle nach Sligo, Gesamtfahrtzeit 4 Std.

DUBLIN, unter der Woche rund um die Uhr regelmäßig etwa acht Verbindungen. Regulärer Fahrpreis 14 €. Busse fahren am Bahnhof ab.

Eisenbahn

Die Eisenbahn ist wiederum nur eingeschränkt nutzbar, Bahnhöfe gibt es in **Longford Town** (Longford Railway Station, ✆ 043-45208) und in **Edgeworthstown**. Sie liegen an der Intercity-Strecke von Dublin nach Sligo. Mehrere Züge am Tag, 🖳 www.irishrail.ie.

Carrigglas Manor

Der Landsitz liegt inmitten eines größeren Waldgebietes nahe bei Longford Town. Die Gebäude, die unterschiedliche Baustile aufweisen, befinden sich in einem Wildblumengarten, eher untypisch für irische Herrenhäuser. Allein diese kontrastreiche Erscheinung, die das Haus von den anderen, teilweise wesentlich bekannteren „Great Houses" von Irland abhebt, macht den Abstecher lohnenswert. Hier hat die Familie Lefroy ihren Sitz, Nachkommen hugenottischer Flüchtlinge aus Frankreich. Im Jahre 1837 ließen sie Carrigglas komplett neu bauen, griffen dabei aber auf eine stilisierte Tudor-Architektur zurück. Das Haus gilt heute als eines der gelungensten Beispiele des Neo-Tudor-Stils, der in der viktorianischen Epoche zeitweise ausgesprochen beliebt war.

Im Inneren findet man teilweise der Gotik entlehnte Elemente, die sich jedoch harmonisch in das Gesamtbild einfügen. Weniger harmonisch ist der Kontrast zu den Stallungen, die im neoklassischen Stil von James Gandon, Architekt des Dubliner Custom House, entworfen wurden.

Für Literaturfreunde hat Carrigglas Manor noch eine ganz besondere Bedeutung, denn Thomas Lefroy war mit der Schriftstellerin Jane Austen befreundet und soll als Darcy in *Stolz und Vorurteil* verewigt worden sein. ◷ Carrigglass Manor war zuletzt Teil eines Hotel- und Wohnkomplexes, dessen Ausbau während der Wirtschaftskrise gestoppt wurde. Ob man 2011 Innenräume oder zumindest die Außenanlagen besichtigen kann, ist zurzeit noch ungewiss. Deshalb bitte in der Touristeninformation von Longford erkundigen.

Ardagh – Kleinod im Nichts

Ardagh gilt als das schönste Dorf in Longford, vor allem die rund um das „Green", einen kleinen Platz in der Ortsmitte, angeordneten kleinen Steinhäuser geben ein schönes Fotomotiv ab. Die winzige St. Mel's Cathedral (Ruine) soll zudem der Hl. Patrick persönlich gegründet haben. Der Ort wurde für die Bediensteten des örtlichen Großgrundbesitzers angelegt. Die Bauweise ist keineswegs typisch irisch, gelegentlich wird Ardagh sogar mit Cornwall verglichen.

Während sich der Ortskern sehr gut erhalten hat, ist das historische Herrenhaus kaum noch erkennbar. Lediglich das alte Kutschenhaus mit seinem kleinen Uhrturm und einige Wirtschaftsgebäude sind noch in weiten Teilen original erhalten. Die beste Aussicht auf das Dorf hat man vom Kirchhof der anglikanischen Church of St. Patrick. Hier kann man auch Fotos über die am Straßenrand geparkten Autos hinweg schießen.

Edgeworthstown

Eine weitere Verbindung zur englischsprachigen Literatur besteht in Edgeworthstown, einem kleinen Ort mit interessantem, historischem Stadtkern. Edgeworthstown ist die Heimat der Dichterin Maria Edgeworth. Sie wurde in einem Herrenhaus geboren, das sie später für Besucher aus der Literaturszene öffnete. Zu den berühmten Männern, die Marias Einladung folgten, gehörten u. a. William Wordsworth und Sir Walter Scott.

Touristisch bietet der Ort ansonsten nichts. An der Umgehungsstraße von Edgeworthstown „bewacht" Maria Edgeworth selbst den Ortseingang – aus Dublin kommende Autofahrer sehen die lebensgroße Bronzestatue links an der Straße. Als ob man die berühmteste Tochter des Ortes nicht im Ort selbst ehren wollte.

Longford ist, trotz dieser Verbindungen zur Weltliteratur, eines der vergessenen Counties, die meisten Besucher Irlands kennen es nur von der Durchfahrt. Dabei weisen die kleinen Orte oft einen ganz besonderen Charme auf. Hier lässt sich noch viel „alte Welt" entdecken. Ein Teil der Gegend ist auch als **Goldsmith Country** bekannt, da hier der Schriftsteller Oliver Goldsmith zeitweise lebte (Sehenswürdigkeiten sind ausgeschildert, aber nur für echte Fans wirklich interessant).

Granard

Interessant ist auch die Kleinstadt Granard, deren Hauptstraße auf eine sehr hoch gelegene Kirche zusteuert, bevor ein jäher Schwenk nach links das romantische Bild zerstört und die Straße durch ein hässliches Gewerbegebiet führt. In Granard selbst lohnt sich jedoch der Aufstieg auf den Hügel, der gleich drei Sehenswürdigkeiten vereint. Einen kurzen Blick wert sind die zwei Kirchen, die ältere und wesentlich schmucklosere protestantische Kirche und die steil in den Himmel ragende katholische Kirche. Kurz hinter der katholischen Kirche geht ein Fußweg links von der Straße ab, der an einer typischen Lourdes-Gedenkstätte mit künstlicher Grotte und bunten Figuren vorbei zu einem Hügel führt, auf dem eine Statue des Nationalheiligen Patrick die Umgebung zu segnen scheint. Hier befand sich einst die Burg von Granard, die im Mittelalter die Umgebung beherrschte. Der Burghügel ist in der Regel für Besucher frei zugänglich, teilweise werden die Ländereien jedoch als Viehweiden genutzt.

Eine weitere, wesentlich aufwendigere Befestigung ist einige Kilometer östlich erhalten, wo ein Teil des **Black Pig's Dyke** erkennbar ist. Die „Erdwälle des schwarzen Schweines" sind eine quer durch Irland verlaufende Befestigung, die sich etwa mit dem Danewerk in Schleswig-Holstein vergleichen lässt und die wichtigsten Verbindungswege schützen sollte. Bei Granard sind sie 6 m hoch und bis zu 9 m breit, Gräben an beiden Seiten sorgen gleichzeitig für Drainage und bildeten zusätzliche Hindernisse für Angreifer.

Corlea Trackway Visitor Centre

Die Moore der Midlands bildeten seit Jahrtausenden ein verkehrstechnisches Problem. Wer keine sicheren Umwege in Kauf nahm, der verlief sich und versank eventuell ohne jede Spur, nur um Jahrhunderte später beim Torfstechen wieder zutage gefördert zu werden. Um diese Probleme zu umgehen, wurde etwa 150 Jahre vor der Zeitenwende eine Straße durch das Moor angelegt. Dazu benutzten die Menschen der Eisenzeit Holzbohlen. Ein solcher Verbindungsweg aus der Eisenzeit kann am Corlea Trackway Visitor Centre in **Kenagh**, ✆ 043-3322386, 💻 www.heritageireland.ie, besichtigt werden. Hier verlief die Bog Road. Der direkt auf das Moor gelegte Steg soll die längste und breiteste Straße dieser Art in ganz Europa gewesen sein. Was man allerdings im Besucherzentrum unter streng kontrollierten klimatischen Bedingungen sehen kann, ist nicht unbedingt allzu beeindruckend: Gerade einmal 18 m der Strecke wurden freigelegt. Allerdings werden in der Ausstellung und in einem sehenswerten Film über die Bog Road Besucher darüber aufgeklärt, warum selbst diese kurze Strecke von enormer archäologischer Bedeutung ist. Einige moderne Bohlenwege führen vom Besucherzentrum direkt ins Moor, teilweise kann man auch den Gang direkt über den weichen, federnden Boden genießen. ◷ April–Sep tgl. 10–18 Uhr, Eintritt frei.

Ein Blick in die Landschaft(szerstörung)

Die heute noch aktiv bewirtschafteten Moore der Midlands bilden einen trostloser Anblick – links und rechts der Straßen scheinen sich endlose Gebiete zu erstrecken, die einen geradezu abgebrannten Eindruck machen. Der hier abgebaute Torf hat je nach Wetterlage eine dunkelbraune bis fast schwarze Färbung. Raubbau an der Natur? In gewissem Sinne ja. Torf gehört zwar, genau wie Holz, zu den nachwachsenden Rohstoffen. Nur dauert es vergleichsweise sehr lange, bis sich Biomasse in Torferde verwandelt. Das Ende des intensiven Torfabbaus ist daher absehbar, einige ehemalige Abbaugebiete wurden bereits probeweise renaturiert. Die seit Jahrtausenden gewachsene Landschaft der Torfmoore ist dann allerdings fast unwiederbringlich zerstört. Erst nach vielen Hunderten von regnerischen Sommern werden sich Irlands Moore neu gebildet haben.

Mit dem Hausboot über den Shannon

- **Wegstrecke:** Killinure Point, Athlone, Clonmacnoise, Shannonbridge, Portumna, Killaloe – und wieder zurück
- **Dauer:** 8 Tage
- **Karten:** werden vom Bootsvermieter zur Verfügung gestellt

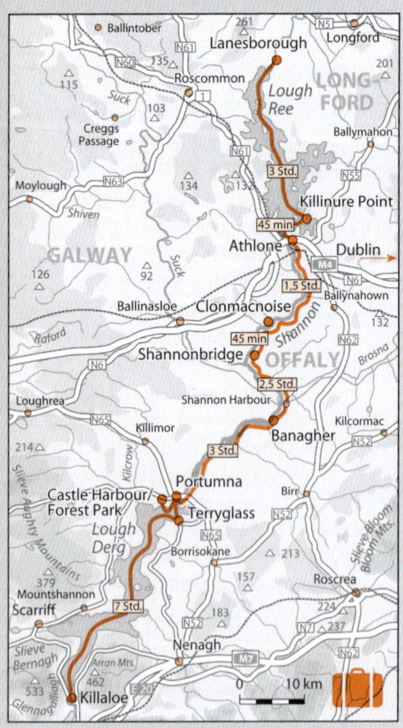

Der Weg ist das Ziel! Wer mit dem Hausboot langsam über Irlands Flüsse gleitet, der wird zwar nur einen kleinen Ausschnitt des Landes kennenlernen, dafür aber sehr intensive Eindrücke sammeln. Schneller als 5 km/h ist man selten, genau die richtige Geschwindigkeit, um die Impressionen rechts und links des Weges zu genießen.

Bootsführerschein nicht erforderlich

Sich den Traum zu erfüllen, einmal im Leben selbst Kapitän zu spielen, ist in Irland kein Problem. Auf den verschiedenen Binnengewässern sind die entsprechende Infrastruktur und Mietboote vorhanden, die Mindestmietzeit beträgt meist eine Woche. Selbst der Laie darf ans Steuer, denn für den Törn kreuz und quer durch Irland sind weder eine seemännische Ausbildung noch ein Bootsführerschein erforderlich. Eine kurze Einweisung in das Boot und seine Technik ersetzt das Kapitänspatent, der Mieter ist in der Pflicht, sich selbst zu melden, wenn ihm etwas nicht klar ist. Den Rest bringt die Praxis. Abgesehen von Wetterereignissen und dem Abgabetermin des Bootes sind es nur noch die Öffnungszeiten der Schleusen, die den Urlaub reglementieren.

Die Route

Es gibt zahlreiche Wasserwege, die sich für einen Hausbooturlaub eignen. Der folgende Streckenvorschlag ist geeignet für Anfänger, die zum ersten Mal mit dem Hausboot unterwegs sind. Ausgangspunkt der einwöchigen Tour ist Killinure Point, Waveline Cruisers, www.waveline.ie, außerhalb von Athlone:

Erster Tag: Ankunft in Dublin mit dem Flugzeug, Transfer zum Bootshafen Quigley's Marina und Einweisung in das Boot. Hat man keine Lebensmittel vorbestellt (bei fast allen Bootsvermietern möglich), geht es noch kurz zum Einkaufen. Danach die Entscheidung – auslaufen oder die erste Nacht im Hafen verbringen? Viele „Bootsneulinge" bevorzugen letztere, stressfreie Variante.

Zweiter Tag: Abfahrt am Morgen, dann nach Süden in Richtung Athlone, wo die erste Schleuse bewältigt wird (kein Hexenwerk, aber ein wichtiger Lernprozess). Danach folgt man dem Shannon und hat bis Mittag Clonmacnoise (s. S. 251) erreicht. Nach der Besichtigung geht es weiter bis nach Shannonbridge (s. S. 256), dort kann man gut im Hafen übernachten.

Dritter Tag: Etwa sechs Stunden gemütliche Fahrt auf dem Shannon bringen das Boot nach Portumna, ebenfalls sehr gut für eine Übernachtung geeignet, oder auch (nur ein Stück in den Lough Derg hinein) nach Terryglass, ein weiterer sehr beliebter Hafen. Rustikaler geht es im Castle Harbour westlich von Portumna zu – dafür macht man hier in der Nähe der Burg und des zu Spaziergängen einladenden Forest Park fest.

Vierter Tag: Die Qual der Wahl … sieben Stunden sind es etwa bis Killaloe (s. S. 431) am südlichen Ende des Lough Derg. Oder man kreuzt einen Tag auf dem Lough Derg selbst und sucht sich einen Hafen zur Übernachtung in der Nordhälfte (eventuell wieder bei Portumna). Hat man keine (oftmals sehr teure) Einwegmiete vereinbart, muss man nun auch schon wieder an den Rückweg denken …

Fünfter Tag: Je nach Entscheidung des Vortages sollte nun der Kurs wieder in Richtung Norden gesetzt werden, ob mit Zwischenstopp oder ohne geht es in Richtung Athlone. Von Portumna aus bedeutet dies acht Stunden Fahrtzeit, von Killaloe aus 15 Stunden (die nur im Hochsommer überhaupt zu bewältigen wären). Zum Glück gibt es einige Häfen auf dem Weg.

Sechster Tag: Heute sollte man auf jeden Fall Athlone erreichen und dann von dort in den Lough Ree stechen. Eine Durchquerung bis zum Hafen von Lanesborough dauert rund drei Stunden und führt an zahlreichen Inseln vorbei.

Siebter Tag: Den letzten (vollen) Tag verbringt man am besten auf dem Lough Ree, einfach gemütlich kreuzend und die Landschaft genießend. Dabei geht es langsam Richtung Süden, den letzten Abend kann man im Hafen der Hodson Bay verbringen oder schon an der Quigley's Marina.

Achter Tag: Rückgabe des Bootes bei Waveline und dann Transfer zum Flughafen Dublin (oder individuelle Weiterreise).

Wichtig: aufmerksames Fahren

Ist der Bootsurlaub in Irland also tatsächlich für jedermann geeignet, wie es die Prospekte anpreisen? Ja, wenn man auf eine gründliche Ersteinweisung besteht, die Anweisungen des Bootsvermieters beachtet und sich die Zeit nimmt, ein wenig mit dem neuen Fahrgefühl vertraut zu werden. Man sollte auf keinen Fall die erste Seemeile so anzugehen, als sei man bei Tirpitz persönlich in die Lehre gegangen. Auch wenn die meisten Mietboote mit dem Prädikat „unkompliziert" versehen sind, die Kollision mit einem Hindernis unter Wasser kann selbst bei geringer Geschwindigkeit fatale Folgen haben. Weswegen man den folgenden Grundsatz unbedingt beherzigen sollte: Dienst ist Dienst und Schnaps ist Schnaps. Leider ist es auf den irischen Wasserwegen immer noch keine Seltenheit, fröhliche Freizeitkapitäne mit der linken Hand am Ruder und der rechten am Whiskeyglas zu sehen, während sich der Rest der Mannschaft lustig dem Koma entgegensäuft – gewisse Herrenpartien auf den Inland Waterways sind ein Graus für alle diejenigen, die ihnen begegnen.

Doch dies sei genug der Warnung. Denn sonst könnte schnell der Eindruck entstehen, dass ein Bootsurlaub in Irland abschreckend sei. Ganz im Gegenteil, bietet die Bootspartie Entspannung, Ruhe und vor allem „Quality Time", die man mit Familie und Freunden verbringen kann.

Den richtigen Bootstyp finden

Mittlerweile gibt es zahlreiche unterschiedliche Bootstypen in verschiedenen Bauarten, Größen und Ausstattungsvarianten, was sich natürlich im Preis niederschlägt. Die Betten sind oft schmal und so angeordnet, dass eine absolute Privatsphäre für alle Mitreisenden nicht garantiert wird. Alle Boote sind mit einem kleinen Toilettenbereich ausgerüstet, der auch als Waschraum dient. Die Kombüse ist meist klein, aber zweckmäßig. Ein großes Menü wird hier nur kochen können, wer Grundkenntnisse im Jonglieren und sehr gute Fähigkeiten im Planen hat, für den täglichen Gebrauch ist es jedoch vollkommen ausreichend. Kombiniert sind in der Regel der Aufenthaltsraum, das Esszimmer, teilweise auch ein Schlafzimmer, in dem dann vielleicht noch der Steuerstand zu finden ist. Der Außenbereich des Bootes bietet meist einige Sitze und oft einen weiteren, wesentlich höheren Steuerstand. Der Stauraum an Bord ist beschränkt, ähnlich wie in einem Wohnmobil oder Wohnwagen.

Wohin am Abend?

Den Tag über schippert man über den See oder Kanal, am Abend wird in der Regel an einem Steg festgemacht. An besonders beliebten Punkten und vor allem in den Sommermonaten kann es dabei zu „Parkplatzengpässen" kommen. Dann werden die Kabinenkreuzer auch schon mal im zweiter oder dritter Reihe geparkt, einer am Steg selbst festgemacht, die anderen dann an schon festgemachten Booten. Im Prinzip kein Problem, bis es um die Abendgestaltung geht. Wenn dann die „Crew" des ganz außen festgemachten Bootes mitten in der Nacht, vom Guinness inspiriert und irische Folklore mit deutschem Akzent singend, über die anderen Boote ihrem eigenen Bett entgegenturnt, kann das schon zu spontanen Gefühlsausbrüchen führen. Zum Glück sind solche unangenehmen Erlebnisse eher die Ausnahme, Hilfsbereitschaft die Regel.

Wo findet man Versorgungsstationen?

Bei der Planung eines Bootsurlaubs ist die Versorgungssituation für viele Mieter absolutes Neuland. Mit dem Auto hat man immer eine Tankstelle in der Nähe, mit dem Boot sieht das anders aus. Tatsächlich ist die Anzahl der Tankstellen wesentlich begrenzter und der Mieter muss sich auch nicht nur um den Nachschub an Diesel kümmern. Die Frischwassertanks wollen ebenfalls regelmäßig gefüllt und das Abwasser über eine Pumpe entsorgt werden. Über die einzelnen Versorgungsstationen informieren die sehr guten Karten, die die Vermieter der Boote zur Verfügung stellen. Dabei ist darauf zu achten, dass man lediglich beim Betanken mit Hilfe rechnen kann.

Nehmen Sie sich Zeit

Der größte Fehler, den Bootsmieter angesichts der zahlreichen landschaftlich schönen Strecken machen können? Zu meinen, dass man dieses ganze Netz von Wasserstraßen und Seen binnen weniger Tage abfahren kann. Zwar bieten einige Vermieter Einwegmieten an, aber selbst so kann die Zeit knapp werden, der erholsame Bootsurlaub zum Stress. Gönnen Sie sich die Freiheit, auch einmal eine Stunde, einen halben Tag oder mehrere Nächte an einer schönen Stelle zu bleiben. Denn wie eingangs gesagt: Der Weg ist das Ziel!

Boote im Hafen von Carrick-on-Shannon

County Offaly

Sümpfe und Moorlandschaften prägen Offaly, das sich von den Flutgebieten des Shannon im Westen bis zu den großen Mooren im Osten, die noch zum Bog of Allen (s. S. 281) gehören, erstreckt. Weite Teile des County werden bestimmt durch feucht-saftige Wiesen, auf denen friedlich Kühe grasen, dazwischen befinden sich immer wieder wogende Getreidefelder. Einen Kontrast zu den Feuchtgebieten bilden die Slieve Bloom Mountains an der Grenze zum County Laois.

Lange Zeit war Offaly gar nicht unter seinem Namen bekannt. Im Jahr 1556 wurde aller Landbesitz durch die Krone beschlagnahmt und an neue Siedler verteilt. Aus Dankbarkeit über diese Maßnahme benannte man dann auch gleich das County um, es wurde zum „King's County". Der König war Philipp von Spanien, Ehemann der englischen Königin „Bloody Mary". Noch heute können die meisten alteingesessenen Bürger von Offaly ihren Stammbaum bis zu den Siedlern zurückverfolgen. Dabei waren es eigentlich irische Mönche, die für einen der wichtigsten Anziehungspunkte in der Gegend sorgten: das Kloster Clonmacnoise, das bis heute neben den Slieve Bloom Mountains und dem Birr Castle zu den bedeutendsten Sehenswürdigkeiten der Region zählt.

Übrigens haben Barack Obama und Brian Cowen, die Regierungschefs der USA und Irlands, ihre Wurzeln in Offaly, das auch durch irischen Whiskey über die Landesgrenzen hinaus Ruhm erlangte: Der Tullamore Dew wurde hier produziert.

3 HIGHLIGHT

Clonmacnoise

Eine der bedeutendsten Attraktionen der Midlands ist ohne jeden Zweifel die Klostersiedlung und alte Pilgerstätte Clonmacnoise, die direkt am Shannon liegt und seit Jahrhunderten Besucher anzieht. Strömten im Mittelalter Mönche und Kirchenmänner nach Clonmacnoise, so sind es heute in erster Linie Touristen, die hier auf der Rundfahrt mit dem Auto oder auf einen Törn mit dem Hausboot einen Stopp einlegen. Zum Zeitpunkt der Klostergründung befand sich hier ein wichtiges Drehkreuz des inneririschen Verkehrs. Von Norden nach Süden verlief der Wasserweg des Shannon, von Westen nach Osten ein auf leicht erhöhtem Gelände verlaufender sicherer Weg durch die Moore. Just an diesem wichtigen Kreuzungspunkt erbaute der heilige Ciarán um 540 mit königlicher Unterstützung sein Kloster. Die Blütezeit erlebte das Anwesen zwischen dem 7. und 12. Jh., damals galt Clonmacnoise als eine der wichtigsten irischen kirchlichen Einrichtungen und zugleich als Hort von Weisheit und Gelehrsamkeit. Dass innerhalb der Klostermauern auch zahlreiche Schätze aufbewahrt wurden, ist den königlichen Gönnern und Clonmacnoises Popularität als Pilgerstätte zu verdanken. So zog die Klostersiedlung am Shannon die verschiedensten Besucher an. Die Könige von Tara und Connacht fanden hier ihre letzte Ruhestätte – die Mönche von Clonmacnoise hatten sich längst vom Ideal der Armut losgesagt.

Von den Wikingern und von den Iren wurde Clonmacnoise wiederholt überfallen. Man gab sich wenig christlich und plünderte das Kloster, dabei wurden Teile der Anlage mehrfach niedergebrannt. Das endgültige Aus kam dann 1552, als englische Truppen von Athlone aus eindrangen. Heute ist das Kloster eine beeindruckende Ruinenlandschaft.

Die eigentliche Klosteranlage, die von einer Mauer umgeben ist, weist neben einer Kathedrale gleich mehrere Kirchen und zwei Rund-

Der Pilger auf dem Holzweg?

Nicht übersehen sollte man die beeindruckende Holzskulptur zwischen Parkplatz und Haupteingang, die einen mittelalterlichen Pilger im Mantel zeigt. Sich auf seinen Stock stützend, hat er die Hand vor das Gesicht geschlagen. Das massive Bildnis ist in seiner Schlichtheit … schlicht beeindruckend. Der tatsächliche Pilgerweg liegt aber nicht an dieser Stelle und ist heute noch erkennbar – auf der anderen Seite der Anlage. Ein schmaler, ausgetretener Pfad führt direkt zum Temple Ciarán.

türme auf. Zwischen diesen befinden sich alte Grabsteine, auch ein Teil des Pilgerweges ist noch deutlich erkennbar. Besucher tun gut daran, die Anlage in ihrer Gesamtheit auf sich wirken zu lassen. Ein Spaziergang an der Außenmauer entlang lässt erahnen, wie groß allein der Kernbereich des Klosters war. Das höchste Gebäude auf dem Gelände ist der nicht mehr komplett erhaltene Rundturm, der fast 20 m in die Höhe ragt und wie ein Leuchtturm für den nahen Shannon wirkt. Etwas kleiner ist der zweite Rundturm, der direkt an die Kirche „Temple Finghin" (im Irischen werden Kirchen teilweise als Tempel bezeichnet) angebaut wurde – diese Bauart markiert wahrscheinlich den Übergang zwischen dem frei stehenden Rundturm und dem integrierten Kirchturm.

Am imposantesten allerdings ist die Ruine der Kathedrale, die auf dem höchsten Punkt der Anlage das Gesamtbild dominiert. Interessant ist vor allem ihr alter Eingang, über dem die Heiligen Franziskus, Patrick und Dominik als Steinmetzarbeiten angebracht sind. Die Tür unter diesen drei Heiligenfiguren ist auch als die „Flüstertür" (Whispering Door) bekannt, dank ihrer akustischen Eigenschaften soll sich ein geflüstertes Wort auch noch in einiger Entfernung hören lassen. Die letzten irischen Hochkönige wurden angeblich in der Kathedrale, in der Nähe des Altars, beigesetzt.

Der etwas weiter nördlich gelegene kleine Temple Ciarán soll das Grab des Heiligen selbst enthalten. Die weiteren Kirchen wurden teilweise als Familiengruften gebaut. Als weitere Zeugen des Mittelalters und des Klosterreichtums können drei Hochkreuze gelten, von denen das Cross of the Scriptures (Original im Museum) das am reichhaltigsten dekorierte ist. Hier wird eine große Auswahl von Bibelszenen gezeigt, wobei die Interpretation einzelner Darstellungen nicht unbedingt eindeutig ist. Die weiteren Kreuze, der Einfachheit halber schlicht als Nordkreuz und Südkreuz bezeichnet, sind weniger bemerkenswert. Ein störendes Detail der Anlage ist „The Pope's Shelter", also der Unterstand des Papstes, der 1979 für einen von Papst Johannes Paul II. gefeierten Gottesdienst errichtet wurde und jetzt gewissermaßen an die Visite des Oberhirten erinnert. Man wünscht sich, dass an dieser historischen Stätte ein dezenteres Denkmal möglich wäre.

Nördlich des Klosterbereiches liegt noch ein zweites kirchliches Areal, das jedoch den Nonnen vorbehalten war. Folgt man vom Temple Ciarán dem Pilgerweg bergab und durch die Umgrenzungsmauer, kommt man automatisch dorthin.

Unbedingt empfehlenswert ist der Besuch des kostenpflichtigen Informationszentrums. In einer Multimediaschau wird die Geschichte des Heiligen Ciarán und seines Klosters anschaulich dokumentiert, weitere Funde und Ausstellungen ergänzen diesen Eindruck. Ebenfalls im Museum ausgestellt ist das Hochkreuz aus dem 9. Jh., das biblische Szenen zeigt – im Außenbereich befindet sich eine Kopie. Übrigens wurde das Informationszentrum im Stil alter Bienenkorbhütten gebaut und so harmonisch in die Gesamtanlage integriert. 🕓 Tgl. mind. 10–17.30, Mitte Mai–Mitte Sep 9–19 Uhr, Eintritt 6 €. Weitere Infos unter 📞 090-9674195, 💻 www.heritageireland.ie.

Essen

Das kleine **Café im Besucherzentrum** von Clonmacnoise bietet leichte Snacks und in der Regel auch einen Teller warme Suppe an.

Informationen

Im Besucherzentrum von Clonmacnoise,
📞 090-9674134,
✉ clonmacnoise@failteireland.ie.

Transport

Von Athlone aus werden Schiffs- und Bustouren nach Clonmacnoise angeboten.

Tullamore und Umgebung

Tullamore ist vor allem durch seinen „Morgentau„ bekannt, wobei hiermit nicht natürliche Kondensation gemeint ist, sondern das Ergebnis eines Destillationsprozesses. Der bekannteste Exportartikel dieses Ortes war Tullamore Dew, eine der großen irischen Whiskeymarken. Die Anbindung an den Grand Canal erlaubte den Transport zu den durstigen Kehlen in aller Welt. Heute allerdings wird der Whiskey in Clonmel hergestellt. Touristen auf der Suche nach der

Clonmacnoise

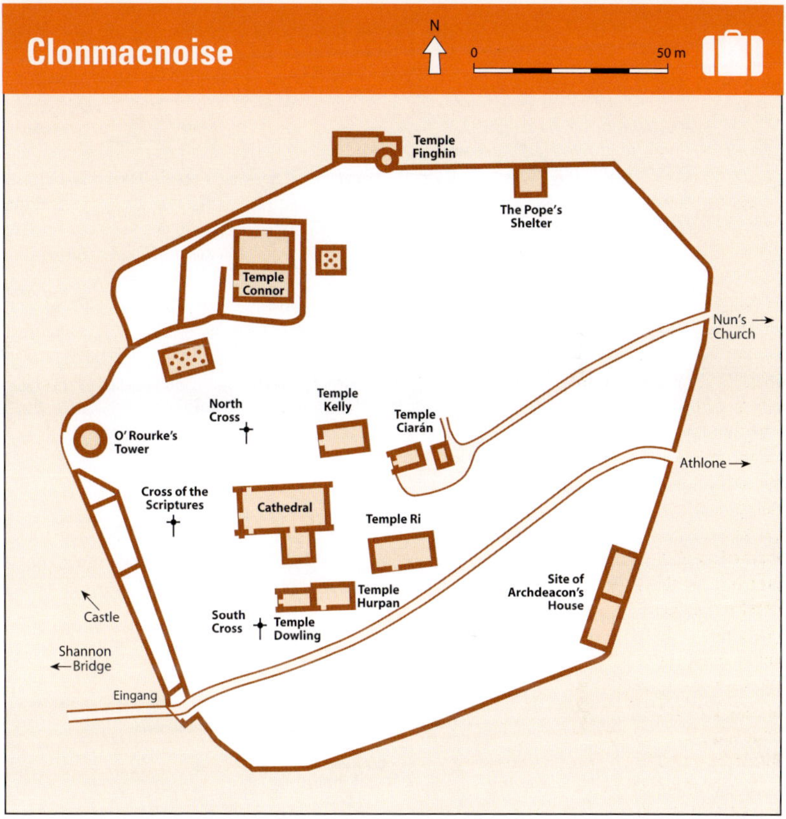

Quelle des Lebenswassers werden dennoch fündig, denn in einem alten Lagerhaus wurde das **Tullamore Dew Heritage Centre**, Bury Quay, ✆ 057-9325015, 💻 www.tullamore-dew.org, eröffnet. Hier wird der Weg der Whiskeyherstellung nachgestellt und gleichzeitig gezeigt, unter welchen Arbeitsbedingungen und mit welchem Handwerkszeug hier früher das tägliche Brot verdient wurde. Alles natürlich in einer recht sauberen Umgebung, die ein wenig über die Qualität des damals verwendeten Wassers hinwegtäuschen mag. Auch die Ortsgeschichte wird dokumentiert und als Belohnung gibt es am Ende eine kleine Verköstigung. 🕓 Mai–Sep Mo–Sa 9–18, Okt–April Mo–Sa 10–17, So ganzjährig 12–17 Uhr (Fei wie So), Eintritt 6 €.

Wer sich nach diesem Genuss zum nahen **Charleville Castle**, ✆ 057-9323040, 💻 http://charlevillecastle.ie, begibt, der könnte eventuell meinen, in ein Märchen oder einen altmodischen Horrorfilm geraten zu sein. Im späten 18. Jh. errichtet, ist diese Burganlage von Francis Johnston eine romantische Fantasie in Stein. Das von der Gotik stark beeinflusste Anwesen diente dem Lord Tullamore, William Bury, als Landsitz. Das Glück für den heutigen Betrachter war, dass das Haus niemals groß verändert wurde und die meisten Anpassungen an den Zeitgeschmack im Innern erfolgten. Der Park des Charleville Castle ist für seine Eichen bekannt, unter denen schon die Druiden gewandelt sein sollen. Historisch ist diese Annahme

LAOIS, OFFALY, CARLOW UND TIPPERARY

nicht nachzuweisen, aber die Legende passt zum Gesamtbild. Ebenfalls nicht nachzuweisen ist die oft gehörte Behauptung, Charleville Castle sei die am meisten von Spuk und Gespenstern heimgesuchte Burg Irlands. 🕓 Wie die Webseite sagt: „Ring the bell for tours!"

Ein heute fast legendäres Ereignis hat keine Spuren mehr hinterlassen. Ende des 18. Jhs. wurde Tullamore durch die wahrscheinlich erste Katastrophe der Luftfahrt bekannt. 1785, also nur zwei Jahre nach dem ersten Ballonflug der Brüder Montgolfier in Paris, machte ein Heißluftballon eine spektakuläre Bruchlandung mitten im Dorf. Da der Brenner noch aktiv war, wurde die gesamte Kildare Street niedergebrannt, insgesamt wurden mehr als 100 Häuser in Mitleidenschaft gezogen. Die Bewohner mögen etwas Trost darin gefunden haben, dass zwei Pubs die Katastrophe überlebten. Die Mallet Tavern, heute noch ein beliebter Pub, war eine dieser Gastwirtschaften. Ein guter Grund, um im Zeitalter der Billigflieger hier ein Glas auf die Pioniere der Luftfahrt zu trinken.

Durrow

Ganz in der Nähe von Tullamore liegt der kleine Ort Durrow, 🖳 www.durrowvillage.com, bekannt durch das *Book of Durrow*, das neben dem *Book of Kells* einen der größten Schätze in der Bibliothek des Trinity College in Dublin darstellt. Dieses wunderschöne mittelalterliche Manuskript wurde im 7. Jh. hier im Kloster angefertigt. Von der rund ein Jahrhundert vorher entstandenen Klosteranlage ist heute nur noch wenig zu sehen. Am auffälligsten ist wahrscheinlich das Hochkreuz aus dem 10. Jh., das mit verschiedenen Bibelszenen geschmückt ist, darunter eine ganze Reihe von Darstellungen der Passion Christi.

Edenderry

Ein Abstecher von einigen Kilometern in östlicher Richtung führt in den kleinen Ort Edenderry, der vor allem durch sein schönes, typisch irisches Stadtbild begeistert. Der Umweg lohnt sich jedoch nur wirklich, wenn der Besucher auch an den Ruinen der Burg Carrickoris Castle, berühmt geworden durch ein Massaker zu Beginn des 14. Jhs., und der Franziskaner-Abtei

Monasteroris, errichtet als Sühneleistung für das Massaker, interessiert ist. Diese Tour lohnt sich aber auf jeden Fall mehr als die Fahrt in das Dorf **Moneygall**, das wegen seiner Verbindung zum Weißen Haus in Washington auf den intensiven Zustrom von Touristen hofft.

Übernachtung

Tullamore

€ **Sea Dew Guesthouse**, Clonminch Rd., ✆ 057-9352054, 🖳 www.seadewguesthouse.com. 5 Min. Fußmarsch vom Zentrum entfernt gelegenes Guesthouse mit 10 Zimmern. Die familiäre Atmosphäre wurde gewahrt, obwohl das Haus in einen reinen Beherbergungsbetrieb umgebaut wurde. ❷

Bridge House Hotel, Bridge St., ✆ 057-9325600, 🖳 www.bridgehouse.com. Das Hotel hat 70 Zimmer und kann dank des Pools und verschiedener Wellnessangebote reichlich Entspannung bieten. Dazu gibt es gutes Essen sowie Unterhaltung. Überraschend opulent eingerichtet mit bequemen Zimmern und einem großen Angebot an Extras. ❹

Durrow

Castle Arms Hotel, The Square, ✆ 057-8736117, 🖳 www.castlearmshotel.ie. Im Ort gelegenes Hotel mit 14 Zimmern. Komfortabel, aber keineswegs ein „Burghotel“. Einer der besten Angelseen, Granstown Lake, liegt ganz in der Nähe. ❹

Essen

Shannonbridge

The Old Fort, 🖳 www.theoldfortrestaurant.com. Wer gut und etwas außergewöhnlich essen möchte, der sollte den Abstecher nach Shannonbridge wagen: Das Restaurant befindet sich in der umgebauten Festung mitten im Ort. Hausspezialitäten: Känguru, Strauß und Krokodil (nicht aus der Region, natürlich).

Feste

Die **Tullamore Show**, 🖳 www.tullamoreshow.com, im August am Bank Holiday Weekend ist eine der führenden Landwirtschaftsausstellungen in Irland und ein echtes Großereignis rund um das Thema Bauernhof. Mit Viehprämierungen, Wettbewerben, viel Essen, historischen Traktoren. Frühes Kommen sichert gute Plätze, vor allem gute Parkplätze.

Informationen

Tourist Information Tullamore, im Tullamore Dew Heritage Centre, ✆ 057-9352617, ✉ tullamoredhc@eircom.net.

Transport

Busse

Tullamore und einige Orte in der Umgebung sind mit dem Bus, 🖳 www.buseireann.ie, relativ einfach erreichbar, da sie direkt auf der Verbindungsachse DUBLIN–GALWAY liegen und somit viele Linien hier Zwischenstopps einlegen.

Von Tullamore nach

DUBLIN, unter der Woche am Vormittag und Nachmittag, Haltestelle Connolly LUAS, via Edenderry, Linie 120, Fahrtzeit etwa 2 1/2 Std. Regulärer Fahrpreis 16 €, 🖳 www.buseireann.ie, oder Dublin Travel Information, ✆ 01-8366111.

Von **Edenderry** nach

DUBLIN, regelmäßige Verbindungen unter der Woche zwischen 6 und 23 Uhr, teilweise im Stundentakt. Haltestelle Connolly LUAS, Linie 120, Fahrtzeit etwa 2 1/2 Std. Regulärer Fahrpreis 11,40 €.

TULLAMORE, mehrere Verbindungen tgl. mit Linie 120.

Eisenbahn

Die Eisenbahn, 🖳 www.irishrail.ie, ist zur Anreise gut nutzbar, TULLAMORE ist eine Station an der Intercity-Strecke zwischen Dublin und dem Westen. Züge nach GALWAY, WESTPORT und BALLINA machen hier regelmäßig Halt.

Birr und Umgebung

Bekannt ist die kleine Stadt Birr (4000 Einw.) als einer der kältesten Orte Irlands. Das sollte aber auf keinen Fall abschrecken. Denn der Ortskern

There's No-One as Irish as Barack Obama

Jedes Kind weiß, dass Barack Obama der erste schwarze Präsident der USA ist. Doch niemand wäre wohl auf die Idee gekommen, dass Obama ein Ire sei. Dennoch proklamierte eine vollkommen unbekannte Folkgruppe schon im Jahr 2008: „There's No-One as Irish as Barack Obama." Also müsste es eigentlich O'Bama heißen?

Die Sache mit der irischen Herkunft des schwarzen Demokraten ist ein weiteres Kapitel in der Untersuchung des präsidialen Genpools, das die Welt zwar nicht unbedingt weiterbringt und auch keine Aussagen über seine politischen Fähigkeiten beinhaltet, das aber in Irland wichtiger scheint als seine Haltung zu Krankenversicherungen und Irakkrieg. Und nirgendwo in Irland ist des schwarzen Präsidenten grünes Gen wichtiger als in Moneygall – dem kleinen Nest, aus dem ein Urahn Obamas einst in die USA auswanderte.

Wichtig warum? Vor allem, um den Tourismus anzukurbeln. Ein Ort, von dem man sonst wahrscheinlich nicht einmal den Namen auf einem Straßenschild wahrnehmen würde, erhofft sich durch die extrem schwache, aber immerhin vorhandene Verbindung zum Weißen Haus Wohlstand und Reichtum. Kaum war der Wahlsieg Obamas bekannt gegeben, betonten örtliche Politiker und Pubwirte, dass jetzt wohl eine Visite des mächtigsten Mannes der Welt in Moneygall ins Haus stünde. Um eben seine „irischen Wurzeln" in der Heimaterde zu suchen. Vor dem geistigen Auge sah man schon die Kavalkade des Präsidenten die Dorfstraße hinabfahren. Was ein sicherlich reizvoller Anblick wäre. Der durchschnittliche Konvoi von Fahrzeugen, der einen US-Präsidenten begleitet, dürfte die Entfernung zwischen dem Ortseingangs- und Ortsausgangsschild in der Länge überschreiten.

Mit einem solchen, leicht grotesken Auftritt kann sich aber das unscheinbare Dorf in der ländlichen Weite des ebenso unscheinbaren County Offaly in das Bewusstsein der amerikanischen Touristen katapultieren. Die irische Heimat von US-Präsidenten wurde schon mehrfach erfolgreich zu kleineren Touristenattraktionen ausgebaut. Und selbst wenn der Besuch Obamas eine ähnliche Farce wie der einstmalige Besuch Ronald Reagans in Ballyporeen (Tipperary) werden sollte, die Einwohner von Moneygall würden sicherlich das Beste daraus machen.

Etwa einen kleinen Obama-Park mit einem von Obama gepflanzten Baum, direkt daneben das Obama-Zentrum mit einer kleinen Obama-Ausstellung und dem Obama-Café. Komplett mit einem kleinen Andenkenladen, in dem der O'Bama-Leprechaun aus Plüsch verkauft wird.

mit seinem weitgehend originalgetreu erhaltenen georgianischen Baustil ist nicht weniger interessant als Dublins Innenstadt. Die Stadthäuser besitzen noch die großen Oberlichter über den Türen, dann natürlich die typischen, mit Paneelen verzierten Türen und die Metallgitter im Eingangsbereich sowie an den Fenstern der Obergeschosse. Da es in Birr in den letzten zwei Jahrhunderten wesentlich weniger bauliche Veränderungen gegeben hat als in Dublin, erscheint das Stadtbild älter und insgesamt authentischer. Eine der interessantesten Straßen ist die Oxmantown Mall, die vom zweiten Earl of Rosse geplant und angelegt wurde. Auch die John's Mall hat sich noch ihren ursprünglichen Charakter bewahrt. Das Dooley's Hotel am Emmet Square ist ein schönes Beispiel eines alten Coaching Inn – hier machte die Postkutsche Station und es wurden frische Pferde eingespannt. Viele der Geschäftshäuser in Birr sind einfühlsam renoviert worden und haben noch traditionelle Schaufensterfronten. Beachtenswert ist auch ein Denkmal in der Stadtmitte, das zu Ehren der Märtyrer von Manchester errichtet wurde – republikanischer Aktivisten, die im 19. Jh. in England vor Gericht gestellt wurden.

Beherrscht wird die Ortschaft Birr jedoch vom **Birr Castle**, ✆ 057-9120336, 💻 www.birrcastle.com, im Jahre 1620 erbaut als Stammsitz der Familie Parsons, denen später der Titel der

Häppchen im Schlosshof

Im Eingangsbereich des **Birr Castle** befindet sich ein kleines Café – hier kann man sehr gute Salate bekommen und der Schokoladenkuchen ist eine Kaloriensünde wert! Sitzplätze können allerdings schnell rar werden, vor allem wenn bei nicht so gutem Wetter der Außenbereich weniger attraktiv ist.

Earls of Rosse verliehen wurde. Die Burg ist nach wie vor im Familienbesitz und nicht für das Publikum zugänglich. Gegen Eintrittsgeld können jedoch ein kleines Museum und vor allem die weitläufigen Gärten besichtigt werden. Der Besuch lohnt sich, auch wenn unmittelbar gegenüber des Haupteingangs ein an Hässlichkeit kaum zu überbietender Parkplatz die Lust darauf zu nehmen droht. Die Earls of Rosse waren nicht nur Großgrundbesitzer, sondern teilweise auch als Wissenschaftler bekannt. Der dritte Earl ließ sich 1845 den Leviathan in den Garten setzen, um „in die Röhre zu gucken". „Leviathan", eigentlich ein biblisches Untier, war der Spitzname des zu seiner Zeit weltgrößten Teleskops: Eine 17 m lange Holzröhre mit großen Glaslinsen, die zwischen zwei großen Steinmauern installiert wurde und deren optisches System einmalige Sternbeobachtungen ermöglichte. Die Geschichte des Teleskops und der Astronomie werden auch in dem kleinen Wissenschaftsmuseum des Schlosses aufgegriffen. Noch heute finden in Birr regelmäßige Treffen von Astronomen statt, in den Midlands hält sich der Lichtsmog noch in Grenzen. Weniger wissenschaftlich interessierte Menschen werden wahrscheinlich die schönen Gärten aus dem 17. Jh. bewundern, deren Hecken bis zu 10 m hoch sind. Innerhalb des Parks finden sich auch zahlreiche exotische Pflanzen, der sechste Earl unterstützte zahlreiche botanische Expeditionen. Bei gutem Wetter kann man mehrere Stunden auf Spaziergängen durch die Anlage verbringen. 🕓 März–Okt tgl. 9–18, andere Monate tgl. 12–16 Uhr, Eintritt 9 €.

Kanufahren auf dem Barrow

Neben dem klassischen Hausboot-Urlaub lassen sich in Irland auch fantastische Kanutouren unternehmen. Der Vorteil: Mit dem Kanu gelangt man dorthin, wo andere nicht hinkommen. Kanufahrten auf **Barrow** und **Nore** etwa sind eine Wonne – die Flüsse winden sich aus den Midlands heraus an die Südküste und bieten das wahrscheinlich ruhigste Naturerlebnis, das der Irlandbesucher haben kann. Außer mit Anglern und Wildtieren hat der Kanufahrer kaum Begegnungen. Dafür gleitet er lautlos durch die Landschaft, spürt, hört, sieht und riecht die Natur um sich herum, ein sinnliches Irlanderlebnis. Bei dem, vorausgesetzt man ist talwärts unterwegs, kaum körperliche Anstrengung erforderlich. Geführte Touren auf dem Barrow, vielleicht die beste Art für Kanufahren im Urlaub, bietet **Flow River Adventures** an, Infos dazu unter 💻 www.gowiththeflow.ie. Bringt der Urlauber das eigene Kanu mit (bei Anreise mit dem eigenen Wagen zumindest möglich), ist ein Besuch auf der Webseite der **Irish Canoe Union**, 💻 www.canoe.ie, unerlässlich – hier dreht sich alles um das Kanu und die idealen Strecken für erholsame bis herausfordernde Fahrten.

Roscrea

Auch Roscrea entwickelte sich aus der üblichen Kombination von Klosteranlagen und Festung. Das kleine **Heritage Centre**, Castle St., ✆ 0505-21850, in der Stadt informiert über die Ortsgeschichte. Der Ort lässt sich gut zu Fuß erkunden. Das **Kloster** des Heiligen Cronan ist heute nur noch in Teilen erhalten. Beeindruckend ist die komplette Giebelwand einer Kirche im romanischen Stil, die sogar noch von einem kleinen Glockenturm gekrönt wird. Der Baustil vereinigt Elemente sowohl der irischen als auch der englischen Bauweise der damaligen Zeit. Wobei der Glockenturm später angebaut wurde. Nur wenige Meter entfernt steht allerdings der typisch irische **Rundturm**, errichtet vor 1135, der von einem Blitz getroffen und teilweise zerstört wurde.

Die heutige Höhe von rund 20 m wurde aber erst nach weiterer Zerstörung infolge der Rebellion von 1798 erreicht. Der Turm wurde von den Briten um einige Meter gekürzt, nachdem ein Scharfschütze der Rebellen ihn als idealen

Unterwegs auf dem Slieve Bloom Way

- **Strecke:** etwa 84 km
- **Dauer:** mind. 3 Tage, empfohlen wird der Weg aber eher in Etappen
- **Steigungen:** einige leicht anstrengende Wegstücke (moderate Steigungen)
- **Wegbeschaffenheit:** teilweise nur ein sehr unregelmäßiger Naturpfad (schwieriger Boden, gutes Schuhwerk unerlässlich), teilweise Straße
- **Ausschilderung:** gut
- **Karten:** OSI Discovery Series Sheet 54, www.osi.ie

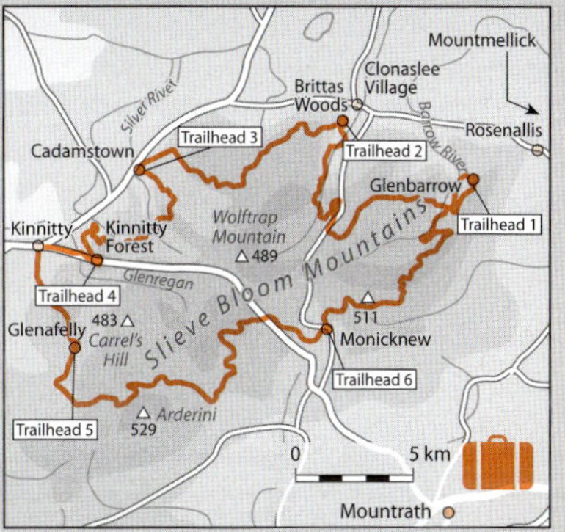

Östlich von Birr liegen die **Slieve Bloom Mountains**. Ein ideales Ziel für Wanderer, denn der Slieve Bloom Way, ein langgezogener Rundweg durch die Slieve Bloom Mountains, führt rund 84 km durch eine schöne und recht einsame Gegend. Die Slieve Blooms sind nicht die spektakulärsten Berge Irlands, gehören aber zu den ältesten Gebirgen Europas. Landschaftlich erinnern sie weniger an die Alpen als vielleicht an den Harz – und nur drei Gipfel sind höher als 500 m.

Wer einen Teil des Weges (oder die komplette Runde) laufen möchte, der beginnt am besten an einem der sogenannten Trailheads, Einstiegspunkte in die Gesamtstrecke. Diese haben auch noch einen weiteren Vorteil – an ihnen findet der weniger ambitionierte Wanderer auch kürzere Wege ausgeschildert (1–4 Std.).

Trailheads

Insgesamt sechs Trailheads sind vorhanden; sie alle sind relativ komfortabel ausgestattet mit Parkplätzen sowie Informationstafeln über den Slieve Bloom Way und die Wanderrouten in der näheren Umgebung.

Dank ihrer Lage können sie auch als Zwischenstationen auf der Rundwanderung genutzt werden, denn in der Nähe finden sich jeweils Bushaltestellen, Geschäfte und einige wenige Unterkünfte.

Trailhead 1 – Glenbarrow Carpark

Von Rosenallis (zwischen Mountmellick und Birr) sind Glenbarrow und dann der Parkplatz ab der R422 ausgeschildert, die Entfernung beträgt etwa 5 km.

Trailhead 2 – Brittas Woods

Bei Clonaslee Village, ebenfalls nahe der R422 gelegen. Der Wanderparkplatz liegt hier besonders günstig, nur einige Minuten Fußweg vom Dorf entfernt.

Trailhead 3 – Cadamstown Village Carpark
Das Dorf liegt direkt an der R421, zwischen Mountmellick und Birr. Der Wanderparkplatz ist eigentlich mitten im Dorf.

Trailhead 4 – Kinnitty Forest
Bei Kinnitty Village, ebenfalls an der R421 gelegen. Vom Dorf selber sind es noch etwa 3 km auf der R440 (Richtung Mountrath).

Trailhead 5 – Glenafelly Forest Carpark
Am einfachsten von Kinnitty aus zu erreichen auf der „Old Munster Road" (Richtung Glenafilly). Der Wanderparkplatz ist ausgeschildert, die Entfernung zum Dorf beträgt hier fast 5 km.

Trailhead 6 – Monicknew Forest Carpark
Nahe Clonaslee, wahrscheinlich der abgelegenste von allen Wanderparkplätzen. Von Clonaslee aus ist der Weg beschildert (Richtung Mountmellick oder Mountain Drive), es sind jedoch 12 km bis hierher.

Ausrüstung

Die verschiedenen Trailheads liegen in sinnvollen Abständen beieinander. Als Fitnesslevel wird allgemein „normal" angegeben, es sind keine langen, extrem anstrengenden Abschnitte zu bewältigen. Allerdings gibt es einige sehr naturbelassene Wegstücke, sodass festes Schuhwerk und ein sicherer Tritt unbedingt Voraussetzung für Wandervergnügen sind. Der Zustand der Ausschilderungen ist generell sehr gut, schließlich werden sie ja auch jährlich beim Slieve Bloom Walking Festival überprüft. Dennoch sollte man sich nicht ohne Wanderkarte auf den Weg machen, vor allem, wenn man auch einmal abseits des normalen Weges „forschen" will.

Ideal für Tagestouren sind die einzelnen Abschnitte des Slieve Bloom Way.

Hochstand genutzt hatte. Ein Hochkreuz in der Nähe des Turms entging den Zerstörungen. Die Ruinen einer Abtei des Franziskanerordens sind ebenfalls in Roscrea zu sehen.

Ein ganz anderes Kapitel der Stadtgeschichte bezeugt die Ruine des **Roscrea Castle**, einer im 13. Jh. entstandenen anglo-normannischen Befestigung. Von dieser stehen allerdings nur noch Reste der äußeren Wallanlagen, der Innenhof wird dominiert vom **Damer House**. Dieses Herrenhaus im Stil der Queen-Anne-Periode (frühes 18. Jh.) besitzt auch einige sehenswerte Gartenanlagen. ◷ April–Sep tgl. 10–18 Uhr, Eintritt 4 €.

Übernachtung

Birr

Aaron House, Kinnitty, ✆ 057-9137040, 💻 www.aaronhouse.ie. In Laufweite von Kinnitty Castle gelegenes Guesthouse mit 5 geräumigen und bequemen Zimmern. Gute Basis für eine Erkundung der Midlands. Traditionelles Frühstück und Buffet. ❸

County Arms Hotel & Leisure Centre, Moorpark, ✆ 057-9120791, 💻 www.countyarmshotel.com. 70 Zimmer, zu allen Sehenswürdigkeiten günstig gelegen, ruhig. Familiäre Atmosphäre, hoher Komfort. Gourmetrestaurant und Wellnessangebote, viele Freizeitmöglichkeiten. ❸

The Stables, Oxmantown Mall, ✆ 057-9120263, 💻 www.thestablesbirr.com. Stadthaus mit altmodischen, etwas beengt wirkenden, aber noch komfortablen Zimmern, einem eigenen Café (Tea Rooms) und kleinem Kaufhaus. ❸

Essen

Birr

Brambles Café & Deli, Mill St. Gemütliches Café, guter Kaffee, selbst gebackene Kuchen und Brot, Verkauf von Öko-Produkten.

The Thatch Bar & Restaurant, Crinkle, Reetgedeckter Pub mit Restaurant, bietet großzügige Portionen zu vernünftigen Preisen.

Unterhaltung und Kultur

Birr

Haverty's Bar, Moorpark. Beliebter Pub mit traditioneller Musik samstags und sonntags im Sommer, ab etwa 21.30 Uhr.

The Thatch, Crinkle (s. o.). „Singing Club" trifft sich hier jeden ersten Montag im Monat.

Feste

Das **Slieve Bloom Walking Festival**, 💻 www.slievebloom.ie, Anfang Mai ist ein „Volkswandertag" in den Slieve Bloom Mountains. Von allen Trailheads machen sich zahlreiche Wanderer auf den Weg.

Das **Birr Vintage Week & Arts Festival** im August, 💻 www.birrvintageweek.com, bietet alte Autos und einen bunten Kulturmix.

Eines der lebendigsten Feste in den Midlands. Wenn der Sommer sich dem Ende zuneigt, in der Regel am letzten Wochenende im August, findet im Birr Castle das **Country Life Festival**, 💻 www.irishgameandcountryfair.com, statt: Von Tontaubenschießen bis hin zu historischen Vorführungen widmet man sich dem Thema „Landleben früherer Zeiten".

Informationen

Tourist Information Birr, Civic Offices, Wilmer Rd., ✆ 057-9120110.

Transport

Busse

Birr kann nur mit dem Bus, 💻 www.buseireann.ie, erreicht werden, das örtliche „Netz" ist wie üblich sehr grobmaschig. Regelmäßige Busverbindungen sind die Linien 72 von LIMERICK nach ATHLONE und 76 von SLIGO nach ATHLONE. In Athlone ist jeweils mit Bahn oder Bus Anschluss nach DUBLIN möglich.

Roscrea unterhält unter der Woche zwischen 7.30 und 20 Uhr stdl. Verbindungen mit DUBLIN (via Portlaoise und Kildare Town) zum zentralen Busbahnhof Busaras, Linie 12, Fahrtzeit etwa 2 1/2 Std. Regulärer Fahrpreis 11 €.

Stdl. Verkehr in Gegenrichtung mit Linie 12 nach NENAGH und LIMERICK.

Eisenbahn

Von **Roscrea** verkehren 2x werktags Züge nach LIMERICK oder BALLYBROPHY (Anschluss Richtung DUBLIN), 💻 www.irishrail.ie.

County Laois

Laois hat eine ähnliche Geschichte wie das benachbarte County Offaly: Auch hier wurden im Jahr 1556 die Ländereien konfisziert und von der englischen Krone an ihre treuen Siedler großzügig verteilt. Königin Mary, wegen ihrer harten anti-reformatorischen Politik auch als „Bloody Mary" bekannt, wurde gleichzeitig Namensgeberin der neu geschaffenen Region, über Jahrhunderte hieß Laois schlicht „Queen's County".

Geografisch gesehen ist Laois das County in Irland, das wohl am ehesten dem Begriff „Midlands" entspricht. Es hat keinen direkten Zugang zum Meer, es ist das einzige County, das nicht einmal ein Nachbar-County mit Küstenlinie besitzt. Weiter weg vom Wasser geht es also nicht, obwohl ein reger Schiffsverkehr auf dem Fluss Barrow und dem Grand Canal zumindest für eine Anbindung sorgt. Viehzucht und Getreideanbau prägen die recht abwechslungsreiche Landschaft, die besonders schön ist an ihren Außengrenzen – im Osten am Barrow, im Westen an den Slieve Bloom Mountains.

Portlaoise und Stradbally

Wer die Midlands erkunden will, sollte den relativ großen Ort **Portlaoise** als Basis wählen. Zwar hat die Kleinstadt touristisch nicht unbedingt viel zu bieten, doch liegt sie günstig auf halber Strecke zwischen Birr und Carlow. Allerdings sollte man bei Gesprächen nicht unbedingt erwähnen, dass man nach Portlaoise will. Denn am bekanntesten sind hier das Psychiatrische Krankenhaus und das Hochsicherheitsgefängnis.

Stradbally ist vor allem durch sein großes Herrenhaus mit ausgedehnten Ländereien, dem sogenannten **Stradbally Estate**, bekannt. Hier gibt es die verschiedensten Freizeitmöglichkeiten, darunter Reitmöglichkeiten, Paintball und Angeln. Es sind aber zwei Veranstaltungen, die das Gelände in seiner vollen Ausdehnung nutzen. Im August findet hier die Stradbally Steam Engine Rally, 💻 www.irishsteam.ie/rally.html, statt, wahrscheinlich das größte Treffen von Dampfmaschinen und Oldtimern in Irland überhaupt. Und kurz danach wird die Nostalgie durch Rock und Pop abgelöst, das mehrtägige Electric Picnic Musikfestival, 💻 www.electricpicnic.ie, zieht jedes Jahr Tausende von Fans an.

Für die Freunde von Kuriositäten sei erwähnt, dass sich auf dem Gelände des Stradbally Estate auch eine **Kapelle der russisch-orthodoxen Kirche** (ROCOR) befindet, die der Gutsherr Adrian Cosby nach einem Bruch mit der anglikanischen Kirche hier errichten ließ. Ein Besuch ist jedoch nur auf Einladung möglich, 💻 www.rocor.org.uk/Colman.html.

Ebenfalls auf dem Gelände befindet sich eine Schmalspurbahn mit Dampfbetrieb. Die **Stradbally Hall Narrow Gauge Railway** ist die älteste Museumsbahn in Irland und wurde zischen 1969 und 1982 von Hobbyisten auf einer Spurweite von 914 mm errichtet, in vergangenen Tagen der „Standard" für viele Kleinbahnen auf der Insel. Zugbetrieb herrscht normalerweise an den Bank Holiday Weekends im Sommer und an speziellen Tagen – die Website 💻 www.irishsteam.ie gibt nähere Auskunft. Diese Website gilt auch für das **Museum der Irish Steam Preservation Society** im Ort Stradbally selbst (ISPS Steam Museum, The Green, ✆ 057-8641878, 💻 www.irishsteam.ie). Hier hat der Verein ein buntes Sammelsurium von Dampffahrzeugen und -maschinen sowie Feuerwehren und landwirtschaftlichen Fahrzeugen zusammengetragen. 🕓 Wechselnd, Eintritt 5 €.

Unterkunft und Essen

€ **Traditional Farm Hostel**, Farren House, Ballacolla, Portlaoise, ✆ 057-8734032, 💻 www.farmhostel.com. Hostel auf dem Land mit 45 Betten. Waschmaschine vorhanden, Mahlzeiten und regionaler Abholservice möglich. Am ehesten für einen Zwischenstopp auf längeren Touren geeignet. Bett ab 20 €.

Portlaoise Heritage Hotel, Town Centre, Portlaoise, ✆ 057-8678588, 💻 www.theheritagehotel.com. Im Zentrum gelegenes Hotel mit 108 Zimmern. Das Hotel ist modern und komfortabel eingerichtet und bietet ein umfassendes Entspannungs- und Wohlfühlprogramm. ❺

€ **The Kitchen & Foodhall**, Hynds Sq., Portlaoise. Restaurant und Lebensmittelladen in einem, sehr gute hausgemachte Brote und Marmeladen. Im Restaurant reichhaltige Auswahl, darunter auch verschiedene vegetarische Gerichte. Geöffnet während der normalen Geschäftszeiten.

Unterhaltung und Kultur

Dunamaise Arts Centre, Church St., Portlaoise, ✆ 057-8663355, 💻 www.dunamaise.ie. Modernes Kulturzentrum, das eine bunte Mischung von lokalen Ausstellungen, Vorführungen von Amateur- und Tourneetheatern sowie Konzerten anbietet.

Informationen

Tourist Information Portlaoise,
James Fintan Lawlor Av., ✆ 057-8621178,
✉ portlaoise@failteireland.ie, Infos auch unter
💻 www.portlaoiseontheweb.com.

Transport

Busse

Von **Portlaoise** nach
DUBLIN, stdl. zwischen etwa 7.30 (ab Dublin) und 21.30 Uhr (ab Portlaoise) in beide Richtungen via Kildare Town zum zentralen Busbahnhof Busaras, Linie 12, Fahrtzeit etwa 1 Std. 50 Min. Regulärer Fahrpreis 11 €.
Die Linie 12 in entgegengesetzter Richtung führt nach LIMERICK über Roscrea und Nenagh, 💻 www.buseireann.ie oder Dublin Travel Information, ✆ 01-8366111.
Linie 8, von CORK via Fermoy, Mitchelstown, Cahir und Cashel kommend, verbindet ebenfalls 6x am Tag Portlaoise und DUBLIN (via Kildare Town zum Busaras).

Eisenbahn

PORTLAOISE besitzt einen **Bahnhof** nördlich des Stadtzentrums, von hier eingeschränkte Verbindungen nach DUBLIN und in den Westen.

County Carlow

Das zweitkleinste County Irlands, nach Louth, versteckt sich zwischen dem Fluss Barrow und den schönen Blackstairs Mountains. Kein Wunder, dass Carlow oft vergessen wird, wenn es an eine Aufzählung der Counties geht. Dabei ist Carlow ein wichtiges Ackerbauzentrum, in dem Gerste- und Weizenanbau für ein stabiles Einkommen der Einwohner sorgen. Lediglich der Anbau von Zuckerrüben kam in den letzten Jahren fast zum Erliegen. Irischer Zucker, auch wenn immer noch unter diesen Markennamen verkauft, wird mittlerweile aus Deutschland importiert.

Zahlreiche alte Bauerngehöfte, zu denen bisweilen noch immer genutzte mittelalterliche Gebäudeteile gehören, kennzeichnen das County. Leider verstecken sie sich oft zwischen den modernen Anbauten und großen Vorratssilos. Die Hauptstraßen führen immer wieder an Flussläufen entlang, die oft von Burgen geschützt sind. Durch seine Lage auf der Verbindungsstrecke von Waterford nach Dublin hatte das County auch eine strategische Bedeutung und wurde von den Anglo-Normannen entsprechend gesichert.

Mit immerhin fast 20 000 Einwohnern ist **Carlow Town** schon, zumindest für irische Verhältnisse, eine größere Stadt. Von den Anglo-Normannen wurde hier eine Festung errichtet, um den Fluss Barrow zu kontrollieren. Der Reste dieser Burg sind heute noch erhalten, beschränken sich jedoch auf zwei runde Wehrtürme mit einem Stück Mauerwerk. Wesentlich interessanter ist das klassizistische Gerichtsgebäude an der zentralen Kreuzung des Ortes, das in der ersten Hälfte des 19. Jhs. errichtet wurde. Über die Geschichte des Ortes und der Umgebung gibt eine Ausstellung im **Carlow County Museum**, ✆ 059-9131759, 💻 www.carlowcountymuseum.com, untergebracht im Rathaus der Stadt, Auskunft. An die Rebellion von 1798 und die damit verbundenen Kampfhandlungen um Carlow erinnert ein **modernes Hochkreuz**, das an der Church Street ein Massengrab markiert. Eher eine Besichtigung wert ist der **Friedhof von Killeshin**, einem kleinen Dorf westlich der Stadt, dessen Kirche ein sehr schönes Portal im romanischen Stil des 12. Jhs. vorweisen kann.

Einer der Hauptanziehungspunkte in der Umgebung ist jedoch nach wie vor der **Browne's Hill Dolmen**, der auf dem Gelände eines größeren Anwesens östlich von Carlow steht. Vermutlich als Grabkammer vor etwa vier Jahrtausenden errichtet, ist dies der größte Dolmen in ganz Irland. Der die Kammer bedeckende riesige Stein wird auf ein Gewicht von etwa 100 t geschätzt.

Übernachtung

Carlow

Avlon House B&B, Green Ln., Dublin Rd., ✆ 059-9174222, 🖳 www.avlonhouse.com. Das Avlon House ist ein neugebautes Stadthaus mitten in Carlow Town und eine gute Basis für eine Erkundung der Umgebung. 5 moderne, bequeme Zimmer mit höchstem Komfort. Gutes Frühstück. ❷–❸

Barrowville Town House, Kilkenny Rd., ✆ 059-9143324, 🖳 www.barrowville.com. Rund 200 Jahre altes Guesthouse mit 7 kleineren, aber gemütlichen Nichtraucher-Zimmern, nur wenige Minuten vom Ortszentrum entfernt. Sehr angenehme, unaufdringliche Atmosphäre bei hohem Komfort. Privater Parkplatz. ❷–❸

St. Mullin´s

Ebenfalls einen Abstecher von der schnellsten Route wert ist das **Mulvarra House**, Graiguenamanagh, St. Mullin's, ✆ 051-424936, 🖳 www.mulvarra.com. Dieses gemütliche B&B mit 5 bequemen Zimmern hat Blick auf den River Barrow und den alten Hafen von St. Mullins. Genau richtig, wenn man mal so richtig abschalten möchte. ❸

Essen

Carlow

Lautrec's Brasserie, 115 Tullow St., ✆ 059-9143455, 🖳 www.lautrecs.com. Vom französischen Maler inspiriertes Restaurant mit einem sehr farbenfrohen Dekor, einer guten internationalen Küche ohne wirklich besondere Höhepunkte. Empfehlenswert ist das „Early Bird Menu" (So–Do 17–19.30, Fr 17–19 Uhr) mit drei Gängen für rund 25 €.

Exquisites Hotel in Leighlinbridge

Wer eine komfortable Übernachtung in einer sehr angenehmen Umgebung sucht, sollte den Abstecher nach Leighlinbridge in Erwägung ziehen. Am River Barrow liegt das **Lord Bagenal Inn**, Main St., ✆ 059-9774000, 🖳 www.lordbagenal.com, ein exquisites Hotel in Hafennähe mit 39 modern eingerichteten und überaus komfortablen Zimmern. Moderne Kunstwerke schmücken das Hotel, dessen Restaurant und Bar nicht nur bei Übernachtungsgästen sehr beliebt ist. Am Wochenende oft günstige Angebote. ❸–❹

Clonegal

Sha-Roe Bistro, Main St., ✆ 053-9375636. Einen Abstecher wert ist das zu Recht vielgelobte kleine, gemütliche Restaurant. Empfehlenswert: Rindersteak und Lamm sowie anschließend die Käseplatte. Buchung am Wochenende erforderlich. Etwas höherpreisig, aber durchaus noch tragbar.

Unterhaltung und Kultur

Carlow Town hat ein immenses Angebot an Pubs, in denen regelmäßig auch traditionelle Sessions abgehalten werden. Der beste Tipp ist es, vor Ort einfach von Tür zu Tür zu gehen und sich dort hinzuzugesellen, wo es gerade gemütlich erscheint. Folgende Häuser haben sich noch eine eigene, meist traditionelle Atmosphäre erhalten (in Klammern jeweils die regelmäßigen Sessions, in der Regel ab 21.30 Uhr beginnend): **Carlovian Bar**, Tullow St. (1. Fr im Monat); **Miller's**, Tullow Rd. (So); **Peggy's Place**, Dublin St. (Do, Sa); **The Royal Hotel**, Dublin St. (Di); **Scraggs Alley**, Tullow St. (Mi); **Seven Oakes Hotel**, Athy Rd. (Mo); **Teach Dolmain**, Tullow St. (Do).

Feste

Das **Éigse Carlow**, 🖳 www.eigsecarlow.ie. Mitte Juni ist ein multikulturelles Kulturevent mit stark variierendem Programm. Geboten wird u. a. Theater, Musik und gelegentlich auch Improvisationskunst zum Mitmachen. Ein sehr buntes Festival über zehn Tage.

Das **Carlow Autumn Walking Festival** Anfang Oktober, 🖳 www.carlowtourism.com, ist eine sehr beliebte Wanderveranstaltung für alle Fitnesslevel.

Informationen

Tourist Information Carlow, Tullow St., Carlow Town, ✆ 059-9131554, ✉ carlow@failteireland.ie, Infos auch unter 🖳 www.carlowtourism.com.

Paragliding am Mount Leinster

Irland einmal aus der Vogelperspektive sehen, fast lautlos über die Landschaft gleiten – am Mount Leinster kann man sich diesen Wunsch erfüllen. Das Risiko eines schweren Unfalls ist dabei recht gering, sodass auch Anfänger durchaus den Sprung wagen können. Doch selbstverständlich nur im Rahmen eines Kurses!

Paraglide Adventure Ireland,
🖳 www.paraglideadventure.com,
bietet solche Kurse an, u. a. am:
Black Hill östlich des Blessington Reservoir (County Wicklow),
Lough Bray im Glencree Valley (County Wicklow), und am spektakulärsten am **Mount Leinster** in den Counties Wexford und Carlow.

Weitere Informationen bietet auch die Website der Irish Hang Gliding and Paragliding Association (🖳 www.ihpa.ie).
Das größte Risiko? Seien wir ehrlich: Abgesehen vom angeknacksten Ego bei einer nicht ganz glatten Landung, eventuell einer Verstauchung, ist es die Landung in den wunderbar gelb blühenden Ginsterbüschen. Davon werden Gleitschirmflieger garantiert noch lange erzählen ...

Transport

Busse

Zwischen Dublin und Carlow verkehren sehr häufig am Tag Busse, 🖳 www.buseireann.ie, örtliche Querverbindungen lassen meist zu wünschen übrig.
DUBLIN, unter der Woche zwischen 6.50 und 20.45 Uhr 9x tgl., Linie 4, Fahrtzeit etwa 1 Std. 35 Min. Regulärer Fahrpreis nach Dublin 11 €.
WATERFORD, unter der Woche zwischen 6.50 und 20.45 Uhr 9x tgl., Linie 4, Fahrtzeit 1 Std. 25 Min.). Abfahrt am Busbahnhof, Kennedy Av.

Eisenbahn

Relativ gut ist die Anbindung der Region mit der Eisenbahn, 🖳 www.irishrail.ie. Bahnhöfe befinden sich in **Portarlington** (Intercity Dublin–Galway), in **Portlaoise** und in **Carlow Town** (Intercity Dublin–Waterford).

County Tipperary

Eine ganz und gar ländliche Idylle! Das County Tipperary, wegen seiner Größe verwaltungstechnisch in die Regionen Nord-Tipperary und Süd-Tipperary unterteilt, erstreckt sich als weite fruchtbare Ebene im Südosten der Grünen Insel. Hügellandschaften begrenzen das County, in dem Kühe auf weiten Weidegründen grasen. In den etwas höher gelegenen Regionen, z. B. den Galtee Mountains, werden Schafe gehalten, die weniger Ansprüche an Weidegründe stellen. Zwar hat Tipperary keinen direkten Zugang zum Meer, die Flüsse Suir und Shannon sorgen jedoch zusammen mit dem Lough Derg für eine wasserreiche Landschaft.

Inmitten dieser bäuerlichen Landschaft sind es in erster Linie die historischen Monumente in Cashel und Cahir, die für Touristen von Interesse sind.

Cashel und Umgebung

Eine der Hauptattraktionen im County Tipperary ist der Rock of Cashel, eine mittelalterliche Kirchenanlage auf einem weithin sichtbaren Felsvorsprung. Diese gehört zu den wohl am meisten fotografierten Plätzen in Irland und hat eine bewegte Geschichte.

Der Ort Cashel ist touristisch nicht von großem Interesse, dennoch lohnt ein kurzer Spaziergang. Das Cashel Palace Hotel in der Nähe des Rock diente früher als Wohnsitz des Bischofs, das Gebäude ist im typischen Stil der Regierungszeit der Königin Anne errichtet und einfühlsam renoviert worden. Ein Kontrast zum

Kearney Castle Hotel, bei dem die Reste der Burg aus dem 12. Jh. als Basis verwendet wurden. Das **Brú Ború Heritage Centre** in Cashel informiert über die Ortsgeschichte und in der Multimediashow „Sounds of History" über irische Folklore. Besser als die „Konserve" ist jedoch das Abendprogramm im Sommer mit irischer Folklore und Volkstheater. ◷ Tagsüber (Vorstellungen nur im Sommer), Eintritt frei, Gebühren für Veranstaltungen und Multimediaschau.

Rock of Cashel

Der Felsen, ✆ 062-61437, 💻 www.heritageireland.ie, der sich urplötzlich aus der Ebene erhebt, ist wahrscheinlich schon in der Vorzeit als Versammlungspunkt und Verteidigungsanlage genutzt worden. Sicher ist, dass sich ab dem 5. Jh. (eventuell auch schon früher) der Sitz der Könige von Munster hier befand. Diese übergaben im Jahr 1101 die gesamte Anlage an die Kirche, Cashel wurde zum Bischofssitz und zum religiösen Zentrum der Umgebung. Was nicht immer unumstritten war: Überliefert ist die Geschichte eines irischen Fürsten, der aus Wut über das Verhalten des Bischofs einen Teil der Anlage niederbrannte. Vor Gericht befragt, was ihn denn dazu getrieben hätte, ausgerechnet eine Kirche in Flammen aufgehen zu lassen, gab er die ehrliche und entwaffnende Antwort: „Ich dachte, der Bischof sei noch drin!" Das endgültige Aus kam dann im Jahr 1647 durch die Truppen Oliver Cromwells, die den mittlerweile wieder befestigten Berg belagerten und nach der Eroberung bis zu 3000 Menschen hingerichtet haben sollen. Von diesen Ereignissen erholte sich Cashel nie wieder, gegen Ende des 18. Jhs. wurde die Kathedrale endgültig aufgegeben und dem langsamen Verfall ausgesetzt. Heute wirkt die Anlage auf den ersten Blick noch sehr gut erhalten, aus der Nähe erkennt der Besucher jedoch die Ruinen. Lediglich der Eingangsbereich, früher als Wohnhaus des Chores und heute als Museum genutzt, wurde neu überdacht und renoviert. Dies ist, zusammen mit der kleinen Burg, der jüngste Teil der Anlage, entstanden im 15. Jh. Hier wird auch das Eintrittsgeld erhoben. ◷ Tgl. mind. 9–16.30, im Sommer bis 19 Uhr, Eintritt 6 €.

Fotomotiv Rock of Cashel?

Aus der Nähe betrachtet, ist der Rock of Cashel gar nicht so fotogen, wie er auf den Postkarten immer erscheint. Ein Problem der Perspektive: Da der Berg aus dem Flachland aufragt, hat man immer einen ungünstigen Standpunkt. Die meisten Profifotos sind daher mit dem Teleobjektiv entstanden. Wer die klassische Komplettansicht sucht, der muss etwas in die Landschaft hinaus. Von den leichten Anhöhen in etwa 1 oder 2 km Entfernung hat man den wohl besten Blick.

Die ältesten Teile sind im Laufe der Zeit so sehr in die Gesamtanlage integriert worden, dass man sie suchen muss. Zum Beispiel den Rundturm, der eventuell schon aus dem 11. Jh. stammt. Er wurde von der später erbauten Kathedrale als Glockenturm genutzt und teilweise integriert. Rund 50 Jahre später entstand die Kapelle des Cormac, eines der schönsten und am besten erhaltenen Beispiele der romanischen Kirchenbaukunst des 12. Jhs. Besonders die Verzierungen der Steine sind beachtenswert. Über der nördlichen Tür sieht man den Kampf zwischen einem Löwen und einen Zentauren. Aus ungefähr derselben Zeit soll auch das Kreuz des Hl. Patrick stammen, das an einen Besuch des Missionars in Cashel um das Jahr 450 herum erinnern soll. Ob dieser Besuch nun wirklich stattgefunden hat oder eher ein frommer Wunsch der mittelalterlichen Könige von Munster war, ist eigentlich irrelevant. Relevant ist dagegen, dass das auf dem Freigelände sichtbare Kreuz nur eine Kopie ist, das Original ist im Museum untergebracht.

Den größten Raum auf dem Felsen nimmt die Kathedrale aus dem 13. Jh. ein. Sie ist im typischen Baustil der Gotik errichtet und hat massive Wände, durch die sich teilweise Geheimgänge ziehen. Wesentlich beeindruckender sind jedoch die zahlreichen Sarkophage mit ihren feinen Steinmetzarbeiten, die zum Teil außergewöhnlich gut erhalten sind.

Rund um Cashel liegen noch die Ruinen einiger weiterer kirchlicher Anlagen. Unmittelbar am Fuß des Felsens befindet sich eine Klosteranlage aus dem 13. Jh., die **Dominican Friary**. Sie besitzt einige schöne architektonische Details, der Turm

Mittelalterliche Klosterstadt auf dem Rock of Cashel

Meath und die Midlands

Der flexible Bischof Miler Magrath

Nicht die schönste, aber vielleicht die interessanteste Grabstelle auf dem Rock of Cashel gehört Miler Magrath (1523–1622). Der Kirchenmann war nicht nur für seine Langlebigkeit bekannt, sondern auch für seine gute Nase in Sachen religiöse Tagespolitik. Er begann seine Karriere als Franziskanermönch, verbrachte einige Jahre in Rom und schaffte es dann, zum Bischof von Down und Connor ernannt zu werden. Da ein katholischer Bischof in den Zeiten der Königin Elizabeth I. aber nicht unbedingt beliebt war, erklärte Magrath 1567 seine Loyalität zur anglikanischen Kirche. Der Lohn war die Position des Bischofs von Clogher und schließlich des Erzbischofs von Cashel. Skurrilerweise schien diese Entwicklung die katholische Kirche erst einmal gar nicht zu beunruhigen, erst 1580 entzog Rom Magrath die Bischofswürde. So ging der ansonsten für seine Geldgier und seine Bestechlichkeit bekannte Magrath in die Geschichte ein als der einzige Mann, der gleichzeitig Bischof der anglikanischen und der katholischen Kirche war. Einen Vorkämpfer für die Ökumene kann man ihn trotzdem nicht nennen.

stammt jedoch aus dem 15. Jh. In einem Feld nahe des Rock of Cashel ist deutlich die **Hore Abbey** zu sehen, eine Zisterzienserabtei aus dem 13. Jh. Teile dieser Anlage sind noch im Original erhalten, jedoch stammt auch hier der Turm aus dem 15. Jh., zu dieser Zeit fand eine gründliche Restaurierung der Abtei statt. Kurios ist ihre Geschichte, denn eigentlich soll es sich hier um eine Gründung der Benediktiner gehandelt haben. Als jedoch das Gerücht aufkam, dass dieser Orden dem Bischof von Cashel nach dem Leben trachtete, übergab er die Abtei an die Zisterzienser.

Thurles

Der Sitz des Bischofs von Cashel und Emly liegt heute in Thurles, einer Stadt von etwa 7500 Einwohnern am Ufer des Flusses Suir. Die ältesten Bauwerke am Ort sind zwei Burgtürme: **Bridge Castle** (12. Jh.) und **Black Castle** (15. Jh.). Wesentlich jünger ist die **Kathedrale**, um 1870 nach italienischen Vorbildern gebaut und mit einem Hochaltar aus dem Barock (eine Arbeit von Andrea Pozzo aus dem 17. Jh.) versehen, der ursprünglich zu einer Kirche in Rom gehörte. In der Kathedrale findet sich auch das Grab von Erzbischof Croke, der vor allem durch seine Förderung der Gaelic Athletic Association (GAA) bekannt wurde und nach dem das Dubliner Zentralstadion Croke Park benannt ist. In Irland sind Religion, Sport und Politik nicht unbedingt getrennte Themen.

Thurles war im Mittelalter dafür bekannt, dass hier ein Splitter des „Wahren Kreuzes" zu Hause war. Die 1169 von den Benediktinern gegründete **Abtei Holy Cross**, ✆ 0504-43124, 💻 www.holycrossabbey.ie, soll diese Reliquie geschenkt bekommen haben, die genaue Herkunft dürfte kaum nachzuweisen gewesen sein. Auf jeden Fall sorgte die Reliquie für einen regen Ansturm von Pilgern, die schon ab 1180 vom Zisterzienserorden betreut wurden. Dieser Orden war dann auch für die umfangreichen Renovierungs- und Neubaumaßnahmen des 15. Jhs. verantwortlich, die der Anlage ihre heutige Form gaben. Weitgehend im gotischen Stil erbaut, ist die Abteikirche in der Neuzeit noch einmal vollkommen restauriert worden und heute wieder ein Anziehungspunkt sowohl für Touristen wie auch für Pilger. Interessant ist die Wandmalerei im südlichen Querschiff, solche Verzierungen haben in Irland die Wirren während der letzten Jahrhunderte selten überdauert. Hier handelt es sich allerdings nicht um eine kirchliche Szene, sondern um drei Jäger, die einem Hirsch nachstellen.

Übernachtung

Cashel

Cashel Holiday Hostel, John St., ✆ 062-62330, 💻 www.cashelhostel.com. Familiäres Hostel, das schon seit einigen Jahren Touristen in Cashel eine einfache, aber saubere und bequeme Unterkunft bietet. Fahrradverleih, Gästeküche, Internet. Mitten im Ort gelegen, nur ein kurzer Weg vom Rock of Cashel entfernt. Bett ab 15 €.

€ **Cashel Lodge**, Rock House, ✆ 062-61003, 💻 www.cashel-lodge.com. Kleines Hostel in einem sehr schönen Steingebäude zwischen dem Rock of Cashel und der Hore Abbey. Bietet durchaus gehobenen Standard in der Preisklasse (Bett 20 €) und liegt einfach schön. Familienfreundlich. Auf Wunsch reichhaltiges Frühstück mit hausgebackenem Brot (nicht im Preis inbegriffen). ❷

Baileys of Cashel, Main St., ✆ 062-61937, 💻 www.baileys-ireland.com. Zentral gelegenes Hotel im georgianischen Stil mit 20 Zimmern. Sehr schön restauriert mit komfortablen, aber stilvoll „altmodischen" Zimmern und luxuriösen Extras. ❹

Cashel Palace Hotel, Main St., ✆ 062-62707, 💻 www.cashel-palace.ie. Ehemalige Residenz des Bischofs, 1730 errichtet, die heute 23 Zimmer bietet. Das Hotel wurde erst vor kurzer Zeit komplett renoviert und bietet modernen Komfort in äußerst traditionellem Ambiente. Direkter Verbindungsweg zum Rock of Cashel. ❹–❺

Thurles

€ **Fairy Fort Farm** (auch als Blue Star Hostel bekannt), Summerhill, Borrisoleigh, ✆ 086-4021659, 💻 www.fairyfortfarm.com. Freundliches Hostel auf dem Gelände einer für Touristen ausgebauten Farm, die ein wenig das Image vom Hollywood-freundlichen „Old Ireland" pflegt – mit dem „Grab des unbekannten Leprechaun". Verschiedene Schlafsäle und Zimmer. Rund 10 km nordwestlich von Thurles gelegen. ❶

Anner Hotel & Leisure Centre, Dublin Rd., ✆ 0504-21799, 💻 www.annerhotel.ie. Am Rand von Thurles gelegenes Hotel mit 64 Zimmern. Komfortable Zimmer, auch wenn das Hotel irgendwie keinen echten „Charakter" besitzt. ❹

Essen

Cashel

Chez Hans, Moore Ln., ✆ 062-61177, 💻 www.chezhans.net. Restaurant in ehemaliger Kirche nahe dem Rock. Spezialität: Cassoulet of Seafood, Lamm- und Rindgerichte. Kleineres Bistro nebenan, mit eingeschränkter Speisekarte, aber gleich hoher Qualität.

Unterhaltung und Kultur

Cashel

Das **BrúBorú Heritage Centre**, in der Nähe des großen Parkplatzes am Rock of Cashel, bietet im Sommer Volksmusik und Theater, das Angebot scheint sehr stark auf Touristen zugeschnitten zu sein. Dabei haben sich jedoch traditionelle Elemente halten können, sodass hier noch kein Disneyland-Effekt aufkommt.

Pubs: In Cashel bieten zahlreiche Pubs traditionelle Sessions und ähnliche Musikveranstaltungen an. Die Qualität ist schwankend, auch hier werden sehr starke Konzessionen an die Besucher gemacht. Wenn es wieder stiller wird, steigt die Qualität.

Davern's, 20 Main St. Traditionelle Sessions am Montag und Mittwoch, auch an anderen Tagen oft Livemusik. Da der Pub schön altmodisch und verwinkelt ist, lässt sich trotzdem immer ein stilles Plätzchen finden. Wenn man will. Vielleicht der beste Pub in Cashel.

Mikey Ryan's, Ladywell St. Sessions an jedem Dienstag und Donnerstag, an den anderen Tagen dominiert dagegen das einheimische Publikum. Oftmals weniger überlaufen als andere Gaststätten im Ortskern.

Informationen

Tourist Information Cashel, Main St., ✆ 062-61333, ✉ info@casheltouristoffice.com, Infos auch unter 💻 www.cashel.ie.

Transport

Busse

DUBLIN, 6x tgl. zwischen 8 und 19.35 Uhr von (und nach) Cashel. Der Bus nach Dublin fährt via Portlaoise und Kildare Town zum zentralen Busbahnhof Busaras, Linie 8, Fahrtzeit etwa 3 Std., Fahrpreis 13 €, 💻 www.buseireann.ie

CORK, Linie 8 in Gegenrichtung erreicht Cork über Cahir, Mitchelstown und Fermoy.

Eisenbahn

Die Eisenbahn, 💻 www.irishrail.ie, hält in den vier oben genannten Orten, sodass CASHEL trotz seiner abgelegenen Position fast vorbildlich mit öffentlichen Verkehrsmitteln erreichbar ist.

Tipperary Town und Umgebung

Tipperary Town ist zwar die Hauptstadt der Region, touristisch gesehen aber unbedeutend. Allenfalls die Reste einer Klosterkirche aus dem 13. Jh. und einer alten Volksschule wären sehenswert.

Nicht weit entfernt erheben sich am Ufer des Flusses Suir die beeindruckenden Ruinen der **Athassel Priory**. Diese wurde 1192 von William de Burgh gegründet und den Augustinern übergeben, das Grabmal des Stifters befindet sich in der Kirche. Athassel war im Mittelalter die größte Klosteranlage Irlands, ein Eindruck, den die ausgedehnte Ruinenlandschaft auch heute noch zu bestätigen scheint. Insgesamt 1,6 ha gehören zum Gelände und die Kirche weist eine Länge von nicht weniger als 65 m auf. Die zahlreichen Gebäudereste lohnen eine Erkundung. Das Kloster ist übrigens nicht ein Opfer der Reformation unter Heinrich VIII. geworden, bereits im Jahr 1447 brannte es nieder. Auch von der kleinen Stadt, die sich im Schatten des Klosters auf der anderen Flussseite entwickeln konnte, sind heute keine Spuren mehr zu sehen.

Das **Glen of Aherlow,** 💻 www.aherlow.com, früher der wichtigste Pass zwischen den Counties Limerick und Tipperary, ist ein sehr schönes Naherholungsgebiet nur wenige Kilometer südlich von Tipperary Town. Die malerischen Dörfer **Galbally** und **Bansha** liegen an den äußeren Enden dieses Tals, das zahlreiche Möglichkeiten für Wanderer, Radfahrer und Anleger bietet. Früher war es vor allem durch Banditen und Straßenräuber bekannt.

Übernachtung

Tipperary

Ballyglass Country Hotel, Glen of Aherlow Rd., Ballyglass, 📞 062-52104, 💻 www.ballyglass house.com. Landhaus aus dem 18. Jh. mit 10 Gästezimmern am Rand von Tipperary. Komfortable Zimmer, viele Extraangebote für einen erholsamen Aufenthalt. Kombiniert modernen Komfort mit „old world charme". ❸

Glen of Aherlow

Aherlow House Hotel & Lodges, Glen of Aherlow, 📞 062-56153, 💻 www.aherlowhouse.ie. Ein Haus aus der Tudorzeit, das in den letzten Jahren einfühlsam modernisiert und in ein komfortables Hotel mit 29 Zimmern umgewandelt wurde. Eigene Hunting Lodge Bar, die auch von Einheimischen gerne genutzt wird. Restaurant, Babysitter, Internet. ❸–❹

Informationen

Tourist Information Glen of Aherlow Fáilte Society, Coach Rd., 📞 062-56331, 💻 www.aherlow.com.

Transport

Busse

Tipperary Town und die Orte der Umgebung sind mit dem Bus, 💻 www.buseireann.ie, leicht erreichbar, es bestehen regelmäßige Verbindungen nach CORK, LIMERICK und DUBLIN.

Eisenbahn

Auch die Eisenbahn, 💻 www.irishrail.ie, ist eine Alternative, sowohl TIPPERARY TOWN als auch CAHIR, CLONMEL und CARRICK-ON-SUIR sind Haltepunkte auf der Intercity-Verbindung zwischen Waterford und Limerick Junction. Mehrere Züge tgl. Die Fahrt mit der Bahn kann einen gewissen Zeitvorteil vor den oft anhaltenden Bussen bringen, sich jedoch auch als teurer herausstellen. Wie immer ist eine Vorbuchung über das Internet (mit Preisvergleich) sehr sinnvoll.

Cahir

Cahir (2000 Einw.) ist eine kleine Marktgemeinde, die früher vor allem als Militärstützpunkt und für ihre Mühlen bekannt war. Die Stadt selbst hat nur die Reste eine Abtei des Augustinerordens aus dem 13. Jh. zu bieten, sehenswert wegen der schön gestalteten Köpfe aus Stein, die die Fenster verzieren. Außerhalb der Stadt, und doch mitten in ihr, steht **Cahir Castle**, 📞 052-7441011, 💻 www.heritageireland.ie. Man erreicht die Burg durch die nach ihr benannte Castle Street, bekannt durch zahlreiche Pubs. Potenzielle Eroberer standen allerdings vor einem Problem,

It's a Long Way ... Folk und Schlager

Versuchen Sie einmal, wenigstens ein irisches Lied zu nennen, das auch Ihr Großvater kannte. Eine Antwort aus dem Stegreif erscheint unmöglich, aber nach mehr oder minder langem Nachdenken kommt meist eine Antwort: *It's a Long Way to Tipperary*! Das Lied wurde als Marschlied der britischen Soldaten bekannt und selbst unter den Gegnern in immerhin zwei Weltkriegen konnte man die Melodie mitpfeifen und zumindest den Beginn des Refrains mitsingen. Und da Tipperary nun einmal in Irland liegt, ist es doch ein irisches Lied ... oder?

Instant-Folklore aus dem Schlagertopf

Weit gefehlt, denn es handelte sich um einen Schlager, den die beiden Engländer Jack Judge und Harry Williams 1912 schrieben und in dem Tipperary nur vorkam, damit die Textzeile rund wurde. Mit Irland an sich hatten die Autoren nichts am Hut und das Lied hat auch kein einziges typisches irisches Element in sich. Aber es ist für immer mit Irland verbunden. Ein Schicksal, das das Lied mit anderen teilt. Etwa *Forty Shades of Green*, in dem ein junger Mann seine ebenfalls in Tipperary zurückgebliebene große Liebe beweint – dieses Lied schrieb der amerikanische Country-Star Johnny Cash für ein Irland-inspiriertes Album. Oder auch *Danny Boy*, vor allem in den USA gerne gesungen, das zumindest auf einer Sammlung irischer Melodien aus der Mitte des 19. Jhs. basiert und dessen vollkommen der Sentimentalität ergebener Text dem englischen Dichter Fred Weatherly zu verdanken ist. So ist dann mittlerweile manches Lied als „typisch irisch" bekannt, dessen Verbindung zu Irland nicht unbedingt der näheren Prüfung standhält.

Mit dem Wild Rover an die Nordseeküste

Natürlich gibt es in Irland nach wie vor traditionelle Volksmusik. Aber daneben gibt es auch den weiten Bereich des Folk, der in Deutschland wohl eher zwischen den volkstümlichen Musikanten und der Schlagerparade eingeordnet werden würde. Zumindest, wenn dieselben Lieder auf Deutsch gesungen würden. Als Beispiel kann man Urgesteine der irischen Volksmusik (jedenfalls nach einer recht weit gefassten Definition) nennen. Da wären die Clancy Brothers, der Letzte von ihnen verstarb erst 2009, die mit dicken Aran-Pullovern und harmonischen Stimmen ab 1959 in den USA enorme Erfolge feierten. Ihr Repertoire reichte von nachdenklichen Balladen bis zum Gassenhauer, in letztere Kategorie fiel das leicht maritim angehauchte *Liverpool Lou*. In Deutschland Anfang der 1970er-Jahre eher als *Hamburger Deern* bekannt. An der Nordseeküste hatte man ohnehin wohl ein Flair für die irische Musik, schließlich machte Torfrock den *Wild Rover* unter diesem Titel noch banaler, als er im irischen Original schon war. Doch nicht nur im hohen Norden konnte sich musikalische Verwirrung breitmachen. Während manche Irlandfans eine Träne verdrückten, wenn die Fureys vom *Red Rose Café* sangen, wollten sie mit der identischen *Kleinen Kneipe* des Peter Alexander nicht in Verbindung gebracht werden. Und welche Verbindung die Bee Gees mit Irland hatten, deren *First of May* auf einem Album der Wolfe Tones auftauchte, ist bis heute rätselhaft – die republikanische Kampfkapelle hatte aber ohnehin neben vertonten Hasstiraden immer wieder Lieder im Programm, die selbst hartgesottenen Schlagerfans kalte Schauer den Rücken hinunterjagen.

Country & Irish – Blick in den musikalischen Abgrund

Die Iren allerdings sehen das Ganze wesentlich unverkrampfter, für sie ist eine eingängige Melodie nun einmal eine eingängige Melodie und nicht der Anlass für eine Grundsatzdebatte über Musikstile und mehr oder minder willkürlich gewählte Kategorien, in die einzelne Lieder oder das Gesamtwerk eines Künstlers eingeordnet werden sollen. Das zeigt sich dann spätestens, wenn ein Lied in der Schublade „Country & Irish" landet. Eine Schublade, in der man nicht unbedingt herumwühlen sollte, will man nicht eine spezifisch irisch-musikalische Büchse der Pandora öffnen. Wenn die durchaus erfolgreichen Vertreter dieses Genre beginnen, im Walzertakt ihren Traktor oder Zuchtbullen anzuhimmeln, dann wird es Zeit für eine Zigarette draußen vor der Tür. Selbst für Nichtraucher.

denn die Festung wurde auf einer Felseninsel mitten im Fluss Suir erbaut. Sie hat immer noch einen starken mittelalterlichen Charakter, das ursprüngliche Festungswerk wurde jedoch im Laufe der Zeit mehrfach um- und ausgebaut. Die Familie Butler nutzte die Burg als Stützpunkt und ließ sie im 15. und 16. Jh. stark erweitern. Der Kern ist die anglo-normannische Burg, von der jedoch nur noch die Fundamente und einige Burgmauern erhalten sind. Die Innengestaltung der Gebäude stammt teilweise aus der Mitte des 19. Jhs., ist jedoch nicht weniger beeindruckend. Hier wurde darauf geachtet, dass nicht allzu große Stilbrüche offensichtlich werden. Wegen seines guten Zustandes wurde Cahir Castle auch schon für mehrere Filmproduktionen verwendet. ◷ Tgl. mind. 9.30–16.30 Uhr, im Sommer 18.30 Uhr, Eintritt 3 €.

Einen komplett anderen Baustil zeigt das **Swiss Cottage**, ✆ 052-7441144, 🖳 www.heritageireland.ie, das von der Familie Butler zu Beginn des 19. Jhs. nach Plänen des Architekten John Nash gebaut wurde. Es liegt im Cahir Park (von der Ortsmitte gut ausgeschildert, etwa 20 Min. Fußweg). Hier sollte sich der Traum vom einfachen Landleben erfüllen, ohne dabei auf Luxus und Behaglichkeit verzichten zu müssen. Lord und Lady Cahir zogen sich hierher zurück, um in „bäuerlicher" Kleidung ein beschauliches Leben am Busen der Natur zu führen – während sich ihre Pächter abrackerten, um den hohen Herrschaften die Idylle zu finanzieren. Das „Schweizerhäuschen" (das nicht sehr schweizerisch wirkt) war nach den Grundsätzen der damaligen Mode entworfen. Es musste in „natürlichen Formen" (also möglichst wie organisch gewachsen) und unregelmäßig gebaut werden, alle Fenster waren von verschiedener Größe, alle Dächer von verschiedenen Neigungswinkeln, alle Verzierungen von individuellem Design. Ähnlichkeiten mit der Architektur einer Rudolf-Steiner-Schule wären rein zufällig. Heute ist das Swiss Cottage im Besitz des Staates und für jedermann im Rahmen einer Führung zu besichtigen. ◷ April–Okt tgl. 10–18 Uhr, Eintritt 3 €.

€ Traumhafte Jugendherberge

Mountain Lodge Hostel, Burncourt, Cahir, ✆ 052-7467277, 🖳 www.anoige.ie. Vielleicht eine der schönsten Jugendherbergen in Irland, ca. 16 km außerhalb von Cahir in einem runden ehemaligen Jagdhaus in den Wäldern der Galtee Mountains. Beleuchtung mit Gas, Heizung mit Feststoffbrennofen – ein Schritt zurück in die „gute alte Zeit". Hostel ist tagsüber (10–17 Uhr) nicht geöffnet, keine Privatzimmer! Optimal für Wanderer, die den Tipperary-Weg gehen. Bett 15 €.

Übernachtung

Cahir House Hotel, The Square, ✆ 052-7443000, 🖳 www.cahirhousehotel.ie. Im Zentrum gelegen, nicht weit von Cahir Castle und Swiss Cottage entfernt, bietet dieses Hotel 40 Zimmer mit annehmbarem Komfort der mittleren Klasse. Reservierung notwendig. ❸

Essen

Clogheen

The Old Convent Gourmet Hideaway, Mount Anglesby, ✆ 052-7465565, 🖳 www.theoldconvent.ie. Ein wunderschön gelegenes Guesthouse mit Restaurant, ca. 14 km südlich von Cahir. Ein 9-Gänge-Probiermenü wird für weniger entschlussfreudige Gäste angeboten. Optional dazu: Käseplatte mit 7 irischen Käsesorten, Früchten und Pflaumenmus.

Informationen

Tourist Information Cahir, Castle Car Park, ✆ 052-7441453, ✉ cahir@failteireland.ie, Infos auch unter 🖳 www.cahir.ie.

Transport

Busse

DUBLIN, tgl. zwischen 8 und 19.20 Uhr, 6 Verbindungen zwischen Cahir und Dublin, via Cashel, Portlaoise und Kildare Town, zum zentralen Busbahnhof Busaras, Linie 8, Fahrtzeit etwa 3 Std. Regulärer Fahrpreis 13 €, 🖳 www.buseireann.ie.

6x tgl. Linie 8 am Tag nach MITCHELSTOWN, FERMOY und CORK.

Mitchelstown Cave

Einige Kilometer von Cahir entfernt bietet sich noch eine ganz andere Besucherattraktion, hier führt bei Burncourt die Mitchelstown Cave, ☏ 052-7467246, 🖳 www.mitchelstowncave.com, unter die Erde. Es handelt sich um ein Höhlensystem, das aus dem Kalkstein ausgewaschen wurde. Führungen werden für Gruppen ab mindestens zwei erwachsenen Personen angeboten. Mitchelstown war übrigens die erste Höhle in Irland, die für den modernen Tourismus erschlossen wurde. ◷ Tgl. ab 10 bis mind. 17.30 Uhr, Eintritt 7 €.

Übernachtung

Fir Grove Hotel, Cahir Hill, Mitchelstown, ☏ 025-24111, 🖳 www.firgrovehotel.com. Kleines, modernes Hotel mit 14 Zimmern in der Nähe der Mitchelstown Caves. Gute Zimmerausstattung und praktische Lage für Touren. ❹

Clonmel

Die mit 17 000 Einwohnern größte Stadt in der Gegend war jahrhundertelang ein wichtiger Umschlagplatz für landwirtschaftliche Produkte und andere Waren und ein politisches Zentrum zugleich. Sowohl die Desmonds als auch die Butlers hatten hier befestigte Stützpunkte und lieferten sich im 16. Jh. einen zähen Kampf um die Vorherrschaft. Der eigentliche Wohlstand der Stadt entstand durch die Mühlen und die Brauereien, die beide das Wasser des Flusses Suir nutzten. Bekannt wurde der Ort nicht zuletzt durch Charles Bianconi, der im 19. Jh. einen Kutschendienst von Clonmel nach Cahir ins Leben rief, den er später zu einem ganz Irland umfassenden Netzwerk ausbaute. Regelmäßig verkehrende Kutschen und auch die ersten Buslinien waren in Irland als „Bianconis" bekannt. Ein weiterer prominenter Bewohner der Stadt war der Schriftsteller Laurence Sterne, der hier im Jahr 1713 geboren wurde.

Die Stadt selbst hat nur wenige Sehenswürdigkeiten zu bieten, interessant ist das **West Gate** über der O'Connell Street, trotz der Tudor-Architektur ein Gebäude des 19. Jhs. In derselben Zeit wurde auch die **Franziskaner-Abtei** komplett renoviert und ihr Baustil in Imitation des „Early English Style" dem Zeitgeschmack angepasst. Der Turm stammt jedoch original aus dem 15. Jh. und in der Kirche findet man einige Familiengräber der Butlers aus dem 16. Jh. Einen etwas umstrittenen Ruhm besitzt die **Main Guard**, ein Wachgebäude an der O'Connell Street: Der durch den Wiederaufbau von London nach dem großen Feuer (1666) berühmt gewordene Christopher Wren soll es entworfen haben. Sehenswert ist auch das relativ neue **South Tipperary County Museum**, Mick Delahunty Sq., ☏ 052-6134550, 🖳 www.southtippcoco.ie/en/museum. Die Sammlung zur Lokalgeschichte ist bunt und interessant und beinhaltet Artefakte aus allen Bereichen des Lebens, vom Militär bis zur Gaelic Athletic Association. ◷ Di–Sa 10–17 Uhr, Eintritt frei.

Alles Käse

Mitchelstown gilt als einer der wichtigsten Produktionsstandorte für irischen Käse. Die **Dairygold Co-operative Society** produziert hier seit 1919, heute im wahrlich industriellen Ausmaß. Turophile (also Käseliebhaber) sollten den Cheddar ruhig einmal probieren, auch wenn er nicht unbedingt eine „handgemachte Spezialität" darstellt.

Übernachtung

€ **Brighton House**, 1 Brighton Pl., ☏ 052-6123665, 🖳 www.brightonhouse.ie. Guesthouse im georgianischen Stil, 6 Zimmer, gegenüber vom Oakville Shopping Centre. Sehr gemütliche Zimmer mit eingeschränktem Platzangebot, aber sehr schöner Inneneinrichtung. B&B ab 35 € p. P. ❷–❸

Kilmaneen Farmhouse, Ardfinnan, Newcastle, ☏ 052-6136231, 🖳 www.kilmaneen.com. Voll bewirtschafteter Bauernhof, umringt von Bergen, mit 3 Fremdenzimmern. Geführte Wanderungen und traditionelle Hausmannskost werden angeboten. Echter „Urlaub auf dem (irischen) Bauernhof". ❸

Informationen

Tourist Information Clonmel, The Main Guard, ✆ 052-6122960, ✉ clonmeltouristoffice@eircom.net.

Transport

Busse

DUBLIN, unter der Woche zwischen 6.45 und 20.30 Uhr mind. 6x am Tag. Linie 7 von Cork über Fermoy, Mitchelstown, Clonmel, Carrick-on-Suir, Kilkenny Town, Carlow, Athy und Naas nach Dublin, Fahrtzeit 3 1/2 Std. Regulärer Fahrpreis 14,50 €, 💻 www.buseireann.ie.

Carrick-on-Suir

Carrick-on-Suir, im Mittelalter schon durch die örtliche Brauindustrie und die hier hergestellte Wolle berühmt, ist heute vor allem wegen des **Ormond Castle**, ✆ 051-640787, 💻 www.heritageireland.ie, bekannt. Die ursprüngliche Festung wurde Mitte des 15. Jhs. von den Butlers errichtet und war ein wenig spektakulärer Bau. 1568 jedoch unterzogen die Besitzer das gesamte Gebäude einer gründlichen Renovierung, verbunden mit einer Erweiterung. Das Resultat war ein typischer Landsitz der Tudor-Periode. Der Außeneindruck eines Herrenhauses wird im Inneren durch eine große Halle und Galerien komplettiert. Insgesamt gilt Ormond Castle als das bedeutendste irische Bauwerk jener Zeit. Dass dies nicht unbedingt Zufall ist, erklärt sich aus der geplanten Verwendung: Das Haus sollte als irischer Landsitz der Königin Elizabeth I. genutzt werden. 🕓 April–Okt tgl. 10–18 Uhr, Eintritt frei.

Übernachtung

Carraig Hotel, Main St., ✆ 051-641455, 💻 www.carraighotel.com. Hotel im Zentrum mit zwei Dutzend Zimmern, ideal für Angler. Zimmer sind komfortabel, aber nicht unbedingt aufregend. ❸

Transport

Busse nach DUBLIN, unter der Woche zwischen 7 und 20 Uhr 6x tgl. Mit der Linie 7 von Cork über Fermoy, Mitchelstown, Clonmel, Carrick-on-Suir, Kilkenny Town, Carlow, Athy, und Naas nach Dublin, Fahrtzeit 3 Std. 10 Min. Regulärer Fahrpreis 14,50 €, 💻 www.buseireann.ie.

Der Osten und der Südosten

Stefan Loose Traveltipps

Irish National Stud Auf dem Gestüt bei Kildare befindet sich Irlands schönster japanischer Garten. S. 284

4 **Glendalough** Von den berühmten Klosterruinen beginnen herrliche Wanderwege durch das „Tal der zwei Seen". S. 292

Russborough House Das imposante Gebäude aus dem 18. Jh. besitzt eine der besten Gemäldesammlungen Irlands. S. 297

Wicklow Way Durch Hochmoor und über Pässe führt der Fernwanderweg in die Einsamkeit der irischen Bergwelt. S. 299

Irish National Heritage Park Mehrere Tausend Jahre irischer Geschichte zum Anfassen. S. 314

Hook Head Über der steinigen Felsküste thront am Ende einer Stichstraße der älteste noch betriebene Leuchtturm Europas. S. 317

Kyteler's Inn in Kilkenny In dem Pub, in dem es bis heute spuken soll, trinkt man zur Beruhigung am besten erst mal ein Smithwicks. S. 325

OSTEN UND SÜDOSTEN

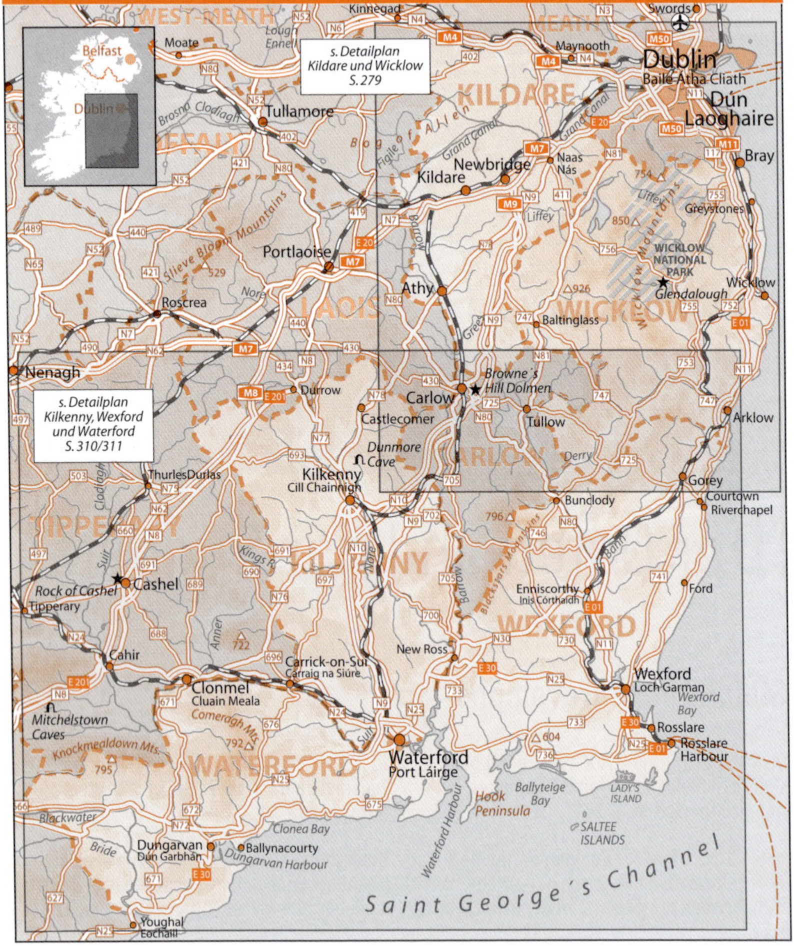

Der Golfstrom segnet die Südostküste Irlands mit einem besonders milden Klima. Hier scheint deutlich öfter die Sonne und es regnet nicht ganz so viel wie in den anderen Landesteilen. Dafür ist die Küstenlandschaft aber auch längst nicht so schroff und spektakulär wie im Westen, wohin es die meisten Irlandurlauber zieht. An den seichten Stränden tummeln sich im Sommer überwiegend Iren, die hier ihren Badeurlaub verbringen. Ferienorte säumen die Südostküste und Städte wie Kilkenny sind beliebte Wochenendziele der Dubliner, genau wie die Bergwelt der Wicklow Mountains. Touristen halten sich, wenn überhaupt, im fruchtbar-grünen County Kilkenny und in den Wicklow Mountains auf, die meisten jedoch kehren dem Südosten rasch den Rücken. Dabei hat diese Region weitaus mehr zu bieten, als man auf der schnellen Durchreise vermuten würde: faszinierende Küstenlandschaften, lang gestreckte Flusstäler, alpine Wanderwege und historisch bedeutsame Orte.

County Kildare

Südwestlich von Dublin erstreckt sich das County Kildare, unbestrittenes Zentrum der Pferdezucht in Irland. Menschenleere Gegenden, in denen einem stundenlang niemand begegnet, stehen im herbem Kontrast zu den städtischen Konglomeraten direkt an der Grenze zum County Dublin. Hier liegen die Schlafstädte der Metropole, die sich immer weiter ins Land „fressen". Längst ist die Grenze zwischen dem County Kildare und Dublin fließend. Während des großen Baubooms rings um Dublin wuchsen die Wohnsiedlungen zusammen, selbst Einheimische sind oftmals nicht ganz sicher, wo Dublin nun tatsächlich anfängt und wo es aufhört. Eine Verlängerung der Hauptstadt war Kildare eigentlich immer. Bereits zur Zeit der Anglo-Normannen, gegen Ende des 13. Jhs., wurden in der Region befestigte Siedlungen angelegt, im 19. Jh. errichteten die Briten auf dem Curragh, der Ebene zwischen Kildare und Newbridge, ein gigantisches Trainingslager für ihre Soldaten.

Den Südosten Kildares prägen Hügelketten, Ausläufer der Wicklow Mountains. Die nördlichen Regionen dagegen erscheinen oft sehr flach, wobei sie immer wieder überraschende Steigungen und recht tief eingeschnittene Flussläufe aufweisen. Im Westen dagegen, an der Grenze zu Offaly, liegt der Bog of Allen, ein riesiges Moorgebiet. Der kalkhaltige Boden mit seinem üppigen Gras sowie die Nähe zu Dublin begünstigten hier die Pferdezucht. Egal wo man sich befindet: Eine Koppel mit Zuchtpferden ist fast immer in Blickweite. Daher verwundert es kaum, dass Kildare bis heute Pferdefans aus aller Welt anzieht, zumal die irische Regierung über lange Jahre hinweg enorme Steuergeschenke vergab, wenn ein Gestüt unterhalten wurde. So mancher kleinere Potentat aus dem Nahen Osten hat sich mit einem Anwesen im County Kildare einen „Hobbyraum" geschaffen. Bis heute finden einige der wichtigsten Pferderennen Irlands auf dem Curragh statt.

Von Dublin bis Celbridge

Leixlip, was übersetzt „Lachssprung" heißt und auf die Lachswanderung über Stromschnellen der Liffey hinweist, ist ein gutes Beispiel für die schwierige Grenzziehung zwischen Dublin und dem County Kildare. Auch wenn der Ort einige Kilometer flussaufwärts der Liffey liegt, so gehört er doch eindeutig zum Großraum Dublin. Gigantische Fabriken von Hewlett-Packard und Intel sowie andere Industriebetriebe haben hier ihre Heimat gefunden – am Rande eines Städtchens, dessen Innenstadt immer noch im 19. Jh. zu verharren scheint. Nur Reklameschilder in grellen Leuchtfarben stören dieses Bild.

Die Sehenswürdigkeiten beschränken sich auf das nicht sehr aufregende **Leixlip Castle** und eine ganz besondere Konstruktion: den **Wonderful Barn**. Diese „Wunderbare Scheune" wurde 1743 nach einer Idee der Lady Conolly of Castletown erbaut. In der Gestalt eines Kegels errichtet, wird jedes der fünf Stockwerke durch Luken in der Außenwand bedient. Um Platz im Innenraum zu sparen, läuft die spiralförmige Haupttreppe an der Außenseite des Baus bis zur Spitze. Eine Besichtigung dieser landwirtschaftlichen Kuriosität ist nicht möglich, ein guter Blick auf den „Wonderful Barn" ist jedoch von der Brücke nahe dem Haupteingang der Hewlett-Packard-Fabrik möglich.

Auf diesem Weg erreicht man auch **Celbridge**. Dabei streift man den Flugplatz Weston, zeitweise der Flugplatz mit den meisten Starts und Landungen in Irland. Dies war vor allem durch den regen Verkehr der Flugschulen bedingt. In den Zeiten des „Celtic Tiger" galt der Erwerb eines Pilotenscheins unter den besserverdienenden Teilen der Bevölkerung fast schon als Pflichtprogramm. Unmittelbar vor dem wirtschaftlichen Zusammenbruch von 2008 hatte Irland eine höhere Dichte an Privathubschraubern als das klassische Privatpilotenland USA.

Georgianisches Schmuckstück

Bei Celbridge liegt das **Castletown House**, ✆ 01-6288252, 🖳 www.castletownhouse.ie, im Jahr 1722 für den Parlamentsabgeordneten William Conolly nach Plänen des Florentiner Architekten Alessandro Galilei erbaut. Der absolut symmetrisch wirkende Bau ist eines der schönsten Beispiele eines Herrenhauses aus dieser Periode. Passenderweise hat seit 1965 die Irish Georgian Society hier ihren Sitz, die sich um die Erhaltung vor allem der Architektur des 18. Jhs. kümmert. Castletown House ist sozusagen das Vorzeigeobjekt, seine Innenräume vortrefflich in Schuss und die Stuckarbeiten vorbildlich erhalten. Dabei ist zu beachten, dass das Haus zwar im Jahr 1732 fertiggestellt wurde, die Innenräume aber erst in der zweiten Hälfte des 18. Jhs. ihre derzeitige Gestaltung erhielten. Diese wurden vor allem von Lady Louisa Lennox in Auftrag gegeben. Ihren Schreibtisch aus Mahagoni kann der Besucher im Red Drawing Room bewundern. Ein anderes ganz persönliches Element aus der Zeit von Lady Louisa ist der Print Room – im 17. Jh. war es durchaus üblich, Stiche direkt auf die Wand zu kleben und dann mit Bordüren zu verzieren, sodass Louisas Sammlung italienischer Stiche heute noch die Wände ziert. Und wer Louisa persönlich kennenlernen möchte, der sollte sich ihr Porträt im Treppenhaus zeigen lassen, die Brüder Francini verewigten sie hier in Stuck. Nicht vergessen werden darf auch die zentrale Galerie des Hauses, die üppig im sogenannten Pompeianischen Stil dekoriert ist. 🕓 März–Okt Di–So 10–16.45 Uhr (Tourbeginn), Eintritt 4,50 €.

In die Negativschlagzeilen gelangte der Flugplatz durch den Verdacht, dass Drogenschmuggel hier ein Kinderspiel sei. Denn auf dem Flugplatz landeten auch kleinere Maschinen aus dem Ausland, ohne von der Polizei oder dem Zoll kontrolliert zu werden.

Übernachtung und Essen

Courtyard Hotel Leixlip, Main St., Leixlip, ✆ 01-6295100, 🖳 www.courtyard.ie. Auf dem Gelände, auf dem Arthur Guinness einst Bier braute! 40 Zimmer auf „heiligem" Boden. Mit modernem Komfort in alten Gemäuern, ist das Courtyard das Paradies für den echten Guinness-Fan. Gut geeignet für eine Erkundung sowohl des County Kildare als auch der Hauptstadt Dublin. ❹

Bradaun Restaurant im Leixlip House Hotel, Captains Hill, 🖳 www.leixliphouse.com. Schwerpunkt liegt auf *slow cooking*, bringen Sie Zeit (und auch etwas Geld) mit. Spezialitäten: Clonakilty Black Pudding mit Rhabarberkompott (es schmeckt besser, als es klingt) und geräuchertes Connemara-Lamm mit frischem Salat.

Transport

Busse

Die Orte befinden sich noch im Einzugsbereich der **Stadtbuslinien** von Dublin Bus, 🖳 www.dublinbus.ie, ein regelmäßiger Verkehr zwischen der Ortsmitte von Leixlip und der Innenstadt von DUBLIN ist gegeben, Linie 66. CELBRIDGE wird von der Linie 67 angefahren.

Eisenbahn

DUBLIN Connolly, mehrere Züge stdl. von und nach Leixlip.

Maynooth

Die kleine Stadt Maynooth ist hauptsächlich wegen des **St. Patrick's College**, 🖳 www.maynoothcollege.ie, bekannt, in gewisser Hinsicht das Gegenstück zum Trinity College in Dublin. Das College wurde hier im Jahre 1795 eingerichtet, um irische katholische Geistliche künftig wieder im eigenen Land ausbilden zu können. Vorher war die Ausbildung weitgehend in Kontinentaleuropa erfolgt, teilweise in Rom, teilweise in Frankreich. Im Laufe der Jahre entwickelte sich das College zum größten Priesterseminar auf den Britischen Inseln. Sein Einfluss reichte dank der Missionare und Priester, welche die irischen Gemeinden im Ausland betreuten, weit über die Grenzen der Insel hinaus. Heute ist die Zahl der in Maynooth ausgebildeten und zum Priester geweihten Männer jedoch verschwindend gering. Tatsächlich ist das College längst Teil der National University

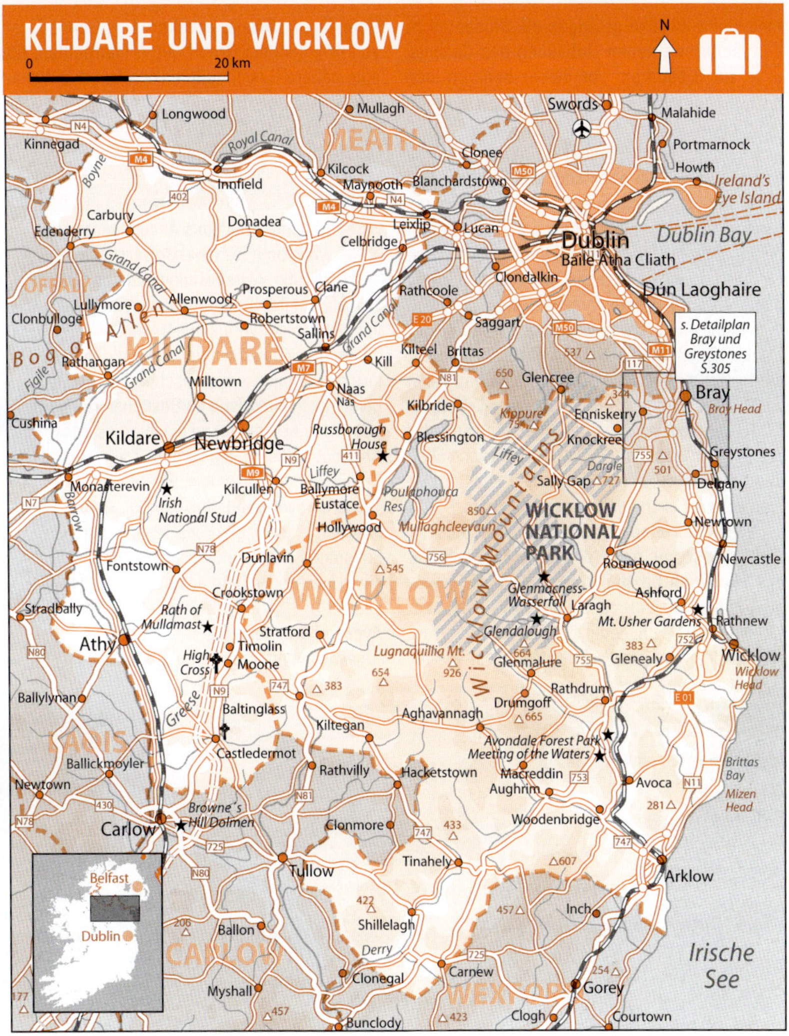

of Ireland und bietet auch ganz weltliche Studiengänge an, auch Protestanten und Frauen gehören zum Alltagsbild auf dem Campus.

Die Außenanlagen des Colleges sind frei zugänglich und laden zu Spaziergängen ein. Vor allem die Gebäude aus dem 19. Jh. wirken imposant. Beeindruckend ist der Eingang zum Hauptgebäude, der von zwei schlanken Türmen flankiert wird. Rechts von ihm ist eine große Kirche direkt an das Hauptgebäude angebaut. Umrundet man diese, kommt man in einen Innenhof, in dem ein meditativer Garten angelegt wurde. Die ganz in der Nähe stehende Marienstatue ist ein Geschenk der Diözese Los Angeles. Über eine kleine Brücke gelangen die Studenten zu den modernen neuen Gebäuden des Campus, u. a. zur Bibliothek. Vor dieser befindet sich eine monumentale Figurengruppe, die einen deutlich erkennbaren Papst Johannes Paul II. in gebückter oder kniender Haltung zeigt, zwei Kinder in den Arm nehmend. Der Symbolismus dieser Statue, die die Fürsorge der katholischen Kirche für die Schwächsten der Gesellschaft demonstrieren soll, bekam nach den zahlreichen Skandalen um die katholische Kirche in Irland einen bitteren Beigeschmack. Zumal die Liste der geehrten Förderer und Spender hinter der Statue von Persönlichkeiten angeführt wurde, deren Ruf mittlerweile stark gelitten hat. Allen voran der Bostoner Kardinal Bernard Law (geb. 1931) – er war der erste hohe Kirchenmann, der der aktiven Vertuschung von Missbrauchsfällen überführt wurde, unter ihm wurden Priester einfach versetzt, wenn es zu Vorwürfen kam.

Neben dem Eingang zum St. Patrick's College steht die immer noch beeindruckende Ruine des **Maynooth Castle**, ✆ 01-6286744, 🖳 www.heritageireland.ie. Dieses wurde zwischen dem 13. und dem 17. Jh. genutzt, heute sind noch ein Torhaus, der massive Wohnturm und ein Teil der Befestigungsanlage erhalten. Das Gebäude ist von öffentlichem Grund gut zu betrachten, für eine nähere Besichtigung, vor allem des Wohnturms, müssen Besucher allerdings die Öffnungszeiten beachten. 🕓 Ende Mai–Ende Sep tgl. 10–18 Uhr, Eintritt frei.

Übernachtung und Essen

€ **Maynooth Campus Accommodation**, Maynooth National University of Ireland, ✆ 01-7086400, 🖳 www.maynoothcampus.com. Schlafen in der Studentenbude, eine Alternative vor allem in der vorlesungsfreien Zeit (Juli–Sep). Je nach Verfügbarkeit vermietet die Universität ihre modernen wie historischen Studentenheime auch kurzfristig an Besucher. Durch die gute Verkehrsanbindung ein interessantes Angebot für Leute, die längere Zeit in und um Dublin verbringen wollen. ❷

The Glenroyal Hotel, Straffan Rd., ✆ 01-6290909, 🖳 www.glenroyal.ie. Ideal für eine Erkundung des County Kildare gelegenes Hotel mit 113 Zimmern. Sehr anspruchsvolle Innenausstattung, viele Freizeitangebote. ❸

Avenue Café, Main St., ✆ 01-6285003, 🖳 www.avenuecafe.ie. Sehr populäres

St. Patrick's College – Irlands katholische Universität

Restaurant im Ortskern (am Wochenende Tisch unbedingt vorbestellen). Lunch Menu sehr abwechslungsreich, u. a. mit Omelette (recht selten in Irland), Abendkarte international mit sehr gutem Burger und diversen Fischgerichten. Preislich nicht unbedingt Studentenniveau. Dienstags ist „Ladies Night" mit Sonderangeboten für weibliche Gäste. Achtung: Getränke recht teuer!

Transport

Busse

Linie 20 von GALWAY nach DUBLIN fährt über Loughrea, Athlone und Maynooth, Gesamtfahrzeit Galway–Dublin 3 1/2 Std., Infos unter 💻 www.buseireann.ie. Linie 22 von BALLINA nach DUBLIN Busaras via Foxford, Strokestown, Longford, Mullingar, Maynooth, Gesamtfahrtzeit 3 1/2 Std.
Linie 23 mehrmals täglich von Dublin Busaras über Dublin Airport, Maynooth, Mullingar, Longford, Carrick-on-Shannon, Boyle nach SLIGO, Gesamtfahrtzeit 3 1/2 Std.

Eisenbahn

Relativ gut erreichbar ist dieser Teil des County Kildare auch mit der Eisenbahn.
Von DUBLIN Connolly aus verkehren mehrere Züge stdl. nach Maynooth (weniger Züge am Sonntag, während der gesamten Woche kein Bahnverkehr zwischen Mitternacht und 6 Uhr). Der Fahrpreis liegt in der Regel etwas höher als beim Bus, die Strecke wird jedoch wesentlich schneller bewältigt. Aktuelle Fahrpläne und Fahrpreise im Internet unter 💻 www.irishrail.ie.

Von Maynooth nach Naas

Während Maynooth noch am Royal Canal liegt, ist der nicht weit entfernt gelegene kleine Ort **Robertstown** eine typische „Hafenstadt" an den irischen Binnengewässern, genauer gesagt am Grand Canal. Das ganze Dorf (250 Einw.) hat noch den Charme des 19. Jhs. Die Kanalufer sind gesäumt von kleinen, nostalgisch wirkenden Wohnhäusern, die mit den größeren Lagerhäusern kontrastieren. Immerhin wurde der Kanal noch bis Mitte des 20. Jhs. für den Frachtverkehr genutzt, erst um 1960 wurden die langsamen Bargen durch Lastwagen ersetzt. Das größte Gebäude am Ort weist noch darauf hin, dass der Grand Canal einst auch für den Personenverkehr genutzt wurde, dass hier Passagierschiffe im Linienverkehr unterwegs waren. Nachtfahrten und Kajüten waren nicht vorgesehen, sodass an Orten wie Robertstown große Hotels gebaut wurden. Das leerstehende Old Grand Canal Hotel erinnert daran.

Auf dem Weg nach Süden ist es lohnenswert, die Strecke vorbei am **Hill of Allen** zu wählen. Mitten aus dem flachen Moor der Umgebung steigt dieser Berg auf, wie eine Insel aus dem Meer. Weiter südlich gelangt man nach **Newbridge**, der Heimatstadt der wohl bekanntesten Silbermanufaktur Irlands. Hier werden aus dem Edelmetall nicht nur Gebrauchsgegenstände hergestellt, sondern auch Pokale, Trophäen und Schmuck. An das Werk angeschlossen ist ein **Museum of Style Icons**, 📞 045-431301, 💻 www.newbridgesilverware.com, das u. a. über den „persönlichen Stil" verschiedener Prominenter

Der Bog of Allen

Der Bog of Allen zählt zu den einsamsten Gegenden im westlichen Umland von Dublin, die Straßen, so scheint es, führen hier ins Nichts. Das Moorgebiet erstreckt sich über die Counties Kildare, Laois und Offaly und bietet selbst im strahlenden Sonnenschein einen äußerst trostlosen Anblick, bei trübem Wetter oder Nebel kann es schwermütig machen. Wie hart die Arbeit in früheren Zeiten war, als der Torf hier noch per Hand gestochen wurde, erfährt man im **Bog of Allen Nature Centre**, das in einem alten Bauernhof in Lullymore, 📞 045-860133, 💻 www.ipcc.ie, untergebracht ist. Früher auch „Peatland World" genannt, beschäftigt sich das Naturschutzzentrum zudem mit der bedrohten Flora und Fauna sowie der Geschichte des Moores. Dabei bekommt der Besucher interessante Einblicke in die Nutzung dieser Moorlandschaft und in das Ökosystem. Zusätzlich werden Naturwanderungen durchs Moor angeboten. 🕓 Mo–Fr 10–16 Uhr, Eintritt 5 €.

Der Osten und der Südosten

Die katholische Kirche, der Sex und der Staat

Anfang des 21. Jhs. ging ein bitterböser Witz durch Irland. Was sei das irische Wort für einen Pädophilen? Sagart – auf Deutsch „Priester". Dieser Witz war eine Reaktion auf die zahlreichen Skandale, die seit Jahren die katholische Kirche erschütterten. Nachdem die Kirche über Jahrzehnte hinweg selbst in der irischen Verfassung einen bevorzugten Platz eingeräumt bekam und für die weitaus größte Anzahl der Iren die letzte Instanz in nahezu allen Fragen des täglichen Lebens darstellte, zerstörten Enthüllungen das Vertrauen in den Klerus. Ob nun in den Magdalen-Heimen, in den Waisenhäusern oder in den Schulen, in kirchlichen Einrichtungen kam es zum massenhaften und wiederholten Missbrauch von Kindern und Jugendlichen. Und nicht nur in solchen Einrichtungen, auch viele Gemeindepfarrer nutzten ihre Vertrauensstellung aus, um sich an ihren Schutzbefohlenen zu vergreifen. Pädophile, homosexuelle oder sadistische Priester hatten nahezu freie Hand.

Gewiss waren dies Einzeltäter. Die Anzahl der Einzeltäter allerdings lässt schon die Frage aufkommen, ob hier nicht ein gewisses Netzwerk geschaffen wurde, ob nicht labile Persönlichkeiten in den Dienst der Kirche traten, um so ihre persönlichen Neigungen ausleben zu können.

Was aber die ganze Sache zu einem Skandal von ungeheuerlichen Ausmaßen machte, das waren nicht die Einzeltäter, sondern die Komplizenschaft des gesamten kirchlichen Apparates. Fiel ein Pfarrer aus der Rolle, wurde er vom Bischof ohne Aktenvermerk ermahnt und dann versetzt. Und da er in seiner irischen Diözese schon lange Erfahrungen mit Jugendlichen gemacht hatte … was lag da näher, als ihn an seinem neuen Wirkungsort etwa in den USA oder in Großbritannien wieder in der Arbeit mit Jugendlichen einzusetzen? So wurde dann der Bock wiederholt zum Gärtner gemacht, so konnten pädophile Wiederholungstäter im Dienst der Kirche sogar noch Karriere machen.

Nur ein kirchliches Problem? Weit gefehlt – die weltlichen Behörden machten zumindest gute Miene zum bösen Spiel, spielten zum Teil sogar mit. Wurde etwa der Garda ein Missbrauchsfall gemeldet, in den ein Priester verwickelt war, musste sich das Opfer anhören, dass man doch gegen einen Mann Gottes keine Anklage erheben könne. In einer im Jahre 2009 vorgelegten Untersuchung wurde wieder und wieder deutlich, dass der kirchliche Missbrauch auch durch staatliche Stellen gedeckt und vertuscht wurde. Und dass die Bischöfe oft in ihrer Aufsichtsfunktion versagten. Der straffällige Priester konnte sich also darauf verlassen, dass er mit einem erhobenen Zeigefinger und vielleicht einer Versetzung davonkommen würde.

Stellt sich die Frage nach der Wiedergutmachung. Hier hatte sich die katholische Kirche Irlands mit einem geradezu fantastischen Kuhhandel schon frühzeitig aus der Verantwortung gestohlen. Als die ersten Skandale aktenkundig wurden und das Thema nicht mehr ignoriert werden konnte, traf die Kirche eine Abmachung mit dem Staat. Gegen eine auf den ersten Blick stattliche, im Nachhinein aber lächerliche Summe entließ der Staat die Kirche aus der Pflicht und garantierte, eventuell zu erwartende, über diese Summe hinausgehende Wiedergutmachungsleistungen aus Steuergeldern zu bezahlen.

informiert, von Audrey Hepburn bis Michael Jackson. Einen großen Umweg sollte man für dieses Museum jedoch nicht machen. Das firmeneigene Visitor Centre, eigentlich ein moderner Verkaufsraum mit Restaurant, ist fast schon interessanter. ⌚ Mo–Sa 9–18, So 11–18 Uhr (Fei wie So).

In der Nähe der etwas weiter östlich gelegenen Stadt **Naas**, am bekanntesten durch ihre einem gigantischen Basketball ähnelnde Kunst-Installation an der Autobahn, liegen gleich zwei Rennstrecken. **Mondello Park**, 💻 www.mondello.ie, ist dem Motorsport gewidmet, hier werden sowohl Auto- als auch Motorradrennen veranstaltet. Zusätzlich gibt es eine Schule für Rennfahrer, nach einem Einsteigertraining darf man mit einem echten Rennwagen einige Runden drehen.

Auf dem Rücken der Pferde dagegen geht es in **Punchestown**, www.punchestown.com, um den Sieg, hier finden regelmäßig gut dotierte Pferderennen statt.

Technisch Interessierte sollten in das einige Kilometer entfernt gelegene **Sallins** fahren. Hier kreuzt der Grand Canal die Liffey. Dafür wurde im Jahr 1783 der immer noch beeindruckende **Leinster Aqueduct** errichtet, eine mit Wasser gefüllte Brücke über das Wasser.

Übernachtung

Gables Guesthouse & Leisure Centre, Ryston, Newbridge, 045-435330, www.gablesguesthouseandleisurecentre.com. Am Ufer der Liffey gelegenes Guesthouse mit 25 Zimmern und Sportangebot für die Gäste. Swimmingpool, Fitnessraum, Sauna und Jacuzzi vorhanden. ❸

Essen

Naas

La Primavera, 27 South Main St., 045-897926. Einladendes Restaurant mit großer Auswahl an Rindfleischgerichten. Die Charcoal Combo (Filetsteak, geräuchertes Schweinefleisch und Krabben mit Rosmarin) ist sehr schmackhaft und abwechslungsreich. Gute Desserts. Die Preise sind durchaus noch normal.

Newbridge

The Silver Restaurant. Das an das Newbridge Silver Visitor Centre (s. o.) angeschlossene Restaurant hat ein wenig das Flair einer Kantine, ist aber dennoch empfehlenswert. Hier bekommt man tagsüber wohlschmeckende und preislich „normale" Snacks.

Unterhaltung und Kultur

Newbridge

Riverbank Arts Centre, 045-448318, www.riverbank.ie. Das Kulturzentrum bietet ein gemischtes Programm: Theater, Comedy, Ausstellungen, Kino, Konzerte etc. Manche der Ausstellungen und Veranstaltungen können überraschend interessant sein.

Naas

Moat Theatre, Abbey St., Naas, 045-883030, www.moattheatre.com. Nicht unbedingt ein spektakuläres Theater. Es bietet den üblichen Mix von Amateurgruppen, Konzerten und Tourneetheater an. Ein Blick in den Spielplan kann sicher noch lohnen, denn ab und an gastieren auch große Namen hier.

Feste

Beim Musikfestival **Oxegen** auf dem Punchestown Racecourse, www.oxegen.ie, verwandelt sich im Juli über etwa drei Tage die Rennbahn in ein großes Zeltlager mit Dauerbeschallung von mehreren Bühnen. Eines der beliebtesten Festivals des irischen Sommers, das aber in den letzten Jahren gelegentlich unter der Rücksichtslosigkeit der Besucher untereinander litt.

Transport

Busse

Von DUBLIN aus sind Naas und Newbridge mehrmals am Tag mit den Linien 8, 12 (beide Express) und 126 (hält häufig) erreichbar. Eine Verbindung nach ROBERTSTOWN besteht von Newbridge aus mit der Linie 126., Infos unter www.buseireann.ie.

Eisenbahn

Newbridge ist auch mit der Eisenbahn von DUBLIN Heuston Richtung LIMERICK/ENNIS mehrmals tgl. erreichbar. Der Fahrpreis liegt in der Regel höher als im Bus, jedoch schnellere Verbindung, Infos unter www.irishrail.ie.

Kildare Town und Umgebung

Die Stadt **Kildare** hat nur etwa 5000 Einwohner, ist aber sowohl für das religiöse als auch für das sportliche Leben Irlands von ungeheurer Bedeutung. Dafür sorgen die heilige Brigid – und Rennpferde!

Das größte Gebäude in Kildare ist der Heiligen Brigid gewidmet. Die **Kathedrale** soll just an der Stelle erbaut worden sein, an der Brigid im Jahr 480 ein Kloster gegründet hatte, in dem Mönche und Nonnen unter einem Dach zusammenlebten. Ob es sich nun bei Brigid tatsächlich um eine historische Persönlichkeit gehandelt hat oder eine vom Christentum übernommene

Göttin, ist im Grunde unwichtig. Heute noch kann man die Stelle besichtigen, an der die Anhänger Brigids bis ins 16. Jh. eine ewige Flamme hüteten. Ein rituelles Feuer, das eventuell schon in vorchristlicher Zeit brannte. Die Kathedrale selbst wurde im 13. Jh. errichtet, im 19. Jh. dann vollständig restauriert. Dabei wurde der grundsätzliche Aufbau der mittelalterlichen Kathedrale beibehalten, jedoch um zeittypische Elemente ergänzt. Das zweitälteste Bauwerk am Platz ist der **Rundturm**, der höchste zu besteigende Rundturm in Irland. Sein Standort fast direkt am Rand eines steil abfallenden Hügels machte ihn zu einer dramatischen Erscheinung. Nicht ganz gelungen ist eine spätere Renovierung, die dem Turm Burgzinnen verpasste. Ebenso ungewöhnlich, wenn auch original, ist der im romanischen Stil gehaltene Eingang zum Turm.

Die Innenstadt von Kildare bietet wenige Überraschungen, selbst die hinter einem Pub versteckte Burgruine ist kaum bemerkenswert. Ein kurzer Spaziergang rings um den zentralen Platz mit seinem kleinen Markthaus und seinen Denkmälern nimmt kaum eine Viertelstunde in Anspruch.

Wesentlich mehr Zeit verbringen die meisten Besucher im **Kildare Village Outlet Centre**, 💻 www.kildarevillage.com, einem nahe der Autobahn gelegenen Einkaufszentrum mit Direktverkauf großer Marken, dessen Gebäude in traditionellem Stil errichtet wurden. Der harmonische Gesamteindruck wird allerdings etwas durch die typische amerikanische Scheune zerstört, in der ein Jeanshersteller seine Waren anbietet.

Etwas außerhalb von Kildare liegt die große Attraktion für Pferdefreunde, der **Irish National Stud**, ✆ 045-522963, 💻 www.irish-national-stud.ie. Dieses Gestüt wurde ursprünglich von einem Privatmann gegründet, der vor allem das gute Wasser der Gegend für seine Zuchterfolge nutzen wollte. Im Jahr 1900 begann Colonel William Hall-Walker hier mit der Zucht von Rennpferden. Er wurde schnell als Exzentriker bekannt, da nach seiner Ansicht der Wert eines Fohlens nicht nur durch seine Erbanlagen bestimmt werde, sondern auch astrologischen Gesichtspunkten unterliege. Bis heute haben die Ställe große Dachfenster, damit die darin untergebrachten Pferde das Mondlicht genießen können. Ein großer wirtschaftlicher Erfolg wurde Hall-Walkers Zucht nicht unbedingt, aber sie brachte ihm den Titel Lord Wavertree ein, als er 1915 das gesamte Gestüt der englischen Krone vermachte. Später übernahm der irische Staat das Gestüt. Heute besteht hier ein staatlicher Musterbetrieb für Pferdezucht, große Teile des 400 ha großen Geländes sind für Besucher zugänglich. Ein kleines Museum informiert über die Geschichte des Gestüts und der Pferdehaltung in Irland. Täglich werden um 12, 14.30 und 16 Uhr Führungen durch das Gestüt angeboten.

Auf dem Gelände befinden sich noch weitere Attraktionen. So z. B. eine mittelalterliche Kirche und ein Naturgarten, **St. Fiachra's Garden**, geweiht dem Schutzheiligen der Gärtner. Eine sehr schöne große Statue zeigt den frommen Mönch bei der meditativen Betrachtung einer Eichel. Wasser und Steine sind die bestimmenden Elemente des Gartens, eine Hommage an die irische Landschaft. In einem der an Bienenkorbhütten erinnernden Gebäude ist ein bizarrerer „Kristallgarten" aus Waterford Crystal zu sehen.

Eine ganz besondere Anlage aber ist der **Japanische Garten**, der von dem Gartenbaumeister Tassa Eida geplant und angelegt wurde und zahlreiche exotische Pflanzen enthält. Der Garten ist als Meditation über den Lauf des Lebens angelegt, Höhlen, Klippen, eine japanische Brücke, ein Teehaus, Statuen, ein Miniaturdorf und letztlich ein Zen-Garten gehören dazu. Um den Weg des Lebens in diesem Garten nachzuvollziehen, sollte man sich etwas Zeit nehmen und die Eindrücke auf sich wirken lassen. Leider kommt das meditative Element besonders an sonnigen Tagen wegen der großen Zahl an eiligen Besu-

Der Brunnen der heiligen Brigid

In der Nähe des Eingangs zum Irish National Stud ist auch der Weg zum **St. Brigid's Well** ausgeschildert, einer heiligen Quelle, die schon seit Jahrhunderten Pilger anzieht. Das Gelände wurde vor einigen Jahren landschaftlich sehr schön gestaltet und lädt zum Verweilen und Nachdenken ein. Eine lebensgroße Statue zeigt die Heilige Brigid, die eine Flamme in der Hand trägt.

Saint Brigid, Irlands First Lady

Die Heilige Brigid hat in Irland eine ganz besondere Stellung inne, denn nach Patrick ist sie die zweitwichtigste Heiligengestalt auf einer Insel. Wer sonst kann sich schon mit dem Ehrentitel „Maria der Iren" schmücken? So sehr verehrt man Brigid, dass man sie zu einem nationalen Äquivalent der Muttergottes ernannte. Dagegen kommt nicht einmal Patrick mit seinen Schlangen an.

Der Legende nach war Brigid eine irische Prinzessin, deren Begeisterung für das Christentum nahezu ekstatische Formen annahm. Sie machte es zu ihrer Lebensaufgabe, die Religion von Kildare aus in ganz Irland, vor allem unter der weiblichen Bevölkerung, zu verbreiten. Im 7. Jh. war ihre Kirche fast bedeutender als die des Bischofs von Armagh. Brigid war auch die erste Heilige, die einer in Irisch verfassten Biografie würdig war. Die Geschichten, die sich um ihre Person ranken, sind so mannigfaltig, dass man Legende und Wahrheit nicht mehr unterscheiden kann. Und genau hier liegt der Knackpunkt. Die christliche Kirche sieht in ihr in erster Linie die missionierte Prinzessin, die alles tat, um Gott gefällig zu sein. Dass sie sich selbst ein Auge ausriss, um nicht verheiratet zu werden … Vielleicht nur eine Parabel oder eine etwas übertriebe Darstellung. Und die Gerüchte von der weiblichen Bettgenossin? Oder von dem Priester, mit dem sie in eheähnlichen Verhältnissen lebte? Dichtung, reine Dichtung.

Tatsächlich wissen wir nichts von einer historischen Brigid. Aber wir wissen, dass in Kildare vor dem Christentum der Kult der Göttin Brigantia das religiöse Leben bestimmte. Und diese Brigantia hatte eben schon alle jene Eigenschaften, die der christlichen Heiligen Brigid auch nachgesagt wurden. Ein deutliches Indiz: Priesterinnen der Brigantia hüteten ein heiliges Feuer, das niemals erlöschen durfte. Und genau dieser Tätigkeit gingen später die Nonnen der Brigid nach. Am gleichen Ort.

So ist der Kult um die Heilige Brigid, der in Irland immer noch landesweit enorm wichtig ist, eventuell ein Überbleibsel von heidnischen Bräuchen. Sogar der Festtag der Heiligen, der 1. Februar, weist darauf hin. In vorchristlicher Zeit war dies das Fest Imbolc, der Beginn des Frühlings.

chern etwas zu kurz. ⌚ Tgl. 9.30–17 Uhr (letzter Einlass 15 Uhr), Eintritt 11 €.

Eine ganz besondere Rolle im Leben vieler Iren spielt der **Curragh of Kildare**, eine große Ebene in der Nähe der Stadt Kildare, die sowohl als Armeestützpunkt wie auch als Internierungslager genutzt wurde. Wesentlich bekannter ist er allerdings mittlerweile durch die **Curragh Races**, 🖳 www.curragh.ie, eine Reihe von Pferderennen, die mit zu den ganz großen Traditionsveranstaltungen des Pferdesports in Irland gehören. Einen Tag bei den Pferderennen auf dem Curragh zu verbringen, kann ein teures Vergnügen werden, wenn man sich als Außenstehender von der Wettleidenschaft der Iren mitreißen lässt. Allerdings ist es auch eine einmalige Gelegenheit, ansonsten eher reserviert wirkende Mitglieder aller Gesellschaftsschichten am Rande der Hysterie zu erleben, wenn „ihr" Pferd in Führung liegt. Oder eben nicht mehr.

Übernachtung und Essen

Lord Edward Guesthouse, The Square, ✆ 045-522232, 🖳 www.lordedwardkildare.com. Eine ordentliche Unterkunft mitten im Ort in einem historischen Haus aus dem 18. Jh., nur wenige Schritte von den meisten Sehenswürdigkeiten entfernt. Die Silken Thomas Bar und das beliebte Restaurant Chapter 16 sind gleich nebenan. ❷–❸

Derby House Hotel, Dublin Rd., ✆ 045-522144, 🖳 www.derbyhousehotel.ie. Zentral gelegenes Hotel mit 20 Zimmern. Einrichtung zeitlos-altmodisch, ein traditionelles Hotel aus der Zeit vor dem großen Boom. Restaurant bietet chinesische und europäische Küche. ❸–❹

Wohnen im ehemaligen Kloster

In einem ehemaligen Kloster untergebracht ist heute das **Carlton Abbey Hotel & C-Spa**, ✆ 059-8630100, 🖳 www.carltonabbeyhotel.com. Zentral gelegen, mit 49 geräumigen und komfortablen Zimmern, bietet es alle Annehmlichkeiten, die man sich wünscht. Pool und andere Angebote zur Erholung oder Fitness sind vorhanden, etwas kurios ist die „Abbey Bar" in einer ehemaligen Kirche. ❸–❹

L'Officina, Kildare Village Outlet Centre, 🖳 www.dunneandcrescenzi.com. Italienisches Restaurant in guter Shopping-Lage. Köstlich sind: Risotto mit Radicchio, italienische Wurstspezialitäten und auch die Weine. Die Preise sind noch tragbar, aber nicht gerade günstig.

Informationen

Heritage Centre, Market Sq., ✆ 045-521240, ✉ kildaretownheritagecen@ireland.com. ⌚ Mo–Sa 9.30–13, 14–17 Uhr. Infos auch unter 🖳 www.kildare.ie.

Transport

Busse

DUBLIN, unter der Woche regelmäßige Verbindungen zwischen 6.45 und 23 Uhr, Fahrtzeit etwa 1 Std. 10. Min., tagsüber teilweise im Stundentakt. Regulärer Fahrpreis 11,40 €, Infos unter 🖳 www.buseireann.ie.

Von LIMERICK via Nenagh, Roscrea und Portlaoise fährt die Linie 12 zum Busaras, tagsüber stdl. Verbindungen in beide Richtungen.

Von CORK via Fermoy, Mitchelstown, Cahir, Cashel, Portlaoise und Kildare Town zum Busaras mit der Linie 8, 6x tgl.

Eisenbahn

Kildare ist auch mit der Eisenbahn von Dublin Heuston aus gut und relativ häufig am Tag erreichbar. Fahrpreis liegt in der Regel höher als beim Bus, jedoch schnellere Verbindung. Von Kildare u. a. Bahnverbindungen nach GALWAY, LIMERICK und WATERFORD. Aktuelle Fahrpläne und Fahrpreise im Internet unter 🖳 www.irishrail.ie.

Athy und Umgebung

Am südwestlichen Ende des County Kildare liegt die kleine Stadt **Athy**, benannt nach der Furt durch den River Barrow, die schon im Mittelalter durch eine Brücke abgelöst wurde. Und um diese Brücke zu schützen, errichtete der Earl of Kildare im 16. Jh. **White's Castle**, eine massive, dabei nicht unbedingt schöne Festung.

Wanderung auf dem South Leinster Way

- **Wegstrecke:** etwa 107 km
- **Dauer:** 4 Tage, aber einige Wanderer bevorzugen einen zusätzlichen Halt in Graiguenamanagh
- **Steigungen:** nur moderate Anstiege
- **Wegbeschaffenheit:** teilweise Naturpfad, teilweise Straße
- **Ausschilderung:** streckenweise verbesserungswürdig, Karte unerlässlich
- **Karten:** OSI Discovery Series Sheets 68, 75 und 76, 💻 www.osi.ie

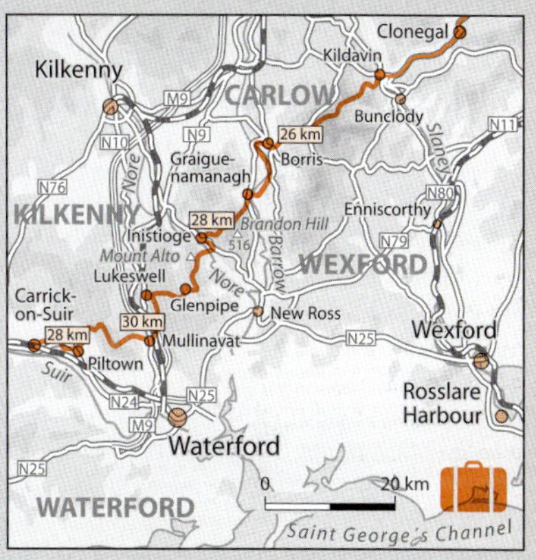

Der Weg, der sich durch die Berglandschaft der Counties Carlow und Kilkenny zieht, ist rund 100 km lang und führt von Kildavin (bei Bunclody) über Borris, Graiguenamanagh, Inistioge, Lukeswell, Mullinavat und Piltown bis Carrick-on-Suir. Dabei werden drei Counties durchwandert: Carlow, Kilkenny und Tipperary. It's a long way …

Empfehlenswert: die Nord-Süd-Route

Rund vier Tage wird man unterwegs sein und dabei auf den 107 km insgesamt 1490 Höhenmeter überwinden. Als **National Waymarked Trail** ist der Weg, der einen mittleren Schwierigkeitsgrad besitzt, relativ gut ausgeschildert. Große, anstrengende Steigungen sind jedenfalls nicht gegeben. Leider ist der South Leinster Way kein Rundkurs, sodass man auch den Rückweg planen muss. Es empfiehlt sich, die populäre Route von Norden nach Süden zu wählen, von Carrick-on-Suir kann man mit dem Zug heimreisen.

Von Kildavin aus führt der South Leinster Way fast immer nach Südwesten und durchquert dabei unterschiedliches Terrain. Besonders auf den stark mit Heide bewachsenen Wegstücken am Mount Leinster und am Brandon Hill ist etwas Vorsicht geboten, man sieht nicht jedes Kaninchenloch sofort und stolpert leicht. Sehr erholsam ist dagegen der Teil des Weges, der sich am Fluss Barrow entlangzieht. Andere Streckenabschnitte führen über kaum noch erkennbare, fast verwunschen wirkende Parkanlagen oder durch Nadelwälder.

Die kleinen, durchaus noch beschaulichen Orte Borris, Inistioge und Graiguenamanagh liegen am Weg. Dort und in Mullinavat gibt es Übernachtungsmöglichkeiten, zudem kann man hier einen erholsamen Abend in einem der Pubs verleben.

Die idealen Etappen des South Leinster Way gestalten sich wie folgt:

1. Tag (26 km)
Von Clonegal bis Borris
Zunächst geht es einige Kilometer auf der Straße in das kleine Dorf Kildavin, danach führt der Weg in die Wälder und hinauf in die Moore am Mount Leinster. Es geht hier recht steil bergan, am Pass von Corrabut ist eine Pause sicher notwendig. Danach aber läuft man bequem bergab, bis man schließlich in der netten Ortschaft Borris ankommt. Übernachtungsmöglichkeit hier etwa Brenda's B&B, Viaduct View, Kilcoltrim, ✆ 059-9771860, 💻 www.brendasbandb.ie, 3 Zimmer, relativ modernes und komfortables Haus. ❷–❸

2. Tag (28 km)
Von Borris bis Inistioge
Die Wanderung beginnt angenehm, der Weg folgt dem Fluss Barrow. Bis nach Graiguenamanagh kann der Wanderer die Natur in vollen Zügen genießen, ohne groß auf den Weg achten zu müssen. Danach allerdings geht es über den Brandon Hill und eine teilweise etwas verwirrende Strecke von Waldwegen und Straßen bis nach Inistioge. Ein Dorf wie aus dem Heimatfilm, weswegen es auch schon romantischer Schauplatz mehrerer Filme war. Das Nachtlager kann im Grove Farmhouse, Ballycocksuist, ✆ 056-7758467, 💻 www.grovefarmhouse.net, aufgeschlagen werden. ❷–❸

3. Tag (30 km)
Von Inistioge bis Mullinavat
Wie am zweiten Tag beginnt die Wanderung mit einem längeren Stück am Fluss, diesmal ist es der Nore. Es schließt sich eine anstrengendere Strecke über den Mount Alto nach Glenpipe an. Danach geht es über Lukeswell zum Etappenziel Mullinavat. Hier ist vor allem das Rising Sun Guesthouse beliebt, Main St., ✆ 051-898173, 💻 www.therisingsun.ie. Das in der Ortsmitte gelegene altmodische Steingebäude hat nicht nur eine wunderschöne Optik und sehr bequeme Zimmer, auch für Essen und Trinken wird bestens gesorgt. ❷–❸

4. Tag (23 km)
Von Mullinavat bis Carrick-on-Suir
Nicht unbedingt jedermanns Sache ist dieser letzte Abschnitt des South Leinster Way, der sich auf Asphaltstraßen hinzieht (dies beginnt schon bei Lukeswell). Diese sind zwar noch relativ ruhig, lassen aber etwas vom Naturerlebnis der Wanderung vermissen. Insgesamt liegt mehr als die Hälfte des Weges auf befestigten Straßen.

Wichtig: gutes Kartenmaterial
In den letzten Jahren haben immer wieder Wanderer auf dem South Leinster Way bemerkt, dass die Ausschilderung besser sein könnte, eine **gute Karte** ist daher unverzichtbar.

Blick auf die Blackstairs Mountains bei typisch wechselhaftem Wetter

Eine zweite Burganlage, **Woodstock Castle**, schützte ebenfalls den strategisch wichtigen Übergang, nicht einmal einen Kilometer entfernt. Den nostalgisch anmutenden Ort hat man in rund einer Stunde gesehen.

Das kleine **Athy Heritage Centre-Museum**, Town Hall, Emily Sq., ✆ 059-8633075, 💻 www.athyheritagecentre-museum.ie, bietet eine interessante Ausstellung zum Polarforscher Ernest Shackleton, geboren im nahen Kilkea House und somit der Lokalheld von Athy. Unter anderem ist neben einer umfassenden Dokumentation von Shackletons Leben und Werk ein großes Filmmodell seines Schiffes „Endurance" zu sehen. ⏲ Mo–Fr 10–17 Uhr, Eintritt 3 €.

Die Umgebung lädt jedoch noch zu einigen Ausflügen ein. Da wäre z. B. der kleine Ort **Ballintore** etwa 10 km östlich, eine von der religiösen Gemeinschaft der Quäker gegründete Gemeinde. Von der nahen prähistorischen Festung **Rath of Mullagast** ist nicht mehr viel zu sehen, das kleine Museum im **Quaker Meeting House**, ✆ 059-8623344, erzählt aber die Geschichte des Ortes und der Umgebung. ⏲ Mai–Okt Di–Sa 12–17 Uhr.

Nur einige Kilometer südlich des Ortes befindet sich direkt an der Hauptstraße N9 eine Kirchenruine, neben der das berühmte **High Cross of Moone** steht, ein ungefähr 6 m hohes Hochkreuz mit sehr schönen Steinmetzarbeiten. Diese zeigen die üblichen Ornamente und zwischen ihnen Szenen aus der Bibel, etwa der Auszug aus Ägypten.

Zwei weitere Hochkreuze stehen noch weiter südlich in **Castledermot**. Sie sind Teil der Ruinen eines alten Klosters, die sich in der Nähe der modernen Gemeindekirche befinden, nicht zu verwechseln mit dem späteren Franziskanerkloster weiter südlich. Eines der Hochkreuze hat ein Relief des Königs David, der eine Harfe spielt. Dies soll eine der ältesten Darstellungen dieses typisch irischen Instrumentes sein.

Übernachtung

Clanard Court Hotel, Dublin Rd., ✆ 059-8640666, 💻 www.clanardcourt.ie. Etwas außerhalb des Zentrums gelegenes Hotel mit 38 Zimmern, sehr hell und angenehm gestaltet, durchaus komfortabel. ❸–❹

Transport

Busse

CLONMEL, 5x tgl.
DUBLIN, 5x tgl.
Wegen laufender Änderungen im Fahrplan die aktuellen Abfahrtzeiten im Internet abfragen, 💻 www.buseireann.ie.

Eisenbahn

DUBLIN, 5 Züge pro Tag.
WATERFORD, 5x tgl.
Genaue Fahrpläne und Möglichkeiten, verbilligte Tickets vorzubestellen, im Internet unter 💻 www.irishrail.ie.

County Wicklow

Zum County Wicklow, das südlich an Dublin grenzt, gehören die malerischen Wicklow Mountains, deren Ausläufer sich bis in die Vororte von Dublin erstrecken, und der Küstenstreifen, der sich vom Badeort Bray bis an die Grenze des County Wexford zieht. Die Küstenorte sind mit der Bahn an die Hauptstadt angebunden und schon seit vielen Jahrzehnten ein beliebtes Naherholungsgebiet für die Hauptstädter, in letzter Zeit auch Wohnort für viele Pendler.

Der selbst direkt am Meer meist sehr gebirgige Landstrich, durchzogen von langen Flusstälern mit zum Teil üppiger Vegetation in windgeschützten Lagen, gilt als der „Garten Irlands". In der Woche meist menschenleer, zieht es viele Iren am Wochenende an die Küste und hinauf in die Wicklow Mountains, eines der beliebtesten und schönsten Wandergebiete im Osten Irlands. Meist kommt es dann zu Verkehrsstaus, an den beliebtesten Ausflugszielen muss geduldig ein freier Parkplatz gesucht werden. Wer also den „Garten Irlands" mit seinen großen Herrenhäusern, schönen Gärten, den herrlichen Wandermöglichkeiten und Badestränden so richtig genießen möchte, der sollte nach Möglichkeit an einem Wochentag hierher kommen. Wer es eilig hat, der kann Berge und Küste auch an einem Tag erleben. Schade wäre es, etwas Zeit für kleine Wanderungen sollte in beiden Landschaften schon sein!

Durch die Wicklow Mountains bis Glendalough

Naturliebhaber werden die **Wicklow Mountains** schätzen mit ihren fichtenbestandenen Gletschertälern, den rauen, einsamen Hochebenen, abgerundeten Berggipfeln und kleinen Gebirgsseen, die während der letzten Eiszeit entstanden sind. Vorherrschende Gesteinsarten sind Granit und Schiefer, zahlreiche Moore bedecken die Hochebenen. Mit 926 m ist der **Lugnaquilla** der höchste Berg der Wicklow Mountains, in dessen Zentrum sich der **Wicklow-Mountains-Nationalpark** befindet. Wer sich über die Tier- und Pflanzenwelt eingehender informieren möchte, der sollte das Infobüro des Nationalparks am Upper Lake in der Nähe der berühmten Klostersiedlung Glendalough (s. S. 292) besuchen. Hier ist auch der Ausgangspunkt einiger ausgeschilderter Wanderrouten.

Die wenigen Straßen durch die Berge sind weder besonders gerade noch besonders breit angelegt, sie folgen den Konturen der Landschaft. Bei schlechter Sicht sollte man sehr langsam fahren, um nicht in einer plötzlich auftauchenden 90 Grad-Kurve die Abkürzung quer durch die Heide zu nehmen. Ein weiteres Problem können Wetterereignisse wie Schnee oder Eis sein. Jedes Jahr im Spätherbst und Winter kommt es zu Warnungen, dass die Passstraßen über die Sally Gap oder die Wicklow Gap nicht befahrbar sind. Dennoch schaffen die ebenso regelmäßig anrollenden Tagesausflügler und Touristen, auf eben diesen nicht befahrbaren Straßen, allen Warnungen zum Trotz, stecken zu bleiben. Den Rekord stellte dabei eine italienische Reisegruppe auf, deren optimistischer Busfahrer ihnen zu einem mehrstündigen Zwangsaufenthalt im Winter-Wunderland der Wicklow Mountains verhalf, bevor sie etappenweise mit Geländefahrzeugen der Polizei und der Bergrettung wieder zu Tal gebracht werden konnten. In der Sommersaison bestehen solche Gefahren natürlich weniger, in der Zeit sind es eher die hinter einer Kurve gemütlich auf der Straße liegenden Schafe, die dem Autofahrer gefährlich werden können. Dabei sollte man auch bedenken, dass die Straßen durch die Wicklow Mountains eigentlich gar nicht für Autofahrer gebaut wurden. Ihre Existenz verdanken wir der Rebellion von 1798, die deutlich bewies, dass das Gebiet kaum beherrschbar war und die Berge bei jeder Truppenbewegung irgendwie im Weg standen. Also legten die Briten die sogenannte **Military Road** an, mit der die Berge erstmals erschlossen wurden. Und genau auf dieser rund 200 Jahre alten Straße fährt man noch heute. Sie heißt mittlerweile R115, ist aber auch als Military Road mit dem Symbol einer Pike ausgeschildert.

Eine Autotour durch die Wicklow Mountains kann verschiedene Startpunkte haben. Wer von Dublin kommt, nimmt vielleicht den klassische Weg über die R115 ab **Glencree**. An diesem kleinen Ort ist, etwa auf halber Höhe, der Weg zum **Deutschen Soldatenfriedhof** ausgeschildert. In

Skifahren und Snowboarding in den Wicklow Mountains

Man mag es kaum glauben, aber in den Wicklow Mountains ist sogar die schnelle Schussfahrt auf zwei Brettern oder einem Snowboard möglich. Dafür sorgt der **Ski Club of Ireland** (auf dem Gelände des Kilternan Golf and Country Club, nordwestlich von Bray, ✆ 01-2955658, 🖳 www.skiclub.ie. Natürlich nur im „Winter“, die Hauptsaison reicht von September bis April. An Werktagen sind die Pisten von 19.30–22.30 Uhr, am Wochenende von 10–17.30 Uhr geöffnet. Sogar Skilehrer und auch Skiverleih stehen bereit. Schnee muss dabei nicht zwingend fallen, denn die Pisten sind aus „Dendix“. Eine Art grober Teppich mit Wasserfilm. Und wer auf lange Abfahrten hofft, wird vielleicht enttäuscht sein. Die Hauptpiste ist gerade mal 180 m lang, dazu kommen eine weitere 150 m lange Piste sowie zwei Anfängerpisten von jeweils 50 m Länge. Der Begriff „Alpiner Abfahrtslauf“ bekommt in Irland eine neue, „kurze“ Bedeutung. Vielleicht typisch irisch ist auch der Hinweis zur Bekleidung auf der Webseite: „Waterproof clothing should be brought in case of rain.“

einem tiefen Einschnitt, über dem ein großes keltisches Kreuz thront, befinden sich die Gräber von über 100 deutschen Soldaten und Zivilisten aus dem Ersten und Zweiten Weltkrieg. Darunter auch das Grab des Hauptmanns Dr. Hermann Görtz, Nazispion in Irland. Görtz war schon vor dem Krieg während eines Spionageeinsatzes in Großbritannien durch seinen Dilettantismus aufgefallen. Daraufhin nach Irland versetzt, führte er seinen Auftrag nicht aus, sondern versteckte sich in Dublin, hielt jedoch dem Reich die Treue. Görtz überlebte den Krieg und war sogar einige Zeit für die irische Hilfsorganisation tätig, die u. a. deutsche Kinder zur Erholung nach Glencree brachte. Als der ehemalige Spion jedoch nach Deutschland repatriiert werden sollte, beging er Selbstmord. Irische Freunde setzten ihn auf dem Friedhof von Glasnevin noch mit quasi-militärischen Ehren bei, den Sarg schmückte selbst im Jahr 1947 noch eine Hakenkreuzflagge.

Anschließend geht die Fahrt weiter auf der R115 steil hinauf in die Berge, von einem Parkplatz kurz hinter Glencree bietet sich ein herrlicher Panoramablick auf Dublin. Danach allerdings ist alle Aufmerksamkeit gefordert, denn die Straße windet sich auf die **Sally Gap** zu, einen der beiden Hauptpässe in den Wicklow Mountains. Die einzigen Hinweise darauf, dass man sich noch in der Zivilisation befindet, sind einige Sendemasten und ein Denkmal am Straßenrand. Das allerdings lässt den Begriff „Zivilisation" wieder etwas relativ erscheinen, denn es markiert die Stelle, an der ein verschleppter Patriot hingerichtet wurde. Noch bis in unsere Tage sind die abgelegenen Ecken der Wicklow Mountains auch bei weniger gesetzestreuen Bürgern beliebt. Touristen kommen damit kaum in Berührung, sieht man von Diebstählen aus auf einsamen Parkplätzen abgestellten Fahrzeugen oder den leider immer noch in der wunderschönen Landschaft gedankenlos entsorgten Altautos ab.

Die auf 500 m Höhe gelegene Sally Gap selbst ist nichts weiter als eine Kreuzung im Nichts, umgeben nur von Hochmoor und einigen Bergen. Die spektakuläre Landschaft wirkt so unwirklich, dass es mitunter schwierig ist, sich zu orientieren. Dankenswerterweise sind die Wegweiser an der Sally Gap mittlerweile eindeutig und werden auch regelmäßig kontrolliert und repariert. Der einfachste Weg führt weiter geradeaus, auf teilweise stark kurvigen und unregelmäßigen Straßen bis nach **Glenmacnass**. Wer den kleinen Parkplatz verpasst, fährt gerade auf einen Abgrund zu. Die Straße macht eine scharfe Linkskurve, dann wieder eine scharfe Rechtskurve und man sieht im Rückspiegel, was man verpasst hat. Der kleine Gebirgsbach, der sich an dieser Stelle durch die Wicklows zieht, stürzt in dramatischen Kaskaden in ein tiefes Tal, weit unterhalb der Straße sind grüne Wiesen und ein paar Bauernhöfe zu sehen. Den besten Ausblick auf den Wasserfall bietet tatsächlich die Straße ins Tal, hier gibt es allerdings kaum Parkmöglichkeiten. Am einfachsten ist es, vor dem Wasserfall das Fahrzeug auf dem Parkplatz abzustellen (und gut abzuschließen!) und dann die Landschaft zu Fuß zu genießen. Vorsicht ist allerdings angebracht. Von der Landschaft begeisterte Autofahrer haben nicht immer ihre

Warum man nicht überall laufen darf ...

Heute sind in den Wicklow Mountains immer mehr Schilder zu sehen, die den Zugang zu bestimmten Gegenden regulieren oder mit Auflagen versehen. Dies hat zwei Gründe. Zum einen stehen weite Teile der Berglandschaft unter Naturschutz, um deren Erhalt man sich zu Recht bemüht. Zum anderen haben die Schilder Versicherungsgründe. Der Zutritt zu Privatland wurde in früheren Zeiten lockerer gehandhabt, da Spaziergänger den Landbesitzer nicht wegen eines verstauchten Knöchels vor Gericht zerrten.

Doch das hat sich geändert, Irland wurde in den letzten zwei Jahrzehnten von einer Welle sinnloser Prozesse überzogen, die allesamt der „Compensation culture" zuzuordnen waren. Um solchen Prozessen vorzubeugen, haben sich viele Landbesitzer zum einfachsten Weg entschlossen und den Zutritt zu ihrem Land untersagt. Die einzige Alternative wäre eine extrem teure Haftpflichtversicherung, deren Kosten allenfalls durch Eintrittsgelder wieder zurückzuholen wären. In der freien Natur eine schlichte Unmöglichkeit.

Augen auf der Straße. Absolute Vorsicht ist am Wasserfall selbst geboten, bitte unbedingt die Warnschilder beachten. Ein Sturz kann schwere Verletzungen mit sich bringen. Seit mehreren Jahren ist auch der Zutritt zur unmittelbaren Umgebung um den Wasserfall verboten.

Anschließend geht es über mehrere Kilometer bergab, teilweise durch kleine Wäldchen und an einsam gelegenen Häusern vorbei. Schließlich kommt man an eine Kreuzung, die in etwa das Zentrum des kleinen Dorfes **Laragh** darstellt. Von hier aus hat man die verschiedensten Möglichkeiten, die Fahrt durch die Wicklow Mountains fortzusetzen. Entweder nach Norden über die R755 in Richtung Roundwood und Enniskerry, nach Westen über die Wicklow Gap in Richtung Hollywood und Blessington oder nach Südosten durch die Täler von Clara und Avoca in Richtung Arklow. Jede dieser Strecken hat ihren ganz eigenen Reiz. Doch egal für welchen Weg man sich entscheidet: Der Besuch der nahe gelegenen berühmten Klostersiedlung von Glendalough ist erst einmal ein touristisches Muss.

4 HIGHLIGHT

Glendalough und Laragh

Ein unbestrittenes Highlight jeder Irlandreise! Glendalough, wörtlich übersetzt das „Tal der zwei Seen", beginnt in der kleinen Ortschaft Laragh, rund 40 km südlich von Dublin. Doch Glendalough wird weniger mit dem lang gestreckten Tal assoziiert als mit der berühmten Klosteranlage, deren Ruinen in reizvoller, bewaldeter Umgebung am unteren der beiden Seen liegen. Trotz des Touristenansturms ist Glendalough, das im 6. Jh. von dem Hl. Kevin gegründet wurde, ein „stiller" Ort geblieben. Die Ruhe war es auch, die Kevin in diesem Tal suchte. Er begab sich sozusagen ans Ende der Welt, um ein meditatives, gottgefälliges Leben zu führen. Doch ihm folgten weitere Einsiedler und Mönche, die er in Askese unterrichtete. Im 12. Jh. existierten in der Klostersiedlung bereits sieben Kirchen, angeblich lebten damals mehr als 3000 Menschen in dem abgelegenen Tal, das nach seinem Tod auch Bischofssitz wurde. Wiederholt wurde Glendalough das Ziel von Wikingerüberfällen. In Dänemark wurde sogar einen Langschiff gefunden, dessen Holz in Glendalough geschlagen wurde. Kaum hatte sich das Kloster von diesen Störungen erholt, wurde es von englischen Truppen Ende des 14. Jhs. teilweise zerstört. Der Klosterbetrieb ging jedoch noch weiter, bis schließlich auf Befehl Heinrichs VIII. im Jahr 1539 die Klöster Irlands aufgelöst wurden. Danach blieb Glendalough eine beliebte Pilgerstätte, vor allem am Feiertag des Hl. Kevin, am 3. Juni.

Der Hl. Kevin war berühmt für seine Engelsgeduld und seine tiefen Meditationen. So ist überliefert, dass er einmal mehrere Tage im Wasser stehend mit ausgebreiteten Armen meditierte. Eine Amsel nutzte die Gelegenheit und baute auf seiner Hand ein Nest. Als der Heilige seine Meditation beendete, bemerkte er den Vogel und entschloss sich, einfach so lange ruhig stehenzubleiben, bis dieser seine Eier ausgebrütet hatte. Angeblich starb Kevin um 618 im biblischen Alter von 120 Jahren.

Rundgang

Es gibt mehrere Wege, die auf das Gelände führen: entweder vom Besucherparkplatz aus links am Besucherzentrum vorbei und über die kleine Brücke auf die andere Bachseite, dann einfach rechts in Richtung der kleinen Kirche St. Kevin's Kitchen. Die ist der ruhigste und auch malerischere Weg. Alternativ erreicht man das Klosterdorf über den Parkplatz des Hotels oder entlang der Hauptstraße, dann geht man durch das alte Friedhofstor neben dem mobilen Andenkenladen.

Wird der erste Weg gewählt, gelangt man zuerst zur **St. Kevin's Kitchen**, der vollständig erhaltenen kleinen Kirche mit ihrem eingebauten Rundturm. Es handelt sich um ein Gebetshaus aus solidem Stein mit einem sehr steilen Dach, das ebenfalls mit Steinen bedeckt ist. Obwohl das Gebäude bereits im 11. Jh. errichtet wurde, ist es noch vollkommen erhalten und weist eine sehr gute Akustik auf, die man durch den vergitterten Eingang testen kann. Von innen kann man die Kirche nicht besichtigen, was zu verkraften ist, da der Innenraum vollkommen schmucklos ist. Der kleine Glockenturm, eindeutig ein „Ab-

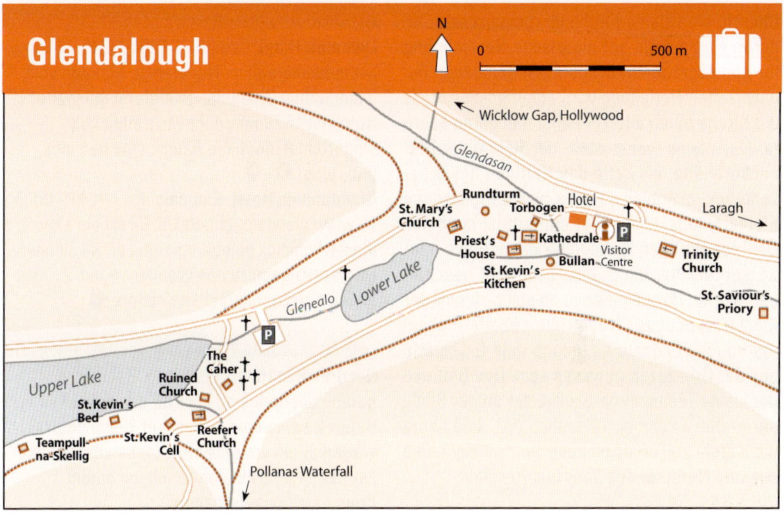

leger" der irischen Rundtürme, wirkt fast wie ein Schornstein – weswegen die Kapelle auch den Namen St. Kevin's Kitchen bekommen hat. Von hier aus ist es am einfachsten, rechts an der Friedhofsmauer entlangzugehen und hinter der Kathedrale (deren Eingang auf der anderen Seite liegt) zum immer noch intakten **Torbogen** zu gelangen. Dies ist der Rest des ehemaligen Torhauses, ein in Irland einmaliges Relikt eines solchen Gebäudes. Der doppelte Bogen wirkt auch heute noch elegant. Zur linken Hand steht, unübersehbar in die Höhe ragend, der **Rundturm** von Glendalough. Er ist ungefähr 30 m hoch und einer der am besten erhaltenen Türme in ganz Irland. Erbaut wurde er während der Wikingerüberfälle um 1066. Die konische Spitze, die wie bei vielen anderen Türmen dieser Art im Laufe der Zeit zerstört wurde, wurde im 19. Jh. restauriert, dabei verwendete man Steine, die hier gefunden wurden. So kann heute davon ausgegangen werden, dass der Turm im Wesentlichen dem mittelalterlichen Original entspricht. Die anderen Gebäude auf dem Gelände sind mehr oder weniger zerstört. Das größte von ihnen ist die aus dem 12. Jh. stammende **Kathedrale**, die heute ohne ihr Dach dasteht. Mit etwas Fantasie kann das große Gebäude vor dem geistigen Auge wiedererstehen. Wesentlich mehr Fantasie braucht man beim **Priest's House**, in dem früher Geistliche beerdigt wurden, was zu dem leicht irreführenden Namen führte. Über der Tür ist eine kaum noch erkennbare Steinmetzarbeit angebracht, die den Hl. Kevin mit zwei anderen Mönchen zeigt. Fast vollkommen verfallen ist die etwas abseits gelegene **St. Mary's Church**.

Das angeblich Wünsche erfüllende **St. Kevin's Cross** ist ebenfalls hier zu finden – die meisten Besucher hinterlässt das schmucklose Kreuz recht unbeeindruckt.

Wanderwege entlang der Seen

Von diesem zentralen Klostergelände aus beginnen auch die wunderschönen Wanderwege entlang der zwei Seen, die dem Tal seinen Namen gaben. Sie führen durch waldreiche Landschaft und sogar zu einem Wasserfall. Dem Kloster am nächsten liegt der **Lower Lake**, der mit dem wesentlich größeren **Upper Lake** über einen kleinen Strom verbunden ist. Zwischen den beiden Seen befindet sich der kostenpflichtige Parkplatz. Die Wanderung vom Kloster (bzw. vom kostenlosen Besucherparkplatz) hierher entlang der gut ausgebauten Wege nimmt jedoch auch nur 15–20 Minuten in Anspruch. Am Upper Lake sind noch einige interessante Bestandteile der Gesamtanlage zu finden. Die erste davon ist **Reefert**

Church, eine kleine Kirche im romanischen Stil, deren Name wohl auf die irische Bezeichnung für Königsgräber zurückgeht. Wegen dieser linguistischen Herleitung wird angenommen, dass die Kirche einen alten Friedhof markieren könnte. Nur etwas weiter steht der Rest einer Bienenkorbhütte, als **Zelle des Heiligen Kevin** bekannt und eventuell der Ursprung der gesamten Klosteranlage. Nicht weit entfernt ist auch das **Bett des Heiligen Kevin**, eine kleine Höhle oder besser Nische, die in eine Felswand geschlagen wurde. Der Legende nach soll sich hier der Klostergründer zur Nachtruhe gebettet haben, ursprünglich könnte es jedoch eine Grabstätte aus der Bronzezeit gewesen sein. Das Bett und der kleine Teampall-na-Skellig, der an der Stelle der ersten Kirche im Tal stehen soll, sind heute nicht mehr zu Fuß erreichbar, sie sind eigentlich nur vom Nordufer des Sees aus zu sehen.

Praktische Hinweise

Die Besichtigung von Glendalough ist gratis, auch der Parkplatz am Besucherzentrum ist kostenlos nutzbar. Eintritt zahlt man nur für das Besucherzentrum, in dem die Geschichte des Hl. Kevin und der Klostersiedlung von Glendalough anschaulich erzählt werden, ✆ 0404-45352, 🖳 www.heritageireland.ie, 🕒 tgl. 9.30–17, März–Okt bis 18 Uhr, Eintritt 3 €, sowie für den Parkplatz am Ende der Straße, an dem einige Wanderwege beginnen. Tipp: An schönen Sommerwochenenden ist hier kaum ein Parkplatz zu bekommen. Deshalb sollte man Glendalough nach Möglichkeit an einem Wochentag besichtigen, früh am Morgen ist es am ruhigsten.

Die vergessene Kirche von Glendalough

Die Ruine einer weiteren, sehr kleinen Kirche, befindet sich an der Straße Richtung Laragh. Da es hier keine Parkmöglichkeiten gibt, ist sie meist menschenleer. Am einfachsten ist es, vom Besucherparkplatz zur Kirche zu laufen. Die **Trinity Church** aus dem 12. Jh. besaß wahrscheinlich ebenfalls einen Rundturm, der ähnlich wie bei der St. Kevin's Kitchen in den Bau integriert war. So wären dann hier drei Rundtürme auf engstem Raum zu finden gewesen.

Übernachtung

Lynham's Hotel, Laragh, ✆ 0404-45345, 🖳 www.lynhamsoflaragh.ie. Nur wenige Minuten vom historischen Glendalough entfernt gelegenes Hotel mit 14 Zimmern. Etwas traditionell eingerichtet, doch die Räume sind bequem und ruhig. ❸–❹

Glendalough Hotel, Glendalough, ✆ 0404-45135, 🖳 www.glendaloughhotel.ie. Direkt am alten Klosterkomplex gelegenes Hotel mit 44 Zimmern. Leichter Zugang zu den Wanderwegen. Zimmer bieten durchschnittlichen Komfort. ❹

Essen

Die örtlichen Hotels servieren Mahlzeiten (relativ hochpreisig), aber für den schnellen Happen zwischendurch ist der kleine **Imbisswagen** direkt am Klostertor (neben der Brücke) ein Geheimtipp mit überraschend gutem Preis-Leistungs-Verhältnis.

Transport

Busse

St. Kevin's Bus, 🖳 www.glendaloughbus.com, Verbindung mehrmals tgl. zwischen Laragh (Glendalough) und DUBLIN (via Bray).
Die Firma bietet auch speziell organisierte Ausflugsfahrten an.

Von Glendalough bis Avoca

Von Glendalough bzw. Laragh führt die R755 nach Süden in das Tal von Clara, die Straße folgt dem Verlauf des Flusses Avonmore. Abenteuerlustige und Freunde der Einsamkeit können auch kurz hinter Laragh den Wegweisern nach **Glenmalure** folgen, einem tief in die Berge eingeschnittenen Tal direkt unterhalb des Lugnaquilla, das sich für wunderbare Wanderungen bestens eignet.

Kleine Ortschaften säumen den Weg durch das bewaldete **Vale of Clara**. Winzig klein ist **Clara**, der Ortskern besteht aus einer Handvoll Häusern, der Kirche und der Schule.

Bei **Rathdrum** geht das Vale of Clara in das **Vale of Avoca** über, die Fahrt nach Süden in Richtung Arklow führt am **Avondale Forest Park**, ✆ 0404-46111, 🖳 www.coillteoutdoors.ie, vorbei. Im Park befindet sich das **Avondale House**,

Mit dem Zigeunerwagen auf Tour

Einmal mit dem Planwagen durch Irland zu fahren, ungebunden und frei wie die „Zigeuner“ (die schon lange nicht mehr mit den bunten Pferdewagen auf der Straße unterwegs sind und deren Leben in der Realität alles andere als romantisch und frei, sondern allzu oft von Diskriminierung geprägt war), ist nach wie vor ein Traum vieler Kontinentaleuropäer. Ein Traum, der sich durchaus verwirklichen lässt, indem man einen traditionellen Barrel Top Caravan mit einem kleinen, aber kräftigen Zugpferd mietet. In den Wicklows etwa bietet die Familie Clissmann, Rathdrum, ✆ 0404-46920, 🖳 www.clissmann.com/wicklow, dieses Abenteuer auf Zeit an.

Umweltfreundliche Art des Reisens

Das Konzept dabei ist denkbar einfach. Die Wagen bieten Platz für eine kleine Familie, allerdings mit sehr eingeschränktem Komfort und, das ist nun wirklich traditionell, ohne Bad und Toilette. Den Antrieb liefert ein Pferd, das meist eine unerschütterliche Gemütsruhe aufweist und dessen Vorstellung von Individualität sich darin äußert, ob es nun das Gras 10 m vor oder hinter dem Wohnwagen frisst. Wird es ausgespannt, reicht eine Handvoll Hafer, um es wieder „einzufangen“ – der Mieter muss sich nicht als Cowboy betätigen. So kann man auf ökologische Weise und ganz gemächlich Irlands Landschaft kennenlernen und zahlreiche Eindrücke sammeln.

Nur festgelegte Strecken

Der Traum, ganz Irland auf diese Art zu bereisen, lässt sich kaum erfüllen. Die Pferdewagen können nur auf bestimmten Strecken eingesetzt werden und bewegen sich meist von Rastplatz zu Rastplatz in einem recht festgelegten Rahmen. Die Strecken, die man an einem Tag zurücklegen kann, sind begrenzt – ein Pony ist kein Auto, das man neu betankt und dann mit dem Bleifuß weiterjagt. Wer sich auf den Urlaub mit dem Zigeunerwagen einlässt, muss sich bewusst sein, dass er nur eine ganz kleine Ecke von Irland bereisen wird, diese dafür aber umso intensiver.

Vorsicht Autofahrer!

Ein Wort der Warnung ist allerdings angebracht. Als sich der Urlaub mit dem Pferdewagen etablierte, war Irland noch ein anderes Land. Die Verkehrsdichte war weitaus geringer und ein langsam den Berg erklimmender bunter „Zigeunerwagen“ wurde lachend toleriert. Heute hat sich dies geändert, der Pferdewagen bildet den Anfang eines Staus, hinter ihm drängeln sich erboste Tagesausflügler in ihren wesentlich schnelleren Autos und Geländewagen, die jedoch nur an wenigen Stellen der immer noch engen Straßen überholen können. Die gute Nachricht: Die Zugpferde lässt diese Situation meist vollkommen kalt. Die „Zigeuner auf Zeit“ allerdings geraten schon einmal in Stress.

Geburtshaus des irischen Politikers Charles Stewart Parnell und heute ein Museum, das ihm und seinem politischen Freiheitskampf gewidmet ist. Der Besuch lohnt sich nicht nur für geschichtsinteressierte Menschen, sondern auch für Naturliebhaber. Ein im 18. Jh. angelegtes Arboretum und die Spazierwege durch den Wald und am Fluss Avonmore entlang laden zum Verweilen ein. Wie schon die „Dubliners" wussten, als sie sangen „Oh have you been to Avondale and lingered in her lovely vale …" ⌚ Haus/Museum Juli und Aug tgl. 11–17, Sep–Mitte Okt Di–So 11–16, Mitte–Ende Okt Sa und So 11–16 Uhr, Park ganzjährig während des Tages geöffnet, Parkgebühr 5 €.

Weiter südlich liegt **The Meeting of the Waters**, der wirklich romantische Zusammenfluss von zwei Strömen, der Dichter inspirierte, nach wie vor Besucher anlockt und durch ein recht unsensibel ausgebautes Gasthaus nicht gerade an Attraktivität gewonnen hat. Um wirklich nur die schönen Teile der Landschaft zu sehen, bedarf es eines sehr selektiven Blicks. Selbst die teilweise an den Berghängen noch sichtbaren alten Bergwerke machen einen besseren Eindruck als die kommerzielle Erschließung an dieser Stelle. Die Avoca Mines sind heute noch deutlich zu erkennen, sieben ehemalige Engine Houses (in denen die Dampfmaschinen untergebracht waren) sind noch in Ruinen vorhanden. Dazu kommen die Spuren des Bergbaus, die zum Teil schon überwachsen und so renaturiert sind, dass man kaum erkennen kann, wo der Berg beginnt und die Abraumhalde endet. Interessant ist der riesige Mottee Stone in der Nähe der alten Minen, er wurde während der Eiszeit von einem Gletscher hier zurückgelassen.

Im Gegensatz zum „Meeting of the Waters" kann sogar das Dorf **Avoca**, vor einigen Jahren als das irische Vorzeigedorf in der britischen Fernsehserie *Ballykissangel* bekannt geworden, trotz starker Kommerzialisierung als positives Beispiel gelten. Das Ziel vieler Besucher ist **Avoca Handweavers**, 💻 www.avoca.ie, eine teilweise noch traditionell betriebene Weberei, deren Stoffe aus Naturmaterialien weltweit beliebt sind. Allenfalls die Touristenbusse im Sommer und einige weniger gelungene Werbetafeln zerstören den Eindruck des lebendigen 19. Jhs. Ausgedehnte Verkaufsräume, ein sehr gutes, aber nicht unbedingt sehr preisgünstiges Café und die laut klappernden Webstühle in den Produktionshallen tun ihr Bestes, den Besuchern irisches Handwerk nahezubringen und einige Euro aus der Tasche zu locken. Da der Eintritt frei ist und einige Produkte von Avoca durchaus interessant sind, ist ein kurzer Halt empfehlenswert. Danach kann es dann in gemütlichem Tempo nach Arklow weitergehen. An einem sonnigen Tag eine wirklich schöne Fahrt, vorbei an alten Kirchen und lieblichen Flusstälern.

Bio-Küche vom Feinsten

Unbedingt einen Abstecher wert für Freunde der guten Küche ist **The Strawberry Tree** im herrlich gelegenen Brook Lodge Hotel, in Macreddin, 💻 www.brooklodge.com. Es ist angeblich Irlands einziges zertifiziertes Öko-Restaurant, das ausschließlich Biokost serviert. Einfach gehaltene Speisekarte. Überraschend normale Preisgestaltung. Vor allem am Wochenende ist allerdings eine Tischreservierung dringend empfehlenswert.

Übernachtung

Rathdrum

€ **The Old Presbytery**, The Fairgreen, ☎ 0404-46930, ✉ theoldpres@eircom.net. Recht ordentliches Hostel mit 55 Betten. Waschmaschine vorhanden. Kreditkarten werden akzeptiert. Bett ab 18 €.

€ **Hidden Valley Holiday Park**, ☎ 086-7272872, 💻 www.irelandholidaypark.com. Campingplatz etwa 1 km von der Ortsmitte entfernt, einfach, aber durchaus komfortabel. Eigenes Café, auch Touren können organisiert werden, sehr schöne Zeltplätze direkt am Fluss. Verleih von Fahrrädern und Kajaks. Einfache Blockhütten für 4 Pers., 2 Nächte 180 €. Stellplatz ab 10 €.

Stirabout Lane Guesthouse, 36 Main St., ☎ 0404-43142, 💻 www.stiraboutlane.com. Einfaches, familiäres B&B im Ortskern von Rathdrum. ❷

Entlang der Westseite der Wicklow Mountains

Von Glendalough aus führt die R756 direkt auf die fast 500 m hohe **Wicklow Gap** (am Wegesrand liegen mehrere Aussichtspunkte), bis es langsam zu Tal geht und die kleine Straße schließlich bei Hollywood die geschäftige N81 erreicht. Ganz in der Nähe stehen übrigens die **Piper's Stones**, ein prähistorischer Steinkreis. Die Legende besagt, dass es sich hier um in Stein verwandelte Tänzer handelt, die sich frevelhafterweise an einem Sonntag zur Musik eines Pfeifers (der einzeln außerhalb des Kreises stehende Stein) vergnügten.

Am Fuß der Wicklow Mountains steht das vielleicht meistfotografierte Ortsschild in Irland: **Hollywood**. Das kleine Dorf, das nur aus wenigen Häusern, einer Kirche, einer Grundschule, einem Laden und vor allem dem Hollywood Post Office (noch so ein Fotomotiv) zu bestehen scheint, ist durch seine Namensgleichheit mit der kalifornischen Filmmetropole eben einen Schnappschuss wert. Zwar ist die Namensgleichheit ein Zufall, die Kino-Connection allerdings besteht in den Bergen südlich Dublins tatsächlich. Darauf weisen auch verschiedene Straßenschilder hin, die Rundtouren mit so wohlklingenden Namen wie „Braveheart Drive" oder „Excalibur Drive" anbieten. Historisch gesehen haben die Berge und Täler von Wicklow natürlich weder mit William Wallace noch mit König Artus eine Verbindung. Aber die legendären Filme wurden hier (zumindest teilweise) gedreht. Da sich die Landschaften ähneln, gehen die Wicklows bei Bedarf auch mal als Schottland oder Südengland durch. Und für das aktuelle Geschäft, etwa mit den „Tudors", sorgt eine eigene County Wicklow Film Commission, 💻 www.wicklowfilmcommission.com.

Baltinglass liegt jetzt ein ganzes Stück südlich, wäre aber über die N81 relativ schnell erreichbar. Der Abstecher lohnt sich allerdings nur, wenn man ohnehin den Weg in Richtung Carlow einschlägt oder sich ganz besonders für Kirchenarchitektur interessiert. Das ehemalige Zisterzienserkloster von Baltinglass, im 12. Jh. als Valle Salutis gegründet, ist eine interessante Mixtur von irischen, romanischen und für den Orden typischen Einflüssen, zudem wurde das Kloster im 19. Jh. umfangreich restauriert. Der in der Nähe gelegene Baltinglass Hill mit seinen prähistorischen Monumenten wird vor allem wegen des Ausblicks über die nähere Umgebung bestiegen.

Von Hollywood erreicht man rasch das rund 3000 Einw. zählende Städtchen **Blessington**, das sich ein wenig vom unverfälschten Charme eines typischen irischen Provinznestes erhalten konnte. Die Hauptstraße säumen Geschäfte, Cafés und Restaurants, zahlreiche Touristen legen hier einen Stopp ein. Wer einige Stunden an den Ufern der nahen **Blessington Lakes** verbringen möchte, die als Trinkwasserreservoir für die Hauptstadt Dublin dienen, der deckt sich am besten in Blessington mit Proviant ein. In den Seen herrscht allerdings Badeverbot, die Dubliner sehen es nicht gerne, wenn man in ihrem Trinkwasser schwimmt. Doch schon aus Sicherheitsgründen sollte man vom Baden absehen, die Ufer können steil sein und vor allem in der Nähe des Poulaphouca Staudammes können starke Strömungen auftauchen. Doch auch eine Fahrt um die Seen lohnt sich an schönen Tagen.

Auf gar keinen Fall sollte man das **Russborough House** verpassen, ✆ 045-865239, 💻 www.russborough.ie. Dieses Herrenhaus, das etwas südlich des Ortes liegt, wurde Mitte des 18. Jhs. für Joseph Leeson, Earl of Milltown, gebaut und ist ein Meisterwerk des Architekten Richard Cassels, der auch für das nicht weit entfernte Powerscourt House verantwortlich zeichnet. Russborough House soll die breiteste Fassade in ganz Irland haben und ist weitgehend im Originalstil erhalten geblieben. Das Äußere des Hauses ist schon beeindruckend, die Innenräume mit ihren reichen Stuckverzierungen aus der Hand der Brüder Francini (die auch in Castletown House wirkten) sind nahezu überwältigend. Bekannt ist Russborough aber vor allem für seine Gemäldesammlung, die eigentlich im Jahr 1926 verkauft, dann aber rund 40 Jahre später wieder zurück ins Haus geholt wurde. Weitere Gemälde kamen aus der Sammlung von Alfred Beit, der das Haus 1952 erwarb und mit Kunstschätzen füllte. In den Jahren 1974, 1986, 2000 und 2001 kam es zu spektakulären Einbrüchen, bei denen jeweils Teile der Sammlung gestohlen wurden, zu der auch Werke von Rubens, Velasquez und Goya zählen. Ein Teil der Beute aus den verschiedenen Raubzügen konnte wieder in das Haus zurückgeführt werden, mittlerweile sollen die Sicherheitsvorkehrungen verbessert worden sein. Auch ein Großfeuer im Februar 2010 hat nur leerstehende Gebäudeteile betroffen. Nicht alle Gemälde der Sammlung sind im Haus selbst ausgestellt, ein Teil wird in der National Gallery of Ireland in Dublin (s. S. 148) gezeigt. Die Besichtigung von Russborough Haus ist mittlerweile nur noch im Rahmen einer kostenpflichtigen Führung möglich, das Gelände selbst kann ohne Einschränkung betreten werden. Das Café in einem Seitentrakt bietet Mahlzeiten und Getränke zu einem überraschend günstigen Preis an. 🕓 Mai–Sep tgl. 10–18 Uhr (eingeschränkte Öffnungszeiten im März, April und Okt), Eintritt 10 €.

Von Blessington ist man schnell wieder in Dublin, kann aber auch bei Kilbride auf die R759 abbiegen, die wieder zur Sally Gap hinaufführt. An der Kreuzung einfach geradeaus weiterfahren, dann führt die Straße automatisch am **Lough Tay** vorbei, der rechts in einem tiefen Tal liegt. Der Ausblick auf den See ist einer der schönsten Panoramablicke in den Wicklow Mountains, die steil um ihn herum abfallenden Felswände verstärken den Eindruck der absoluten Abgeschiedenheit noch. Dieser Eindruck allerdings täuscht, denn auf dem gepflegten Rasen neben dem See ist ein kleiner Pavillon zu erkennen, der zum Landsitz der Familie Guinness gehört. Die R759 endet schließlich in der Nähe des kleinen Dorfes Roundwood an der R755.

Übernachtung und Essen

Blessington

Avon Ri, Blessington Lakeshore, Burgage, ✆ 045-900670, 💻 www.avonri.com. Das Ferienresort an den Ufern der Blessington Lakes bietet 39 komfortable Zimmer, vielleicht eher für einen längeren Aufenthalt als für eine Zwischenübernachtung geeignet. Zahlreiche Freizeitaktivitäten wie Kanu- und Kajaktouren, Surfen und Segeln sind hier im Angebot. ❺–❻

🌳 **Grangecon Café**, Kilbride Rd., Café mit kleiner, aber feiner Speisekarte. Die meisten Zutaten stammen aus ökologischem Anbau, exzellenter Kaffee und Schokoladenkuchen. Nicht unbedingt billig.

Transport

Blessington ist in das Streckennetz von Dublin Bus, 💻 www.dublinbus.ie, eingebunden und wird regelmäßig von der Innenstadt aus angefahren. Die häufigsten Verbindungen mit DUBLIN bestehen am Morgen und am Abend, um den Berufspendlern entgegenzukommen (Linie 65). Vom Ort selbst braucht man zu Fuß etwa 30 Min. nach Russborough House und zu den Seen.

Enniskerry

In schöner waldreicher Umgebung liegt der kleine Ort Enniskerry, rund 20 km vom Zentrum Dublins entfernt. Wichtigste Sehenswürdigkeit ist der nahe gelegene Powerscout-Wasserfall, eines der schönsten Naturschauspiele in den Wicklow Mountains. Der kleine Fluss Dargle stürzt an einer steil abfallenden Granitwand 130 m in die Tiefe, gerade nach Regenfällen ein spektakulärer Anblick.

Sehenswert ist auch das Anwesen des Herrenhauses von Powerscourt. Das Haus wurde anstelle einer anglo-normannischen Befestigung im Jahre 1731 erbaut, der Architektur war Richard Cassels. Ein Großfeuer Mitte der 1970er-Jahre zerstörte jedoch das Haus, lediglich die Außenwände blieben stehen. Mittlerweile ist das Haus zumindest teilweise wieder aufgebaut, doch nur die Außenfassade ist noch originalgetreu erhalten geblieben. Die meisten Besucher kommen aber ohnehin wegen der Gartenanlagen zu Füßen des 503 m hohen Sugar Loaf Mountain, die zu den schönsten Gärten Irlands zählen und sich auf sage und schreibe rund 190 000 m² erstrecken. Zwischen 1858 und 1875 wurde die Anlage vom siebten Viscount Powerscourt angelegt und diente fortan auch als Heimat für seine auf Reisen durch Europa gesammelten Kunstwerke. Vom Haus führt der prunkvoll gestaltete Weg über Mosaike und eine im italienischen Stil angelegte Treppe zu dem kreisrunden Triton Lake. Zwei Statuen des mythologischen Pegasus, Wappentier der hier einst ansässigen Familie Wingfield, stehen direkt am See, in dessen Mitte eine Tritonen-Fontäne für Wasserspiele sorgt.

Unterwegs auf dem Wicklow Way

- **Route:** Dublin – Knockree – Laragh – Glendalough – Tal von Glenmalure – Drumgoff – Aghavannagh – Moyne – Tinahely – Shillelagh – Clonegall
- **Länge:** 127 km
- **Dauer:** 7 Tage
- **Schwierigkeitsgrad:** wechselnd, aber für normal erfahrene Bergwanderer ohne Probleme zu meistern
- **Beschilderung:** nicht überall exakt und in bestem Zustand
- **Karten:** Wicklow Way Map Guide von Barry Dalby (EastWest Mapping)

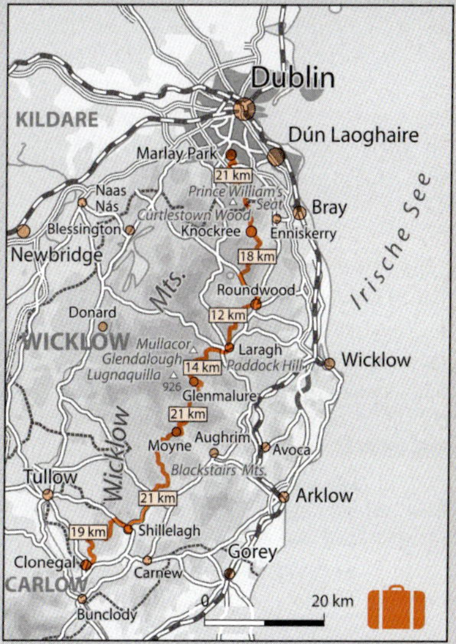

Der Wicklow Way ist einer der bekanntesten und beliebtesten Fernwanderwege Irlands und führt von Dublin, genauer von Rathfarnham, einem Vorort Dublins, durch die Berge bis nach Clonegall im County Carlow. Er bietet Naturerlebnisse, die intensiver kaum sein könnten. Dafür sorgen einsame Strecken durchs Hochmoor und über Pässe, die sonst nur von Schafen benutzt werden, und natürlich das abwechslungsreiche irische Wetter. Neben gutem Schuhwerk ist eine Allwetter-Bekleidung selbst dann empfehlenswert, wenn man nur eine Tagesetappe wandert. Wer die ganzen 127 Kilometern erwandern möchte, der sollte sich auf anstrengende Etappen einstellen, zudem sollten Wanderer gutes Kartenmaterial (OSI) und einen Kompass dabeihaben. Der Wicklow Way ist zwar ausgeschildert, diese Ausschilderung ist aber nicht immer absolut genau oder in bestem Zustand. Seit der offiziellen Eröffnung der Wanderroute im Jahr 1983 sind einige Teilstücke nur lückenhaft gewartet worden. Und selbst in unserer oft auf GPS vertrauenden Zeit – die Batterie ist garantiert dann leer, wenn Sie weder vor noch zurück wissen.

Übrigens sind nicht nur plötzliche Abgründe und schlecht zu durchquerende Moorgebiete ein Problem, wer weit genug vom vorgesehenen Pfad abkommt, der kann sich plötzlich auf Militärgelände wiederfinden. Auf diesen abgelegenen Gebieten werden oft Schießübungen mit scharfer Munition und großkalibrigen Waffen durchgeführt.

Die Route

Die Strecke zieht sich von Dublin zunächst nach Knockree, dann über Laragh und Glendalough in das Tal von Glenmalure, weiter nach Drumgoff und dann über Aghavannagh, Moyne, Tinahely und Shillelagh schließlich nach Clonegall. Die wohl schönsten Streckenabschnitte befinden sich zwischen Dublin und Glenmalure. Zwar überquert man auf dem Wicklow Way nicht die höchsten Berge Irlands, dennoch gilt der Fernwanderweg als der „alpinste". Für einigermaßen erfahrene und trainierte Wanderer ist Wicklow Way auch in fünf Tagesetappen zu schaffen.

An der Strecke liegen einige Jugendherbergen und andere Unterkünfte, die als Etappenquartiere genutzt werden können. In der Hauptwanderzeit sind sie oft sehr gut besucht. Wer plant, den gesamten Wicklow Way in einem Stück abzuwandern, sollte unbedingt Unterkünfte vorab reservieren. Wildes Zelten ist in den Wicklow Mountains wie überall in Irland untersagt.

Die Etappen

1. Tag (21 km, 7 Std.)
Marlay Park bis Knockree
Die Wanderung beginnt im Parkgelände und führt dann überwiegend über Waldwege aus Dublin hinaus in die Berge. Viele Anstiege sind zu bewältigen, es wird einiges an Kondition abverlangt. Teilweise geht es über ausgedehnte Moorflächen, über Prince William's Seat und Curtlestown Wood erreicht man schließlich Knockree. Übernachten kann man im Knockree Hostel, Lacken House, ✆ 01-2767981, 🖳 www.anoige.ie/hostels/knockree. Ein äußerst luxuriöses Hostel in einem umgebauten Bauernhof direkt am Wicklow Way. Familienzimmer sind vorhanden, ebenso eine „Flitterwochen-Suite". Im Hostel selbst werden verschiedene Outdoor-Aktivitäten angeboten, ein Fahrradverleih ist ebenfalls vorhanden. Bett ab 17,50 €.

2. Tag (18 km, 6–7 Std.)
Knockree bis Roundwood
An diesem Tag dominiert die Berglandschaft, diese Etappe bietet die besten Fernblicke. Fast zum Greifen nah liegen rechts und links des Weges Berggipfel, die immer wieder zu einem kleinen Umweg verleiten, um von dort einen noch besseren Panoramablick zu genießen. Widerstehen Sie, wenn Sie nicht wirklich extrem fit sind. Übernachtung in The Syklark's Rest, Lough Dan Rd., ✆ 087-0910342, 🖳 www.skylarksrest.com, etwa 5 Min. Fußweg vom Ortskern entfernt. 🕔 Mai–Okt. ❶–❷

3. Tag (12 km, 4 Std.)
Roundwood bis Laragh (Glendalough)
Eine kurze Etappe über den Paddock Hill, hier ist das Ziel fast wichtiger (und nimmt den Rest des Tages sicher in Anspruch): Die Etappe endet in Laragh, gleich neben dem Dorf befindet sich das weltberühmte Klosterdorf von Glendalough (s. S. 292). Übernachtungsmöglichkeit bietet das Glendaloch Youth Hostel, The Lodge, Glendalough, ✆ 01-40445342, 🖳 www.anoige.ie/hostels/glendaloch. Sehr gut ausgebautes Hostelling mitten im Nationalpark Glendalough, neben den üblichen Schlafsälen (Bett ab 13,50 €) sind auch Privatzimmer und Familienräume vorhanden. Das Frühstück im Hause wird von Gästen immer wieder lobend erwähnt. Ein Fahrradverleih ist vorhanden. ❷

4. Tag (14 km, 4–5 Std.)
Laragh bis Glenmalure
Noch eine kurze Tagesetappe, vielleicht lohnt sich ein morgendlicher Abstecher nach Glendalough, bevor die Touristen kommen. Danach geht es dann am Wasserfall von Poulnass vorbei und über den Gipfel des Mullacor in das idyllische, aber wirklich vollkommen menschenverlassene Glenmalure. Hier erwartet den müden Wanderer eine der einfachsten Jugendherbergen Irlands, im Prinzip nur eine Art Berghütte ohne Strom und fließend Wasser: Glenmalure Hostel, Greenane, ✆ 01-8304555, 🖳 www.anoige.ie/hostels/glenmalure. Dafür hat das Haus eine äußerst interessante Geschichte: Es gehörte zunächst dem Dramatiker J.M. Synge, dessen Stück *Shadow of the Glen* hier angesiedelt ist. Später ging das Haus in den Besitz der Nationalistin Maud Gonne McBride über, deren Tochter Iseult lebte ebenfalls eine Zeitlang hier. Bett ab 14 €. Bitte nicht wundern, wenn es hier ab und an einmal rumst – in der Nähe von Glenmalure schießt die irische Armee zur Übung.

5. Tag (21 km, 7 Std.)

Glenmalure bis Moyne

Die spartanischen Verhältnisse in der Jugendherberge von Glenmalure begünstigen einen frühen Start, schließlich ist ein sehr langes Wegstück zurückzulegen. Teilweise folgt der Weg dem Flusslauf des Avonbeg durch das Tal, eine sehr romantische Route. Danach geht es eine ganze Weile bergauf und bergab, die sparsame Vegetation sorgt für einen sehr schönen Fernblick bis hin zu den Blackstairs Mountains. Die Etappe endet in Moyne, wo das Kyle Farmhouse, ✆ 059-6471341, 💻 www.kylefarm.com, eine sehr rustikale, aber bequeme Unterkunft bietet. ❷–❸

6. Tag (21 km, 7 Std.)

Moyne bis Shillelagh

Dieser Abschnitt besteht im Wesentlichen aus einer einfachen Wanderung auf mehr oder minder stark befahrenen Straßen – die magische Bergwelt hat man eigentlich hinter sich gelassen. Es geht durch kleine Dörfer und schließlich kann man in „The Olde Shillelagh" unterkommen, einem B&B mit gutem Komfort und einer (auf Anmeldung) zu besichtigenden Werkstatt für die *shillelagh* genannten Knüppel, 💻 misticshillelagh.tripod.com. ❷–❸

7. Tag (19 km, 6 Std.)

Shillelagh bis Clonegall

Auf dem letzten Stück des Wicklow Way kommt man wieder mit der Zivilisation in Berührung, viele Strecken werden auf kleineren Straßen zurückgelegt. Teilweise geht es über feucht-nasse Feldwege und einige Berge. Schließlich überschreitet man die Grenze zum County Carlow und beendet die Wanderung in Clonegall.

Alternativ: Besteigung des Lugnaquilla

Wer nicht gleich sieben Tage in den Wicklows wandern möchte und dennoch eine Herausforderung sucht: Die Besteigung des Lugnaquilla, mit 926 m der höchste Berg in Wicklow, bietet eine interessante Alternative. Gleich zwei Hostels eignen sich als „Basiscamp": Lugnaquilla House Hostel, Aughavannagh, Aughrim, ✆ 0402-94651, 💻 www.lugnaquillahousehostel.com. Kleines Hostel mit nur 12 Betten (Bett ab 20 €) am Fuß des Lugnaquilla. Ideale Basis für eine Besteigung des Berges oder auch eine Zwischenstation auf dem Wicklow Way. ❷. Oder das Mountain Ventures Hostel, Glen of Imaal, Donard, ✆ 045-404657, 💻 www.mountainventures.ie. Ebenfalls am Fuß des Lugnaquilla gelegen. Die Inhaber bieten geführte Wandertouren inklusive Übernachtungs- und Verpflegungspaket an. Bett ab 15 €, DZ ❶.

Sicher wandern

Auch wenn die Berge von Wicklow aus der Ferne wie eine liebliche Hügelkette wirken, es handelt sich dabei um ein durchgängiges Hochplateau mit einigen höheren Gipfeln. Der Lugnaquilla, der höchste Berg, reicht immerhin schon fast an die 1000 m heran.

Die größte Gefahr in dieser Bergregion sind plötzliche Wetterwechsel. Wer eben noch bei strahlendem Sonnenschein und einer leichten Brise unbeschwert in Hemd, Jeans und Turnschuhen durch die Heide wanderte, findet sich plötzlich fröstelnd und binnen Minuten durchnässt in einer Landschaft, wo die Sichtweite gerade einmal 10 m beträgt und Orientierung fast unmöglich ist. Immer wieder sind Wanderer in dem Versuch, so rasch wie möglich zum Auto zurückzulaufen, Schafspfaden gefolgt, die bisweilen an steilen Abgründen vorbeiführen. Und schon rutscht man ab, verstaucht sich den Knöchel oder bricht sich sogar das Bein, unterkühlt langsam und wird innerhalb der nächsten Stunden zu einem Fall für die Bergrettung. Die, das mag trösten, in den Wicklows relativ gut organisiert ist. Ihre meisten Einsätze betreffen tatsächlich Wanderer, die sich verlaufen haben und erschöpft irgendwo auf Hilfe warten.

Eine Möglichkeit der Sicherheitsvorkehrung ist es, Übernachtungen zu reservieren. Meldet man sich in der einen Unterkunft ab und wird in der nächsten erwartet, besteht zumindest eine gute Chance, dass man vermisst wird. Natürlich ist es umgekehrt unbedingt notwendig, in der Unterkunft Bescheid zu sagen, wenn man doch nicht kommt.

Ein Wort zu Mobiltelefonen: In den Wicklow Mountains funktionieren diese meistens problemlos, es gibt jedoch einige Bereich ohne Netzdeckung. Daher nicht blind auf sie verlassen!

Wanderwege durchziehen die weiteren Teile des Anwesens. Besonders bemerkenswert ist der japanische Garten, genau wie der kleine Pepper Pot Tower eine Ergänzung aus dem 20. Jh. Älter sind die von Mauern eingefassten Gärten hinter der Laokoon-Gruppe, die teilweise als Ziergärten dienen und wo in den Gewächshäusern Pflanzen gezüchtet werden. In die Mauer einer dieser Gärten ist das sogenannte Bamberg Gate eingebaut. Dieses schmiedeeiserne Tor mit seinen reichen Verzierungen wurde Mitte des 18. Jhs. in Wien hergestellt und etwa 100 Jahre später der Kirche von Bamberg abgekauft. An die „Walled Gardens" schließt sich ein Fischteich samt Brunnen an, den einige Delphine zieren. Gleich neben ihm befindet sich ein Friedhof für die Tiere der Familie Wingfield. Hier sind nicht nur Haustiere wie Hunde und Katzen begraben, sondern auch einige verdienstvolle Pferde – und Eugenie, die mehrfach prämierte Kuh.

Die Besichtigung der Gärten nimmt mindestens eine Stunde in Anspruch, man kann hier aber auch problemlos einen halben Tag verbringen. ◷ Tgl. 9.30–17.30 Uhr, Eintritt 5 €. Powerscourt ist übrigens auch ein beliebtes Ausflugsziel von Dublin aus, Dublin Bus und einige Privatfirmen bieten geführte Ausflüge hierhin an.

Übernachtung

Enniskerry

The Ritz-Carlton, Powerscourt Estate, ✆ 01-2748888, 🖳 www.ritzcarlton.com. Ein Luxushotel mit 200 Zimmern in herrlicher Landschaft gelegen. Große, sehr aufwendig ausgestattete Zimmer mit allen möglichen modernen Einrichtungen, die man für den Preis erwarten kann. ❻

Glen-O-The-Downs

Glenview Hotel & Leisure Club, Glen-O-The-Downs, Delgany, ✆ 01-2873399, 🖳 www.glenviewhotel.com. Etwas günstiger ist das ebenfalls sehr luxuriöse und in der Nähe gelegene Hotel in landschaftlich schöner Lage mit 70 modern ausgestatteten Zimmern und einem großen Freizeitangebot. Ideal für ein Verwöhnwochenende! ❹

Essen

Enniskerry

Powerscourt Terrace Café, Powerscourt House, 🖳 www.avoca.ie. Selbstbedienungsrestaurant und Café in herrlicher Lage. Gute Salatauswahl, Spezialität: ofengeröstetes Gemüse und Tarte mit Ziegenkäse.

Gärten im „Garten Irlands"

Neben den hier schon erwähnten Gärten und Parks sind im County Wicklow zahlreiche weitere grüne Ziele zu finden, die Erholungssuchende und Hobbygärtner gleichermaßen anlocken. Hier eine kleine Übersicht interessanter Adressen:

Greenan Farm Museum, ✆ 0404-46000, 🖳 www.greenanmaze.com, besitzt einen verwirrenden „keltischen" Irrgarten aus Hecken und einen traditionellen Bauernhof. ◷ Juli und Aug tgl., genaue Öffnungszeiten telefonisch erfragen.

Festina Lente Gardens bei Bray, ✆ 01-2720704, 🖳 www.festinalente.ie, sind ein hervorragend restaurierter „Walled Garden" aus viktorianischer Zeit. ◷ Tgl. 10–16 Uhr.

Kilmacurragh Arboretum, ✆ 0404-48844, 🖳 www.botanicgardens.ie, weist einen sehr schönen, alten Baumbestand auf. ◷ Tgl. 9–16.30, im Sommer bis 18 Uhr.

National Garden Exhibition Centre südlich von Delgany, ✆ 01-2819890, 🖳 www.gardenexhibition.ie, zeigt zwei Dutzend verschiedene Gärten, die von Designern angelegt wurden: vom Park-ähnlichen Areal bis zum typischen Stadtgarten. ◷ Mo–Sa 9–17.30, So 13–17.30 Uhr.

Victoria's Way, nördlich von Roundwood, ✆ 01-2818505, 🖳 www.victoriasway.eu, ist ein „Kunst- und Philosophiepark" und kann neben schön gestalteten Landschaften zahlreiche Skulpturen vorweisen, inklusive des laut eigener Angabe größten fastenden Buddhas der Welt. ◷ Mai–Sep tgl. 12.30–17 Uhr, Eintritt 2,50 €.

Und nicht zuletzt sei auf das **Wicklow Garden Festival** verwiesen, an dem jedes Jahr von Ostern bis Sep über 30 Gärten teilnehmen – mehr Informationen dazu findet man unter 🖳 www.visitwicklow.ie.

Roundwood

Roundwood liegt gerade einmal 238 m über dem Meeresspiegel und gilt dennoch als das höchste Dorf Irlands. Im Sommer legen viele Touristen hier einen Stopp ein, um sich in den Dorfpubs zu erfrischen. Wesentlich erfrischender wäre zweifellos der Sprung in einen der benachbarten Seen, doch es handelt sich um Trinkwasserreservoirs. Eine kleine Straße führt auf einem Damm an diesem Reservoir vorbei, die Pegelstation in Form eines neogotischen Burgturmes mitten im Wasser wirkt leicht skurril.

Übernachtung und Essen

€ **The Syklark's Rest**, Lough Dan Rd., ✆ 087-0910342, 💻 www.skylarksrest.com. Familienfreundliches Hostel (Kinderbetten verfügbar) etwa 5 Min. Fußweg vom Ortskern entfernt. Zur Erkundung der näheren Umgebung können Fahrräder gemietet werden. ⏲ Mai–Okt. Bett ab 22 €.

Roundwood Inn, ✆ 01-2818107. Aus dem 17. Jh. stammendes Inn mit irisch-deutscher Küche. Empfehlenswert: Irish Stew und ungarisches Gulasch. Das Restaurant bietet Wild nach Saison. Reservierung erforderlich.

Transport

Busse

Roundwood liegt auf der Strecke des St. Kevin's Bus zwischen DUBLIN und LARAGH bzw. GLENDALOUGH (siehe dort).

Die Küste des County Wicklow

Seebäder und Strände machen die Küste südlich von Dublin seit jeher zu einem beliebten Naherholungsziel für die Bewohner der Hauptstadt Dublin. Dass dabei aus einst romantischen Fischerdörfern kommerzielle Feriendomizile geworden sind, verwundert kaum. Nur einen Katzensprung hinter der Grenze des County Dublin liegt Bray.

Bray

Lange Zeit war Bray ein verschlafenes Fischerdorf, bis gegen Ende des 18. Jhs. plötzlich die ersten Touristen erschienen. Touristen, die vor allem romantische Landschaften suchten. Das Meer, vor allem aber die dramatische Klippenlandschaft südlich von Bray, und der „Zuckerhut" (Sugar Loaf), der den Beginn der Berge von Wicklow markiert, erfüllten die Sehnsüchte und Erwartungen der Reisenden. Genau wie der imposante Wasserfall von Powerscourt. Eine Landschaft, die einen Caspar David Friedrich zweifellos begeistert hätte. Doch nach den Romantikern setzte der Massentourismus ein. Eine Eisenbahnstrecke wurde an der Küste entlang von Dublin nach Bray gebaut, parallel dazu begann man mit dem Bau einer kompletten Stadtanlage, die als Seebad nach englischem Vorbild geplant wurde. Selbst heute noch hat man in Bray den Eindruck, irgendwo an der englischen Südküste zu sein. Gegen Ende des 19. Jhs. hatte sich die Bevölkerung vervielfacht, die Esplanade lud zu langen Spaziergängen ein, große Häuser und Villen zeugten von Reichtum, türkische Bäder warteten auf die gestressten Einwohner Dublins. Die Periode des Wohlstandes hielt jedoch nicht an. In den ersten Jahren des 20. Jhs. begann bereits der Niedergang des Seebades, ein kurzes Wiederaufleben erfolgte in den 1950er-Jahren. Doch seit Mitte der 1960er-Jahre ist Bray in erster Linie eine Schlafstadt vor den Toren Dublins, der Tourismus beschränkt sich hauptsächlich auf Tagesausflügler. Dank der guten Anbindung über den DART ist das mittlerweile arg in die Jahre gekommene Seebad vor allem an Wochenenden immer noch recht lebendig.

Neben der etwa 2 km langen Promenade, die vor allem von Spaziergängern genutzt wird, ist das **National Sealife Centre**, ✆ 01-2866939, 💻 www.sealifeeurope.com, vielleicht die wichtigste Attraktion des Ortes. In diesem Aquarium direkt am Meer werden einheimische und exotische Fische präsentiert. ⏲ März–Okt tgl. 10–17, andere Monate 11–16 Uhr (Wochenende 10–17 Uhr), Eintritt 12 €, 7,50 € online. Schön sind auch die verschiedenen **Wanderwege** rund um Bray. Der vielleicht beste führt rund 8 km lang immer an der Steilküste entlang Richtung Süden bis nach Greystones. Andere Wege in die Berge der Umgebung, etwa auf den 240 m hohen Bray Head, sind ausgeschildert.

Das kleine, aber interessante **Bray Heritage Centre**, Lower Main St., ✆ 01-2866796, 💻 www.

Bray hat nach wie vor das Flair eines viktorianischen Badeortes.

braytowncouncil.ie, ist im Old Courthouse untergebracht. Das Gericht wurde 1841 gebaut, ab 1859 diente es auch als Versammlungsraum für den Stadtrat – das Rathaus wurde erst rund 30 Jahre später errichtet. Eine Ausstellung zur Geschichte von Bray unter dem Titel „From Strongbow to Steam" bringt dem Besucher den Wandel des Ortes in den letzten tausend Jahren nahe. Im Bray Heritage Centre befindet sich auch die Touristeninformation. ⌚ Mo–Fr 9.30–13 und 14–16.30, Sa 10–15 Uhr, Eintritt 2 €.

Übernachtung und Essen

Crofton Bray Head Inn, Strand Rd., ☏ 01-2867182. Guesthouse unterhalb Bray Head gelegen, 30 Zimmer in leicht altmodischem Stil, aber mit ausreichend Komfort. Full Irish Breakfast am Morgen. ❹

Best Western Esplanade Hotel, Strand Rd., ☏ 01-2862056, 🖳 www.esplanadehotel.ie. An der Küste gelegenes, moderneres Hotel mit 94 sehr komfortablen Zimmern, nahe der DART Haltestelle. ❹

Campo de'Fiori, 1 Albert Av. 🖳 www.campodefioribray.com. Italienisches Restaurant mit guter Auswahl an Pizzen. Die Spezialität des Hauses: Grigliata Mista (gemischter Grillteller).

Avoca Handweavers, Kilmacanogue, 🖳 www.avoca.ie. Sehr großes Geschäft mit Restaurant. Bekannt für Backwaren und traditionelle Küche wie Beef and Guinness Casserole. Außerdem Käseplatten und hervorragende Desserts.

Unterhaltung und Kultur

Harbour Bar, Seapoint Rd, ☏ 01-2862274. Ein sehr freundlicher Pub mit einer Menge plüschiger Ecken, etwas bohemehaft. Am Wochenende beliebter Treffpunkt der schwulen und lesbischen Gemeinde.

Mermaid Arts Centre, Main St., ☏ 01-2724030, 🖳 www.mermaidartscentre.ie. Kulturzentrum des Ortes mit einem gemischten Programm, das neben Ausstellungen und Konzerten auch Auftritte von Tourneetheater beinhaltet. Im Sommer wird als Konzession an die Urlauber vor Ort meist der kleinste gemeinsame Nenner des Geschmacks gesucht.

Porter House, Strand Rd., ☏ 01-2860668. Ganz leicht provinzieller Ableger des beliebten Porter House in Dublins Vergnügungsviertel

BRAY UND GREYSTONES

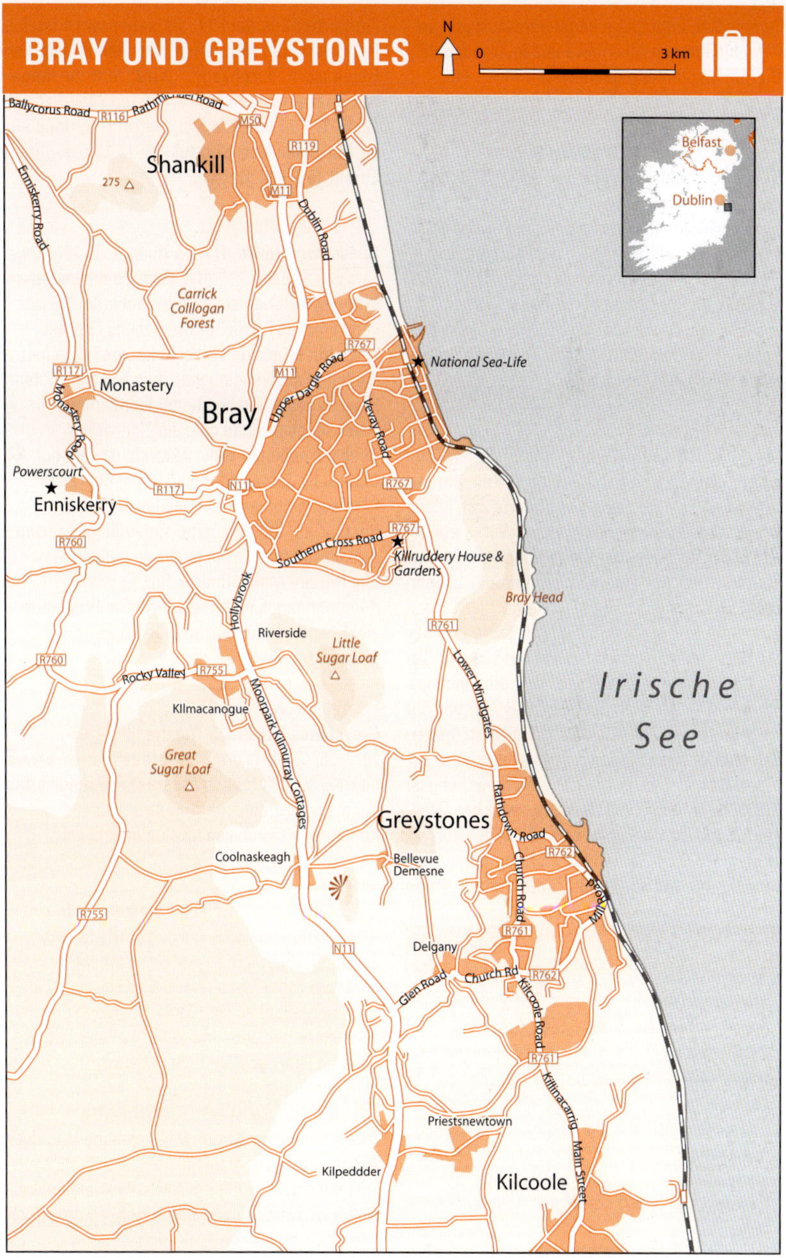

Temple Bar, bietet eine ungeheure Auswahl an verschiedensten Alkoholika und internationalen Bieren. Regelmäßig gut besucht.

Transport

Bray wird durch den **Stadtbus** Dublin, www.dublinbus.ie, und den **DART** (S-Bahn zwischen Howth, Bray und Greystones), www.irishrail.ie, gut bedient, die Preise sind vergleichbar. Während sich die Fahrt mit dem Bus enorm hinziehen kann, bietet der DART eine schnelle und bequeme Verbindung. Mit dem zusätzlichen Bonus, dass die Strecke direkt an der Küste entlangführt, ab und an sogar durch kurze Felstunnel hindurch.

Greystones

Der kleine Ort mit seinem langen Strand und einem kleinen Hafen schien lange Zeit von der Welt vergessen zu sein. Dies änderte sich in den letzten Jahren zunehmend, neue Wohngebiete, vor allem für besserverdienende Dubliner, entstanden und die Eisenbahnanbindung an den DART riss das ehemalige Fischerdorf fast brutal aus seinem Dornröschenschlaf. Schon immer als Naherholungsgebiet beliebt, hat sich der Besucherandrang in Greystones nun erheblich gesteigert. Die Attraktivität des Ortes, der vor gar nicht so langer Zeit noch als Geheimtipp gehandelt wurde, steht mittlerweile bedrohlich auf der Kippe. Sehenswert in der näheren Umgebung ist **Killruddery House and Gardens**, zwischen Greystones und Bray gelegen, 01-2863405, www.killruddery.com. Es handelt sich um einen Herrensitz, der vor allem durch die interessanten Ziergärten aus dem 17. Jh. sehenswert ist. Ein Park, der von zahlreichen künstlich angelegten Gewässern durchzogen wird, lädt zu längeren Spaziergängen ein. Gärten Mai–Sep tgl. 12.30–17 Uhr (Fei wie So), Eintritt 6 €, Haus nur im Mai, Juni und Sep tgl. 13–17 Uhr geöffnet, Eintritt 10 € inkl. Garten.

Gut Essen im „Tal der Druiden"

Wer gerne Fleisch isst, nimmt für **Flynn's Steakhouse** im Marriott Druid's Glen Hotel & Country Club, etwa 4 km südlich von Greystones, 01-2870800, www.marriottdruidsglen.com, gerne längere Wege in Kauf. Klein und intim. Spezialität sind American-Style Steaks & Grills (mit einem Gewicht von sattmachenden 24 oz!), auch das Wicklow-Lamm ist zu empfehlen. Reservierung unbedingt erforderlich.

Unterkunft und Essen

Slievemore House, The Harbour, 01-2874724, www.slievemorehouse.com. Direkt am Hafen in einem viktorianischen Haus schlafen, besser kann man als Besucher Greystones Charme fast nicht erfassen. Verschieden große Zimmer, auch für Familien geeignet, durchweg mit gutem Raumangebot und bequemer Einrichtung. Wenn möglich sollte man ein Zimmer mit Seeblick nehmen … die Aussicht ist sehr gut. ❸

Chakra by Jaipur, Meridian Point, Church Rd. www.jaipur.ie. Traditionelles indisches Restaurant. Gut gewürzte, appetitliche Speisen. Ausgezeichnete Brote und gute Saucen.

The Hungry Monk, Church Rd., www.thehungrymonk.ie. Altbewährte Gerichte ohne viel Schnörkel, hervorragende Weinkarte. Angemessene Preise.

Unterhaltung und Kultur

Greystones Theatre, 5 Theatre Ln., 01-2017426, www.greystonestheatre.com. Etwas älteres, aber durchaus ansprechend renoviertes Theater, gelegentliche Aufführungen und Konzerte, oft auch von lokalen Initiativen.

Transport

Greystones wird durch den **Stadtbus Dublin**, www.dublinbus.ie, und den **DART** (S-Bahn zwischen Howth, Bray und Greystones), www.irishrail.ie, bedient, die Preise sind in etwa vergleichbar. Der DART ist jedoch die schnellere und bequemere Verbindung, zudem geht die Fahrt an der Küste entlang.

Wicklow Town und Umgebung

Das nördlich der Brittas Bay gelegene **Wicklow Town** ist eine recht unspektakuläre Stadt, allenfalls der Ausblick über das Meer von einem Aussichtspunkt hoch über dem Hafen, an dem noch

Von Wicklow nach Van Diemens Land

Es hatte etwas Skurriles, als The Edge von U2 zur Klampfe griff und mit ungeübter Stimme vom „Van Diemens Land" sang, die traurige Abschiedsballade eines zur Deportation nach Australien verurteilten Iren. Ein Schicksal, das viele Landsleute mit ihm teilten. Ab 1791 wurden zahlreiche Iren auf die andere Seite der Welt verbannt. Nicht immer lebenslang. Doch vielen fehlte das Geld für die Passage zurück in die Heimat. Heute gilt Australien als das Land der Welt, in dem proportional gesehen die meisten Iren leben, von Irland selbst einmal abgesehen. Etwa jeder dritte Australier hat irische Vorfahren, viele davon waren unter den etwa 40 000 Iren, die bis 1868 zwangsweise deportiert wurden.

Ein ganz neues Instrument der Bestrafung war dies allerdings nicht, schon unter Oliver Cromwell wurden rund 50 000 Iren zwangsweise in die Fremde geschickt. Viele damals in die Karibik, wo die kleine Insel Montserrat heute noch stolz den St. Patrick's Day feiert.

Eine weitere Welle der Deportationen erfolgte im 18. Jh., weit über 10 000 Männer und Frauen wurden vor allem nach Nordamerika, aber auch wieder in die Karibik verschifft. Diese Deportationen betrafen Verbrecher, aber auch politische Häftlinge und „Andersdenkende". Man schickte unliebsame katholische Priester ins Exil und in Zeiten der Rebellion traten auch viele „United Irishmen" den Weg in die Kolonien an.

einige Kanonen stehen, erscheint auf den ersten Blick bemerkenswert. Die Reste des **Black Castle** sind ebenso unauffällig wie die wenigen Überbleibsel des Franziskanerklosters am Ort. Obwohl in dem überschaubaren Ortszentrum noch zahlreiche historische Gebäude erhalten sind, mangelt es an Atmosphäre, hier, so scheint es, mag niemand lange verweilen. Selbst die Statue zu Ehren der Rebellen von 1798 sieht so aus, als habe sie bessere Tage erlebt. Da ist es dann fast auch kein Wunder, dass die einzige wirkliche Sehenswürdigkeit des Ortes das ehemalige **Gefängnis** ist. Wie eine Festung beherrscht das **Wicklow Historic Gaol**, Kilmantin Hill, ✆ 0404-61599, 🖳 www.wicklowshistoricgaol.com, das südliche Ende der Innenstadt, unbeweglich und uneinnehmbar. Gegen ein Eintrittsgeld jedoch öffnen sich die Türen, und nach einer Besichtigung mag man froh sein, dass dieser Obolus auch das Verlassen des Gefängnisses wieder erlaubt. Denn das Gefängnisleben vergangener Zeiten wird hier lebensecht mit Wachsfiguren nachgestellt, ausgespart werden weder die brutalen Wärter noch die stumpfsinnigen Tätigkeiten, kurz das ganze Elend, das ein Gefängnisaufenthalt früher mit sich brachte. Dazu kommt eine kleine Ausstellung, die über das Schicksal informiert, das manch Verurteilten nach dem Verlassen des Gefängnisses erwartete. Nämlich keineswegs Freiheit, sondern die Deportation nach Australien. ⌚ Mo–Sa 10.30–16.30, So 11–16.30, im Winter tgl. 12–15 Uhr, Eintritt 7,30 €.

In der Nähe von Wicklow Town liegen bei dem kleinen Ort **Ashford** die **Mount Usher Gardens**, ✆ 0404-40205, 🖳 www.mountushergardens.ie, eine parkähnliche, romantische Gartenanlage, die 1868 von Edward Walpole geschaffen und längst um ein Vielfaches erweitert wurde. Eine bunte Pflanzenwelt ist hier heimisch geworden, darunter zahlreiche Exoten aus den verschiedenen Kontinenten, die zusammen mit der einheimischen Tierwelt ein ganz eigenes Ökosystem gebildet haben. Typische Blumen wachsen hier nicht, besonders beliebt bei Besuchern ist aber die Zeit, in der Azaleen und Rhododendren blühen. Ein Geheimtipp sind die Gärten im Herbst, wenn sich das Laub der Ahornbäume färbt. ⌚ Ende Feb–Ende Okt tgl. 10.30–17.20 Uhr, Eintritt 7,50 €.

3 km nordwestlich von Ashford lockt im Tal des Teufels, dem „Devil's Glen", ein Wasserfall. Der ansonsten recht friedlich dahinplätschernde Fluss Vartry wird hier zum Wildwasser und hat sich seit Abertausenden von Jahren seinen Weg durch den Stein „genagt". Höhepunkt ist **The Devil's Punchbowl**, in die ein Wasserfall aus über 30 m Höhe hineindonnert. Das Gebiet ist mit Wanderwegen gut erschlossen.

Übernachtung

Wicklow Town

€ **Captain Halpin's Bunkhouse**, Bachelor's Walk, ✆ 0404-69126, 💻 www.wicklowtownhostel.ie. Einfaches, aber sauberes und ordentliches Hostel mitten im Ort. Bett ab 18 €.
Grand Hotel, Main St., ✆ 0404-67337, 💻 www.grandhotel.ie. Im Zentrum gelegenes Hotel mit 33 Zimmern. Räume sind zwar teilweise etwas klein, aber sehr nett ausgestattet. Guter Ausgangspunkt zur Erkundung der Wicklow Region. ❸

Ashford

€ **Chester Beatty Inn**, ✆ 0404-40206, 💻 www.hotelchesterbeatty.ie. Schön gelegenes Hotel mit einem Dutzend altmodischer, etwas enger, aber recht luxuriöser Zimmer. Mount Usher Gardens sind nur drei Gehminuten von hier entfernt. ❷
Ballyknocken House & Cookery School, Glenealy, ✆ 0404-44627, 💻 www.ballyknocken.com. Guesthouse mit 7 individuell und sehr komfortabel ausgestatteten, mittelgroßen Zimmern. Gutes Angebot von Kochkursen. ❹

Informationen

Tourist Information Wicklow, Rialto House, Fitzwilliam Sq., ✆ 0404-69117, ✉ wicklow@failteireland.ie, Infos auch unter 💻 www.wicklowtourist.com.

Transport

Busse

DUBLIN, zahlreiche Verbindungen unter der Woche von und nach Dublin (Custom House Quay und Flughafen, Linie 133, Fahrtzeit knapp 2 Std.) zwischen 5.30 und 23 Uhr, zu den Hauptverkehrszeiten mind. stdl. Regulärer Fahrpreis 8,70 €, Infos unter 💻 www.buseireann.ie
ROSSLARE HARBOUR, Linie 2 fährt die Strecke von Dublin Airport über Dublin Busaras, Wicklow Town, Arklow, Gorey, Enniscorthy, Wexford nach Rosslare Harbour, Gesamtfahrzeit knapp 4 Std.

Eisenbahn

Wicklow ist Haltepunkte auf der Intercity-Strecke zwischen Dublin Connolly und Wexford, der Fahrpreis ist höher als mit dem Bus. Weitere Infos unter 💻 www.irishrail.ie.
DUBLIN Connolly, 5x tgl.
WEXFORD, 5x tgl.

Unterkunft für Pferdefreunde

Bel-Air Hotel, ✆ 0404-40109, 💻 www.belairhotelequestrian.com. Das verwinkelte, romantische Anwesen von Bel-Air unweit von Ashford ist eine Unterkunft ganz besonderer Art. Das inmitten einer großen Parklandschaft gelegene Hotel mit 10 Zimmern befindet sich seit 1837 im Familienbesitz. Es bietet eine sehr charmante Zeitreise in das traditionelle irische Gastgewerbe und das Gefühl, in einem echten Herrenhaus zu Gast zu sein. Das angrenzende Reitzentrum (für erfahrene Reiter) bietet zudem das besondere Erlebnis. Empfehlenswert sind die „Mock Hunts" im Herbst – bei diesen „Scheinjagden" geht es ohne Hunde (und ohne gejagten Fuchs) quer durch das Gelände. ❹

Arklow

Die kleine Hafenstadt Arklow an der Mündung des Avoca River ganz im Süden des County Wicklow gelegen, ist touristisch gesehen nicht sonderlich von Interesse. Allenfalls das kleine Marinemuseum an der St. Mary's Rd. könnte interessant sein. Dafür befindet sich unweit der Flussmündung ein wirklich schöner Sandstrand. Und einige Kilometer nördlich lockt mit **Brittas Bay** einer der beliebtesten Sandstrände an der Ostküste. Brittas Bay ist ein bevorzugter Badeort für viele Familien – und für FKK-Anhänger, die am Ende des Badestrandes ihr Refugium gefunden haben und von den Bewohnern toleriert werden, wenngleich das Nacktbaden hier eigentlich verboten ist (nähere Infos unter 💻 www.irishnaturism.org).

Übernachtung

Woodenbridge Hotel, Vale of Avoca, ✆ 0402-35146, 💻 www.woodenbridgehotel.com. Das angeblich ältestes Hotel Irlands (1608) mit 23 Zimmern und Blick auf Golfplatz. Ein etwas altmodisches Hotel mit ganz eigenem Charme. ❸

Arklow Bay Conference, Leisure & Spa Hotel, ✆ 0402-32309, 💻 www.brennanhotels.com. Günstig gelegenes Hotel mit 92 Zimmern, etwas unpersönlich wirkend, aber mit Freizeitangeboten. ❸

Informationen

Tourist Information Arklow, ✆ 0402-32484, ✉ Arklow@failteireland.ie.

Transport

DUBLIN, unter der Woche stdl. Verbindungen zwischen 7 Uhr und Mitternacht, mehrere Nachtbusse. Regulärer Fahrpreis 13,50 €, Fahrtzeit etwa 1 Std. 25 Min., Infos unter 💻 www.buseireann.ie.
ROSSLARE HARBOUR, Linie 2 fährt die Strecke von Dublin Airport über Dublin Busaras, Wicklow Town, Arklow, Gorey, Enniscorthy, Wexford nach Rosslare Harbour, Gesamtfahrzeit knapp 4 Std.

Eisenbahn

Arklow ist Haltepunkt auf der Intercity-Strecke zwischen Dublin Connolly und Wexford, der Fahrpreis ist höher als mit dem Bus. Weitere Infos unter 💻 www.irishrail.ie.
DUBLIN CONNOLLY, 5x tgl.
WEXFORD, 5x tgl.

County Wexford

Unmittelbar südlich an das County Wicklow schließt sich Wexford an, der südöstliche Zipfel Irlands, begrenzt im Osten und Süden durch das Meer, im Westen durch die Blackstairs Mountains und den Fluss Barrow. Lange Sandstrände säumen die Küste, während weite Teile des überwiegend flachen Binnenlandes durch große Agrarbetriebe geprägt sind. Der Boden ist ausgesprochen fruchtbar, und so gedeihen hier Erdbeeren und Getreide ganz meisterlich. Die Kehrseite: Ungezähmte Natur findet man in Wexford nur noch selten. Mit Ausnahme vielleicht der stellenweise sehr schönen Dünenlandschaft am Meer.

Historisch gesehen war Wexford immer eines der wichtigsten Tore nach Irland, schließlich ist es ja nur ein kurzer Weg von hier nach Wales. Schon die Wikinger nutzten die Gegend als Brückenkopf, später siedelten sich hier die anglo-normannischen Eroberer an. Zugleich ist Wexford in der irischen Geschichte auch als eines der Counties bekannt, in denen schon früh Nationalisten für die Unabhängigkeit ihres Landes stritten.

Enniscorthy

Steile Gassen führen durch den kleinen Ort Enniscorthy, der am Hang oberhalb des Flusses Slaney liegt. Mühlen und Töpfereien bedienten sich einst der Wasserkraft und prägen bis heute das Stadtbild am Flussufer. Wo viel gearbeitet wird, da wird auch viel getrunken – Enniscorthy hat eine ganze Reihe von altmodischen Pubs aufzuweisen. Den Iren hat sich Enniscorthy aber in erster Linie im Zusammenhang mit der Rebellion von 1798 ins kollektive Gedächtnis geschrieben. Die hauptsächlich mit Spießen bewaffneten Rebellen aus dem County Wexford traten am Vinegar Hill gegen etwa 20 000 gut ausgebildete britische Soldaten an. Die Schlacht endete mit einem britischen Sieg.

Das **Enniscorthy Castle**, mit vier Türmen eine noch immer recht beeindruckend wirkende, trutzige Befestigungsanlage, wird zurzeit renoviert, das darin untergebrachte Museum soll 2011 eventuell wieder öffnen. Eine sehr sehenswerte Ausstellung findet man im **National 1798 Visitor Centre**, ✆ 053-9237596, 💻 www.1798centre.ie, eine multimediale Aufbereitung der gesamten

Ein Toast auf die Rebellen?

In der Antique Tavern 14 Slaney St., 💻 www.theantiquetavern.com, mitten in der Stadt sind heute noch Spieße zu besichtigen, die angeblich von den Rebellen stammen. In der kleinen Kneipe am Fluss lässt man gerne die Erinnerung an die Rebellion aufleben. Und hebt schon einmal gelegentlich ein Glas dabei. Empfehlenswert ist ein Besuch um die Mittagszeit, von Montag bis Samstag werden zwischen 12 und 16 Uhr kleine Mahlzeiten zu recht günstigen Preisen serviert.

KILKENNY, WEXFORD UND WATERFORD

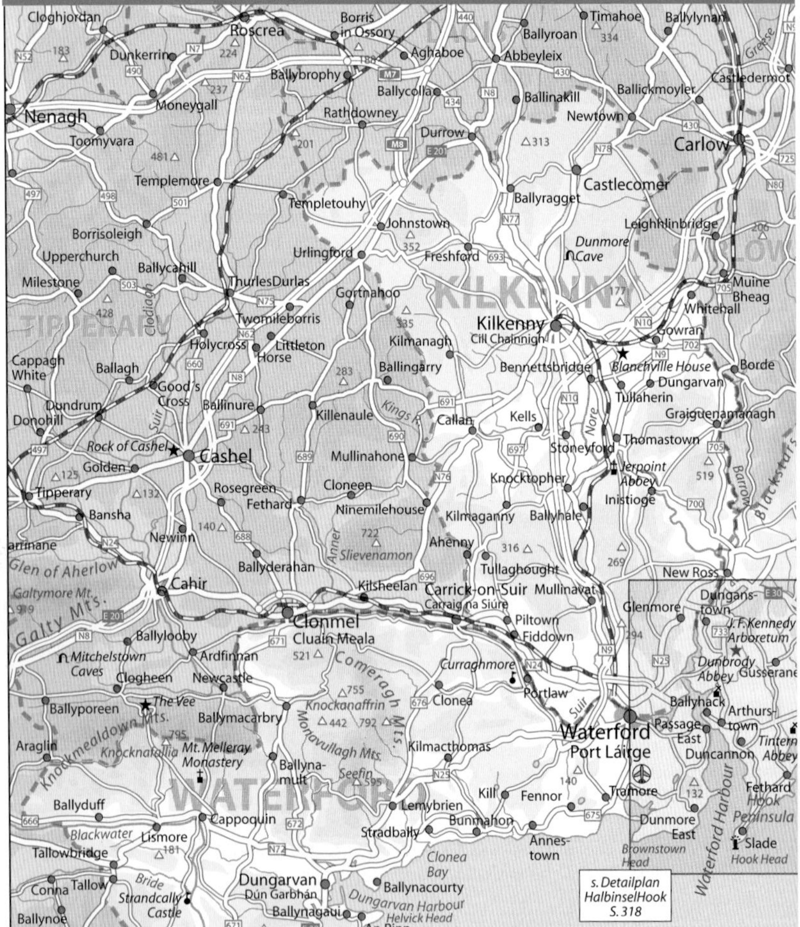

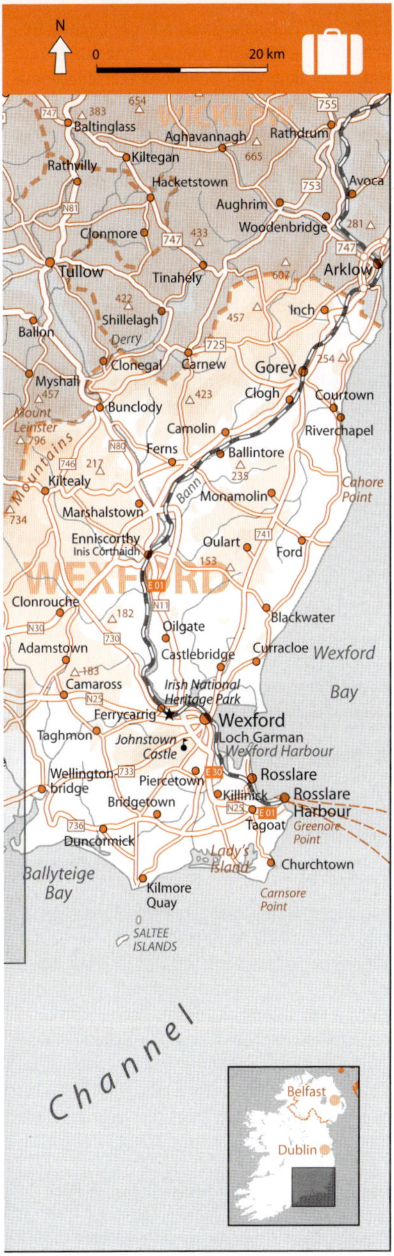

Rebellion. Es sind relativ wenige Artefakte zu sehen, dafür ist die Ausstellung sehr modern und vor allem abwechslungsreich gestaltet. Auch wird der Zusammenhang der Rebellion von 1798 mit den Revolutionen in Nordamerika, Frankreich und Polen in Zusammenhang gebracht. ⏲ Mo–Fr 9.30–16 Uhr (im Sommer auch am Wochenende, dann Mo–Fr bis 17.30 Uhr), Eintritt 6 €.

Eher vernachlässigt wird von vielen Besuchern die neogotische **St. Aidan's Cathedral**. Diese wurde Mitte des 19. Jhs. von Pugin entworfen, dem Architekten des Londoner Parlaments.

Ein Fußweg führt in rund 45 Min. auf den **Vinegar Hill**, wo einer der blutigsten Kämpfe während des Aufstandes von 1798 ausgetragen wurde. Nachdem Enniscorthy besetzt worden war, zogen sich die Rebellen hier oben zurück, wurden jedoch kurze Zeit später von englischen Truppen zum Rückzug gezwungen. Dabei starben Hunderte von Menschen, darunter Frauen und Kinder. Eine Gedenkstätte auf dem Berg erinnert an die Kämpfe.

Übernachtung und Essen

Old Bridge House B&B, Slaney Pl., ✆ 053-9234222, 💻 www.oldbridgehouse.net. Recht gemütliche Unterkunft in einem rund 200 Jahre alten Stadthaus, das teilweise an ein Kuriositätenkabinett erinnert. Die Einrichtung mag nicht nach jedermanns Geschmack sein, bequem und zentral ist es allemal. ❷

Riverside Park Hotel & Leisure Club, The Promenade, ✆ 053-9237800, 💻 www.riversideparkhotel.com. Am Ufer des Slaney gelegenes Hotel mit 62 Zimmern. Komfortabel und modern, aber etwas charakterlos. ❸

Via Veneto, 58 Weafer St., ✆ 053-9236929. 💻 www.viaveneto.ie. Populäres Restaurant mit echt italienischer Küche. Hausgemachte Desserts wie Eis, Tiramisu, Biscotti, Amaretti. Reservierung ist ratsam.

Feste

Beim **County Wexford Strawberry Festival** Ende Juni, 💻 www.wexfordstrawberryfestival.com, dreht sich alles um die Erdbeere in Enniscorthy, das wahrscheinlich wichtigste Produkt der Gegend. Man genießt dann frische Erdbeeren mit Schlagsahne.

Einkaufen

Wer auf der Suche nach einem besonderen Souvenir ist – rings um Enniscorthy gibt es zahlreiche Töpfereien, die handgearbeitete Waren in verschiedenen Stilrichtungen anbieten. Vorbeifahren, schauen, auswählen – manchmal findet man das „Traumstück“ auf Anhieb. Aber sicherheitshalber immer vorher anrufen, ob die Töpferei geöffnet hat! Folgende Adressen sind empfehlenswert: **Badger Hill Pottery**, Ballinavary, ✆ 054-35060, **Carley's Bridge Potteries**, Carley's Bridge, ✆ 054-33512, **Kiltrea Bridge Pottery**, an der R890, ✆ 054-35107, und **Mandy Parslow Pottery**, Brocurra, Adamstown, ✆ 054-40510.

Informationen

Tourist Information Enniscorthy, im National 1798 Rebellion Centre, Mill Park Rd., ✆ 053-9234699, ✉ info@1798centre.ie.

Transport

Busse

Der **Busstopp** befindet sich am Shannon Quay, am östlichen Flussufer.

DUBLIN, regelmäßige Verbindungen unter der Woche rund um die Uhr, tagsüber im Stundentakt, Fahrtzeit 2 Std. 15 Min. Regulärer Fahrpreis 15,50 €, Infos unter 💻 www.buseireann.ie

ROSSLARE HARBOUR, Linie 2 fährt die Strecke von Dublin Airport über Dublin Busaras, Wicklow Town, Arklow, Gorey, Enniscorthy, Wexford nach Rosslare Harbour, Gesamtfahrzeit knapp 4 Std.

Eisenbahn

Der **Bahnhof** befindet sich am östlichen Ufer des Flusses. Züge fahren 3x tgl. nach DUBLIN, ROSSLARE und WEXFORD.

Wexford

Die recht lebendige Hafenstadt Wexford (Loch Garman) an der Mündung des Flusses Slaney ist eine Wikinger-Gründung aus dem Jahre 850. Trotz ihrer langen Geschichte weist die Stadt heute kaum noch historische Sehenswürdigkeiten auf. Schmale Gassen mit hübschen Geschäften ziehen sich von der Innenstadt zum Hafen, an dem zahlreiche kleine Fischerboote vor Anker liegen und wo – unübersehbar – die Eisenbahn quer über die Hafenpromenade fährt. Der große Naturhafen an dieser Stelle machte den Ort für Fischer und andere Seefahrer seit jeher ausgesprochen attraktiv. Es war auch die Stelle, an der 1169 die Anglo-Normannen an Land gingen, um Wexford zu erobern und damit die Eroberung Irlands einzuläuten. Die immer noch sehr großen Hafenanlagen bedienten später vor allem den Pendelverkehr mit dem fast gegenüberliegenden englischen Hafen Bristol. Als das Hafenbecken zu Viktorianischen Zeiten plötzlich versandete, war es jedoch jäh vorbei mit dem Geldsegen durch die Seefahrt. So ist Wexford Harbour bis heute ein großer Hafen geblieben, die „großen Pötte“ aber sieht man allenfalls im nahen Rosslare.

Von der einstigen Wikingersiedlung sind auf den ersten Blick kaum noch Spuren vorhanden. Fachleute werden jedoch erkennen, dass Teile der Straßen in der Innenstadt immer noch auf den planerischen Grundsätzen der Nordmänner beruhen. Die Main Street windet sich geradezu wie ein Fluss durch die Stadt, von ihr gehen zahlreiche kleinere Straßen in einem eigentümlichen Muster (Heringsgrätenmuster) ab, wobei die Hauptstraße sozusagen die Wirbelsäule bildet. Die enge und fast wie ein Tunnel wirkende Keyser's Lane verband früher die Main Street direkt mit dem Hafen. Den zweiten großen stadtplanerischen Einfluss übten die Anglo-Normannen aus, die Wexford mit einer Stadtmauer zum befestigten Hafen ausbauten. Von dieser Mauer sind nur noch kleine Reste zu sehen, eines der Tore ist neben der Abtei erhalten. Das **Westgate** aus dem 13. Jh. wurde restauriert und ist das einzige der früher insgesamt sechs Stadttore, die erhalten geblieben sind. Die **Selskar Abbey** in unmittelbarer Nachbarschaft war eine Gründung des Augustinerordens aus dem 12. Jh., sie ist heute nur noch als Ruine teilweise erhalten. Ihre historische Bedeutung könnte beachtlich sein, angeblich hat hier der englische König Heinrich II. einen Teil seiner Buße für den von ihm indirekt verschuldeten Mord an Bischof Thomas Becket geleistet. Im Jahr 1649 wurde die Abtei aber durch Cromwells Soldaten, die nach der Belagerung in der Stadt wüteten und auch zahlreiche Zivilisten töteten, weitgehend zerstört. Die noch erhaltenen Reste stammen hauptsächlich aus dem 15. Jh.

Heute weist Wexford eine sehr lebendige Kunstszene auf, die zahlreichen Pubs bieten gute Unterhaltungsmöglichkeiten. Eine Unterhaltung mit den Einheimischen hingegen kann mitunter problematisch werden, denn in Wexford wird ein ganz eigener Dialekt gesprochen. Das sogenannte Yola, eine altertümliche Version des Englischen, hat sich hier (und viel weniger in Fingal, Dublin) noch ein wenig halten können.

Besucher werden vielleicht den **Cornmarket** an der Main Street besuchen, eine Markthalle aus dem 18. Jh. Ebenfalls an der Main Street steht die dem **St. Iberius** gewidmete Kirche von 1760, deren Innengestaltung sehenswert ist. Nicht weit entfernt ist ein Platz, der als „Bull Ring" bekannt ist. An dieser Stelle wurden tatsächlich Stierkämpfe ausgetragen, die letzten sollen um 1770 stattgefunden haben. Zugleich war es angeblich auch der Ort des oben erwähnten grauenvollen Massakers, das Cromwells Truppen unter der Bevölkerung anrichteten. Dass es ein Massaker gab, bestreitet niemand – der genaue Ort ist jedoch historisch nicht erwiesen. In den letzten Jahren wurde der Bull Ring als ein Denkmal für die Rebellen von 1798 neu gestaltet.

Die Touristeninformation von Wexford befindet sich am sogenannten **Crescent Quay**, einer halbmondförmigen Hafenanlage, an der das Denkmal eines berühmten Sohnes der Stadt steht. Es zeigt John Barry, den Vater der Marine der Vereinigten Staaten. Das Denkmal war ein Geschenk der USA an die Stadt Wexford.

Etwas außerhalb der Stadt ist ein Vogelschutzgebiet entstanden, ungefähr 100 ha eines Küstenstreifens 6 km östlich der Stadt wurden zum **Wexford Wildfowl Reserve**, ✆ 053-9123406, 💻 www.wexfordwildfowlreserve.ie, erhoben. Hier leben unzählige Wasservögel, darunter viele Schwäne. Äußerst geräuschvoll wird es hier zwischen Oktober und April, wenn aus Grönland anfliegende Gänse das Gebiet als Winterquartier nutzen. Experten schätzen, dass etwa ein Drittel der gesamten Weltpopulation der weißbrüstigen Grönlandgänse hier in der kalten Jahreszeit anzutreffen ist. Das Schutzgebiet zieht allerdings auch Raubvögel an, die hier ebenfalls reiche Beute finden. Für Vogelfreunde stehen einige getarnte Unterstände und auch ein Beobachtungsturm zur Verfügung. Sachkundige Führungen werden oft am Wochenende angeboten. 🕓 Tgl. 9–17 Uhr.

Ein anderes Naturschauspiel kann man auf **Bootstouren** genießen, die im Hafen von Wexford angeboten werden. Besucht werden Vogelschutzgebiet und auch einige Robbenkolonien.

Fast übernatürlich wirkt dagegen das nur wenige Kilometer von Wexford entfernt liegende **Johnstown Castle**, ✆ 053-9171247, 💻 www.irishagrimuseum.ie, ein im aufwendigen Stil des Gothic Revival erbautes Herrenhaus mit deutlichen Anklängen an das Mittelalter, ein Spukschloss wie aus dem Bilderbuch. Seit 1945 befindet sich das Anwesen in staatlicher Hand. Zu besichtigen sind, je nach Stand der Restauration, nur wenige Teile des Gebäudes. Das Anwesen ist auch die Heimat eines faszinierenden Museums, das sich ausschließlich mit irischer Landwirtschaft befasst. Das **Irish Agriculture Museum** ist in den ehemaligen Hofgebäuden untergebracht und versucht, die Landwirtschaft der vergangenen Jahrhunderte wieder zum Leben zu erwecken. Ein Teil der Ausstellung ist

Oper in Wexford

Wer bei Stierkämpfen sofort an die Oper „Carmen" denkt, der liegt in Wexford nicht falsch. Jedes Jahr im Oktober findet hier das **Wexford Opera Festival**, 💻 www.wexfordopera.com, statt, die Stadt ist sozusagen das Bayreuth Irlands. Tatsächlich ist dieses Festival wahrscheinlich das führende Ereignis in Sachen Oper auf der Insel, nicht zuletzt mangels Konkurrenz: Dublin selbst hat kein Opernhaus und die Oper von Belfast wird meist von der leichten Muse genutzt. So hatte es das Festival von Wexford relativ einfach, sich als Institution für Musikfreunde zu etablieren. Wer allerdings zum Festival anreisen möchte, der sollte sich rechtzeitig vorher eine Unterkunft – und Tickets – buchen.

der Großen Hungersnot des 19. Jhs. gewidmet. Für viele Besucher interessanter sind allerdings die Parkanlagen rings um das Herrenhaus, die mit exotischen Bäumen und bunt blühenden Sträuchern bepflanzt sind. Künstlich angelegte Seen und ein Garten im italienischen Stil sorgen für einen abwechslungsreichen Eindruck. Wie um den fantastischen Aspekt der Gesamtanlage noch zu betonen, wurden die Ruinen eines mittelalterlichen Turmhauses, des **Rathlannon Castle**, in einem dicht bewaldeten Teil des Grundstücks „versteckt". ⏲ 1. April–1. Nov Mo–Fr 9–17, Sa, So, Fei 11–16.30, im Winter Mo–Fr 9–13, 14–17 Uhr, Eintritt 6 €.

Einen ganz anderen Einblick in die Vergangenheit gewährt der **Irish National Heritage Park**, ✆ 053-9120733, 🖳 www.inhp.com, bei Ferrycarrig. Über mehrere Hektar Feuchtgebiet (nach längeren Regenfällen versagt hier die Drainage schon einmal) erstreckt sich ein Freilichtmuseum, in dem gleich mehrere Jahrtausende irische Geschichte demonstriert werden. Der Marsch durch die Zeitalter kann in eigener Regie erfolgen, die Teilnahme an einer Führung gibt dem interessierten Besucher jedoch Gelegenheit, auch nicht sofort auffallende interessante Aspekte der Rekonstruktionen zu erkennen. Die Anlagen im Park sind originalgetreu nachgebaut und stellen vor allem Wohngebäude, aber auch Verteidigungsbauten und kultische Anlagen dar. Der Faden der Geschichte zieht sich dabei von der Steinzeit bis zum Beginn der anglo-normannischen Besatzung, mit einem kleinen frühchristlichen Kloster und einem Wikingerhafen auf dem Weg. Im Sommer sind teilweise Darsteller in historischen Kostümen in der Anlage, die handwerkliche Künste des damaligen Lebens demonstrieren. Da das gesamte Museum in einem dicht bewachsenen Gebiet steht, ergibt sich schnell der Eindruck, dass man wirklich weitab jeder modernen Zivilisation ist. Ein Eindruck, der nur dadurch zerstört wird, dass der Besucher immer irgendwann anderen Touristen begegnet … und dass regelmäßig die Eisenbahn auf der Hauptstrecke mitten durch das Gelände fährt. ⏲ Tgl. 9.30–17.30 Uhr (Sommer bis 18.30 Uhr), Eintritt 8 €.

Nicht ganz so attraktiv ist der **Yola Farmstead Folk Park**, ✆ 053-9132610, homepage.eircom.net/~yolawexford/aboutyola.htm, in der Nähe von Tagoat. Hier wurde ein kleines Dorf aus dem 18. Jh. mit den typischen Reetdächern der Gegend nachgebaut, eine Windmühle gehört auch dazu. Reisende mit Kindern sind die Hauptzielgruppe dieses Freilichtmuseums. ⏲ März, April und Nov Mo–Fr 10–16.30, Mai–Okt tgl. 10–18 Uhr, Eintritt 6 €.

Übernachtung

€ **Kirwan House Hostel**, 3 Mary St., ✆ 053-9121208, 🖳 www.kirwanhouse.hostel.com. Im Stadtzentrum gelegenes, sauberes und recht beliebtes Hostel. Mehrbettzimmer mit Du/WC. Küche vorhanden. Verleih von Fahrrädern kann arrangiert werden. Bett ab 22 €, DZ ❷.

€ **Maldron Hotel Wexford**, Ballindinas, Barntown, ✆ 053-9172000, 🖳 www.maldronhotels.com/hotel-wexford. Sehr bequemes Mittelklassehotel mit einigen überraschenden Extras (Sauna, Fitnessraum, Swimmingpool) und familienfreundlichen Angeboten (Babysitter) zu einem guten Preis. Unbedingt vor einer Buchung aktuelle Angebote im Internet abfragen! Etwas außerhalb der Innenstadt. ❷–❸

Talbot Hotel Conference & Leisure Centre, On The Quay, ✆ 053-9122566, 🖳 www.talbothotel.ie. Im Zentrum am Hafen gelegenes großes, komfortables Hotel mit 107 Zimmern. Aufwendig renoviert und modernisiert, die Zimmer haben sehr gute Ausstattung und angemessenen Platz. Ein Swimmingpool ist vorhanden. ❹

Ferrycarrig Hotel, Ferrycarrig, ✆ 053-9120999, 🖳 www.ferrycarrighotel.ie. Sehr schön am Slaney gelegenes Hotel mit 102 komfortablen Zimmern. Dafür recht günstig. Fragen Sie nach einem Zimmer mit Balkon! ❹

Essen

La Dolce Vita, 6/7 Trimmers Ln. Gutbesuchtes italienisches Restaurant. Man hat die Qual der Wahl zwischen italienischen Nudelgerichten und herzhaften Kleinigkeiten. Dazu gibt es selbst gebackenes italienisches Brot und exzellente Salate. Der Nachtisch ist ein Muss! Trinken Sie dazu einen Kaffee, wie ihn nur die Italiener servieren!

La Riva, Crescent Quay, ✆ 053-24330. Sehr beliebtes Restaurant am Hafen mit einer guten Auswahl an Fischgerichten, aber auch bekannt für Lamm. Schwerpunkt liegt auf regionalen Produkten – möglichst aus biologischem Anbau. Die Qualität der Küche ist hoch, die Preise tendieren allerdings auch in diese Richtung. Tagesangebote und vor allem das preiswertere Menü in den frühen Abendstunden sind kassenschonender.

Unterhaltung und Kultur

Thomas Moore Tavern, Cornmarket, ✆ 053-9124348. Ein wirklich noch traditioneller Pub, unter der niedrigen Decke zieht man automatisch den Kopf ein und bis zum Beginn der häufig stattfindenden Session (ab etwa 21.30 Uhr) beherrschen eher ruhige Gespräche die Szene.

Wexford Arts Centre, Cornmarket, ✆ 053-9123764, 💻 www.wexfordartscentre.ie. Modernes Kulturzentrum, das in einer Markthalle aus dem 18. Jh. seinen Platz gefunden hat. Verschiedene Ausstellungen, Theater-, Musik- und Tanzveranstaltungen sowie regelmäßige Kinovorführungen stehen im Programm.

Wexford Opera House, High St., ✆ 053-9122400, 💻 www.wexfordoperahouse.ie. Großes, neueres Theater mit gemischten Programm. Teilweise sehr gute Konzerte von irischen Künstlern.

Informationen

Tourist Information Wexford, Crescent Quay, ✆ 053-9123111, ✉ wexford@failteireland.ie.

Transport

Busse

Der **Busstopp** befindet sich am Redmont Pl.

DUBLIN, stdl. zwischen 6.30 und 21 Uhr Verbindungen von und nach Dublin, dazu einige Spät- und Nachtbusse. Linie 2 oder 3, Fahrtzeit etwa 3 Std. Regulärer Fahrpreis 19,50 €, Infos unter 💻 www.buseireann.ie.

DUNGARVAN, mehrere Verbindungen am Tag.

KILMACTHOMAS, mehrere Verbindungen am Tag.

ROSSLARE HARBOUR, Linie 2 fährt die Strecke von Dublin Airport über Dublin Busaras, Wicklow Town, Arklow, Gorey, Enniscorthy, Wexford nach Rosslare Harbour, Gesamtfahrzeit knapp 4 Std. Mehrere Verbindungen am Tag.

Eisenbahn

Der **Bahnhof** befindet sich am Redmond Pl., ✆ 053-22522.
Mehrmals tgl. Bahnverbindung nach DUBLIN und ROSSLARE, etwas bequemer und schneller als mit dem Bus, Preise bei Vorbestellung im Internet evtl. sogar günstiger, 🖳 www.irishrail.ie, dort auch aktuelle Fahrpläne abfragen.

Rosslare und Umgebung

Der Ort gilt als einer der sonnigsten Plätze in ganz Irland und lockt mit fast 10 km Strand, einem Golfplatz, Wanderwegen und einer Riesenauswahl an Pubs jedes Jahr zahlreiche Besucher an, hat ansonsten aber wenig Reize. Es ist einer der klassischen Urlaubsorte für Iren, die nicht den Sprung übers Meer wagen möchten. Dieser kann einige Kilometer vom eigentlichen Stadtkern entfernt vom Fährhafen von Rosslare aus mehrmals täglich gemacht werden. Denn von hier aus gibt es direkte Verbindungen sowohl nach Wales als auch nach Frankreich.

Interessant für Besucher ist der südlich von Rosslare gelegene **Lady's Island Lake**, den nur ein schmaler Streifen Land vom offenen Meer trennt. Auf der kleinen Insel im See, die über einen Damm zu Fuß erreicht werden kann, befinden sich einige anglo-normannische Befestigungen und die Reste eines Klosters, im August und September finden hier vor allem örtlich populäre Wallfahrten statt. Zwischen dem See und dem Meer läuft auch der Küstenwanderweg.

Eine weniger bekannte Attraktion in Wexford sind die nahe gelegenen **Saltee Islands**, 🖳 www.salteeislands.info, eine kleine Inselgruppe nur wenige Kilometer von Kilmore Quay entfernt. Dort wo sich einst Piraten versteckt hielten, befindet sich heute Irlands größtes Vogelschutzgebiet. An den steilen Uferklippen nisten Tausende von Vögeln. Zusätzlich nutzen viele Zugvögel die menschenverlassene Insel als sicheren Rastplatz. Ein Gedanke, den sie mit einer großen Robbenkolonie teilen. Die Inseln befinden sich in Privatbesitz, sind jedoch für Besucher offen, die sich ab Kilmore Quay mit kleinen Booten übersetzen lassen können.

Das kleine Fischerdorf **Kilmore Quay**, angeblich steht es auf der ältesten Felsformation in Irland, weist alte Cottages mit Reetdächern und moderne Bauten zugleich auf. Hauptattraktion des geschäftigen Hafenortes war eine Zeitlang das kleine Guillemot Maritime Museum, das in einem ehemaligen Feuerschiff untergebracht war. Leider konnte der Museumsbetrieb nicht aufrechterhalten werden, das Feuerschiff findet der Besucher jedoch noch am Hafen. Nicht im Hafen – das Schiff ist einbetoniert!

Übernachtung

Ferryport House, ✆ 053-9133933, 🖳 www.ferryporthouse.com. Hotel 2 Min. Fahrt vom Fährhafen entfernt, ideal für die „letzte Nacht". 16 gut ausgestattete Zimmer, eigenes Restaurant, frühes Frühstück möglich. ❷–❸

Mill Road Farm, an der R739 etwas außerhalb des Ortskerns, ✆ 053-9129633, 🖳 www.millroadfarm.com. Unterkunft auf einem Bauernhof mit zahlreichen Milchkühen und Pferden, entweder im B&B oder als Selbstversorger (Apartments in den ehemaligen Stallungen). Ein sehr schöner Garten und (sehr leckeres) selbst gemachtes Brot sind der Stolz der Besitzer. Für Fährpassagiere kann ein sehr frühes Frühstück eingerichtet werden. ❷–❸

Essen

Kilmore Quay

Le Poisson d'Or, ✆ 053-9148853. Kleines, enges, aber sehr empfehlenswertes Restaurant. Breit gefächertes Angebot an Gerichten für jeden Geschmack, dazu eigenes Kindermenü. Tipp: Früh hingehen, da oft voll.

Silver Fox, ✆ 053-29888. Restaurant im Familienbesitz und als sehr gute Anlaufstelle für Liebhaber von Fischgerichten bekannt. Das Essen wird relativ schnörkellos zubereitet, befriedigt aber auch Gourmets. Tischbestellung unbedingt empfehlenswert.

The Lobster Pot, Ballyfane, Carne, ✆ 053-9131110. Es liegt rund 8 km südlich von Rosslare, lohnt aber auf jeden Fall die längere Anfahrt. In diesem einfachen, aber typischen Pub wird hervorragendes Seafood Chowder serviert, die Wildlachsplatte ist ebenfalls empfehlenswert. Abendmenü mit bis zu 21 verschiedenen Fischarten (teils nur saisonal).

Transport

Busse

Die Busse starten am **Bahnhof Rosslare Europort** am Fährhafen.
DUBLIN, unter der Woche rund um die Uhr zahlreiche Verbindungen, tagsüber im Halbstundentakt. Regulärer Fahrpreis 18,50 €, Infos unter www.buseireann.ie.
Linie 2 fährt die Strecke von Rosslare Harbour über Dublin Wexford, Enniscorthy, Gorey, Arklow, Wicklow Town, Dublin Busaras bis DUBLIN Airport, Gesamtfahrzeit knapp 4 Std.

Eisenbahn

DUBLIN, mehrmals tgl. Bahnverbindung, etwas bequemer und schneller als mit dem Bus und bei Vorbestellung im Internet, www.irishrail.ie, dort auch aktuelle Fahrpläne abfragen, preislich durchaus kompatibel.
Für Individualreisende, die mit der Fähre ankommen, eventuell interessant: Fahrräder können in den Zügen befördert werden.

Fähren

Rosslare Ferry Terminal, 053-33114.
Von Rosslare aus verkehren Fähren nach Großbritannien und Frankreich, Zielhäfen sind Cherbourg, Irish Ferries, www.irishferries.com, Fishguard, Stena Line, www.stenaline.ie, Le Havre, LD Lines, www.ldlines.co.uk, Pembroke und Roscoff (beide Irish Ferries).

Halbinsel Hook

Die lang gestreckte Hook Peninsula, die an drei Seiten von Flussmündungen bzw. vom Meer selber umschlossen wird, verspricht schöne Landschaftseindrücke. Wer den „Ring of Hook" entlangfahren möchte, sollte dafür mehrere Stunden einplanen. Die Strecke selbst ist zwar gar nicht so lang (etwa 60 km), doch zahlreiche interessante Punkte laden zu einem Stopp ein. Außerdem bieten sich Wandertouren über die Halbinsel an. Den Auftakt zu einer Rundfahrt bietet im Osten die in einem Waldgebiet liegende **Tintern Abbey**, 051-562650, www.heritage ireland.ie, eine Gründung des Zisterzienserordens aus dem beginnenden 13. Jh. Die Mönche profitierten von der Seenot des William Marshall, Earl of Pembroke, der hier in einen Sturm geraten und fast an der Küste zerschellt war. Wie in solchen Situationen üblich, kniete er zum Gebet nieder und gelobte, zur Feier seiner Rettung ein Kloster zu stiften. Die Ruinen von Tintern Abbey bilden heute noch einen dramatischen Anblick, vor allem wenn Sturmwolken über den Himmel ziehen und das Peitschen der Wellen deutlich zu hören ist. In solchen Momenten kann man William Marshall verstehen. Verschiedene Trails führen über das Klostergelände. Mai–Sep tgl. 10–18 Uhr, Eintritt 3 €.

Den nächsten Stopp auf der Rundfahrt lohnt das kleine Dorf **Slade**, dessen Hafen immer noch von Slade Castle dominiert wird. Das Turmhaus aus dem 15. Jh. ist allerdings stark verfallen.

Wie neu dagegen wirkt der **Leuchtturm vom Hook Head**, 051-397055, www.thehookwexford.com, einer der massivsten Leuchttürme in Irland und gleichzeitig der älteste noch im Dienst befindliche Leuchtturm Europas. Angeblich unterhielten Mönche im 5. Jh. hier schon ein Leuchtfeuer, aus Dankbarkeit dafür sollen die Wikinger die Mönche verschont gelassen

Essen im Schatten der Templer

Auf der Fahrt zurück vom Hook Head führt die Straße automatisch durch **Templetown**, eine verstreute Ansammlung von Häusern mit einer in Ruinen stehenden Kirche und einem kleinen Pub gegenüber, der auch wohlschmeckende Snacks serviert. Das **Templar's Inn**, www.templarsinn.com, ist ein idealer Punkt für einen Zwischenstopp. Serviert werden u. a. gute Fischgerichte. Auf dem Friedhof der Kirche findet man einige Grabmale, die angeblich die letzte Ruhestätte von Tempelrittern sind. Auch der Name des Ortes deutet auf diese Verbindung hin. Tatsächlich war hier wohl einer der Stützpunkte des Ordens, später gingen die Ländereien an die Hospitaliter.

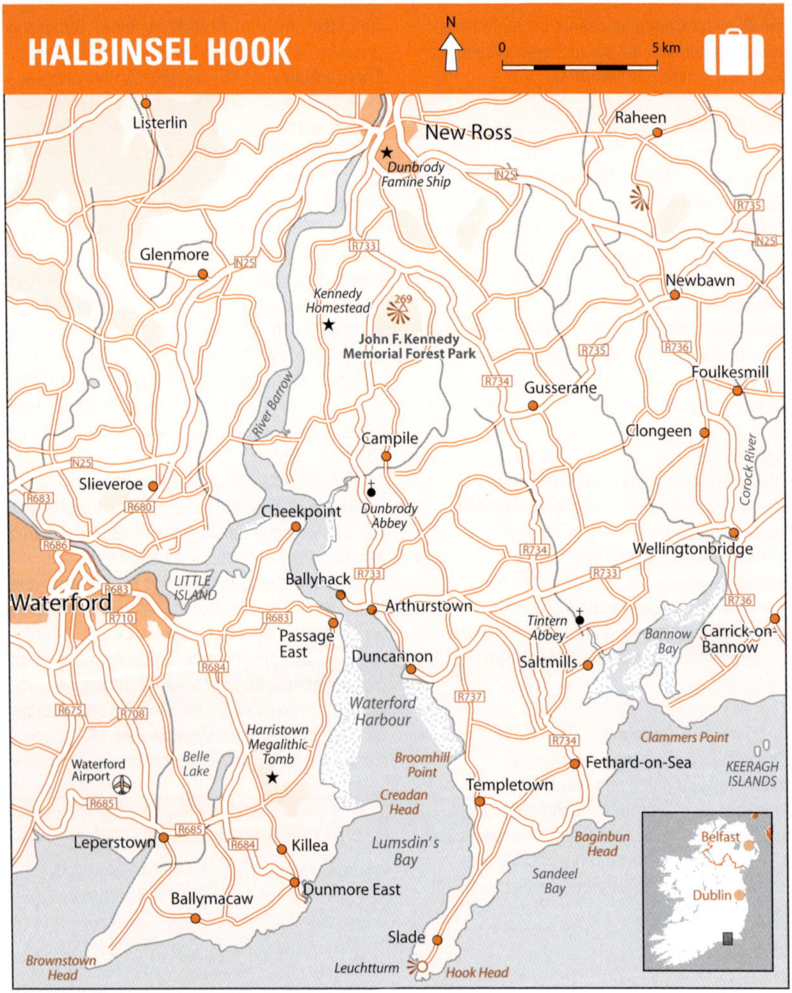

haben. Der Leuchtturm wurde dann im Jahr 1172 errichtet, seit über 800 Jahren warnt der heute schwarz-weiß-quergestreifte Koloss vor der gefährlichen Landspitze. Heute ist er im Rahmen von Führungen auch von innen zu besichtigen. Vor einigen Jahren wurde ein Besucherzentrum in den ehemaligen Wirtschaftsgebäuden des Leuchtturms eröffnet, das ein wenig über die Geschichte der Seefahrt in dieser Region berichtet und auch ein kleines Café beherbergt. ◷ Tgl. 9.30–17 Uhr, im Sommer bis 18 Uhr, Eintritt 6 €.

Der wichtigste Grund, diese Sackgasse bis zum Leuchtturm zu befahren, ist jedoch die Natur. Rund um den Leuchtturm kann man die steinige Felsküste zu Fuß erforschen. Entsprechende Kleidung und vor allem festes Schuhwerk sind angebracht, die Felsen sind teilweise von Wind und Wellen sehr glatt geschliffen und können bei Feuchtigkeit rutschig werden. An manchen Stellen geht es steil bergab, hier ist erhöhte Vorsicht geboten. Besonders gefährlich ist der Küstenbereich zwar nicht, doch sollten Kinder unbedingt beaufsichtigt werden.

Weiter nach Norden erreicht man schließlich **Duncannon**, dessen breiter Sandstrand von einer Befestigung aus dem 16. Jh. überwacht wird. Diese wurde eigens gebaut, um eine mögliche spanische Landung in dieser Gegend zu verhindern. Und die nächste Burg ist nur wenige Kilometer entfernt, in Ballyhack, wo auch die Fähre nach Passage East verkehrt. Bei der Einfahrt in den Ort ist Vorsicht geboten, der Rückstau vom Fähranleger kann sich bis weit die gewundene und unübersichtliche Küstenstraße hinaufziehen. Das insgesamt fünf Stockwerke hohe **Ballyhack Castle**, ✆ 051-389468, beherbergt ein kleines Museum zur Ortsgeschichte. Dass die Tempelritter diese Burg erbaut haben sollen, ist ein Gerücht. Der Orden wurde mehr als 100 Jahre vor der Errichtung der Burg aufgelöst. ⌚ Wechselnd, Juli und Aug tgl., Okt bis März geschl., andere Monate Mi–So.

Die letzte Sehenswürdigkeit auf dem Ring of Hook ist die **Abtei von Dunbrody**, 💻 www.dunbrodyabbey.com, eine Gründung der Zisterzienser aus dem 12. Jh. Die Anlage liegt zwar weitgehend in Ruinen, diese sind jedoch immer noch sehr beeindruckend. Die Klosterkirche, hauptsächlich im 15. Jh. gebaut, kann noch mit den wesentlichen Teilen aufwarten, selbst ein Turm steht noch. Außerdem sind noch Reste der Bibliothek, des Speisesaals und der Küche erkennbar. ⌚ Mai–Sep tgl. 10–18 Uhr, Eintritt 2 €.

New Ross und Umgebung

New Ross gilt als eine der ältesten Städte im County Wexford, früher befand sich hier am Fluss Barrow ein bedeutender Hafen. Heute schippern in erster Linie Touristen auf kleinen Booten die Flüsse Barrow, Suir und Nore entlang. An den alten Hafenanlagen von New Ross gehen sie vor Anker, zahlreiche kleine Geschäfte direkt gegenüber versorgen die Freizeitkapitäne mit dem Notwendigen. Ein Schiff allerdings sticht, wenn es denn im Hafen liegt, besonders ins Auge: Die

Tipp für Gourmets

Dunbrody Country House Hotel & Cookery School, Arthurstown, südlich von Balyhack, ✆ 051-389600, 💻 www.dunbrodyhouse.com. Das hoteleigene Restaurant **The Harvest Room** bietet feinste irische Küche. Die klassischen Gerichte mit internationalen Einflüssen werden auch als Acht-Gänge-Probiermenü serviert. Unbedingt Platz für den Nachtisch lassen! Gehobene Preisklasse. Sonntags bekommt man das Mittagsessen und das frühe Abendessen zu günstigeren Preisen, Reservierung erforderlich. Dundon's Champagne Seafood Bar & Terrace, ebenfalls Teil des Hotels, bietet übrigens ein kleineres Menü zu günstigeren Konditionen, aber gleicher Qualität an.

Dunbrody, ✆ 051-425239, 💻 www.dunbrody.com, ist der Nachbau eines Auswandererschiffs aus der großen Zeit der Segelschiffe Mitte des 19. Jhs. Welche Zustände während der Großen Hungersnot, als viele Iren ihre Heimat verließen, an Bord solcher Schiffe herrschten, erfährt man auf sehr anschauliche Weise bei dem rund 40-minütigen Rundgang. Schauspieler stellen in historischen Kostümen die bedrückende Lebenswelt auf den Auswandererschiffen nach. Wenn der Großsegler nicht unterwegs ist – eine Mitfahrt ist möglich –, liegt er im Hafen etwas flussabwärts. Das Besucherzentrum informiert weiterhin über das Thema Auswanderung und bietet Hilfe bei der Ahnenforschung an, mittlerweile fast ein eigener Wirtschaftszweig in Irland. ⌚ Bitte immer telefonisch oder per E-Mail erfragen, das Schiff liegt nicht ständig im Hafen.

Die weiteren Sehenswürdigkeiten von New Ross sind schnell aufgezählt. Interessant ist der **Tholsel**, heute das Rathaus, in dem früher die Zölle erhoben wurden. In diesem Gebäude hatten sich britische Truppen während der Rebellion von 1798 verschanzt. Daran erinnert auch das Denkmal eines typischen Rebellen aus dem County Wexford mit seiner langen Pike, der trotzig genau gegenüber des Tholsel steht. Nicht weit entfernt erkennt man die Ruine der **Kirche St. Mary's** neben einem Neubau. Die Kirche wurde ursprünglich im 13. Jh. gebaut, es sind nur noch die Seitenwände erhalten sowie einige Grabsteine aus dem Mittelalter. Zu ihrer Zeit galt sie als die größte Gemeindekirche in ganz Irland.

Rund 7 km südlich von New Ross, auf dem Weg zur Hook-Halbinsel, liegt in dem kleinen Ort **Dunganstown** die **Kennedy Homestead**, 💻 www.kennedyhomestead.com, das Haus der Vorfahren des ersten katholisch-irischen Präsidenten der USA. Eine Sehenswürdigkeit, die vor allem Touristen aus den Vereinigten Staaten und einige wenige eingefleischte Kennedy-Fans anzieht. John F. Kennedy, der nur wenige Monate vor seiner Ermordung Irland bereiste, wird in der Republik teilweise noch wie ein Gott verehrt. Auf der Liste derjenigen ausländischen Besucher, die tiefe Spuren in der kollektiven irischen Psyche hinterlassen haben, rangiert er zusammen mit Papst Johannes Paul II. und dem Hl. Patrick ganz oben. 🕓 Mai, Juni, Sep Mo–Fr 11.30–16.30, Juli, Aug tgl. 10–17 Uhr, Eintritt 5 €.

Rund 2 km südöstlich des Kennedy-Hauses befindet sich der **John F. Kennedy Park and Arboretum**, ✆ 051-388171, 💻 www.heritageireland.ie. Der Park wurde mit Stiftungsgeldern aus den USA angelegt und 1968 in Erinnerung an Kennedy eröffnet. Die weite Parklandschaft mit rund 4500 verschiedenen Baum- und Straucharten ist ein fantastisches Naherholungsziel. Zur Rhododendren- und Azaleenblüte verwandelt sich der Park in ein farbenprächtiges Schauspiel. Angeblich sollen sich hier etwa 500 unterschiedliche Rhododendren und etwa 150 verschiedene Azaleen finden lassen. Beliebt ist die Fahrt hinauf auf den Slieve Coillte, den „Bewaldeten Berg“, der als Aussichtspunkt dient. Das

Irlands Diaspora

Irgendwann in den frühen 90er-Jahren des 20. Jhs. kam plötzlich ein neuer Begriff auf, man sprach nicht mehr von Iren im Ausland, man sprach plötzlich von der „Irischen Diaspora“. Eine Bezeichnung, die verwirrte. Denn der Begriff Diaspora, ursprünglich für das jüdische Volk gebraucht, beinhaltet eigentlich Vertreibung, Leiden und ein kollektives Trauma. In Irland dagegen stand die Diaspora einfach für alle in der Welt verstreut lebenden Menschen, die sich irgendwie der ethnischen Gruppe der Iren (wie auch immer man diese definieren will) zugehörig fühlten.

Und das sind nicht gerade wenige. Seit Beginn des 18. Jhs. haben mehr als 10 Mio. Menschen Irland verlassen, viele davon während der Großen Hungersnot zu Beginn des 19. Jhs., einige zwangsweise als deportierte Straftäter. Rund die Hälfte dieser Emigranten ging in die USA, gefolgt von Großbritannien, Kanada, Australien, Neuseeland und Südafrika. Heute gibt es ungefähr 70 Mio. Menschen rund um den Erdball, die sich als „irisch“ bezeichnen.

In den USA etwa bilden die irisch-stämmigen Bevölkerungsteile eine der größten identifizierbaren Gruppen von Einwanderern, die „Irish Vote“ ist ein wichtiger Faktor bei den Präsidentschaftswahlen. So bemüht sich dann jeder Kandidat, möglichst ein wenig irisches Blut im Stammbaum vorweisen zu können und bei einschlägigen Wahlveranstaltungen zu betonen, wie sehr ihm an den guten Beziehungen zwischen den USA und Irland gelegen ist. Man mag nun darüber philosophieren, wie wichtig der winzige Inselstaat am Westrand Europas für das mächtigste Land der Welt nun wirklich sein kann – für seine Politiker sind Wähler, die am St. Patrick's Day das grüne Kleeblatt tragen, auf jeden Fall wichtig.

Extrem wichtig ist die irische Diaspora allerdings für das irische Selbstwertgefühl. Mit einer Akribie, die man sonst nur forensischen Medizinern zutraut, werden alle möglichen und unmöglichen Prominenten darauf abgeklopft, ob sie nicht eigentlich „einer von uns“ sind. Dabei spielen primäre Merkmale wie etwa die Hautfarbe oder der Name keine Rolle. Barack Obama ist Ire, zumindest ein bisschen (s. S. 257). Wie auch Che Guevara. Oder, um die Situation etwas grotesk zu machen, der asiatisch-amerikanische Astronaut Dan Tani, der im Jahr 2008 gewissermaßen adoptiert wurde, da seine Frau Jane Egan schließlich aus Cork stammte.

Besucherzentrum des Parks informiert über die Entstehungsgeschichte der Anlage und die verschiedenen Pflanzenarten. ◷ Tgl. 10–17 Uhr, im Sommer länger, Eintritt 3 €.

Übernachtung

€ **MacMurrough Farm Hostel**, Mac Murrough, ✆ 051-421383, 💻 www.macmurrough.com. Bequemes, familiengeführtes Hostel in herrlich ruhiger, ländlicher Umgebung, 18 Betten in Doppelzimmern oder 2-Zimmer-Apartements, besonders für Familien oder Kleingruppen geeignet. Dazu ein rustikales, aber urgemütliches Selbstversorger-Cottage für 2 Pers. in einem umgebauten ehemaligen Stall. Kreditkarten werden akzeptiert. Bett ab 16 €.

Brandon House Hotel & Solas Croi Eco Spa, ✆ 051-421703, 💻 www.brandonhousehotel.ie. Das Hotel mit 79 Zimmern oberhalb des Flusses bietet dem Gast Erholung und Entspannung. Dafür sorgen Schwimmbad, Sauna, Whirlpool, ein großer Garten u.v.a.m. Die Zimmer sind mittelgroß. ❸–❹

Essen

Aldridge Lodge, Duncannon, ✆ 051-389116, 💻 www.aldridgelodge.com. Helles Restaurant mit komfortablen Lederstühlen. Täglich wechselnde Menüs, Schwerpunkt liegt auf Fisch und Meeresfrüchten. Die Preise sind vernünftig, aber eine Reservierung ist unbedingt erforderlich.

€ **Café Nutshell**, 8 South St. Gutes Frühstück, reichliches Angebot an Backwaren ab etwa 11 Uhr. Suppen, Salate, Quiches sowie einige klassische Tellergerichte (Fisch, Meeresfrüchte).

Unterhaltung und Kultur

St. Michaels Theatre Centre for the Arts, ✆ 051-421255, 💻 www.stmichaelsnewross.com. Eines der typischen kombinierten Theater- und Kulturzentren, in denen neben lokalen Veranstaltungen und Ausstellungen auch Konzerte und Tourneetheater stattfinden. Das Programm ist bunt gemischt, die meisten Termine liegen im Sommer und um Weihnachten herum.

Feste

Das **New Ross Piano Festival**, 💻 www.newrosspianofestival.com, findet am letzten Wochenende im September statt, ein Festival rund um das Klavier, starke Betonung auf Klassik, von begnadeten Amateuren bis hin zu (zumindest in Irland) bekannten Künstlern.

Informationen

Tourist Information New Ross, beim Dunbrody Famine Ship, ✆ 051-421857, ✉ jfktrust@iol.ie, Infos auch unter 💻 www.dunbrody.com.

Transport

Der **Busstopp** ist am Ufer beim Dunbrody Inn. Verbindungen mit Bus Éireann, 💻 www.buseireann.ie, bestehen von New Ross nach WATERFORD (Linien 5, 40, 55), KILKENNY (Linie 374), ENNISCORTHY (Linie 5), WEXFORD (Linien 40 und 55) und DUBLIN (Linie 5).

County Kilkenny

Das County Kilkenny liegt wie ein Keil zwischen Wexford und Waterford, am Fluss Suir treffen die drei Counties aufeinander. Die sanfte Hügellandschaft mit ihren sattgrünen Wiesen wurde im Mittelalter zum bevorzugten Siedlungsgebiet der Normannen, doch nur noch einige wenige Ruinen erinnern an diese Epoche. Heute zieht Killenny Wanderer und Ausflügler an, die die Einsamkeit schätzen und auf der Suche nach dem „Bilderbuch-Irland" sind. Dabei ist das wasserreiche Kilkenny in erster Linie ein intensiv genutztes Agrargebiet, das überdies eines der wohlschmeckendsten Biere Irlands produziert. Bekannt ist Kilkenny auch für seinen Marmor, der in Wirklichkeit ein sehr dunkler Kalkstein ist. In dem hübschen, mittelalterlichen Städtchen Kilkenny, das Touristen magisch anzieht, sind zahlreiche Häuser aus dem Kilkenny Marble erbaut, was ihnen ein ausgesprochen schmuckes Aussehen verleiht. Impressionen, die Besuchern lange im Gedächtnis bleiben werden. Genau wie die Ruinen von Jerpoint Abbey und Kells Priory sowie das Städtchen Inistioge, das zu den schönsten des Counties zählt.

Kilkenny Town

Bekannt ist das charmante Städtchen (23 000 Einw.) am Fluss Nore für seine an einigen Stellen noch erhaltene mittelalterliche Bausubstanz und das rege Nachtleben, das sich vor allem an den Wochenenden in den urigen Pubs abspielt. Die schmalen Gassen werden gesäumt von meist älteren Häusern, die überwiegend aus „Marmor" erbaut wurden, der in Wahrheit ein örtlicher Kalkstein von sehr dunkler, fast schwarzer Farbe ist, aber den etwas irreführenden Namen Kilkenny Marble trägt. Über Jahrhunderte hinweg ist Kilkenny fast organisch gewachsen, ein buntes Gemisch von Baustilen ist die Folge. Bauliche Veränderungen etwa aus der georgianischen Periode wurden bisweilen nur an der Vorderfront der Häuser vorgenommen, während die Rückseite noch den älteren Baustil aufweist. So wird ein Spaziergang durch die Stadt vor allem für Architektur-Liebhaber zu einem ganz besonderen Erlebnis. Zahlreiche Details lassen sich entdecken, die eine Zeitreise durch die Architekturgeschichte darstellen. Und wer dabei zwischendurch verschnaufen muss – Kilkenny ist eine bekannte Bierstadt, Pubs gibt es hier in Hülle und Fülle.

Geschichtlich wird Kilkenny mit den im Jahr 1366 vom Parlament beschlossenen Statuten von Kilkenny assoziiert. Diese führten eine irische Variante des Apartheidsystems ein. Anglo-Normannen wurde es verboten, eine Ehe mit Iren einzugehen, Irisch zu sprechen und sogar irische Kleidung zu tragen. Um dies etwas zu erleichtern, wurde es Iren im Gegenzug verboten, in Städten oder befestigten Orten zu wohnen. Eine strikte Trennung zwischen der herrschenden Schicht und den Ureinwohnern war die Folge, konnte sich aber auf Dauer nicht behaupten. 1650 besetzte Oliver Cromwell die Stadt, ließ je-

Bier ist mehr als Guinness

Das Jahr 2009 stand für viele Irlandtouristen und die Werbeindustrie ganz im Zeichen eines Jubiläums – 250 Jahre war es her, dass in Dublin ein gewisser Arthur Guinness den Mietvertrag für seine Brauerei unterschrieb. Nicht unbedingt ein weltbewegendes Ereignis, aber fast eine Lizenz zum Gelddrucken. Kaum war das Jahr vorbei, schlug die Konkurrenz zu: 2010 feierte die Brauerei von Smithwicks in Kilkenny, 💻 www.smithwicks.ie, ihr eigenes Jubiläum, immerhin schon 300 Jahre sagte man sich am Nore „Hopfen und Malz, Gott erhalt's!"

Für manche Menschen mag es schon eine Offenbarung sein, dass es in Irland überhaupt ein anderes Bier als Guinness gibt. Abgesehen von den Hunderten von Importmarken aus Großbritannien, vom europäischen Kontinent, aus den USA und aus Fernost … Bier in Irland hat nicht gerade Seltenheitswert und es gibt zahlreiche örtliche Varianten. Das beginnt bei Mikro-Brauereien und endet etwa in Kilkenny bei Smithwicks.

Im Laufe der Jahre hatte sich Smithwicks sogar zu einem Bier-Exporteur entwickelt, dessen Produkte vor allem auch in Deutschland genossen wurden. Dabei allerdings war es eine Hürde, den nicht-irischen Gast zur Bestellung eines „Smisswix", eines „Schmischwigs" oder eines „Smiffiks" zu bewegen. Die letzte Aussprache ist übrigens die, die dem Original an nächsten kommt. Also nannte die Brauerei ihr Export-Bier (das natürlich im deutschen Sinne kein Exportbier ist) schlicht und einfach „Kilkenny". Woraus sich die Legende entwickelte, dass Smithwicks im Ausland Kilkenny sei und dass man in Irland kein Kilkenny bekäme.

Ein Blick in die Supermarkt-Regale vor Ort belehrt den Bier-Liebhaber schnell eines Besseren. Dosen von Smithwicks und Kilkenny stehen einträchtig nebeneinander. Und bei näherem Hinsehen fällt auf, dass es sich auch um unterschiedliche Biere handeln muss, der Alkoholgehalt ist nicht gleich. Und auch die Geschmacksprobe wird schnell beweisen, dass die zwei Marken für unterschiedliche Produkte stehen. Nach wiederholten Geschmacksproben allerdings kann es zu dem Effekt kommen, dass selbst ein Guinness wie ein Smithwicks schmeckt. Und dass einem am nächsten Morgen gar nichts mehr schmeckt …

doch die gegnerische Besatzung in allen Ehren abziehen.

Die Innenstadt von Kilkenny ist klein und übersichtlich, binnen zehn oder 15 Minuten schafft man es zu Fuß, alle Sehenswürdigkeiten zumindest von außen zu betrachten. Dennoch sollte man einen ganzen Tag für die Stadtbesichtigung einplanen, alleine die Burg von Kilkenny hoch über dem Nore nimmt einige Stunden in Anspruch.

Der Baubeginn des **Kilkenny Castle**, ✆ 056-7704100, 🖳 www.kilkennycastle.ie, datiert auf das Ende des 12. Jhs. Rund 200 Jahre später gelangte die Festung in den Besitz der Familie Butler, eine der führenden anglo-normannischen Adelsfamilien in Irland, die hier bis in die 1930er-Jahre ihr Zuhause hatte. Die Burg blieb noch rund drei Jahrzehnte im Besitz der Familie, die enormen Kosten für die Instandhaltung zwangen die Besitzer jedoch, sich von dem Anwesen zu trennen. Und so schenkten sie das verlassene und heruntergekommene Gemäuer dem irischen Staat. Betritt der Besucher heute die teilweise restaurierte Anlage, springt ihm sofort ins Auge, dass der Burg eine Mauer fehlt. Mittlerweile ist der Innenhof ein offenes U, der gesamte westliche Teil wurde einfach abgerissen. Der Festungscharakter blieb allenfalls noch durch die massiven Rundtürme erhalten, die enorm dicken Mauern wurden durch zahlreiche Fenster durchbrochen. Zusammen mit den Außenanlagen erweckt die Burg heute mehr den Eindruck eines Fantasieschlosses, dieser Eindruck setzt sich in den Innenräumen fort. Diese sind im Rahmen einer Führung zu besichtigen, wobei noch nicht der komplette Innenbereich renoviert worden ist. Die verschiedenen Wohnräume wie die Bibliothek und das Esszimmer sind jedoch ausgesprochen sehenswert. Der interessanteste Teil der Führung führt jedoch in die Long Gallery, die Anfang des 19. Jhs. von den Butlers ausgebaut wurde und einen Teil der Kunstsammlung enthält. Die altertümliche Holzdecke wurde dabei teilweise durch ein Glasdach ersetzt, das für eine angenehme Beleuchtung des Raumes sorgt. In den ehemaligen Personalräumen im Untergeschoss befindet sich heute zusätzlich die **Butler Art Gallery**, ✆ 056-7761106, 🖳 www.butlergallery.com, hier werden wechselnde Ausstellungen gezeigt. Die

Außenanlagen der Burg sind teilweise im formellen Stil gehalten, der Park im französischen Stil, von hier aus kann man die besten Fotos des Hauptgebäudes schießen. ⏲ Tgl. 9.30–16.30 Uhr (im Sommer länger), Eintritt 6 €.

Direkt gegenüber der Burg liegt das ehemalige Stallgebäude, das schlossähnlichen Charakter besitzt und heute das **Kilkenny Design Centre**, ✆ 056-772 2118, 🖳 www.kilkennydesign.com, beherbergt. Hier haben verschiedene Handwerker und Kunsthandwerker ihre Werkstätten und Studios, sie lassen sich gerne bei der Arbeit über die Schultern schauen und helfen auch bei der Auswahl eines Andenkens.

Von der Burg erreicht man die Innenstadt über verschiedene Wege. Am besten ist es, der Rose Inn Street in Richtung des Flusses Nore zu folgen und etwa auf der halben Strecke das ehemalige Armen- und Krankenhaus **Shee Almshouse**, 🖳 www.kilkenny.ie, zu besuchen. Hier befindet sich das Informationszentrum, das Stadtpläne und auch Informationen zu aktuellen Veranstaltungen bereithält. Anschließend führt ein kurzer Weg weiter bergab zur links abzweigenden St. Kieran's Street, eine der zwei Hauptstraßen in der Innenstadt. Sie ist die etwas weniger attraktive Straße, die aber an der **St. Mary's Hall** vorbeiführt und schließlich die berühmteste Kneipe des Ortes erreicht, das **Kyteler's Inn**, 🖳 www.kytelersinn.ie. In diesem großen Gebäude, angeblich das älteste von Kilkenny, soll die bekannteste Einwohnerin von Kilkenny gelebt haben, Dame Alice Kyteler (s. Kasten).

Kurz hinter dem Kyteler's Inn stößt die St. Kieran's Street mit der High Street zusammen, die hier zur Parliament Street werden. Zur rechten Hand steht **Grace's Castle**, eine zu Beginn des 13. Jhs. gebaute Festung, die später als Gefängnis diente und nach einem aufwendigen Umbau im 18. Jh. zum Gericht wurde. Hier werden auch heute noch Verhandlungen abgehalten. In diesem Gebäude fanden die Rebellen des Aufstands von 1798 den Tod.

Fast genau gegenüber erhebt sich das **Rothe House**, ✆ 056-7722893, 🖳 www.rothehouse.com, ein Kaufmannshaus aus der Tudor-Zeit mit einem schönen Aussichtsfenster und den Arkaden, die in früheren Zeiten typisch für das Stadtbild in Kilkenny gewesen sind. Ehemals im Besitz der Familie Rothe, wird das Gebäude, zu dem auch zwei Hinterhöfe gehören, heute als Museum genutzt. Die Sammlung befasst sich mit der Stadtgeschichte und regionaler Archäologie, interessant ist auch die Sammlung alter Kleidungsstücke. Der „mittelalterliche Garten" hinter dem Haus ist zwar schön angelegt und für Gartenfreunde interessant, echtes Mittelaltergefühl kommt jedoch ob der umliegenden modernen Bebauung nicht auf. 🕓 Mo–Sa 10.30–16.30/17, April–Okt auch So 15–17 Uhr.

Etwas weiter entfernt schließlich liegt die dem Heiligen Canice gewidmete **Kathedrale von Kilkenny**, ✆ 056-7764971, 🖳 www.stcanicescathedral.com, die im 13. Jh. im Stil der frühen Gotik errichtet wurde und neben der ein wesentlich älterer **Rundturm** auf eine vorher bestehende Klosteranlage hinweist. Obwohl die Kathedrale Mitte des 17. Jhs. von Oliver Cromwells Truppen stark beschädigt und als Pferdestall missbraucht wurde, erkennt man immer noch den mittelalterlichen Baustil. Besonders interessant ist der Kontrast zwischen dem Kilkenny Marble, aus dem die Mauern errichtet wurden, und den hellen Säulen aus importiertem Kalkstein. Die Grabmale aus verschiedenen Jahrhunderten weisen teilweise aufwendige Dekorationen auf, einige der beachtenswertesten gehören der Familie Butler. Das älteste Grabmal allerdings erinnert an den Sohn von Henry de Ponto, einen ansonsten vollkommen vergessenen Landadligen, es stammt aus dem Jahr 1285. Rund 100 Jahre älter ist ein Taufstein in der Kirche. Der von Grabsteinen umgebene, 30 m hohe Turm kann bestiegen werden, der Lohn der Anstrengung ist eine Aussicht über die gesamte Innenstadt. 🕓 Juni, Juli, Aug Mo–Sa 9–18, So 14–18 Uhr (andere Monate eingeschränkte Öffnungszeiten mit Mittagspause), Eintritt 6 €.

Nicht weit von der Kathedrale entfernt befindet sich die **Black Abbey**, eine Klostergründung der Dominikaner aus dem Jahre 1225. Nach der Auflösung der Klöster wurde das Gebäude im 16. Jh. als Gericht genutzt, mittlerweile sind jedoch wieder Mönche hier zu Hause und setzen die Tradition des Klosterlebens in Kilkenny fort. Interessant sind die reich verzierten Decken der Kirche, aber auch die Buntglasfenster und nicht zuletzt eine Darstellung der Heiligen

Die Slips von Kilkenny

High Street und St. Kieran's Street sind durch zahlreiche kleine Gassen und Durchgänge verbunden, in Kilkenny „Slips" genannt. Historisch gesehen wurden die Slips nicht nur als Durchgangswege benutzt. Die Butter Slip etwa war ein winziger Markt, auf dem Butter verkauft wurde. Spaziergänge durch die kleinen Gassen können überraschende Perspektiven Kilkennys bieten. Doch leider riecht es in manchen Ecken recht streng, Folge des regen Nachtlebens.

Alice Kyteler, die Hexe von Kilkenny

Die schwarze Katze, die das Wirtshausschild von Kilkennys bekanntestem Pub **Kyteler's Inn** ziert, sollte abergläubischen Menschen zu denken geben. Denn mit ihr hatte es eine übernatürliche Bewandtnis, sie assistierte der Dame Alice Kyteler bei Hexenwerk und schändlichen Taten. Oder auch nicht, denn ob Dame Alice nun wirklich eine Hexe war, eine vollkommen unschuldige Frau oder eine Serienmörderin, das wird sich wohl niemals endgültig klären lassen.

Im Jahr 1324 jedenfalls wurde sie zusammen mit ihrem Sohn aus erster Ehe, William Outlaw, und ihrer Magd Petronilla verhaftet. Die Anklage lautete auf Hexerei. Alice wurde vorgeworfen, zugunsten ihres Sohnes allerlei dunkle Machenschaften getrieben zu haben. Verdächtig erschien sie aus mehreren Gründen.

Da war zum einen die interessante Ehegeschichte der Dame Alice. Obwohl sie immer noch unter ihrem Mädchennamen Kyteler bekannt war, waren bereits vier Ehemänner durch ihr Bett gegangen. Dies an sich legte schon den Verdacht eines etwas lockeren Lebenswandels nahe. Nahm man dann noch die Tatsache dazu, dass Alice alle ihre Ehemänner überlebte und von jedem Todesfall finanziell recht gut profitierte, war ein gesundes Misstrauen wohl nicht unangebracht. Und dann gab es noch ihren heißgeliebten Sohn, der in Kilkenny als erfolgreicher Geschäftsmann lebte. Wer Erfolg hat, der hat auch Neider. William Outlaw hatte zudem zahlreiche Schuldner. Ein Teil seiner Geschäfte bestand nämlich darin, seinen werten Mitbürgern Geld gegen Zins zu leihen. Eine Tätigkeit, die im Mittelalter mehr als verpönt war. Geldverleiher galten – die Geschichte der Juden zeigt dies deutlich – als Pest.

Wie nun Petronilla in die ganze Sache involviert war, ist nicht genau geklärt – als Mittäterin legte sie jedoch ein erpresstes und wenig glaubwürdiges Geständnis ab, das Urteil folgte auf dem Fuße. Unter großem Zeremoniell wurde sie auf dem Marktplatz von Kilkenny auf dem Scheiterhaufen verbrannt, die erste Hinrichtung dieser Art in Irland. Die Stadt hatte ihr Spektakel und auch ihren Sündenbock. Was vor allem Alice Kyteler nützte, denn mit Hilfe von einigen adligen Freunden und wohl auch nach Zahlung diverser Bestechungsgelder trat sie die Reise nach England an und ward in Kilkenny nicht mehr gesehen.

Petronilla dagegen sieht man heute noch – angeblich soll sie im Kyteler's Inn spuken.

Dreifaltigkeit aus dem 14. Jh. gehören zu den Hauptsehenswürdigkeiten. ⌚ April, Mai und Sep Mo–Sa 10–13 und 14–17 (So nur nachmittags), Juni–Aug Mo–Sa 9–18, So 14–18, andere Monate Mo–Sa 10–13 und 14–16 Uhr (So nur nachmittags), Eintritt Kathedrale 4 €, Rundturm 3 €, Kombiticket 6 €.

Den Rückweg in Richtung Burg nimmt der Besucher dann am besten über die High Street, eines der interessantesten Gebäude ist hier das sogenannte **Tholsel**, das alte Rathaus der Stadt.

Übernachtung

€ **Kilkenny Tourist Hostel**, 35 Parliament St., ✆ 056-7763541, 💻 www.kilkennyhostel.ie. Familiäres Hostel von mittlerer Größe im Ortskern, die Übernachtung im fast 275 Jahre alten Stadthaus wird allgemein als sehr angenehm beschrieben. Zur Verfügung stehen 60 Betten, aufgeteilt in Schlafsäle (Bett ab 14 €), Familienzimmer, 3-Bett-, Doppelzimmer und Twins. Wer ein Privatzimmer wünscht, sollte auf jeden Fall telefonisch vorbestellen. WLAN, eine kleine Küche und ein Wohnzimmer sind vorhanden, Pubs in direkter Nachbarschaft. ❷

€ **Lanigan's Hostel**, Mary's Ln., ✆ 056-7721718, 💻 www.hostelkilkenny.ie. Eigens als Hostel für Reisende mit schmalem Budget gebaut, hat dieses Haus hauptsächlich große Schlafsäle mit mind. 10 Betten. WLAN, Küche und Waschmaschine vorhanden. Bett ab 16 €.

€ **Macgabhainns Backpackers Hostel**, 24 Vicar St., ✆ 056-7770970, 💻 www.macgabhainns-backpackers.hostel.com. Eines der beliebtesten Hostels in Kilkenny und mitten in der Stadt gelegen, nur einen kurzen

Schlafen bei den Butlers

Butler House, Patrick St., 056-7765707, www.butler.ie. Zentral gelegenes, luxuriöses und sehr schön eingerichtetes Guesthouse in einem früher zur Burg gehörenden Gebäude mit 13 Zimmern, jedes individuell gestaltet. Man hat fast den Eindruck, im Schloss selbst zu wohnen. Frühstück wird im ehemaligen Stall serviert, heute das Kilkenny Design Centre ... bei Regen wird der Gang dorthin durch die Gartenanlagen zum „Muntermacher". Neben den schönen Gärten begeistert das Haus durch die fast vollkommene Überwucherung mit Kletterpflanzen. Dornröschen hätte sich hier wie zu Hause gefühlt. ❹

Fußmarsch vom Bahnhof entfernt. Fahrräder können geliehen werden, auch Touren in die nähere und weitere Umgebung werden organisiert. Bett ab 15 €.

Kilkenny Inn Hotel, 15–16 Vicar St., 056-7772828, www.kilkennyinn.com. Nicht besonders aufregendes, aber sauberes und günstig gelegenes 3-Sterne-Hotel im Stadtzentrum mit 30 Zimmern. Alle mit TV und Internetzugang ausgestattet. Mit eigenem Restaurant und Bar, einem sicheren Parkplatz und sogar Babysitterservice. ❷–❸

Fanad House, Castle Rd., 056-7764126, www.fanadhouse.com. 5 Gehminuten vom Zentrum entfernt gelegenes, behindertengerechtes Guesthouse mit 12 modernen, recht geräumigen Zimmern und Blick auf den Park der Burg. Alle Zimmer haben Bad/Du und TV, WLAN vorhanden. ❸

Kilkenny River Court, The Bridge, John St., 056-7723388, www.rivercourthotel.com. Hotel mit 90 Zimmern mit Blick aufs Schloss. Pool, Wellnessangebote, gute Freizeitmöglichkeiten, ideale Lage und moderne Zimmer. ❸

Essen

Campagne, The Arches, 5 Gashouse Ln., www.campagne.ie. Restaurant im rustikalen Stil. Französisch beeinflusste Küche. Schwerpunkt liegt auf „slow cooking". Selbst gebackene Brote werden zum Essen gereicht. Mo geschl., So nur mittags geöffnet (an Bank Holiday Weekends auch abends).

€ **Kilkenny Design Centre**, Castle Yard, www.kilkennydesign.com. Im ehemaligen Stall der Burg untergebrachtes Restaurant mit große Auswahl an warmen Gerichten. Spezialität: Huhn und Brokkoli mit Lavistown-Käse überbacken. Vernünftige Preise. Man achtet auf Frische und Qualität der Zutaten.

Kyteler's Inn, Kieran's St., 056-7721064, www.kytelersinn.ie. Der beliebte Pub hat auch einen angeschlossenen Restaurantbetrieb, hier kann man mittags zu vernünftigen Preisen speisen. Die Karte ist zwar nicht besonders aufregend, dürfte aber jeden Geschmack befriedigen (vegetarische Gerichte sind allerdings eher die Ausnahme). Preise steigen auf der Abendkarte!

Marble City Bar, 66 High St., www.langtons.ie. Restaurant mit lebendiger Atmosphäre. Moderne europäische Küche. Unter dem Restaurant befindliche, traditionelle Tea Rooms mit kleinen Gerichten, Kaffee, Tee und süßen Stückchen.

Unterhaltung und Kultur

Morrison's Bar, Hibernian Hotel, 1 Ormonde St., 056-7771888, www.kilkennyhibernianhotel.com. Moderne Kellerbar mit Nachtclub, am Wochenende ab 22 Uhr geöffnet und einer der beliebtesten Treffpunkte der Party-People von Kilkenny. Schönes Dekor aus der Belle Epoque, auch die Kundschaft wird etwas fein herausgeputzt erwartet.

Tynan's Bridge House, 2 Horseleap Slip, 056-7721291. In einer Nebenstraße versteckter, urgemütlicher Pub mit einer Einrichtung, die mehrere Jahrhunderte Betrieb zu dokumentieren scheint. Ein irischer Pub wie aus dem Museum, aber leider auch sehr oft proppevoll.

Das **Watergate Theatre**, Parliament St., 056-7761674, www.watergatetheatre.com, ist ein mittelgroßes Provinztheater mit einem gemischten Programm, neben den üblichen Tourneetheater-Gastspielen sind oftmals Konzerte und Auftritte von örtlichen Künstlern einen Besuch wert.

Feste

Graswurzelmusik aus den USA, dazu noch Weltmusik, Irish Folk und eine Menge von Straßenkünstlern mit durchaus unterschiedlichem Talent bietet das **Kilkenny Rhythm and Roots Festival**, 🖳 www.kilkennyroots.com, am Bank Holiday Weekend Anfang Mai.

Beim **The Cat Laughs Comedy Festival**, 🖳 www.thecatlaughs.com, am ersten Wochenende im Juni sind sehr gute Englischkenntnisse erforderlich. Mit diesen aber entfaltet sich eine ganz neue Welt des (teilweise rabenschwarzen) Humors. Vorbestellung bei bekannten Künstlern unbedingt empfohlen.

Das **Kilkenny Arts Festival**, 🖳 www.kilkennyarts.ie, Anfang–Mitte Aug ist ein 10-tägiges Kulturfestival mit einem bunten Programm von bildender Kunst bis Tanztheater. Die Innenstadt von Kilkenny scheint während des Festivals aus den Nähten zu platzen, wer die Stadt in Ruhe kennenlernen möchte, sollte sich einen anderen Reisetermin aussuchen.

Das **Kilkenny Celtic Festival**, 🖳 www.celticfestival.ie, findet Ende September/Anfang Oktober statt und bringt Kunst und Kultur vor allem aus Irland, Wales und Frankreich zusammen. Dabei werden die Grenzen des Begriffs „keltisch" auch schon mal gedehnt, etwa wenn baskische Gruppen mitwirken. Bunt ist es auf jeden Fall.

Informationen

Tourist Information im Shee Alms House, Rose Inn St., ✆ 056-7751500, ✉ kilkenny@failteireland.ie. Das Büro ist nicht nur einen Besuch wert, wenn man unbedingt Informationen braucht, denn immerhin wurde es in einem einfühlsam renovierten mittelalterlichen Armenhaus untergebracht.

Transport

Busse

Der **Busstopp** befindet sich beim Bahnhof. DUBLIN, unter der Woche etwa 6x tgl. zwischen 7 und 20.30 Uhr, Linie 7 von Cork über Fermoy, Mitchelstown, Clonmel, Carrick-on-Suir, Kilkenny Town, Carlow, Athy, und Naas nach Dublin, Fahrtzeit 2 Std. 15 Min. Regulärer Fahrpreis 12 €, Infos unter 🖳 www.buseireann.ie oder Kilkenny Tourist Office, ✆ 056-7751500.

Kilkenny Celtic Festival – Tanz im Burghof

Eisenbahn

DUBLIN, unter der Woche 6x tgl.
WATERFORD, unter der Woche 6x tgl.
Die Fahrpreise liegen höher als mit dem Bus, die Strecke nach Dublin wird jedoch in etwa 1 1/2 Std. zurückgelegt, sodass die Bahn durchaus von Vorteil sein kann. Fahrpläne und vergünstigte Tickets im Internet unter www.irishrail.ie.

Dunmore Cave

Nördlich der Stadt Kilkenny befindet sich die Dunmore Cave, Castlecomer Rd., 056-7767726, www.heritageireland.ie, eine für Besucher zugängliche Tropfsteinhöhle. Wer in die feuchte, sich über mehrere Kilometer hinziehende Kalksteinhöhle hinabsteigt (warm anziehen), tritt ein in die faszinierende Welt der Stalaktiten und Stalagmiten, die hier unten bizarre Formen geschaffen hat. Die Höhle ist nur im Rahmen einer Führung zugänglich. Angeblich sind im Jahre 928 zahlreiche Menschen vor den marodierenden Wikingern in dieses Höhlensystem geflüchtet, woraufhin die Wikinger versuchten, sie auszuräuchern. In den 1970er-Jahren fand man hier tatsächlich die Skelette von 44 Menschen, allesamt Frauen und Kinder. Auch die Münzen, die man entdeckte, könnten die Theorie bestätigen. Touren tgl. 9.30–16 Uhr, im Sommer länger, eingeschränkte Öffnungszeiten Nov–März, Eintritt 3 €.

Bennetsbridge

Liebhaber von Keramik sollten Bennetsbridge nicht versäumen, das direkt am Fluss Nore etwa 8 km südlich von Kilkenny liegt. In dem schön gelegenen Ort sind zahlreiche Künstler samt Werkstätten und Ateliers ansässig. Vor allem die **Töpferei von Nicholas Mosse**, www.nicholasmosse.com, in einer Mühle am Flussufer, die sogar einen internationalen Ruf genießt, lohnt den Besuch. Mo–Sa 10–18, So 13.30–17 Uhr.

Ebenfalls interessant ist die **Stoneware Jackson Pottery**, www.stonewarejackson.com, die jedoch etwas im Schatten der großen Konkurrenz steht. Die Designs müssen sich jedoch nicht verstecken!

Die anderen Attraktionen von Bennetsbridge lassen sich schnell aufzählen: Zum einen ist dies die rund 200 Jahre alte **Brücke** über den Nore selber, die als Architekturdenkmal gilt. Zum anderen die kuriose **Polizeistation** mit ihren fast mittelalterlich wirkenden Türmen.

Essen

Nicholas Mosse Irish Country Shop, The Mill, www.nicholasmosse.com. Im Töpfereigeschäft befindliches Café mit Blick auf Fluss. Buntes Angebot von Cottage Pie, Lasagne und Quiches. Spezialität sind jedoch Backwaren und Desserts wie Chocolate Brownies und frisch gebackene Scones.

Jerpoint Abbey und Kells Priory

Einige Kilometer südlich von Bennettsbridge liegt **Jerpoint Abbey**, 056-7724623, www.heritageireland.ie, vielleicht die schönste Klosteranlage aus dem irischen Mittelalter. Gegründet wurde die Abtei im Jahr 1160, die hier lebenden Mönche gehörten zum Zisterzienserorden. Nach der Auflösung der Klöster durch Heinrich VIII. ging die befestigte Anlage an den Earl of Ormonde über. Interessant erscheint, dass die älteren Teile der Abtei heute besser erhalten sind als manche jüngere Anbauten. Ein Beispiel dafür ist der dachlose **Kreuzgang** aus dem 15. Jh., der alleine schon den Besuch der Klosteranlage lohnt. Auf den ersten Blick ein ganz normaler Kreuzgang mit verzierten Säulen, offenbaren sich bei näherem Hinsehen zahlreiche Details. Die Steinmetzarbeiten zeigen hohe Herrschaften, kirchliche Würdenträger, fein angezogene Damen und sogar Fabelwesen. In ihrer Bandbreite sind diese Arbeiten nahezu einmalig in Irland.

Zu den ältesten Teilen des Klosters gehört die **Kirche**, die zum Teil romanischen Baustil aufweist. Die berühmtesten Grabmale allerdings stammen aus dem 16. Jh., ihre Steinmetzarbeiten können es durchaus mit denen des Kreuzgangs aufnehmen. Der Stil ist teilweise realistisch, teilweise aber auch stark ornamental, neben menschlichen Figuren ist eine große Zahl von an keltische Knotenmuster erinnernde Darstellungen zu sehen. Interessant ist auch der festungsartige **Turm** aus dem 15. Jh.

Die Geschichte von Jerpoint Abbey wird in einem kleinen **Besucherzentrum** dargestellt, doch sollte man in erster Linie die Ruinen der Abtei erforschen und die verschiedenen Steinmetzarbeiten, von den in Kniehöhe befindlichen Heiligen auf den Grabsteinen bis zu den Verzierungen der Säulenkapitelle, auf sich wirken lassen. Dies ist keine Sehenswürdigkeit, die im Schnelltempo erfasst werden kann. Wer sich keine Zeit nimmt, der wird nur eine weitere Ruine einer weiteren verlassenen Klosteranlage sehen. ⏲ März–Mai tgl. 10–17, Juni–Mitte Sep 10–18, Mitte Sep–31. Okt 10–17, Nov–Anfang Dez 10–16 Uhr, Eintritt 3 €.

Einen weiteren bemerkenswerten Anblick bietet **Kells Priory**, etwa 15 km südlich von Kilkenny gelegen. Das ehemalige Augustinerkloster am King's River, das erst in den letzten Jahrzehnten archäologisch genau untersucht wurde, erinnert an eine Kleinstadt des Mittelalters, denn die ausgedehnte Außenmauer zieht sich von einem befestigten Wohnturm zum anderen. Insgesamt rund 12 000 m² Klostergelände wurden so geschützt – und der merkwürdige Anblick führte zum örtlichen Spitznamen „Seven Castles".

Nur wenige Kilometer entfernt sind an der R697 die Reste des Rundturms von **Kilree** und ein Hochkreuz zu sehen – ebenfalls Erinnerungen an die Religionsgeschichte der Gegend.

Inistioge

Ein Idyll! Der in einem bewaldeten Tal am Fluss Nore gelegene Ort ist so pittoresk, dass hier immer wieder Filme gedreht wurden. Dafür sorgen nicht zuletzt die gut erhaltenen Häuser aus dem 18. Jh. und die alte Steinbrücke mit zehn Bögen, die den Nore so malerisch überspannt. Auch die Ruinen der aus dem frühen Mittelalter stammenden Befestigung, die das Tal des Flusses überblicken, sollte man nicht versäumen. Im Ort mit seinem kleinen gemütlichen Dorfplatz endet (oder beginnt) übrigens auch der **South Leinster Way**, eine beliebte Fernwanderroute (s. S. 287). Eine wesentlich kürzere, rund 1 km lange Wanderung führt zur **Woodstock House Demesne**, ☏ 056-7794033, 🖳 www.woodstock.ie, einem ausgedehnten Parkgelände mit Arboretum. Von hier oben auf dem Mount Alto genießt man einen herrlichen Ausblick auf das Tal, durch das sich der Nore windet. ⏲ April–Mitte Okt tgl. 9–17, im Winter 10–16.30 Uhr, Eintritt 4 €.

Übernachtung

Charlefield Farmhouse, The Rower (R700), ☏ 051-422386. Recht rustikale, aber sehr bequeme Unterkunft in einem etwa 200 Jahre alten Bauernhof, der noch aktiv bewirtschaftet wird. Hier steht man mit den Hühnern auf, wenn man will. Sehr gutes Frühstück, teilweise mit eigenen Produkten frisch aus dem Stall und Garten. ❷–❸

Essen

Bassett's at Woodstock, Woodstock Gardens, 🖳 www.bassetts.ie. Restaurant in den historischen Woodstock Gardens. A la carte wochentags, Probiermenü am Wochenende. Sehr guter Espresso. Wirklich unschlagbar ist der Samstagabend – statt Auswahl nach Karte schickt der Koch nach und nach ab 19.30 Uhr kleine Portionen seiner Gerichte an den Tisch. Man nimmt … oder wartet auf den nächsten Teller, der etwa 20–30 Min. später folgt. Nichts für Leute mit Bärenhunger und wenig Geduld, aber ein idealer Weg, einen kulinarisch interessanten Abend zu verbringen.

Transport

Busse

Inistioge ist nur donnerstags mit der Linie 374 von NEW ROSS oder KILKENNY aus erreichbar, Infos unter 🖳 www.buseireann.ie.

Graiguenamanagh

Die kleine Marktstadt am Fluss Barrow ist in erster Linie wegen der **Abtei von Duiske** bekannt. Befand sich hier doch die größte Kirche des Zisterzienserordens in Irland. Das Kloster wurde zu Beginn des 13. Jhs. gegründet, noch heute wird das mittelalterliche Gotteshaus als Gemeindekirche genutzt. Verschiedene An- und Umbauten haben allerdings im Laufe der Zeit ihr Antlitz stark verändert. Erhalten blieben eine sehr schöne romanische Tür, die aus solider Eiche bestehende Dachkonstruktion und ein Teil des mittelalterlichen Fußbodens. Außerdem besitzt sie zwei Hochkreuze aus dem 9. Jh. Einen ganz eigenen Charme hat der Knight of Duiske, ein sehr schönes Grabmal aus dem 14. Jh., das den Ritter in seiner Rüstung zeigt. Seine gekreuzten Beine sollen darauf hindeuten, dass er an einen Kreuzzug teilgenommen hat.

Übernachtung und Essen

Brandon View B&B, Ballyling Lower, ✆ 059-9724625, 💻 www.brandonviewbandb.com. Kleines, familiäres B&B mit recht großen Zimmern, alle mit eigenem Bad, nicht weit vom Ortskern entfernt. Interessant für Familien: Babysitter kann arrangiert werden. ❷–❸

Waterside Restaurant, ✆ 059-9724246, 💻 www.watersideguesthouse.com. Beliebtes und nicht allzu teures Restaurant mit hausgemachtem Brot und einigen sehr empfehlenswerten Wildgerichten (in der Saison). Bekannt sind auch die geräucherten Aale, nicht unbedingt ein alltäglicher Menüpunkt in Irland. Oft Livemusik im Anschluss an das Essen.

Die Katzen von Kilkenny

Über kurz oder lang wird jeder Besucher von den „Kilkenny Cats" hören. Sollten damit nicht die erfolgreichen Hurler des County gemeint sein, dann geht es um Streithähne. Oder besser um zwei Katzen, die zum Sinnbild für endlose Kämpfe ohne Sieger wurden. Der Sage nach waren es hessische Söldner, die während der Rebellion von 1798 hier zwei Katzen mit dem Schwanz aneinanderbanden, um zu sehen, wer der Stärkere war. Als ein Offizier diesen „Sport" unterbinden wollte, schnitt ein geistesgegenwärtiger Hesse den Knoten mit dem Bajonett durch. Nun lagen da aber nur noch die zwei blutigen Schwanzenden ... Die Katzen, so die Erklärung der Soldaten, hätten sich wohl im Kampf gegenseitig aufgefressen. Heute tragen die Spieler der *Gaelic Games* den Spitznamen mit Stolz. Denn Aufgeben ist nicht ihre Sache!

County Waterford

Obwohl die Berge von Comeragh und Monavullagh mit über 700 m hohen Gipfeln die Mitte des County dominieren und die Knockmealdown Mountains für einen sehr gebirgigen Übergang ins County Tipperary sorgen, ist Waterford doch im Herzen dem Meer zugewandt. Die wichtigsten Ortschaften liegen an der Küste, sind seit Jahrhunderten als Häfen bekannt, allen voran Waterford Town. Lange Sandstrände erstrecken sich an der Küste. Immer mehr Sommerfrischler tummeln sich in den Sommermonaten in Orten wie Dunmore East, Ardmore oder Tramore, die neben Badevergnügen auch herrliche Spaziergänge entlang der herrlichen Küste versprechen. Wirtschaftlich gesehen spielt neben dem zunehmenden Tourismus auch der Fischfang, vor allem im Süden, eine wichtige Rolle, zahlreiche Fischerorte säumen die Küste.

Im Binnenland dagegen prägen Weiden mit Milchkühen, Schafen, aber auch Ackerflächen das Bild. Wer sich aufmacht, die stille Bergwelt zu ergründen, der wird auch immer wieder auf interessante Relikte aus der Jungsteinzeit stoßen.

Waterford Town

Waterford ist Irlands älteste Stadt, gegründet wurde sie von den Wikingern schon im Jahr 914. Die Invasoren hatten den sicheren Hafen entdeckt, als sie vom offenen Meer aus in den Fluss Suir einbogen. Dabei scheinen sie auch gleich eine Nahrungsgrundlage ausgemacht zu haben, denn der skandinavische Name des Ortes bedeutet „Fjord der Hammel". Später übernahmen die Anglo-Normannen die Siedlung und den Hafen. Unter ihnen und ihren Nachfolgern entwickelte sich die Stadt zu einer Hochburg der englischen Herrschaft in Irland und zeichnete sich besonders dadurch aus, dass sie am Ende der Rosenkriege die Zeichen der Zeit erkannte und dem ersten Tudor, Heinrich VII., fast bedingungslos die Treue hielt. Im Lauf der Jahrhunderte entwickelte sich dieser tidenabhängige Binnenhafen zum wichtigsten Hafen des irischen Südostens. Ab dem 18. Jh. wurde der Handel durch die immer stärker wachsen-

Schatzkammer

Auf keinen Fall versäumen sollte man das mit modernster Technik ausgestattete **Waterford Museum of Treasures**, ✆ 051-304500, 💻 www.waterfordtreasures.com. Dieses preisgekrönte Museum dokumentiert in sehr lebendiger Weise die Stadtgeschichte von den Wikingern bis zum 19. Jh. Mit Hilfe eines Audioguides und dank der audiovisuellen Medien ist der Betrachter fast hautnah dabei, etwa wenn die Wikinger von einem ihrer Beutezüge heimkehren oder wenn der Thronprätendent Warbeck die Stadt belagert. Außerdem werden zahlreiche kunsthandwerklich interessante Exponate, die Schätze der Stadt, stimmungsvoll präsentiert. Dazu gehören z. B. Schmuckstücke aus der Wikingerzeit, sakrale Gegenstände, die unter der anglo-normannischen Herrschaft entstanden sind, sowie die Great Charter Roll von 1372. Ebenfalls zu sehen: einige schöne Stücke des in Waterford hergestellten Bleikristalls. Die Dauerausstellung ist in der 2. und 3. Etage untergebracht, auf der 1. Etage finden häufig Wechselausstellungen statt. Das Museum of Treasures befindet sich in einem alten Lagerhaus direkt am Hafen, das auch die Touristeninformation beherbergt. 🕓 Mo–Sa 9–18, So 11–18 Uhr, Fei wie So, etwas kürzere Öffnungszeiten von Sept–Mai, Eintritt 7 €.

de Industrie ergänzt, die wiederum die guten Schiffsverbindungen für den Export von Gütern nutzen konnte. Ein Hauptprodukt war dabei Glas, noch bis ins 21. Jh. war Waterford für seine Glasarbeiten, vor allem für das hier hergestellte Bleikristall berühmt. Waterford Crystal hat auch heute noch, nach mehreren Firmenpleiten, unter Sammlern einen guten Ruf.

Zwar ist der kommerzielle Schiffsverkehr in der Stadt mittlerweile stark zurückgegangen, direkt in der Innenstadt aber ist eine große Marina für Jachten und Motorboote angelegt worden. Waterford war schon mehrfach ein Etappenziel der „Tall Ships Races". Ein weiterer kultureller Höhepunkt, der jedoch jährlich stattfindet, ist das **International Festival of Light Opera**, 💻 homepage.ntlworld.ie/fburke/index.html, im September.

Obwohl Waterford rund 45 000 Einwohner hat, eine für irische Verhältnisse sehr hohe Zahl, ist die Innenstadt überschaubar geblieben. Man kann sie in weniger als einer Stunde durchwandern und dabei alle wichtigen Sehenswürdigkeiten genießen. Ein Ausgangsort kann der **Clock Tower** (Uhrturm) direkt am südlichen Ufer des Suir sein. Ihm gegenüber liegt die **Holy Trinity Cathedral** (Kathedrale der Heiligen Dreifaltigkeit), die die zahlreichen kleinen Geschäfte an der Hafenfront in den Schatten stellt. Die Kirche wurde Ende des 18. Jhs. erbaut und lohnt alleine wegen der barocken geschnitzten Kanzel und den bemalten Säulen einen kurzen Blick ins Innere. Danach geht der Weg weiter am Hafen entlang.

Dem Fluss folgend, ist rechter Hand der massive **Reginald's Tower**, ✆ 051-304220, 💻 www.heritageireland.ie, zu sehen. An dieser Stelle sollen die Wikinger ihre erste Befestigung gebaut haben, die ihnen nachfolgenden Anglo-Normannen ersetzten sie mit wesentlich stärkeren Anlagen. Ungefähr 3 m dick sind die Mauern des runden, gedrungen wirkenden Turmes, der die Hafeneinfahrt beherrscht. Angeblich soll es das erste irische Gebäude sein, bei dem nicht einfach Steine aufeinandergeschichtet wurden, sondern bei dem Mörtel zum Einsatz kam. Was eine ziemliche Geruchsbelästigung gewesen sein muss, denn der damalige Mörtel bestand aus einer Mischung aus Flussschlamm, Kalk, Tierhaaren und Blut. Der Turm steht zur Besichtigung offen. In späteren Jahren war hier u. a. das Gefängnis untergebracht. Heute beherbergt der Tower das Stadtmuseum, in dem die Geschichte Waterfords erzählt wird. Ein wesentlicher Teil der Ausstellung besteht aus den Insignien der Stadt Waterford, die der Oberbürgermeister zu festlichen Anlässen heute noch trägt und die vom Stolz der Stadt zeugen. Nicht weniger als 19 Freibriefe von elf englischen Königen gehören ebenfalls zur Sammlung. 🕓 Ostern–Sep tgl. 10–17 Uhr, sonst nur Mi–So, Eintritt 3 €.

Am Reginald's Tower führt dann The Mall, eine breite Straße, vom Hafen weg, hier fällt die

Statue des amerikanischen Generals Meagher auf, ein Sohn der Stadt Waterford. Als irischer Revolutionär wurde er aufgrund seiner Beteiligung an der Rebellion von 1848 nach Australien deportiert, von dort konnte er in die USA fliehen. Seine wahre Berufung fand er im Krieg zwischen der Union und den Konföderierten Staaten, hier befehligte er auf Seiten der Union eine irische Brigade. Nach dem Krieg wurde er zum geschäftsführenden Gouverneur von Montana berufen, mit 44 Jahren ertrank er jedoch unter mysteriösen Umständen im Missouri.

Nur ein Stück die Straße hinauf steht das **Rathaus** der Stadt, 1788 von John Roberts erbaut und äußerlich weitgehend im Originalzustand erhalten. Teil des Gebäudes ist das **Royal Theatre**, ein seltenes Beispiel dafür, dass Politik und Kunst unter einem Dach koexistieren können. Andererseits behaupten Spötter, dass sich im Rathaus mehr Komödien und Tragödien zutragen als im Theater.

Etwas versteckt hinter dem Komplex befindet sich die historische **French Church**. Der Name täuscht – die Kirche war ursprünglich Teil eines Klosters aus dem 13. Jh. Erst im Jahr 1693 bekam das Gebäude seine French Connection, als ein Teil nämlich zur Gemeindekirche der ansässigen Hugenotten wurde. Der Rest des Klosters diente in dieser Zeit sowohl als Armenhaus wie auch als Hospiz. Ein kleines Museum an der Kirche zeigt einige archäologische Funde.

Nicht allzu weit entfernt ragt **Christ Church Cathedral** auf. Diese Kirche wurde in der zweiten Hälfte des 18. Jhs. vom örtlichen Architekten John Roberts an der Stelle einer alten Wikingerkirche entworfen, dem wir große Teile des heutigen Stadtbildes verdanken. Die korinthischen Säulen an der Außenfront der Kathedrale kontrastieren mit einem Relikt aus früheren Zeiten im Innenraum. Dort befindet sich die realistische Darstellung eines teils verrotteten Leichnams aus dem 15. Jh., ein damals beliebtes Memento Mori. Andere Grabmäler sind weniger morbide, aber deswegen auch nicht weniger interessant. In der Kirche finden häufig Konzerte statt. Von der Kathedrale aus lässt sich die Innenstadt gut erforschen, vor allem die georgianische Architektur ist in den letzten Jahren mit viel Einfühlungsvermögen wiederhergestellt worden. Dazu gehört u. a. die beeindruckende Chamber of Commerce in der St. George Street.

In einen wesentlich älteren Teil der Stadt findet der Besucher allerdings noch, wenn er der Mall und der anschließenden Parnell Street einige hundert Meter folgt, hier steht der **Watch Tower**. Dieser ist ein Teil der alten **Stadtbefestigung**, die auch entlang der Castle Street noch gut zu erkennen ist. Vom Watch Tower aus gelangt man über John Street und Michael Street ebenfalls wieder in die Innenstadt. Folgt man den Straßen in Richtung des Uhrturmes, liegt in einer kleinen Seitengasse der Rest des ehemaligen Dominikanerklosters. Die sogenannte **Blackfriars Abbey** war von 1226 bis 1541 in der Hand der Mönche.

Übernachtung

€ **Portree Hostel** und **Portree Guesthouse**, 11 Mary St., ✆ 051-874574, 💻 www.portreehostel.ie bzw. www.portreeguesthouse.ie. Ein noch junges Hostel im Herzen von Waterford, nur 3 Min. zu Fuß vom Bahnhof entfernt. Neben einfachen Unterkünften werden auch etwas bequemere Zimmer vermietet. Zur Auswahl stehen 8-, 6-, 4- und 3-Bett- sowie Doppelzimmer (Bett ab 20 €), Selbstversorgerküche. Das Personal ist sehr hilfsbereit. ❷

€ **Travelodge Waterford**, N25 Cork Rd., ✆ 051-358885, 💻 www.travelodgewaterford.com. Budgethotel vis-à-vis des Water Crystal Visitor Centre. Eher charakterlose, aber relativ große und bequeme Zimmer mit Platz für drei Erwachsene oder zwei Erwachsene und zwei Kinder. Farb-TV, WLAN vorhanden. Unbedingt vor Anreise auf die zum Teil sehr günstigen Angebote im Internet achten. ❶–❸

Waterford Marina Hotel, Canada St., ✆ 051-856600, 💻 www.waterfordmarinahotel.com. Am Fluss Suir gelegen, nur 5 Min. Fußmarsch zum Stadtkern. 81 durchweg mittelgroße und bequeme Zimmer. WLAN vorhanden, gute Parkmöglichkeiten. ❸

Granville Hotel, Meagher Quay, ✆ 051-305555, 💻 www.granville-hotel.ie. Den Fluss Suir überblickendes, etwas exklusiveres Hotel mit 100 Zimmern in sehr zentraler, aber verhältnismäßig ruhiger Lage. Komfortabel, aber ohne echten Charakter. ❸

Arlington Lodge Town House & Restaurant, John's Hill, ✆ 051-878584, 🖳 www.arlington lodge.com. Familiär wirkendes Hotel mit 20 bequemen, teils recht großen Zimmern. Gutes Frühstück. Elegant ist auch das Robert Paul Restaurant. ❹

Essen

€ **Fitzpatrick's Restaurant**, Manor Court Lodge, ✆ 051-378851, 🖳 www.fitzpatricks manorlodge.com. Sehr empfehlenswertes Restaurant mit einer großen Variationsbreite von Gerichten und Preisen. Mittags wird „Carvery" serviert (Bratenbuffet), recht günstig speist man zwischen 17 und 19 Uhr (drei Gänge für knapp 20 €), à la carte kann es teurer werden. Besonders empfohlen werden die Fischgerichte.

La Boheme, 2 George St., ✆ 051-875645. Hell gehaltenes Restaurant mit französischer Hintergrundmusik und französischer Küche. Schwerpunkte sind Fisch und Meeresfrüchte, aber auch Lamm, Rind, Kaninchen und Kalbsgerichte. Spezialität: Lobster in Cognac flambiert. Französische Käseplatte. Reservierung ratsam.

Waterford Castle Hotel & Golf Club, The Island, Ballinakill, Waterford, 🖳 www.waterford castle.com. Dieses Restaurant bietet Dinner bei Klaviermusik. Hervorragendes Essen mit traditionellen Gerichten und auch internationaler Küche. Gehobene Preise. Etwas bessere Kleidung erscheint hier angebracht, wenn man sich nicht vollkommen deplatziert fühlen will.

The Wine Vault, High St., ✆ 051-853444, 🖳 www.waterfordwinevault.com. Restaurant in einem alten Weinkeller unter einem modernen Gebäude … und mit einer abwechslungsreichen Speisekarte, deren Gerichte mit den passenden Weinen serviert werden (können). Empfehlung: Seeteufel (Monkfish).

Unterhaltung und Kultur

Forum, The Glen, 🖳 www.forumwaterford.ie. Veranstaltungszentrum in den Räumen eines alten Kinos. Theater, Comedy, Konzerte und andere Angebote von populärer Kultur bis hin zu experimentellen Theateraufführungen.

Garter Lane Arts Centre, O'Connell St., ✆ 051-855038, 🖳 www.garterlane.ie. Kulturzentrum in einem Gebäude aus dem 18. Jh. Es bietet ein oftmals mehr intellektuelles Programm, Kleinkunst, Ausstellungen, Filmvorführungen.

T&H Doolan's, 32 George's St., ✆ 051-841504. Den Pub gibt es seit rund 300 Jahren. Sehr beliebt bei Studenten, dementsprechend lebhaft geht es hier zu. Oft Auftritte von (zumindest in Waterford) bekannten Bands.

Theatre Royal, The Mall, ✆ 051-874402, 🖳 www.theatreroyal.ie. Die große alte Dame des Theaters in Waterford, teils noch altmodische Innengestaltung und ein Auditorium, das gelegentlich zu groß erscheinen kann. Hier finden auch die Aufführungen des Light Opera Festivals statt.

Feste

Beim **Waterford Festival of Food** im April, 🖳 www.waterfordfestivaloffood.com, dreht sich ein paar Tage lang alles um das gute Essen, ob traditionell oder experimentell, ob Rohkost oder in feinster Weinsauce gesotten. Neben zahlreichen öffentlichen Veranstaltungen warten auf den Besucher auch viele Spezialangebote in den Restaurants.

Im August am Bank Holiday Weekend findet mit dem **Spraoi**, 🖳 www.spraoi.com, ein Straßentheater samt Weltmusik statt, ein sehr buntes und überaus beliebtes Festival, bei dem sich der gesamte Südosten in der Stadt zu versammeln scheint.

Im Frühherbst ist es so weit: Das **Waterford International Festival of Light Opera** bietet Operetten und gelegentlich auch Musicals und ist das etwas populärere Gegenstück zum Opernfestival von Wexford (s. S. 312).

Ein noch bunteres Programm bietet das begleitende **Fringe Festival**, 🖳 homepage. ntlworld.ie/fburke/index.html oder www. waterfordtourism.org.

Sonstiges

Einkaufen

Auch wenn die Fabrik schon mehrfach Pleite ging – ein Besuch im **House of Waterford Crystal**, The Mall, ✆ 051-317000, 🖳 www. waterfordvisitorcentre.com, ist ein Erlebnis an sich. Hier erfährt man eigentlich alles Wissens-

werte über die Marke, die Glasherstellung und das historische wie aktuelle Programm. Letzteres kann man dann auch gleich im Laden nebenan als Souvenir kaufen. Vorsichtige Menschen dürfen auch den Versandservice nutzen, die guten Stücke gehen dann bombensicher verpackt an die Heimatadresse.
Ob sich der Preis von stattlichen 10 € pro Erwachsenen für eine Besichtigung lohnt, ist jedoch diskutabel – immerhin, der Laden kann kostenlos betreten werden.

Information

The Granary, The Quay, ✆ 051-875823, ✉ waterford@failteireland.ie.

Sammeltickets

Für an mehreren kostenpflichtigen Besichtigungen interessierte Besucher lohnt sich eventuell der „Southeast Explorer", ein Discountsystem, das 20 % Nachlass ermöglicht. Aktuelle Informationen auf der Webseite, 💻 www.southeastexplorer.org.

Touren

Das westlich gelegene Kilmeadan, sonst durch guten Käse bekannt, zieht seit einigen Jahren auch mit der **Waterford & Suir Valley Railway**, ✆ 051-384058, 💻 www.wsvrailway.ie, Besucher an. Nicht unbedingt die gute alte Dampfeisenbahn, aber immerhin eine altertümliche Schmalspurbahn. Die Bahn nutzt die alte Strecke zwischen Kilmeadan und Carriganore auf 6 km Länge, teilweise geht es direkt am Fluss Suir entlang.
🕓 April–Sep, tgl. zur vollen Stunde zwischen 11 und 16 Uhr, So 12 und 17 Uhr, Tickets kosten 7,50 €.

Nahverkehr

Ein einfacher **Stadtbus** bedient Waterford City, 💻 www.buseireann.ie (unter City/Town Services). Für den Touristen am ehesten interessant sind die Busse nach Passage East und Dunmore East.
Der zentrale **Busbahnhof** befindet sich an den Quays schräg gegenüber der Touristeninformation, dort sind auch aktuelle Fahrpläne einsehbar.

Transport

Busse

Der **Busbahnhof** liegt am Merchant's Quay.
DUBLIN, unter der Woche mind. 8x tgl. zwischen 5.45 und 20 Uhr. Regulärer Fahrpreis 13,50 €, Linie 4 braucht 3 Std., Linie 5 3 Std. 40 Min., Linie 6 3 Std. 15 Min., Infos unter 💻 www.buseireann.ie oder Waterford Bus Office, ✆ 051-879000 oder 051-873401.
DUNGARVAN, Verbindung mit der Linie 40.
KILLARNEY, mehrmals tgl. via Cork, 4 Std. 15 Min.
TRAMORE, mehrmals tgl., 30 Min.
WEXFORD, mehrmals tgl. 1 1/2 Std.

Eisenbahn

Der **Bahnhof Plunkett** liegt am nördlichen Ufer des Flusses.
DUBLIN, mit Irish Rail, 💻 www.irishrail.ie, 6x tgl. über Kilkenny.
LIMERICK, in der Woche 3x tgl.
Der Fahrpreis liegt i. d. R. höher als beim Bus (bei Buchung über das Internet allerdings oft erhebliche Sparmöglichkeiten), die Fahrzeit beträgt jedoch nur etwa 2 1/2 Std. und es besteht sogar ein Buffetservice. Für direkte Verbindungen kann daher die Bahn eine sinnvolle Alternative sein. Auf der Strecke nach Dublin liegen auch die Orte Kilkenny, Carlow, Athy und Kildare.

Flüge

Der kleine **Flughafen** von Waterford liegt bei Killowen, rund 7 km südlich der Stadt. Er bietet Regionalverbindungen innerhalb Irlands und einige Kurzstreckenflüge nach Großbritannien und Europa. Aktuelle Informationen entnimmt man der Website des Waterford Airport, 💻 www.flywaterford.com.

Passage East

Rund 12 östlich von Waterford liegt der Hafenort Passage East. Hier, so will es die Überlieferung, sollen angeblich die Anglo-Normannen im Jahr 1170 gelandet sein. Heute ist der Ort allenfalls bekannt wegen seiner kleinen **Fähre nach Ballyhack**, County Wexford. Über diese kann man bei der Fahrt nach Osten einige Kilometer sparen.

Dunmore East

Dunmore East, einige Kilometer südlich von Passage East gelegen, markiert das südliche Ende des Naturhafens von Waterford. Genau gegenüber liegt der Leuchtturm von Hook Head im County Wexford. Auf einer steilen Straße gelangt der Besucher in die Innenstadt, die dank zahlreicher Freizeitmöglichkeiten, herrlicher Strände und einem viel genutzten Segelhafen vor allem in den Sommermonaten sehr lebendig ist. Einen besonderen Charme verleihen dem Ort, der auch bekannt ist für seine roten Sandsteinklippen, die reetgedeckten Cottages an der Hauptstraße. Im Ort selbst bietet der Ladies Cove Bademöglichkeiten, ein weiterer, recht langer Strand erstreckt sich südlich des Ortes. Gute Wassersportmöglichkeiten wie Segeln, Surfen oder Kajakfahren bietet das Dunmore East Adventure Centre, 🖳 www.dunmoreadventure.com. Einen wunderbaren Ausblick über die Flussmündung und in das County Wexford genießt man von dem auf einigen Hügeln hoch über dem Meer gelegenen Golfkurs des Ortes. Hier handelt es sich allerdings um Privatgelände, in der Bar im Clubhouse darf man jedoch auch als Nichtmitglied ein Getränk und den Ausblick genießen.

Einen ungewöhnlichen Anblick bietet der kleine **Leuchtturm** im Hafen, der im frühen 19. Jh. errichtet wurde und die Form einer dorischen Säule imitiert.

Übernachtung und Essen

Ocean Hotel, ✆ 051-383136, 🖳 www.theoceanhotel.com. Günstiges Hotel im Oberdorf mit 12 kleineren, aber bequemen Zimmern, alle mit TV. Angeschlossen ist ein Restaurant. Abends locken eine gemütliche Bar und ein offener Kamin. ❸

Beach Guest House, Lower Village, ✆ 051-383316, 🖳 www.dunmorebeachguesthouse.com. Im Zentrum gelegenes Guesthouse mit 7 recht großen Zimmern, einige davon haben einen eigenen Balkon oder Meerblick. Alle Zimmer verfügen über ein eigenes Bad und TV. ❸

Azzurro at the Ship, Dock Rd., ✆ 051-383141, 🖳 www.azzurro.ie. Auffällig in Blau-Weiß gehaltenes Restaurant mit traditioneller italienischer Küche. Besonders interessant sind die Fischgerichte, die aus frischen Zutaten „direkt vom Kutter" zubereitet werden. Empfehlung: Pizza di Mare, eine große Pizza mit wirklich viel Belag.

Tramore

Tramore, übersetzt „der große Strand", macht seinem Namen alle Ehre. Es handelt sich um einen der populärsten Urlaubsorte für Familien, im Sommer schnellt die Einwohnerzahl von etwa 7000 für kurze Zeit rasant in die Höhe. Die Folge: Fastfood-Buden, Diskotheken und der übliche touristische Nippes bestimmen das Ortsbild. Viele der Besucher mieten sich in einen Caravan Park ein, in dem sogenannte Mobile Homes den gestalterischen Höhepunkt darstellen. Rechteckige Blechkisten irgendwo zwischen Wohnwagen und Container. Als Urlaubsunterkunft gar nicht einmal so unpraktisch, als ästhetisches Element einer Küstenlandschaft ungefähr so wertvoll wie eine am Straßenrand weggeworfene Mülltüte. Wenn in Tramore der Regen kommt und der 5 km lange Sandstrand nicht einmal die Hunde vor die Tür lockt, kann so ein Caravan Park schon Depressionen auslösen. Zum Glück und zur Errettung geplagter Eltern gibt es **Splashworld**, 🖳 www.splashworld.ie, eine große Wasserlandschaft mit Rutschen, die auch wetterunabhängig feuchtes Vergnügen vor allem für junge Besucher bietet (10 €). An sonnigen Tagen dagegen sind die Freizeitmöglichkeiten in und um Tramore fast unbegrenzt.

Ungewöhnlich ist der sogenannte **Metal Man** von Tramore, ein Seezeichen der sehr visuellen Art. Statt eines Leuchtturms errichtete man hier eine übergroße Matrosenfigur aus Metall, lebensecht bemalt und den Weg in den Hafen weisend. Ein ähnlicher Metallmann steht in Rosses Point, County Sligo (s. S. 486).

Übernachtung und Essen

€ **Beach Haven Hostel und Beach Haven House**, Tivoli Terrace, ✆ 051-390208, 🖳 www.anoige.ie/hostels/beachhaven bzw. www.beachhavenhouse.com. Bequemes, familiäres Hostel, untergebracht in einem fast 200 Jahre alten, renovierten Stadthaus.

Doppelzimmer und Schlafsäle vorhanden. Die bequemere Alternative bietet das Beach Haven House, etwas teurere Zimmer mit mehr Komfort und Service, teilweise Meerblick. Sehr familienfreundlich, auch ein Babysitter-service kann arrangiert werden. Bett ab 15 €, DZ ❷.

Atlantic Breeze Guesthouse, Lower Branch Rd., ✆ 051-330095, 🖳 www.atlanticbreezehouse.com. Rund 200 Jahre altes Stadthaus im georgianischen Stil. Bequeme, mittelgroße Zimmer, hell und luftig, teilweise mit Meerblick. ❷

Killerig House Guesthouse, Lower Branch Rd., ✆ 051-381075, 🖳 www.killerighouse.com. Ebenfalls ein georgianisches Stadthaus, vor einigen Jahren renoviert und in ein kleines Hotel umgebaut. Günstig zum Strand und zur Innenstadt gelegen. ❸

Rockett's of the Metal Man, Westown. Charaktervoller Pub mit einladender Atmosphäre und traditioneller Küche. Spezialität: *Crubeens* (Schweinepfoten) mit Kohl und Colcannon. Kinderteller im Angebot. Das Restaurant kann, obwohl es nicht ganz billig ist, vor allem in den Sommermonaten sehr voll sein.

Aktivitäten

Für Wanderer mit Interesse an Geologie kann der **Copper Coast European Geopark**, 🖳 www.coppercoastgeopark.com, sehr interessant sein – er zieht sich etwa von Tramore nach Dungarvan und hat seinen Namen von den alten Kupferminen. Insgesamt 25 km sehr schöne Küstenlinie sind zu erforschen, mit kleinen „Schmuggelbuchten", die sehr versteckt liegen.

Informationen

Tourist Information Tramore, Railway Sq., ✆ 051-381572, ✉ waterford@failteireland.ie. Infos auch unter 🖳 www.tramoretourism.net.

Transport

Bushaltestelle vor der Tourist Information. DUBLIN, unter der Woche 8x tgl. zwischen 6.50 und 18.40 Uhr. Regulärer Fahrpreis 13,50 €, Infos unter 🖳 www.buseireann.ie.

Dungarvan

Dungarvan verdankt seine Existenz dem großen Naturhafen an der Mündung des Flusses Colligan. Der Ort selbst schmiegt sich an den Fluss, eine Brücke aus dem Jahr 1815 mit einem für die damalige Zeit immensen Brückenbogen verbindet die Stadtteile miteinander. Langsam wird die ehemalige Industriestadt, die in den letzten Jahren einen Strukturwandel erlebt hat, auch von Touristen entdeckt.

Bei einem Rundgang durch die Stadt stößt man auf Relikte der Vergangenheit. Das älteste ist das 1185 errichtete **King John's Castle**, das die Stadt und den Hafen am Flussdelta schützte. Von der ehemaligen Festung sind allerdings nur noch Ruinen übrig. Zurzeit werden Teile der Burg wieder aufgebaut, ein Besucherzentrum in der ehemaligen Kaserne informiert über die geschichtliche Bedeutung der Burganlage. Von hier werden Führungen angeboten, 🖳 www.heritageireland.ie, 🕓 Mai–Sep tgl. 10–18 Uhr.

Rund 100 Jahre später entstand die **Abtei des Augustinerordens** auf der anderen Seite des Flusses, bezeichnenderweise auch Abbeyside genannt. Von den ursprünglichen Gebäuden aus dem Jahr 1290 sind nur noch wenige Reste vorhanden, der Turm der Anlage wurde erst im 15. Jh. gebaut. Mittelalterlich, aber nicht genau datierbar, ist der Old Gable Wall neben der Kirche St. Mary's. An sich wäre eine solche Wand wenig bemerkenswert, wenn da nicht die kreisrunden Öffnungen wären. Von denen niemand eigentlich so richtig weiß, welchen Sinn sie hatten oder welchen Zweck sie erfüllten.

Das kleine **Waterford County Museum** im ehemaligen Markthaus, ✆ 058-45960, 🖳 www.dungarvanmuseum.org, neben der Burg bietet mehr Informationen über die Geschichte von Dungarvan. 🕓 Mo–Fr 10–17 Uhr. Eine nicht immer glückliche Geschichte, denn der Hafen versandete bereits im Mittelalter und während einer der vielen Rebellionen in Irland wurde die Stadt 1582 komplett niedergebrannt. Das Stadtbild des heutigen Dungarvan wird vor allem durch die große Wiederaufbauaktion des Herzogs von Devonshire geprägt, der Anfang des 19. Jhs. die Stadt nach modernen Plänen fast komplett neu errichten ließ.

Attraktiv ist Dungarvan heute vor allem als Basis für einen Urlaub an der Südküste. Einige schöne Strände, sowohl in Dungarvan selbst als auch in der näheren Umgebung, locken vor allem einheimische Sommerurlauber an. Wer eine ausgesprochen schöne Wanderung unternehmen möchte, kann von Dunraven aus mit einem Boot nach **Ballynagaui** übersetzen (auf Aushänge der verschiedenen Bootsbetreiber achten oder in Geschäften erkundigen), von diesem Fischerdorf geht ein Wanderweg zum **Helvick Head**. Von hier aus hat man einen Rundblick über Dungarvan Harbour und Teile der Südküste des County Waterford – übrigens eines der wenigen verbliebenen Gaeltacht, also irisch-sprachiger Gebiete, im Südosten der Insel.

Übernachtung und Essen

Mountain View House, O'Connell St., ✆ 058-42588, 💻 www.mountainviewhse.com. Sehr schön renoviertes Haus aus dem Jahr 1815 mit einem großen Garten und bequemen, gut ausgestatteten Zimmern, Bad, Breitband-Internet-Zugang und TV. Nur etwa 3 Min. Fußweg von der Innenstadt entfernt. ❸

Park Hotel, Leisure Centre & Holiday Homes, ✆ 058-42899, 💻 www.flynnhotels.com. Hotel mit 86 elegant eingerichteten Zimmern. 15 Ferienwohnungen stehen außerdem zur Verfügung. Kann in der Sommersaison recht voll und lebendig sein. Wellness- und Fitnessangebote im Haus. Unbedingt Pauschalangebote im Internet beachten, zum Teil sehr interessante Preise. ❹

Quasi Lanka, neben dem Shopping Centre, ✆ 058-24202. Modern eingerichtetes Restaurant, das die Küche Sri Lankas in den irischen Südosten bringt. Sehr empfehlenswert sind die verschiedenen Fisch- und Krabbengerichte. Preislich im mittleren Segment bei hoher Qualität. Bei Bestellung unbedingt auf den Schärfegrad achten, die mit „devil" gekennzeichneten Gerichte sind wirklich teuflisch scharf.

Schlemmen in der alten Gerberei

In den Räumen eines ehemaligen Lederlagers verwöhnt seit 1997 Starkoch Paul Flynn gemeinsam mit seiner Frau Máire seine Gäste. Das moderne Restaurant **The Tannery**, 10 Quay St., 💻 www.tannery.ie., das liebevoll zubereitete, saisonale Gerichte serviert, zählt zu besten der Stadt. Geboten wird traditionelle irische Küche mit europäischen Einflüssen. Ein Highlight ist z. B. die Irish Farmhouse Cheese Platter, aber auch der gebackene Seehecht ist ein Augen- und Gaumenschmaus. Wer sparen möchte: Die Tarife des Mittagessens und des frühen Abendessens sind günstiger. Angeschlossen ist eine Kochschule.

Die Windhund-Legende Master McGrath

Eine kleine, im Vorbeifahren oft übersehene Kuriosität ist das an der N72 gelegene Denkmal für Master McGrath (an der Kreuzung mit der R672). Ein echter Volksheld – der Mitte des 19. Jhs. fast weltberühmte Windhund gehörte zu den Spitzensportlern seiner Zeit und wurde nur in einem einzigen Rennen geschlagen. Über ihn und seine Erfolge gibt es zahlreiche Geschichten und sogar Volkslieder.

Unterhaltung und Kultur

The Moorings, Davitt's Quay, ✆ 058-41461. Direkt am Hafen gelegene Gaststätte mit Biergarten und einem bunten Unterhaltungsprogramm, das von traditioneller Musik bis zu Discoabenden reicht. Fischgerichte sind als Snacks oder im angeschlossenen kleinen Restaurant erhältlich, die gute Qualität hat jedoch ihren Preis.

Informationen

Tourist Information Dungarvan, The Courthouse, ✆ 058-41741, ✉ info@dungarvantourism.com. Infos auch unter 💻 www.dungarvantourism.com.

Transport

DUBLIN, unter der Woche mind. 6x tgl. zwischen 7 und 18 Uhr, Buslinie 40 verbindet Dungarvan mit Waterford, Linie 4 fährt bis Dublin Busaras. Regulärer Fahrpreis 16 €, Infos unter 💻 www.buseireann.ie.

Ardmore

Der kleine Ort Ardmore mit seinen bunt getünchten Häusern (500 Einw.) erwacht im Sommer und bei gutem Wetter zu Leben. Kein Wunder: Ein sehr schöner Strand, einige herrliche Klippenwanderwege und ein interessanter Ortskern mit einigen traditionellen Pubs machen Ardmore zu einem beliebten Urlaubs- und Ausflugsziel.

Der erste Besucher, der in dieser Gegend aktenkundig wurde, kam allerdings nicht zur Erholung. Der Hl. Declan, ein walisischer Mönch, wirkte hier als Missionar und gründete im 5. Jh. sein eigenes Kloster, lange also, bevor der Hl. Patrick in Irland tätig gewesen sein soll. Noch heute wird St. Declan in Ardmore verehrt. Die Reste seiner Klosteranlage sind erhalten, allerdings stammen die meisten Gebäude aus dem 12. Jh. Besonders beeindruckend ist die dem Hl. Declan gewidmete Kathedrale. Sie wurde im romanischen Stil erbaut, die Westfront besitzt immer noch einige sehr schöne Steinmetzarbeiten, die von Bögen eingefasst werden. Die Statuen und Reliefs zeigen verschiedene Szenen aus der Bibel. Darunter so unterschiedliche Momente wie das Urteil Salomo, die Anbetung Jesu durch die Heiligen drei Könige und den Erzengel Michael, der beim Jüngsten Gericht die Seelen abwiegt.

Wesentlich höher als die Kathedrale ist der neben ihr stehende **Rundturm**, er ragt 30 m in die Höhe und gilt als einer der am besten erhaltenen Rundtürme in ganz Irland. Ungewöhnlich ist allerdings, dass sich mehrere „Bänder" aus Mauerwerk in fast regelmäßigen Abständen um ihn ziehen. Im Inneren des Turms sind die Kragsteine, die die Zwischendecken tragen, mit grotesken Gesichtern versehen – ebenfalls nicht typisch für solche Bauwerke. Der Turm von Ardmore ist wahrscheinlich der jüngste Rundturm überhaupt. So markiert er dann den Höhepunkt und Abschluss dieser spezifisch irischen Bauweise. Neben dem Turm erkennt man ein kleines Gebetshaus, das angeblich das Grab des Hl. Declan darstellt.

Ungefähr einen Kilometer entfernt stehen die Ruinen einer weiteren Kirche, der **Dysert Church**. Diese sind weitaus weniger sehenswert, markieren aber gut den Weg zum **heiligen Brunnen des Declan**. Hier startet ein schöner, ca. 5 km langer Klippenwanderweg. Ein Findling am südlichen Ende des Strandes wurde als **St. Declan's Stone** bekannt – an dieser Stelle ist Declan angeblich an Land gegangen – und soll zusammen mit dem Quellwasser eine heilende Wirkung haben. Ein Bad, kombiniert mit einem Aufenthalt unter dem Findling, hilft, so heißt es, gegen Rheuma. Wer hinterher immer noch Schmerzen hat, kann sich allerdings nicht über irreführende Werbung beschweren: Die Kur tritt nur ein, wenn der Kurgast wirklich ohne Sünde ist. Man fragt sich automatisch, wie viele Rheumapatienten hier die Zähne zusammengebissen haben und ihren Mitreisenden versicherten, dass sie sich schon viel besser fühlten.

Luxus am Ende der Welt

Cliff House Hotel, ✆ 024-87800, 💻 www.thecliffhousehotel.com. Direkt in die Klippen erbautes Hotel mit 39 Zimmern. Spektakulärer Luxus am Ende der Welt, ideal zum Abschalten. Mit Spa und großem Verwöhnprogramm. Eigener Anleger für Gäste, die das 5-Sterne-Hotel mit der eigenen Jacht ansteuern wollen. Sehr gutes Restaurant mit ausgewählter Weinkarte. Preislich insgesamt sehr hoch angesiedelt, am ehesten ein Ziel für ganz besondere Anlässe. ❻

Übernachtung und Essen

Duncrone B&B, ✆ 024 94860, 💻 www.duncronebandb.com. Modernes und komfortables Haus mit gutem Komfort und mittelgroßen Zimmern. Ruhige Lage und sehr gut für Familien geeignet. Einrichtung eher modern mit viel Naturholz, sehr sauber und hell. Alle Zimmer mit eigenem Bad und TV. ❷–❸

The Cliff House Hotel, ✆ 024-87800, 💻 www.thecliffhousehotel.com. Attraktives Restaurant mit anspruchsvoller internationaler Küche. Auch Desserts nicht auslassen! Kinderteller. Reservierung erforderlich.

White Horses Restaurant, Main St., ✆ 024-94040. Angenehmes Restaurant mit gutem Service und einer empfehlenswerten Küche. Vom zweiten Frühstück bis zum Abendessen kann hier alles eingenommen werden, die Speisekarten (und Preise) wechseln je nach Tageszeit. Vegetarische Gerichte werden empfohlen, allerdings ist auch das Fischangebot sehr gut.

Transport

Busse von Bus Éireann, 💻 www.buseireann.ie, bieten mehrmals tgl. Verbindungen nach CORK und YOUGHAL (Linie 240).

Lismore und Umgebung

Das verschlafene Städtchen am Fluss Blackwater, südlich der Knockmealdown Mountains, galt als eine der wichtigsten Stätten der Gelehrsamkeit im mittelalterlichen Irland. In einem Kloster, das im 7. Jh. gegründet wurde, sollen sich zahlreiche Gelehrte mit wissenschaftlichen Fragestellungen beschäftigt und ihr Wissen weitergegeben haben. Zu den prominenten Besuchern zählte auch Alfred, König von Wessex. Von diesem Kloster findet man heute keine Spuren mehr, Lismore wird vielmehr durch die Burg dominiert.

Lismore Castle, ✆ 058-54288, 💻 www.lismorecastle.com, wurde schon im Jahr 1185 gebaut, eventuell sogar auf den Grundmauern des eben erwähnten Klosters. Zu Beginn des 17. Jhs. gelangte die Festung in den Besitz der Familie Boyle, der Herzöge von Cork. So wurde die Burg dann auch zum Geburtsort des Naturwissenschaftlers Robert Boyle, oft als „Vater der Chemie" bezeichnet. Ein Revolutionär, der die bis dahin mehr mystische Alchimie zur exakten Wissenschaft machte, seine Werke in allgemein verständlichem Englisch publizierte und sich gleichzeitig für eine Aussöhnung zwischen Religion und Wissenschaft einsetzte. Das Castle, das sich heute dem Betrachter zeigt, ist allerdings eine umfassende Restaurierungsleistung aus dem 19. Jh. Bei den Arbeiten entdeckte man durch Zufall auch das *Book of Lismore* aus dem 15. Jh., das Auskunft gibt über das Leben irischer Heiliger sowie die abenteuerlichen Fahrten des Venezianers Marco Polo (heute im Nationalmuseum in Dublin). Die Burg befindet sich nach wie vor in Privatbesitz – der Herzog von Devonshire nutzt sie als seinen irischen Landsitz. Für Besucher offen sind nur die wunderschönen Gartenanlagen mit Alleen, blühenden Magnolien und einzelnen Skulpturen, die auf die Galerie Castle Arts verweisen, die sich im Westflügel des Schlosses befindet. Da diese Gärten sehr schön sind und einen angenehmen Spaziergang am Flussufer ermöglichen, lohnt sich das Eintrittsgeld. 🕓 März–Sep tgl. 11–16.45 Uhr, Eintritt 8 €.

In Lismore selbst sollte der Besucher das **Lismore Heritage Centre**, ✆ 058-54975, 💻 www.discoverlismore.com, nicht auslassen, dessen Hauptthema der Hl. Carthage ist, der im 7. Jh. ein Kloster am Ort gründete. Eine Audiovisionsshow macht mit der Geschichte des Ortes bekannt. 🕓 Mo–Fr 9.30–17.30, Mai–Okt. auch Sa 10–17.30 und So 12–17.30 Uhr, Eintritt 5 €.

Die 1633 auf den Grundmauern eines mittelalterlichen Gebäudes errichtete **Cathedral of St. Carthage** der Church of Ireland ist wegen ihrer verschiedenen Bauelemente sehenswert. Ihr Bauherr war Richard Boyle, der angeblich Teile der ursprünglich im 7. Jh. errichteten Kirche St. Carthage wiederverwendete. Im 19. Jh. wurde diese im neogotischen Stil stark verändert, um dem Zeitgeschmack besser zu entsprechen. Bemerkenswert ist ein Glasfenster, das von Edward Burne-Jones, einem der führenden Präraffaeliten, entworfen wurde.

Nur wenige Kilometer östlich von Lismore liegt das kleine Dörfchen **Cappoquin** am Fluss Blackwater, der hier immer noch einen Tidenhub aufweist und vor allem unter Petrijüngern beliebt ist. Ansonsten sind es die Landschaft und das schönes Flusstal, die Besucher anziehen. Sehr beliebt ist **Glenshelane**, zu erreichen auf der R669 und nur ein kurzes Stück östlich von Cappoquin.

Gleann Siothláin, das „Tal der Elfen", läuft fast gerade nach Norden und ist stark bewaldet, der Glenshelane River fließt mitten hindurch. In ihm kann man zur Laichzeit Lachse beobachten, die sich abmühen, flussaufwärts zu gelangen. Ein sehr gut ausgebautes Netz von Wirtschafts- und Wanderwegen erlaubt kurze wie längere Spaziergänge durch den Mischwald. Dabei kann der aufmerksame Wanderer immer wieder Tiere beobachten: Rehe, Marder, Füchse, Otter, Eichhörnchen und in der Dämmerung auch Fledermäuse und Dachse.

Ein Ort der Stille und Besinnung

Wer wirklich seine Ruhe haben will, der kann nach vorheriger Anmeldung im Gästehaus der **Mount Melleray Abbey**, 💻 www.mountmellerayabbey.org, übernachten, seit 1833 schweigen hier die Trappisten. Besucher haben die Gelegenheit, am Klosterleben teilzunehmen oder sich einfach der Kontemplation hinzugeben. 2010 war das Gästehaus wegen Renovierung vorübergehend geschlossen.

Übernachtung und Essen

Lismore House Hotel, Main St., Lismore, ✆ 058-72966, 💻 www.lismorehousehotel.com. Zentral gelegenes Hotel mit 29 renovierten Zimmern, teilweise etwas verwinkelt und eng wirkend, aber durchaus komfortabel. ❷–❸

Richmond House, Cappoquin, ✆ 058-54278, 💻 www.richmondhouse.net. Das aus dem 18. Jh. stammende Landhaus im georgianischen Stil bietet 9 Zimmer, teilweise schön altmodisch-plüschig, aber mit modernen Extras. Im Sommer lockt ein hübscher Garten ins Freie. ❹

The Glencairn Inn & Pastis Bistro, Glencairn, Lismore, 💻 www.glencairninn.com. Restaurant mit eigenem Charme und irisch-französischer Küche. Spezialitäten: Pfannenfisch à la Provencale und langsam geröstete Lammkeule. Sehr gutes Dessert. An kalten Tagen kann man es sich vor dem offenen Feuer gemütlich machen. Preislich auf etwas gehobenem Niveau.

Feste

Beim **Immrama Lismore Festival of Travel Writing**, 💻 www.lismoreimmrama.com, im Juni dreht sich ein Wochenende lang alles um Reiseliteratur und Reiseschriftsteller, international bekannte Autoren und teilweise überraschend gute Nachwuchstalente geben sich ein Stelldichein und entführen die Besucher in die weite Welt.

Transport

Bus Éireann, 💻 www.buseireann.ie, bietet derzeit nur am Sonntag eine Verbindung von Lismore und Cappoquin nach DUNGARVAN (Linie 366).

Der Südwesten

Stefan Loose Traveltipps

St. Ann's Shandon in Cork City Gegen Geld kann man die berühmten Kirchenglocken von Cork in Schwingung bringen. S. 348

Old Midleton Distillery Der kleine Ort besitzt die größte Whiskey-Destillerie des Landes mit dem größten Brennkessel der Welt. S. 357

Mizen Head Eine spektuakuläre Brücke über schwindelerregendem Abgrund führt zum Leuchtturm an Irlands südwestlichstem Punkt. S. 368

Garinish Island Italien trifft Irland in einer fantastischen Gartenanlange. S. 371

Dursey Island Die Seilbahn hinüber auf die Insel sorgt für Nervenkitzel. S. 374

Ring of Kerry Die bekannteste Rundstrecke der Insel gehört zum Pflichtprogramm. S. 386

Skellig Michael Der Aufstieg zum Kloster auf der Insel ist ein Abenteuer nur für absolut Schwindelfreie. S. 389

5 **Halbinsel Dingle** Viel Abwechslung bietet die vielleicht schönste Halbinsel Irlands. S. 398

Blasket Centre in Dunquin Das Zentrum informiert über die Geschichte der Blasket Islands und ihrer Bewohner. S. 403

Der irische Südwesten ist das Sehnsuchtsziel der meisten Irlandbesucher. Die abwechslungsreiche, faszinierende Landschaft, eine teilweise subtropische Vegetation, lange Sandstrände und zerklüftete Klippen, an denen sich der Atlantik bricht, die höchsten Berge Irlands, drei mittlerweile legendäre Halbinseln sowie der Küste vorgelagerte, schroffe Felseninseln mit längst verlassenen Siedlungen prägen das Bild dieses Landstrichs. Kein Wunder also, dass hier die Iren selbst, aber auch zahlreiche Touristen aus Europa und Nordamerika ihren Urlaub verbringen. Die Gegend um Killarney z. B. ist eine touristische Hochburg, und das seit geraumer Zeit. Die dortige Seenplatte ist die Wiege des Irlandtourismus.

Doch keine Sorge: Irlands Südwesten hat auch genug einsame Plätze, an denen man gar nicht merkt, wie populär diese Gegend eigentlich ist. Und die drei Fernwanderwege Beara, Kerry und Dingle Way erlauben es, sich für eine Weile vollkommen vom Massentourismus zu verabschieden.

County Cork

Das größte County Irlands ist wohl auch das kontrastreichste. Die bizarren Felsbuchten im Westen, die kleinen Fischerhäfen, in denen bunte Boote im Wasser schwappen, das tiefblaue Meer und die subtropische Vegetation erfüllen das Bild, das sich die meisten Menschen von dieser Ecke Irlands machen. Doch rings um Cork City, immerhin die zweitgrößte Stadt der Republik, dominieren Industrieanlagen und Verkehrswege sowie großflächige Wohnsiedlungen. Das soll Irland sein? Einige Kilometer von der Innenstadt entfernt versöhnt sich das reale Bild wieder mit der Idealvorstellung, etwa im schmucken Städtchen Cobh. Und dann gibt es noch West Cork, wo bei Mizen Head die Südwestspitze Irlands schroff zum Atlantik hin abbricht und die nächste menschliche Besiedlung New York heißt – hier erfüllen sich die Träume, die von Filmen und TV-Serien genährt werden. Irland wie aus dem Bilderbuch.

Wer nach Irland reist, um die Einsamkeit zu suchen, der wird in Cork fündig. Nicht in der Stadt, aber im County. Und wem mehr nach Kneipenbummel und Party ist, der ist in zahlreichen Orten richtig, vor allem aber in Cork City. Vielleicht ist das große County im Südwesten Irlands die akzeptable Synthese, wenn man sowohl das moderne als auch das traditionelle Gesicht der Insel kennenlernen möchte. Ein Mikrokosmos, der sich selbst gern als das „Rebel County" sieht und wo einem die Geschehnisse sowohl des Unabhängigkeitskrieges als auch des Bürgerkrieges noch recht nahe erscheinen. In Cork fand schließlich die größte bewaffnete Aktion gegen die britischen Besatzungstruppen statt. Hier wurde auch der Armeechef des gerade gegründeten Freistaates von seinen eigenen Mitkämpfern ermordet.

Cork City

Das Markenzeichen der Stadt Cork ist ihre Insellage. Viele Städte in Irland sind an Flüssen oder Meeresbuchten gegründet und im Laufe der Zeit befestigt worden, Cork aber war von Anbeginn an eine natürliche Festung im Fluss. Das Zentrum der Stadt befindet sich auf einer Insel im Fluss Lee, was dem Besucher heute auf den ersten Blick nicht unbedingt auffällt, denn der Fluss verschwindet fast zwischen Insel und Festland. Westlich der Innenstadt trennt sich der Lee in zwei Teile, bekannt als nördlicher bzw. südlicher Kanal, nur um östlich der Innenstadt wieder zusammenzufließen und dann in den Cork Harbour, einen riesigen natürlichen Hafen, zu münden. Eine ideale Stelle für die Gründung einer Siedlung, die ihren Namen von den Flussmarschen erhielt – auf Irisch *corcaigh*.

Geschichte

Einer der ersten bekannten Siedler war der Heilige Finbarr, der hier um das Jahr 650 ein Kloster gründete. Wahrscheinlich stand es dort, wo sich heute die Kathedrale erhebt, die nach dem Heiligen benannt wurde. Die aufstrebende Siedlung entwickelte sich rasch zu einer Stadt, die allerdings über die Jahrhunderte hinweg heftig zwischen den Wikingern, den Iren und vor allem englischen Siedlern umkämpft war. Belagerungen und radikale Veränderungen der Herr-

DER SÜDWESTEN

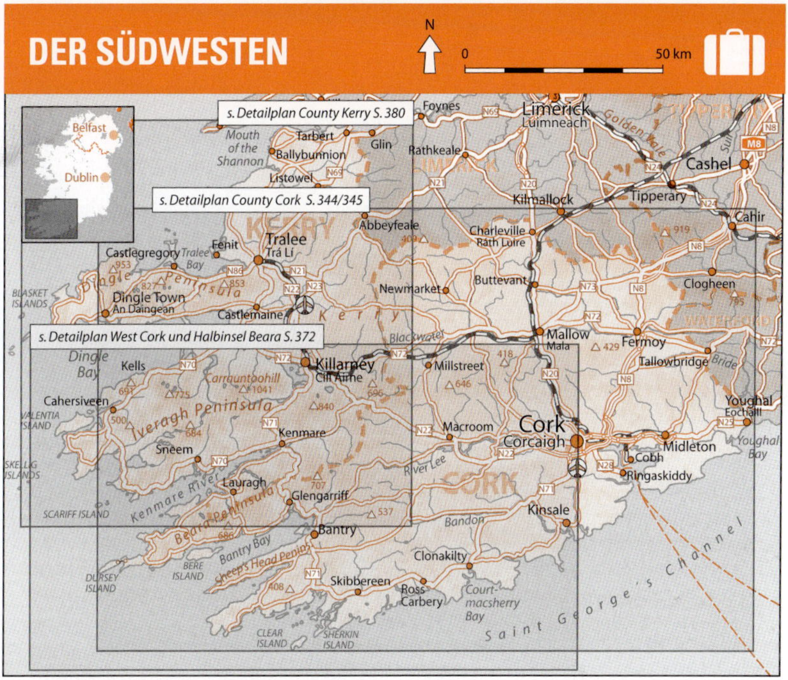

schaftsverhältnisse gehörten in Cork zum Alltag, ebenso großflächige Zerstörungen, die bis ins 20. Jh. das Stadtbild immer wieder veränderten, sodass das moderne Cork vielleicht die am „europäischsten" wirkende irische Stadt wurde. Vielen Besuchern fehlt hier das „irische Flair".

Ihren großen Aufstieg zur Handelsstadt hatte Cork spätestens im 18. Jh., als der Ort einen riesigen internationalen Buttermarkt beheimatete. Schon damals galt irische Butter als begehrenswertes Handelsobjekt weit über die Grenzen der Insel hinaus, die Butterbörse kann heute noch besichtigt werden. Ein weiteres wichtiges Exportgut der Stadt war Pökelfleisch, das vor allem als Schiffsproviant verkauft wurde. Die Mehrheit der Bewohner war jedoch auf die einfache Kartoffel als Grundnahrungsmittel angewiesen, sodass während der Kartoffelfäule zahlreiche Bewohner der Stadt emigrierten. Später kam es dann zu einem ökonomischen Einbruch, als die schnelleren und zuverlässigeren Dampfschiffe weniger Proviant aufnahmen.

Doch auch politisch spielte Cork eine wichtige Rolle: als Zentrum des Widerstandes gegen die Briten. Diese ermordeten 1920 den Sinn-Fein-Bürgermeister Tomás MacCurtain. Sein Nachfolger Terence MacSwiney wurde kurz danach verhaftet und trat im Gefängnis von Brixton in den Hungerstreik, nach 73 Tagen starb er. Als Reaktion auf einen erfolgreichen Überfall der IRA wurden noch im selben Jahr weite Teile der Innenstadt von britischen Hilfstruppen niedergebrannt. Es nimmt kaum noch Wunder, dass die regierungsfeindlichen Truppen im Irischen Bürgerkrieg eine Zeit lang Cork kontrollieren konnten.

Dennoch konnte sich Cork zu einem Industriezentrum entwickeln, Weltfirmen wie Ford und Dunlop errichteten hier Fabriken, später abgelöst durch Unternehmen vor allem aus den Bereichen Chemie und Mikroelektronik. Auf anderer Ebene sorgte Corks Ernennung zur europäischen Kulturhauptstadt 2005 für einen Aufschwung. Dieser hatte so viel Wirkung, dass *Lonely Planet*

COUNTY CORK

Ballyheige
Ballyheige Bay
Banna Strand
Abbeydorney
Abbeyfeale
Kilkinlea
Mullaghareirk
Feale
409
Ardfert
Barrow
Fahamore
Brandon Bay
Slieve Mish Mountains
357
Tralee
Trá Lí
Tralee Bay
Fenit
Kerry
Rockchapel
Brandon
Brandon Mt.
953
Cloghane
Castlegregory
Tullaree
560
Blennerville
Ballyseede
N21
Castleisland
N23
827
Camp
853
Baurtregaun
N22
Dingle
618
Annascaul
N86
Inch
561
Castlemaine
Aughils
Milltown
Maine
Farranfore
Scartaglin
577
Ballydesmond
232
Dingle Town
An Daingean
N70
Kerry
Killorglin
Caragh Lake
Laune
N72
Killarney
Cill Airne
Rathmore
Glenbeigh
Feaklecally
Kells
Lough Caragh
691
Glencar
Lough Leane
The Paps
696
775
Teermoyle Mt.
Boheeshil
1041
Carrauntoohill
KILLARNEY NATIONAL PARK
Poulgorm Br.
Iveragh
Macgillycuddy 's Reeks
840
Mangerton Mtn.
Derrynasaggart Mts.
Cahersiveen
Lissatinnig Br.
Baile Mhic Ire
N22
Sullane
500
684
N71
569
Kilgarvan
Kenmare
Blackwater Bridge
227
Béal Átha an Ghaorthaidh
415
Waterville
Sneem
N70
Guagán Barra Forest Park
Inchigeelagh
Ballinskelligs Bay
Lough Currane
Parknasilla
River Lee
Derreen Gardens
707
Knockboy
The Pass of Keimaneigh
Shanlarag
Lauragh
Caherdaniel
Kenmare River
Shehy Mountains
Glengarriff
Togher
Healy Pass
Ardgroom
585
587
Kealkill
SCARIFF ISLAND
Beara
Caha Mountains
Ilnacullin Gardens
537
Eyeries
Adrigole
572
Donemare Wasserfall
Dunmanway
686
Hungry Hill
WHIDDY ISLAND
Bantry
Castletown-berehaven
Cod 's Head
491
Bantry House
586
Allihies
Ilen
Puxley Mansion
Bantry Bay
Cullomane Cross Roads
Drimoleague
Ballydonegan
Gouladoo
Sheep's Head Peninsula
Durrus
Dursey Head
Dunboy Castle
BERE ISLAND
Kilravock Gardens
346
Ahakista
DURSEY ISLAND
Kilcrohane
N71
Leap
172
Ballydehob
Creagh Gardens
Glandore
Mt. Gabriel
408
Muntervary or Sheep 's Head
Dunmanus Bay
Skibbereen
Schull
592
Union Hall
Toormore
Liss Ard Gardens
Drombeg Stone Circle
Castletownshend
Lough Hyne
199
315
Three Castles Head
Goleen
Roaringwater Bay
LONG I.
Baltimore
Toe Head
Mizen Head
Barley Cove
Crookhaven
SHERKIN ISLAND
Fastnet Rock
Cape Clear
CLEAR ISLAND

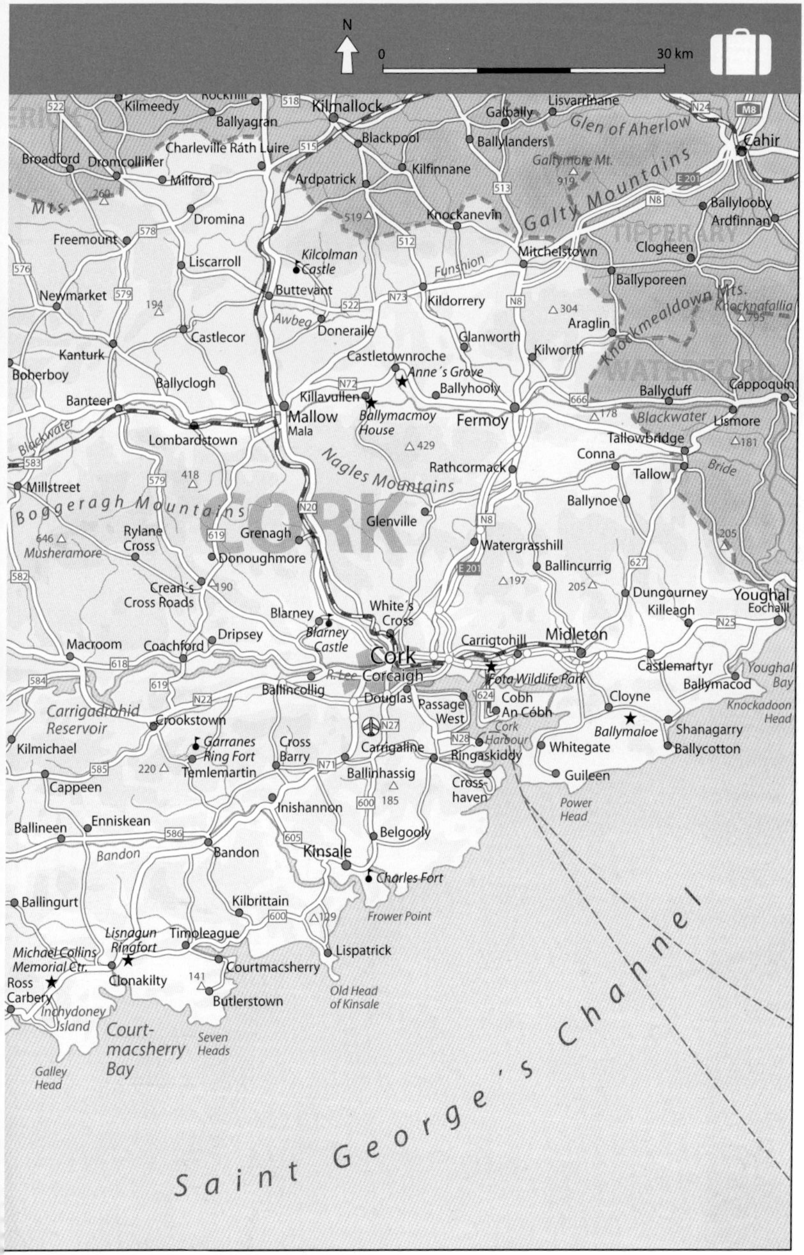
N
0
30 km
Kilmeedy
Ballyagran
Kilmallock
Galbally
Lisvarrinane
Glen of Aherlow
Cahir
Charleville Ráth Luire
Blackpool
Ballylanders
Broadford
Dromcolliher
Milford
Kilfinnane
Galtymore Mt.
919
Ardpatrick
Galty Mountains
Ballylooby
Ardfinnan
Mts.
260
Dromina
519
Knockanevin
Freemount
Kilcolman Castle
Mitchelstown
Clogheen
Liscarroll
Funshion
Tipperary
Ballyporeen
Newmarket
194
Buttevant
Kildorrery
304
Knockmealdown Mts.
Knocknafallia
795
Awbeg
Doneraile
Araglin
Castlecor
Glanworth
Kilworth
Kanturk
Castletownroche
Waterford
Boherboy
Ballyclogh
Anne´s Grove
Ballyhooly
Ballyduff
Cappoquin
Banteer
Killavullen
Mallow
Mala
Ballymacmoy House
Fermoy
178
Blackwater
Lismore
Lombardstown
429
Tallowbridge
181
Conna
Nagles Mountains
Rathcormack
Tallow
Bride
418
Millstreet
Boggeragh Mountains
Cork
Ballynoe
Glenville
Rylane Cross
Grenagh
646
Musheramore
Donoughmore
Watergrasshill
205
Ballincurrig
197
205
Crean´s Cross Roads
190
Dungourney
Youghal
Eochaill
Killeagh
Blarney
White´s Cross
Dripsey
Blarney Castle
Carrigtohill
Midleton
Macroom
Coachford
Cork
Corcaigh
Castlemartyr
Youghal Bay
R. Lee
Fota Wildlife Park
Ballincollig
Ballymacod
Douglas
Cobh
An Cóbh
Cloyne
Knockadoon Head
Carrigadrohid Reservoir
Crookstown
Passage West
Cork Harbour
Ballymaloe
Shanagarry
Garranes Ring Fort
Cross Barry
Carrigaline
Ringaskiddy
Whitegate
Ballycotton
Kilmichael
220
Temlemartin
Ballinhassig
Crosshaven
Guileen
Cappeen
185
Inishannon
Power Head
Ballineen
Enniskean
Belgooly
Bandon
Bandon
Kinsale
Charles Fort
Ballingurt
Kilbrittain
129
Frower Point
Lisnagun Ringfort
Timoleague
Lispatrick
Michael Collins Memorial Ctr.
Courtmacsherry
Clonakilty
141
Ross Carbery
Butlerstown
Old Head of Kinsale
Inchydoney Island
Courtmacsherry Bay
Seven Heads
Galley Head
Saint George´s Channel

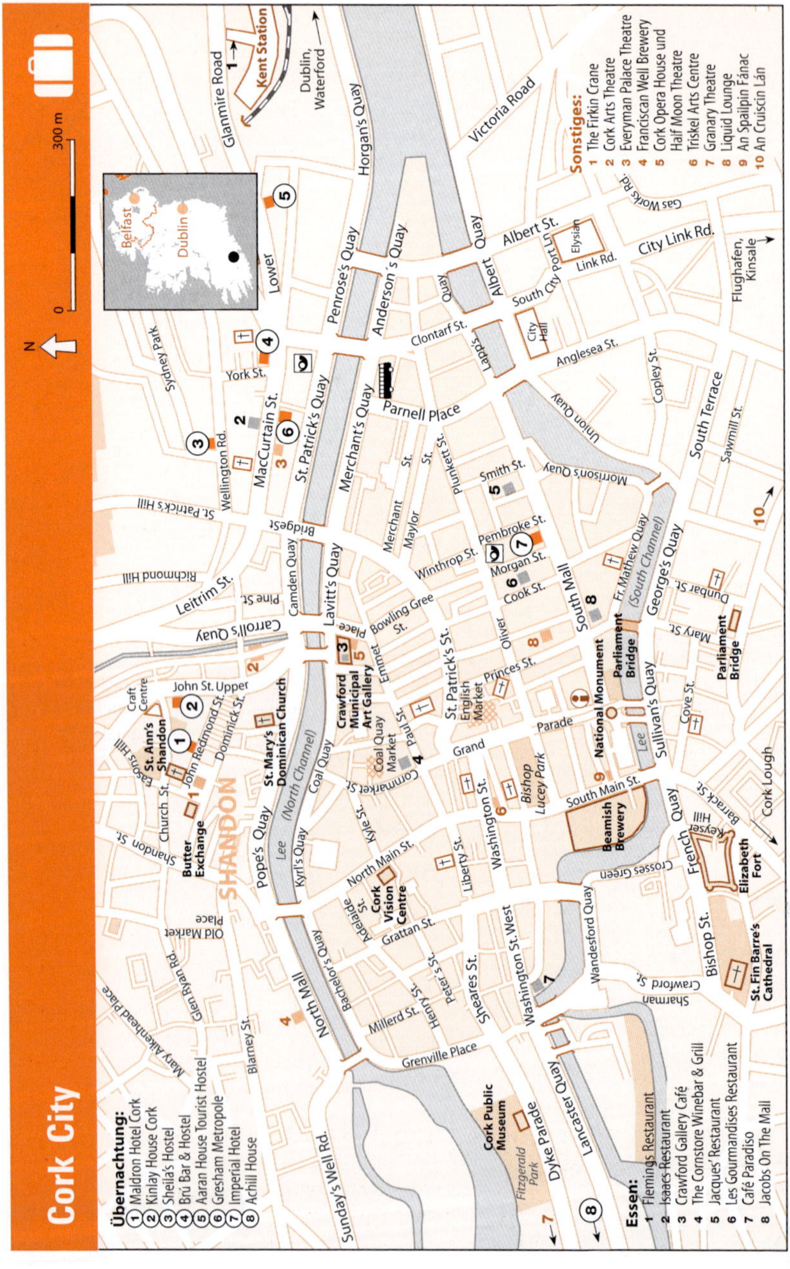
Cork City
Übernachtung:
1 Maldron Hotel Cork
2 Kinlay House Cork
3 Sheila's Hostel
4 Brú Bar & Hostel
5 Aaran House Tourist Hostel
6 Gresham Metropole
7 Imperial Hotel
8 Achill House
Essen:
1 Flemings Restaurant
2 Isaacs Restaurant
3 Crawford Gallery Café
4 The Cornstore Winebar & Grill
5 Jacques' Restaurant
6 Les Gourmandises Restaurant
7 Café Paradiso
8 Jacobs On The Mall
Sonstiges:
1 The Firkin Crane
2 Cork Arts Theatre
3 Everyman Palace Theatre
4 Franciscan Well Brewery
5 Cork Opera House und Half Moon Theatre
6 Triskel Arts Centre
7 Granary Theatre
8 Liquid Lounge
9 An Spailpín Fánac
10 An Cruiscin Lán
300 m
Belfast
Dublin
Kent Station
Dublin, Waterford
Flughafen, Kinsale
SHANDON
St. Ann's Shandon
Butter Exchange
St. Mary's Dominican Church
Crawford Municipal Art Gallery
Cork Vision Centre
National Monument
Parliament Bridge
Beamish Brewery
Elizabeth Fort
St. Fin Barre's Cathedral
Cork Public Museum
Fitzgerald Park
Bishop Lucey Park
English Market
City Hall
Elysian
Lee (North Channel)
Lee (South Channel)

Cork Ende 2009 mit unter die zehn attraktivsten Städte der Welt einreihte. Ein Urteil, das außerhalb Corks recht umstritten war. In Cork selbst sahen sich die meisten Einwohner in ihrer Weltsicht bestätigt. Zumindest war man vor Dublin gelandet, das reichte ohnehin schon.

Sehenswertes

Eine erste Erkundung der Stadt Cork sollte auf jeden Fall zwischen den beiden Kanälen des Flusses Lee beginnen. In früheren Zeiten wurde die Innenstadt oft mit den Handelsstädten in den Niederlanden verglichen, ein Teil der heutigen Straßen bestand tatsächlich aus Grachten. Diese sind aber längst aufgefüllt worden, Grachten gibt es in Cork heute nicht mehr. Was jedoch blieb, sind die Brücken über den Fluss und die an ihm entlanglaufenden Kaianlagen, heute meist als Hauptstraßen in Ost-West-Richtung genutzt.

Im Zentrum der Stadt befindet sich eine altehrwürdige Institution, der **English Market**, 💻 www.corkenglishmarket.ie, unverzichtbarer Bestandteil einer Stadtbesichtigung. Seit dem Jahre 1610 wird hier vor allem Obst und Gemüse gehandelt, von den allgegenwärtigen Kartoffeln bis hin zu exotischen Früchten, aber auch Fisch und Meeresfrüchte. Neben den Auslagen sollten die architektonischen Feinheiten des Gebäudes Beachtung finden.

Die benachbarten Straßen Grand Parade und St. Patrick's Street gelten als die wichtigsten Einkaufszonen der Stadt. Am nördlichen Ende der St. Patrick's Street erinnert die **Father Matthew-Statue** an den Pfarrer der örtlichen Holy Trinity Church, der als Gründer der Abstinenzbewegung in Irland in die Geschichte einging. Ein weiterer bekannter Mann aus Cork hat sein Denkmal an der Ecke von Paul Street und Carey's Lane, hier gedenkt die Stadt dem Rockmusiker **Rory Gallagher**. Dass der Blues-Gitarrist in Donegal geboren wurde und erst später mit seinen Eltern nach Cork kam, tut der Verehrung keinen Abbruch.

Wer vom English Market nur einige Minuten die Grand Parade (früher war dies übrigens ein Kanal) hinunterläuft, trifft auf das **National Monument**, eine vielleicht etwas extravagant wirkende Gedenkstätte für alle zwischen 1798 und 1867 gestorbenen irischen Patrioten. Im 19. Jh. war Cork eine der Hauptstätten der Bewegung der Fenier, die u. a. den bewaffneten Kampf für die Unabhängigkeit Irlands befürworteten.

Der nahe gelegene **Bishop Lucey Park** beherbergt noch einen Rest der alten **Stadtmauer** und Teile des Eingangsportals des alten Getreidemarktes. Etwas östlich gelegen ist es die **Parliament Bridge**, die einen „politischen" Kontrast zum National Monument bildet. Sie wurde 1806 als Ersatz für eine weggespülte Brücke nach Plänen des Architekten William Hargrave aus Kalkstein errichtet und der Erinnerung an die Union von Irland und Großbritannien gewidmet.

Über die Mary Street ist es nur ein kurzer Weg zur **Red Abbey**, einem ehemaligen Kloster der Augustiner. Die Reste der Anlage stammen aus dem 13. Jh. und gelten als das älteste noch erhaltene Gebäude von Cork. Westlich davon liegt ein weiteres Relikt aus vergangenen Jahrhunderten, das heute fast romantisch wirkende **Elizabeth Fort**. Diese festungsartige Anlage stammt aus dem 16. Jh., wurde 1835 in ein Gefängnis umgewandelt und zuletzt eine Polizeiwache der Garda. Noch weiter westlich erhebt sich dann die Kathedrale von Cork.

Die **St. Fin Barre's Cathedral**, 💻 cathedral.cork.anglican.org, ist dem Klostergründer und Schutzheiligen der Stadt gewidmet und wurde nach einem Entwurf von William Burges im neogotischen Stil erbaut. Die mit gleich drei Türmen versehene Kathedrale gilt seit ihrer Fertigstellung im Jahre 1870 als einer der prachtvollsten Sakralbauten in Irland. Die filigran dekorierten Deckengewölbe mit prachtvollen Gemälden, die kunstvollen Glasfenstern und die zahlreichen be-

Lassen Sie die Glocken klingen!

Eine weitere Attraktion von **St. Ann's** ist das Glockenspiel, die berühmten **Bells of Shandon**, die der Besucher gegen eine Gebühr selber läuten kann, 💻 http://shandonbells.org. Nach einer kurzen Einführung erklingen bekannte Melodien, neben dem noch ganz gut passenden Ave Maria darf auch das unvermeidliche Danny Boy vor allem für Touristen aus den USA nicht fehlen. 🕓 Juni–Sep Mo–Sa 10–17, So 11.30–16.30, Nov–Feb Mo–Sa 10–15, März–Okt So 11.30–16.30 Uhr, Eintritt 6 €.

achtenswerten Steinmetzarbeiten sorgen dafür, dass viele Besucher mehr Zeit als geplant hier verbringen.

Ebenfalls viel Zeit kann der interessierte Besucher in der **Crawford Municipal Art Gallery**, Emmet Pl., ✆ 021-4907852, 💻 www.crawfordartgallery.ie, verbringen, die sich nördlich des English Market in der Nähe des Opernhauses befindet. Das Gebäude selbst stammt aus dem frühen 18. Jh. und war früher Sitz der Zollbehörde, dann ab Mitte des 19. Jhs. eine Schule für Kunsthandwerk. Im Jahr 1884 baute der kunstbeflissene Magnat William Horatio Crawford das Gebäude extensiv aus, schuf neue Studios und vor allem Ausstellungsräume. Dank seiner Großzügigkeit verfügt Cork heute über eine erstklassige Sammlung irischer Kunst aus dem späten 19. und frühen 20. Jh. Einer der bekanntesten Künstler darunter ist Jack Yeats, Bruder des Schriftstellers William Butler Yeats. Besonders beachtenswert sind allerdings auch drei Fenster, die von Irlands führendem Künstler auf diesem Gebiet, Harry Clarke, entworfen wurden. Die Sammlungen britischer und internationale Künstler sind wesentlich kleiner, können aber auch wichtige Namen wie Miró aufweisen. Mit zur Attraktion der Galerie gehört für viele Besucher ein Besuch im Restaurant, in dem moderne irische Küche serviert wird. ⏲ Mo–Sa 10–17 Uhr (Do bis 20 Uhr), Eintritt frei.

Wird der nördliche Kanal des Lee auf der Christy Ring Bridge überquert, kommt direkt am Pope's Quay die Dominikanerkirche **St. Mary's** in Sicht, die mit ihrem klassizistischen Säulenportal den Zugang zum **Shandon Quarter** zu bewachen scheint. Die in der ersten Hälfte des 19. Jhs. entstandene Kirche hat eine Attraktion, die man hier nicht erwarten würde: Der Hauptaltar besitzt eine Marienstatue aus Elfenbein, die im 14 Jh. von einem flämischen Künstler geschaffen wurde.

Wesentlich interessanter ist allerdings die weiter nördlich stehende Kirche **St. Ann's Shandon**, Church St., ✆ 021-4505906, 💻 www.shandonbells.org, die von ihrer Position auf einem Hügel ganz Cork zu überblicken scheint. Erbaut wurde diese Kirche im Jahr 1722 mit recht unterschiedlichen Fassaden: Zwei bestehen aus Kalkstein, die anderen zwei aus rotem Sandstein. Der Kirchturm hat eine große Wetterfahne an der Spitze, die einen goldenen Lachs darstellt und sowohl den Fischfang im Fluss wie Jesus repräsentieren soll. Während die Wetterfahne in Cork allgemein als zuverlässig gilt, haben die Uhren im Kirchturm ihm einen wenig schmeichelhaften Spitznamen eingebracht – „Four-Faced Liar", der Lügner mit den vier Gesichtern. Aufgrund technischer Probleme schafften die Uhren es, vier verschiedene Zeiten anzuzeigen. Dieser Zustand wurde erst 1986 im Zuge einer aufwendigen Reparatur beseitigt, der Spitzname blieb. Der Kirchturm mit seinem spektakulären Ausblick über die Innenstadt von Cork kann bestiegen werden. ⏲ Mo–Sa ab 10, Nov–Feb bis 15, März–Mai und Okt bis 16, im Sommer bis 17 Uhr, nur von März–Okt So ab 11.30 Uhr, Schließung eine halbe Stunde früher als in der Woche.

Nur wenige Schritte von der Kirche entfernt liegt die historische **Butter Exchange**, O'Connell Sq., ✆ 021-4300600, 💻 www.corkbutter.museum, die Butterbörse, die Cork einst reich gemacht hat. Erstmals wurde hier 1770 Butter versteigert, das zum wichtigen Exportgut wurde. Ende des 19. Jhs. sollen etwa eine halbe Mio. Fässer Butter pro Jahr hier verkauft worden sein, 1924 kam das Ende des Butterhandels. Doch in dem Gebäude erinnert heute noch ein Museum an den einst größten Buttermarkt der Welt. Andere Teile der Börse wurden um 1980 in Studios und Werkstätten für Kunsthandwerker umgewandelt. ⏲ März–Okt tgl. 10–17, Juli und Aug bis 18 Uhr, Eintritt 4 €.

Die etwa 200 m nördlich gelegene Kathedrale **St. Mary's** muss man nicht zwingend gesehen haben, wer jedoch keine Attraktionen auslassen möchte, der sollte den kleinen Abstecher machen. Wesentlich interessanter ist es, die rund 2 km lange Strecke zum ehemaligen Staatsgefängnis zurückzulegen. Das **Cork City Gaol**, Convent Av., ✆ 021-4305022, 💻 www.corkcitygaol.com, ist so hergerichtet worden, wie es die Insassen im 19. und 20. Jh. erlebt haben. Über Kopfhörer erhält man die notwendigen Informationen, während man durch die düsteren Gefängniszellen spaziert. Die Zustände, die hier herrschten – und wo etwa die Tretmühle eine wichtige Rolle spielte –, hatten wenig mit modernem Strafvollzug gemein. Mit Hilfe audiovisueller Medien erfährt man z. B., dass viele der ehemaligen In-

Corks Hauptkirche bietet einen überraschend romantischen Anblick.

Der Südwesten

sassen nichts anderes verbrochen hatten, als aus Hunger einen Laib Brot zu stehlen. Angeschlossen ist ein **Museum zur Geschichte des Radios**. ⌚ März–Okt tgl. 9.30–17, sonst 10–16 Uhr (plus spezielle „Nachttouren"), Eintritt 7 €.

Die Geschichte der Stadt Cork und der gesamten Region wird dagegen im **Cork Public Museum**, Fitzgeralds Park, ☎ 021-4270679, 💻 www.corkcity.ie/ourservices/recreationamenityculture/museum, illustriert. Der Bogen reicht von der Freiheitsbewegung und den Fenians bis hin zu den Spitzen, die als typisches regionales Produkt galten. Das Museum liegt im Fitzgerald Park und hat in einem schönen, im georgianischen Stil gehaltenen Stadthaus eine Heimat gefunden. ⌚ Mo–Fr 11–13 und 14.15–17, Sa 11–13 und 14.15–16, So 15–17 Uhr (nur April–Sep So geöffnet), Eintritt frei.

Das **University College Cork**, UCC, 💻 www.ucc.ie, etwas weiter entfernt südlich gelegen, hat weitere historische Sammlungen, die jedoch nur auf Anfrage und mit Voranmeldung zu besichtigen sind. Da diese Universität bereits 1845 gegründet wurde, kann sie einige architektonisch schöne Teile aufweisen. Interessant ist vor allem die Honan Chapel, deren Glasfenster von Sarah Purser und Harry Clarke gestaltet wurden. Bemerkenswert ist auch noch die **Lewis Glucksman Gallery**, ☎ 021-4901844, 💻 www.glucksman.org, die schon durch ihre moderne Architektur die Blicke auf sich zieht und einen Querschnitt durch die zeitgenössische irische Kunst präsentiert. ⌚ Di–Sa 10–17, So 13–17 Uhr, Eintritt frei, aber Spende von 5 € wird „vorgeschlagen".

Wer etwas mehr Zeit in Cork verbringen will, sollte eventuell auch noch das **Lifetime Lab**, Lee Rd., ☎ 021-4941500, 💻 www.lifetimelab.ie, besuchen. Im ehemaligen Wasserwerk werden dem Besucher vor allem Umweltthemen interaktiv nahegebracht. ⌚ Mo–Fr 9–17 Uhr, in den Sommermonaten auch Sa, So und Fei 11–17 Uhr, Eintritt 3 €.

Das **Cork Vision Centre**, North Main St., 💻 www.corkvisioncentre.com, mit seinen wechselnden Kunst- und Kulturausstellungen sowie die **Beamish & Crawford Brewery**, 💻 www.beamish.ie, mit ihren regelmäßigen Besichtigungstouren (nur für Erwachsene!) bieten weitere Zerstreuungen in der Stadt.

Die Umgebung von Cork

Cork ist umgeben von einer sehr schönen Landschaft, vor allem im Tal des Flusses Lee, der bei starken Regenfällen jedoch gerne auch einmal über die Ufer tritt. Direkt am Fluss, nicht einmal 2 km von der Stadt entfernt, steht das märchenhaft wirkende **Blackrock Castle**. Lord Mountjoy errichtete die Festung zunächst im Jahr 1582, um den Hafen zu schützen. Knapp 250 Jahre später brannte das Originalgebäude nieder, das Anwesen wurde dann 1830 nach Plänen des Architekten Pain komplett neu errichtet. Mittlerweile gehört die Anlage der Stadt und wurde renoviert – als **Blackrock Castle Observatory**, ☎ 021-4357917, 💻 www.bco.ie, ist es jetzt eine Sternwarte mit zahlreichen astronomischen Ausstellungen. ⌚ Mo–Fr 10–17, Sa, So und Fei 11–17 Uhr, Eintritt 6 €.

Das nahe gelegene, rechteckige **Barryscourt Castle**, Carrigtwohill, ☎ 021-4882218, 💻 www.heritageireland.ie, bildet einen deutlichen Kontrast zu den runden Formen von Blackrock. Diese Burg gehörte der Familie Barry, die hier ihren Stammsitz vom 12. bis zum 17. Jh. hatte. Das erhaltene Turmhaus aus dem 15. Jh. (mit einigen Änderungen aus dem 16. Jh.) wirkt auf den ersten Blick wie viele andere irische Burgen. Ungewöhnlich ist allerdings die rund 50 m lange Bankethalle, die den westlichen Teil der Burganlage dominiert. Sowohl die Halle wie auch Teile des Turmhauses sind heute für Besucher zugänglich, neben Informationen über die Geschichte der Burg wird auch eine Ausstellung irischer Kunst aus dem Mittelalter gezeigt. Sehr interessant ist zudem der in den Zustand des 16. Jhs. zurückversetzte Obstgarten. ⌚ Ende Mai–Ende Sep tgl. 10–18 Uhr, Eintritt frei, nur mit Führung möglich.

Übernachtung

Cork Airport

Cork International Airport Hotel, ☎ 021-4549800, 💻 www.corkinternationalairporthotel.com. Günstig am Flughafen gelegenes Hotel mit 146 Zimmern, Shuttlebus. ❸

Radisson Blu Hotel Cork Airport, ☎ 021-4947500, 💻 www.radissonblu.com. In Laufweite vom Terminal mit 81 Zimmern gelegenes Hotel mit Shuttlebus, mit etwas gehobenere Ausstattung. ❹

Cork City

€ **Aaran House Tourist Hostel**, Lr. Glanmire Rd., ✆ 021-4551566. Nur 5 Min. vom Busbahnhof entfernt und direkt gegenüber dem Bahnhof gelegen, ist das Aaran House zentral gelegen, sauber und freundlich. Es werden spezielle Rabatte für einen Aufenthalt von einer Woche oder mehr gegeben. Bett ab 12,50 €.

€ **Kinlay House Cork**, Bob & Joan's Walk, Shandon, ✆ 021-4508966, 💻 www.kinlayhousecork.ie. In der Stadt gelegenes Hostel mit 171 Betten, darunter Schlafräume mit Etagenbetten (Bett ab 14 €) sowie private Familienzimmer. Die hervorragende Lage macht die einfache Ausstattung des Hauses wett. Ein Wäschereiservice für 8 € wird angeboten. ❷

€ **Brú Bar & Hostel**, 57 MacCurtain St., ✆ 021-4559667, 💻 www.bruhostel.com. Ebenfalls sehr zentrales Hostel mit akzeptablem Standard, Familien- sowie 4- und 6-Bett-Zimmern (Bett ab 12 €), alle mit eigenem Bad. Ein Wäschereiservice wird angeboten. Zum Hostel gehört auch die Brú's Bar, ein geselliger Treffpunkt am Abend. ❷

€ **Sheila's Hostel**, 4 Belgrave Pl., Wellington Rd., ✆ 021-4505562, 💻 www.sheilashostel.ie. Sehr großes Haus in der Stadtmitte, für Gäste werden auch kleine Snacks und sogar ein Glas Wein angeboten. Wer selber kochen will, findet eine große Küche. Daneben bietet das Hostel einen „Kinoraum" und auch WLAN und Internet. Bett ab 13 €. ❷

Achill House, Western Rd., ✆ 021-4279447, 💻 www.achillhouse.com. Das Guesthouse bietet 6 individuell gestaltete Zimmer mit großer Frühstücksauswahl von kalt bis warm. Als Gast fühlt man sich in diesem familiären Haus schnell willkommen. ❸

Maldron Hotel Cork, John Redmond St., Shandon, ✆ 021-4529200, 💻 www.maldronhotels.com. 101 Zimmer, nur 2 Min. von der Patrick Street entfernt. Das Haus ist modern, die Zimmer sind zweckmäßig, aber komfortabel eingerichtet. Unbedingt im Internet vor einer Buchung nach günstigen Pauschalangeboten schauen. ❸–❹

Gresham Metropole, MacCurtain St., ✆ 021-4643700, 💻 www.gresham-hotels.com. Mitten in Corks Innenstadt gelegenes Hotel mit 112 Zimmern. Die Lage ist der große Vorteil dieses Hauses, die Zimmer sind sehr komfortabel, aber nicht besonders aufregend. ❹

Wenn es etwas luxuriöser sein darf

Imperial Hotel, South Mall, ✆ 021-4274040, 💻 www.flynnhotels.com. Um 1813 errichtetes Gebäude, umgewandelt in ein Wohlfühl-Hotel mit 130 Zimmern im Herzen von Cork. Empfehlenswert, wenn es ein bisschen mehr Luxus sein darf und nicht auf den Euro geachtet werden muss. ❺

Essen

Café Paradiso, 16 Lancaster Quay, Western Rd., 💻 www.cafeparadiso.ie. Einfaches Restaurant mit guten vegetarischen Gerichten und traumhaften Desserts wie „Blackberry Fool" oder „Strawberry Pavlova". Bio-Weine. Vielleicht die gesündeste Art, sich in Cork satt zu essen.

The Cornstore Winebar & Grill, 43 Cornmarket St., 💻 www.the-cornstore.com. Restaurant in ehemaliger Getreidemühle mit Pizza frisch aus dem Ofen und einer guten Steakauswahl. Spezialität während der Saison: Lobster. Hausgemachte Desserts.

Crawford Gallery Café, Emmet Pl., 💻 www.ballymaloe.ie. Eines der beliebtesten Restaurants. Traditionelle irische und moderne internationale Gerichte. Vegetarisch genießen: Bohneneintopf auf Mittelmeerart. Hervorragende hausgemachte Backwaren.

Flemings Restaurant, Silver Grange House, Tivoli, 💻 www.flemingsrestaurant.ie. Restaurant mit klassisch-moderner französischer Küche. Wildgerichte und der Apfelkuchen mit hausgemachtem Eis sind besonders gut.

Isaacs Restaurant, 48 MacCurtain St., 💻 www.isaacsrestaurant.ie. Modernes Restaurant mit einer Kombination aus internationalen Einflüssen und traditionell irischer Küche. Gute Weinkarte mit einigen Überraschungen.

Jacobs On The Mall, 30a South Mall, 💻 www.jacobsonthemall.com. Restaurant in einem ehemaligen türkischen Bad. Moderne europäische Küche mit kreativer und farbenfroher Speisenzusammenstellung. Sehr feine Steaks.

Jacques' Restaurant, Phoenix St., www.jacquesrestaurant.ie. Modernes Restaurant mit speziellem Augenmerk auf Fisch, teilweise mit orientalischen Einflüssen. Vernünftige Preise, wenn man auf die Menüangebote („Early Dinner", teilweise ab 21.30 Uhr) zurückgreift.

Les Gourmandises Restaurant, 17 Cook St., www.lesgourmandises.ie. Kleineres Restaurant mit täglich wechselnder Speisekarte. Crab Sandwich wird als Vorspeise empfohlen. Zum Dessert gibt es französische und irische Käse oder einen der besten Kaffees in Cork. Etwas teurer. Interessant: Das Restaurant bemüht sich, Lieferanten aus der Region zu bevorzugen und bezieht das meiste Gemüse aus ökologischem Anbau.

The Bosun, The Pier, Monkstown, www.thebosun.ie. Bar serviert als Besonderheit Känguru, das Restaurant legt den Schwerpunkt auf Fisch und Meeresfrüchte, bietet aber auch Steak und sehr gute Entengerichte. Empfehlenswert ist das Abendmenü zum Festpreis (2010: 45 €), auf den ersten Blick nicht unbedingt günstig, aber voll seinen Preis wert.

Unterhaltung und Kultur

An Cruiscin Lán, Douglas St., 021-4840941, www.cruiscinlive.com. Bar mit einem sehr guten Musikangebot, von traditioneller irischer Musik über Weltmusik und Blues bis hin zum modernen Jazz.

An Spailpin Fánac, South Main St., 021-4277949. Traditioneller Pub, den es seit sage und schreibe 1779 gibt. Zur rustikalen Innenausstattung zählt ein offenes Feuer. Sehr häufig finden hier traditionelle Sessions statt.

Cork Arts Theatre, Camden Court, Carroll's Quay, 021-4505624, www.corkartstheatre.com. Kulturzentrum mit stark variierendem Angebot, von populärer Kunst bis hin zu experimentellem Theater.

Cork Opera House und **Half Moon Theatre**, Emmet Pl., 021-4270022, www.corkoperahouse.ie. Corks größtes Haus, das für verschiedene Aufführungen genutzt wird, aber nur äußerst selten für Opern. Stattdessen finden hier Konzerte, Musicalaufführungen und Theaterveranstaltungen statt.

Everyman Palace Theatre, 15 MacCurtain St., 021-4501673, www.everymanpalace.com. Theater mit wechselndem Programm, sowohl eigene Produktionen wie auch Tourneetheater.

The Firkin Crane, 12 South Mall, 021-4507487, www.firkincrane.ie. Veranstaltungsraum für sehr unterschiedliche Ausstellungen, Happenings und Aufführungen, teilweise sehr interessante Konzerte.

Franciscan Well Brewery, 14 North Mall, 021-4210130, www.franciscanwellbrewery.com. Kleine Brauerei mit angeschlossenem Pub (oder umgekehrt, auf jeden Fall blickt man vom Gastraum direkt auf den Braukessel), vor allem wegen des großen Biergartens und der vielen Bierfestivals beliebt.

Granary Theatre, Granary, Mardyke, 021-4904275, www.granary.ie. Kleineres Theater, in dem ein abwechslungsreiches Programm von unterschiedlicher Qualität und sehr unterschiedlichem Anspruch geboten wird.

Liquid Lounge, 29 Marlborough St., 021-4276097, www.liquidlounge.ie. Nach Meinung vieler Menschen der beste Nachtclub von Cork, teilweise mit Live-Auftritten vor allem irischer Bands, ansonsten DJs mit recht gemischtem Programm.

Triskel Arts Centre, Tobin St., Off South Main St., 021-4272022, www.triskelart.com. Kulturzentrum, in dem Filme und Ausstellungen gezeigt werden oder Theater gespielt wird. Teilweise werden hier auch sehr traditionelle und folkloristische Aufführungen veranstaltet.

Feste

Chöre von Klassik bis Pop geben sich in Cork im Mai zum Bank Holiday Weekend ein Stelldichein. Die Qualität beim **Cork International Choral Festival**, www.corkchoral.ie, ist unterschiedlich, insgesamt aber durchaus hörenswert.

Mitte Juni findet für zwei Wochen das **Cork Midsummer Festival**, www.corkmidsummer.com, statt. Unter dem sehr losen Thema der Mittsommernacht lässt sich alles subsummieren, von Kunst bis Karneval, es geht nicht um Spiritualität, sondern um Spaß.

Beim **East Cork Early Music Festival** Mitte September, 💻 www.eastcorkearlymusic.ie, kommt Musik aus der Zeit vor 1750 an verschiedenen Orten zur Aufführung, oftmals einige sehr beachtenswerte Konzerte auch von international bekannten Künstlern.
Von Dixieland bis hin zum experimentellen Jazz erklingt alles Mögliche beim **Guinness Jazz Festival** Ende Oktober, 💻 www.guinness jazzfestival.com. Cork wird zwar nicht zu New Orleans oder New York, für Freunde dieser Musikrichtung aber durchaus interessant. Einige Jazzgrößen gastieren hier, wobei der Begriff allerdings relativ flexibel ausgelegt wird.
Die langen, dunklen Nächte im November laden einfach dazu ein, ins Kino zu gehen. Das **Cork Film Festival** Mitte November, 💻 www.corkfilmfest.org, bietet allerdings Filme, die nicht unbedingt in den Mainstream passen. Gelegentlich interessante Aufführungen irischer Filmschaffender.

Informationen

Tourist Information Cork Airport, Arrivals Hall, ✆ 021-4838018.
Tourist Information Cork City, Grand Parade, ✆ 021-4255100, ✉ corkkerryinfo@failteireland.ie, Infos auch unter 💻 www.corkcity.ie.

Nahverkehr

In Cork City verkehrt ein **Stadtbus**, 💻 www.buseireann.ie (unter City/Town Services), der für Touristen aber weniger interessant ist, denn eigentlich lassen sich alle interessanten Punkte der Stadt zu Fuß leichter erreichen.

Transport

Busse

Der **Bushahnhof** befindet sich an der Ecke Parnell Pl./Merchant's Quay, Infos unter 💻 www.buseireann.ie oder Cork Bus Station, ✆ 021-4508188 oder 021-4557178.
BANTRY, bis zu 7x tgl.
CHARLEVILLE, stdl. Verbindungen.
DUBLIN, tgl. zwischen 8 und 18 Uhr 6x von und nach Dublin zum Busaras, via Fermoy, Mitchelstown, Cahir, Cashel, Portlaoise und Kildare Town, Linie 8, Fahrtzeit ca. 4 1/2 Std. Regulärer Fahrpreis 13 €.
Alternative Verbindung Linie 7 von Cork über Fermoy, Mitchelstown, Clonmel, Carrick-on-Suir, Kilkenny Town, Carlow, Athy und Naas nach Dublin, Fahrtzeit 6 1/4 Std.
KILLARNEY, stdl. Verbindungen.
KINSALE, werktags bis zu 14x tgl.
LIMERICK, stdl. Verbindungen.
SKIBBEREEN, werktags bis zu 7x tgl.
TRALEE, stdl. Verbindungen.
Mit unterschiedlicher Frequenz nach BLARNEY, CROSSHAVEN, BALLINGCOLLIG, MACROOM, MIDLETON und BANDON.

Eisenbahn

Der **Bahnhof** liegt in der Lower Glanmire Rd. und ist mit Buslinie 5 zu erreichen.
DUBLIN-HEUSTON unter der Woche zwischen 5 und 20.30 Uhr etwa im Stundentakt Direktverbindungen, 💻 www.irishrail.ie. Fahrtzeiten sind unterschiedlich, mindestens 2 1/2 Std. müssen veranschlagt werden. Fahrkarten kosten bei rechtzeitiger Vorbuchung im Internet nur 10 €, sodass der Zug eindeutige Vorteile gegenüber dem Bus hat.
TRALEE mehrmals tgl., Fahrtzeit etwas über 2 Std. Tickets kann man im Internet preisgünstig vorbestellen.

Fähren

Der Hafen von Cork wird gerne von Kreuzfahrtschiffen genutzt, es bestehen jedoch auch Fährverbindungen von und nach Cork.
Brittany Ferries, 💻 www.britannyferries.ie, verbindet den Kontinent direkt mit Irlands Südwesten, die Fahrtzeit von Cork nach Roscoff beträgt 14 Std.
Fastnet Line, 💻 www.fastnetline.com, betreibt die Fähre von Cork nach Swansea (GB), die Überfahrt dauert 11 Std. Günstige Tickets bekommt man im Internet (frühzeitig buchen).

Flüge

Cork Airport, 💻 www.corkairport.com, rund 8 km südlich von Cork gelegen, ist in den letzten Jahren stark modernisiert worden. Die Zahl der Flüge erscheint jedoch rückläufig.

Es bestehen Verbindungen nach München und Genf mit Aer Lingus, 💻 www.aerlingus.com, eventuell könnten auch die Flüge von Amsterdam (Aer Lingus) und Wroclaw (Wizz Air, 💻 www.wizzair.com) für Reisende aus Deutschland interessant sein.

Flughafentransport

Flughafenbusse Cork, 💻 www.buseireann.ie. Schnelle und zuverlässige Verbindung zwischen dem Flughafen und der Innenstadt mit der Linie 226, Fahrpreis etwa 4 €.
Zudem kann man mit den Bussen der Gesellschaft **Citylink,** 💻 www.citylink.ie, mehrmals tgl. direkt nach LIMERICK, Fahrtzeit 2 Std., 12 €, und nach GALWAY TOWN, Fahrtzeit 3 ½ Std., 16 €, weiterfahren.

Fota Island

Etwas südlich von Cork liegt die Insel Fota, die jedoch durch eine gute Anbindung über Straßen und Eisenbahnen viel von ihrem Inselcharakter verloren hat. Sie ist ein beliebtes Ausflugsziel für die Bewohner der Stadt Cork und auch touristisch von Interesse. Eine der Attraktionen ist das **Fota House,** 📞 021-4815543, 💻 www.fotahouse.com, mit seinen weitläufigen Gartenanlagen. Das Herrenhaus wurde Anfang des 19. Jhs. im typischen Stil der Regency (benannt nach der Regentschaft des Prinzen Georg, später König Georg IV. von England) erbaut. Das Haus, das in den letzten Jahren aufwendig renoviert wurde, beherbergt heute eine interessante Kunstsammlung. Beachtenswert ist auch das Arboretum, das zahlreiche Bäume und Büsche aus Asien und allen Teilen Amerikas aufweist, die im milden Klima von Cork gedeihen. 🕓 April–Okt tgl. 10–17 Uhr (So ab 11 Uhr), Eintritt 6 €.

Fast noch exotischer geht es gleich nebenan zu, im **Fota Wildlife Park,** 📞 021-4812678, 💻 www.fotawildlife.ie, dem vielleicht familienfreundlichsten und „interaktivsten" Zoo Irlands. Die Mehrzahl der Tiere lebt hier in großen Freigehegen oder läuft frei auf dem Gelände umher. Mit etwas Glück kann der einfühlsame Besucher zu zahlreichen Tieren sehr nahen Kontakt aufnehmen, bei den Lamas z. B. ist das aber nicht unbedingt empfehlenswert. Und auch in der Nähe der flinken und vor allem recht diebischen Lemuren sollte man etwas vorsichtig sein, diese Kletterkünstler sind vor allem auf Nahrungsmittel (oder das, was danach aussieht) scharf.

Nicht frei dagegen werden die Geparden gehalten – Fota ist eine der erfolgreichsten Zuchteinrichtungen für diese bedrohte Tierart. Der Tierpark von Fota empfiehlt sich vor allem für Besucher, die vor längeren Spaziergängen nicht zurückschrecken, denn die großzügige Anlage weist längere Wege auf. 🕓 Mo–Sa 10–18, So 11–18 Uhr, letzter Einlass jeweils eine Stunde vor Schließung, Eintritt 13,50 €.

Cobh

Die Hafenstadt Cobh am östlichen Ufer des Cork Harbour war von Mitte des 19. bis Mitte des 20. Jhs. einer der wichtigsten Häfen des Transatlantikverkehrs. Was der Stadt, die damals noch ihren englischen Namen Queenstown trug, gleich in mehrfacher Hinsicht traurige Berühmtheit einbrachte. Zunächst wurde Cobh als Hafen ohne Rückkehr bekannt, von dem aus die Schiffe voller Emigranten Richtung Westen in die USA aufbrachen. In den Zeiten der Großen Hungersnot war die Hafenmauer von Cobh für Hunderttausende das letzte Stück irischer Erde, das sie unter den Füßen hatten. Während diese Auswanderer noch mehr oder minder freiwillig auf die Schiffe stiegen, waren andere Passagiere zwangsweise hier – in der ersten Hälfte des 19. Jhs. wurden ungefähr 40 000 Strafgefangene von Cobh aus nach Australien deportiert. In späteren Jahren war der Ort immer noch als Auswandererhafen bekannt, die Verhältnisse hatten sich jedoch etwas verbessert. Zum einen waren die Auswanderer nicht mehr total geschwächt und dem Hungertod nahe, zum anderen war die Überfahrt durch die Einführung von Dampfschiffen wesentlich kürzer geworden. Zum Teil rekordverdächtig kurz, denn hier begann auch die Jagd um das „Blaue Band", die Auszeichnung für die schnellste Atlantiküberquerung. Eine Auszeichnung, die vielleicht auch der Kapitän des wohl berühmtesten Schiffes, das jemals Cobh verließ, im Sinn hatte – Captain

Smith, Kommandant der *Titanic*. Der angeblich unsinkbare Luxusdampfer nahm auf seiner Jungfernfahrt hier das letzte Mal Passagiere, Kohle und Proviant auf, bevor ihn ein Eisberg auf den Grund des Meeres sinken ließ. Nur wenige Jahre später kam es zu einer weiteren Tragödie. Die *Lusitania* wurde unweit des Old Head of Kinsale von einem deutschen U-Boot torpediert. Die meisten Überlebenden dieser heute noch umstrittenen Versenkung wurden in Cobh an Land gebracht, die meisten Leichen hier in Massengräbern beigesetzt.

Von all diesen Tragödien bekommt der Besucher heute auf den ersten Blick nichts mit. Stattdessen präsentiert sich Cobh als eine bunte Stadt mit breiter Uferpromenade, altmodischen Häusern und teils schon mediterranem Flair. Doch verschiedene Denkmäler erinnern an die Vergangenheit: Direkt am Hafen etwa stehen die Statuen der Geschwister Moore, Annie scheint einen letzten Blick auf Irland zu werfen. Diese Statuen sind nur Teil eines Gesamtkunstwerks, die andere Hälfte zeigt die Ankunft der jungen Irin auf der Einwandererinsel Ellis Island (New York), wo sie die erste „Kundin" war. Nicht weit entfernt steht auch ein kleines Denkmal für die Opfer der *Titanic*. Wesentlich größer und den zentralen Platz des Ortes beherrschend ist das Denkmal in Erinnerung an die *Lusitania*, das u. a. die trauernden und sichtlich erschöpften Fischer des Ortes zeigt, die an den Rettungsmaßnahmen teilhatten.

Dominiert wird Cobh von der gigantischen **St. Colman's Kathedrale**, die im neogotischen Stil auf einem Hügel über der Stadt errichtet wurde und mit ihrem dazu noch extrem hohen Kirchturm weithin sichtbar ist. Das Gebäude weist einige interessante Steinmetzarbeiten auf, die Dramatik der Lage wird jedoch nicht durch einen besonders dramatischen Innenraum ergänzt. Der Weg durch die engen Gassen hinauf zur Kathedrale lohnt sich jedoch schon wegen des Überblicks über den Ort und den Hafen von Cork.

Übernachtung

Commodore Hotel, Westbourne Pl., ✆ 021-4811277, 💻 www.commodorehotel.ie. Das Hotel bietet 42 Zimmer, teilweise mit Blick auf den Hafen. Die Inneneinrichtung ist zweckmäßig und komfortabel zugleich, mit etwas altmodischen Accessoires. Unbedingt ein Zimmer mit Blick aufs Wasser verlangen! ❸

Waters Edge Hotel, Cobh, ✆ 021-4815566, 💻 www.watersedgehotel.ie. Im Hafenbereich neben dem Museum gelegenes Hotel mit 19 Zimmern. Recht gemütlich und gut für einen entspannenden Aufenthalt geeignet. Wobei die Aussicht über den Hafen sicherlich einer der großen Pluspunkte ist, zusammen mit dem guten Restaurant im Haus. ❸–❹

Einblick in die Auswanderung

Wer sich intensiv mit der Geschichte der Stadt auseinandersetzen möchte, der sollte sich die Ausstellung The Queenstown Story nicht entgehen lassen, die im **Cobh Heritage Centre**, Deep Water Quay, ✆ 021-4813591, 💻 www.cobhheritage.com, gezeigt wird. Untergebracht ist sie in dem viktorianischen Bahnhof, über den nach 1862 zahlreiche Auswanderer und andere Passagiere ihr Schiff erreichten. Die Geschichte der Deportationen und des Massenexodus wird dem Betrachter anhand zahlreicher zeitgenössischer Ausstellungsgegenstände und mit Hilfe von Multimedia-Displays anschaulich nahegebracht. So meint man, selbst an Bord eines dieser „coffin ships" zu sein, das während der Großen Hungersnot für Millionen verzweifelter Menschen zur letzten Rettung wurde. ⏲ Tgl. 9.30–17 Uhr, Eintritt 7,50 €.

Unterhaltung

Kelly's, Westbourne Pl., ✆ 021-4811994, ist vielleicht der lebendigste Pub in Cobh, urgemütliche Inneneinrichtung mit viel Holz, fast immer zu einem Schwätzchen aufgelegte Gäste und die wichtigsten Sportereignisse im Fernseher. Eine typisch irische Kneipe ohne Schnörkel und ohne Konzession an Irland-Klischees.

Transport

Halbstündlich verkehren zwischen 6.30 und 22.30 Uhr Züge zwischen CORK und Cobh, Fahrtzeit etwa 25 Min. Züge halten auch in Fota, 💻 www.irishrail.ie.

Blarney

Wird in Irland eine Aussage als übertrieben, wenn nicht gar als unhaltbarer Blödsinn eingeschätzt, dann sagt man „It's a load of Blarney!" Diese Aussage stammt aus der Zeit der Königin Elisabeth I. Als der Herr von Blarney Castle immer fantastischere Begründungen lieferte, warum er seinen Verpflichtungen nicht nachkommen könne, riss der jungfräulichen Königin irgendwann der Geduldsfaden und sie setzte den Ortsnamen schlicht mit unglaubwürdigen Ausflüchten gleich. Heute ist „Blarney" grob gesprochen jede Geschichte, die man nicht glaubt.

Und man mag es kaum glauben, dass Blarney heute als Hort der eleganten Beredsamkeit gilt und die Schlossherren es geschafft haben, dass Besucher gutes Geld dafür zahlen, einen alten Stein zu küssen. Dabei ist der Stein von Blarney, hoch oben im **Blarney Castle**, ✆ 021-4385252, 💻 www.blarneycastle.ie, noch nicht einmal ein echter „Blarney". Die an sich interessante Ruine, ursprünglich im Jahre 1446 von Dermot McCarthy als Familiensitz gebaut, unterscheidet sich nicht wesentlich von vielen anderen Gebäuden dieser Art in Irland. Der entscheidende Vorteil gegenüber der Konkurrenz steckt jedoch hoch über dem Boden und ist über 127, bei Feuchtigkeit nicht absolut rutschfeste Stufen erreichbar. Hier befindet sich der **Stein von Blarney**, der der Sage nach Menschen dazu befähigt, auf ganz neue Art zu kommunizieren. Um dieses Ziel zu erreichen, muss sich der Besucher auf dem Rücken liegend über den schwindelerregenden Abgrund hängen und dann den Stein küssen. Helfer achten dabei darauf, dass man nicht mit einem letzten, wenig eloquenten Aufschrei in die Tiefe stürzt ... nicht verhindern können sie dagegen, dass so mancher Steinküsser mehr Brust zeigt, als ihm oder ihr lieb ist. Dass Menschen für dieses zweifelhafte Vergnügen bezahlen und dass Blarney zu einer der bekanntesten Touristen-Attraktionen in Irland wurde, ist eines der ungelösten Rätsel der Welt. Aber vielleicht haben die Marketingexperten ja einfach den richtigen Stein geküsst. Wie auch immer: Blarney hat mehr als den Stein zu bieten, vor allem die wunderschönen Gärten sind wesentlich attraktiver. 🕓 Tgl. 9 Uhr bis etwa Sonnenuntergang, Eintritt 10 €.

Das nahe gelegene **Blarney House** ist übrigens nicht immer der Öffentlichkeit zugänglich, Details sind auf der Webseite der Burg zu finden. Willkommen dagegen ist jeder Tourist im Dorf selbst, eine ganze Reihe Pubs und verschiedene Geschäfte mit Andenken und Kunsthandwerk erwarten ihn. Durchaus lohnenswert kann ein Besuch in den **Blarney Woollen Mills**, ✆ 021-4516111, 💻 www.blarney.ie, sein, hier werden vor allem Stoffe und typische Kleidung verkauft. 🕓 Mo–Sa 9.30–18, So 10–18 Uhr.

Fragwürdige Auszeichnung

Im Jahre 2010 kam der **Blarney Stone** zu einem ganz eigenen Ruhm – er wurde unter die 101 nicht wirklich sehenswerten Sehenswürdigkeiten der Welt aufgenommen und belegte auch einen Spitzenplatz im Ranking der unhygienischsten Touristenattraktionen weltweit. Und das bei harter Konkurrenz, etwa durch das Trinkwasser-Museum von Peking. Damit noch nicht genug: Gegen Ende des Jahres wurde auch noch die irische Polizei vorstellig und beschlagnahmte ohne Genehmigung im „Giftgarten" angebaute Pflanzen wie Schlafmohn und Cannabis.

Übernachtung

Muskerry Arms, The Square, Blarney, ✆ 021-4385200, 💻 www.muskerryarms.com. Im Zentrum von Blarney gelegener Pub samt Guesthouse mit 11 Zimmern. Einfach, aber mit ganz eigenen Charme. Große Familienzimmer. Teilweise Dachmansarden, sodass ein etwas beengter Eindruck entstehen kann. ❷–❸

Ashlee Lodge, Tower, Blarney, ✆ 021-4385346, 💻 www.ashleelodge.com. Nur Minuten vom Blarney Stone entfernt gelegenes Guesthouse mit 10 Zimmern. Recht gemütlich mit durchaus familiärer Atmosphäre. ❸–❹

Blarney Woollen Mills Hotel, Blarney, ✆ 021-4385011, 💻 www.blarneywoollenmillshotel.com. Im alten Mühlenkomplex eingerichtetes Hotel mit 48 Zimmern. Sehr komfortabel und mit guter Ausstattung, allerdings in seiner Vermittlung eines sehr auf den nordamerikanischen Besucher zugeschnittenen Irlandbildes teilweise gewöhnungsbedürftig. ❺

Informationen

Tourist Information Blarney, direkt an der Burg, 021-4381624, Infos auch unter www.blarney.ie.

Transport

Busse verkehren in unterschiedlicher Frequenz nach CORK, www.buseireann.ie.

Midleton

Der kleine, lebendige Ort Midleton wäre wahrscheinlich keine große Erwähnung wert, wenn hier nicht das „Wasser des Lebens" geflossen wäre. Der Ort besitzt die größte Whiskey-Destillerie Irlands, u. a. wird hier Jameson hergestellt. Für den Besucher wurde die historische Anlage aus dem 18. Jh. sorgfältig renoviert und als Museum eingerichtet – die **Old Midleton Distillery**, (Distillery Walk, 021-4613594, www.jamesonwhiskey.com, ist ein Muss für den Whiskey-Freund. Mit Hilfe von Multimedia-Installationen, Modellen und alten Maschinen wird die Geschichte dieses typisch irischen Erzeugnisses lebendig. Während der rund einstündigen Tour werden die verschiedenen Bereiche wie die Mühlen, die Brennöfen und auch die Warenhäuser besichtigt. Den krönenden Abschluss bildet eine kleine Verköstigung. Wer sich für historische Technik interessiert, wird sich wahrscheinlich am meisten für die noch funktionsfähige Wassermühle begeistern, die Freunde des Hochprozentigen dagegen eher ehrfurchtsvoll vor dem mit über 30 000 Gallonen größten Brennkessel der Welt stehen. Tgl. Touren etwa zwischen 10 und 17 Uhr, Eintritt 8,50 €.

Übernachtung und Essen

€ **An Stor Midleton Tourist Hostel**, Drury's Ln., 021-4633106, www.anstor.com. Einfaches, aber ordentliches Hostel mit 50 Betten (Bett ab 18 €) in verschieden großen Räumen. Gut ausgestattete Küche für Selbstversorger, aber auch Frühstück und Abendessen im Angebot. ❷

White Lodge B&B, Shanagarry North, 021-4646107, www.whitelodgebb.com. Nahe am Strand von Ardnahinch gelegenes B&B, das eine ideale Basis bietet für die Erkundung der Umgebung. Leichtes Abendessen und Lunchpakete können mitgebucht werden. ❸

Ballymaloe House, Shanagarry, www.ballymaloe.com. Restaurant mit sehr gutem Ruf in einem großen Landsitz an der R629 – es ist direkt mit der bekannten Ballymaloe Cookery School verbunden. Aperitifs vor der Tischzuweisung. Schwerpunkt sind Gerichte nach Hausmannsart. Gute Weinauswahl für Weinkenner. Die Atmosphäre ist freundlich, aber niemals ausgelassen. Preislich nicht ohne: Das Mittagsmenü liegt bei 40 €, am Abend sind 75 € der Einstiegspreis.

Beste französische Küche

Für Gourmets ist ein Abstecher in das **Restaurant Capricho** im Bayview Hotel, Ballycotton, www.thebayviewhotel.com, direkt oberhalb der Küste, empfehlenswert. Geboten wird hervorragende französische Küche. Als Besonderheit werden Gerichte, bestehend aus drei Varianten eines Grundgerichtes, serviert, etwa „Fishy, Fishy, Fishy" oder „Three Little Pigs". Hervorragende Desserts. Eine gute Auswahl irischer und importierter Käsesorten. Preislich im gehobenen Bereich.

Informationen

Tourist Information Midletown,
Jameson Heritage Centre, Distillery Walk, 021-4613702.

Transport

Busse
CORK, Busverkehr mit unterschiedlicher Frequenz, unter der Woche tagsüber zeitweise halbstündl, www.buseireann.ie.

Youghal

Einer der interessantesten Orte in Cork liegt im östlichsten Zipfel des County an der Mündung des Flusses Blackwater: Youghal, ausgesprochen in etwa „jaal" oder „joal". Im Mittelalter war dies eine wohlhabende Hafenstadt, bis sie

1579 vom Earl of Desmond zerstört wurde. Sie wurde später von Königin Elizabeth I. ihrem zeitweisen Favoriten Sir Walter Raleigh zum Geschenk gemacht und entwickelte sich danach unter Richard Boyle zu einer der sogenannten „closed boroughs" in Irland: von starken Garnisonen verteidigte und nur von englischen, protestantischen Siedlern bewohnte Ortschaften. Zeitweise befand sich hier sogar das Hauptquartier von Oliver Cromwells Truppen. Das heutige Stadtbild wird hauptsächlich von Häusern aus dem 18. und 19. Jh. dominiert. Doch auch die größtenteils im 16. Jh. erbaute Stadtbefestigung ist noch in Teilen erhalten. Sie ist rund 500 m lang und grenzt die Altstadt nach Westen hin ab.

Von den einstigen Befestigungsanlagen ist heute das mehrstöckige **Clock Gate** (Uhrturm) das wortwörtlich herausragende Überbleibsel. Es war eines der Stadttore von Youghal, in seiner heutigen Form besteht der Turm jedoch erst seit dem späten 18. Jh. Eine Zeitlang diente er auch als Gefängnis. Ganz in der Nähe ist im alten Markthaus ein kleines **Museum und Heritage Centre**, ✆ 024-20170, 🖳 www.youghalchamber.ie, untergebracht. Die Geschichte des Ortes wird hier dem Besucher in Artefakten und mit Hilfe von interaktiven Multimedia-Displays nahegebracht. 🕓 Saisonal wechselnd.

Von den Resten der Stadtmauer aus lässt sich ein schöner Blick über die Mündung des Flusses Blackwater genießen, die hier auch die Grenze zum County Waterford bildet. Durch das alte Stadttor, das heute den teilweise starken Verkehr in der Innenstadt etwas behindert, gelangt der Besucher direkt in die North Main Street, die parallel zum Blackwater verlaufende

Raleigh und Boyle – zwei Legenden in Cork

Wie kaum andere, so repräsentieren bis heute Sir Walter Raleigh und Richard Boyle die Umwälzungen der Tudorzeit und die englische Herrschaft – zwei Opportunisten, die in Irland ihr Glück suchten.

Raleigh war das, was man am Hof der Königin Elizabeth I. mit wohligem Schauer einen „Gentleman Adventurer" nannte. Mitte des 16. Jhs. in eine arme Familie in Südwestengland hineingeboren, machte er Karriere beim Militär. Nachdem er während der Desmond Rebellion Irland kennengelernt hatte und sich am Hof das Wohlwollen der Königin erschmeicheln konnte, schenkte diese ihm nicht weniger als 17 000 ha Land in der Provinz Munster. In Youghal, so heißt es, hat er sogar Kartoffeln aus Amerika in seinem Garten angebaut und dazu ein Pfeifchen Tabak aus Virginia geschmaucht. Wohl eher eine Legende. Raleighs Unternehmungen in Virginia und Venezuela waren nicht gerade Erfolgsgeschichten. Als er dann auch noch über eine Liebesaffäre den Zorn der Königin auf sich zog, sank sein Stern. Um 1600 wurden die meisten seiner Besitzungen in Munster durch Rebellen verwüstet, sodass er sie zwei Jahre später zum Dumpingpreis von 1500 £ an einen gewissen Richard Boyle verkaufte.

Boyle war einige Jahre jünger als Raleigh und kam 1588 nach einem abgebrochenen Jurastudium von London auf die Insel. In Rechtssachen erwies sich der Neuankömmling als so gewieft, dass er binnen kürzester Zeit eine ganze Reihe von Besitzungen sein eigen nennen konnte. In der besten Tradition des Winkeladvokaten pickte er sich umstrittene Landbesitzurkunden heraus, erhob einen eigenen Anspruch und setzte diesen dann auch vor Gericht durch. Weitere Reichtümer brachte seine erste Frau mit in die Ehe. Den Spottpreis für Raleighs Besitzungen zahlte er quasi aus der Portokasse. Zu dieser Zeit war er schon hoher Verwaltungsangestellter, seine effiziente Arbeit wurde 1603 mit dem Ritterschlag belohnt. 1620 ernannte ihn die Krone zum ersten Earl of Cork.

Oliver Cromwell meinte später bewundernd, hätte es einen Earl of Cork in jeder irischen Provinz gegeben, hätten die Iren nie wieder eine Rebellion auf die Beine stellen können. Da war Raleigh schon lange tot – wegen Piraterie und Verstoßes gegen seine Bewährungsauflagen wurde das bereits 1603 wegen Hochverrats gegen ihn verhängte Todesurteil im Jahr 1618 endlich vollstreckt. Seine letzten Worte: „Nun schlag zu, Mann!

Hauptstraße. In dieser haben sich gleich mehrere historische Gebäude erhalten.

Ungewöhnlich ist das **Red House**, ein im holländischen Stil erbautes Stadthaus aus dem Jahr 1710, das an den einstigen Reichtum der Kaufleute von Youghal erinnert. Einen Kontrast dazu bilden die aus elisabethanischer Zeit stammenden Armenhäuser (Almshouses) nur wenige Meter weiter.

Vis-à-vis erblickt man das **Tynte's Castle**, ein Wehrturm aus dem 15. Jh., der einst am Fluss stand, bevor dieser seinen Lauf verändert hat. Das nahe **Myrtle Grove** hingegen ist ein seltenes Beispiel eines nicht befestigten und dennoch existenten Hauses aus der Tudorzeit. Dieses Haus gehörte Sir Walter Raleigh, die Fassade mit ihren drei Giebeln bietet einen für Irland äußerst seltenen Anblick.

Bei einer Stadtbesichtigung nicht zu vergessen ist auch die im gotischen Stil gehaltene **Church of St. Mary** mit ihren Grabmälern und bunten Glasfenstern, auf denen unter anderem die verschiedenen Wappen der örtlichen Familien zu sehen sind. Hier findet sich auch das Grab des Richard Boyle.

Besucher mit einem maritimen Interesse können sich auch noch den kleinen **Leuchtturm** der Stadt ansehen, der auf einem Abhang über der Flussmündung thront. Die altertümliche Gesamterscheinung des Hafens von Youghal führte sogar Hollywood hierher. John Huston verfilmte hier den Klassiker *Moby Dick* mit Gregory Peck in der Rolle des besessenen Kapitäns Ahab. In ganz Neuengland konnte der Regisseur anscheinend keinen Hafen finden, der als typischer Walfängerhafen des 19. Jhs. infrage kam. Die meisten Besucher der Stadt allerdings kommen wegen der langen Sandstrände. Youghal ist ein immer noch beliebter Ferien- und Ausflugsort in Irland.

Übernachtung und Essen

€ **Evergreen House Holiday Hostel**, The Strand, Youghal, ✆ 024-92877, 💻 www.evergreenireland.com. Freundliches und komfortables Hostel (Bett ab 19 €), nicht weit weg vom Strand und von der Innenstadt, mit Schlafsälen und Privatzimmern. ❷

Leahy's Lee House, 29 Friar St., Youghal, ✆ 086-8342551, 💻 www.leahysyoughalbandb.com. Zentral gelegenes B&B (Frühstück ist im Grundpreis nicht enthalten, bei Buchung genau nachfragen!), sehr familienfreundlich und auch für einen mehrtägigen Aufenthalt gut geeignet. Küche kann benutzt werden. ❷

Aherne's Seafood Restaurant, 163 North Main St., Youghal, 💻 www.ahernes.net. Beliebtes Nobelrestaurant, das zu einem empfehlenswerten Guesthouse gehört und für seine hervorragenden Fischgerichte bekannt ist. Aber auch die Lammgerichte sind durchaus empfehlenswert. Eine Spezialität des Hauses sind Muscheln mit Spinat. In der Bar werden einfache Gerichte serviert, viel Fisch und Meeresfrüchte.

Unterhaltung

Treacy's Pub, 20 North Main St. Angeblich der älteste Pub von Youghal, sehr gemütlich ohne große Prätentionen. Oft traditionelle Musik, ansonsten kommt man auch schnell in ein anregendes Gespräch.

Informationen

Tourist Information Youghal, Market House, Market Sq., ✆ 024-92447, ✉ tourism@youghalchamber.ie, Infos auch unter 💻 www.youghal.net.

Transport

Busse

CORK, über Midleton, entweder Linie 260 oder 40 (express), Fahrtzeit 50 Min. oder 1 Std. 20 Min., 19 Verbindungen zwischen 7 und 23 Uhr, Infos unter 💻 www.buseireann.ie.

Am Blackwater River

Der Fluss Blackwater, der bei Youghal ins Meer mündet, ist Irlands zweitlängster Fluss nach dem Shannon. Er entspringt in den Hochmooren von Kerry und fließt dann Richtung Osten durch das County Cork, bis er schließlich bei Cappoquin im County Waterford plötzlich seinen Lauf Richtung Süden verändert. Der Fluss, der durch das bewaldete Tal fließt, ist berühmt für seine braunen Forellen, die mit der entsprechenden Genehmigung geangelt werden dürfen. Von Youghal aus führt der romantische **Blackwater Valley Drive** bis nach Mallow. Verschiedene Ruinen säumen den Flusslauf, wobei die ehemalige **Abtei von Molana** das romantischste Bild abgibt.

Auf der Strecke liegt der 1789 von dem Schotten John Anderson gegründete Ort **Fermoy**, ein beliebtes Zentrum für Angler. Vor allem Lachs, Rotauge und Bachforelle sind die begehrte Beute, regelmäßige Meisterschaften die Höhepunkte des Veranstaltungskalenders am Ort.

Weiter in Richtung Mallow steht über dem Fluss bei Killavullen das **Ballymacmoy House**, ein Herrenhaus und Stammsitz der Familie Hennessy. Ihr in Frankreich hergestellter Cognac ist nahezu weltweit bekannt. Der irische Beitrag zur französischen Trinkkultur begann im Jahr 1740, als Richard Hennessy aus Killavullen als Söldner nach Frankreich ging. Nach einer schweren Verletzung quittierte er den Dienst und ließ sich schließlich im Jahr 1765 in der Gegend Cognac nieder, wo er anfing, die örtliche Spezialität herzustellen.

Vom Cognac zum Wasser: **Mallow** galt im 18. und 19. Jh. als beliebter Kurort, war in den letzten Jahren aber mehr durch die (mittlerweile zum Erliegen gekommene) Zuckerproduktion bekannt. Das Stadtbild ist nach wie vor durch den ehemaligen Kurbetrieb geprägt, zahlreiche Wohnhäuser aus dem 18. Jh. und das noch erhaltende Kurbad lassen etwas vom Glanz vergangener Zeiten erahnen. Das alte Gericht und die Markthalle sowie der Glockenturm in der Innenstadt sind weitere Besonderheiten. Am interessantesten sind jedoch vielleicht die noch immer im „Spa Glen" sprudelnden Brunnen. Weitere Überbleibsel des mondänen Kurbetriebes sind ein Badehaus und, Zerstreuung muss sein, eine Rennbahn. Die Geschichte der Stadt wird im Mallow Heritage Center, 27/28 Bank Pl., ✆ 022-50302 , 💻 www.mallowheritagecentre.com, erzählt, das sich in der Nähe der Ruine des Mallow Castle befindet. 🕓 Mo–Fr 10.30–13 und 14–16 Uhr (Fr nachmittags geschl.).

Einen kurzen Abstecher ist vielleicht noch der Ort **Kanturk** wert, er bietet das typische Bild einer irischen Marktstadt und kann mit seiner niemals vollendeten Festung (ein etwas zu ambitioniertes Bauprojekt der MacCarthys aus dem 17. Jh.) ein kleines Kuriosum aufweisen.

Pflanzen aus dem Himalaya

In der Nähe von Castletownroche sind die **Gärten von Anne's Grove**, ✆ 022-26145, 💻 www.annesgrovegardens.com, sehenswert, eine Parklandschaft voller einheimischer und exotischer Pflanzen … Letztere stammen u. a. aus Tibet und Nepal. 🕓 Nur nach Vereinbarung.

Übernachtung und Essen

Springfort Hall Hotel, Mallow, ✆ 022-21278, 💻 www.springfort-hall.com. Im Landhausstil errichtetes Hotel mit 49 Zimmern im Blackwater Valley gelegen, wenige Minuten vom Ortskern entfernt. Sehr komfortabel und als gute Basis für Ausflüge in die nähere Umgebung geeignet. ❹

Presidents' Restaurant im Longueville House Hotel, Mallow, 💻 www.longuevillehouse.ie. Benannt nach der interessanten Gemäldesammlung mit Porträts der irischen Präsidenten, bietet Gerichte vor allem aus regionalen Produkten wie Lamm oder Schwein. In der Saison wird Kaninchen empfohlen. Die hausgemachte Schokolade zum Dessert nicht vergessen.

Transport

Busse

DUBLIN, 6x tgl. zwischen 8 und 18.35 Uhr von **Fermoy** (via Mitchelstown, Cahir, Cashel, Portlaoise und Kildare Town zum Busaras, Linie 8, Fahrtzeit knapp 4 Std.) und umgekehrt. Regulärer Fahrpreis 13 €. Linie 8 in Gegenrichtung 6x tgl. nach CORK, Infos unter 💻 www.buseireann.ie.

Alternative Verbindung Linie 7 von Cork über Fermoy, Mitchelstown, Clonmel, Carrick-on-Suir, Kilkenny Town, Carlow, Athy, und Naas nach Dublin, Fahrtzeit 5 Std. 40 Min.

Eisenbahn

Die besten Verbindungen nach Mallow bestehen mit der Eisenbahn, Zugverbindungen gibt es nach TRALEE 8x tgl., Fahrtzeit etwa 1 Std. 25 Min., nach CORK 7x tgl., Fahrtzeit etwa 25 Min., und nach DUBLIN 8x tgl., Fahrtzeit etwa 2 1/2 Std. Bei Vorbestellung im Internet sind schon Preise von 10 € zu bekommen, sodass der Zug eindeutige Vorteile gegenüber dem Bus hat. Infos unter 💻 www.irishrail.ie.

Kinsale

Segeljachten, schmale Gassen, gestrichene Häuser: Kinsale zählt zu den Bilderbuch-Städtchen der Insel und könnte ohne große Vorbereitung als Filmkulisse dienen. Manch einem mag das schon zu viel des Guten sein. Kinsale, so sagen manche Kritiker, wirke künstlich – obwohl der Ort eigentlich nur sorgfältig restauriert wurde. Eines jedenfalls lässt sich nicht diskutieren: Kinsale mit seinen zahlreichen Restaurants, Cafés, Bars und Pubs ist die kulinarische Hauptstadt Irlands. Das jährlich im Oktober stattfindende Kinsale Gourmet Festival ist ein Höhepunkt im Kalender vieler Gourmets. In Kinsale eine Restaurantempfehlung zu geben, ist eigentlich ein sinnloses Unterfangen – fast alle sind hervorragend.

Bei einem Bummel durch die Innenstadt stößt man rasch auf die wichtigsten Sehenswürdigkeiten des Ortes. **Desmond Castle**, 📞 021-4774855, 💻 www.winegeese.ie, auch als das „Französische Gefängnis" bekannt, ist ein befestigtes Wohnhaus aus dem frühen 16. Jh., das der Earl of Desmond erbauen ließ und das zeitweise als Waffenlager, Zollgebäude und Gefängnis diente. Unter anderem für napoleonische Soldaten, daher der Name. Heute ist hier das internationale **Weinmuseum** ansässig, ein Gemeinschaftsprojekt von verschiedenen örtlichen Restaurantbetreibern, Historikern und der irischen Regierung, das die Rolle der irischen Emigranten im Weinhandel beleuchten soll. 🕒 Ostern–Okt tgl. 10–18 Uhr (Fei wie So), Eintritt 3 €.

Wesentlich älter ist dagegen die **St. Multose Church**, eine ursprünglich im normannischen Stil errichtete Kirche, die im Laufe der Jahrhunderte zahlreiche Veränderungen erfuhr. Beachtenswert sind das romanische Portal, ein Taufstein aus dem Mittelalter sowie die vor allem aus dem 17. Jh. stammenden Grabsteine.

Weitgehend im Originalzustand erhalten ist dagegen das heute als **Regional Museum**, 📞 021-4777930, 💻 homepage.eircom.net/~kinsale museum/index.html, genutzte alte Gerichtsgebäude, in dem 1915 die Versenkung der „Lusitania" gerichtlich untersucht wurde und das als Markthalle eine weitere Funktion erfüllte. Hier wird man über die Stadtgeschichte informiert, eines der interessantesten Ausstellungsstücke ist dabei die große Tafel, auf der die im Jahr 1788 geltenden örtlichen Steuern und Zölle aufgelistet sind. Ein Kuriosum sind die fast wie die Kleidung von Mönchen wirkenden langen, schwarzen Mäntel mit Kapuze, die für die Frauen der Gegend in früheren Zeiten typisch waren. 🕒 Sa 10–17, So 14–17 Uhr.

Die größte Sehenswürdigkeit in Kinsale ist aber Kinsale selbst, das verwinkelte Straßenbild mit den fein säuberlich herausgeputzten kleinen Häusern, an einem sonnigen Tag vielleicht der fleischgewordene Traum vieler Irlandfans. Wobei die Betonung auf „vieler" liegt, denn oftmals hat man das Gefühl, dass die rund 3500 Einwohner des Ortes von der mehrfachen Menge an Touristen überrannt werden. Überrannt wurde hier übrigens auch im Jahre 1601 eine Armee aus irischen und spanischen Soldaten, die den wichtigen Hafen und letzten Endes Irland für das katholische Europa sichern sollten. Dies widersprach natürlich vollkommen der Politik des protestantischen England, dessen Truppen in der Schlacht von Kinsale siegreich blieben. Mit dieser verheerenden Niederlage begann der endgültige Zusammenbruch der irischen Selbstständigkeit.

Von Kinsale aus soll im 18. Jh. der Seemann Alexander Selkirk zu einer langen Reise aufgebrochen sein, seine Geschichte wurde später unter dem Titel *Robinson Crusoe* bekannt. Das letzte, was Selkirk von Kinsale sah, war vielleicht die ausgedehnte Festung **Charles Fort**, Summer Cove, 📞 021-4772263, 💻 www.heritageireland.ie, die die Einfahrt zum Hafen von Kinsale seit der zweiten Hälfte des 17. Jhs. schützt. Die Anlage ist ein Paradebeispiel der Festungsbaukunst, jedenfalls in der Theorie. In der Praxis hatte sie einen großen Nachteil: Zwar beherrschte sie die Einfahrt zum Hafen, war jedoch auf einer etwas ungünstig gelegenen Landzunge errichtet worden. Das Gelände, auf dem die Festung steht, liegt unterhalb der umliegenden Hügelketten und machte Charles Fort für Angriffe vom Festland aus stark verwundbar. Dies zeigte sich schon 1690, als die Armee Wilhelms von Oranien die Festung von den Jakobiten nach kurzer Belagerung eroberte. Die britischen Truppen behielten die Anlage jedoch in Betrieb, obwohl die Bedeutung von Kinsale als Marinebasis nach dem 18. Jh. stark sank. Erst 1922 zog die Garnison ab und übergab die Festung an die Regierung des Irischen Freistaates. Kurz danach wurden Teile der Gebäude von der IRA niedergebrannt. Nachdem der Gesamtkomplex viele Jahre in einer Art Dornröschenschlaf gelegen hatte, wurde er als eine der am besten erhaltenen Festungen mit sogenannten Stern-Bastionen in Europa für das Publikum geöffnet. Ein Teil der Gebäude ist restauriert und wird als Museum genutzt. ◷ Tgl. 10–17/18 Uhr, Eintritt 4 €.

Einen vielleicht noch besseren Ausblick hinaus aufs Meer als vom Charles Fort hat man vom südlich gelegenen **Old Head of Kinsale**, einer in die See hineinragenden Klippe mit einem schönen Leuchtturm. Aber, und das ist ein echtes Ärgernis geworden, die gesamte Halbinsel wird als Privatgrundstück beansprucht, Besucher werden vom Sicherheitsdienst an einem stacheldrahtbewehrten Tor aufgehalten. Vor einigen Jahren hat sich hier ein exklusiver Golfplatz etabliert, seitdem ist das Gelände nur noch für Mitglieder und deren Gäste zugänglich. Rein juristisch ist das umstritten: Wegerecht soll angeblich bis hin zum Leuchtturm für die Öffentlichkeit bestehen, der jeweils diensthabende Zerberus wird sich jedoch nicht auf eine Diskussion darüber einlassen und kurz und knapp darauf hinweisen, dass er nur auf Befehl handelt.

Übernachtung

€ **Dempsey's Hostel**, Eastern Rd., ✆ 021-4772124, 💻 www.hostelkinsale.com. Einfaches Hostel mit drei Schlafsälen

Michael Collins

Spätestens seit mit Liam Neeson in der Hauptrolle sein dramatisches Leben verfilmt wurde, weiß alle Welt, wer Michael Collins war. Oder meint es zumindest zu wissen, denn um den Freiheitskämpfer und Politiker ranken sich mittlerweile so viele Legenden, dass es kaum noch möglich ist, sein Leben und seine (mutmaßlichen) Beweggründe objektiv zu erfassen. Er teilt auch heute noch, immerhin mehr als 80 Jahre nach seinem Tod, Irland in zwei Lager. Für die einen war er der Patriot, der Realpolitiker, der Irland in die Unabhängigkeit führte. Für die anderen war er der Verräter, der Nordirland an die Briten verkaufte.

Beim Osteraufstand dabei

Wer war Michael Collins wirklich? Als junges Mitglied der Irish Volunteers nahm er 1916 in Dublin am Osteraufstand (s. S. 155) teil, durch sein mutiges Verhalten wurde er schnell in der republikanischen Bewegung bekannt. An sich nicht mehr als ein einfacher Soldat, nutzte er die Gunst der Stunde und ließ sich in das durch die britischen Hinrichtungen entstandene Machtvakuum hineinziehen. Binnen kurzer Zeit gehörte Michael Collins zum inneren Zirkel. Dabei bewies er nicht nur auf politischem Gebiet sein Geschick, er organisierte den Geheimdienst der Republikaner, baute ein Netz von Informanten auf und betrieb aktiv Gegenspionage. Aktiv bis in die letzte Konsequenz, auf seinen Befehl wurde eine Gruppe von britischen Spionen in Dublin in einer konzertierten Aktion ermordet, die Racheaktion der Briten führte zum Blutsonntag im Croke Park.

Collins, der Realpolitiker

Hatte sich Collins in dieser Zeit unnachgiebig und kompromisslos gezeigt, kam bei den Verhandlungen mit den Briten über eine Unabhängigkeit Irlands plötzlich seine mehr diplomatische, realistische Seite zum Vorschein. Er war maßgeblich an den Verhandlungen beteiligt, die eine teilweise Unabhängigkeit erreichten. Der irische Freistaat wurde gegründet, nachdem die Republikaner auf Nordirland verzichtet hatten. Michael Collins war Unterzeichner des Vertrages, sein Kommentar war prophetisch: „Ich habe mein eigenes Todesurteil unterschrieben!"
Was sich dann relativ schnell bewahrheiten sollte, denn kurz nach der Beendigung des irischen

(Bett ab 15 €) und vier Familienzimmern. Sauber und meistens auch recht ruhig (Partygruppen werden nicht untergebracht). ❶

Jim Edwards, Market Quay, 021-4772541, www.jimedwardskinsale.com. Zentral gelegenes B&B mit 7 jüngst neu möblierten Zimmern, TV, WLAN vorhanden. Im hauseigenen Restaurant werden Fischgerichte serviert, teilweise aus dem Tagesfang. ❸

The Old Bank House, 11 Pearse St., 021-4774075, www.oldbankhousekinsale.com. Im Ortskern gelegenes Guesthouse mit 17 individuell gestalteten Zimmern, alle mit TV. Morgens wird das „Gourmet Irish Breakfast" mit teils hausgemachten Produkten serviert. ❹

Essen

In Kinsale eine Restaurantempfehlung zu geben, ist ein Wagnis, Besucher sollten einfach die Straßen entlangschlendern und sich (immer mit einem Blick auf die Preistafel) das Wunschmenü aussuchen.

Toddies Restaurant, Kinsale Brewery, The Glen, www.thebulman.com. Restaurant direkt über der Brauerei, das schwerpunktmäßig Fisch und Meeresfrüchte serviert – und oft übersehen wird.

€ **Fishy Fishy**, 021-4700415, www.fishyfishy.ie. Ein guter Tipp für Fischfreunde ist das Restaurant „Fishy Fishy Café" direkt am Hafen, hier wird von Martin und Marie Shanahan hervorragend gekocht. Wer es günstiger mag, findet gegenüber der St. Multose Church im Ortskern den ursprünglichen Fischladen mit kleiner Essecke und auch einem Imbiss für Fish & Chips zum Mitnehmen.

Wer etwas ruhiger und doch sehr gut essen will, sollte vielleicht einen Ausflug in das nahe gelegene **Casino House**, Coolmain Bay, Kilbrittain, 023-8849944, www.casino

Unabhängigkeitskrieges begann der Bürgerkrieg zwischen den Vertrags-Befürwortern und den Vertrags-Gegnern. Erstere waren als „Freistaatler" bekannt, Michael Collins wurde der erste Oberkommandierende der neuen Armee des Freistaates. Dieser gegenüber stand die IRA, die die Konzession der Abgabe von Nordirland als Verrat an der irischen Sache ansah. Und sofort zum bewaffneten Kampf gegen die einstigen Kameraden überging. In der spektakulärsten Aktion dieses Kampfes wurde dann auch Michael Collins, als er mit einem bewaffneten Konvoi durch Cork fuhr, von der IRA erschossen.

Im Feuergefecht erschossen

Genauer gesagt in **Béal na mBláth** (oder Bealnablath), einem kleinen Dorf an der R585. Hier hatte die IRA im August 1922 einen Hinterhalt gelegt. Überfallen wurde ein Konvoi der irischen Regierungstruppen, die Michael Collins, den Oberkommandierenden der Freistaat-Armee, begleitete. Dieser lehnte den Ratschlag seiner Begleiter ab, einfach Gas zu geben und sich dem Gefecht zu entziehen. Stattdessen lieferte er sich einen längeren Schusswechsel, bei dem er durch die einzelne Kugel eines Scharfschützen in den Kopf getroffen wurde. Doch gibt es diverse Verschwörungstheorien, wer nun wirklich was getan hat. Heute kann man die Stätte, an der jedes Jahr am dem 22. August nächsten Sonntag eine von der Partei Fine Gael dominierte Gedenkfeier abgehalten wird, besuchen.

Streitthema: Collins oder de Valera

Durch diesen frühen Tod ging Collins unmittelbar in das Pantheon der irischen Freiheitshelden ein. Allerdings nicht ohne Widerspruch, denn die Vertragsgegner ließen niemals vergessen, dass es Michael Collins war, der mit seiner Unterschrift Nordirland an die Briten abtrat. Diese realpolitische Entscheidung ist selbst heute noch umstritten. Da sein größter Konkurrent und Neider, Eamon de Valera, über Jahrzehnte weg die Macht in Irland innehatte, wurde Collins' Beitrag zum irischen Unabhängigkeitskampf bis fast in die 1980er-Jahre mehr oder minder totgeschwiegen. Und auch heute kann es noch leicht dazu kommen, dass sich Iren über die Frage „Collins oder de Valera" heftig in die Haare kriegen.

house.ie, wagen, an der Straße nach Clonakilty. Restaurant im „kontinentalen Stil". Spezialitäten sind das Lobster Risotto und Ente in vier Variationen. Sehr gute Desserts. Lokale Käsespezialitäten.

Unterhaltung und Kultur

An Seanachai, 6 Market St., ✆ 021-4777077. Sehr großer Pub, an vielen Abenden wird irische Musik live gespielt.

Harbour Bar, Scilly, ✆ 021-4772528. Eine kleine Bar wie aus einem leicht überdrehten Hollywood-Film, in dem eine originelle irische Bar dargestellt werden sollte. Die Inneneinrichtung schwebt zwischen Sperrmüll und Omas guter Stube. Das Ganze ist aber kein künstlich erzeugter Effekt, sondern allein dem Geschmack des Wirts zu verdanken. Der auch gerne die Geschichte jedes einzelnen Möbelstücks erklärt.

Einen eigenen Charme hat auch das **Spaniard Inn**, ✆ 021-4772436, 💻 www.thespaniard.ie, mit seiner dunklen Holzverkleidung. Ist allerdings recht touristisch orientiert.

Feste

Im Juli findet mit dem **Kinsale Arts Week**, 💻 www.kinsaleartsweek.com, ein buntes Kulturfestival ohne genaue Festlegung auf eine bestimmte Richtung statt, teilweise unter internationaler Beteiligung.

Der kleine Ort verteidigt seinen Ruf als kulinarische Hauptstadt Irlands im Oktober beim **Kinsale Gourmet Festival**, 💻 www.kinsale restaurants.com, mit einem Überangebot an gutem Essen und exotischen Kreationen.

Mittwinter im Steinkreis

Etwa 16 km westlich von Clonakilty steht seit etwa 2200 Jahren der **Drombeg Stone Circle**, der schönste der Steinkreise von Cork. Die Anlage besteht aus 17 stehenden Steinen, die einen Kreis von etwa 9 m Durchmesser bilden. Zur Wintersonnenwende fallen die letzten Strahlen der untergehenden Sonne zwischen die beiden „Eingangssteine" auf den flacheren „Altarstein". Ob dieser Steinkreis nun rituellen Zwecken diente oder ein frühes Observatorium war, lässt sich heute nicht mehr genau sagen.

Informationen

Tourist Information Kinsale, Pier Rd., ✆ 021-4772234, Infos auch unter 💻 www.kinsale.ie.

Transport

Busse

Busstopp an der Pier Rd.

CORK, werktags bis zu 14x tgl., Infos unter 💻 www.buseireann.ie

DUBLIN, unter der Woche mind. 3x tgl. von und nach Dublin, meist vormittags bis mittags. Regulärer Fahrpreis 27,50 €.

Clonakilty

Clonakilty wurde als englischer Stützpunkt um 1588 gegründet und hat sich zu einer kleinen Marktstadt entwickelt. Der Geburtsort von Michael Collins war bis ins 19. Jh. bekannt für die Herstellung von Leinen, heute ist Clonakilty eher für die Herstellung von schwarzem Pudding bekannt.

Das nette Ortsbild ist vor allem durch die georgianischen Gebäude am Emmet Square und einige renovierte Häuser an der Hafenfront geprägt. Sehenswert in Clonakilty ist das **West Cork Regional Museum**, The Old Methodist School, Western Rd., ✆ 023-8833115, das in der alten Schule untergebracht ist und sich vor allem mit der Industriegeschichte des Ortes befasst. 🕓 Wechselnd, telefonisch erfragen.

Etwas weniger wissenschaftlich geht es in dem kleinen Eisenbahn-Museum am **Model Village**, ✆ 023-8833224, 💻 www.modelvillage.ie, zu, das einige alte Waggons und den nicht mehr genutzten Bahnhof zu neuem Leben erweckt hat. Auf dem Freigelände sind vor allem Kinder und Modellbauer von einer großen Eisenbahnanlage begeistert, die bekannte Gebäude aus der Umgebung und dem Ort selbst zeigt. 🕓 Tgl. 11–17 Uhr, Eintritt 8 €. Das **Lios-na-gCon Ringfort**, Darrara, ✆ 023-8832500, 💻 www.liosnagcon.com, etwas östlich der Stadt, zählt zu den frühmittelalter-

Black Pudding

Wird Ihnen in Irland Pudding angeboten, dann sollten Sie gewappnet sein. Der Pudding kann zwar süßlich schmecken, eine Süßspeise ist er aber nicht. Eher schon eine Wurst. Und in Wurstform wird er auch verkauft, bei einem typischen „Irish Breakfast" findet man ihn dann auf dem Teller in fingerdicken Scheiben gebraten. Probieren geht über studieren – entweder man mag den Pudding oder man hasst ihn. Und selbst wer ihn mag, der bekommt nach einem Studium der Inhaltsstoffe eventuell Bedenken. Der „Weiße Pudding" ist noch mit der deutschen Leberwurst vergleichbar. Der „Schwarze Pudding" dagegen steht irgendwo zwischen der Blutwurst und der Grützwurst. Denn neben Getreide ist Tierblut ein wesentlicher Anteil der kräftig gewürzten Masse, die in salziger Butter angebraten wird. Der beste Black Pudding soll aus Clonakilty kommen, 💻 www.clonakiltyblackpudding.ie. Vielen Touristen ist das allerdings nach der ersten Kostprobe vollkommen egal. Hauptsache, er landet nicht wieder auf ihrem Teller.

lichen Wohnburgen. Obwohl nicht original erhalten, sondern weitgehend rekonstruiert, lohnt ein kurzer Besuch. 🕓 Während der Sommermonate Juli und Aug tgl. geöffnet, Führungen 12–16 Uhr. Wer mehr Lust auf Natur hat, der macht sich dagegen auf den Weg nach **Inchydoney**, hier gibt es einen schönen Sandstrand und ein kleines Vogelschutzgebiet.

Übernachtung und Essen

Bay View House, Old Tomoleague Rd., ✆ 023-33539, 💻 www.bayviewclonakilty.com. Liebevoll gestaltetes und eingerichtetes B&B mit herrlichem Rosengarten und Blick zur Clonakilty Bay. Wintergarten vorhanden. Am Morgen wird ein reichhaltiges Frühstück serviert. ❸

Gleeson's, 3–4 Connolly St., ✆ 023-8821834. Moderne französische Küche wird in einem etwas eigenwilligen Ambiente serviert. Eine Empfehlung sind Ente und Fisch. Man bemüht sich, in der Küche möglichst viele ökologisch angebaute Produkte zu verwenden und bei Importen auf einen fairen Preis für die Erzeuger zu achten. Etwas preiswerter sind die frühen Abendessen.

Unterhaltung

De Barra's, 55 Pearse St., ✆ 023-8833381, 💻 www.debarra.ie. Ein Pub, in dem man sich nicht satt sehen kann, nahezu jede Wandfläche ist mit irgendwelchen Fotos, Zeitungsausschnitten oder anderen Dingen zugepflastert, die nicht unbedingt immer Sinn ergeben, aber zum Nachdenken anregen können.
Sehr anregend ist meist auch die Musik, die eigentlich jeden Abend live gespielt wird.

Informationen

Tourist Information Clonakilty, 25 Ashe St., ✆ 023-8833226, Infos auch unter 💻 www.clonakilty.ie.

Transport

Busse

Busstopp vis-à-vis von Harte's Spar.
CORK, mehrere Verbindungen tgl. über Bandon, Linie 237 oder 252, Fahrtzeit nach Cork etwa 50–70 Min., Infos unter 💻 www.buseireann.ie.
SKIBBEREEN, Linie 252 Fahrtzeit 40 Min.

Skibbereen und Umgebung

Skibbereen ist vielen Fans von irischer Musik vor allem durch das gleichnamige Lied der „Dubliners" bekannt, das mit einem bedrohlichen *Revenge for Skibbereen* abschließt und in das der legendäre Ronnie Drew ganze Jahrhunderte Elend, Unterdrückung und Rachegelüste packte. In dieser Gegend forderte die Große Hungersnot zu Beginn des 19. Jhs. wahrscheinlich die meisten Todesopfer unter der Bevölkerung, und so wurde der im 17. Jh. von Engländern gegründete Ort Skibbereen zum Synonym für das Elend der *Potato Famine* (s. S. 243). Über die Große Hungersnot informiert sehr anschaulich das **Heritage Centre**, Upper Bridge St., ✆ 028-40900, www.skibbheritage.com. In einer Multimediaschau werden die dramatischen Lebensumstände jener Zeit dargestellt. Angeschlossen ist auch eine Ausstellung über den 5 km südlich gelegenen Lough Hyne, ein vom Meer gespeistes Naturschutzgebiet.

Am Rathausplatz im Zentrum von Skibbereen erinnert das Denkmal der „Maid of Erin" an die erfolglosen irischen Rebellionen von 1798, 1803, 1848 und 1867.

Skibbereen ist heute ein guter Ausgangspunkt für die Erforschung der südwestlichen Ecke von Cork. Eine Gegend, die auch zahlreiche Künstler anzog. So waren hier im 19. Jh. im Drishane House bei Castletownsend die beiden Schriftstellerinnen Violet Martin und Edith Somerville zuhause.

Natur und Kunst verbinden sich in vielen Gärten der Umgebung. Herausragend sind die **Liss Ard Gardens** am Lough Abisdealy, 028-40000, www.lissardresort.com, wo auf rund 16 ha die verschiedensten Möglichkeiten der Landschaftsgestaltung auf faszinierende Weise harmonieren. Etwas gezähmter wirkt die Natur dagegen in den **Creagh Gardens**, 028-22121. Direkt am Meer ist hier, ungefähr 5 km südlich von Skibbereen an der Straße nach Baltimore, eine romantische Gartenlandschaft mit zahlreichen seltenen Pflanzen entstanden. Wechselnd, telefonisch erfragen.

Der irische Südwesten ist ohnehin dank Golfstrom und mildem Klima ideal für Gartenbauprojekte. Gartenfreunde werden zahlreiche Inspirationen direkt am Wegesrand finden. Sogar die natürlich wachsenden Pflanzen, etwa die leuchtend roten Fuchsien und die auffälligen Montbretien, erwecken oftmals den Eindruck, die gesamte Landschaft werde heimlich von einem Heer von Gärtnern gepflegt.

In der Umgebung von Skibbereen ist ohnehin die Natur der wichtigste Anziehungspunkt, die Küsten sind wild und rau, das Hinterland oftmals lieblich-romantisch. Raue Küsten schreckten jedoch einige Seefahrer nicht ab, die Romantik radikal zu zerstören.

Hausgemachte Schokoladentrüffel

Bei der Erkundung der Umgebung von Skibbereen sollte man unbedingt das **Good Things Café** Ahakista Rd., Durrus, www.thegoodthingscafe.com, ansteuern. Hier gibt es gute Salate, leckere Fischsuppe, Käse aus der Region und hervorragendes Dessert, das angeschlossene Restaurant bietet ein erweitertes (und etwas teureres) Menü. Serviert werden auch hausgemachte Schokoladentrüffel und sehr guter Kaffee. Das Ganze aus frischen Zutaten, zum Teil aus ökologischem Anbau.

Übernachtung und Essen

€ **Russagh Mill**, Castletownsend Rd., 028-22451, www.russaghmillhostel.com, März–Okt. Hostel in einem alten Mühlengebäude in Skibbereen. Einfache Zimmer (Bett ab 15 €), für Gruppen kann ein komplettes Outdoor-Programm organisiert werden. ❶

Grove House & Courtyard Cottages, 028-22957, www.grovehouse.net. Gemütliches, sehr familiäres Haus etwas außerhalb von Skibbereen. Unterkunft entweder in einem der herrlich altmodischen Schlafzimmer im Herrenhaus selbst oder in einem der zu Ferienwohnungen umgebauten Nebengebäude. Mahlzeiten möglich. ❹–❺

Over the Moon, 46 Bridge St., Skibbereen, 028-22100, www.overthemoonskibbereen.com. Restaurant, das irische Küche serviert, angeboten werden aber auch etwas mediterran angehauchte Gerichten. Üppige Portionen und vernünftige Preise. Reservierung ratsam. Spartipp ist das „Early Bird Menu" am Abend.

€ **Mary Ann's Bar & Restaurant**, Castletownshend, Skibbereen, 028-36146. Alter Pub von 1846, Schwerpunkt liegt auf erschwinglichen Fisch- und Meeresfrüchtegerichten mit selbst gebackenem braunem Brot. Abrundung durch hausgemachte Desserts oder lokal hergestellten Käse.

Aktivitäten und Touren

Wer sich aufs Meer hinauswagen möchte, hat bei Skibbereen zwei sehr interessante Möglichkeiten: **Whalewatch West Cork**, www.whalewatchwestcork.com, bietet Kurztouren zur Beobachtung von Walen, Delphinen und anderen Meeresbewohnern an,

mit sachkundiger Führung. Es können auch Kurse in Naturfotografie und -videografie gebucht werden.
Muskelkraft dagegen ist bei den Angeboten von **Atlantic Sea Kayaking**, 💻 www.atlanticseakayaking.com, erforderlich: Hier kann man das Kajakfahren auf dem offenen Meer lernen und auch interessante Touren buchen.
So etwa eine Nacht-Wasserwanderung oder auch eine Tour durch Cork City (laut Werbung das „Venedig Irlands") mit dem Paddelboot!

Informationen

Tourist Information Skibbereen,
Town Hall, ✆ 028-21766,
Infos auch unter 💻 www.skibbereen.ie.

Transport

Busse

Der **Busstopp** befindet sich in der Main St.
CORK, werktags bis zu 7x tgl.,
Infos unter 💻 www.buseireann.ie.

Baltimore

Das kleine Dorf Baltimore hat eine bewegte Vergangenheit hinter sich und eine ganz besondere Verbindung zum arabischen Raum: Im Jahr 1631 landete hier eine Truppe von Freibeutern und Janitscharen, nahm rund 100 Männer, Frauen und Kinder gefangen und verschleppte sie als Sklaven nach Nordafrika. Solche Überfälle waren zwar nicht unüblich, der Raubzug von Baltimore aber war die größte Aktion ihrer Art an der irischen Küste. Heute ist der Ort immer noch durch das Meer geprägt. Das auffälligste Bauwerk am Ort ist nicht etwa die mittlerweile restaurierte, ursprünglich im 15. Jh. gebauten **Burg** (Dun na Sead), 🕓 Juni–Sep tgl. 11–18 Uhr, Eintritt 3 €), sondern der **Baltimore Beacon**. Dieser gigantische, weiß angestrichene Kegel dient als Seezeichen für die zahlreichen Sportboote, die den Hafen bevölkern. Im Hochsommer zieht es zahlreiche Segler, Taucher und Angler nach Baltimore, die vorgelagerte Inselwelt bietet beste Bedingungen für die sportliche Freizeitgestaltung.

Wer sich für Gärten interessiert, ist in den **Glebe Gardens**, The Glebe, ✆ 028-20232, 💻 www.glebegardens.com, 🕓 Ostern–Sep tgl. 10–18 Uhr, bestens aufgehoben. Hier wird Gartenbau für jeden Anspruch demonstriert und auch gelehrt. In verschieden angelegten Teilen des Gartens wird gezeigt, wie man selbst auf kleinem Raum einen sowohl optisch schönen wie praktischen Garten unterhalten kann. Im angeschlossenen Restaurant können die Früchte der Arbeit genossen werden (geöffnet außer Mo und Di), Eintritt 5 €.

Inseln vor Baltimore

Von Baltimore aus verkehren Boote nach **Sherkin Island**. Die Insel kann nicht nur die Ruinen einer Abtei und einer Burg aufweisen, sondern auch einige Pubs und vor allem einen sehr schönen Sandstrand. Dabei ist sie nur einen Katzensprung vom Festland entfernt.

Wesentlich weiter ist der Weg nach **Clear Island** und zum **Cape Clear**, einem Gaeltacht. Bekannt ist die Insel vor allem für herrliche Naturlandschaften, einsame Buchten und das Vogelschutzgebiet. Zahlreiche Klippen und ein fantastischer Ausblick auf die Inselwelt im Norden und Nordosten sind die Hauptanziehungspunkte. 150 Menschen leben auf der Insel, die neben einigen frühchristlichen Monumenten zwei Schulen besitzt, in denen die irische Sprache gelehrt wird. Die Insel ist auch von **Schull** (Skull) erreichbar, die Fahrt von dort dauert jedoch wesentlich länger. Von Clear Island sind auch Fahrten zum oder besser um den **Fastnet Rock** möglich, eine Felsenklippe. Bekannt dafür, dass sie den südlichsten Punkt Irlands bildet, dass hier eines der wichtigsten Leuchtfeuer steht und dass regelmäßige Jachtrennen hier stattfinden – das Fastnet Race findet seit 1925 alle zwei Jahre statt, die Boote stechen in Cowes (Isle of Wight, im Süden Großbritanniens) in See, wenden am Fastnet Rock und fahren wieder zurück, insgesamt eine Strecke von fast 1000 km.

Die Inseln in der **Roaringwater Bay**, nördlich von Cape Clear, bilden ein sehr schönes Landschaftspanorama, die vom Meer regelrecht zerschnittenen Felsen aus rotem Sandstein haben eine ganz eigene Faszination. Am besten sind sie vom Meer aus zu genießen, etwa mit einer Ten Islands Tour, 💻 www.sherkinisland.eu/ten-island-tours.

Übernachtung und Essen

Baltimore

The Waterfront, The Sq., ✆ 028-20600, 💻 www.waterfrontbaltimore.ie. Im Ortskern gelegenes Guesthouse mit 13 Zimmern und Ausblick auf Bucht und Inseln. Recht komfortabel und eine gute Basis für ausgedehnte Spaziergänge an der Küste entlang. ❸

Für jeden Geschmack etwas bieten die Restaurants **Le Jolie Brise** (Pizzeria), **The Lookout** (moderne internationale Küche bei hervorragendem Ausblick) und **Chez Youen** (bretonische Fischspezialitäten) … Alle gehören zu The Waterfront (s. o.).

Feste

Das **Baltimore Wooden Boat Festival**, 💻 www.baltimorewoodenboatfestival.com, Ende Mai ist ein Wochenendtreffen alter, meist aufwendig und sehr schön restaurierter Boote aus Holz. Es dominieren die kleinen Arbeitsboote, die einstmals für die irischen Küsten so typisch waren.

Beim **Cape Clear International Storytelling Festival**, 💻 www.capeclearstorytelling.com, am ersten Septemberwochenende haben die Geschichtenerzähler das Sagen. Ein faszinierendes Erlebnis für Leute, die auch einmal stillsitzen und einfach zuhören können.

Aktivitäten

Wer Segeln lernen möchte, kann dies in der **Baltimore Sailing School**, 💻 www.baltimoresailingschool.com, tun. Zwischen Juni und September werden mehrere einwöchige Kurse angeboten. Ebenfalls einwöchige Kurse, allerdings unter Wasser, bietet das **Baltimore Diving Centre**, 💻 www.baltimorediving.com, an. Erfahrene (qualifizierte) Taucher können hier auch einen Tauchurlaub mit Wracktauchen und anderen Unterwasseraktivitäten buchen.

Transport

Busse

Mehrere Busse tgl. mit Linie 251 nach SKIBBEREEN, eingeschränkter Verkehr am Samstag, keine Verbindungen am Sonntag, Infos unter 💻 www.buseireann.ie.

Fähren

Mehrmals tgl. verbinden Fähren Baltimore mit SHERKIN ISLAND, 10 Min., 10 €, 💻 www.sherkinisland.eu, und CAPE CLEAR ISLAND, Fahrtdauer 45 Min., 12 € Hin- und Rückfahrt, Infos unter 💻 www.capeclearferry.com.

Halbinsel Mizen Head

Die südwestlichste Ecke Irlands, die wie ein knorriger Finger in die See ragt, ist in weiten Bereichen Natur pur. Felslandschaften mit kargem Bewuchs und einigen stoischen Schafen beherrschen das Bild, das Meer ist fast immer in Sichtweite. Hier liegen schmucke, noch immer recht altmodisch wirkende Orten wie **Ballydehob**, in den 1960er- und 1970er-Jahren kurzfristig die Hippie-Metropole Irlands. Heute ist der Fremdenverkehr die wichtigste Einnahmequelle.

Die Fahrt nach Mizen Head, ✆ 028-35225, 💻 www.mizenhead.ie, dem spektakulären Kap mit seinem dramatisch auf einem vorgelagerten Felsen stehenden Leuchtturm ist auf keinen Fall für Menschen empfehlenswert, die Höhenangst haben. Vom Parkplatz des kleinen Besucherzentrums erreicht man den Leuchtturm (Signalstation) über eine Brücke, deren Bau 1910 eine technische Meisterleistung darstellte. Mit Fotografien und Dokumenten wird in den ehemaligen Dienstgebäuden gezeigt, wie schwierig der Bau der Brücke war. Heute stellt sie eher eine Herausforderung für Touristen dar, die ein wenig Nervenkitzel suchen. Denn die Brücke überspannt einen schwindelerregend tiefen Abgrund, begrenzt von Kalksteinwänden, an denen Wind und Wellen seit Jahrtausenden nagen. Tief unter den meist etwas verkrampft über die Brücke gehenden Menschen schwimmen einige Robben in der kleinen Bucht. Meistens unbeachtet, denn der Hinweis „Nicht nach unten sehen!“ wird von fast allen Besuchern beachtet. 2010 war nur das Besucherzentrum geöffnet, 2011 wird die Saison mit einer neuen (aber nicht weniger abenteuerlichen) Brücke und neuen Wanderwegen eingeläutet. 🕓 April–Okt tgl. 10.30–17, Juli und Aug tgl. 10–18, Wintermonate Sa/So 11–16 Uhr, Eintritt 6 €.

Halbinsel Sheep's Head

Die am Sheep's Head endende Halbinsel zwischen der Bantry Bay im Norden und der Dunmanus Bay im Süden besitzt einige sehr schöne Sandstrände bei **Ahakista** sowie **Kilcrohane** und bietet herrliche Aussichten und eine bizarre Klippenlandschaft direkt am Meer. In dieser Gegend befinden sich auch zahlreiche sehr attraktive Ferienhäuser, die in der Regel wochenweise und über Agenturen vermietet werden.

Bantry und Umgebung

Am Ende der tief eingeschnittenen Bantry Bay liegt, umgeben von den zerklüfteten Caha Mountains, das 3000-Seelen-Örtchen **Bantry**. In die Schlagzeilen geriet Bantry gleich zweimal: Schon 1689 wollten hier französische Schiffe vollkommen selbstlos den Kampf James II. um die englische Krone unterstützen. Im Jahr 1796 tauchten plötzlich wieder Segel am Horizont auf, kurz danach ging eine ganze Armada in der Bucht vor Anker. An Bord u. a. der irische Patriot Wolfe Tone, eine Gruppe seiner bewaffneten Mitstreiter im Kampf um die irische Freiheit und erneut eine ganze französische Invasionsarmee, die (selbstverständlich vollkommen uneigennützig) gegen die Briten marschieren sollte. Zu diesem langen Marsch kam es jedoch nicht, das irische Wetter vereitelte die Invasion und zwang die Franzosen, nachdem sie eiligst ihre Anker gelichtet hatten, zum frühzeitigen Rückzug. Eine Statue von Wolfe Tone und die zurückgelassenen Anker der französischen Kriegsschiffe können nicht darüber hinwegtäuschen, dass hier eine noble Geste im Sande verlief. Die aktuellste Schlagzeile betraf ebenfalls ein französisches Schiff. Im Jahr 1979 lag der Öltanker „Betelgeuse" am Terminal von Whiddy Island – 50 Menschen starben, als das Schiff und Teile der Anlagen Feuer fingen und explodierten. Seitdem steht der Ölhafen als Industrieruine leer.

Bantry selbst ist ein recht lebendiger Ort mit zahlreichen Einkaufsmöglichkeiten, einigen Restaurants und selbstverständlich Pubs, für den kulturellen Teil sorgt das hinter der Feuerwehr etwas versteckt gelegene (aber ausgeschilderte) **Bantry Museum**. Die Sammlung befasst sich mit der Ortsgeschichte und hat neben wenigen Artefakten vor allem Paraphernalien zu bieten – von alten Zeitungen bis zu historischen Fotografien. Die (ehrenamtlichen) Mitarbeiter sind aber meist gerne bereit, den Besucher auf die Highlights hinzuweisen und Lokalgeschichte(n) zu erzählen. ◷ Juni–Aug Di und Do 10–13, Mi und Fr 14–17 Uhr.

Die wichtigste touristische Attraktion von Bantry ist jedoch nach wie vor das **Bantry House**, ✆ 027-50047, 🖳 www.bantryhouse.com, das seit 1765 der Familie White gehört, ehemals die Earls of Bantry. Den Adelstitel erwarb sich die Familie durch den mutigen Einsatz von Richard White zur Verteidigung von Bantry gegen die französischen Invasoren. Zwar mussten seine hastig zusammengezogenen Milizen nicht kämpfen, sein Enthusiasmus wurde jedoch von König Georg III. belohnt. Das Haus wurde ursprünglich um 1700 erbaut, später allerdings erheblich erweitert und durch die die Bucht überblickende Nordfassade ergänzt. Das Haus und die Gärten sind mittlerweile für das Publikum zugänglich und erlauben einen Einblick in den typischen Lebensstil des irischen Landadels. Das reichhaltig mit Kunstgegenständen und wertvollen Möbeln ausgestattete Innere des Hauses, das einer wahren Schatzkammer gleicht, verdankt seine Pracht vor allem der Sammelleidenschaft des zweiten Earl of Bantry, der Mitte des 19. Jhs. in ganz Europa einkaufte. So sollen sich im Rose Room hängende Wandteppiche früher im Besitz von Marie Antoinette befunden haben und im Esszimmer findet sich ein Kronleuchter mit Blumen aus Meissner Porzellan. Eingelassen in den Fußboden sind Mosaiken aus Pompeji, in früheren Zeiten war solcher „Transfer" von Kulturgut durchaus normal. Ein Café und ein kleiner Laden sind ebenfalls im Hauptgebäude untergebracht. Der Earl ließ auch die im italienischen Stil gehaltenen Gärten anlegen. Der Rosengarten seines Vaters dagegen war in der strengen englischen Art entworfen. Für die Außenanlagen sollte man sich ein wenig Zeit nehmen, vor allem die „Treppe in den Himmel" mit ihrer einmaligen Aussicht über das Haus und die gesamte Bucht ist mehr als ein nur einen kurzen Blick wert. In den ehemaligen Stallungen wurde vor einigen Jahren das **1796 French Armada Centre** eingerichtet, das ausführlich über die versuchte französische Invasion informiert und natürlich auch an die Heldentaten des ersten Earl erinnert. ◷ März–Okt tgl. 10–18 Uhr, Eintritt 10 €. Übernachtung ist im Bantry House auch möglich, aber sehr teuer (Details dazu auf der Homepage).

Nur ein kurzes Stück nördlich der Stadt, auf dem Weg nach Glengarriff, lohnt noch ein ganz besonderes Naturschauspiel den Stopp – der **Donemare Wasserfall**, über den sich der Fluss Mealagh auf spektakuläre Weise dem Meer nähert. Übrigens sind der Fluss und einige Seen in der Nähe auch unter Anglern sehr beliebt.

Übernachtung und Essen

Aran Lodge, Ballylickey, ✆ 027-50378, 💻 www.aran-lodge.com. Etwas außerhalb des Ortes gelegenes Guesthouse mit großem Garten und Blick über die Bantry Bay. Sehr gut für Familien geeignet, Lunchpakete und auch ein Babysitter können mitgebucht werden. ❸

Doireliath Guesthouse, Newtown, ✆ 027-50223, 💻 www.bantrybedandbreakfasts.com. Sehr schönes und familiäres Guesthouse, nur etwa 5 Gehminuten vom Stadtzentrum entfernt. Bekannt für ein sehr gutes Frühstück und hausgemachtes Brot. Babysitter kann arrangiert werden. ❸

Westlodge Hotel, Bantry, ✆ 027-50360, 💻 www.westlodgehotel.ie. Familienorientiertes Hotel mit 90 Zimmern. Recht komfortabel und mit gutem Service. Vermietet werden auch Cottages. ❹

€ **The Brick Oven**, The Quay, 💻 www.thebrickovenbantry.com. Pizza aus dem traditionellen Ofen, groß, gut belegt und vor allem lecker. Preislich noch erschwinglich, deswegen auch bei Jugendlichen recht beliebt.

O'Connor's Seafood Restaurant, The Square, 💻 www.oconnorseafood.com. Familiengeführtes Restaurant im maritimen Look. Bietet gutbürgerliche Küche mit Schwerpunkt Fisch, aber auch Lammspezialitäten. Ermäßigte Preise für Mittagessen und am frühen Abend.

Sonstiges

Unterhaltung

Crowley's, Wolfe Tone Sq., ✆ 027-50029. Typischer Pub in der Innenstadt, beliebt bei Einheimischen vor allem wegen seiner guten Sessions am Mittwochabend.

Feste

Das **West Cork Chamber Music Festival** in Bantry, 💻 www.westcorkmusic.ie, findet Ende Juni/Anfang Juli eine Woche lang statt. Geboten wird Kammermusik, das kulturelle Highlight an diesem Ende der Welt. Empfehlenswert eigentlich nur für ausgewiesene Freunde dieser Musikrichtung.

Informationen

Tourist Information Bantry, The Old Courthouse, The Square, ✆ 027-50229, Infos unter 💻 www.bantry.ie.

Transport

Busse

CORK, bis zu 7x tgl., Infos unter 💻 www.buseireann.ie.

DUBLIN, unter der Woche mind. 3x tgl. zwischen 7 und 18 Uhr von und nach DUBLIN. Regulärer Fahrpreis 28,50 €.

Im Hochsommer auch Verbindungen nach KENMARE, GLENGARRIFF und KILLARNEY.

Glengarriff und Umgebung

Das geschützt gelegene, lebhafte Örtchen, Ausgangspunkt für die Fahrt auf dem Ring of Beara, ist seit jeher ein bevorzugtes Feriendomizil. Dass die Gegend überhaupt so beliebt wurde, verdankt sie nicht zuletzt dem Golfstrom, der für fast subtropische Vegetation sorgt. Nördlich des Ortes gedeihen nicht nur die **Glengarriff Woods** (schöne Wanderwege führen durch den Naturpark), sondern auch exotische Pflanzen.

Glengarriff selbst liegt am Glengarriff Harbour, einer kleinen Ausbuchtung am Ende der Bantry Bay. Schon auf den ersten Blick wird klar, dass dieses etwas zu groß geratene Dorf einzig und allein für den Tourismus lebt. Entlang der Hauptstraße findet sich eine schwer zu überblickende

Anzahl von Andenkenläden, kleinen Cafés, Pensionen und anderen Wirtschaftsbetrieben, die den Gast und vor allem seine Euros willkommen heißen. Der Spagat zwischen hemmungslosem Kommerz und traditioneller Gastfreundschaft gelingt nicht immer. Dennoch hat sich ein wenig vom viktorianischen Charme gehalten und der große Vorteil von Glengarriff dürfte nach wie vor die etwas abgeschiedene Lage sein.

Man erreicht den Ort über zwei Wege. Der bequeme Weg führt von Süden her über Bantry. Der wesentlich dramatischere Weg kommt von Norden aus Kenmare im County Kerry. Die N71 (Nationalstraße!) windet sich durch die Bergwelt über den Caha Pass und durch den Turner's Rock Tunnel. Die schon sehr früh einsetzende Beschilderung, dass diese Straße nicht für größere Fahrzeuge geeignet ist, hat ihren guten Grund. Spätestens am Tunnel muss so manch ungläubiger Fahrer den Rückweg antreten. Nach mehr oder weniger komplizierten Wendemanövern.

Garinish Island

Mit einem Boot ist die kleine Insel Ilnacullin, besser bekannt als Garinish Island, ✆ 027-63040, 🖳 www.heritageireland.ie, in einer Viertelstunde von Glengarriff aus erreicht. Seit etwa 100 Jahren befindet sich auf der Insel eine geradezu fantastische **Gartenanlage** mit zahlreichen Magnolien und Kamelien sowie den hier fast schon üblichen Rhododendren. Vor 1910 war die Insel allenfalls durch ihren zur Abwehr einer möglichen französischen Invasion errichteten **Martello Tower** bekannt. Dann jedoch ließ Annan Bryce, ein Geschäftsmann aus Belfast, hier von Harold Peto Gärten im italienischen Stil anlegen. Diese Arbeit beschränkte sich nicht nur auf das Pflanzen von Blumen und Bäumen, die gesamte Landschaft wurde neu gestaltet. Und nicht nur die Landschaft, denn gleichzeitig wurden auch klassizistische Bauten errichtet, darunter ein griechischer Tempel. Hier im Südwesten Irlands wurde ein Garten geschaffen, der einem die Illusion verleiht, in Italien zu sein. Ausgefeilte Planung und das milde Klima machten es möglich. Besonders schön ist der Garten im Sommer, der hier schon früh beginnt. Ab Mai setzt die Hauptblütezeit ein und spätestens im Juni explodiert der gesamte Garten in einer Symphonie aus Farben. Aber auch außerhalb dieser Saison, und außerhalb des italienischen Teils des Gartens, hat Garinish Island Einiges zu bieten. So ist ein eigener Bereich Farnen aus Neuseeland gewidmet. Und ein im japanischen Stil angelegter Garten begeistert durch einige sehr schöne Bonsai-Bäume. 🕓 April–Okt ab etwa 10 bis mind. 16 Uhr, Eintritt 4 € (die Überfahrt zur Insel kostet etwa 10 € und muss gesondert bezahlt werden). Auf der Fahrt nach Garinish Island sind häufig Robben zu beobachten, die hier im Naturhafen leben und sich mitunter ausgiebig auf den kleinen Felseninseln sonnen. Auch Rundfahrten zu den verschiedenen Robbeninseln werden angeboten.

Übernachtung

€ **Murphy's Village Hostel**, ✆ 027-63555, 🖳 www.murphyshostel.com. Ein mit 33 Betten ausgestattetes, relativ einfaches, aber sauberes und vor allem erschwingliches Hostel im Zentrum (Bett ab 15 €). Küche und Gemeinschaftsraum vorhanden. ❶

Glengarriff Park Hotel, The Village, ✆ 027-63000, 🖳 www.glengarriffpark.com. Zentral im Ort gelegenes, modernes Hotel mit 26 Zimmern. Sehr rustikale Einrichtung, die Zimmer sind recht groß und hell. Mit zum Haus gehören auch eine Bar und ein Bistro. ❸–❹

Essen

In Glengarriff gibt es zahlreiche Einkehrmöglichkeiten – an der Hauptstraße reiht sich ein Café an das andere.

Blue Loo Bar, ✆ 027-63167. Wer etwas Besonderes sucht, der sollte auf die Blue Loo Bar zusteuern. In diesem eher einfachen, aber sehr bunt bemalten Pub werden die besten Sandwiches des Ortes zubereitet. Die Klientel ist so bunt wie das Wandgemälde.

Wo schon Irlands Dichter logierten

Das **Glengarriff Eccles Hotel**, ✆ 027-63003, 🖳 www.eccleshotel.com, ist eines der ältesten Hotels Irlands mit 66 Zimmern, an der Bantry Bay gelegen und gegenüber von Garinish Island. Hier haben schon George Bernard Shaw und William Butler Yeats logiert. ❸–❹

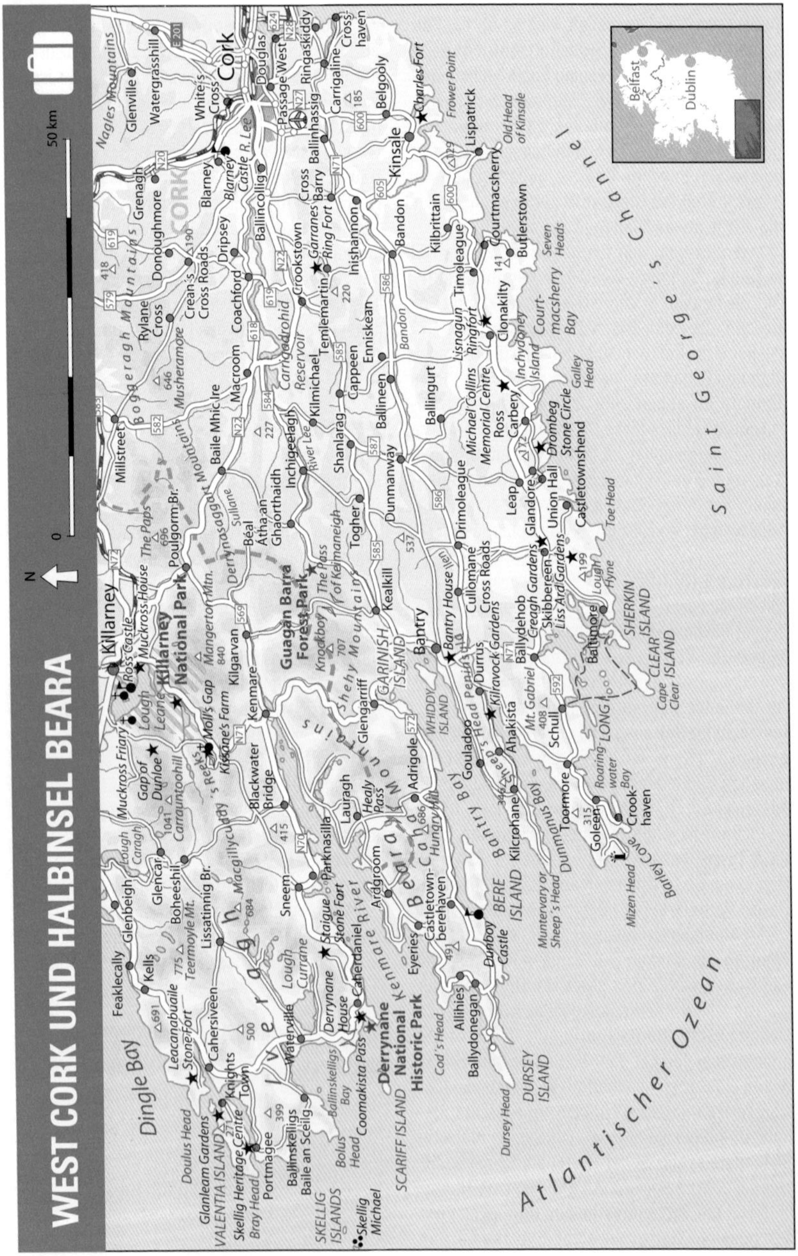
WEST CORK UND HALBINSEL BEARA
50 km
0
N
Cork
Killarney
Killarney National Park
Kenmare
Glengarriff
Bantry
Kinsale
Bandon
Clonakilty
Skibbereen
Baltimore
Schull
Crookhaven
Mizen Head
Castletownberehaven
Dunboy Castle
Allihies
Eyeries
Ardgroom
Lauragh
Healy Pass
Adrigole
Hungry Hill
Caha Mountains
Beara
Sneem
Parknasilla
Blackwater Bridge
Waterville
Cahersiveen
Knights Town
Portmagee
Ballinskelligs
Baile an Sceilg
Skellig Michael
Skellig Islands
Valentia Island
Skellig Heritage Centre
Glanleam Gardens
Doulus Head
Bray Head
Leacanabuaile Stone Fort
Dingle Bay
Kells
Glenbeigh
Glencar
Feaklecally
Derrynane House
Derrynane National Historic Park
Caherdaniel
Staigue Stone Fort
Coomakista Pass
Bolus Head
Scariff Island
Lough Currane
Ballinskelligs Bay
Macgillycuddy's Reeks
Carrauntoohill
Gap of Dunloe
Muckross Friary
Muckross House
Ross Castle
Lough Leane
Moll's Gap
Kissane's Farm
Mangerton Mtn.
Kilgarvan
Guagan Barra Forest Park
The Pass of Keimaneigh
Shehy Mountains
Knockboy
Garinish Island
Whiddy Island
Bere Island
Dursey Island
Dursey Head
Cod's Head
Ballydonegan
Bantry Bay
Kenmare River
Sheep's Head
Muntervary or Sheep's Head
Kilcrohane
Ahakista
Gouladoo
Durrus
Kilravock Gardens
Bantry House
Dunmanus Bay
Toormore
Goleen
Roaringwater Bay
Long Island
Clear Island
Cape Clear Island
Sherkin Island
Barley Cove
Mt. Gabriel
Ballydehob
Creagh Gardens
Liss Ard Gardens
Lough Hyne
Toe Head
Castletownshend
Union Hall
Glandore
Leap
Drombeg Stone Circle
Ross Carbery
Michael Collins Memorial Centre
Lisnagun Ringfort
Inchydoney Island
Courtmacsherry Bay
Courtmacsherry
Butlerstown
Seven Heads
Galley Head
Timoleague
Kilbrittain
Lispatrick
Old Head of Kinsale
Charles Fort
Belgooly
Frower Point
Carrigaline
Crosshaven
Ringaskiddy
Passage West
Douglas
Ballinhassig
Ballincollig
Blarney
Blarney Castle
White's Cross
Watergrasshill
Glenville
Nagles Mountains
Grenagh
Donoughmore
Rylane Cross
Crean's Cross Roads
Dripsey
Coachford
Macroom
Baile Mhic Ire
Millstreet
Boggeragh Mountains
Musheramore
Derrynasaggart Mountains
The Paps
Poulgorm Br.
Béal Átha an Ghaorthaidh
Inchigeelagh
Kilmichael
Carrigadrohid Reservoir
Crookstown
Garranes Ring Fort
Templemartin
Cross Barry
Innishannon
Enniskean
Ballineen
Cappeen
Shanlarag
Togher
Dunmanway
Kealkill
Drimoleague
Cullomane Cross Roads
Ballingurt
Atlantischer Ozean
Saint George's Channel
Belfast
Dublin
River Lee
R. Lee
Bandon
Sullane

Rainbow Restaurant, /T) 027-63440, www.glengarriff-rainbow.com. Etwas ruhiger ist das ebenfalls beliebte und empfehlenswerte Rainbow Restaurant, wo sehr guter, fangfrischer Fisch serviert wird. Hier gibt es auch spät am Abend noch etwas zu essen.

Informationen

Tourist Information Glengarriff,
Main St., 027-63084,
Infos auch unter www.glengarriff.ie.

Transport

Busse

CASTLETOWNBERE, Linie 236, Fahrtzeit 50 Min., www.buseireann.ie.
CORK mehrere Verbindungen tgl. über Bantry und Bandon, Linie 236 oder 252, Fahrtzeit etwa 2 1/2 Std.

Halbinsel Beara

Kahle Landschaften, schroffe Felsen und malerische Dörfer – die Beara Peninsula droht langsam, dem nur etwas weiter nördlich, jenseits des Kenmare River gelegenen Ring of Kerry den Rang abzulaufen. Zumal der ungefähr 140 km lange Ring of Beara rund um die Halbinsel ähnliche Landschaftseindrücke bietet. Dass sie zum Geheimtipp unter Irlandfreunden werden konnte, hat sie keineswegs nur sich selbst zu verdanken – der Ruf des Ring of Kerry als „typische Touristenroute“ hat dazu geführt, dass die auf Individualität pochenden Massen den Ring of Beara zu ihrer typischen Touristenroute gemacht haben.

Der klassische Einstiegspunkt in den Ring of Beara ist Glengarriff. Von hier bildet die R572, die am Nordufer der Bantry Bay entlangläuft, den ersten Teil der Route über Adrigole und Castletownbere bis zum „Ende der Welt“, das von der Seilbahn nach Dursey Island markiert wird.

Der Ring of Beara verlässt Glengarriff in südwestlicher Richtung und führt unterhalb des Shrone Hill an der Küste entlang. Bei **Adrigole** geht es kurz landeinwärts, danach aber sofort wieder nach Süden und dann garantiert nach Westen. Der oft bedrohlich aussehende und wenig vertrauenserweckend benannte **Hungry Hill** liegt jetzt zur Rechten. Links dagegen taucht die recht große Insel Bere Island auf. Nach wenigen Kilometern ist der Hafenort **Castletownbere**, Heimat von „McCarthy's Bar“, erreicht. Steht der Wind günstig (oder ungünstig, je nach Sichtweise), ist das Hauptprodukt des Ortes sofort zu riechen: In Castletownbere liegt ein großer Teil der irischen Fischereiflotte, darunter einige der größten Trawler überhaupt. Was natürlich den Vorteil hat, dass man im Ort eigentlich immer gut Fisch essen kann, „Fang des Tages“ scheint dabei der wichtigste Bestandteil der Speisekarte zu sein. Ansonsten hält sich der Ort mit ein wenig Tourismus und der Versorgung des Umlandes mit dem Lebensnotwendigen über Wasser. In früheren Zeiten spielte auch der Schmuggel eine wichtige Rolle im örtlichen Wirtschaftsleben. Castletownbere ist keine schöne Stadt, aber interessant genug, um in einem Spaziergang erforscht zu werden.

Von Castletownbere aus verkehrt auch die Autofähre nach **Bere Island**, www.bereislandferries.com, die meisten Touristen kommen jedoch unmotorisiert oder nehmen allenfalls ein Fahrrad mit hinüber. Die Insel ist ideal für eine kleine Bergwanderung, bei der man meist mutterseelenallein durch die freie Natur spazieren kann. Je nach Lust und Laune können kurze oder längere Wanderungen unternommen werden, es gibt Wege für jede Fitness-Stufe. Dabei empfiehlt es sich, eine Karte und vielleicht auch einen Kompass mitzuführen, die Insel ist zwar nicht groß, die Wege aber sind nicht unbedingt immer gut überschaubar. Wichtig ist es auch, die Abfahrtzeiten der Fähren im Kopf zu haben.

Wer auf die Berge kraxelt, wird mit einem fantastischen Ausblick über die gesamte Bantry Bay im Osten, hinüber zum Sheep's Head im Süden, auf Fair Head im Westen und die hinter Castletownbere im Norden aufragenden Slieve Miskish Mountains belohnt. Ein Panorama, das man so schnell nicht wieder vergisst. Die gesamte Strecke beträgt rund 15 km und ist in fünf Stunden zu bewältigen, sodass ein Tagesausflug möglich ist. Vom Pier aus geht der Weg zunächst landeinwärts und folgt dann der Beschriftung des Beara Way nach Osten, wo letztlich der Martello Tower und ein Menhir auf den Wanderer warten. Danach geht es zwischen den

Gipfeln von Coomastooka und Knockanallig in Richtung Westen, der Weg führt am Signalturm vorbei und schließlich zum Leuchtturm am Ardnakinna Point. Von dort geht es nach Norden, langsam wieder zurück in bewohntes Gebiet und schließlich zum Pier. Zu beachten ist, dass hinter dem Signalturm eine sehr schlecht erkennbare Strecke des Weges liegt, hier sollte vor allem bei schlechterem Wetter die etwas östlich vom Signalturm nach Norden führende Straße als Alternative genutzt werden.

In der Nähe von Castletownbere liegen auch noch das **Dunboy Castle** und das **Puxley Mansion**. Von der Burg sind kaum noch Überreste erkennbar, sie wurde Anfang des 17. Jhs. im Rahmen von Kriegshandlungen zerstört. Ganz in der Nähe errichteten dann die Großgrundbesitzer aus der Familie Puxley ihr stattliches Herrenhaus. Sie hatten im 19. Jh. durch die Kupfervorkommen auf der Halbinsel ein beachtliches Vermögen angesammelt. Und wurden zum literarischen Vorbild einiger Personen in Daphne du Mauriers Roman *Hungry Hill*. Das Herrenhaus stand über Jahrzehnte als Ruine da und war ein beliebtes Ausflugsziel sowie Fotomotiv. In den Zeiten des „Celtic Tiger" wurde ihm jedoch neues Leben eingehaucht, es wurde komplett renoviert und zu einem Luxushotel umgebaut. Das jedenfalls war der Plan. Dann bekam der keltische Tiger leichte Kreislaufbeschwerden, die Investoren waren nicht mehr so freigiebig und zum Zeitpunkt des Redaktionsschlusses war aus der romantischen Ruine eine weitaus weniger romantische Bauruine geworden. Weitere Entwicklung ungewiss, aktuelle Informationen gibt es eventuell unter 💻 www.capelladunboy castle.com.

Ab Castletownbere geht es dann wieder weiter nach Westen, wo irgendwann der Weg endet. Zumindest für Autofahrer, denn am äußersten Ende der Beara Halbinsel geht es nur noch mit der **Seilbahn** weiter nach **Dursey Island**. Eine Touristenattraktion für sich – nicht die Insel, sondern eben die Seilbahn, die einzige reguläre Einrichtung dieser Art in Irland. Mit ihr werden Personen, Waren und gelegentlich auch Vieh über das tosende Meer vom Festland zur kleinen Insel Dursey gebracht. Eine Insel, die außer zwei kleineren Ansiedlungen, einer Straße und einigen Seevögeln eigentlich nichts zu bieten hat. Und doch von einsamkeitsliebenden Wanderern geschätzt wird.

Nach dem Besuch der Seilbahn muss für eine kurze Strecke dieselbe Straße zurückgenommen werden, danach zweigt man nach links und nach Norden ab, auf die R575, die nach **Allihies** führt. Dies war bis in die 1930er-Jahre ein intensiv genutztes Bergbaugebiet, weit mehr als 1000 Menschen arbeiteten hier in den Kupferminen. Unter Arbeitsbedingungen, die immer noch direkt aus der viktorianischen Zeit zu stammen schienen. Auch heute noch kann der Besucher die Überbleibsel der Kupferindustrie deutlich sehen, zahlreiche Schornsteine und Abraumhalden stehen als stumme Zeugen in der Landschaft. Ausgedehnte Expeditionen zu Fuß empfehlen sich nicht unbedingt, und wenn überhaupt, dann

Ein Tag auf Dursey

Eine Wanderung auf Dursey Island beginnt zwangsweise an der Seilbahn und nimmt fast fünf Stunden in Anspruch, der Rundweg hat eine Länge von 14 km. Direkt an der „Landestelle" beginnt eine kleine Straße, die nach Westen führt und der man folgt. Es geht vorbei an einer Klosterruine und den letzten Resten der Burg auf der kleinen, vorgelagerten Insel Illanebeg, der kurz danach folgende „Ort" Ballynacallagh besteht ebenfalls fast nur noch aus Ruinen. Seit dem Zweiten Weltkrieg sind fast alle Bewohner weggezogen. Im weiteren Verlauf der Straße sind bronzezeitliche Monumente, das Dorf Kilmichael und schließlich der Rest des Örtchens Tilickafinna zu sehen. Von hier aus geht es dann immer geradeaus bis zum Dursey Head. Auf der kleinen, vorgelagerten Insel The Calf erkennt man gerade noch die Überreste eines Leuchtturms. Für den Rückweg ist ab Tilickafinna wieder der Beara Way ausgeschildert, der an einem Signalturm vorbei über den Felsrücken nach Ballynacallagh führt. Die Straße bringt dann den ermüdeten Wanderer zurück zur Seilbahn, die eventuell noch einmal für einen Adrenalinstoß sorgt.

Schmuggel in Irlands Südwesten

West Cork und Kerry haben eine fast endlos lange Küstenlinie mit fast unerschöpflichen Möglichkeiten, Waren aller Art dezent an Land zu bringen. Mit kleinen Buchten, die vom Festland aus uneinsehbar und deren Zugangswege nur wenigen Menschen und Ziegen bekannt sind. Kleine Höhlen, die ideale Warenlager abgeben. Kleine Häfen und Slipanlagen, in denen wenig Fragen gestellt werden und ein weiteres Motorboot kaum auffällt. So nimmt es nicht wunder, dass hier früher etwa französischer Brandy in größeren Mengen ins Land kam. Und dass die Gegend auch heute noch bei einigen Transportunternehmern sehr beliebt ist.

Vor einigen Jahren wurde dies ganz besonders deutlich, als plötzlich Dutzende von wasserdicht verpackten Paketen auf dem Meere schwammen und ein Schnellboot Seenot meldete. Selbstverständlich, so beteuerten die Besatzungsmitglieder des Bootes, stünden beide Ereignisse in keinem Zusammenhang. Was ihnen niemand glaubte und ihnen kurze Zeit später langjährige Gefängnisstrafen einbrachte. Denn die von den Behörden aus dem Wasser gefischten Pakete enthielten Rauschgift von höchster Reinheit und einem Straßenwert, der dem Jahreshaushalt eines kleinen Staates entsprach.

Was war passiert? Wie gelangte das Rauschgift ins Wasser? Welchen „Fehler" hatten die Schmuggler begangen? Sie hatten zwar einen recht guten Plan, die Rekordmenge Rauschgift nach Irland zu bringen, um von dort die weitere Verteilung nach Großbritannien zu organisieren. Die Pakete wurden von einem vorbeifahrenden Frachter übernommen und sollten mit dem Schnellboot an Land gebracht werden. Dass das Wetter nicht gerade ideal war, stellte sich als das kleinere Problem heraus. Als eklatanter Fehler erwies sich, dass man den falschen Treibstoff gebunkert hatte, sodass mitten auf See die PS-starken Motoren des Schmuggelbootes röchelnd ihren Geist aufgaben. So führte dann tatsächlich Kommissar Zufall zum größten bekannten Schlag gegen den organisierten Drogenschmuggel.

nur unter erhöhten Sicherheitsbedingungen. An zahlreichen Stellen befinden sich offene Schächte oder notdürftige und in den letzten Jahrzehnten stark verrottete Abdeckungen aus Holz, die längst überwuchert sin. Der Sturz in ein ehemaliges Bergwerk stellt eine nicht zu unterschätzende Gefahr dar.

Danach allerdings wird die Landschaft einsamer und schöner, im Norden liegen die Coulagh Bay, Ballycrovane Harbour und dahinter die breite Mündung des Kenmare River. Und hinter ihm sieht man, zumindest bei gutem Wetter, Eagles Hill auf der Halbinsel Iveragh, hier läuft der benachbarte Ring of Kerry. Auf dem weiteren Weg begeistert die an der Vorgeschichte interessierten Reisenden meist der **Ardgroom Stone Circle**, andere Menschen werden sich eher die bunten Häuser des kleinen Dorfes **Eyeries** ansehen. In der Ortschaft **Lauragh** schließlich sind die **Derreen Gardens**, ✆ 064-83588, zumindest für Gartenfreunde einen kleinen Abstecher wert.

🕓 In den Sommermonaten tgl. 10–18 Uhr, Aug Mo–Do geschl., Eintritt 6 €.

In Lauragh, das übrigens schon im County Kerry liegt, muss eine Entscheidung gefällt werden. Für die Vollendung des Ring of Beara bieten sich hier zwei Möglichkeiten an, beide führen zurück nach Glengarriff. Die herkömmliche und etwas kürzere Strecke führt über die R574 und mitten durch die Caha Mountains. Eine steile Strecke, die jedoch in der Nähe des 325 m über dem Meer liegenden **Healy Pass** sehr schöne Ausblicke in alle Richtungen bietet. Bei schönem Wetter ein echter Genuss, bei Regen und Nebel eine echte Herausforderung. Danach führt die Straße bergab nach Adrigole und dann wieder über die R572 zurück nach Glengarriff, mit einem Blick auf Whiddy Island und Bantry im Abendlicht. Die Alternative ist die Weiterfahrt auf der R571 bis fast nach Kenmare und dann über die oben schon beschriebene N71 nach Glengarriff. Beide Strecken haben ihren Reiz.

Unterwegs auf dem Beara Way

- **Wegstrecke:** Beara Way gesamt: 196 km; beschriebene Route: 116 km (ohne Abstecher)
- **Dauer:** mind. 6 Tage
- **Steigungen:** insgesamt sind 5300 m Steigung zu bewältigen, teilweise über steile Strecken
- **Wegbeschaffenheit:** allgemein gut, etwa 40 % befestigten Straßen, abseits davon sind die Wege z. T. unbefestigt und überwuchert
- **Ausschilderung:** an einigen Stellen schlecht sichtbar oder fehlend, Kartenmaterial und Kompass sind unerlässlich
- **Karten:** OSI Discovery Series Sheet 84 und 85, www.osi.ie
- **Website:** www.bearatourism.com/bearaway.html

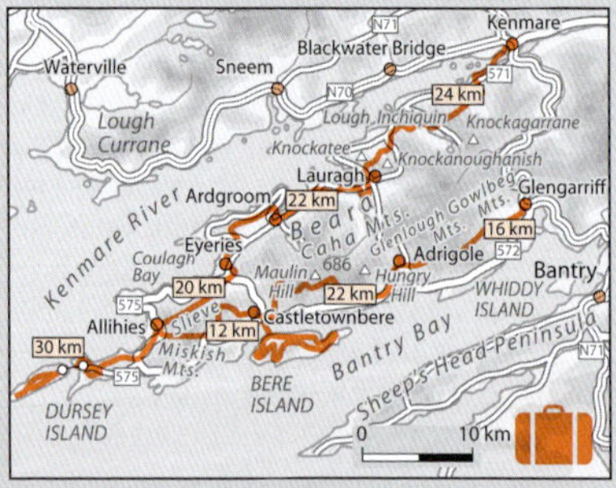

Die Halbinsel Beara liegt auf der Grenze zwischen den Counties Kerry und Cork und ragt fast 50 km in den Atlantik hinein. Verglichen mit den großen Halbinseln des Südwestens ist sie immer noch wenig erschlossen. Außer Landwirtschaft und Fischerei gibt es hier kaum Erwerbsmöglichkeiten, sodass in den 1990er-Jahren mehr als 400 Landbesitzer an der Schaffung des Beara Way teilnahmen, der den Tourismus fördern sollte. Der fast 200 km lange Fernwanderweg beschreibt eine kreisförmige Route, der klassische Start- und Zielpunkt ist Glengarriff. Ob man die gesamte Route abwandert, ist eine persönliche Entscheidung – viele Wanderer bevorzugen es, nur Teile der Strecke zu gehen. Auch die folgende Streckenempfehlung schließt den Kreis nicht, sie beginnt in Glengarriff und endet schon in Kenmare, beinhaltet jedoch die schönsten Abschnitte des Rundweges.

Die Route

1. Tag (16 km)

Von Glengarriff nach Adrigole

Durch die Wälder von Glengarriff geht es hinein in die Glenlough Mountains. Dabei werden sowohl Feldwege als auch Straßen benutzt, teilweise geht es über Weideland und auch eine Strecke am Fluss Magannagan entlang. Nahe dem Gowlbeg Mountain wird ein Pass überquert, bis man das Dorf Adrigole erreicht, in dem man übernachten kann. Wegen einiger Steigungen muss mit rund fünf Stunden Zeit für die Wanderung gerechnet werden.

2. Tag (22 km)

Von Adrigole nach Castletownbere

Dieses Wegstück, das einige wunderschöne Ausblicke über die Bantry Bay bietet, wird schon etwas anstrengender. Der Weg weist viele Steigungen auf und zieht sich über Feldwege an den Hängen des Hungry Hill und des Maulin Hill entlang. Am Ende des Tages erreicht man Castletownbere, einen Fischereihafen mit eine Reihe guter Unterkünfte. Sie sollten sechs Stunden veranschlagen. Eine Option nach dieser Etappe: Unternehmen Sie einen Tagesausflug nach Bere Island (20 km) und planen Sie eine weitere Übernachtung in Castletownbere ein.

3. Tag (12 km)
Von Castletownbere nach Allihies
Die nächste Teilstrecke führt durch die Slieve Miskish Mountains, teilweise durch Tannenwälder, aber auch über offenes Terrain, das herrliche Aussichten beschert. Teilweise führt der Weg an den Ruinen alter Siedlungen vorbei, der Zielort Allihies schließlich ist noch von einigen längst aufgegebenen Kupferminen eingefasst. Man kann sich Zeit lassen – die Wanderstrecke ist in drei Stunden zu bewältigen. Von Allihies aus besteht die Option, am nächsten Tag zu Fuß und mit der einmaligen Seilbahn Dursey Island zu besuchen. Dies wäre ein Ganztagsausflug, bei dem etwa 30 km zu Fuß zurückgelegt werden müssten. Die Übernachtung wäre jeweils in Allihies.

4. Tag (20 km)
Von Allihies nach Eyeries
Meist an der Küste entlang geht es über alte Straßen, die früher von den Bergwerken genutzt wurden, entlang der Coulagh Bay nach Eyeries. Die Aussicht auf den in das Meer fließenden Kenmare River ist teilweise sehr schön. Bei Ballycrovane führt der Weg an einem fast 5 m hohen stehenden Stein vorbei. Es gibt einige Steigungen auf dieser Strecke, die etwa sechs Stunden in Anspruch nehmen wird. Die Übernachtung erfolgt in Eyeries.

5. Tag (22 km)
Von Eyeries nach Lauragh
Von Eyeries geht es danach über die steilen Flanken des Gortbrack und am Cleanderry Harbour vorbei in das nette kleine Dorf Ardgroom, dann weiter nach Lauragh. Auf der Strecke sind einige Reste prähistorischer Anlagen zu entdecken, die meisten Wanderer wird jedoch die Natur beeindrucken, vor allem am Ende der Tagesetappe. Die Vegetation ist hier fast subtropisch. Am Ende der Wanderstrecke, die in etwa sechs Stunden zu bewältigen ist, sollte die Übernachtung in Lauragh vorbestellt sein.

6. Tag (24 km)
Von Lauragh nach Kenmare
An den Ausläufern der Caha Mountains und Lough Inchiquin entlang führt diese Tagesetappe. Die Landschaft ist sehr abwechslungsreich, der Weg führt zwischen den Bergen Knockatee und Knockanoughanish über einen Pass, dann an den Hängen des Knockagarrane hoch, von wo aus eine Seenlandschaft zu bewundern ist. Bei Lough Inchiquin schließlich findet sich noch ein Steinkreis, bei dem eine Rast eingelegt werden sollte, bevor man über einen tatsächlich atemberaubenden Pass nach Kenmare gelangt. Die Tagesstrecke weist einige steile Stücke auf, mit ungefähr sechs Stunden ist auf jeden Fall zu rechnen. Danach kann man in einer bequemen Unterkunft in Kenmare (s. S. 394) ausspannen.

Praktische Tipps

Karten, ein Kompass und ausreichend Tagesverpflegung sind unerlässlich. Buchen Sie möglichst Unterkünfte vor.

Die zerklüftete Küste der Halbinsel Beara wirkt oft bizarr.

Übernachtung

Adrigole

€ **Hungry Hill Lodge Hostel**, ✆ 027-60228, 💻 www.hungryhilllodge.com. Unterkunft im Hostel (Bett ab 17 €) oder auch auf dem angeschlossenen Campingplatz, Einkaufsmöglichkeiten und ein Pub sind gleich nebenan. Fahrradverleih möglich, Privatzimmer vorhanden. Stellplatz ab 13 €. ❶

Allihies

€ **Allihies Hostel**, ✆ 027-73107, 💻 www.allihieshostel.net. Kürzlich renoviertes Haus mitten im Dorf, das von Vater und Tochter betrieben wird, die bereitwillig Auskunft zur Region geben. Sehr gut geeignet für Familien mit Kindern, Spielplatz in der Nähe, Familienzimmer vorhanden (Bett ab 17 €). Ein Fahrradverleih kann örtlich arrangiert werden. 🕒 März–Okt. ❷

Sea View Guest House, Cluin Village, ✆ 027-73004, 💻 www.allihiesseaview.com. Guesthouse mit 10 Zimmern in abgeschiedener Lage. Basis für einen Tagesausflug auf Dursey Island oder einfach zum Entspannen. ❸

Castletownbere

Sea Breeze B&B, ✆ 027-70508, 💻 www.seabreez.com. Etwa 10 Min. Fußweg von Ortskern und Fähre nach Bere Island entfernt, schöne große Zimmer mit Blick auf den Hafen oder die Caha Mountains. TV, gutes Frühstück. ❸

Eyeries

Coulagh Bay House B&B, ✆ 027-74013, 💻 www.coulaghbayhouse.com. Nahe dem Ortskern gelegenes B&B mit angenehmen großen Räumen, die auch eine schöne Aussicht auf Coulagh Bay oder die Caha Mountains bieten. Besonders schön: von einem sehr großen Wintergarten aus kann man die teilweise spektakulären Sonnenuntergänge gemütlich beobachten. ❸

Lauragh

€ **Glanmore Lake Hostel**, ✆ 064-6683181, 💻 www.anoige.ie/hostels/glanmore-lake. Ein ehemaliges Internat etwas außerhalb des Ortes, das zu einer durchaus gemütlichen Jugendherberge umgewandelt wurde. Am Fuß des Healy Pass und ideal für Wanderer auf dem Beara Way gelegen. Familienzimmer vorhanden, müssen aber vorbestellt werden. Bett ab 16 €.

Essen

Kulinarische Entdeckungen kann man auf der Beara Halbinsel kaum machen – am ehesten lohnt es sich in Castletownbere einzukehren.

Olde Bakery im Castletown House, ✆ 027-70869. Sie öffnet abends und sonntags mittags (Mo Ruhetag) und bietet preislich akzeptable Hausmannskost, ergänzt durch einige mehr exotische Gerichte.

€ **Copper Kettle** am Square, ✆ 027-71792. Günstigster isst man hier, wo relativ einfache „Sattmachportionen" serviert werden. Auf die guten Backwaren sollte man trotzdem nicht verzichten.

Unterhaltung

Auch wenn es mittlerweile ein Klischee ist, bei einem Besuch darf der Abstecher in **McCarthy's Bar**, Main St., Castletownbere, ✆ 027-70014, nicht fehlen. Ja, genau, es ist der Pub auf dem Titelbild von Pete McCarthys Bestseller *McCarthy's Bar*. Und ja, er sieht immer noch genauso aus. Obwohl die kleine Kneipe samt Lebensmittelladen mittlerweile von Touristen teilweise überrannt wird, ist sie zumindest einen Blick wert. An ruhigen Tagen lässt sich hier auch gut eine kurze Pause zur Erfrischung einlegen.

Transport

Mehrere Busverbindungen am Tag nach CORK von Castletownbere über Glengariff, Bantry und Bandon, Linie 236, Fahrtzeit nach Cork etwa 3 Std. 20 Min, Infos unter 💻 www.buseireann.ie.

County Kerry

Kerry ist der Inbegriff des irischen Traums, wie er von unzähligen Filmen, Büchern und Erzählungen genährt wird. Eine Landschaft voller Kontraste: mit schroffen Bergen, einsamen Küstenlandschaften, dem tosenden Atlantik und kleinen, verwunschenen Badebuchten. Grüne Wiesen erstrecken sich auf den Hochebenen und wechseln sich mit grauen Steinwüsten ab. Enge Straßen winden sich durch die herbe Landschaft und bieten weite Panoramablicke. Die wichtigsten Sehenswürdigkeiten von Kerry befinden sich auf zwei Halbinseln, die in den Atlantik hineinragen. Nördlich ist dies die Halbinsel von Dingle, direkt unterhalb die Halbinsel von Iveragh, die von dem mittlerweile fast legendären Ring of Kerry erschlossen wird.

Früher war Kerry ein abgelegener Flecken, in den sich die Touristen mühsam durchschlugen, die die irische Einsamkeit genießen wollten. Heute hat sich dies geändert. Die Straßen sind besser geworden und der irische Billigflieger Ryanair sorgt dafür, dass auf dem winzigen Kerry Airport in Farranfore, nur wenige Kilometer von der Tourismus-Hochburg Killarney entfernt, im Sommer jeden Tag gut gefüllte Boeings voller erlebnishungriger Touristen landen. Von Einsamkeit kann dann keine Rede mehr sein. Dennoch – Kerry ist nach wie vor eine Reise wert, auch wenn die wichtigsten Sehenswürdigkeiten in den Sommermonaten an manchen Tagen überlaufen sind. Wer Kerry in den Wintermonaten besuchen möchte, muss ebenfalls frühzeitig buchen, denn das Angebot an Unterkünften ist dann stark reduziert.

Killarney und Umgebung

Killarney ist die Touristenmetropole im Südwesten Irlands schlechthin. Seit Generationen zieht es Iren, Briten, Kontinentaleuropäer (darunter ein großer Anteil von deutschen Touristen) und Besucher aus den USA hierher. Bereits im Jahr 1750 begann Lord Kenmare, in Killarney eine touristische Infrastruktur aufzubauen, im 19. Jh. war die Stadt bereits wichtiger Bestandteil der Reiseroute durch Irland. Die reizvolle Landschaft, die das Städtchen umgibt, war der ursprüngliche Grund, warum sich hier der Tourismus als Haupteinnahmequelle etablieren konnte. Killarney ist Irland aus dem Bilderbuch, selten ist die Natur malerischer, zugänglicher und gleichzeitig wohlgeordnet. Spätestens nachdem Königin Viktoria hier die liebreizende Landschaft mit ihren Seen und Bergen entdeckte, ist der kleine Ort in Kerry eines der meistbesuchten Touristenziele in Irland überhaupt, wovon zahlreiche Hotelbauten zeugen. Saison hat die Stadt eigentlich immer, im Dezember etwa bietet der Ort ein vorweihnachtliches Programm für die ganze Familie, und in den Wintermonaten sorgen die Konferenzzentren und -räume für ein gutes Geschäft.

In der Innenstadt wechseln sich enge, von traditionellen Häusern gesäumte Gassen mit stark befahrenen Straßen ab, an denen Boutiquen und Andenkenläden ihre ohnehin schreiend-bunten Schaufenster mit scheinbar ewig gültigen Ausverkaufs-Ankündigungen in Neonfarben plakatieren. Wer gut zu Fuß ist, hat den Stadtkern binnen einer halben Stunde erforscht – ein bunter Jahrmarkt vor irischer Kulisse.

Auffällig ist die **St. Mary's Cathedral**, ein im neogotischen Stil Mitte des 19. Jhs. entstandenes Prachtgebäude, geplant vom bekannten Architekten Pugin. Hier sammelten sich die von der Großen Hungersnot betroffenen Landbewohner in der Hoffnung auf Hilfe und Erlösung. Im Kirchhof kann man heute noch die Massengräber sehen, die schnell erforderlich wurden. Das Famine Memorial in der High Street erinnert ebenfalls an diese bitteren Zeiten.

Nur wenige Gehminuten von der Kathedrale entfernt liegt in einem schönen Garten das

Killarney und seine „Jarveys"

Im Stadtzentrum von Killarney warten zahlreiche *jarveys*, die seit Generationen mit der Pferdekutsche Touristen kreuz und quer durch die Stadt fahren. Eine solche Fahrt gehört zum Standardprogramm einfach dazu, wobei es zur Hochsaison schwierig wird, eine freie Kutsche zu finden. In der Nebensaison dagegen überschlagen sich die Kutscher geradezu im Lobpreis auf ihre Leistung und beginnen dramatische Wettbewerbe, in denen sie sich gegenseitig unterbieten. Manchmal wird man den Eindruck nicht los, dass dies alles ein abgekartetes Spiel ist und die Droschkenkutscher eine Art südwest-irische Mafia bilden. Dem Reiseschriftsteller Pete McCarthy jedenfalls waren die *jarveys* äußerst suspekt.

COUNTY KERRY

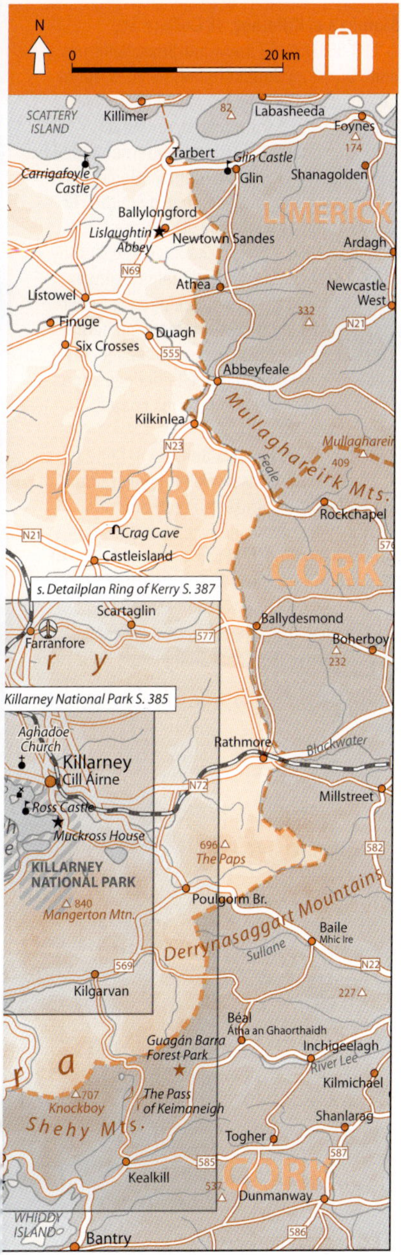

Knockrear House, ein altes Herrenhaus und beliebtes Fotomotiv. Hier ist das Killarney National Park Education Centre untergebracht, in dem Kurse und andere Veranstaltungen für gebuchte Gruppen stattfinden.

Eine ganz andere Attraktion ist das **National Museum of Irish Transport**, Scotts Gardens, ✆ 064-32638, ein vor allem dem Personenwagen gewidmetes Museum. Neben einer großen Menge von Oldtimern, Motorrädern, Fahrrädern und Paraphernalien finden sich auch echte Sammlerstücke für den Kenner, so der über 100 Jahre alte und von einem Iren konstruierte *Silver Stream* oder auch ein Auto, das William Butler Yeats auf seinen Reisen durch das Land benutzte. ⏲ April–Okt tgl. 10–18 Uhr, Eintritt 5 E. Die wirklich bedeutenden Sehenswürdigkeiten liegen jedoch weit außerhalb der Stadt.

Gap of Dunloe

Ein beliebtes Ausflugsziel von Killarney aus ist die Gap of Dunloe. Das stellenweise spektakuläre Tal erstreckt sich zwischen den Macgillycuddy Reeks und dem auch immerhin 822 m hohen Purple Mountain. Am einfachsten zu erreichen ist die Gap of Dunloe von der Hauptstraße aus, man folgt einfach den Wegweisern zum Kate Kearney's Cottage, 💻 www.katekearneyscottage.com. Hier verlassen die meisten Wanderer ihr Fahrzeug. Wer nicht wandern möchte, kann alternativ reiten oder mit einem der hier anzumietenden Pferdewagen durch das Tal fahren. Einer der Seen, der **Serpent Lake** (See der Schlange), soll übrigens der Orkus gewesen sein, in den der Hl. Patrick die Schlangen verbannt hat. Die Landschaft links und rechts der Straße aber ist die eigentliche Attraktion, ab dem Cottage sind es etwa 4 km bis zur Aussichtsstelle auf dem Pass.

Übernachtung

€ **Black Valley Hostel**, ✆ 064-6634712, 💻 www.anoige.ie/hostels/black-valley. Ein von der Zivilisation weitgehend abgeschnittenes Hostel, das jedoch eine perfekte Übernachtung bei einer Wanderung auf dem Kerry Way bietet. 45 Betten in Schlafsälen und Familienzimmern, kleiner Laden während der Hauptsaison. Vorbestellung unbedingt empfehlenswert. Bett ab 14 €.

Fossa Holiday Hostel, Fossa, ✆ 064-6631497, 💻 www.camping-holidaysireland.com. Außerhalb vom Killarney gelegenes Hostel mit 40 Betten (Bett ab 13 €), zur Stadt ist es ein etwas längerer Weg. Kreditkarten werden akzeptiert, auch Camping möglich. Ein Stellplatz kostet 15 €.

Killarney Railway Hostel, Fairhill, ✆ 064-6635299, 💻 www.killarneyhostel.com. Großes Hostel in der Nähe der Bahnstation, recht ruhig und sauber (Bett ab 12 €). Rezeption hilft bei der Buchung von Touren und Fahrrädern. ❶

€ **Neptune's Town Hostel**, Bishop's Ln., New St., ✆ 064-6635255, 💻 www.neptuneshostel.com. Zentrales, recht modernes Haus mit einer großen Variation an Unterkunftsarten vom Schlafsaal (Bett ab 12 €) bis zum Familienzimmer. Wird von Reisenden mit Kindern sehr gelobt. ❶

Peacock Farm Hostel, Gortdromakiery, Muckross, ✆ 064-33557. Abseits des Ortskerns gelegenes Hostel mit 20 Betten (Bett ab 12 €). Ein Hauch von „Leben auf dem Lande". Kostenlose Abholung von Killarney ist möglich. ❶

Murphy's of Killarney, 18 College St., ✆ 064-6631294, 💻 www.murphysofkillarney.com. Direkt im Stadtkern befindliches, recht gemütliches Guesthouse mit 20 bequemen Zimmern. Diese wurden erst vor kurzer Zeit renoviert und auf einen modernen Standard gebracht. Bar und Restaurant im Haus sind jedoch noch schön traditionell gehalten. ❸

Castle Lodge Guesthouse, Muckross Rd., ✆ 064-6631545, 💻 www.castlelodgekillarney.com. Am Eingang zum Nationalpark, etwas außerhalb des Stadtkerns gelegenes Guesthouse mit 24 recht komfortablen Zimmern. Wer ein geräumiges Zimmer haben möchte, sollte dies bei der Buchung unbedingt sagen – teilweise sind die Räume etwas knapp geschnitten. ❸

Killarney Plaza Hotel & Spa, Town Centre, ✆ 064-6621100, 💻 www.killarneyplaza.com. Elegantes Hotel direkt im Stadtkern, rund 200 Zimmer, relativ anonym, aber mit sehr guter Ausstattung. Pool und Wellnessangebote. ❺

Muckross Park Hotel & Spa, Lakes of Killarney, ✆ 064-6623400, 💻 www.muckrosspark.com. Im Nationalpark gelegenes Luxushotel mit 68 Zimmern und eigener Golfanlage. Sehr ruhig.

Einsamkeit in der Bergwelt von Kerry

Bietet alles, was man sich für einen erholsamen Aufenthalt wünschen kann. So z.B. mehrere Bars und Restaurants im Haus und ein Fitness- und Verwöhnprogramm im eigenen Spa. ❻

Essen

Gaby's Seafood, 27 High St., ✆ 064-6632519, 💻 www.gabysireland.com. Mehrfach ausgezeichnetes, hervorragendes Restaurant mit einer (trotz des Namens) recht umfangreichen Speisenauswahl bis zu Lamm und vegetarischen Gerichten. Erstklassige Qualität, die jedoch ihren Preis hat. Reservierung empfohlen.

Murphy's Bar, 18 College St., ✆ 064-6631294, 💻 www.murphysofkillarney.com. Traditioneller Pub mit einem sehr guten Menü als Imbiss oder auch Hauptmahlzeit. Das benachbarte **Lord Kenmare's Restaurant** ist ebenfalls empfehlenswert, liegt preislich jedoch etwas höher.

€ **Panis Angelicus**, 15 New St., ✆ 064-6639648. Vielleicht das Café in Killarney, in dem man das beste Brot und die zufriedenstellendsten Sandwiches serviert bekommt, in einem modernen, leicht künstlerischen Ambiente. Eine Oase, die wohltuend in Kontrast zum manchmal übertriebenen „Irlandrummel" am Ort steht.

Park Hotel, Kenmare Pl., ✆ 064-6635555, 💻 www.killarneyparkhotel.ie. Großflächiges Restaurant mit moderner Möblierung. Vernünftige Speisekarte, klassisch-kreative Küche. Klaviermusik. Eine Reservierung ist erforderlich.

Unterhaltung und Kultur

Für Killarney gilt: einfach den Straßen der Innenstadt folgen, auf Musik und Unterhaltung lauschen und dann irgendwo hineinschlüpfen und eine Zeit lang verweilen. Das Angebot an Unterhaltung deckt das komplette Spektrum von Rockmusik bis hin zur aktuellen irischen Schlagerparade ab, dazu Comedy und Tanzabende von traditionell bis Gesellschaftstanz.

Buckley's Bar im Arbutus Hotel, College St., ✆ 064-6631037, 💻 www.arbutuskillarney.com. Als Pub mit traditioneller Musik bekannt und das „Herz der Volksmusikszene" – im Sommer ist hier jeden Abend Session.

€ Hostel mit Alkoholverbot

Sugan Hostel, Lewis Rd., ✆ 064 6633104, 💻 www.suganhostelkillarney.com. Das Hostel ist nur 2 Min. zu Fuß von der Bushaltestelle und dem Bahnhof entfernt, und dank strenger Regeln (keine Partygruppen, kein Alkohol im Haus) relativ ruhig (Bett ab 14 €). Ein Fahrradverleih wird über die Rezeption organisiert. Abends trifft man sich beim gemütlichen Torffeuer im Gemeinschaftsraum. Der Betreiber Pa Sugrue tritt auch öffentlich als Geschichtenerzähler auf. ❶

The National Events Centre, Muckross Rd., ✆ 064-6671555, 💻 www.inec.ie. Bietet buntes Programm, das vor allem auf die zahlreichen irischen Besucher zugeschnitten ist, mit Musicalshows, Theater, Konzerten und Comedy.

O'Connor's in der High St., ✆ 064-6631115. Ein beliebter Pub mit Unterhaltungsprogramm. Unglücklicherweise ist das Haus auch recht klein und daher schnell überfüllt.

Einkaufen

Wer sich mit „typisch irischen Souvenirs" eindecken will, hat in Killarney die große Auswahl – von Kunst bis Kitsch und nicht unbedingt immer zu Schnäppchenpreisen. Letzteres ist allerdings ein Verkaufsargument im **Killarney Outlet Centre**, Fair Hill, ✆ 064-6636744, 💻 www.killarneyoutletcentre.com. Bis zu 70 % Rabatt auf Markenware, allerdings nicht immer aus der aktuellen Kollektion. Vertreten sind u. a. Blarney Woolen Mills, Nike und TJS (mit Marken wie FCUK, Firetrap, Diesel, Ben Sherman, Levis und Wrangler).

Aktivitäten und Touren

Wer weitere Aktivitäten sucht, kann in Killarney viele Angebote entdecken. Reitausflüge durch die Natur bietet etwa **Killarney Riding Stables**, Ballydowney, ✆ 064-6631686, 💻 www.killarney-riding-stables.com, an. Dabei rangiert das Angebot von Kurzritten ab einer Stunde bis zur einwöchigen Tour durch Kerry.

Wer lieber auf den eigenen Füßen bleibt, sollte die Wandertouren von **Killarney Guided Walks**,

0)87-6394362, www.killarneyguidedwalks.com, in Erwägung ziehen. Vom zweistündigen Spaziergang durch den Ort selbst bis hin zur Erklimmung des Carrauntoohil wird hier ein abwechslungsreiches Programm angeboten. Und wer es bequem und doch romantisch-schön haben möchte, der kann eine **Killarney Day Tour**, 064-6631068, www.killarneydaytour.com, buchen: Vom Ortskern geht es mit dem Bus zu Kate Kearney's Cottage, von dort per Pferdewagen durch die Gap of Dunloe zum Lord Brandon's Cottage, weiter mit dem Boot zum Ross Castle und dann wieder mit dem Bus in den Ort zurück.

Informationen

Tourist Information Killarney, Beech Rd., 064-6631633, Infos auch unter www.killarney.ie.

Nahverkehr

Flughafenbusse verkehren zum **Kerry Airport**, www.buseireann.ie.

Transport

Busse

Der **Busstopp** befindet sich neben dem Bahnhof.

CORK, stdl. Verbindungen, Infos unter www.buseireann.ie oder Killarney Bus Station, 064-6630011.

DUBLIN, unter der Woche 5x tgl. von und nach DUBLIN zwischen 8.30 und 16.30 Uhr. Regulärer Fahrpreis 25,50 €.

LIMERICK, tagsüber mehrere Verbindungen mit Linie 14.

TRALEE, stdl. Verbindungen.

Eisenbahn

Der **Bahnhof** liegt in der Park Rd.

Killarney liegt auf der Strecke von TRALEE nach CORK bzw. (meist mit Umsteigen in Mallow) DUBLIN, auf der tgl. etwa 8 Züge in jede Richtung verkehren. Die Fahrzeit beträgt etwa 3 Std. 20 Min. und bei Vorbestellung im Internet sind schon Tickets für 10 € zu bekommen, sodass der Zug eindeutige Vorteile gegenüber dem Bus hat, Infos unter www.irishrail.ie.

Flüge

Der **Kerry International Airport** in Farranfore, ein einfacher Flughafen, etwa 10 Min. von Killarney entfernt, wird von Ryanair, www.ryanair.com, auch direkt ab Deutschland (Düsseldorf-Weeze und Frankfurt-Hahn) angeflogen. Die Zahl der Flüge wurde jedoch im Winter 2010/11 stark dezimiert, die Zukunft der Strecken erscheint bei Redaktionsschluss nicht gesichert.

Killarney National Park

Der südlich von Killarney gelegene Killarney National Park ist Biosphärenreservat und zugleich Irlands Vorzeige-Naturschutzgebiet. Der Park hat insgesamt eine Fläche von etwa 10 000 ha und umfasst mehrere Seen, darunter den Lough Leane, Muckross Lake und den Upper Lake, dichte Wälder, karge Felslandschaften und einige landwirtschaftliche Flächen. Skurrilerweise sind die meisten Touristen erst einmal von den fast überall prachtvoll blühenden Rhododendren begeistert, die sich allerdings zu einer wahren Landplage entwickelt haben und denen die Parkbehörde radikal zu Leibe rückt. Die importierten Gehölze schaffen es nämlich, das natürliche Ökosystem zu zerstören. Deshalb werden die Büsche mit Stumpf und Stiel ausgerottet und verbrannt.

Die zumindest spirituelle Mitte des Nationalparks bildet das 1843 erbaute **Muckross House**, 064-6670144, www.muckross-house.ie, ein viktorianisches Herrenhaus, dessen Inneneinrichtung den typischen Geschmack der Epoche wiedergibt. Das Haus wird seit Langem nicht mehr für Wohnzwecke genutzt, es ist ein reines Museum. Interessant wird es vor allem durch den Kontrast zwischen den herrschaftlichen Obergeschossen und den traditionellen Werkstätten im Untergeschoss. In den Ateliers arbeiten Töpfer, Buchbinder und Weber nach alten Handwerkstechniken, in einem kleinen Laden kann man die Produkte erstehen. Die zum Haus gehörigen Gärten begeistern vor allem durch ihre botanische Vielfalt, die allerdings oftmals Importware ist. Vor allem die riesigen Rhododendren, die hier noch gehegt und gepflegt werden,

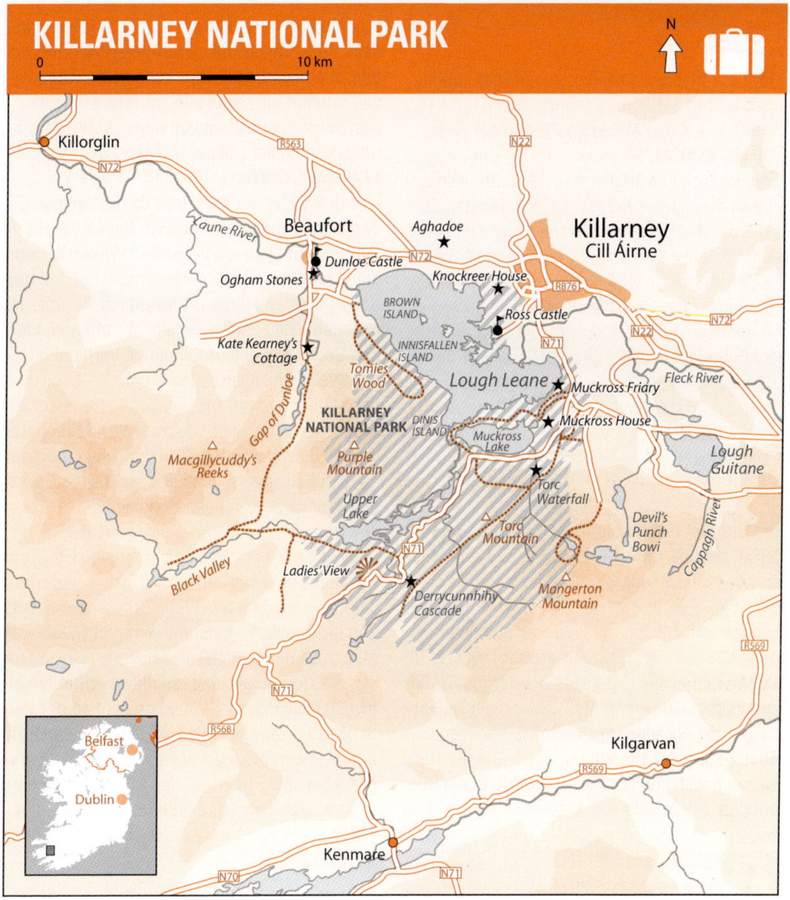

und die Azaleen sorgen während der Blüteperiode für ein überwältigendes Farbenmeer. Dabei geraten dann die mehr formellen und weniger bunten Wasser- und Steingärten schnell ins Hintertreffen der Aufmerksamkeit. 🕓 Tgl. 9–17.30, im Juli und Aug bis 19 Uhr, Eintritt 7 €.

Die **Abtei von Muckross**, ein ehemaliges Kloster der Franziskaner in der Nähe der Muckross Traditional Farms, ist die am besten erhaltene Einrichtung des Ordens in Irland. Die Mönche wurden zwar im Jahre 1652 während der Feldzüge des Oliver Cromwell vertrieben, es kam jedoch nicht zu allzu starken Zerstörungen. Beachtenswert sind der im Verhältnis zum Kirchenschiff sehr breite Turm und der vollständig erhaltene Kreuzgang mit seinen angrenzenden Gebäuden, die oberen Stockwerke mit Seeblick.

Der Blick schweift hier über den Lough Leane oder (etwas bescheidener) Lower Lake, den größten der bekannten Seen von Killarney, der zusammen mit dem kleinen Muckross Lake und dem langgezogenen Upper Lake eine zusammenhängende Wasseroberfläche bildet.

Die meisten Touren über den See beginnen am **Ross Castle**, ✆ 064-6635851, 🖳 www.heritageireland.ie, einer Festungsanlage aus dem 15. Jh.

Eine Farm in Irland

Wie das irische Farmleben in den 30er-Jahren des letzten Jahrhunderts aussah, erlebt man hautnah auf den **Muckross Traditional Farms**, ✆ 064-6670144, 💻 www.muckross-house.ie, südwestlich des Ortskerns im Muckross Estate gelegen (und gut ausgeschildert). Hühner gackern, Pferde werden vor den Pflug gespannt und Schweine artgerecht gehalten. Mehrere Bauernhöfe wurden in ihren traditionellen Zustand zurückversetzt und auf historische Anbaumethoden umgestellt. Die Bauernhöfe sind weitgehend für das Publikum geöffnet, das Personal gibt gerne Erklärungen. 🕓 Juni–Aug tgl. 10–18, Mai 13–18, April, Sep, Okt an den Wochenenden 13–18 Uhr (Fei wie So), Eintritt 7,50 €.

Die Burg ist zwar nicht mehr vollständig erhalten, flößt aber durch ihre Lage und durch ihr massives Turmhaus auch heute noch Respekt ein. Einen Respekt, der Cromwells General Ludlow vollkommen fehlte, als er die als uneinnehmbar geltende Festung erobern wollte. Ob es nun ein ausgeklügelter Plan oder ein großer Zufall war, Ludlow brachte während der Belagerung nicht nur militärische Strategien, sondern auch eine alte Legende ins Spiel. Um die Burg besser beschießen zu können, nutzte er ein Boot auf dem Lower Lake als Artillerie-Plattform. Das brachte die Verteidiger in Panik, denn es hieß, dass Ross Castle nur durch einen Angriff vom See aus erobert werden könne. Die Kapitulation erfolgte auf dem Fuße, sodass die heute zu besichtigende Festung von den größten Zerstörungen verschont blieb. 🕓 März–Okt tgl. 9.30–17.45 Uhr, Eintritt 6 €.

Am Anleger vor dem Ross Castle hat man die Wahl. Etwas bequemer und vor Regen geschützt fährt man auf den relativ großen **Wasserbussen**, die jedoch nur einen eingeschränkten Teil des Sees befahren können. Wesentlich flexibler ist dagegen eine Fahrt mit einem der **offenen, kleinen Boote**. Bei entsprechendem Verhandlungsgeschick – und finanziellen Anreizen – kann man die Inhaber auch zu ausgiebigen Touren nach individuellen Wünschen überreden. Die Standardtour ab Ross Castle führt auf den Lower Lake hinaus (die Burg liegt in einer geschützten Bucht) und dann südlich mit einem kleinen Schlenker in den Upper Lake und den Muckross Lake.

Nicht mit dem Boot erreichbar ist der gut versteckt im Wald gelegene **Torc-Wasserfall**, der direkt mit dem Muckross Lake verbunden ist und ihn speist. Er befindet sich nicht weit vom Muckross House entfernt, der Parkplatz ist dankenswerterweise ausgeschildert. Über einen eigens ausgebauten Weg kann man an der Seite des Wasserfalls in den Wald hineinwandern. Solche Wanderungen auf den Wirtschaftswegen können zu überraschenden Begegnungen führen, wer sich leise verhält, wird mit etwas Glück recht nahe an das frei lebende Rotwild herankommen.

Mit dem Boot nach Inisfallen

Eine Alternative zur üblichen Bootstour ist eine Fahrt auf die kleine Insel **Inisfallen**. Diese Insel beherbergte früher ein Kloster, in dem zu Beginn des 13. Jhs. die Annalen von Inisfallen, eine sehr umfangreiche mittelalterliche Chronik, verfasst wurden (heute im Museum in Oxford). Die Klosterruinen sind interessant, aber nicht spektakulär, eine kleine Kirche aus Sandstein ist das auffälligste Relikt. Ein Besuch auf der Insel lohnt sich jedoch wegen der erhalten gebliebenen natürlichen Vegetation. Hier ist noch nicht der Rhododendron beherrschend, sondern einheimische Flora dominiert.

Ring of Kerry

Der 180 km lange Ring of Kerry entlang der Halbinsel Iveragh gehört zum Pflichtprogramm eines jeden Irland-Touristen. Es ist die wohl bekannteste Rundstrecke auf der Insel überhaupt, mit einem fast mythologischen Status und einer nahezu magnetischen Anziehungskraft auf alle Besucher, die die Abgeschiedenheit der Region erleben möchten. Was durchaus möglich ist – allerdings am ehesten außerhalb der Saison. Denn die Popularität der Strecke und ihr viel gesungenes Lob in jedem Reiseführer haben dafür

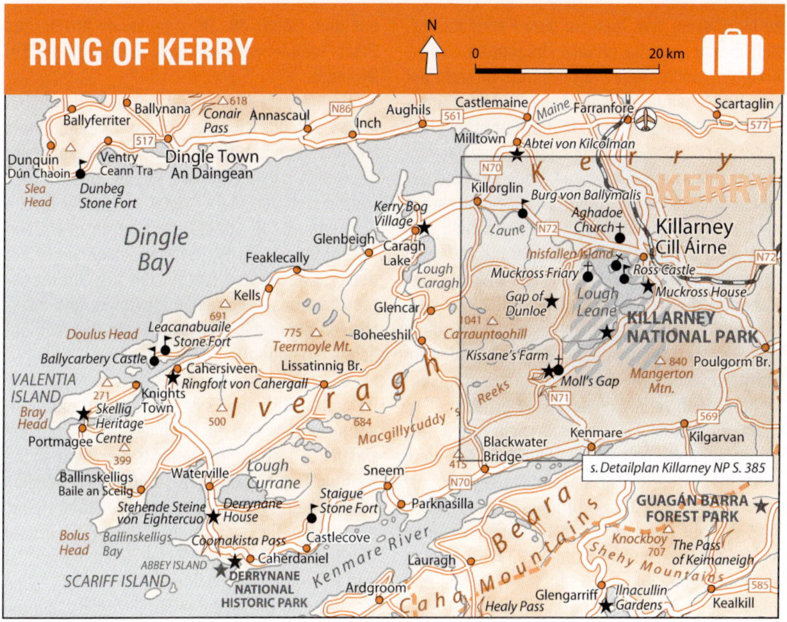

gesorgt, dass man hier in den Sommermonaten eher seinen Nachbarn aus der schwäbischen Heimatstadt denn die Einsamkeit der Westküste vorfindet. Einzig wer früh aufbricht, um gewissermaßen die Poleposition am Ring zu haben, kann die Landschaft noch ohne Autokolonnen erleben. Dummerweise ist auch dieser Tipp in jedem Reiseführer zu finden.

Allerdings ist der landschaftlich reizvolle Ring of Kerry selbst bei der Fahrt im Konvoi einen Besuch wert: Zahlreiche kleine Inselchen liegen im Atlantik, herrliche Strände säumen die einsame Küste, Berge erheben sich im Landesinneren und stille Klöster laden zum Verweilen ein. Wer den Ring of Kerry aus vollen Zügen genießen möchte, sollte sich allerdings Zeit lassen, Pausen einlegen und das Fahrzeug auch einmal verlassen. Tatsächlich gibt es eingeschworene Fans, die nicht nur den üblichen einen Tag, sondern eine Woche oder mehr auf der Rundtour verbringen.

Von Killarney nach Kenmare

Wo man die Fahrt beginnt, ist im Grunde egal. Da viele Besucher zunächst Killarney ansteuern, sei hier der Startpunkt. Von **Killarney** aus folgt die Strecke den Wegweisern und führt dann am Seeufer entlang in Richtung Süden, die Straße windet sich bald den Berg empor und führt an der Haltestelle **Ladies' View** vorbei hinauf zur Moll's Gap. Die „Aussicht der Damen“ erinnert an jene Damen, die einst Königin Viktoria nach Killarney begleiteten und an diesem Ort die Aussicht über das Tal und die Seen genossen. Eine Aussicht, die auch heute noch wunderschön ist. Soll die einige hundert Meter bergab gelegene romantische Ruine fotografiert werden, an der der Weg hierher vorbeiführte, ist der kurze Fußmarsch vom Parkplatz der Ladies' View die sicherste Option. Vor allem auf den Bergstrecken des Ring of Kerry kann wildes Parken am Straßenrand schnell zu Blechschäden, mindestens aber zu Verkehrsbehinderungen führen.

An der **Moll's Gap** schließlich hat man einen fantastischen Ausblick auf die Täler der Umgebung, jedenfalls solange keine Wolken über dem engen Pass hängen und man es schafft, den vom Anblick eher wenig reizvollen Supermarkt für Kunsthandwerk mit angeschlossenem Café zu ignorieren. Wer hier auf dem Parkplatz Station macht und die nähere Umgebung zu Fuß erkundet, sollte unbedingt erhöhte Vorsicht auf der Straße walten lassen: Angesichts der überwältigend schönen Landschaft achten viele Autofahrer nicht auf Fußgänger. Mehrsprachige Warnschilder erinnern daran, doch bitte auf der linken Seite zu fahren. Unfälle mit Geisterfahrern sind auf dem Ring of Kerry keine Seltenheit.

Von der Moll's Gap führt die Straße teilweise dramatisch bergab in Richtung des kleinen Ortes **Kenmare**, dem man einen kurzen Besuch abstatten sollte. Landschaftlich schön an der Mündung des Flusses Sheen gelegen, hat sich die Innenstadt, obwohl ganz auf den Tourismus ausgerichtet, noch relativ unverfälscht erhalten. Das gesamte Stadtbild macht einen sehr geplanten, aufgeräumten Eindruck. Ein Eindruck, der nicht täuscht: Der Erste Marquess of Lansdowne, ein Nachkomme des Stadtgründers William Petty, ließ die gut hundert Jahre vorher von seinen Vorfahren gegründete Siedlung 1775 komplett verändern und zu einem Musterstädtchen machen. Seine Planung ging dabei bis ins Detail, wovon heute noch die verzierten Fassaden an den Hauptstraßen zeugen.

Das bekannteste Produkt aus Kenmare ist Spitze. Während der Großen Hungersnot wurden die Frauen und Mädchen des Ortes in einer Art Beschäftigungsmaßnahme von den Nonnen des Klosters St. Clare's in der Technik der Spitzenherstellung unterwiesen. Hieraus entwickelte sich eine kleine Industrie und Spitzen aus Kenmare sind ein beliebtes Mitbringsel geworden.

Unweit der Ortsmitte findet man den sogenannten Druidenkreis (Druid's Circle), einen prähistorischen Steinkreis von etwa 15 m Durchmesser mit einem Dolmen in der Mitte. Diese Anlage liegt in der Nähe des Flusses abseits der Market Street. Welchen Sinn der Steinkreis hatte, weiß man nicht. Der Volksmund munkelt allerdings nach wie vor von heidnischen Menschenopfern, die hier dargebracht worden sein sollen.

Von Kenmare bis Ballinskelligs

Ab Kenmare verläuft der Ring of Kerry Richtung Westen an der Küste entlang. Verschiedene kleinere Sehenswürdigkeiten sind ausgeschildert oder liegen unverkennbar am Wegesrand, so die aus dem frühen 19. Jh. stammende Kirche des Ortes Templenoe oder auch die Burgruine bei Dromare.

Der nächste Abschnitt der Strecke führt dann etwas von der Küste weg nach **Sneem**, einem kleinen Ort mit auffallend bunten Häusern, der noch etwas vom Flair des 19. Jhs. besitzt. Hier treffen sich vor allem Angler, selbst die Kirche aus dem 16. Jh. (heute der Church of Ireland zugehörig) hat als Wetterfahne einen Lachs auf dem Dach. Sneem bietet sich als Übernachtungsstation an, vor allem für Angler und Bergsteiger, die in der Umgebung gute Freizeitmöglichkeiten finden.

Wesentlich interessanter ist jedoch für viele Besucher das gut 12 km weiter auf einer Anhöhe liegende und nur auf einer sehr engen, bei Castlecove abzweigenden Straße zugängliche **Staigue Fort**, ✆ 066-75127, eine wahrscheinlich steinzeitliche Festungsanlage. Die Natursteine, aus denen die ringförmige Befestigung erbaut wurde, wurden ohne Mörtel zusammengefügt und trotzen so seit vielen Jahrhunderten Wind und Wetter. Diese Befestigung gilt als das am besten erhaltene Monument seiner Art in ganz Irland. Die Mauern sind im Durchschnitt 4 m dick und 5 m hoch und die gesamte Anlage hat einen Durchmesser von rund 27 m. Sie diente vermutlich einem örtlichen Fürsten als Burg. Auch das Alter der Anlage ist unbestimmt – mindestens 2000 Jahre aber ist es alt. ◷ Ostern–Sep tgl. 10–21 Uhr, Eintritt 1 €.

Einblicke in einen wesentlich jüngeren Abschnitt der irischen Geschichte bekommt der Besucher im wenige Kilometer südwestlich gelegenen **Derrynane House**, ✆ 066-9475113, 💻 www.heritageireland.ie, einem Herrenhaus aus dem 17. Jh., in dem der „Befreier" Daniel O'Connell (s. S. 103) lebte. Das Haus ist heute ein Museum, das dem großen Politiker des 19. Jhs. gewidmet ist. In Form einer audiovisuellen Präsentation wird den Besuchern das Leben und Wirken des Politikers nahegebracht, im Haus selbst ist weitgehend der Zustand Mitte des 19. Jhs. erhalten geblieben. ◷ April–Nov tgl. mind. 10.30–17 Uhr, Eintritt 3 €.

Neben dem Haus selbst sind die Parkanlagen (frei zugänglich) zu besichtigen, in denen Palmen und exotische Pflanzen wachsen. Durch das große Gelände ziehen sich zahlreiche Naturlehrpfade, die eine Erkundung der Dünenlandschaft erleichtern.

In einigem Abstand zum Strand liegt **Abbey Island**, die kleine Insel kann bei Ebbe zu Fuß erreicht werden. Vorher sollte sich der Wanderer allerdings darüber informieren, wann die Flut wieder einsetzt – eine unfreiwillige Übernachtung auf dem Eiland ist nicht unbedingt empfehlenswert.

Bald danach verläuft die Straße fast gerade nach Norden, es wird zunächst der **Coomakista Pass** (210 m) überwunden, etwas rechts der Straße sind kurz danach die **stehenden Steine von Eightercua**, vier zwischen 1,80 und 3 m hohe und in einer Reihe stehende Megalithen, zu sehen.

Bald führt der Weg über eine Landenge, links liegt die **Bucht von Ballinskelligs** und damit das offene Meer, rechts der **Lough Currane**. Dieser See ist für kleine Exkursionen ideal, z. B. mit dem Kanu oder Boot (Infos über Mietboote bei 💻 www.loughcurrane.com oder 💻 www.activityireland.ie). Church Island etwa besitzt eine Kirche aus dem 12. Jh. mit einem in Irland seltenen romanischen Portal sowie Reste eines Klosters und eines Friedhofs. Noch geheimnisvoller wirkt eine versunkene Burgruine, die im Süden des Sees ausgemacht werden kann. Festungsanlagen sind auch am Ufer des Sees zu sehen, bei Beenbane etwa ein Steinfort in Form eines Hufeisens. In der Nähe sind auch Reste von Bienenkorbhütten erkennbar. Diese runden Wohnbauten waren zwar nicht unbedingt luxuriös, konnten wegen ihrer Bauweise aber Wind und Wetter trotzen.

Im weiteren Verlauf der Rundfahrt wird dann der Fluss Inny überquert. Kurz hinter der Brücke verläuft der klassische Ring of Kerry geradeaus weiter auf der N70. Wer jetzt Lust auf eine weniger stark befahrene Strecke und einen längeren Umweg hat, der biegt nach links in Richtung **Ballinskelligs** ab und gelangt dann schon bald an die Atlantikküste, von der aus ein Blick auf die Skelligs möglich ist. Das **Skellig Experience**, ✆ 066-9476306, 💻 www.skelligexperience.com, in der Nähe der Brücke nach Valentia Island erzählt die Geschichte dieser einst von Mönchen genutzten Inselgruppe. Daneben werden auch Informationen über die zahlreichen Seevögel gegeben, die heute auf der Insel leben. 🕓 Juli/Aug tgl. 10–19, sonst von März–Nov werktags 10–17 Uhr, Eintritt 5 €.

Skellig Islands

Die rund 12 km von der Küste entfernt gelegenen **Skellig Islands** sind unwirtliche Felsen, die sich abrupt aus dem Meer erheben. Die Hauptinsel, Great Skellig oder auch **Skellig Michael** genannt, ist etwa 17 ha groß und im Prinzip nicht mehr als ein schroffer Felsbrocken, auf dem etwas Gras wächst. Dennoch gehört die Insel zum Unesco Weltkulturerbe, denn rund 200 m über dem Meeresspiegel befindet sich der Rest einer einsam gelegenen und nur schwer zugänglichen mittelalterlichen Klosteranlage, in der vom 6. bis zum 12./13. Jh. irische Mönche in völliger Zurückgezogenheit lebten. Rund 600 unregelmäßige, schlüpfrige Stufen führen steil nach oben in schwindelerregende Höhen zu den Klosterbauten, die im 6. Jh. ohne Mörtel aus Naturstein errichtet wurden. Die winzigen Bienenkorbhäuser dienten als Unterkünfte, zu sehen sind auch kleine Gebetshäuser. Obwohl die Mönche hier fast vollkommen vom Rest der Menschheit zurückgezogen lebten, müssen sie gezwungen gewesen sein, einen gewissen Kontakt aufrechtzuerhalten – sonst wären sie vermutlich verhungert oder an Mangelernährung gestorben. Denn Skellig Michael ist nicht für Landwirtschaft geeignet; das einzige Produkt, das es hier im Überfluss gab (und heute noch gibt), sind die Eier der Seevögel. So kletterten die Mönche zu den Nestern, raubten die Eier und tauschten sie gegen Getreide, Werkzeuge und Tierhäute ein. Letztere brauchten sie zur Erstellung ihrer Manuskripte. Ein weiteres Handelsgut der Mönche war das Fleisch von Robben. Erst im 12. Jh. zogen die frommen Nesträuber in die nahegelegene Abtei der Augustiner von Ballinskelligs um. Die Vögel blieben.

Heute pendeln täglich Boote zwischen dem Festland (Abfahrt an der Brücke nach Valentia Island) und Skellig Michael, zum Teil bei stürmischer See, vorbei an der Vogelinsel **Little Skellig**, die nicht betreten werden darf. Ein Besuch auf Skellig Michael, wo man bei einigermaßen gutem Wetter anlegen kann und wo rund 45 Tölpel beheimatet sind, wird vom Gekreische der

Vergessene Inseln

Skelling Michael, Blick auf Little Skelling

Die Skelligs und auch die weiter nördlich liegenden Blaskets sind die bekanntesten unbewohnten Inseln vor der irischen Küste. Als eindrucksvolle Stätte des frühchristlichen Mönchtums oder Hort der irischsprachigen Dichtkunst sind sie in das Bewusstsein der Iren eingegangen.

Was heute fast vergessen ist: Zahlreiche Inseln vor der Küste waren bis vor wenigen Jahrzehnten noch bewohnt, lebten in einer Art archaischer Selbstverwaltung mit einem „König" an der Spitze. Doch die Versorgung der Inselbevölkerung lag seit Jahrhunderten im Argen, und der moderne Staat Irland musste eine harte Entscheidung fällen. Die kleineren Inseln, die vor allem im Winter oft komplett von der Außenwelt abgeschnitten waren, ließen sich nicht mehr mit überschaubaren Kosten versorgen. Von Nahrung bis medizinischer Hilfe musste vieles, in manchen Fällen alles, von außen kommen. So begann man mit einem Umsiedlungsprogramm. Nach und nach wurden die Bewohner auf das Festland oder auf größere Inseln gebracht, wo ihnen mit staatlicher Hilfe ein neuer Start ermöglicht wurde. Aus der Sicht des Festlandbewohners und vor allem des Beamten in Dublin eine schnelle und saubere Lösung. Aus der Sicht der Inselbewohner ein kompletter Verlust der Heimat, oftmals auch des gesamten sozialen Umfeldes und der Tradition. Manche alte Leute, die ihr komplettes Leben auf der Insel verbracht hatten, mögen sich nicht anders gefühlt haben als Emigranten, die von Irland nach Australien oder in die USA gingen. Oder vielleicht wie Indianer, denen der „Weiße Mann" ein neues Reservat zuwies.

Seevögel begleitet, die wenig scheu sind. Der Aufstieg zum Kloster ist nicht unbedingt ungefährlich. Nur wirklich schwindelfreie Menschen sollten ihn wagen, denn der Abstieg (und um den kommt niemand herum) ist ein wahrer Tanz über dem Abgrund. Der alte Tipp „nicht nach unten schauen" ist hier vollkommen sinnlos, da man sich auf die Stufen konzentrieren muss, um nicht den Tritt zu verlieren. Im Jahr 2009 gab es zwei Todesfälle auf Skellig Michael – beide galten als vermeidbar. Sollten Sie nicht schwindelfrei sein, keinen absolut sicheren Tritt haben oder unter Herz-Kreislauf-Problemen leiden, vermeiden Sie bitte den Aufstieg zum Kloster.

Hier eine Auswahl von Fähren, die die Skelligs anlaufen – genaue Fahrtzeiten und die Frage, ob diese im Einzelfall auch dort landen (dürfen), sollten Urlauber im Vorfeld aktuell klären:
Casey's, ✆ 066-9472437,
💻 www.skelligislands.com
Des & Pat Lavelle, ✆ 066-9476124,
💻 www.skellig-boat-trips.com
Joe Roddy & Sons, ✆ 087-1209924,
💻 www.skelligstrips.com
Sea Quest, ✆ 066-9476214,
💻 www.skelligsrock.com

Von Valentia Island nach Killarney

Bei **Portmagee** führt eine Brücke hinüber auf die überwiegend karge, von Felsen und Steinen geprägte **Valentia Island**, die einmalige Aus- und Anblicke bietet. Alleine das Panorama der Atlantikküste vom 240 m hohen Bray Head lohnt den Abstecher auf die Insel. Die Straße auf der landschaftlich reizvollen Insel Valentia ist allerdings zeitweise eine Sackgasse – am östlichen Ende der Insel verkehrt nur zu bestimmten Zeiten und nur in den Sommermonaten eine Fähre, ✆ 066-9476141, zum Festland.

Der Ausschilderung des Ring of Kerry weiter folgend, kommt man nach einigen Kilometern in die „Hauptstadt" der Halbinsel Iveragh, nach **Caherciveen**, das über ein wenig spektakuläres, aber typisch altmodisches Ortsbild verfügt. Ein kleines Heritage Centre in der ehemaligen Polizeikaserne, The Barracks, ✆ 066-9472777, beschäftigt sich mit der Ortsgeschichte. 🕓 Wechselnd, telefonisch erfragen.

In der Nähe des Ortes befinden sich auch die Ruine des **Ballycarbery Castle** aus dem 15. Jh. und die einige Jahrhunderte älteren **Ringforts von Cahergall und Leacanabuaile**, beide sind recht gut erhalten.

Für viele Touristen interessanter ist allerdings das rekonstruierte **Kerry Bog Village**, Ballincleave, ✆ 066-9769184, 💻 www.kerrybogvillage.ie, bei Glenbeigh. Hier kann man sich direkt in das 19. Jh. zurückversetzt fühlen. Ein komplettes Dorf aus dem 19. Jh. wurde recht originalgetreu nachgebaut und steht jetzt zur Besichtigung offen. Ein Freilichtmuseum, das über das Leben auf dem Lande im irischen Westen informiert – mit irischen Wolfshunden und Kerry Bog Ponys.

Wo der Bock zum König wird

Jeden August findet in **Killorglin** die traditionelle **Puck Fair**, 💻 www.puckfair.ie, statt, während der ein Ziegenbock (frisch gefangen, denn wild muss er sein) zum König gekrönt wird und über das Dorf „herrscht". Während des Festivals sind Ort und Umgebung hoffnungslos überlaufen. Die Puck Fair ist übrigens eines der wenigen irischen Volksfeste, die sich nicht nach Wochenenden richten, sondern immer am gleichen Datum stattfinden – in diesem Fall vom 10. bis zum 12. August. Neben einem traditionellen Markt, auf dem vor allem Pferde und Rinder verkauft werden, bieten diese Tage Vergnügungen von Jahrmarkt bis Konzert. Wer sich mit voller Wucht ins Getümmel stürzen möchte, sollte möglichst frühzeitig eine Unterkunft vor Ort buchen. Wie alt dieses Festival ist, ist umstritten – zu Beginn des 17. Jhs. waren die Feierlichkeiten jedoch schon lange etabliert.

🕓 Tgl. 8.30–18 Uhr, Eintritt 6 €. **Glenbeigh** selbst ist ein kleiner, wirklich schön gelegener Ort, der als Urlaubsziel für Angler und mit dem etwa 2 km entfernten Strand von Rossbeigh auch für Badefreunde bekannt ist.

Letzte größere Station des Ring of Kerry ist der kleine Ort **Killorglin**. Ebenfalls eine irische Kleinstadt wie aus dem Bilderbuch. Selbst wenn man nur durchfährt: Das Denkmal der wichtigsten Persönlichkeit dürfte wohl ins Auge fallen – ein Ziegenbock! Immerhin ist ja jährlich ein Ziegenbock für einige Tage „König" hier (s. Kasten). Eine Tradition, die mal auf Oliver Cromwell, mal auf Daniel O'Connell zurückgeführt wird. Die aber sehr wahrscheinlich auf vorchristliche Fruchtbarkeitsrituale zurückgeht.

Von Killorglin geht es schließlich über die recht gut ausgebaute N72 zurück nach Killarney, hier schließt sich der Ring of Kerry. Auf der letzten Teilstrecke sind vor allem die Ruinen der **Abtei von Kilcolman** aus dem 13. Jh. und der **Burg von Ballymalis** aus dem 16. Jh. interessant. Von der sehr hohen Burgruine, immerhin baute man hier schon vier Geschosse ein, hat man einen guten Blick auf die Bergwelt der Macgillycuddy Reeks.

Hillwalking auf dem Carrauntoohil

- **Dauer:** etwas unter 4 Std. für den Aufstieg, 6–7 Std. insgesamt
- **Wegbeschaffenheit:** teilweise gut, im Bereich der Devil's Ladder aber schwierig, kein ausgebauter Weg
- **Beschilderung:** keine, aber Weg gut erkennbar
- **Karten:** Ordnance Survey Ireland Discovery Series, Sheet 7
- **Weitere Informationen:** www.kerrymountainrescue.ie

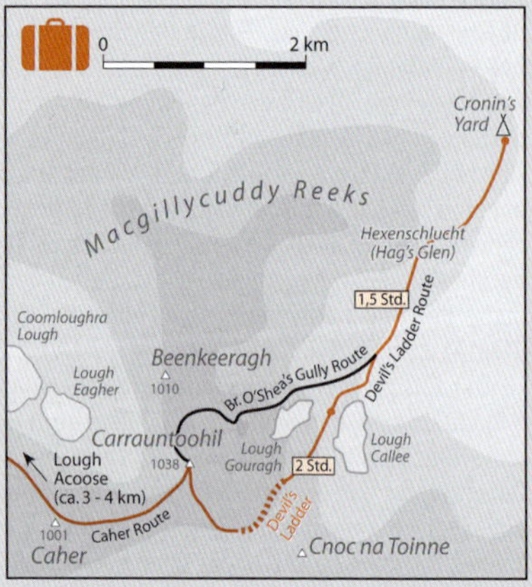

Die Macgillycuddy Reeks, im Irischen die Schwarzen Berge genannt, sind die fast alpine Region der Iveragh-Halbinsel und teilweise dicht bewaldet, eine Seltenheit in Irland. Fast unmittelbar am Ufer des Atlantik ragen Irlands höchste Berge in den Himmel. Und der höchste davon ist der Carrauntoohil, dessen Gipfel immerhin 1038 m über dem Meeresspiegel liegt. Die Aussicht von hier oben ist dementsprechend dramatisch: Im Norden erkennt man bei gutem Wetter die Bucht von Dingle, das gesamte Seengebiet von Killarney liegt dem Bergwanderer zu Füßen und der Atlantik erscheint zum Greifen nahe.

Nur für erfahrene Bergwanderer

Vor dieses Naturerlebnis hat Gott aber den Schweiß gesetzt – auf den Gipfel führt keine Seilbahn, der gesamte Aufstieg sollte auch nur von erfahrenen Bergwanderern gewagt werden. Erkundigen Sie sich nach den Aufstiegsmöglichkeiten und den aktuellen Wegeverhältnissen vor Ort. Denn auch wenn **Cronin's Yard** (www.croninsyard.com) als idealer Startpunkt gilt, können aktuelle Wetterverhältnisse den Aufstieg vom Lough Acoose sinnvoller machen. Welche Route Sie auch immer wählen, rüsten Sie sich vernünftig mit festem Schuhwerk, geeigneter Kleidung, ein paar Vorräten und vor allem einer guten Karte aus. Und sagen Sie irgendjemandem Bescheid, wohin Sie wandern und wann Sie voraussichtlich zurück sein werden. Ein mitgeführtes Handy hat nicht unbedingt überall Empfang.

Die Route

Beginnt die Wanderung an der Jugendherberge, dann ist der Aufstieg durch die **Hexenschlucht (Hag's Glen)** bis zum **Lough Callee** auch von ungeübten Wanderern in rund 90 Minuten zu schaffen. Hat man allerdings das Reich der Hexe

verlassen, beginnt hinter dem Bergsee gewissermaßen die Hölle – der nächste Teil des Weges ist als „**Devil's Ladder**", also die Leiter des Teufels, bekannt. Dies sollte zu denken geben, etwa zwei Stunden schwieriger Weg führen hier zum Gipfel. Die Mannschaft der Bergrettung wird es den nur an Flachland oder ausgebaute Wege gewöhnten Wanderern danken, wenn sie nach einem Picknick am Lough Callee ihre Schritte einfach wieder bergab wenden und gar nicht erst versuchen, die Teufelsleiter zu erklimmen.
Seit einigen Monaten wird zudem in diesem Bereich unstabiler Boden mit abrutschenden Felsen gemeldet. Am Ende der Devil's Ladder allerdings wird der Boden wieder leicht begehbar, der Weg biegt scharf nach rechts ab und folgt dann einem Kamm bis zum Gipfel.

Weitere Touren

Für erfahrene Bergwanderer beginnt mit der Bezwingung des Carrauntoohil erst der Spaß, denn die auch etwas über 1000 m hohen **Beenkeragh** und **Caher** wollen zusätzlich noch erklommen werden. Mit ihnen hätte der ambitionierte Bergfreund schon drei der höchsten Berge Irlands „im Sack". Touren kreuz und quer durch das Gebiet sind möglich, sollten aber nur von erfahrenen Bergwanderern mit entsprechender Ausrüstung gewagt werden. Es ist nicht ungewöhnlich, dass sich plötzlich das Wetter ändert und binnen weniger Minuten eine dichte Wolkendecke auf die Berge legt. Der Wanderer sieht zwar dann immer noch die Hand vor Augen, aber nicht unbedingt rechtzeitig die stark abschüssige Stelle, an der er eigentlich noch den festen Weg vermutet hätte.

Steile Strecken und einfachere Wegstücke wechseln sich beim Aufstieg auf Irlands höchsten Berg ab.

Übernachtung

Ballinskelligs

€ **Skellig Hostel**, ✆ 066-9479942, 💻 www.skellighostel.com. Im Dorf gelegenes Hostel mit Blick auf die Ballinskelligs Bay, Schlafsäle (Bett ab 10 €) und kleinere Zimmer, auch für Familien, sind vorhanden. ❶

Caherdaniel

Traveller's Rest, gegenüber Tankstelle, ✆ 066-9475175, 💻 www.hostelcaherdaniel.com. Einfaches, altmodisches Hostel mit Schlafsälen (Bett ab 18 €) und Privatzimmern, direkt im Ort gelegen und in bequemer Wanderentfernung zum Staigue Fort oder Derrynane House. ◷ Feb–Nov. ❷

Derrynane Hotel & Holiday Homes, ✆ 066-9475136, 💻 www.derrynane.com. Auf halber Strecke des Ring of Kerry bietet das Hotel mit 50 Zimmern den Gästen Zeit zur Erholung und Entspannung. Auch Unterkunft für Selbstversorger in abgeschlossenen Wohneinheiten möglich. Golf- und Reitmöglichkeiten in der Nähe, Sauna vorhanden. ❸–❹

Cahersiveen

€ **Sive Hostel**, 15 East End, ✆ 066-9472717, 💻 www.sivehostel.ie. Etwas abseits der Ortsmitte gelegenes Hostel (Bett ab 16 €) – Geschäfte und Restaurants sind aber zu Fuß zu erreichen – verschiedene Zimmer. Gemütlicher Gemeinschaftsraum mit Kamin. Wer mag, kann hier auch sein Zelt aufschlagen. Organisiert Bootsfahrten nach Skellig Michael. ❷

Glenbeigh

The Sleepy Camel Hostel, ✆ 066-9768660, 💻 www.thesleepycamel.com. Großes Haus mit Schlafsälen (Bett ab 19,50 €) und auch Privatzimmern, Fahrradverleih möglich. Küche, Ess- und Wohnzimmer sowie Garten vorhanden. Geschäfte, Restaurants und Pubs in der Nähe, Rezeption ist bei der Buchung von Aktivitäten in der Umgebung behilflich. Alle Preise inkl. Frühstück. ❷

Kenmare

Fáilte Hostel, Shelbourne St., ✆ 064-6642333, 💻 www.neidin.net/failtehostel. Sauberes Hostel mit Schlafsälen (Bett ab 18 €), kleineren Zimmern und auch Familienzimmern. Ins Zentrum ist es nur ein kurzer Fußweg. ◷ April–Okt. ❷

€ **Greenwood Hostel**, Templence, ✆ 064-6689247, 💻 www.greenwoodhostel.com. Budgetunterkunft etwa 10 km außerhalb von Kenmare, am Ring of Kerry und Kerry Way gelegen. Zur Verfügung stehen 20 Betten in 5 DZ sowie 2 Familienzimmer mit 4 bzw. 6 Betten (Bett ab 16 €). Das Gemeinschaftszimmer mit Bibliothek, offenem Kamin und Klavier sowie die Küche sorgen für zwanglosen Kontakt der Gäste untereinander. Bei schönem Wetter lockt die Terrasse im Garten. Das Haus hat einen eigenen Aussichtsturm. ❷

Coachman's Townhause, 8 Henry St., ✆ 064-6641311, 💻 www.thecoachmans.com. Zentral im Stadtkern gelegenes, kleines und recht gemütliches und zugleich elegantes Hotel mit 10 Zimmern. Hell und freundlich. Restaurant und Bar im Haus. ❸

Foley's Townhouse, Henry St., ✆ 064-6642162, 💻 www.foleyskenmare.com. Im Stadtzentrum gelegenes Guesthouse mit 10 Zimmern, alle mit Bad und TV. Angeschlossen ist ein schönes Restaurant. Angeboten werden Fischgerichte, fangfrisch direkt aus der Bucht, gelegentlich Livemusik. ❸

Sea Shore Farm Guesthouse, Tubrid, ✆ 064-6641270, 💻 www.seashorekenmare.com. Guesthouse mit 6 Zimmern, etwa 1,5 km vom Stadtzentrum entfernt. Bietet sich für Spaziergänge an der Bucht entlang an. Etwas abseits vom Trubel der Innenstadt und daher ruhiger. ❹

Killorglin

€ **Laune Valley Farm Hostel**, Banshagh (N70), ✆ 066-9761488, 💻 www.launevalleyfarmhostel.com. Ländliches Hostel mit 25 Betten (Bett ab 15 €), einige Zimmer mit eigenem Bad. Einfache Ausstattung. Familienzimmer vorhanden. Mahlzeiten sind möglich. ❶

The Grove Lodge, Killarney Rd., ✆ 066-9761157, 💻 www.grovelodge.com. Modernisiertes, aber immer noch familiäres Guesthouse mit relativ großen Zimmern. Ruhige Lage am Fluss mit eigenen Gärten und einem wunderschönen Ausblick auf die Berge, nur 5 Min. Fußweg ins Ortszentrum. Auch für Selbstversorger geeignet, für Familien können Babysitter arrangiert werden. ❷–❸

Carrig Country House, Caragh Lake, ☏ 066-9769100, 🖳 www.carrighouse.com. Dieses Guesthouse im viktorianischen Stil hat 17 Zimmer mit gehobener Ausstattung. Umgeben von Gärten mit großer Pflanzenvielfalt und Wäldern. ❺

Portmagee

Portmagee Hostel, ☏ 066-9480018, 🖳 www.portmageehostel.com. Relativ einfaches, aber sauberes und freundliches Hostel mit Schlafsälen (Bett ab 12 €) und etwas privateren Zimmern. Die Pubs und Restaurants im Ort sind nur einen kurzen Spaziergang entfernt. ❶

The Moorings, ☏ 066-9477108, 🖳 www.moorings.ie. Gemütliches Guesthouse mit 16 Zimmern, alle mit TV und Blick auf den Hafen. Die nebenan liegende Bridge Bar sorgt für Unterhaltung mit Musik. ❸

Sneem

Tahilla Cove Country House, Tahilla, ☏ 064-6645204, 🖳 www.tahillacove.com. An der Küste gelegenes Guesthouse mit 9 Zimmern, alle mit TV. Weitläufige Gartenanlage und sogar ein privater Pier stehen Gästen zur Verfügung. An kalten Tagen lockt ein prasselndes Kaminfeuer. ❸

Sneem Hotel, Goldens Cove, ☏ 064-6675100, 🖳 www.sneemhotel.com. 69 Zimmer mit gehobenem Komfort, durchweg sehr hell und geräumig. Daneben werden auch Apartments für Selbstversorger angeboten. Das hauseigene Restaurant bietet fangfrischen Fisch und (in der Saison) Austern direkt aus dem Meer, mit einem Guinness zum Nachspülen. ❹

Valentia Island

The Ring Lyne, Chapeltown, ☏ 066-9476103. Seit über 30 Jahren im Familienbesitz, ist dieses Haus vor allem bei Anglern beliebt. Neben sehr komfortablen Zimmern erwarten eine eigene Bar und ein Restaurant den Gast, teilweise wird traditionelle Musik im Haus gespielt. Oder man lauscht einfach bei einem Guinness dem Anglerlatein. ❶–❷

€ **Royal Valentia Hostel**, Knightstown, ☏ 066-9476144, 🖳 www.royalvalentia.net. In einem alten Gebäude am Meer untergebrachtes Hostel mit Schlafsälen (Bett ab 12 €) und kleineren Zimmern. Bar und Restaurant im Haus, Boote nach Skellig Michael fahren vor der Haustür ab.

Waterville

Silver Sands Hostel, Main St., ☏ 066-9478788, 🖳 www.silversandshostel.com. Einfaches, aber bequemes und familienfreundliches Hostel fast direkt am Meer (Bett 10 €). Einkaufsmöglichkeiten in der Nähe, Outdoor-Aktivitäten wie Kanu und Kajak können arrangiert werden.

€ **The Old Cable Historic House**, ☏ 066-9474233, 🖳 www.oldcablehouse.com. Unterkunft in einem urgemütlichen Haus mit Geschichte, das erste Transatlantikkabel sorgte hier für eine direkte Verbindung mit den USA. Sehr guter Service im Haus, familienfreundlich, ein Babysitter kann gestellt werden. Es gibt einen Fahrradverleih und auch Bootsfahrten zu den Skelligs werden arrangiert. ❶–❷

Brookhaven Country House, New Line Rd., ☏ 066-9474431, 🖳 www.brookhavenhouse.com. Am Ring of Kerry gelegenes, familiäres Guesthouse, 6 Zimmer mit Meeresblick, WLAN und TV. Gehobener Standard. ❸

Essen

Cahirsiveen

QC's Seafood Bar & Restaurant, 3 Main St., 🖳 www.qcbar.com. Gemütliches Restaurant mit spanisch beeinflusster Küche. Spezialität: Krebse, Prawns und Tintenfisch. Jede Vorspeise kann auch als Hauptgericht bestellt werden. Vernünftige Preise.

Kenmare

No. 35 Café Restaurant, 35 Main St., 🖳 www.no35kenmare.com. Restaurant mit gemütlicher Atmosphäre, Schwerpunkt Fisch und Meeresfrüchte. Klassische Desserts sowie einige ungewöhnliche Hausweine. Angemessene Preise.

Der Kerry Way – zu Fuß über die Halbinsel Iveragh

- **Wegstrecke:** bis zu 214 km (inkl. zahlreicher Nebenstrecken)
- **Dauer:** bis zu 9 Tage (inkl. zahlreicher Nebenstrecken)
- **Steigungen:** insgesamt 5310 Höhenmeter, teilweise in langen Strecken
- **Wegbeschaffenheit:** insgesamt gut, aber einige Strecken über schwieriges und sehr feuchtes Terrain
- **Ausschilderung:** insgesamt gut, aber Karten und Kompass unerlässlich
- **Karten:** OSI Discovery Series Sheets 70, 78, 83, 84 und 85, www.osi.ie
- **Infos:** www.kerryway.com

Die Halbinsel Iveragh ist mit rund 60 km Länge die größte Landspitze, die an der Küste von Kerry in den Atlantik hineinragt. Dabei kann sie mit so herrlichen Gegenden wie den Seen von Killarney und den Bergen der Macgillicuddy Reeks aufwarten. Die zwei höchsten Gipfel Irlands, Carrauntoohil mit 1038 m und Caher mit 1001 m, sind hier zu finden. Der als Kreis angelegte Kerry Way lässt den Wanderer sowohl die einsamen Hochmoore als auch die fast an die Tropen erinnernde Südküste erleben. Doch dieses Erlebnis hat seinen Preis: Zwischen den Übernachtungsmöglichkeiten können lange Streckenabschnitte liegen, einige Etappen können sehr einsam und anstrengend sein. Ob man den gesamten Kerry Way in Tagesetappen abwandert oder eine gezielte Auswahl trifft, hängt von der eigenen Kondition ab. Die hier vorgeschlagene Route beinhaltet nicht alle Wegstücke, sondern stellt eine Auswahl der besten Strecken dar.

Die Route

1. Tag (20 km)

Von Killarney nach Black Valley

Das erste Teilstück führt aus Killarney hinaus in den Killarney National Park, am Torc-Wasserfall vorbei über Straßen und einige Feldwege nach Black Valley. Insgesamt eine leichte Wanderung entlang von Seeufern und durch Wälder, in denen man mit etwas Glück Rotwild zu Gesicht bekommt. Übernachtung in der Jugendherberge im Black Valley.

2. Tag (36 km)

Vom Black Valley nach Glenbeigh

Auch wenn diese Strecke mit 36 km sehr lang erscheint (und viele Wanderer lieber in Glencar eine Zwischenübernachtung einlegen), sie ist machbar. Die Wege sind gut ausgeschildert und die Steigungen nicht allzu anstrengend, lediglich ein Ausläufer des Carrauntoohil muss überwunden werden. Die Übernachtung kann dann im Sleepy Camel Hostel erfolgen.

3. Tag (28 km)
Von Glenbeigh nach Cahersiveen
Auf den nächsten Kilometern folgt der Kerry Way vor allem alten Verbindungsstraßen durch die Hochmoore und nutzt schließlich die alte Postkutschenroute. Man durchquert verschiedene Ansiedlungen, teilweise mehr einzelne Gehöfte denn richtige Dörfer, bis schließlich der nette kleine Ort Cahersiveen erreicht wird. Eine Übernachtung im Sive Hostel wird empfohlen.

4. Tag (30 km)
Von Cahersiveen nach Waterville: Langsam wird die Berglandschaft verlassen und das Küstenpanorama überwiegt. Außer der am Weg liegenden Ruine der Srugreana Abbey ist es eigentlich nur die Natur, die für visuelle Eindrücke sorgt. Als Übernachtung in Waterville ist das Old Cable House vielleicht der beste Tipp.

5. Tag (28 km)
von Waterville nach Sneem: Das erste Teilstück beginnt auf der Promenade von Waterville und folgt dann dem Verlauf der Küste, bei einigermaßen gutem Wetter sind herrliche Ausblicke auf Derrynane Bay und Lamb's Head möglich. Ab Caherdaniel führt die Strecke dann mehr durch das Binnenland, es werden das gut erhaltene Staigue Fort und eine schöne alte Brücke passiert, danach geht es mit Ausblick auf die Halbinsel Beara langsam bergab nach Sneem. Hier sind zahlreiche Unterkünfte zu finden.

6. Tag (29 km)
Von Sneem nach Kenmare
Zunächst muss sich der Wanderer durch ein Moor über die leicht anstrengende Höhe von Knockanamadane kämpfen. Danach wird der Weg einfacher und führt durch kleine Waldgebiete bis in den Fischerort Tahilla. Anschließend geht es über Lough Fadda und Blackwater Bridge, an Dromore Castle und Cappanacush Castle vorbei, nach Kenmare. Auch hier existiert eine breite Auswahl an Unterkünften, die man jedoch fast das ganze Jahr vorbuchen sollte.

7. Tag (25 km)
Von Kenmare nach Killarney
Das letzte Stück des Weges ist zwar nicht lang, fordert aber noch einmal viel Kondition. Der Weg aus Kenmare heraus geht recht steil bergan, bis man schließlich von den Bergen aus den Killarney National Park vor sich liegen sieht. Durch diesen erreicht der Wanderer letztlich wieder Killarney.

Praktische Tipps
Nehmen Sie ausreichend zu essen sowie Getränke mit. Tagesetappen sollten nach Möglichkeit mit der Unterkunft am Zielort abgesprochen werden, sodass die Bergrettung benachrichtigt werden kann, wenn sich der Wanderer nicht meldet. Mobiltelefone sind auf vielen Abschnitten der Strecke unzuverlässig bis unbrauchbar, ein knallrotes T-Shirt und eine Taschenlampe können wertvolle Dienste bei der Signalgebung leisten.

Torc-Wasserfall bei Killarney

Speisen vor dem Wasserfall

Das Restaurant **Sheen Falls Lodge**, 💻 www.sheenfallslodge.ie, nutzt den Wasserfall als dramatischen Hintergrund. Klassische Küche mit dem am Ort unvermeidlichen Fisch und Meeresfrüchten. Vegetarisches Menü vorhanden, auch 6-Gänge-Probiermenü für Unentschlossene. Gäste können sich im Weinkeller den Wein selbst auswählen.

The Lime Tree Restaurant, Shelbourne St., 💻 www.limetreerestaurant.com. Restaurant in attraktivem Steingebäude mit moderner Kunstgalerie. Traditionelle Küche mit internationalem Einfluss. Munster Cheese als Nachspeise zu empfehlen.
Mulcahy's Restaurant, 36 Henry St., 💻 www.kenmarerestaurants.com/mulcahys/main.html. Modernes Restaurant, etwas ungewöhnliche Küche mit japanischen und thailändischen Einflüssen. Vorspeisen mehr exotisch, Hauptgerichte mehr traditionell. Frühes Abendessen ist preiswert.
Packie's Restaurant, Henry St., ✆ 064-41508, 💻 www.kenmarerestaurants.com/packies. Kleines, gemütliches Restaurant mit netter Atmosphäre bei Kerzenschein. Traditionale Küche mit internationalen Trends. Favorit aber immer noch: Classic Irish Stew. Reservierung ratsam.
Park Hotel, 💻 www.parkkenmare.com. Hotelrestaurant im traditionellen Stil, Schwerpunkt Fisch und Meeresfrüchte, auch Lobster. Feierlich wird vor dem Servieren jedes Gericht präsentiert. Schluss- und Höhepunkt: das fast theatralische Irish Coffee Ritual.

Killorglin

Nick's Seafood Restaurant & Piano Bar, Lower Bridge St. Eines der bekanntesten alten Restaurants Irlands. Klassische französische Küche mit irischem Akzent. Eigene Austernzucht und (wie der Name schon sagt) Klaviermusik. Angemessene Preise.
Sol y Sombra Wine & Tapas Bar, Old Church of Ireland, Lower Bridge St., 💻 www.solysombra.ie. Restaurant in ehemaliger Kirche aus dem Jahr 1816. Kombination von irischen Zutaten und aus Spanien importierten Spezialitäten. Größere Tapas zum Teilen. Manchmal Livemusik.

Informationen

Tourist Information Cahersiveen, Church St., ✆ 066-9472589.
Tourist Information Kenmare, Kenmare Heritage Centre, ✆ 064-6641233.
Tourist Information Waterville, Main St., ✆ 066-9474646.

Transport

Killorglin

DUBLIN, unter der Woche 4x tgl. zwischen 8.20 und 15.20 Uhr. Regulärer Fahrpreis 28,50 €, Infos unter 💻 www.buseireann.ie.
Die Buslinien 270, 279 und 280 befahren den **Ring of Kerry** zumindest teilweise und verbinden Killorglin und Killarney mit Kenmare, Sneem, Waterville, Cahersiveen und Glenbeigh

5 HIGHLIGHT

Halbinsel Dingle

Die Halbinsel von Dingle ist die nördlichste der drei bekannten, in den Atlantik hineinragenden Halbinseln im Südwesten Irlands. Mit etwa 50 km Länge und 21 km Breite erscheint sie relativ klein, bietet aber eine ungeheure Vielfalt an Landschaften, von fast endlosen Stränden bis hin zu hohen Bergen. Zahlreiche Ringfestungen, Kirchen und Bienenkorbhütten bilden touristische Anziehungspunkte. Obwohl Dingle eine ähnlich reizvolle Landschaft wie die südliche „Schwester" Iveragh besitzt, hat es die Halbinsel nicht geschafft, sich genauso zu vermarkten. Dabei zählt sie, benannt nach dem netten Küstenort Dingle, zu den schönsten Plätzen Irlands. Eine der Hauptattraktionen ist der Delphin Fungie, der seit nunmehr 27 Jahren vor der Küste von Dingle lebt und die Wirtschaft ankurbeln hilft.

Dingle

Der winzige Ort Dingle, hier leben nur rund 2100 Menschen ständig, hat sich in den letzten Jahrzehnten zu einer irischen Legende entwickelt. Hier, so heißt es immer wieder, sei Irland noch so richtig irisch. Und die heile (irische) Welt ist das, was hier die meisten Touristen suchen. Und es ist genau das, was ihnen geboten wird. Ein Hafen, in dem alte Fischerboote dümpeln, kleine, bunte Häuser, Pubs mit traditioneller Musik ... Dingle bietet im Sommer die Postkarten-Ansicht, die der Besucher aus unzähligen Bildbänden und Fernsehfilmen kennt. Im Winter dagegen ist Dingle fast eine Geisterstadt.

Wenn man vom schmucken Ortsbild einmal absieht, hat der Hafenort nur wenig Attraktionen. Die zuverlässigste dabei, weil von Wetter und den Launen der Natur unabhängig, ist **Dingle Oceanworld**, 💻 www.dingle-oceanworld.ie, The Wood, ✆ 066-9152111, ein Aquarium direkt am Hafen. Dies bietet als besonderes Extra einen Glastunnel, durch den man sich „unter Wasser" bewegen kann. In den Aquarien tummeln sich schillernde, farbenprächtige Fische, deren Lebensräume nachgestaltet wurden, aber auch Haifische, Rochen und Piranhas. Einige der ungefährlichen Meeresbewohner kann man sogar anfassen. Ideal, wenn man mit Kindern einen regnerischen Tag überstehen muss. 🕓 Tgl. ab 10 Uhr, Eintritt 12 €.

An allen anderen Tagen wird allerdings das Aquarium durch **Fungie** in den Schatten gestellt. Der nicht sehr scheue Delphin, der die Urlaubsgäste begeistert, lebt seit mehr als 27 Jahren in der Bucht und wurde die Hauptattraktionen von Dingle.

Wer Dingle aus einer ganz neuen Perspektive kennenlernen will, der sollte die Wanderung zu dem hoch über der Bucht sichtbaren Seezeichen wagen. Vom Hafen aus gesehen steht der Marker auf einem Hügel rechts der Passage in Richtung Meer. Der massive **Steinkegel** markiert die Einfahrt zum Hafen und hat, damit keine Verwirrung aufkommt, ein Hinweisschild in Form einer auf den schmalen Sund zeigenden Hand. Über einige Feldwege ist der Anstieg zu diesem pri-

Dingle, An Daingean und die irische Sprache

Im Westens Irlands wird tatsächlich noch Irisch gesprochen. Hier findet man viele der Gaeltacht genannten Gebiete, die unter dem besonderen Schutz der irischen Regierung und der (oft strengen und sehr humorlosen) irischen Sprachwächter stehen. Ein Schutz, der sich vor allem in zwei Dingen äußert: in massiven Subventionen für alles, was die irische Sprache fördert, und in der Anschaffung irischer Straßenschilder. Da im Gaeltacht Irisch die erste Sprache sein soll, müssen natürlich auch die Ortsnamen irisch sein. Von den Anglophonen eingeschleppte Namen oder vereinfachte Schreibweisen dagegen sind unerwünscht.

Dabei allerdings hatten die Politiker nicht mit der Tourismusindustrie gerechnet. Denn das Verändern einer Marke ist nicht unbedingt einfach: Raider mag jetzt zwar Twix heißen, aber aus Dingle kann man nicht einfach An Daingean machen. Sagen jedenfalls die Männer und Frauen, die das kleine Hafenstädtchen Dingle in den letzten Jahrzehnten zu einem der bekanntesten Tourismuszentren Irlands gemacht haben. An Daingean ist außerhalb des Gaeltacht nicht unbedingt ein griffiger Name – während man die ins Englische übertragene Schreibweise Dingle leicht verinnerlicht. Dann aber kam die offiziell verordnete Katastrophe: Der Weg nach Dingle sollte von den Wegweisern verschwinden, stattdessen sollte den Touristen zugemutet werden, sich auf den Weg nach An Daingean zu machen. Prompt wurden ganze Weltuntergangs-Szenarien entworfen, nach denen Dingle künftig veröden würde, weil kein Mensch mehr den Weg hierhin finden könne.

Das Ergebnis war ein Kompromiss, Wegweiser gab es fortan offiziell nach An Daingean und inoffiziell nach Dingle. So findet weiterhin der nicht Irisch sprechende Tourist in das Gaeltacht. Um dann dort davon schwärmen zu können, wie toll es doch sei, dass hier sogar die Wegweiser auf Irisch sind. Außer dem nach Dingle natürlich.

Fungie, der Dingle-Delphin

Böse Zungen behaupten, dass Dingle der einzige Ort der Welt ist, dessen Ökonomie auf einem verhaltensgestörten Delphin beruht. Etwa 1984 bemerkte man erstmals, dass ein einzelner Delphin sich die Bucht von Dingle als Zuhause ausgesucht und begonnen hatte, mit den Fischern zu interagieren. Nachdem dies nicht eine vorübergehende Erscheinung war, sondern der schnell unter dem Namen Fungie bekannt werdende Delphin für immer hierblieb, wurde er zur ausgewachsenen Touristen-Attraktion. Schnell wurden Bootsfahrten zum Delphin eingerichtet, mit Geld-zurück-Garantie, wenn der Delphin nicht zum Boot kommt. Und sogar „Schwimmen mit Fungie" gehört zum Programm, in Kälteschutzanzügen hoffen die Menschen, dass ihnen der Meeressäuger eine Audienz gewährt.

Ganz normal ist dies alles nicht – Delphine sind eigentlich Tiere, die in Gruppen leben. So ist es schon ein schlechtes Zeichen, wenn sich ein Delphin zum Einzelgänger entwickelt. Nun scheint sich Fungie aber eine Ersatzfamilie gesucht zu haben, erst die Fischer von Dingle, dann die Touristen. Und so scheint er auch in der Tat keine Probleme damit zu haben, regelmäßiger als mancher Angestellte seinen Pflichten als Touristen-Attraktion Nummer eins des Ortes nachzukommen.

Wie lange die Sache mit Fungie allerdings noch gutgeht, steht in den Sternen. Immerhin läuft die Show nun seit mehr als 27 Jahren und die Lebensdauer eines Delphins ist begrenzt. Irgendwann wird Fungie seinen Job nicht mehr machen, wird in den Weiten des Atlantiks verschwinden oder irgendwo angespült werden. Dann wird Dingle die Realität einholen und das Geschäft mit Fungie schlicht Vergangenheit sein. Oder auch nicht – schon in der Vergangenheit war gelegentlich das Gerücht aufgekommen, dass mit dem Delphin von Dingle nicht alles koscher sei. So munkelte man, dass der Original-Fungie von 1984 schon lange in die ewigen Jagdgründe eingegangen sei und sich die Tourismus-Industrie eines trainierten Ersatz-Delphins bediene. So attraktiv diese Verschwörungstheorie auch klingt, sie ist nicht unbedingt wahrscheinlicher als die Annahme, dass es sich bei Fungie tatsächlich um einen langlebigen, eigentlich verhaltensgestörten, opportunistischen und dennoch (relativ) wilden Delphin handelt.

mitiven, aber äußerst effektiven Signal möglich. Der Lohn der Mühe ist ein Panoramablick auf die Atlantikküste und die tief unter einem liegende Bucht von Dingle. Mit etwas Glück sieht man im Norden nicht nur die zahlreichen Boote, die auf der Suche nach Fungie hin und her kreuzen, sondern im Süden, in der Dingle Bay, auch wirklich wilde Delphine, Wale und gelegentlich Haie.

Slea Head Drive

Einer der schönsten Ausflüge, den die Halbinsel dem Besucher bietet, ist der gut ausgeschilderte Slea Head Drive. Dieser Rundweg, der eigentlich immer der R559 folgt, führt zu den wichtigsten Sehenswürdigkeiten und schönsten Stellen am Atlantik. Ein idealer Tagesausflug von Dingle aus, die Strecke ist nicht einmal 40 km lang (dabei noch ein Tipp: In Dingle vor Fahrtbeginn volltanken!).

Der Rundweg beginnt in Dingle, man fährt zunächst in Richtung Westen an der Bucht entlang, bald teilt sich die R559 – da die Straße, egal welche Richtung man einschlägt, auf jeden Fall wieder an diese Kreuzung zurückführt, ist es egal, welche Straße man nimmt. Am einfachsten ist der Weg geradeaus, der dann im Uhrzeigersinn verläuft.

In der Nähe des kleinen Ortes **Ventry** befindet sich eine weitere Bucht, die einen natürlichen Hafen bildet. Dass diese nicht so populär wie der benachbarte Naturhafen von Dingle ist, liegt einfach daran, dass er trotz leichterer Navigation weniger Schutz bei Sturm bietet.

Wenige Kilometer hinter dem Ort liegt dann auf einer Klippe **Dunbeg Fort**, Fahan, ✆ 066-9159755, 💻 www.dunbegfort.com, eine Küstenfestung aus der Eisenzeit. Das Fort wurde aus groben Steinen direkt an einen Klippe gebaut, so dass eine Umschließung durch den Feind unmöglich wurde. Im Laufe der Zeit allerdings sind Teile der Mauern erodiert und auch teilweise über die Klippe gestürzt. Dennoch ist ein Besuch immer noch beeindruckend. Interessant: Das Fort selbst ist in runder Form erbaut, auch ein darin stehendes Haus ist rund, der Innenraum des Hauses allerdings weist wieder einen eckigen Grundriss auf. Unterirdische Gänge zeugen von einer komplexen Architektur. 🕓 Wechselnd, ebenso wie die Eintrittsgebühr.

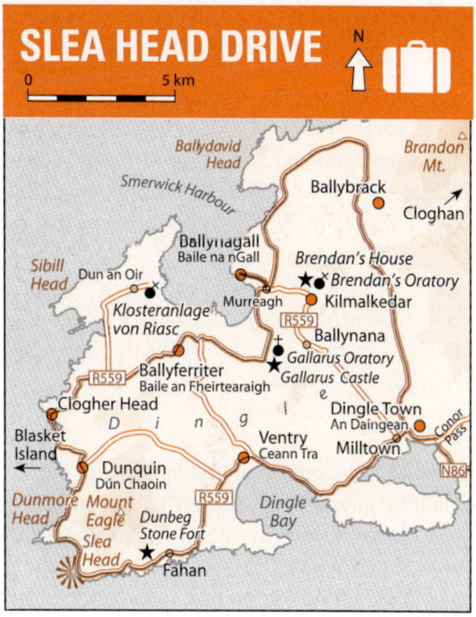

Gewissermaßen auf der anderen Seite der Straße wird das Steinfort ergänzt durch einige **Bienenkorbhäuser**, Zeugen eines früheren, religiös bedingten Tourismus – sie wurden angeblich als Unterkunft für Pilger auf ihrem Weg zum Mount Brandon oder gar nach Skelling Michael gebaut. In der Umgebung hat man mehr als 400 dieser Bauwerke gezählt, dazu kommen einige unterirdische Anlagen und fast 20 stehende Steine. An solchen Monumenten interessierte Besucher sollten sich mit einer genauen Karte von OSI, 💻 www.osi.ie, in der Umgebung von Fahan unbedingt auf Entdeckungstour begeben.

Ab hier fährt man eigentlich immer am Abgrund entlang, links der Straße nagt das Meer unermüdlich an den Klippen. Die nächste Station ist dann schon **Slea Head** selbst, der südwestlichste Zipfel der Dingle-Halbinsel. Ein überwältigendes Panorama breitet sich vor dem Besucher aus, die bizarren Felsenklippen der Blaskets ragen aus dem selten ruhigen Wasser des Atlantiks. Die Kombination von engen Straßen, dramatischer Aussicht und einer nicht weniger dramatischen Rechtskurve machen diesen Punkt des Weges zumindest „interessant". Die gigantische, in die Felsenwand eingepasste Kreuzigungsszene rechts der Straße sorgt zusätzlich dafür, dass viele Touristen abgelenkt sind und so den winzigen Parkplatz am Aussichtspunkt schnell

Vorsicht, Langfinger!

Wer das Fahrzeug im irischen Nirgendwo verlässt, sollte Vorsicht walten lassen. Recht viele Touristen verhalten sich in der vermeintlichen Einsamkeit sehr sorglos und verschließen das Fahrzeug nicht. Teilweise werden sogar die Fenster offengelassen, während sie sich unbewusst immer weiter vom Fahrzeug entfernen. Gelegenheit macht Diebe und die beliebten Aussichtspunkte in Irland werden von Ganoven regelmäßig abgegrast.

verpassen. Da auf diesem Parkplatz nur Platz für wenige Fahrzeuge ist, kommt es besonders in den Sommermonaten gerne einmal zu einem Verkehrschaos. Wildes Parken ist allerdings nicht zu empfehlen. Auf jeden Fall sollte jeder Besucher vor Erreichen des Slea Head langsamer werden und aufmerksamer fahren.

Wer keinen Parkplatz erwischt, kann alternativ noch einige Kilometer weiter fahren und dann am **Dunmore Head,** dem westlichsten Punkt Irlands einen nicht weniger dramatischen Ausblick genießen.

Die nächste Etappe führt zu dem kleinen Ort **Dunquin**, hier dreht sich eigentlich alles um die Blaskets. Eine Inselgruppe, die dem Festland dramatisch vorgelagert ist und für die Dunquin die Verbindung zur Außenwelt darstellte, als sie noch bewohnt war.

Die **Blasket Islands** werden von den Iren vor allem mit einer Person assoziiert: mit Peig Sayers. Die auf zeitgenössischen Fotos vor allem als alte Frau mit Kopftuch zu sehende Inselbewohnerin wurde zwar nicht auf den Blaskets geboren, machte sie aber berühmt. Denn Volkskundler und Linguisten wurden auf sie aufmerksam, als sich die Kunde verbreitete, dass sie einen schier unerschöpflichen Schatz an Geschichten und Erzählungen in unverfälschtem Irisch zum Besten geben konnte. Die gesammelten Geschichten von Peig Sayers sind seitdem ein nahezu unumstößlicher Bestandteil des Irisch-Unterrichts an den Schulen – und hängen den meisten Schülern zum Halse heraus. Für die Sprachwissenschaft und die Volkskunde waren sie jedoch ein Gottesgeschenk. Jeden Sommer (im Winter war das Wetter einfach zu schlecht) eilten Wissenschaftler auf die Inseln, zeichneten Sprache und die Geschichten der Bewohner auf und regten gleichzeitig die Einheimischen an, doch selbst zur Feder zu greifen. Was auch einige taten – die Blaskets wurden zum Inbegriff der irischsprachigen Literatur des Westens. Dass sich eine so reiche Erzähltradition und eine schon fast ausgestorben geglaubte Sprache hier halten konnten, hatte einen einfachen Grund. Die Blaskets waren eigentlich nur an guten Tagen mit dem Boot erreichbar und somit weniger attraktiv für Zuwanderer.

Die Gefahr der Gewässer rings um die Inseln wurde z. B. im Jahr 1588 eindrucksvoll demonstriert, als sich ein Schiff der spanischen Armada um die Passage bemühte – die Reise der *Santa Maria de la Rosa* um die Britischen Inseln endete hier frühzeitig. Übrigens nur eines der vielen Wracks der Armada, das an der irischen Küste im Meer liegt. Das wohl reichste Schiff dieser Art war die *Girona*, Fundstücke von ihr sind heute im Ulster Museum in Belfast (s. S. 567) ausgestellt.

Das Leben auf den Inseln war wesentlich härter als auf dem Festland. So waren die Inseln Mitte des 20. Jhs. in einem Winter so lange von der Außenwelt abgeschnitten, dass akuter Versorgungsmangel herrschte und man sich direkt mit einem Telegramm an Eamon de Valera in Dublin wenden musste, um Hilfe zu bekommen. Die langfristige Reaktion des irischen Staates war radikal, die Inseln wurden als nicht bewohnbar eingestuft, ihre Einwohner umgesiedelt. Auch dies war eine irische Lösung für ein irisches Problem – da man die Versorgung der Insel nicht sicherstellen konnte, riss man die dort seit Generationen lebenden Familien aus ihrem gewohnten Umfeld. Seit 1953 sind die Inseln faktisch unbewohnt. Heute haben sie den Status eines National Historic Park.

Die Blaskets sind daher die meiste Zeit eine menschenleere Ansammlung von Klippen in Sichtweite des Festlandes, die Reste der alten Häuser bilden eine kleine Geisterstadt. Für den Tourismus sind sie allerdings wiederbelebt worden, Besucher können mit kleinen Booten übersetzen und sich die Reste der Siedlungen in nostalgischem Gedenken an Peig Sayers ansehen.

Gewiss haben die schroffen Felsen und die unwirtliche Landschaft einen ganz eigenen Charme, sodass der abenteuerliche Ausflug für viele Menschen ein unvergleichliches Erlebnis wird. Die Ruinen der Kirche auf der Hauptinsel **Great Blasket** ziehen immer noch viele Besucher an, der Ausblick von der 285 m aus dem Meer ragenden Felsenklippe ist in seiner wild-romantischen Schönheit unvergleichlich. Von solchen Impressionen beseelt, ist es leicht zu verstehen, dass die auf Blasket lebenden Menschen als „die glücklichsten Menschen der Welt" mythologisiert wurden. Selbst die noch weiter im Atlantik liegende kleine Nebeninsel **Inishtooskert** mit den Ruinen einer Klosteranlage macht trotz der oft unruhigen Überfahrt den Eindruck einer Märchenwelt. Spätestens jetzt fragt sich der Besucher, warum hier niemand von den glücklichen Menschen mehr lebt. Ein Museum in der Nähe gibt die Antworten.

Wer es bequemer haben will und vor allem eine intensive Einführung in die Geschichte der Inseln, die Grundlagen der irischen Sprache und die reichhaltige Literatur der Inselbewohner haben möchte, der ist am besten im **Blasket Centre in Dunquin**, ✆ 066-9156444, 💻 www.heritage ireland.ie, auf dem Festland aufgehoben. In diesem modernen Zentrum, das in Sichtweite der Inseln errichtet wurde, wird die Geschichte der Blaskets und ihrer Bewohner erzählt. Die sehr umfangreiche und gut dokumentierte Ausstellung vermittelt die wichtigsten Informationen, der recht gut sortierte Buchladen lädt zur weiteren, selbstständigen Beschäftigung mit dem Thema ein. Nicht minder einladend ist das große Café, dessen Fensterfront einen Anblick hinaus aufs Meer ermöglicht, ohne dass einem die Kaffeetasse davonfliegt. Die Statue eines Inselbewohners in Regenkleidung macht deutlich, wie ein ganz normaler Tag auf den Blaskets aussehen konnte. 🕒 April–Okt tgl. 10–18 Uhr, Eintritt 4 €.

Der Ringstraße weiter folgend geht es nach dem Aussichtspunkt von **Clogher Head** wieder in Richtung Osten, die Straße verläuft nicht mehr in Küstennähe bis nach **Ballyferriter**, einem weiteren typisch irischen Dorf, dessen kleine Häuser vor allem durch den farbenfrohen Anstrich auffallen. Hier scheint sich in den letzten Jahrhunderten nicht sehr viel verändert zu haben. Das kleine Museum des Ortes, ✆ 066-9156333, gibt einen Einblick in die Heimatkunde. 🕒 Wechselnd, Eintritt 2 €.

Vernachlässigen kann man dagegen die sog. Goldene Festung, **Dun an Oir**, nahe Ballyferriter, deren Besatzung von etwa 800 irischen und spanischen Soldaten sich 1580 den Engländern ergab und dennoch niedergemetzelt wurde. Außer ein paar Mauerresten und einem Gedenkstein ist hier eigentlich nichts mehr zu sehen.

Nur einige Kilometer weiter befindet sich die aus dem 7. Jh. stammende ausgegrabene **Klosteranlage von Riasc**. Sie gewährt einen Einblick in die Struktur eines irischen Klosters, das sich stark von den auf dem Kontinent entstandenen Klosteranlagen unterscheidet. Die Reste eines Bethauses und ein verzierter *pillar stone* (ein stehender Stein mit christlichen Motiven, der als Vorläufer der irischen Hochkreuze gilt) sind die auffälligsten Überbleibsel der Anlage, die vermutlich im 12. Jh. verlassen wurde.

Trips auf die Blasket Islands

Verschiedene Charterboote verkehren von Dunquin und Dingle auf die Blasket Islands. Hier eine Auswahl:

Blasket Island Ferries ab Dunquin,
✆ 066-9156422, 💻 www.blasketisland.com
Blasket Islands Ferry ab Dunquin,
✆ 086-3353805, 💻 www.blasketislands.ie
Dingle Bay Charters ab Dingle, ✆ 066-9151344,
💻 www.dinglebaycharters.com

Der gute Ton

Sehr attraktiv für viele Besucher ist die **Töpferei von Louis Mulcahy**, Clogher, ✆ 066-9156229, 💻 www.louismulcahy.com. Hier werden in Handarbeit Töpferwaren geschaffen, die traditionelle Formen mit modernen Elementen verbinden. Die mittlerweile international sehr beliebten kunsthandwerklichen Produkte sind nicht unbedingt billig, können aber ein interessantes Andenken an den Irlandurlaub darstellen. 🕒 Tgl. 9 bis mind. 17.30 Uhr, am Wochenende länger.

Zwei weitere Zeugnisse aus der Zeit des frühen Christentums folgen auf dem Rundweg. Bei **Kilmalkedar** erkennt man die Überreste einer romanischen Kirche aus dem 12. Jh., die einige interessante Steinarbeiten aufweisen. Der eigentliche Anziehungspunkt ist jedoch der Friedhof, auf dem neben christlichen Kreuzen und einer Sonnenuhr auch Steine zu sehen sind, die heidnischen Ursprungs gewesen sein sollen. Kilmalkedar ist ein Beispiel für einen schon vor der Christianisierung heiligen Ort, der dann von der neuen Religion übernommen und weiter genutzt wurde. Die vorchristliche Geschichte liegt allerdings im Dunkeln. Im 7. Jh. wurde hier ein Kloster errichtet, das oft in Verbindung mit dem Hl. Brendan gebracht wird. Nicht weit entfernt stehen auch das mittelalterliche **St. Brendan's House** und eine Kapelle, **St. Brendan's Oratory**.

Trotz der sprachlichen Ähnlichkeit steht der nahe gelegene **Brandon Mountain** keineswegs in Verbindung mit dem heiligen Seefahrer, der von hier aus mit einem kleinen Boot in See gestochen und über Grönland schließlich Amerika erreicht haben soll. Mehrere Wanderwege führen auf den Berg, der am letzten Juliwochenende Ziel zahlreicher Pilger ist. Auf dem Berg selbst finden sich Reste frühchristlicher Anlagen, sein größter Pluspunkt ist jedoch die Aussicht über das Meer und die Halbinsel von Dingle. Die Wege sind gut ausgeschildert und bei geeignetem Wetter können auch untrainierte Wanderer, die über ausreichend Kondition verfügen, den Brandon Mountain „bezwingen". Für die Besteigung bieten sich zwei Routen an: Die meisten Bergwanderer starten in **Ballybrack**, der Anstieg erfolgt auf einem relativ einfachen, nicht allzu steilen Weg. Wesentlich herausfordernder ist der Anstieg von Osten, beginnend in **Cloghan** – steil und teilweise nur auf Händen und Knien zu meistern.

Nicht weit entfernt von Kilmalkedar steht eine der am besten erhaltenen frühchristlichen Kirchen, das **Gallarus Oratory**, ✆ 066-9155333, ein wie ein umgedreht in der Landschaft liegendes Boot geformtes Gebetshaus, dessen Seitenwände und Dach aus Natursteinen ohne Mörtel erbaut wurden. Übrigens sagte allein der Name schon aus, dass es sich hier um die Religion von Eindringlingen handelte. Gallarus heißt übersetzt „Haus der Fremden". Über den Ursprung dieses kleinen Gebäudes, das mit zu den größten archäologischen Schätzen der frühchristlichen Zeit zählt, ist wenig bekannt – es könnte zwischen dem 6. und 9. Jh. erbaut worden sein. Ein kleines Besucherzentrum informiert über die Geschichte und die Bauweise der Kapelle, der Innenraum des Gebetshauses ist allerdings recht unspektakulär. Die meisten Besucher sind mit der Außenansicht alleine schon zufrieden. ◷ Wechselnd, Eintrittsgebühr für das Besucherzentrum ca. 3 €.

Von dem Gebetshaus aus ist auch das **Gallarus Castle** recht gut zu sehen, eine typische Burgruine aus dem 16. Jh. Nach dem Besuch des Gallarus Oratory führt die Straße dann wieder zurück zum Ausgangsort Dingle.

Übernachtung

Annascaul

Ardrinane House, ✆ 066-9157119, 💻 www.ardrinane.com. Relativ einfach gehaltenes, aber bequemes B&B direkt gegenüber dem „South Pole Inn". Frühstück „à la carte", auch Lunchpakete können geordert werden. ❷

Ballyferriter

€ **The Black Cat Hostel**, ✆ 066-9156286. Winziges Hostel mit nur 8 Betten (Bett 15 €) über einem Geschäft, etwas beengt, aber für eine Nacht durchaus erträglich.

Camp

Camp Junction House, Camp, ✆ 066-7130848, 💻 www.campjunctionhouse.com. Modern ausgestattetes Haus mit großen, hellen Räumen, einem hervorragenden Frühstück und (bei gutem Wetter) einer Aussicht, für die man anderswo Eintritt verlangt! Für einen längeren Aufenthalt als Selbstversorger sind auch Apartments vorhanden. ❷–❸

Castlegregory

€ **Fitzgerald's Euro Hostel**, Strand Rd., ✆ 066-7139951. An einen Laden und Pub angeschlossene, einfache Unterkunft in Doppel-, 2- und 6-Bett-Zimmern (Bett 15 €), große Küche für Selbstversorger vorhanden. ❶

Wandern auf dem Dingle Way

- **Wegstrecke:** 168 km
- **Dauer:** etwa eine Woche (je nach Kondition)
- **Steigungen:** insgesamt etwa 2590 m, teilweise auf steilen Strecken
- **Wegbeschaffenheit:** insgesamt gut
- **Ausschilderung:** insgesamt gut
- **Karten:** OSI Discovery Series Sheets 70 und 71, www.osi.ie
- **Infos:** www.dingleway.net

Der Dingle Way ist als Rundweg über die wunderschöne Halbinsel angelegt, der klassische Start- und Zielpunkt ist Tralee. Die aufregendsten Strecken, zumindest was die Panoramablicke anbetrifft, befinden sich westlich des Städtchens Dingle. Hier ist die Küste einfach am schönsten.

Die Route

1. Tag (18 km, 275 Höhenmeter)
Von Tralee bis Camp
Es geht an den Ausläufern der Slieve Mish Mountains entlang, die einige schöne Blicke übers Meer bieten. Eine Reihe von Ruinen sorgt für Abwechslung in einer Landschaft, die oft nur von grünen Wiesen und Schafen dominiert wird.

2. Tag (17 km, 350 Höhenmeter)
Von Camp bis Annascaul
Aus Camp heraus führt eine Straße zunächst bergauf, danach geht es wieder in ein Tal voller Moore und kleiner Wälder, der kleine Ort Inch und sein langer Sandstrand sind zu sehen. Die Gap of Maum wird auf alten Pfaden überwunden, ein stehender Stein dient zeitweise als Orientierung. Danach geht es bis Annascaul bergab.

3. Tag (21 km, 410 Höhenmeter)
Von Annascaul bis Dingle
Von Annascaul führt der Weg nach Killmury Bay, dann ins Landesinnere und schließlich über den Connor Pass nach Dingle. Kein leichter Spaziergang, sondern bis zum Erreichen der höchsten Stelle eine ziemliche Anstrengung. Allerdings lohnt sich der Ausblick auf jeden Fall.

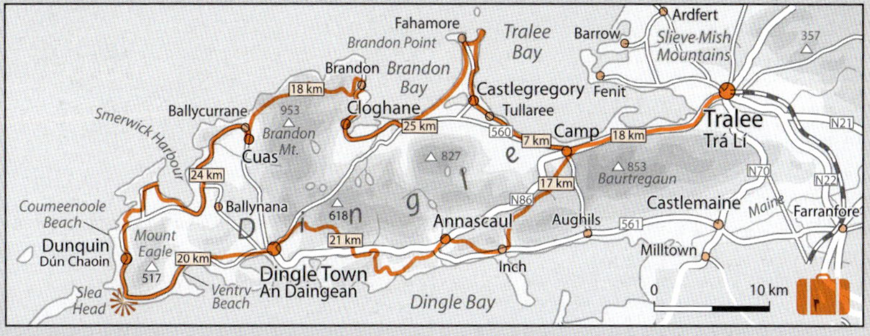

4. Tag (etwa 20 km, 345 Höhenmeter)
Von Dingle bis Dunquin
Aus Dingle wieder heraus, wird es aufregend. Über Ventry Beach und am Mount Eagle entlang geht es zum Slea Head, vorbei an zahlreichen Zeugen der Vergangenheit. Übernachtung dann in Dunquin.

5. Tag (24 km, 70 Höhenmeter)
Von Dunquin bis Cuas
Auf fast ebener Strecke, immer an der Atlantikküste entlang, führt der Weg jetzt über Coumeenoole Beach (heute noch zehrt der Ort vom Ruhm des Films *Ryan's Daughter*) und Smerwick Harbour bis nach Cuas.

6. Tag (18 km, 825 Höhenmeter)
Von Cuas bis Cloghane
Nach dem sehr entspannenden Tag am Meer geht es nun in die Berge, auf einer für das Militär angelegten Straße über einen Pass unterhalb des Gipfels des Brandon Mountain. Ist man endlich oben, geht es dann gleich wieder bergab in Richtung Brandon Bay und Cloghane.

7. Tag (25 km, 85 Höhenmeter)
Cloghane bis Castlegregory
Die Erholung folgt auf dem Fuß, nach der Bergstrecke führt der Weg an der Nordküste entlang. Strand und Meer beherrschen das Bild, teilweise verläuft die Strecke auf der Straße. Die letzte Übernachtung kann dann in Castlegregory erfolgen.

8. Tag (25 km, 220 Höhenmeter)
Castlegregory bis Tralee
Zunächst an der Nordküste entlang, dann über die Ausläufer der Slieve Mish Mountains, geht es zurück zum Ausgangsort der Wanderung, nach Tralee.

Praktische Tipps
Wer den Dingle Way entlangwandert, wird teilweise in B&Bs übernachten müssen, Hostels am Wegrand gibt es nicht überall. Man sollte unbedingt die Unterkünfte mit Hilfe der örtlichen Touristeninformation oder im Internet vorbuchen. Sonst kann es passieren, dass man zusätzliche Kilometer laufen muss, nur eine teure oder im schlimmsten Fall gar keine Unterkunft mehr findet. Das Gute: Es gibt ein großes Angebot an Unterkünften, sodass man die Etappen individuell zusammenstellen und sehr flexibel planen kann.
Ein Wort der Warnung ist jedoch für die Strecke zwischen Cuas und Cloghane angebracht: Hier muss unbedingt auf das Wetter geachtet werden, bei schlechter Sicht oder starkem Regen ist die Überquerung des Passes nicht empfehlenswert.

Immer wieder geht es auf dem Dingle Way an Steilküsten entlang.

Cloghane

€ **Mount Brandon Hostel**, ✆ 066-7138299, 💻 www.mountbrandonhostel.com. Direkt am Fuß des Mount Brandon und am Dingle Way gelegen, vom Schlafsaal bis zum Familienzimmer sind verschiedene Unterkunftsmöglichkeiten gegeben, sogar ein Apartment mit 4 Betten steht zur Verfügung (Bett 10 €). Restaurant und Bar im Haus. Abholung vom Kerry Airport oder aus Tralee kann arrangiert werden. ⏲ März–Okt/Nov. ❶–❷

Cuas

An Bóthar, ✆ 066-9155342, 💻 www.botharpub.com. Die ideale Kombination: Restaurant (empfehlenswert: Fisch und Lamm), Pub und B&B in einem Haus mitten in der Ortschaft und direkt am Dingle Way. Rustikale Unterkunft, auch in Familienzimmern. ❷–❸

Dingle

€ **The Hideout Hostel**, Dykegate St., ✆ 066-9150559, 💻 www.thehideouthostel.com. Im Herzen von Dingle gelegen und nur wenige Minuten von der Bushaltestelle entfernt, Unterkunft in Schlafsälen (Bett 20 €) oder Privatzimmern. Fahrradverleih in unmittelbarer Nähe. Waschmaschine und WLAN vorhanden. ❷

€ **Alpine House**, Mail Rd., ✆ 066-9151250, 💻 www.alpineguesthouse.com. Nur wenige Minuten vom Zentrum entfernt gelegenes Guesthouse mit 10 Zimmern, alle mit TV, einige mit schönem Meerblick. Geboten werden den Gästen warmes Frühstück oder Buffet sowie Lunchpakete. ❷–❸

Castlewood House, The Wood, ✆ 066-9152788, 💻 www.castlewooddingle.com. Am Ufer der Dingle Bay gelegenes Guesthouse mit 12 individuell eingerichteten, eleganten Zimmern, alle mit TV und Bad mit Jacuzzi. Viele mit Blick auf die Bucht. Angenehm ruhig. ❸

Coastline Guesthouse, The Wood, ✆ 066-9152494, 💻 www.coastlinedingle.com. Am Hafen gelegenes Guesthouse mit 8 Zimmern. WLAN vorhanden. Genau richtig für Gäste, die abends ein wenig in den Trubel von Dingle eintauchen wollen, aber in der Unterkunft etwas Privatsphäre benötigen. ❸

Pax House, Upper John St., ✆ 066-9151518, 💻 www.pax-house.com. Großartige Ausblicke auf die Bucht von Dingle bietet dieses Guesthouse mit 12 hübschen Zimmern, die alle über TV und Kühlschrank verfügen. ❸

Essen

Annascaul

South Pole Inn, ✆ 066-9157388. Der früher vom Polarhelden Tom Crean betriebene Pub bietet in einem sehr traditionellen Ambiente von mittags bis etwa 20 Uhr sehr gutes Bar Food.

Castlegregory

€ **Milesian**, ✆ 086-3621984, 💻 www.milesianrestaurant.com. Restaurant in einem alten Cottage mitten im Dorf mit einer recht internationalen Speisekarte, Fisch und Lamm sind sehr zu empfehlen. Günstige Menüs am frühen Abend (zwei Gänge für 12,50 €).

Dingle

An Café Liteártha, Dykegate Ln., ✆ 066-9152204. Mittlerweile legendäres Café im Ortskern von Dingle, angeschlossen an einen Buchladen mit sehr guter Auswahl an irischer Literatur. Bietet einfache, aber wohlschmeckende Backwaren zu einem starken Kaffee.

The Chart House Restaurant, The Mall, ✆ 066-9152255, 💻 www.thecharthousedingle.com. Restaurant in attraktivem Steingebäude, geboten wird traditionelle Küche mit internationalem Einfluss. Gute Auswahl an frischem Gemüse. Sie sollten unbedingt den irischen Käse, serviert mit hausgemachten Haferkeksen und Weintrauben, probieren.

Lord Baker's Restaurant & Bar, ✆ 066-9151277, 💻 www.lordbakers.ie. Angeblich ältester Pub in Dingle. An der Bar ist die Empfehlung: Chowder mit hausgemachtem Sodabrot oder Krebsscheren in Butter. Dessert-Favorit im Restaurant: Traditional Plum Pudding mit Brandy Sauce. Sonntags zum Mittagsessen Reservierung unbedingt empfohlen.

Unterhaltung und Kultur

Dingle gilt als der Ort mit der höchsten Dichte an Pubs im irischen Südwesten, wahrscheinlich könnte man die gesamte ständige Bevölkerung

Ein Pint trinken – beim Einkaufen!

Ein Bier im Eisenwarenladen gefällig? Das **Foxy John's**, diese altehrwürdige Institution, Main St., ✆ 066-9151316, bietet nicht nur ein frisch gezapftes Pint, sondern auch gleich Einkaufsmöglichkeiten. Früher der Standard in vielen irischen Kleinstädten, heute ein Relikt aus längst vergangenen Zeiten.

des Ortes aus dem Regen in irgendwelche Gastwirtschaften holen. Dennoch kann es im Sommer schwierig werden, noch einen Platz in der Kneipe zu finden. Alle Kneipen versuchen, mit Musik und Gesang die Gäste zu erfreuen.

An Droichead Beg, Lower Main St., ✆ 066-9151723. Hier kann man die lebhaftesten Abende verbringen – eigentlich ist in dem auf Alt getrimmten Pub jede Nacht populäre, traditionelle Musik zu hören.

Hillgrove, Spa St., ✆ 066-9151131. Wer Gefiedel und Geflöte dringend entfliehen muss (wie etwa viele der jüngeren Bewohner Dingles), der sollte sich ins Hillgrove aufmachen. Dies ist Dingles Nachtclub der Wahl für alle diejenigen, die modernere Musik bevorzugen.

Feste

Féile na Bealtaine, 🖳 www.feilenabealtaine.ie, ist ein Frühlingsfest, das Ende April/Anfang Mai begangen wird. Örtliche Kulturangebote, Ausstellungen, Konzerte und Kinderfeste.

Beim **Dingle Film Festival**, 🖳 www.dingle filmfestival.com, einem kleineren Filmfest mit örtlichem Bezug im März, wird der „Gregory Peck Award" vergeben. Unter den Gästen sind teilweise auch international bekannte Stars, der Schwerpunkt liegt jedoch auf dem irischen Film.

Dingle Food and Wine Festival, 🖳 www.dinglefood.com. Bei diesem interessanten Festival an einem Wochenende Anfang Oktober dreht sich alles um den leiblichen Genuss, teils werden lokale, teils internationale Spezialitäten angeboten. Nicht unbedingt eine eigene Reise wert, aber wenn man schon mal in der Nähe ist ...

Aktivitäten

Wer seinen Aufenthalt in Dingle aktiv und etwas abenteuerlich gestalten möchte, der ist bei **Irish Adventures**, Ballinaboula, ✆ 087-4190318, 🖳 www.irishadventures.net, richtig. Die Abenteuerprofis können eine enorme Bandbreite an Aktivitäten bieten und ganze Wochenprogramme zusammenstellen. Mit zum Angebot gehören Wanderungen, Bergsteigen, Kanu- und Kajaktouren, Reiten, Radfahren und auch Winterwanderungen durch die Bergwelt. Anfänger können hier erste Schritte unter Anleitung tun, Fortgeschrittene mit Begleitung ihre Grenzen austesten.

Etwas weniger abenteuerlich geht es im **Dingle Activities Centre**, Gallarus, ✆ 066-9155143, 🖳 www.dingleactivities.com, zu. Hier werden Wanderungen, Bootsfahrten und andere Aktivitäten organisiert. Besonders interessant sind die „Edge of the World Walks", die die Teilnehmer mit den Naturschönheiten der Gegend, den archäologischen Stätten und auch einer Reihe alter Pilgerwege bekannt machen.

Sehr gut organisiert sind die Reitausflüge von **Dingle Horse Riding**, The Stables, Baile na Buaile, ✆ 087-1338084, 🖳 www.dinglehorse riding.com. Diese führen teilweise am Strand entlang, teilweise durch die Bergwelt. Auch einwöchige Trekkingtouren werden angeboten.

Touren

Viele Besucher kommen extra nach Dingle, um dem mittlerweile international bekannten **Delphin Fungie** die Referenz zu erweisen. Eine ganze Flotte von **Booten** verlässt nahezu nonstop den Pier in der Ortsmitte, um Touristen in die Nähe des Meeressäugers zu bringen – zu einem Fahrpreis von stattlichen 16 €. Weitere Infos dazu bietet die eigens eingerichtete Website 🖳 www.dingledolphin.com. Ebenfalls möglich sind **Schwimmtrips** für 25 € (Kälteschutzanzug 20 € extra), die als „therapeutisch" beworben werden.

Informationen

Tourist Information Dingle, The Quay, ✆ 066-9151188. Infos auch unter 🖳 www.dingle-peninsula.ie oder 🖳 www.dodingle.com.

Transport

Busse

Ab Dingle Town

DUBLIN, unter der Woche zwischen 7.15 und 14.45 Uhr 3x tgl. Direktverbindungen zwischen Dingle Town und der Hauptstadt. Regulärer Fahrpreis 28,50 €, Infos unter 💻 www.buseireann.ie.

Die **Dingle-Halbinsel** mit dem Bus zu bereisen, kann problematisch werden – Bus Éireann betreibt hier nur ein sehr dünnes Netz. Folgende Buslinien, die teilweise nur an ein oder zwei Tagen in der Woche verkehren, lassen sich nutzen:

- **273** Tralee, Camp, Castlegregory, Cloghane und zurück.
- **275** Tralee, Camp, Dingle und zurück.
- **276** Kreisverkehr von Dingle über Slea Head und Clogher Head nach Dingle zurück.
- **281** Killarney, Castlemaine, Inch, Dingle und zurück (nur in den Sommermonaten).

Von Dingle nach Tralee

Für den Weg von Dingle nach Tralee gibt es drei Möglichkeiten. Die schnellste führt über die N86 quer durchs Land. Bitte vermeiden – denn die Alternativen sind besser.

Die Route über die R560 und den **Connor Pass** (auch Conair genannt) ist zweifelsohne die spektakulärste. Die Straße windet sich von Dingle nordöstlich bis zu einer Höhe von 456 m, wo ein großer Parkplatz zum Stopp einlädt. Die Aussicht vom Connor Pass ist wirklich schön. Zwischen den über 600 m hohen Bergen links und rechts der Straße sind im Süden die Dingle Bay und im Norden die Brandon Bay zu sehen, dahinter der Atlantik und bei gutem Wetter die Küsten von Kerry. Tief unter dem Betrachter befinden sich kleine Seen und eine reichhaltige Flora – eigentlich alle alpinen Pflanzen, die in Irland wild wachsen, sind hier an einem Ort vereint. Ein Ort, an dem man etwas länger verweilen sollte. Vom Parkplatz aus sind einige Wege in die Berglandschaft erkennbar, ein Spaziergang lohnt sich. Danach geht es über Stradbally nach Camp und dann auf der N86 nach Tralee.

Möglichkeit Nummer zwei ist die N86 bis kurz vor Anascaul, dann rechts ab auf die R561 nach Inch. Hier gibt es Meer und weiten Strand – der auch aus Filmen bekannte **Inch Strand** ragt meilenweit in die Dingle Bay hinein. Mit etwas Glück können von den abgelegeneren Teile der sandigen Halbinsel aus Seeotter, Robben und Delphine beobachtet werden. Anschließend folgt man der R561 bis nach Castlemaine, dann der N70 nach Norden bis nach Tralee.

Tralee und Umgebung

Die kleine Stadt **Tralee** hat mit ihren rund 25 000 Einwohnern schon fast den Charakter einer Großstadt, jedenfalls für die Verhältnisse im irischen Südwesten. Als Hauptstadt von Kerry ist der Ort vor allem verwaltungstechnisch wichtig, dazu auch als Einkaufsstadt. Und immerhin ist Tralee seit einigen Jahren auch Standort eines Nationaltheaters. Viel wichtiger erscheint allerdings oft das Theater, das um die „Rose von Tralee", 💻 www.roseoftralee.ie, veranstaltet wird. Einen Schönheitswettbewerb im August, bei dem die schönste, talentierteste und vor allem irischste „Rose" ermittelt wird und den ganz Irland verfolgt.

Obwohl sich Tralee mittlerweile bemüht, vom Image der „Rosenstadt" etwas wegzukommen, ist man definitiv noch weit davon entfernt, ein

Traditionelle Kultur – unverfälscht

Wer sich mit der traditionellen Kultur Irlands auseinandersetzen will, der kann dies im **Siamsa Tire**, Town Park, Tralee, ✆ 066-7123055, 💻 www.siamsatire.com, tun, dem National Folk Theatre of Ireland. „Volkstheater" hat hier aber nicht unter dem Fluch des Komödienstadls gelitten, die Aufführungen sind durchgehend von annehmbarer, meist sehr guter Qualität und Teil einer lebendig gehaltenen Tradition. Allerdings überwiegen Musik- und Tanzvorführungen, das Theaterspiel selbst spielt eher die zweite Geige. Das reichhaltigste Programm wird im Sommer geboten, wenn die meisten Besucher in der Gegend unterwegs sind.

zweites Killarney oder auch Bunratty zu werden. Erste Schritte dazu sind allerdings getan, denn der Freizeitpark des **Kerry County Museum**, Ashe Memorial Hall, Denny St., ✆ 066-7127777, 💻 www.kerrymuseum.ie, mit seiner interaktiven Show „Kerry the Kingdom" und Mittelalter „live" im sogenannten „Geraldine Experience" ist weit entfernt von den meist eher betulichen Museen in anderen Counties. Ein wenig erinnert das Ganze an Disneyland, wenn man dank der Multimedia-Präsentation durch die mittelalterlichen Straßen läuft und dabei die typischen Gerüche in der Nase hat. Vor allem Kinder werden es lieben, Geschichte zum Anfassen zu erleben, nicht trocken dargeboten, sondern als echtes Leben in alten Gemäuern. Und auch der Lerneffekt des Museums ist recht hoch. Sehr interessant ist auch der Tom Crean Room. Crean, geboren 1877 in Annascaul, war Seemann bei der Royal Navy und nahm an mehreren Expeditionen des Polarforschers Captain Scott teil. Später segelte er auch mit Sir Ernest Shackleton in die Antarktis. Nach dem Ersten Weltkrieg verließ er die Marine, kaufte in Annascaul einen Pub und nannte ihn „The South Pole". Bis zu seinem Tod im Jahr 1938 zapfte er dort noch selber. 🕓 Mai–Okt tgl. 9.30–17.30 Uhr, sonst eingeschränkte Öffnungszeiten, Eintritt 8 €.

Ein weiterer Museumsbereich, der mit Leben gefüllt wurde, ist das Gebiet rund um die **Windmühle von Blennerville**, Windmill St., ✆ 066-7121064, am Ortsrand. Die um 1800 gebaute Mühle ist das größte Exemplar ihrer Art in Irland, das noch funktionsfähig erhalten ist. Die Produktion von Mehl wird jedoch nur noch im Rahmen des Museumsbetriebes vorgenommen, bei Besichtigungen lernen die Besucher altes Handwerk direkt kennen. 🕓 Tgl. 9.30–17.30 Uhr oder länger, Eintritt 5 €. Rings um die Mühle wurde ein kleines, einigermaßen traditionell gehaltenes, Einkaufszentrum eingerichtet, in dem von Kunsthandwerk bis zu Kaffee und Kuchen alles zu bekommen ist, was hier das Herz begehren mag.

Nicht weit entfernt ist eine der zwei Endhaltestellen der **Schmalspurbahn**, die früher auf der Dingle-Halbinsel verkehrte. Heute ist nur eine Museumsbahn zwischen Blennerville und Tralee aktiv. In den letzten Jahren ist der Zugverkehr wegen einer dringend notwendigen, aber nicht finanzierbaren Überholung der historischen Dampflok eingestellt worden. Mit einer weniger Wartungsaufwand erfordernden Diesellok wurde eine wesentlich weniger romantische Wiederbelebung versucht. Altmodischer Zug, nette Strecke, aber eben kein Dampf – Puristen wird es ärgern.

Einige Kilometer nordwestlich von Tralee steht der Kirchenkomplex der **Ardfert Cathedral**, ✆ 066-7134711, 💻 www.heritageireland.ie, der eng mit dem heiligen Seefahrer Brendan in Verbindung gebracht wird. Brendan selbst soll um das Jahr 484 ganz in der Nähe geboren worden sein und hier ein Kloster gegründet haben. Die in Ruinen liegende Kathedrale stammt jedoch aus dem 12. Jh. und weist mit ihrem romanischen Portal und den „blinden" Arkaden eine nicht unbedingt typische Bauform auf. Ein Seitenschiff ist als Museum restauriert worden und erläutert die Geschichte der Kathedrale und der umliegenden kirchlichen Gebäude. Direkt neben der Kathedrale liegt ein relativ großer Kirchhof mit einigen interessanten Grabmalen und noch zwei weiteren Kirchen. Teampall na Hoe ist ebenfalls im romanischen Stil erbaut, der benachbarte Teampall na Griffon dagegen im gotischen Stil. Teampall, wörtlich Tempel, ist eine der möglichen irischen Bezeichnungen für eine Kirche – der Name „Tempel der Greifen" klingt zwar fast heidnisch, bezieht sich aber eigentlich nur auf einige Fabelwesen, die neben einem Fenster in den Stein gehauen wurden. Ihr genauer Ursprung und auch ihre Bedeutung sind weitgehend unbekannt. Nicht mehr direkt auf dem Gelände der Kathedrale, aber nur einen kurzen Fußmarsch entfernt, liegen die Ruinen einer Abtei des **Franziskanerordens**. Das Kloster wurde zwar schon Mitte des 13. Jhs. gegründet, die noch erhaltenen Gebäudereste stammen jedoch aus dem 15. Jh. 🕓 April–Sep tgl. 9.30–18 Uhr, Eintritt 3 €.

Gewissermaßen zum Pflichtprogramm aller Touristen, die Irland auf den Spuren der Freiheitskämpfer bereisen möchten, gehört der nahegelegene **Banna Strand**, nach einem Volkslied auch als *lonely Banna Strand* bekannt. Obwohl man sich an schönen Sommertagen hier nicht unbedingt alleine und verlassen fühlt, war dies wohl der Eindruck, den der Strand 1916 auf Roger Casement machte. Der irische Patriot wurde hier von einem deutschen U-Boot abgesetzt, obwohl die mit einem getarnten Frachter parallel auf dem Seeweg nach Irland befindliche Waffenlieferung abgefangen wurde und auch das vereinbarte Signal für die Landung Casements ausblieb. Der ehemalige britische Diplomat wurde umgehend festgenommen, nach London gebracht und dort wegen Hochverrats hingerichtet. Der Strand wurde auch bei den Filmarbeiten zu David Leans Rebellenepos *Ryan's Daughter* genutzt. Und dass der Schmuggel von Kriegsmaterial über das Meer hier noch lange üblich war, zeigte sich deutlich, als der bekannte Sinn-Fein-Politiker Martin Ferris 1984, damals noch als IRA-Mann, wegen ebensolcher Aktivitäten ins Gefängnis kam.

Selber in den Untergrund gehen kann man in der **Crag Cave** bei Castleisland, 066-7141244, www.cragcave.com. Eine halbstündige Tour durch die erst vor einigen Jahren entdeckten Höhlen kostet aber immerhin 12 €. Die bizarre, vor etwa einer Millionen Jahren entstandene Höhlenlandschaft ist interessant, aber nicht unbedingt ein Muss.

Übernachten und Essen

€ **Castle Hostel**, Castle St., 066-7125167, www.castlehostel.ie. Mitten in der lebendigen Stadt Tralee gelegen, bietet dieses Hostel Zimmer verschiedener Größe (Bett ab 14,50 €). Fahrradverleih ist möglich, Ausflüge in die nähere Umgebung können über die Rezeption arrangiert werden. ❷

Meadowlands Hotel, Oakpark, 066-7180444, www.meadowlandshotel.com. Hotel mit 57 Zimmern und Restaurant, spezialisiert auf Fischgerichte „frisch gefangen". Sehr schön gestaltete Räume in einem altmodischen, zum Verweilen einladenden Stil, aber mit allem modernen Komfort. ❸

Finnegan's Cellar Restaurant, 17 Denny St., 066-7181400, www.diningoutintralee.com/finnegans. Hervorragendes Restaurant im Keller eines im frühen 19. Jh. aus den Trümmern der Burg erbauten Hauses. Die internationale Speisekarte bietet etwas für jeden Gaumen und Geldbeutel. Besonderer Tipp: Die Lammgerichte!

Val's Bar & Bistro, 4 Bridge St., 066-7121559. Das Restaurant im Obergeschoss wird seit Kurzem von David Norris betrieben, der sein eigenes Restaurant geschlossen hat und jetzt hier nach seiner Philosophie „alles handgemacht" kocht. Gute Auswahl an saisonal wechselnden Gerichten im mittleren Preissegment, Reservierung empfohlen.

Wohnen auf dem Schloss

Umgeben von herrlichen Gärten und weiten Wäldern liegt das luxuriöse **Ballyseede Castle Hotel**, Ballyseede, 066-7125799, www.ballyseedecastle.com. Fühlen Sie sich einmal wie ein König oder eine Königin in diesem Gemäuer mit 23 elegant eingerichteten Zimmern. Sehr komfortabel, aber auch nicht unbedingt für den Reisenden mit schmalem Budget geeignet. ❺

Unterhaltung und Kultur

Baily's Corner, Ashe St., 066-7126230. In dem sehr beliebten Pub treten örtliche Musiker auf, die meisten davon sind regional mehr oder minder bekannte Singer-Songwriter mit eigenem Material.

Seán Óg's, Bridge St., 066-7128822. Die sehr lebhafte Bar ist bekannt für traditionelle Musik am Abend. Kann sich sehr schnell füllen und am Wochenende auch schon einmal aus allen Nähten platzen.

Feste

Im Januar findet an einem langen Wochenende das **The Shindig Traditional Music and Set Dancing Festival Weekend**, www.shindigfestival.com, in Tralee statt. Geboten werden Gesang, Tanz und Geschichtenerzähler, also traditionelle Unterhaltung ohne modernen Schnickschnack. Man erhält einen faszinierenden Einblick in irische Volkskultur ohne „touristische Aufarbeitung".

Informationen

Tourist Information Tralee, Ashe Hall, Denny St., 066-7121288.
Infos auch unter www.tralee.ie.

Transport

Busse

Der **Busstopp** liegt beim Bahnhof.
CORK, stdl. Verbindungen,
Infos unter 🖳 www.buseireann.ie, oder
Tralee Casement Station, ✆ 066-7164700.
DUBLIN, unter der Woche 7x tgl. zwischen 7.30 und 17.30 Uhr. Regulärer Fahrpreis 25,50 €.
KILLARNEY, stdl. Verbindungen
LIMERICK, tagsüber Verbindungen mit Linie 13.

Eisenbahn

Tralee ist mit KILLARNEY, CORK und (meist mit Umsteigen in Mallow) DUBLIN verbunden, am Tag etwa 8 Züge je Richtung. Die Fahrzeit beträgt nach Cork etwa 2 Std., nach Dublin etwa 4 Std. Bei Vorbestellung im Internet sind schon Preise von 10 € zu bekommen, sodass der Zug eindeutige Vorteile gegenüber dem Bus hat, 🖳 www.irishrail.ie.
Bitte beachten: Die auf einigen Karten noch von Tralee nach Fenit eingezeichnete Bahnstrecke wird seit vielen Jahrzehnten nicht mehr für den Passagierverkehr genutzt.

Ballybunion

Ballybunion ist ein Urlaubsort, wie er im Buche steht. Allein die Sandstrände und die raue, von Klippen und Höhlen geprägte Küste machen den Ort zu einem Favoriten unter irischen Urlaubern. Am Strand, über dem sich eine romantische Burgruine erhebt, ist jedoch Vorsicht geboten, bei Flut werden rasch Bereiche abgeschnitten und Strömungen sorgen für gefährliche Verhältnisse. Der örtliche Wasserrettungsdienst arbeitet mit Kettenfahrzeugen und direkt am Badestrand erinnert eine Gedenktafel an frühere Opfer. Der Ort bietet reichlich Freizeitmöglichkeiten und einige der besten Golfplätze Irlands. Mit mittlerweile internationaler Berühmtheit: Eine lebensgroße Statue vor der örtlichen Polizeistation zeigt Bill Clinton beim Einlochen. Wer es jedoch mit einem anderen Amerikaner hält – Mark Twain charakterisierte Golf als „einen verdorbenen Spaziergang" –, der kann die etwa 5 km langen Wanderwege an den Klippen genießen oder den wegen seiner Meeresnähe sehr hoch erscheinenden und in Wirklichkeit nur 264 m hohen Knockamora Hill besteigen. Die vielleicht beste Zeit, Ballybunion zu besuchen, liegt jedoch definitiv außerhalb der irischen Ferien. Besser noch außerhalb der Sommersaison.

Übernachtung und Essen

Stream Cottage Guesthouse, Urlee, Lisselton (etwa 5 km außerhalb Ballybunion), ✆ 068-25824, 🖳 www.streamcottagebnb.com.
Sehr schönes B&B in einem etwa 150 Jahre alten, wirklich traditionellen Cottage, die Lage außerhalb des Touristenortes Ballybunion ist ein Vorteil. ❷
Hanrahan's Country Kitchen, Cliff Rd., ✆ 068-27911. Ein typisches „Familienrestaurant", in dem es auch einmal turbulent zugehen kann. Der Vorteil: gute Portionen, qualitativ hochwertige Hausmannskost, recht günstige Preise. Der Nachteil: nicht unbedingt ein ruhiges Gourmeterlebnis. Der täglich frisch gebackene Apfelkuchen allerdings versöhnt auch damit, unbedingt Platz dafür lassen!

Listowel und Umgebung

Abgesehen von dem technischen Wunderwerk der Einschienenbahn ist **Listowel** vor allem dadurch bekannt, dass es hier mehr Pubs als Wohnhäuser geben soll. Eine schnell erstellte Statistik straft dieses Vorurteil zwar Lügen, genug Gelegenheit für einen netten Abend gibt es allerdings schon. Und viele der Hausfassaden sind ideale Fotomotive mit teils typisch irischen Stuckarbeiten. Wie in Irland so häufig, gehören Gastwirtschaften und Poeten eng zusammen ... jedes Jahr im Juni findet in Listowel die **Writers' Week**, 🖳 www.writersweek.ie, statt. Bei dieser Woche der Schriftsteller geben sich junge Talente und bekannte Autoren die Klinken der Pubs in die Hand. Das andere Großereignis des Ortes ist ein landwirtschaftliches Fest Ende September, bei dem auch traditionelle *matchmaker* (Anbahner von Hochzeiten) ihren großen Auftritt haben.

Die immer noch imposanten Reste des **Listowel Castle**, ✆ 086-3857201, 🖳 www.heritageireland.ie, am Square sind zumindest einen kurzen Blick wert, die Ruine ist mittlerweile wieder für Besucher zugänglich. ⌚ Ende Mai–Anfang Sep tgl. 9.30–17.30 Uhr, Eintritt frei.

Eher kurios ist der **Garden of Europe**, Childers Park, der in zwölf Abteilungen die EU-Staaten von 1995 präsentiert (mit typischen Pflanzen) und neben einer Schiller-Büste auch ein Holocaust-Denkmal enthält.

Westlich von Listowel ist ein besonders schöner Rundturm mitten in einer kargen Landschaft zu sehen. Vom ehemaligen Kloster von **Rattoo** sind zwar nur noch wenige Ruinen vorhanden, der 28 m hohe Turm allerdings macht den Eindruck, als sei er erst vor wenigen Jahren erbaut worden Tatsächlich ist er einige hundert Jahre älter als die neben ihm stehende Kirche. Dabei beeindruckt vor allem, dass er aus dem Nichts aufzuragen scheint.

Eine ideale Verteidigungsposition an der Mündung des Shannon hatte **Carrigafoil Castle** bei Ballylongfort, ein von den örtlichen O'Connors gebautes Turmhaus aus dem 15. Jh. Die militärische Geschichte zeigte allerdings schnell, dass selbst diese Position keine absolute Sicherheit brachte. Vor allem von englischen Truppen wurde das Haus mehrfach belagert und auch geplündert. Die letzte Belagerung erfolgte durch die Truppen Oliver Cromwells, die 1649 die Festung als Ruine hinterließen. Immerhin eine romantische Ruine, sodass sie heute ein Anziehungspunkt für Besucher ist. Teile der Befestigungsanlagen sind noch erhalten, am deutlichsten von ehemaliger Größe zeugt der teilweise erhaltene Turmbau selbst. Die fantastische Aussicht, die auch weite Teile der Shannon-Mündung einschließt, ist alleine schon einen Abstecher wert. Die ebenfalls in der

Die revolutionäre Einschienenbahn

Listowel war in früheren Zeiten durch eine Eisenbahn mit Ballybunion verbunden. Diese kuriose Einschienenbahn nach dem **System Lartigue**, ✆ 068-24393, 💻 www.lartiguemonorail.com, zog sich wie ein gigantischer Weidezaun quer durch die Landschaft und erwies sich schnell als extrem unpraktisch, sodass von den Schienen bis zu den Lokomotiven alles auf dem Schrott landete. Eine moderne Rekonstruktion ist heute am Ortsrand zu sehen. ⌚ Mai–Sep 13–16.30 Uhr (jedoch nicht während der Listowel Race Week), Eintritt 6 €.

Da kann keine Sandburg am Strand mithalten …

Abkürzung nach Norden

Wer von hier weiter in den Norden reisen möchte, muss nicht den Umweg über die Stadt Limerick nehmen. Zwischen Tarbert und Killimer verkehrt eine **Fähre über den Shannon**, ✆ 065-9053124, 💻 www.shannonferries.com. 20 Min. Überfahrt und eine Gebühr von 18 € (PKW inkl. Passagiere) ersparen einen Umweg von über 100 km.

Nähe befindliche ehemalige **Abtei von Lisloughtin**, im 15. Jh. vom Franziskanerorden gebaut, ist eine andere sehenswerte Ruine. Naturliebhaber werden sich allerdings eher an das Südufer der Shannon-Mündung begeben, einige versteckte Strände laden hier zum Faulenzen ein.

Übernachtung

Listowel

€ **Billeragh House Hostel**, Billeragh, ✆ 068-40321, ✉ billeraghhousehostel@yahoo.com. Unterkunft in einen schönen alten Haus aus dem 18. Jh., entweder im Schlafsaal (Bett ab 16 €) oder in einem Privatzimmer. Auch für Familien geeignet. Rezeption hilft bei der Planung von Ausflügen in die Umgebung. ❷

Tarbert

€ **The Ferry House Hostel**, The Square, ✆ 068-36555, 💻 www.ferryhousehostel.com. Großes Haus aus dem 18. Jh., das vor einigen Jahren komplett renoviert wurde und so modernen Komfort in historischer Umgebung bietet. Wer die letzte Fähre verpasst, kann hier recht gemütlich die Nacht verbringen (Bett ab 15 €). ❷

Unterhaltung

John B Keane's, 37 William St., Listowel. Eine wohltuende Abwechslung unter den zahlreichen Pubs, die oft ohne Grund nach bekannten Schriftstellern oder Musikern benannt sind: Der irische Dramatiker John B. Keane selbst hat hier früher den Zapfhahn bedient, heute ist seine ehemalige Kneipe ein kleines, lebendiges „Museum", in dem es immer noch reichlich zu trinken gibt.

Feste

Anfang Juni findet die **Listowel Writers Week**, 💻 www.writersweek.ie, ein Literaturfestival mit sehr buntem Programm, statt. Von Nachwuchstalenten bis zu internationalen Preisträgern treten hier die unterschiedlichsten Autoren vor das Publikum. Auch Workshops für Hobbyautoren werden angeboten. Vielleicht das beste Literaturevent in Irland.

Informationen

Tourist Information Listowel,
Saint John's Church, The Square,
✆ 068-22590, Infos auch unter
💻 www.listowel.ie.

Transport

Bushaltestelle am zentralen Platz gelegen (Square).
DUBLIN, unter der Woche mind. 6x tgl. zwischen 6.45 und 17.30 Uhr.
Regulärer Fahrpreis 23,50 €, Infos unter 💻 www.buseireann.ie.
LIMERICK, tgl. mehrere Verbindungen, 1 1/2 Std. Fahrtzeit.
TRALEE, tgl. mehrere Verbindungen, 40 Min. Fahrtzeit.

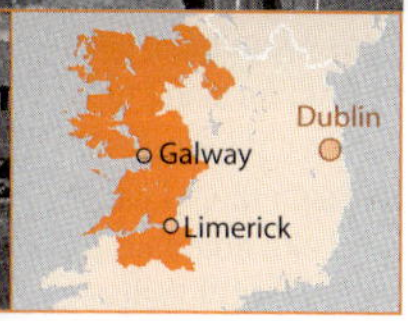

Der Westen

Stefan Loose Traveltipps

Craggaunowen Castle Hier wird keltische Geschichte „live" in Szene gesetzt. S. 430

6 **Burren** Wer genau hinsieht, wird in der kargen Landschaft das blühende Wunder erleben. S. 435

7 **Aran Islands** Die Inseln sind bestes Wanderterrain. S. 453

Inishbofin Idyllische Einsamkeit für Genießer. S. 466

Cong Seinen Ruhm verdankt der kleine Ort vor allem einem Hollywoodstreifen. S. 469

Croagh Patrick Ein alter Pilgerpfad führt auf den heiligen Berg Irlands. S. 475

Achill Island Bis heute ist die größte Insel Irlands untrennbar mit dem Namen Heinrich Böll verbunden. S. 478

8 **Carrowmore** Einer der ältesten „Friedhöfe" des Landes und Stoff für zahlreiche Spekulationen. S. 490

9 **Slieve League** Die fantastische Klippenlandschaft erhebt sich fast 600 m über das Meer. S. 505

Der irische Westen, durch die Mündung des Shannon vom Südwesten getrennt, bietet eindrucksvolle Naturlandschaften, malerische Orte, lebhafte Pubs und abgelegene Inseln, auf denen man stille Tage am Meer genießen kann. Während Limerick meist wenig Beachtung findet, zieht es die meisten Besucher ins County Clare mit seinen weltberühmten Cliffs of Moher und dem einsamen Burren. Oder nach Galway, die von Studenten geprägte Stadt, Ausgangspunkt für eine Fahrt durch das ursprüngliche Connemara. Jenseits von Irlands einzigem Fjord, dem Killary Harbour, lockt dann weiter nördlich das County Mayo mit dem heiligen Berg Croagh Patrick und Irlands größter Insel. Achill Island ist in Deutschland vor allem durch Heinrich Bölls *Irisches Tagebuch* bekannt geworden. Landschaftlich schön sind auch die Counties Sligo und Leitrim, wobei die Berge rund um Sligo Town und der sich nach Leitrim hinein erstreckende Glencar Lake ebenfalls mit einem berühmten Schriftsteller und Nobelpreisträger verknüpft sind – mit W.B. Yeats. Donegal schließlich, das nördlichste County an der Westküste und verwirrenderweise nördlicher als Nordirland gelegen, beeindruckt mit nahezu unverfälschten Landschaften und Küstenstreifen, in denen man lange Zeit keinem anderen Menschen begegnet.

County Limerick

Das County Limerick, das sich an die Südufer des Shannon schmiegt, besteht überwiegend aus Flachland, auf dem sich saftig-grüne Wiesen und Äcker erstrecken. Der Stadt und ihrem gleichnamigen Umland mangelt es an großen, bekannten Sehenswürdigkeiten, weshalb die meisten Besucher die Autofähre zwischen Tarbert im County Kerry und Killimer im County Clare nehmen und Limerick einfach umfahren. Dabei locken hier Klöster und Burgen, Kunst- und Geschichtsinteressierte werden zudem das Hunt Museum oder King John's Castle besuchen, das den Übergang über den Shannon sichert.

Im Allgemeinen aber verbindet man Limerick lediglich mit dem fünfzeiligen, humorvollen Reim.

Limerick City

Die drittgrößte Stadt der Republik Irland hat in den letzten Jahren zunehmend unter Image-Problemen gelitten. Zu Beginn des 21. Jh. wurde Limerick zum Synonym für Gewalt und sich immer mehr ausweitende Familienfehden. Daraufhin wurde von der irischen Regierung ein „Stadtentwicklungsprogramm" entworfen, in das mehrere Milliarden Euro fließen sollten. Die 2008 einsetzende Wirtschaftskrise sorgte jedoch dafür, dass die Gelder nicht immer im geplanten Umfang bereitstanden. So sind viele mit Enthusiasmus begonnene Projekte irgendwo steckengeblieben und die Stadt befindet sich immer noch in einer Art Zwischenzustand: Trotz neugegründeter Universität, sanierter Stadtbereiche im Zentrum und am Flussufer sowie dem neuen Rathaus wird das Außenbild Limericks nach wie vor von der „Asche meiner Mutter" und Kriminalitätsstatistiken bestimmt.

Die „lebendige" Stadt ist in erster Linie ein Verkehrsknotenpunkt. Fernstraßen, Eisenbahnstrecken, der Shannon und der Shannon Airport sorgen für reichlich Verkehr. Land-, Luft- und Wasserwege begünstigten schon immer die Industrieansiedlung vor Ort. Neben den älteren Industrien, z. B. der Verarbeitung von Getreide oder Tabak, kamen in den letzten Jahrzehnten immer mehr Hightechbetriebe dazu. Die Ansiedlung multinationaler Unternehmen führte auch dazu, dass Limerick zu einem Schmelztiegel wurde – zahlreiche Arbeitskräfte kamen aus dem Ausland. Seit einiger Zeit bemüht man sich auch, den Tourismus in der Region wieder zu beleben.

Besucher haben in Limerick lange Tradition – bereits im 9. Jh. segelten die Wikinger in die Mündung des Shannon und ließen sich hier nieder. Eine rein geschäftliche Entscheidung, denn von Limerick aus konnte man weite Teile Irlands und viele Klöster bequem per Boot plündern. Die Nordmänner waren wahrscheinlich auch die ersten ausländischen Besucher, die die ausgedehnten Wasserwege des Shannon so richtig zu schätzen wussten. Nachdem die Wikinger wieder vertrieben worden waren, wechselten sich Iren und Anglo-Normannen als Herrscher von Limerick ab. 1210 wurden im Auftrag von König John eine stabile Brücke und eine noch stabilere Burg

DER WESTEN
N
0
50 km
s. Detailplan Sligo und Leitrim S. 487
s. Detailplan Galway und Mayo S. 446/447
s. Detailplan Limerick und Clare S. 418
Atlantischer
Ozean
Donegal Bay
Lower Lough Erne
Upper Lough Erne
Lough Melvin
Lough Macnean Upper
INISHMURRAY
Sligo Bay
Killala Bay
Enniskillen
Sligo
Sligeach
Manorhamilton
Lough Gill
Ballysadare
Lough Allen
Corclogh
Ballycastle
Killala
INISHKEA
Bangor
Ballina
Béal an Átha
SLIGO
BALLYCROY NATIONAL PARK
Nephin Beg Range
ACHILL ISLAND
Charlestown
Ballinamore
Drumshanbo
Erne
Moy
Lough Conn
Boyle
LEITRIM
Carrick-on-Shannon
Cora Droma Rúisc
Mulrany
Newport
Swinford
Lough Gara
Knock Airport
Ballaghaderreen
Castlebar
Caisleán an Bharraigh
Clew Bay
CLARE ISLAND
Westport
MAYO
Ballyhaunis
ROSCOMMON
Castlerea
Strokestown
INISHSTURK
Lough Carra
Claremorris
Longford
Lanesborough
INISHBOFIN
Lough Mask
Ballymoe
Roscommon
INISHSHARK
Ballinrobe
Leenane
Lough Ree
CONNEMARA NATIONAL PARK
Cong
Connemara
Clifden
Maam Cross
Lough Corrib
Suck
WESTMEATH
GALWAY
Athlone
Ballinasloe
Clara
Clonmacnoise
Shannon
Shannonbridge
Brosna
OFFALY
Galway
Gaillimh
Galway Bay
ARAN ISLANDS
OILEÁIN ÁRAINN
The Burren
Gort
Slieve Aughty Mts.
Portumna
Lough Derg
Birr
BURREN NATIONAL PARK
Borrisokane
Roscrea
Crusheen
Whitegate
Liscannor Bay
Ennis
Inis
Nenagh
CLARE
Mal Bay
Silvermine Mts.
Shannon Airport
Kilrush
River Shannon
Limerick
Luimneach
Golden Vale
TIPPERARY
Tarbert
Glin
Rathkeale
Mouth of the Shannon
Suir
Cashel
Tipperary
LIMERICK
Kilmallock
Belfast
Dublin
Abbeyfeale
Ballylanders
Charleville
Rath Luirc
Galty Mts.
Mullaghareirk Mts.
Tralee
Trá Lí
KERRY
Castlegregory
Fenit
Buttevant
Castlemaine
Farranfore
N15
N16
N59
N4
N17
N26
N58
N5
N60
N83
N84
N61
N63
N6
N62
N80
M4
N18
N65
N66
N67
M18
N52
N7
N85
E 20
N68
N18
M8
N75
N8
N69
N21
N22
N23
N73
E 201

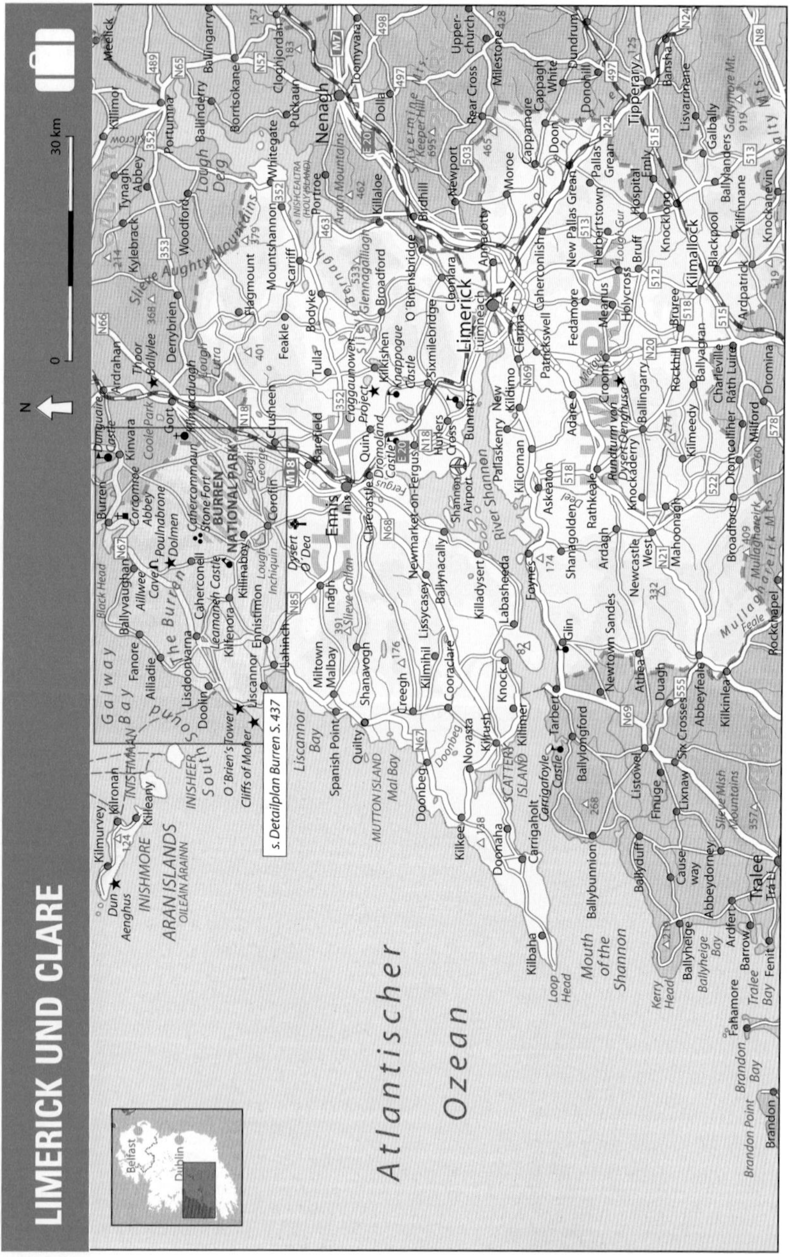
LIMERICK UND CLARE
Atlantischer Ozean
Limerick
Luimneach
Ennis
Inis
Tralee
Trá Lí
Nenagh
Tipperary
Galway Bay
ARAN ISLANDS
OILEÁIN ÁRANN
INISHMORE
INISHMAAN
INISHEER
Cliffs of Moher
The Burren
BURREN NATIONAL PARK
Mouth of the Shannon
River Shannon
Shannon Airport
Lough Derg
Slieve Aughty Mountains
Arra Mountains
Loop Head
Kerry Head
s. Detailplan Burren S. 437
Belfast
Dublin
30 km

errichtet. Limerick wurde zu einer „englischen" Stadt und einer der wichtigsten Stützpunkte im irischen Westen. „English Town" im Norden des Innenstadtbereiches, wo fast alle historischen Sehenswürdigkeiten dicht gedrängt auf kleinstem Raume liegen, gehört zu den ältesten Stadtteilen. In den verschiedenen Kriegen des 17. Jhs. wurde Limerick mehrfach unter Belagerung genommen. Als sich 1691 rund 10 000 Jakobiten der siegreichen Armee König Williams III. ergaben, garantierte der König im „Vertrag von Limerick" nicht nur freien Abzug, sondern auch viele Freiheiten. Ohne die Zustimmung des englischen Parlaments war die Unterschrift des Königs jedoch das Papier nicht wert, auf dem er sie leistete. Und da das Parlament keine Religionsfreiheit garantieren wollte, war der Vertrag nichtig, der König machtlos. Ein Exodus der irischen Soldaten und Adligen begann, Ziel war vor allem das von Ludwig XIV. beherrschte katholische Frankreich.

Direkt am Flussufer erhebt sich trutzig **King John's Castle**, King's Island, ✆ 061-360788, 💻 www.shannonheritage.com, die um 1210 errichtete Hauptfestung des Ortes. Den besten Blick auf die englische Festung, die Limerick und den Shannon immer noch beherrscht, hat man übrigens vom anderen Ufer des Flusses aus. Hier steht auch ein Gedenkstein für den Vertragsabschluss von 1691. Nach einer aufwendigen Restaurierung erstrahlt die imposante Festung heute wieder in altem Glanz. Die starken Festungsmauern und die fünf runden Türme der Anlage verleihen ihr auch heute noch etwas Uneinnehmbares. Nähert man sich der Burg über die Brücke, ist links der Bischofspalast aus dem 18. Jh. zu sehen, danach passiert man die alte Zollstation. Die Burg dient heute als Museum, das anhand verschiedene Ausgrabungsfunde und mithilfe einer Multimediaschau über die Geschichte Irlands – und der Stadt Limerick – informiert. Vielleicht einer der interessantesten Funde ist das Tagebuch eines Soldaten, in dem er den Verlauf der Belagerung von Limerick beschreibt. 🕒 Tgl. 10–17, im Sommer bis 18 Uhr, Eintritt 9 €.

Etwas südlich der Burg befindet sich die **St. Mary's Cathedral**, 💻 www.cathedral.limerick.anglican.org, gegründet im 12. Jh. Sie wurde im 15. Jh. wesentlich erweitert, sodass heute nur wenige Teile der alten Kirche erhalten sind, darunter das in romanischer Bauweise gefertigte Westportal. Im Innenraum fällt vor allem das Chorgestühl auf. Dies wurde 1489 aus Eichenholz geschnitzt und ist für seine Miserikordien bekannt. Diese „Notsitze" sind mit fantasievollen Schnitzereien versehen, darunter zahlreichen Engeln, aber auch Greifen und anderen Fabelwesen. Insgesamt gilt das Chorgestühl als in Irland einmalig. Auch die Grabmäler in der Kathedrale gehören zu den Sehenswürdigkeiten – verblassen aber etwas gegenüber der Aussicht von dem fast 40 m hohen Turm der Kathedrale. In der Nähe der Kathedrale zieht sich **George's Quay** am Fluss entlang, beliebt sind (natürlich nur an Tagen ohne Regen) die zahlreichen Straßencafés.

Südlich des Hunt Museums führt die **Sarsfield Bridge** über den Shannon. Die in der ersten Hälfte des 19. Jhs. erbaute Brücke wäre keine Erwähnung wert, wenn sie nicht als Nachbil-

Das Hunt Museum

Das ehemalige Zollgebäude beherbergt heute die Sammlung des Archäologen und Kunstsammlers John Hunt. Das Hunt Museum, Rutland St., ✆ 061-312833, 💻 www.huntmuseum.com, ist die zweitbeste Sammlung mittelalterlicher Kunst in Irland – übertroffen nur vom Nationalmuseum in Dublin. Hunt hatte ungefähr 2000 Einzelstücke erwerben können. Mittelalterliche Kirchenkunst aus ganz Europa wird ergänzt durch zahlreiche irischer Artefakte. Deren Datierung beginnt in der Bronzezeit, ein weiterer Schwerpunkt ist das frühe Christentum in Irland, abgerundet wird die Sammlung wiederum durch Stücke aus dem Mittelalter. Vor allem die aus der Bronzezeit stammenden Exponate sind einen Besuch im Museum wert, zu ihnen gehört reich verzierter Goldschmuck und ein sehr schöner Schild, der wahrscheinlich zeremoniellen Zwecken diente. Auch einige große Namen der Malerei sind vertreten, so Gaugin, Picasso und Renoir. Ungeklärt ist die genaue Herkunft eines Bronzepferdes, das auf Leonardo da Vinci zurückgehen soll. 🕒 Mo–Sa 10–17, So 14–17 Uhr, Eintritt 8 €.

Sich einen Reim auf Limerick machen

Was verbinden die meisten Menschen zuerst mit dem Begriff „Limerick"? Außerhalb Irlands wahrscheinlich den fünfzeiligen Reim nach dem Muster A-A-B-B-A, der zwangsläufig humorvoll sein muss. Limericks gibt es von derb bis intellektuell und in fast jeder Sprache der Welt. Zuerst in gedruckter Form findet man sie in dem anonymen Werk *The History of Sixteen Wonderful Women*, das 1820 erschien. Der Siegeszug des Reimes setzte sich im englischen Sprachraum während des 19. Jhs. fort und Edward Lear gilt als einer der geistreichsten Vertreter dieser Branche der Dichtkunst.

Was aber hat der Limerick mit Limerick zu tun? Wenig bis gar nichts, sagen die einen. Tatsächlich gibt es keinen Hinweis darauf, dass der heutige Name des Reimschemas in irgendeinem Zusammenhang mit der Stadt am Shannon steht. Oder mit dem County. Aber, und darauf verweisen vor allem irische Sprachwissenschaftler gerne, es gab im Inhalt und in der Reimform ähnliche Spottgedichte irischen Ursprungs. Und diese waren eben im County Limerick populär. Das Problem dabei: die Datierung. Denn die irischen Spottgedichte und der klassische Limerick sind etwa zur selben Zeit erstmalig belegt. Was dann wieder die Frage aufwirft, was zuerst da war: das Huhn oder das Ei.

dung der Pariser Pont Neuilly entstanden wäre. Zwischen dieser Brücke und dem Bahnhof befindet sich Limericks Stadtzentrum. Die O'Connell Street, mit dem obligatorischen **Standbild des Daniel O'Connell** (s. S. 103), gilt als die Hauptstraße Limericks. Hier findet man zahlreiche Einkaufsmöglichkeiten. Die quer verlaufende Mallow Street erinnert sogar ein wenig an Dublin, hier sieht man georgianische Häuser, deren Türen in vielen verschiedenen Farben lackiert sind. Am östlichen Ende der Mallow Street liegt der kleine Stadtpark, der People's Park, in dem die städtische Kunstsammlung ihr Zuhause gefunden hat. Die **Limerick City Gallery of Art**, Pery Sq., ✆ 061-310633, 💻 www.limerickcitygallery.ie, zeigt eine recht gemischte Auswahl sowohl internationaler als auch irischer Kunst. Zu den bekanntesten Iren in der Ausstellung darf man Jack Butler Yeats rechnen, Bruder des Dichters und wahrscheinlich der bekannteste irische Maler des 20. Jhs. 🕒 Mo–Fr 9.30–17.30, Sa 10–17, So 14–17 Uhr (Fei geschl.), Eintritt frei.

Das **Limerick City Museum**, Castle Ln., Nicholas St., ✆ 061-415266, 💻 www.limerickcity.ie/CityMuseum, befasst sich mit der Stadtgeschichte und zeigt eine breite Auswahl an Artefakten von der Steinzeit bis zum Industriezeitalter, ist aber am ehesten für den Lokalhistoriker interessant. 🕒 Di–Sa 10–13 und 14.15–17 Uhr, Eintritt frei.

Einen weiteren Einblick in die Geschichte des Lebens in Limerick bietet das **Georgian House**, 2 Pery Sq., ✆ 061-314130, 💻 www.limerickcivictrust.ie/georgian. Das schön restaurierte Wohnhaus dient hauptsächlich als Veranstaltungsraum, mit seinem Stadtgarten steht es jedoch auch für Besichtigungen offen. 🕒 Mo–Fr 10–16 Uhr.

Übernachtung

€ **Santa Cruz B&B**, Ennis Rd., ✆ 085-1296823, 💻 www.santacruz.hostel.com. Recht günstig gelegenes, einfaches B&B mit zusätzlichen Zimmern in Schlafsälen, kurzer Weg zur Innenstadt, Einkaufsmöglichkeiten und Pubs gleich nebenan. ❷

Two Mile Inn Hotel, Ennis Rd., ✆ 061-326255, 💻 www.twomileinnhotel.com. Hotel mit mehr als 120 Zimmern, gute Mittelklassequalität zu einem vernünftigen Preis, eigenes Restaurant und Bar. Babysitter kann arrangiert werden, Rezeption hilft bei der Planung von Ausflügen. Gute Busverbindung in die Innenstadt. ❷–❸

Patrick Punchs Hotel, Punchs Cross, ✆ 061-460800, 💻 www.patrickpunchshotel.com. Modernes Hotel nur 5 Min. Fußweg von der Innenstadt, sehr guter Standard, auch für Familien geeignet, mit Fitnesszentrum und Swimmingpool. ❷–❸

Essen

Brulee's Restaurant, Ecke Henry St./Mallow St. Die richtiges Adresse für ein Candlelight-Dinner. Das elegante Restaurant im klassischen Stil serviert moderne irische

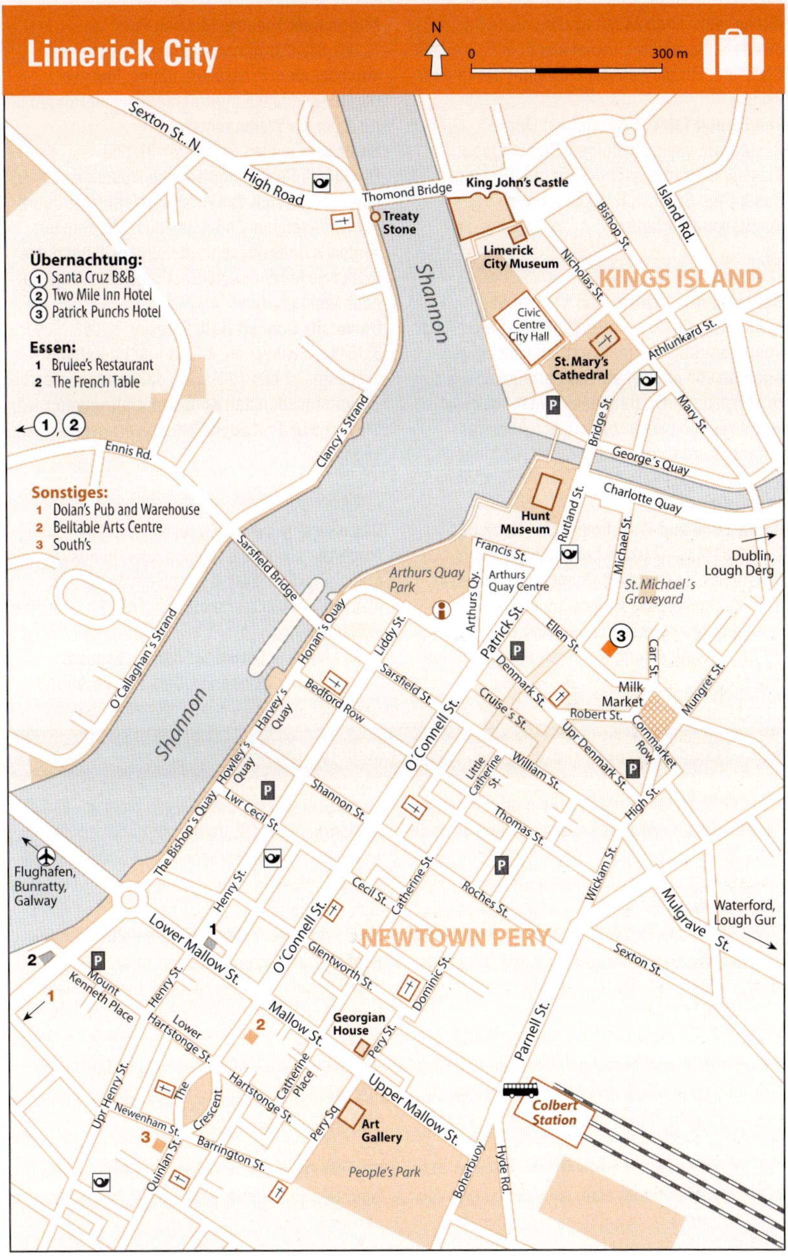
N
0
300 m
Übernachtung:
1 Santa Cruz B&B
2 Two Mile Inn Hotel
3 Patrick Punchs Hotel
Essen:
1 Brulee's Restaurant
2 The French Table
Sonstiges:
1 Dolan's Pub and Warehouse
2 Belltable Arts Centre
3 South's
Sexton St. N.
High Road
Thomond Bridge
King John's Castle
Treaty Stone
Limerick City Museum
Civic Centre City Hall
St. Mary's Cathedral
KINGS ISLAND
Shannon
Bishop St.
Island Rd.
Nicholas St.
Athlunkard St.
Mary St.
Bridge St.
George's Quay
Charlotte Quay
Hunt Museum
Rutland St.
Michael St.
Dublin, Lough Derg
Francis St.
Arthurs Quay Park
Arthurs Qy.
Arthurs Quay Centre
St. Michael´s Graveyard
Ennis Rd.
Clancy's Strand
Sarsfield Bridge
O'Callaghan's Strand
Honan's Quay
Liddy St.
Patrick St.
Ellen St.
Carr St.
Denmark St.
Milk Market
Robert St.
Mungret St.
Cornmarket Row
Sarsfield St.
Bedford Row
Harvey's Quay
O'Connell St.
Cruise's St.
Upr Denmark St.
Little Catherine St.
William St.
Howley's Quay
Shannon St.
Lwr Cecil St.
The Bishop's Quay
Thomas St.
High St.
Flughafen, Bunratty, Galway
Henry St.
Cecil St.
Catherine St.
Roches St.
Wickam St.
Mulgrave St.
Waterford, Lough Gur
Lower Mallow St.
O'Connell St.
NEWTOWN PERY
Glentworth St.
Dominic St.
Sexton St.
Mount Kenneth Place
Henry St.
Lower Hartstonge St.
Mallow St.
Georgian House
Pery St.
Parnell St.
Upr Henry St.
The Crescent
Hartstonge St.
Catherine Place
Upper Mallow St.
Colbert Station
Newenham St.
Pery Sq.
Art Gallery
Quinlan St.
Barrington St.
People's Park
Boherbuoy
Hyde Rd.
Der Westen

Küche, aber auch Mediterranes. Gute Käseauswahl. Spezialität: Lamm aus dem Burren mit Pistazien. Für die gebotene Qualität akzeptable Preise.

The French Table, 1 Steamboat Quay. Restaurant mit großzügigem Platzangebot. Klassische französische Gerichte. Günstig: Roast Beef Sandwich mit Kartoffeln. Vorzügliche Sorbets.

Unterhaltung und Kultur

Belltable Arts Centre, 69 O'Connell St., ☎ 061-319866, 💻 www.belltable.ie. Kunst- und Kulturzentrum mit einem extrem vielseitigen Angebot von modernen Theaterstücken bis hin zu Klassikern, von Bildender Kunst über Filmvorführungen bis hin zu Comedy-Abenden. Anfang des Jahres wird hier mit „Unfringed" ein kleines Festival alternativer Produktionen abgehalten.

Dolan's Pub and Warehouse, 3–4 Dock Rd., ☎ 061-314483, 💻 www.dolanspub.com. Geräumige Gastwirtschaft mit angeschlossenem Nachtclub, das Programm erstreckt sich von traditioneller Musik über Jazz bis hin zu Pop. Relativ häufig treten hier auch irische Stars auf.

Millennium Theatre, Moylish Park, ☎ 061-322322, 💻 www.litmt.ie. Theater mit wechselndem Programm, häufig Tourneetheater und familiengerechte Inszenierungen rund um die Weihnachtszeit.

South's, 4 Quinlan St., ☎ 061-318850. Der ideale Pub für literarische Nostalgiker, hier betrank sich der Vater von Frank McCourt mit wachsendem Enthusiasmus. Mit dem in *Angela's Ashes* beschriebenen Lokal hat dieses mittlerweile renovierte Gasthaus allerdings nur noch wenig zu tun.

University Concert Hall, Plassey, ☎ 061-331549, 💻 www.uch.ie. Das irische Kammerorchester ist hier zu Hause, daneben werden die verschiedensten Konzertaufführungen, Musicals und oft auch Comedyveranstaltungen geboten.

Feste

Das **e v+ a**, 💻 www.eva.ie, ist eine Ausstellung moderner Kunst, die jährlich sowohl auswärtige Künstler präsentiert als auch ein Forum für Nachwuchskünstler bietet. Im Frühjahr mehrere Wochen lang.

Beim **Limerick Christmas Racing Festival**, 💻 www.limerickraces.ie, dem Pferderennen,

Limerick City – mehr als Angela's Ashes und Gangland

Limerick galt lange als Synonym für wirtschaftliches Elend, Arbeitslosigkeit, Alkoholismus und Gewalt. So wie es in Frank McCourts teilweise biografischer Erzählung *Angela's Ashes* (deutsch: *Die Asche meiner Mutter*) geschildert wird. Bis heute ist Limerick für die meisten Iren schlicht und einfach *Stab City*, die „Stadt der langen Messer". Dabei, so Zyniker, bekriegen sich Familien und Banden längst nicht mehr mit Stichwaffen, sondern mit Molotowcocktails, Rohrbomben und Maschinenpistolen. Und ohne Rücksicht auf Verluste. Vor einigen Jahren zündete man einer jungen Mutter, die sich weigerte, einen Teenager aus der Nachbarschaft in die Stadt zu fahren, kurzerhand das Auto an. Den Tätern war es dabei egal, dass die zwei Kinder der Frau noch auf dem Rücksitz saßen. Für Besucher sei gesagt: Die blutigen Familienfehden, die tatsächlich seit Jahren in der Stadt toben, beziehen sich hauptsächlich auf einige wenige Wohnsiedlungen. Wohnsiedlungen, in die man sich als Tourist kaum verirren wird. Die Innenstadt von Limerick kann man gefahrlos „genießen". Wobei Limerick keinen Charme besitzt – zum Verweilen lädt die Stadt nicht gerade ein.

Doch auch das in *Angela's Ashes* beschriebene, graue, kalte, immer überflutete Limerick, wie es der junge Frank McCourt vor vielen Jahrzehnten erlebt hat und in dem einem barfüßige, bettelnde Kinder begegneten, wird man so heute nicht wiederfinden., Kaum ein Besucher weiß, dass die Filmaufnahmen der „Elendsviertel" nicht in Limerick, sondern in Cork und Dublin entstanden sind.

das am 2. Weihnachtstag beginnt, werden über mehrere Tage hinweg Rennen der verschiedensten Art geboten.

Informationen

Tourist Information Limerick, Arthurs Quay, ✆ 061-317522, ✉ limericktio@shannondevelopment.ie.

Transport

Busse

Die Busse starten vom **Vorplatz des Bahnhofs** aus.

DUBLIN, stdl. Verbindungen unter der Woche zwischen 7 und 20 Uhr via Nenagh, Roscrea, Portlaoise und Kildare Town zum Busaras, Linie 12, Fahrtzeit etwa 3 Std. 40 Min. Regulärer Fahrpreis 11 €. Infos unter 🖳 www.buseireann.ie oder Limerick Travel Information, ✆ 061-313333 oder 061-319911.

CHARLEVILLE, stdl. Verbindungen.

CORK, stdl. Verbindungen.

KILLARNEY, tagsüber häufige Verbindungen mit Linie 14.

TRALEE, tagsüber häufige Verbindungen mit Linie 13.

Eisenbahn

Der **Bahnhof** liegt im Süden Limericks, Infos unter 🖳 www.irishrail.ie.

DUBLIN Heuston, an Wochentagen zwischen etwa 7 und 21 Uhr 1x stdl., Fahrtzeit 3 Std. 20 Min. Da im Internet teilweise Tarife von 10 € für die einfache Fahrt angeboten werden, ist dies eine sehr günstige Alternative zur Busfahrt.

ENNIS, nicht ganz so häufig, 40 Min.

WATERFORD, über Limerick Junction (ein Umsteigebahnhof im Nichts, östlich von Limerick).

Flüge

Über den 26 km nordwestlich von Limerick gelegenen **Shannon Airport**, 🖳 www.shannon airport.ie (s. S. 430), hat Limerick auch Flugverbindungen nach Europa und Nordamerika. Ein **Shuttlebus** von der Innenstadt (Busbahnhof) zum Flughafen wird von Bus Éireann, 🖳 www.buseireann.ie, betrieben.

Umgebung von Limerick City

Von Limerick aus lassen sich einige schöne Tagesausflüge unternehmen. Einer davon führt in südliche Richtung zum Lough Gur und weiter nach Kilmallock.

Lough Gur

Rund um den Lough Gur hat man im 19. Jh., nach der Absenkung des Wasserspiegels, Spuren einer größeren Steinzeitsiedlung entdeckt. Menhire, Gräber und Ringforts zeugen davon, dass hier vor rund 5000 Jahren Menschen ansässig waren. Das Gebiet rings um den See ist heute als **Archäologie-Park** ausgewiesen. Die verschiedenen Steinkreise, Ganggräber und Befestigungen dokumentieren die große Bandbreite vorzeitlicher Architektur, aber auch mittelalterliche Wehranlagen sind zu sehen. Aus dem späten Mittelalter stammen Black Castle und Bouchier's Castle, aus dem 17. Jh die aus heutiger Sicht merkwürdig benannte Ruine der New Church. Am Westufer des Sees befinden sich die **Lios-Streinkreise**, der größte davon hat einen Durchmesser von 47 m und besitzt über 100 Monolithen. Er zählt zu den größten prähistorischen Stätten in Irland.

Das in Form von Steinzeithütten angelegte **Lough Gur Stone Age Centre**, Bruff, ✆ 061-360788, 🖳 www.shannonheritage.com, informiert anhand von Exponaten, Modellen und Videofilmen über die Geschichte der Siedlung und die Ausgrabungen, deren bedeutendster Fund, ein rund 2700 Jahre alter Schild, heute im Nationalmuseum in Dublin zu bewundern ist. ⏲ Mai–31. Aug 10.30–17 Uhr, Eintritt 5 €.

Kilmallock

Einige Kilometer südlich des Lough Gur liegt der kleine Ort Kilmallock, der im Mittelalter nach Dublin und Kilkenny der größte Ort Irlands war. Besonders interessant ist die **Kirche St. Peter und Paul** im Ort, die aus dem 13. Jh. stammt und wahrscheinlich auf den Resten einer Klostersiedlung errichtet wurde. Nach den Ortsnamen zu urteilen, wäre diese etwa im 7. Jh. von dem Hl. Mocheallóg gegründet worden. Einen Hinweis auf dieses Kloster liefert der Rundturm, der als Kirchturm in den Neubau integriert worden ist. Der Stumpf des Turmes ragt 3 m in die Höhe, der Rest wurde später neu erbaut. Die den Heiligen Peter und Paul gewidmete Kirche ist nicht unbedingt eine architektonische oder künstlerische Kostbarkeit, aber allein durch ihre Größe immer noch beeindruckend. Beachtenswert sind verschiedene Gräber in der Kirche.

Nicht weit entfernt stehen auf der anderen Seite des Flusses die Ruinen einer **Abtei des Dominikanerordens**, die von den Truppen Oliver Cromwells 1648 geplündert wurde und danach langsam verfiel. Die Anlage entstand in ihren wesentlichen Teilen zwischen dem 13. und 15. Jh., heute ist die Kirche der größte noch erhaltene Bau. Die Steinmetzarbeiten am Kirchengebäude sowie auch an den erhaltenen Grabmälern sind von hoher Qualität. Hoch ist auch der Kirchturm, ungefähr 27 m ragt er gen Himmel. Neben diesen beiden kirchlichen Anlagen sind vor allem das alte Stadttor **Blossom's Gate** und das aus dem 14. Jh. stammende **King's Castle** einen Besuch wert.

Nicht entgehen lassen sollte man sich das kleine **Stadtmuseum**, ✆ 063-98727, das nicht nur eine Sammlung zum Alltagsleben im 19. und frühen 20. Jh. besitzt, sondern auch ein großes Modell der Stadt, das bezeugt, wie Kilmallock im 16. Jh., auf dem Höhepunkt seiner Bedeutung, ausgesehen haben muss. ◷ Mo–Do 10–17, Fr 10–13.30 Uhr, Eintritt frei.

Übernachtung

Deebert House Hotel, Kilmallock, ✆ 063-31200, 💻 www.deeberthousehotel.com. Am Fuße der Ballyhoura Mountains im historischen Ort gelegenes Hotel mit insgesamt 20 Zimmern. Ursprünglich diente das Gebäude als Mühle. Den Gästen bieten sich hier herrliche Freizeitmöglichkeiten, allem voran Wander- und Radtouren. ❸–❹

Entlang der Shannon-Bucht

Askeaton

Der Ort Askeaton ist vor allem durch seine von den Fitzgeralds gegründete **Abtei** bekannt, die zum Franziskanerorden gehörte. Ungewöhnlich ist der aus schwarzem Marmor gefertigte Kreuzgang aus dem 15. Jh. Daneben ist auch eine Darstellung des Hl. Franziskus erhalten geblieben. Der Rest der Klostergebäude ist in einem relativ guten Zustand, sodass man ein eindrucksvolles Bild einer mittelalterlichen Klosteranlage erhält. Die weltliche Macht demonstriert dagegen das **Desmond Castle** (15. Jh.), dessen Ruine auf einer Insel im Fluss steht.

Foynes

Der Flughafen Foynes war ein Hafen für „echte Flieger" – hier landeten, oder genauer gesagt wasserten, in den 30er- und 40er-Jahren des 20. Jhs. die ersten Transatlantikflüge. Für die damalige Zeit riesige Flugboote nutzten die Mündungsbucht des Shannon, um ihre Passagiere aus Nordamerika auf irischem Boden abzusetzen. Später wurde der Transatlantikverkehr über den nahen Shannon Airport abgewickelt, in Foynes aber erinnern immer noch Reste der damaligen Anlagen an die Pioniertage der zivilen Luftfahrt. Sie werden jetzt als **Foynes Flying Boat Museum**, ✆ 069-65416, 💻 www.flyingboatmuseum.com, genutzt. Zu sehen ist u. a. der Nachbau eines Passagierflugzeugs der damaligen Zeit, und zwar in voller Größe. Übrigens ist im Coffee Shop des einstigen Terminals der Irish Coffee erfunden worden. Der Whiskey sollte den Kaffee für die bei Kälte und Regen wartenden Passagieren etwas stärker machen. ◷ Ostern–Okt tgl. 10–18 Uhr (Fei wie So), Eintritt 9 €.

Glin

Im Grund ist Glin ein relativ unbedeutendes Dorf, das aber durch die seit mehr als 700 Jahren hier herrschenden Knights of Glin bekannt ist, ein Zweig der Familie Fitzgerald. Der erste Stammsitz liegt in Ruinen, aber in der Nähe des Dorfes befindet sich das fantastische **Glin Castle**, erbaut im Jahr 1780. Nur einige Jahre später änderte sich der Zeitgeschmack und kurz nach 1820 konnten die Besitzer dem Drang nicht widerstehen, ihren Herrensitz in ein neogotisches Anwesen zu verwandeln, mit Burgzinnen und einem etwas düsteren Äußeren, das mit den sehr luxuriösen Innenräumen kontrastiert und doch gleichzeitig harmoniert. Die Burg dient heute als Hotel, eine Besichtigung ist in der Regel auf Anfrage möglich.

Adare und Umgebung

Rund 16 km südwestlich vom Limerick liegt Adare, das mit seinen reetgedeckten Cottages ganze Busladungen von Touristen anzieht. Zwar kann einem der Rummel gelegentlich die Freude verderben, an ruhigeren Tagen jedoch ist Adare ein Schmuckstück. Nur eben kein typisch irisches Schmuckstück, denn der Ort wirkt irgendwie „typisch englisch“. Was daran liegt, dass der komplette Ort einst vom Earl of Dunraven nach englischem Vorbild aus dem Boden gestampft wurde. Im 19. Jh. schuf sich der Adlige so ein kleines Stück England im County Limerick.

Das **Adare Heritage Centre**, Main St., ✆ 061-396666, 🖳 www.adareheritagecentre.ie, dokumentiert die Geschichte des Ortes recht anschaulich, ein kurzer Film macht es etwas lebendiger. Zusätzlich können hier Führungen durch Adare gebucht werden. ⏲ Werktags 9.30–17 Uhr, Eintritt 4,50 €.

Bei den Dunravens darf der Besucher heute ein- und ausgehen ... sofern er es sich leisten kann. Das stattliche, neogotische **Adare Manor** ist ein Schlosshotel mit Gourmetrestaurant, 🖳 www.adaremanor.com. Der etwa 900 ha umfassende Park wurde zum Golfplatz umgewandelt und ein verfallenes Franziskanerkloster dient nur noch als pittoreske Ruine und Hindernis.

Sehenswert ist die **Church of the Most Holy Trinity**, die katholische Kirche im Ortskern, die eigentlich zu einem Trinitarierkloster aus dem 13. Jh. gehörte. Übrigens eine Besonderheit in Irland, denn es handelte sich um das einzige Kloster dieses Ordens auf der Insel. Von dieser mittelalterlichen Gründung spürt man jedoch nur noch wenig, denn im 19. Jh. wurde die Kirche umfassend verändert und ihrer Rolle als Gemeindekirche angepasst. Ein Konvent ist heute noch angeschlossen. Ganz in der Nähe der Kirche befindet sich der **Washing Pool**, der früher der gesamten Gemeinde als Gelegenheit zum Wäschewaschen diente.

Eine weitere **Abtei**, diesmal der Augustiner, steht nahe der Brücke über den Maigue, sie stammt ursprünglich aus dem 14. Jh. Diese Anlage ist im 19. Jh. nicht nur bautechnisch stark umgewandelt worden, sie wurde auch zur protestantischen Gemeindekirche mit angeschlossener Schule. Der Kreuzgang der ehemaligen Abtei wird ebenfalls seit jener Zeit als Mausoleum von den verstorbenen Earls of Dunraven genutzt.

Auf der anderen Seite der Brücke befindet sich das aus dem 13. Jh. stammende **Desmond Castle**, das Cromwells Truppen 1657 endgültig zerstörten (Besichtigung über das Adare Heritage Centre in den Sommermonaten).

Rundturm von Dysert Oenghusa

Nur wenige Kilometer von Adare entfernt, etwa 3 km westlich des kleinen Dorfes Croom, befindet sich mit dem Rundturm der letzte Rest einer Klostergründung aus dem 8. Jh. Die hier von dem Hl. Oenghus ins Leben gerufenen Klostergemeinschaften waren bemüht, das Lotterleben ihrer Glaubensbrüder zu reformieren und die Klöster wieder nach den Grundsätzen der Armut und Selbstaufgabe zu führen. Weswegen sie sich sehr abgelegene Plätze aussuchten. Der Rundturm ist heute nur noch knapp über 20 m hoch. Im 12. Jh. erbaut, fehlen ihm das obere Stockwerk und die konische Kappe.

Historisch gesehen besitzt die Gegend übrigens deutsche Einflüsse. Bereits im 18. Jh. wurden hier Flüchtlinge angesiedelt, die ihre Heimat in der Pfalz verlassen mussten. Die Landschaft zwischen Adare und Rathkeale wird deswegen auch gelegentlich „the Palatine“ genannt. Noch heute lassen sich einige typische Namen auf diese deutsche Erbschaft zurückführen.

Rathkeale

Der kleine Marktort war das Zentrum der deutschen Emigranten aus der Pfalz, die sich in dieser Region niederließen. Wer sich für ihre Geschichte interessiert, sollte das **Irish Palatinate Heritage Centre**, ✆ 069-63511, 🖳 www.irishpalatines.org, an der N 21 besuchen. ⏲ 16. Juni–10. Sep Mi–Fr 14–17, im Juli und Aug So und an Bank Holidays 14–17 Uhr.

Wenige Kilometer westlich von Rathkale liegt das **Castle Matrix**, ✆ 069-64284, eine Turmburg aus dem 15. Jh., deren altertümliche Inneneinrichtung erhalten geblieben ist. Insgesamt eine gelungene Restaurierung.

In Rathkeale vielleicht noch interessant ist die katholische Gemeindekirche, neben der 2009 ein Baum gefällt wurde ... und einige Anwohner (nicht aber der Gemeindepfarrer) prompt in den Resten die Jungfrau Maria erkannten. Der Kampf um die Erhaltung des „**Holy Stump**", wie ihn der Komödiant Dara O'Briain nannte und damit heftige Proteste auslöste, war bei Redaktionsschluss noch nicht beendet.

Übernachtung und Essen

Adare

Fitzgerald's Woodlands House Hotel & Spa, Knockanes, ✆ 061-605100, 🖳 www.woodlands-hotel.ie. Gut gelegenes Hotel mit 94 Zimmern und Angeboten für die ganze Familie. Oft sind preiswerte Pauschalangebote über das Internet zu bekommen. Angebote wie die „Midweek Overnight Spa Escape" kombinieren Unterkunft, Essen und vor allem Verwöhnangebote zu einem attraktiven Preis. ❷–❹

Adare Manor Hotel & Golf Resort, ✆ 061-396566, 🖳 www.adaremanor.com. Ehemaliger Wohnsitz der Earls of Dunraven im neogotischen Stil, jetzt ein Luxushotel mit 62 Zimmern. Für Urlauber, die wirklich einmal den Schlossherren geben wollen. Golf-, Angel- und Reitmöglichkeiten. Exotische Gerichte werden im Schlossrestaurant serviert. ❻

White Sage Restaurant, Main St., 🖳 www.whitesagerestaurant.com. Gemütliches Restaurant. Moderne irische Küche mit individuellem Stil. Verwendet werden hauptsächlich ökologisch angebaute Zutaten und diese kombiniert zu interessanten Gerichten, empfehlenswert sind vor allem die Rindfleischgerichte. Preise eher im gehobenen Mittelfeld bei Bestellung à la carte, „set menu" wesentlich günstiger.

€ **The Wild Geese Restaurant**, Rose Cottage, Main St., 🖳 www.thewildgeese.com. Restaurant in hübschem Cottage, das gute moderne irische Küche bietet: schmackhaftes, selbst gebackenes Brot und als Spezialität Lamm. Selbst gemachte Desserts. Sehr günstig ist das Mittagsmenü am Sonntag, Tisch dann nach Möglichkeit vorbestellen!

Informationen

Tourist Information Adare, ✆ 061-396255, ✉ adaretio@shannondevelopment.ie, Infos auch unter 🖳 www.adarevillage.com.

Transport

Busse

DUBLIN, von Adare unter der Woche zwischen 7.30 und 19 Uhr stdl. Verbindungen. Regulärer Fahrpreis 20 €, Infos unter 🖳 www.buseireann.ie.

County Clare

Das County Clare, begrenzt von der Mündung des Shannon im Süden und von der Galway Bay im Norden, weist einige Highlights jeder Irlandreise auf: die Cliffs of Moher, die raue, nicht enden wollende Atlantikküste, der bunte Ort Ennis, Lisdoonvarna und sein alljährlicher Heiratsmarkt, die Irish-Folk-Legende Doolin und natürlich der trostlose und dennoch interessante Burren.

Ennis

Die Hauptstadt des County Clare (19 000 Einw.) galt eine Zeit lang als Irlands Musterstädtchen in puncto digitales Zeitalter. Ob Internetanschlüsse oder andere Vernetzung, Ennis war der erste komplett ausgestattete Ort, ein Lehrbeispiel dafür, wie schnell sich Irland in das 21. Jh. katapultieren konnte. Wenn man es hier, weit außerhalb des Dubliner Speckgürtels, schaffen konnte – dann konnte Irlands Vollversorgung nicht weit sein. Dass dieser Optimismus vollkommen verfehlt war, zeigte sich einige Jahre später. Broadband ist in vielen Gegenden Irlands, nur unter Problemen oder gar nicht zu bekommen. Und selbst in Ennis holte die Realität den digitalen Traum schnell ein: Die Infrastruktur wurde nicht den schnell wechselnden Verhältnissen und neuen Technologien angepasst. Irlands digitale Metropole bewegte sich binnen weniger Jahre zu einem mehr oder minder schlecht versorgten Durchschnittsort zurück. So war es dann Zeit, sich auf die alten Traditionen des Ortes zurückzubesinnen, das mittelalterliche Ennis wurde abgestaubt.

Gegründet wurde der Ort etwa im 13. Jh. von den O'Briens, örtlichen Königen, die etwa um 1240 ein Kloster des Franziskanerordens ins Leben riefen. Die meisten Ruinen der **Ennis Friary**, Abbey St., ✆ 065-6829100, 💻 www.heritageireland.ie, stammen allerdings aus dem 14. und 15. Jh. Bekannt ist das Grabmal der Familie MacMahon, dessen Steinmetzarbeiten in Alabaster ihresgleichen suchen. Das ist umso bemerkenswerter, da die Inneneinrichtung und auch die weiteren Gedenksteine in der alten Abtei schon recht üppig dekoriert sind. Eine schöne Arbeit ist auch die Franziskus-Darstellung am Kirchturm. In den besten Zeiten des Klosters waren übrigens rund 1000 Menschen hier zu Hause. ⌚ April–Okt tgl. 10–17 Uhr, Eintritt 3 €.

Der Ort selbst ist berühmt für seine zahlreichen aufwendig gestalteten Häuserfronten, mit bunten Türen, Ladenschildern und teilweise netten Wandgemälden. So wird ein Spaziergang durch die Innenstadt von Ennis zur Entdeckungsreise. Direkt neben der Abtei befindet sich ein schön erhaltenes Haus aus dem 17. Jh., jetzt als Restaurant genutzt. Vom Zentrum des Ortes aus, markiert durch die Statue des „Befreiers" Daniel O'Connell (er war der örtliche Abgeordnete im Parlament von Westminster), führt die nach dem Politiker benannte Hauptstraße an zahlreichen bunten Pubs und Läden vorbei, aber auch an älteren Gebäuden wie einem Torbogen aus dem 17. Jh. oder einem mittelalterlichen Turm. Freunde der irischen Literatur sollten sich das **Queen's Hotel** in der Francis Street nicht entgehen lassen – immerhin wird es in James Joyce' Dublin-Epos *Ulysses* kurz erwähnt. Ein weiterer Politiker wird im **Clare County Museum**, Arthur's Row, ✆ 065-6823382, 💻 www.clarelibrary.ie/eolas/claremuseum, geehrt, das sich vor allem mit Ortsgeschichte beschäftigt, aber auch Erinnerungsstücke an den Revolutionär und Staatsmann Eamon de Valera vorweisen kann. ⌚ Di–Sa 9.30–13 und 14–17.30 Uhr (geschl. an Samstagen eines Bank Holiday Weekends).

Übernachtung und Essen

€ **Rowan Tree Hostel**, Harmony Row, ✆ 065-6868687, 💻 www.rowantreehostel.ie. Großes, pieksauberes Hostel in der Innenstadt von Ennis, bietet sowohl Privatzimmer mit eigenem Bad als auch Schlafsäle (Bett ab 15 €). WLAN vorhanden. In der Café Bar bekommt man Pizza, Pasta und kleine Snacks. ❷

Ashford Court Boutique Hotel, Old Mill Rd., ✆ 065-6894444, 💻 www.ashfordcourt.ie. In Laufweite vom Stadtzentrum gelegenes Boutique-Hotel mit 28 individuell ausgestatteten, komfortablen Zimmern. Restaurant spezialisiert auf einheimische Fischgerichte, italienische Küche und Irish Angus Beef. ❷–❸

€ **The Cloisters**, Abbey St., ✆ 065-6841234. Das Restaurant ist in einem ehmaligen Klostertrakt untergebracht und bietet „gutbürgerlicher Küche", irische und internationale Gerichte zu passablen Preisem. Kann sich zu Spitzenzeiten sehr schnell füllen. Cocktails sehr empfohlen!

Unterhaltung und Kultur

Brogan's, 24 O'Connell St., ✆ 065-6829859. Überraschend großer Pub, in dem am Dienstag und Donnerstag sehr gute traditionelle Sessions laufen.

Cruise's, Abbey St., ✆ 065-6841800. Der Pub in Ennis mit dem wohl umfangreichsten Musikprogramm, im Sommer auch sehr beliebt wegen seines großen Außenbereiches.

Glor Ennis, Causeway Link, ✆ 065-6843103, 💻 www.glor.ie. Modernes Kulturzentrum mit gutem Programm, von Konzerten über Theateraufführungen bis hin zu Kino- und Comedy-Abenden sowie Ausstellungen. Sehr oft wird hier traditionelle irische Musik gespielt.

Feste

Ende Mai findet das **Fleadh Nua**, 💻 www.fleadhnua.com, statt, ein traditionelles Musikfestival mit zahlreichen Veranstaltungen in der gesamten Stadt. Recht informelle Atmosphäre mit viel Straßenmusik.

Ennis Trad Festival, 💻 www.ennistradfestival.com, Mitte November ist das zweite große Festival in Ennis. Geboten wird eine Woche lang traditionelle irische Musik.

Informationen

Tourist Information Ennis, Arthurs Row, ✆ 065-6828366, ✉ ennistio@shannondevelopment.ie. Infos auch unter 💻 www.shannonregiontourism.ie.

Transport

Busse

Beim Bahnhof ist auch der **Busbahnhof**.
DUBLIN, regelmäßige Verbindungen unter der Woche zwischen 7.20 und 18.20 Uhr, teilweise im Stundentakt. Regulärer Fahrpreis 19 €, Infos unter 💻 www.buseireann.ie oder bei Ennis Bus Office, ✆ 065-6824177.
Verbindungen nach CORK und GALWAY mit der Linie 51, LAHINCH mit Linie 12.

Eisenbahn

Es besteht eine regelmäßige Zugverbindung nach LIMERICK (40 Min.), von dort weiter nach DUBLIN Heuston (3 Std. 20 Min. ab Limerick). Die im Internet angebotenen Tarife von 10 € für die einfache Fahrt machen dies zu einer bequemen und günstigen Alternative zum Bus, Infos unter 💻 www.irishrail.ie.

Südöstlich von Ennis

Auch wenn die Cliffs of Moher und der Burren locken, südöstlich von Ennis gibt es zuvor einige interessante Orte und Sehenswürdigkeiten zu entdecken.

Quin

Romantisch und oft menschenleer präsentiert sich die Ruine einer Franziskanerabtei, die etwa 13 km von Ennis entfernt, beim Dörfchen Quin, 1433 errichtet wurde. Die Mönche erbauten ihr Kloster auf den Ruinen einer normannischen Festung, der letzte Abt starb 1820 und wurde auf dem Klostergelände beigesetzt. Der Kreuzgang wird als einer der schönsten in ganz Irland bezeichnet. In der Nähe lohnt auch die aus dem 13. Jh. stammende **Kirche des Hl. Finghin** einen kurzen Blick. ⏲ Mo–Fr 10–16, Sa, So 9–15.30 Uhr.

Beim Bau der Eisenbahnlinie zwischen Ennis und Limerick stießen die Arbeiter 1854 auf einen Goldschatz aus prähistorischer Zeit. Einige der Stücke befinden sich heute im Nationalmuseum in Dublin.

Knappogue Castle

Etwa 4 km südöstlich von Quin liegt das Knappogue Castle, ✆ 061-711200, 💻 www.shannonheritage.com, das im Jahre 1467 von den McNamaras errichtet wurde und fast 350 Jahre im Familienbesitz blieb. Lediglich unter der Herrschaft Oliver Cromwells musste die Familie für etwa zehn Jahre ihre Burg räumen. Im Unabhängigkeitskrieg spielte Knappogue als Unterschlupf der republikanischen Truppen eine Rolle. Heute ist die Burg restauriert, das zentrale Turmhaus entspricht noch weitgehend dem mittelalterlichen Original, viele andere Teile der Anlage sind allerdings im Stil der Neogotik „nachgebessert" worden. Das dürfte allerdings die meisten Besucher weniger stören, denn die Inneneinrichtung erfüllt alle Ansprüche an eine mittelalterliche Burg. Als besondere Attraktion für Besucher werden hier auch mittelalterliche Bankette veranstaltet, die mehr der Tradition von Hollywood als der Geschichtswissenschaft verpflichtet sind. Dies ist das Mittelalter, nicht wie es war, sondern wie es hätte sein sollen. ⏲ Mai–Sep tgl. 10–17 Uhr, Eintritt 6 €.

Bunratty

Trubel erfüllt die Burg von Bunratty samt dem Museumsdorf im Sommer. Hier ergänzt sich die Show um das Mittelalter allerdings noch perfekt mit dem „auld country" – eine Bezeichnung, mit der vor allem die irische Diaspora das Bild eines idealisierten Irlands aus dem 19. Jh. verbindet. **Bunratty Castle & Folk Park**, ✆ 061-711200, 💻 www.shannonheritage.com, sind daher eine Institution, die auf kaum einer Rundfahrt fehlen darf. ⏲ Tgl. 9–17.30 Uhr, Eintritt 15,75 €.

Die Burg von Bunratty, die ursprünglich auf einer Insel im Shannon lag, bevor der Fluss seinen Lauf veränderte, wurde in 15. Jh. an der Stelle einer älteren Festungsanlage errichtet und diente im 16. und 17. Jh. als Stützpunkt der mächtigen O'Briens, Earls von Thomond. Der Great Earl verstarb im Jahre 1624, der derzeitige Zustand der Burg wurde weitgehend an seine Lebenszeit angepasst. Dies stellte dann auch die Blütezeit von Bunratty dar. Im 19. Jh. wurde die große und schon lange nicht mehr zeitgemäße Anlage aufgegeben. Als Mitte des letzten Jahrhunderts Lord Gort das Anwesen erwarb, kaufte er eine Ruine. Diese wurde dann aber weitgehend originalgetreu restauriert und gezielt zur Touristenattraktion ausgebaut. So ist Bunratty heute eine Burg im Stil des frühen 17. Jhs., die meisten Einrichtungsgegenstände wurden allerdings aus verschiedenen Orten zusammengetragen. Es ist den Beteiligten hoch anzurechnen, dass die Burg letztlich doch wie aus einem Guss wirkt und sich nicht allzu groteske Fehler eingeschlichen haben. Dies wäre allein schon wegen des ungewöhnlichen äußeren Erscheinungsbildes schnell möglich, die hohen Torbögen an der Nord- und Südseite sind keineswegs typisch und verleihen der ansonsten quadratisch wirkenden Anlage einen eigenen Charakter. Nach wie vor müssen Besucher klettern, der Haupteingang befindet sich im 1. Stock. Früher ein probates Mittel, um ungewünschten Besuch abzuhalten. Nicht zuletzt auch mithilfe sogenannter Mordlöcher, durch die man heißes Wasser oder auch flüssigen Teer auf anklopfende Menschen schütten konnte.

Das Innere der Burg wird dominiert von der großen Halle, die im Stil der Tudor-Zeit renoviert wurde und wahrscheinlich den am reichsten ausgestatteten Raum sowohl in früherer Zeit als auch heute bildet. Allerdings sind die Privatgemächer des Earl eine harte Konkurrenz, in ihnen fällt vor allem der aus Deutschland stammende Kronleuchter auf, eine skurrile Kombination aus menschlichen und tierischen Elementen. Kaum weniger reich ausgestattet sind die Gästezimmer auf der Südseite des Gebäudes, die eine geradezu fantastische Deckengestaltung aus dunklem Holz aufweisen. Bei vielen Besuchern am beliebtesten ist allerdings der Raum, in dem früher die militärische Besatzung von Bunratty wohnte, passend Main Guard (Hauptwache) genannt. In diesem Raum werden die sehr beliebten mittelalterlichen **Bankette von Bunratty** abgehalten, während denen Besucher bei einem einfachen Mahl – es wird mit den Fingern gegessen – mit Musik und kleinen historischen Darbietungen unterhalten werden.

Zu Füßen der Burg liegt der **Bunratty Folk Park**, der nichts mit dem Mittelalter zu tun hat, sondern ein traditionelles irisches Dorf des späten 19. Jhs. nachstellt: mit Cottages, Bäckern, einer Schmiede, einer Schule, Post und Webereien. Die meisten Gebäude sind Rekonstruktionen, einige wurden aber auch von anderen Orten hierher versetzt. So war das erste Gebäude ein Bauernhof, der dem Bau des Shannon Airport weichen musste. Daraus ist mittlerweile ein ganzes Dorf geworden, zu dem eine mit vielen Läden bestückte Hauptstraße und Wohnbauten von einfachen Arbeitersiedlungen bis hin zu georgianischen Häusern gehört. In den Sommermonaten beleben „Bewohner" in historischen Kostümen den Park, die hier auch traditionellen Handwerkstechniken nachgehen. Leider ist der Park an schönen Tagen meist hoffnungslos voll.

Übernachten auf Dromoland Castle

Das in der Nähe von Bunratty befindliche **Dromoland Castle**, 💻 www.dromoland.ie, zählt zu den schönsten Luxushotels Irlands. Das Renaissance-Schloss war im 16. Jh. Königssitz der O'Briens. Das 160 ha große Anwesen bietet zahlreiche Freizeitmöglichkeiten: Reiten, Golfen, Tennis etc. Wer hier nicht übernachten möchte, der kann zumindest die Gartenanlagen besichtigen. Oder gut essen: Das **Hotel-Restaurant Earl of Thomond** ist prächtig ausgestattet. Aperitif gibt es in der Bibliothek vor der Tischzuweisung. Hintergrundmusik bieten Harfenspieler. Klassische französische Küche verwöhnt den Gaumen, das Irish Stew sollte man aber auch nicht unbeachtet lassen. Mittagessen nur sonntags. Überraschend vernünftige Preise.

Übernachtung

Bunratty Grove, Low Rd., Bunratty,
📞 061-369579, 💻 www.bunrattygrove.com.
In der Nähe vom Schloss und dem Folk Park gelegenes Guesthouse mit 6, z. T. recht großen Zimmern. Freundliche Atmosphäre. Familienunterkunft zu erschwinglichen Preisen. ❷

Unterhaltung und Kultur

Durty Nelly's, Bunratty House Mews,
📞 061-364861. Der fleischgewordene Traum von einem echten, traditionellen, irischen Pub. In den es im Sommer viele Touristen zieht.

Transport

Busse

Bunratty ist mit der **Buslinie 343** (Limerick-Shannon Airport) tagsüber mind. stdl. erreichbar, Infos unter 💻 www.buseireann.ie.

Freilichtmuseum The Living Past: Nachbau eines Lederbootes, mit dem der Heilige Brendan im 6. Jahrhundert Kanada entdeckt haben soll

Flüge

Der **Shannon Airport**, 💻 www.shannonairport.com, ist einer der wichtigsten Flughäfen für Transatlantikverbindungen, innerhalb Europas sind nur Verbindungen nach Großbritannien, Paris und Wroclaw (Ryanair, evtl. interessant für Reisende aus Sachsen) gegeben. Verbindungen zum Flughafen bieten Bus Éireann, vor allem von Limerick, Cork und Galway, 💻 www.buseireann.ie, und JJ Kavanagh (Limerick und Dublin Airport), 💻 www.jjkavanagh.ie. Tourist Information in der Arrivals Hall, ✆ 061-471664.

Craggaunowen

Dieses Freilichtmuseum, das „lebendige Geschichte" vermitteln will, bietet einen vollkommen anderen Eindruck vom „alten Irland" als etwa Bunratty. Auf dem Gelände des **Craggaunowen Castle**, Kilmurray Sixmilebridge, ✆ 061-711200, 💻 www.shannonheritage.com, wird seit den 1960er-Jahren auf Anregung von John Hunt (s. S. 419) versucht, die Kultur der Bronzezeit und der Kelten wiederaufleben zu lassen. Hunt wurde dazu von den Ausgrabungen inspiriert, die er am Lough Gur im County Limerick wissenschaftlich begleitete. Mit dem Craggaunowen-Projekt versuchte er, seine theoretischen Erkenntnisse in der Praxis zu belegen und Teile des Alltagslebens zu keltischer Zeit zu rekonstruieren. In den Sommermonaten sind Helfer in traditionellen Kostümen damit beschäftigt, hier alte Handwerksarbeiten zu demonstrieren oder Besucher durch die hauptsächlich nachgebauten Anlagen zu führen. Dazu gehören eine frühchristliche Siedlung in einem Ringfort und, wesentlich dramatischer, ein sogenanntes „Crannog". Dies sind künstlich angelegte Inseln in Ufernähe, auf denen kleine Siedlungen entstanden, die leicht verteidigt werden konnten. Solche Inselfestungen wurden in Irland noch weit bis ins 16. Jh. genutzt. Kleinere Ausstellungsteile zeigen u. a. eine Straße aus Holzbohlen, die eigentlich aus der Eisenzeit stammt und aus Longford hierher gebracht wurde, und ein *fulacht fiadh*. Diese in die Erde eingelassenen Kochstellen gehören heute noch zu den relativ häufigen archäologischen Hinweisen auf prähistorische Siedlungen. Ein modernes Ausstellungsstück, das jedoch für die Erforschung der irischen Geschichte und Legendenwelt von enormer Wichtigkeit war, ist ein von Tim Severin gebautes Boot. Dieses nach traditionellen Methoden und vor allem aus Leder erstellte kleine Boot trug ihn von Irland nach Amerika. Damit bewies Severin, dass die angebliche Reise des Hl. Brendan über den Atlantik durchaus keine Allegorie oder Fantasie gewesen sein musste. Die Ausstellung des Bootes in Craggaunowen ist durchaus passend, denn ähnlich wie Thor Heyerdahl ist Tim Severin einer der führenden experimentellen Archäologen auf dem Gebiet der Seefahrt – und heute erfolgreicher Schriftsteller von historischen Abenteuerromanen. In der Burg selbst sind noch einige Ausstellungsgegenstände aus dem Mittelalter zu sehen, hier handelt es sich vor allem um Kirchenkunst. ⌚ Mai–Sep tgl. 10–17 Uhr, Eintritt 9 €.

Übernachtung

€ **Jamaica Inn**, ✆ 061-369220, Sixmilebridge, 💻 www.jamaicainn.ie. Im Ort gelegenes Hostel mit 50 Betten (Bett ab 15 €). Waschmaschine und Küche für Selbstversorger, akzeptiert Kreditkarten, bietet auf Vorbestellung auch Mahlzeiten an. ❷

Killaloe

Killaloe gilt als Geburtsort des fast legendären Hochkönigs und Bezwingers der Wikinger, Brian Boru (940–1014). Heute ist der Ort vor allem dadurch bekannt, dass hier für die meisten Bootstouristen die Fahrt auf dem Shannon endet. Die wenigen Anlegeplätze sind meist besetzt, eine Situation, die 2010 durch die Verankerung von schwimmenden Jetties etwas entschärft wurde.

Es ist ein wenig kurios, dass die beliebtesten Gaststätten und Restaurants des Ortes im County Tipperary liegen – und zwar in der Stadt Ballina, die auf der anderen Seite der aus dem 16. Jh. stammenden Brücke liegt. Killaloe, westlich des Shannon gelegen, bietet dafür mehrere historische Sehenswürdigkeiten. Allen voran vielleicht das **Brian Boru Heritage Centre**, ✆ 061-360788, 💻 www.shannonheritage.com, direkt an der Brücke, das nicht nur die Geschichte des größten Sohnes der Stadt erzählt, sondern auch historische Informationen über den Shannon und Lough Derg vermittelt. ⌚ Mai–Mitte Sep tgl. 10–17 Uhr (Fei wie So), Eintritt 3,35 €.

Der Ausstellungsbesuch lässt sich mit einer kleinen Wanderung kombinieren, direkt am Besucherzentrum beginnt der gut ausgeschilderte Weg an den Ufern des alten Killaloe Canal entlang. Bootstouren auf den Lough Derg werden ebenfalls ab Killaloe angeboten, die meisten Besucher kommen jedoch auf dem eigenen Boot. Ihnen hilft teilweise die **Kathedrale** mit ihrem hohen Turm, die dem Hl. Flannan gewidmet ist, bei der Navigation. Die Kirche wurde um das Jahr 1200 gebaut, an Stelle einer einige Jahre zuvor zerstörten Kirche, von der das schöne romanische Portal übernommen worden sein soll. Das interessanteste Artefakt hier ist ein Ogham-Stein, eine Stele aus Naturstein mit den irischen Ogham-Schriftzeichen. Speziell dieser Stein ist jedoch etwas ganz Besonderes, denn er weist zudem eine Inschrift in skandinavischer Runenschrift auf. Neben der Kathedrale steht noch ein kleines Gebetshaus, **St. Flannan's Oratory**, das auch im 12. Jh. erbaut worden sein soll und wohl als Reliquar diente.

Übernachtung und Essen

The Lakeside Hotel, ✆ 061-376122, 💻 www.lakesidehotel.ie. Direkt am Shannon gelegenes Hotel mit geräumigen Zimmern, recht modern eingerichtet, viele Zimmer mit schöner Aussicht. Großes Schwimmbad mit Wasserrutschen im Haus. Restaurant und Bar ebenfalls vorhanden – ein Geheimtipp ist der traditionelle „Afternoon Tea" mit Sandwiches und Scones.

Cherry Tree Restaurant, Lakeside, 💻 www.cherrytreerestaurant.ie. Modernes Restaurant, das bekannt ist für seine guten Salate, hervorragenden Rind- und Lammgerichte. Gutes Kindermenü. Exzellente Käseplatte. Angemessene Preise.

Informationen

Tourist Information Killaloe, Killaloe Heritage Centre, The Bridge, ✆ 061-376866.

Mountshannon

Einige Kilometer nördlich von Killaloe liegt das Dorf Mountshannon, 💻 www.mountshannon.com, das einen wesentlich größeren Hafen besitzt. Die Kommerzialisierung durch den Bootstourismus hat dem kleinen Ort allerdings kaum geschadet. Das Dorf (250 Einw.) besteht im Kern vor allem aus Häusern aus dem 18. Jh., die sich malerisch an den Hafen drängen. Heute lebt man hauptsächlich vom Tourismus und vom Lough Derg. Neben den Bootstouristen sind es die Angler, die den Ort bevölkern. Gute Wanderwege führen am Ufer des Sees entlang, wer mag, kann ein Fahrrad leihen.

Vor allem im Sommer verkehren von Mountshannon aus Boote nach **Inishcealtra** (Holy Island). Auf dieser 2 km entfernt gelegenen Insel befinden sich die Ruinen eines Klosters aus dem 7. Jh., das durch den Hl. Caimin gegründet wurde und bis ins 17. Jh. einen Anziehungspunkt für Pilger darstellte. Bereits vom Ufer aus kann man den nicht mehr komplett erhaltenen, 27 m hohen Rundturm sehen, neben ihm befinden sich mehrere Kirchen, die Zelle eines Eremiten und ein alter Friedhof. Ein warnender Hinweis für eventuelle Bootstouristen: Rings um die Insel ist das Wasser sehr flach!

Feste

Beim **Iniscealtra Festival of Arts**, 💻 www.iniscealtra-artsfestival.org, in Mountshannon wird im Mai/Juni etwa eine Woche lang ein Kulturfestival mit Ausstellungen und Vorführungen geboten, teilweise sehr regional und traditionell geprägt.

Südwestlich von Ennis

Die breite Mündung des Shannon und die Atlantikküste beherrschen den Süden und Westen des County. Hier ist man nie weit vom Meer entfernt und die zerklüfteten Einbuchtungen zwingen einen zu Umwegen – die aber immer wieder an landschaftlich reizvollen Stellen vorbeiführen.

Kilrush und Umgebung

In der Shannonmündung liegt, nur wenige Kilometer von der Autofähre zwischen Tarbert und Killimer entfernt, das Hafenstädtchen Kilrush. Der Ort gehört zu den „Heritage Towns" Irlands, Städte, die sich durch ein besonders schönes, altes Stadtbild auszeichnen. Gebäude aus dem 18. Jh., der Blütezeit des Ortes, prägen den Ort bis heute, der sich zu einem beliebten Wassersportzentrum und Touristenstädtchen entwickelt hat.

Von der neuen Marina aus finden regelmäßig Bootstouren auf den Shannon statt, bei denen (mit etwas Glück) wilde Delphine beobachtet werden können. Die organisierten Touren von **Dolphin Discovery**, 💻 www.discoverdolphins.ie, dauern mind. zwei Stunden.

Über das Tierleben im Bereich der Shannonmündung informiert zudem umfassend das **Shannon Dolphin & Wildlife Centre**, Kilrush Creek Marina, ✆ 065-9052326, 💻 www.shannondolphins.ie. 🕓 Juni–Sep.

Angeboten werden auch Bootsfahrten auf die vorgelagerte, seit mehr als 30 Jahren unbewohnte **Scattery Island** in der Flussmündung des Shannon, über die meist der Wind pfeift. Der Hl. Denan gründete hier im 6. Jh. eine Klostersiedlung, deren Ruinen samt mehrerer Kirchen man heute bewundern kann. Ungewöhnlichste Attraktion der Insel ist jedoch der Rundturm, mit seinen 35 m Höhe einer der höchsten in Irland.

Vergessener Garten im Wald

Sehr schön ist der **Vandeleur Walled Garden**, Killimer Rd., Kilrush, ✆ 065-9051760, 💻 www.vandeleurwalledgarden.ie, der im 19. Jh. den Herrschaftssitz der Vandeleurs umgab, einer Großgrundbesitzerfamilie, die für ihren gnadenlosen Umgang mit säumigen Pächtern oder Schuldnern bekannt war. Viele Bewohner Kilrushs, die den Zahlungsaufforderungen nicht nachkamen, wurden von ihnen vertrieben. In einem großen Waldgebiet findet sich ein von alten Steinmauern umgebener Ziergarten, der aufwendig umgestaltet wurde. Interessante Details sind ein Labyrinth, einige Wasserspiele und ein Gewächshaus aus viktorianischer Zeit, das heute noch genutzt wird. Hobbybotaniker begeistert die Flora, die dank des vorherrschenden Mikroklimas auch seltene und empfindliche Pflanzen beinhaltet. Diverse Sammlungen und Ausstellungen ergänzen den Garten ebenso wie ein kleines Café. 🕓 Tgl. geöffnet, Eintritt 5 €.

Für Fährverbindungen kontaktieren Sie Scattery Island Ferries, ✆ 065-9051327.

Zwischen Kilrush und Kilkee „verkehrt" im Bereich Moyasta die **West Clare Railway**, ✆ 065-9051284, 💻 www.westclarerailway.com, auf etwas über 2 km Strecke. Das kleine Eisenbahnmuseum ist zwar nicht unbedingt umwerfend, aber für Bahnfans einen Abstecher wert. 🕓 Telefonisch erfragen.

Übernachtung und Essen

Kilrush

€ **Katie O'Connor's Holiday Hostel**, Francis St., ✆ 065-9051133. Im Städtchen gelegenes, recht einfaches Hostel mit 30 Betten (Bett ab 20 €). Fahrradvermietung im Haus. ❷

Keane's, Lisdeen, ✆ 065-9056302, 💻 www.keaneskilkee.com. Urgemütlicher Pub mit Restaurant, in dem u. a. sehr schmackhafter Fisch auf „Cajun"-Art serviert wird. Restaurant nur am Abend geöffnet, Reservierung im Sommer empfohlen. B&B und Ferienwohnungen ebenfalls vorhanden.

Informationen

Tourist Information Kilrush, Frances St., ✆ 065-9051577, 💻 www.kilrush.ie. Nur im Sommer geöffnet.

Transport

Busse

DUBLIN, unter der Woche tgl., vor allem vormittags und mittags. Regulärer Fahrpreis 21,50 €, Infos unter 💻 www.buseireann.ie. Eingeschränkte Busverbindung nach ENNIS, KILKEE und LAHINCH mit der Linie 333.

Kilkee

Der beliebte Urlaubsort Kilkee besitzt einen der attraktivsten Badestrände in der Region. Viele irische Familien verbringen hier ihren Urlaub, folglich ist Kilkee im Sommer völlig überlaufen. Der Ort hat sich zwar noch etwas vom viktorinischen Charme erhalten, ein Schmuckstück ist er allerdings nicht. Dennoch lohnt der Weg hierher, denn bei Kilkee beginnt der 30 km lange **Loop Head Drive**, eine Rundtour entlang der Küste der gleichnamigen Halbinsel. Rau und windumtost präsentiert sich die Landschaft, am Loop Head dann bietet sich ein fantastischer Ausblick von den Steilklippen auf den Atlantik und, über die Shannonmündung hinweg, auf die nördliche Küste von Kerry.

Übernachtung und Essen

The Strand Restaurant & Guesthouse, The Strand Line, ✆ 065-9056177, 💻 www.thestrandkilkee.com. Am Meer gelegenes, ruhiges Guesthouse mit 6 bequemen Zimmern, alle mit TV und WLAN. Sandstrände und Bademöglichkeiten in der Nähe. Angeschlossen ist ein seit 130 Jahren familiengeführtes Restaurant. Schwerpunkt: Fisch und Meeresfrüchte, Steak und Lamm. Die Mahlzeiten werden serviert mit Wasserkrug und schmackhaften, selbst gebackenem Brot. Reservierung erforderlich. ❸

Morrissey's Seafood Bar & Grill, Doonbeg, ✆ 065-9055304, 💻 www.morrisseysdoonbeg.com. Ein Abstecher in das etwas weiter nördlich gelegene Doonbeg lohnt sich aus kulinarischen Gründen. Der alte Pub bietet gute Steak- sowie Fischgerichte und Meeresfrüchte. Köstlich sind die Desserts.

Informationen

Tourist Information Kilkee, O'Connell Sq., ✆ 065-9056112, Infos auch unter 💻 www.kilkee.ie.

Transport

Busse

DUBLIN, unter der Woche mind. 2x tgl., vormittags und mittags. Regulärer Fahrpreis 21,50 €, Infos unter 💻 www.buseireann.ie. Eingeschränkte Busverbindung nach ENNIS, KILRUSH und LAHINCH mit der Linie 333.

Lahinch

Lahinch, dessen Stadtbild weniger reizvoll ist, ist mittlerweile vor allem für seine Sportmöglichkeiten bekannt. Neben zwei 18-Loch-Golfplätzen, ist es vor allem der Surfsport, der die meisten Touristen anlockt. An der Promenade lassen sich lange Spaziergängen am Meer unternehmen.

Etwas vom Wege ab liegt der sogenannte **Spanish Point**, eine in den Atlantik hineinragende Landspitze mit vielen Klippen und einem nahen schönen Sandstrand. Beide zusammen führten zu dem etwas makabren Namen, denn am Strand wurden die Leichen der Besatzungen spanischer Schiffe angetrieben, die vorher an den Klippen zerschellten. Diese Schiffe waren Teil der spanischen Armada, die nach dem erfolglosen Versuch einer Invasion Englands über Schottland und Irland die lange Flucht nach Hause antreten musste.

Übernachtung und Essen

Lahinch Hostel, Church St., ✆ 065-7081040, 💻 www.lahinchhostel.com. Mittelgroßes Hostel (Bett ab 17 €) in zentraler Lage, nur einen Steinwurf vom Strand und den Surfern entfernt, die Cliffs of Moher können von hier als Tagesausflug zu Fuß erreicht werden. Das lebendige Nachtleben von Lahinch kann allerdings ein frühes Einschlafen etwas behindern. ❶

West Coast Lodge Hostel, Station Rd., ✆ 065-7082000, 💻 www.lahinchaccommodation.com. Hostel mit Schlafsaal (bett ab 18 €) oder Privatzimmer, sehr stark auf den „modernen Rucksacktouristen" ausgerichtet (man kann etwa DVD-Spieler leihen). Fahrradverleih, Transfer zum Hostel kann arrangiert werden. ❷

Barrtra Seafood Restaurant, 💻 www.barrtra.com. Kleines Restaurant in einem traditionellen Cottage. Schwerpunkt: lokal gefangener Fisch und Meeresfrüchte. Gutes Angebot an vegetarischen Gerichten. Spezialität: Lobster. Vernünftige Preise.

Liscannor

Auch das kleine Fischerdorf Liscannor bietet wenig Grund für einen längeren Aufenthalt, am interessantesten ist vielleicht die nahegelegene Ruine der aus dem 15. Jh. stammenden **Kirche von Kilmacreehy**.

Übernachtung und Essen

Vaughan's Anchor Inn, Main St., ✆ 065-7081548, 💻 www.vaughans.ie/links.htm. Traditioneller Pub mit Restaurant. Zahlreiche Reminiszenzen an die Schifffahrt. Gut bürgerliche Küche mit modernen Einflüssen. Einheimische loben die reichhaltigen gemischten Fischteller. Gute Brote. Normale Preise. Tipp: Abendessen vor 19 Uhr, danach wird's voll. Angeschlossen ist ein nettes B&B, alle Zimmer mit Bad und Farb-TV, das Wasser wird über Solarenergie erwärmt. ❷–❸

Cliffs of Moher

Nahezu senkrecht ragen sie aus dem sturmumtosten atlantischen Ozean empor: die Cliffs of Moher, die berühmten Steilkippen aus dunklem Kalkstein an Irland Westküste. Vom Hag's Head im Süden, wo man den besten Blick auf die Klippenlandschaft genießt, erstrecken sie sich auf rund 8 km Länge bis zur Landzunge von Aillenasharragh. Den höchsten Punkt erreicht die Hochfläche mit rund 214 m am **O'Briens Tower**, dem klassischen Aussichtspunkt, an dem sich heute auch das Besucherzentrum mit der Multimediaausstelleung **Atlantic Edge** befindet. Hier herrscht im Sommer ein derartiger Massenandrang, dass es kaum gelingt, die eindrucksvolle Naturlandschaft zu genießen. Jäh bricht die Hochfläche ab, der Übergang von der grünen Wiese zum freien Fall ist nur ein Schritt. Lange gab es keine Warnungen, nach einigen Abstürzen wurde nun, etwas von der Kante zurückversetzt, ein Sicherungsgitter angebracht.

Der Tower selbst hat keine praktische Funktion. Er wurde im viktorianischen Zeitalter für Touristen errichtet, die die hohen Klippen aus einem noch höheren Blickwinkel genießen wollten. Der Blick vom Turm aus unterscheidet sich nur wenig von dem Blick, den man auch vom Erdboden aus hat, durch die erhöhte Perspektive hat man allerdings ein wenig das Gefühl, wie eine Möwe über die Klippen zu fliegen. 🕓 Tgl. 9–17 Uhr, im Sommer länger, Juli und Aug sogar bis 21.30 Uhr, Eintritt 6 €, O'Brien's Tower extra.

Die Cliffs of Moher sind ein unverzichtbarer Bestandteil fast jeder Pauschaltour durch Irland. 2007 wurde hier ein neues Besucherzentrum errichtet, das die Entstehung der Naturlandschaft erklärt und in der Show „Atlantic Edge" noch einmal multimedial präsentiert.

Wer sich nicht unbedingt mit den Eintrittsgebühren anfreunden kann und auch nicht absolut darauf erpicht ist, die immerhin 8 km langen Klippen von dem einzigen Standort aus zu bewundern, den garantiert auch Millionen von anderen Besuchern schon genutzt haben, der sollte seine Wanderstiefel einpacken. Sowohl von Doolin im Norden als auch von Liscannor im Süden aus gibt es **Wanderwege an der Küste entlang**. Diese bieten einen wesentlich abwechslungsreicheren Blick auf die Steilküste als nur die unmittelbare Umgebung des O'Brien's Tower. Vor allem der Abstecher zum Hag's Head, südlich des O'Brien's Tower, lohnt sich wegen des Ausblicks und der relativen Einsamkeit. Er lohnt sich auch finanziell – so sind die Klippen zu genießen, wie Gott sie schuf ... kostenlos eben. Wichtig: Von der Straße zu den Klippen besteht ein Wegerecht für Fußgänger, theoretisch darf für den Zugang kein Eintritt verlangt werden.

Transport

Die **Buslinie 337** zwischen Lahinch und Doolin fährt direkt an den Cliffs of Moher vorbei – Fahrpläne unter 💻 www.buseireann.ie.

6 HIGHLIGHT

Der Burren

Der Burren ist auf den ersten Blick kahl und grau, eine weite, steinige Karstlandschaft, die sich im Norden des County Clare vom Atlantik bis nach Galway erstreckt. Das ist jedenfalls der erste, falsche Eindruck, bis sich einem die etwas versteckte Schönheit dieser ganz besonderen Landschaft erschließt. Anscheinend endlose Steinwüsten ziehen sich links und rechts der Straße hin, die den Eindruck einer Mondlandschaft vermitteln. Hier wohnt kein Mensch, hier hausen nur wenige Tiere und die Flora beschränkt sich auf das Notwendigste. Ein General Cromwells fasste die Gegend in diesen Worten zusammen: „Ein wildes Land, in dem es nichts gibt – kein Wasser, einen Mann zu ertränken; kein Baum, um

Cliffs of Moher – Naturvermarktung pur

Die Cliffs of Moher sind todsicher. Wer hier springt, für den gibt es keine Rettung mehr. Wer den Sturz auf die Felsenklippen aus mehreren hundert Metern Höhe überlebte, der ertrank oder starb an Unterkühlung. Überlebende? Kaum bekannt. Zu den Opfern gehörten auch immer wieder Touristen, die die Gefahren unter- und sich selber überschätzten, oder die auf der Suche nach einer besseren Kameraeinstellung rückwärts in den Abgrund liefen. Das Endresultat: Absperrungen wurden errichtet, Wachmänner stoppen den Entdeckungsdrang der Besucher. So weit, so gut. Doch das Clare County Council nutzte das Argument der Sicherheit, um die Eintrittspreise zu rechtfertigen. So wird dem Besucher heute ein Obolus aus der Tasche gezogen, selbst wenn er wirklich nur einen Blick auf das Meer und die Klippen werfen will. Die Cliffs of Moher wurden in Irland zum Synonym der Vermarktung von Natur, die sich eigentlich im Allgemeinbesitz befindet und so gar nicht vermarktet werden kann.

Tatsächlich verlangt auch niemand Geld dafür, wenn man die Cliffs of Moher betrachten möchte. Vorausgesetzt, man macht sich im Schweiße seines Angesichts selbst auf den Fußmarsch dorthin. Denn einfach am Straßenrand parken darf man hier nicht und der Parkplatz, der aus nicht mehr als einer ungepflegten Freifläche und einer Einlasskontrolle besteht, ist ebenfalls kostenpflichtig. Bis Mitte 2010 zahlte man 5 € pro Auto, dann wurde ein „Inklusivpreis" eingeführt, der jeden Erwachsenen um 6 € erleichtert und „Atlantic Edge" zum Pflichtprogramm (weil im Ticket jetzt inbegriffen) macht. Danach wird dann der Besucher per Beschilderung und Absperrungen dezent in das Besucherzentrum gelotst. Es wird der Eindruck erweckt, als könne man nirgendwo anders den Blick auf die Klippen wagen. Was schlicht falsch ist. Die Küste entlang ziehen sich mehrere Wanderwege, die einen kostenlosen Ausblick erlauben und von denen man Fotos schießen kann, die nicht identisch mit 99 % der anderen Touristenfotos sind.

Allerdings: Gefährlich sind die Klippen in der Tat, und auf den frei zugänglichen Wanderwegen können allzu mutige Ausflüge an den Rand Irlands fatale Folgen haben. Gutes Schuhwerk und viel Aufmerksamkeit sind ein Muss!

ihn daran aufzuhängen; keine Erde, um ihn darin zu verscharren." Tatsächlich findet man jedoch ab und an einen vom Wind zerzausten, winzig kleinen schiefen Baum im Burren. Wasser gibt es häufiger, meist kommt es von oben, vor allem im Winter sammelt es sich aber auch in den sogenannten Turloughs, flachen Senken. Mit der Erde wiederum hat die Landschaft so ihre Probleme, denn auf dem Kalkstein findet sie keinen festen Halt, sodass allenfalls in den zahlreichen Rissen, die das gesamte Plateau durchziehen, kleinerer Anhäufungen zu finden sind.

Hier wächst auch die typische, ungewöhnliche Flora des Burren, die Naturfreunde begeistert. So kann eine Rinne im Boden bei näherer Betrachtung plötzlich zahlreiche Geranien beherbergen, die im Juni blühen. Wenige Meter weiter sind vielleicht andere Blüten sichtbar, die eigentlich ins Hochgebirge gehören. Der Burren ist einer der wenigen Orte auf der Erde, wo Mittelmeerpflanzen und Pflanzen aus dem Alpenraum direkt nebeneinander vorkommen. Und zwischen Mai und August bietet die karge Landschaft eine wahre Blütenpracht, die aber zwischen den Kalksteinblöcken im Verborgenen gedeiht.

Bunt ist auch das Tierleben. Fast 30 Schmetterlingsarten kommen im Burren vor und eine große Zahl von Vögeln ist hier zu beobachten, von den Seevögeln direkt an der Küste bis zum selteneren Kuckuck im Binnenland. Und die wenigen feuchten Wiesen der Umgebung bieten im Winter Quartier für Hunderte von Schwänen, die ihre isländische Heimat gegen ein milderes Klima eingetauscht haben. Säugetiere dagegen sieht der Besucher weniger. Das liegt zum Teil daran, dass sie nachtaktiv sind und auch jede natürliche Deckung geschickt ausnutzen. Den Dachs oder den Fuchs zu entdecken, das ist schon ein besonderes Erlebnis. Den rötlichen irischen Hasen dagegen kann man mit etwas Glück auch tagsüber sehen. Und relativ häufig begegnet man wilden Ziegen, die selbst auf den unmöglichsten Felsvorsprüngen das Wegerecht beanspruchen.

Der Burren eine Mondlandschaft? Nein, man muss sich nur Zeit lassen und die Augen offenhalten. Und überhaupt … wann regnet es schon auf dem Mond? Mit Niederschlag muss man nämlich hier immer rechnen.

Eine Tour mit dem Wagen durch den Burren kann ein paar Stunden oder mehrere Tage in Anspruch nehmen, die meisten Besucher sind mit der ersten Variante zufrieden. Dabei ist es schwierig, eine ideale Route zu beschreiben. Von Lisdoonvarna ausgehend kann man der R481 in Richtung der Cliffs of Moher folgen und dann nach rechts auf die R479 in Richtung Doolin abbiegen.

Vereinzelte Wanderer sind auf den **Green Roads** unterwegs, den alten, z. T. nicht befestigten Wegen, die schon seit Jahrhunderten durch die einsame Karstlandschaft führen. Infos unter 💻 www.theburren.ie.

Doolin

Drei winzige Dörfer bilden den Ort Doolin, 💻 www.doolin-tourism.com, der als Metropole der irischen Folklore und traditionellen Musik weltberühmt geworden ist. Auf der einen Seite vom Atlantik, auf der anderen Seite vom Burren nahezu eingeklemmt, war Doolin, nur 6 km nördlich der Cliffs of Moher, über Jahrhunderte hinweg das „Ende der Welt" und lediglich durch den Schiffsverkehr zu den Aran Islands bekannt. Das änderte sich radikal, als der Ruhm der Gebrüder Russell den kleinen Ort im Atlas der Musikgeschichte knallrot markierte. Der bekannteste der drei Brüder war Micho Russell (1915–1994), der vor allem mit der Tin Whistle, der typisch irischen Blechflöte, bekannt wurde und auch auf internationalen Festivals auftrat. Er war, wie es ein Plattentitel sagte, „Ireland's Whistling Ambassador". Doolin wurde zum Geheimtipp für Rucksackreisende, die auf der Suche nach dem einfachen dörflichen Leben und guter Musik zugleich waren. Auch wenn die Russells seit einiger Zeit schon ihre letzte Ruhe gefunden haben, von ihrem Ruhm zehrt der Ort noch heute.

So besteht der Ortskern eigentlich nur aus wenigen Gebäuden, von denen die Hälfte Pubs und die andere Hälfte Geschäfte sind, die sich auf irische Musik spezialisiert haben. Wer von diesem Anblick nicht unbedingt begeistert ist, fährt auf der Suche nach dem wahren, traditionellen Doolin weiter und landet am Fähranleger. Endstation.

Im Lauf der Jahre sind zahlreiche B&B und Hostels im Umland entstanden, das Dorf er-

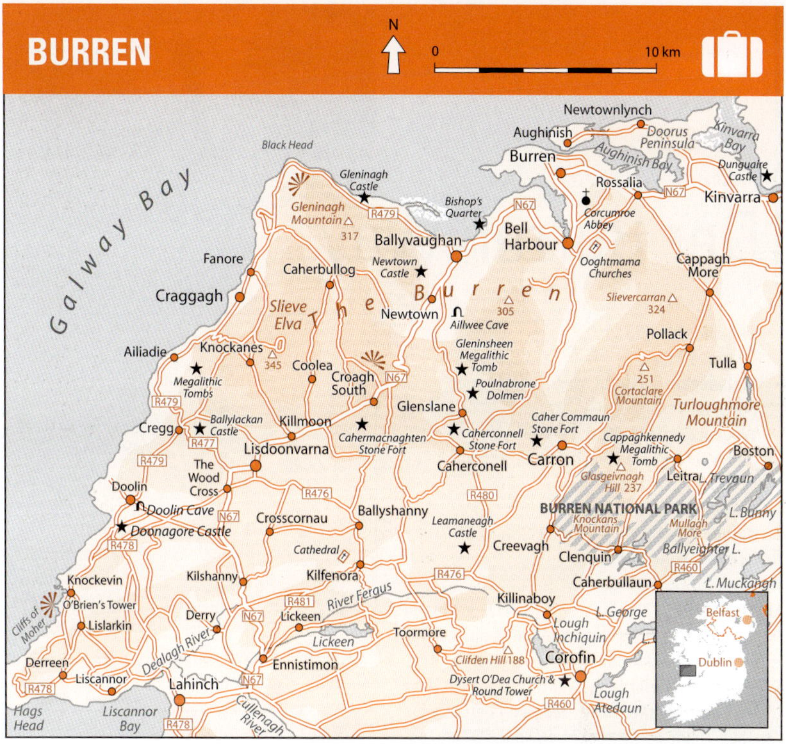

streckt sich mittlerweile auf die weitere Umgebung und besteht längst nicht mehr nur aus traditionellen Häusern. Kurz zusammengefasst ist Doolin keineswegs ein Garant für musikalische Qualität und mittlerweile vollkommen kommerzialisiert. Die Zeiten, in denen nur wenige musikverständige Rucksacktouristen sich zu den Bauern durchschlugen, die sich in Gus O'Connor's Pub die langen Winterabende mit handgemachter Musik verkürzten, sind lange vorbei. Doolin bietet immer noch viel Folk, aber ob es die Reise wert ist, das bleibt jedem selbst überlassen.

Wem der ganze Rummel zu viel wird, der kann in der **Doolin Cave**, ✆ 065-7075761, 💻 www.doolincave.ie, in den Untergrund gehen. Im Gegensatz zu den „Green Holes of Doolin" ist diese Höhle ohne Tauchgerät und Erfahrung im Höhlentauchen zugänglich. 🕓 März–Nov tgl. 10–17 Uhr, Eintritt 15 €.

Doonagore Castle, zwischen Doolin und der R478 gelegen, ist ein beliebtes Fotomotiv – ein romantischer Turm wie aus dem Märchen.

Übernachtung und Essen

€ **Aille River Hostel**, Fisherst., ✆ 065-7074260, 💻 www.ailleriverhosteldoolin.ie. Dieses sehr beliebte Hostel (Bett ab 14 €) in einem 300 Jahre alten Cottage liegt zentral und in geringer Entfernung zu den wichtigsten Pubs von Doolin. Wegen seiner lobenden Erwähnung in zahlreichen Reiseführern oftmals komplett ausgebucht. 🕓 März–Mitte Nov. ❷

€ **Paddy's Doolin Hostel**, Fisherst., Sea Rd., ✆ 065-7074421, 💻 www.doolinhostel.com, Großes Hostel mit 60 Betten in Privatzimmern und Schlafsälen (Bett ab 16 €), Bushaltestelle und Beginn des Wanderweges zu den Cliffs of Moher. 🕓 Mitte Feb–Mitte Nov. ❷

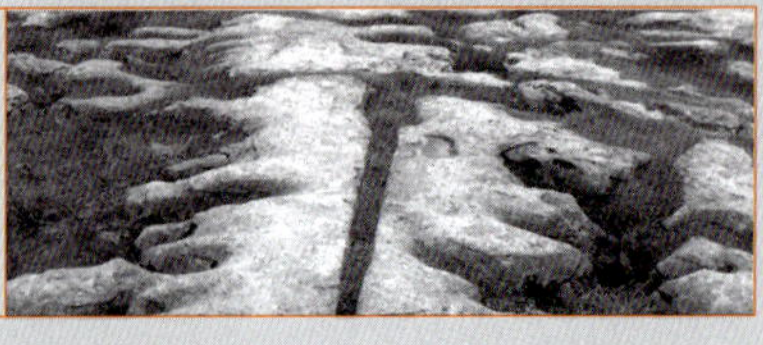

Der Burren Way

- **Wegstrecke:** 123 km
- **Dauer:** 5 Tage
- **Steigungen:** moderat, keine schwierigen Steilstrecken
- **Wegbeschaffenheit:** gut bis sehr gut, große Teile des Weges befinden sich auf befestigten Straßen
- **Ausschilderung:** gut
- **Karten:** OSI Discovery Series Sheets 51 und 57, 💻 www.osi.ie

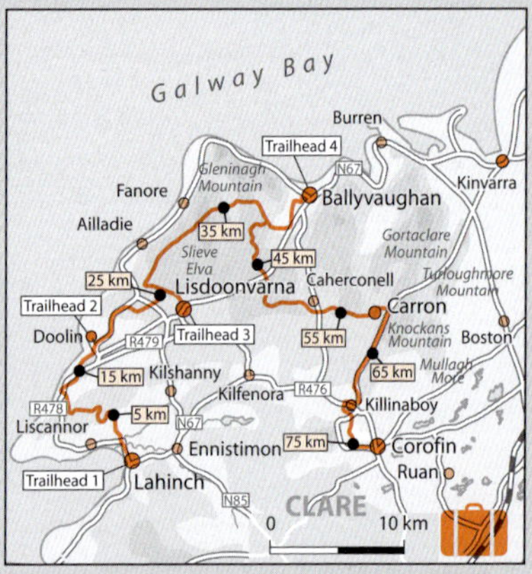

Der Burren Way ist eine insgesamt 123 km lange Strecke, die nicht als Rundweg angelegt ist. Wer auch den verschiedenen Abzweigungen folgt, wird entsprechend länger unterwegs sein. Der „Kern" der Strecke ist der Weg von Lahinch bis Corrofin – eine Wegstrecke von knapp 80 km, die jedoch durch einige doppelt zu laufende Stücke (zum Erreichen der Trailheads) länger wird. Die meisten Wanderer werden allerdings kaum den gesamten Weg ablaufen, sondern ihn in Teilstrecken genießen.

Die Route

Die Strecke wurde in fünf Abschnitte unterteilt, die jeweils einen halben bis ganzen Tag in Anspruch nehmen. Sie werden von den jeweiligen Trailheads markiert, an denen sich auch Übernachtungsmöglichkeiten befinden. Wer zum Ausgangspunkt zurückkehren muss, der nimmt den Bus oder ein Taxi. Die spektakulärsten Strecken befinden sich zwischen Lahinch und Doolin und dann wieder zwischen Lisdoonvarna und Ballyvaughan.

Lahinch bis Doolin (18 km)
Der Burren Way beginnt in der Surfmetropole Lahinch, von hier aus geht es an der Küste entlang und über die weltberühmten Cliffs of Moher nach Norden, die Etappe endet in Doolin, der Hauptstadt der traditionellen irischen Musik. Dauer: Tagestour, zwischen den Orten verkehren die Buslinien 50 und 337.

Doolin bis Lisdoonvarna (12 km)
Von Doolin aus geht es dann weiter nach Lisdoonvarna, eine nicht ganz so aufregende Strecke, die immer mehr ins Binnenland führt. Dauer etwa 3 Std., Buslinie 50.

Lisdoonvarna bis Ballyvaughan (ca. 25 km)
Diese Strecke führt über den Karstrücken des Burren und bietet einige sehr schöne Ausblicke sowohl auf den Atlantik mit den Aran Islands als auch auf die Galway Bay. Dies ist ein sehr einsames Wegstück, ein absoluter Kontrast zu den quirligen Touristenorten Lisdoonvarna und Ballyvaughan. Dauer etwa 5 bis 6 Std., Buslinie 50.

Von Ballyvaughan bis Carran (25 km)
Es geht ins Binnenland und an zahlreichen prähistorischen Monumenten vorbei. Dauer etwa 5 bis 6 Std., zurück geht es mit dem Taxi, entweder von Tom Connoly, ✆ 065-7077220, oder Mary McNamara, ✆ 065-7077084.

Von Carran bis Corofin (18 km)
Die letzte Etappe führt durch eine endlose, graue Landschaft links und rechts des Weges. Wer sich nicht für die Geologie des Burren begeistern kann und mehr Abwechslung auf einer Wanderung braucht, der sollte die letzten zwei Etappen aussparen. Rückfahrt nach Carran mit dem Taxi (s. o.) bzw. nach Lahinch mit dem Bus 333.

Etwa 5 km hinter Carron zweigt zusätzlich der **Loop Walk** nach Osten ab, der den Burren Walk auf seine gesamten 123 km bringt, aber aus dem Burren in das seenreiche Flachland führt.

Praktische Tipps
Der Burren ist relativ grau und ermüdet die Augen schnell. Wanderern wird daher eine auffällige, bunte Kleidung empfohlen. Da ein Teil des Weges auf relativ viel befahrenen Straßen liegt, können unaufmerksame Autofahrer für Schrecksekunden sorgen, wenn man „Tarnkleidung" bevorzugt. Auf jeden Fall mitzuführen sind Getränke und auch etwas zu essen. Zwischen den einzelnen Trailheads sind die Einkaufsmöglichkeiten rar gesät beziehungsweise überhaupt nicht vorhanden.

Variante
Wer wirklich nur die Highlights erleben möchte, der könnte auch nur die erste Etappe wandern und dann von Doolin aus auf die Aran Islands übersetzen. Auf diese Weise hat man einige der schönsten Punkte Irlands in nur zwei Tagen gesehen.

Die Cliffs of Moher, nur eines der Highlights auf dem Burren Way

Ballinalacken Castle Country House & Restaurant, Coast Rd., 065-7074025, www.ballinalackencastle.com. Wohnsitz von Lord O'Brien, erbaut 1840. 12 Zimmer mit Aussicht auf die Cliffs of Moher, Aran Islands oder Connemara. Das Restaurant ist spezialisiert auf Fischgerichte. Die echte Alternative zum immer wieder beschworenen „alternativen" Doolin. ❹

€ **Roadford House Restaurant**, Killagh, www.roadfordrestaurant.com. Modernes Restaurant mit gutbürgerlicher Küche, Verwendung finden Zutaten aus lokalem Anbau. Gute Brote. Vernünftige Preise – besonders beim „Value Menue". Hier ist dann das Schwein in Honigsenf sehr empfehlenswert. Roadford House bietet übrigens auch B&B und Unterkünfte für Selbstversorger.

Unterhaltung und Kultur

Doolin ist bekannt für seine Musik und seine Pubs, die sich redlich um ihre Gäste bemühen:
MacDiarmada's, Roadford, 065-7074700, wird von den Einheimischen bevorzugt;
McGann's, Roadford, 065-7074133, hier gibt's typisches Pubfood zu guter Musik;
O'Connor's, Fisherst., 065-7074168, in dieser Kneipe am Wasser ist es meist rappelvoll. Auch Esslokal. Einige Leute schwören, dass bei O'Connor's die beste Musik gemacht wird, die meisten Menschen werden allerdings keinen Unterschied zwischen den anscheinend non-stop laufenden Sessions feststellen können. Man sollte sich einfach dazugesellen, wo noch Platz ist.

Feste

Am letzten Wochenende im Februar wird beim **Micho Russell Memorial Weekend**, www.michorussellweekend.ie, die Erinnerung an den legendären Micho Russell (verstorben 1994) mit viel handgemachter Musik gepflegt.

Transport

Busse

DUBLIN, an Werktagen direkte Verbindungen 8 und 12.30 Uhr. Regulärer Fahrpreis 21,50 €, www.buseireann.ie.

Eingeschränkte Regionalverbindungen bestehen nach LIMERICK, ENNIS und LISDOONVARNA (Linie 337) sowie nach Lisdoonvarna und GALWAY (Linie 423).

Schiffe

Schiffe zu den Aran Islands (s. S. 453) verkehren regelmäßig vom Hafen von Doolin aus:
Doolin2Aran Ferries, www.mohercruises.com;
Doolin Ferries, www.doolinferries.com;
Doolin Ferry Company, www.doolinferry.com.
Teilweise werden auch Fahrten zu den Cliffs of Moher angeboten.

Lisdoonvarna

Am Rande des Burren gelegen, war Lisdoonvarna dank seiner Heilquellen zu viktorianischen Zeiten vor allem als Badeort bekannt, noch heute erinnern Relikte an diese Epoche. Zur Kur kommt allerdings ernsthaft kaum noch jemand hierher. Eher schon, um in den zahlreichen Pubs des typisch irischen Ferienortes einige Bierchen zu trinken oder während des **Matchmaking Festival**, www.matchmakerireland.com, zarte Bande zu knüpfen.

Die Quellen sind allerdings immer noch in Betrieb und liefern weiterhin Wasser, das Jod, Eisen, Schwefel und Magnesium enthält. Eine angeblich gesunde Mischung, die man zumindest in den Sommermonaten im Gesundheitszentrum zu sich nehmen kann. Damit es den wenigen Kurgästen und vielen Besuchern garantiert nicht langweilig ist, bietet der kleine Ort zusätzliche Vergnügungen wie Tennis- und Minigolfplätze sowie eine Art Jahrmarkt.

Übernachtung und Essen

Sleepzone Hostel, Kincora Rd., 065-7074036, www.sleepzone.ie. Sehr großes Hostel für mehr als 120 Gäste, früher ein 3-Sterne-Hotel. Modern eingerichtet, zweckmäßig mit gutem Komfort und den wichtigsten Extras wie Selbstversorger-Küche und Waschraum. Bett bis 25 €. ❸
Rathbaun Hotel, Main St., 065-7074009, www.rathbaunhotel.com. Günstig und zentral gelegenes, familiäres Hotel mit nur 10 Zimmern.

Sehr populär bei Touristen, da hier von Juni–Sep jeden Abend Livemusik gemacht wird. Restaurant mit kleiner Speisekarte ist angeschlossen. ❷–❸

Sheedy's Country House Hotel & Restaurant, 💻 www.sheedys.com. Kombination aus klassischer und moderner irischer Küche. Hausgemachtes Eis, frische Sorbets. Besonders empfehlenswert sind der Lachs in Knoblauch und das Lamm direkt vom Burren. Das Hotel ist recht geschmackvoll und eher traditionell eingerichtet – sehr gemütlich! ❹–❺

Unterhaltung

Roadside Tavern, River Rd., ✆ 065-7074084. In diesem traditionellen Pub wird häufig Livemusik gespielt, Gespräche mit anderen Gästen ergeben sich schnell. Noch nicht so kommerzialisiert wie manch andere Gaststätte am Ort.

Feste

Beim **Burren Slow Food Festival**, 💻 www.slowfoodclare.com, Mitte Mai dreht sich alles für ein paar Tage um den Genuss am Kochen und Gekochten. Workshops und Vorträge.

Das **Matchmaking Festival**, 💻 www.matchmakerireland.com, den ganzen September durch ist der Ball der einsamen Herzen auf Irisch. Einen Monat lang wird dem Hedonismus gefrönt, meistens allerdings auf eine sehr sittsame Art. Auch wenn sich das Fest gerne einen traditionellen Anstrich gibt, viele Veranstaltungen sind sehr kommerziell und schrill.

Einkaufen

Burren Smokehouse Visitor Centre, ✆ 065-7074432, 💻 www.burrensmokehouse.ie. Hier dreht sich alles um Räucherlachs. 🕒 Stark variierend je nach Monat, zwischen 11 und 15 Uhr sollte jedoch immer geöffnet sein.

Transport

DUBLIN, unter der Woche tgl. Busverbindung am Vormittag oder Mittag. Regulärer Fahrpreis 21,50 €, Infos unter 💻 www.buseireann.ie. Busse verkehren auch nach GALWAY und LIMERICK.

Black Head

Der Küstenstraße von Doolin nach Norden folgend, erreicht man in weniger als einer halben Stunde Black Head. Rechts von der Straße steigt der Burren auf, im Atlantik liegen zur linken Hand die Aran Islands und geradeaus geht es direkt in die Galway Bay, über die der kleine Leuchtturm von Black Head wacht. Durch den Kontrast zwischen dem grauen Kalksteinplateau mit seinen bizarren Rissen und dem oft tiefblauen Meer im Hintergrund ein beliebtes Fotomotiv. Die Straße wendet sich kurz vor dem Leuchtturm nach Südosten und führt am pittoresken **Gleninagh Castle** vorbei in das kleine Fischerdorf Ballyvaughan.

Ballyvaughan

Das charmante Örtchen an der Galway Bay, einst wichtiger Fährhafen für den Schiffsverkehr zu den Aran Islands, ist in den Sommermonaten als Ferienort so beliebt, dass die Navigation durch das Dorf die gesamte Aufmerksamkeit erfordern kann. Will man die alten Häuser mit ihren Schieferdächern betrachten, ist die Suche nach einem Parkplatz zwar mühsam, aber auf jeden Fall sicherer. Ballyvaughan bietet sich als Ausgangspunkt für die Erkundung des Burren geradezu an.

Ein Abstecher nach **Bishop's Quarter**, der Landspitze nordöstlich von Ballyvaughan mit ihrer geschützten Bucht und der schönen Aussicht, ist lohnenswert, genau wie der Fußweg vom Hafen zum Seevogelreservat (ausgeschildert).

Übernachtung und Essen

Rusheen Lodge Guesthouse, Knocknagrough, ✆ 065-7077092, 💻 www.rusheenlodge.com. Einen knappen Kilometer südlich des Ortes liegt dieses sehr komfortable Haus mit mittelgroßen und bequem eingerichteten Zimmern. Die Lodge wurde mehrfach ausgezeichnet und ist für Familien gut geeignet. ❷–❸

Gregans Castle Hotel, The Burren, 💻 www.gregans.ie. Das elegant möblierte Restaurant bietet moderne europäische Küche. Täglich wechselndes 9-Gänge-Probiermenü. Favorit: Burrenlamm. Feine Auswahl an lokalem Käse. Ökologisch angebautes Gemüse und Kräuter aus der Region finden Verwendung. Bietet auch traditionelle Afternoon Teas.

Aktivitäten

Die Küste des Burren ist auch ein interessantes Tauchgebiet – und das **Burren Adventure Dive Centre**, ✆ 065-7077921, 💻 www.burrenadventures.com, bietet sowohl Anfängerkurse als auch geführte Tauchgänge für ausgebildete SCUBA-Enthusiasten. Besonders auf die Pauschalangebote achten: In Zusammenarbeit mit örtlichen Hotels wurden hier preislich attraktive Kompaktkurse entwickelt!

Transport

Ballyvaughan wird von der **Buslinie 50** bedient, die Verbindungen nach LISDOONVARNA und GALWAY ermöglicht, Infos unter 💻 www.buseireann.ie.

Aillwee Cave

Gut ausgeschildert und landschaftlich schön gelegen ist Aillwee Cave, ✆ 065-7077036, 💻 www.aillweecave.ie. Das Besucherzentrum ist aus örtlichem Stein errichtet und so geschickt in die Natur integriert worden, dass man es erst im letzten Moment wahrnimmt. Ein gutes Beispiel dafür, dass sich Tourismus und Naturschutz nicht gegenseitig ausschließen müssen. Aillwee Cave ist zwar nur eine von Tausenden von Höhlen in der Gegend, jedoch die einzige, die touristisch erschlossen ist. Das Besucherzentrum informiert über die geologische und biologische Besonderheit des Burren, danach geht es in einer geführten Tour unter die Erde. Nach einem langen Tunnel passiert man verschiedene Höhlen, die vor Tausenden von Jahren u. a. als Winterquartiere für Bären dienten. Und sogar einen unterirdischen Fluss kann man hier sehen, der allerdings nach extrem starken Regenfällen auch schon einmal die Besichtigungen behindert. ⌚ Tgl. 10–17.30 Uhr, Eintritt 17 €.

Im beachtlichen Eintrittspreis inbegriffen ist auch ein Besuch im Raubvogel-Bereich, dem **Burren Bird of Prey Centre**, 💻 www.birdofpreycentre.com. Zahlreiche Greifvögel, darunter Falken, Adler und Geier, bieten hier Flugvorführungen.

An der Einfahrt zum Gesamtkomplex befindet sich ein kleiner Laden, in dem ein breites Angebot an vor Ort hergestelltem Käse verkauft wird.

Poulnabrone Dolmen

Westlich der Einfahrt zur Aillwee Cave steht schon das erste Steinfort, nur eines von vielen prähistorischen Monumenten, die überall verteilt in der menschenleeren Einsamkeit zu finden sind. Der Burren muss in der Vorzeit intensiver genutzt und bewohnt worden sein, als es heute der Fall ist. Das Cahermore Stone Fort und der Gleninsheen Wedge Tomb (auch als Altar von Druiden bezeichnet) sind allerdings nur Stationen auf dem Weg zu einer der bekanntesten Sehenswürdigkeiten der Gegend, dem Poulnabrone Dolmen. Der Standort dieses Relikts ist nicht zu verfehlen, die enge Straße ist hier an den meisten Tagen fast vollkommen zugeparkt und die Navigation zwischen Bussen und Touristengruppen nicht immer ganz leicht. Hier sollte sich der Individualreisende einfach Zeit lassen, um das Monument in seiner einsamen Lage wirklich zu sehen. Errichtet wurde der Dolmen mit seiner auf den Spitzen einiger stehender Steine gelagerten Deckplatte vor etwa 4000 bis 5000 Jahren. Für viele Besucher bietet er allerdings auch eine kleine Enttäuschung, denn durch geschickt gewählte Aufnahmewinkel wirkt der Dolmen auf der Mehrzahl der Fotos und Postkarten gigantisch. Steht man dann vor ihm, sieht man die echten Ausmaße, die immer noch beeindruckend sind, aber eben nicht mehr haushoch in den Himmel ragend. Bei den Ausgrabungen am Poulnabrone Dolmen wurden übrigens Skelettreste von nicht weniger als 17 Erwachsenen und 16 Kindern gefunden. Zwischen 3800 und 3200 v.Chr. sollen sie hier begraben worden sein. Ob es sich hierbei um ein katastrophales Ereignis handelte oder der Dolmen über Generationen hinweg immer wieder für neue Begräbnisse genutzt wurde (was wahrscheinlicher ist), lässt sich nicht endgültig klären. Die Funde am wesentlich unbekannteren **Gleninsheen Wedge Tomb** an der R480 waren allerdings spektakulärer, ein dort ausgegrabener goldener Kragen ist heute im Nationalmuseum zu sehen.

Carron

An einem der höchsten Punkte im Burren gelegen, ist das kleine Dorf Carron (oder Carran) vor allem als Geburtsort von Michael Cusack, dem

Gründer der Gaelic Athletic Association, bekannt. An ihn erinnert auch eine kleine Ausstellung in seinem restaurierten Geburtshaus – aber eher für GAA-Fans interessant. In der Nähe des Ortes befindet sich auch das dreifache Ringfort **Cahercommaun**.

Übernachtung, Essen, Einkaufen

€ **Clare's Rock Hostel & Farm**, The Burren, ✆ 065-7089129, 💻 www.claresrock.com. Mit 30 Betten ausgestattetes, einfaches Hostel (Bett 18 €). Waschmaschine für Gäste, Fahrradverleih für Touren durch den Burren. ❷

Burren Perfumery Tea Rooms, ✆ 065-7089102, 💻 www.burrenperfumery.com. Idyllisch gelegenes kleines Café, das zu der Parfümerie gehört. Frische hausgemachte Suppen und Quiches. Traditionelle Backwaren. Verschiedene Tees und Saftsorten. Sonntags Mittagsessen nur mit Reservierung. Seit mehr als 40 Jahre werden hier Duftwässerchen hergestellt, die von der Flora des Burren inspiriert wurden und die man in dem Laden kaufen kann. Die Namen verheißen echt irisches Flair: Man of Aran, Ilaun, Frond and Fraoch. 🕓 Tgl. geöffnet, Okt–April 10–17, Juli und Aug 9–19, andere Monate 10–18 Uhr.

Leamaneagh Castle

Die malerisch oder auch bedrohlich – je nach Wetterlage – auf einer Anhöhe über der Kreuzung R476/R 480 die Landschaft beherrschende (und nicht zugängliche) Burgruine war ursprünglich ein Turmhaus der O'Briens. Dieses wurde im 17. Jh. zu einem Herrenhaus umgebaut, wobei heute noch deutlich der ältere Teil erkennbar ist. Um das Haus selbst ranken sich mehrere Legenden. Eine der bekanntesten dreht sich um Maire Rua, deren Ehemann, der Burgherr Coonor O'Brien, im Krieg gegen die Protestanten starb. Um den Familienbesitz für ihren Sohn zu retten, heiratete Maire kurzer Hand einen Offizier der gegnerischen Partei und befand sich wieder auf der Gewinnerseite. Dieser zweite Ehemann allerdings fiel nach nur kurzer Zeit einem tragischen Unfall zum Opfer. Heute würde die Staatsanwaltschaft ermitteln.

Kilfenora

Das kleine Örtchen Kilfenora ist die Hauptstadt des Burren. Die Ausstellung im **Burren Centre**, ✆ 065-7088030, 💻 www.theburrencentre.ie, beschäftigt sich intensiv und auch auf interessante Weise mit Geologie und Biologie des Burren – und mit dem Einfluss, den der Mensch hier genommen hat. Der Besuch kann die Tour durch den Burren perfekt abrunden. 🕓 März–Okt tgl. 10–17 Uhr, Eintritt 6 €.

Wer sich mehr für Geschichte und Religion interessiert, der sollte einen Besuch in der **Kathedrale** von Kilfenora nicht versäumen. Angesichts der „Größe" des Ortes mag es erstaunen, dass hier eine große Kathedrale erbaut wurde. Die ursprünglich aus dem 12. Jh. stammende Kirche liegt teilweise in Ruinen, ist ohne Dach den Elementen hoffnungslos ausgesetzt. Dennoch ist sie eine der regulären Kathedralen in Irland. Die Diözese von Kilfenora hat allerdings keinen eigenen Bischof, sondern untersteht direkt dem Papst. Eine historische Merkwürdigkeit, auf die gerne hingewiesen wird. Interessant sind vor allem die Steinmetzarbeiten an der Kathedrale selbst und die verschiedenen Hochkreuze auf dem Friedhof. Das bekannteste davon ist das **Doorty Cross**, auf dem das Abbild eines Bischofs zu sehen ist – eine eher seltene Verzierung auf diesen Kreuzen.

Übernachtung und Essen

€ **Shepherd's Rest Kilfenora Hostel**, Main St., ✆ 065-7088908, 💻 www.kilfenorahostel.com. Hostel mit Zimmern von 2–10 Betten (Bett 20 €), geeignet für Individualreisende und Gruppen. Bemüht sich sehr stark um einen ökologischen Betrieb, Gäste werden aktiv aufgefordert, dabei mitzuhelfen. Interessant: Wer mit öffentlichen Verkehrsmitteln oder dem Fahrrad anreist, bekommt 5 % Rabatt auf den Übernachtungspreis. 🕓 Jan geschl. ❷

€ **Linnane's Pub**, Main St., ✆ 065-7088157. Traditioneller Pub ohne Schnörkel, aber mit einem sattmachenden Speiseplan voll Hausmannskost. Besonders „Bacon and Cabbage" ist sehr schmackhaft, macht aber auch durstig!

Unterhaltung

Vaughan's Pub, Main St., ☏ 065-7088004. Großer Pub mitten im Ort, der bekannt ist für gutes Essen, darunter typische irische Küche und köstliche Fischgerichte. Im Sommer lockt ein netter Biergarten ins Freie. Am Abend oft Musik und traditionelle Session, mehrmals in der Woche auch traditionelle Tanzabende im ehemaligen Stall. Unbedingt empfehlenswert, man darf auch gerne mittanzen.

Corofin

Der winzige Ort, dessen **Heritage Centre** vor allem der Ahnenforschung dient, 💻 www.clare roots.com, ist recht nett anzusehen und einen Spaziergang wert. Fotofreunde finden hier „typisch irische" Motiven, u. a. die vielen Angler am Fluss.

Die Burg von **Dysert O'Dea**, Corofin, ☏ 065-6837401, 💻 www.dysertcastle.com, beherrscht die Umgebung bis heute. Das Turmhaus aus dem 15. Jh. wurde auf einen steinigen Hügel gebaut, heute werden hier archäologische Funde aus der Region ausgestellt. Das kleine Museum in der Burg berichtet über die Geschichte der Umgebung, die anschließend auf markierten Wander- und Radwegen direkt erforscht werden kann. Nicht weniger als zwei Dutzend archäologisch interessanter Punkte sind weniger als 3 km von der Burg entfernt zu finden. 🕓 Mai–Sep tgl. 10–18 Uhr, Eintritt 4 €.

Nicht weit von der Burg entfernt befinden sich die Reste der **Klostersiedlung des Hl. Tola**, gegründet im 8. Jh. Heute hat sich die Natur den größten Teil des Klosters wieder zurückgeholt, die meisten Ruinen sind überwachsen. Sehr gut zu sehen ist allerdings immer noch der romanische Torbogen mit seinen reichen Steinmetzarbeiten, zu denen auch über 20 Gesichter gehören. Ein Hochkreuz aus dem 12. Jh. sowie der Stumpf eines Rundturms stehen ebenfalls auf dem ehemaligen Klostergelände. Weitere Zeugen der Vergangenheit sind die Ruinen einer Burg und zwei steinerne Ringforts.

Übernachtung und Essen

€ **Corofin Village Hostel**, Main St., ☏ 065-6837683, 💻 www.corofincamping.com. Hostel mit 30 Betten (Bett ab 16 €), einfaches Frühstück im Preis enthalten. Zelten ist auf dem Gelände ebenfalls möglich. Stellplatz 20 €. ❶

€ **Inchiquin Inn**, Main St., ☏ 065-6837713, 💻 www.annecampbell.ie. Restaurant im Familienbesitz, das Wert legt auf gute Hausmannskost zu vernünftigen Preisen. Den Teller (und Magen) füllende Fleischgerichte gibt es bereits für 10 €.

Transport

Buslinie 333 verbindet Corofin mit LISDOONVARNA und ENNIS, 💻 www.buseireann.ie.

County Galway

Galway – mit diesem County verbindet man in erster Linie den Landstrich Connemara, Synonym für einsame Landschaften, Moore, Berge sowie die Legenden von Heiligen und Piraten. Doch da wären natürlich auch noch die quirligen Universitätsstadt Galway selbst und natürlich die Aran Islands, jene rauen Inseln, die zum Symbol geworden sind für den Überlebenswillen der Menschen am Meer: Der „Man of Aran" wurde zur Legende.

Galway City

Die größte Stadt in Irlands Westen (66 000 Einw.) erstreckt sich zu beiden Seiten des River Corrib, der in der Galway Bay in den Atlantik fließt. Das historische Stadtzentrum mit seinen engen Kopfsteinpflastergassen, den farbenfroh gestrichenen Pubs und Cafés, aus denen schon am Tage irische Musik erklingt, liegt am Ostufer des Flusses. Im Sommer wird die Stadt zu einer großen Bühne, auf der Musiker, Schauspieler, Jongleure und andere Künstler ihr Publikum verzaubern. „Galway ist toll!" So der Tenor der meisten Irland-Touristen. Und in der Tat: Die Stadt ist jung, lebendig, nicht zuletzt dank der zahlreichen Studenten, voller Kultur und mit einem herrlichen Strand gesegnet, den man von der „West Side" aus über eine lange Promenade in knapp 15 Min. bei Salthill erreicht.

Der Claddagh, Exportartikel Nummer eins

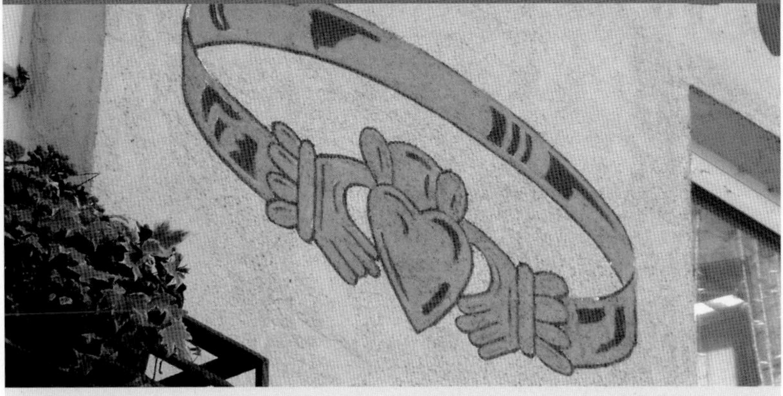

In enger Verbindung zur Stadt Galway steht der Claddagh-Ring. Man kann ihn in vielen Schaufenstern und auch als gemaltes Symbol vielfach bewundern: Zwei Hände, mit einem Ring verbunden, halten ein Herz, auf dem eine Krone ruht. Dies soll ein Symbol der ewigen Liebe sein. Je nach Tragweise kann aber auch angezeigt werden, ob ein Herz noch zu haben ist. Zeigt das Herz im Ring mit seiner Spitze zum Herzen des Trägers (oder der Trägerin), ist von einer festen Beziehung auszugehen.

Der Ring, oder besser gesagt das Motiv mit den Händen, dem Herz und der Krone, soll die Erfindung eines jungen Mannes aus dem Dorf Claddagh gewesen sein. Wie eine Legende erzählt, geriet er in die Gefangenschaft muslimischer Seeräuber, die ihn in schmachvolle Sklaverei verschleppten. Um sich dort ein Zubrot zu verdienen, betätigte er sich als Silberschmied. Dabei entwarf er auch den Ring, der ihn vor allem an seine in der Heimat (hoffentlich) auf ihn wartende Verlobte erinnern sollte. Als er nach einiger Zeit wieder nach Galway zurückkehrte, überreichte er seiner Liebsten dieses Schmuckstück und sie lebten glücklich bis ans Ende ihrer Tage.

Der Claddagh-Ring ist heute das Symbol, das neben dem Kleeblatt und der Harfe am meisten mit Irland in Verbindung gebracht wird. Und da der Ring auch ein Liebessymbol ist, wurde er zum beliebten Mitbringsel, um das sich eine ganze Industrie entwickelte. Abgesehen von Fingerringen in zahllosen Variationen findet man die Symbolik des Ringes auf nahezu jedem Gegenstand, der sich als Souvenir eignet. Vom Geschirrtuch bis zur Wandplakette, vom Schokoriegel bis zum Backförmchen gibt es eigentlich nichts, was man nicht in diesem Design finden kann. Spötter sagen, dass es bis zum Claddagh-Kondom nicht mehr allzu lange dauern kann.

Dabei streiten sich die Experten um den Ursprung der Legende. Zweifler behaupten, dass das Symbol des Claddagh keineswegs von einem Iren erfunden wurde, sondern aus dem Mittelmeerraum nach Irland gelangte. Was selbstverständlich der Geschichte vom Sklaven im Morgenland keinen Abbruch tut – schließlich kann ja der treue Verlobte wirklich das Symbol nach Irland gebracht haben. Fatal wäre es allerdings, wenn man feststellen würde, dass das so untrennbar mit Irland und vor allem Galway verbundene Design ein schnödes Imitat war, die Kopie eines Schmuckstücks, das man einem Seemann aus Italien oder Spanien abgeknöpft hatte.

Wo auch immer die Wahrheit liegt: Heute jedenfalls ist der Ring mit den zwei Händen, dem Herzen und der Krone untrennbar mit der irischen Hafenstadt Galway verbunden. Und lässt man den Kitsch links liegen, dann kann man mit einem Claddagh-Ring sicherlich ein Stück Irland immer mit sich tragen. Oder eben seiner Liebsten schenken. Auf dass sie so treu sei, wie es einst die Verlobte des Sklaven aus Galway war.

GALWAY UND MAYO

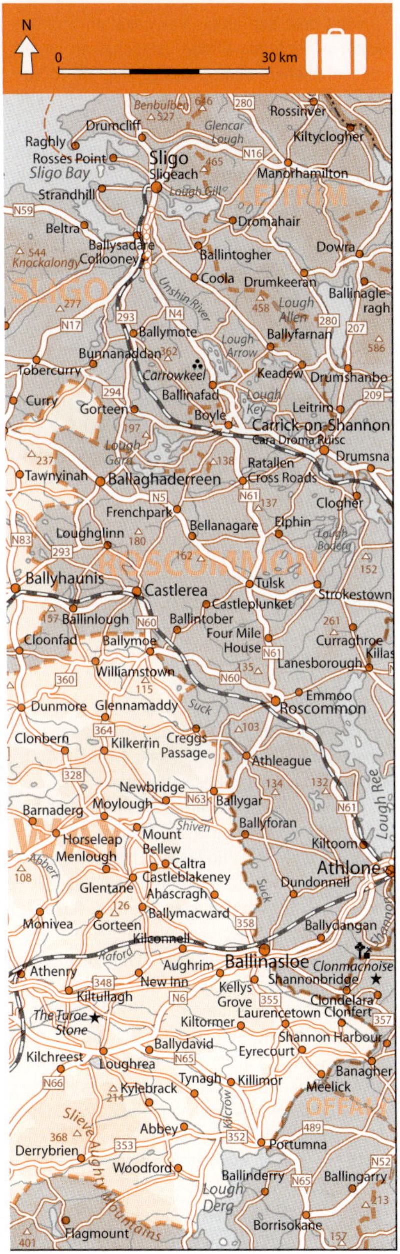

Dabei ist Galway im Grund eine Kleinstadt. Würde man sie auf ihre ständigen Einwohner reduzieren, wäre sie sogar ein Dorf. Als Bildungszentrum der Westküste samt Universität und Fachhochschule leben hier jedoch mehr Studenten als „normale Einwohner". Dazu kommt ein großer Zustrom von Touristen, die vor allem den kleinen Badeort Salthill besuchen. Irgendwo zwischen Studium und Strand schließlich kann man die Teilnehmer der zahlreichen Sprachschulen einordnen, die sich mittlerweile zu einem wichtigen Wirtschaftszweig entwickelt haben. Die wichtigen Highlights der Stadt sind binnen kurzer Zeit abgeklappert, kaum mehr als zehn Gehminuten trennen die meisten Attraktionen. Die Tour mit einem der Busse, die Stadtrundfahrten anbieten, dauert länger – aber auch nur, weil diese Busse die Fußgängerzonen im Innenstadtbereich umständlich umfahren müssen.

Eine Besichtigung von Galway sollte praktischerweise am **Eyre Square** (der den Kennedy Park umschließt) beginnen, dem zentralen Platz von Galway, der in den letzten Jahren aufwendig renoviert wurde und als einer der beliebtesten Treffpunkte in der Stadt gilt. Die Gebäude, die den Platz umgeben, stammen vorwiegend aus dem 19. Jh. Mit ihrer typischen Stadtarchitektur erinnern sie an das Galway alter Zeiten. Zwei Relikte aus früheren Jahrhunderten sind besonders erwähnenswert. Gegenüber der Bushaltestelle auf der nordwestlichen Seite des Platzes sieht man den **Browne Doorway**, den letzten Rest eines Kaufmannshauses aus dem 17. Jh. Der **Brunnen** neben diesem Torbogen stellt ein traditionelles Segelschiff dar. Wesentlich spektakulärer allerdings ist das Einkaufszentrum, das **Eyre Square Centre**, 💻 www.eyresquarecentre.com, das man durch einen unauffälligen Eingang erreicht. Mitten in dieser modernen Ladenpassage steht der Kunde plötzlich vor der mittelalterlichen **Stadtmauer von Galway**. Mit den zwei erhaltenen Türmen wurde dieser Teil der Stadtbefestigung aus dem 17. Jh. auf durchaus ansprechende Weise in das moderne Gebäude integriert.

Die abgehenden Straßen William Street und danach Shop Street gelten als die Haupteinkaufsstraßen der Stadt und werden auch von zahlreichen Straßenkünstlern als Bühne genutzt.

Oft übersehen wird **Lynch's Castle** (Ecke Shop St./Abbeygate St.), die aus dem 14. Jh. stammende Stadtburg von Galway. Das befestigte, aber wenig an eine Burg erinnernde Herrenhaus der Familie Lynch, an dessen Fassade Wasserspeier und Wappen englischer Könige angebracht sind, wird heute als Bank genutzt. Hier lebte die Familie Lynch, eine der angesehensten des Ortes, die zwischen 1485 und 1654 immer wieder den Bürgermeister von Galway stellte.

Nur wenige Schritte weiter findet man die **Collegiate Church of Saint Nicholas**, 💻 www.stnicholas.ie, ein echtes Stück Mittelalter in Galway. Die Kirche wurde um 1320 erstmals errichtet, dann im 15. und 16. Jh. erweitert und kurz danach durch Cromwells Truppen stark beschädigt, als diese das Gebäude als Pferdestall nutzten. Da die Kirche ziemlich gedrängt und von anderen Gebäuden umgeben in der Innenstadt steht, ist man beim Betreten des Gotteshauses überrascht von der Größe des Innenraums. Die Architektur der Kirche ist relativ schlicht, vor allem der westliche Eingangsbereich aus dem 15. Jh. und einige aus Stein gehauene Fabelwesen sind beachtenswert. Die Kirche wird heute von der Church of Ireland genutzt, ihre Widmung gilt dem Schutzpatron der Seefahrer. Passend für die Stadt Galway. Hier befinden sich auch die Grabanlagen der Familie Lynch.

Das in der Nähe befindliche Wohnhaus der **Nora Barnacle**, 8 Bowling Green, ✆ 091 564743, der späteren Frau von James Joyce, ist vor allem für Fans des Schriftstellers interessant. Fotos, Briefe und andere persönliche Gegenstände erinnern an das Paar. 🕓 Wechselnd, Führungen im Sommer nach Aushang, Eintritt 3 €.

Einen kurzen Fußmarsch entfernt, auf der anderen Seite des Flusses Corrib, steht die ebenfalls dem Hl. Nikolaus gewidmete katholische **Kathedrale von Galway**, 💻 www.galwaycathedral.ie. Sie wurde 1965 aus grauem Stein und Marmor aus dem benachbarten Connemara gebaut und sollte wohl vor allem ein massives Manifest des Glaubens werden. Die Kathedrale dominiert die Umgebung, ist aber nicht unbedingt ein Schmuckstück. Der dunkle Innenraum scheint hoffnungslos überdimensioniert, beeindruckend sind jedoch die Fresken und Mosaikarbeiten im Bereich der Kuppel.

Folgt man den etwas verwinkelten Straßen weiter in Richtung Süden, zunächst an einem unansehnlichen, aber großen Parkplatz vorbei, wird man zu fast jeder Tageszeit Schülern und Studenten begegnen. Wieder beim Hafengebiet angelangt, kann man rechts des Flusses einen Ausflug in das ehemalige Fischerdorf **Claddagh** machen. Die Romantik des Ortes hält sich allerdings in Grenzen. Das Dorf wurde seit dem Mittelalter von einem eigenen „König" beherrscht, ein etwas übertrieben wirkendes Wort für einen Bürgermeister. Der letzte König starb 1954, heute ist das Dorf nur eine Erweiterung der Stadt Galway.

Über die Wolf Tone Bridge erreicht man wieder das Stadtzentrum und die viel gerühmte **Spanish Arch**, den spanischen Torbogen. Die Befestigungsanlagen wurden 1584 gebaut, um den Hafen zu schützen – damals lag der Hafen noch außerhalb der Stadt Galway. In der Nähe des Torbogens sollen vor allem spanische Handelsschiffe festgemacht und ihre Ware gelöscht haben. Mit einem Schiff kam auch ein gewisser Christopher Columbus nach Galway. An dieses Ereignis erinnert ein Gedenkstein in der Nähe der Brücke. Angeblich soll Columbus bei Galway den Beweis dafür gefunden haben, dass es Land jenseits des Atlantiks geben muss. Wie nun genau dieser Beweis aussah, das bleibt im Dunkeln – das einzige Land, das von hier aus zu sehen wäre, sind die Aran Inseln. Spanish Arch ist zwar ein beliebtes Postkartenmotiv, das Interessanteste an den Mauerresten sind jedoch eigentlich die zahlreichen Menschen, die den Platz davor als Treffpunkt und Freizeitanlage nutzen.

Hinter der Schutzmauer steht das neue Gebäude des **Stadtmuseums**, Spanish Parade, ✆ 091-532460, 💻 www.galwaycitymuseum.ie. Ein Besuch ist empfehlenswert, wenn man sich etwas mehr in die Geschichte Galways vertiefen will. Neben Ausstellungen zur Stadtgeschichte und zur Verwicklung irischer Soldaten in die europäischen Kriege ist vor allem die Sammlung von Currachs interessant. Diese aus Leder gebauten Boote waren einstmals Irlands wichtigster Beitrag zur Seefahrerei – und werden teilweise heute noch genutzt. 🕓 Di–Sa 10–17 Uhr, Eintritt frei.

Der kleine Ort **Salthill** ist nur wenige Kilometer von Galway entfernt, geht jedoch nahtlos in

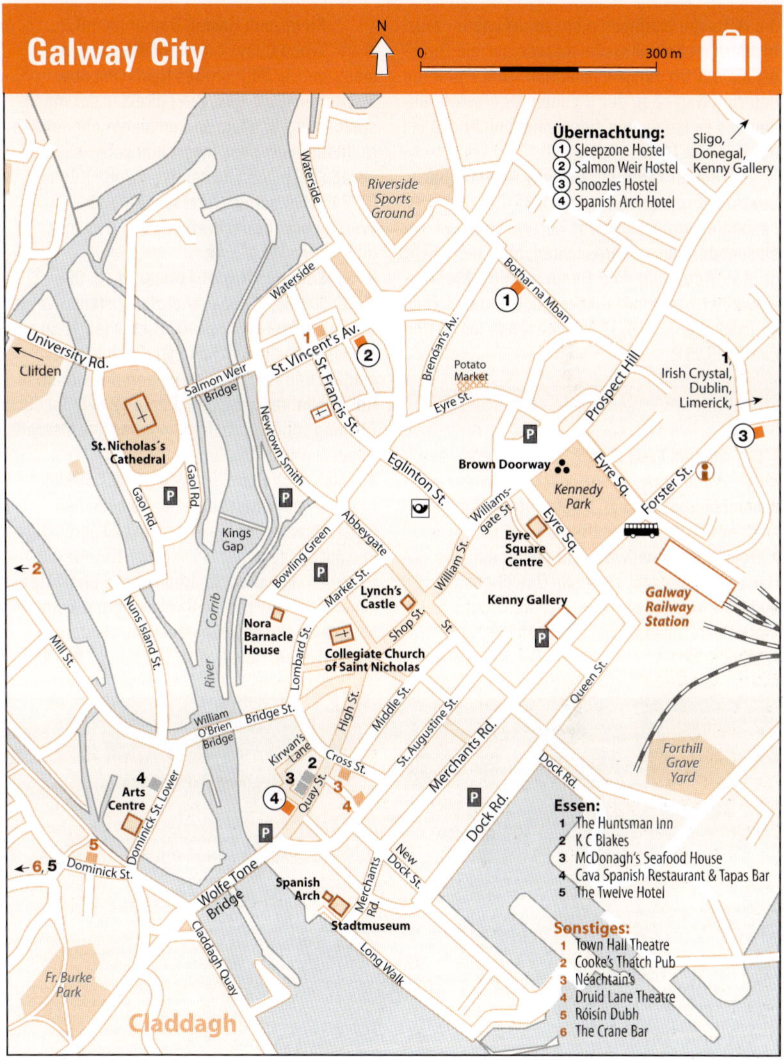

ihn über. Mit einem Stadtbus in wenigen Minuten erreichbar, gilt Salthill als der Badestrand von Galway. Die Promenade zieht sich eine beachtliche Strecke am Meer entlang, auf der einen Seite lockt ein sauberer Strand, auf der anderen Seite reihen sich Hotels, Restaurants, Geschäfte und Unterhaltungsmöglichkeiten aneinander. Ist das Wetter einigermaßen erträglich, kann man sich fast wie an der Riviera fühlen. Zumindest bis zu dem Moment, an dem man den großen Zeh ins Wasser hält und plötzlich daran erinnert wird, dass man jetzt im Nordatlantik steht. Man muss es ganz ehrlich sagen: Nur abgehärtete Menschen springen in Irland ins Meer. Und nur die Härtesten springen nicht sofort wieder raus. Insofern ist Salthill vielleicht weniger ein Badeort als ein Ort zum Ausspannen, zum Flanieren und zum Genießen der frischen Meeresluft. Jedenfalls so lange, wie diese einem nicht das Eis aus der Tüte fegt.

Bei Regen kann das **Galway Atlantaquaria**, Seafront Promenade, ✆ 091-585100, 💻 www.nationalaquarium.ie, etwas Kurzweil bringen – in diesem durchaus interessanten, aber nicht sehr großen Aquarium sind Besucher den Meeresbewohnern ganz nah ausgesetzt, und dabei doch im Trockenen. ⏲ 10–17, Wochenende bis 18 Uhr, Eintritt 10,25 €.

Übernachtung

Galway

€ **Salmon Weir Hostel**, 3 St. Vincent's Av., Wood Quay, ✆ 091-561133, 💻 www.salmonweirhostel.com. 5 Min. von der Innenstadt entferntes Hostel (Bett ab 12 €), das hilfreiche Personal wird sehr gelobt und das Haus gilt insgesamt als ruhig. Gewöhnungsbedürftig sind die nicht nach Geschlechtern getrennten Toiletten und Duschen (Einzelkabinen). ❶

€ **Sleepzone Hostel**, Bothar na mBan, Wood Quay, ✆ 091-566999, 💻 www.sleepzone.ie. Sehr großes Hostel mit über 200 Betten (Bett max. 29 €) direkt in der Innenstadt, kann vor allem an Sommerwochenenden recht turbulent sein. Insgesamt sehr beliebt gerade bei jungen Reisenden. Große Küche für Selbstversorger, Terrasse, Safe für Wertsachen, Gepäckverwahrung und sogar Internet via WLAN. ❷

€ **Snoozles Hostel**, Forster St., ✆ 091-530064, 💻 www.snoozleshostelgalway.ie. Großes Hostel mit über 100 Betten (ab 12,50 €) nur einen Steinwurf vom Eyre Sq. entfernt, modern und zweckmäßig eingerichtet (auch für Rollstuhlfahrer geeignet). Personal hilft bei der Planung von Tagestouren, eigenes Internetcafé, Alkoholverbot. ❷

Spanish Arch Hotel, Quay St., ✆ 091-569600, 💻 www.spanisharchhotel.ie. Gemütliches Hotel mitten in der Innenstadt mit 20 geräumigen und gut ausgestatteten Zimmern. Bei der Renovierung wurde der traditionelle Charakter einfühlsam bewahrt, so dass moderner Komfort und etwas altmodisches Design sich nicht ausschließen. Hotelbar mit Livemusik. ❸–❹

Galway, Stadt der Studenten und der (oft etwas eigenwilligen) Pubs

Salthill

Marian Lodge Guesthouse, Knocknacarra Rd., Salthill Upper, ✆ 091-521678, 💻 www.marian-lodge.com. An die Promenade angrenzendes Guesthouse mit insgesamt 6 Zimmern, recht familiäre Atmosphäre. Organisiert auch Tagesausflüge. ❸

Galway Bay Hotel, Conference & Leisure Centre, The Promenade, Salthill, ✆ 091-520520, 💻 www.galwaybayhotel.com. Mit Blick auf Galway Bay und den Strand von Salthill bietet das Hotel 153 Zimmer. Swimmingpool, Sauna und Fitnessangebote. Programm für Kinder, gutes Essen (speziell Fischgerichte). Vielleicht das beste Haus, wenn es ein wenig Verwöhnung sein darf. ❹

Essen

Cava Spanish Restaurant & Tapas Bar, 51 Dominick St., ✆ 091-539884, 💻 www.cavarestaurant.ie. Spanische Küche. Neben Tapas werden auch komplette Menüs und auch nordafrikanisch geprägte Gerichte geboten. Tischbestellung ratsam.

K C Blakes, 10 Quay St., ✆ 091-561826. Bietet internationale Küche, aber auch hervorragende irische Spezialitäten. Neben dem herzhaften Irish Stew ist vor allem das Rindfleisch in Guinness zu empfehlen.

The Huntsman Inn, 164 College Rd., ✆ 091-562849, 💻 www.huntsmaninn.com. Großes Restaurant etwas abseits des Innenstadttrubels mit einer Speisekarte, die tagsüber Hausmannskost zu erschwinglichen Preisen bietet, abends dann auch exotische und etwas teurere Gerichte. Die hausgemachten Steakburger und die exzellenten Fischfrikadellen unbedingt probieren!

€ **McDonagh's Seafood House**, 22 Quay St., ✆ 091-565001 💻 www.mcdonaghs.net. Eines der beliebtesten Restaurants in Galway, wegen seiner exzellenten Fischgerichte mehrfach ausgezeichnet, Verwendung finden nur frische Zutaten. Das Restaurant bietet schon ein 2-Gänge-Menü für unter 20 € an, wer es noch billiger möchte, nimmt Fish & Chips „auf die Hand".

The Twelve Hotel, Barna Village, 💻 www.thetwelvehotel.ie. Hotelrestaurant mit sehr guter Weinkarte. Spezialität: Kaninchen. Klaviermusik am Wochenende. Mittagstisch nur sonntags.

Unterhaltung und Kultur

Cooke's Thatch Pub, 2 Newcastle Rd., ✆ 091-582959, 💻 www.cookesthatchpub.com. Etwas abseits der Innenstadt gelegen und schon wegen seines Strohdachs eine Seltenheit (innerhalb der Stadtmauern war die Bedachung aus Feuerschutzgründen verboten). Zu jeder Zeit recht gemütlich und einen Besuch wert, besonders aber die Trad Sessions am Mittwochabend bringen den Laden fast zum Platzen. Donnerstags bis sonntags Liveauftritte örtlicher Bands.

The Crane Bar, 2 Sea Rd., ✆ 091-587419, 💻 www.thecranebar.com. Großer und sehr beliebter Pub mit einem gemischten Musikprogramm, das von Jazz und Blues über Irish Folk bis hin zu Country reicht. Teilweise bekannte Künstler, oft sehr talentierte Newcomer oder Lokalmatadore.

Druid Lane Theatre, Flood St., ✆ 091-568660, 💻 www.druid.ie. In dem kleinen Theater werden oft experimentelle Stücke von jüngeren Dramatikern aufgeführt.

Néachtain's, 17 Upper Cross St., ✆ 091-568820, 💻 www.tighneachtain.com. Einer der beliebtesten Pubs in Galway mit einer sehr freundlichen Atmosphäre. Viele Einheimische verkehren hier. Es gibt lokale Biersorten („Galway Hooker") und jeden Abend Folk Musik.

Róisín Dubh, Upper Dominick St., ✆ 091-586540. In den letzten Jahren immer mehr kommerzialisierter Pub mit großer Dachterrasse, der allerdings nach wie vor mit einem sehr guten Musikprogramm aufwarten kann. Man sollte jedoch keine Folklore erwarten.

Town Hall Theatre, Courthouse Sq., ✆ 091-569777, 💻 www.tht.ie. Das etwas konservativere Gegenstück zum Druid Lane, bietet vor allem bekanntere Standards und Musicals.

Feste

Das **Cúirt International Festival of Literature**, 💻 www.cuirt.ie, im April ist ein mehrtägiges Literaturfest, zum Teil treten auch prominente irische Schriftsteller auf.

Galway Sessions, 🖳 www.galwaysessions.com, ganz Galway steht im Juni im Zeichen traditioneller irischer Musik, die an allen möglichen Orten gespielt wird und einen garantiert bis in den Schlaf verfolgt.

Das **Galway Film Fleadh**, 🖳 www.galwayfilm fleadh.com, Mitte Juli ist ein Filmfestival, das irgendwo zwischen Arthouse und Hollywood balanciert und ein buntes Programm bietet. Teilweise mit prominenten Besuchern.

Irlands größtes Kulturfestival, das **Galway Arts Festival**, 🖳 www.galwayartsfestival.com, bietet im Juli zwei Wochen lang einen bunten Mix aus Konzerten, Vorführungen und sehr viel Straßenkunst. Besucher sollten sich in dieser Zeit unbedingt eine Unterkunft vorbestellen.

Eine Woche lang dauert das **Galway International Oyster Festival**, 🖳 www.galway oysterfest.com, Mitte/Ende September. Eigentlich waren ja Austern und Guinness in Irland ein preiswertes Mahl für arme Leute, zu Beginn der Muschelsaison an der Westküste bringen sie sich mit aller Macht in Erinnerung.

Eine Woche lang wird Mitte Oktober in Galway das größte Kinderkulturfest Irlands gefeiert, **Baboró Arts Festival for Children**, 🖳 www.baboro.ie.

Informationen

Tourist Information Galway, Aras Failte, Forster St., ✆ 091-537700, nicht weit vom Eyre Sq. entfernt, wo es ein weiteres Infobüro gibt. Das ganze Jahr über geöffnet, Mo–Fr 9–17.30 Uhr. Vermittlung von Unterkünften, Tipps und Hinweise zu Bus- und Bootstouren. Infos auch unter 🖳 www.discoverireland.ie, www.galwaytourism.ie oder www.galway.net.

Tourist Information Salthill, ✆ 091-520500 (nur im Sommer).

Aktivitäten

Wer ein Faible für Pferde hat, sollte das **Rusheen Riding Centre**, Barna Rd., Salthill, ✆ 091-521285, ansteuern, hier können mehrstündige Ausritte durch die Natur gebucht werden.

Touren

Von Galway aus gibt es zahlreiche Möglichkeiten für Tagestouren – ein besonders reichhaltiges Angebot bietet die **Galway Tour Company**, 🖳 www.galwaytourcompany.com, mit Tagestouren in den Burren und zu den Cliffs of Moher, nach Connemara oder auch auf die Aran Islands. Während die Galway City Tour nicht unbedingt ein Muss ist (der Ort ist eigentlich zu klein für Stadtrundfahrten), kommen bei der Galway Night Tour die Gruselfreunde auf ihre Kosten! Ähnliche Angebote findet man auch bei **Lally Tours**, 🖳 www. lallytours.com.

Eine sehr angenehme Art, die nähere Umgebung kennenzulernen, sind auch die Bootsfahrten mit der **Corrib Princess**, 🖳 www.corribprincess.ie, die den Corrib entlang an einigen landschaftlich schönen Stellen und alten Burgen vorbeiführen.

Einkaufen

Die Innenstadtstraßen sind ein Shoppingparadies. Musikinstrumente gibt es etwa bei **Powell's** in der William St., eine hervorragende Auswahl an Musik-CDs dagegen bei **Mulligan Records** in der Middle St. Und wer einen echten Claddagh Ring kaufen will, der kann bei **Thomas Dillon's Claddagh Gold**, 1 William St., 🖳 www.claddaghring.ie, nicht fehlgehen – immerhin handelt es sich hier um den ältesten Claddagh-Schmied am Ort. Ein uralter **Markt**, 🖳 www.galwaymarket.com, findet jedes Wochenende rings um die St. Nicholas Church statt. Hier findet man neben viel Unterhaltung Marktstände, die Musikinstrumente, typische Pullover u.v.a.m. verkaufen.

Nahverkehr

Bus Éireann bietet einen **Stadtbus** in Galway an, der für Touristen allerdings nur auf der Strecke nach Salthill interessant sein könnte, 🖳 www.buseireann.ie (unter City/Town Services). Abfahrtspunkte am Eyre Square und an der Promenade.

Transport

Busse

Vom **Bushof** südöstlich des Eyre Square fahren die Fernbusse ab.

DUBLIN, stdl. zwischen 6.30 und 21 Uhr. Regulärer Fahrpreis 15 €. Infos unter

💻 www.buseireann.ie oder Galway Travel Information, ✆ 091-562000.
Linie 20 nach Dublin via Loughrea, Athlone und Maynooth, Gesamtfahrzeit 3 1/2 Std.
Direkte Verbindungen bestehen auch nach ENNIS, LIMERICK und CORK (Linie 51), nach CONG und CASTLEBAR (Linie 52), nach ROSSAVEAL (Linie 424) und nach OUGHTERARD, ROUNDSTONE und CLIFDEN (Linie 419).
Ebenfalls eine regelmäßige Verbindung nach DUBLIN bietet das Privatunternehmen **GoBus**, 💻 www.gobus.ie, an. Schneller als Bus Éireann durch weitaus weniger Haltestellen, 10 €.

Eisenbahn

Zwischen etwa 5 und 22 Uhr besteht eine regelmäßige Zugverbindung zwischen Galway und DUBLIN Heuston, an Wochentagen etwa 1x stdl., Fahrtzeit 2 1/2 Std. Da im Internet teilweise Tarife von 10 € für die einfache Fahrt angeboten werden, ist dies eine sehr günstige (und schnelle) Alternative zur Busfahrt. Infos unter 💻 www.irishrail.ie.

Schiffe

Schiffe zu den Aran Islands verkehren von **Rossaveal**, 💻 www.aranislandferries.com (Shuttlebus vom Stadtzentrum Galway), oder **Doolin** (s. S. 440).

Flüge

Vom **Galway Airport**, ✆ 091-755569, 💻 www.galwayairport.com, verkehren Linienmaschinen nach Dublin, Waterford, Luton und Manchester. Der Flughafen liegt ca. 8 km außerhalb der Stadt.
Linienflüge zu den Aran Islands, 💻 www.aerarannislands.ie, ab dem Connemara Regional Airport sind gar nicht so teuer (ca. 45 €) und durchaus eine Alternative zur Fähre, die Flüge dauern nur wenige Minuten.
Rundflüge über die Aran Islands werden in den Sommermonaten ebenfalls angeboten, hierbei werden auch die Cliffs of Moher angeflogen. Ein Ticket für die jeweils mittags startenden Flüge kostete 2010 50 €.
Shuttlebusse von Galway City fahren regelmäßig zum Flug- und den Fährhäfen.

7 HIGHLIGHT

Aran Islands

Insgesamt sieben Inseln bilden die Aran Islands, drei davon sind bewohnt: Inishmore, Inishmaan und Inisheer. Die kahlen, zerklüfteten, vom Atlantik umtosten Kalksteininseln sind geologisch betrachtet nichts anderes als die Fortsetzung des Burren. Lediglich aus den Felsritzen sprießen im Frühling bunte Blumen, was die Landschaft wirkungsvoll in Szene setzt. Dazu die Reste alter Festungen und die allgegenwärtigen Steinmauern. Unwillkürlich fragt man sich, warum Menschen sich ausgerechnet hier niedergelassen haben. Ursprünglich waren es wohl einige Mönche, die sich zur Kontemplation in der Einsamkeit niedergelassen hatten. Erst nach den Cromwell'schen Vertreibungen begann die echte Besiedlung der Inseln durch Bauern und Fischer, die hier ein Refugium im Atlantik fanden.

Wind und Wetter setzten den Arans schon immer so zu, dass eigentlich nicht einmal Erde auf ihnen hält und jede Art von Landwirtschaft unmöglich ist. Als Reaktion auf diesen Mangel schafften die Anwohner Sand und Algen vom Meeresrand auf die Plateaus, umringten die Parzellen mit groben Steinmauern und schufen so ihre „Gärten" und damit sichere Räume für das Vieh, das ihnen Nahrung und Rohstoffe lieferte.

Der wichtigste Grund, die Aran Inseln zu besuchen, ist jedoch die raue Natur – von hier aus kann man rund 120 km irische Küste sehen oder stundenlang in die endlosen Weiten des Atlantik hinausträumen, bis die Sonne langsam und sehr spät hinter dem Horizont versinkt.

Inishmore

Mit rund 12 km Länge und maximal 3 km Breite ist Inishmore überschaubar, weniger als 1000 Menschen leben hier ständig. In einer fast grauen Landschaft, teils auf einer steinigen Hochebene, wo die berühmten Mauern oft der einzige Hinweis auf menschliche Besiedlung sind. Und wo es fast immer windig ist, man ohne das Geräusch der Wellen etwas vermisst und die Natur eigentlich alles daran setzt, die Menschen von hier zu vertreiben.

Kilronan, der Fährhafen und im Sommer recht schmucke Hauptort, verbindet die Insel mit dem Festland. Hier ist das Zentrum des Tourismus auf den Aran Islands – es gibt Unterkünfte, Inseltouren werden feilgeboten und auch für das leibliche Wohl wird gesorgt. Ein kleines Bilderbuchdorf, hinter dem die Einsamkeit beginnt. Das kleine **Heritage Centre**, ✆ 099-61355, nur drei Gehminuten vom Fähranleger entfernt erläutert dem Besucher die Geschichte und Kultur der Inseln. Und bis zu sechs Mal am Tag wird hier das 75-minütige Epos *Man of Aran* gezeigt. ⏲ April, Mai, Sep, Okt tgl. 11–17, Juni–Aug tgl. 10–19 Uhr, Eintritt 5,50 €.

Südlich von Kilronan sind auf einer Wanderung das Black Fort oder **Dún Dúchathair**, die „**Puffing Holes**", die ehemalige Klosteranlage von **St. Enda**, und **Teampall Bheanáin**, eine frühchristliche Kirche, zu entdecken.

Wendet man sich dagegen nach Nordwesten, kann der **Ring of Aran** gelaufen werden, mit herrlichen Aussichten auf die Galway Bay und Connemara, den **Teampall Chiaráin**, den Leuchtturm und natürlich das dramatisch auf einer Klippe thronende Steinfort von Dún Aengus (oder Dún Aonghasa).

Dún Aengus ist weltberühmt, das Steinfort an der Südküste im Westteil der Insel gilt als eine der größten prähistorischen Festungsanlagen Irlands und ist vielleicht die spektakulärste überhaupt. Dabei werden nur knapp 45 m Land unmittelbar vor dem tödlichen Abgrund geschützt, die Erbauer kämpften wortwörtlich mit dem Rücken zur Steilwand. Das Plateau direkt am Atlantik ermöglichte keinen Angriff von See her, der Feind musste sich über Land nähern und dabei vor allem vier (halbe) Ringwälle überwinden. Eine nahezu uneinnehmbare Festung, die jedoch relativ leicht ausgehungert werden konnte und die heute einen fantastischen Blick über das Meer ermöglicht. An den Klippenrand sollten jedoch nur schwindelfreie Menschen herantreten.

Einen wesentlich besseren Kontakt zum Meer kann man an den Stränden von **Kilmurvey** und **Killeany** genießen. An sonnigen Tagen kann man sogar einen kurzen Abstecher ins Wasser wagen, sonst ist eher ein Strandspaziergang angebracht.

Typische Aran-Pullover

Mit den Aran Islands verbinden die meisten Menschen dicke Pullover und einen alten Schwarz-Weiß-Film. In dem epischen *Man of Aran* beschrieb (oder inszenierte) Robert J. Flaherty 1934 den entbehrungsreichen Alltag der Bewohner dieser Inseln einige Meilen westlich von Galway. Und in den dicken Pullovern fuhren eben diese Männer aufs Meer hinaus – in winzig kleinen Booten, auf der Jagd nach Haifischen, deren Tran sie für die Öllämpchen brauchten. Wobei jede Familie eigene Pullovermuster verwendete. Der Grund war ebenso einfach wie makaber – wurde eine Wasserleiche angespült, war eine Identifizierung meist kam noch möglich. Der typische Familienpullover allerdings erleichterte diese Arbeit immens. Das heutige Hauptsouvenir war gewissermaßen die Erkennungsmarke des Fischers. Allerdings liegt die Vermutung nahe, dass die „alten Muster" gar nicht so alt sind, sondern eher folkloristischem Wunschdenken entsprangen.

Übernachtung und Essen

Mainistir House, Kilronan, ✆ 099-61169, 💻 www.mainistirhousearan.com. Nur einen kurzen Fußmarsch vom Hafen entfernt, bietet dieses Hostel eine bequeme Unterkunft in relativ kleinen Zimmern (Bett 17 €). Selbstversorger können die Küche nutzen, es werden aber auch Mahlzeiten angeboten. Fahrräder können ausgeliehen werden. ❷

Kilmurvey House, Kilronan, ✆ 099-61218, 💻 www.kilmurveyhouse.com. 150 Jahre altes Landhaus mit 12 Zimmern. Direkt neben dem Dun Aonghasa Besucherzentrum und 3 Min. vom Strand entfernt. Im hauseigenen Restaurant werden abends typisch irische Gerichte serviert, viele Zutaten aus eigenem Anbau. ❸

Pier House, Kilronan, ✆ 099-61417, 💻 www.pierhousearan.com. In Laufweite von Sandstrand, Pub und historischen Ruinen gelegenes Guesthouse mit 12 Zimmern. Ruhig und mit herrlicher Aussicht. ❸

ARAN ISLANDS

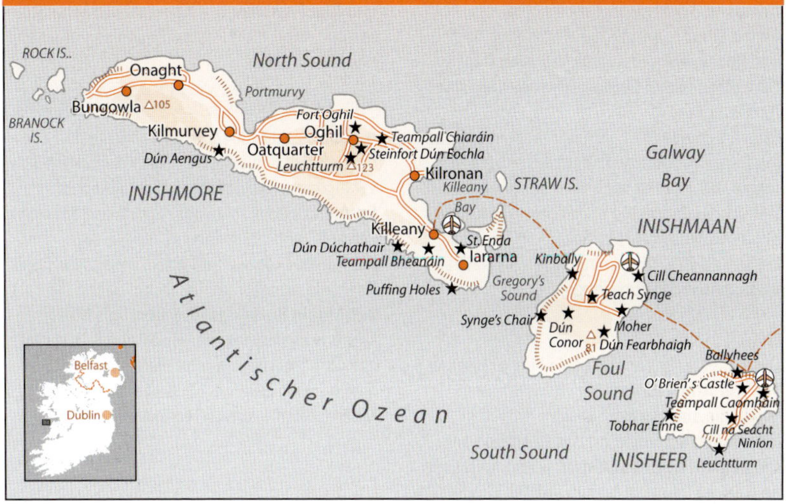

Pier House Restaurant, Kilronan, ✆ 099-61811, 💻 www.aranrestaurant.com. Restaurant mit überraschend vielfältiger Küche, von irischen Spezialitäten bis hin zu mediterran angehauchten Gerichten und sogar Sushi. Preislich eher im oberen Bereich. Besonders empfehlenswert ist der frische Hummer direkt aus dem Meer (30 € pro Pfund!).

Unterhaltung und Kultur

Joe Watty's Bar, Kilronan, ✆ 099-61155. Nach Meinung vieler Besucher (und auch Einheimischer) der beste Pub auf den Inseln, mit traditioneller Musik an fast jedem Abend. Serviert auch Essen, kann aber teilweise in Qualität und Service schwanken.

Tigh Fitz, Killeaney, ✆ 099-61213. Kleiner Pub in der Nähe des Flughafens, oft traditionelle Sessions am Wochenende.

Aktivitäten und Touren

Die meisten Menschen werden die Aran Islands zu Fuß erkunden wollen – aber auch mit dem **Fahrrad** kann es reizvoll sein. Wer auf Inishmore einen Drahtesel mieten will, ist direkt am Pier von Kilronan bei K&M Bicycle Hire willkommen (mind. 10 € pro Tag).

Touren mit dem **Minibus** über die Insel bietet u. a. Dún Aonghas Tours, 💻 www.dunaonghastours.com, an – bei Ankunft der Fähren stehen jedoch regelmäßig Minibusse bereit, um Touristen zu den Highlights zu bringen (mind. 10 € pro Tag).

Ebenfalls hier starten die traditionellen **Pferdekutschen**, mit denen in etwa dieselbe Route abgefahren wird (ab 40 €).

Die Preise für alle diese Dienstleistungen sind je nach Saison unterschiedlich.

Informationen

Tourist Information Aran Islands, Kilronan, Inishmore, ✆ 099-61263. Nahe des Fähranlegers. Gepäckaufbewahrung und Geldwechsel. Weitere Infos unter 💻 www.aran-isles.com oder www.aranisland.info.

Transport

Fähren

Schiffe zu den Aran Islands verkehren zumindest im Sommer regelmäßig vom Hafen

von **Doolin**: **Doolin2Aran Ferries**, 💻 www.mohercruises.com, **Doolin Ferries**, 💻 www.doolinferries.com, **Doolin Ferry Company**, 💻 www.doolinferry.com.
Eine weitere, ganzjährige Verbindung besteht von **Rossaveal** (mit Zubringerbus ab Galway City): **Aran Island Ferries**, 💻 www.aranisland ferries.com.
Die verschiedenen Fährunternehmen betreuen auch den Verkehr zwischen den einzelnen Inseln, sie werden nacheinander angesteuert. Details der Fahrpläne und Fahrpreise jeweils auf den Webseiten. Ein Ticket von Doolin ist bereits ab 15 € zu bekommen, ab Rossaveal muss man mit 25 € rechnen.

Flüge

Der Luftverkehr auf die Inseln liegt in Händen von **Aer Arann Islands**, 💻 www.aerarann islands.ie, und wird mit kleinen Propellermaschinen durchgeführt. Diese starten am **Connemara Regional Airport** (Zubringerbusse ab Galway City) und landen auf den Flugfeldern der drei Hauptinseln. Diese sind jeweils etwas außerhalb der Orte, Transfer mit Minibus kann über die Fluggesellschaft organisiert werden. Ticket ca. 45 €.

Inismaan

Inishmaan ist wesentlich ärmer an Attraktionen als Inishmore – was von Vorteil ist. Die kleinere Insel wird von weniger Besuchern angesteuert, sodass man hier die Natur noch ungestörter genießen kann. Die meisten Einwohner leben in der Nähe des Fähranlegers bei **Moher** an der Ostküste der Insel, die einzige weitere Siedlung ist **Kinbally** an der Westküste, von wo man einen sehr schönen Ausblick auf Inishmore hat.

In Moher bekommt man alle notwendigen Informationen inkl. Übersichtskarten, die man zum Besuch der Insel braucht – am besten im Laden der Cooperative (Mo–Fr 9–13, 14–17 Uhr). Ein **Rundweg** von 8 km ist ausgeschildert (gelbe Pfeile/Symbole). Dieser führt an den wesentlichen Sehenswürdigkeiten vorbei: **Teach Synge**, das von J.M.Synge einmal bewohnte Häuschen (Eintritt 3 €, Öffnungszeiten nach Vereinbarung) und **Synge's Chair** (eine windgeschützte Felsformation an der Westseite), wo sich der Dramatiker angeblich von der dramatischen Szenerie inspirieren ließ. **Cill Cheannannagh**, eine vor mehr als tausend Jahren erbaute Steinkapelle, und **Dún Fearbhaigh**, eine mittelalterliche Steinfestung, sind die ältesten Zeugnisse menschlicher Besiedlung.

Übernachtung und Essen

An Dun, 📞 099-73047, 💻 www.inismeain accommodation.com. Sehr gemütliches B&B mit eigenem Restaurant, hervorragendem Frühstücksmenü und sogar Sauna und Massage, herrlich nach einem langen Wandertag.
Die Inhaber können außerdem die besten Tipps für Wanderungen auf den Inseln geben. ❸
Inis Meain Restaurant & Suites, Inis Meain, 💻 www.inismeain.com. Modernes Restaurant, das gutbürgerliche Küche bietet, Verwendung finden lokale Zutaten, hauptsächlich Fisch und Meeresfrüchte sowie Gemüse aus eigenem Anbau.

Inisheer

Inisheer ist die kleinste der drei Hauptinseln und liegt dem Festland am nächsten, nur rund 8 km Luftlinie von Doolin entfernt. Die Hauptsiedlung **Ballyhees** an der Nordküste, wo auch die Fähren anlegen, ist Ausgangsort für den rund 12 km langen Rundwanderweg (3–4 Std.) um die Insel. Die Strecke ist gut ausgeschildert (gelbe Pfeile/Symbole) und weist keine besonderen Schwierigkeiten auf. Am Weg liegen **Tobhar Eínne**, ein alter „Heiliger Brunnen", der **Leuchtturm** am Fardurris Point (südlichster Punkt der Insel mit Blick auf die Cliffs of Moher), die alte Kapelle **Cill na Seacht Ninío**n, **Teampall Caomhain** und **O'Brien's Castle**.

Am sehenswertesten (vom Fähranleger in östlicher Richtung in 15 Min. erreicht) ist der **Teampall Caomhain**, eine Kirche, die im 19. Jh. unter einer Düne wiedergefunden wurde. Die kreuzförmige Anlage dient heute noch am 14. Juni als Wallfahrtsziel der Inselbewohner. Und soll ganz besondere Kräfte freisetzen – es heißt, wer die Nacht zum 14. Juni hier schläft, kann von allen Krankheiten geheilt werden. Gelegentlich sieht man wirklich noch Pilger, die die Nacht an diesem meistens recht ungemütlichen Ort verbringen.

Wandern auf der Insel Inishmore

- **Strecke:** Südroute etwa 5–6 km, Ring of Aran etwa 18 km
- **Dauer:** Südroute 2 Std., Ring of Aran 4–5 Std.
- **Start- und Zielpunkt:** Kilronan
- **Steigungen:** moderat
- **Wegbeschaffenheit:** gut
- **Ausschilderung:** gut, mit gelben Pfeilen und Wanderer-Symbolen

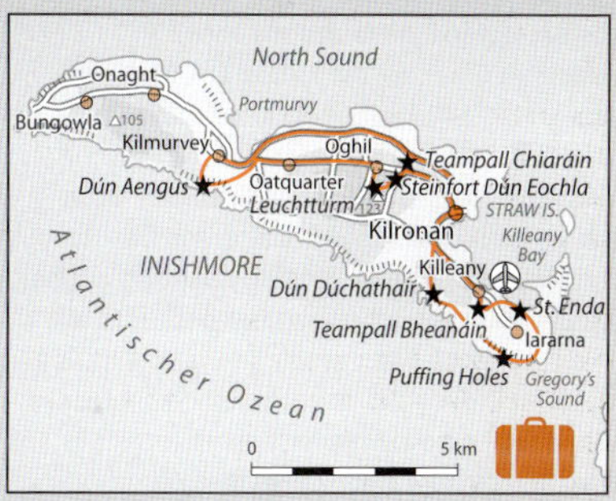

Wanderungen auf den Aran Islands haben einen großen Vorteil – man braucht kaum Kartenmaterial (eine Übersichtskarte der Insel reicht) und kann sich eigentlich nie verlaufen. Irgendwann landet man immer am Meer und kann dann einfach der Küstenlinie bis zur nächsten Siedlung folgen. Dieses sollte man allerdings nicht zu wörtlich nehmen, denn vom Wanderweg bis zum Meer können es viele Dutzend Meter sein, steil bergab. Ein wenig Vorsicht ist also angesagt, vor allem bei stürmischem Wetter. Die beiden beliebtesten Wanderungen gehen von Kilronan auf Inishmore aus und nehmen jeweils, je nach Kondition und vor allem Pausen zum Genießen der Aussicht, etwa drei Stunden bis einen halben Tag in Anspruch.

Die Südroute

Von der Hafensiedlung Kilronan aus geht es zunächst auf der Straße Richtung Süden und dann schon bald südöstlich auf das Black Fort oder **Dún Dúchathair** zu. Dies liegt von der Straße aus auf der anderen Seite der Insel, die hier aber nicht einmal 1 km breit ist. Eine große Ausschilderung ist nicht nötig, die kreisrund aus Stein gebaute Festung ist immer am Horizont zu sehen, man geht einfach auf sie zu.

Von der Festung aus wendet man sich dann nach Südosten und geht, mehr oder weniger an der Kante entlang, zu den **„Puffing Holes“** (rund 45 Min.), Vorsicht ist angebracht. Vor allem in der Nähe der Puffing Holes, jener Felsspalten, die von den Klippen bis zum Meer hinabreichen. Bei starkem Seegang knallen die Wellen so stark auf die Insel, dass das Meerwasser durch diese Spalten bis an die Oberkante der Klippen gedrückt wird und dann wie die Fontäne eines Wals aus dem Boden schießt. Ein ungeheuer beeindruckendes und lautes Naturschauspiel. Von hier aus ist auch ein guter Blick auf Inishmaan möglich.

Anschließend folgt man einfach wieder der Küstenlinie Richtung Nordwesten. Am Inselflughafen vorbei (und am Tigh Fitz, wo im Sommer mittags ein Imbiss eingenommen werden kann) geht es zu der ehemaligen Klosteranlage von **St. Enda** und den Resten des **Teampall Bheanáin**, einer dem Hl. Benen geweihten frühchristlichen Kirche. Über die Hauptstraße geht es wieder zurück nach Kilronan.

Ring of Aran

In die entgegengesetzte Richtung führt der sogenannte „Ring of Aran", auf der Straße nach Norden wird Kilronan verlassen, an Joe Watty's Bar vorbei und dann rechts ab in den Wald von Aran. Wundern Sie sich nicht, die kleine Ansammlung von Bäumen an dieser Stelle trägt einen solch großen Namen. Schließlich ist dies die einzige „bewaldete" Gegend der Inseln. Die Galway Bay liegt direkt vor einem und auf dem Festland sind die Berge von Connemara zu sehen.

Teampall Chiaráin, die Kirche des Hl. Kieran, ist die erste Sehenswürdigkeit auf dem Weg. Sie wird jedoch verblassen gegen das eigentliche Ziel der Wanderung, das dramatisch auf der Klippe gebaute, halbkreisförmige Steinfort von **Dún Aengus** (oder Dún Aonghasa). Für diese einmalige Anlage, gegen Angriffe von Land aus geschützt durch mehrere Verteidigungsanlagen, und vom Meer aus durch die etwa 100 m hohen Klippen uneinnehmbar, sollte sich jeder Besucher mindestens eine Stunde oder mehr Zeit nehmen.

Danach geht der Weg weiter zum **Leuchtturm**, der an der höchsten Stelle der Insel steht. An klaren Tagen hat man jetzt den besten Ausblick auf die Inseln und die Westküste Irlands. Nordwestlich liegen die Berge von Connemara, westlich die Galway Bay und nur ein kleines Stück südwestlich die Cliffs of Moher. Hat man sich für eine Übernachtung auf der Insel entschlossen, ist dieses Panorama bei Sonnenuntergang unvergesslich. Zurück nach Kilronan folgt man einfach der Straße, am kreisrunden Steinfort Dún Eochla vorbei.

Praktische Tipps

Wer auf den Arans wandern will, sollte auf jeden Fall rutschfestes Schuhwerk tragen. Der Untergrund bietet fast überall reichlich Gelegenheit zum Ausrutschen, in der Nähe der Klippen kann dies tödlich enden. Auch ein guter Regenschutz ist angebracht, das Wetter kann hier sehr schnell umschlagen.

Sollte man sich tatsächlich dazu entschließen, vom Leuchtturm aus den Sonnenuntergang zu bewundern und erst danach nach Kilronan zurückzukehren, kann eine Taschenlampe gute Dienste leisten. Im Sommer allerdings hält sich das Zwielicht oftmals lange genug, um auf eine künstliche Beleuchtung verzichten zu können.

Atlantikklippen bei Dún Aengus

Übernachtung und Essen

Bru Radharc Na Mara Hostel, ✆ 099-75024. Einfaches, aber durchaus komfortables Hostel mit 39 Betten. Waschmaschine vorhanden. Fahrradverleih im Haus. Bett ab 18 €.

Fisherman's Cottage Restaurant, ✆ 099-75073, 🖳 www.southaran.com. Einfach gehaltenes Restaurant, in dem tagsüber Kaffee, Kuchen und leichte Snacks serviert werden, abends isst man à la carte, wobei viele irische Spezialitäten auf der Speisekarte stehen. Wenn irgend möglich, werden örtlich erzeugte Produkte, fangfrischer Fisch und Fleisch von Insellämmern verwendet.

Unterhaltung

Tigh Ned, ✆ 099-75004. Über 100 Jahre alter Pub ohne große Schnörkel, aber mit angenehmer Gesellschaft und guter Musik am Abend.

Rund um Galway City

Zahlreiche Orte und Sehenswürdigkeiten bieten sich als lohnende Ausflugsziele von Galway aus an.

Kinvara

Südlich von Galway an einem Seitenarm der Galway Bay liegt die kleine Hafenstadt Kinvara. Vor allem das auf einem Felsen am Ufer erbaute und perfekt restaurierte **Dunguaire Castle**, 🖳 www.shannonheritage.com, zieht Besucher an. Im Jahr 1520 von der Familie O'Hynes errichtet, ging es rund hundert Jahre später an eine reiche Familie aus Galway. Diese verkaufte die Burg 1924 an den Arzt, Politiker und Schriftsteller Oliver St. John Gogarty, der mit der Restaurierung begann. Literarische Größen wie W.B. Yeats, Lady Gregory, George Bernard Shaw, Edward Martin and J.M. Synge waren hier zu Gast. Heute befindet sich die Anlage in Händen der regionalen Planungsgesellschaft Shannon Development. Diese hat die Burg zur Touristenattraktion umfunktioniert und veranstaltet hier von April bis Oktober abends „mittelalterliche" Bankette. ⏲ Besichtigungen Mai–Sep tgl. 9.30–17 Uhr, Eintritt 6 €.

Übernachtung und Essen

€ **Doorus House Youth Hostel**, ✆ 091-637512, 🖳 www.kinvara.com/doorushouse. Etwa 6 km außerhalb von Kinvara gelegen, mind. 15 Min. von der nächsten Bushaltestelle entfernt, aber ein hervorragendes Haus mitten in der Einsamkeit einer sehr schönen Halbinsel. Einfache Unterkunft in Schlafsälen (Bett ab 15 €) oder auch Familienzimmern, große Selbstversorgerküche. ❶

Transport

Kinvara ist am besten mit der **Buslinie 50** erreichbar, die Lisdoonvarna und Galway verbindet, 🖳 www.buseireann.ie.

Gort

Wesentlich weiter im Binnenland liegt Gort, eine alte Marktstadt, geprägt von Häusern aus dem 18. Jh. Der Ort selbst hat kaum Sehenswürdigkeiten zu bieten. Etwas nördlich liegt jedoch Coole Park, ein Muss für Liebhaber irischer Literatur.

Coole Park, Coole Nature Reserve, ✆ 091-631804, 🖳 www.coolepark.ie, war der Wohnsitz von Lady Gregory (1852–1932), Dramatikerin und eine der bedeutendsten Sammlerinnen von Folklore und Märchen. Daneben machte sie sich einen Namen als Gastgeberin für die literarische Crème de la Crème Irlands. So findet man im Park eine Blutbuche, den sogenannten Autogramm-Baum, in dem sich die illustren Gäste verewigen konnten. George Bernard Shaw,

Refugium für einen Poeten

In einer wildromantischen Flusslandschaft findet der auf literarischen (und hier auch verschlungenen) Wegen wandelnde Besucher **Thoor Ballylee**, ✆ 091-631436, einen vierstöckigen Turm. Ursprünglich im 16. Jh. gebaut, wurde Castle Ballylee Anfang des 20. Jhs. von **William Butler Yeats** gekauft und als Wohnhaus restauriert (und romantisch-nationalistisch umbenannt). Der Dichter lebte hier von 1921–1929. Heute ist der Turm ein Museum und zeigt diverse Erinnerungsstücke und Erstausgaben des Schriftstellers. ⏲ Im Sommer Mo–Sa 9.30–17 Uhr, Eintritt 6 €.

W.B. Yeats und auch Sean O'Casey ritzten hier ihre Initialen ein. Vielleicht nicht unbedingt die besten Werke dieser Schriftsteller, aber eine kuriose Erinnerung an alte, große Zeiten. Denn Erinnerung ist alles, was von Coole Park blieb. Das Herrenhaus wurde 1941 zerstört. Die interessante Ausstellung über den Park und den literarischen Zirkel der Lady Gregory ist daher in einem ehemaligen Wirtschaftsgebäude untergebracht. ⌚ Ganzjährig tagsüber, Eintritt frei.

Essen

Kilcolgan

Eine Pause auf dem Weg von Galway nach Gort wert ist das **Moran's Oyster Cottage**, The Weir, 💻 www.moransoystercottage.com. Ein charaktervoller, am Wasser gelegener, reetgedeckter Pub. Schwerpunkt: Austern.

Transport

Gort ist am besten mit den **Buslinien 51 und 55** erreichbar, die Ennis und Galway verbinden, Infos unter 💻 www.buseireann.ie.

Kloster Kilmacduagh

In den Ruinen des Klosters Kilmacduagh, 4 km westlich von Gort, blieb einer der größten irischen Rundtürme erhalten. Er ist 34 m hoch und steht leicht schief in der Landschaft. Der in fast 8 m Höhe gelegene Eingang ist heute über eine Treppe erreichbar. Ebenerdig befinden sich die daneben liegende Kathedrale aus dem 12. Jh., die dem Hl. Johannes geweihte Kirche und weitere Gebäude und Kapellen. Der Besucher sollte sich Zeit nehmen, die vielen schönen Steinmetzarbeiten an den Gebäuden zu bewundern. In der Kathedrale selbst fallen einige Darstellungen der Kreuzigung auf, aber auch schmückende Motive aus der Tier- und Pflanzenwelt sind an verschiedenen Stellen vorhanden.

Ein Museum für Pferdeliebhaber

Das **Dartfield Horse Museum and Heritage Centre**, Kilrickle, Loughrea, 📞 091-843968, 💻 www.dartfield.com, ist eine ganz besondere Einrichtung: Auf einem rund 200 Jahre alten Gutshof hat der örtliche Pferdezüchter Willie Leahy ein Museum rund um das Pferd eingerichtet. Besonderes Augenmerk gilt den Connemara Ponys, denn er gilt als der weltweit erfolgreichste Züchter dieser Rasse. Neben einem Museum, in dem historische Kutschen und alte Werkzeuge ausgestellt sind, findet man Läden für Reiterbedarf. Natürlich gibt es auch Reitmöglichkeiten, 400 Pferde sind hier untergestellt, manche davon stehen zum Verkauf. ⌚ Tgl. 9–18 Uhr.

Loughrea

Loughrea, die kleine Stadt am Lough Rea (nicht zu verwechseln mit dem nordöstlich gelegenen, wesentlich größeren Lough Ree), ist für seine dem Hl. Brendan gewidmete Kathedrale bekannt. Um 1900 erbaut, weist diese nicht nur eine für Irland etwas ungewöhnliche Architektur auf, sondern auch sehr schöne Ausschmückungen im Innenraum. Viele davon erinnern im Stil an das „Celtic Revival".

Vielleicht nicht ohne Grund, denn in der Nähe (etwa 8 km nördlich) steht eines der wichtigsten keltischen Monumente Irlands, der **Stein von Turoe**. Dieser ist nun wirklich keltisch: Die umlaufenden Ornamente weisen eine deutliche Ähnlichkeit mit der kontinentalen La Tène-Kultur auf. Mittlerweile ist mit **Turoe Pet Farm and Leisure Park**, 📞 091-841580, 💻 www.turoepetfarm.com, rings um den Stein ein Touristenmagnet entstanden. Interessant vordringlich für Besucher mit Kindern. ⌚ Mai–Aug tgl. 10–19 Uhr, Eintritt 6 €.

Übernachtung und Essen

Lough Rea Hotel, Galway Rd., 📞 091-880088, 💻 www.loughreahotelandspa.com. Hotel mit Spa, in dem man herrlich entspannen kann. Die Einrichtung ist modern und etwas „gesichtslos", aber die Zimmer bieten genug Platz und Komfort. Ebenfalls zum Haus gehört das sehr empfehlenswerte **Abbey Restaurant**, unbedingt auf Kombiangebote mit Frühstück und Abendessen achten. ❸–❹

Transport

DUBLIN, stdl. zwischen 7 und 21 Uhr mit Buslinie 20 ab Galway via Loughrea, Athlone und Maynooth, Gesamtfahrzeit 3 1/2 Std. Regulärer Fahrpreis 14,50 €, Infos 💻 www.buseireann.ie.

Athenry

Der nahe gelegene Ort Athenry, „die Stadt an der königlichen Furt", ist vor allem durch das sentimentale Volkslied *The Fields of Athenry* bekannt, das die Große Hungersnot thematisiert. Es hat sich eine typische, teilweise sehr verwinkelte Marktstadt mit mittelalterlicher Stadtmauer samt Tor erhalten, in der noch viele alte Gebäude existieren. Hauptattraktion ist jedoch die **Burg**, 🖳 www.heritageireland.ie, in der Mitte des 13. Jhs. durch Meiler de Bermingham errichtet. Hier sind einige interessante Steinmetzarbeiten zu sehen, die in Form und Ausführung an die Abteien von Cong (s. S. 469) und Boyle (s. S. 237) erinnern. 🕓 Ostern–Sep tgl. 10–18, Okt Mo–Do 10–17 Uhr, Eintritt 3 €.

Übernachtung und Essen

Raheen Woods Hotel Tranquillity Spa & Kardio Kids, ✆ 091-875888, 🖳 www.raheenwoodshotel.ie. Günstig gelegenes Hotel mit 50 Zimmern. Für Essen und Unterhaltung der Kinder wird auch gesorgt – wer abends seine Ruhe haben will, kann die Kleinen stundenlang im „Kardio Kids" auspowern lassen. Übrigens: Das Hotel kann in Zusammenarbeit mit örtlichen Reitställen auch Ausritte und ganze Reiterurlaube arrangieren. ❸

Transport

Athenry ist nur von Galway mit der **Buslinie 418** erreichbar, Infos unter 🖳 www.buseireann.ie.

Lough Corrib und Lough Mask

Mit rund 200 km² ist der **Lough Corrib** der größte See der Republik Irland, er besitzt zugleich rund 365 Inseln. Dabei wirkt der See gar nicht riesig, er ist zwar fast 50 km lang, oft aber nur einige hundert Meter breit. Der landschaftlich schön gelegene und fischreiche See zieht in erster Linie Angler an, die es hier auf Forelle, Lachs, Hecht und Aal abgesehen haben. Ausflugsboote von Galway aus verkehren bis **Cong** (s. S. 469). Interessant ist auch die **Insel Inchagoill**, auf der die Ruinen einer frühchristlichen Klosteranlage und einer romanischen Kirche stehen (Bootsverbindungen von Cong und Oughterard, 🖳 www.congtourism.com /inchgll.htm).

Lough Mask liegt nördlicher und ist mit rund 89 km² Fläche auch nicht unbedingt klein zu nennen. Der See wird von den Forellenfischern bevorzugt.

Oughterard und Umgebung

Er gilt als „Tor zu Connemara", der kleine Ort Oughterard mit seiner altertümlichen Atmosphäre, seinen Kunsthandwerkern und vor allem seinen netten Pubs. Mit den Bergen des Joyce Country in der Ferne, wird die von Seen, Wiesen und Moor geprägte Landschaft westlich des Anglerzentrums immer beeindruckender.

Zugleich bietet Oughterard die Möglichkeit, „Connemara von unten" zu erleben – in den ehemaligen **Glengowla Mines**, ✆ 091-552360, wurde nach dem Ende des Silber- und Bleiabbaus 3 km westlich von Oughterard an der N59 ein Besucherbergwerk eingerichtet. Fast die gesamten Betriebsgebäude sind erhalten, sodass man teilweise den Eindruck hat, dass hier die Zeit stehengeblieben ist. 🕓 März–Okt tgl. 10–18 Uhr, Eintritt 9 €.

Faszinierender Garten voll Spiritualität

Bei Roscahill lockt **Brigit's Garden**, ✆ 091-550905, 🖳 www.brigitsgarden.ie, eine 2004 eröffnete, sich über 4,5 ha erstreckende Gartenanlage mit vier kreisförmig gestalteten Gärten, die zugleich die vier Jahreszeiten symbolisieren. Jeder der vier Bereiche repräsentiert eines der großen keltischen Feste: Samhain (1. Nov, heute „Halloween"), Imbolc (1. Feb, heute als St. Brigid's Day gefeiert), Bealtaine (1. Mai, „Walpurgisnacht") und Lughnasa (1. Aug). Diese Feiertage spiegeln gleichzeitig den Lauf des Lebens wider. In der Gartenanlage, durch die sich ein hübscher Naturpfad schlängelt, befindet sich auch die größte Sonnenuhr Irlands. Regelmäßig finden hier Veranstaltungen mit zum Teil spirituellem Charakter statt. 🕓 Feb, März und Okt So–Fr 11–17, April–Sep tgl. 10–17.30 Uhr, Eintritt 7,50 € (Öko-Eintritt, bei der Benutzung öffentlicher Verkehrsmittel erhält der Besucher einen Rabatt von 1 €).

Rund 3 km südöstlich befindet sich das beeindruckende **Aughnanure Castle**, ✆ 091-552214, 💻 www.heritageireland.ie, immerhin sechs Stockwerke hoch, auf einem Felsen im Fluss Drimneen errichtet. Die erste Festung an dieser Stelle soll Mitte des 13. Jhs. erbaut worden sein, die heutige Burg ist allerdings späteren Datums und aufwendig renoviert worden. Von hier aus kontrollierte der Clan der O'Flahertys das gesamte Land zwischen Lough Corrib und Galway bis hin zur Küste. Im 16. Jh. gehörten sie zu den erbittertsten Gegnern der Engländer. Die Burg kann von innen besichtigt werden. 🕓 April–Okt tgl. 9.30–18 Uhr, Eintritt 3 €.

Übernachtung

€ **Oughterard's Canrawer House**, Station Rd., ✆ 091-552388, 💻 www.oughterardhostel.com. Kleines, einfaches Hostel mit 12 Betten (Bett ab 17 €), Abholung kann organisiert werden. Nett gelegen und ruhig, aber nicht besonders charaktervoll – in der großen Küche oder im Gemeinschaftsraum hat man jedoch Gelegenheit, Kontakte zu anderen Reisenden zu knüpfen. ❷

Corrib Wave Guest House, Portcarron, ✆ 091-552147, 💻 www.corribwave.com. Am See gelegenes Guesthouse mit 10 großen Zimmern. Das Haus ist modern und komfortabel. Möglichkeit, Boote und Motorboote zu mieten. Hausmannskost auf Wunsch. ❷–❸

Aktivitäten

Wer in Oughterard angeln möchte, sollte den Laden von **Thomas Tuck** in der Ortsmitte ansteuern, ✆ 091-552335. Hier bekommt man alles, was das Anglerherz begeht – vom Köder über die komplette Angelausstattung bis hin zu Tipps, wo sie am besten anbeißen.

Informationen

Tourist Information Oughterard, Main St., ✆ 091-552808, Infos auch unter 💻 www.oughterardtourism.com.

Transport

Busse

Oughterard ist von Galway oder Clifden mit der **Buslinie 419** erreichbar, 💻 www.buseireann.ie.

Berglandschaft in Connemara – die Twelve Pins

Der Westen

Boote
Am Ufer des Lough Corrib befindet sich die Anlegestelle der **Corrib Cruises**, 💻 www.corribcruises.com. Mit den komfortablen Booten erreicht man Cong (s. S. 469), Ticket ca. 20 €.

Connemara

Malerisch ragen die zahlreichen Halbinseln mit ihren zerklüfteten Küsten, den kleinen Stränden und Fischerhäfen in den Atlantik. Im Hinterland erstrecken sich weite Heide- und Moorgebiete, dazwischen liegen kleine, einsame Seen, während sich am nördlichen Horizont die über 700 m hohen Gipfel der Maumturk Mountains und der Twelve Pins (auch Twelve Bens) erheben, hier lädt bei Clifden der Connemara Nationalpark zu Erkundungen ein. Connemara ist nicht nur bekannt für den gleichnamigen Whiskey und die robusten Ponys, die hier stellenweise noch halbwild leben, die Region zwischen der Galway Bay, dem Killary Harbour und dem Lough Coorib ist zugleich eines der größten Gaeltacht-Gebiete Irlands.

Zentrum Connemaras ist der Ort Clifden. Zu den malerischsten Orten aber zählt das Fischerdörfchen Roundstone, und mit dem Killary Harbour besitzt Connemara den einzigen Fjord des Landes. Reisende können zudem die vorgelagerte Insel Inishbofin besuchen.

Der kürzeste Weg nach Connemara führt über die N59 von Galway nach Nordwesten, die sich ab Maam Cross unterhalb des Leckavrea Mountain hinzieht. Wer es eilig hat, kann jetzt direkt südlich der Twelve Pins bis nach Clifden durchfahren. Lohnenswert aber ist der Umweg entlang der Küste auf der R341.

Roundstone

Der kleine Fischerort schmiegt sich an die teilweise sehr steile Küste und hat auf den ersten Blick wenig Konzessionen an das 20. Jh. gemacht. Das Flair eines klassischen irischen Küstenortes ist erhalten geblieben, traditionelle Schiffe dümpeln im Hafenbecken. Im Sommer bilden sie einen großen Anziehungspunkt. Jedes Jahr findet hier eine Regatta mit den schwarzen „Galway Hookers" statt.

Die Trommeln von Roundstone

Auf dem Gelände eines ehemaligen Franziskanerklosters südlich des Ortszentrums haben sich Werkstätten und Ateliers für Kunsthandwerker angesiedelt. Hier produziert auch Malachyn Kearns, der berühmteste Bodhran-Hersteller Irlands, **Roundstone Musical Instruments**, IDA Craft Centre, 📞 095-35808, 💻 www.bodhran.com. Wer sich eine Trommel zulegen will, kann sich hier aus einer schier unerschöpflichen Auswahl sein Lieblingsinstrument herauspicken, schallgeschützte Kabinen zum Ausprobieren sind vorhanden. An vielen Tagen ist der Meister selbst in der Werkstatt zu sehen, wenn er nicht gerade im kleinen Café unauffällig in der Ecke sitzt. Eine Bodhran aus Roundstone ist ein Qualitätsinstrument, dabei aber noch durchaus erschwinglich. Daneben werden hier auch andere Musikinstrumente verkauft, angeschlossen ist außerdem ein kleines Folk-Museum sowie ein Geschenkartikelladen.

Von Roundstone aus sind Wanderungen auf den **Mount Errisbeg** möglich, der einsame Berg ist zwar keine 300 m hoch, bietet aber durch seine einsame Lage am Meer schöne Ausblicke. Auf das Baden in der **Gorteen Bay**, einem beliebten Treffpunkt von Surfern, sollte man jedoch verzichten – es ist einfach zu kalt. Ein Strandspaziergang lohnt da eher.

Übernachtung und Essen

Roundstone House Hotel, 📞 095-35864, 💻 www.roundstonehousehotel.com. Zentral gelegenes, auf eine angenehme Art altmodisches Hotel mit 12 Zimmern. Die Zimmer sind etwas eng, aber dafür sehr gemütlich. Pub und Restaurant im Haus – man kann auch eine Partie Dart gegen die Stammgäste spielen. ❹

O'Dowd's Seafood Bar & Restaurant, 📞 095-35809, 💻 www.odowdsbar.com. Direkt vom Fischerboot auf den Tisch, besser kann man Fisch nicht genießen. Saisonal wechselnde Gerichte. Sehr empfehlenswert ist die „Seafood Platter".

Transport

Roundstone ist von Galway oder Clifden mit der **Buslinie 419** erreichbar, Infos unter 🖳 www.buseireann.ie.

Von Roundstone nach Clifden

Die R341 umrundet weiter den Roundstone Bog, bei **Ballyconneely** lohnt sich ein Abstecher zum wunderbaren **Coral Strand Beach**. Vor allem bei Sonnenuntergang kann es hier hoffnungslos romantisch sein. In der Stille wirkt das Knistern der von den Wellen umgeschichteten Korallenreste faszinierend bis hypnotisch …

Eine etwas kuriose Erinnerungsstätte in der Nähe von Clifden ist das **Denkmal für Alcock und Brown**, eine Skulptur auf einem Hügel im Moor. Von Neufundland kommend, suchten sich die beiden im April 1919 nach fast 16 Stunden Flug diese Gegend für eine Landung aus. Ihnen war soeben die erste Überquerung des Atlantiks ohne Zwischenstopp gelungen. Das ebene Gelände, das der Navigator Arthur Whitten-Brown dem Piloten John Alcock vorschlug, ist jedoch immer noch als Derrygimla Bog bekannt. Und eine Landung auf schmalen Reifen in einem Moorgebiet war mehr, als eine Vickers Vimy vertragen konnte. So endete dann der triumphale Flug mit einer Bruchlandung auf dem weichen irischen Boden. Alcock und Brown wurden dennoch von den Mitarbeitern der in der Nähe befindlichen Marconi-Funkstation wie Helden empfangen. In der Nähe des Denkmals sind noch zahlreiche Überreste der ehemaligen Funkstation zu sehen. Von hier wurden die ersten Funksignale über den Atlantik gesendet.

Clifden und Umgebung

An der Mündung des Owenglin River in den Atlantik liegt am Ende der schmalen Bucht Clifden (ca. 1500 Einw.), die „Hauptstadt" von Connemara. Hier findet man gute Einkaufsmöglichkeiten, Banken und zahlreiche Gaststätten. Außerdem locken in der Umgebung schöne Strände und weite Naturlandschaften. Die Stadt wurde Anfang des 19. Jhs. vom örtlichen Großgrundbesitzer John d'Arcy gegründet, der sich hier auch eine Burg im neogotischen Stil errichten ließ. Sie ist heute nur noch als romantische Ruine erhalten. Ruin wurde überhaupt zum zentralen Thema der Familie. Die Kosten für ihre kleine Insel der Zivilisation im ansonsten wilden Connemara trieben die d'Arcys in den Bankrott. Erst der Tourismus brachte einen gewissen Wohlstand in die Gegend. Als „Basislager" für eine Erkundung von Connemara ist Clifden wirklich bestens geeignet. Und wenn der Ort auch an sich nicht viel zu bieten hat, so kann man hier auf jeden Fall nach einer Tagestour einen feucht-fröhlichen Abend verbringen.

Rund 7 km östlich liegt **Dan O'Hara's Homestead**, eine Farm, die das Leben in Connemara zu Beginn des 19. Jhs. demonstriert. Der ursprüngliche Besitzer, Dan O' Hara, war während der Großen Hungersnot nach Amerika ausgewandert. Heute ist das Connemara Heritage & History Centre, Lettershea, ✆ 095-21808, 🖳 www.connemaraheritage.com, eine Art Freilichtmuseum. Besucher werden auf einem Traktoranhänger über das Gelände gefahren, sehen diversen Vorführungen wie dem Torfstechen zu und dürfen auch selbst am Hufeisenwerfen und Heuweitwurf teilnehmen. Spaßig, wenn auch nicht unbedingt intellektuell sehr anspruchsvoll. Einige Rekonstruktionen historischer Gebäude sind allerdings recht gelungen. 🕓 April–Okt tgl. 10–18 Uhr, Eintritt 8 €.

Ein beliebter Ausflug von Clifden aus ist die Fahrt mit dem Auto oder Rad auf der **Sky Road**, die sich vom nördlichen Ortsausgang und an den Ruinen des Clifden Castle und Kingston vorbei etwas über 10 km auf einer einsamen Landinsel entlangzieht, bis sie wieder nach Clifden zurückführt. Ihren Namen verdankt die Straße dem Eindruck, dass man wie ein Vogel an der Küste fliegt. Das Meer und einige bizarre Klippen liegen oftmals tief unterhalb der Straße.

Wandern im Tal des Lough Inagh

Eine sehr schöne Wanderung lässt sich durch das Lough Inagh Valley östlich von Clifden unternehmen – der rund 16 km lange Weg (Dauer ca. 4 Std.) führt durch eine einsame, wie verzaubert wirkende Bergwelt und am See entlang. Auch für ungeübte Wanderer geeignet! Infos unter 🖳 http://goconnemara.com/files/pdf/LOUGH_INAGH_WALK.pdf

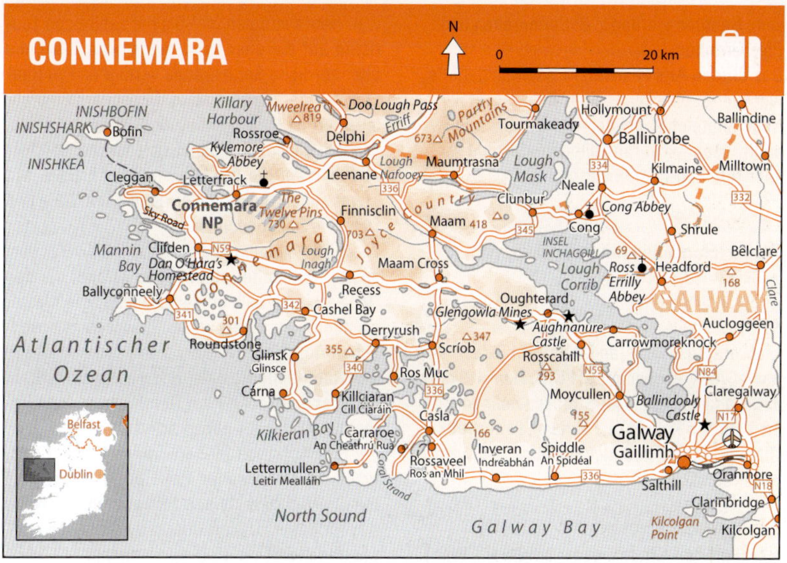

Übernachtung und Essen

Brookside Hostel, Fairgreen, ✆ 095-21812, 💻 www.brooksidehostel.com. Sehr persönlich geführtes Hostel am Fluss Owenglin. Unterkunft für bis zu 35 Gäste in Zimmern mit 4–8 Betten, teilweise auch als Familienzimmer geeignet. Ausflüge und Wanderungen in die nähere Umgebung können arrangiert werden. Treffpunkt ist die große Selbstversorger-Küche. Bett ab 16 €.

Connemara Country Lodge, Westport Rd., ✆ 095-22122, 💻 www.connemaracountrylodge.com. Guesthouse im georgianischen Stil mit 10 Zimmern, alle mit TV. Die Besitzerin ist die noch nicht bekannte Balladensängerin und in der Küche spezialisiert aufs Backen. ❸

The Quay House, Beach Rd., ✆ 095-21369, 💻 www.thequayhouse.com. Im ältesten Gebäude von Clifden bietet das Hotel 14 nicht sehr große, dafür aber sehr komfortable, nostalgisch anmutende Zimmer, zum Teil mit Hafenblick. Das üppige Frühstück wird im Wintergarten serviert. ❹–❺

Abbeyglen Castle Restaurant, Sky Rd., ✆ 095-21201, 💻 www.abbeyglen.ie. Nicht unbedingt günstiges, aber hervorragendes Restaurant im Schlosshotel. Das Connemara-Lamm ist eine Pilgerfahrt hierher wert!

Ardagh Hotel & Restaurant, Ballyconneely Rd., 💻 www.ardaghhotel.com. Hotelrestaurant mit traumhaftem Berg- und Meeresblick. Gute Käseauswahl. Große Auswahl an Fisch und Meeresfrüchten. Hausgemachte Petits Fours zum Kaffee. Angemessene Preise.

Unterhaltung und Kultur

In Clifden reiht sich Pub an Pub, leider sind viele zu sehr auf den Touristengeschmack zugeschnitten und erinnern an Filmkulissen. Ein wenig Nostalgie hat sich in **Lowry's Bar** (Market St.) erhalten, hier wurde nicht viel renoviert, die handgemachte Musik ist ursprünglich und das Essen einfach und preiswert. Das **D'Arcy Inn** (Main St.) bietet neben traditioneller Musik auch oft Dichterlesungen.

Feste

Im August wird das unscheinbare Connemara-Pony zum Star. Verschiedene Wettbewerbe für Züchter und Reiter dürften bei der **Connemara Pony Show**, 💻 www.cpbs.ie, in Clifden vor allem für Pferdefreunde interessant

sein. Geboten werden z. B. Springreiten und Pferderennen.
Das **Clifden Arts Festival**, www.clifdenartsweek.ie, ist ein einwöchiges Kulturspektakel Mitte September, bei dem neben Konzerten auch Lesungen veranstaltet werden und vor allem örtliche Talente auftreten.

Informationen

Tourist Information Clifden, Galway Rd., 095-21163.

Transport

Mehrere **Busse** am Tag fahren von Clifden nach GALWAY oder WESTPORT, Linie 419 oder 421. Haltestellen dieser Strecken befinden sich auch in Kylemore, Leenane, Letterfrack, Oughterard und Roundstone, Infos www.buseireann.ie.

Cleggan

Nördlich von Clifden liegt, direkt am Wasser, das sehr schmucke Örtchen Cleggan. Der Ozean hat hier für einen bescheidenen Reichtum gesorgt, nicht nur durch die Fischerei, sondern auch durch den Schmuggel, der in vergangenen Zeiten eine durchaus ehrenwerte Beschäftigung darstellte. Heute beschränkt man sich allerdings eher darauf, den Touristen die ehemaligen Schmugglerverstecke zu zeigen. Oder ihnen, gegen ein Pint oder zwei, einige garantiert wahre Geschichten zu erzählen, wie einst Zoll und Polizei ausgetrickst worden. Im Ort können vor allem im Sommer teilweise starker Verkehr und Parkplatznot herrschen, denn die Schiffe nach Inishbofin, www.inishbofinislanddiscovery.com, gehen hier ab (Fährverbindungen s. Insel Inishbofin).

Insel Inishbofin

Rund 9 km vom Festland entfernt liegt die kleine Insel Inishbofin, www.inishbofin.com, (6 km lang, 3 km breit), auf der heute noch etwa 200 Menschen ständig leben. Benannt nach einer weißen Kuh, wurde die Insel im 7. Jh. vom Hl. Colman zur neuen Heimat erwählt. Der ins Exil gegangene Abt des Klosters auf der sagenumwobenen englischen Insel Lindisfarne suchte sich Inishbofin aus, weil es hier so abgeschieden war. Heute strömen im Sommer zahlreiche Touristen auf die eher sanft modellierte Insel, die über herrliche Sandstrände verfügt und zu Rad- und Wandertouren einlädt. Besonders empfehlenswert ist eine Wanderung Richtung Westen, von den Klippen aus bietet sich ein sehr schöner Ausblick auf die Nachbarinsel **Inishshark**. Mit etwas Glück sind von hier oben auch Wale und Delphine zu beobachten.

Zu den Sehenswürdigkeiten zählt die aus dem späten Mittelalter stammende **Kirche**, die den Ort markieren soll, an dem Colman sein Kloster gründete. An einen wesentlich weniger friedlichen Abschnitt der Geschichte erinnert das in der Hafeneinfahrt gelegene **Festungswerk**, in dem der spanische Pirat Don Bosco seinen Unterschlupf gehabt haben soll. Und in dem nach der Eroberung von 1653 die Truppen Oliver Cromwells die katholischen Priester der Umgebung inhaftierten. Ein kleines **Museum** in der Nähe des Hafens informiert über die Inselgeschichte, die Öffnungszeiten sind stark variabel.

Übernachtung und Essen

Inishbofin Island Hostel, 095-45855, www.inishbofin-hostel.ie, Modernes Hostel in einem traditionellen Bauernhof, Schlafsaal (Bett ab 15 €) oder Privatzimmer, auch für Familien geeignet. Vorbestellung unbedingt erforderlich (Kaution wird erhoben), auch Camping möglich. 10 € p. P. April–Sep. ❶–❷
Inishbofin House Hotel, 095-45809, www.inishbofinhouse.com. Luxuriös, äußerst komfortabel und mit einem Spa sowie einem sehr guten Restaurant versehen. Livemusik am Abend in der Hotelbar.

Transport

Fähren

Tgl. mehrmals Fährverbindung mit Cleggan, Tickets (20 €, für Gruppen und Familien gibt es Rabatte) können direkt am Pier gekauft oder im Internet vorbestellt werden, 095-45819, www.inishbofinislanddiscovery.com.

Connemara National Park

Östlich von Cleggan liegt bei **Letterfrack** der Haupteingang zum Connemara National Park, www.connemaranationalpark.ie. Auf ungefähr

2000 ha bietet dieser Nationalpark neben Moor- und Heidelandschaften auch vier der „Twelve Pins", eine Bergkette, deren höchster Gipfel Benbaun mit 750 m schon eine Herausforderung für Bergsteiger darstellt. Das Land, das früher zur Kylemore Abbey gehörte, wurde erst 1980 zum Nationalpark erklärt. Spuren der landwirtschaftlichen Nutzung wie alte Cottages finden sich heute noch, genauso wie rund 4000 Jahre alte Grabhügel aus der Megalith-Zeit. Mit ein wenig Glück sieht man auch Connemara-Ponys. Diese halbwilden Pferde sollen sich angeblich von den Wracks der Spanischen Armada aufs Land gerettet haben. Der Connemara National Park ist ideal für lange Wanderungen, an Sommerwochenenden kann es jedoch relativ voll werden. Wanderer sollten die ausgeschilderten Wege benutzen und eine gute Karte mit sich führen. Vom Bergsteigen wird abgeraten, zumindest dann, wenn man keine Erfahrungen besitzt. Das Informationszentrum des Nationalparks ist nur zwischen Ostern und Ende Oktober geöffnet. Der Park selbst allerdings kann das ganze Jahr über besucht werden.

Pony-Trekking in Connemara

Angeblich sind sie Nachkommen der letzten Pferde der Spanischen Armada: die Connemara-Ponys, die eine recht entspannte Gemütsverfassung besitzen und so auch für den Anfänger im Sattel durchaus geeignet sind.
In der Nähe von Clifden gibt es gleich zwei beliebte Reitzentren:
Das **Cleggan Beach Riding Centre**, ✆ 095-44746, 💻 www.clegganridingcentre.com, ist eine Reitschule, die auch Pony-Trekking anbietet, wobei man die Wahl hat zwischen dem Strand und den Bergen. Besonders beliebt ist der dreistündige Ritt bei Niedrigwasser über den Meeresboden nach Omey Island.
Südlicher liegt **The Point Pony Trekking & Horse Riding Centre** in Ballyconneely, ✆ 095-23685, 💻 www.thepointponytrekkingcentre.com. Direkt am Meer kann hier im Schatten der Twelve Pins fast endlos ausgeritten werden, zusammen mit erfahrenen Begleitern natürlich.

Übernachtung und Essen

€ **Letterfrack Lodge & Walking Centre**, ✆ 095-41222, 💻 www.letterfracklodge.com. Einfaches Hostel mit 56 Betten (Bett ab 15 €), spezialisiert auf Wanderer. Waschmaschine vorhanden. Abholung. Fahrradverleih. Akzeptiert Kreditkarten. ❶–❷

€ **The Old Monastery Hostel**, ✆ 087-2349543, Letterfrack, 💻 www.oldmonasteryhostel.com. Mitte des 19. Jhs. von einer Quäkerfamilie gebaut, wurde dieses Haus später als Kloster genutzt und ist jetzt ein Hostel mit 50 Betten in Schlafsälen (Bett ab 15 €) oder Privatzimmern. Zum Frühstück gibt es selbst gebackenes Brot, ein vegetarisches Buffet am Abend kann vorbestellt werden. ❶–❷

Rosleague Manor, Letterfrack ✆ 095-41101 💻 www.rosleague.com. Restaurant in einem luxuriösen Hotel. Wert wird u. a. auf traditionelle Küche gelegt – das Connemara Lamb und die Fischgerichte (fangfrisch, wenn möglich) sind exzellent. Preise allerdings im oberen Bereich.

Informationen

Connemara National Park Visitor Centre, Letterfrack, ✆ 095-41323, 💻 www.connemaranationalpark.ie. ⏲ März–Okt tgl. 9–17.30 Uhr.

Transport

Der Connemara National Park ist von Clifden mit der **Buslinie 419** (Fahrtrichtung Leenane) erreichbar, 💻 www.buseireann.ie.

Kylemore Abbey

Eines der meistfotografierten Schmuckstücke von Connemara ist Kylemore Abbey, ✆ 095-41146, 💻 www.kylemoreabbey.com, nur wenige Kilometer östlich von Letterfrack. Die Ausschilderung zu diesem Märchenschloss am See ist fast nicht notwendig – folgen Sie einfach dem Strom von Autos und Bussen. Eigentlich wurde das Gebäude von Mitchel Henry, einem Industriellen aus Manchester, als kleines Geschenk für seine Ehefrau errichtet. Dabei sparte man keine Kosten, die Landschaft wurde komplett umgestaltet, die heute existierenden Wälder eigens als Windschutz für das Schloss gepflanzt.

Märchenschloss am See – Kylemore Abbey ist das Fotomotiv Nummer Eins in Connemara.

Das Glück währte jedoch nicht lange, sowohl Ehefrau als auch Tochter des Industriellen starben und der Witwer verließ Irland schnell wieder. Seit dem Ersten Weltkrieg wird das Haus als Kloster durch einen belgischen Nonnenorden genutzt, dessen Schwestern damals vor der deutschen Armee hierher flüchteten und sich in Irland eine neue Existenz aufbauten. Basis dieser Existenz war bis 2010 eine der angesehensten und teuersten Mädchenschulen, die sogar das Interesse von Madonna weckte. Touristen können das Außengelände, eine kleine Kirche und die Gärten besichtigen. Die meisten Besucher werden sich jedoch, auch aus Kostengründen, mit einem Blick über den See auf das Schloss und vielleicht einem kleinen Imbiss im Café und Restaurant begnügen. ⌚ Nov–Feb tgl. 10–16.30, März–Juni 9–18, Juli/Aug 9–19, Sep–Okt 9.30–17.30 Uhr, Eintritt 12 € im Sommer, 9 € im Winter.

Killary Harbour

Killary Harbour zieht sich mehrere Kilometer ins Land hinein und schneidet einen tiefen Graben zwischen den Mweelrea Mountains im Norden und den Maumturk Mountains im Süden. Diese Lage macht den Meeresarm zu Irlands einzigem Fjord. Die N59 und R335 führen ein Stück direkt am Killary Harbour entlang. Bei **Rossroe** hatte einst der Philosoph Ludwig Wittgenstein (1889–1951) sein Domizil, an der (heute geschlossenen) Jugendherberge erinnert eine Steinplakette an ihn.

Den besten Eindruck vom Killary Fjord gewinnt der Besucher aber vom Wasser aus. In der Nähe von Leenane liegt direkt an der N59 die Anlegestelle für Touren von **Killary Cruises**, Nancy's Point, ✆ 091-566736, 💻 www.killarycruises.com, mit einem modernen Katamaran, der den gesamten Hafen abfährt und von dem aus an der Grenze zum offenen Meer auch teilweise Delphine beobachtet werden können. ⌚ April–Okt mehrere Fahrten tgl., Fahrpreis 21 €.

Am Ende des Fjordes schließlich liegt der kleine Ort **Leenane**, der neben seiner landschaftlich reizvollen Lage vor allem das **Leenane Sheep & Wool Centre**, ✆ 095-42323, 💻 www.sheepandwoolcentre.com, beherbergt, ein Museum zur Geschichte der Schafzucht und der Wollverarbeitung. Besuchenswert für Menschen, die sich intensiv für diesen Zweig der Landwirtschaft interessieren – der Rest kann das kleine Café genießen.

Übernachtung und Essen

Leenane

Sleepzone Hostel, ✆ 095-42929, 💻 www.sleepzone.ie. Mehr als 100 Betten (Bett max. 25 €) in einem ehemaligen Jagdhaus rund 6 km vom Ortskern entfernt, die ideale Übernachtung für eine Erkundung des Killary Fjord oder der umliegenden Berglandschaften. Auch Camping ist auf dem weitläufigen Gelände möglich. ❷

Fjord Restaurant in der Portfinn Lodge, ✆ 095-42265, 💻 www.hotelinconnemara.com. Gut speisen mit Blick auf den Fjord! Die Preise sind nicht unbedingt die günstigsten, aber die hier servierten Fischgerichte stellen den anspruchsvollsten Gaumen zufrieden. Highlight: frischer Hummer direkt aus dem Fjord. Preisgünstiges „Early Brid Menu" am frühen Abend.

Transport

Leenane ist von Clifden und Galway mit der **Buslinie 419** erreichbar, 💻 www.buseireann.ie.

County Mayo

Das County Mayo ist eine der einsamten Gegenden Irlands. Wer Ruhe sucht, der wird sie hier finden. Kurvige Straßen winden sich durch die dünn besiedelte Region, vorbei an Bergen, dem Meer und einsamen Moorlandschaften. Der buchtenreichen Küste sind kleine Inseln vorgelagert, und direkt am Meer erhebt sich der Croagh Patrick, Irlands „Heiliger Berg". Nicht zuletzt glänzt die schmucke Stadt Westport mit ihrer Flusspromenade wie ein Juwel in der Einöde.

Südliches County Mayo

Das südliche County Mayo beginnt am Killary Fjord und ist gekennzeichnet durch weite Berglandschaften mit vielen Seen, in denen man nur ab und an größere Siedlungen findet. Eine Gegend, in der man unbedingt den Fahrzeugtank voll haben sollte.

Abenteuerurlaub und Wellnessadresse

Das **Delphi Mountain Resort**, ✆ 095-42208, 💻 www.delphimountainresort.com, ist ein Hotel mit 36 Zimmern in traumhafter Lage. Es bietet völlige Abgeschiedenheit. Die Zimmer haben keinen Fernseher und kein Telefon. Dafür gibt es ein sehr großes Programm an Outdoor-Aktivitäten, von Klettertouren in den Bergen bis hin zu Kajakfahrten. Und Wellnessangebote. ❸–❹

Von Connemara aus geht es über die R336 in die einsame, bergige Landschaft des **Joyce Country**. Der Weg führt über einige Wendungen schließlich nach Mám, wo die R345 abzweigt und oberhalb des Castle Kirke den Lough Corrib erreicht. Zwischen diesem See und dem nördlicher gelegenen Lough Mask führt die Straße schließlich nach Cong.

Cong

In malerischer Umgebung zwischen dem Lough Corrib und dem Lough Mask, an der Grenze zum County Galway gelegen, zählt das Dörfchen Cong (ca. 200 Einw.) zu den zweifellos schönsten Orten der Region. Dabei wäre es wahrscheinlich der Vergessenheit anheimgefallen, wenn hier nicht eine Legende des wilden irischen Westens von einer Legende des Wilden Westens geschaffen worden wäre. Irlands raue Region Connemara ist in den Augen vieler Iren und Amerikaner durch einen Film geprägt, der im deutschen Kino unter der gefürchteten Kategorie „Heimatfilm" gelaufen wäre: *The Quiet Man*. In diesem Epos spielt niemand Geringerer als John Wayne den in die irische Heimat zurückgekehrten Boxer mit dem goldenen Herzen, der die mit ihren flammend roten Haaren aus der Menge herausstechende Maureen O'Hara nach vielen Irrungen und Wirrungen schließlich zum Altar führt. Eigentlich eine vollkommen belanglose Geschichte, die auch nicht unbedingt mit preisgekrönten schauspielerischen Leistungen umgesetzt wird. Die allerdings eine ländliche, irische Idylle heraufbeschwört, wie sie nur Hollywood kreieren kann. Und so findet man in Cong heute noch, Jahrzehnte nachdem die Filmteams wieder abgezogen sind, eine ganze Tourismusindustrie rund um den „Quiet Man". Ganze Busladungen von Touristen, vor allem aus den USA, wollen hier das „ursprüngliche Irland" genießen – und werden bestens bedient. Viele von ihnen pilgern stracks in das **Quiet Man Cottage Museum**, Circular Rd., ✆ 094-954089 💻 www.quietman-cong.com/cong-museum.html. Laut Eigenwerbung fühlt man sich hier wie auf dem Filmset. Was auch daran liegen mag, dass hier Kulissenteile in ein im Film nicht genutztes Haus eingebaut wurden.

Bestens bedient werden allerdings auch all jene, die einfach einmal ein „richtig altes irisches Dorf" kennenlernen möchten. Cong hat alles – einen kleinen Ortskern mit hübschen Häusern, eine imposante Klosterruine und schließlich noch ein wild-romantisch wirkendes Schloss am Rande eines Sees. Und, dies gewissermaßen als kleines Extra, einen **Dry Canal**, der zu einem Symbol der Fehlplanung wurde. Der Versuch, den Lough Corrib mit dem Lough Mask durch eine Wasserstraße zu verbinden, scheiterte – der Untergrund bestand aus so porösem Kalkstein, dass das Wasser sofort wieder versickerte. Die Schleusen und Brücken aber sind bis heute vorhanden. Zur Ehrenrettung der Planer muss man jedoch sagen, dass das gesamte Projekt eigentlich nur eine Aktion zur Arbeitsbeschaffung im Rahmen der Großen Hungersnot war und so seinen eigentlichen Zweck erfüllt hatte. Hätte man den Kanal, wie der Plan es vorsah, abgedichtet, hätte sich eine zwar romantische, aber letztlich doch unnötige Verbindung zwischen den Seen ergeben.

Eine ebenso künstliche Attraktion ist die Burg von Cong, **Ashford Castle**, 💻 www.ashford.ie, heute eines der besten und teuersten Schlosshotels Irlands mit bekannter Falknerei. Um 1870 wurde das gesamte Gebäude im gotischen Stil neu gestaltet. Bauherr war Lord Ardilaun, ein Mitglied der Guinness-Familie. Die Gartenanlagen und der Park sind zugänglich, oft werden dafür aber 5 € Eintritt erhoben, die Innenräume allerdings bleiben den zahlenden Gästen vorbehalten. An einem nahegelegenen Steg machen Ausflugsboote Station, die teilweise direkt ab Galway verkehren.

Hauptattraktion des Dorfes selbst ist die **Abtei** von Cong, im 12. Jh. auf königliches Geheiß von den Augustiner-Mönchen eingerichtet. Sie übernahmen die Ländereien einer bereits bestehenden Klosteranlage aus dem 6. Jh., von der heute fast nichts mehr zu sehen ist. Besonders beachtenswert sind die künstlerisch gestalteten Torwege, die stilistisch zwischen der Romanik und der Gotik angesiedelt sind. Die ursprüngliche Klosteranlage lässt sich noch gut erkennen, einige Gebäude sind noch fast vollständig erhalten. Eine geradezu geniale Lösung war das kleine Haus, das die Mönche zum Angeln nutzten und das über den Fluss gebaut wurde. In einem mittelalterlichen Versuch, die Lebensmittelbeschaffung rationaler zu gestalten, entwickelten die Brüder ein automatisches System. Mehrere Leinen mit Angelhaken und Ködern wurden einfach ins Wasser gesenkt, das Anbeißen eines Fisches dann mit einer kleinen Glocke direkt in der Küche gemeldet.

Übernachtung und Essen

€ **Cong Hostel,** Lisloughrey, Quay Rd., ✆ 094-9546089, 💻 www.anoige.ie/hostels/cong. Modernes Hostel, eine günstige Unterkunft auch für Familien und Paare (Bett ab 17 €). Frühstück und andere Mahlzeiten können vorbestellt werden. Fahrradverleih. Nicht abgeändert werden kann das Unterhaltungsprogramm: Jeden Abend wird *The Quiet Man* gezeigt. Das Haus ist schließlich auch als „Quiet Man Hostel" bekannt. ❷

Ryan's Hotel, Main St., ✆ 094-9546243, 💻 www.ryanshotelcong.ie. Etwas altmodisches, aber vor nicht allzu langer Zeit renoviertes Hotel mit Zimmern, die bequem und gut ausgestattet sind. Sowohl die Bar „The Crow's Nest" (günstige Snacks!) wie auch das „Fennel Seed Restaurant" im Haus sind im Ort sehr beliebt. ❷–❹

Cullen's at the Cottage, Ashford Castle, 💻 www.ashford.ie. Restaurant auf dem Schlossgelände. Mittags gibt es Sandwich, Pitta und Panini, abends schwerpunktmäßig Fisch und Meeresfrüchte. Empfehlenswert: Schinkenplatte (Platter of Cured Hams). Auch vegetarische Gerichte im Angebot. Erstaunlich vernünftige Preise.

Salt Restaurant in der Lisloughrey Lodge, The Quay, 💻 www.lisloughrey.ie. Das

Restaurant erstreckt sich über zwei Räume. Klassische Gerichte mit Überraschungen. Einfache Hauptgerichte bis hin zu 6-Gänge-Menüs. Frühstück sehr empfehlenswert.

Informationen

Tourist Information Cong, Old Courthouse, Abbey St., vis-à-vis der Cong Abbey, ✆ 094-9546542. Hier erhält man u. a. den „Complete Tour Guide to the Quiet Man Locations". Infos auch unter 💻 www.congtourism.com.

Touren

Am Ufer des Lough Corrib beim Ashford Castle befindet sich die Anlegestelle der **Corrib Cruises**, 💻 www.corribcruises.com. Die Boote verkehren nach Oughterard (s. S. 461), Fahrpreis ca. 20 €.

Transport

Busse

Der **Busstopp** befindet sich in der Main St. Linie 432 fährt morgens nach GALWAY, abends zurück. Weiter bedient die Linie 422 mittags die Strecke Galway-Cong, am Di und Do kann auch die Linie 456 genutzt werden, Infos unter 💻 www.buseireann.ie.

Castlebar

Die Hauptstadt des County Mayo ist vor allem durch das Castelbar-Rennen bekannt. Hierbei handelt es sich allerdings nicht um ein Pferde- oder Windhundrennen, sondern um ein historisches Ereignis aus der Rebellion von 1798. Als in Mayo eine aus irischen und vor allem französischen Truppen zusammengesetzte Invasionsarmee landete, übertrafen sich die Mitglieder der britischen Garnison darin, möglichst schnell die Flucht einzuleiten.

Das heutige Castlebar ist ein nicht unbedingt hässlicher, aber auch nicht unbedingt sehenswerter Ort. Die Fahrt dorthin lohnt sich am ehesten, wenn auf derselben Tour noch die Ruinen der **Abtei von Strade** besucht werden, wo einige Heilige auf einem Grabmal anscheinend gerade über einen sehr gelungenen Scherz lachen. Weniger komisch ist dagegen das **Michael Davitt Memorial Museum**, ✆ 094-9031022, 💻 www.davittmuseum.com, am Ort, das in einer ehemaligen Kirche untergebracht ist und an den hier begrabenen Nationalisten und Landreformer erinnert. 🕓 Tgl. 10–18 Uhr.

Vier Meilen östlich von Castlebar befindet sich mit dem **National Museum of Country Life im Turlough Village**, ✆ 094-9031755, 💻 www.museum.ie, der einzige Teil des National Museum of Ireland außerhalb Dublins. Die ständigen Ausstellungen befassen sich mit allen wesentlichen Aspekten des Lebens, wie sie die Mehrzahl der Iren in den letzten Jahrhunderten erlebten: dem Leben in der ländlichen Gemeinschaft, dem Handwerk und Handel auf dem Lande, aber auch der Freizeitgestaltung an den Abenden und am Wochenende (so es denn Freizeit gab). Die Natur kommt dabei genauso zum Zuge wie die Industrien, die sich auf dem Lande entwickeln konnten. Was vielleicht für viele Besucher recht aktuell erscheint: Eine Abteilung nennt sich „Romanticism & Reality", sie beleuchtet eindrucksvoll die oft große Kluft zwischen dem romantischen Bild des ländlichen Irland und dem tatsächlichen Leben dort. 🕓 Di–Sa 10–17, So 14–17 Uhr, Eintritt frei.

Übernachtung und Essen

The Harlequin Hotel, Lannagh Rd., ✆ 094-9286200, 💻 www.harlequin.ie. Ein Hotel, das man in dieser Form nicht unbedingt in der Provinz erwartet. Die Inneneinrichtung ist wohltuend hell, die Zimmer sind modern, goß und komfortabel zugleich. Sehr gute Pauschalangebote mit Abendessen im angeschlossenen Restaurant. ❸–❹

Café Rua, New Antrim St., 💻 www.caferua.com. Attraktives kleines Restaurant, das bürgerliche Küche serviert. Zutaten stammen aus lokalem Anbau. Auch köstliche Kuchen. Interessante Getränkeauswahl. Kindermenü.

Unterhaltung und Kultur

Das **Royal Theatre**, Old Westport Rd., ✆ 094-90231111, 💻 www.theroyal.ie, ist ein typisches, kleines Provinztheater mit einer Mixtur aus örtlichen Produktionen, Tourneetheater, gelegentlichen Konzerten und auch bekannter Künstler. Immer wieder für Überraschungen gut.

Feste

Das **Roola Boola Childrens Arts Festival**, www.thelinenhall.com, ist neben dem Baboró Festival in Galway eines der größten Kunst- und Kulturfestivals speziell für Kinder und Jugendliche in Irland. Findet in der Woche vor dem und am Bank Holiday Weekend Ende Oktober statt.

Informationen

Tourist Information Castlebar, Linenhall St., 094-9021207.

Transport

Busse nach ATHLONE, unter der Woche mind. 3x tgl. zwischen 7.35 und 17 Uhr via Knock und Roscommon und weiter nach DUBLIN Busaras, Linien 21 und 20, Fahrtzeiten jeweils etwa 2 Std. 40 Min. und 2 Std. Regulärer Fahrpreis 19 €. Mehrere Verbindungen mit der Linie 21 nach WESTPORT. Infos unter www.buseireann.ie.

Eisenbahn

s. Westport.

Foxford

Der Ort wurde vor einigen Jahren durch das vermehrte Aufkommen von Werwölfen bekannt, Scherzbolde hatten einen WikiPedia-Eintrag dementsprechend verändert und den heiligen Zorn von Ortspolitikern heraufbeschworen. Diese verwiesen dann auch schnell darauf, dass Foxford eigentlich wegen seiner schönen Angelmöglichkeiten im Lough Conn und der 1892 von Mutter Arsenius gegründeten **Foxford Woollen Mills**, 094-9256104, www.foxfordwoollenmills.ie, bekannt sei. Die von der Nonne aus der Taufe gehobene Stofffabrik arbeitet als Zulieferbetrieb für zahlreiche Modehäuser, ein eigenes Besucherzentrum informiert über die Geschichte und erlaubt auch einen Einblick in die Produktion. Mo–Sa 10–18, So 14–18 Uhr.

Übernachtung und Essen

Healy's Restaurant & Fishing Lodge, Pontoon, 094-9256443, www.healyspontoon.com. Hotel zwischen Lough Conn und Cullen mit 14 Zimmern, alle mit Bad und TV. Guter Ausgangspunkt zum Angeln oder einfach nur zum Entspannen bei langen Spaziergängen. ❸

€ Ebenfalls empfehlenswert ist das **Restaurant in den Foxford Woollen Mills** (s.o.), das eine gute Auswahl an einfachen Gerichten zu vernünftigen Preisen anbietet.

Transport

Busse

DUBLIN, unter der Woche 7x tgl. Regulärer Fahrpreis € 19. Linie 22 von Ballina nach Dublin Busaras via Foxford, Strokestown, Longford, Mullingar, Maynooth, Gesamtfahrtzeit 3 1/2 Std. Infos unter www.buseireann.ie.

Eisenbahn

Bahnverbindung s. bei Westport.

Westport und Umgebung

Das an der Mündung des Carrowbeg gelegene Hafenstädtchen Westport ist eine kleine Überraschung: Der Ort strahlt eine Atmosphäre den Wohlstandes aus, nicht unbedingt das, was man hier, am „Ende der Welt ", erwartet. Die kleine Stadt ist durch den Handel mit örtlichen Waren groß und wohlhabend geworden. Als um 1770 der Architekt James Wyatt begann, den Ortskern auf dem Reißbrett zu entwerfen, lebte Westport vor allem vom Textilexport und dem Handel mit hier gebrautem Bier und Schiefer. Vor allem der Hafen von Westport war hierbei wichtig, später nutzte die örtliche Industrie allerdings vorwiegend die Eisenbahn. Zumal der Warenverkehr auch stark geschrumpft war. Während der industriellen Revolution und der Großen Hungersnot kam es zu einem Niedergang der örtlichen Wirtschaft. Dieser hielt sich hartnäckig bis in die 1950er-Jahre, als erste neue Industrieansiedlungen entstanden und vor allen Dingen Touristen in die Gegend gelockt wurden.

Zahlreiche Pubs und Restaurants machen Westport zu einem attraktiven Ort für Nachtschwärmer. Vor allem die Bridge Street ist dicht gesäumt von Gaststätten. Tagsüber bietet der Ort zahlreiche Einkaufsmöglichkeiten, einige „echt irische" Fotomotive und vor allem das spektakuläre Layout der Straßen links und rechts des kanalisierten Flusses Carrowbeg. Auf dem Hügel über dem Fluss, an einer Straßenkreuzung,

Saint Patrick – Irlands Nationalheiliger

Wer war eigentlich dieser Patrick, der als Irlands Nationalheiliger gilt, einst angeblich die Schlangen aus Irland vertrieben haben soll (s. S. 100) und dessen Bildnis man fast überall in Irland sehen kann? Was wir heute sicher über Patrick wissen, stammt allein aus zwei kurzen Quellen, die er selbst hinterlassen haben soll. Zum einen wäre da seine *Confessio*, ein längerer Text mit einer Selbstrechtfertigung, zum anderen sein Brief an einen Heerführer, mit dem er Untaten gegen die von ihm getauften Christen anprangert und verdammt. Die Fakten zu Patricks Leben in diesen Texten sind spärlich: Er wurde in Britannien geboren, und zwar in einer wohlhabenden christlichen Familie, später aber als Sklave nach Irland verschleppt. Nachdem ihm die Flucht gelungen war, übernahm er die Aufgaben eines Missionars, um das Christentum „bis ans Ende der Welt" zu verbreiten. Da das ihm bekannte Ende der Welt nun einmal Irland war, ging er zurück auf die Insel und fing an, Heiden zu taufen und christliche Gemeinden zu gründen. Eine Aufgabe, die nicht immer ganz erfolgreich war, denn teilweise scheinen von ihm konvertierte Gruppen weiterhin unchristliche Aufgaben wahrgenommen zu haben, etwa den Raub von Sklaven. Was an sich wohl kein Problem gewesen wäre, wenn sie nicht ihre Glaubensbrüder versklavt hätten. Was wiederum Patricks Zorn entfachte. Genau wie die Tatsache, dass andere Kleriker an seiner Mission Zweifel äußerten. Wiederholt verweist Patrick in seinen Schriften darauf, dass er von Gott selbst gewählt worden sei, Irland zu missionieren.

Der historische Zeitrahmen, in dem Patrick tätig war, ist uns nicht bekannt. Allgemein wird gesagt, dass er im Jahre 432 seine Mission in Irland begann – dieses Datum stammt jedoch erst aus dem 7. Jh. und ist unzuverlässig. Gleichzeitig wurde sein Todestag auf den 17. März festgelegt, St. Patrick's Day. Zudem gehen viele Experten davon aus, dass Patrick keineswegs der erste christliche Missionar in Irland war. Belegt ist etwa eine Mission des Palladius, die im Jahr 430 begann. Und es gibt auch deutliche Hinweise, dass vor Patricks Mission bereits christliche Gemeinden in Irland existierten. Ein weiteres Problem ist geografischer Art, denn Patricks Wirkungskreis scheint sich deutlich auf die nördliche Hälfte der Insel zu beschränken. Der Anspruch, er habe das Christentum im Alleingang nach ganz Irland gebracht, lässt sich somit nicht aufrechterhalten.

steht ein überdimensional wirkendes Denkmal. Hier kann man eine ungewöhnliche Statue des Hl. Patrick sehen, der ausnahmsweise einmal als Sklave und Schafhirte dargestellt wird. Er thront auf einer gigantischen, klassischen Säule, die vorher zu einem britischen Kriegerdenkmal gehörte. Auch eine Methode des Recycling.

Etwas außerhalb des Ortes findet man das **Westport House**, ✆ 098-27766, 💻 www.westport house.ie, den Herrensitz der Earls of Altamont, die aus der Siedlerfamilie Browne hervorgingen. John Browne baute ab den 1750er-Jahren den Ort Westport als Ergänzung seines Landsitzes. Dieser wurde 1732 von Richard Castle entworfen und erst 1778 von James Wyatt fertiggestellt. Als Bauplatz suchte man sich das Gelände einer Burg der früheren Landbesitzer O'Malley aus. Ein deutliches Zeichen dafür, wer jetzt das Zepter in der Hand hielt. Bei der Innenausstattung des Hauses wurde nicht gespart: von großen Treppen aus Marmor über Familienporträts im Speisesaal, von großen Kristallleuchtern bis zu Tapeten, die schon im 17. Jh. aus China importiert wurden. Ein wenig Detektivarbeit kann der Besucher leisten, der die im Obergeschoss befindlichen Landschaftsgemälde in seine Reiseplanung einbezieht – sie zeigen Szenen aus der Umgebung von Westport, die teilweise heute noch deutlich erkennbar sind. Damit der Besuch zu einem Vergnügen für die ganze Familie wird, hat das Anwesen auch einen See mit Booten, eine kleine Eisenbahn, einen Zoo, ein Museum sowie zahlreiche Unterhaltungsmöglichkeiten und Geschäfte zu bieten. 🕓 Juni–Aug tgl., sonst vor allem am Wochenende (aktuelle Details auf der Website), Eintritt 12 €.

Die Chieftains-Schänke

Die meisten Touristen werden Westport als die Stadt kennen, in der sich **Matt Malloys Pub**, Bridge St., 💻 www.mattmolloy.com, befindet. Diese Kneipe trägt den Namen eines der bekanntesten Musiker des Landes, eben des Flötenspielers Matt Malloy, der mit den Chieftains Weltruhm erlangte. Diese Namensgebung ist nicht zufällig – der Musiker ist auch Inhaber der Kneipe. Es ist logisch, dass das Musikprogramm in dieser Gastwirtschaft weniger von den aktuellen Titeln der Hitparade beherrscht wird als von feinster Folklore. Wer Glück hat, kann sogar bekannte Musiker bei spontanen Gastspielen erleben.

Das in Hafennähe gelegene **Clew Bay Heritage Centre**, The Quay, ✆ 098-26852, dagegen ist ein typisches Heimatmuseum, dessen kleine Sammlung die Ortsgeschichte widerspiegelt. 🕒 April–Okt Mo–Fr ab 10 bis mind. 14 Uhr, im Juli und Aug auch sonntags nachmittags.

Folgt man der R335 an der Clew Bay entlang nach Westen, wird man mit dem **National Famine Memorial** konfrontiert. Der Bildhauer John Behan ließ sich hierbei von einem Auswandererschiff inspirieren, wegen der hohen Sterblichkeitsrate an Bord wurden diese auch „Coffin Ships" genannt. Die wahre Attraktion in der Umgebung von Westport ist und bleibt aber der heilige Berg, **Croagh Patrick** – mit der Buslinie 450 von Westport aus zu erreichen.

Übernachtung und Essen

€ **Old Mill Holiday Hostel**, Barrack Yard, James St., ✆ 098-27045, 💻 www.oldmillhostel.com. In einem ehemaligen Lagerhaus untergebrachtes Hostel, zentrale Lage, Schlafsäle oder Privatzimmer mit 2–3 Betten. Uriges Ambiente. Beliebter Treffpunkt ist die große Gemeinschaftsküche. Bett ab 17,50 €.

Mulranny Park Hotel, ✆ 098-36000, 💻 www.mulrannyparkhotel.ie. Sehr komfortables und schön gelegenes Hotel mit 41 Zimmern, etwas außerhalb von Westport, bietet Blick auf Clew Bay, Croagh Patrick und Clare Island. Moderne, komfortable Einrichtung, die auch schon im Standardzimmer anspruchsvolle Reisende zufriedenstellt. Das Nephin Restaurant im Haus bietet sehr gute internationale Küche. ❺

La Fougere im Knockranny House Hotel & Spa, Knockranny, ✆ 098-28600, 💻 www.khh.ie. Hotelrestaurant mit Blick über die Stadt, Clew Bay und Croagh Patrick. Klassisch-moderne irische Küche. Spezialitäten des Hauses sind Lachs und Lamm. Besonderheit: Kaninchen auf französische Art. Reservierung ratsam.

Unterhaltung

Cosy Joe's, Bridge St., ✆ 098-29403, 💻 www.cosyjoesbar.ie. Vor allem bei den „Party People" beliebt, die Themennächte sind legendär (und ausgelassen).

Cronin's Shebeen, Rosbeg, ✆ 098-26528, 💻 www.croninssheebeen.com. Traditioneller Pub mit Restaurant, Trad Musik an vielen Abenden.

John's Bar, Peter St., ✆ 087-6757961. Achtung: Hier regiert Country und Western, Inhaber John Staunton tritt regelmäßig live auf – Spaß garantiert.

Railway Tavern, Altamount St., ✆ 098-27050. Sehr beliebt bei Sportübertragungen (große Bildschirme) oder wegen (modernem) Musikprogramm am Wochenende.

Informationen

Tourist Information Westport, James St., ✆ 098-25711, ✉ westport@irelandwest.ie, Infos auch unter 💻 www.westporttourism.com.

Transport

Busse

Der **Busstopp** befindet sich in der Mill St.

ATHLONE, unter der Woche zwischen 7.15 und 17 Uhr. mind. 3x tgl. via Castlebar, Knock und Roscommon und weiter nach DUBLIN Busaras, Linien 21 und 20, Fahrtzeiten jeweils etwa 3 oder 2 Std. Regulärer Fahrpreis 19 €, Infos unter 💻 www.buseireann.ie oder Westport Tourist Office, ✆ 098-25711.

GALWAY, mehrmals tgl. von Westport über Clifden nach Galway, Linie 419 oder 421, Haltestellen dieser Strecken befinden sich auch in Kylemore, Leenane, Letterfrack, Oughterard und Roundstone.

Pilgerweg zum Gipfel des Croagh Patrick

- **Dauer:** Aufstieg ohne Gebete mind. 2 Std., Abstieg bis zu 2 Std.
- **Steigungen:** einige sehr steile Passagen, so der Aufstieg zum Gipfel
- **Wegbeschaffenheit:** schlecht, der „Weg" besteht teilweise aus einer Geröllhalde
- **Ausschilderung:** wird nicht benötigt, der Weg ist eindeutig erkennbar
- **Ausrüstung:** am Wegbeginn kann man Wanderstöcke kaufen oder mieten, diese können vor allem an den steilen Stellen sehr hilfreich sein

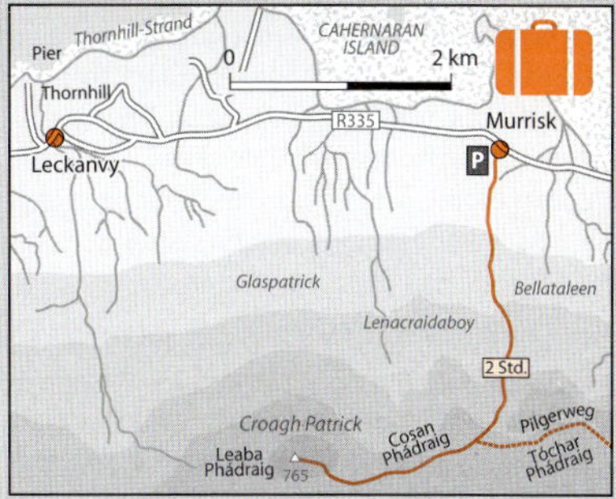

Der Croagh Patrick ist Irlands heiliger Berg. Dramatisch direkt an einer Atlantikbucht 765 m in die Höhe ragend, sich konisch verjüngend und fast weiß. Einiges an diesem Bild täuscht: Der Berg befindet sich zwar tatsächlich sehr nahe am Meer, ist aber keineswegs konisch und auch nicht wirklich weiß. Spätestens beim Aufstieg wird man feststellen, dass der Bergrücken wesentlich flacher ist und der Quarzstein eigentlich grau. Und mehr Schotter denn Stein, diese wenig stabile Oberfläche lernt man schnell hassen.

Pilgertouren auf den Croagh Patrick

Seit ungefähr fünf Jahrtausenden sollen Anwohner den Berg für religiöse Zeremonien nutzen. Wirklich bedeutend wurde er allerdings erst, als ihn angeblich im Jahr 441 der Hl. Patrick bestieg. Der Missionar hatte keineswegs sportliche Ambitionen – auf der Bergspitze verbrachte er 40 Tage mit Fasten und Gebeten, um das Seelenheil der Iren zu retten. Anschließend, so sagt die Legende, hat er eine Glocke vom Berg geschleudert und Dämonen sowie die Schlangen aus Irland vertrieben. Das danken ihm die Iren heute noch: Unzählige Pilger wagen den etwa zwei Stunden dauernden Aufstieg auch bei zweifelhafter Fitness und sogar barfuß. Wenn das Blut aus den geschundenen Füßen auf die Steine tropft, dann soll die Buße umso wirkungsvoller sein. Ein Aberglaube, den die Amtskirche seit vielen Jahren auszurotten versucht – offiziell soll man mit Schuhwerk pilgern, egal, wie groß die Sünde ist.

Der Aufstieg

Der Aufstieg beginnt in dem kleinen Ort Murrisk, gleich neben Campbell's Pub. Von der Gaststätte führt ein recht angenehmer Weg bis zu einer großen, weißen Statue des Heiligen, Schilder informieren über die religiösen Implikationen des Aufstiegs oder über die Mietgebühr für Wanderstöcke. Bis zu diesem Punkt trügt der Eindruck von einer leichten Bergwanderung, denn kurz danach wird der Weg sehr steil und der Untergrund sehr nachgiebig. Einen Großteil der Strecke versuchen Pilger wie Wanderer, schneller auf der Geröllhalde nach oben zu gehen, als diese unter den Füßen nach unten rutscht. Selbst die geschicktesten Bergwanderer werden beim Aufstieg auf den Croagh Patrick mehr Schritte machen müssen, als sie es auf einer normalen Bergtour gewohnt sind.

Die Hochzeit der Pilger ist übrigens am Reek Sunday, dem „Sonntag des Berges", dem letzten Sonntag im Juli. Dann machen sich Tausende gleichzeitig auf den Weg, einige Meter bergauf gehend, dann ein Stück auf den losen Steinen bergab rutschend, jede Station des Weges bis zum Gipfel mit den vorgeschriebenen Gebeten erfüllend. Eine Manifestation des Glaubens, wie sie eindrucksvoller nicht sein kann. Denn selbst Greise und Kleinkinder schaffen es bis zur Kapelle auf dem Gipfel. Nicht ganz ohne Unterstützung. Für geistlichen Beistand sorgen ganze Scharen von Priestern und Bischöfen, die an den Stationen des Weges mit den Pilgern gemeinsam beten und sie auch zum Durchhalten auffordern. Auf dem Gipfel schließlich werden die Messen quasi nonstop gefeiert. Wesentlich handfesteren Beistand leisten zahllose freiwillige Helfer, die sich mit Bandagen, Heftpflastern und Tragen um Verletzte und Erschöpfte kümmern müssen. So mancher Pilger beendet den Tag im Erste-Hilfe-Zelt des Malteserordens oder muss von der Bergrettung nach unten getragen werden.

Der beste Zeitpunkt

Als Besucher muss man sich entscheiden, wann man den Croagh Patrick besuchen will. Geht es um die sportliche Herausforderung und das rein touristische Erlebnis, sind Wochentage der ideale Zeitpunkt für einen Aufstieg. Will man jedoch am religiösen Erlebnis der Pilgerfahrt teilhaben oder zumindest Zeuge dieser Pilgerfahrten werden, sollte man sich einen Sonntag oder sogar einen Feiertag aussuchen. Von Ruhe und Stille kann dann zwar keine Rede mehr sein, das Erlebnis des Aufstiegs gemeinsam mit Tausenden von Pilgern ist jedoch einmalig.

Der Blick von der Straße täuscht – Croagh Patrick ist eine Herausforderung.

Eisenbahn

Der **Bahnhof** liegt knapp 1 km außerhalb des Zentrums.

DUBLIN, 4x tgl. Verbindung von Westport über Castlebar und Ballina (Zubringer ab Foxford) nach Dublin Heuston. Die Fahrzeit zwischen Westport und Dublin beträgt etwa 3 Std. 40 Min. Da im Internet teilweise Tarife von 10 € für die einfache Fahrt angeboten werden, ist dies eine sehr günstige (und schnelle) Alternative zur Busfahrt. Infos unter 💻 www.irishrail.ie oder beim Westport Railway Station, ✆ 098-25253.

Louisburgh

Das kleine Örtchen Louisburgh hat eigentlich außer einem sehr schönen Stück Atlantikküste und fischreichen Angelgründen wenig zu bieten. Für viele Irlandbesucher interessant ist jedoch die Verbindung mit der Piraten-Königin Grace O'Malley, auch Granuaile genannt. Ihre Geschichte erzählt das kleine **Granuaile Centre**, ✆ 098-66341, in der St. Catherine's Church. Dabei verzichtet das Museum auf eine allzu Hollywoodmäßige Darstellung, die der erfolgreichen Geschäftsfrau und Flottenkommandeurin auch nicht angemessen wäre. Die Schiffe der Grace waren keine großen Galeonen, sondern eher kleine Ruderboote, ihre Piraten nicht Johnny Depp oder Errol Flynn. Tatsächlich handelte es sich letztlich um den O'Malley-Clan, der sich mit Gelegenheitsraub auf dem Meer und Söldnertätigkeiten auf dem Land durchschlug. Und dabei wiederholt bei den Engländern aneckte. Ob Granuaile wirklich eine irische Patriotin oder eher eine opportunistische Clanchefin war, das bleibt offen. 🕓 Wechselnd und nur im Sommer, Eintritt 4 €.

Clare Island

Nur rund 130 Menschen leben ständig auf **Clare Island**, 💻 www.clareisland.info, der Insel mit zwei Bergen, die den Eingang zur Clew Bay beherrscht. Eine Fähre bringt Passagiere vom **Roonagh Quay** hierher und legt in der Nähe der aus dem 15. Jh. stammenden Burg an. Im 16. Jh. hatte Grace O'Malley (s. Louisburgh) auf Clare Island das Sagen, dank der strategisch günstigen Lage beherrschte sie große Teile der umliegenden Küste. Ihr Grab findet sich in der alten Abtei des Zisterzienserordens.

Back to Basics

Wer auf Clare Island übernachten und das einfache Leben kennenlernen möchte, sollte die **Macalla Eco Farm**, 💻 www.ecofarm.ie, ansteuern. In diesem Ökohof wird B&B angeboten, das allerdings aus dem Rahmen fällt: Gäste erhalten die Zutaten für ihr Frühstück und eine weitere Mahlzeit (alles aus ökologischem Anbau und fleischlos), die Zubereitung übernehmen sie selbst. Einmal am Tag gibt es eine Gemeinschaftsmahlzeit. Kein Fernseher stört die Stille. Hafen, Pub und der Inselladen sind weit, weit weg. Die Betreiber können Ausritte (nur für erfahrene Reiter) und Yoga-Kurse organisieren. Kosten pro Nacht ab 50 €.

Die Insel war bereits in prähistorischer Zeit als Siedlungsort beliebt, zahlreiche Ringforts aus der Eisenzeit und frühere Befestigungsanlagen an den Küsten zeugen von dieser langen Geschichte. Heute ist Clare Island vor allem bei Naturliebhabern und Wanderfreunden ein Geheimtipp. Die Moore der Insel sind mit einer reichen Pflanzen- und Tierwelt gesegnet, da ihre Ausbeutung niemals in industriellem Maße vorangetrieben wurde. Neben den vor der Küste fast schon üblichen Delphinen und Robben können auf Clare Island auch Falken und die meist sehr scheuen Otter beobachtet werden. Einige Strände laden zum Baden ein.

Transport

Murrisk und Louisburgh werden von Bus Éireann, 💻 www.buseireann, mit der **Buslinie 450** von Westport regelmäßig angefahren.

Fähre

Clare Island ist nur mit der Fähre von Roonagh Quay aus erreichbar (Überfahrt 20 Min., 15 €). **Clare Island Ferries**, 💻 www.clareislandferry.com, und O'Malley Ferries, 💻 www.omalleyferries.com, fahren regelmäßig mit saisonal stark schwankender Frequenz. Es besteht kein Busverkehr nach Roonagh Quay, die nächste Station ist in Louisburgh (etwa 7 km). Wer dort hin will, muss sich ein Taxi nehmen oder zu Fauß auf den Weg machen.

Achill Island

Eine Brücke verbindet das Festland mit Irlands größter Insel (145 km²), die bis heute untrennbar mit dem Namen Heinrich Böll verbunden ist. Obwohl man die Insel mühelos mit dem Auto erreichen kann, geht etwas Abgeschiedenes von ihr aus. Einsame Strände, Hochmoore, kleine Seen, vor allem aber die atemberaubende Klippenlandschaft, an der sich die tosende See bricht, machen Achill Island zu einem fantastischen Ziel für Naturliebhaber. Knapp 670 m ragen die Felsklippen am westlichen Ende der Insel, beim Croaghaun, aus dem Meer empor. Klippenwanderer, die den steilen und nicht einfachen Anstieg wagen, genießen einen fantastischen Ausblick, wie ihn vor vielen Jahren nur Seevögel und die Küstenwache hatten. Wer vom Ende der Straße bei Keem zum ehemaligen Küstenwachtposten aufsteigen will, der muss sich allerdings den Weg mühsam durchs Gestrüpp bahnen.

Vor vielen Jahren allerdings war am Achill Sound das „Ende der Welt" erreicht, Achill Island nur per Schiff zu erreichen. Und Schiffe machten Achill auch erstmals berühmt. Oder eher berüchtigt, denn die Piratenkönigin Grace O'Malley (s. S. 477) hatte hier einen weiteren Stützpunkt. Einige Orte, die an Grace O'Malley erinnern, findet man heute noch auf Achill – so etwa die Ruine des **Carrickkildavnet Castle**.

Am besten lernt man die landschaftlichen Schönheiten der Insel kennen, wenn man dem ausgeschilderten **Atlantic Coast Drive** folgt, der unmittelbar hinter der Brücke beginnt und zunächst auf die Südseite der Insel führt, dann in einem großen Bogen nach Norden und schließlich wieder zurück nach Achill Sound.

Baden auf Achill Island

Die Qualität der **Badestrände** auf Achill Island ist hoch, nicht weniger als fünf Strände haben eine „Blaue Flagge", 💻 www.blueflag.org: Keem Bay, Trawmore Strand bei Keel, Golden Strand und Silver Strand bei Dugort sowie der Strand von Dooega. Allerdings kann einem der Badespaß angesichts der niedrigen Wassertemperaturen oft vergehen.

Achill Sound, das kleine Nest am Sund, ist nicht weiter aufregend – wie überhaupt die Orte auf Achill nicht unbedingt klassische Reiseziele sind, sondern eher als Stützpunkte, Orientierungshilfen und natürlich Versorgungsstellen fungieren. Wie zum Beispiel **Dugort**, wo die Hauptattraktion das (nicht zu besichtigende) **Cottage von Heinrich Böll** zu sein scheint. Natürlich hat der Ort auch einen nahen Sandstrand und einige prähistorische Monumente zu bieten, aber das ist dann auch schon alles.

Noch weniger Leben allerdings findet sich unterhalb Slievemore, dem „großen Berg". Wegweiser führen zum **Abandoned Village**, laut Heinrich Böll das „Skelett einer menschlichen Siedlung". Es ist schlicht ein „verlassenes Dorf", wo die primitive Hauptstraße an Ruinen von Steinhäusern vorbeiführt. Die Siedlung wurde im Zuge der Großen Hungersnot aufgegeben – einige Häuser scheinen jedoch auch noch später genutzt worden zu sein. Etwas weiter bergan erkennt man die Reste eines Steinbruchs, in dem Rosenquarz abgebaut wurde (einige Brocken sind bei intensiver Suche immer noch zu finden). Danach beginnt der Aufstieg zum 661 m hohen **Slievemore**, eine der höchsten Stellen auf Achill. Bei gutem Wetter bietet sich von hier oben ein endloser Blick über den Atlantik und die irische Küste.

Die bekannten **Höhlen** unterhalb des Berges, in denen zahlreiche Robben Unterschlupf finden, sollte man jedoch nicht von hier erkunden – sie sind nur von See aus zugänglich, örtliche Bootsbesitzer bieten Touren an.

Hauptferienort auf Achill ist **Keel**, der mehrere Kilometer lange Sandstrand macht ihn zu einem Favoriten für Familien. Zusammen mit dem Bilderbuchdorf **Dooagh** vielleicht der beste Punkt, um auf Achill Station zu machen. Kleine Restaurants und zahlreiche B&Bs warten auf den Besucher, wobei die Qualität durchwachsen ist.

Wer auf Achill den Nervenkitzel sucht, der ist auf dem Weg zum einsamen **Strand von Keem** am besten aufgehoben – die Straße führt über eine gewundene Küstenstrecke, die dem Fahrer alle Konzentration abverlangt und dem Beifahrer (der in einem Rechtslenker wortwörtlich am Rande des Abgrunds sitzt) Respekt einflößt. Die Aussicht ist wunderbar, wenn die Sonne scheint. Und kaum hat sich der Besucher an den einmaligen

ACHILL ISLAND

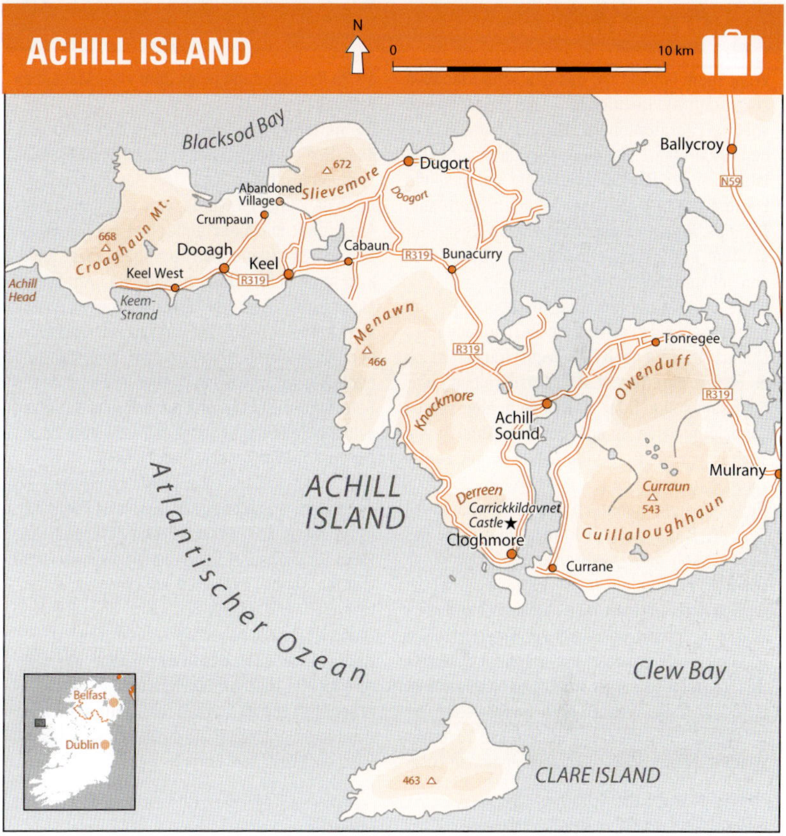

Ausblick gewöhnt, geht es steil bergab und die Sicht wird fast vollkommen von umliegenden Bergen und Klippen genommen. Wenn jedoch Nebel aufkommt oder sogar tiefhängende Wolken den Weg nach wenigen Metern verschwinden lassen, fährt man automatisch nur noch Schritttempo. Der Parkplatz ist etwa 3 m über dem Meeresspiegel. Hier beginnt ein fantastischer Bergwanderweg (1,5 km) nach Achill Head.

Übernachtung

Achill Sound

€ **The Railway Hostel**, ✆ 098-45187. Einfaches, aber modernes und sauberes Hostel im ehemaligen Bahnhof, die Insel beginnt jenseits der kleinen Brücke. Hat in der Hauptsaison oft noch Betten frei, wenn alle anderen Hostels auf der Insel voll sind. Bett ab 10 €.

Dooagh

Inis Aoibhinn, Keelwest, ✆ 098-43352 oder 087-6372890. Familiäres B&B mit sehr schöner Aussicht und hellen Zimmern. Ideal für einen entspannten Aufenthalt, bei dem der Tag mit einem herzhaften und reichhaltigen Früstück beginnen soll. ❷–❸

Dugort

High View, Golden Strand, ✆ 098-47247 oder 086-1646290. Schön gelegenes B&B wnicht weit

Heinrich Böll und sein Vermächtnis

Wohl kaum jemand hat das deutsche Irlandbild so geprägt wie Heinrich Böll – der Deutsche und spätere Literaturnobelpreisträger hatte sich in den 1950er-Jahren lange Zeit in Dugort auf Achill Island eingemietet und nicht nur die gesunde Luft am Atlantik genossen, sondern auch sein *Irisches Tagebuch* geschrieben. Ein Bestseller seitdem und gewissermaßen die „Bibel" des deutschsprachigen Irlandfans.

Leider aber auch hoffnungslos überaltert und keineswegs eine realistische Beschreibung des Landes 50 Jahre nach Böll. Wobei fraglich ist, ob es jemals eine realistische Beschreibung war oder sein sollte. Oder ob Böll nicht eher seinen Landsleuten den Spiegel vorhielt. Ähnlich wie Tacitus vor vielen hundert Jahren mit seiner *Germania*.

Dennoch sieht man nach wie vor Touristen mit dem dtv-Band 1 durch Irland pilgern, auf der Suche nach dem „wahren Irland", das ihnen von Böll versprochen wurde. Es gäbe es, hat der weise Literat geraunt, man müsse es nur finden. Und so wurde das unscheinbare Tagebuch quasi zu einer Gralsbotschaft der Irlandbegeisterten. Böll, so heißt es immer wieder, habe das wahre Irland und die wahren Iren beschrieben. Es ist nun an uns, mit seiner Hilfe diese Wahrheit wiederzufinden. Was dann vom einfachen Leser bis zu Ralf Giordano jedes Jahr viele Menschen versuchen.

Die harten Fakten aber strafen den Anspruch, dass Böll ein heute noch relevantes Bild Irlands zeichnete, schlicht Lügen. Als das *Irische Tagebuch* geschrieben wurde, war Irland ein reiner Agrarstaat mit einer einfachen Lebensweise. Seitdem hat Irland sich verändert. Zwar findet man noch immer Bauern, aber die brettern mit gigantischen Traktoren über die Straßen, anstatt sich gemütlich am Weidezaun mit vorbeigehenden Touristen zu unterhalten. Touristen sind nach wie vor willkommen, aber im Zeitalter des Satellitenfernsehens und der billigen Fernreisen sind sie Geldbringer, nicht mehr die Verbindung zur großen Welt jenseits des Meeres.

Und „Hinrick Bull"? Auf Achill kennt man ihn noch, denn sein Cottage in Dugort ist Pilgerstätte für zahlreiche Besucher und gelegentliches Heim für deutsche Stipendiaten. Einheimische werden sagen, dass Böll ein „famous writer" war, viel mehr wissen sie nicht. Bölls Ruhm in Irland ist ... naja, sagen wir einmal „schmal". Aber wen wundert das in einem Land, das mehrere eigene Literaturnobelpreisträger hervorgebracht hat und das, wenn man ganz ehrlich ist, nicht mehr unbedingt als das leicht altmodische Land am Westzipfel Europas bekannt sein will?

vom Strand und nahe am Heinrich-Böll-Cottage. Modern eingerichtete und doch gemütliche Zimmer, hervorragendes Frühstück. ❷–❸

Keel

€ **Richview Hostel**, ✆ 098-43462 oder 086-2315546. Einfache Unterkunft in einem alten Haus, in Wandernähe zum „Ortskern" und den Stränden gelegen. Man fühlt sich oft weniger als zahlender Gast denn als „Kumpel" des Wirts. Der dann auch schnell (und zuverlässig) die besten Tipps parat hat, wie man den Tag verbringen kann. Bett ab 15 €.

Achill Cliff House Hotel, ✆ 098-43400, 💻 www.achillcliff.com. Hotel mit Meeres- und Bergblick, 10 geräumige Zimmer, alle mit Bad und TV. Sehr komfortable Unterkunft. Die Sauna im Haus wärmt an kalten Tagen so richtig durch. ❸

Joyce's Marian Villa, ✆ 098-43134, 💻 www.joycesachill.com. Größeres, altmodisch-gemütliches Haus, Zimmer haben Komfort und auch genug Platz, viele dazu eine schöne Aussicht aufs Meer. Mahlzeiten werden angeboten. ❷–❹

Valley

€ **Valley House Holiday Hostel and Bar**, ✆ 098-47204, 💻 www.valley-house.com. Gemütliche Unterkunft in Schlafsaal (Bett ab 19 €) oder Familienzimmer, auch Camping möglich, auf Wunsch werden (für Gruppen) „Murder Weekends" organisiert. Passend: Das Haus hat eine „kriminelle Vergangenheit" und Synge hat seinen *Playboy of the Western World* hiervon inspirieren lassen. Übernachtung im Zelt 10 €. ❷

Essen

Dooega

Mickey's Bar im Lavelle's Seaside House, ✆ 098-45116, 💻 www.lavellesseasidehouse.com. Traditioneller Pub mit einem sehr guten Menü am frühen Abend (bis etwa 20 Uhr). Hervorragender Fisch mit selbst gebackenem Brot, in der Saison unbedingt auch Muscheln probieren. Oder den traditionellen Boxty, eine Art Kartoffelkloß, mit Beilagen.

Dooagh

Gielty's Clew Bay, ✆ 098-43119, 💻 www.gieltys.com. Angeblich Irlands westlichster Pub und seit drei Generationen im Familienbesitz. Coffee Shop mit Backwaren und Snacks, im Pub selbst wird sehr gutes Bar Food (Hausmannskost) zu vernünftigen Preisen serviert. Abends während der Saison oft Livemusik.

Dugort

€ **The Cottage Coffee Shop**, ✆ 098-43966. Hier wird noch traditionelle Hausmannskost zu vernünftigen Preisen serviert, ohne große Schnörkel, aber sättigend und auch vom Geschmack zufriedenstellend.

Keel

€ **The Beehive Craft & Coffee Shop**, ✆ 098-43134. Kleines Café am Wegesrand, nicht unbedingt von der Optik her umwerfend, aber mit sehr leckeren Backwaren aus eigener Produktion. Unbedingt für einen Nachmittagskaffee vormerken.

Calvey's Restaurant, ✆ 098-43158, 💻 www.calveysofachill.com. Seit 40 Jahren serviert Familie Calvey hier vor allem sehr gute Fleischgerichte, die eigene Schlachterei sorgt für exzellenten Nachschub. Empfehlenswert ist das vor Ort aufgezogene Lamm – nicht unbedingt billig, aber ein Genuss.

Unterhaltung

Annexe Inn, Keel, ✆ 098-43268. Wahrscheinlich der bekannteste Pub auf Achill, vor allem wegen der Musik. Das ganze Jahr über Sessions am Wochenende, im Juli und August fast jeden Abend. Gemütlich, wenn auch teilweise etwas überlaufen.

Aktivitäten

Abgesehen von endlosen Wanderungen am Strand oder in den Bergen bietet Achill Island ein breites Spektrum an Aktivitäten:
Wer die Insel mit dem **Fahrrad** erkunden möchte, der kann bei Achill Lodge, Bunnacurry, ✆ 086-7930633, 💻 www.achilllodge.ie, Räder mieten.
Angeltouren auf dem Meer werden von Purteen Harbour aus durch Achill Sea Angling, Keel, ✆ 098-47257 oder 086-3211560, angeboten. Auch reine Ausflugsfahrten sind saisonal möglich. Unter das Wasser geht es ab derselben Anlegestelle mit dem Achill Island Scuba Dive Centre, ✆ 087-2349884, 💻 www.achilldivecentre.com, hier können **Tauchkurse** absolviert werden. Erfahrene Taucher mit Zertifikat können an den geführten Tauchgängen teilnehmen.
Reitausflüge können im Calvey's Equestrian and Pony Trekking Centre Keel, ✆ 087-9881093, 💻 www.calveysofachill.com, gebucht werden, ein geführter Ausritt zum „Deserted Village" etwa kostet 45 €.
Surfen hat sich auf Achill zum Dauerbrenner entwickelt, der Atlantik bietet einige gute Wellen. Das passende Outfit verleihen sowohl Achill Surf, 💻 www.achillsurf.ie, wie auch Blackfield, 💻 www.blackfield.com, beide organisieren auch Kurse. Eine Variante mit Pfiff ist **Kitesurfing**, die Spezialisten dafür sind Pure Magic, 💻 www.puremagic.ie.

Touren

Achill auf die bequeme Art: **Rundfahrten im Kleinbus** bietet Teach Cruachán, 💻 www.teachcruachan.com, regelmäßig an. Etwas abenteuerlicher geht es dagegen bei Achill Outback, 💻 www.checkpoint.ie, zu.
Die **Inseltour im Landrover**, abseits der guten Straßen, ist auch schon einmal holprig.

Informationen

Tourist Information Achill Island, Achill Sound, ✆ 098-45384, ein weiteres Informationsbüro betreibt **Achill Tourism in Cashel**, ✆ 098-47353.

Beide sind nur während der Sommersaison geöffnet. Infos auch unter 💻 www.visitachill.com und www.achilltourism.com.

Transport

WESTPORT, tgl. Busverbindung nach mit Linie 440, morgens wird die Strecke von Dooagh über Keel und Achill Sound nach Westport gefahren, abends geht es zurück, weitere Infos unter 💻 www.buseireann.ie.

Nördliches County Mayo

Ende der Welt – wer schon im Süden des County die Einsamkeit liebte, der wird im nördlichen Mayo den Himmel auf Erden finden. Neben felsigen Küstenstreifen und einigen Bergen prägen Moor und Heide die Landschaft, die selbst für irische Verhältnisse extrem dünn besiedelt ist und doch einige der frühesten Spuren menschlicher Besiedlung aufweisen kann.

Halbinsel Mullet

Die Mullet Peninsula, die rund 30 km in den Atlantik ragt und vor allem für ihre Einsamkeit bekannt ist, wird nur von wenigen Touristen besucht. Für die meisten Irlandreisenden liegt sie einfach viel zu weit ab vom Schuss, hinter dem Hauptort **Belmullet** scheint die Welt zu Ende zu sein. Auf den ersten Blick scheint die Mullet Peninsula außer Moor, das sich mit kahlen Felsen abwechselt, auch nichts zu bieten zu haben. Tatsächlich sind jedoch einige prähistorische und mittelalterliche Ruinen hier zu finden, die die Fahrt für interessierte Menschen durchaus lohnenswert macht. So steht bei **Doonamo Point** der beeindruckende Rest einer Küstenbefestigung, deren aus Naturstein und ohne Mörtel aufgeschichtete Mauer rund 6 m hoch ist.

Céide Fields

Die an der Nordküste von Mayo, rund 8 km nordwestlich von **Ballycastle** in einer menschenleeren Moorlandschaft gelegenen **Céide Fields**, Ballycastle, ✆ 096-43325, 💻 www.heritageireland.ie, sind der größte Fundort aus der Steinzeit in Europa, wenn nicht gar weltweit. Kilometerweit erstrecken sich die bislang freigelegten Reste von Grabanlagen und Häusern sowie die Umfassungsmauern von Feldern. Eine einmalige Attraktion, an der sich jedoch die Geister scheiden. Während einige Besucher voller Ehrfurcht die etwa 5000 Jahre alten Spuren menschlicher Besiedlung betrachten, fragen sich andere gelangweilt, was denn an den Stein- und Mauerresten so außergewöhnlich sei.

Etwa 10 km^2 Land wurden an dieser Stelle parzelliert und mit Wällen aus Erde und Stein zumindest so weit vor den Winden geschützt, dass sich hier Getreide anbauen ließ und Vieh auf Grasland weiden konnte. Zusammen mit einigen Resten von Bauernhöfen aus derselben Epoche ein einmaliges Zeugnis der Landwirtschaft von vor etwa fünf Jahrtausenden. Dass die Céide Fields überhaupt erhalten wurden, haben wir einem „Wandernden Moor“ zu verdanken. Ein in der Nähe gelegenes Moorgebiet breitete sich über die mühsam angelegten Felder aus und schluckte sie schließlich vollkommen. Erst Tausende von Jahren später bauten Menschen den Torf in dieser Gegend ab und entdeckten die Überreste der alten Anlagen. Ein Teil des Moores wurde daraufhin komplett abgetragen, sodass heute die letzten Spuren der Steinzeit-Bauern frei daliegen. Am besten kann man diese vom Besucherzentrum aus betrachten, das in Pyramidenform erbaut wurde und eine Aussichtsplattform besitzt, die einen Blick aus der (annähernden) Vogelperspektive ermöglicht. Ausstellungen erläutern nicht nur die Geschichte der Landwirtschaft an dieser Stelle, sondern informieren auch über das spezielle Ökosystem, das die prähistorischen Anlagen konservierte. Wer sich genauer dafür interessiert, der sollte die Céide Fields im Rahmen einer sachkundigen Führung besichtigen. Denn im Wesentlichen sieht man nur niedrige, in sich zusammengestürzte Mauern. 🕒 Ostern–Okt tgl. 10–17, Juni–Sep bis 18 Uhr, Eintritt 4 €.

Ballycastle

Der Ort Ballycastle selber ist schmuck und bunt, aber eigentlich nur ein Foto auf der Durchreise wert. Wesentlich interessanter sind die etwas nördlich liegenden Klippen am **Downpatrick Head**, wo ein etwa 50 m hoher Felsturm einsam im Wasser steht. Eine Verbindung zum Festland in Form einer natürlichen Felsenbrücke soll von einigen hundert Jahren noch bestanden haben und dann bei einem Sturm zusammengestürzt sein. Die Legende berichtet von abenteuerlichen Rettungsaktionen für die Gestrandeten.

Essen

Mary's Bakery & Tea Rooms, Main St., Kleines, gutbürgerliches Restaurant. Full Irish Breakfast wird sehr gelobt. Hausgemachte Suppen und Hühnchengerichte. Spezialität: Backwaren.

Ballina und Umgebung

Mit mehr als 8000 Einwohnern ist Ballina die größte Stadt im Norden Mayos. Bekannt ist der Ort als Angelzentrum, denn in den fischreichen Gewässern der Umgebung, vor allem im Fluss Moy, tummeln sich – noch – zahlreiche Lachse. Außer den Angel- sowie guten Einkaufsmöglichkeiten, Unterkünften und Pubs hat Ballina jedoch wenig zu bieten. Alle drei Sehenswürdigkeiten haben mit dem kirchlichen Leben zu tun, zumindest im weitesten Sinne: Der **Dolmen** beim Bahnhof soll das Grabmal einiger Brüder sein, die hier im 7. Jh. einen Bischof ermordet haben. Die geschichtliche Genauigkeit dieser Zuordnung darf infrage gestellt werden. Wesentlich jünger sind die wenigen **Ruinen einer Abtei des Augustinerordens**, gegründet im 15. Jh., und mittlerweile von der benachbarten katholischen Kathedrale weit übertroffen. Die **Kathedrale** ist relativ neu, die Glasmalereien ihr interessantestes Detail.

Auch die Umgebung der Stadt ist vor allem durch kirchliche Attraktionen geprägt. Interessant ist eine Abtei des Franziskanerordens, die im 15. Jh. entstandene **Rosserk Friary** bei Abbeytown. Das Westportal ist sehr stark mit Skulpturen verziert und kann den Betrachter längere Zeit gefangen nehmen.

Ein weiteres Franziskanerkloster, **Moyne Abbey**, zwischen Ballysakeery und Killala gelegen, stammt zwar aus demselben Zeitraum, ist jedoch schmuckloser.

Das **Kloster Rathfran** an der Rathfran Bay (westlich von Carrowmore Lacken) dient heute eher als Orientierungsort für Besucher, die den etwa 2,5 m hohen **Oghamstein von Breastagh** und die dort zu findenden Megalithgräber sehen wollen. Sie sind spärlich ausgeschildert.

Kunstinstallationen im Nichts

„5000 Jahre ländliche Kultur", so das Motto der Jubiläumsfeier, die 1993 zu Ehren der Entdeckung der Céide Fields begangen wurde. Zu diesem Anlass wurde der **North Mayo Sculpture Trail**, 💻 www.mayo-ireland.ie/Mayo/Towns/Ballina/TirSaile/TirSaile.htm, eröffnet, der sich zwischen der Mullet-Halbinsel und Ballina hinzieht. Ein Dutzend Künstler aus drei Kontinenten haben hier 15 teilweise sehr große Installationen geschaffen, wobei vor allem Naturmaterialien zur Verwendung kamen. Mit den Skulpturen, die einsam in der Landschaft verstreut sind, soll die Schönheit der Küstenlandschaft betont werden. Ob dies unbedingt nötig war oder erfolgreich gelang, das bietet, wie so oft bei Kunstaktionen, Stoff für endlose Diskussionen.

Eine Attraktion für sich ist dagegen der etwa 25 m hohe **Rundturm von Killala**. Er ist vollkommen erhalten, das konische Dach könnte jedoch nach dem 18. Jh. repariert worden sein, auch ein Teil des Turmes selbst wurde im 19. Jh. (nicht sehr gekonnt) ausgebessert. Das größte Problem ist allerdings seine von anderen Gebäuden eingeengte Lage, die eine Betrachtung teilweise schwierig macht. Eine kleine Kuriosität: Ein in Stein gemeißeltes Bild dieses Rundturms findet sich auf dem Taufbecken der oben schon erwähnten Rosserk Abbey. Übrigens ist Killala von historischem Interesse, hier landete am 22. August 1798 der französische General Jean Humbert mit einer Armee zur Unterstützung der irischen Rebellen.

Übernachtung und Essen

€ **Blind Brook Activity Centre**, Sligo Rd. (N59), 📞 096-76838, 💻 www.blindbrook.ie. Sehr einfach gehaltenes Hostel, dafür aber ein volles Unterhaltungsprogrammen mit Golf, Karting und Billard. Indisches Restaurant im Haus. Bett ab 15 €.

Belleek Castle Hotel, 📞 096-22400, 💻 www.belleekcastle.com. Es bietet hochherrschaftliche Unterkunft in einem restaurierten Schloss, kombiniert mit erstklassigem Essen im **Granuailes Candlelight Restaurant**. Wer das Gefühl haben möchte, ein eigenes Anwesen mit einem großen Park zu besitzen, der ist hier richtig. Muss allerdings ein großzügiges Budget einplanen. ❻

The Ice House Hotel, The Quay, 💻 www.theicehouse.ie. Restaurant mit Blick auf den Fluss. Speisekarteneinteilung nach Meer und Land. Empfehlung: „Ice House Tasting Plate"(ungewöhnliche Fleischplatte mit geräucherter Ochsenzunge, scharf gewürzten Lammnieren, Rindfleisch und Black Pudding). Irische Käseauswahl. Kinderteller.

Informationen

Tourist Information Ballina, Cathedral Rd., ✆ 096-70848. Jenseits des Flusses Moy.

Transport

Busse

Der **Busstopp** liegt an der Kevin Barry St. DUBLIN, unter der Woche mind. 7x tgl. mit Linie 22 via Foxford, Strokestown, Longford, Mullingar, Maynooth. Regulärer Fahrpreis 19 €. Gesamtfahrtzeit 3 1/2 Std. Verbindungen nach Achill Island mit der Buslinie 52, nach Sligo mit der Linie 66. Infos unter 💻 www.buseireann.ie oder Ballina Bus Office, ✆ 096-71800.

Eisenbahn

DUBLIN, mehrfach tgl. Verbindung über Foxford, Athlone und Kildare. Fahrzeit zwischen Westport und Dublin beträgt dabei etwa 3 Std. 40 Min. Da im Internet teilweise Tarife von 10 € für die einfache Fahrt angeboten werden, ist dies eine sehr günstige (und schnelle) Alternative zur Busfahrt. Infos unter 💻 www.irishrail.ie.

Knock

Das kleine Städtchen Knock ist **Wallfahrtsort** und eine der wichtigsten Stätten der Marienverehrung in Europa. Der Aufstieg der kleinen Gemeinde begann im Jahr 1879, als mehr als ein Dutzend Menschen plötzlich eine Erscheinung der Heiligen Jungfrau zusammen mit Joseph und dem Evangelisten Johannes sahen. Die drei hatten sich die Giebelwand der kleinen, Johannes dem Täufer gewidmeten Dorfkirche ausgesucht, um mitten in einem Sturm und umgeben von Engeln Knock einen Besuch abzustatten. Noch im selben Jahr, und zur Sicherheit auch nochmal im Jahre 1936, stellte die katholische Kirche fest, dass es sich hier wirklich um eine Erscheinung der Gottesmutter gehandelt habe. Zumal es ja auch Wunderheilungen gegeben haben soll. Seitdem zieht die Giebelwand mehr und mehr

Glauben gefährdet Ihre Gesundheit!

Eine fast groteske Geschichte spielte sich 2009 in Knock ab: Der Dubliner „Visionär" Joe Coleman kündigte wiederholt an, dass die Jungfrau Maria erscheinen werde. Mit einer gewichtigen Botschaft für alle Gläubigen. Während die katholische Kirche sofort auf Distanz zu diesen Ankündigungen ging, machten sich viele tausend Menschen dennoch auf den Weg nach Knock, um die Marienerscheinung selbst zu sehen. Die Muttergottes, so hieß es, sollte sich am Nachmittag in der Sonne zeigen. Was sie dann, zumindest nach Ansicht einiger Anwesender, auch tat. Sie sahen entweder die Sonne tanzen oder sogar eine schemenhafte Erscheinung.

Kurz nach diesen Ereignissen meldeten sich die irischen Augenärzte zu Wort. Sie hatten plötzlich mit einer ganzen Reihe von Augenverletzungen zu tun, die sich durch ein langes und angestrengtes Starren direkt in die Sonne erklären ließen. Bei der Befragung der Patienten stellte sich heraus, dass diese ausnahmslos an den fraglichen Wochenenden in Knock gewesen waren. Tatsächlich hatten sie in Erwartung einer Erscheinung ihre eigene Sehkraft teilweise zerstört.

Und die Augenärzte fügten noch eine Bemerkung an, die die Wundergläubigen garantiert nicht hören wollten: Wer lange genug in ein helles Licht schaue, der müsse letztlich das Licht tanzen sehen oder Trugbilder wahrnehmen. Das sei jedoch nicht auf übernatürliche Ursachen zurückzuführen, sondern die einfache Reaktion des menschlichen Sehvermögens auf die Überlastung.

Pilger an, bis zu 1 Mio. Gläubige im Jahr reisen nach Knock, selbst Papst Johannes Paul II. und Mutter Theresa waren schon in Mayo. Die meisten Pilger landen auf dem **Ireland West Airport**, 💻 www.irelandwestairport.com. Mitten im Nichts ist einer der größten Flughäfen Irlands entstanden. Gebaut wurde er auf Veranlassung des örtlichen Priesters Monsignore James Horan (1911–1986). Direktverbindungen nach Lourdes sind im Angebot.

Heute erwartet die Besucher in Knock allerdings kein Dorf mit einer einsamen Giebelwand mehr. Hier ist der **Knock Shrine**, 💻 www.knock-shrine.ie, entstanden, „Ireland's National Marian Shrine". Der Ort der Erscheinung, also die alte Kirche, ist mittlerweile komplett mit einer gläsernen Schutzhülle versehen, die eine Kapelle bildet. Diese verschwindet fast neben der gigantischen modernen Basilika, ein Kirchenbau der Superlative, der dennoch nicht immer die Pilgermassen fassen kann und deswegen auch Lautsprecher zur Außenübertragung der Gottesdienste hat.

Direkt neben der Basilika befindet sich das **Knock Museum**, das sich mit dem Leben auf dem Lande im 19. Jh. beschäftigt und vor allem die Marienerscheinung von 1879 (und ihre Folgen, wie etwa Wunderheilungen) behandelt. 🕓 Tgl. mind. 12–16 Uhr, Eintritt 4 €.

Übernachtung

Divine Mercy B&B, Airport Rd., Claremorris, 📞 094-9388178. Sehr familiäres Guesthouse in der Nähe der Wallfahrtsstätte, Abendessen, Abholung mit Bus und auch Babysitter können organisiert werden. ❸

Informationen

Tourist Information Knock, 📞 094-9388193.

Transport

Busse

DUBLIN, unter der Woche zwischen 8 und 17 Uhr 3x tgl. via Athlone mit den Linien 21 und 20 bis Busaras, Fahrtzeiten jeweils 2 Std. Regulärer Fahrpreis 19 €, Infos unter 💻 www.buseireann.ie.
Linie 21 in anderer Richtung bedient CASTLEBAR und WESTPORT mehrmals tgl.

Flüge

Vom **Knock Airport**, 💻 www.irelandwestairport.com, besteht eine sehr eingeschränkte Verbindung in die Schweiz und nach Österreich per Charterflug (hauptsächlich Wintersport), daneben gibt es Linienflüge nach Dublin und vor allem Großbritannien. Regelmäßige Pilgerflüge gehen auch nach Fatima, Lourdes und Medjugorje.

County Sligo

Die zerklüftete Atlantikküste, ausgedehnte Hügelketten mit weiten Tälern und viel Einsamkeit kennzeichnen Sligo. An den Küsten tummeln sich Surfer, an den Seen gehen Angler ihrer Passion nach. Geradezu spektakulär aber wird die Landschaft rund um die Stadt Sligo. Direkt am Meer thronen gigantisch wirkende Tafelberge, von denen sich ein fantastischer Ausblick ergibt. Allein das Massiv des Ben Bulben, von Yeats besungen und als Hintergrund seiner letzten Ruhestätte gewählt, ist den Weg hierhin wert. Und ohne Knocknarea bestiegen und Königin Maeve Ehre erwiesen zu haben, sollte niemand die Gegend wieder verlassen.

Sligo Town und Umgebung

In herrlicher Lage an der Mündung des Flusses Garavogue breitet sich Sligo Town (19 000 Einw.) aus, eine Stadt, die etwas die Gemüter teilt. Der nach seinem an Muscheln reichen Fluss benannte Ort wird einerseits als sehr romantisch beschrieben, andererseits hat er charakterlose Neubaugebiete und ganz objektiv einige sehr hässliche Ecken. Vielleicht erwarten manche Besucher auch zu viel von Sligo, das sie vor allem mit dem Poeten William Butler Yeats verbinden. Der am meisten fotografierte Bewohner von Sligo ist aus Metall, die **Yeats-Statue** vor einem Bankgebäude ist das klassische Motiv an sich. Der Dichter wird erkennbar dargestellt (im Kontrast zum kurioserweise durchaus ähnlichen Yeats-Monument im Dubliner St. Stephen's Green), sein Oberkörper weitet sich aber in eine mit Zitaten aus seinem Werk beschriebene Fläche. Yeats Wurzeln lagen teilweise in Sligo, heute wird im Ort gerne darauf hingewiesen, dass sein Großvater von einem Türmchen auf dem Pollexfen Warehouse gerne seine kleine Handelsflotte beobachtete. Und mit den Brüdern Yeats, dem Poeten William und dem Maler Jack, gründete sich der Ruhm Sligos als Hauptstadt der Künste im irischen Nordwesten. Nicht, dass es hier viel Konkurrenz gegeben hätte. Eine sehr gute Sammlung von Literatur von und über William Butler Yeats besitzt die **Sligo Library**, Stephen St., ✆ 071-9141623.

Wesentlich spektakulärer ist aber die Sammlung von Werken seines Bruders, des Malers Jack Butler Yeats. Auch sein Schaffen wurde teilweise stark von Sligo geprägt. Die renovierte **Model Art & Niland Gallery**, The Mall, ✆ 071-9141405, 💻 www.themodel.ie, zeigt neben wechselnden Ausstellungen bevorzugt moderner Kunst, eine große Auswahl von Werken des etwas unbekannteren Yeats. Sie sind in ihrer Themenvielfalt und in der lebendigen, lebensnahen (wenn auch zum Teil abstrahierten) Darstellung von Alltagsszenen einen mehrstündigen Besuch wert. 🕓 Di–Sa 10–17.30, Do bis 20, So 12–17 Uhr (Fei wie So), Eintritt frei.

Das **Yeats Memorial Building** neben der Hyde Bridge, ✆ 071-9142693, 💻 www.yeats-sligo.com, beherbergt eine Sammlung der örtlichen Yeats-Gesellschaft und mit der **Sligo Art Gallery**, ✆ 071-9145847, 💻 www.sligoartgallery.com, eine weitere Kunstgalerie, die wechselnde Ausstellungen zeigt. Im Sommer allerdings findet hier regelmäßig die Yeats International Summer School statt, eine der wichtigsten kulturellen Veranstaltungen in Sligo. 🕓 Mo–Fr 10–17 Uhr, Eintritt bis auf Weiteres frei.

Die zwei wichtigsten Kirchen der Stadt sind beide nach dem Hl. Johannes benannt. Im neogotischen Stil wurde 1812 die **St. John's Church** der Church of Ireland errichtet, das geradezu klassische Kirchengebäude steht in der John Street. In der Temple Street dagegen wurde rund 60 Jahre später im neo-romanischen Stil die katholische **St. John's Cathedral** gebaut. Vielleicht eine gute Gelegenheit, die beiden Baustile und die unterschiedlichen Innenraumgestaltungen zu vergleichen.

Das interessanteste Kirchengebäude ist allerdings die **Abtei von Sligo**, ✆ 071-9146406, 💻 www.heritageireland.ie, die auch das älteste Gebäude der Stadt ist. Maurice Fitzgerald gründete hier im Jahre 1253 ein Kloster für den Dominikanerorden. Dieses brannte allerdings rund 150 Jahre später nieder und wurde 1416 komplett neu errichtet. Erhalten sind heute das Konventgebäude, der Kreuzgang und die Kirche. In der zweischiffigen Kirche ist nur der Chor aus dem 13. Jh. zumindest teilweise erhalten, das Querschiff dagegen wurde sogar erst im 16. Jh. errichtet. Interessant sind vor allem die verschiedenen Monumente und der dekorierte Altar. Das Grab des Cormack O'Crean aus dem frühen 16. Jh. etwa weist neben zahlreichen Figuren eine sehr schöne Kreuzigungsgruppe auf. 🕓 April–Okt tgl. 10–18 Uhr, Eintritt 3 €.

Wesentlich weltlichere Genüsse, aber auch im Stil der alten Zeit, bietet **Hargadon's Bar** in der O'Connell Street, ✆ 071-9153709, 💻 www.hargadons.com, ein noch weitgehend originalgetreuer irischer Pub.

Rosses Point

Einige Kilometer außerhalb von Sligo und direkt an der engen Einfahrt zum Hafen liegt der kleine Ort Rosses Point, in dem schon die Brüder Yeats Ferien gemacht haben. Hier sind vor allem Spaziergänge an der Küste beliebt. Dabei fällt dann eines der ungewöhnlichsten Seezeichen Irlands auf, ein „**Iron Man**". Mitten in der Einfahrt zum Hafen steht ein aus Metall gefertigter, überlebensgroßer Matrose, der den einlaufenden Schiffen mit der Hand den rechten Weg weist. Dass die Seefahrt in dieser Gegend nicht unbedingt gefahrlos war, bezeugt auch eine weitere Statue in Rosses Point. Direkt neben der Rettungsbootstation steht das **Denkmal einer klagenden Seemannswitwe**. Heute klagen sich hier allerdings mehr die „Golfwitwen" ihr Leid: Rosses Point hat einen recht beliebten Golfkurs mit 18 Löchern, der teilweise für regionale und nationale Meisterschaften genutzt wird.

Knocknarea

Sligos Hausberge sind Ben Bulben und Knocknarea – beides Tafelberge in Meeresnähe, die einen geradezu magnetischen Einfluss auf Wan-

derer ausüben. Doch nicht nur auf Wanderer, denn die Berge haben auch etwas Mystisches und Mythisches.

Nur rund 7 km westlich von Sligo ragt der Knocknarea aus der Ebene. Vom Parkplatz aus (ab Carrowmore ausgeschildert) dauert es nur 30–45 Min. bis auf den Berg, dessen Gipfel ein weitläufiges Plateau darstellt.

Von hier oben genießt man einen schönen Rundblick über die Bucht von Sligo, den Ort selber sowie das Hinterland. Sofern man den Blick von dem großen Steinhügel auf dem Plateau losreißen kann, der unweigerlich die Aufmerksamkeit jedes Besuchers anzieht. Dieser künstlich aufgeschichtete *cairn* hat einen Durchmesser von ungefähr 60 m und erreicht eine Höhe von etwa 11 m. Seine Entstehung wird allgemein auf die Zeit vor etwa 4500 Jahren datiert, Wind und Wetter haben ihm weniger Schäden zugefügt als die auf ihm herumkletternden Menschen. Der Sage nach soll es sich bei dem Hügel um das Grab der Königin Maeve von Connacht (s. S. 195) handeln. Allerdings ist dies reine Spekulation, denn es ist noch nicht einmal sicher, dass unter dem Steinhügel tatsächlich eine Grabkammer existiert. Eine gezielte Ausgrabung hat bislang nicht stattgefunden.

Ben Bulben

Von Knocknarea aus zu sehen ist auch der mehr als 500 m hohe Ben Bulben, gewissermaßen der große Bruder. Auch er ist mit der Königin Maeve verbunden, hier soll (zumindest einer Version der Geschichte nach) der Kampf mit Cúchulainn stattgefunden haben (s. S. 195). Bei dem es letztlich darum ging, wer den besten Zuchtbullen besitzt. Ein anderes mythologisches Tier in dieser Gegend war der große Eber, der den Ben Bulben unsicher machte und dem Helden Diarmaid sogar das Leben kostete. Heute ist die größte Gefahr für den Bergwanderer der Berg selbst. Der Ben Bulben kann bestiegen werden, es gibt jedoch keine ausgebauten Wege und die steilen Bergwände machen das Unternehmen zu einem Abenteuer. Die Aussicht allerdings ist fantastisch, denn das gesamte „Yeats Country" liegt einem hier zu Füßen.

Strandhill

Wem mehr der Sinn nach Trubel steht, der sollte seine Schritte nach Strandhill lenken. Dieses kleine Städtchen besitzt nicht nur den örtlichen Flughafen (eine Art Wiese mit einem Empfangsgebäude), sondern auch einen langen Sandstrand mit der dazugehörigen Infrastruktur von Eisbuden bis Pubs. Neu ist das „Seaweed Bath", hier kann man sich in einem warmen Bad oder einer Dampfkabine verwöhnen lassen, saubere Algen sorgen für den therapeutischen Effekt. Im Prinzip ein Bad im Meer in hoher Konzentration und bei weitaus angenehmeren Temperaturen. Den Surfern dagegen, die Strandhill seit einigen Jahren wegen der zuverlässigen Brandung ins Herz geschlossen haben, sind die Temperaturen ganz einerlei.

Übernachtung

Sligo Town

€ **The Railway Hostel**, 1 Union Pl., 071-9144530, www.therailway.ie. Kleines Hostel in Familienbesitz, im Zentrum von Sligo und nur ein kurzes Stück Weg vom Bahnhof entfernt. Privatzimmer oder Schlafsaal (Bett ab 16 €) ohne Geschlechtertrennung. ❶

Postmodernes Hotel

Das **Glasshouse**, Hyde Bridge, 071-9194300, www.theglasshouse.ie, ist Sligos neuestes und mit Sicherheit spektakulärstes Hotel, direkt im Stadtzentrum gelegen und architektonisch einmalig. 116 große, modern eingerichtete Zimmer mit viel Komfort. Während des Baus wegen seiner wenig traditionellen Gestaltung umstritten, ist das Glasshouse heute eine willkommene Abwechslung im Stadtbild. ❹–❻

Rosses Point

Yeats Country Hotel, Spa & Leisure Club, 071-9177211, www.yeatscountryhotel.com. In Laufweite vom Sandstrand gelegenes Hotel mit 98 Zimmern. Konzentriert sich mittlerweile stark auf den Entspannungsurlaub mit Vollprogramm. „Eros Spa", der Name des Verwöhnzentrums, sollte allerdings keine allzu großen Erwartungen wecken. ❹

Strandhill

€ **Strandhill Lodge & Hostel**, Shore Rd., 071-9168313, www.strandhillaccommodation.com. An eine Surfschule angeschlossenes Hostel, nur 100 m vom Strand entfernt, Kurse und Verleih von Surfbrettern und Kälteschutzanzügen jederzeit möglich. Schlafsaal (Bett ab 12 €) oder Privatzimmer. ❶–❷

Essen

Sligo Town

Coach Lane Restaurant in Donaghy's Bar, 1–2 Lord Edward St. Große Auswahl an Salaten, Pasta und Geflügelgerichten. Traditionelle Küche bis gut gewürzt wie Cajun.

€ **Lyons Café**, Quay St. Café im traditionellen Kaufhaus Lyon. Schwerpunkt: Scones und süße Sachen. Gute Kaffee- und Teeauswahl. Sandwich auf Bestellung.

Montmartre, 1 Market Yard, 071-9169901. Kleines französisches Restaurant. Gute Küche und interessante Präsentation der Speisen. Vernünftige Preise. Reservierung erforderlich.

Rosses Point

€ **The Waterfront**, 071-9177122, www.waterfrontrestaurant.ie. Mitten im Ort gelegenes, modernes Restaurant mit Bar, angeschlossener Bäckerei und sogar einer Galerie im Haus. Qualitativ gut und preislich noch okay, das „Early Bird Menu" am frühen Abend ist ein Tipp.

Strandhill

Bella Vista Bar & Bistro, Shore Rd., www.bellavista.ie. Gemütliches Restaurant mit Blick

Literaturnobelpreisträger William Butler Yeats

Wer war eigentlich dieser William Butler Yeats, von dem man in und um Sligo gar nicht genug bekommen kann? Im Jahr 1865 in Dublin geboren, wuchs er als Sohn des Malers und Kritikers John Butler Yeats in Dublin, London und Sligo auf. Die Kontraste zwischen dem Leben in der Stadt und in der tiefsten Provinz sollten ihn und sein späteres Werk stark prägen. Er etablierte sich schnell als Schriftsteller, Dramatiker und Essayist und fand schon früh Lob bei den Kritikern.

Sein Privatleben war zumindest exzentrisch, teilweise chaotisch. Er war ein Anhänger des irischen Nationalismus, Mitglied des okkulten „Order of the Golden Dawn" ... und seit seinem 24. Lebensjahr hoffnungslos in die ein Jahr jüngere Maud Gonne verliebt. Diese Liebe entwickelte sich geradezu zur Obsession, selbst nachdem Gonne eine Beziehung mit einem französischen Politiker einging und diesem Tochter Iseult gebar. Es mag für Yeats typisch gewesen sein, dass er später um die Hand eben dieser Tochter anhielt.

Yeats entwickelte sich in seiner schriftstellerischen Arbeit zu einem der führenden Vertreter des Irish Literary Revival. Seine Werke beschäftigten sich mit der irischen Mythologie, mit Natur und Geschichte und sogar mit Tagespolitik. Seine Zeile „A Terrible Beauty is Born" wird heute oftmals als treffendste Zusammenfassung des irischen Unabhängigkeitskampfes zitiert. Als anerkannter Nationaldichter und Patriot wurde W.B. Yeats von 1922 bis 1928 zum Senator des Irischen Freistaates berufen. Dies war jedoch nicht die größte Ehre, die ihm zuteil wurde: 1923 wurde ihm der Nobelpreis für Literatur verliehen. 1939 starb Yeats in Frankreich, neun Jahre später wurden seine Gebeine nach Drumcliff bei Sligo überführt.

auf die Küste. Sehr gute Sandwichs, Pizzen und Pasta. Abendmenü mit Schwerpunkt Steak und Fisch. Reservierung am Wochenende ratsam.

Unterhaltung und Kultur

Furey's Sheela na Gig, Bridge St., ✆ 071-9143825. Ein schöner, altmodischer Pub, in dem fast jeden Abend traditionelle Musik gespielt wird. Teilweise von Prominenten: Mitglieder der Gruppe „Dervish" tauchen hier immer wieder auf. Seien Sie nett, erinnern Sie sie nicht an den Eurovisions-Wettbewerb.

Hawks Well Theatre, Temple St., Sligo, ✆ 071-9161526, 💻 www.hawkswell.com. Ein Theater, das neben dem üblichen Mix aus Gastspielen und lokalen Produktionen gerne auch einmal experimentiert. Das Programm ist nicht immer erstklassig, bietet aber meistens etwas für jeden Geschmack.

Left Bank, 15 Stephen St., Sligo, ✆ 071-9140100. An ruhigen Tagen können die lange Bar und der große Raum etwas verloren wirken, aber wenn eines der meist qualitativ sehr hochwertigen Konzerte stattfindet (oft moderner Jazz), ist dies einer der angesagtesten Orte in Sligo.

Feste

Das jährlich Ende Juli bis Anfang August stattfindende **Yeats Festival** im Rahmen der Yeats Summer School, 💻 www.yeats-sligo.com, begeistert Fans der irischen Literatur und vor allem des Nobelpreis-Dichters.

Das **Sligo Live Music & Arts Festival**, 💻 www.sligolive.ie, ist ein Kunst- und Kulturfestival, das über eine Woche lang im Oktober ein interessantes Programm von traditionell bis experimentell bietet. Eine der größten Veranstaltungen im Herbst an der Westküste.

Informationen

Tourist Information Sligo, Aras Reddan, Temple St., ✆ 071-9161201.

Nahverkehr

Ein **Stadtbus** verkehrt in Sligo Town und deckt die Orte in der näheren Umgebung mit ab, Infos unter 💻 www.buseireann.ie (unter City/Town Services). Die Busse verkehren nicht häufig.

Transport

Busse

Busstopp von Bus Éireann am Bahnhof, Lord Edward St.

BELFAST, mehrmals tgl. über Blacklion (Linie 66) und Enniskillen (Linie 261), Gesamtfahrzeit etwa 4 Std.

DONEGAL TOWN, die Busse der Linien 480 oder 483 verbinden Sligo mit Donegal Town über Ballyshannon, Bundoran und Drumcliff mehrfach am Tag. Dieselbe Route bedient auch die Linie 64, die über Donegal Town und Letterkenny ebenfalls mehrmals am Tag nach DERRY führt.

DUBLIN, unter der Woche 7x tgl. rund um Uhr. Linie 23 von Dublin Busaras über Dublin Airport, Maynooth, Mullingar, Longford, Carrick-on-Shannon, Boyle nach Sligo (und umgekehrt), Gesamtfahrtzeit 4 Std. Regulärer Fahrpreis 19 €, Infos unter 💻 www.buseireann.ie oder Sligo McDiarmada Station, ✆ 071-9160066.

Eisenbahn

DUBLIN, zwischen etwa 5.45 und 19 Uhr alle 2 Std. ein Zug zwischen Sligo Town und Dublin Connolly über Collooney und Ballymote (s. S. 491), die Fahrtzeit beträgt rund 3 Std. Da im Internet teilweise Tarife von 10 € für die einfache Fahrt angeboten werden, ist dies eine günstige (und schnelle) Alternative zur Busfahrt.

Flüge

Vom winzigen **Sligo Airport**, 💻 www.sligo airport.com, bestehen Verbindungen nach Dublin – jeweils am Morgen und am Abend pendelt eine kleine Maschine.

8 HIGHLIGHT

Carrowmore

Der **Steinzeitfriedhof** von Carrowmore, ✆ 071-9161534, 💻 www.heritageireland.ie, 4 km südwestlich von Sligo (ausgeschildert), war wahrscheinlich die größte Anlage ihrer Art in ganz Irland. Viele der Grabhügel sind im Laufe der Jahrhunderte zerstört worden, denn die örtliche Bevölkerung sah die Anhäufungen von Steinen als ideales und vor allem kostengünstiges Baumaterial an. So ist heute unklar, wie viele Monumente hier tatsächlich einst gestanden haben. Etwa 40 bis 60 unterschiedlich gut erhaltene Ganggräber und Dolmen sind jedoch noch nachweisbar. Einige davon stehen auf Privatgrundstücken, die meisten jedoch auf öffentlichem Grund. Ihre Geschichte erzählt das kleine Besucherzentrum. 🕓 April–Okt tgl. 10–18 Uhr, Eintritt 3 €.

Der „Friedhof", eine vielleicht falsche Bezeichnung für die sich in der Landschaft verteilenden Grabhügel, wurde über einen Zeitraum von etwa 500 Jahren im 3. Jt. vor der Zeitenwende errichtet. Über die genaue kultische Bedeutung der Anlage ist nichts bekannt, sie scheint

Pilgerstätte für Fans des Irish Folk

Musikfans werden das neue **Ceoláras Coleman**, das Coleman Irish Music Centre, Gurteen, ✆ 071-9182599, 🖳 www.colemanirishmusic.com, besuchen. Hier dreht sich alles um traditionelle irische Musik. Schließlich hat in diesem Dorf der berühmte Geiger Michael Coleman 1889 das Licht der Welt erblickt, bevor er, wie viele seiner Landsleute, in die USA ausgewandert ist. Die Erinnerung an ihn und seine Musik wird hier wachgehalten. Mittels modernster Multimediatechnik wird dem Besucher die Geschichte der irischen Musik nahegebracht, auch ihre Ausprägung in der nordamerikanischen Folklore wird nicht ausgelassen. Und wen die Ausstellung so mitreißt, dass er (oder sie) selbst eine CD herausbringen will, der kann dies vor Ort tun – ein komplett eingerichtetes Aufnahmestudio steht bereit. Puristen mag die ganze Kommerzialisierung etwas abschrecken, für Fans der Folkmusik ist aber ein Halt unabdingbar. 🕓 Mo–Sa 10–18 Uhr.

jedoch teilweise in Korrespondenz mit weiter entfernt liegenden Anlagen und natürlichen Punkten zu liegen. Lässt der Besucher die Landschaft auf sich wirken, werden einige Ausrichtungen deutlich. So existieren auf umliegenden Bergen weitere Grabhügel (oder zumindest künstlich errichtete Steinhügel, s. Knocknarea), die mit Gräbern in Carrowmore Linien durch die Landschaft zu ziehen scheinen. Ob es sich hier um sogenannte Ley-Linien oder auch nur Zufälle handelt, darüber kann endlos diskutiert werden. Ebenso wie über die Beobachtung, dass einer der noch gut erhaltenen Grabhügel sich fast mit dem weit hinter ihm am Horizont aufragenden Ben Bulben zu decken scheint. Auf jeden Fall ist die gesamte Anlage von Carrowmore mit ihrer weiteren Umgebung ein interessantes Feld für Spekulationen. Wer es handfester liebt, der wird die unterschiedliche Bauweise der einzelnen Monumente genau untersuchen. Anschaulich ist dabei ein rekonstruierter Grabhügel, aus dem ein Teil wie ein Stück einer Torte herausgeschnitten wurde, sodass man ihn „von innen" besichtigen kann.

Südlich von Sligo Town

Nicht weit vom **Lough Gara** entfernt, lockt bei **Monasteraden** eine heilige Quelle nach wie vor Bittsteller und Pilger an. In einen Brunnen eingefasst, ist die **Quelle der Hl. Attracta** gewidmet. Ein Relief mit der Abbildung der Kreuzigung wird für viele Besucher zum Fokus des Gebetes.

Der **Lough Arrow** ist einer jener Seen in Irland, die fast das ganze Jahr über Besucher anziehen. Auf dem See wird geangelt und gesegelt, die meisten Menschen genießen aber einfach die Natur und die Wege rund um das Gewässer. Vor allem in der Nähe des Ortes **Ballinafad** sind wunderschöne Aussichten zu finden. Ob es auch die Aussicht war, die in grauer Vorzeit Menschen hierher zog, kann diskutiert werden. Auf jeden Fall errichteten sie in der Nähe den Friedhof von **Carrowkeel**, auf dem man heute noch 14 Ganggräber finden kann. Diese verteilen sich auf einem Hügel über dem Lough Arrow und sind am einfachsten von **Castlebaldwin** aus erreichbar. Teilweise sind die Grabhügel noch sehr gut erhalten und einer von ihnen kann es in Sachen Astronomie sogar mit Newgrange aufnehmen. Allerdings in der anderen Jahreshälfte, denn die innere Kammer dieses Baus wird am Tag der Sommersonnenwende ausgeleuchtet. Auf einer Anhöhe nicht weit vom Friedhof entfernt, sind noch Reste einer steinzeitlichen Siedlung zu finden. Ob hier nun tatsächlich einfache Bauern lebten, die ihre Toten in den gewaltigen Grabhügeln beerdigten, ist unsicher. Tatsächlich kann es sich auch um die Reste einer Siedlung handeln, die eigens für die Bauarbeiter geschaffen wurde.

Der lebendige Ort **Ballymote** mit seinen zahlreichen kleinen Geschäften und einigen einladenden Pubs in der Innenstadt gehört nicht unbedingt zu den bekanntesten Zielen in Irland, einen Abstecher aber ist er wert. Vor allem wegen der immer noch imposanten Burgruine des **Ballymote Castle**, ✆ 071-9161201, die mit ihren sechs runden Türmen einen für Irland eher ungewöhnlichen Anblick bietet. Die Festung wurde vom 14. bis ins

18. Jh. benutzt und kannte immer nur kurze friedliche Perioden. Auch wenn sie heute nur noch eine Hülle ist, einen Eindruck von der Festungsbaukunst des Mittelalters kann sie immer noch vermitteln. ⏲ Normalerweise tgl. 10–17 Uhr.

Übernachtung

Südlich von Sligo Town sind zwei Unterkünfte besonders empfehlenswert, die zwar etwas abseits der Hauptreisezeile liegen, aber für einen angenehmen Aufenthalt sorgen:

Französische Rebellen und Fußball in Glasgow

In Ballymote und der näheren Umgebung stehen zwei Denkmäler, die die stellenweise komplizierten internationalen Verbindungen zu Irland verdeutlichen. Da wäre zum einen das Denkmal an einer kleinen Landstraße, das einen triumphierenden französischen Soldaten zeigt. Einen Soldaten der Revolutionsarmee. Was hat dieses Denkmal an diesem Ort zu suchen? Die Antwort ist einfach: Es zeigt nicht einen französischen Soldaten, sondern einen irischen Patrioten in französischer Uniform, der als Teil der Invasionsarmee von 1798 die Rebellion unterstützte. In jenem Jahr landete ein französisches Heer im Nordwesten Irlands und sollte den von Wolfe Tone und den United Irishmen geplanten Aufstand gegen die Briten unterstützen. Und von August bis Oktober des Jahres waren Teile von Connacht tatsächlich unter französischer Herrschaft.

Nun konnte man nicht einmal hier einfach einen Besatzer durch den anderen ersetzen, so groß war der Hass gegen die Engländer wohl auch nicht. Also wurde der Armee des französischen Generals Jean Humbert eine Reihe von irischen Patrioten aus dem französischen Exil zugeteilt, Darunter Bartholomew Teeling aus dem County Antrim, eigentlich Adjutant. In Carraig na gCat bei Ballymote gelang ihm ein Handstreich gegen die Briten. Nur mit einer Pistole bewaffnet ritt er durch die britischen Reihen und streckte die Bedienung einer Kanone nieder. Genau der Kanone, die das Schlachtfeld beherrschte. So errang er im Alleingang einen Sieg der französisch-irischen Armee. Nach dem Scheitern der Rebellion allerdings wurde Teelings Status als französischer Offizier ignoriert und er von den Briten in Dublin als Hochverräter hingerichtet.

Ein weiteres beeindruckendes Denkmal steht im Stadtpark von Ballymote unweit der alten Burgruine. Es zeigt die Büste eines Klerikers vor dem Clubwappen des Fußballvereins Celtic Glasgow. Bruder Walfrid Kerins, 1840 in Ballymote geboren, ging in die schottische Industriestadt, um den dort zahlreich lebenden irischen Katholiken geistlichen Beistand zu leisten. Und damit ihnen auch etwas gesunde, sportliche Betätigung geboten werden konnte, hob er den spezifisch irischen Fußballverein mit dem Kleeblatt im Wappen aus der Taufe. Und sorgte so indirekt für Jahrzehnte blutiger Auseinandersetzungen.

Wohl an keinem Ort der Erde außerhalb Irlands konnte sich die sektiererische Gewalt so sehr entwickeln und entfalten wie in Glasgow. Auch heute noch sind die Fronten klar abgesteckt: Celtic mit seinen grün-weißen Streifen steht für Irland, Nationalismus und Katholizismus. Auf der anderen Seite steht die Konkurrenz, in Blau, Weiß und Rot erscheinen die Rangers wie die Gralshüter des Vereinigten Königreiches, des Unionismus und des Protestantismus. Zwischen den Fronten? Drei Schiedsrichter und ca. 99 % der Bevölkerung Glasgows, die eine strikte Trennung von Fußball, Religion und Politik bevorzugen würden. Dazu gehören auch die Vorstandsetagen der beiden Vereine, die sich um eine Deeskalation der immer wieder aufflammenden Auseinandersetzungen zwischen den Fans bemühen.

Warum ausgerechnet ein Fußballspiel zwischen international gemischten Mannschaften von Jahrhunderte alten Vorurteilen aus einem anderen Land geprägt sein soll, ist ein Rätsel. Aber da Celtic Glasgow weltweit als irischer Fußballverein im Exil gilt und die Rangers der eingeschworene Gegner sind, wird sich diese Rivalität wahrscheinlich auch im 21. Jh. noch erhalten. Und kuriose Blüten treiben – der schottische Schauspieler Sean Connery etwa war ursprünglich Fan von Celtic und fühlte sich später bei den Rangers zuhause. Ein Wechsel, den beide Seiten noch nach Jahrzehnten als äußerst suspekt einstuften.

Collooney

Markree Castle, ✆ 071-9167800, 💻 www.markreecastle.ie. Eine sehr schöne Basis für die Erkundung der Umgebung bietet das Schlosshotel mit 30 Zimmern. Zwar haben sie einen altmodischen Look, aber allen modernen Komfort, man kann sich fühlen wie ein Landadliger ohne leichtes Frösteln in der Nacht. ❸–❹

Tubbercurry

Cawley's Guesthouse, Emmet St., ✆ 071-9185025, 💻 www.cawleysguesthouse.com. Eine weitere, ebenfalls recht zentral gelegene Unterkunft bietet das Guesthouse mit Garten, 14 Zimmern und Hausmannskost. Das Haus hat sich etwas vom Charme des „alten Irland" erhalten, ist in den mehr als hundert Jahren Nutzung als Hotel aber einfühlsam renoviert und somit sehr komfortabel geworden.
Die Jazz-Sessions in der Bar (im Winter) sind unter Kennern beliebt. ❸

Nördlich von Sligo Town

Drumcliff

Drumcliff ist heute vor allem dadurch bekannt, dass William Butler Yeats es sich ausgebeten hatte, hier am Fuße des Ben Bulben begraben zu werden. Sein Großvater war in der Kirche Pfarrer. Allerdings fand die Beerdigung des 1939 verstorbenen Yeats nur mit einer erheblichen Verzögerung statt, denn der irische Dichter verstarb in Frankreich und musste dort aufgrund des Zweiten Weltkriegs zeitweise begraben werden. Erst 1948 wurden seine sterblichen Überreste nach Irland überführt und dann seinem Wunsch entsprechend auf dem Kirchhof von Drumcliff beigesetzt. Sein Grabstein prägt die von ihm selbst entworfene Mahnung an den Reiter, Leben und Tod mit kaltem Blick zu betrachten und dann weiter zu reiten. So ist der Grabstein dann gewissermaßen das letzte veröffentlichte Werk des Dichters.

Dies ist jedoch nicht die einzige Sehenswürdigkeit hier. Direkt an der Friedhofsmauer steht ein altes **Hochkreuz**, das um das Jahr 1000 entstanden sein soll und verschiedene biblische Szenen zeigt. Darunter befinden sich Adam und

Hier liegt Yeats ... wirklich?

Ein kleines Problem gibt es an Yeats' Grab – Irlands großer Dichter wurde in Frankreich in einem Gemeinschaftsgrab beigesetzt, das mehrfach „entleert" wurde. Die geborgenen Skelette wurden dann in einem Beinhaus gelagert, sortiert nach Größe, nicht nach Namen. Als man nach dem Krieg „Yeats Gebeine" nach Irland überführte, wurden diese aus der Kollektion des Beinhauses zusammengesucht. Was so fehleranfällig war, dass immer wieder gemunkelt wird, dass unter Yeats' Grabstein eigentlich ein Puzzle aus französischen Knochen läge, nicht jedoch der Poet.

Eva, Kain und Abel, Szenen aus dem Leben und der Passion Christi, als seltenes Motiv aber auch Daniel in der Löwengrube. Verschiedene Fabeltiere und das übliche Knotenwerk runden die Gestaltung ab. Auf der anderen Seite der vorbeiführenden Hauptstraße steht der Stumpf eines **Rundturms**. Es heißt, dass dieser Turm endgültig einstürzen soll, wenn ein wirklich kluger Mann vorbeigeht. Seien Sie nicht zu sehr enttäuscht! Etwas versteckt neben dem Kirchhof und fast wie ein Parkplatzwächter wirkend, befindet sich auch noch eine sehr interessante Statue des Hl. Columba, der das hiesige Kloster gegründet haben soll. Er ist in hockender, meditativer Haltung dargestellt, diese untypische Pose und die nicht sehr auffällige Anordnung machen ihn zu einer überraschenden Entdeckung. Übrigens hat der kleine Andenkenladen direkt neben der Kirche von Drumcliff ein empfehlenswertes Café.

Übernachtung und Essen

Castletown House B&B, ✆ 071-63204, 💻 http://homepage.eircom.net/~castletownhouse/index.htm. Wer einmal wie Yeats im Schatten von Ben Bulben liegen möchte, ist im Castletown House gut aufgehoben – ein familiäres B&B mit drei komfortablen Zimmern (eines ein Familienzimmer) und einem sehr guten „Irish Breakfast". ❷–❸
„Gut essen gehen" kann man am ehesten in Sligo Town, unterwegs lohnt sich jedoch auf jeden Fall die Einkehr im **Coffee Shop** direkt

an der Kirche von Drumcliff. Nur wenige Meter von Yeats' Grab entfernt, werden sehr gute und günstige Snacks und Kuchen serviert. Die nur wenige Minuten weiter südlich direkt an der Hauptstraße gelegene **Yeats Tavern** bietet Essen unterschiedlicher Qualität.

Feste

Beim **Cos Cos Sean Nós Festival**, 💻 www.coscos.ie, in Drumcliff an einem Wochenende Anfang Mai wird traditionelle irische Musik geboten, dazu Dichterlesungen und Lyrikabende. Große Talente stehen hier auf der Bühne. Sehr stark ist auch der traditionelle Tanz vertreten.

Transport

Busse

Zahlreiche Busverbindungen bestehen von Sligo aus in alle Himmelsrichtungen, allerdings ist die Frequenz der Verbindungen oft extrem niedrig. Genaue Strecken, Abfahrtzeiten unter 💻 www.buseireann.ie oder Sligo McDiarmada Station, 📞 071-9160066.

Lissadell House

Westlich von Drumcliff liegt Lissadell House, 📞 071-9163150, 💻 www.lissadellhouse.com, heute im Privatbesitz eines Anwaltsehepaares und in den letzten Jahren Anlass zu Streitigkeiten um Wegerechte. Die Besitzer hatten das riesige Anwesen unter der Bedingung gekauft, dass eben keine Wegerechte bestünden, später stellte sich dies als Fehlinformation heraus und Auseinandersetzungen folgten. Der Zugang zu Haus und Park ist daher nicht immer gewährleistet. Das Herrenhaus wurde in der ersten Hälfte des 19. Jhs. in einem an die klassische griechische Architektur angelehnten Stil gebaut und gehörte der Familie Gore-Booth. Diese zählte zwar zur anglo-irischen Oberschicht, setzte sich aber stark für die Rechte und das Wohlergehen der Bevölkerung ein. Unvergessen ist ihr Verhalten während der Großen Hungersnot, als sie eine Hypothek auf das Herrenhaus aufnahmen, um Lebensmittel für ihre Arbeiter zu kaufen. In dieser Tradition sah sich dann auch die berühmteste Tochter der Familie, Constance Gräfin Markievicz (1868–1927, der Adelstitel kam von ihrem Ehemann). Sie war eine führende Gestalt in der nationalistischen Bewegung und nahm am Osteraufstand 1916 in den Reihen der Irish Citizens Army teil. Später war sie die erste Frau, die in das britische Unterhaus gewählt wurde (sie nahm ihren Sitz jedoch nicht ein) und dann erste Arbeitsministerin Irlands. Natürlich hat auch W. B. Yeats, der öfter Gast in Lissadell war, ein Gedicht über sie und ihre Schwester Eva geschrieben. Die Außenfassade von Lissadell ist eher unscheinbar, der graue Kalkstein wirkt nicht unbedingt freundlich. Die Inneneinrichtung und Dekoration des Hauses dagegen sind bemerkenswert, vor allem die von Constances Ehemann Casimir direkt auf die Wände gemalten Porträts der Familie, einiger Angestellter und sogar des Jagdhundes. 🕓 Im Jahr 2010 war das Anwesen wegen der Rechtsstreitigkeiten geschlossen, aktuelle Öffnungszeiten bitte per Internet klären.

Insel Inishmurray

Am nördlichen Ende des County Sligo führt von dem Ort **Grange** eine kleine Straße nach **Streedagh**, von wo Touren auf die seit 1948 nicht mehr bewohnte Insel **Inishmurray** möglich sind (Inishmurray Island Tours, 📞 071-9142738 oder 087-2540190). Auch von **Mullaghmore** aus ist die

Schule des ökologischen Gartenbaus

In der Nähe des Sees von Glencar befindet sich bei Rossinver das **Organic Centre**, 📞 071-9854338, 💻 www.theorganiccentre.ie, eine gemeinnützige Einrichtung, die ökologische Methoden im Gartenbau und der Landwirtschaft fördern soll. Sie wurde im Jahre 1995 eingerichtet und erstreckt sich über fast 8 ha, die teilweise auch für Besucher zugänglich sind. Zu diesem Zweck wurden spezielle Gärten angelgt, die für Menschen, die an ökologischem Anbau interessiert sind, zur Inspiration werden können. Auf dem meist sehr intensiv ausgebeuteten irischen Land ist das Organic Centre eine Ausnahmeerscheinung und eine kleine Enklave der Hoffnung in einer stark profitorientierten Landwirtschaft. 🕓 Laden tgl. 10–17 Uhr.

Überfahrt möglich. Nach ungefähr 7 km Fahrt über das offene Meer ist die kleine Insel erreicht, auf der heute zahllose Vögel ihr Brutgebiet haben. Ein prähistorisches Ringfort weist die Überreste eines Klosters aus dem 6. Jh. auf, das schon drei Jahrhunderte später wieder aufgegeben wurde. Die ständigen Plünderungen ließen die frommen Brüder einfach nicht zur Ruhe kommen. Was für die Anhänger und Nachfolger des Hl. Molaise ein Problem war, ist für uns heute ein Segen: die Abgeschiedenheit. Die verlassene Klosteranlage ist zumindest in ihren Grundrissen noch fast vollkommen erhalten. Eine mehrere Meter hohe Mauer umgibt das gesamte Kloster, wahrscheinlich fünf Eingänge führten in den Innenraum. Hier finden sich noch drei Kirchen und verschiedene Hütten, beeindruckende Reste des Klosterlebens. Ein faszinierender und gleichzeitig immer noch rätselhafter Rest sind die sogenannten „Fluchsteine", mit deren Hilfe man andere Menschen angeblich recht wirkungsvoll mit einem Fluch belegen kann. Was die Fluchsteine allerdings in einem christlichen Kloster zu suchen haben, das lässt sich kaum noch klären.

Vielleicht wurden ja auch die drei Schiffe der Spanischen Armada verflucht, die wenige Kilometer entfernt am 6. September 1588 bei Streedagh strandeten und auseinanderbrachen. Sie waren nach der Niederlage im Ärmelkanal auf dem Weg zurück nach Spanien, von ungefähr 1500 Mann Besatzung konnten gerade einmal 300 lebend gerettet werden. Heute steht hier, stellvertretend für alle Opfer der Armada, das **Spanish Armada Memorial**.

Glencar Lake

Der schon nach Leitrim hereinragende Glencar Lake ist ebenfalls mit William Butler Yeats verbunden, über den **Wasserfall** schrieb er ein begeistertes Gedicht. Auf der Nordseite des Sees ergießt sich das Wasser eines kleinen Baches über eine beeindruckende Kaskade fast direkt in den See, vom Parkplatz am Ufer sind es nur wenige Schritte zum Wasserfall. Da diese Gegend vor allem an Wochenenden bei Tagesausflüglern ausgesprochen beliebt ist, kann es rund um den Aussichtspunkt und den Wasserfall zu Parkplatzproblemen auf der ohnehin engen Straße kommen.

County Leitrim

Das County Leitrim an der Grenze zu Nordirland und in der Eigenwerbung als „Lovely Leitrim" bezeichnet, zählt zu den am dünnsten besiedelten Regionen Irlands und ist auch touristisch nicht von großer Bedeutung. Eine einsame Landschaft mit zahlreichen Seen, die Angler anlockt, und dem Shannon-Erne-Kanal, an dem sich zunehmend Wassersportler tummeln. Ausgangspunkt für Touren ist das lebhafte Örtchen Carrick-on-Shannon. Von hier aus starten Freizeitkapitäne, aber auch Wanderer, die auf dem Leitrim oder dem Miners Way unterwegs durch das County sind.

Rund um den Lough Gill

Das County Leitrim beginnt schon am Lough Gill, einem im Osten von Sligo gelegenen See. Dank seines Fischreichtums tummeln sich hier vor allem Angler, die Lachse, Hechte und Forellen aus dem Wasser ziehen. Eine Rundfahrt um den See, die Strecke ist etwa 40 km lang, lohnt sich wegen der landschaftlichen Schönheit, die auch schon William Butler Yeats anzog und zu einigen Gedichten inspirierte. **Dooney Rock**, der bekannteste Aussichtspunkt am See und erreichbar über die R287, fand seinen Widerhall als *The Fiddler of Dooney*. Und die kleine, im südlichen Teil des Sees gelegene **Insel Innisfree** ist durch das Gedicht *The Lake Isle of Innisfree* jedem Fan des Dichters und dank seiner ewig sich wiederholenden Behandlung im „Leaving Certificate" (dem irischen Abitur) nahezu jedem irischen Schulkind bekannt. Der Aufstieg zum Dooney Rock ist etwas steil, für Wanderer sind zusätzliche Wege am Ufer und durch die Waldgebiete angelegt. Innisfree hat eigentlich außer der Verbindung zu Yeats wenig zu bieten, die Natur ist ihre Hauptattraktion. Bootsfahrten über den See sind im Sommer möglich – die *Rose of Innisfree* kreuzt dann auf dem See, ✆ 071-9164266, 💻 www.roseofinnisfree.com. Diese Fahrten beginnen am **Parke's Castle**, ✆ 071-9164149, 💻 www.heritageireland.ie, einer typischen Burganlage aus dem 17. Jh. mit einem drei Stockwerke hohen Zentralbau. Das Herrenhaus wurde restauriert und ist zu besichtigen. Die Anlage wirkt sehr romantisch, ihre Geschichte ist typisch für Irland: Ursprünglich wurde hier im 16. Jh. ein Turmhaus der Familie O'Rourke gebaut, von dem jedoch nur noch wenige Reste vorhanden sind. Das Land fiel dann dem englischen Siedler Captain Robert Parke zu, der sich ein befestigtes Haus nach seinen eigenen Vorstellungen baute. Dazu wurden die Steine aus der abgerissenen Festung der O'Rourkes verwendet. Lediglich die Fundamente und ein Teil der Befestigungsanlagen blieben erhalten. Das sehr kompakt wirkende Anwesen hat interessante Schornsteine und schöne Fenster, die Ausstellung im Inneren informiert sehr gut über die Geschichte des Hauses und den Baustil. Ein kurioses Detail ist das sogenannte „Schweißhaus", eine aus Stein gebaute, kleine Hütte, die tatsächlich die irische Version der finnischen Sauna darstellt. ⌚ April–Sep tgl. 10–18 Uhr, Eintritt 3 €.

Weitere Sehenswürdigkeiten rund um den Lough Gill stammen aus den verschiedensten Perioden der irischen Geschichte. Die älteste davon ist der **Deer Park Court Cairn**, ein Hügelgrab mit nicht weniger als drei Kammern. Es liegt an der Straße nach **Manorhamilton**, sein Standort ist vor rund 5000 Jahren wahrscheinlich wegen seiner erhöhten Lage ausgewählt worden – die heute für einen sehr schönen Rundblick sorgt.

Shannon-on-Carrick

Unvergesslich: der Herbst des Jahres 2009. Der November wurde zu einem der regenreichsten Monate seit Menschengedenken und folgte auf einen ebenso verregneten Sommer und Frühherbst. Was katastrophale Folgen hatte – der Boden konnte kein Wasser mehr aufnehmen und die Flüsse begannen, allerorts über die Ufer zu treten. Dabei wurde Carrick-on-Shannon die Lage in der Flussbiegung zum Verhängnis: Der Shannon suchte sich den einfachsten Weg. Dieser führte einfach geradeaus in die Stadt. Worauf sich schnell unter der örtlichen Bevölkerung ein gewisser Galgenhumor breitmachte. Normalerweise, so sagte man, sei dies ja Carrick-on-Shannon. Im November 2009 allerdings war es eben Shannon-on-Carrick.

Im Jahr 1508 wurde die **Abtei Creevylea** gegründet, heute zum Ort **Dromahair** gehörend und ursprünglich vom Franziskanerorden genutzt. Dieser hat auch deutliche Spuren hinterlassen, unter den sehr interessanten Steinmetzarbeiten an den Säulen im Nordbereich befindet sich ein Abbild des Hl. Franziskus, der zu den Vögeln predigt. Leider ist die Abtei sonst nur noch eine Ruine.

Hazelwood House am Nordufer des Lough Gill letztlich wurde im Jahr 1731 im „Palladian Style" errichtet und ist, trotz seiner eher kleinen Abmessungen, eines der interessanteren Herrenhäuser in der Gegend. In den letzten Jahren wurde das altehrwürdige Gebäude allerdings als Fabrik genutzt und kann nur aus einiger Entfernung betrachtet werden.

Carrick-on-Shannon und Umgebung

Die mit nicht einmal 3000 Einwohnern gesegnete Hauptstadt des County Leitrim liegt malerisch an einer Flussbiegung des Shannon. Der Shannon und der aus Dublin kommende Grand Canal waren dafür verantwortlich, dass sich der Ort zu einem wichtigen Umschlagplatz entwickelte. Auch wenn die wirtschaftliche Nutzung der Wasserwege längst nicht mehr so intensiv betrieben wird wie noch vor hundert Jahren, profitiert Carrick-on-Shannon immer noch von ihr. Heute sind es vor allem die Bootstouristen, die Leben und Geld in die Gegend bringen. Nachdem jahrelang hier das Revier der Freizeitkapitäne endete, hat die Wiedereröffnung des rund 125 Jahre vorher als absolut erfolglos geschlossenen Shannon-Erne-Waterway im Jahr 1993 für noch mehr Betrieb gesorgt. Vor allem im Sommer schlägt sich dies auch im Stadtbild nieder, der kleine Hafen des Ortes ist an manchen Tagen übervoll mit Hausbooten und die Pubs werden dominiert von Touristen mittleren Alters in quasi-maritimer Freizeitkleidung.

Das Stadtbild von Carrick-on-Shannon hat sich noch nicht vollkommen dem Tourismus hingegeben und es wird auf allzu reißerische Aufmachung und Reklame verzichtet. Das ist auch gut so, denn es ist eigentlich der altmodische Stil des 19. Jhs., der ein wenig den Reiz des Ortes ausmacht, dazu zählen georgianische Häuser und das alte Gerichtsgebäude. Die einzige echte Sehenswürdigkeit ist allerdings die **Costello Chapel** in der Bridge Street. Das Gebäude wurde 1877 vom Geschäftsmann Edward Costello gebaut, um als Begräbnisstätte für sich und seine Frau zu dienen. Die Abmessungen betragen 5 x 3,60 m. Heute gilt die Kapelle damit als eine der kleinsten Kapellen der Welt und ist eine Kuriosität, die man sich nicht entgehen lassen sollte.

Übernachtung

Aisleigh Guest House, Dublin Rd., ✆ 071-9620313, 💻 www.aisleighguesthouse.com. 1 km vom Zentrum entfernt gelegenes Guesthouse mit 10 Zimmern, alle mit Bad und TV. Insgesamt etwas enger als die großen Hotels im Zentrum, dafür aber umso gemütlicher. In der Nähe viele Freizeitmöglichkeiten wie Reiten, Schwimmen etc. ❸

Ciuin House, Hartley, ✆ 071-9671488, 💻 www.ciuinhouse.com. Nicht direkt im Zentrum gelegenes Hotel mit 15 Zimmern, die ruhige Lage und der traditionelle Komfort machen das Haus attraktiv. ❸–❹

Essen

Franco's, Bridge St. Auf den ersten Blick nur ein weiterer Fish & Chips-Laden, aber wegen Größe der Portionen bei fairem Preis unbedingt zu empfehlen.

The Oarsman Bar & Café, Bridge St., 💻 www.theoarsman.com. Charaktervoller Pub. Ansprechende Mittagskarte. Restaurant mit breiterer Auswahl, köstlich sind die Desserts. Am Wochenende häufig Livemusik.

Victoria Hall, Quay Rd., 💻 www.victoriahall.ie. Stimmungsvolles Restaurant in einer ehemaligen Kirche. Das Kirchenhaus wurde völlig modernisiert, heute speist man hier auf zwei Etagen. Serviert werden asiatische und europäische Gerichte. Besonderheit: Boxty Wraps, auch in Thai-Varianten.

Feste

Beim **Carrick Water Music Festival**, 💻 www.carrickonshannonwatermusic.com, im Juni steht nicht nur Wassermusik auf dem Programm. Geboten werden sowohl traditionelle Musik, Klassik und sogar Kreuzfahrten auf dem Shannon mit Jazzkonzert.

Aktivitäten

Für Wanderer mit einem Interesse an Industriegeschichte könnte auch der rund 130 km lange **Miners Way** eine Idee sein, der durch die ehemaligen Bergbaugebiete führt. Kürzer ist der **Leitrim Way** (48 km), der eine beliebte Route für zweitägige Wandertouren ist. Nähere Infos unter 💻 www.walkingwildireland.com.

Touren

Wer nicht mit dem eigenen Boot in Carrick-on-Shannon ankommt, muss dennoch nicht auf eine Shannontour verzichten – mit einem komfortablen Passagierboot bietet **Moon River**, Main St., ✆ 071-9621777, 💻 www.moonriver.ie, regelmäßig verschiedene Fahrten an. Während die Tagestouren mehr ruhig gehalten sind und sich die Mitfahrer auf die Landschaft konzentrieren, kann bei den Abend- und Nachttouren mit Bar und DJ „die Post abgehen". Interessant auch die gelegentlichen „River Sessions", bei denen bekannte Künstler auf dem Boot auftreten.

Informationen

Tourist Information Carrick-on-Shannon, direkt am Hafen (Brücke), ✆ 071-9620170, ✉ leitrim@failteireland.ie, Infos auch unter 💻 www.carrickonshannon.ie.

Transport

Busse

Der **Busstopp** liegt an Coffey's Pastry Case.

DUBLIN, unter der Woche 7x tgl. Regulärer Fahrpreis 19 €, Infos unter 💻 www.buseireann.ie.

SLIGO, die Linie 23 fährt mehrmals tgl. von Dublin Busaras über Dublin Airport, Maynooth, Mullingar, Longford, Carrick-on-Shannon und Boyle nach Sligo, 1 Std., Gesamtfahrzeit 4 Std.

Eisenbahn

Der **Bahnhof** befindet sich an der Station Rd., westliche Flussseite.

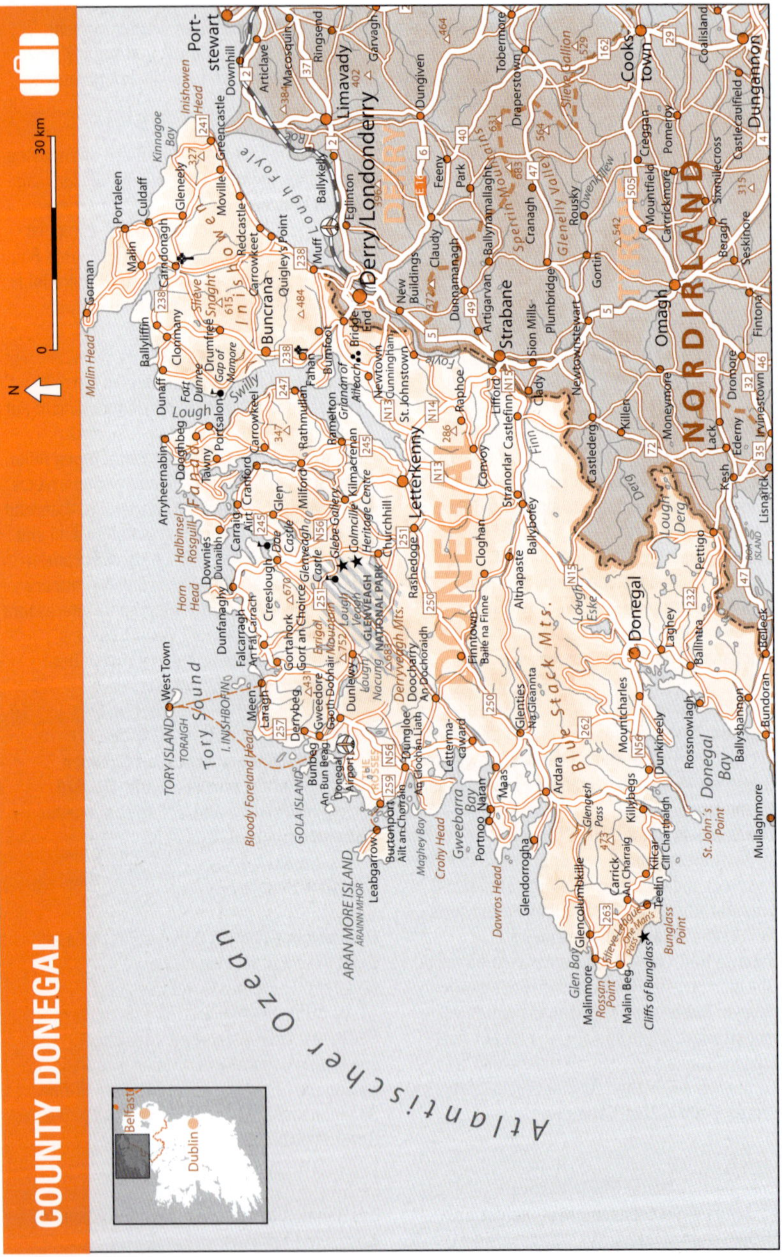
COUNTY DONEGAL
Atlantischer Ozean
Tory Sound
Lough Swilly
Lough Foyle
Inishowen
Donegal Bay
Derry/Londonderry
Letterkenny
Donegal
Strabane
Omagh
Buncrana
Limavady
Cookstown
Dungannon
Portstewart
Malin Head
Malin
Carndonagh
Moville
Ballybofey
Stranorlar
Lifford
Raphoe
Dungloe
Gweedore
Falcarragh
Dunfanaghy
Ardara
Killybegs
Glencolumbkille
Kilcar
Carrick
Ballyshannon
Bundoran
Lough Derg
Pettigo
Blue Stack Mts.
Derryveagh Mts.
Sperrin Mountains
Glenveagh National Park
Slieve League
Cliffs of Bunglass
TORY ISLAND
ARAN MORE ISLAND
GOLA ISLAND
DONEGAL
DERRY
TYRONE
NORDIRLAND
Belfast
Dublin
0
30 km
N

Carrick-on-Shannon ist eine Station auf der Eisenbahnverbindung zwischen SLIGO und DUBLIN, die auch über Longford Town verläuft, Infos unter 💻 www.irishrail.ie. Ein weiterer Haltepunkt findet sich in Dromod. Tagsüber verkehrt etwa alle 2 Std. ein Zug zwischen Sligo Town und Dublin Connolly, die Fahrzeit beträgt von Carrick-on-Shannon rund 2 Std. 20 Min. nach Dublin oder 45 Min. nach Sligo. Da im Internet teilweise Tarife von 10 € für die einfache Fahrt angeboten werden, ist dies eine sehr günstige (und schnelle) Alternative zur Busfahrt.

County Donegal

Wild, herb und rau, von den heftigen Winden des Atantik geprägt und mit atemberaubend steilen Klippen, zerklüfteten Küstenstrichen, langen Sandstränden, weiten Moorlandschaften und zahlreichen prähistorischen Stätten gesegnet – das County Donegal zählt zu den schönsten und zugleich abgelegensten Countys des Landes. Hier fühlt man sich in der Tat wie am „Ende der Welt". Hoch oben im Nordwesten der Insel gelegen, wird Donegal zu weiten Teilen vom Atlantik begrenzt, der Rest dann fast vollkommen von der internationalen Grenze zu Nordirland bestimmt. Die Anbindung an die Republik erfolgt eigentlich nur durch einen rund 10 km breiten „Korridor" zwischen Atlantik und Nordirland, in dem Donegal an das County Leitrim grenzt. Diese fast vollkommen abgeschnittene Lage hat dazu geführt, dass Donegal zu den „vergessenen Regionen" Irlands zählt. Ein Glücksfall: Denn hier hat sich Irland noch seine Ursprünglichkeit bewahren können. Nur an ganz wenigen Orten konzentriert sich der Massentourismus. Dafür blieb manches erhalten, so wird in Donegal noch lebendiges Irisch gesprochen. Nicht das von Dublin aus über die Schulen verbreitete „Standard-Irisch", sondern der seit Jahrhunderten hier tatsächlich verwendete Dialekt. Andererseits hat sich dafür ebenfalls in Donegal die einzige Parade des „Orange Order" auf dem Boden der Republik erhalten.

Seitdem die Grenzen zwischen der Republik und Nordirland kaum noch bemerkbar sind, ist der Weg nach Donegal leichter und vor allem kürzer geworden. Von Dublin aus sind die regelmäßig verkehrenden Busse binnen weniger Stunden dort, sie fahren einfach quer durch Nordirland.

Donegal Town

Donegal Town (2500 Einw.) ist ein wenig Irland aus dem Bilderbuch, das Zentrum des Ortes wird von einem großen Platz gebildet, von dem aus alle Sehenswürdigkeiten binnen weniger Minuten zu Fuß erreichbar sind. Und rings um den Platz findet man auch genug Einkaufsmöglichkeiten und Cafés, um eine oder zwei Stunden hier mit einem Bummel zu verbringen. Dabei sollte man natürlich unbedingt bei **Magee**, The Diamond, ✆ 074-9722660, 💻 www.mageeireland.com, einkaufen. Das kleine Kaufhaus ist eine Institution und weit über die Grenzen des County bekannt. Eigentlich müsste es schon lange in Konkurs sein, denn mit der Mode geht man hier seit Beginn der Zeitrechnung konsequent nicht. Im Gegenteil: Magee ist bekannt für altmodische Kleidung, für Tweed in jeder Form, für Nachthemden im Schnitt des 18. Jhs., für Oberhemden, die schon unsere Urgroßväter leicht beschönigend als „echt traditionell" bezeichnet hätten. Und genau auf diesen altmodischen, oft auch unpraktischen Kleidungsstücken basiert der Erfolg von Magee.

In der Schlussschleife oberhalb des Eske liegt **Donegal Castle**, ✆ 074-9722405, 💻 www.heritageireland.ie, das im Laufe der Zeit zahlreichen Renovierungen unterworfen wurde und der ursprünglichen Burganlage kaum noch ähnlich sieht. Eigentlich stammt das Kerngebäude, eine Festung der O'Donnells, aus dem 15. Jh. Der Name des Ortes, Donegal heißt übersetzt „Festung der Fremden", hätte ihnen vielleicht zu denken geben sollen. Im Jahr 1607 wurden sie von ihrem Besitz vertrieben, Hugh O'Donnell zündete die Burg daraufhin an. Der neue Inhaber war der Engländer Sir Basil Brooke. Dieser übernahm die Festungsruine und baute sie im Stil der Zeit um. In die Schutzmauern wurden Fenster eingehauen und kleine Ziertürmchen sowie Giebel sorgten dafür, dass das Gebäude mehr wie ein gemütli-

Donegal Castle – von der Festung zum Herrensitz umgebaut

cher Landsitz wirkte. Selbst in seinem heutigen Zustand, nur wenige Teile sind renoviert worden, hat das Donegal Castle etwas von einem Märchenschloss. ⌚ Ostern–Sep tgl. 10–18, ansonten 9.30–16.30 Uhr, Eintritt 4 €.

Brooke war es auch, der die Innenstadt komplett neu plante und den zentralen Marktplatz, auch als **Diamond** bekannt, schuf. Der auffällige **Obelisk** in der Mitte des Platzes erinnert an ein ganz anderes Kapitel der Geschichte des Ortes. Nämlich an vier Franziskaner-Mönche, die die Geschichte der Iren aus alten Überlieferungen sammelten und in einem Gesamtwerk, *The Annals of the Four Masters*, zusammentrugen. Fertiggestellt um 1630, umfasst dieses Geschichtsbuch die Epoche von kurz vor der Sintflut bis ins 16. Jh. – nicht immer historisch unbedingt zuverlässig. Einen Teil ihrer Arbeit erledigten die Mönche in der **Donegal Abbey**, erbaut im Jahr 1474, heute aber nur noch in wenigen Ruinen erhalten. Die meisten Besucher eilen daher weiter in das gut ausgeschilderte **Donegal Craft Village**, ✆ 074-9722225, 💻 www.donegalcraftvillage.com, in dem örtliche Kunsthandwerker, wie Töpfer, Weber und Goldschmiede, ihre Studios und Verkaufsräume haben.

Übernachtung

€ **Donegal Town Independent Hostel**, Doonan, ✆ 074-9722805, 💻 www.donegaltownhostel.com. Relativ einfaches Hostel mit 40 Betten (Bett ab 18 €), darunter einige Familienzimmer mit eigenem Bad. Abends trifft man sich am offenen Torffeuer, um die Erlebnisse des Tages auszutauschen. WLAN vorhanden. Abholung wird auf Vorbestellung angeboten. ❷

Ard Na Breatha, Drumrooske Middle, ✆ 074-9722288, 💻 www.ardnabreatha.com. Etwa 15 Min. zu Fuß vom Zentrum entfernt gelegenes Guesthouse mit 6 Zimmern und Blick auf die Bluestack Mountains. Sehr bequem und ein wenig altmodisch, alle Zimmer mit Bad und TV, WLAN vorhanden. ❸

Essen

Aroma, The Craft Village. Kleines Café mit gutem Espresso und großer Teeauswahl. Lecker: gebratene Polenta, Gemüsesuppe. Sehr gut, um sich die Angebote der Kunsthandwerker in Ruhe durch den Kopf gehen zu lassen.

€ **The Blueberry Tea Room**, Castle St., The Diamond, ✆ 074-9722933. Sehr

beliebtes Café in zentraler Lage, der rege Zuspruch zeugt von der Qualität der hausgemachten (und nicht teuren) Snacks. Absolut empfehlenswert sind die Desserts. Internetcafé im Obergeschoss.
Cedars Restaurant im Solis Lough Eske Castle Hotel, Lough Eske, 074-9725000, www.solislougheskecastle.ie. Innovative Gerichte zu vernünftigen Preisen, die Küche ist international geprägt. Vorbestellung am Wochenende unbedingt empfohlen.

Unterhaltung

Dom Breslin's Bar, Pier 1, Quay St., 074-9722719. Großer Pub mit maritimem Styling, sehr beliebt und vor allem am Wochenende ein Treffpunkt der Partyszene.
Dunnion's, Bridge St. Schnörkelloser, noch sehr authentischer Pub, in dem vor allem Einheimische ein ruhiges Pint genießen oder sich auch einmal von traditioneller Musik unterhalten lassen.

Feste

Der Start in den Juli ist in ganz Donegal von dem zweiwöchigen Kulturfestival **Earagail**, www.eaf.ie, bestimmt, der größten Veranstaltung im Nordwesten überhaupt. An den verschiedensten Austragungsorten findet eine unübersehbare Menge an Einzelveranstaltungen statt, darunter Konzerte, Kino, Theater, Comedy, Tanz sowie Workshops. Auch Angebote für Kinder. Wer das Earagail in vollen Zügen genießen möchte, sollte allerdings mit einem eigenen fahrbaren Untersatz sehr mobil sein.

Touren

Bootstouren in die nähere Umgebung (ca. 80 Min.) bietet **Donegal Bay Waterbus**, The Pier, 074-9724010, www.donegalbaywaterbus.com. Fahrtzeiten und Frequenz der Touren sind vollkommen „tagesabhängig" und sollten unbedingt telefonisch erfragt werden.

Informationen

Tourist Information Donegal, The Quay, 074-9721148, donegal@failteireland.ie, Infos auch unter www.donegaltown.ie oder www.donegaldirect.com.

Exquisites Schlosshotel

Urlaub machen im **Solis Lough Eske Castle**, Lough Eske, 074-9725100, www.solislougheskecastle.com! Das elegante Schlosshotel mit 95 Zimmern liegt etwa 5 km von der Stadt entfernt. Für Erholung auf dem großen Gelände, zu dem auch ein Spa mit Pool gehört, und gutes Essen ist gesorgt, dies hat allerdings seinen Preis. ❻

Transport

Der **Bustopp** liegt am zentralen Diamond.
DUBLIN, 9x tgl., rund um die Uhr. Regulärer Fahrpreis 19,50 €, Infos unter www.buseireann.ie.
SLIGO, die Busse der Linien 480 oder 483 verbinden Donegal Town mit Sligo Town über Ballyshannon, Bundoran und Drumcliff mehrfach am Tag. Dieselbe Route bedient auch die Linie 64, die in die andere Richtung ebenfalls mehrmals am Tag über Letterkenny nach Derry weiterfährt.
Die Linien 490 und 492 verbinden Donegal Town mit KIIBEGS, KILCAR und GLENCOLUMBKILLE, bis Killybegs verkehren etwa 9 Busse am Tag, weiter in die Provinz geht es nur 2x tgl.

Südliches County Donegal

Im Süden Donegals wird es immer einsamer, verstreut liegen einige Farmen in der Landschaft. Von der Donegal Bay bis zum Lough Erne sind es dann sanfte Hügel, die für Abwechslung sorgen. Und am Meer findet man lange Strände wie bei Rossnowlagh und Mullanacross.

Lough Derg

Im Binnenland gelegen und einen Umweg wert, ist der **Lough Derg**, 071-9861518, www.loughderg.org. Viele der Besucher kommen jedoch nicht aus touristischem Interesse hierher. Sie folgen vielmehr den Spuren des Hl. Patrick, der der Legende nach auf einer Insel im See 40 Tage und Nächte betete, um sein Land von allen bösen Geistern zu befreien. Da es hier auch Eingänge zu Höhlen gab, entwickelte sich die weitere (und wesentlich unglaubwürdigere) Legende, dass Patrick an dieser Stelle auch ins Fegefeuer abgestiegen sei. Weswegen der Pilgerort auch als „St. Patrick's Purgatory" bekannt ist. In der Mitte des 12. Jhs. wurde Lough Derg enorm populär, heute finden regelmäßige Pilgerfahrten zu der eng bebauten, kleinen **Station Island** statt. Deutlich vom Ufer des Sees sichtbar ist die 1921 erbaute Basilika, die meisten umliegenden Gebäude sind Unterkünfte für Pilger. Eine Fähre verkehrt von einem eigenen Fähranleger nördlich von **Pettigo**, Touristen werden jedoch nicht befördert. Wer Station Island besuchen will, muss an einem der festgesetzten Termine an einer Pilgerfahrt teilnehmen. Das Nonplusultra ist die große Pilgerfahrt, bei der die Gläubigen drei Tage auf der Insel verbringen, aber nur eine Nacht in einem Bett schlafen dürfen und bis auf ein Stück trockenes Brot und eine Tasse ungesüßten Tee keine Nahrung zu sich nehmen. Ein kleines Informationszentrum auf dem Festland, direkt am ab Pettigo ausgeschilderten Fähranleger, ist dagegen die einzige Konzession an weniger enthusiastische Besucher. 🕓 Nov–April tgl. 8–16, Mai–Okt 8–18 Uhr.

Rossnowlagh

Bei Rossnowlagh liegt einer von Irlands angeblich besten Stränden. Zahlreiche Badegäste, darunter viele Familien, tummeln sich hier im Sommer. Und der Atlantik mit seinen recht zuverlässigen Wellen lockt die Surfer an. Dabei ist das kleine Dorf längst nicht so überlaufen wie Bundoran, was vielleicht auch an der fehlenden Infrastruktur liegen mag. Neben dem Strand sind die Klippen mit ihren Wanderwegen eine weitere naturbelassene Attraktion.

Das Museum der **Donegal Historical Society**, ✆ 071-9851726, 🖳 www.donegalhistory.com, untergebracht in einer modernen Klosteranlage, die von den Franziskanern Mitte des 20. Jhs. errichtet wurde, zeigt eine kleine Sammlung von örtlichen Funden und Antiquitäten.

Ballyshannon

Ballyshannon liegt an der Mündung des Flusses Erne und ist dank seiner unverfälschten georgianischen Architektur allein des Stadtbildes wegen sehenswert. Steil steigen die Straßen von den Uferböschungen bergan, was dem Stadtzentrum eine besondere Note verleiht. Zumal sich außerhalb des Musik-Festivals im August nur wenige Besucher hierher verirren und der Ort daher auch noch nicht auf den Tourismus zugeschnitten ist. Dabei soll die Stadt einst von Besuchern gegründet worden sein, auf der Insel **Inis Saimer** hatte sich (der Legende nach) kurz nach der Sintflut eine kleine Kolonie von Immigranten etabliert.

Vielleicht den besten Blick auf die Insel und den Erne bietet der Kirchhof der **St. Anne's Church**, in dem auch der Dichter William Allingham (1824–1889), berühmter Sohn der Stadt, begraben liegt.

Interessant ist auch die Ruine der Abtei von **Assaroe**, Rossnowlagh Rd., ✆ 071-9851580, die 1184 vom Zisterzienserorden gegründet wurde und heute vor allem als Friedhof sichtbar ist. Die in der Nähe befindlichen Wassermühlen sind eine Rekonstruktion, sollen so aber von den Mönchen gebaut worden sein, wie das kleine Besucherzentrum erläutert. 🕓 Juni–Sep tgl. 11–19 Uhr, Eintritt frei. Ganz in der Nähe befindet sich auch eine dem Hl. Patrick geweihte Quelle, an der die typischen Votivgaben aus Stoff von Bittstellern aufgehängt werden.

Übernachtung und Essen

Dorrian's Imperial Hotel, Main St., ✆ 071-9851147, 🖳 www.dorriansimperialhotel.com. Im Zentrum gelegenes, großes, komfortables Hotel mit 47 Zimmern, alle mit Bad und TV. Angeschlossen ist ein elegantes Restaurant. ❹

Laghey

Einen Umweg wert (oder einen Stopp auf dem Weg nach Norden von Rossnowlagh) ist das **Coxtown Manor**, ✆ 074-9734575, 🖳 www.coxtownmanor.com, ein Restaurant in einem georgianischen Guesthouse. Serviert werden lokale Produkte auf belgische Art. Empfehlenswert: Taubenbraten. Reservierung erforderlich.

Transport

ENNISKILLEN, DONEGAL TOWN und DUBLIN, unter der Woche 9x tgl. Busse zwischen 7 und 22 Uhr ab Ballyshannon mit der Linie 30. Regulärer Fahrpreis nach Dublin 19,50 €.

SLIGO TOWN und DONEGAL TOWN, mehrmals tgl. ab Ballyshannon mit der Linie 64.
PETTIGO, eingeschränkter Busverkehr mit der Linie 486.
Weitere Infos unter 💻 www.buseireann.ie oder Ballyshannon Bus Office, ✆ 071-9851101.

Bundoran

Der lebhafte Bade- und Urlaubsort ist vor allem bei Surfern beliebt, denn hier bietet der Atlantik gelegentlich beachtliche Wellen. An warmen Sommerwochenenden ist Bundoran jedoch meist hoffnungslos überlaufen, Fast-Food-Stände und Souvenirgeschäfte dominieren dann das Geschehen. Der Strand und einige Wanderwege an der Küste entlang bilden die Hauptattraktionen von Bundoran. Bei entsprechendem Seegang ist der **Aughrus Head** besonders interessant. Das Puffing Hole auf dem Aughrus Head ist eine Aushöhlung im Fels, dessen trichterförmige Öffnung wie ein Geysir auf spektakuläre Art Wasser speien kann.

Übernachtung und Essen

€ **Homefield Backpackers**, Donegal Adventure Centre, Bay View Av., ✆ 071-9829357, 💻 www.homefieldbackpackers.com. Dieses Hostel gehört zum Donegal Adventure Centre, in Irlands größter Surfschule kann man gleich das Wellenreiten lernen. Unterkunft bewegt sich zwischen Familienzimmern und großem Schlafsaal (Bett 20 €). Thematisch soll die Innendekoration an verschiedene Rock- und Poplegenden erinnern. Fahrradverleih und das empfehlenswerte, mediterrane **La Sabbia Restaurant**, ✆ 071-9842253, im Haus. ❷

Informationen

Tourist Information Bundoran, The Bridge, ✆ 071-9841350, ✉ bundoran@failteireland.ie, Infos auch unter 💻 www.bundoran.ie.

Aktivitäten

Bundoran hat Irlands größte Surfschule: Das **Bundoran Adventure Centre**, ✆ 071-9842418, 💻 www.donegaladventurecentre.net, bietet jedoch auch zahlreiche andere Kurse an. Neben Surfen stehen u. a. Schnorcheln, Klippenspringen, Kajak, Klettern (am Kletterturm) und sogar Kurse für Rettungsschwimmer auf dem Programm.
Eine etwas andere Kombination bietet das **Donegal Language, Equestrian & Surf Centre**, ✆ 071-9841977, 💻 www.donegallanguageschool.com, an – hier kann man Sprachkurse mit Reiturlaub oder Surfen kombinieren.

Wenn die Orangemen kommen ...

Mitte Juli ist der Ort Rossnowlagh jedes Jahr plötzlich von überregionalem Interesse, denn dem Ruf des Oranierordens folgen die Massen hierher. Rossnowlagh ist der einzige Austragungsort einer **Parade des Orange Order in der Republik Irland**. Immerhin befindet man sich rein geografisch hier ja auch im Norden Irlands. Immer am Samstag vor dem 12. Juli ziehen die Männer mit den orangenen Schärpen hier von der Kirche zum Strand. Eine durchweg friedliche Angelegenheit, wenn auch nicht ohne das übliche verbale Säbelrasseln gegen die „Papisten". Wenngleich die Paraden einen bitterernsten Hintergrund haben – es geht um die Erhaltung der britischen Dominanz und vor allem des protestantischen Glaubens, beides ist dann fast synonym. In Rossnowlagh ist das jährliche Treffen der Ordensmitglieder jedoch mehr ein folkloristisches Spektakel – in Dublin wäre eine solche Veranstaltung dagegen unmöglich.

Transport

SLIGO TOWN und DONEGAL TOWN (via BALLYSHANNON), mehrmals tgl. mit der Buslinie 64, Infos unter 💻 www.buseireann.ie.

Killybegs

Der größte Ort in der Nähe von Slieve League (s. S. 505) wirkt teilweise noch recht altmodisch, der verwinkelte Innenstadtbereich besitzt trotz einiger Modernisierungen noch immer Anklänge an das 19. Jh. Die zum Teil sehr großen und solide gebauten Häuser künden von einem gewissen Wohlstand. In früheren Zeiten war Killybegs für die Herstellung von Teppichen bekannt, die sogar für das Dublin Castle und andere Schlösser weltweit verwendet wurden. Heute dagegen lebt der Ort hauptsächlich von der Fischerei, einer mittlerweile nicht mehr ganz so einträglichen Industrie. Nach einem kurzen Spaziergang durch die Stadt und am Hafen entlang, führt der Weg der meisten Besucher in eines der Restaurants, die frisch gefangenen Fisch servieren. Da die Preise hierfür enorm schwanken (wie auch die Größe der Portionen), empfiehlt sich vielleicht ein kurzer Vergleich.

Übernachtung und Essen

€ **The Ritz**, Chapel Brae, 074-9731309, www.theritz-killybegs.com. Hotel in der Ortsmitte von Killybegs, trotz des großen Namens eher eine einfachere Unterkunft mit guten Möglichkeiten zur Selbstversorgung. 2 Min. vom Hafen entfernt und umgeben von Restaurants und Pubs. ❶–❸

€ **Mellys Café**, Main St., 074-9731093. Alteingesessenes Restaurant mit Schwerpunkt auf Fish & Chips, serviert in großen Portionen zu fairen Preisen, oft frisch vom Boot. Wer hier ist, will nicht das Ambiente genießen, sondern satt werden.

Dunkineely

Einen Abstecher wert ist die Küche im **Castle Murray House Hotel**, St. John's Point, www.castlemurray.com (einige km östlich von Killybegs an der N56). Restaurant mit Meerblick. Spezialität vom TV-bekannten Koch Remy Dupuy sind Fisch und Meeresfrüchte. Ein besonderer Tipp: Kaninchenrücken mit Black Pudding und Calvados.

Irische Fischer im Pazifik

Der Hafen von Killybegs am nördlichen Ufer der Bucht von Donegal ist einer von Irlands größten Fischereihäfen, vielleicht sogar der größte. Der Ort in einer kleinen, geschützten Bucht scheint eigentlich nur aus dem Hafen zu bestehen. Links das Meer und die zum Teil riesigen Trawler, rechts der Ort mit seinen Fischrestaurants, Fischfabriken und nur wenigen klassischen Attraktionen für Touristen. Hier geht es nicht um die Romantik der Seefahrt, hier geht es um das knallharte Geschäft.

Und das Geschäft ist in den letzten Jahrzehnten immer schwieriger geworden. Fragt man die Fischer, woran dies liegt, dann heißt es: Früher war alles besser, die Trawler fuhren hinaus, kamen voll zurück und der Fang wurde für einen guten Preis verkauft. Dann kam die Konkurrenz aus anderen Ländern, die EU legte Fangquoten fest, die Kosten stiegen und die Gewinne sanken, schließlich machte sich auch noch der Fisch rar. Das alles ist richtig, dabei aber nur eine Seite der Medaille. Denn nimmt man das Beispiel Fangquoten, so gelten diese natürlich nicht nur für die Iren, sondern auch für die Konkurrenz. Und dass alle anderen, nur nicht die Iren, diese Quoten verletzen, ist eine populäre, aber unhaltbare These.

In Zeiten der Überfischung mag man als Naturliebhaber froh über Fangquoten sein. Andererseits wird so natürlich auch die Lebensgrundlage der Fischer gefährdet. Längst sind es nicht mehr irische Originale im Tweed-Jackett, die zu zweit oder zu dritt mit einem kleinen Boot hinausrudern und ihre Netze und Leinen auswerfen. Die in Killybegs liegenden Trawler haben die Größe kleiner Kriegsschiffe und sind gespickt mit Elektronik, die auch noch den kleinsten Heringsschwarm anpeilen kann und den besten Abfangkurs berechnet. Und die Besatzung? In vielen Fällen Gastarbeiter aus Südeuropa oder von der Ostseeküste.

Viele irische Fischer standen in den letzten Jahren vor der Entscheidung, den Beruf endgültig an den Nagel zu hängen oder zu investieren, zu modernisieren und sich neue Fanggründe, weit weg von der irischen Küste, zu suchen. Moderne Kühltechnologie, schwimmende Fischfabriken und auf den sieben Weltmeeren funktionierende Navigationssysteme ermöglichen dies auch der Fischereiflotte von Killybegs. Und so wurde dann im Jahre 2009 das erste Mal eine Fangfahrt in den Pazifik geplant. Rein technisch kein Problem. Ob allerdings langfristig ökologisch wie ökonomisch sinnvoll, das ist eine andere Frage.

9 HIGHLIGHT

Slieve League

Die gigantische Klippenlandschaft westlich von Donegal Town bei **Kilcar** zählt zu den großartigsten Naturschauspielen Irlands, vor allem im Abendlicht, wenn die Klippen ständig die Farben verändern. Vom kleinen Ort **Carrick** sind es über **Teelin** etwa 8 km bis zum Beginn des Wanderweges am Parkplatz von Bunglass. Von hier aus führt der gut erkennbare Weg immer an den Klippen entlang etwa 16 km bis nach Malin Beg.

Verglichen mit den Cliffs of Moher oder den Cliffs auf Achill Island, ist die Landschaft hier fast vollkommen natürlich erhalten, deutlich weniger Touristen finden den Weg hierher. Eingriffe des Menschen sind minimal: nur wenige Zäune und Mauern, eine alte Küstenwacht-Station und ein kostenloser Parkplatz. Dafür ist der Weg hierher etwas abenteuerlicher. Auf einer engen, aber recht gut ausgebauten und vernünftig ausgeschilderten Straße kommt der Besucher zunächst zu einem Viehgatter, das man selbst öffnen und bitte wieder schließen darf. Kurz danach findet sich linker Hand schon ein Parkplatz über dem Meer, von hier aus kann man den Fußmarsch zu den eigentlichen Klippen antreten. Was viele Touristen auch tun. Nur um später mutigeren Autofahrern böse Blicke zuzuwerfen, denn die Strecke ist noch ein ganzes Stück weiter für Personenwagen offen. Diese Fahrt allerdings ist ein kleines Abenteuer, links geht es jäh steil den Abgrund hinunter. Nach einigen Minuten wird ein zweiter Parkplatz erreicht, hier ist dann für Autofahrer wirklich Schluss. An dieser Stelle beginnt auch der wenig befestigte Wanderweg auf die Klippen hinauf und dann an ihnen entlang. Es handelt sich übrigens nicht um einen Rundweg. Besucher sollten daher im Vorfeld schon planen, wie sie die Tour gestalten wollen. Die einfachste Lösung ist es, von Slieve League aus denselben Weg wieder zurückzulaufen (Gesamtwanderzeit ca. 4–5 Std.). Etwas mehr Logistik ist gefragt, wenn man wirklich bis nach **Malin Beg** durchmarschiert und sich dort von einem freundlichen Mitreisenden mit dem Auto abholen lässt.

Wer hat die „höchsten Klippen" im Land?

Auch wenn die Cliffs of Moher wesentlich bekannter sind, Slieve League ist das Beste, was Irlands Westküste an Klippen zu bieten hat. Nicht nur, weil es sich hier um die höchsten Meeresklippen Europas handelt. Moment … sollen nicht eigentlich die Cliffs of Moher …? Ein weit verbreiteter Irrtum, der auf linguistische Spitzfindigkeiten zurückzuführen ist. Tatsache ist, dass die Cliffs of Moher vielleicht die höchsten vertikal abfallenden Klippen sind, sie stürzen sozusagen im 90-Grad-Winkel 200 m ins Meer. Gegen Slieve League sind sie aber Zwerge, denn die Steilküste von Donegal ist zwar etwas weniger steil, mit 590 m aber fast dreimal so hoch. Ende der Diskussion? Bestimmt nicht. Denn auf Achill Island (County Mayo) beansprucht auch der Slievemore für sich, die höchste europäische Meeresklippe zu sein. Und mit knapp 700 m kann man ihn fast nicht ignorieren. Auch wenn er eigentlich ein Berg ist.

An sich ist dieser Weg keine große Herausforderung. Der Aufstieg vom Parkplatz kann mit kleinen Pausen, die man wegen der fantastischen Aussicht ohnehin einlegt, auch von weniger geübten Wanderern geschafft werden. Festes Schuhwerk ist dabei eine Grundvoraussetzung, weite Teile des Weges bestehen aus Erde, Gestein und Geröll, bei Feuchtigkeit kann es richtig rutschig werden. Extreme Höhenangst sollte man nicht haben. Absolute Schwindelfreiheit ist allerdings auch nicht erforderlich, der Weg verläuft fast immer in sicherem Abstand zum Abgrund. Die größte Gefahr ist wahrscheinlich, sich zu sehr auf den Ausblick und zu wenig auf den unregelmäßigen Weg zu konzentrieren und dann zu stolpern. Eine sehr enge Stelle, etwa 90 Min. von Bunglass entfernt, kann mit einem Umweg ins Landesinnere umgangen werden (bei Wind empfehlenswert). Der **One Man's Pass**, ein rund 250 m langer Kamm, dagegen ist für die meisten Bergwanderer eher ohne Probleme zu meistern.

Kurz nach dem Gang über den Pass hat man auch Slieve League selbst erreicht.

Der Lohn der Mühe? Natürlich der Ausblick über die „endlose Weite" des Atlantik. Wesentlich interessanter aber ist der Blick die Küste entlang, an der es zahlreiche Einbuchtungen, Höhlen und Klippen zu entdecken gibt, an denen sich die Wellen teilweise mit Donnergetöse brechen und wo man auf keinen Fall irgentwelche Kletterversuche wagen sollte. Wie gesagt, es geht fast 600 m steil nach unten.

Eine Alternative zu der oben beschriebenen Wanderung ist der Aufstieg auf den Slieve League über den alten Pilgerweg. Dieser zieht sich von Carrick über Teelin rund 7 km durch die Bergwelt und ist weniger herausfordernd als der Weg von Bunglass aus. Die Route ist nicht ausgeschildert, aber gut erkennbar. Zielpunkt ist eine alte Kapelle auf Slieve League, neben der ein „Heiliger Brunnen" Heilung von Arthritis verheißt. Der Nachteil dieses Weges: Man wird um den besten Blick auf Slieve League gebracht, der eben von Bunglass aus zu haben ist.

Übernachtung

Kilcar

€ **Derrylahan Independent Hostel**, Derrylahan, ✆ 074-9738079, 💻 homepage.eircom.net/~derrylahan. Ideal in der Nähe von Slieve League gelegenes Hostel mit Schlafsälen (Bett ab 16 €), Privatzimmern und Campingmöglichkeit. Die Unterkunft erfolgt auf einem voll bewirtschafteten Bauernhof, der etwas außerhalb des Ortes liegt. Abholung von Kilcar oder Carrick möglich. Camping 8 €. ❶–❷

Malin Beg

€ **Malinbeg Hostel**, Glencolumbkille, ✆ 074-9730006, 💻 www.malinbeghostel.com. Einfaches, modernes Hostel (Bett ab 14 €) am Ende der Welt, ideal für lange Spaziergänge am Meer oder eine Besteigung von Slieve League (ein sehr langer Anstieg). Küche im Haus, kleiner Laden nebenan. 🕒 Feb–Nov. ❶

Touren

Wer die Klippen von unten sehen will, der muss nicht sein Leben riskieren: Ab Teelin werden **Touren mit dem Fischerboot** Nuala Star angeboten, ✆ 074-9739365 oder 087-6284688, 💻 www.nualastarteelin.com. Ein fester Fahrplan besteht nicht, je nach Nachfrage macht Skipper Paddy Tagestouren, auch Angelausflüge.

Transport

Es besteht eine Busverbindung zwischen Donegal und Killybegs, 2x tgl. auch weiter nach Kilcar, Carrick und Glencolumbkille, Linie 490. Die Buslinie 492 von Dungloe nach Donegal verkehrt mehrmals tgl. über Killybegs und Ardara – mehr Infos 💻 www.buseireann.ie.

Glencolumbkille und Umgebung

Der kleine Ort **Glencolumbkille** (oder Glencolmcille) fast direkt an der Atlantikküste stand Mitte des 20. Jhs. mit nicht einmal 300 Einwohnern und ohne nennenswerte Industrie in mehr als einer Beziehung am Abgrund. Aber die Bewohner von Glencolumbkille hatten das Glück, mit Father James MacDyer einen Pfarrer vor Ort zu haben, der eine Lösung suchte und auch fand, und zwar weniger in Gebeten als in aufgekrempelten Ärmeln. Und so zerrte der Pfarrer seine Gemeinde dann gnadenlos in die moderne Zeit. Ohne dabei den alten Charakter des Dorfes und die gewachsenen Strukturen zu zerstören. Er schuf eine Gemeinde, die sich wieder selbst ernähren konnte und die zugleich Besucher auf der Suche nach dem „Alten Irland" anzog. Trotz der großen Zahl von Besuchern hat man immer noch das Gefühl, irgendwo am Ende der Welt ein fast verloren geglaubtes Irland gefunden zu haben. Dabei war das Tal des Hl. Columba, so die Bedeutung des irischen Namens, schon seit vielen Jahrhunderten ein Ziel von Pilgern. Diese besuchten vor allem die kleine Kirche in der Nähe des Dorfes Cashel, in der der Heilige gebetet haben soll. Und nicht nur gebetet, denn zwei Steinplatten sollen ihm auch als Bett zum Ausruhen zwischen den Gebeten gedient haben. Jedes Jahr am 9. Juni findet eine Wallfahrt zu Ehren des Columba statt, bei der die Pilger nach einem streng festgelegten Ritual insgesamt 15 Stationen ablaufen müssen.

Hauptattraktion ist heute aber das von Pfarrer MacDyer gegründete **Folk Village Museum**, ✆ 074-9730017, 🖳 www.glenfolkvillage.com, ein kleines Freilichtmuseum, in dem das Landleben in Donegal durch die Jahrhunderte dargestellt wird. Mehrere Häuser und eine kleine Schule im traditionellen Stil sind mit allerlei Ausstellungsstücken aus dem 18. und 19. Jh. gefüllt. Dieses war nur ein Teil der Projekte des umtriebigen Pfarrers, der auch landwirtschaftliche Kooperativen gründete und vor allem die Wiederbelebung von alten kunsthandwerklichen Fähigkeiten förderte. So kann heute im Laden des Museums eine breite Palette von Andenken gekauft werden, die wirklich traditionell und vor allem vor Ort hergestellt sind, ein angenehmer Kontrast zu dem Kitsch in vielen anderen Läden. Vielleicht nicht unbedingt eine Offenbarung, aber durchaus interessant, ist auch der örtlich hergestellte Wein aus allen möglichen natürlichen Inhaltsstoffen. ◷ Ostern–Sep Mo–Sa 10–18, So 12–18 Uhr, Eintritt 3,50 €.

Die Umgebung von Glencolumbkille ist reich an prähistorischen Monumenten. Recht gut erhalten ist noch das Hügelgrab bei **Cloghanmore**. Die meisten Besucher aber zieht es an die Küste, Wanderwege gehen etwa auf die einsame, beeindruckende Halbinsel **Malinbeg** hinaus. Der kleine Badeort **Malinmor** bietet zahlreiche Möglichkeiten für Wassersport und fischreiche Gründe für Angler. Besonders reizvoll ist der nahegelegene, aber nur über eine steile Treppe erreichbare Sandstrand, der vollkommen geschützt in einer Bucht zwischen den Klippen liegt.

Übernachtung und Essen

Glencolumbkille

€ **Áras Ghleann Cholm Cille**, Malinmore, ✆ 074-9730077, 🖳 www.arasgcc.com. Hostel mit sehr hohem Standard und der Wahl zwischen Unterkunft für Selbstversorger (bett ab 20 €), B&B (25 € p. P.) oder sogar Vollpension. Die Zimmer sind durchweg komfortabel und auch sehr gut für Familien mit Kindern geeignet. Vorbestellung unbedingt empfehlenswert. ❷

€ **Dooey Hostel**, Glencolumbkille, ✆ 074-9730130, 🖳 www.glencolmcille.ie/dooeyhostel.htm. Dieses Haus war das erste Hostel in Irland, das nicht an das Jugendherbergswerk angeschlossen war. Es befindet sich in unmittelbarer Nähe zum Freilichtmuseum und bietet Unterkunft im Schlafsälen (Zimmer ab 14 €) oder Privatzimmern. Auch Camping möglich. Camping 8 €. ❶

An Cistin, ✆ 074-9730213. Relativ kleines Restaurant mit einer vielfältigen Speisekarte, alle Gerichte werden frisch zubereitet. Unbedingt auf die Tagesspezialitäten achten, je nach Saison werden hier frische, lokal produzierte Waren verarbeitet.

Ardara

Ardara gilt als die Hauptstadt der Stoffherstellung in Donegal, hier sind die Weber noch auf traditionelle Art aktiv und stellen den zeitlosen Tweedstoff her. Und wer nicht am Webstuhl sitzt, der strickt! Handgemachte Pullover sind der zweite große Exportartikel des Ortes, der gerade mal rund 700 Einwohner und kaum weniger Läden besitzt, die mit Stoffen und daraus hergestellter Kleidung handeln.

Eine ganze Reihe von Pubs sorgt zusätzlich für das leibliche Wohl der Besucher, am Abend kann man hier oft Livemusik, vor allem auf der Fiedel, erleben. Wer sich weder für Stoffe noch für Musik und Alkohol interessiert, der sollte den Weg hinaus auf die schmale Halbinsel westlich der Stadt wagen und den wenigen Schildern zum **Loughros Point** folgen. Von hier aus hat man einen sehr schönen Blick auf die Küste von Donegal.

Übernachtung und Essen

Nesbitt Arms Hotel, The Diamond, Ardara, ✆ 074-9541103, 🖳 www.nesbittarms.com. Schön altmodisches Hotel mitten in Ardara, Zimmer wurden vor einigen Jahren auf modernen Standard gebracht und bieten jetzt mehr Platz. Weavers Restaurant im Haus, hier kann man sehr gute Hausmannskost bekommen. ❹

Nancy's Bar, Front St. Charaktervoller Pub, seit sieben Generationen im Familienbesitz, bekannt für hausgemachtes Chowder. Live-musik an vielen Abenden, wo sich dann auch plötzlich akustische Versionen von Pink Floyd oder Pearl Jam unter die Traditionals mischen. Ein irischer Pub wie aus dem Bilderbuch und für alle Generationen.

Transport

Busverkehr zwischen Donegal und Kilkar, der 2x tgl. auch nach Carrick und Glencolumbkille weiterfährt, Linie 490. Die Buslinie 492 von Dungloe nach Donegal verkehrt mehrmals tgl. über Killybegs und Ardara, Infos unter 💻 www.buseireann.ie.

Der abgelegene Nordwesten

Ohne Auto ist man in Donegals Nordwesten, dem abgelegensten Teil Irlands, verloren, ohne Straßenkarte auch. Während man an der Küste immer wieder auf winzige Siedlungen stößt, erstreckt sich im Binnenland die oft unwirtliche Bergwelt, Heimat zahlreicher Schafe.

The Rosses

Fantastische Impressionen bietet The Rosses, eine Küstenregion, die geprägt ist von langen Sandstränden, Felsküste, kleinen Seen und traditionellen weißen Häuschen. Die abgelegene Region ist eines der wichtigsten Gaeltacht-Gebiete Irlands, hier wird noch traditionelles Irisch gesprochen. Die Hauptstadt, wenn man überhaupt davon sprechen kann, ist **Dungloe**, eine kleine Marktstadt und Zentrum des Angelsports. Daneben ist der Ort auch bekannt für das Festival der „Mary from Dungloe", eine einfachere Version der „Rose von Tralee".

Etwa 8 km westlich der Stadt liegt die **Maghery Bay**, eine windgeschützte Bucht mit schönem Sandstrand. Empfehlenswert ist eine Wanderung zum nahen **Crohy Head**. Die bizarre Klippenlandschaft mit zahlreichen Höhlen hat ihren ganz eigenen Reiz.

Übernachtung und Essen

Atlantic House, Main St., Dungloe, ✆ 074-9521061, 💻 www.atlantichousedungloe.com. Zentral gelegenes B&B mit etwas kleinen, aber dafür sehr „heimeligen" Räumen. Gutes Frühstück für einen angenehmen Start in den Tag. Pubs und Restaurants liegen in der Nähe. ❷–❸

Doherty's Restaurant, Main St., ✆ 074-9522345. Familienfreundliches Restaurant mit einer einfachen Speisekarte und guten Portionen bei bodenständigen Preisen. Günstige Mittagskarte bis 15 Uhr.

Feste

Ende Juli liegen Schönheit und Talent im Wettstreit miteinander. **Mary from Dungloe**, 💻 www.maryfromdungloe.com, in Irlands Nordwesten ist nicht so berühmt wie das Theater rund um die „Rose of Tralee", aber nichtsdestotrotz ein großer Spaß für die Zuschauer.

Informationen

Tourist Information Dungloe, The Quay, ✆ 074-9521297, ✉ dungloe@failteireland.ie.

Transport

Dungloe ist von Donegal aus mit der Buslinie 492 über Killybegs und Ardara mehrmals tgl. erreichbar. Nähere Infos unter 💻 www.buseireann.ie.

Insel Arranmore

Ein wunderbares Ausflugsziel für einen oder mehrere Tage ist die Insel Arranmore, eine Autofähre verkehrt ab Burtonport, ✆ 074-9520532, 💻 www.arranmoreferry.com, es gibt mindestens fünf Überfahrten am Tag. Arranmore bietet zahlreiche Wanderwege auch oberhalb des Meeres, vor allem an der Nordwestküste. Wer den Arranmore Way einmal rund um die Insel läuft (ausgeschildert), ist etwas fünf Stunden unterwegs. Noch rund 700 Menschen leben auf der Insel, die meisten davon in dem kleinen Ort **Leabgarrow** und der näheren Umgebung. Hier gibt es eine ganz besondere Attraktion, die vor allem die Freunde des Whiskeys und des Guinness erfreuen dürfte: Da die Fischer früher zu jeder Tages- und Nachtzeit wieder nach Hause kamen und dann natürlich eine kleine Stärkung benötigten, besitzen zahlreiche Pubs eine Schankgenehmigung rund um die Uhr.

Wer auf Arranmore übernachten möchte, kann dies gleich im B&B der Famile Bonner tun, zu dem auch das **Ferryboat Restaurant** gehört – beides direkt am Fähranleger und über die Fährgesellschaft zu erreichen.

Von The Rosses bis Fanad

Mit **Bloody Foreland** trägt der äußerste Nordwesten zwar einen etwas abschreckenden Namen, doch ist dieser nur der Beschreibung der faszinierenden Sonnenuntergänge gedankt, die das steinige Ufer fast rubinrot aufleuchten lassen.

Der kleine Fischerort **Bunbeg** hat sich noch etwas vom Charme der alten Zeit erhalten, dennoch lassen sich hier viele Bausünden ausmachen. Teile der Landschaft wurden mit Ferienbungalows regelrecht zugepflastert.

Wesentlich schöner ist dagegen **Horn Head**, ein Naturparadies direkt am Atlantik mit bis zu 180 m hohen Klippen (Anfahrt von Dunfanaghy Richtung Falcarragh). Der Kontrast zu den verbauten Urlaubslandschaften nur einige Kilometer entfernt ist groß, selbst der kleine Ort **Dunfanaghy** wirkt wie ein Museumsstädtchen und der sehr schöne **Killahoey Strand** ist nur selten überlaufen.

Ebenfalls landschaftlich reizvoll ist die **Rosguill Peninsula**, auf der der 11 km lange **Atlantic Drive** die ideale Route für den Touristen bietet. Besonders schön ist das **Doe Castle**, eine teilrestaurierte Burg aus dem 16. Jh., die von der schottischen Söldnerfamilie MacSweeney errichtet wurde. Die erfahrenen Soldaten hatten ein besonderes Augenmerk auf die Sicherheit, die Burg wirkt auf ihrem Standort über der Sheephaven Bay nahezu uneinnehmbar.

Auch die **Fanad Peninsula**, etwas weiter östlich gelegen, lässt sich auf einem Rundkurs erkunden. Dieser beginnt bei **Ramelton**, einer typischen Kolonistenstadt aus dem 17. Jh. Das heutige Stadtbild ist geprägt von georgianischer Architektur und den alten Lagerhäusern, die die Main Street mit ihren zahlreichen Bäumen einrahmen.

Das **Rathmullan Flight of the Earls Heritage Centre**, ☏ 074-9158178, 💻 www.flightoftheearls.ie, erinnert mit einer einfachen, aber sehr anschaulichen Ausstellung an die Flucht der letzten irischen Rebellen Hugh O'Neill und Rory O'Donnell im Jahre 1607. Diese bedeutete das effektive Ende des irischen Widerstandes gegen die Engländer und machte den Weg für die „Ulster Plantations", also die Kolonisierung des Nordens (s. S. 588), frei. Mit lebensgroßen Figuren und zahlreichen Schautafeln wird diese kritische Periode der irischen Geschichte, die sich sozusagen vor der Haustüre abspielte, zum Leben erweckt. 🕒 Tgl. Juni–Aug, Eintritt 1,50 €.

Die folgende Fahrt am Westufer des Lough Swilly entlang führt dann bis zum **Fanad Head**. Eine beliebte und sichere Badebucht befindet sich bei **Portsalon**, während die Küste bei **Doaghbeg** so stark verwittert ist, dass sich dort frei stehende Felsentore und bizarre Felsformationen gebildet haben.

Übernachtung

Bunbeg

Bunbeg Lodge an der R267, ☏ 087-4167372, 💻 www.bunbeglodge.ie. Modernes B&B auf großem Gelände und mit einigen sehr schönen Zimmern, die einen Ausblick auf das Meer bieten. Einrichtung ist bequem und zweckmäßig, gut auch für einen etwas längeren Aufenthalt geeignet. ❷–❸

Dunfanaghy

€ **The Carriage Hostel**, Corcreggan, ☏ 074-9100814, 💻 www.the-carriage-hostel-corcreggan.com. Wahrscheinlich eines der kuriosesten Hostels in ganz Irland, man schläft in Betten aus alten Eisenbahnschwellen oder gleich in einem Eisenbahnwaggon (Bett ab 16,50 €). Nicht unbedingt luxuriös und mit viel Ellenbogenfreiheit, aber ein Erlebnis an sich. ❶

Essen

Dunfanaghy

The Mill Restaurant, Figart, ☏ 074-9136985, 💻 www.themillrestaurant.com. Restaurant in Uferlage, klein und gemütlich mit mehrfach ausgezeichneter Küche. Spezialität: Fischpastete, hervorragende Desserts und die irische Käseplatte. Da die Servierzeiten stark eingeschränkt sind (19–21 Uhr, Mo geschl.) ist eine Vorbestellung unbedingt ratsam. Bei dieser kann man auch gleich erfragen, was derzeit auf dem Menüplan steht – es wird saisonal und mit frischen, örtlichen Produkten gekocht.

Transport

Busse

Sämtliche Busverbindungen nördlich der Linie Burtonport-Letterkenny-Derry werden von der **Londonderry & Lough Swilly Railway Company** angeboten – der ältesten noch existierenden Eisenbahngesellschaft auf den britsichen Inseln. Eine Streckenkarte und Fahrplane finden sich auf 💻 www.loughswillybusco.com. Angefahren werden u. a. Bunbeg, Bloody Foreland, Dunfanaghy, Fanad Head, Rathmullan, Fahan und Greencastle. In Derry, Letterkenny und Dungloe besteht die Möglichkeit, auf Bus Éireann oder Ulster-bus umzusteigen.

Die Busse der Linien 480 oder 483 verbinden Donegal Town mit Sligo Town über Ballyshannon, Bundoran und Drumcliff mehrfach am Tag.

Dieselbe Route bedient auch die Linie 64, d ie in die andere Richtung ebenfalls mehrmals am Tag über Letterkenny nach Derry führt.

Die Linien 490 und 492 verbinden Donegal Town mit Killybegs, Kilcar und Glencolumbkille, bis Killybegs verkehren etwa neun Busse tgl., weiter in die Provinz geht es allerdings nur 2x am Tag, Infos unter 💻 www.buseireann.ie.

Flüge

Ab **Donegal Airport**, ✆ 074-9548284, 💻 www.donegalairport.ie, gibt es Flüge nach Dublin und Glasgow. Interessant ist hier die Architektur, die beim Empfangsgebäude zwei massive Steintürme beinhaltet und an die Ringforts der Gegend erinnert. Es besteht keine reguläre Busverbindung zum Flughafen, Taxis unter ✆ 087-2618885, 3223393 oder 6536272, weitere Taxi- und Minibusunternehmen auf der Flughafenwebsite.

Tory Island

Die Atlantik-Insel Tory Island ist vom Festland durch den Tory Sound getrennt und wegen der oft besonders heftigen Stürme und speziellen Strömungsbedingungen oft tagelang isoliert. Folge: Unter den weniger als 200 Bewohnern der Insel blieb die irische Sprache erhalten, zudem wurde eine uralte Tradition gerettet: Tory Island hat nach wie vor einen eigenen König! Wobei der Titel des Königs in Irland in etwa so viel Bedeutung wie der Titel eines Bürgermeisters in Deutschland hat. Er ist nicht vererblich und eigentlich ist der König nur eine Art Identifikationsfigur, denn echte politische und wirtschaftliche Entscheidungen werden woanders getroffen.

Fähren verbinden, sofern es das Wetter erlaubt, Tory Island mit dem Festland. Die meisten Besucher kommen der herrlichen Naturlandschaft wegen und zur Vogelbeobachtung auf die Insel, zudem lassen sich wunderbare Klippenwanderungen unternehmen. Die Ruinen eines von Columba gegründeten **Klosters** stellen ansonsten die einzige Touristenattraktion dar. Nicht zu vergessen die **Dixon Gallery**, 💻 www.oileanthorai.com, die Werke des örtlichen Künstlers James Dixon und anderer „Primitiver" zeigt. Dixon war zu lokalem Ruhm gelangt, als er 1968 behauptete, dass er besser malen könne als der gerade die Insel besuchende englische Maler Derek Hill.

Übernachtung und Essen

€ **Brú Thoraí** (Tory Hostel), ✆ 074-9165145. Die sicherlich einfachste und preisgünstigste Unterkunft ist das saubere und ordentliche Hostel mitten auf der Insel. Bett ab 12 €.

Óstan Thóraigh (Tory Hotel), ✆ 074-9135920, 💻 www.hoteltory.com. Etwas bequemer übernachten kann man im kleinen Hotel.

Die People's Bar dient auch als Treffpunkt der Einheimischen. ❸–❹

Informationen

Infos, auch zu Übernachtungsmöglichkeiten, findet man auf der Webseite der Insel, 💻 www.oileanthorai.com.

Diese bietet auch Informationen über den **Fahrradverleih**, ✆ 074-9165614, und das kleine Restaurant **Caife an Chreagáin**, ✆ 074-9135856.

Transport

Zur Insel kommt der Besucher mehrmals tgl. mit der **Tory Island Ferry** ab Bunbeg oder Magheroarty – der jeweils aktuelle Fahrplan kann unter 💻 www.toryislandferry.com abgerufen werden.

Letterkenny

An der Mündung des Flusses Swilly liegt Letterkenny, mit über 12 000 Einwohnern der größte Ort im Nordwesten der Republik und dank zahlreicher Bildungseinrichtungen von Schülern und Studenten geprägt.

Im Osten der Stadt erheben sich die **Sperrin Mountains**, im Westen die **Derryveagh Mountains**, fast hat man den Eindruck, als sei man in einem Flusstal gefangen. Dabei hat Letterkenny durchaus kein provinzielles Image, denn nach der Teilung Irlands wurde die Stadt in den 1920er-Jahren zum wichtigsten Wirtschaftszentrum der Region und versorgte das ehemalige Hinterland von Derry. Letterkenny ist die ideale Basis für eine Erkundungsreise durch das nördliche Donegal, zumal hier zahlreiche B&Bs zur Verfügung stehen. Deren Inhaber können oft auch Auskunft über die besten Angelgründe geben, für die vor allem der nahe **Lough Swilly** berühmt ist.

Sehenswert im Ort ist vor allem die Hauptstraße, angeblich eine der längsten Hauptstraßen in der irischen Provinz überhaupt und dankenswerterweise nicht allzusehr modernisiert. Das größte Gebäude hier ist die **St. Eunan's Cathedral** mit ihrem über 60 m hohen Kirchturm. Die Kathedrale ist im neogotischen Stil im 19. Jh. errichtet worden, ihre Außenfassade wird nachts mit Flutlicht angestrahlt. Bemerkenswert sind zahlreiche Steinmetzarbeiten im „keltischen Stil", also vor allem durch Knotenmuster und Spiralen gekennzeichnet. Die farbenprächtigen Buntglasfenster und der Altar aus feinem Marmor schmücken den Innenraum.

Das nicht weit entfernte **Donegal County Museum**, ✆ 074-9124613, 💻 www.donegalcoco.ie, ist eines jener Museen, die im Lauf der letzten Jahre ausgebaut wurden und deren Sammlungen die Ortsgeschichte auf interessante Art dokumentieren. Die Ausstellungen befassen sich mit Donegal von der Steinzeit bis ins 20. Jh., wobei die verschiedensten Aspekte beleuchtet werden. Archäologische Funde aus der Umgebung, darunter viele Artefakte aus der Eisenzeit, sind ein wesentlicher Bestandteil der Sammlung. 🕒 Mo–Fr 10–16.30, Sa 13–16.30 Uhr.

Übernachtung und Essen

€ **The Port Hostel**, Covehill, Port Rd., ✆ 074-9125315. Günstiges Hostel in der Stadtmitte, die zahlreichen Restaurants, Pubs und Nachtclubs von Letterkenny sind nahe bei. Achtung: Rezeption ist nicht 24 Stunden besetzt, nach 21.30 Uhr ist kein Check-In mehr möglich. Bett ab 15 €.

€ **Glencairn House B&B**, Ramelton Rd., ✆ 074-9124393, 💻 www.glencairnhousebb.com. Familiäres Haus mit 6 Zimmern und einer hervorragenden Auswahl an Frühstücksoptionen. Etwas außerhalb des Stadtkerns am Swilly, eine sehr ruhige Lage. ❷

Lemon Tree Restaurant, 39 Lower Main St. Zitronenfarbenes Restaurant, recht beliebt bei Studenten. Frisch zubereitete Pasta, Brote und Dessert sowie Pizza.

Unterhaltung und Kultur

An Grianán Theatre, Port Rd., ✆ 074-9120777, 💻 www.angrianan.com. Das kulturelle Herz des Nordwestens mit einem bunten Programm aus Drama, Musik und anderen Veranstaltungen, von Folklore bis hin zu Vorträgen und Schulkonzerten.

Cottage Bar, Upper Main St., ✆ 074-9121338. Einer der wenigen Pubs in Letterkenny, in dem sich noch echte Tradition gehalten haben. Teilweise hat man das Gefühl, in einem kleinen Volkskundemuseum zu sitzen, die traditionellen Sessions am Donnerstag sollen die besten in der Gegend sein.

Informationen

Tourist Information Letterkenny, Neil T. Blaney Rd., ✆ 074-9121160, ✉ letterkenny@failteireland.ie, Infos auch unter 💻 www.letterkenny.ie.

Transport

Der **Busbahnhof** befindet sich in der Port Rd., direkt beim Tesco.

DERRY, die Linie 64 verbindet Letterkenny und Derry, während sie in die andere Richtung bis DONEGAL Town und SLIGO Town führt, Informationen unter 💻 www.

buseireann.ie oder Letterkenny Bus Office, ✆ 074-9121309.
DUBLIN, in der Woche 9x tgl. Fahrpreis 19,50 €.

Glenveagh National Park

Etwas westlich von Letterkenny liegen die **Derryveagh Mountains**. Sie werden durch ihren höchsten Berg, den 751 m hohen Errigal, dominiert. Auf den ersten Blick wirkt er schneebedeckt. Dies ist allerdings eine optische Täuschung, der Quarzstein des Berges reflektiert so viel Licht, dass er aus bestimmten Blickwinkeln fast weiß wirkt. Diese Bergkette ist ein Teil des fast 17 000 ha großen Glenveagh National Parks, ✆ 074-9137090, 💻 www.glenveaghnationalpark.ie, Irlands größtem Naturpark. Zu ihm gehören auch die Landschaft rund um den Lough Veagh und dessen wenig vertrauenserweckend klingendes Poisoned Glen. Letzteres ist ein Tal voller Marsch- und Sumpfgebiete, das von steilen Klippen eingeschlossen wird. Begegnungen mit Rotwild sind in diesem Nationalpark übrigens nicht selten, er ist die Heimat der größten Population in ganz Irland. Durch die Berglandschaft des Naturschutzgebietes führen herrliche Wanderwege. Das Besucherzentrum am Eingang informiert über die abenteuerliche Geschichte sowie die Pflanzen- und Tierwelt des Parks.

Am südlichen Ufer des Lough Veagh in etwa 4 km Entfernung zum Besucherzentrum gelegen, befindet sich **Glenveagh Castle**. Das ganz aus Granit erstellte und romantisch gelegene Gebäude wurde erst 1870 von John Adair errichtet. Ohne sein Märchenschloss wäre der Mann nur in die Geschichte eingegangen, weil er während der Großen Hungersnot und in den Jahren danach mit äußerster Rücksichtslosigkeit Familien von Haus und Hof vertrieb. Die Burg wechselte mehrfach den Besitzer und ist seit den 1970er-Jahren im Besitz des irischen Staates. Eine Besichtigung der Gärten und des Hauses ist möglich, auch im Rahmen von Führungen. 🕓 Tgl. 10–18, Okt–März 9–17 Uhr, Eintritt zur Burg 5 €.

Wesentlich bescheidener wirkt das etwa 6 km entfernte **Glebe House**, Churchill, ✆ 074-9137071, 💻 www.heritageireland.ie, ein Gebäude aus dem frühen 19. Jh., das dem Maler Derek Hill gehörte und heute als Galerie seine Sammlung zeigt. Hier, fast „am Ende der Welt“, findet man so unterschiedliche Gegenstände wie Tapeten aus der Werkstatt von William Morris und Bilder der „Primitiven Maler“ von Tory Island. Islamische Keramik steht gleichberechtigt neben Werken von Picasso und Renoir. 🕓 Wechselnd, Juli und Aug tgl. 11–18.30 Uhr, Eintritt 3 €.

In nur kurzer Entfernung befindet sich das **Colmcille Heritage Centre**, Gartan, ✆ 074-9137306, das an Leben und Werk des Hl. Columba (auf Irisch Colmcille) erinnert. Der Heilige soll im Jahr 521 in der Nähe geboren worden sein, angeblich markiert ein Stein in Lacknacoo die genaue Stelle. Buntglasfenster und reich verzierte Manuskripte verleihen der Ausstellung einen wirklich mittelalterlichen Touch. 🕓 Ostern–Sep Mo–Sa 10.30–18.30, So 13–18 Uhr, Eintritt 3 €.

Inishowen Peninsula

Weitgehend menschenleer, mit zerklüfteten Küsten, langen Stränden und ausgedehnten Wäldern gesegnet, erstreckt sich die größte Halbinsel im Norden von Donegal. Zugleich ist Inishowen wohl auch die interessanteste Halbinsel des County, auf einer relativ kleinen Fläche sind zahlreiche Sehenswürdigkeiten zu finden. Die große Entfernung von Inishowen zu den üblichen Touristenrouten und die jahrelange Isolation dank der Lage nordwestlich von Nordirland sorgt auch heute noch dafür, dass relativ wenige Besucher den Weg hierher finden. Am besten erkundet man die Halbinsel auf einer Rundtour von ungefähr 160 km an der Küste entlang, als Ausgangspunkt kann der Grianán Ailigh genommen werden.

Bei **Bridge End** beginnt auf der R239 der Rundkurs in entgegengesetztem Uhrzeigersinn, ab **Muff** führt die Straße über **Carrowkeel** direkt am Westufer des Lough Foyle entlang. Bei **Moville**, von wo früher auch die Transatlantikschiffe nach Amerika ablegten, der Straße am Ufer folgen, dies ist jetzt die R241.

Der erste Ort, der einen kurzen Aufenthalt wert ist, ist **Greencastle**. Nomen est Omen, hier steht tatsächlich eine grüne Burg: Das Anfang des 14. Jhs. vom Herzog von Ulster, Richard de Burgo, erbaute Festungswerk ist vollkommen überwachsen. Zu seiner Zeit bewachte es den Eingang zum Lough Foyle, einem lang gestreckten natürlichen Hafen. Greencastle selbst ist ein kleiner Fischerort mit einigen Pubs und kleinen Restaurants. Für an Seefahrt und Astronomie interessierte Besucher ist ein Blick in das **Inishowen Maritime Museum and Planetarium**, Old Coast Guard Station, ✆ 074-9381363, 💻 www.inishowenmaritime.com, zu empfehlen. In der Sammlung befinden sich zahlreiche Artefakte, kleinere Boote und auch ein „Raketenwerfer" der Küstenwache. 🕓 Mo–Fr 9.30–17.30 Uhr, im Sommer auch Wochenende, Eintritt 5 € (Museum), 10 € (Museum und Planetarium).

Die Straße führt dann weiter zum **Inishowen Head**, einem beliebten Aussichtspunkt. Zurück in Moville, biegt man nach rechts auf die R238 in Richtung Malin ab. Im Prinzip muss der Besucher jetzt nur stur der Straße nach Norden folgen und kommt dann, auf welchem Weg auch immer, zum **Malin Head**. Dies ist der nördlichste Punkt Irlands, wohlgemerkt nicht in Nordirland liegend. Beherrscht wird die Gegend von einem Turm auf „Banbas Krone", dem höchsten Hügel der Umgebung. Der Turm wurde zu napoleonischer Zeit errichtet, um den Schiffsverkehr zu beobachten.

Der nächste Halt ist dann, nachdem der Rückweg über Malin erfolgt ist, das Kreuz von **Carndonagh**, direkt neben der Church of Ireland. Dieses ist ein frühchristliches Steinkreuz, das eventuell ein Vorläufer der irischen Hochkreuze ist. Die reichen Verzierungen stellen menschliche Figuren, wahrscheinlich aus der Bibel, dar und werden durch die typischen verschlungenen Knotenmuster ergänzt. In Carndonagh kann eine kleine Rast erfolgen, danach geht es auf der R238 nach Westen weiter, über **Clonotany** und dann, wenn die Westküste erreicht ist, auf der Halbinsel nach Süden über die immerhin 250 m hohe **Gap of Mamore**. Kurz hinter diesem Pass beginnt die Einfahrt zum Lough Swilly, die von der Festung bei Dunree Head dominiert wird.

Das **Dunree Fort**, ✆ 074-9361817, 💻 www.dunree.pro.ie, wurde Ende des 18. Jhs. zur Abwehr einer drohenden französischen Invasion gebaut und ist fast vollständig erhalten. Heute wird es als Militärmuseum genutzt. 🕓 Juni–Aug Mo–Sa 9.30–18, So 13–18, Sep–Mai Mo–Fr 9.30–16.30, Sa 13–18 Uhr, Eintritt 6 €.

Einige Kilometer weiter südlich wartet dann die letzte Station der Rundfahrt, der beliebter Badeort **Buncrana** mit seinen 5 km langen Sandstränden und gleich zwei Burgen. Das **O'Doherty Castle** stammt aus der normannischen Periode, das wesentlich besser erhaltende **Buncrana Castle** wurde am Anfang des 18. Jhs. stark umgebaut. Von Buncrana aus geht es zurück zum Ausgangspunkt des Rundkurses bei Bridge End.

Der Westen

Der geheimnisvolle Grianán Ailigh

Der Grianán Ailigh ist eines der faszinierendsten Monumente des gesamten irischen Nordens, an einer strategisch günstigen Stelle auf der Landenge zwischen Lough Swilly und Lough Foyle gelegen. Es handelt sich im Prinzip um eine kreisrunde, aus Naturstein errichtete Anlage von 23 m Durchmesser. Die Mauern, die von zwei Toren durchbrochen werden, sind ungefähr 4 m dick. Da sie in Terrassenform angelegt sind, vermittelt der Innenraum etwas den Eindruck einer Arena mit umlaufenden Sitzreihen. Fast scheint es, als wenn die Geschehnisse auf der kreisrunden Fläche im Innenraum den Bauherren wichtiger waren als die einmaligen Aussichten in alle Richtungen. Der Ursprung und das genaue Datum des Baus sind unbekannt, die gängigste Theorie besagt, dass es sich um einen 2500 Jahre alten heidnischen Tempel handelt. In frühchristlicher Zeit wurde der Grianán Ailigh dann als Schutzbau genutzt. Schnell bildete sich auch die Legende, dass hier um 450 Owen vom Hl. Patrick getauft wurde und dann das Bollwerk zum königlichen Stammsitz der O'Neills machte. Im 12. Jh. griff der König von Munster an und zerstörte den Grianán Ailigh teilweise. In der zweiten Hälfte des 19. Jhs. begann die Restauration, die letztlich zum heutigen Erscheinungsbild führte. 🕓 Tgl. 10–16 Uhr. Die heute in der Nähe stehende Kirche **St. Aengus** wurde erst 1967 errichtet, ihre kreisförmige Architektur ist dabei eindeutig vom Grianán Ailigh inspiriert.

Übernachtung

Moville

€ **Moville Holiday Hostel**, Malin Rd., ✆ 074-9382378. Kleines Hostel im Wald gelegen, etwa 5 Min. vom Ort entfernt und mit viel Charakter (die alten Gebäude eines Bauernhofes wurden umgebaut und dienen heute als Unterkunft). Camping ist ebenfalls möglich. Gut geeignet für Leute, die bei Spaziergängen in die nähere Umgebung etwas ausspannen wollen. Bett max. 20 €, Camping 10 €.

Malin Head

€ **Sandrock Holiday Hostel**, Port Ronan Pier, ✆ 074-9370289, 💻 www.sandrockhostel.com. Das nördlichste Hostel in Irland, mit fantastischem Ausblick auf den Atlantik und die Küste von Donegal. Diverse Touren in die nähere Umgebung werden angeboten, Fahrräder können im Haus gemietet werden. Die Unterkunft ist einfach, aber sauber und ordentlich. Bett 12 €.

Buncrana

€ **Tullyarvan Mill Hostel**, Mill Ln., ✆ 074-9361613, 💻 www.tullyarvanmill.com. Die ehemalige Getreidemühle am Fluss Crana, nur einen Katzensprung außerhalb von Buncrana, bietet eine äußerst preisgünstige Unterkunft in Schlafsälen (Bett ab 15 €) oder Privatzimmern. Die Ortsmitte und die Strände sind innerhalb von 10 Min. zu Fuß erreichbar. Betreiber des Hostel ist eine örtliche Cooperative. ❶–❷

Inishowen Gateway Hotel, Railway Rd., ✆ 074-9361144, 💻 www.inishowengateway.com. Am Ufer des Lough Swilly gelegenes Hotel mit 80 Zimmern. Gutes Essen und Entspannungsangebote. Unbedingt vorher auf günstige Pauschalangebote im Internet achten (z.B. zwei Nächte mit Frühstück und einem Abendessen). ❺

Essen

Greencastle

Kealy's Seafood Bar, The Harbour. Traditioneller Pub. Spezialität: Seafood Chowder mit selbst gebackenem braunem Brot. Nicht unbedingt billig, aber die sehr innovativen Fischgerichte sind ihren Preis wert. Besondere Empfehlung dabei der Dorsch mit Stilton – ein ganz neues Geschmackserlebnis.

Buncrana

The Beach House, The Pier, Swilly Rd., ✆ 074-9361050, 💻 www.thebeachhouse.ie. Modernes Restaurant mit einem hervorragenden Blick über den Strand, Spezialität ist frischer Fisch, aber Chefkoch Niall Gorman zaubert auch wunderbare Fleischgerichte und exzellente vegetarische Leckereien auf den Tisch. Preislich am besten weg kommt man mit dem „Early Bird Menu" am frühen Abend oder dem sonntäglichen Mittagsmenü.

Informationen

Tourist Information Buncrana, Railway Rd., ✆ 074-9362600, ✉ buncrana@failteireland.ie, Infos auch unter 💻 www.buncrana.com.

Transport

Sämtliche **Busverbindungen** nördlich der Linie Burtonport-Letterkenny-Derry werden von der Londonderry & Lough Swilly Railway Company angeboten. Eine Streckenkarte und Fahrpläne finden sich auf 💻 www.loughswillybusco.com.

Angefahren werden u. a. FAHAN, BUNCRANA, MALIN TOWN und GREENCASTLE. In Derry und Letterkenny besteht die Möglichkeit, auf Bus Éireann oder Ulsterbus umzusteigen. Professionell organisierte und sachkundig geführte Rundfahrten über die Halbinsel bietet von Derry aus Michael Cooper an, 💻 www.derrybluebadgeguide.com.

Nordirland

Stefan Loose Traveltipps

Derry Von der mittelalterlichen Stadtmauer hat man einen guten Überblick über die Stadt. S. 517

Mussenden Estate Ein skurriler Tempel hoch über dem Strand. S. 527

10 Giant's Causeway Eines der spektakulärsten Naturwunder Irlands erstreckt sich über Kilometer entlang den Meeresklippen. S. 527

Mourne Mountains Nur zu Fuß kann man die einsame Schönheit erleben. S. 539

Armagh Berühmt ist die hübsche Stadt vor allem für ihre Kirchen. S. 543

Navan Fort Hier residierten einst die mächtigen Könige von Ulster. S. 546

11 Ulster American Folk Park Das Freilichtmuseum beleuchtet die Geschichte der irischen Auswanderer. S. 550

12 Belfast Die einst zerrissene Stadt ist zu einer hippen Party- und Kunstmetropole geworden. S. 559

„Peace Lines" Die ehemaligen Gebiete der „Troubles" sind inzwischen durchlässiger. S. 568

Crown Liquor Saloon Nicht nur zum Frühschoppen eine lohnende Adresse. S. 575

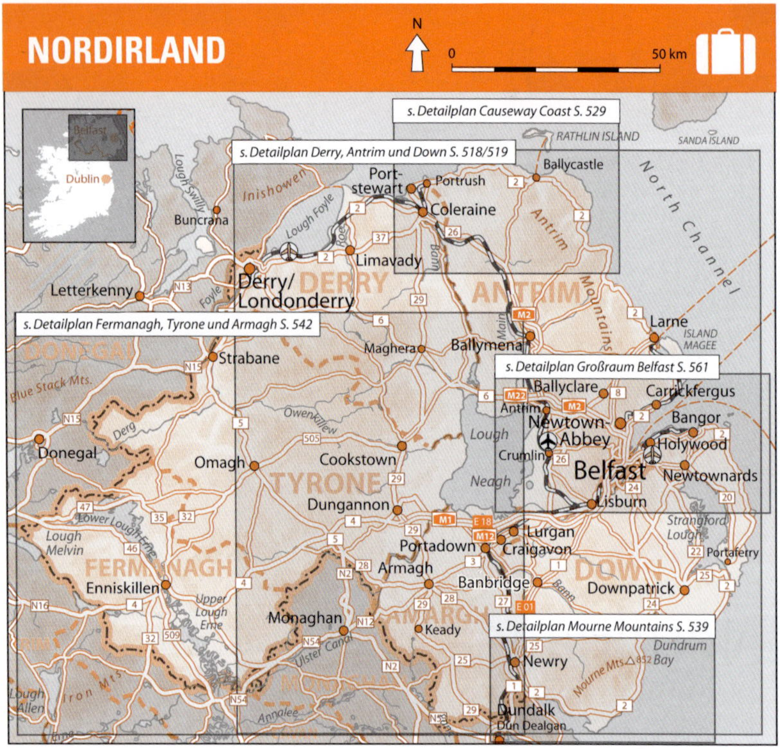

Nordirland ist ein wenig das Stiefkind des Irland-Tourismus. Nur ein verschwindend geringer Teil der Touristen besucht das zu Großbritannien zählende Land im Nordosten der Insel, das noch immer mit gewalttätigen Auseinandersetzungen in Verbindung gebracht wird. Dabei bietet Nordirland fantastische Naturlandschaften, herrliche Küstenregionen, einsame Seen und mit Belfast eine junge, moderne Stadt mit einem reichhaltigen kulturellen Angebot.

Die alte Aufteilung in Counties ist in den „Six Counties“, wie die Nationalisten gerne Nordirland nennen, längst hinfällig geworden. Diese über Jahrhunderte gewachsene Einteilung wurde zugunsten einer modernen Aufgliederung in Distrikte aufgegeben. Zwar wissen die meisten Menschen noch, ob sie etwa im historischen County Down oder im County Armagh leben, eine echte Rolle spielen diese Grenzen aber nicht mehr. Wie auch die Grenze zwischen Nordirland und der Republik mittlerweile fast völlig verschwunden ist. Lediglich die Preisangaben in Pfund und die Meilen- statt Kilometerangaben bei Entfernungen und Geschwindigkeiten lassen einen manchmal überhaupt bemerken, dass man jetzt in einem anderen Staat ist.

Counties Derry, Antrim und Down

Die nordirische Küstenregion umfasst die drei Counties Derry, Antrim und Down und erstreckt sich vom Lough Foyle im Nordwesten zum Carlingford Lough im Südosten. Ein oft uninteressant-eintöniges, teilweise sehr urbanes Hinterland wechselt sich mit Küstenabschnitten ab, die zum Feinsten gehören, was Irland zu bieten hat. Für den Touristen ist daher vor allem die Fahrt an der Küste entlang empfehlenswert. Diese kann sich, je nach Interesse, zwischen wenigen Stunden und gut einer Woche hinziehen.

Derry/Londonderry

An der Mündung des Flusses Foyle erstreckt sich die Stadt Derry oder Londonderry (s. Themenkasten S. 522), der nach wie vor den Ruch des Bürgerkrieges anhaftet. Viele Irlandurlauber meiden die Stadt, weil sie immer noch das Bild brennender Barrikaden und wild um sich schießender britischer Soldaten vor Augen haben. Aber Derry, mit seinen über 100 000 Einwohnern viertgrößte Stadt der Insel, ist heute eine andere Stadt als das Derry um 1970 – auch wenn die Narben des Krieges stellenweise noch zu sehen und vielfach noch nicht komplett verheilt sind. Gleichzeitig macht Derry, wie auch Belfast, den Bürgerkriegs-Tourismus zum Geschäft. Wo sonst kann man Nachbildungen eines niedergebrannten Hauses mit der Aufschrift „Free Derry" als Souvenir kaufen?

Die erste urkundliche Erwähnung der Stadt nennt das Jahr 546 als Gründungsdatum eines Klosters, es folgten diverse Wikingerplünderungen und die misslungene Belagerung durch Truppen des englischen Königs Jakob II. von 1688 bis 1689. In deren Folge entwickelte sich hier eine Hochburg des protestantisch-unionistischen Irlands, in dem Katholiken wie Nationalisten marginalisiert wurden. Dies führte in den 1960er-Jahren zu den vielfältigen Aktivitäten der Bürgerrechtsbewegung, die eine volle Gleichberechtigung aller Bevölkerungsteile forderte und Derry zu einem Fokus ihrer Demonstrationen machte. Gleichzeitig begann die paramilitärische Aktivität auf beiden Seiten. Und in dieser gespannten Lage entlud sich das Pulverfass bei einer Demonstration in einer Orgie der Gewalt: Am 30. Januar 1972 eröffneten britische Elitesoldaten das Feuer und schossen gezielt in die Menge. 13 Menschen starben sofort im Kugelhagel, ein weiterer Mensch Monate später an den Spätfolgen seiner Verletzungen, die Bilder des „Bloody Sunday" brannten sich in das Bewusstsein vieler Menschen ein. Für die Stadt folgte ein Abstieg in die Anarchie, einige Wohnviertel trennten sich zeitweise sogar unilateral von der Stadt ab, im westlichen Stadtteil entstand „Free Derry", das von der IRA kontrolliert wurde. Die nahezu unausweichliche Antwort war der Einsatz von Kampfpanzern zur „Wiedervereinigung". Erst in den 1990er-Jahren begann eine spürbare Entspannung der Situation.

Heute kann man durch Derry spazieren, ohne gleich um Leib und Leben fürchten zu müssen. Wer nicht gerade in eine politische Demonstration oder einen Aufmarsch der rivalisierenden Gruppen gerät, der erlebt Derry als ein überschaubares Städtchen mit einem für Irland einmaligen Rundweg – dem Gang auf der alten Stadtmauer, die vollständig erhalten und als Hauptattraktion der Stadt weit über die Insel hinaus bekannt ist.

Da man von der insgesamt 1,5 km langen und bis zu 9 m dicken **Stadtmauer** auch einen guten Überblick über Derry bekommt, sollte jeder Besuch mit diesem Rundgang beginnen. Die Aufgänge zur Stadtmauer sind ausgeschildert, für den Rundgang benötigt man etwa eine Stunde. Ein guter Einstieg ist dabei der Aufgang an der Newmarket Street, nach dem der Weg bergan in südwestlicher Richtung auf der Mauer fortgesetzt wird. Über zwei Stadttore wird der ausge-

Das Auto gehört ins Parkhaus

Wer mit dem Auto anreist, sollte den Wagen in einem zentrumsnahen Parkhaus abstellen. Parkt man, um Geld zu sparen, das Auto irgendwo in einer Seitengasse, geht man das unnötige Risiko einer Beschädigung ein. Denn kostenintensiver Klein-Vandalismus wie abgerissene Antennen und Scheibenwischer oder ein abgetretener Rückspiegel sind für viele ein Kavaliersdelikt. Allein der Status als „fremdes" Auto kann eine Herausforderung darstellen. So äußert sich bisweilen der unterschwellig immer noch schwelende Konflikt zwischen den nationalistischen und unionistischen Bevölkerungsgruppen, die auch der Tourist zu spüren bekommt.

dehnte Park rund um die St. Columb's Cathedral erreicht. Von der Sternbastion fast direkt südlich der Kathedrale bietet sich ein guter Blick auf das große Gotteshaus. Ganz in der Nähe befindet sich das Tor des Bischofs (Bishop's Gate), von hier aus fällt der Blick in ein protestantisches Wohngebiet, deutlich erkennbar an den britischen Flaggen.

Im neogotischen Stil umgestaltet wurde das dominierende Gebäude der Innenstadt, die **St. Columb's Cathedral**, ✆ 028-71267313, 💻 www.stcolumbscathedral.org. Ursprünglich zwischen 1618 und 1633 erbaut, war dies die erste von Protestanten eigens errichtete Kirche auf den Britischen Inseln. Der relativ einfache Baustil entsprach im viktorianischen Zeitalter nicht mehr dem Zeitgeschmack, sodass die Umbauten erheblich waren, die Grundstruktur der Kirche jedoch glücklicherweise erhalten blieb. Wie auch der Bischofsthron, in den der Sessel des Bischofs Bramhall (er weihte die Kirche 1633) eingearbeitet wurde. Weitere Porträts von ehemaligen Bischöfen findet man als Kragsteine, die die Decke halten – 16 Skulpturen betonen die lange Geschichte des Protestantismus in Derry. Und die enge Verknüpfung von Politik und Religion in Nordirland wird wieder deutlich, wenn man auf eine der wichtigsten Reliquien in der Kathedrale stößt. Die Kanonenkugel, mit der die Aufforderung zur Kapitulation von den Truppen Jakobs II. in die Stadt geschossen wurde. Auch dies soll, so jedenfalls die Mythologie, mit einem vielstimmigen „No Surrender!" von den Stadtmauern herab quittiert worden sein. Zurzeit ist der Turm wegen Renovierungsarbeiten nicht von innen zu besichtigen.

Ein weiteres neogotisches Kleinod ist die Saint Columba's Church oder **Long Tower Church**, ebenfalls im 19. Jh. errichtet und die Heimat von St. Colum's Stone. Der angebliche Gebetsstein des Hl. Columban war schon in der für den Bau abgerissenen Vorgängerkirche untergebracht.

Hinter der nächsten Biegung der Stadtmauer, die sich jetzt nach Nordosten wendet, wird der Blick auf ein katholisches Wohngebiet frei, die sog. **Bogside**. Selbst aus der Entfernung sind die bemalten Giebelwände deutlich zu erkennen, über denen die irische Trikolore weht. Dieses Gebiet bildete in den 1970er-Jahren das sog.

DERRY, ANTRIM UND

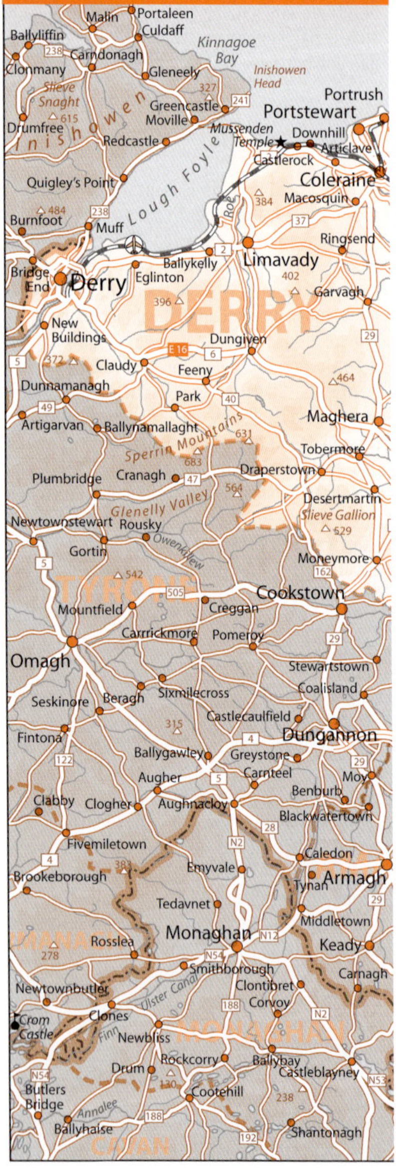

DOWN
N
0
50 km
Dunseverick Castle
Bull Point
RATHLIN ISLAND
Mull of Kintyre
SANDA ISLAND
Giant's Causeway
Benbane Head
White Park Bay
Rathlin Sound
Rue Point
Rope Bridge
Fair Head
Ballintoy
Ballycastle
Portballintrae
Dunluce Castle
Bushmills
Knocklayd
382
517
Derrykeighan
Glenshesk
Cushendun
North Channel
Armoy
Glendun
Dervock
Stranocum
Antrim
Cushendall
Glenaan
Ossian's Grave
Drumdallagh
26
44
Ballymoney
554
Trostan
Glenariff
Bann
Cloagh Mills
2
Carnlough
Glenarm
Schottland
Mountains
54
Newtown-Crommelin
Rasharkin
Clogh
436
Kilrea
43
The Sheddings
Ballygalley
42
Upperlands
Cullybackey
M2
Broughshane
Carncastle
Black Cave Tunnel
Larne
Ballymena
Portglenone
Kilwaughter
ISLAND MAGEE
Ahoghill
Glynn
Moorfields
36
E 01
Bellaghy
354
Kells
E 18
Ballycarry
Lough Beg
Main
Ballyclare
Magherafelt
Randalstown
Ballynure
Whitehead
Toome
6
M22
M2
Doagh
8
31
Newtown-Abbey
Carrickfergus
Round Tower
Antrim
Helen's Bay
Bangor
Ballyronan
Temple-patrick
E 16
Belfast Lough
COPELAND ISLAND
Lough Neagh
Cultra
Coagh
Belfast Airport
52
Belfast City Airport
Holywood
Donaghadee
Newport Trench
Crumlin
480
Newtownards
Millisle
Ardboe
26
Belfast
Carrowdore
Glenavy
Dun-donald
Comber
20
30
Ballywalter
Isle of Man, Birkenhead (GB)
24
Mount Stewart Gardens
Greyabbey
Lisburn
Carryduff
Aghalee
Ballygowan
MAHEE ISLAND
Halbinsel Ards
Ballyhalbert
The Temple
Kloster-anlage Mendrum
Killinchy
Kircubbin
Burr Point
M1
E 18
Lagan
Gardens of Rowallane
4
Moira
M12
Lurgan
Hillsborough
Saintfield
Strangford Lough
22
Portadown
49
Loughgall
Craigavon
Dromore
Ballynahinch
Killyleagh
Cloghy
2
Richhill
3
1
Portaferry
50
26
Dromara
Crossgar
Castle Ward
Banbridge
25
Strangford
Tandragee
Scarva
DOWN
535
Saul
51
Clare
Kates-bridge
24
Ballyquintin Point
Bann
Downpatrick
Killard
27
Loughbrick-land
Ballyward
Markethill
Poyntz Pass
Clough
2
E 01
50
Tyrella
Ardglass
Ballyroney
Castlewellan
28
Dundrum
Killough
Jordan's Castle
367
Newtown-hamilton
Dundrum Bay
25
Rathfriland
St. John's Point
Derrymore House
Newcastle Bay
Bessbrook
Mayobridge
25
Mountains
Hilltown
849
Slieve Donard
Belleek
Camlough
Newry
Slieve Gullion
Narrow Water Castle
746
Mourne
2
1
577
Warrenpoint
Attical
Crossmaglen
Forkill
Rostrever
Lisnacree
Annalong
29
Omeath
2
N1
510
Cullaville
177
173
Carlingford
Kilkeel
37
M1
Dundalk
Greencastle
N53
Dún Dealgan
Boharboy
Cranfield Point
Belfast
Dublin

Sightseeing in Derry

Derry lässt sich auch von den **offenen Doppeldeckern**, die stündlich von der Tourist Information oder Guildhall abfahren, erkunden. Sie bringen den Besucher bequem in die außerhalb des Stadtkerns gelegenen Bezirke und sind so eine ideale Ergänzung zum „Pflichtprogramm Stadtmauer" (8 £, 💻 www.toptoursireland.com). Ebenfalls im Angebot sind **Taxitouren**, die nahe dem Foyle beginnen und dem Besucher auf individuell konzipierten Strecken die Highlights Derrys nahebringen.

„Free Derry". Eine Zeit lang wurde es nicht nur von antiken Kanonen von der Stadtmauer aus überwacht, auch ein Obelisk erinnerte deutlich an die Herrschaftsverhältnisse. Als dieser von Republikanern gesprengt wurde, beschädigte er beim Zusammensturz die kleine Kirche direkt neben der Stadtmauer. Der weitere Weg auf der Wehranlage führt über das Butcher's Gate schließlich zur **Guildhall** (Rathaus). Der Vorteil einer Führung auf der Stadtmauer besteht darin, dass die visuellen Eindrücke mit Hintergrundinformationen und Geschichte(n) angereichert werden. Etwa zweistündige Touren ab dem Tourist Information Centre (44 Foyle St.) beginnen täglich um 14.30, Juli und Aug auch 11.15 und 15.15 Uhr, 6 £.

In dem von der Stadtmauer umgrenzten Innenstadtbereich bildet der **Diamond** den zentralen Platz, das dort stehende sehr große Kriegerdenkmal wurde eigentlich für die Stadt Sheffield erschaffen. Es ist ein Denkmal, das wenig zur Besinnung einlädt – die Statuen der britischen Soldaten nehmen teilweise extrem aggressive Posen ein.

Oase abseits der Hauptstraße

Ein kleiner Platz in der Innenstadt, versteckt in einem Häuserblock, bildet das Zentrum des **Craft Village**. Hier findet der Besucher kleine Geschäfte und Cafés, die zum Stöbern und Verweilen einladen. Der Zugang ist am unteren Ende der Shipquay Street deutlich markiert.

Das **Tower Museum**, Union Hall Pl., ✆ 028-71372411, 💻 www.derrycity.gov.uk/Museums/Tower-Museum, informiert über die Stadtgeschichte von der Steinzeit bis heute. In diesem mittelalterlich wirkenden, aber erst 1615 erbauten und mittlerweile erheblich rekonstruierten Granitturm befindet sich eine preisgekrönte, sehr lebendig gestaltete Ausstellung – „The Story of Derry". Im Mittelpunkt des Interesses stehen die Einwohner, so etwa der Bischof Frederick Augustus Hervey (1763–1803), der nicht nur eine Affäre mit einer Geliebten Friedrich Wilhelms II. von Preußen hatte, sondern seine Nachwuchskleriker auch gerne nackt am Strand laufen ließ, während er sie mit der Peitsche antrieb. Ein Boot aus der Zeit des Hl. Columban und Erläuterungen zur Spanischen Armada finden sich ebenso wie eine Hommage an die US-Pilotin Amelia Earhardt, die 1932 nach ihrer Solo-Überquerung des Atlantiks bei Derry landete ... weil sie es mit Paris verwechselte. 🕒 Di–Sa 10–17 Uhr, Eintritt 4 £.

Das **Harbour Museum**, Harbour Sq., ✆ 028-71377331, 💻 www.derrycity.gov.uk/museums/harbour.asp, erinnert an die Rolle Derrys als Seehafen – über den Foyle war die Stadt direkt vom Atlantik aus zugänglich. Untergebracht ist das Museum in zwei Räumen der Hafenmeisterei, neben Fotos und Dokumenten findet man Schiffsmodelle und eine Galionsfigur. 🕒 Mo–Fr 10–13, 14–17 Uhr, Eintritt frei.

Transportmittel anderer Art befinden sich im **Foyle Valley Railway Museum**, ✆ 028-71377331, 💻 www.derrycity.gov.uk/Museums/Foyle-Valley-Railway-Museum, im Vordergrund, hier wird über die Geschichte des Eisenbahnwesens in Derry und Umgebung berichtet. Ein kompletter historischer Bahnsteig wurde nachgebaut, und von Modellen bis zu ganzen Zügen findet der Eisenbahnfan alles, was das Herz begehrt. 🕒 Juni–Aug Di–Sa 10–17 Uhr, Eintritt frei.

Sonst eher etwas vernachlässigte Aspekte der Stadtgeschichte zeigt das **Workhouse Museum**, 23 Glendermott Rd., Waterside, ✆ 028-71318328, 💻 www.derrycity.gov.uk/Museums/Workhouse-Museum, untergebracht im ehemaligen Arbeitshaus – der viktorianischen Version von „Wohlfahrtspflege". Von 1840 bis immerhin noch 1946 waren hier bis zu 800 Arme und Ob-

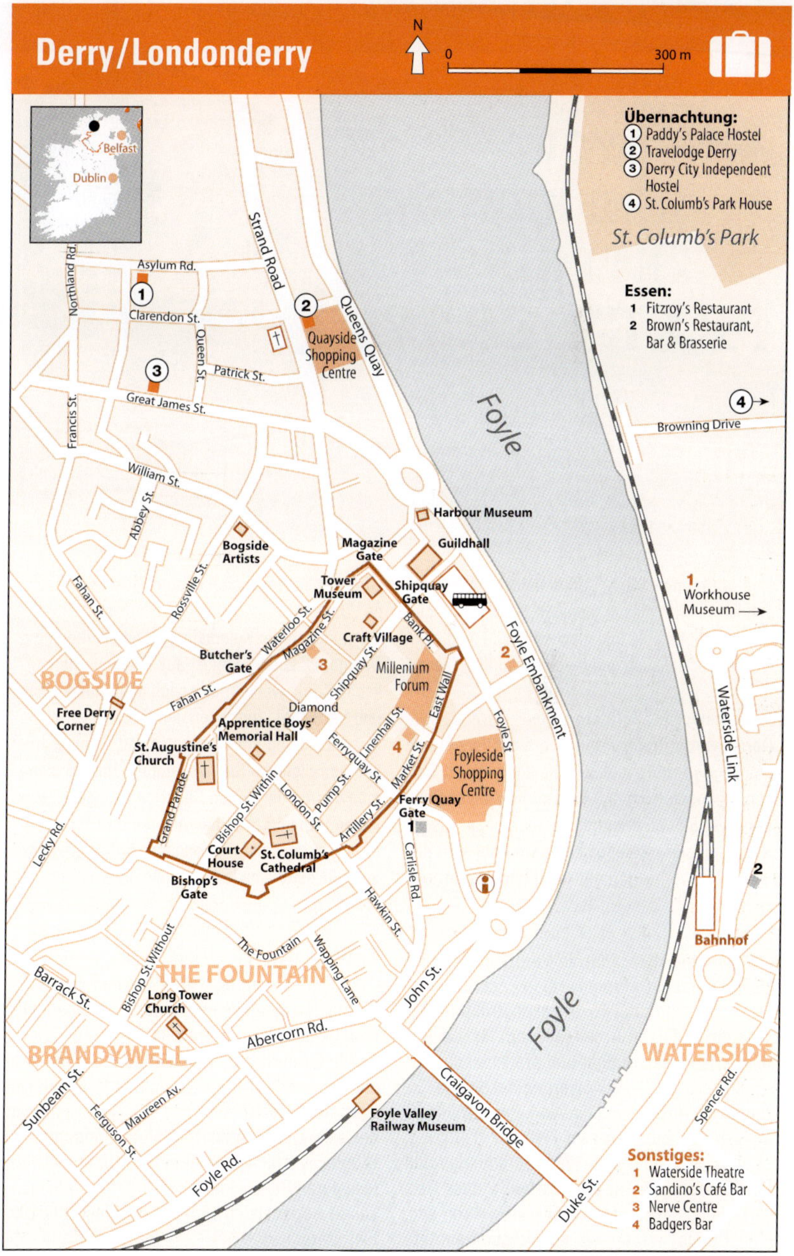
Derry/Londonderry
N
0
300 m
Belfast
Dublin
Übernachtung:
1 Paddy's Palace Hostel
2 Travelodge Derry
3 Derry City Independent Hostel
4 St. Columb's Park House
St. Columb's Park
Essen:
1 Fitzroy's Restaurant
2 Brown's Restaurant, Bar & Brasserie
Sonstiges:
1 Waterside Theatre
2 Sandino's Café Bar
3 Nerve Centre
4 Badgers Bar
Asylum Rd.
Northland Rd.
Clarendon St.
Strand Road
Queens Quay
Quayside Shopping Centre
Queen St.
Patrick St.
Great James St.
Francis St.
Foyle
Browning Drive
William St.
Abbey St.
Harbour Museum
Bogside Artists
Magazine Gate
Guildhall
Tower Museum
Shipquay Gate
Fahan St.
Rossville St.
Waterloo St.
Magazine St.
Craft Village
Bank Pl.
Butcher's Gate
Shipquay St.
Millenium Forum
East Wall
Foyle Embankment
BOGSIDE
Free Derry Corner
Fahan St.
Diamond
Apprentice Boys' Memorial Hall
Linenhall St.
Foyle St.
St. Augustine's Church
Ferryquay St.
Market St.
Foyleside Shopping Centre
Grand Parade
Bishop St. Within
London St.
Pump St.
Artillery St.
Ferry Quay Gate
Court House
St. Columb's Cathedral
Carlisle Rd.
Bishop's Gate
Lecky Rd.
Hawkin St.
1, Workhouse Museum
Waterside Link
Bahnhof
The Fountain
Wapping Lane
THE FOUNTAIN
John St.
Barrack St.
Bishop St. Without
Long Tower Church
Abercorn Rd.
BRANDYWELL
WATERSIDE
Sunbeam St.
Maureen Av.
Ferguson St.
Foyle Valley Railway Museum
Craigavon Bridge
Spencer Rd.
Foyle Rd.
Duke St.

„Ich fahre nach Derry." „Sie meinen nach Londonderry?" Mit diesen wenigen Worten sind die Fronten abgesteckt und man weiß, wie man sein Gegenüber politisch und religiös einordnen kann.

Ansiedlung von „Splittergruppen"

Derry wurde irgendwann in grauer Vorzeit am Foyle gegründet und erhielt dann einen beschreibenden Namen – es war die Siedlung mit den viele Eichen drumherum, „doire" auf Irisch. Als die anglo-normannischen Eroberer sich die irische Sprache gefügig machten, wurde aus „doire" das wesentlich leichter auszusprechende „Derry".

Dann kamen die Kolonialisten und mit ihnen die Geldgeber, Letztere meist aus England. Die englische Krone wollte Irland nach dem Motto „Teile und herrsche!" befrieden und förderte vor allem die Ansiedlung von im Mutterland weniger beliebten religiösen Splittergruppen. Und so lange man die mit der neuen Situation weniger glücklichen Iren im Zaum hielt und die oft schottisch-presbyterianischen Kolonisten förderte, konnte jeder Investor eine fette Rendite erwarten.

dachlose untergebracht, in Verhältnissen, die denen in einem Gefängnis relativ nahe kamen. Die recht schonungslose Rekonstruktion der Zustände in diesen Arbeitshäusern lässt miterleben, wie Armut, Hunger und Krankheit das Leben eines Teils der Bevölkerung bestimmte. Eine weitere Ausstellung im Workhouse Museum befasst sich mit Derry im Zweiten Weltkrieg, als Nordirland u. a. von Waffenproduktion und US-Soldaten geprägt war. Es heißt, dass Derrys Hauptexport in den Nachkriegsjahren sog. „War Brides" waren, die als Jungverheiratete den Weg über den großen Teich antraten. Und eine heute wenig bekannte Episode der Stadtgeschichte spielte sich ebenfalls 1945 nach der Kapitulation des „Dritten Reiches" ab – Derry wurde für kurze Zeit „Heimathafen" eines Teils der deutschen U-Boot-Flotte. Den Befehlen des Großadmirals Doenitz und den Anordnungen der siegreichen Alliierten folgend, machten im Lough Foyle nicht weniger als 64 Unterseeboote fest, deren Besatzungen sich in Kriegsgefangenschaft begaben. 🕓 Mo–Do und Sa 10–17 Uhr, Eintritt frei.

Londonderry – der Name steht für Unterdrückung

Die Gilden von London investierten gezielt in Derry. Und weil die Kolonisten ihren Geldgebern ewig dankbar waren, benannten sie ihre Stadt flugs in „Londonderry" um. Derry gehörte de facto London. Das war im Jahre 1613. So steht der Namensteil „London" auch für Entrechtung, Enteignung und Unterdrückung – Kolonialpolitik eben. Bis 1984, als unter nationalistischen Politikern Londonderry wieder in Derry umbenannt wurde. Man hatte schlicht die Mehrheit im Stadtparlament gewonnen und machte diesen eigentlich nur symbolischen Verwaltungsakt umgehend zur Chefsache. Der neue, eigentlich alte, Name ziert seitdem öffentliche Dokumente und ist Symbol des wieder erstarkten irischen Bewusstseins der Stadt. Was, es verwunderte niemanden, die unionistischen Kreise eher zu einer noch zwanghafteren Verwendung des Kolonialnamens brachte. Hatte man vorher noch ab und an salopp von Derry gesprochen, wurde Londonderry (mit deutlicher Betonung der zwei ersten Silben) jetzt zur Pflicht.

Stadtrecht ändern?

Aber Derry wäre auch nicht Londonderry, wenn so eine offizielle Umbenennung ohne juristische Schwierigkeiten verlaufen würde. Abgesehen von den jetzt auf der „anderen Seite" stehenden Nostalgikern, die dem längeren Namen nachtrauern, gibt es noch ein handfestes rechtliches Problem: die Stadtrechte. Sie sind von der britischen Krone nach wie vor an „Londonderry" vergeben. Wobei die Krone immer wieder betont, dass man nur von Seiten der Stadtverwaltung einen Antrag stellen müsse, der dann wohl genehmigt werden würde. Und im Rahmen einer gar nicht so spektakulären Änderung würde schnell auch das Stadtrecht mit einer neuen Urkunde wieder auf „Derry" lauten.

„Stadt des Schrägstrichs"

Nur ... welcher irische Nationalist will sich von der Krone etwas vorschreiben lassen? Und wer will einen Bittbrief an die Krone senden? Also nutzt die Stadtverwaltung Derrys jene Rechte weiter, die ihnen die englische Krone als Londonderry verlieh. Und so steckt Derry/Londonderry in einem ewigen Dilemma, aus dem es keinen Ausweg zu geben scheint. Außer eben der Doppelnennung der zwei Stadtnamen. Oder doch? Um 1982 machte der örtliche Radiosprecher Gerry Anderson die Idee populär, dass das politisch korrekte, aber hoffnungslos unhandliche Wortkonstrukt „Derry/Londonderry" einfach zu lang sei und auch gleich zwei potenziell ärgerliche Worte enthielt. Diesen unhaltbaren Zustand, so meinte er, könne man nur durch die Reduzierung auf das Wesentliche beseitigen. Und sprach künftig von „Stroke City", der Stadt des Schrägstrichs.

Die **Guildhall**, das 1890 zwischen dem Fluss und der Stadtmauer erbaute Rathaus der Stadt, Guildhall St., ✆ 028-71377335, 🖳 http://www.derrycity.gov.uk/Council-Services/City-Secretary-and-Solicitors/Facilities-Management/Guildhall-Tours.aspx, ist ein schönes Exemplar neogotischer Baukunst – und begeistert mit farbenprächtigen Glasfenstern, die die Stadtgeschichte erzählen. Nicht ganz unparteiisch in der Darstellung, aber eben zeittypisch. Ein Teil des Gebäudes musste nach Bombenanschlägen der IRA im Jahr 1972 renoviert werden. Wobei sich zeigte, dass manche Firmen auf Tradition halten: Campbell's in Belfast, die die Originalfenster 1890 herstellten, hatten noch die kompletten Unterlagen und konnten so perfekte Kopien erstellen. Die Uhr der Guildhall, eine Kopie der Uhr des Parlaments in Westminster, ist übrigens die größte Uhr Irlands.

In der Society Street, neben der Apprentice Boys' Memorial Hall, findet sich das **Walker's Monument**, die restaurierte Statue des protestantischen Verteidigers der Stadt, Gouverneur Walker. 1977 wurde das Original von der IRA gesprengt. In einer skurrilen Episode des Bürgerkrieges rollte der Kopf Walkers ausgerechnet in ein katholisches Viertel, wo er prompt als Geisel genommen wurde. Erst nach Zahlung eines beachtlichen Kopfgeldes ging er wieder zurück in protestantische Hand.

Eine weitere Erinnerung an die turbulente (und blutige) Vergangenheit Derrys findet sich nur wenige Gehminuten entfernt an der „**Free Derry Corner**", wo der Rest eines Wohnhauses immer noch die (laufend renovierte) Inschrift „You are now entering Free Derry" trägt. Hier begann einst das „selbst verwaltete" Gebiet der katholischen Bevölkerungsteile, in dem statt der Behörden vor allem die IRA für „Recht und Ordnung" sorgte. 1972 wurde durch den Einsatz von Kampfpanzern „Free Derry" wieder der Verwaltung durch die Regierung unterstellt. Heute ist das ehemalige Armenviertel hauptsächlich wegen seiner großflächigen, meist politischen Wandmalereien ein beliebtes Touristenziel. Von hier aus konnten die Bewohner noch bis vor wenigen Jahren deutlich die von den Stadtmauern herab drohenden (antiken) Kanonen sehen ... was sie mit großflächigen politischen Wandmalereien konterten.

Die gesamte Rossville Street wird heute als **The People's Gallery** bezeichnet (wobei „the people" hier keineswegs für alle in Derry lebenden Menschen steht, wie die Bilder deutlich zeigen). Riesige Wandgemälde berichten von Widerstand und Nationalismus in einer Straße, die zu den unsichersten in ganz Nordirland gehörte und heute eine Touristenattraktion ist. Besucht werden kann das Studio der **Bogside Artists**, 46 William St., ✆ 028-71373842, 💻 www.bogsideartists.com, die die Bilder geschaffen haben. Nur wenige Schritte von den Wandmalereien entfernt, werden hier die Geschichte und Arbeitsmethoden erläutert. Auch Führungen durch die Rossville Street stehen auf dem Programm. ◷ Mo–Fr 9–18 (Do/Fr bis 21), Sa 9–19, So 10–17 Uhr, Eintritt frei, Vortrag oder geführte Tour zu den Wandmalereien 5 £.

Zu Besuch bei den Lehrjungen

Imposant ist das Gebäude, in dem lang Zeit die echten Machthaber der Stadt saßen – die **Apprentice Boys' Memorial Hall**, 13 Society St., ✆ 0044-77-13273011, 💻 www2.apprenticeboys.co.uk. Hier trafen sich die sog. „Apprentice Boys", eine auf 13 Lehrjungen zurückgehende, teilweise an die Freimaurer erinnernde Organisation. Die Lehrjungen schlugen 1688 den anrückenden Truppen des Königs Jakob II. die Stadttore vor der Nase zu und prägten gleichzeitig den unionistischen Kernsatz „No Surrender!" („Keine Aufgabe!"). Die heutigen Apprentice Boys, ein unionistischer Verein, sind ähnlich kompromissbereit und stehen nach wie vor für ein protestantisch dominiertes Nordirland ein. In einem eigenen Museum, das teilweise eher an eine Rumpelkammer des Sektierertums erinnert, kann man in die sehr eigene Welt dieses Bundes eintauchen. Inklusive der Banner der zwölf verlorenen Stämme Israels, die nach der protestantisch-unionistischen Mythologie Jahrtausende später als Protestanten in Nordirland landeten. ◷ Juli–Okt Mo–Fr 10–17 Uhr, Eintritt 2 £ (Führung).

Übernachtung

€ **Derry City Independent Hostel**, 44 Great James St., ✆ 028-71280542, 💻 www.derry-hostel.co.uk. Recht ruhiges, sauberes und ordentlich geführtes Hostel in der Nähe der Stadtmauer (Bett ab 14 £, eine bequeme und preisgünstige Unterkunft in zentraler Lage. Fast jeden Abend werden Kneipentouren durch die Innenstadt von Derry veranstaltet. Freundliche und hilfsbereite Besitzer. ❷.

€ **Paddy's Palace Hostel**, 1 Woodleigh Terrace, Asylum Rd., ✆ 028-71309051, 💻 www.paddyspalace.com/derryhostel.php. 41 Betten in verschieden großen Zimmern (Bett ab 13 £, ganz in der Nähe der Stadtmauer und unweit der Bogside. Auch Privatzimmer mit Bad. Kostenlose Stadtführungen werden angeboten, ebenso Tagesausflüge nach Donegal und zum Giants Causeway. ❶

€ **St. Columb's Park House**, 4 Limavady Rd., ✆ 028-71343080, 💻 www.stcolumbsparkhouse.org. Ein ehemaliges Herrenhaus aus dem 18. Jh. mit Parkanlagen wurde umgewandelt in eine Jugendherberge, etwas außerhalb der Innenstadt gelegen. Bett 14,50 £.

Travelodge Derry, 22–24 Strand Rd., ✆ 028-71271271, 💻 www.travelodgederry.co.uk. Sehr günstiges, modernes Hotel mitten in Derry, ideal für Familien geeignet (Zimmer für 2 Erw. und 2 Kinder), alle mit Bad, TV und WLAN. Alle wichtigen Sehenswürdigkeiten sind zu Fuß schnell erreichbar. ❷

Essen

Brown's Restaurant, Bar & Brasserie, 1–2 Bonds Hill, ✆ 028-71345180, 💻 www.brownsrestaurant.com. Restaurant im 1920er-Jahre-Stil. Serviert werden wechselnde, mit viel Kreativität zubereitete Menüs. So geschl. Preiswert.

Fitzroy's Restaurant, 2–4 Bridge St., 3 Carlisle Rd., 💻 www.fitzroysrestaurant.com. Großes, modernes Restaurant neben dem Foyle Einkaufszentrum. Während des Tages wechselnde Menüs, viele Geflügelgerichte, auch Vegetarisches. Günstig.

Unterhaltung und Kultur

Badgers Bar, 16–18 Orchard St., ✆ 028-71360763. Ein wunderschöner Pub aus der viktorianischen Zeit, mit viel Holz und Messing. Relativ ruhige Atmosphäre am Abend, tagsüber leicht überlaufen durch Shopper und Angestellte, die das gute (und günstige) Essen anlockt.

Millennium Forum, Newmarket St., ✆ 028-71264455, 💻 www.millenniumforum.co.uk. Irlands größtes Theater mit einem interessanten Mix aus Drama, Oper und Konzerten.

The Nerve Centre, 7–8 Magazine St., ✆ 028-71260562, 💻 www.nerve-centre.org.uk. Aufführungsraum und Treffpunkt für Nachwuchskünstler im Bereich Film und Musik, in der angeschlossenen Bar kann man Derrys Kunstschaffende stundenlang beim Suchen nach Inspiration oder bei künstlerischen Disputen beobachten.

Sandino's Café Bar, 1 Water St., ✆ 028-71309297, 💻 www.sandinos.com. Der Treffpunkt für Aktivisten, unter den verträumten Augen Che Guevaras und palästinensischen Flaggen wird man umfassend über die aktuellen Kampagnen informiert. Gute Nachwuchsbands am Freitagabend, Jazz- und Soul-Disco am Sonntag.

Waterside Theatre, Glendermott Rd., ✆ 028-71314000, 💻 www.watersidetheatre.com. Kleineres Theater mit einem gemischten Programm für jeden Geschmack, untergebracht in einer ehemaligen Fabrik in der Nähe des Flusses.

Feste

Ende Oktober spukt es etwa fünf Tage lang, dann findet in Derry das **Halloween Festival**, 💻 www.derrycity.gov.uk/HALLOWEEN, das größte (und beste) Halloween-Festival in ganz Irland, statt. Unterhaltung für die ganze Familie.

Zum **Foyle Film Festival**, 💻 www.foylefilmfestival.org, finden im November neben britischen und irischen Künstlern auch immer wieder große Namen aus dem internationalen Filmgeschäft nach Derry.

Informationen

Tourist Information Derry Town, 44 Foyle St., ✆ 028-71267284. Sehr große Touristeninformation mit Souvenirverkauf und einem breiten Angebot an Touren durch Derry und die Umgebung. Infos auch unter 💻 www.derryvisitor.com.

Einkaufen

Die wichtigsten Einkaufsmöglichkeiten bieten das **Foyleside Shopping Centre**, das **Richmond Shopping Centre** und das **Craft Village**.

Aber drei Geschäfte in der Stadt erscheinen besonders erwähnenswert:

City of Derry Crystal, 22 The Craft Village, Shipquay St., ✆ 028-71370042, 💻 www.derry-crystal.com. Hier werden sehr schöne geschliffene Glaswaren angeboten, die auch mit persönlichen Motiven und Inschriften versehen werden können.

Cooley Jewellers, 22–24 Shipquay St., ✆ 028-71362984, 💻 www.cooleyjewellers.com. Einer der traditionellen Juweliere der Stadt und Hersteller des Derry History Rings. Auf diesem Ring sind einige markanten Punkte der Stadtgeschichte verewigt, von der Klostergründung über die Belagerung bis hin zu den

deutschen U-Booten und „Free Derry“. Ein außergewöhnliches Souvenir.
Donegal Shop, 8 Shipquay St., ☏ 028-71266928. Ein kleines Kaufhaus des Kunsthandwerks, hier findet man neben allerlei Kitsch und Krempel sehr gute Tweed-Sachen und traditionelle Strickwaren.

Touren

Wanderungen durch Derry, die besten geführten Touren bietet Michael Cooper, 💻 www.derrybluebadgeguide.com, der neben sachkundigen Führungen auf den Stadtmauern und durch die einzelnen Viertel auch eine gruselige **Spirits of Derry-Nachtwanderung** im Programm hat.
Stadtrundfahrt mit dem offenen Doppeldecker, s. S. 520.
Touren mit dem Taxi, maßgeschneidert auf die Wünsche der Kunden, bietet City Cabs, 💻 www.citycabsderry.com.
Kreuzfahrten mit der „Toucan One“, Harbour Sq., 💻 www.foylecruiseline.com. Eine ganz andere Art, Derry zu sehen, ergibt sich vom Foyle aus, Fahrten für 8 £, tagsüber und abends.

Transport

Busse

An der Foyle St. befindet sich der **Busbahnhof** von Derry.
Die wichtigsten Busverbindungen von Derry aus bietet **Translink**, Infos unter 💻 www.translink.co.uk, mit den Goldliner-Bussen (Expressdienst). Diese verbinden die Stadt mit COLERAINE (über Limavady) und dann BALLYMENA, ANTRIM und BELFAST. Eine weitere Route geht über OMAGH und DUNGANNON nach ARMAGH oder BELFAST.
In westlicher Richtung bietet **Bus Éireann**, 💻 www.buseireann.ie, einen regelmäßigen Verkehr über Letterkenny und Donegal nach SLIGO.

Eisenbahn

Derrys **Bahnhof** liegt am Ostufer des Foyle. Zwischen dem Bahnhof und dem Busbahnhof verkehren Shuttlebusse.
Eine Alternative zum Bus – schon alleine wegen der landschaftlich schönen Strecke auf den ersten Kilometern – ist die Bahnverbindung von Derry über Coleraine, Ballymoney, Ballymena und Antrim nach BELFAST. Genaue Fahrzeiten sowie alle Anschlussverbindungen mit Bus und Bahn unter 💻 www.translink.co.uk. Dabei ist besonders auf die sehr günstigen iLink-Tickets zu achten, die etwa eine Woche uneingeschränkte Fahrt durch ganz Nordirland für 55 £ erlauben.

Flüge

Der etwa 10 km in Richtung Limavady gelegene **City of Derry Airport**, 💻 www.cityofderryairport.com, bietet Verbindungen nach Dublin, Großbritannien und Spanien.

Von Derry zum Giant's Causeway

Limavady

Der Ort Limavady, 💻 www.limavady.org, 27 km nordöstlich von Derry, ist dank seiner gut erhaltenen Häuser ein schönes Beispiel der georgianischen Epoche. Weltruhm allerdings verdient man eher durch Jane Ross, die hier 1851 die aufgeschnappte Melodie des *Londonderry Air* niederschrieb. Heute bekannt mit dem sentimentalen Text des *Danny Boy* und gefürchtet auf jeder irisch angehauchten Musikveranstaltung sowie auf Beerdigungen in der „irischen Diaspora“.

Übernachtung und Essen

€ **Carrowmena Hostel**, 100 Carrowclare Rd., ☏ 028-77763431, 💻 www.carrowmena.co.uk. Sehr bequemes Hostel (Bett ab 10 £) in einem Activity Centre, auch Camping ist auf dem Gelände möglich. Fahrradverleih kann organisiert werden, ebenso ist eine Abholung möglich. ❶–❷
Lime Tree Restaurant, 60 Catherine St., 💻 www.limetreerest.com. Gemütliches Restaurant. Überschaubare saisonale Karte. Highlight: Langsam gegartes Lamm am Knochen mit Wein und Kräutern. Es sind aber auch vegetarische Gerichte im Angebot. Gute Speisen zu angemessenen Preisen.

Downhill Estate

Das Downhill Estate, Mussenden Rd., Castlerock, ✆ 028-20731582, und der dazugehörige **Mussenden Temple** zählen zu den skurrilsten Sehenswürdigkeiten in dieser Gegend. Betritt man das weitläufige Gelände bei dem kleinen, romantischen Torhaus, ist man vom Herrenhaus selbst zunächst ernüchtert bis enttäuscht. Denn es stehen lediglich die Außenmauern, die als stumme Zeugen vergangener Pracht dienen. Errichtet wurde das Haus ursprünglich im Jahre 1774 von Frederick Augustus Hervey, Vierter Earl of Bristol, Bischof von Derry und landesweit bekannter Exzentriker. Zum Anwesen zählte auch der direkt oberhalb des Strandes, auf einer beachtlichen Klippe thronende Rundbau, der Mussenden Temple. Offiziell Bibliothek, inoffiziell Erinnerung an das pikante Verhältnis, das der Bischof mit seiner Cousine unterhielt. Heute ein einmaliger Aussichtspunkt über die Küste und das weit unten liegende Strandstück mit dem passenden Namen Downhill. ◷ Ganzjährig tagsüber, Eintritt 4,50 £.

Übernachtung

€ **Downhill Hostel**, Glenhassan Hall, 12 Mussenden Rd., Downhill, ✆ 028-70849077, 💻 www.downhillhostel.com. Preisgekröntes Hostel mit Schlafsälen (Bett 12,50 £) und Privatzimmern in einer alten Villa mit fantastischen Aussichten, der längste Strand der Nordküste und das Downhill Estate sind leicht zu Fuß erreichbar. Starke Preisschwankungen je nach Saison. ❷

Coleraine

An der Mündung des Bann gibt es seit rund 2500 Jahren eine Siedlung. Seit hier 1968 die University of Ulster Einzug hielt, bestimmen in der Stadt, die in erster Linie für Fischerei und Leinenherstellung bekannt war, Studenten das Bild. In der Umgebung befindet sich auch eines der frühesten Zentren der Zivilisation in Irland. Bei **Mountsandel** wurden fast 10 000 Jahre alte Siedlungsreste gefunden und die zahlreichen Steingräber in der Gegend zeugen von einer frühen Hochkultur.

Irgendwo soll dann auch der Held Finn McCool einen bösen Zwerg kopfüber und lebendig begraben haben, weil dieser mit seiner Zauberharfe die Frauen reihenweise verführte – der **Dolmen von Slaghtaverty** gilt als Ort der obskuren Handlung.

Übernachtung und Essen

€ **TwentySix Backpacker Guesthouse& Hostel**, 26 Mount St., ✆ 078-49277798, 💻 www.husintl.com. Saisonal unterschiedlich geöffnetes Hostel in der Innenstadt in idealer Lage, Unterkunft in Schlafsälen (Bett ab 11 £) oder auch Privatzimmern. Vorbuchung unbedingt empfohlen, aber Vorsicht: Extreme Unterschiede zwischen Preisen in Euro und Pfund, zuletzt lag der Europreis fast 100 % über dem Pfundpreis. ❶

Yoko Restaurant & Noodle Bar, 3 Riverside Park East, ✆ 028-70343109, 💻 www.yokobistro.com. Ein lebendiges Restaurant mit einer bunt gemischten, aber asiatisch dominierten Speisekarte. Ungewöhnlich und lecker: Fresh Cod Noodle Soup, der Dorsch liegt gegrillt obenauf.

10 HIGHLIGHT

Giant's Causeway

Welch ein Anblick! Rund 37 000 gleichgeformte Basaltsäulen, einige davon 12 m hoch, erstrecken sich an der Nordküste Irlands, nur wenige Kilometer östlich von Bushmills.

Der Giant's Causeway, ✆ 028-20731855, 💻 www.giantscausewaycentre.com, übersetzt der „Damm des Riesen“, ist der einzige naturbelassene Ort Irlands auf der Liste des Unesco-Weltnaturerbes. Folgt man jedoch der Legende, ist dieses Naturwunder eigentlich gar nicht natürlichen Ursprungs. In der irischen Mythologie war es nämlich der hünenhafte Held Finn McCool, der sich hier ans Werk machte, um eine Abkürzung zu seiner Geliebten zu schaffen, die in Schottland beheimatet war. Wissenschaftler allerdings haben mit Finn und seiner großen Liebe weniger am Hut, für sie sind die rund 37 000 seltsam gleichförmigen Basaltsäulen schlicht eine Laune der Natur. Als sich vor 60 Mio. Jahren hier noch heiße Lava aus der Erde den Weg in den Ozean bahnte, kühlte das Gestein schlagartig ab und bildete die Säulen. Und weil diese so ungewöhnlich und künstlich aussahen, dichtete man sie Finn, dem irischen Supermann, an. Tatsächlich folgten sie den Gesetzen der Kristallisierung und sind so nicht übernatürlicher als eine Honigwabe. Aber wesentlich spektakulärer.

Das Naturwunder, das sich über 5 km an den Meeresklippen erstreckt, ist zwar frei zugänglich, doch die Parkgebühren sind dafür umso happiger. Zahlen muss man auch für den kleinen Shuttlebus, der zwischen **Besucherzentrum** (eine Einrichtung des National Trust) und dem eigentlichen Giant's Causeway pendelt. Der Vorteil: Auch Gehbehinderte kommen so in den Genuss dieses Stücks Weltnaturerbes. Das Causeway Centre bietet zudem eine Einführung (Multimediashow) in die Geschichte und Mythologie der Region. ⏲ Visitor Centre tgl. ab 9.30 Uhr, Eintritt zur Videopräsentation 1 £, Shuttlebus vom Visitor Centre zum Causeway 2 £. Parkgebühr für Pkw 6 £.

Übernachtung

Portrush

Portrush Holiday Hostel, 24 Princess St. ✆ 028-70821288, 🖳 www.portrushholidayhostel.co.uk. Kleines Hostel mit Schlafsaal (Bett 15 £) oder Privatzimmern mitten im Ort, einfache Ausstattung, aber sehr sauber. Sehr gut für Familien geeignet. ❶

Portstewart

Rick's Causeway Coastal Hostel, 4 Victoria Terrace, Atlantic Circle, ✆ 028-70833789. Kleines, freundliches Hostel nur 50 m vom Meer entfernt, mit einem bunten Mix an Zimmern (Bett ab 13 £) auch für Paare und Familien. ❶–❸

Feste

North West 200, 🖳 www.northwest200.org, im Mai ist Irlands größtes Sportereignis, ein Motorradrennen auf einem 200 Meilen langen Straßenkurs zwischen Portrush, Portstewart und Coleraine mit rund 150 000 Zuschauern und bekannten Vertretern des Rennsports am Start. Nichts für Weicheier: Der Streckenrekord liegt bei über 320 km/h!

Informationen

Tourist Information Portrush, Dunluce Centre, Sandhill Drive, ✆ 028-70823333. Infos auch unter 🖳 www.portrush.org.uk.

Transport

Man erreicht den Giant's Causeway von Portrush, Coleraine oder Ballymoney (alle haben Bahnanschluss oder Verbindung über Goldliner) mit **Regionalbussen**. Die meisten halten in Bushmills, von hier ist es etwa eine halbe Stunde Fußmarsch zum Causeway.
Eine Alternative während der Sommersaison (Juni–Okt) ist der **Causeway Rambler**, ein eigens auf den Besucher zugeschnittener

Rundweg mit Panoramablick

Man kann den Giant's Causeway auf zweierlei Arten erleben: zum Anfassen oder „aus der Luft". Die meisten Touristen wählen die erste Variante und begeben sich sofort auf den rund 1500 m langen Weg vom Besucherzentrum zum Causeway selbst, der gut asphaltiert ist und schöne Ausblicke bietet. Einen wesentlich besseren Überblick hat man jedoch von den Klippen oberhalb des Causeways, wobei einem dann natürlich die Details verloren gehen. Daher an dieser Stelle die Empfehlung zu einem Rundweg: Folgen Sie vom Besucherzentrum dem normalen Weg zum Causeway und genießen Sie so erst einmal die Basaltsäulen in Nahansicht. Danach folgen Sie dem Weg am Fuß der Klippen, bis rechter Hand die Treppe erkennbar wird, die Sie zum Aufstieg nutzen. Achtung, es ist steil und kann rutschig sein, bei Gegenverkehr ist Koordination gefragt. Sind Sie schließlich auf der Klippe angelangt, haben Sie einen großartigen Rundblick über den gesamten Causeway. Und können zwischen weiteren Wanderungen nach Osten oder dem Rückweg zum westlich gelegenen Besucherzentrum entscheiden.

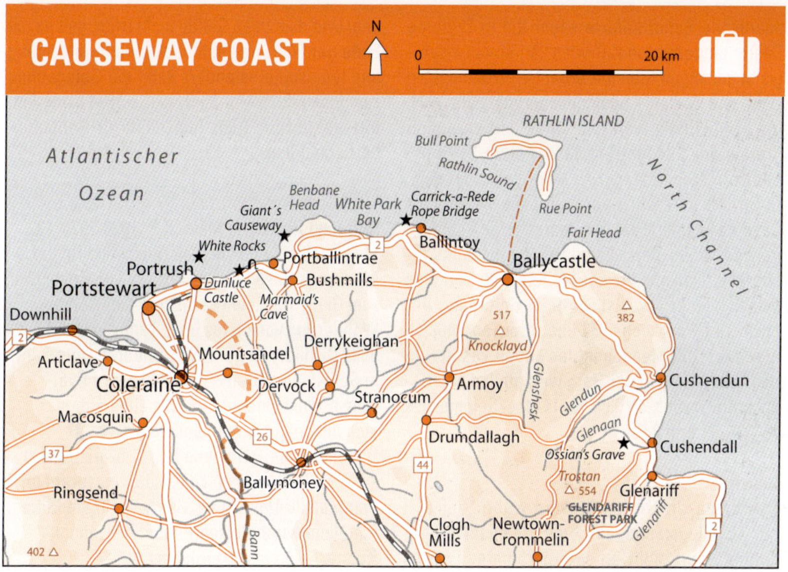

Busverkehr zwischen Coleraine und der Carrick-a-Rede Rope Bridge, der auch direkt am Besucherzentrum des Giant's Causeway hält. Vier Busse am Tag verkehren in jede Richtung, Tagesticket 5,50 £ (Erw.).

Genaue Fahrzeiten der Busse sowie aller Anschlussverbindungen mit Bus und Bahn unter 💻 www.translink.co.uk.

Causeway Coast

Ein ganz besonderer Anblick an der Causeway Coast (wie der gesamte nördliche Küstenabschnitt gerne genannt wird) sind die **White Rocks**, die weißen Felsen. Ein passender Name für die Klippen östlich von Portrush, die aus dem „Ulster White Limestone", einem örtlichen Kalkstein mit Einschließungen aus Flintstein, gebildet werden. Und aus denen Wind, Wetter und auch der kommerzielle Kreideabbau teilweise bizarre Formen geschaffen haben. Normalerweise hätte dieser relativ weiche Stein schon lange abgetragen sein müssen, dass er an der Küste von Antrim noch existiert, liegt daran, dass er seit rund 65 Mio. Jahren von einer Basaltschicht vor Erosion geschützt wird. Ein guter Fundort für Fossilien übrigens. Abenteuerlustige Urlauber können sich auch die in den Kalkstein hineinragenden Höhlen ansehen, teilweise sind sie vom Strand aus zugänglich, teilweise nur mit dem (eigenen) Boot erreichbar. Wanderer sollten aber immer auf Ebbe und Flut achten – ein bei Niedrigwasser gut zugänglicher Küstenabschnitt kann einige Stunden später mitten im Meer liegen.

Einen guten Blick auf die White Rocks aus der Vogelperspektive bietet übrigens der Parkplatz neben dem Dunluce Castle.

Dunluce Castle

Eine der beeindruckendsten Ruinen in Nordirland ist das imposante Dunluce Castle, ✆ 028-20731938, 💻 www.ni-environment.gov.uk/places_to_visit_home/historic-monuments/dunluce.htm, das sich auf einer Klippe über dem Meer erhebt. Im 13. Jh. bauten Anglo-Normannen hier die erste Festung, die dann drei Jahrhunderte später von den MacDonnells erobert und ausgebaut wurde. Die „Lords of the Isles" konnten sich diese Bauarbeiten leisten, weil sie bei der „Bergung" (besser gesagt Plünderung) des Wracks der *Girona* fleißig mithalfen. Dieses spanische Schiff lieferte sogar die in Dunluce Castle eingesetzten Kanonen. An einem strategisch günstigen Standort erbaut, trotzte die Burg Wind und Wellen – zumindest bis zum Jahr 1639. Da nämlich soll während eines verheerenden Sturms der Küchentrakt samt sieben Bediensteten abgebrochen und ins Meer gerutscht sein. Unterhalb der Burg verbindet die **Mermaid's Cave** Land und Meer, ein fast idealer Schmuggelweg. Dass der Küstenabschnitt lebensgefährlich sein kann, bewahrheitete sich übrigens immer wieder – vor allem beim Untergang der „Exmouth", der sich 1857 über drei Tage hinzog und etwa 240 Menschen das Leben kostete. In der Ausstellung in der Burg wird auch diese Geschichte erzählt. ⏲ Tgl. 10–16 Uhr (Sommer bis 18 Uhr), Eintritt 2 £.

Bushmills

Der kleine Ort Bushmills wäre wahrscheinlich nur als Wegstation zum Giant's Causeway bekannt, wenn nicht ein weltberühmter Exportartikel denselben Namen tragen würde – Bushmills Whiskey, gebrannt in der ältesten (legalen) Destillerie der Welt. Immerhin schon 1608 vergab König Jakob I. die Brennrechte an die **Old Bushmills Distillery**, 2 Distillery Rd., ✆ 028-20733218, 💻 www.bushmills.com. Davor hatte man aber schon mehr als 300 Jahre ohne königliche Genehmigung *uisce beagh*, das „Wasser des Lebens", unters Volk gebracht. Die Destillerie ist heute noch aktiv und die einzige Einrichtung dieser Art, die man auch besichtigen kann – im Rahmen einer Führung und mit Auflagen, denn die recht alkoholhaltige Luft kann durch unvorsichtiges Hantieren mit offenen Flammen verpuffen. Nach einigen Minuten in den Hallen hat man jedenfalls das Gefühl, schon den halben Tag beim Whiskey verbracht zu haben. Und damit das Gefühl nicht trügt, gibt es am Ende der Führung auch noch eine Verköstigung und (wie sollte es anders sein) die Gelegenheit zum Einkauf. ⏲ Mo–Sa 9–17, So 12–17 Uhr, Eintrittsgebühr für Tour, Tour nicht für Gehbehinderte geeignet.

Bester Whisky aus Schottland

Kurioserweise gibt es im Ort Bushmills auch die unter Kennern beliebte **Scotch House Tavern**, 51 Main St., stolz auf ihr großes Whisky-Angebot – ohne das „e" geschrieben sofort als schottisches Produkt erkennbar. Einige sehr feine Sorten sind hier im Ausschank!

Übernachtung und Essen

Mill Rest Hostel, 49 Main St., ✆ 028-20731222, 💻 www.hini.org.uk/hostels/Bushmills-Hostel. Modernes Hostel direkt Ortskern von Bushmills, zum Giant' Causeway es ist nur eine kurze Wanderung von etwas über 3 km, die Old Bushmills Distillery ist nur 5 Min. entfernt. Unterkunft in Schlafsälen (Bett ab 16,50 £) oder Privatzimmern mit eigenem Bad. Abends trifft man sich am gemütlichen Kaminfeuer. ❶–❷

Bushmills Inn, 9 Dunluce Rd., ✆ 028-20733000, 💻 www.bushmillsinn.com. Hotelrestaurant in gemütlicher Umgebung. Gut besucht am Mittag, vor allem durch Reisegruppen. Traditionelle Küche. Reservierung ratsam.

Sixteenoeight, 66 Main St., ✆ 028-20732040. Populäres modernes Restaurant, Bistro und Café. Ansprechende Gerichte. Traditionelles Dessert wie Apfelkuchen mit Bushmills-Custard. Abends Reservierung erforderlich.

Informationen

Tourist Information Giant's Causeway, 44 Causeway Rd., Bushmills, ✆ 028-20731855. Infos auch unter 💻 www.northantrim.com/giantscauseway.htm.

Transport

Genaue Fahrzeiten der Busse und Bahnen sowie aller Anschlussverbindungen mit Bus und Bahn sind unter 💻 www.translink.co.uk abrufbar. Dabei ist besonders auf die sehr günstigen iLink-Tickets zu achten, die etwa eine Woche uneingeschränkte Fahrt durch ganz Nordirland für £ 55 erlauben.

Busse

Die Causeway Coast und die Glens of Antrim (s. S. 532) erreicht man von Portrush, Coleraine, Ballymoney oder Ballymena aus (alle haben Bahnanschluss oder Verbindung über Goldliner) mit **Regionalbussen**.

Eine Alternative während der Sommersaison (Juni–Okt) ist der **Causeway Rambler**, ein eigens auf den Besucher zugeschnittener Busverkehr zwischen Coleraine und der Carrick-a-Rede Rope Bridge, der auch direkt am Besucherzentrum des Giant's Causeway hält. Vier Busse tgl. in jede Richtung, Tagesticket 5,50 £ (Erw.).
Ebenfalls sehr beliebt ist der **Antrim Coaster**, die Buslinie 252 immer an der Küste entlang, hier kostet ein Tagesticket 8 £ (Ende März–Anfang Okt).

Eisenbahn

Es existiert eine schnelle Verbindung zwischen Belfast und Larne, günstig z. B., wenn man die Fähre nach Schottland erreichen möchte.

Carrick-a-Rede Rope Bridge

Nur ein kurzes Stück vom Giant's Causeway entfernt, verbindet die Carrick-a-Rede Rope Bridge, 119 White Park Rd., Ballintoy, Ballycastle, ✆ 028-20769839, 🖳 www.nationaltrust.org.uk/main/w-carrickarede, das irische Festland mit einer vorgelagerten Insel. Viel fotografiert und oft überquert, ist diese Hängebrücke eine mittlerweile fast vollkommen sinnlose Touristenattraktion, die allein durch ihre Existenz zur Erfolgsstory wurde.

Der Inselname lässt sich als „Fels im Weg" übersetzen und beschreibt ein natürliches Phänomen: Wenn die Lachse die Küste hinauf zu ihren Laichgründen schwimmen, müssen sie so dicht an der Insel vorbei, dass es zu einem Stau kommt und die Lachsfischerei zur leichten Übung wird. Also hangelten sich Fischer zur Lachssaison über eine jährlich neu errichtete Brücke auf den kargen Felsen, 25 m unter ihnen das tosende Meer. Irgendwann entdeckten Touristen dies als neuen Nervenkitzel. Und die Einheimischen stellten fest, dass man mit den Touristen auf wesentlich bequemere Art als mit den Lachsen Geld verdienen konnte – verbesserten die Brücke und kassierten ein Eintrittsgeld.

Obwohl die Brücke mittlerweile zum touristischen Pflichtprogramm gehört und zweifelsohne eine „atemberaubende" Attraktion ist ... sollte man sich ernsthaft fragen, ob der Abstecher lohnt. Und vorher genau erkundigen, ob die Brücke überhaupt geöffnet ist. In den ersten Monaten des Jahres und bei starkem Wind wird der Felsen sinnvollerweise den Seevögeln allein überlassen. ◷ Tgl., Ende Feb–Mai sowie Sep und Okt 10–17, Juni–Aug 10–19, Nov und Dez 10.30–15.30 Uhr, Jan und größter Teil des Feb gesperrt, Eintritt 5,40 £.

Nordirlands Traditionsfest

Am letzten Montag und Dienstag im August gibt sich Ballycastle ganz traditionell und wird zum Magneten für Zehntausende, die zur **Oul' Lammas Fair** strömen. Eigentlich zurückgehend auf ein keltisches Erntefest („Lughnasa", im Irischen auch der Name für den Monat August), ist die Veranstaltung ein bunter Mix aus Tradition und Moderne. Beginnend bei Pferden, Schafen und Wolle, sich über Werkzeuge und Kleidung erstreckend, bei Spielzeug und den neuesten raubkopierten DVDs endend, wird hier fast alles verkauft, was man sich nur vorstellen kann. Dazu gibt es Musik, viel Alkohol und die zwei traditionellen Essen: „Dulse", in der Sonne getrockneter Seetang, und „Yellow Man", ein Konfekt, das in Zuckergehalt und Härte dem Zahnarzt guten Umsatz verspricht. Infos unter 🖳 www.moyle-council.org.

Ballycastle

Der klassische Ferienort Ballycastle, der sich ein wenig von seinem viktorianischen Flair erhalten hat, ist (wenn nicht gerade in der Hauptsaison und am Wochenende überlaufen) durchaus einen Zwischenstopp wert. Neben einem kleinen **Museum** im Gerichtsgebäude lockt an schönen Sommertagen vor allem der Sandstrand. Auch kann man hier das unverzichtbare „Fish & Chips" in traditioneller Manier genießen – unter freiem Himmel, aus der Papiertüte und argwöhnisch von der gesamten Seevogelpopulation beäugt. Grundregel: nie füttern!

Übernachtung

Ballycastle Backpackers Hostel, 4 North St., ✆ 028-20763612, 🖳 www.ballycastlebackpackers.net. Direkt im Ort und am Meer gelegenes Hostel in einem Haus aus dem

18. Jh. Vermietet wird auch ein traditionelles Cottage. Die Fähre nach Rathlin ist nur zwei Gehminuten entfernt. ❷

Sheep Island View Hostel, 42a Main St., Ballintoy, ✆ 028-20769391, 🖳 www.sheepislandview.com. Sehr schön gelegenes Hostel (Bett ab 14 £) an der Nordküste des County Antrim, östlich des Giant's Causeway und nur etwa 10 Min. Fußweg von der Carrick-a-Rede Rope Bridge. Abholung etwa aus Bushmills möglich. ❷

Whitepark Bay Hostel, 157 Whitepark Rd., Ballintoy, ✆ 028-20731745, 🖳 www.hini.org.uk/hostels/Whitepark-Bay-Youth-Hostel. Klassische Jugendherberge mit einer Aussicht bis nach Schottland, freundliches Personal und sehr sauber. 15 verschieden große Zimmer, teilweise als Privaträume. Bett ab 16 £.

Rathlin Island

Von Ballycastle aus ist Rathlin Island, 🖳 www.rathlincommunity.org, zu sehen, eine relativ große Insel, erreichbar mit einer kleinen Passagierfähre, ✆ 028-20769299, 🖳 www.rathlinballycastleferry.com, Vorausbuchung unbedingt empfohlen. Geschichtlich wichtiger Boden, denn hierhin flüchtete einst der schottische König Robert the Bruce vor seinen Feinden und lernte der Legende nach Geduld von einer Spinne. 1898 errichtete Guglielmo Marconi hier die erste Funkstrecke über See. Heute zieht Rathlin vor allem Wanderer und Ornithologen an, die durch die von Heide bedeckte Insel streifen und mit etwas Glück auch Papageientaucher („Puffins") sehen. Dabei sollte man immer etwas auf das Wetter achten, denn bei starkem Wind und Seegang fällt die Fähre unweigerlich aus. Eine unfreiwillige Nacht am Busen der Natur auf Rathlin Island ist nicht empfehlenswert. Übrigens ist Rathlin die einzige noch bewohnte Insel vor der nordirischen Küste, die Bevölkerungszahl steigt sogar wieder – die 100-Marke wurde überschritten. Von Rathlin sind es nur noch 25 km zum schottischen Mull of Kintyre.

Übernachtung

Soerneog View Hostel, Ouig, ✆ 028-20763954, 🖳 www.n-irelandholidays.co.uk/rathlin. Winziges Hostel mit 6 Betten, nur 10 Min. vom Hafen, eine wirklich einfache Unterkunft. Bett ab 12,50 £.

Coolnagrock B&B, Ballynoe, ✆ 028-20763983. B&B mit 3 Zimmern und Blick auf Schottland. Abholung von der Fähre ist möglich, sonst 15 Min. Fußmarsch zum Hafen. Recht familiär und komfortabel. ❷–❸

Glens of Antrim

Die Glens of Antrim zählen zu den bekanntesten Naturschönheiten Nordirlands und ziehen sich von den relativ sanften Bergen bis an die Küste. Die letzte Eiszeit sorgte dafür, dass heute neun waldreiche Täler die Gegend zwischen Ballycastle und Larne bestimmen. Auf der A2 kann man bequem zwischen den Antrim Mountains und dem Meer hindurchfahren, aber Abstecher in die Täler lohnen sich auf jeden Fall. Will man alle neun Glens of Antrim in Ruhe erkunden, sollte man sich viel Zeit, gute Wanderstiefel, regenfeste Kleidung und ein Zelt mitbringen. Örtlich werden Führer angeboten, die die besten Routen enthalten und unverzichtbar sind.

Wer allerdings weniger Zeit und Abenteuerlust mitbringt, der sollte zumindest den Ausflug in den **Glenariff Forest Park**, ✆ 028-90524480, 🖳 www.forestserviceni.gov.uk, wagen, den für Touristen zugänglichsten Teil der Glens of Antrim. Der Poet William Makepeace Thackeray war von der Landschaft mit ihren kahlen Hochplateaus und bewaldeten Tälern, durch die sich die Flüsse Glenariff und Inver ihren Weg Richtung Meer bahnen, so beeindruckt, dass er Glenariff spontan „Little Switzerland" taufte. Der Park wird heute von der Forstbehörde gehegt und gepflegt, für Besucher stehen Parkplätze, ein Café mit Infozentrum und ein Netz von Wanderwegen zur Verfügung. Empfehlenswert ist auf jeden Fall der mit blauen Pfeilen markierte, 5,5 km lange **Waterfall Trail**, der auf gut erschlossenen Wegen an landschaftlich schönen Punkten vorbeiführt. 🕓 Tagsüber, Zufahrt mit PKW etwa 5 £.

Links liegen lassen kann man dagegen **Larne**, eine langweilige Industrie- und Hafenstadt, in der allenfalls die Überreste des Olderfleet Castle oder die **Fähre nach Schottland** Touristen anlocken.

Cushendun

Ein echtes Schmuckstück ist das kleine Dorf Cushendun, 💻 www.cushendunweb.co.uk, das von Clough Williams-Ellis als ästhetisches Kleinod entworfen wurde, allerdings im Schatten seiner weitaus berühmteren Kreation Portmeirion (Wales) steht. Lord Cushendun setzte sich hier ein sehenswertes architektonisches Denkmal. Der gesamte Ortskern steht unter Denkmalschutz und ist eine Hommage an die „Gute Alte Zeit". Neben einem Sandstrand locken Spazierwege an der Küste sowie Höhlen südlich des Ortes.

Cushendall

Bekannt als die „Hauptstadt der Glens", ist Cushendall eigentlich nur als Kuriosum auf der Durchreise zu empfehlen. Mitten im Ort steht **Turnley's Tower**, eine Kombination von Wachturm und Gefängnis, in dem seit 1820 bevorzugt „Faule und Aufsässige" (also aus der britischen Kolonialperspektive „Iren allgemein") zwangsweise untergebracht wurden. Etwas außerhalb des Ortes sieht man noch die Ruinen der **Layde Old Church**, einer ehemaligen Franziskaner-Abtei. Knapp 1,5 km von der Ortsmitte entfernt befinden sich in der Steilküste **Höhlen**. Diese wurden auch als Wohnungen genutzt – so etwa von der legendären Nun Mary, die als frühe Heilpraktikerin (oder Hexe) das reife Alter von hundert Jahren erreichte. Einige Kilometer südlich liegt der Sage nach zudem Ossian begraben, Sohn des Helden Finn McCool und als kämpferischer Barde sozusagen ein prähistorischer Bono. Jedenfalls trägt ein Megalithgrab in den Tievebulliagh Mountains den Namen **Ossian's Grave**.

Übernachtung

Larne

Ford Farm Camping Barn, 8 Low Rd., Island Magee, ✆ 028-93353264, 💻 www.fordfarm.co.uk. In eine einfache, aber ordentliche Unterkunft umgebautes Stallgebäude auf einer voll bewirtschafteten Farm am Ufer des Larne Lough. Einkaufsmöglichkeiten in gut erreichbarer Nähe. 1 Woche ab 400 £.

Feste

Ulster Scots Folk Festival in Cairncastle (bei Larne) – jährlich Ende Juli wird hier die musikalische Tradition der schottischen Siedler in Ulster gefeiert und gepflegt, mit Dudelsack und den großen Lambeg-Drums. 💻 www.cairncastleulsterscotsfolkfestival.co.uk

Wohnen bei der Geschichtenerzählerin

Ballyeamon Camping Barn, 127 Ballyeamon Rd., ✆ 028-21758541, 💻 www.ballyeamonbarn.com. Eine einfache, aber bequeme Unterkunft in einem ehemaligen Stall, der zu einem kleinen Hostel in der Nähe des Glenariff Forest Park umgebaut wurde, 14 Betten (Bett ab 15 £). An sich nicht unbedingt etwas Besonderes. Aber: Die Inhaberin Liz Weir pflegt die Kunst der traditionellen Geschichtenerzähler, immer wieder finden auch einschlägige Veranstaltungen hier statt. ❶–❷

Informationen

Tourist Information Larne, Narrow Gauge Rd., ✆ 028-28260088. Infos unter 💻 www.larne.gov.uk.

Transport

Zu **Busverbindungen** an den Glens of Antrim s. S. 530, Bushmills.

Fähre

Fährverbindungen in Richtung Großbritannien ab Larne gibt es nach CAIRNRYAN und TROON mit **P&O Irish Sea**, 💻 www.poirishsea.com, sowie nach FLEETWOOD mit **Stena Line**, 💻 www.stenaline.ie.

Carrickfergus

Carrickfergus beherrscht den nördlichen Teil des Belfast Lough, die heute noch erhaltene mittelalterliche Burg ist ein beeindruckendes Zeitzeugnis – aber nur ein Splitter in der bewegten Vergangenheit des Ortes. Befestigt zu Beginn des 17. Jhs., galt Carrickfergus lange als der einzige englischsprachige Ort Irlands. Was die Stadt zu einem idealen Landungspunkt für König William III. machte, als dieser sich mit König

Jakob II. in Irland um das Recht auf den englischen Thron schlug. Vor Carrickfergus errang auch die Marine der Vereinigten Staaten ihren ersten Sieg, als 1778 John Paul Jones über die britische HMS Drake triumphierte. Die Einwohner von Carrickfergus jubilierten dazu, denn ihnen waren die Ideale der amerikanischen Revolutionäre näher als der Deutsche Georg(e) auf dem englischen Thron.

Carrickfergus Castle, Marine Highway, ✆ 028-93351273, 🖳 www.ni-environment.gov.uk/carrick.htm, stammt im Kern aus dem Jahr 1180 und ist eine der größten und beeindruckendsten Burgen Irlands. Seit Gründung durch den Anglo-Normannen John de Courcy bis zum Jahr 1928 beherbergte die Festung eine britische Garnison – mit einem kurzen Intermezzo, als 1760 französische Soldaten die Burg eroberten. Der Eingang zur Burg ist ein Torhaus aus dem 13. Jh., der zentrale Wehrturm mit seinen fünf Stockwerken stammt aus de Courcy's Zeiten und beinhaltet heute neben der beeindruckenden Großen Halle ein Regimentsmuseum. Jeden August findet in der Burg ein historisches Fest statt, häufiger werden die „mittelalterlichen" Bankette abgehalten. 🕓 Tgl. 10–16, im Sommer bis 18 Uhr, Eintritt 3 £.

Im Stadtkern von Carrickfergus findet man weitere mittelalterliche Zeitzeugen – das **Nordtor der Stadtmauer** wurde liebevoll restauriert, die 1205 ebenfalls von John de Courcy errichtete **St. Nicholas' Church** allerdings weist wesentliche Veränderungen aus dem Jahr 1614 auf.

Nur etwas außerhalb der Stadt befindet sich das **Andrew Jackson Cottage**, 2 Boneybefore, ✆ 028-93358049. Die Eltern des späteren US-Präsidenten wanderten von hier im Jahre 1765 aus. Ihr Wohnhaus wurde abgerissen, doch das rekonstruierte reetgedeckte Cottage aus dem 18. Jh. vermittelt eine Vorstellung davon, wie das Heim der Jacksons ausgesehen haben könnte. 🕓 Nach Vereinbarung.

Übernachtung und Essen

Clarion Hotel, 75 Belfast Rd., ✆ 028-93364556, 🖳 www.clarioncarrick.com. Modernes und komfortables (Konferenz-)Hotel mit 68 Zimmern, Frisör und verschiedenen Restaurants, darunter eine Pizzeria. ❶–❺

Coast Road Hotel, 28 Scotch Quarter, ✆ 028-93351021, 🖳 www.coastroadhotel.co.uk. Kleines Haus, etwas altmodisches Hotel mit Blick auf Belfast Lough und Burg, 19 Zimmer, alle mit TV und WLAN, Restaurant im Haus. ❶–❸

Informationen

Touristinformation Carrickfergus,
11 Antrim St., ✆ 028-93358049,
✉ touristinfo@carrickfergus.org,
Infos auch unter 🖳 www.carrickfergus.org.

Transport

Carrickfergus ist von Belfast aus leicht mit der **Bahn** (Linie nach Larne) oder dem **Bus** zu erreichen. Zahlreiche Verbindungen bestehen den ganzen Tag über, von BELFAST aus hat man dann Anschluss an das gesamte Verkehrsnetz, Infos unter 🖳 www.translink.co.uk.

Antrim Town und Lough Neagh

Antrim, das der Region seinen Namen gab, liegt an der strategisch wichtigen Mündung des Six Mile Water in den Lough Neagh. Strategisch wichtig war in Irland häufig gleichzusetzen mit „mehrfach zerstört" – Antrim wurde 1649 von General Monro vollkommen niedergebrannt und während der Rebellion von 1798 versuchten die United Irishmen, die von Regierungstruppen gehaltene Stadt einzunehmen. So sind nur noch wenige historische Gebäude zu finden, aber skurrilerweise gehört das **Courthouse** von 1762 dazu. **Antrim Castle** dagegen, erbaut 1622, wurde 1923 ein Raub der Flammen und vollkommen abgerissen. Lediglich die von Le Notre angelegten **Gärten** sind noch erhalten, sie erinnern etwas an sein Meisterstück Versailles.

Beachtenswert ist noch der **Rundturm** von Antrim im **Steeple Park**, der im 10. Jh. errichtet wurde und eines der schönsten Exemplare in Irland ist, 28 m in die Höhe ragend und weitgehend einfühlsam restauriert. Allerdings waren nicht alle Einwohner von Antrim mit diesem Klosterbau zufrieden. Eine ortsbekannte Hexe soll nach Fertigstellung in einer Protestaktion vom Turm gesprungen sein. Noch heute kann der Besucher sich neben dem Rundturm den Witch's Stone zeigen lassen, den Landeplatz der Hexe. In dem noch immer Abdrücke von Ellenbogen und Knie zu sehen sind. Jedenfalls mit etwas Fantasie.

Der **Lough Neagh**, 💻 www.discoverlough neagh.com, ist der größte See Irlands, an Segler stellt er ähnliche Herausforderungen wie das offene Meer. Bekannt ist er vor allem als Überwinterungsort von rund 100 000 Wasservögeln und durch seinen Fischreichtum – allein 10 t Aale werden pro Jahr gefangen. Allerdings ist der See für Besucher nur an wenigen Stellen gut zugänglich und hat keinen echten Uferweg aufzuweisen. Der Legende nach haben wir Lough Neagh Finn McCool zu verdanken: Der Held geriet mit einem schottischen Riesen in Streit und warf daraufhin einen Erdklumpen nach ihm. Wo Finn die Erde aufgenommen hatte, bildete sich der Lough Neagh. Und da er schlecht zielte, plumpste der Brocken mitten in die Irische See und wurde fortan als Isle of Man bekannt.

Übernachtung und Essen

Dunsilly Hotel, 20 Dunsilly Rd., Antrim, ✆ 028-94462929, 💻 www.dunsillyhotel.com. Durchaus komfortables Hotel mit 40 Zimmern, nur 10 Min. Fahrt zum International Airport und 5 Min. zu Fuß zum Einkaufszentrum. Angeschlossen ist das **Fernhill Restaurant** und eine Bar. ❸

Informationen

Tourist Information Antrim, 16 High St., ✆ 028-94428331.

Transport

Antrim ist ein wichtiger Verkehrsknotenpunkt und mit BELFAST per **Bahn** oder **Schnellbus** (Goldliner) verbunden. Direkte Verbindungen bestehen auch nach DERRY, entweder über Coleraine oder über Maghera und Dungiven, Infos unter 💻 www.translink.co.uk.

Von Bangor bis zu den Mourne Mountains

Bangor

Bangor zählt zu den beliebtesten Urlaubsorten Nordirlands. Es handelt sich um ein typisch britisches Seebad, wie man sie auch an der englischen Süd- und Ostküste vorfindet. Promenaden, Sandstrände, Imbissbuden, Spielhalle, eine eigentlich nicht besonders aufregende **Burg** im Park, die heute das North Down Heritage Centre beherbergt, und die altertümlich wirkende **Abbey Church** sind die Highlights des Ortes, der besonders an Sommerwochenenden von Touristenmassen bevölkert wird.

Übernachtung und Essen

Royal Hotel, 22–28 Quay St., ✆ 028-91271866, 💻 www.royalhotelbangor.com. Bekanntes „Wahrzeichen" des Ortes, 49 Zimmer mit ansprechendem Komfort und einem etwas altmodischen Flair. ❶–❸

Thyme im Blackwood Golf Club, 150 Crawfordsburn Rd. Elegantes Restaurant. Schmackhafte und ansprechend angerichtete Gerichte. Vernünftige Preise, besonders günstig sind Mittagstisch und frühes Abendessen.

Informationen

Tourist Information Bangor, 34 Quay St., ✆ 028-91270069.

Newtownards

Etwas weiter südlich am Nordende des Strangford Lough liegt das Marktstädtchen Newtownards, das schnell über die Autobahn erreicht ist. Newtownards selbst kann man schnell hinter sich lassen, ein Aufstieg zum **Scrabo Tower** im Scrabo Hill Country Park, 203A Scrabo Rd., Newtownards, ✆ 028-91811491, 💻 www.ni-environ ment.gov.uk/scrabo, ist jedoch unbedingt empfehlenswert. Selbst, wenn man den romantischen Aussichtsturm nicht besteigt, der Ausblick über Strangford Lough und die Umgebung ist absolut unverzichtbar. 🕒 Tgl. 9–17, im Sommer bis 18 Uhr, Turm selbst kürzere Öffnungszeiten, Eintritt frei.

Nicht unbedingt für jeden Besucher interessant ist das **Somme Heritage Centre**, 233 Bangor Rd., Newtownards, ✆ 028-91823202, 💻 www. irishsoldier.org, in dem die Beteiligung der irischen Soldaten an der mörderischen Schlacht an der Somme (1916) eindringlich dokumentiert wird. Etwa 3 km nördlich von Newtownards gelegen. 🕒 Mo–Do 10–16, ab April auch Sa 12–16, Juli und Aug tgl. 10–16 Uhr (Führungen zu jeder Stunde, letzte Führung jeweils 15 Uhr), Eintritt 5 £.

Ein interessantes Ziel ist auch die **Ballycopeland Windmill**, Windmill Rd., Millisle, 🖳 www.ni-environment.gov.uk/places_to_visit_home/historic-monuments/ballycopeland.htm, 8 km östlich, eine der wenigen noch existierenden Windmühlen auf der gesamten Insel. Sie wird immer noch als Anschauungsobjekt genutzt, obwohl sich ihre eigentliche kommerzielle Nutzung längst nicht mehr rentiert. 🕓 Juli und Aug tgl. 10–17 Uhr, in den anderen Monaten nur Außengelände.

Ards Peninsula

Die Ards Peninsula erstreckt sich südöstlich von Newtownards zwischen dem Strangford Lough und dem Meer. Will man nicht am südlichen Ende mit der Fähre übersetzen, kann man auf der einen Seite der Halbinsel herunterfahren (A20 am Strangford Lough), auf der anderen Seite wieder hoch (A2 am Meer).

Rund 8 km südöstlich von Newtownards liegt **Mount Stewart House and Gardens**, Portaferry Rd., Newtownards, ✆ 028-42788387, 🖳 www.nationaltrust.org.uk/main/w-mountstewart. Das aus dem 18. Jh. stammende Herrenhaus ist eines der schönsten „Great Houses" in Irland und durch seine Kunstsammlung bekannt. Um seine Attraktivität noch zu steigern, ließen die Besitzer 1780 den „Temple of the Winds" errichten, einen achteckigen Bankettsaal mit einmaliger Aussicht über den Strangford Lough. Herrenhaus und Tempel verblassen jedoch gegen die spektakulären Parkanlagen, die nach Ideen von Lady Edith um 1920 geschaffen wurden. Teile wirken natürlich (wenn auch gezähmt), andere Teile sind Meisterleistungen der Gartenbaukunst. So etwa die zur irischen Harfe gestutzte Eibe oder das Blumenbeet mit der roten Hand aus dem Wappen Ulsters (oder auch Nordirlands). Fantastisch-grotesk wird es bei den Statuen, Favoriten waren Meerjungfrauen und, gewissermaßen als Kontrastprogramm, Dinosaurier. 🕓 Lakeside Gardens tgl. 10–18, formelle Gärten und Haus 12. März–30. Okt tgl. 10–18, Tempel der Winde 13. März–30. Okt So 14–17 Uhr, Eintritt nur Gärten 5,90 £, inkl. Hausführung 7,80 £.

Rund 3 km südöstlich liegen die Ruinen der **Grey Abbey**, einer von dem Normannenfürsten John de Courcy 1193 gegründeten und dann dem Zisterzienserorden geschenkten Klosteranlage. Nachdem die Abtei 1572 zerstört wurde, nutzten die Anwohner die wieder aufgebaute Kirche noch bis 1778 als Gemeindekirche. So blieb uns zumindest ein Teil der Anlage relativ gut erhalten. Gleich nebenan wurde dann 1762 das **Grey Abbey House**, ✆ 028-42788666, 🖳 www.greyabbeyhouse.com, errichtet, ein sehr feines Herrenhaus im georgianischen Stil. Der Park um die Grey Abbey wurde allerdings neu angelegt, mit einem kleinen Klostergarten voller Heilkräuter. 🕓 Nach Vereinbarung.

Der **Strangford Lough**, 🖳 www.strangfordlough.org, ist ein Naturparadies mit einem in Europa fast einmaligen Artenreichtum, gefördert u. a. durch ein großes Angebot an Plankton, das der Gezeitenstrom täglich zweimal zuverlässig in diesen Binnensee-ähnlichen Meeresarm spült. Neben vielen Wasservögeln und Gänsen, die hier im Winter Quartier machen, geben sich Robben und bisweilen Wale und Haie ein Stelldichein.

Hervorragend zur Beobachtung von Eiderenten und Wildgänsen geeignet ist übrigens auch der Pier von **Millisle**, der direkt ins Meer führt. Oder man nimmt von **Donaghadee** aus ein Boot auf eine der **Copeland Islands**, seit Ende des Zweiten Weltkriegs ein unbewohntes Seevogelschutzgebiet.

Wem die Beobachtung der Meeresfauna in freier Natur zu langwierig oder mühselig ist, der findet in **Portaferry** nahe dem mittelalterlichen Turmhaus das **Exploris Aquarium**, The Rope Walk, Castle St., ✆ 028-42728062, 🖳 www.exploris.org.uk. Hier kann man sich als Ozeanograf fühlen, bis hin zu direkten Kontakten: In speziellen Becken wurde ein „Streichelzoo" mit Seeigeln und anderen Meeresbewohner angelegt. Nicht zum Kuscheln geeignet sind dagegen die verwaisten Heuler, die in der angeschlossenen Seehundstation wieder aufgepäppelt und, soweit möglich, auf ein Leben auf eigenen Flossen vorbereitet werden. 🕓 Mo–Fr 10–17, Sa 11–17, So 13–17, im Sommer jeweils bis 18 Uhr, Eintritt 7 £.

Übernachtung und Essen

Barholm Hostel, 11 The Strand, Portaferry, ✆ 028-42729598, 🖳 http://portaferryregeneration.com/barholm/index.html. Schönes Hostel in einem restaurierten Gebäude aus viktorianischer Zeit mit verschieden großen Zimmern und Schlafsälen (Bett ab 14 £), direkt am Strangford Lough gegenüber dem Fähranleger. Das Haus befindet sich im Besitz einer Initiative zur Wiederbelebung des Ortes. ❷

Portaferry Hotel, The Strand, Portaferry, ✆ 028-42728231, 🖳 www.portaferryhotel.com. Zum Essen empfehlenswert ist das sehr gute und preislich angemessene Restaurant im Portaferry Hotel. Mischung aus traditionell irisch-britischer und kontinentaler Küche. Gut und immer frisch zubereitet: Lammgerichte von Tieren aus der Region sowie Austern und Muscheln, die ebenfalls hier geerntet werden.

Informationen

Tourist Information Portaferry, The Stables, Castle St., ✆ 028-42729882.

Strangford

Von Portaferry aus verkehrt auch die Fähre nach Strangford, 🖳 www.roadsni.gov.uk/index/strangfordferry. Der Ort Strangford war wegen seiner strategisch günstigen Lage und der sicheren Ankerplätze im Strangford Lough schon bei den Wikingern beliebt. Von ihnen sieht man aber keine Spuren mehr, stattdessen lauert das Strangford Castle, ein typisches Turmhaus des 16. Jhs., über der Passage.

Als „Nordirlands Bayreuth" etwas übertreibend bezeichnet, bietet das in der Nähe gelegene **Castle Ward**, ✆ 028-44881204, 🖳 www.nationaltrust.org.uk/main/w-castleward, in den Sommermonaten ein kleines Opernfestival – wobei Wagner-Produktionen sich eigentlich schon durch die Sitzzahl des kleinen Privattheaters verbieten. Allerdings wurde beim Bau dieses Herrensitzes eher nicht gespart. Als Bernard Ward, Erster Viscount Bangor, das Prunkschloss um 1760 als neuen Familiensitz in Auftrag gab, konnte er sich mit seiner Gattin nicht endgültig über den Stil einig werden. Als Kompromiss entstand dann die Eingangsfront samt den repräsentativen Räumen im Stil des Neoklassizismus, während Lady Anne auf der Gartenseite und in ihren eigenen Räumen das kurzzeitig modische „Strawberry Hill Gothick" durchsetzte. Die ehelichen Schwierigkeiten des Landadels bescherten Irland so ein wirklich einmaliges Gebäude, das heute in der Obhut des National Trust ist. Neben der Besichtigung des Hauptgebäudes sollte man sich die Gärten und den Park nicht entgehen lassen, in denen stundenlange Wanderungen möglich sind. ◷ Gärten tgl. ab 10 bis mind. 16 Uhr, Haus nur März–Okt tgl. 11–17 Uhr, Eintritt 5,80 £, Hausführung 4 £ extra.

Übernachtung und Essen

The Cuan, 6–10 The Square, ✆ 028-448812222, 🖳 www.thecuan.com. Am Ufer des Strangford Lough gelegenes Guesthouse mit 9 Zimmern. Familiäre Atmosphäre mit sehr gutem Komfort. Küche ist auf Fischgerichte spezialisiert. ❸–❹

Killyleagh

Sir Hans Sloane, der Gründer des Britischen Museums (London), wurde in **Killyleagh**, 🖳 www.killyleagh.org, geboren – ein kleiner Ruhmesstrahl für diesen durchaus netten Ferienort. Das beeindruckende Schloss im Stadtkern ist ein beliebtes Fotomotiv, kann aber nicht besichtigt werden. Überhaupt hat die Gegend ein Überangebot an Burgen und Schlössern, die meisten mittelalterlichen Wehranlagen sind jedoch in mehr oder minder verfallenem Zustand.

Downpatrick

In Downpatrick, gleich neben der anglikanischen Kathedrale, soll der irische Nationalheilige Patrick begraben liegen. Ob unter dem gro-

Gourmet-Pub

Gourmets sollten in **Killinchy** (zwischen Killyleagh und Nendrum) das **Balloo House**, 1 Comber Rd., ✆ 028-97541210, 🖳 www.balloohouse.com, für eine Pause vormerken. Ein bekannter, netter Pub mit Restaurant. In der Bar gibt es hausgemachte Burger und auch ungewöhnlichere Gerichte wie Wild unter Kartoffelbrei (Venison Shepherd's Pie). Das Restaurant (mit separatem Eingang) ist traditionell eingerichtet. Hier gibt es lokale Spezialitäten wie Aal und Prawns. Empfehlenswert: Chocolate Tart zum Nachtisch. Preiswert, aber Reservierung unbedingt empfehlenswert.

ßen Stein, in den „Patric“ eingemeißelt wurde, überhaupt noch ein Patrick liegt und ob dieser mit dem Heiligen identisch ist, bleibt ungewiss. Sicher ist lediglich, dass es seit mindestens dem 6. Jh. hier ein christliches Kloster gab und dass Patrick von einem örtlichen Herrscher Land bei Saul geschenkt bekam. Patrick war also wohl hier – ob er noch immer da ist, dürfte zumindest fraglich sein. Zyniker sprechen von einem weiteren Marketingtrick, Wissenschaftler vermuten Patricks Grab auch in Saul oder Armagh. Nach der Kirchenmythologie Irlands dagegen findet man in Downpatrick nicht nur Patrick selbst, auch Brigid („Die Maria der Iren“) und Columban sollen hier ihre letzte Ruhestätte gefunden haben.

Die **Kathedrale von Downpatrick**, 💻 www.downcathedral.org, ist neueren Datums und hat ein sehr romantisches, mittelalterliches Erscheinungsbild. Was jedoch trügt – das relativ kleine Gebäude wurde 1538 zerstört und fristete dann bis zur napoleonischen Zeit ein Dasein als pittoreske Ruine. Erst seit 1818 ist die Kathedrale wieder in Betrieb und heute ein Gemisch aus alten Fundamenten und neuen, historisierenden Gebäudeteilen. Durch die kompakte Konstruktion, die gut erhaltene Inneneinrichtung und das stimmige Gesamtbild ergibt sich der Eindruck eines Baus aus einem Guss.

Unterhalb der Kathedrale und über eine Treppe leicht erreichbar, findet sich das moderne **Saint Patrick Centre**, 53a Lower Market St., ✆ 028-44619000, 💻 www.saintpatrickcentre.com, mittlerweile die Hauptattraktion des Ortes. Zu Recht, denn mit Multimedia wird dem Besucher hier die Geschichte Patricks ohne Schnörkel nahe gebracht – die Ausstellung beruft sich vor allem auf Patricks wenige eigene Schriften und nicht auf den Wust von später entstandenen Legenden. Wobei die Ausstellung auch nicht verschweigt, dass Patrick zu Lebzeiten nicht unumstritten war. Ein simulierter Helikopterflug auf den Spuren Patricks am Ende des Rundgangs rüttelt selbst den müdesten Pilger wach. Ein Restaurant im Obergeschoss des Centre und ein umfangreicher Souvenirladen runden den Besuch in jeder Hinsicht ab. 🕒 Mo–Sa mind. 10–17 Uhr (im Sommer länger und So 10–18 Uhr), Eintritt 4,95 £.

Nach dem Besuch des Saint Patrick Centre empfiehlt sich der Rückweg über die Gehwege an den Hauptstraßen zurück zur Kathedrale, dieser Weg führt dann an dem ehemaligen Gefängnis vorbei. Hier ist heute das **Down County Museum**, The Mall, English St., ✆ 028-44615218, 💻 www.downcountymuseum.com, untergebracht, ebenfalls einen zumindest kurzen Besuch wert. 🕒 Mo–Fr 10–17, Sa und So 13–17 Uhr, Eintritt frei.

Das vergessene Kloster Nendrum

Ein Kleinod sollte sich jedoch kein Besucher entgehen lassen, auch wenn der Weg dahin etwas schwierig zu finden ist: Die über eine Straße zu erreichende **Klosteranlage von Nendrum**, Mahee Island, Comber, ✆ 028-90543037, 💻 www.ni-environment.gov.uk/nendrum.shtml, liegt so abseits, dass sie über mehrere Jahrhunderte hinweg vollkommen vergessen war. Heute sieht der Besucher nur die Umgrenzungsmauern des Klostergeländes, einige Kirchenreste mit einer interessanten Sonnenuhr und den Stumpf eines Rundturms. Ein kleines Museum bietet sehr interessante Einblicke in die Geschichte dieses „vergessenen Klosters“, das der örtliche Bischof erst 1844 wieder entdeckte. 🕒 Besucherzentrum Ostern–Sep tgl. 10–17, sonst So 12–16 Uhr, Eintritt frei.

Übernachtung und Essen

Dunleath House, 33 St. Patricks Drive, ✆ 028-44613221, 💻 www.dunleathhouse.com. B&B mit 3 Zimmern. Sehenswürdigkeiten, Restaurants und Einkaufsmöglichkeiten sind in der Nähe, dennoch ruhig gelegen. ❸

Justine's Restaurant, 19 English St., ✆ 028-44617886. Einfaches, familienfreundliches Restaurant mit einer mehr traditionellen Speisekarte und guten Portionen. Besonders empfehlenswert: Seafood Chowder!

Informationen

Tourist Information Downpatrick, The St. Patrick Centre, 53a Market St., ✆ 028-44612233.

MOURNE MOUNTAINS

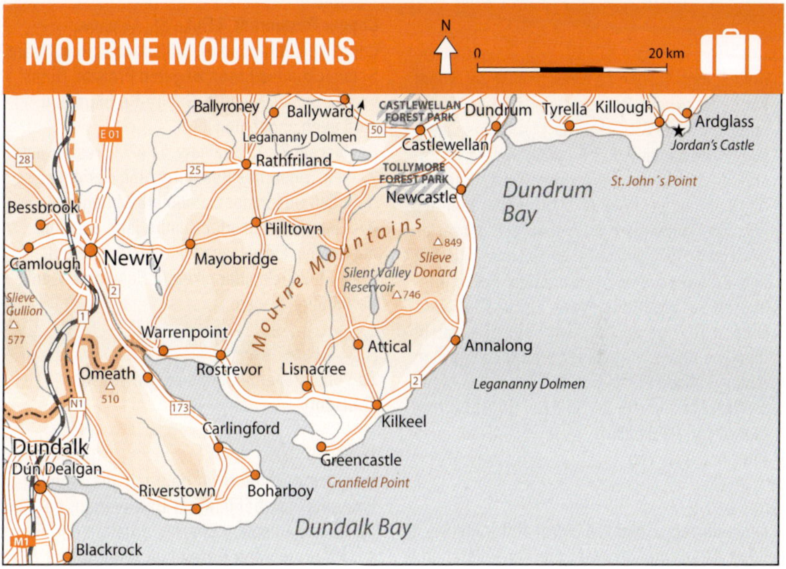

Saul

Etwas außerhalb von Downpatrick liegt das Dorf **Saul**, wo Patrick eines seiner ersten Klöster gründete. Sehenswert ist hier die kleine, bescheidene Kirche, die in den 1930er-Jahren zum Jubiläum von Patricks Mission (Beginn angeblich 432) errichtet wurde. Der Kirchturm erinnert an die klassischen irischen Rundtürme, die jedoch zeitlich weit nach dem Heiligen einzuordnen sind. Ein schönes Glasfenster ist fast der einzige Schmuck und zeigt Patrick selbst.

Mourne Mountains

Die Mountains of Mourne gehören zu den bekanntesten Bergen Irlands, seit der sentimentale Balladendichter Percy French sie unsterblich machte. Sie sind auch seit Jahrhunderten eine der unzugänglichsten Gegenden der Insel, von der Küstenstraße aus winden sich nur wenige Straßen ein Stück die Berge hinauf. Danach kann man nur noch zu Fuß weiterkommen, wenn man die einmalige Schönheit dieser einsamen Gegend entdecken will.

Wer die Mourne Mountains länger als einen Tag erkunden will, der sollte am besten Newcastle (s. S. 540) als Basis wählen. Für Tagesausflüge hervorragend geeignet ist der **Tollymore Forest Park**, 💻 www.forestserviceni.gov.uk, in dem zahlreiche Wanderwege das Tal des Flusses Shimna durchziehen. In den Park kommt man durch ein mittelalterlich wirkendes Tor.

Eine andere, von Menschen geschaffene Attraktion birgt der **Castlewellan Forest Park**, 💻 www.forestserviceni.gov.uk, in dem ein großes Labyrinth den Besucher in die Irre führt. Angelegt wurde das Labyrinth als symbolische Repräsentation des irischen Friedensprozesses. Mitten durch den Park fließt der Shimna River auf seinem Weg von den Mourne Mountains nach Newcastle und dort in die See. Mit etwas Glück und Geduld lassen sich hier auch Eisvögel und Otter bei der Jagd beobachten. Verschiedene schön verzierte Brücken führen über den Fluss. Das interessanteste Bauwerk aber dürfte die Einsiedelei („Hermitage") sein. Eine Art künstliche Höhle.

Ein typisch irisches Fotomotiv ist der **Legananny Dolmen** beim Slieve Croob, der zu den meistbesuchten Steinzeitmonumenten in Irland zählt. Rund 2,50 m über dem Boden und vor der natürlichen Idealkulisse der Berge scheint der massive Deckenstein zu schwer für die fast

Das Tal der Stille

Gut mit dem Wagen zu erreichen ist der **Silent Valley Reservoir Park** in den Mourne Mountains, der eine Art „Mourne Mountains Light" bietet (mit dementsprechend hohem Verkehrsaufkommen in der Hochsaison). Der Park ist rings um einen Stausee entstanden. Von der unteren Staumauer aus geht ein geteerter Wirtschaftsweg in das Tal hinein, immer östlich des Stausees und mit schönen Panoramablicken auf die Berge. Nach etwas über einer Stunde (bei gemächlichem Tempo) erreicht man die obere Staumauer. Von hier hat man einen schönen Blick über das Tal bis ans Meer. ⏲ Okt–April 10–16, im Sommer 10–18.30 Uhr, Eintritt pro PKW 4,50 £, 💻 www.niwater.com/thesilentvalley.asp.

spindeldürren „Beine", die drei aufrechte Steine bilden. Ursprünglich wohl nie als freistehende Konstruktion geplant, weist der Dolmen eine beachtliche Widerstandskraft gegen Wind und Wetter auf.

Übernachtung und Essen

In den Mourne Mountains selber sind die Möglichkeiten extrem eingeschränkt, daher wird man sich mit wenigen Ausnahmen in den Orten ringsherum um Unterkunft oder Verpflegung bemühen müssen.

Attical

Cnocnafeola Cultural and Residential Centre Hostel, Bog Rd., ✆ 028-41765859, 💻 www.mournehostel.com. Mitten in den Mourne Mountains und in der Nähe des Silent Valley gelegenes modernes Hostel (Bett ab 15 £), für Gruppen, Familien und Einzelreisende geeignet. Verpflegung kann vorgestellt werden – die Küche ist exzellent und vor allem auf vegetarische Gerichte spezialisiert. ❷

Warrenpoint

Am südwestlichen Zipfel der Mourne Mountains gelegen, bietet der lebendige Hafenort ideale Gelegenheit für ein gutes Essen nach einer Wanderung:

Copper Restaurant, 4 Duke St., 💻 www.copperrestaurant.co.uk. Einladendes Restaurant. Schmackhaftes Essen zu guten Preisen. Gutes vegetarisches Menü. 8-Gänge-Probiermenü wird auch angeboten.

Restaurant 23, 13 Seaview, 💻 www.restaurant23.com. Modernes Restaurant mit Gerichten für jeden Geschmack. Populäre Mittagessen wie Caesar Salad oder Cumberland Sausage mit Champ. Exklusivere Gerichte am Abend, etwa Muscheln oder pikanter Schweinebauch. Vernünftige Preise.

Transport

Zu Verkehrsverbindungen s. Newcastle/Transport.

Newcastle

Der kleine Badeort, in dem nur die wenigsten Besucher tatsächlich ein Bad wagen, hat seinen viktorianischen Charme erhalten und bietet mit Meer und den Bergen im Hintergrund zahlreiche Möglichkeiten für Outdoor-Aktivitäten. Newcastle wurde im frühen 19. Jh. populär, die lange Promenade zieht sich am Meer entlang, das hier an einem sehr schönen, 5 km langen Sandstrand endet.

Von Newcastle aus lassen sich Bergtouren unternehmen, vielleicht am interessantesten ist der Aufstieg auf den **Slieve Donard**, von dessen 849 m hohen Gipfel aus man an klaren Tagen über das gesamte Vereinigte Königreich blicken kann – inklusive Schottland, Wales, England und natürlich Nordirland sowie die Republik Irland. Teile des Slieve Donard und der Slieve Commedagh (767 m) gehören heute dem National Trust. Ein anderer Teil dagegen gehörte seit dem 19. Jh. den Belfast Water Commissioners, zuständig für die Trinkwasserversorgung der Hauptstadt. Und so wie Dublin sein Wasser teilweise aus den Wicklows bekommt, so liefern die Mournes das kühle Nass nach Belfast. Um das Land der Belfast Water Commissioners abzugrenzen, wurde zwischen 1904 und 1922 der **Mourne Wall** gebaut, eine traditionelle Steinmauer (ein „dry stone wall", also ohne Mörtel), die bei 35 km Länge nicht weniger als 15 Berggipfel überquert und insgesamt 36 km^2 Land (und Wasser) einfriedet.

Weniger am Bergwandern interessierte Besucher können alternativ den **Mourne Coastal Footpath** bei Bloody Bridge, südlich von Newcastle, nutzen – etwa 2,5 km Wanderweg mit Picknickmöglichkeiten und schönen Aussichten auf die Irische See und die Dundrum Bay.

Übernachtung und Essen

Newcastle Hostel, 30 Downs Rd., ✆ 028-43722133, 💻 www.hini.org.uk/hostels/Newcastle-Hostel. Traditionelle Jugendherberge direkt am Strand, auch sehr gut für Familien geeignet. Vorbestellung unbedingt erforderlich, Newcastle ist ein sehr beliebter Ferienort. Zimmer ab 14 £.

Mourne Café, 107 Central Promenade, 💻 www.mourneseafood.com. Modernes Café mit Schwerpunkt Fisch und Meeresfrüchte. Kindergerichte zum Einheitspreis. Tipp: Donnerstagabend „Lobsterfest" zu einem sensationell günstigen Preis.

Informationen

Tourist Information Newcastle, 10–14 Central Promenade, ✆ 028-43722222.

Transport

Die Verkehrssituation im County Down ist etwas komplizierter, bis nach Bangor besteht noch eine Bahnverbindung von Belfast, die Umgebung des Strangford Lough muss dann jedoch mit regionalen Busverbindungen bewältigt werden. Die schnellen **Goldliner** verbinden Downpatrick und Newcastle mit BELFAST oder NEWRY (dort Anschluss mit Bus Éireann nach Dublin), von Newcastle aus besteht auch eine Goldliner-Route nach KILKEEL.

In Kilkeel besteht dann Anschluss an den **Mourne Rambler**, die Buslinie 405. Dieser nur im Juli und August verkehrende Bus bietet eine schöne Rundtour durch die Mourne Mountains inkl. einem Abstecher zum Silent Valley. Eine Tageskarte auf dieser Strecke kostet 5,50 £.

Genaue Fahrzeiten der Busse sowie aller Anschlussverbindungen mit Bus und Bahn unter 💻 www.translink.co.uk. Dabei ist besonders auf die sehr günstigen iLink-Tickets zu achten, die etwa eine Woche uneingeschränkte Fahrt durch ganz Nordirland für 55 £ erlauben.

Die von Bus Éireann betriebenen Strecken sind abzufragen unter 💻 www.buseireann.ie.

Counties Fermanagh, Tyrone und Armagh

Die drei Counties Nordirlands, die im Binnenland liegen, sind landschaftlich sehr reizvoll – vielerorts bestimmen Berge und Seen die Szenerie. Auch wenn die dramatischen Küstenabschnitte fehlen, so bieten Fermanagh, Tyrone und Armagh doch wesentlich mehr als die Midlands in der Republik: landschaftlich wie kulturell.

Newry

Die Kleinstadt Newry, eigentlich idyllisch zwischen Bergen und Meer gelegen, ist ein typischer Grenzort, der in den letzten Jahren als Einkaufsstadt einen wahren Boom erlebt hat. Touristisch hat der Ort nicht viel zu bieten, die Interessen der Kaufleute bestimmen das Bild und allenfalls die Schwäne auf dem **Newry Canal** lassen ein wenig Irland-Romantik aufkommen. Der Kanal diente übrigens vor allem zum Transport von Braunkohle zwischen dem Lough Neagh und dem offenen Meer am Ende des Carlingford Lough. Dass in Newry die erste anglikanische Kirche auf irischem Boden errichtet wurde, ist heute fast unbekannt – die Kirche **St. Patrick**, 1578 gestiftet von Sir Nicholas Bagnal, Befehlshaber der englischen Besatzungstruppen. Stattdessen wird lieber darauf verwiesen, dass schon 1144 die Zisterzienser ein Kloster gründeten. Newrys Bevölkerung ist nämlich vor allem irisch-nationalistisch orientiert, was auch an dem an Heiligenfiguren erinnernden Denkmal für die zehn Hungertoten von 1981 in der Innenstadt deutlich wird.

Transport

Newry liegt verkehrstechnisch sehr günstig an der **Eisenbahnverbindung** zwischen DUBLIN und BELFAST, weiterhin bestehen Verbindungen

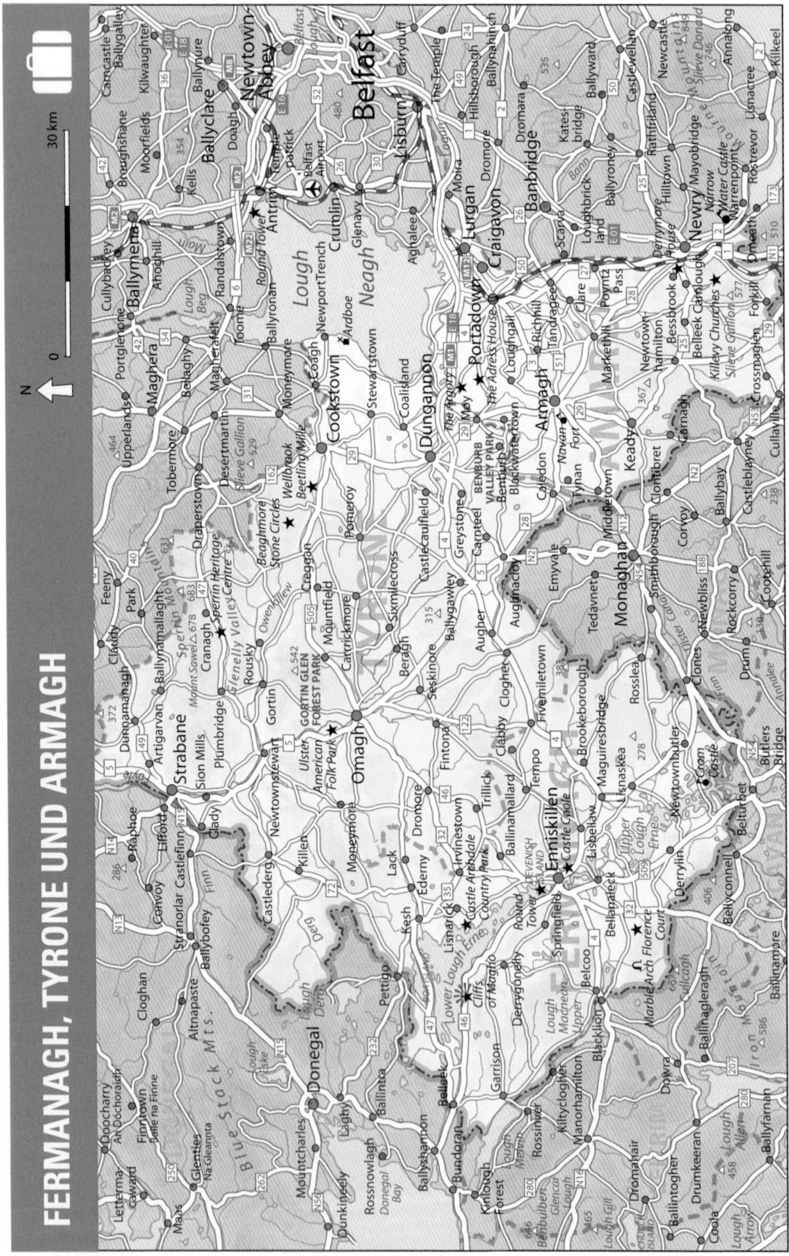
FERMANAGH, TYRONE UND ARMAGH
N
0
30 km
Belfast
Newtown-Abbey
Lisburn
Ballymena
Antrim
Ballyclare
Lough Neagh
Cookstown
Dungannon
Portadown
Craigavon
Lurgan
Banbridge
Armagh
Newry
Omagh
Strabane
Enniskillen
Monaghan
Donegal
Lower Lough Erne
Upper Lough Erne
Sperrin Mountains
Blue Stack Mts.
Mourne Mountains
Ulster American Folk Park
Gortin Glen Forest Park
Castle Coole
Florence Court
Marble Arch
Navan Fort
Benburb Valley Park
Killevy Churches
Beaghmore Stone Circles
Wellbrook Beetling Mill
Round Tower
Cliffs of Magho
Castle Archdale Country Park
Crom Castle
The Argory
The Ardress House

mit den **Schnellbussen von Goldliner** nach BELFAST oder NEWCASTLE, in Richtung Süden nach Dublin über DUNDALK und DROGHEDA. Nicht ganz so günstig sind die Verbindungen nach Westen, hier empfiehlt sich ein Umsteigen von der Bahn auf den Bus in Portadown oder Lisburn, Verbindungen sind dann nach ARMAGH oder ENNISKILLEN möglich.
Genaue Infos unter 🖳 www.translink.co.uk. Tipp: günstige iLink-Tickets, die etwa eine Woche uneingeschränkte Fahrt durch ganz Nordirland für 55 £ erlauben. Die von Bus Éireann betriebenen Strecken sind abzufragen unter 🖳 www.buseireann.ie.

Killevy Churches

Die Killevy Churches in der Nähe des Ortes Camlough sind die Reste zweier mittelalterlicher Kirchen. An dieser Stelle sollen schon im 5. Jh. einige Nonnen ein Kloster gegründet haben, das jedoch zu Beginn des 10. Jhs. von den Wikingern zerstört wurde. Das einzige Überbleibsel dieser frühchristlichen Anlage könnte ein Teil der Tür der westlichen Kirche sein, der von einigen Experten auf das Jahr 900 datiert wird. Die Kirche selbst stammt allerdings aus dem 12. Jh. Östlich davon ist eine zweite, neuere Kirche entstanden, diese soll aus dem 15. Jh. stammen.

Slieve Gullion Forest Park

Der Slieve Gullion Forest Park, 🖳 www.forest serviceni.gov.uk, ist mit zahlreichen Sagen aus der irischen Mythologie verbunden. So soll hier der sagenhafte Cúchulainn, der größte Kämpfer von Ulster, die Truppen der Königin Maeve von Connacht aufgehalten haben (s. S.195). Angesichts der gebirgigen Landschaft kann man glauben, dass ein großes Heer hier von einer kleinen Einheit gestoppt werden konnte. Verschiedene Steingräber im Park haben ebenfalls mythologische Bezüge, eines ist als das Haus einer riesigen Hexe bekannt. Wer nicht einen der vielen Wanderwege nutzen will, kann den Park auch auf einer Rundtour im Auto genießen. 🕒 Tgl. von 8 Uhr bis Sonnenuntergang, Eintritt frei.

Armagh

Armagh, oft auch als „the Cathedral City" bezeichnet, ist vielleicht eine der typischsten Städte Nordirlands, obwohl die vielen aus buntem Kalkstein (auch als „Marmor von Armagh" bekannt) errichteten Gebäude schon wieder einmalig sind. Das Stadtbild wurde vor allem durch die Arbeit des heimischen Architekten Francis Johnston geprägt, der um 1800 zahlreiche Gebäude aus örtlichem „Marmor" und im georgianischen Stil errichtete. Rund um die Mall, das parkähnliche Zentrum des Ortes, erhält man davon einen ersten Eindruck. Nur das Gerichtsgebäude sollte man kritischer betrachten, denn dies ist ein fast originalgetreuer Neubau, nachdem das ursprüngliche Gebäude 1993 einem Bombenanschlag zum Opfer fiel. Die **Mall**, in ovaler Form gebaut und mit einem großen Park in der Mitte versehen, in dem im Sommer Cricket gespielt wird, ist auch einen längeren Spaziergang wert. Die Gebäude, die den Platz umgeben, stammen überwiegend aus der georgianischen Epoche. Auch einige baulich interessante Kir-

Bandit Country South Armagh

Der südliche Teil des County Armagh, geprägt durch die wenigen Pässe und viele unzugängliche oder zumindest unüberschaubare Gebiete, wird seit ewigen Zeiten auch das Land der Banditen genannt. Ursprünglich bezog der Name sich wohl auf gemeine Räuber und Schmuggler, die hier ihre Verstecke hatten und ihrem dunklen Gewerbe nachgingen. Später kamen die Rebellen dazu, die ebenfalls in die Berge und Wälder flüchteten. Und im 20. Jh. waren es die republikanischen Paramilitärs, die im südlichen Armagh ihre Basis fanden.
Richtig aktenkundig wurde der Name allerdings erst im November 1975. Der damalige Nordirlandminister Merlyn Rees (Labour) nannte Armaghs Süden in einer offiziellen Reaktion auf ein Attentat der IRA „bandit country". Ein Label, das viele Nationalisten als einen britischen Versuch der Stimmungsmache abtaten, die IRA selbst aber als „Auszeichnung" ansah. Für sie war es der Beweis, dass ihre Strategie aufging.

Patrick, Brian Boru und Gulliver

Eine sehr lebendige Interpretation der Geschichte Armaghs bietet das **Saint Patrick's Trian**, 40 English St., ☏ 028-3521801, 💻 www.saintpatrickstrian.com, in der Stadtmitte, das besonders Familien mit Kindern dringend empfohlen sei – neben Patricks Geschichte zum (fast) Anfassen darf hier Gulliver selbst auftreten, in Fesseln geschlagen von den Kriegern Lilliputs. Die Ausstellung zu dem bekanntesten Werk des Jonathan Swift macht aber auch Erwachsenen Spaß. Und am Ende erzählt sogar Gulliver selbst von seinen Abenteuern. Die Ausstellung zur Stadtgeschichte zeigt u. a. die fast geisterhafte Prozession zur Beerdigung von Hochkönig Brian Boru. Und schließlich kann man in einem mittelalterlichen Skriptorium noch sehen, wie die Mönche ihre wunderbaren Manuskripte herstellten. Das Café im Obergeschoss des Gebäudes ist übrigens preisgünstig, dabei aber von guter Qualität. 🕓 Mo–Sa 10–17, So 14–17 Uhr, Eintrittsgebühr je nach Kombination der verschiedenen Ausstellungen.

chen sind an der Mall zu sehen. Dabei fällt dem Betrachter vielleicht das Symbol des „brennenden Busches" auf (oft mehr einem in Flammen stehenden Baum ähnlich sehend) – dies ist das Erkennungszeichen der presbyterianischen Kirche. Ein Gang durch die etwas verwinkelte Innenstadt kann sich anschließen, besonders schöne Häuser oder interessante Einkaufsmöglichkeiten sind hier allerdings nicht zu finden.

Seinen historischen Rang erhält Armagh vor allem durch den Nationalheiligen Patrick, der hier im 5. Jh. eine seiner Kirchen gründete, auf deren Tradition sich die Kathedrale der Church of Ireland auf dem Vicar's Hill beruft – die **St. Patrick's Cathedral**, 💻 www.stpatrickscathedral.org. Die im 19. Jh. gnadenlos restaurierte Kirche weist alte Bausubstanz und frühmittelalterliche Reste auf, die heute als Ausstellungsstücke dienen. Das Grab des letzten irischen Hochkönigs Brian Boru (gestorben 1004 und bei Patricks Kirche in Armagh begraben) ist jedoch im Laufe der Jahrhunderte verschollen gegangen. Nicht verschollen, aber auch nicht mehr vollständig erhalten, ist ein Hochkreuz aus dem 11. Jh. Trotz der erheblichen Restaurierungsarbeiten vermittelt die Kathedrale heute noch einen sehr mittelalterlichen Eindruck, der durch die umliegenden Gebäude noch verstärkt wird. Bei einem Spaziergang über den nicht sehr großen Kirchhof bieten sich einem einige interessante Perspektiven.

In der Nähe der Kathedrale steht die 1771 gegründete **Public Library**, ☏ 028-37523142, 💻 www.armaghrobinsonlibrary.org, die erste außerhalb Dublins und kurioserweise per Inschrift als „Ein heilender Ort für die Seele" bezeichnet. Die Sammlung enthält u. a. ein Exemplar von *Gullivers Reisen* mit handschriftlichen Anmerkungen von Jonathan Swift, Grafiken von Hogarth und auch Bittschriften an Oliver Cromwell. 🕓 Mo–Fr 10–13, 14–16 Uhr, Eintritt frei.

Die Dawson Street führt von hier bergab am großen **Shambles Market** (Markt am Di und Fr) vorbei zur zweiten Kathedrale.

Im Stil der Neogotik zwischen 1840 und 1873 etappenweise gebaut, weist die ebenfalls als **St. Patrick's Cathedral** bekannte katholische Bischofskirche, 💻 www.armagharchdiocese.org, einen deutlichen Hang zu fast südländisch wirkendem Prunk auf, italienische Mosaiken, reich geschmückte Buntglasfenster und viel Marmor bilden einen bombastischen Gesamteindruck, der nur durch den in den 1980er-Jahren modernisierten Altarraum gestört wird. Verschwörungstheoretiker und Fans von Dan Brown sollten sich das Glasfenster mit dem letzten Abendmahl vormerken – an Jesus lehnt eine definitiv weibliche Gestalt und die Wappenlilien im Hintergrund lassen viele Interpretationen zu. Wahrscheinlich handelt es sich nur um eine der üblichen Darstellungen des „Lieblingsjüngers" mit fast androgynen Zügen. Beeindruckend ist auch die große Freitreppe, die von der Straße zur wesentlich höher gelegenen Kathedrale hinaufführt, von hier aus hat man wiederum einen Blick über die Innenstadt.

Das **Armagh County Museum**, The Mall East, ☏ 028-37523070, 💻 www.nmni.com/acm, in einem ehemaligen Schulgebäude an der Mall informiert über die Stadtgeschichte. Zu den makabersten Ausstellungsstücken zählt der eiserne

Kathedralen und Kirchen in Konkurrenz

St. Patricks Cathedral, Armagh

Armagh ist berühmt für seine Kirchen. Gleich zwei Kathedralen konkurrieren um den höchsten Standort (und den höchsten Kirchturm), wobei sie beide jeweils dem höchsten Kirchenfürsten Irlands gehören. Mehrere presbyterianische Kirchen sind nicht minder beeindruckend und zahlreiche kleinere Kirchen haben ihre Kapellen und Versammlungssäle am Ort. Wirft man in Armagh einen Stein ungezielt, geht fast immer ein Kirchenfenster zu Bruch. Und schuld ist Patrick. Auf dem Hügel der sagenhaften Macha, Ard Macha auf Irisch und später zu Armagh zusammengezogen, errichtete der Nationalheilige um 445 ein Kloster und eine Kirche. Und seitdem beansprucht Armagh den höchsten Rang im christlichen Leben Irlands, weit vor Dublin oder gar Belfast.

Was über kurz oder lang die Kirchenoberen der großen Konfessionen anerkannten und seitdem als gegeben hinnehmen – sowohl der katholische Bischof wie auch sein anglikanischer Amtsbruder sind die ranghöchsten Vertreter ihrer jeweiligen Kirche auf der Insel. Und jeder von ihnen hat, natürlich, eine prachtvolle Kathedrale am Ort. Beide sind auf Hügeln gelegen, wobei die weitaus jüngere katholische Kathedrale mit weißen Wänden und schlanken Doppeltürmen weitaus auffälliger und dem Himmel etwas näher erscheint. Übrigens sollte man immer ganz genau nachfragen, wenn man sich nach dem Weg zur jeweiligen Kathedrale erkundigt – „praktischerweise" sind beide nach dem Hl. Patrick benannt. Tradition verpflichtet eben über Konfessionsgrenzen hinaus.

Schädel des alten Stadtgalgens, der jüngere Besucher garantiert in seinen Bann schlagen wird. ⌚ Mo–Fr 10–17, Sa 10–13 und 14–17 Uhr, Eintritt frei.

In der Nähe befindet sich auch das Regimentsmuseum der **Royal Irish Fusiliers**, Sovereign's House, The Mall, ✆ 028-37522911. Dies ist eigentlich nur für speziell an Militärgeschichte interessierte Besucher empfehlenswert. ⌚ Mo–Fr 10–12.30 und 13.30–16 Uhr, Eintritt frei.

Weitere Anziehungspunkte der Stadt finden sich etwas außerhalb der direkten Stadtmitte, aber noch fußläufig erreichbar. Die spärlichen Reste der **Franziskanerabtei** von 1266, einst die größte Abtei des Ordens in Irland, stehen linker Hand an der Auffahrt zum ehemaligen Palast des Erzbischofs (**The Palace Demesne**), den heute die Stadtverwaltung nutzt. Die Gärten mit der merkwürdigerweise als riesiger ionischer Tempel gestalteten Privatkapelle des Bischofs, dem Gewächshaus und den Stallungen sind zu besichtigen.

Eine Attraktion ganz besonderer Art ist die **Sternwarte** von Armagh zusammen mit dem **Planetarium**, College Hill, ✆ 028-37523689, 🖳 www.armaghplanet.com, zu finden in den nach ihr benannten Observatory Grounds auf dem College Hill. Dieser Hügel bietet damit gleich zwei schöne Blickrichtungen, zum einen auf die Stadt selbst, zum anderen ins All. Das Museum befasst sich mit der Astronomie und der Weltraumfahrt, teilweise können die Ausstellungsgegenstände angefasst werden. Vor allem Kinder und Jugendliche sind begeistert von den Raumanzügen und vielen Modellen von Raketen und Raumschiffen. ◷ Mo–Fr 13–17, Sa 11.30–17 Uhr, Eintritt 6 £.

Übernachtung und Essen

Armagh City Hostel, 39 Abbey St., ✆ 028-37511800, 🖳 www.hini.org.uk/hostels/Armagh-Hostel. Mitten in der Stadt gelegenes Hostel mit verschieden großen Zimmern und Schlafsälen (Bett ab 17 £). Ein neuer Zweckbau, ideal für einen Besuch in der „Cathedral City". ❶

Armagh City Hotel, 2 Friary Rd., ✆ 028-37518888, 🖳 www.armaghcityhotel.com. Direkt neben den Klosterruinen gelegenes, modernes Hotel mit bequemen Zimmern und kurzem Weg in die Innenstadt. Das Friary Restaurant und die Spires Bar im Haus sorgen für das leibliche Wohl. ❸–❺

Manor Park Brasserie, 2 College Hill, ✆ 028-37515353, 🖳 www.manorparkrestaurant.co.uk. Küchenchef James Neilly kocht international, am ehesten als „irisch-britisch mit französischem Einschlag" zu bezeichnen. Preislich sehr günstig ist das traditionelle Carvery Lunch, aber auch das Frühabendmenü ist nicht zu verachten. Damen aufgepasst: Dienstags ist „Ladies' Night", 3-Gänge-Menü, Wein und Schönheitstipps komplett für nur glatte 20 £.

Unterhaltung und Kultur

Gildernew's Bar, 100 Railway St., ✆ 028-37527315. gemütlicher Pub mit gemischtem Musikprogramm, Dienstagabend Session mit traditioneller Musik, am Wochenende DJs mit modernem Programm.

The Market Place Theatre, Market St., ✆ 028-37521821, 🖳 www.marketplacearmagh.com. Kleines Theater, das als Kulturzentrum genutzt wird und eine Vielzahl an Aufführungen von Drama bis Comedy bietet.

Informationen

Tourist Information Armagh, 40 English St., ✆ 028-37521800, ✉ info@visitarmagh.com. Infos auch unter 🖳 www.armagh.co.uk.

Transport

Armagh hat sehr gute und häufige Busverbindungen mit dem Goldliner nach BELFAST. In die entgegengesetzte Richtung wird eine gelegentliche Verbindung nach GALWAY von Bus Éireann angeboten.
Über DUNGANNON lassen sich zudem COLERAINE, DERRY, OMAGH und ENNISKILLEN gut erreichen. Infos unter 🖳 www.translink.co.uk oder www.buseireann.ie.

Navan Fort

Nur rund 3 km westlich von Armagh befindet sich das **Navan Centre**, 81 Killylea Rd., ✆ 028-37521801, 🖳 www.armagh.co.uk, ein preisgekröntes und in die Hügellandschaft versenktes Besucherzentrum, das zu den Highlights von Ulster gehört. Nicht ohne Grund – im nahegelegenen Navan Fort (**Emain Macha**, „die Zwillinge der Macha") residierten einst die mächtigen Könige von Ulster, schon Ptolemäus verzeichnete den Ort als „Isamnium" auf seinen Karten. Der mächtige, künstlich geschaffene Hügel von Emain Macha wird von Wallanlagen und Aufschüttungen begrenzt, die einen Durchmesser von 250 m haben. Das an sich ist schon beeindruckend, die im Besucherzentrum anschaulich gemachte Geschichte des Ortes allerdings ist faszinierend. Eine riesige Holzkonstruktion wurde mühsam errichtet und dann aus wahrscheinlich rituellen

Der Apfelwein von Armagh

Das County Armagh ist für seine Apfelplantagen bekannt. Ein Großteil der Ernte wandert in die Produktion eines edlen Tropfens, des Cider. Der Apfelwein, der dem französischen Cidre oder dem hessischen Äppelwoi so gar nicht ähnelt, hat längst seinen Siegeszug in die städtischen Kneipen und Bars angetreten und sich einen soliden Marktanteil erkämpft. Eisgekühlt, verkauft sich Cider im Sommer am besten.

Die in Armagh geernteten Früchte fließen oft unter dem Markennamen Bulmers oder Magners durch die Kehlen, im Grunde dasselbe Produkt, der eine Markenname wird in der Republik Irland gebraucht, der andere nur in Nordirland. Das Problem: Im Norden gibt es auch den Import aus dem Osten. Aus Großbritannien kommt ein ganz anderer Bulmers Cider, dessen Markenrecht sich eben über das gesamte Vereinigte Königreich erstreckt.

Viel feiner im Geschmack, wenn auch oft trüber im Aussehen, sind aber oft örtliche Cider. An mehreren Orten in Armagh findet der Besucher kleine Keltereien, die ihren eigenen Apfelsaft und Apfelwein herstellen. Preislich liegen ihre Produkte meistens weit über dem, was man im Supermarkt für die großen Marken bezahlt. Kenner werden aber schnell feststellen, dass man hier noch echten Apfel schmeckt. Wobei es dann dem individuellen Gaumen überlassen bleibt, ob es der herbe „Dry Cider" oder doch der lieblichere „Sweet Cider" sein soll. Doch Vorsicht: „Sweet Cider" mag vielleicht wie Apfelsaft schmecken, enthält aber auch rund 5 % Alkohol. Mehr als manches Bier.

Gründen wieder vernichtet. Die Bodenfunde, darunter auch ein Affenschädel, gaben oft mehr Rätsel auf, als sie Erklärungen lieferten. Den mythologischen Hintergrund, von der Geburt der Zwillinge der Macha bis zur epischen Schlacht zwischen Connacht und Ulster (s. S. 195), präsentiert eine aufwendig gestaltete Multimediaschau, eine Ausstellung widmet sich der Archäologie des Ortes. Als drittes großes Element des Besucherzentrums wurde neben dem (auch als Picknickgelände beliebten) Parkplatz eine winzige Siedlung der Vorzeit rekonstruiert. Sie besteht zwar eigentlich nur aus einem Haus und einem sehr stabilen Holzzaun, ist aber ein gutes Beispiel für „Lebende Geschichte". Mitarbeiter des Museums in zeitgenössischen Kostümen spielen die Rolle der Bewohner und informieren die Besucher über das Alltagsleben in der landwirtschaftlich geprägten Gesellschaft. Waffen und Schilde sind zwar im Haus an die Wand gelehnt, die Kultivierung des kleinen Gartens oder die effektive Bedienung des in den Boden eingelassenen Backofens scheinen aber wichtiger. Wie es wohl auch im wirklichen Leben war. ◷ Tgl. 10–16, im Sommer bis 19 Uhr, Eintritt 5,50 £.

Nach einer Stärkung im kleinen Café ist eine kurze Wanderung zum **Hügel von Emain Macha** unbedingt zu empfehlen. Auch wenn die verschiedenen Wälle und Aufschüttungen heute fast in die Natur übergegangen zu sein scheinen, so lassen sie doch die menschliche Planung deutlich erkennen. Die Aussicht vom Hügel ist „atemberaubend". Auf dem Hügel von Emain Macha kann man den Eindruck bekommen, an einem ganz besonderen Ort zu sein, der vielleicht Teil einer „Heiligen Landschaft" war. In dieser Hinsicht kann es Navan Fort mit dem berühmteren Hill of Tara durchaus aufnehmen. Dennoch ist der Ort weitaus weniger besucht als Tara. Für ein Picknick auf Emain Macha wäre übrigens eine bevorzugte Nahrung der Druiden angebracht – Äpfel, vielleicht in der beliebten Form des Apfelweins.

Transport

Navan Fort ist von Armagh aus mit der **Buslinie 73** zu erreichen (Richtung Killylea) – unbedingt dem Fahrer schon in Armagh Bescheid sagen, dass man am Fort aussteigen möchte, 💻 www.translink.co.uk.

Von Armagh nach Omagh

Weitere Einblicke in die wechselhafte irische Geschichte erhält man im Umland von Armagh – etwa im **Benburb Valley Park**, heute ein Nah-

Das Leben in keltischer Zeit wird in Emain Macha veranschaulicht.

erholungsgebiet, in dem das Schloss im Zweiten Weltkrieg als amerikanisches Militärhospital diente. Eine kleine Erinnerung daran, dass ab 1942 eine starke amerikanische Militärpräsenz in Nordirland vorhanden war.

In **Loughgall** dagegen erinnert das **Dan Winter's Cottage** mit seinem kleinen Orange Order Museum, 💻 www.orangenet.org/winter, in einmaliger Parteilichkeit an die „Schlacht" von Diamond Hill (1795) und die daraus folgende Gründung des Oranierordens. 🕓 Bitte aktuell auf der Website in Erfahrung bringen.

Wesentlich beschaulicher dagegen geht es im **Ardress House**, 64 Ardress Rd., Annaghmore, Portadown, 📞 028-87784753, 💻 www.nationaltrust.org.uk/main/w-ardresshouse, zu, einem Herrenhaus, rund 15 km nordöstlich von Armagh an der B28 gelegen. Seinen Ursprung hatte das Haus in einem Gutshof, der dann in der zweiten Hälfte des 18. Jhs. zu einem „Great House" umgebaut wurde. Die Stuckarbeiten im klassischen Stil und eine schöne Sammlung an Möbeln aus jener Zeit machen einen Besuch interessant. An einem der Tische wurde 1921 die nordirische Verfassung unterzeichnet. Angeschlossen ist ein Bauernhof mit Schweinezucht, Apfelplantage und einem herrlichen Garten voller alter Rosenarten. 🕓 Vor allem am Wochenende geöffnet, genaue Zeiten auf der Website, Eintritt 3 £ (Farm) oder 5 £ (Farm und Haus).

Noch idyllischer gibt sich **The Argory**, 144 Derrycaw Rd., Moy, Dungannon, 📞 028-87784753, ein kleineres Landhaus am Blackwater und nur wenige Kilometer nordwestlich gelegen. Auch hier gibt es einen großen Garten, ebenfalls für seine Rosen bekannt, während das Landhaus selbst vor allem mit seinen gut erhaltenen Wandmalereien die Besucher erfreut. 🕓 Tgl. 10–17 Uhr, im Sommer länger, das Haus ist außerhalb der Hauptsaison nicht jeden Tag geöffnet, Eintritt 6 £.

Etwas weiter nördlich schließlich führt die Straße nach **Dungannon**, einem Ort, der seit dem 14. Jh. als Machtbasis der O'Neills diente. Diese Rolle wurde mit den „Ulster Plantations" (s. S. 588) beendet, die Kolonisten machten die Burg dem Erdboden gleich. Dafür gründeten sie die Royal School, in der seit 1614 unterrichtet wird. Die Schule gilt als die älteste Einrichtung ihrer Art in Nordirland. Das heute genutzte Gebäude wurde jedoch erst am Ende des 18. Jhs. bezogen. Nach dem Niedergang der Leinenindustrie musste sich auch Dungannon neu orientieren, so wurde Tyrone Crystal ein wichtiger Export. Die Glasfabrik war der größte Betrieb dieser Art in Nordirland, im März 2010 wurde jedoch die Schließung verkündet.

Der kleine Ort **Cookstown**, benannt nach seinem Gründer Alan Cook, ist eine typische Siedlung aus der Zeit der „Plantations" und entstand im 17. Jh. Angelegt wie auf einem Reißbrett, fasziniert am Stadtbild vor allem die große Hauptstraße. Diese ist ungefähr 40 m breit und damit für die meisten Fußgänger, die sie überqueren wollen, eine Herausforderung. Zudem ist sie 2 km lang und gerade wie ein Lineal. Vom Südende der Straße aus nach Norden blickend scheint die Hauptstraße schnurstracks auf Slieve Gallion zuzulaufen.

Östlich von Cookstown befindet sich am Ufer des **Lough Neagh** der Rest einer Klostersiedlung aus dem frühen Mittelalter. In **Ardboe** ließen sich wahrscheinlich im 6. Jh. die ersten Mönche nieder. Der eigentliche Grund für einen Abstecher hierher ist jedoch das Ardboe Cross, ein Hochkreuz aus dem 10. Jh., und wahrscheinlich das schönste Hochkreuz in Ulster. Der Zahn der Zeit hat zwar schon etwas an ihm genagt, der Ornamentreichtum auf den insgesamt 22 Bildtafeln ist jedoch auch heute noch zu erkennen. Dabei scheint eine genaue Trennung den Auftraggebern wichtig gewesen zu sein. Die nach Osten gerichtete Seite des Kreuzes zeigt nur Szenen aus dem Alten Testament, die nach Westen gerichtete Seite dagegen illustriert das Neue Testament. Nicht alle Szenen sind gleich gut erhalten.

Etwa 10 km nordwestlich von Cookstown sind die **Beaghmore Stone Circles** fast schon Pflichtprogramm – mit „nur" sieben Steinkreisen und bronzezeitlichen Hügelgräbern als zentrale Attraktion zwar nicht unbedingt rekordverdächtig, weitere rund zwei Dutzend Fundstellen in der Nähe aber machen den Ort zu einer von Irlands „sacred landscapes". In einem unwirtlichen Moor zu Füßen der Sperrin Mountains gelegen, sind die steinernen Zeugen der Vergangenheit vor rund 3000 bis 4000 Jahren hier aufgestellt worden. Erst seit Ende des Zweiten Weltkriegs sind die Steinkreise aber überhaupt bekannt, davor waren sie viele Jahrtausende vom Moor bedeckt. Ihre Entdeckung war einer der größten archäologischen Funde in Ulster überhaupt. Die Bedeutung ist manchem Besucher nicht auf den ersten Blick klar, zumal hier keine überragenden Monolithen wie in Stonehenge stehen, die meisten Steine erreichen nicht einmal Hüfthöhe. Zumindest die Steinkreise und die geraden, aus Steinen gebildeten Linien in der Landschaft dienten wahrscheinlich kultischen Zwecken. Für einen Teil der Anlage ist eine Ausrichtung auf die Sonne, den Mond oder einige Planeten sehr wahrscheinlich. Drei der Steinreihen weisen etwa auf den Punkt am Horizont, an dem die Sonne am Tag der Sommersonnenwende aufgeht. Eventuell haben wir es hier auch mit einem gigantischen Observatorium aus der Steinzeit zu tun.

Westlich von Cookstown ist ein ganz anderes Relikt aus der Vergangenheit der Provinz Ulster zu sehen, die heute vom National Trust geführte **Wellbrook Beetling Mill**, 20 Wellbrook Rd., Corkhill, Cookstown, ✆ 028-86751735, 💻 www.nationaltrust.org.uk/main/w-wellbrookbeetlingmill. Solche Mühlen waren ein wichtiger Bestandteil der Leinenindustrie, die in Ulster einen wichtigen Wirtschaftsfaktor darstellte. „Beetling" hatte nichts mit Ungeziefer zu tun, das Wort beschrieb einen sehr lauten Vorgang, bei dem durch Hammerschläge Glanz auf den Stoff gebracht wurde. Wie dies funktionierte, wird in der Ausstellung gut erklärt. Und welche Geräuschbelästigung dabei entstand, können sich die Besucher selber anhören. Angetrieben wurde die Mühle durch den vorbeifließenden Ballinderry, seit 1768 dreht sich hier das große Wasserrad. Einige Wanderwege entlang des Flusses laden zu Wanderungen ein. 🕓 März–Sep am Wochenende 14–18, Juli, Aug tgl. außer Fr 14–18 Uhr, Eintritt 4,20 £.

Unverfälschte irische Natur bieten die **Sperrin Mountains**. Auf Wanderungen in den bis zu 700 m hohen Bergen, die von Mooren, Heidelandschaft und kleinen Bächen geprägt sind und wo sich zahlreiche prähistorische Gräber und Menhire befinden, ist man oft ganz alleine unterwegs. Das **Sperrin Heritage Centre**, 274 Glenelly Rd., Gortin, liegt unmittelbar unterhalb des Mount Sawel (678 m) und informiert über die Geologie und Geschichte der Gegend. Wobei die Geologie hier die Geschichte beeinflusst, denn die Sperrin Mountains haben durchaus lohnenswerte Goldvorkommen. Optimisten können sogar das Goldwaschen im Bach versuchen. ◷ April–Okt Mo–Fr 11–18, Sa 11.30–18, So 14–18 Uhr (Fei wie So), Eintritt 2 £.

Ein weiteres lohnenswertes Besucherzentrum ist das **An Creagan Visitor Centre**, Creggan, ✆ 028-80761112, 🖳 www.an-creagan.com, wo auch kulturhistorische Kurse im Angebot sind. Beide Einrichtungen informieren zusätzlich sehr gut über die Wandermöglichkeiten im Umland und in den Sperrin Mountains.

Südwestlich der Sperrin Mountains liegt **Omagh**, eine lebendige Provinzstadt mit einem geschäftigen, verwinkelten Stadtkern – dieser wurde im August 1998 zum tragischen Symbol, als eine von einer IRA-Splittergruppe konstruierte Autobombe mitten im geschäftigen Trubel explodierte und 29 Menschen, darunter auch Touristen, in den Tod riss. Obwohl die Innenstadt mittlerweile natürlich von den sichtbaren Spuren des Anschlags gereinigt wurde, sitzt der Schock dieses Terroranschlags nach wie vor tief. Dabei macht die Innenstadt von Omagh eigentlich einen netten Eindruck, die Hauptstraße zieht sich vom Fluss hinauf bis zum Gerichtsgebäude und den Kirchen, links und rechts gesäumt von netten Geschäften, die zum Einkaufsbummel einladen.

Die Glassäule am unteren Ende der Hauptstraße, in die ein geteiltes Herz eingeschnitten ist, markiert genau die Stelle, an der die Terroristen 1998 ein mit Sprengstoff beladenes Auto geparkt hatten. Auf der anderen Seite des Flusses wurde eine sehr beeindruckende Installation zur Erinnerung an die Opfer des Attentats eingerichtet. In einem Park stehen auf hohen Stangen Spiegel. Für jedes Opfer ein Spiegel, der das Sonnenlicht reflektiert und über eine weitere Spiegelanlage in die Hauptstraße bringt. Die Namen der Opfer sind am Rand des Parks in Stein gemeißelt.

11 HIGHLIGHT

Ulster American Folk Park

Rund 8 km nordwestlich von Omagh liegt der **Ulster American Folk Park**, 2 Mellon Rd., Castletown, ✆ 028-82243292, 🖳 www.nmni.com/uafp, eine der interessantesten Besucherattraktionen Irlands. Hier befasst man sich mit der Emigration der Iren nach Amerika (s. S. 103), die schon weit vor der Großen Hungersnot begann und auch stark von den protestantischen Bewohnern Ulsters mitgetragen wurde. Auf verschlungenen Wegen erforscht man in dem Freilichtmuseum die irische Landschaft und Lebenswelt etwa um 1800. Geschäfte, eine Schmiede, eine Post und andere Gebäude versetzen einen in längst vergangene Zeiten, Handwerker und Frauen in Kostümen berichten anschaulich über ihr Leben und demonstrieren historisches Handwerk. Der Weg endet in einer Kleinstadt, in deren lebensecht simuliertem Hafengebiet ein Auswandererschiff wartet ... das der Besucher erst in der „Neuen Welt" wieder verlässt, wo er dann aus einer amerikanischen Hafenstadt ins Land wandert, an den Siedlungsbauten der irischen Immigranten und Kürbisfeldernvorbei. Der Ulster American Folk Park ist (bis auf eine sehr gute Abteilung mit Modellen und Dioramen) in erster Linie ein Freilichtmuseum. Nehmen Sie sich mind. einen halben Tag Zeit. Interessant ist ein Museumsbesuch auch während der verschiedenen Aktivitäts- oder Festivalwochenenden. Unter Musikfreunden hoch gelobt wird das jährliche Bluegrass-Festival im Spätsommer. ◷ Sommer tgl. außer Mo 10–17, Winter Di–Fr 10–16, Sa/So 11–16 Uhr, Eintritt 6,60 £.

Nicht weit vom Ulster American Folk Park entfernt, lädt auch der **Gortin Glen Forest Park**, 🖳 www.forestserviceni.gov.uk, zu Wanderungen ein (wenn man ihn nicht nur mit dem Auto auf einem Rundkurs durchfährt). Drei Wanderwege (jeweils unter 1 Std.) sind ausgeschildert. Nicht garantiert, aber auch nicht unbedingt selten, ist die Begegnung mit den Sika-Hirschen im Park.

In Richtung Südwesten erreicht man von Omagh aus auf der A32 schnell das County Fermanagh, geprägt vor allem durch seine Seenlandschaft und den großen Lough Erne.

Übernachtung und Essen

Omagh

Gortin Hostel, 62 Main St., Gortin, ✆ 028-81648346, 🖳 www.gortin.net. Etwas außerhalb der Stadt gelegenes Hostel mit 38 Betten, auch Familienzimmer. Waschmaschine vorhanden. Euros werden akzeptiert. Bett ab 12,50 £.

Silverbirch Hotel, 5 Gortin Rd., ✆ 028-82242520, 🖳 www.silverbirchhotel.com. Am Rand der

Ulster-Scots

Jedes Kind weiß, dass die Iren glücklich waren, bis ihnen die Engländer den Spaß verdarben – in dieser extremen Vereinfachung wird bisweilen irische Geschichte präsentiert. Und zwischen den oft beschworenen Kontrahenten „Iren" und „Briten" bleibt eine Bevölkerungsgruppe meist auf der Strecke: die Ulster-Scots, Nachfahren der aus Schottland immigrierten (und vor allem presbyterianischen) Kolonisten.

Diese verstehen sich selbst nach Jahrhunderten noch zu allererst als aus Schottland kommende Bewohner Nordirlands, danach als Briten, jedoch fast nie als Iren. Ihre Geschichte wurde geprägt von einer starken gesellschaftlichen Isolation: als Kolonisten und als aus dem etablierten Kirchengefüge herausfallende „dissenters", sozusagen die Protestanten der anglikanischen Staatskirche.

Seit einigen Jahren bemüht sich die Ulster-Scots Agency (oder auch „Tha Boord o Ulster Scotch", www.ulsterscotsagency.com) um die Erhaltung und Förderung der speziellen Kultur der Ulster-Scots, teilweise hat man eine Gleichstellung mit den englisch-britischen oder irischen Mitbewohnern der Insel erreicht. So erscheint manche offizielle Webseite jetzt in Englisch, Irisch und Ulster-Scots, wobei 99 % der Besucher ausschließlich die englische Version nutzen.

Argwöhnisch beobachtet werden die Ulster-Scots hauptsächlich von nationalistischen Iren und ganz besonders den Wächtern der irischen Sprache und Kultur. Schließlich schöpfen alle Bevölkerungsgruppen aus einem Kulturbudget und ein neuer Mitbewerber führt fast zwangsläufig zu Einschränkungen bei den etablierten Organisationen.

Zudem wurde der Vorwurf erhoben, dass es sich bei der Kultur der Ulster-Scots um eine opportunistische Erfindung handle, um eben an diese Gelder zu kommen. Die Wahrheit liegt irgendwo dazwischen, vor allem durch ihre Religion und ihre immer noch schottisch geprägte Sprechweise bilden die Ulster-Scots tatsächlich eine eigene Bevölkerungsgruppe. Die Frage ist nur, inwieweit man dieser Gruppe besondere Rechte einräumen, besonderen Schutz zukommen lassen soll.

Diese Frage beantworten die Sprecher der Bevölkerungsgruppe damit, dass sie eben nicht besondere Rechte oder einen besonderen Minderheitenschutz beanspruchen, sondern nur dieselben Rechte und denselben Schutz, den auch andere Gruppen genießen. Worauf wiederum die Nationalisten damit kontern, dass etwa der Schutz der irischen Sprache in Irland keine Diskussion wert sei und sich die schottischen Kolonisten schon lange hätten anpassen können. Was dann regelmäßig die nächste Runde der gegenseitigen Anfeindungen und Verdächtigungen auslöst.

Stadt gelegenes, komfortables Hotel mit 64 Zimmern. Guter Ausgangspunkt für Touren in die Sperrin Mountains und den Ulster American Folk Park. ❸–❹

Grant's Licensed Restaurant, 29 George's St., ✆ 028-82250900. Kein Gourmet-Tempel, aber ein ordentliches Restaurant in der Ortsmitte (nahe Gericht und Kirchen), das traditionelle Küche bietet. Omagh wird gastronomisch ansonsten dominiert von Fast-Food-Lokalen.

Feste

Im Herbst findet das **Appalachian and Bluegrass Music Festival**, www.nmni.com/bluegrass, im Ulster American Folk Park statt. Traditionelle Musik aus den USA. Ein Musikfest, bei dem auch die Verbindung zwischen der nordamerikanischen Volksmusik und der Musik Irlands deutlich wird.

Informationen

Tourist Information Omagh, Strule Arts Centre, Townhall Sq., ✆ 028-82247831. Infos auch unter www.omagh.gov.uk.

Transport

Omagh liegt an der Strecke zwischen DERRY und DUBLIN, die mehrmals tgl. von **Schnellbussen** bedient wird, entweder mit dem Goldliner 274 oder der Bus Éireann Linie 33,

jeweils ein Bus fährt etwa alle 2 Std. tagsüber, Infos unter 💻 www.translink.co.uk oder www.buseireann.ie.
Goldliner-Verbindungen bestehen auch (allerdings mit Umsteigen) nach ENNISKILLEN, ARMAGH und BELFAST.
3x tgl. verkehrt ein Bus zwischen Omagh und MAGHERAFELT, **Sperrin Rambler**, Linie 403, der ideal zur Erkundung der Sperrin Mountains geeignet ist. Eine Tageskarte auf dieser Strecke kostet 8 £.

Enniskillen

Als Verbindungsglied zwischen dem Upper und dem Lower Lough Erne, hat sich das charmante Enniskillen, die Stadt auf der hügeligen Insel, eine herrliche Lage ausgesucht. Heute ist Enniskillen ein beliebter Ausgangspunkt für Bootstouren auf den Seen, im Sommer herrscht in den Straßen und Pubs buntes Leben und Treiben.

Trotz seiner langen Geschichte ist der Ort heute vor allem wegen eines tragischen Ereignisses bekannt: Am Remembrance Sunday 1987, dem britischen Volkstrauertag, zündete die PIRA eine Bombe in einem Haus neben dem Kriegerdenkmal. Elf Menschen starben. An die Opfer erinnern heute elf Tauben und eine Inschrift am Denkmal. An der Stelle des Bombenanschlags wurde ein internationales Begegnungszentrum, das **Clinton Centre**, eingerichtet. Die berühmteste der zahlreichen Schulen in Enniskillen ist die Portora Royal School, gegründet zu Beginn des 17. Jhs. von König Jakob I. Zu ihren Schülern gehörten u. a. Oscar Wilde und Samuel Beckett.

Eine der Hauptsehenswürdigkeiten ist das **Enniskillen Castle**, 💻 www.enniskillencastle.co.uk, das den Schifffahrtsweg zwischen Lower und Upper Lough Erne beherrscht und mit seinem Doppelturm vor allem von den umliegenden Ufern ein beliebtes Fotomotiv bildet. Die Burg war einst der Stammsitz des Maguire-Clans, der von hier aus seine Macht in der Region sicherte. Im Innern findet man heute das Heimatmuseum mit einer sehr interessanten Sammlung zur Ortsgeschichte. Diese wird u. a. in Modellen dargestellt, die z. B. auch ein Gelage im ältesten Teil der Burg zeigen. Genau in diesem findet sich auch ein kleineres **Militärmuseum**, 💻 www.inniskilling.com, mit einer etwas unübersichtlichen Sammlung zur Geschichte der nördlichen Regimenter. Die Geschichte Enniskillens als Handelsplatz und gleichzeitig Garnisonstadt war bewegt – auch wenn die Militärpräsenz im Stadtbild heute auf einige Statuen beschränkt ist, wie etwa der Füsilier und der Dragoner am Rathausturm. Eine kleine Ironie der Geschichte mag sein, dass das größte Ausstellungsstück in der Burg weder irischen noch britischen Ursprungs ist ... es handelt sich um einen deutschen Mörser, der quasi als Kriegssouvenir den Weg an den Erne fand. Insgesamt ist ein Besuch in der Burg lohnenswert, wobei der militärische Teil der Ausstellung eher für Spezialisten interessant ist und etwas unter der Enge der Ausstellungsräume leidet. 🕓 Mo 14–17, Di–Fr 10–17, Sa 14–17 (nicht Okt–April), So 14–17 Uhr (nur Juli und Aug), Eintritt 3,50 £.

Von der Burg aus kann man auf recht steilen Gassen zwischen den verschiedenen Kirchen auf die Hauptstraße des Ortes gelangen. Auf engstem Raum konkurrieren hier die anglikanische **Kathedrale**, die neuere **katholische Stadtkirche** und eine klassizistisch gehaltene **Methodistenkirche** um das Seelenheil der Bewohner. Sehenswert ist die Kathedrale, deren Öffnungszeiten aber keiner Logik unterworfen scheinen. Vom Ufer des Erne aus kann man einen merkwürdigen Wettbewerb erkennen. Die Kathedrale besaß ursprünglich einen quaderförmigen Turm, auf den dann später eine klassische Kirchturmspitze aufgesetzt wurde. Diese scheint in direkter Konkurrenz zur benachbarten katholischen Kirche entstanden zu sein. Ein in Irland nicht seltenes Phänomen: Die beiden größten Glaubensgemeinschaften bemühen sich darum, möglichst die höchste Kirchturmspitze am Ort zu haben.

Die Hauptstraße führt von der Kirchen-Gruppe bergab und bald wieder bergan in den Stadtkern, zahlreiche kleine Geschäfte laden zum Schauen ein, viele Restaurants und Cafés sorgen für das leibliche Wohl. Besonders interessant ist der etwas abseits liegende **Buttermarket**, ein alter Markt, in dem jetzt verschiedene Kunsthandwerker und Künstler ihre Ateliers und Läden haben, vielleicht der beste Ort, um ein Andenken an Enniskillen zu erstehen.

Das etwas pompöse **Rathaus** auf der nächsten Anhöhe und dann, wesentlich tiefer gelegen, das streng wirkende **Gericht** repräsentieren die weltliche Macht, während die bescheidene, altmodische **Presbyterianische Kirche** gegenüber des Gerichts fast romantisch kontrastiert. Kurz danach überquert die Straße den Erne, und das oben schon erwähnte Kriegerdenkmal ist erreicht.

Neben der Zahnarztpraxis schräg gegenüber führt ein Weg steil den Hügel hinauf zum **Cole's Monument**, das an einen Helden der napoleonischen Kriege erinnert, aber hauptsächlich wegen seines grandiosen Rundblicks einen Besuch wert ist. Wichtig: Das Monument ist selten geöffnet, oft muss man sich extra im Touristenbüro anmelden. Der kleine Park, in dem das Monument steht, ist mittlerweile so hoch mit Bäumen umwachsen, dass ohne die Besteigung des Monuments kaum ein Ausblick zu genießen ist. Der schöne viktorianische Konzertpavillon entschädigt nur wenig für diese kleine Enttäuschung.

Südlich der Innenstadt hat der National Trust mit **Castle Coole**, ✆ 028-66322690, 🖳 www.nationaltrust.org.uk/main/w-castlecoole, ein echtes Sahnestückchen der Gattung „Great Houses" für das Publikum geöffnet, wobei ein Teil des Anwesens noch von den ursprünglichen Besitzern genutzt wird. Auf einer Führung werden den Besuchern Teile des Herrenhauses gezeigt, und zwar die Bibliothek, einige repräsentative Räume und auch ein Teil der Privaträume. Wer etwas Zeit hat, der sollte seinen Besuch langfristig planen und mit dem National Trust absprechen, wann wieder eine der seltenen Führungen durch die Untergeschosse stattfindet. Castle Coole wurde nämlich so gebaut, dass Bedienstete und Lieferanten nicht die Idylle störten – sie betraten das Gebäude nur über einen langen, sogar für Pferdefuhrwerke geeigneten Tunnel. Ein interessantes Detail ist die große Presse im Keller, mit der u. a. Apfelwein hergestellt wurde. Der daneben befindliche Weinkeller ist allerdings immer noch in Benutzung und gut verschlossen. ◷ Park tgl. 10–19 (Winter 16), Haus April–Aug tgl. 11–17 (im Juni Do geschl.), März, April, Mai und Sep nur Sa/So 11–17 Uhr, Einfahrt ins Gelände pro PKW 3,50 £, Hausführung 5,50 £.

Etwas außerhalb der Innenstadt in nordwestlicher Richtung befindet sich der **Round-O-Quay**, ein Anleger mit einem Park, der zum Picknick einlädt. Dies ist ein bevorzugter Platz für viele Urlauber auf Kabinenkreuzern, die aber auch mitten in der Stadt am Lakeland Forum oder auch bei den Supermärkten Station machen können. Am Round O fährt täglich mehrmals in der Saison die „Kestrel" auf den Lower Lough Erne hinaus, 🖳 www.ernetoursltd.com, ein Aufenthalt auf **Devenish Island** (s. S. 554) ist inbegriffen. Zusätzlich werden abends Fahrten inkl. Essen angeboten. Allerdings sollten nicht absolut seefeste Touristen hierbei etwas aufs Wetter achten.

Übernachtung und Essen

The Bridges Hostel, Belmore St., ✆ 028-66340110, 🖳 www.hini.org.uk/hostels/Bridges-Hostel-Enniskillen. In der Ortsmitte gegenüber dem Kriegerdenkmal errichtetes, sehr modernes und fortschrittliches Hostel, als Energiesparhaus errichtet. Im Haus sind auch das Clinton Centre (ein Begegnungszentrum), ein sehr gutes Café und eine Kunstgalerie untergebracht. Bett ab 16 £.

Westville Hotel, 14–20 Tempo Rd., ✆ 028-66320333, 🖳 www.westvillehotel.com. Modernes Boutique-Hotel in ruhiger Lage etwas außerhalb des Zentrums, das aber noch zu Fuß erreichbar ist. Relativ geräumige Zimmer mit Internetzugang, das im Haus befindlich **Terrace Restaurant** serviert irisch und europäisch geprägte Gerichte.

Rebecca's Coffee Shop, Buttermarket. Café und Restaurant im Zentrum dieses Handwerker- und Künstlermarktes, gute Auswahl an Gerichten und Kuchen. Besonders gut: Shepherd's Pie!

Dollakis Restaurant, 23 Cross St., 🖳 www.dollakis.com. Kleines Restaurant mit bunt gemischter, europäischer Küche. Verschiedene Biersorten aus Spanien, Madeira und Deutschland. Nachmittags gibt es Tapas. Vernünftige Preise.

Unterhaltung und Kultur

Ardhowen Theatre, Dublin Rd., ✆ 028-66325440, 🖳 www.ardhowentheatre.com. Sehr gutes Theater etwas außerhalb der

Stadtmitte mit einem gemischten Programm, sehenswert sind die lokalen Amateurproduktionen.
Bush Bar, 26 Townhall St., ✆ 028-66325210. Pub und Bar mit Konzertraum, oft spielen Livebands. Ansonsten legen DJs auf, unterschiedliche Musikrichtungen.

Einkaufen

O'Doherty's, Belmore St., ✆ 028-66322152, 💻 www.blackbacon.com. Der vielleicht bekannteste Schlachter der Gegend. Hier wird der berühmte Black Bacon hergestellt. Und eine eigene Zucht wilder Schweine auf einer Erne-Insel sorgt für feinste Fleischwaren.

Informationen

Tourist Information Enniskillen, Wellington Rd. (gegenüber Busbahnhof), ✆ 028-66323110, ✉ tic@fermanagh.gov.uk. Infos auch unter 💻 www.enniskillen.com.

Transport

Der **Busstopp** liegt an der Wellington Rd.
Bus Éireann fährt mehrfach tgl. den Ort mit der **Linie 30** zwischen DONEGAL und DUBLIN an, Infos unter 💻 www.buseireann.ie.
Ferner bestehen gute Verbindungen mit dem **Goldliner 261** nach BELFAST, Infos unter 💻 www.translink.co.uk.

Rings um Lough Erne

Rund 90 Inseln liegen im **Lower Lough Erne**. Da im Mittelalter eine wichtige Pilgerroute über den See verlief, finden sich auf einigen Inseln und am Ufer die Relikte von Kirchen und Klosteranlagen.

Einige Kilometer nördlich von Enniskillen, und nur per Boot erreichbar, liegt **Devenish Island**, 💻 www.ni-environment.gov.uk/places_to_visit_home/historic-monuments/devenish.htm. Wer nicht mit dem eigenen Boot anreisen kann, fährt mit der „Kestrel" (s. S. 553) oder der kleinen Inselfähre ab dem Anleger Trory, etwa 4 km nördlich von Enniskillen an der A32 (an der Tankstelle scharf links), ✆ 028-68621588 oder 077-02052873, 3 £. Auf der größten „heiligen" Insel im Lough Erne locken die Überreste eines größeren Klosters, das im 6. Jh. vom Hl. Molaise gegründet wurde. Der hervorragend erhaltene Rundturm ist über solide Leitern zu besteigen und bietet einen eingeengten, aber doch interessanten Rundblick über den Erne. Der enge Weg in die oberste Kammer, aus der wahrscheinlich früher die Glocken geläutet wurden, ist jedoch anstrengend. Eine Kuriosität sieht man nur von der Plattform am Turmeingang richtig – direkt neben diesem Turm befindet sich das Fundament eines zweiten Turms, über den aber nichts bekannt ist. Die St. Mary's Abbey und die Great Church aus dem 12. Jh. sind in Ruinen erhalten, einige alte Grabsteine und Kreuze liegen verstreut im Gelände. In einem modernen Gebäude nahe dem Hauptanleger ist eine kleine, durchaus sehenswerte Ausstellung zur Geschichte von Devenish Island aufgebaut.

Weitere Monumente aus dem frühen Mittelalter finden sich an verschiedenen Stellen rings um den Lough Erne. In **Killadeas**, rund 11 km nördlich von Enniskillen, spiegeln die Steinmetzarbeiten im Kirchhof den Übergang zwischen Heidentum und Christentum wider, der Bishop's Stone etwa zeigt auf einer Seite einen christlichen Priester, auf der anderen Seite ein „Mondgesicht" – ob dies nun wirklich eine heidnisch-kultische Bedeutung hatte, sei einmal dahingestellt.

Nur wenige Kilometer weiter kann man vom **Castle Archdale Country Park**, einer ehemaligen Station für militärische Flugboote (die u. a. an der Versenkung des Schlachtschiffs „Bismarck" beteiligt waren) mit einem Boot nach **White Island** übersetzen. Auf dieser Insel befindet sich eine der schönsten Klosteranlagen am Lough Erne. Dazu zählt die Ruine einer Kirche aus dem 12. Jh. mit einem spätromanischen Portal und einer wahrscheinlich einige Jahrhunderte älteren Figurengruppe. Die acht dargestellten Gestalten laden zur Interpretation ein – sie werden generell als eine Sheila-na-Gig, mehrere Geistliche und Krieger angesehen. Ihr Ursprung ist nicht geklärt, ob frühchristlich oder adaptiert-heidnisch … da streiten sich die Experten.

Der Castle Archdale Country Park lädt übrigens zu langen Spaziergängen ein, vorbei an alten Bunkern durch einen fast verwilderten Wald mit einer verwunschen wirkenden Burgruine

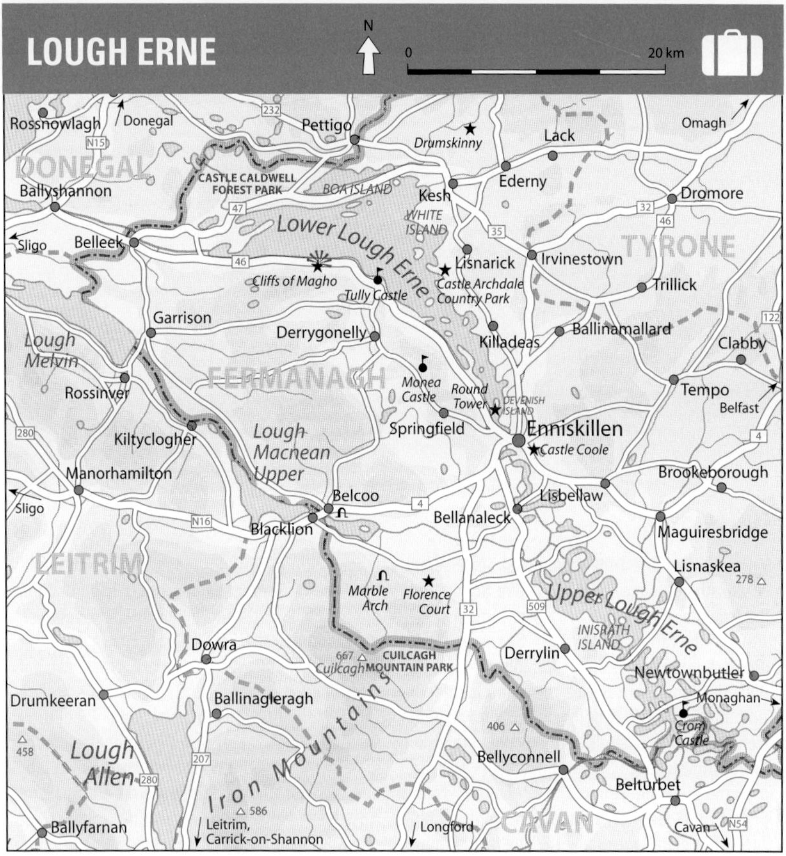

und einem Besucherzentrum mit gutem Café im Hauptgebäude. Auf dem ehemaligen Militärgelände ist ein großer Campingplatz entstanden und die Uferbefestigungen wurden für den Wassersport hergerichtet. Auf der Landzunge, die die Hafeneinfahrt vor schlechtem Wetter schützt, erinnert ein Gedenkstein für die Besatzungsmitglieder von abgestürzten Flugzeugen an die nicht immer so friedlichen Zeiten vor rund 70 Jahren.

Bei **Kesh** ist für echte Steinzeitfans ein Abstecher zum kleinen, aber gut erhaltenen **Steinkreis von Drumskinny** möglich, er liegt etwa 7 km entfernt im Nichts.

Boa Island, die Insel im Norden des Sees, ist mit zwei Brücken direkt ans Festland angebunden und wird so kaum noch als Insel wahrgenommen. Auf dem Friedhof von **Caldragh** (spärlich ausgeschildert, daher hier unbedingt etwas langsamer fahren) stehen zwei etwa 2000 Jahre alte Steinfiguren. Das „Idol von Caldragh" ist etwas über 70 cm hoch, geschickte Aufnahmetechniken lassen es aber in Broschüren gerne gigantisch erscheinen. Bemerkenswert der „Januskopf", der auf keltische Traditionen hinweisen könnte. In unmittelbarer Nähe steht der „Lusty Man", der von der Insel Lusty Beg hierher verpflanzt wurde. Er ist noch kleiner, aber nicht weniger geheimnisumwittert. Beide Figuren sind so stark verwittert, dass die Behörden als kostengünstige Interimslösung eine Art Garten-

Plantation Castles

Monea Castle

Monea Castle und **Tully Castle** sind beispielhaft für die Ansiedlungen, die meist aus Schottland stammende Kolonisten in Nordirland errichteten – bekannt unter dem Sammelbegriff „Plantation Castles". Die „plantations", also die „Verpflanzung" von Schotten in das bis dahin fast unregierbare Irland, sollten der Region Wohlstand und Frieden bringen. Wohlstand im Sinne von „sicheren Steuereinnahmen", Frieden im Sinne von „die Iren in Schach halten". Neusiedler mussten sich zu allererst nicht um ein Dach über dem Kopf kümmern, eine feste Mauer ums Lager war wichtiger. Und so glichen dann die meisten Ansiedlungen eher Wehrhöfen als Herrenhäusern.

Dabei zeigen Tully und Monea, dass es hier nicht nur um eine reine Besetzung ging. Die Architektur war zwar an militärischen Maximen orientiert und man verzichtete eher auf große Fenster im Erdgeschoss denn auf Schießscharten im Eingangsbereich, dafür machte man sich innerhalb der Umfassungsmauern das Leben schon behaglich. Die Gartenanlage in Tully beweist, dass Ästhetik (und im Kräutergarten auch der Nutzwert) wichtig waren. Und dass man sich auf eine längere Nutzung der Gebäude einrichtete.

Die Geschichte jedoch holte viele Plantation Castles schnell ein. Unzufriedene Iren oder auch marodierende Nachbarn sorgten oft binnen weniger Jahre dafür, dass die Burgen und Anwesen aufgegeben wurden. Der Verlust der Kolonisten war jedoch langfristig Irlands Gewinn ... romantische Burgruinen stehen bei vielen Touristen nach wie vor hoch im Kurs und Hochzeitsfotografen haben ideale Hintergründe für die Erinnerungsfotos. Sollte Ihnen daher in einer der Burgruinen eine Frau im wallenden weißen Kleid entgegenkommen: Keine Sorge. Meist ist es nicht der Geist von Lady Moira auf der ewigen Flucht vor den rebellischen Iren.

pavillon über dem Idol aufstellten, der dem Ort jegliche Romantik und Mystik raubt. Eine Dauerlösung ist noch nicht in Sicht.

Der **Castle Caldwell Forest Park** westlich von Boa Island ist wiederum für Wanderungen ideal, ein Vogelschutzgebiet, Schlossruinen und der Erinnerungsstein für einen ertrunkenen Fiedler sind die Highlights.

Belleek, unmittelbar an der Grenze zwischen Fermanagh und Sligo gelegen, ist an sich schmucklos und kann ungesehen passiert werden. Allerdings versäumt man dann die seit 1857 weltberühmte **Beleek Pottery**, 💻 www.belleek.ie, in der werktags Führungen angeboten werden und wo man natürlich auch das (nicht unbedingt preisgünstige) Porzellan kaufen kann.

Eine Rundfahrt um den Lower Lough Erne bedarf danach am **Lough Navar Forest Drive**, 💻 www.forestserviceni.gov.uk, rund 13 km östlich von Beleek, einer Unterbrechung. Auf verschlungenen Waldwegen wird ein Parkplatz erreicht, der dem Besucher plötzlich klarmacht, wie hoch er eigentlich ist. Direkt oberhalb der **Cliffs of Magho** öffnet sich ein fantastischer Rundblick über den Lough Erne bis hin zur Bucht von Donegal, den man sonst nur vom Flugzeug aus genießen könnte. Allerdings wurden die Klippen auch Flugzeugen zum Verhängnis – am Parkplatz finden sich Gedenksteine für von Castle Archdale aus operierende Flugboote, die in den Abhang rasten. Vom Parkplatz an den Klippen oder anderen Haltestellen am Rundkurs aus sind stundenlange Wanderungen möglich.

Zwei faszinierende Burgen aus der Zeit der Kolonialisierung lohnen auf dem Weg in Richtung Enniskillen einen Stopp – **Tully Castle** (direkt am Westufer des Sees, von der A46 ausgeschildert) und **Monea Castle** (an der B81, westlich Lough Erne). Beide sind heute nur noch (relativ gut erhaltene) Ruinen und dienten im 17. Jh. Siedlern als Wehrburg und Wohnhaus gleichzeitig. Bei Tully fallen vor allem die einfühlsam rekonstruierten Gärten ins Auge, Monea dagegen wirkt mit seinen Türmen wie ein direkt aus Schottland importiertes Bauwerk. 🕓 Tully Castle Mai–Sep tgl. 10–18, andere Monate So 12–16 Uhr, 💻 www.ni-environment.gov.uk/places_to_visit_home/historic-monuments/tully.htm, Monea Castle nur fallweise geöffnet, aber von der Straße aus zu sehen.

Südlich von Enniskillen kann die Tour rund um den Lough Erne fortgesetzt werden, hier beginnt der **Upper Lough Erne**.

In **Bellanaleck**, einem auf den ersten Blick schmucklosen Ort, liegt direkt an der Hauptstraße das **Sheelin Antique Lace Museum**, 📞 028-66348052, 💻 www.irishlacemuseum.com, in dem die örtliche Tradition der Spitzenklöppelei dokumentiert wird. Die Ausstellungsstücke stammen vor allem aus der viktorianischen Epoche und etwas modernere Arbeiten sowie „Antiquitäten" (oder eben Repliken) sind käuflich zu erwerben. 🕓 Mo–Sa 10–18 Uhr, Eintritt 3 £. Das Sheelin Restaurant und auch das benachbarte Café sind empfehlenswert. Aufmerksame Beobachter können zudem sehen, wie ein „antikes" Image künstlich geschaffen werden kann – sehen Sie sich das Reetdach einmal genauer an, es ist eine reine Fassade.

Das genaue Gegenteil, nämlich nicht nur Fassade, kann **Florence Court**, 📞 028-66348249, 💻 www.nationaltrust.org.uk/main/w-florencecourt, bieten, ein typisches „Great House" aus dem 18. Jh., 12 km südwestlich von Enniskillen und heute im Besitz des National Trust. Bei der rund einstündigen Führung wird allerdings nicht verschwiegen, dass fast das gesamte Interieur neu ist – in den 1950er-Jahren brannte Florence Court aus und war nur noch eine Ruine. Neben dem Hauptgebäude ist ein Spaziergang durch die weiten Anlagen mit den verschiedensten Nebengebäuden ein Muss, so erhält der Besucher auch einen Einblick in die fast autarke Welt dieser Anwesen. Einen weiteren Einblick erhält man in den Kellerräumen, wo ein Modell die ehemaligen Bedienstetenquartiere anschaulich macht. Das hervorragende Café mit selbst gebackenem Kuchen ist zudem eine (Kalorien-)Sünde wert. Anschließend kann ein Teil der Kalorien wieder abgelaufen werden auf der Suche nach der legendären Eibe (Yew) von Florence Court, von der angeblich alle Eiben Irlands abstammen sollen. Übrigens werden aus eben diesem Holz auch kleine Souvenirartikel hergestellt, die hier und im Studio am Buttermarket in Enniskillen verkauft werden. 🕓 Gärten tgl. 10–16 Uhr (Sommer 19), Hausführungen im Sommer tgl. 11–17 Uhr, im Mai und Juni Di geschl., im Sep Fr geschl., März, April nur am Wochenende, Eintritt Gärten 3,25 £, Haus 5 £.

Gar nicht weit entfernt liegen die **Marble Arch Caves**, Marlbank, 📞 028-66348855, 💻 www.marblearchcaves.net, in Irlands grenzüberschreitendem **Geopark** mit den **Cuilcagh Mountains** als Zentrum, 💻 www.europeangeoparks.org. Ein faszinierendes Labyrinth unterirdischer Seen, Flüsse und Tropfsteinhöhlen. Ein Besuch der Tropfsteinhöhle ist nur im Rahmen einer Führung möglich, an den meisten Tagen wird man über einen unterirdischen Fluss eingefahren, bei

Hochwasser allerdings geht es einen Treppenschacht abwärts in die Welt der geheimnisvollen Höhlen, die Ende des 19. Jhs. entdeckt wurden. Rings um die Höhlen befinden sich auch Wanderwege durch das Waldgebiet, u. a. an den Kaskaden vorbei. Diese Wanderwege sind auch außerhalb der Öffnungszeiten der Höhle selber nutzbar. ◷ März–Sep 10–16.30, Juli und Aug. bis 17 Uhr, Eintritt 8 £.

Nur ein paar kurvige Straßenkilometer vom Parkplatz der Marble Arch Caves den Berg hinauf liegt der **Cuilcagh Mountain Park**, 💻 www.cuilcaghmountainpark.com, der mit alten Ringforts und Siedlungsspuren eine Art Einführung in die Archäologie Irlands bietet und über den spärlich beschilderte Wanderwege führen. Von dem 665 m hohen Cuilcagh, dem höchsten Punkt in Fermanagh, genießt man zudem eine herrliche Aussicht.

Wieder zurück am Lough Erne, bestehen bei **Derrylin** zwei vollkommen unterschiedliche Ausflugsziele. Das **Crom Estate**, Upper Lough Erne, Newtownbutler, ✆ 028-67738118, 💻 www.nationaltrust.org.uk/main/w-cromestate, ist heute ein Naturpark mit Wäldern, alten Parkanlagen und Feuchtgebieten, ideal für Wanderer, Paddler und Radfahrer, nur die Schlossruine zeugt von vergangener Größe. ◷ März–Sep tgl. 10 bis mind. 18 Uhr, Eintritt 3,25 £.

Höhlenabenteuer in Belcoo

Wem die Tropfsteinhöhle von Marble Arch zu touristisch erschlossen ist, der kann ganz in der Nähe auf eine etwas urwüchsigere Art unterirdisch aktiv werden. In Belcoo steht Besuchern die Möglichkeit offen, zusammen mit einem erfahrenen Führer selbst zum Höhlenforscher zu werden. Ein Spaziergang ist das allerdings nicht – denn auf allen vieren, auf dem Bauch und auch mal auf dem Rücken darf man sich durch Engstellen quälen. Einen Trost hat man dabei allerdings, man muss nicht Angst um seine besten Hosen und Pullover zu haben ... geeignete Schutzkleidung stellt das Outdoor-Zentrum, das die Touren organisiert. Infos und Anmeldung beim **Corralea Activity Centre**, ✆ 028-66386123, 💻 www.activityireland.com.

Eine komplett andere Welt erreicht man mit der Fähre oder dem eigenen Boot – ein ehemaliges Jagdhaus auf **Inisrath**, heute auch als **Hare Krishna Island**, 💻 www.krishnaisland.com, bekannt. Hier hat nämlich die ISKCON (International Society for Krishna Consciousness) einen Tempel und ein Seminarzentrum eingerichtet, in dem Besucher jederzeit willkommen sind. Allerdings sollten diese dann die Weltanschauung der Besitzer respektieren und auf Alkohol, Tabak und Fleischgenuss verzichten, so lange sie hier zu Gast sind. Regelmäßige Tempelfeiern finden am Sonntag statt, lediglich für die gegen Mittag fahrende Fähre wird eine Gebühr erhoben. Wer ein eigenes Boot hat, kann auch an dem kleinen Anleger der Insel festmachen.

Übernachtung und Essen

Lisnaskea

Donn Carragh Hotel, 95–97 Main St., ✆ 028-67721206, 💻 www.donncarraghhotel.co.uk. Traditionelles Hotel mitten im Ort, das in den letzten Jahren modernisiert wurde und große, bequeme Zimmer bietet. Sowohl das Restaurant Fusion Brasserie als auch Maggie May's Bar sorgen für das leibliche Wohl. Gute Lage für Ausflüge in Richtung Upper Lough Erne und Marble Arch Geopark. ❸–❹

Belleek

The Thatch, Café im letzten noch bestehenden original reetgedeckten Gebäude von Fermanagh. Hausgemachte Suppen und frisch zubereitete Sandwichs auf Bestellung. Populär sind gefüllte, gebackene Kartoffeln. Schmackhafte Kuchen und Muffins.

Aktivitäten

Eine sehr populäre Freizeitaktivität bei gutem Wetter ist das **Kanufahren** auf dem Lough Erne – der Upper Lough Erne mit seinen zahlreichen Inseln bietet sich geradezu für Entdeckungsfahrten an. Zumal es sogar den **Lough Erne Trail** gibt, eine Route für Wasserwanderer, nähere Infos unter 💻 www.canoeni.com/Lough_Erne.aspx. Hier findet man auch Kanuverleiher, z. B. Share Holiday Village, 💻 www.sharevillage.org, das auch komplette „Activity Holidays" anbietet.

Wer **angeln** möchte, sollte sich noch in Enniskillen an Home, Field & Stream, 18 Church St., ✆ 028-66322114, 🖳 www.hfs-online.com, wenden. Hier bekommt man nicht nur die komplette Ausstattung, sondern auch fachkundige Tipps, die notwendigen Erlaubnisscheine und Kontakte zu Bootsvermietern.

Transport

Von Enniskillen aus bestehen verschiedene **Busverbindungen** rund um den Lough Erne, die meisten Haltestellen liegen jedoch an den Hauptstraßen und damit etwas weiter vom See selbst entfernt. Am ehesten nutzbar erscheint die **Bus Éireann-Linie 30** (Dublin-Donegal), die zwischen Belturbet und Bundoran eigentlich immer dem Westufer des Sees folgt, Infos unter 🖳 www.buseireann.ie oder www.translink.co.uk.

12 HIGHLIGHT

Belfast

Belfast (rund 270 000 Einw., mit Randgebieten 485 000) wird bis heute mit Bomben und Straßenschlachten, kurz den „Troubles" assoziiert, dabei hat sich Nordirlands Hauptstadt längst zur hippen Shopping-, Party- und Kunstmetropole entwickelt – Widersprüche und eine gewisse innere Zerrissenheit inbegriffen.

Seine Existenz verdankt Belfast seiner Lage, die bis heute im Namen anklingt: „Beal feirste", die sandige Furt, der erste sichere Übergang über den Fluss Lagan. Im Mittelalter wurde diese Furt durch Burgen gesichert, die häufig die Besitzer wechselten und gelegentlich dem Boden gleichgemacht wurden. Über den Lagan kamen schottische Siedler und dann im 17. Jh. Hugenotten nach Belfast, die die traditionelle Leinenherstellung revolutionierten und einen Exportboom starteten. Als sich Irland 1800 de facto an England anschloss, wurde Belfast (statt bisher Dublin) zum Fokus des Interesses und zur kulturellen Hauptstadt der Insel. Der Lagan bestimmte auch den Aufstieg Belfasts im Industriezeitalter, mit einem viel genutzten Hafen für Leinenexporte und Tabakimporte. Und später mit der riesigen Werft von Harland & Wolff. Hier wurden Ozeanriesen wie die Schiffe der White Star Line gebaut, die *Titanic* war nur das bekannteste von ihnen. Belfast wurde reich und nach der Teilung Irlands ab 1920 Hauptstadt des künstlichen Gebildes Nordirland, das vom prachtvollen Parlament im Stormont Castle aus regiert werden sollte.

Just in diesem Moment setzte die Wirtschaftskrise ein und das bislang reiche Belfast begann zu kränkeln. Ein Kränkeln, das sich bis auf eine kurze Phase wirtschaftlicher Prosperität im Zweiten Weltkrieg (durch den Kriegsschiffbau in den verhältnismäßig sicheren Belfaster Docks) und eine kurze Karriere als Flugzeugindustriestadt bis zum endgültigen Kollaps in den späten 1960er- und frühen 1970er-Jahren hinzog. Der offen ausbrechende Konflikt zwischen der objektiv benachteiligten katholischen Bevölkerung (Einstellungen bei Harland & Wolff gab es etwa nur nach Nachweis einer protestantischen Gesinnung) und der herrschenden Schicht führten zu einer entsetzlichen Welle von Gewalt und Terror, zum Verlust des Hauptstadtstatus, zur Verwüstung weiter Teile der Innenstadt, zum Einsatz der britischen Armee und letztlich zu einer Trennung der rivalisierenden Fraktionen mit Hilfe von „Friedenslinien" („peace lines"), die kaum weniger beeindruckend als die ehemalige Berliner Mauer waren. Und die heute noch stehen, die Tore jederzeit wieder abschließbar. Stadtpläne von Belfast sind für den Besucher oft nicht verwendbar, denn die anscheinende Durchgangsstraße kann an einer mehrere Jahrzehnte alten, mehrere Meter hohen und mit Stacheldraht bewehrten Mauer enden. Hinter der die jeweils „andere" Fahne weht. In diesen Momenten wird klar, wie viel Arbeit noch geleistet werden muss, bis es zu einem echten Frieden kommt. Historische Meilensteine auf dem Weg dorthin waren das Karfreitagsabkommen 1998 (s. S. 109), das zur Basis der künftigen Machtverteilung wurde, sowie der Mai 2007, als der ehemalige IRA-Chef Martin McGuinness (Sinn Féin), gemeinsam mit dem Prediger Ian Paisley, dem Chef der Democratic Unionist Party, zu gemeinsamen Regierungschefs bestimmt wurden. Schon 2008 trat Paisley von seinem Amt zurück.

Belfast (fast) umsonst

Belfast ist keine teure Stadt, aber wer mit einem kleinem Budget unterwegs ist, für den könnte das folgende, kostenlose Programm von Interesse sein:

Ein **Rundgang zu den ehemaligen Brennpunkten in West Belfast** (s. S. 568) ist ab der Innenstadt in nur ein bis zwei Stunden bequem machbar. Danach kann man sich noch in Ruhe die Innenstadt und das Lagan-Ufer ansehen – alles liegt nahe beieinander. Der Besuch des **Ulster Museum**, der **Belfast Botanic Gardens** und auch der **City Hall** ist ebenfalls kostenlos möglich, alle Sehenswürdigkeiten bieten Kultur, Geschichte und Zerstreuung. Am Abend dann genießt man in den Pubs der Innenstadt **Folkmusik** – ohne zusätzliche Kosten. Wer etwas frische Luft und Natur braucht, kann vom **Belfast Castle** aus den **Cave Hill** besteigen und dann den Ausblick über die ganze Stadt und bis hin zu den Mourne Mountains genießen.

Der öffentliche Nahverkehr (den man zumindest für den Weg zum Belfast Castle eigentlich nutzen sollte) ist vorbildlich und kostengünstig – ein **Tagesticket** auf dem Busnetz gibt es bereits ab 2,70 £ (s. S. 82).

Besucher – die politische Diskussionen am besten vermeiden sollten – können heute eine Stadt genießen, die mit viktorianischer Architektur, sanierten Industriekomplexen, einer schönen Ufermeile, glitzernden Shoppingcentern und einem hervorragenden Kunst- und Kulturangebot punktet.

Donegall Square

Das eigentliche Stadtzentrum ist überschaubar, eine Besichtigung beginnt am besten an oder in der City Hall.

City Hall

Das Rathaus, ✆ 028-90270456, 💻 www.belfastcity.gov.uk/cityhall, wurde zwischen 1898 und 1906 errichtet, sein Stil ist an die Paläste der Renaissance angelehnt, aber doch typisch viktorianisch. Architekt Sir Brumwell Thomas sollte einen Prunkbau schaffen, der das Selbstbewusstsein der herrschenden Schicht widerspiegelte – mit vier Türmen und einer gigantischen Kuppel dürfte der Auftrag erfüllt gewesen sein. Angenehm für den Touristen: Im Gegensatz zu früheren Jahren kann man ungehindert in das Rathaus hineinspazieren und zumindest das beeindruckende, mit feinem Marmor verkleidete Foyer besichtigen, dessen Buntglasfenster mancher Kathedrale Konkurrenz machen könnten. Wandgemälde von John Luke, entstanden 1951, zeigen Belfasts wichtigste Berufsgruppen bei der (oft sehr stilisierten) Arbeit. Tiefer ins Gebäude eindringen kann man aber nur mit einem Termin oder im Rahmen der Führungen, die mehrmals täglich angeboten werden. Der Bankettsaal mit seinen ungeheuren 50 m Länge ist dabei das Prunkstück, er kann mit klassischen Schlössern wie Versailles durchaus konkurrieren. 🕓 Mo–Sa 9–16.30 Uhr, Führungen Mo–Fr 11, 14, 15, Sa 14, 15 Uhr. Eintritt und Führungen kostenlos.

Die Anlagen rund um die City Hall sind ein beliebter Treffpunkt, in ihnen wird durch Statuen Belfasts Position im Britischen Empire gefestigt – Krieger, Forscher und Königin Victoria erinnern an die vergangene Pracht des Empire, an untergegangene Größe ein Denkmal für die Opfer der *Titanic*.

Linen Hall Library

Unmittelbar neben der City Hall befindet sich die Linen Hall Library, 17 Donegall Square North, ✆ 028-90321707, 💻 www.linenhall.com, ein oft übersehenes Highlight. Die am meisten genutzte Sammlung in dieser öffentlichen Bibliothek dürfte heute die „Political Collection" sein. Mehr als 100 000 Schriften befassen sich mit der politischen Entwicklung Nordirlands seit 1966, die Sammlung wächst nahezu täglich und stellt das wohl beste Archiv zu dieser Thematik dar. Die 1788 gegründete Bibliothek widmet allerdings auch ein ganzes Stockwerk ausschließlich der irischen Literatur. Zu sehen sind u. a. die ersten Bücher, die in Belfast gedruckt wurden. Viele davon wiederum aus republikanischer Feder

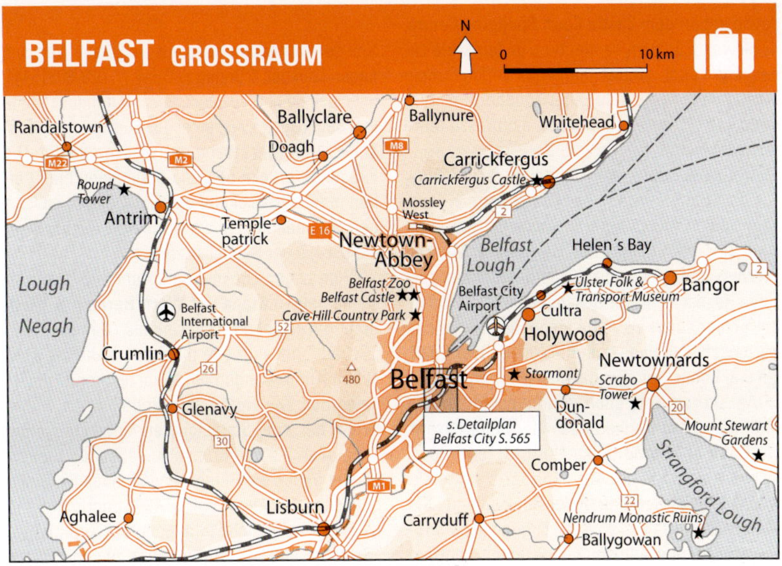

mit stark patriotischen Themen, auch der erste Bibliothekar war schließlich ein Gründungsmitglied der „United Irishmen". Thomas Russell, ein Freund Wolfe Tones, leitete die Linen Hall Library in ihrer Anfangsphase, wurde aber 1803 nach der dilettantischen Rebellion unter Robert Emmet als Hochverräter gehängt. 🕓 Mo–Fr 9.30–17.30, Sa 9.30–16 Uhr (im Juli eine Woche Betriebsferien), Eintritt frei (Spenden willkommen).

Peggy Barlay's Tavern

Die Gründungsversammlung der „United Irishmen" (s. S. 103) fand 1791 in unmittelbarer Nähe der Linen Hall statt – in Peggy Barlay's Tavern in der Crown Entry („Entries" sind hier schmale Gassen zwischen den eigentlichen Straßen, die jedoch bei den Bombenangriffen im Zweiten Weltkrieg stark zerstört wurden), die wichtigsten Mitglieder wie Wolfe Tone, Nielson und McCracken waren Protestanten. Samuel Nielson bereicherte dann auch gleich den Lesestoff in der Linen Hall Library. Er verlegte ebenfalls in der Nachbarschaft den *Northern Star*, eine den Idealen der Französischen Revolution gewidmete politische Zeitschrift.

Donegall Place und Royal Avenue

Die Haupteinkaufsstraße Belfasts, Royal Avenue mit Donegall Place, bietet ein Wechselbad der ästhetischen Gefühle. Plattenbauten und reich verzierte Fassaden wechseln sich ab, bröckelnder Putz kontrastiert mit aufwendiger Renovierung (etwa dem Tesco-Supermarkt) oder sogar modernen Stahl- und Glasfassaden. Die größte

Belfasts süßestes Lädchen

Gegenüber dem Smithfield Market befindet sich (man weiß nicht, wie lange ... die Gegend soll seit Jahren „saniert" werden) an der Winetavern Street eine Reihe kleiner Läden. Ganz am Ende, vom Markt aus links gesehen, findet man ein traditionelles Süßwarengeschäft, das die Leckereien noch nach Gewicht aus dem großen Glas verkauft und wahrscheinlich die beste Auswahl in Belfast bietet. Die Schokobananen und die Schaumgummi-Pilze mit Kokosgeschmack sind unbedingt zu probieren!

davon gehört dem **Castle Court Shopping Centre**, 🖳 uk.westfield.com/castlecourt, in dem viele Ladenketten ihren zentral gelegenen Verkaufsraum fanden und wo ein sehr guter Foodcourt im hinteren Teil (1. Stock) eine bunte, nicht allzu teure Auswahl bietet.

Übrigens sollte man unbedingt einen Blick aus dem Hinterausgang des Castle Court wagen, denn gleich hinter dem Einkaufszentrum steht eine alte Markthalle, der **Smithfield Market**, 🖳 www.belfastcity.gov.uk/smithfield/index.asp, heute Heimat mehrerer Geschäftechen. Die jedem Betrachter sofort ins Auge stechenden Teppiche mit maschinell eingewebten Motiven wie Giraffen und Comicfiguren kann man ja ignorieren.

An älteren Gebäuden im Innenstadtbereich sind noch zwei Banken besonders interessant: Die **Bank of Ireland** (Ecke North St. und Royal Av.) wurde im Stil des Art déco errichtet, während die konkurrierende **Ulster Bank** (Waring St.) auf Klassik setzte und typisch viktorianische Straßenlaternen mit antiken Kriegerinnen kontrastieren lässt – der Geschmack des Jahres 1860, über den sich in der Rückschau streiten lässt.

Cathedral Quarter und Lagan Lookout

St. Anne's Cathedral

Die St. Anne's Cathedral der Church of Ireland, Donegall St., 🖳 www.belfastcathedral.org, die den Nordrand der Innenstadt markiert, wurde Ende des 19. Jhs. erbaut, die Pläne des Gebäudes stammten von Sir Thomas Drew und imitieren eine klassische Basilika im neo-romanischen Stil. Die drei Westportale mit ihren reichen Torbögen und feinen Skulpturen beeindrucken den Besucher schon von außen. Im Innern staunt man dann zunächst über den Prunk der Mosaikdecke in der Taufkapelle, die aus Glassteinen in fast endloser Fleißarbeit gestaltet wurde. Als Hauptkirche von Belfast gewährte die St. Anne's Cathedral auch einer der berühmtesten und zugleich umstrittensten Figuren der nordirischen Geschichte die letzte Ruhestätte: Lord Edward Carson (1854–1935), Architekt der irischen Teilung, der von den Unionisten ohnehin wie ein Heiliger verehrt wird.

Lagan Lookout

Von der Kathedrale ist es nur ein kurzer Weg zum Lagan Lookout, 1 Donegall Quay, ✆ 028-90315444, mit einer kleinen Ausstellung zur Hafengeschichte und dem Lagan Weir, einer 1994 errichteten Staustufe zur Verbesserung der Wasserqualität. Die Fußgängerbrücke über die Stauanlage bietet einen guten Ausblick auf das Hafengebiet im Norden, im Süden einen verzichtbaren Ausblick auf die Brücke der Schnellstraße.

Vom Lagan Lookout sind auch die zwei riesigen, gelben **Kräne der Werft Harland & Wolff** recht gut zu sehen – sie sind als „Samson" und „Goliath" bekannt und mit ihren wahrlich biblischen Abmessungen ein Wahrzeichen Belfasts geworden. Die Entfernung kann über die wahre Größe der zwei Stahlgiganten hinwegtäuschen – die oben auf den Kränen zu sehenden Steuerhäuser haben die Abmessungen eines Einfamilienhauses. Die Werft wurde 1859 gegründet und ist immer noch eine Einrichtung der Superlative: „Samson" und „Goliath" gehören zu den größten Kränen der Welt, in derselben Position findet sich das Trockendock. Rund 10 000 Angestellte und Arbeiter sind immer noch hier beschäftigt, vorwiegend werden Tanker und Frachter gebaut. Da das Umland der Werft mittlerweile viele Brachflächen aufweist, wird hier das „Titanic Quarter" als moderne Trabantenstadt gebaut ... vielleicht nicht der angemessenste Name für ein Großprojekt.

Odyssey Arena

Vor allem mit Kindern ist ein Abstecher zur Odyssey Arena, 🖳 www.odysseyarena.com, am anderen Ufer interessant – das riesige Veranstaltungszentrum bietet nicht nur Restaurants und eine Eishockey-Arena, sondern auch das **W5**, 2 Queen's Quay, ✆ 028-90467700, 🖳 www.w5online.co.uk, ein interaktives Wissenschaftsmuseum, in dem nach Herzenslust (und sicher) experimentiert werden darf. ◷ Tgl. mind. 10–17 Uhr (So ab 12 Uhr), Eintritt 7,50 £.

Am Ufer des Lagan

Auf der Westseite des Lagan fällt vor allem das **Custom House** auf, weniger bombastisch als das Dubliner Pendant, aber mit seinen korinthischen

Empfangshalle der City Hall von Belfast – imposantes Denkmal des Bürgerstolzes

Säulen und antiken Verzierungen ein beliebtes Fotomotiv. Wie auch das nahe **Clifton House**, 2a Hopewell Av., ein hervorragend erhaltenes georgianisches Gebäude von 1774, das allerdings einem profanen Zweck als Armenhaus diente. Ein dritter Klassiker Belfasts steht (jetzt wieder sicher) am Queen's Square, der „Big Ben of Belfast". Die angebliche Ähnlichkeit mit dem Glockenturm des Londoner Parlaments ist eher fantasiebegabten Menschen auffällig. Ganz offiziell heißt der Turm **Albert Memorial Clocktower**, er wurde 1869 in Erinnerung an Königin Victorias verstorbenen Ehemann errichtet. Einige Jahre sah es auch so aus, als ob Belfast sich bald einer Verbindung zu Pisa erfreuen könne – der Turm begann sich zu neigen und musste letztlich aufwendig stabilisiert und restauriert werden. So sieht er denn heute wie neu aus.

Die **Sinclair Seamen's Presbyterian Church** am Corporation Square, ✆ 028-90715997, wurde 1857 errichtet und erinnert im Baustil an Venedig. Da wundert es dann auch nicht mehr, wenn der Innenraum einen maritimen Touch hat und zahlreiche Erinnerungsstücke an die Seefahrertradition der Hafen- und Werftstadt Belfast aufweisen kann, von den bunten Glasfenstern bis hin zur Glocke des Schlachtschiffs HMS Hood. Direkt neben dem viktorianischen Verwaltungsgebäude der Belfast Harbour Commissioners gelegen, kann die schöne Kirche jeden Mittwoch Nachmittag besichtigt werden.

An der neuen **Waterfront Hall**, 🖳 www.waterfront.co.uk, einem Konzert- und Veranstaltungszentrum, vorbei führt der Weg dann zur May Street, an der Ecke liegen die Hallen des St. George's Market.

In der Nähe des Marktes findet sich auch der **Ronnie Drew Pub**, 79–83 May St., 🖳 www.ronniedrews.com, der mitten in Belfast den Namen des wohl berühmtesten „Dubliners" in Ehren hält und wahrscheinlich hauptsächlich Touristen das Bild eines „Original Irish Pub" vermitteln will. Der neue Name (früher hieß der Pub Magennis's Bar) sollte vielleicht auch etwas davon ablenken, dass hier im Jahr 2005 der katholische Familienvater Robert McCartney unter Beteiligung einiger IRA-Leute ermordet wurde. Ein Fall, der zur makabren Groteske wurde, als republikanische Aktivisten eine Strafverfolgung verhinderten, die

N
0
400 m
1, 1
Clifton House
St. Anne's Cathedral
Sinclair Seamen's Presbyterian Church
The Odyssey
Peter's Hill
Westlink
North St.
Bank of Ireland
Royal Av.
Talbot St.
Donegall St.
Hill St.
Victoria St.
Custom House
Donegall Quay
Motorway
Belfast City Airport
M3
Smithfield Market
Winetavern St.
Castle Court Shopping Centre
Millfield
Waring St.
Ulster Bank
Albert Memorial Clock Tower
Titanic Boat Tours
Lagan Lookout
Lagan Weir
Middlepath St.
Queen Elizabeth Bridge
Queen's Bridge
Bridge End
Bridge St.
High St.
Entries
Tesco
Castle Pl.
Castle St.
William St. S.
Ann St.
Canal Quay
Castle Ln.
Arthur St.
Victoria Sq.
Donegall Pl.
Linenhall Library
College Square
Durham St.
Wellington Pl.
Donegall Sq. N.
Chichester St.
Upr Arthur St.
Royal Courts of Justice
Oxford St.
Laganbank Road
Waterfront Hall
14, 6
City Hall
Donegall Sq. S.
May St.
Howard St.
St. George's Market
East Bridge St.
Albert Bridge
Grand Opera House
Belfast Great Victoria Street Station
Bedford St.
Linen Hall St.
Adelaide St.
Sussex Hamilton St.
Alfred St.
Joy St.
Belfast Central Station
Great Victoria St.
Cromac St.
Eliza St.
MacAuley St.
Steward St.
Ormeau Av.
Dublin Rd.
Wellwood St.
Sandy Row
Maryville St.
Lagan
Albion St.
Shaftesbury Sq.
Donegall Pass
Botanic Av.
Vernon St.
Bradbury Pl.
Belfast Empire
McClure St.
Belfast City Hospital
Ormeau
Ormeau Rd.
Claremont St.
Camden St.
Fitzwilliam St.
Queen's Film Theatre
University St.
University Sq.
Fitzroy Av.
University Av.
Rugby Rd.
Rugby Av.
Elmwood Av.
University Rd.
Queens University
Ormeau Embankment
Park
Gardens
Lyric Theatre
Ulster Museum
Botanic Gardens

Belfasts bunte Markthallen

Nur am Freitag und Samstag und nur am Morgen bricht im St. George's Market, 12–20 East Bridge St., 💻 www.belfastcity.gov.uk/stgeorgesmarket/index.asp, eine Geschäftigkeit aus, die einen einmaligen Einblick in das Belfaster Leben erlaubt.

Zwischen Markthändlern und Einkaufenden spielen sich ganze Dramen ab, nach Begutachtung der Waren werden oft Preisverhandlungen gestartet und mancher Standbesitzer preist seine Güter in Worten an, die Politikern auf der Jagd nach der Wiederwahl würdig wären. Wobei es immer noch auffällig gesittet und höflich zugeht. Insbesondere die Fischauswahl ist beeindruckend und kann nahezu jeden kulinarischen Wunsch erfüllen.

IRA aber der Familie freundlich anbot, die intern bekannten Mörder zu erschießen.

Wer jedoch echte Tradition bevorzugt, der folgt der May Street, dann der Howard Street an der City Hall vorbei, bis zur Great Victoria Street.

Südliche Innenstadt

Grand Opera House

Das Grand Opera House, 2 Great Victoria St., ✆ 028-90241919, 💻 www.goh.co.uk, ist Belfasts Konzession an den Zuckerbäckerstil. Neben (gelegentlicher) Oper wird hier bevorzugt der leichten Muse gefrönt. In der Weihnachtssaison unbedingt empfehlenswert ist der Besuch einer „Panto" (kurz für „Pantomime", was aber keinen Rückschluss auf den Geräuschpegel zulässt), eine Art Musical- und Comedyspektakel besonders für Kinder, sehr locker auf alten Märchen basierend.

Crown Bar Liquor Saloon

Schräg gegenüber des Opernhauses wartet seit Generationen der Crown Bar Liquor Saloon, 46 Great Victoria St., 💻 www.crownbar.com, auf Kundschaft, der wahrscheinlich bekannteste Pub in Belfast, heute im Besitz des National Trust. Die Kacheln und verzierten Glasfenster der Fassade sind nur ein erster Eindruck, im Innern gibt es alte Lampen, Holzschnitzereien an den kleinen Separees, viel Mahagoni, einen langen Tresen aus Marmor und ... meist viel zu viele Gäste, um dies alles zu genießen.

Vom Eingang des Crown Bar Liquor Saloon, vor dem sich seit dem Rauchverbot in Kneipen die Nikotinsüchtigen bei Wind und Wetter in einer permanenten Nebelbank drängen, hat man einen Panoramablick auf das **Europa Hotel**. Laut Experten das am meisten durch Bombenanschläge in Mitleidenschaft gezogene Hotel Europas. Die Vorderansicht ist repräsentativ-modern, die Rückansicht, etwa vom Bahnhof aus, drängt dagegen den Eindruck auf, dass eine weitere Bombe nur optische Verbesserung bringen könnte.

Sandy Row

In unmittelbarer Nähe des Europa Hotels glänzt eine Kreuzung gleichzeitig mit einer hässlichen Parkhauseinfahrt, dem modernen Days Inn, einer alten und langsam verfallenden Zigarettenfabrik und dem überdimensionalen Konterfei eines loyalistischen Terroristen, der einen mit erhobenem Sturmgewehr in der Sandy Row, 💻 www.sandyrow.co.uk, begrüßt. Wenn Belfast etwas im Überfluss hat, dann Kontraste! Die Sandy Row ist das klassische Arbeiterviertel und Herzland der Loyalisten. Bis vor wenigen Jahren war es noch eine Gegend, in die sich kaum ein Tourist verlief. Heute trifft man hier massenweise Touristen, schließlich laufen sie ja vom Haupteingang des Days Inn direkt auf eine gewaltverherrlichende Wandmalerei zu. Auch wenn die Außenmauer des Hotels die Gäste dezent in eine andere Richtung drängt, so siegt doch bei vielen die Neugier, einen Einblick in die hauptsächlich von Arbeitern bewohnte Gegend zu bekommen.

Golden Mile und Universitätsviertel

Am Opera House beginnt Belfasts **Golden Mile**, die sich nach Süden bis in die Vororte hinzieht. Neben zahlreichen kleineren Geschäften finden sich hier viele internationale Restaurants vom immer beliebten Inder (oft in pakistanischer Hand) bis hin zur oft gefürchteten „Fusion“, bei der Einflüsse aus aller Herren Länder in einen Topf wandern.

Queen's University

Die Great Victoria Street mündet in die University Road, in der sich wenig überraschend die Queen's University, 💻 www.qub.ac.uk, befindet. Charles Lanyon entwarf die Pläne, nach denen zwischen 1845 und 1894 die Hauptgebäude aus rotem Ziegelstein errichtet wurden, in einem an die Tudor-Zeit angelehnten Stil. Der Turm erscheint seltsam bekannt – er ist eindeutig vom Magdalen College in Oxford inspiriert worden. Rund 8000 Studenten sind an der Universität eingeschrieben. Einige Cafés in der Umgebung sind beliebte Treffpunkte, wenn die Sonne nicht scheint.

Botanic Garden

Etwas südlich der Universität liegt der Botanic Garden, 💻 www.belfastcity.gov.uk/parksandopenspaces, eine viktorianische Schauanlage mit einem aufsehenerregenden Palmenhaus von 1850, unter dessen riesiger Kuppel tropische Pflanzen gedeihen. Im Kontrast dazu steht die Statue des in Belfast geborenen Lord Kelvin, dessen Kelvinskala Temperaturen ab dem absoluten Nullpunkt (also -273 °C) misst.

Ein Teil des Botanischen Gartens musste allerdings einem bunkerähnlichen Bau weichen. Diese architektonische Monstrosität ist Teil des Ulster Museums.

Ulster Museum

Das Ulster Museum, Botanic Av., ✆ 28-90383000, 💻 www.nmni.com/um, sozusagen das „Nationalmuseum Nordirlands“, erreicht mit einer eklektischen Sammlung an Kunst- und Kulturschätzen unterschiedlichster Themenbereiche nicht unbedingt Weltrang, bietet Besuchern aber einige Highlights. Neben Ausstellungen zur Geschichte Ulsters in Altertum und Mittelalter ist vor allem ein spanischer Import faszinierend – die erst 1968 geborgenen Schätze der Galeone *Girona*. Dieses Kriegsschiff war Teil der 1588 gegen England segelnden Spanischen Armada und wagte den Rückweg um Schottland und Irland herum. Die Flucht endete in der Nähe des Giant's Causeway mit einem katastrophalen Schiffbruch. Der kleine Goldsalamander aus dem Schatzfund dürfte zu den bekanntesten Kunstobjekten Nordirlands gehören. 🕓 Di–So 10–17 Uhr (Fei wie So), Eintritt frei.

West Belfast: Falls und Shankill

Wer sich die „verrufenen" Ecken Belfasts ansehen will, der kann zwei Viertel der Stadt leicht vom Stadtkern aus erreichen. West Belfast beginnt, aus der Castle Street kommend, unmittelbar hinter der Stadtautobahn. Als Wegweiser kann man den Turmbau am Anfang der **Divis Street** nehmen. Ein stadtplanerisches Fiasko, das sogar die fast benachbarte (und im Wesentlichen uninteressante) katholische Kathedrale aus der Skyline verdrängt. Erste Gedenktafeln zeigen, dass hier die Konfliktzonen ernsthaft beginnen. Nun muss man nur der Hauptstraße stur folgen und sieht dann linker Hand den **Garden of Remembrance**, eine Art Schrein des republikanischen Widerstandes, um den herum kleine und kleinste Gassen in die verwinkelten Reihenhaussiedlungen führen, in denen vornehmlich Arbeiter zuhause sind. Hier ist das katholisch-nationalistische Herzland, die einst bedrohlichen Wandmalereien werden jedoch nach und nach durch neutralere, wenn auch „irische" Themen ersetzt.

Eine Art „Freilichtmuseum" ist wenig später auf der rechten Straßenseite zu sehen, **Wandmalereien** in Reihe und zum Teil mit historischen Bezügen, zum Teil tagespolitisch gefärbt. Mittlerweile scheinen internationale Themen zu überwiegen, die Solidarität mit dem Widerstand der Palästinenser etwa oder die Ablehnung der anglo-amerikanischen Aktionen im Irak und in Afghanistan.

2 Tage Belfast für unter 100 €	
2 Übernachtungen im Linen House (Mehrbettzimmer)	26 €
2x leichtes Frühstück bei Debenhams oder im Castle Court Shopping Centre	10 €
2x Mittagsimbiss, z. B. im Food Court des Castle Court Shopping Centre	12 €
2x Abendessen im Restaurant oberhalb des Crown Liquor Saloon oder im Parador	30 €
2 Tagestickets für den Bus	8,50 €
Gesamt	**86,50 €**

In der **Falls Road** schließlich, lange Zeit synonym mit dem republikanischen Widerstand, geht es traditioneller zu – an einer Bibliothek prangt ein Komplettporträt der zehn im Jahr 1981 verhungerten Inhaftierten von IRA und INLA (s. S. 109). Die Konterfeis der Opfer des Hungerstreiks sind dieselben Bilder, die man überall sieht. Allenfalls die Verzierung um sie herum fasziniert, deutliche Parallelen zu den Helden der irischen Mythologie werden gezogen.

Und wenige Schritte weiter sieht sich der Besucher der Ikone Bobby Sands am **Sinn-Fein-Büro** gegenüber. Es ist faszinierend, wie sehr die republikanische Bewegung auch noch 30 Jahre nach der Beendigung des Hungerstreiks von ihren „Märtyrern" zehrt. Fast scheint es sogar, als habe die Geschichte 1981 geendet, es sind praktisch keine neueren irischen Politikmotive zu finden.

Folgt man der Straße noch ein Stück weiter, erreicht man den **Milltown Cemetery**, einen ausladenden und wenig einladenden Friedhof, auf dem eigentlich nur die Gräber republikanisch-nationalistischer „Helden" interessant sind. Hier war es auch, wo Michael Stone im Alleingang mit Handgranaten und Pistolenkugeln eine Trauerfeier für getötete IRA-Aktivisten im wahrsten Sinne des Wortes sprengte – derselbe Michael Stone, der als begnadigter Terrorist später das Parlament in Stormont stürmte und einige Sinn-Fein-Spitzenpolitiker töten wollte.

Auf dem Rückweg zur Innenstadt zeigt ein Blick in die Seitenstraßen linker Hand fast immer dasselbe Bild: Die Straße endet an einer Wand. Dies sind die sog. **Peace Lines**, die die rivalisierenden Parteien davon abhalten sollten, sich gegenseitig an die Kehle zu gehen. Nicht schön, aber effektiv. Der Dialog unter Nachbarn wurde damit natürlich auch unmöglich, so dass man links der Friedensmauer nicht wusste, wer jetzt genau auf der anderen Seite wohnte. Es waren aber immer, das war klar, „die Anderen".

Heute sind die Mauern an einigen Übergangspunkten durchlässig geworden. Folgt der Spaziergänger einer solchen Straße, kommt er von den Falls direkt in den **Shankill-Distrikt**. Die Farben der Kantsteine sind hier plötzlich nicht mehr Grün-Weiß-Orange, hier wird es Blau-Weiß-Rot in Anlehnung an den Union Jack. Das

Mit dem Taxi an die Front

Eine ganz besondere Art des Tourismus ist die **Belfast Black Taxi Tour** geworden, die Touristen gezielt an die „Brennpunkte" führt. Eine Art Kriegstourismus, an dem mittlerweile gut verdient wird. Und für die die merkwürdigsten Werbetrommeln gerührt werden. So ist der Hinweis eines Anbieters, dass alle Fahrer „ehemalige politische Gefangene" seien, nicht unbedingt Vertrauen erweckend, bietet aber vielen Touristen den wohligen Schauer, das Auto mit einem echten Aktivisten (selbstverständlich unschuldig eingesperrt) zu teilen.

Wer eine solche Tour bucht (etwa bei 💻 www.belfasttours.com, 💻 www.belfastcitytours.com oder 💻 www.belfastblackcabtours.co.uk, die Kosten für eine 1- bis 2-stündige Tour liegen bei rund 25–35 £ pro Taxi oder 8,50–12 £ p. P.), wird am vereinbarten Treffpunkt von einem Taxi abgeholt (das nicht unbedingt schwarz ist), der Fahrer bringt einen dann in einem Rundkurs zu besonders markanten Stellen wie zum Beispiel den **Divis Flats**, einem hässlichen Hochhauskomplex, der sich zum politischen Brennpunkt und Beobachtungsposten der britischen Armee entwickelte. Ein Ort, wie viele andere auch, an dem (blutige) Geschichte geschrieben wurde. Und so kann sich der Belfast-Besucher dem wohligen Schauer hingeben, dort zu stehen, wo „für die Sache" gemordet und gestorben wurde. So zeigt der Fahrer dann den Gästen auch den kleinen **Garden of Remembrance** in der Falls Rd, wo die Grenze zwischen religiöser und republikanischer Ikonografie fließend ist. Endgültig verschwindet sie dann bei den **Märtyrerporträts** des Hungerstreiks von 1981, allen voran der ewig lächelnde, langhaarige Bobby Sands, erster und immer noch bekanntester Hungertoter. Und bis zum Beginn der Aktion auch „Kommandierender Offizier" der IRA-Häftlinge.

Dann geht es weiter auf die „andere Seite" in das **Shankill-Gebiet**, tatsächlich nur einen Steinwurf entfernt. Wobei die massive **Peace Line** gezielte Würfe enorm erschwert. Hier ist wieder loyalistisches Herzland, die überdimensionalen Wandmalereien sind der einzige Grund, warum sich Besucher hierher verirren. Helden der Bewegung werden auch hier porträtiert, oft mit pseudo-militärischem Prunk und vielsagenden Erläuterungen. So wird bei einem der Gefallenen bekannt gegeben, dass er von einer konkurrierenden Gruppe der eigenen Seite ermordet wurde. Andere Tote fielen den nicht näher identifizierten „Feinden Ulsters" zum Opfer. Und bei einem bekannten Todesschützen wird sein Ehrenname „Top Gun" angegeben. Es fehlt aber der Hinweis, dass er an einer Überdosis Drogen starb. Mittendrin begegnet man Martin Luther, sogar mit fehlerfreiem deutschem Text, amerikanischen Präsidenten und Helden der irischen Sagenwelt. Niemand ist in Belfast davor sicher, von einer Gruppe geehrt zu werden.

Lohnt sich solch eine Tour nun? Ja und nein – dieselben Eindrücke können auch auf einem Fußmarsch gewonnen werden, der von der Innenstadt aus weniger als zwei Stunden in Anspruch nehmen muss und zudem die Gegenden unmittelbarer erleben lässt. Viele Kleinigkeiten fallen einem im Vorbeifahren nicht unbedingt auf. Etwa wenn der traditionell rote Briefkasten der Royal Mail einmal wieder im Kampf für ein einiges Irland grün angemalt wurde. Oder wenn unter dem loyalistischen Dauerslogan „No Surrender" auf demselben Plakat der örtliche Klempner Werbung macht.

protestantische Herzland ist erreicht, nur einen Steinwurf entfernt.

Ästhetisch geben sich beide Gegenden wenig, allein die Wandmalereien sind für den Besucher wirklich von Interesse. Etwas abseits der Shankill Road sieht man in einem Wohnviertel (Shankill Parade, gegenüber dem KFC) die vielleicht bunteste Auswahl loyalistischer Ikonografie, von geschichtlichen Themen bis hin zu aktuelleren Bezügen.

Wesentlich rationaler wird Geschichte im **People's Museum** im Fernhill House, Glencairn Park, ✆ 028-90715599, betrachtet, wo die Entwicklung des Shankill-Bezirks vor allem seit der viktorianischen Zeit dargestellt wird. ⌚ Mo–Sa 10–16, So 13–16 Uhr, Eintritt 2 £.

Außerhalb der Stadt

Cave Hill Country Park

Im Norden von Belfast, am geschicktesten über die A2 (Richtung Larne) und dann M2 zu erreichen, dräut Napoleon über der Stadt. So jedenfalls will es der Volksmund, der den 360 m hohen Cave Hill gerne als „Napoleon's Profile" bezeichnet. Der Cave Hill Country Park besitzt ausgezeichnete Wanderwege auf rund 300 ha (fast) wilder Natur und bietet neben der Möglichkeit, lange Spaziergänge an frischer Luft zu unternehmen, auch einen schönen Rundblick über die Stadt. Bei gutem Wetter ist im Westen der Lough Neagh zu sehen, bei bestem Wetter sogar die Isle of Man (zu der regelmäßig Schiffe aus Belfast fahren). Und wenn es im Unterholz raschelt, sollte man einen vorsichtigen Blick riskieren ... irgendwo auf dem Cave Hill könnten exotische Tiere leben, die immer wieder einmal aus dem nahen Zoo ausbüxen.

Alien Big Cats

Wussten Sie, dass es in Irland wild lebende Raubkatzen gibt? Offiziell natürlich nicht – aber seit vielen Jahren werden immer wieder Pumas und Panther gesichtet, vor allem im Grenzgebiet. Alles nur Spinnerei? Vielleicht ja, vielleicht aber auch nicht. Denn das eine oder andere gerissene Schaf bezeugt, dass die Wahrheit irgendwo da draußen auf (großen) Samtpfoten läuft.

Wie kommt nun die hier fremde Großkatze (unter Fachleuten auch als „Alien Big Cat", kurz ABC) in die irische Natur? Zum Teil aus Privatbesitz. Bis vor wenigen Jahren gab es keinerlei Gesetze, die die Haltung von gefährlichen Wildtieren regulierten. Und so mancher Bürger kompensierte eben durch die Anschaffung eines exotischen Haustiers. Das dann irgendwann zu groß wurde, zu viel fraß und gar nicht mehr so kuschelig war. Und somit in die Freiheit entlassen wurde.

Ein Trost: Menschen gegenüber sind ABCs eher misstrauisch und scheu – nähere Kontakte sind selten, Angriffe unbekannt. Aber vielleicht ist auch einfach alles nur erfunden!

Belfast Castle

Etwas am Cave Hill versteckt liegt das Belfast Castle, Innisfayle Park, ✆ 028-90776925, 💻 www.belfastcastle.co.uk, ein 1870 vom Earl of Shaftesbury errichtetes repräsentatives Schlösschen. Nachdem das Gebäude lange im Dornröschenschlaf dalag, ist heute hier das **Cave Hill Heritage Centre** eingerichtet, das Infos zur Geologie und Geschichte sowie mit Restaurants und Laden auch weniger akademische Vergnügungen bietet. Eine Legende besagt, dass Belfast Castle ernsthaft in Probleme geraten werde, wenn hier nicht mindestens eine weiße Katze residiert. Da sich dies nun nicht ausdrücklich auf eine lebende Katze bezog, wurden zahlreiche Katzenornamente geschaffen. 🕓 Mo–Sa 9–22, So 9–17.30 Uhr.

Belfast Zoo

Die Beschreibung „in Hanglage" trifft den **Belfast Zoo**, Antrim Rd., ✆ 028-90776277, 💻 www.belfastzoo.co.uk, wirklich sehr gut – Besucher sollten unbedingt dem ausgeschilderten Pfad folgen, der den beachtlichen Höhenunterschied zwischen dem Eingang und dem letzten Bärengehege erträglich macht. Vorbei geht es an Menschenaffen, Elefanten, diversen Großkatzen, frei herumlaufenden Lemuren, Bären, Roten Pandas, Seelöwen, Pinguinen und den Fossa aus Madagaskar, gute Aussicht auf Belfast Lough inklusive. Kurios sind neben der nicht mehr genutzten Ausstellungshalle zahlreiche Erdlöcher, aus denen kleine Präriehunde neugierig die Besucher beobachten. Diese haben zahlreiche Tunnel aus ihrem nahegelegenen Gehege gegraben und genießen hier ein kleines Stückchen Freiheit. 🕓 Winter tgl. 10–16, Sommer 10–19 Uhr, Eintritt 7 £. Belfast Zoo wie auch Belfast Castle sind mit dem Bus (Linie 1) ab der Innenstadt erreichbar.

Östliche Vororte

Auf der anderen Seite des Belfast Lough führt die A2 in Richtung Bangor, am **Belfast City Airport**, 💻 www.belfastcityairport.com, inzwischen nach der Fußball- und Trinkerlegende George Best benannt, vorbei.

Ulster Folk & Transport Museum

Den George Best Airport und Ikea links liegen lassend, erreicht der Besucher nach wenigen Kilometern das Ulster Folk & Transport Museum, ✆ 028-90428428, 🖳 www.nmni.com/uftm. Dieses Museum wird von der A2 in zwei Teile geschnitten – rechts ist das Folk Museum, auch als Cultra Village bekannt, links das Transport Museum. Am längsten wird man sich im Folk Museum aufhalten, denn auf einer riesigen Freifläche wurde ein komplettes Dorf wieder aufgebaut, mit Schule, Gericht, Läden, Handwerksbetrieben, nicht weniger als drei Kirchen, einem Versammlungshaus des Orange Order, abgelegenen Gehöften und Mühlen. In viktorianischen Kostümen gekleidete „Bewohner" stehen mit Rat und Tat zur Seite, wenn man Fragen hat oder einfach den Weg zum Parkplatz sucht. Wer ein wirklich „unverfälschtes" irisches Dorf im Westentaschenformat sucht, der wird hier fündig.

Auf der anderen Seite der Schnellstraße sind die Ausstellungsstücke des Transport Museum zu finden, die aus ganz Irland stammen. Darunter auch die irische Eisenbahnsammlung mit den größten jemals in Irland genutzten Lokomotiven und den Kleinbahnen der Firma Guinness. Auch Prototypen aus Belfasts Vergangenheit als Flugzeugstadt sind zu sehen, ebenso traditionelle „Zigeunerwagen" und sehr viele teils kuriose Fahrräder. Das Museum wendet sich vor allem an Technikbegeisterte, die sehr schöne Titanic-Ausstellung ist jedoch auch für den Laien interessant. 🕓 Okt–Feb Di–Fr 10–16, Sa/So 11–16, März–Sep Di–So 10–17 Uhr (Bank Holiday Mo geöffnet), Eintritt 7,50 £.

Stormont Castle

Der Sitz des nordirischen Parlaments und der Regierung liegt in einem großen Parkgelände bei Stormont, ca. 8 km östlich von Belfast-Zentrum, das zwischen 7.30 und 18 Uhr für jedermann zugänglich ist. Das neoklassizistische Stormont Estate wird teilweise auch für Großveranstaltungen genutzt, die dann unter dem strengen Blick von Sir Edward Carson stattfinden. Die Statue des unnachgiebigsten aller Unionisten bildet nach wie vor den Mittelpunkt des Eingangsbereiches. Das Parlamentsgebäude selber kann auch besichtigt werden, und zwar werktags zwischen 9 und 16 Uhr, und montags und dienstags darf man auch (sofern Platz ist) Plenarsitzungen auf der Besuchergalerie beiwohnen. Was aber, man sollte ehrlich sein, meist enorm langweilig ist.

Übernachtung

Arnies Backpackers Hostel, 63 Fitzwilliam St. (vis-à-vis Queens University), ✆ 028-90242867, 🖳 www.arniesbackpackers.co.uk. Recht kleines Hostel mit nur 22 Betten im Schlafsaal, in der Nähe der Queen's University gelegen. An warmen Tagen sitzt man im Innenhof, an kühlen vor dem prasselnden Kaminfeuer, Selbstversorgerküche vorhanden. Bett ab 10 £.

The Linen House Hostel, 18–20 Kent St., ✆ 028-90586400, 🖳 www.belfasthostel.com. Eines der größten Hostels von Belfast in der Nähe der St. Anne's Cathedral, sehr preisgünstig sowohl für Unterkunft im Schlafsaal (Bett ab 6,50 £) wie auch für Privatzimmer. Das große Gebäude waren früher eine Leinenfabrik. Selbstversorgerküche vorhanden, Touren durch Belfast und in die Umgebung werden organisiert. Gruppen willkommen. ❶

€ **Belfast International Youth Hostel**, 22–32 Donegal Rd., ✆ 028-90315435, 🖳 www.hini.org.uk/hostels/Belfast-International. Sehr günstig in der Innenstadt gelegene Jugendherberge, nur 10 Min. Fußweg vom Busbahnhof oder 5 Min. von der Universität und dem Ulster Museum. Keine großen Extras, aber eine sehr gute Unterkunft (Bett ab 10 £). Kleines Café im Haus. Achtung: Gruppen von 6 oder mehr Personen werden nur unter bestimmten Bedingungen aufgenommen und sollten sich vorher mit dem Hostel in Verbindung setzen. ❶

€ **Global Village Hostel**, 87 University St., ✆ 028-90313533, 🖳 www.globalvillagebelfast.com. In der Nähe der Universität gelegenes Hostel in einem rund 150 Jahre alten Gebäude, sowohl Unterkunft in Schlafsälen (Bett ab 13 £) als auch im Privatzimmern ist möglich. Personal kann sehr gute Tipps für Touren und Ausflüge geben, Fahrradverleih im Haus. ❷

Wanderung auf dem Ulster Way

- **Wegstrecke:** Gesamtlänge knapp 1000 km
- **Dauer:** mehrere Wochen
- **Steigungen:** sehr viele – es geht durch alle Berggebiete Ulsters
- **Wegbeschaffenheit:** sehr gut, der gesamte Weg wurde 2009 instandgesetzt
- **Ausschilderung:** gut
- **Infos:** www.walkni.com/ulsterway (bietet auch komplettes Kartenmaterial)

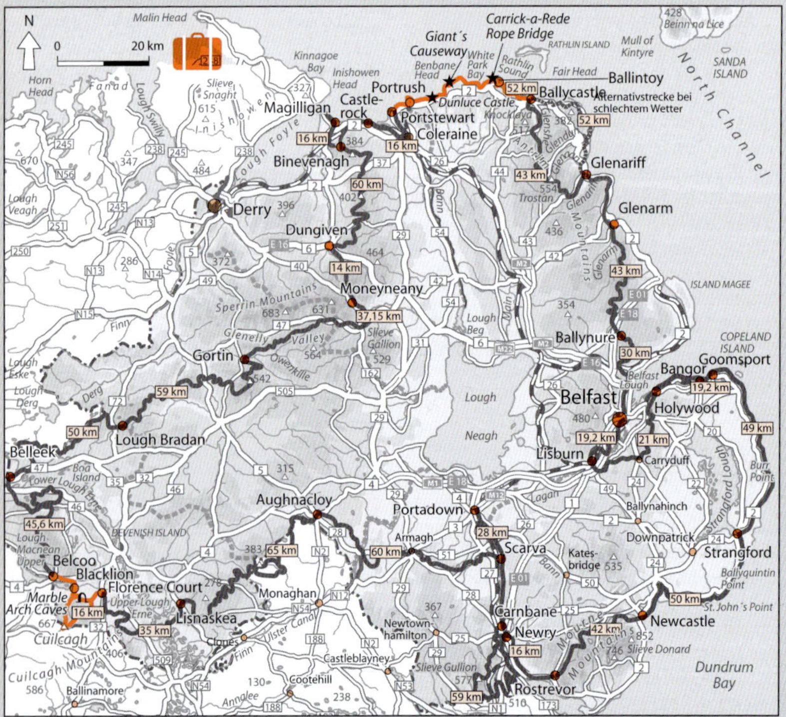

Wenn es eine „Königsklasse“ der Wanderwege in Irland gibt, dann steht der Ulster Way an ihrer Spitze – eine komplette Umrundung setzt dem Wandererlebnis Irland die Krone auf. Man wandert im Kreis ab Belfast einmal durch ganz Nordirland, wichtige Stationen sind neben Belfast u. a. Strangford, Newcastle, Newry, Lisnaskea, Florencecourt, Belcoo, Belleek, Castlerock-Portstewart, Ballycastle, Glenarm und Ballynure.

Die schönsten Etappen

Allerdings sind 1000 km zu Fuß kaum in einem normalen Urlaub zu schaffen. Und nicht alle Streckenabschnitte sind landschaftlich aufregend. Deshalb sollte man sich vielleicht die schönsten Etappen rauspicken. Der Causeway Coast Way und der Abschnitt von Florencecourt nach Belcoo sind auch für verwöhnte Wanderer interessant und führen durch einige der schönsten Flecken Nordirlands.

Von Florencecourt nach Belcoo (16 km)

Eine nur 16 km lange Wanderung über den Cuilcagh Way und einen von der Unesco ausgezeichneten Geopark. Allerdings hat diese Etappe von Florencecourt nach Belcoo es in sich: Auf Waldwegen und über Nebenstraßen geht es zum Florence Court (s. S. 557) und durch den Florencecourt Forest Park zu den Marble Arch Caves (s. S. 557), dann über offenes Moorland hinauf zum Cuilcagh Mountain (s. S. 558) und wieder hinab in das Cladagh Glen, über Blacklion nach Belcoo. Mit der Linie 84 von Ulsterbus, 🖳 www.translink.co.uk, kann man dann wieder von Belcoo nach Florencecourt zurückfahren. Hier bietet sich zur Übernachtung das **Arch House B&B**, 59 Marble Arch Rd., ✆ 028-66348452, 🖳 www.archhouse.com, an, eine bequeme Unterkunft auf einer modernen Farm. Es gibt ein reichhaltiges Frühstücksbuffet mit frischen Produkten oft vom eigenen Hof, das Abendessen zu günstigen Preisen kann vorbestellt werden. ❸

Causeway Coast Way (52 km)

Der vielleicht aufregendste Teil des Ulster Way führt an der Nordküste entlang, auf einer der besten Routen der Welt. Von Portstewart geht es über Wanderwege, am Strand entlang oder auch einmal auf felsigen Pfaden nach Portrush, am Dunluce Castle (s. S. 529) vorbei zum Giant's Causeway (s. S. 529), dann weiter zur Carrick-a-Rede Rope Bridge (s. S. 531) und schließlich (auf einer recht verkehrsreichen Straße) über Ballintoy nach Ballycastle (s. S. 531). Wer es weniger anstrengend haben will, beginnt in Portrush, übernachtet dann in Bushmills (s. S. 530) am Giant's Causeway und bricht die Tour nach der Carrick-a-Rede Rope Bridge ab. Der Causeway Rambler, ein speziell im Sommer eingesetzter Bus (s. S. 531), bringt den müden Wanderer dann von der Brücke nach Portrush zurück.

Praktische Hinweise

Der Ulster Way wurde Ende 2009 neu definiert, einige Abschnitte haben sich geändert. Das ist vor allem dann wichtig, wenn man auf ältere Wanderführer stößt, denn die darin enthaltenen Streckenführungen sind stellenweise nicht mehr aktuell. Hilfreich ist die hervorragende Webseite zum Ulster Way (s. o.), die auch aktuelles und zuverlässiges Kartenmaterial anbietet.

Für Schwindelfreie: Carrick-a-Rede Rope Bridge

€ **Lagan Backpackers Hostel**, 121 Fitzroy Av., ✆ 028-90299695, 🖳 www.laganbackpackers.com. Einfaches, aber recht komfortables Hostel in einem großen alten Haus, das Frühstück mit Würstchen, Ei und gebackenen Bohnen ist im Preis inbegriffen. Die Inhaber haben einige strenge, aber sehr sinnvolle Regeln gesetzt, die einen ruhigen Aufenthalt garantieren sollen. Schlafsäle sind nicht nach Geschlechtern getrennt (Bett ab 12 £). ❷

Paddy's Palace Belfast, 68 Lisburn Rd., ✆ 028-90333367, 🖳 www.paddyspalace.com. Recht lebendiges Hostel mit Schlafsaal (Bett ab 9 £) und kleineren Zimmern in einem rund 150 Jahre alten Gebäude in der Nähe der Universität. Im Garten steht immer noch ein Luftschutzbunker aus dem Zweiten Weltkrieg. ❷

€ **Vagabonds Hostel**, 9 University Rd., ✆ 028-95438772, 🖳 www.vagabondsbelfast.com. Preisgekröntes Hostel in der Nähe der Universität, Maxime ist eine saubere, preisgünstige Unterkunft. Privatzimmer und Schlafsäle für Gruppen (Bett ab 13 £). Fahrradverleih möglich. ❷

The Parador, 473 Ormeau Rd., 🖳 www.theparador.com. Komfortables, traditionelles Guesthouse mit renovierten Zimmern, die in Nähe zur Innenstadt (20 Min. Fußweg) eine preisgünstige Übernachtungsmöglichkeit bieten. Sehr preisgünstiges Restaurant im Haus. ❷–❸

Days Hotel, 40 Hope St., ✆ 028-90242494, 🖳 www.dayshotelbelfast.co.uk. Großes, modernes und wenig aufregendes Hotel in zentraler Lage, 250 Zimmer. Wird auch gerne von Geschäftsleuten besucht. Sehr aufmerksames Personal. ❸

Queen's University Belfast Hostel, Elms Village, 78 Malone Rd., ✆ 028-90974403, 🖳 www.stayatqueens.com. Unterkunft in Studentenwohnheimen, Wohntürme (und nicht unbedingt aufregende) Zimmer mit Bad und Internetanschluss, Möglichkeit zur Nutzung von Gemeinschaftseinrichtungen. ❸

Ash-Rowan Town House, 12 Windsor Av., ✆ 028-90661758. Etwas außerhalb gelegenes Guesthouse mit 5 Zimmern. Ehemals bewohnt vom Titanic-Designer Thomas Andrews. Gemütlich und etwas altmodisch. Große Auswahl an Frühstücksvarianten. ❸–❹

Europa Hotel, Great Victoria St., ✆ 028-90271066, 🖳 www.hastingshotels.com/europa-belfast. Das Flaggschiff der Belfaster Hotels, äußerlich nicht unbedingt überwältigend, aber voller „innerer Werte". Zur zentralen Lage kommen große, modern ausgestattete und vor allem bequeme Zimmer mit einem sehr guten Service hinzu. Drei Restaurants/Bars im Haus. ❸–❻

Essen

Belfast war lange Zeit eine kulinarische Einöde, noch vor wenigen Jahren waren die an Straßenständen angebotenen Burger und Hot Dogs oftmals die einfachste Art der Nahrungsaufnahme. Mittlerweile haben sich aber eine Reihe guter Restaurants etablieren können, im Castle Court Shopping Centre

Michael Deanes Gourmetrestaurant

Wer in Belfast richtig gut (und bei ein wenig Planung überraschend preiswert) essen möchte, kommt um Michael Deane nicht herum – immerhin konnte er ein Dutzend Jahre seinen Michelin-Stern behaupten und war damit bis zum Sternverlust 2011 der „dienstälteste" so dekorierte Meisterkoch Irlands. Zentrale des kleinen Imperiums ist **Deane's Restaurant**, 36–40 Howard St., 🖳 www.michaeldeane.co.uk, vielleicht Belfasts bestes Restaurant, mit zahlreichen Ehrungen versehen. Geboten werden ein internationales Menü mit kreativ gestalteten Vorspeisen. Schmackhafte, ansprechend präsentierte Gerichte erfreuen Gaumen wie Auge – und den Geldbeutel kann man durch gezielte Planung schonen. So kostet das 2-Gänge-Menü mittags und am frühen Abend (12–15 und 17.30–19 Uhr) angemessene 16 £, ein Tipp dabei sind die Muscheln als Vorspeise, gefolgt von Entenschenkel mit Beilagen, ein echtes Gourmeterlebnis.

befindet sich ein großer Food Court und entlang der „Golden Mile" findet man zahlreiche, auch bei den Studenten der Queen's University sehr beliebte Cafés und Bistros. Ein echtes „Restaurantviertel" gibt es allerdings nicht.

Alden's Restaurant, 229 Upper Newtownards Rd., 💻 www.aldensrestaurant.com. Restaurant mit relaxter Atmosphäre. Gute Mittagsangebote. Nachmittags: Sehr guter Kaffee und frischgebackene Pastetchen. Abends empfehlenswert: Schlachterplatte. Vernünftige Preise.

Belfast Castle, Antrim Rd., 💻 www.belfastcastle.co.uk. Das Cellar Restaurant im Schloss bietet traditionelle Gerichte aus Ulster an. Gute Speiseauswahl mit einer preislich günstigen Mittagskarte und etwas höheren (aber noch vernünftigen) Preisen am Abend. Kann bei starkem Besucherandrang etwas gedrängt wirken.

Cayenne, 7 Ascot House, Shaftesbury Sq., ✆ 028-90331532, 💻 www.cayenne-restaurant.co.uk. Großes Restaurant, dessen Küche asiatisch beeinflusst ist. Interessante Desserts, vernünftige Preise. Reservierung ratsam.

James Street South, 21 James Street South, ✆ 028-90434310, 💻 www.jamesstreetsouth.co.uk. Helles Restaurant mit großen Fenstern und schmackhafter, gutbürgerlicher Küche. Eine der besten Weinkarten in der Stadt. Mittagessen besonders preiswert. Reservierung ratsam.

The Merchant Hotel, 35–39 Waring St., 💻 www.themerchanthotel.com. Hotelrestaurant mit klassischer Küche. Es werden verschiedene Menüs zu unterschiedlichen Zeiten angeboten. 7-Gänge-Probiermenü möglich. Köstlich: die hauseigenen Varianten vieler beliebter Nachspeisen, auch im Angebot: französische und irische Käsesorten. Empfehlenswert ist der traditionelle Nachmittagstee. Vernünftige Preise.

Nick's Warehouse, 35–39 Hill St., 💻 www.nickswarehouse.co.uk. Restaurant in alter Whiskey-Lagerhalle. Breites Speisenangebot, je nach Saison steht auch Wild auf der Karte. Dazu gibt es feine Weine zu akzeptablen Preisen.

The Parador, 473 Ormeau Rd., 💻 www.theparador.com. Komfortabler, traditioneller Pub. Herzhafte (und schmackhafte) Speisen für jeden Gaumen. Man ist stolz darauf, Gäste schon für unter 5 £ satt machen zu können, ohne dass die Qualität leidet. Empfehlenswert: das Chili con carne oder auch (ganz traditionell) Bangers & Mash (Bratwurst mit Kartoffelbrei).

Shu, 253 Lisburn Rd., 💻 www.shu-restaurant.com. Großes Restaurant mit saisonal wechselnden Menüs. Gerichte für jeden Geschmack und in jeder Preislage – vor allem das Mittags- und Vorabendmenü ist preislich wesentlich günstiger. Die sehr gute Shubar im Keller bietet Cocktails und Tanz – und freitags und samstags auch Essen in derselben Qualität wie das Restaurant.

Preiswert: Essen im Pub!

Wer auf Haute Cuisine verzichten kann, aber bei Hausmannskost satt werden will, der sollte in einem der zahlreichen Pubs von Belfast essen gehen. Zum Beispiel:

Crown Liquor Saloon, 46 Great Victoria St. Belfast's bekanntester Pub, Restaurant darüber (Inneneinrichtung aus dem Originalholz der *SS Britannic*) mit guter Küche zu erstaunlich vernünftigen Preisen. Tischzuteilung teilweise chaotisch.

The Kitchen Bar, 1 Victoria Sq., 💻 www.thekitchenbar.com. Einladender Pub. Traditionelle Gerichte wie Belfast Ham & Cabbage, Irish Stew und Beef Burgers. Berühmt für hausgemachte Pizzen. Für Biertrinker: Real Ale unbedingt probieren.

The Morning Star, 17–19 Pottingers Entry, 💻 www.themorningstarbar.com. Einer der ältesten Pubs von Belfast. Bar mit traditioneller Küche. Restaurant für den Abenteurer mit exotischen Gerichten wie Känguru, Emu, Strauß, Krokodil und Bison.

Unterhaltung und Kultur

Musik

Belfast Empire, 42 Botanic Av., ✆ 028-90249276, 💻 www.thebelfastempire.com. Vielleicht der interessanteste Club in Belfast, der sich in einer ehemaligen Kirche über drei Stockwerke erstreckt. Sehr gute Livebands am Wochenende, donnerstags treten Nachwuchskünstler auf. Sehr unterhaltsam sind die Comedy-Veranstaltungen am Dienstag, man sollte sich jedoch schon etwas in den Belfaster Akzent eingehört haben.

John Hewitt Bar, 51 Donegall St., ✆ 028-90233768. Einfacher, ruhiger Pub ohne große moderne „Extras" (wie TV), aber mit einer erstklassigen Bierauswahl. Sehr gute Livemusik von Folk bis Bluegrass (mit etwas Jazz dazu) unter der Woche ab 21 Uhr, am Samstag ab 18 Uhr und am Sonntagnachmittag.

Lavery's, 14 Bradbury Pl., ✆ 028-90871106, 💻 www.laverysbelfast.com. Seit fast hundert Jahren im Familienbesitz und eine Belfaster Institution mit einem bunt gemixten Publikum. Unbedingt empfehlenswert ist ein Besuch am Mittwoch, wenn in der Back Bar örtliche Singer-Songwriter auftreten.

Kino

Queen's Film Theatre, 20 University Sq., ✆ 028-90971097, 💻 www.queensfilmtheatre.com. Programmkino an der Universität, bietet einen bunten Mix experimenteller, klassischer und obskurer Filme.

Theater

Grand Opera House, Great Victoria St., ✆ 028-90241919, 💻 www.goh.co.uk. Opern bestimmen nicht den Spielplan, dafür umso mehr populäre Kultur in Form von Musicals und Theaterstücken. Sehenswert sind die „Pantos" um Weihnachten, Kindertheater zum Mitmachen und mit einem enormen Lärmpegel.

Lyric Theatre, 88a Stranmillis Rd., ✆ 028-90385685, 💻 www.lyrictheatre.co.uk. Sehr gutes Theater mit einem „ernsten" (und durchaus ernst zu nehmenden) Programm. Hollywoodstar Liam Neeson hatte seine ersten Bühnenauftritte hier.

Großveranstaltungen

Odyssey Arena, 2 Queen's Quay, ✆ 028-90739074, 💻 www.odysseyarena.com. Belfasts große Konzerthalle am Lagan Weir, vor allem aber auch das Heimatstadion der Belfast Giants. Die Spiele der Eishockeymannschaft sind absolute Publikumserfolge.

Belfasts Entries und seine Pubs

Belfaster Kultur „live" und ungeschminkt findet man am besten in den zahlreichen Gaststätten der Entries, kleineren Gassen zwischen den größeren Straßen der Innenstadt ... heute findet der Durstige Belfasts ältesten Pub in der Winecellar Entry, **White's Tavern**. Auch der **Morning Star** (Pottinger's Entry) hat sich einen traditionellen Charakter erhalten können. Was den ausmacht? Ein gemischtes, einheimisches Publikum, das sich in endlosen Unterhaltungen über alle möglichen Themen ergeht oder einfach einen Schluck für den Nachhauseweg nimmt. **The Globe** (Joy's Entry) dagegen ist renoviert und als **McCracken's** kaum wieder zu erkennen. Alle hier genannten Entries gehen von der High St. ab.

Feste und Festivals

Mai

Der **Belfast Marathon**, 💻 www.belfastcitymarathon.com, am May Bank Holiday ist nach dem Marathon in Dublin die zweitpopulärste Laufveranstaltung auf der Insel, am Start sind alle Alters- und Leistungsgruppen.

Die **Balmoral Show**, 💻 www.balmoralshow.co.uk, Mitte Mai ist eine Landwirtschaftsausstellung mit Tradition, jedes Jahr informieren sich hier die Landwirte des nördlichen Irland über neue Trends und Produkte. Und feiern auch ein wenig. Mit gutem, herzhaften Essen. Interessant auch für „Stadtmenschen".

Juni

Das erste Wochenende im Juni wird bestimmt vom **Belfast Titanic Maritime Festival**, 💻 www.belfastcity.gov.uk/maritimefestival, einem Hafenfest mitten in der Stadt. In der Nähe des Lagan Weir gehen Großsegler und andere Schiffe vor Anker, an Land dominieren Jahrmarkt und eine internationale „Fressmeile" das Geschehen.

Juli

Beim Orangemen's Day am 12. Juli finden Paraden des Orange Order im ganzen Land statt, mittlerweile eine wesentlich friedlichere

Angelegenheit als noch vor einigen Jahren. Besucher sollten keine Scheu haben, sich unter die Zuschauer zu mischen.
Das Schwulen- und Lesbenfest **Belfast Pride**, 💻 www.belfastpride.com, in der letzten Juliwoche ist das größte in Irland, mit der vielleicht buntesten Parade auf der ganzen Insel. Regelmäßig begleitet von sauertöpfischen Protesten einiger Fundamentalisten.

August

Mitte August findet das **Féile an Phobail**, 💻 www.feilebelfast.com, in West-Belfast statt, das jährliches Kunst- und Kulturfestival, organisiert von der nationalistischen Gemeinde. Mittlerweile sind die politischen Untertöne wesentlich schwächer geworden.
Am letzten Sonntag im August steigt das **Belfast Mela**, 💻 www.belfastmela.org.uk, ein indisches (und generell asiatisches) Fest im Botanischen Garten, mit Musik, Tanz und vor allem viel gutem Essen.

Oktober

Das **Belfast Festival at Queen's**, 💻 www.belfastfestival.com, in der zweiten Oktober-hälfte ist ein buntes Kulturfestival rund um die Uni, sehr gute Theater- und Konzertangebote, allerdings auch oft begleitet von etwas sehr überschwänglichem Benehmen der Studenten.

Dezember

Beim **The Spirit of Christmas Past**, 💻 www.nmni.com/uftm, im Ulster Folk & Transport Museum im Dezember wird Weihnachtstimmung wie in längst vergangenen Zeiten verbreitet, mit Musik, traditionellen Aktivitäten für Kinder und kleinem Weihnachtsmarkt.

Einkaufen

Belfast ist eine beliebte Shoppingmetropole – allerdings wird das Angebot stark vom Mainstream geprägt und die Haupteinkaufzentren (Castle Court und Victoria Sq.) bieten nicht unbedingt aufregende Exotika. Da sind die kleineren, spezialisierten Geschäfte interessanter:

Antiquitäten

Von Silberware bis zu ganzen Kaminen bekommt man fast alles am **Donegall Pass** (etwas südlich der Innenstadt zwischen Dublin Rd. und Ormeau Rd.), ein Schaufensterbummel lohnt! Bekannte Händler sind das **Archives Antique Centre** (Nr. 84–88, spezialisiert auf Silber und Guinness-Waren), **John Carroll Antiques** (Nr. 82, spezialisiert auf das 18. und 19. Jh.) sowie der große Laden von **Oakland Antiques** (Nr. 135–137).

Buchhandlungen

Book Store, 21 North St. Ein sehr gut sortierter Buchladen samt Antiquariat, der sich vor allem auf irische Literatur und Geschichte spezialisiert hat.
Buchladen No Alibis, 83 Botanic Av., 💻 www.noalibis.com. Belfast ist das Mekka der Verbrechensfreunde – und zwar durch den kleinen, aber feinen Buchladen, in dem Mord und Totschlag zum literarischen Vergnügen wird. Abgesehen davon ist es auch eine Fachbuchhandlung für Amerikanistik und gelegentlich Auftrittsort von Jazz- und Folkkünstlern.

Musik

Marcus Musical Instruments Ltd., 125 Royal Av. Für Musikliebhaber empfehlenswert. Das größte Musikfachgeschäft in Belfast bietet Instrumente und Noten zu oftmals überraschend günstigen Preisen.
Premier Record Store, in Richtung Smithfield Square (hinter dem Castle Court Shopping Centre). Wer mehr auf Musik von Vinyl oder CD steht, sollte Belfasts ältesten „Plattenladen" besuchen (seit immerhin 1926 und mit einer Spezialisierung auf traditionelle irische Musik).

Retro-Chic

Als ob Belfast die verlorenen Jahre wieder aufholen wollte, haben sich hier einige beachtenswerte Boutiquen mit „alternativer" Kleidung etabliert.
Fresh Garbage, 24 Rosemary St. Gothic, Punk und reichlich Körperschmuck.
Raspberry Beret, 111 Bloomfield Av. Viel altmodische Kleidung, meist Second Hand, u. a. aus den 1920er- und 1960er-Jahren.

The Rusty Zip, 28 Botanic Av. Eine fast unerschöpfliche Auswahl an Mode von den 1950er- bis zu den 1980er-Jahren.

Uhren und Juwelen

Queen's Arcade, geht vom Donegall Pl. ab. Eine der altehrwürdigsten Adressen, die sich ein wenig den Hauch des viktorianischen Zeitalters erhalten konnte und vor allem für Schmuckliebhaber ein Anziehungspunkt ist. Bei **Lunn's**, **Lauren May** und **The Watch Store** sollte man unbedingt zumindest ins Fenster schauen. Achtung: auf evtl. günstige Umrechnungskurse bei Zahlung in Euro achten!

Touren

Stadtrundfahrten sind ein bequemes Mittel, Belfast samt Vororten komplett kennenzulernen. Am beliebtesten sind die **Hop-On-Hop-Off-Touren in Doppeldeckerbussen**, die in einem Rundkurs an allen wichtigen Sehenswürdigkeiten anhalten und ein 48-Std.-Ticket bieten. Die einfachste Zusteigemöglichkeit besteht in der Chichester St., ein Ticket kostet 12,50 £ (Vorbestellung online für nur 11 £, 💻 www.belfastcitysightseeing.com). Ein Kombiticket mit der **Belfast Splash Tour** (eine einstündige Tour mit einem Amphibienfahrzeug, während der man auch auf dem Lagan „kreuzt"), kostet 22,50 £ (Splash Tour einzeln 15 £, 💻 www.belfastsplashtours.com).

Ebenfalls auf dem Lagan unterwegs sind die **Titanic Boat Tours** durch die ausgedehnten Hafenanlagen – bei dieser Tour sieht man, wo die Titanic gebaut wurde, 💻 www.laganboatcompany.com. Eine Fahrkarte kostet 10 £.

Wer Belfast zu Fuß erkunden möchte, der kann sich einem **Stadtrundgang** anschließen – die vielleicht beste Auswahl bietet Belfast City Walking Tours, 💻 www.belfast-city-walking-tours.co.uk, thematisch unterschiedlich gewichtet und je nach Teilnehmerzahl und Dauer unterschiedlich teuer.

Ein besonderer Tipp: Speziell für „Titanic-Fans" hat Colin Cobb die **Titanic Walking Tours** entwickelt, hierbei erfährt man auf historischem Boden alles Wissenswerte über das Schiff. 2 1/2 Std. inkl. Kaffeepause für 12 £, 💻 www.titanicwalk.com.

Sonstiges

Autovermietungen

Mietwagen erhält man an den Flughäfen, teilweise auch in der Stadt. Infos unter:
Avis Rent A Car, 💻 www.avis.co.uk
Budget Car Rental, 💻 www.budget-ireland.co.uk
Europcar Ireland, 💻 www.europcar.co.uk
Hertz Car Rental, 💻 www.hertz.co.uk
National, 💻 www.nationalcar.co.uk
Sixt, 💻 www.sixt.co.uk

Internetcafés

Im Innenstadtbereich und rund um die Queen's University findet man einige Internetcafés. Der beste Tipp aber ist das **Revelations Internet Café**, Ascot House, 27 Shaftesbury Sq., 💻 www.revelations.co.uk.

Medizinische Versorgung

Wer einen Arzt aufsuchen (General Practitioner, GP) oder die Notfallaufnahme eines Krankenhauses in Anspruch nehmen muss (Accident and Emergency, A&E), erhält Adressen und Telefonnummern der nächstgelegenen Praxis oder Klinik in der jeweiligen Unterkunft.
Die wichtigsten Krankenhäuser mit Notfallaufnahme im Stadtbereich sind:
Belfast City Hospital, 51 Lisburn Rd., ✆ 028-90329241
Mater Hospital, Crumlin Rd., ✆ 028-90741211
Royal Victoria Hospital, Grosvenor Rd., ✆ 028-90240503

Polizei

Stationen des **Police Service of Northern Ireland**, 💻 www.psni.police.uk, sind mit einer deutlichen Beschriftung gekennzeichnet und immer noch festungsartig ausgebaut, eine strenge Einlasskontrolle besteht, teilweise werden (je nach Sicherheitslage) gar keine Besucher eingelassen. Der beste Tipp ist daher, unter der allgemeinen Rufnummer ✆ 0845-6008000 die Polizei zu kontaktieren und die nächstgelegene Polizeistation zu erfragen.

Post

Postämter werden immer seltener (Liste auf 💻 www.royalmail.com), in Belfast ist das

Postamt in der 12–16 Bridge St. relativ zentral gelegen. Viele Ladengeschäfte verkaufen zudem Briefmarken. Postkästen sind rot und im Innenstadtbereich häufig zu finden. Siehe auch S. 66.

Notfall

Bei einem akuten Notfall rufen Sie Rettungsdienst, Polizei oder Feuerwehr unter der europäischen Notfallnummer 112 oder der britischen 999. Sie werden dann zuerst mit einem Mitarbeiter verbunden, der nach der Art des Notfalls, dem gewünschten Dienst und der Region, in der Sie sich befinden, fragt. Danach wird dann die Verbindung in die jeweilige Leitstelle weitergeschaltet. S. auch S. 68.

Radverleih

Belfast mit dem Fahrrad ist vielleicht nicht unbedingt erholsam, aber die nähere Umgebung kann man so gut erkunden. Fahrradvermietung bietet **McConwey Cycles** in der Ormeau Rd., 💻 www.rentabikebelfast.com, Tagesmiete 15 £.

Informationen

Belfast City Welcome Centre, 47 Donegall Pl., ✆ 028-90246609, ⌚ Mo–Sa 9–17.30 (Juni–Sept bis 19), So 11–16 Uhr. Bietet neben Infos zu Belfast auch generelle Auskunft zu Nordirland und ein reichhaltiges Angebot an Souvenirs.

Tourist Information Belfast International Airport, Arrivals Hall, ✆ 028-94484677, ⌚ Mo–Sa 7.30–19, So 8–17 Uhr.

Tourist Information George Best Belfast City Airport, ✆ 028-90935372, ⌚ Mo–Sa 8–19, So 10–17 Uhr.

Infos auch unter 💻 www.gotobelfast.com oder www.belfastcity.gov.uk.

Nahverkehr

Der Nahverkehr in Belfast ist vorbildlich ausgebaut und der beste auf der gesamten Insel. Touristen allerdings werden ihn nur relativ selten nutzen, da die meisten Sehenswürdigkeiten in der Innenstadt liegen und sehr gut zu Fuß erreichbar sind. Am interessantesten dürften folgende Routen von **Translink Metro** sein (alle fahren über das Stadtzentrum, die weitaus meisten über den Donegall Sq.): Route 1 zum Belfast Castle und Belfast Zoo; Route 4 zum Stormont Estate; Route 8 zur Queen's University; Route 10 in die Falls Rd.; Route 11 in die Shankill Rd.

Auch hier hilft die Webseite von Translink, 💻 www.translink.co.uk, mit näheren Infos. Wer beabsichtigt, mehrfach an einem Tag den Bus in Belfast zu benutzen, sollte sich am Metro Kiosk am Donegall Sq. gleich am Morgen ein **Metro Day Ticket** besorgen. Dieses berechtigt dann zur unbegrenzten Benutzung aller Busse, entweder den ganzen Tag von Montag bis Samstag (3,50 £) oder aber ab 9.30 Uhr bis Betriebsschluss (So ganztägig, 2,70 £).

Transport

Busse

Belfast hat zwei Busbahnhöfe:
Das **Europa Bus Centre** in der Glengall St. (hinter dem Europa Hotel) für Verbindungen in die Counties Armagh, Tyrone, Derry, Fermanagh und das westliche Down sowie in die Republik, und das **Laganside Bus Centre** (nahe Albert Clock Tower) für Verbindungen ins County Antrim, ins östliche Down und nach Cookstown.

Der Busverkehr ist sehr gut ausgebaut, schnelle Verbindungen (Goldliner) bestehen in alle Teile Nordirlands und nach Dublin. Genaue Fahrzeiten der Busse und Bahnen sowie aller Anschlussverbindungen mit Bus und Bahn unter 💻 www.translink.co.uk. Dabei ist besonders auf die sehr günstigen iLink-Tickets zu achten, die etwa eine Woche uneingeschränkte Fahrt durch ganz Nordirland für 55 £ erlauben. Infos zu den von Bus Éireann betriebenen Strecken unter 💻 www.buseireann.ie.

Hier einige der wichtigsten Verbindungen:
ARMAGH, mehrmals tgl., Linie 251, Fahrtzeit 1 1/2 Std., regulärer Fahrpreis 8,20 £.
DERRY/LONDONDERRY, tgl. zahlreiche Verbindungen, Linie 212, Fahrtzeit 1 Std. 40 Min., regulärer Fahrpreis 10,50 £.
DUBLIN, tgl. zur vollen Stunde, Linie 200, Fahrtzeit 2 1/2 Std., regulärer Fahrpreis 13,05 £.
NEWCASTLE, Mo–Fr 3x tgl., Linie 237, Fahrtzeit 1 Std. 25 Min., regulärer Fahrpreis 7,20 £.

Eisenbahn

Belfast besitzt zwei wichtige Bahnhöfe: **Belfast Great Victoria Street**, Glengall St., für Züge nach Bangor, Larne Harbour, Portadown, Londonderry, Portrush, und **Belfast Central**, East Bridge St., für Züge nach Dublin.

Die wichtigsten Zugverbindungen in Nordirland führen am Südufer des Belfast Lough vorbei nach BANGOR, am Nordufer und dann die Küste entlang nach CARRICKFERGUS und LARNE sowie über Antrim und Ballymena nach DERRY, wobei hier das letzte Stück ab Coleraine landschaftlich sehr reizvoll ist und unterhalb der Klippen direkt am Meer entlangführt.

DUBLIN, mehrmals tgl. über Newry, Dundalk und Drogheda. In Dublin selber besteht dann Anschluss an die Züge nach Wexford, Waterford, Cork, Killarney und Galway.

Fähren

Die Fährverbindungen ab dem Hafen von Belfast gehen nach BIRKENHEAD (Norfolk Line, 💻 www.norfolkline-ferries.co.uk), Douglas auf der ISLE OF MAN (Isle of Man Steam Packet Co., 💻 www.steam-packet.com) und STANRAER in Schottland (Stena Line, 💻 www.stenaline.ie).

Der Fährhafen kann vom Donegall Sq. mit der **Buslinie 96** direkt erreicht werden – mehr Infos und genaue Abfahrtzeiten unter 💻 www.translink.co.uk.

Flüge

Der große **Belfast International Airport**, ✆ 028-94484848, 💻 www.belfastairport.com, liegt westlich von Belfast am Lough Neagh und bietet Direktverbindungen nach Übersee, Großbritannien und Europa. Für Mitteleuropa interessant sind die Flüge nach Amsterdam, Genf und Innsbruck. Der Flughafen ist am einfachsten ab dem Europa Bus Centre mit dem Bus erreichbar – **Airport Express 300** fährt tagsüber alle 15 Min., 7 £ einfache Fahrt. Mit dem **Taxi** kostet die Fahrt 28 £.

Der **George Best Belfast City Airport**, ✆ 028-90939093, 💻 www.belfastcityairport.com, an der A2, Sydenham Bypass Rd., zwischen Belfast und Holywood, verbindet die nordirische Hauptstadt direkt mit Cork und zahlreichen Flughäfen in Großbritannien. Der **Airport Express 600** pendelt zwischen dem Europa Bus Centre und dem George Best Belfast City Airport tagsüber alle 20 Min., 2 £ einfache Fahrt, genaue Fahrpläne unter 💻 www.translink.co.uk. Alternativ nimmt man das **Taxi**, ca. 8 £.

Anhang

Sprachführer

In der Regel kommt der Besucher in Irland mit Schulenglisch gut zurecht. Selbst wer holpriges Englisch spricht, wird dafür Lob ernten. Zwar ist Irisch nominell die erste Landessprache, doch nur ein verschwindend geringer Teil der Bevölkerung spricht Irisch im Alltag. Von Besuchern werden Irischkenntnisse gar nicht erwartet, in Ausnahmesituationen können sie jedoch hilfreich sein, manchmal das Eis brechen.

Ausspracheregeln

Im Irischen werden dieselben Vokale wie im Deutschen verwendet, wobei **a**, **e**, **i**, **o** und **u** ähnlich wie im Deutschen und kurz ausgesprochen werden. Die Vokale mit Akzent (**á**, **é**, **í**, **ó** und **ú**) werden lang ausgesprochen. Dazu unterteilt man die Vokale in „schlanke" und „breite" Vokale, was wiederum die Aussprache der Konsonanten vor ihnen beeinflusst. Die schlanken Vokale sind **e**, **é**, **i** und **í**.

Konsonanten im Irischen werden generell wie im Deutschen ausgesprochen, allerdings kommt es bei Häufungen von Konsonanten und in bestimmten Stellungen zu interessanten Ausnahmen:

- **bh** wird ausgesprochen wie „v"
- **bhf** wird ausgesprochen wie „w"
- **c** wird immer als „k" gesprochen
- **ch** wird wie im Deutschen ausgesprochen,
- **d** wird vor einem breiten Vokal als „d" gesprochen, vor einem schlanken Vokal eher als „dsch"
- **mh** wird ausgesprochen wie „w"
- **s** wird vor einem breiten Vokal normal ausgesprochen, vor einem schlanken Vokal und am Ende eines Wortes als „sch"
- **t** wird vor einem breiten Vokal normal ausgesprochen, vor einem schlanken Vokal als „tsch"
- **th** kann als „t" oder „h" gesprochen werden, je nach Wort – am Ende eines Wortes wird es jedoch gar nicht ausgesprochen.

Die wichtigsten Begriffe

Die folgende Aufstellung von Vokabeln und Redewendungen ist immer in der Reihenfolge Deutsch – Englisch – Irisch gehalten. In vielen Fällen ist keine irische Entsprechung angegeben, da ein Gespräch auf Irisch eigentlich auf der Basis dieses sehr kurzen Sprachführers keinen Sinn macht und hier für Touristen immer die englische Sprache zu bevorzugen ist.

Elementares

Danke
Thank you
Go raibh maith agat

Bitte? (als Nachfrage)
Sorry?
Tá brón orm?

Bitte … (als Aufforderung)
Please
Le do thoil

Entschuldigung
Excuse me
Gabh mo leithscéal

Ja
Yes
Tá (oder „Sea!", etwa „So ist es!")

Nein
No
Nil (oder „Ni hea!", etwa „So ist es nicht!)

Begrüßungen, Verabschiedungen, Wünsche

Hallo!
Hello! Hi!
Dia duit („Möge Gott mit Dir sein!")

Wie geht's?
How are you?
Conas atá tú?

Ich bin …
I am …
Is mise …

Wie heißen Sie?
What's your name?
Cad es ainm duit?

Sehr erfreut, Sie zu sehen!
Pleased to meet you!
Tá áthas orm bualadh leat!

Gute Nacht!
Good night!
Oíche mhaith!
Auf Wiedersehen! (formell)
Goodbye!
Slán leat! (sagt der Gehende)
Slán agut! (sagt der Bleibende)
Auf Wiedersehen! Tschüss!
Bye! See you!
Slán!
Prost!
Your health! Cheers!
Sláinte!
Gute Reise!
Have a good journey/trip!
Go n-éiri an bóthár leat!

Erste Konversation

Sprechen Sie Irisch?
Do you speak Irish?
An bhfuil Gaeilge agat?
Wie sagt man das auf Irisch?
How do you say that in Irish?
Conas a déarfávsin as Gaeilge?
Ich verstehe (Sie)
I understand (you)
Tuigim (thú)
Ich verstehe (Sie) nicht
I don't understand (you)
Ní thuigim (thú)
Sagen Sie das bitte noch einmal
Say that again, please
Abair aris é, le do thoil

Zahlen

Eins	*One*	Aon
Zwei	*Two*	Dó
Drei	*Three*	Tri
Vier	*Four*	Ceathair
Fünf	*Five*	Cúig
Sechs	*Six*	Sé
Sieben	*Seven*	Seacht
Acht	*Eight*	Ocht
Neun	*Nine*	Naoi
Zehn	*Ten*	Deich
Elf	*Eleven*	Aon déag
Zwölf	*Twelve*	Dó déag
Zwanzig	*Twenty*	Fiche
Dreißig	*Thirty*	Tríocha
Vierzig	*Fourty*	Daichead
Fünfzig	*Fifty*	Caoga
Einhundert	*One hundred*	Céad
Eintausend	*One thousand*	Mile

Hinweisschilder

Entrance	**Isteach**	Eingang
Exit	**Amach**	Ausgang
Information	**Eolais**	Information
Toilets oder (vornehmer) **Restrooms**	**Leithreas**	Toiletten
Men, Gentlemen	**Fir**	Männer
Ladies	**Mná**	Frauen
Open	**Oscailte**	Offen
Closed	**Dúnta**	Geschlossen
Not in Use, Not in Service, Out of Service	**As seirbis**	Nicht in Benutzung
City Centre	**An lar**	Stadtzentrum
Police (Nordirland)	**Garda**	Polizei

Wochentage

Montag	*Monday*	Dé Luain
Dienstag	*Tuesday*	Dé Máirt
Mittwoch	*Wednesday*	Dé Céadaoin
Donnerstag	*Thursday*	Déardaoin
Freitag	*Friday*	Dé hAoine
Samstag	*Saturday*	Dé Sathairn
Sonntag	*Sunday*	Dé Domhnaigh

Monate

Januar	*January*	Eanair
Februar	*February*	Feabhra
März	*March*	Márta
April	*April*	Aibreán
Mai	*May*	Bealtaine
Juni	*June*	Meitheamh
Juli	*July*	Lúil
August	*August*	Lúnasa
September	*September*	Meán Fomhair
Oktober	*October*	Deireadh Fomhair
November	*November*	Samhain
Dezember	*December*	Nollaig

Jahreszeiten

Frühjahr	*Spring*	An t-earrach
Sommer	*Summer*	An samhradh
Herbst	*Autumn*	An fómhar
Winter	*Winter*	An geimhreadh

Unterkunft

Haben Sie ein Zimmer für … Person(en)?
Do you have a room for … person(s)?
Wieviel kostet das Zimmer?
How much is the room?
Ist das Frühstück eingeschlossen?
Is breakfast included?
Darf ich/dürfen wir das Zimmer einmal sehen?
May I/we see the room?
Ja, ich nehme/wir nehmen es.
Yes, I'll/we'll take it.
Nein danke, ich nehme/wir nehmen es nicht.
No, sorry, I/we won't take it.
Haben Sie noch andere Zimmer frei?
Do you have any other rooms free?
Auf welche Art kann ich bezahlen?
How can I pay?
Nehmen Sie Gutscheine/Kreditkarten?
Do you take vouchers/credit cards?
Könnte ich noch eine Decke bekommen?
Could I have an extra blanket?
Könnten Sie die Heizung abstellen/anstellen?
Could you turn the heating off/on?
Wann/Wo servieren Sie Frühstück/Mahlzeiten?
When/where do you serve breakfast/meals?
Wo kann ich mein Auto parken?
Where can I park my car?

Verpflegung

Ich bin Vegetarier.
I am a vegetarian.
Ich bin allergisch gegen …
I am allergic to …
Ich esse kein …/darf kein … essen.
I won't/am not allowed to eat …
Kann ich etwas (mehr) … bekommen?
Could I have some (more) …?

Einkaufen

Könnten Sie mir bitte helfen?
Could you help me, please?
Könnte ich etwas …/davon haben?
Could I have some …/of that?
Was ist das? Ist das …?
What is that? Is that …?
Wo hätten Sie denn …? Ich suche nach …
Where would you have …? I am looking for …
Was hat das für ein/e Größe/Gewicht?
What size/weight is that?
Haben Sie dies in einer anderen Größe/Farbe?
Do you have this in a different size/colour?

Lebensmittel

S. auch S. 52 „Typisch irische Gerichte" und „Getränke".

Brot	*Bread*
Sodabrot (mit Soda statt Hefe)	*Soda Bread*
Hefebrot	*Yeast Bread*
Vollkorn	*Wholemeal*
Milch	*Milk*
Butter	*Butter*
Brotaufstrich	*Spread*
Margarine	*Margarine*
Würstchen	*Sausage*
Aufschnitt	*Cold Meats*
Wurstaufschnitt	*Luncheon Roll*
Käse	*Cheese*
Marmelade	*Jam*
Marmelade aus Zitrusfrüchten	*Marmalade*
Dorsch	*Cod*
Schellfisch	*Haddock*
Seehecht	*Hake*
Hecht	*Pike*
Seezunge	*Sole*
Rochen	*Ray*
Lachs	*Salmon*
Huhn	*Chicken*
Truthahn	*Turkey*
Rindfleisch	*Beef*
Kalbfleisch	*Veal*
Schweinefleisch	*Pork*
Schweineschinken	*Bacon*
Lammfleisch	*Lamb*
Hammelfleisch	*Mutton*
Wild (schließt auch Fasan ein)	*Game*
Kaninchen	*Rabbit*
Hase	*Hare*
Fasan	*Pheasant*
Hirschfleisch, Rehfleisch	*Venison*

Glossar

12th of July, 12. Juli Jahrestag der Battle of the Boyne (s. u.).

1690 Jahr der Battle of the Boyne (s. u.).

1798 Jahr des Aufstandes der United Irishmen gegen die britische Herrschaft, eine Invasion durch französische Truppen führte auch zum Namen „The Year of the French".

1916 Jahr des Osteraufstandes (siehe Easter Rising).

26+6=1 Quasi-mathematische Gleichung, die die Einheit Irlands heraufbeschwören soll: 26 Counties plus sechs Counties sind eins.

Anglo-Irish War Irischer Unabhängigkeitskrieg von 1919 bis 1921, beendet durch „the Treaty" (s. u.).

Anglo-Normans, Anglo-Normannen Die aus England und Wales im Mittelalter vordringenden Eroberer, deren Stammbäume sich wiederum in die Normandie zurückverfolgen lassen.

Apprentice Boys Lehrjungen, die die Tore der Stadt Derry vor den anrückenden Truppen König Jakobs verschlossen und so den protestantischen Widerstand einleiteten. Ihr Schlachtruf war „No Surrender!", also „Keine Übergabe!" oder auch „Keine Kapitulation!", heute noch das zentrale Motto der Unionisten.

Assembly Parlament von Nordirland, das im Stormont Castle zusammentritt.

Battle of the Boyne Schlacht am 1. Juli 1690, bei der die von William III. geführten Truppen die Armee James II. am Boyne zum Rückzug zwangen und so den Marsch auf Dublin fortsetzen konnten.

Bloody Sunday Im heutigen Sprachgebrauch vor allem das Massaker, das britische Fallschirmjäger anrichteten, als sie 1972 das Feuer auf eine Menschenmenge in Derry eröffneten. Der ursprüngliche Blutsonntag fand jedoch bereits im Jahr 1920 statt, als britische Einheiten im Croke Park das Feuer auf Spieler und Zuschauer eröffneten.

Bloomsday Der 16. Juni 1904 (und natürlich jeder Jahrestag davon), an dem Leopold Bloom seine Odyssee durch die irische Hauptstadt Dublin erlebt. So niedergelegt im *Ulysses*, dem ausufernden Meisterwerk von James Joyce. Jedes Jahr beginnen Fans die Wanderung am Martello Tower von Sandycove.

Border Grenze zwischen Nordirland und der Republik.

Cead Mile Failte Wörtlich „100 000 Willkommen", die irische Version von „Herzlich willkommen" und mittlerweile eine gängige Phrase im Gastgewerbe.

Celtic Cross, Keltenkreuz Eine Abart des klassischen Kreuzes, bei der die Seitenarme mit dem Schaft durch eine Art Ring verbunden sind. Eventuell wurde dies als Andeutung auf einen vorher bestehenden Sonnenkult geschaffen, wesentlich unromantischer ist jedoch die Deutung, dass der Ring lediglich eine statische Funktion zur Unterstützung der Seitenarme hatte. Kreuze in dieser speziellen Form sind auch heute noch z. B. als Grabmale sehr beliebt. Dabei ist darauf zu achten, dass nicht jedes Keltenkreuz auch ein „High Cross" (s. u.) ist.

Celtic Tiger Als Irland in den 1990er-Jahren seinen wirtschaftlichen Aufschwung begann, erinnerte dieses plötzliche Erwachen viele Kommentatoren an die asiatischen „Tigerstaaten". Also wurde dieser Begriff adaptiert und Irland zum „keltischen Tiger". Auch als Umschreibung der gesamten Epoche des Aufschwungs und Wohlstandes gebräuchlich. Mittlerweile hat der „Celtic Tiger" teilweise allerdings auch eine negative Konnotation bekommen, so ist der Begriff der „Celtic Tiger Cubs" („Junge des keltischen Tigers") für in den Wohlstand hineingeborene Jugendliche gebräuchlich.

Civil War, Bürgerkrieg Bewaffnete Auseinandersetzung zwischen den Befürwortern des „Treaty" (s. u.) und den ein ungeteiltes Irland fordernden Republikanern.

Church of Ireland (CoI) Ehemalige Staatskirche und Teil der Anglikanischen Kirche.

Connacht Eine der vier Provinzen Irlands, bestehend aus den Counties Leitrim, Roscommon, Galway, Mayo und Sligo. Auch gelegentlich noch als Connaught zu lesen.

Dáil Éireann Das irische Parlament.

Diaspora, Irish Diaspora Mittlerweile gebräuchlicher Begriff für alle Iren, die auf Dauer im Ausland wohnen. Der Begriff schließt auch alle diejenigen Bevölkerungsgruppen ein, die sich auf ihr irisches Erbe berufen.

Easter Rising Osteraufstand 1916, die geplante Errichtung einer irischen Republik durch einen bewaffneten Aufstand. Die Rebellion wurde nach nur wenigen Tagen durch britische Truppen niedergeschlagen. Sie hatte selber weder einen politischen noch einen militärischen Erfolg. Durch die Hinrichtung der Führer der irischen Rebellen allerdings schaffte es das britische Militär, die Sympathie der Bevölkerung für die Aufständischen zu wecken.

Éire Offizieller Name der Republik Irland.

Emergency Irische Bezeichnung für den Zweiten Weltkrieg, der in der neutralen Republik nur als „Notfall" galt.

Estate Anwesen oder Wohngebiet.

Europe Eigentlich Europa insgesamt, aber meist im Sinne von Kontinentaleuropa gebraucht. Auch eine gebräuchliche Kurzbezeichnung für die EU.

European Health Insurance Card (EHIC) Europäische Krankenversicherungskarte (EKVK), der Nachweis über die Zugehörigkeit zur staatlichen Krankenversicherung auf Auslandsreisen innerhalb der EU.

First Minister Premierminister in Nordirland.

Free Presbyterian Church Von der presbyterianischen Kirche (s. u.) abgespaltene religiöse Gruppierung, die sich stark mit einer unionistischen Politik identifiziert und als fundamentalistisch eingestuft werden kann. Ihr wichtigster Vertreter war über viele Jahrzehnte hinweg der Mitbegründer Rev. Dr. Ian Paisley.

Gaeltacht ausgewiesenes Gebiet, in dem ein hoher Bevölkerungsanteil Irisch als Hauptsprache nutzt. Hier ist auch die Beschilderung Irisch (meist mit englischer Übersetzung) und es fließen Fördergelder aus der Staatskasse.

Ganggräber, Passage Tombs Hügelgräber (s. u.), die durch einen langen Gang zu einer meist zentralen Grabkammer gekennzeichnet sind.

Garda Siochana Polizei in der Republik Irland.

Good Friday Agreement, Karfreitagsabkommen Juristisch eigentlich korrekt als „Belfast Agreement" bekannt, wurde das Karfreitagsabkommen am 10. April 1998 von Vertretern der wesentlichen Fraktionen in Nordirland akzeptiert. In die Wege geleitet wurde dieser Konsens durch den US-Senator George Mitchell, der von Präsident Bill Clinton als Sonderbeauftragter für Nordirland eingesetzt wurde. Der wichtigste Punkt im Karfreitagsabkommen war die Einigung auf das Power Sharing (s. u.) zwischen den Fraktionen, das die Dominanz einer Bevölkerungsgruppe verhindern soll. Auf einer ganz anderen Ebene waren die Entwaffnung der jeweiligen Milizen und die Reform von Polizei und Justiz wichtige Bestandteile des Abkommens.

High Cross, Hochkreuz Das klassische irische Kreuz, das in Klosteranlagen aufgestellt wurde und aus drei Teilen bestand: einer Basis, dem Kreuz selbst und einem aufgesetzten Deckstein. Die Kreuze waren mit bildlichen Darstellungen aus der Bibel versehen und dienten u. a. zur visuellen Unterstützung von Predigten. Es gilt als sicher, dass sie im Mittelalter sehr farbenprächtig angemalt waren. Die weitaus meisten Hochkreuze haben die Form des „Celtic Cross" (s. o.).

High King, Hochkönig Nominell der Herrscher über das gesamte Irland, in etwa mit dem deutschen Kaiser vergleichbar, dem mehrere Könige die Treue schworen. Dieser Vergleich allerdings ist allein auf struktureller Ebene gegeben, die kleine Insel Irland wurde von mehreren Dutzend Königen beherrscht, von denen viele nicht mehr als glorifizierte Stammeshäuptlinge mit einem sehr kleinen Einflussgebiet waren.

Home Rule Eine im 19. Jh. populäre Doktrin, nach der Irland sich selbst regieren sollte und in den meisten Entscheidungen unabhängig von London gewesen wäre. Über die genaue verfassungsmäßige Gestaltung wurde niemals Einigkeit erzielt, die erbittertsten Gegner der Home Rule waren die Unionisten im Norden. Nach mehreren Anläufen sah es 1914 schließlich so aus, als wenn Home Rule Realität werden könnte, die Entscheidung wurde jedoch beim Ausbruch des Ersten Weltkriegs „bis zum Kriegsende" verschoben und dann durch den bewaffneten Aufstand von 1916 endgültig von der politischen Agenda gestrichen.

Hügelgräber Allgemeiner Begriff für prähistorische Aufschüttungen, die wahrscheinlich zu Beerdigungszwecken dienten.

Ireland Offizieller Name der Republik Irland auf Englisch (eigentlicher Staatsname ist Éire), gleichzeitig geografischer Begriff für die gesamte Insel. Um diese sprachliche Ungenauigkeit zu bereinigen und wirkliche diplomatische Verwicklungen zu vermeiden, wird die Ersatzkonstruktion „Republic of Ireland" mittlerweile allgemein verwendet.

Irish, Irisch Bezeichnung für die irische Sprache, die sich aus der keltischen Sprachgruppe entwickelte. Die oft von Deutschen verwendete Bezeichnung „Gälisch" beschreibt eigentlich die schottische Sprache, auf Irisch jedoch ist „gaeilge" die korrekte Selbstbezeichnung.

Irish National Liberation Army, INLA 1974 sich von der IRA abspaltende „linke" Fraktion der republikanischen Paramilitaries, die eine Zeit lang als im Vergleich zu ihrer Größe überproportional gefährliche Terrororganisation galt. Die INLA erklärte mittlerweile den bewaffneten Kampf für beendet und vernichtete bis 2010 ihre Waffenlager.

Irish Republican Army, Irisch-Republikanische Armee, IRA Ein Sammelbegriff für republikanische Paramilitaries, der erstmals bei der Invasion Kanadas (1866) offiziell gebraucht und mit Beginn des Osteraufstandes auch in Irland verwendet wurde. Die IRA wurde im Jahr 1936 verboten, existierte jedoch im Untergrund weiter und machte vor allem in der zweiten Hälfte der 1950er-Jahre und dann wieder ab 1968 auf sich aufmerksam. 1969 kam es zur Spaltung aufgrund politischer und strategischer Differenzen, die sogenannte Official IRA erklärte bereits 1972 den bewaffneten Kampf für beendet, die Provisional IRA (PIRA, „Provos") verstärkte ihn dagegen sowohl in Irland wie auch im Ausland. 1997 erklärte die PIRA den Waffenstillstand, der in den ersten Jahren des 21. Jh. in der vollkommenen Entwaffnung und der Konzentration auf die politische Ebene (über Sinn Fein) endete. Mit diesem Ergebnis nicht zufrieden, bildeten sich wiederum Gruppen von „Dissidents", die eine Fortsetzung des bewaffneten Kampfes anstrebten. Die bekanntesten Gruppen sind die Continuity IRA (CIRA) und die Real IRA (RIRA).

Jacobites, Jakobiten Anhänger des Königs James (lat.: Jacobus Rex) im Krieg gegen König William III., später allgemein Anhänger der Stuarts.

Karfreitagsabkommen Good Friday Agreement (s. o.)

Kelten, keltisch Ein eigentlich sehr ungenauer Begriff für eine mitteleuropäische Sprachgruppe, die sich im Laufe der Jahrhunderte über weite Teile Europas verbreitete und in Westen bis nach Irland, im Osten bis in das Gebiet der heutigen Türkei vordrang. In Irland wird der Begriff hauptsächlich für die Menschen verwendet, die vor den anglo-normannischen Eroberungen auf der Insel lebten. Dies ist jedoch eine historisch sehr ungenaue Verwendung, die ersten keltischen Siedler kamen tatsächlich nur wenige Jahrhunderte vor der Zeitenwende auf die Insel. Einige heute gerne mit den Kelten in Verbindung gebrachte Monumente sind tatsächlich Tausende von Jahren vor dem Eintreffen der keltischen Kultur in Irland entstanden das berühmteste Beispiel dürfte Newgrange sein.

Leinster Eine der vier Provinzen Irlands, bestehend aus den im Osten und Südosten gelegenen Counties Carlow, Dublin, Kildare, Kilkenny, Laois, Longford, Louth, Meath, Offaly, Westmeath, Wexford und Wicklow.

Liberator, the Daniel O'Connell, irischer Politiker des 19. Jhs., Vorkämpfer für die katholische Emanzipation.

Loyalists, Loyalisten (Nord-)Iren, die sich der britischen Krone loyal verbunden fühlen.

Midlands Eine ungenaue Bezeichnung der Mitte Irlands, die je nach Interpretation in ihrer Ausdehnung stark unterschiedlich sein kann. Als allgemeinen Konsens kann man die großen Ebenen einrechnen, die von den meist gebirgigen Küstenregionen umschlossen werden.

MLA Mitglied des nordirischen Parlaments.

MP Mitglied des britischen Parlaments.

Munster Eine der vier traditionellen Provinzen Irlands, geformt aus den südlichen und südwestlichen Counties Waterford, Cork, Kerry, Clare, Limerick und Tipperary.

Nationalists, Nationalisten Befürworter eines einigen, freien Irlands.

New Irish Der derzeit politisch korrekte Begriff für Immigranten, die sich in Irland niedergelassen haben.

Non-National Ein etwas verwirrender Begriff, der nicht etwa einen Staatenlosen bezeichnet, sondern einen Menschen ohne irische Staatsbürgerschaft. Um dem Begriff zu präzisieren (und ihn auch wieder politisch korrekt zu machen) wurde er in „Non-Irish-National" abgeändert.

North, the Generischer Begriff für Nordirland, der jedoch außer Acht lässt, dass der nördlichste Teil der Insel in der Republik liegt.

Northern Ireland, Nordirland Der zum Vereinigten Königreich von Großbritannien und Nordirland (United Kingdom, UK) gehörende Teil Irlands, bestehend aus den ehemaligen Counties Antrim, Armagh, Derry, Down, Fermanagh und Tyrone. Es sollte immer beachtet werden, dass Nordirland nicht mit Ulster (s. u.) identisch ist.

Ogham Ein irisches Schriftsystem des frühen Mittelalters, das nur in wenigen Zeugnissen erhalten ist und auf einem System von Einkerbungen beruht.

Orange Order, Oranierorden 1795 gegründete Vereinigung, die eine unionistische Politik, einen teils radikalen Protestantismus und organisatorische Elemente des Freimaurertums verfolgt und sich zu einer der wichtigsten gesellschaftlichen Gruppierungen vor allem im Nordosten Irlands entwickelte. In der Öffentlichkeit ist der Orden besonders durch seine Paraden bekannt, die sich um den Jahrestag der Battle of the Boyne (s. o.) extrem häufen und immer wieder zu Konflikten mit nationalistischen und/oder republikanischen Teilen der Bevölkerung führen.

Osteraufstand Easter Rising (s. o.)

Paramilitaries Allgemeine Bezeichnung für bewaffnete Gruppen, die sich (zumindest nominell) an den Auseinandersetzungen um die Teilung Irlands beteiligen.

Pavee Eigenbezeichnung der nichtsesshaften „Travellers", einer weitgehend nomadisch lebenden Bevölkerungsgruppe am Rande der irischen Gesellschaft. Im Gegensatz zu den Sinti und Roma sind die Pavee keine ethnische Minderheit, sondern ein Teil der allgemeinen irischen Bevölkerung und auch keine homogene Gruppe. Über die Geschichte dieser spezifisch irischen Nomaden gibt es keine sicheren Erkenntnisse, teilweise wird sogar behauptet, sie seien erst im 19. Jh. aufgetreten. Der irische Staat versucht seit Jahrzehnten, die Pavee von ihrem nomadischen Leben zu lösen und in den Status der „settled people" zu überführen. Zu diesem Zweck werden teilweise eigene Wohnsiedlungen errichtet, in denen etwa eine begrenzte Haltung von Pferden (Pferdehandel bildete früher einen wichtigen Erwerbszweig dieser Gruppe) möglich ist. Überrascht stellte man später dann fest, dass eine solche Ansiedlung zur Ghettoisierung führte und die Integration der niedergelassenen Pavee in die Gesellschaft keineswegs förderte. Nomadische Pavee haben im Prinzip ein Anrecht auf Plätze, an denen sie zeitweise ihre Lager aufschlagen können, die meisten dieser Plätze liegen jedoch an extrem unattraktiven Stellen und weisen vollkommen unzureichende Versorgungseinrichtungen (Wasser, Abwasser, Strom) auf. In den Augen der allgemeinen Bevölkerung gelten die Pavee als ungebildet (ein leider zutreffendes Vorurteil, mehr als 90 % der Pavee sind als Analphabeten eingestuft), verschlagen, gewalttätig und kriminell. Die größten Probleme der Pavee selber sind neben mangelnder Bildung und einer Nichtakzeptanz durch die Niedergelassenen vor allem gesundheitlicher Art Pavee haben eine weitaus geringere Lebenserwartung als der Rest der irischen Bevölkerung.

Peace Line Barrieren aus Stahl und Beton zwischen den verschiedenen Wohngebieten in nordirischen Städten, die durch ihre trennende Funktion ein friedliches Zusammenleben sichern sollen.

Peace Process, Friedensprozess Allgemeine Bezeichnung für den (keineswegs gradlinigen) Weg hin zum Good Friday Agreement (s. o.) und die Fortsetzung dieses Weges im Rahmen des Power Sharing (s. u.).

Plantations Gesamtbezeichnung für die verschiedenen Besiedlungen Irlands durch ausländische Kolonisten, die von der britischen Krone gesponsert und teilweise mit Waffengewalt durchgesetzt wurden. Die ersten Maßnahmen dieser Art wurden durch die katholische Königin Mary („Bloody Mary") im

Jahr 1549 in Laois und Offaly abgesegnet. Die wesentlich bekannteren Ulster Plantations begannen erst mehr als ein halbes Jahrhundert später, hier wurden vor allem schottische Protestanten angesiedelt.

Power Sharing Zusammenfassender Begriff für die speziell nordirische Version einer demokratischen Regierungsbildung, in der es nicht nach Mehrheiten geht, sondern in der Vertreter aller Parteien (und somit Bevölkerungsgruppen) an der Regierung beteiligt sein müssen. Dies soll die Dominanz einer Fraktion verhindern und gewährleisten, dass auch die Interessen der Minderheiten vertreten werden. In der Praxis erweist sich das Power Sharing als ein weitgehend funktionierender Prozess, der aber enorm unhandlich ist und immer wieder von den Interessen der einzelnen Fraktionen behindert wird.

Presbyterian Church, Presbyterianer Die dominante religiöse Ausrichtung der Ulster-Scots (s. u.), geprägt vor allem durch eine Selbstverwaltung der Kirchen und einen Verzicht auf eine zentralistische Struktur mit Bischöfen. Als „Nonkonformisten", also nicht der anglikanischen Staatskirche zugehörig, waren Presbyterianer lange Zeit aus dem öffentlichen Leben verbannt. Dies führte zu einer verstärkten Auswanderung etwa nach Nordamerika.

Protestants, Protestanten Grundsätzlich alle nicht der römisch-katholischen Kirche angehörigen christlichen Gruppierungen. Unter diesen Oberbegriff fallen die unterschiedlichsten Kirchen, gemeint sind meist die presbyterianische und die anglikanische Kirche.

Police Service of Northern Ireland (PSNI) Polizei in Nordirland, hervorgegangen aus der RUC (s. u.). Im Gegensatz zur Garda Siochana (s. o.) und auch zur britischen Polizei treten die Beamten des PSNI grundsätzlich bewaffnet auf.

Republicans, Republikaner Befürworter eines unabhängigen und einigen Irlands mit einer demokratischen Verfassung.

Ringfort Ringförmige Befestigungsanlage, die aus prähistorischer Zeit oder dem Mittelalter stammen kann. Diese Anlagen entstanden sowohl aus Stein wie auch aus einfachen Erdwällen mit einer Holzpalisade. In der irischen Landschaft sind heute noch zahlreiche Ringforts erkennbar, sie sind auch auf den detaillierteren Landkarten verzeichnet.

Rising, the Easter Rising (s. o.)

Royal Ulster Constabulary (RUC) Ehemalige nordirische Polizei, im Zuge der Reformen überführt in den PSNI.

Rundturm Ein spezifisch irischer Bestandteil der Klosterarchitektur des Mittelalters, ein runder, schlanker Turm mit einer konischen Kappe, der wohl als Glockenturm diente. Die meisten Rundtürme besaßen eine Höhe um die 30 m, viele von ihnen sind heute jedoch nur noch teilweise erhalten.

Seanad Éireann Der irische Senat, der jedoch nicht demokratisch gewählt wird. Nur ein Teil der Senatoren wird von Interessengruppen (z. B. den Universitäten) gewählt, der Rest wird durch die politischen Parteien und den Taoiseach (s. u.) nominiert. Der Senat hat keine wesentlichen Aufgaben und dient im Prinzip nur der Debatte.

Siege of Derry Die (letztlich erfolglose) Belagerung der Stadt Derry durch die Jakobiten, die mit dem Zusperren der Stadttore durch die Apprentice Boys (s. o.) im Jahre 1688 begann.

Six Counties Vor allem von Nationalisten gebräuchliche Bezeichnung für Nordirland.

South, the Die Republik Irland, ein generischer Begriff mit geografischem Fehler.

Southern Ireland Die Republik Irland, die Verwendung dieses Begriffes deutet darauf hin, dass die irische Unabhängigkeit nicht vollkommen akzeptiert wird.

Standing Stone, Stehender Stein Ein künstlich aufgerichteter Stein, der alleine oder mit anderen Steinen gemeinsam vorkommen kann. Allgemein wird angenommen, dass diese Steine kultischen Zwecken dienten. Einige von ihnen scheinen auch bestimmte Territorien markiert zu haben. Vereinzelt kommen Steine mit einer Beschriftung in Ogham (s. o.) vor. Reisende auf der Suche nach den mystischen Wurzeln Irlands sollten allerdings auch bedenken, dass einige Steine von Bauern aufgestellt wurden, damit sich das Vieh daran reiben kann. Nicht jeder stehende Stein ist also unbedingt alt oder gar wichtig.

Stone Circle, Steinkreis Aus Steinen gebildete kreisförmige Anlage, die entweder kultischen oder astronomischen Zwecken gedient haben könnte. Steinkreise müssen nicht unbedingt aus stehenden Steinen (s. o.) bestehen, sondern können auch sehr flach gehalten sein.

Stone Fort, Steinfort Mit einem Steinwall versehenes Ringfort (s. o.), die Architektur kann von einer einfachen Wallanlage bis zu komplizierten Konstruktionen mit Laufgängen in den Mauern variieren.

Tanaiste Wörtlich „Thronfolger", stellvertretender Premierminister der Republik.

Taoiseach Wörtlich „Häuptling" oder „Führer", ein in den 1930er-Jahren eingeführter Name für den Premierminister, der sich bewusst an zeitgenössische italienische und deutsche Amtstitel anlehnte.

TD, Teachtai Dala Abgeordneter des irischen Parlaments, wörtlich „Vertreter im Rat".

Traveller In der allgemeinen Bevölkerung gebräuchliche Bezeichnung für Pavee (s. o.).

Treaty, the 1921 geschlossener Vertrag zwischen der irischen Delegation und der britischen Regierung, mit dem der Unabhängigkeitskrieg beendet wurde und eine Teilung Irlands in den Freistaat und Nordirland festgelegt wurde.

Troubles Leicht beschönigende Bezeichnung für den Bürgerkrieg in Nordirland.

Twentysix Counties Vor allem von Nationalisten gebrauchte Umschreibung für die Republik Irland.

Uachtaran na hEireann Wörtlich „Der Oberste von Irland", Präsident (der irische Präsident bzw. die irische Präsidentin hat eine rein repräsentative Rolle und kann keinen echten politischen Einfluss nehmen).

Ulster Eine der historischen Provinzen Irlands, die die im Norden liegenden Counties Antrim, Armagh, Cavan, Derry, Donegal, Down, Fermanagh, Monaghan und Tyrone umfasst. Der Name der Provinz Ulster wird oftmals auch als Bezeichnung für Nordirland verwendet, dies ist grundsätzlich falsch.

Ulster Defence Association, UDA Größte Organisation der unionistischen Paramilitaries, gegründet Mitte 1971 und als Dachorganisationen verschiedener örtlicher Vereinigungen agierend. Die UDA sieht sich als Verteidigungsorganisation gegen republikanische Paramilitaries, führte jedoch den bewaffneten Kampf mit denselben Methoden. Die Ulster Freedom Fighters (s. u.) gelten als der operative Arm der UDA.

Ulster Freedom Fighters, UFF Aktiv mit terroristischen Methoden kämpfende Einheiten der Ulster Defence Association (s. o.).

Ulster-Scots Nachkommen der schottischen Siedler, die vor allem im 17. Jh. nach Ulster kamen. Bedingt durch ihre religiöse Ausrichtung (viele von ihnen sind Presbyterianer, s. o.) und ihren spezifischen Dialekt (das Ulster-Scots oder auch „Ullans" wurde offiziell als Sprache anerkannt) bilden sie immer noch eine teilweise gut identifizierbare Bevölkerungsgruppe.

Ulster Volunteer Force, UVF Eine ursprünglich 1913 gegründete unionistisch-protestantische Miliz, die sich entschieden gegen Home Rule (s. o.) wendete. In den 1960er-Jahren wurde der historische Name von einer neuen Organisation unionistischer Paramilitaries übernommen, die UVF verfolgte (auch unter dem Decknamen Protestant Action Force) eine Strategie des Terrors gegen Katholiken. 1994 verkündete die UVF einen Waffenstillstand.

Uncrowned King of Ireland, the Charles Steward Parnell, irischer Politiker des 19. Jhs und führender Vertreter der Doktrin der Home Rule (s. o.).

Unionists, Unionisten Befürworter der Union zwischen Großbritannien und Nordirland.

War of Independence, Unabhängigkeitskrieg Anglo-Irish War.

Irland in der Literatur

Mehr zu irischer Literatur s. S. 117.

Heinrich Böll, *Irisches Tagebuch.* Es gehört bis heute zur Standardlektüre alle Irlandfans (s. S. 480).

Thomas Cahill, *Wie die Iren die Zivilisation retteten.* Eine populärwissenschaftliche Abhandlung darüber, wie Irland eine Zeit lang der Hort der Bildung und des Wissens wurde, während der Rest Europas durch den Niedergang Roms und die Völkerwanderungen in die tiefste kulturelle Dunkelheit stürzte. Das jedenfalls ist die These des Autors, die nicht unumstritten ist und eine eindeutige Parteilichkeit aufweist. Auf jeden Fall eine interessante Lektüre zur frühen Geschichte des Christentums und der Klöster in Irland. Und oftmals auch für die Frage erhellend, wer eigentlich das Christentum in den deutschsprachigen Raum brachte.

Damian Corless, *GUBU Nation.* Ein Parforceritt durch die letzten Jahrzehnte der irischen Geschichte mit zahlreichen Episoden, die Charlie Haugheys unsterbliche Formulierung „grotesque, unbelievable, bizarre, unprecedented" fast wie eine Untertreibung erscheinen lässt. Auch wenn das Buch schon älter ist, so ist die Sammlung von wahren Geschichten immer noch extrem lesbar und bietet einen guten Einblick in die irische Seele und Gesellschaft.

James Joyce, *Ulysses.* Vielleicht eines der genialsten Werke der irischen Literatur, in dem ein Tag in Dublin mit akribischer Genauigkeit beschrieben wird, mit *Ulysses* wird für die englischsprachige Literatur insgesamt ein neues Kapitel aufgeschlagen. Wahrscheinlich gehört es zu den meistverkauften Werken der Weltliteratur, die nie zu Ende gelesen wurden. In den meisten Antiquariaten bekommt man es günstig in vorgelesenen und beeindruckend mit Notizen und Markierungen versehenen Versionen aus dem Fundus von Generationen von Anglistikstudenten.

Pete McCarthy, *McCarthy's Bar.* Vielleicht das beste Stück Reiseliteratur, das in den letzten Jahren in Irland entstanden ist. Geografisch nicht immer zuverlässig, aber mit einem genauen Auge für irische Eigenheiten beschreibt der Autor seine Odyssee durch ein Land, das ihm vertraut und gleichzeitig vollkommen fremd ist. Dabei wechseln sich offene Bewunderung und beißender Sarkasmus in erfrischender Weise ab, McCarthys Irlandbild ist realistisch und auf weiten Strecken gut nachvollziehbar. Als Reiseführer nicht unbedingt brauchbar, als Reiselektüre unterhaltsam und ein guter Anlass, seine eigenen Erfahrungen und Eindrücke zu reflektieren. Vom gleichen Autor empfehlenswert ist auch *The Road to McCarthy*, eine Mischung aus Reisebericht und Reflektion über das Thema, was eigentlich das „Irischsein" ausmacht.

David Monagan, *Jaywalking with the Irish.* Die Aufzeichnungen eines US-Amerikaners, der sich mit seiner Familie in Cork niederließ und ein neues Leben in Irland beginnen wollte. Teilweise ein interessantes Porträt der irischen Gesellschaft aus der Sicht eines Außenstehenden und vor allem eine Pflichtlektüre für alle diejenigen Menschen, die nach einer flüchtigen Bekanntschaft mit der grünen Insel meinen, hier ihr Auswanderungsziel Nr. eins gefunden zu haben. Der Kampf mit dem irischen Alltag wird in der ersten Hälfte des Buches sehr realistisch und teilweise auch humorvoll beschrieben. Danach allerdings verflacht das Buch und das absolute Unverständnis des Autoren darüber, dass die Anschläge vom 11. September 2001 nicht die gesamte Welt zum gleichgeschalteten Lakaien der USA machten, hinterlässt einen unangenehmen Nachgeschmack.

Ralf Sotschek, *Gebrauchsanweisung für Irland.* Der irische Korrespondent der taz schreibt seit Jahren über seine Erfahrungen und Eindrücke vom Leben in Irland, und auch wenn sich viele Impressionen mittlerweile überholt haben, so bleiben seine Kernaussagen doch fast immer aktuell. Man kann Sotschek auf viele Arten lesen, die beste Wirkung entfalten seine Geschichten allerdings erst mit einigen Erfahrungen im Land selber. Spätestens dann bemerkt man nämlich, dass manches zwar übertrieben klingt, aber eher noch an eine Untertreibung grenzt. Unterhaltungswert der Gebrauchsanweisung: hoch.

Adam Zamoyski, *Holy Madness.* Eine groß angelegte, sehr gut recherchierte und vor allem auch noch unterhaltsam zu lesende Betrachtung zur Entwicklung des Nationalismus im 18. und 19. Jh. Zamoyski zeigt dabei zahllose Parallelen zwischen der polnischen und der irischen Geschichte auf, beide Völker wurden immer wieder zum Spielball der internationalen Politik und in ihrer Verfolgung eines nationalen Traumes für sie gar nicht betreffende Ziele eingespannt. Ein Geschichtsbuch, das vollkommen neue Aspekte der irischen Geschichte vor Augen führt.

Irland im Film

Ungeheuer viele Filme sind in Irland gedreht worden, darunter große Produktionen wie *Excalibur*, *Braveheart* oder *Saving Private Ryan.* Aber welche Filme sind sehenswert, wenn es um die Reisevorbereitung oder Vorfreude gehen soll? Hier eine kleine Auswahl von einem Dutzend Favoriten und einem Joker:

Angela's Ashes Limerick im Regen, Kinder ohne Schuhe, Väter an der Flasche, aber glücklich war man doch irgendwie. Nach den Erinnerungen von Frank McCourt entstand dieser Film, der ein realistisches, aber doch an vielen Stellen aufpoliertes Bild eines Kinderlebens im Armenhaus Europas zeichnet. Zu den Stätten der Handlung finden heute in Limerick geführte Touren statt (obwohl große Teile der Slumszenen gar nicht in Limerick gedreht wurden).

The Commitments Dublin in der Wirtschaftskrise der frühen 1980er-Jahre ist der Hintergrund zu diesem Film über eine Nachwuchsband, die sich wider Erwarten durchschlägt und so einen eigenen Weg aus der Krise findet. Eine sehr ansprechende Verfilmung von Roddy Doyles gleichnamigem Roman, der ein realistisches, aber immer humorvolles Bild der Dubliner Arbeiterklasse zeichnet. Am besten zusammen im Dreierpack mit *The Van* und *The Snapper* genießen, der Dubliner Trilogie.

Darby O'Gill and the Little People Irland, wie es sich Walt Disney vorstellte. Komplett mit verschmitzten Landbewohnern, deren unschuldigen Töchtern, fröhlich tanzenden Gnomen, geisterhaften Todesboten und nicht zuletzt Sean Connery. Der schottische Ur-007 gibt hier den smarten Dubliner, der sein Herz an das Leben auf dem Lande (und die unschuldige Tochter) verliert. Gruseleffekte und Komödienelemente lösen sich in lockerer Reihenfolge ab. In welche Kategorie Sean Connerys Gesangseinlage genau fällt, ist schwer zu sagen.

The Field Richard Harris in der Verfilmung eines Theaterklassikers von John B. Keane, hier wird ein nicht unbedingt humorvolles Bild des Umbruchs auf dem irischen Land gezeichnet. Ein Umbruch, an dem die Protagonisten zerbrechen, weil sie in ihrer konservativen Art nicht mehr aus ihrer Haut können und den Wechsel der Welt nicht mitmachen wollen.

Hunger Der deutsch-irische Schauspieler Michael Fassbender stellt den IRA-Häftling Bobby Sands im Hungerstreik dar, garantiert kein Popkorn-Kino. Insgesamt eine bedrückende Studie des Hungerstreiks von 1981, der mit dem Tod von zehn Häftlingen, aber ohne spürbares politisches Ergebnis endete. Es handelt sich um eine fast dokumentarische Darstellung, die allerdings die vielschichtige Materie keineswegs umfassend beleuchtet und viele Hintergrundinformationen auslässt, um den Fokus allein auf die Menschen zu richten.

Intermission Szenen aus dem Dubliner Leben der unteren Gesellschaftsschichten zu Zeiten des „Celtic Tiger". Der Film schwankt zwischen Tragödie und Komödie, zwischen Realismus und Fantasie, zwischen Unterhaltung und Gesellschaftskritik. So kann er dann auch auf verschiedenen Ebenen genossen werden. Wer längere Zeit in Dublin des späten 20. und frühen 21. Jhs. mit offenen Augen verbracht hat, der wird bestätigen können, dass dies ein Film ist, den das Leben schrieb.

The Magdalene Laundries Eines der düstersten Kapitel der irischen Kirchengeschichte wird in diesem Film zwar nicht aufbereitet, aber doch publikumswirksam und weitgehend authentisch dargestellt: Die sog. Magdalenenheime, in denen „gefallene" Mädchen und Frauen ein Zuhause finden sollten. Die bittere Realität war ein System von Gefängnis-gleicher Internierung und Sklavenarbeit, während derer die „Schützlinge" noch weiterer psychischer und physischer Misshandlung durch Nonnen und Priester ausgesetzt waren.

Man of Aran Der Klassiker über das einsame Leben auf den Aran Islands. Von Wind und Wetter gegerbte Männer und Frauen demonstrieren, wie mit harter Arbeit auch auf dem unwirtlichsten Stück Land noch ein Auskommen zu finden ist. Vieles ist dabei stilisiert und einige Szenen sollen sogar so sehr inszeniert worden sein, dass sie wenig Ähnlichkeit mit dem echten Leben hatten, dennoch ist dieser alte Dokumentarfilm immer noch mitreißend und auf jeden Fall sehenswert. Die Jagd auf die Haie allerdings ist aus heutiger Sicht keineswegs mehr politisch korrekt.

Michael Collins Liam Neeson als der vergessene Held des irischen Unabhängigkeitskrieges, mit diesem Film begann die Rehabilitation Michael Collins', nachdem ihn de Valera (hier gespielt von Alan Rickman) und seine Nachfolger fast aus der irischen Geschichte gestrichen hatten. Dublin um 1920 erwacht zum Leben in diesem sehr groß angelegten Werk, dessen historische Hintergründe stark vereinfacht, aber nicht unbedingt verfälscht werden. Großes Kino in der Tradition von *Doktor Schiwago*, mit Liebesgeschichte und tragischem Ende.

Ordinary Decent Criminal Kevin Spacey als Martin Cahill. Bis zu seiner Ermordung durch die IRA im August 1994 war Cahill oder auch „The General" einer der bekanntesten und erfolgreichsten irischen Gangsterbosse. Der seine Karriere mit acht Jahren begonnen haben soll; von kleinen Lebensmitteldiebstählen arbeitete er sich hoch bis zu einem Gesamtumsatz von etwa 50 Mio. € Diebesgut. Ein Porträt der Dubliner Unterwelt, die sich selbst immer noch als „decent" ansah und an ihrer Existenz nichts Außergewöhnliches bemerken konnte. Ein anderes Bild derselben Story zeichnen *The General* mit Brendan Gleeson in der Hauptrolle und *Veronica Guerin*, die Geschichte einer ermordeten Journalistin.

The Quiet Man John Ford und John Wayne, Regisseur respektive Hauptdarsteller ungezählter Westernfilme, im Wilden Westen Irlands, in Connemara. John Wayne spielt einen in den USA erfolgreichen Boxer, der in die Heimat zurückkehrt und prompt für große Aufregung im Dorf sorgt. Maureen O'Hara sorgt für das romantische Element, das irische Dorfleben wird ungefähr so realistisch dargestellt wie auf einer Postkarte. Der Film bestimmt nach wie vor das Irlandbild viele US-Amerikaner, die auch in sehr großer Zahl am Drehort Cong heute noch anzutreffen sind.

The Wind that Shakes the Barley Ein ausgedehntes Epos über Treue und Loyalität im irischen Unabhängigkeitskrieg und Bürgerkrieg. Die politische Botschaft mag etwas sehr dick aufgetragen sein und der historische Hintergrund erscheint an einigen Stellen sehr vereinfacht und extrem parteiisch. Da der Film allerdings eindeutig auf den Bauch und weniger auf das Gehirn zielt, erscheint dies verzeihlich. Die irische Geschichte nicht unbedingt wie sie wirklich war, sondern wie sie von vielen Betroffenen gesehen wurde.

In Bruges Der Joker! Brügge liegt zwar in Belgien, die beiden Hauptfiguren des Filmes sind jedoch irische Gangster, die von Colin Farrell und Brendan Gleeson einfach umwerfend dargestellt werden. Wer Bedenken hat, mit dem irischen Akzent nicht zurechtkommen zu können, sollte sich diesen Film im Originalton ansehen. Aber nur, wenn man wirklich schwärzesten Humor schätzt.

Index

C

Anhang

Anhang

S

T

Notizen

Notizen

Notizen

Anhang

Notizen

Anhang

Bildnachweis

Umschlag

laif/hemis: Titelfoto; County Kerry, Kenmare
huber/Parisi Salvio: Umschlagklappe vorn; Temple Bar, Dublin
picture-alliance/KPA/Kuttig: Umschlagklappe hinten; Dingle Halbinsel, Slea Head und Blasket Islands

Farbteil

Bernd Biege: S. 4 (unten)
DuMont Bildarchiv/Olaf Meinhardt: S. 6 und 7
Bildagentur Huber/Dutton Colin : S. 10 (oben)
Bildagentur Huber/von Dachsberg: S. 12 und 13
Bildagentur Huber/M. Rellini: S. 14, 16 (oben)
laif/Kohlbecher: S. 10 (unten)
laif/Patrick LE FLOCH: S. 9 (unten)
laif/Modrow: S. 9 (oben)
laif/Raach: S. 5
LOOK-foto/Karl-Heinz Raach: S. 8
LOOK-foto/H. & D. Zielske: S. 3 (unten), 16 (unten)
mauritius images/Doug Scott: S. 3 (oben)
picture alliance/Design Pics: S. 4 (oben)
picture alliance/Lonely Planet Images/Richard Cummins: S. 15
picture alliance/Lonely Planet Images/John Elk III: S. 11
picture alliance/Lonely Planet Images/Stephen Saks: S. 2

Schwarz-Weiß

Bernd Biege: S. 36, 40, 55, 116, 132, 133, 147, 172, 182, 197, 208, 227, 237, 240, 248, 250, 275, 280, 285, 299, 304, 396, 400, 413, 438, 439, 445, 468, 489, 500, 515, 545, 548, 556, 563
DuMont Bildarchiv/Clemens Emmler: S. 196, 259
DuMont Bildarchiv/Rainer Kiedrowski: S. 287
DuMont Bildarchiv/Olaf Meinhardt: S. 30, 38, 41, 43, 71, 78, 87, 95, 119, 121, 127, 140, 185, 211, 260, 267, 295, 315, 327, 341, 349, 390, 397, 415, 430, 450, 462, 522, 566, 572, 573, 581
DuMont Bildarchiv/Jürgen Modrow: S. 24, 29, 152, 179, 377, 382, 457
DuMont Bildarchiv/Paul Trummer: S. 392
DuMont Bildarchiv/Hans Zaglitsch: S. 475
iStockphoto/Robert Churchill: S. 405
iStockphoto/Daemys: S. 476
iStockphoto/Katherine Dickinson: S. 406
iStockphoto/Pawel Gaul: S. 23
iStockphoto/Robert Jegg: S. 376
iStockphoto/Brian Kelly: S. 288
iStockphoto/Arne Kristiansen: S. 458
iStockphoto/saturar: S. 393

Impressum

Irland
Stefan Loose Travel Handbücher
1. Auflage **2011**

Die in diesem Buch enthaltenen Angaben wurden von den Autoren nach bestem Wissen erstellt und vom Lektorat im Verlag mit großer Sorgfalt auf ihre Richtigkeit überprüft. Trotzdem sind, wie der Verlag nach dem Produkthaftungsrecht betonen muss, inhaltliche und sachliche Fehler nicht vollständig auszuschließen.
Deshalb erfolgen alle Angaben ohne Garantie des Verlags oder der Autoren. Der Verlag und die Autoren übernehmen keinerlei Verantwortung und Haftung für inhaltliche und sachliche Fehler. Alle Landkarten und Stadtpläne in diesem Buch sind von den Autoren erstellt worden und werden ständig überarbeitet.

Anhang

Gesamtredaktion und -herstellung
Bintang Buchservice GmbH
Zossener Str. 55/2, 10961Berlin
www.bintang-berlin.de
Redaktion: Gudrun Raether-Klünker
Karten: Katharina Grimm, Anja Krapat, Klaus Schindler
Grafisches Konzept: Groschwitz, Hamburg
Layout und Herstellung: Anja Linda Dicke, Gritta Deutschmann
Farbseitengestaltung: Anja Linda Dicke
Umschlaggestaltung: Anja Linda Dicke

Printed in China

Kartenverzeichnis

Notizen

Bildnachweis

Umschlag

laif/hemis: Titelfoto; County Kerry, Kenmare
huber/Parisi Salvio: Umschlagklappe vorn; Temple Bar, Dublin
picture-alliance/KPA/Kuttig: Umschlagklappe hinten; Dingle Halbinsel, Slea Head und Blasket Islands

Farbteil

Bernd Biege: S. 4 (unten)
DuMont Bildarchiv/Olaf Meinhardt: S. 6 und 7
Bildagentur Huber/Dutton Colin : S. 10 (oben)
Bildagentur Huber/von Dachsberg: S. 12 und 13
Bildagentur Huber/M. Rellini: S. 14, 16 (oben)
laif/Kohlbecher: S. 10 (unten)
laif/Patrick LE FLOCH: S. 9 (unten)
laif/Modrow: S. 9 (oben)
laif/Raach: S. 5
LOOK-foto/Karl-Heinz Raach: S. 8
LOOK-foto/H. & D. Zielske: S. 3 (unten), 16 (unten)
mauritius images/Doug Scott: S. 3 (oben)
picture alliance/Design Pics: S. 4 (oben)
picture alliance/Lonely Planet Images/Richard Cummins: S. 15
picture alliance/Lonely Planet Images/John Elk III: S. 11
picture alliance/Lonely Planet Images/Stephen Saks: S. 2

Schwarz-Weiß

Bernd Biege: S. 36, 40, 55, 116, 132, 133, 147, 172, 182, 197, 208, 227, 237, 240, 248, 250, 275, 280, 285, 299, 304, 396, 400, 413, 438, 439, 445, 468, 489, 500, 515, 545, 548, 556, 563
DuMont Bildarchiv/Clemens Emmler: S. 196, 259
DuMont Bildarchiv/Rainer Kiedrowski: S. 287
DuMont Bildarchiv/Olaf Meinhardt: S. 30, 38, 41, 43, 71, 78, 87, 95, 119, 121, 127, 140, 185, 211, 260, 267, 295, 315, 327, 341, 349, 390, 397, 415, 430, 450, 462, 522, 566, 572, 573, 581
DuMont Bildarchiv/Jürgen Modrow: S. 24, 29, 152, 179, 377, 382, 457
DuMont Bildarchiv/Paul Trummer: S. 392
DuMont Bildarchiv/Hans Zaglitsch: S. 475
iStockphoto/Robert Churchill: S. 405
iStockphoto/Daemys: S. 476
iStockphoto/Katherine Dickinson: S. 406
iStockphoto/Pawel Gaul: S. 23
iStockphoto/Robert Jegg: S. 376
iStockphoto/Brian Kelly: S. 288
iStockphoto/Arne Kristiansen: S. 458
iStockphoto/saturar: S. 393

Legende

1 : 950.000

1 cm = 9,5 km

0 10 20 30 40 50 km

Autobahn mit Anschlussstelle	Internationaler Flughafen
Schnellstraße	Nationaler Flughafen
Fernstraße mit Nummer	Flugplatz
Hauptstraße	Sehenswürdigkeit
Nebenstraße	Archäologische Stätte
Straße in Bau; Straße in Planung	Kloster; Kirche, Kapelle
Straße für Kfz gesperrt	Klosterruine; Kirchenruine
Tunnel	Schloss, Burg; Burgruine
Eisenbahn	Leuchtturm
Fähre, Schiffsverbindung	Museum
Nationalpark; Naturpark	Badestrand
Sperrgebiet	Wasserfall; Höhle
Staatsgrenze	Berggipfel; Pass, Joch
E 16 Europastraßennummer	Aussichtspunkt
	Campingplatz

A
B
C
1
2
3
4
Atlantic
Ocean
Malin Head
Gorman
Tory Island
(Toraigh)
West Town
Tory Sound
Horn Head
Aryheernabin
Fanad
Portsalon
Lough Swilly
Fort Dunree
Dunaff
Ballyliffin
Clonmany
Drumfree
Slieve Snaght
615m
Inish
Buncrana
I. Inishbofin
Downies
Dúnaibh
Dunfanaghy
Tawny
Carrowkeel
Bloody Foreland Head
Meen Laragh
Falcarragh
An Fál Carrach
Carraig Airt
Cranford
Creeslough
Doe Castle
Glen
347m
Rathmullan
484m
Fahan
Burnfoot
Gola Island
Derrybeg
Bunbeg
An Bun Beag
431m
Gortahork
Gort an Choirce
670m
Glenveagh Castle
Milford
Donegal Airport
Gweedore
Gaoth Dobhair
Errigal Mountain 752m
Lough Veagh
Glebe House and Gallery
Rathmelton
Grianán of Aileach
Bridge End
Derry
Leabgarrow
Burtonport
Ailt an Chorráin
Dunlewy
Lough Nacung
Glenveagh National Park
Colmcille Heritage Centre
Kilmacrenan
Newtown Cunningham
Aran More Island
Árainn Mhór
Dungloe
Derryveagh Mts.
683m
Churchhill
Letterkenny
New Building
An Clochán Liath
St. Johnstown
Doocharry
An Dóchoraidh
Rashedoge
372m
Gweebarra Bay
Lettermacaward
286m
Foyle
Dunnamanagh
Portnoo
Naran
Fintown
Baile na Finne
Cloghan
Convoy
Raphoe
Artigarvan
Dawros Head
Maas
Lifford
Strabane
Castlefinn
Stranorlar
Glenties
Na Gleannta
Altnapaste
Glendorrogha
Ballybofey
Finn
Clady
Sion Mills
Plumbridge
Folk Village An Clachan
Glen Bay
Glengesh Pass
Ardara
Blue Stack Mts.
Glencolumbkille
Meenacross
Lough Eske
Rossan Point
473m
Castlederg
Newtownstewart
Malinbeg
Slieve League
Carrick
An Charraig
Killen
Cliffs of Bunglass
Slieve League
Killybegs
Mountcharles
Donegal
Lough Derg
Derg
Ulster American Folk Park
Teelin
Kilcar
Cill Charthaigh
Dunkineely
Laghy
Moneymore
Bunglass Point
Omagh
Rossnowlagh
Ballintra
St. John's Point
Pettigoe
NORTHE
Lack
Donegal Bay
Boa Island
Kesh
Ederny
Dromore
Ballyshannon
Lower Lough Erne
Lisnarick
Irvinestown
Fintona
Mullaghmore
Bundoran
Belleek
Inishmurray
Roskeeragh Point
Cliffony
Kinlough
Forest
Cliffs of Magho
Castle Archdale Country Park
Trillick
Creevykeel
Garrison
Derrygonelly
Round Tower
Ballinamallard
Clabby
Grange
Lough Melvin
Devenish Island
Tempo
Lissadell House
Benbulben
646m
527m
Rossinver
Enniskillen
Castle Coole
Five
Raghly
Drumcliff
High Cross
Glencar Lough
Kiltyclogher
Lough Macnean Upper
Springfield
Sligo Bay
Rosses Point
Sligo
Sligeach
465m
Manorhamilton
Belcoo
Brookeborough
Easky
Blacklion
Lisbellaw
Dromore West
Strandhill
Parke's Castle
Bellanaleck
Maguiresbridge
Knocknarea
Carrowmore
Lough Gill
Church Island
Dromahair
Marble Arch
Florence Court
Upper Lough Erne
Lisnaskea
Inishcrone
Culleens
Beltra
Knockalongy
544m
Ballysadare
Cuilcagh
667m
Dowra
Derrylin
Newtownbutler
Ballintogher
Collooney
Coola
Ballinagleragh
406m
Crom Castle
Drumkeeran
Unshin River
Áth
Ox Mts.
Slieve Gamph or the Ox Mts.
417m
Cloonacool
277m
458m
Lough Allen
Iron Mountains
Bellyconnell
Belturbet
Ballymote
586m
Mullany's Cross
Tobercurry
362m
Lough Arrow
Ballyfarnan
Butlers Bridge
Aclare
Carrowkeel
Keadew
Drumshanbo
Ballinamore
Newtown Gore
Banada
Bunnanaddan
Ballinafad
Lough Key
Erne
Garadice Lough
Killashandra
Moy
Curry
Gorteen
Boyle Abbey
Boyle
Leitrim
Fenagh
Charlestown
197m
Garvagh
Cavan
Carrick-on-Shannon
Cara Droma Rúisc
Cloone
Carrigallen
321m
Lough Gara
Crossdoney
Knock Airport
237m
Tawnyinah
Ballaghaderreen
138m
Drumsna
Mohill
188m
Arvagh
786m
Bellanagh
Moyne
N56
N15
N13
N14
N16
N59
N17
N4
N54
N87
257
245
247
238
251
259
245
250
238
5
49
262
72
232
47
35
32
46
122
4
280
509
34
207
293
294
209
202
201
280

S. 612
S. 614

D
E
F
1
2
3
4
Beinn na Lice 428m
Feochaig
Mull of Kintyre
Southend
St. Columba's Footsteps
Sanda Island
SCOTLAND
North Channel
Rathlin Island
Bull Point
Rathlin Sound
Rue Point
Benbane Head
White Park Bay
Carrick-a-Rede Rope Bridge
Ballintoy
Fair Head
Giant's Causeway
Dunseverick Castle
Portballintrae
Port-stewart
Portrush
Dunluce Castle
Bushmills
Ballycastle
Knocklayd 517m
Glenshesk
382m
Derrykeighan
Dervock
Stranocum
Armoy
Glendun
Cushendun
Cushendall
Glenaan
Ossian's Grave
Drumdallagh
Trostan 554m
Antrim Mountains
Glenariff
Glenballyemon
Culdaff
Kinnagoe Bay
Inishowen Head
Gleneely
327m
Moville
Greencastle
Downhill
Articlave
Coleraine
Macosquin
Quigley's Point
Lough Foyle
Limavady
Ballykelly
384m
Eglinton
Ringsend
Ballymoney
Bann
396m
402m
Garvagh
Kilrea
Rasharkin
Clogh Mills
Newtown-Crommelin
436m
Clogh
Carnlough
Glenarm
The Sheddings
Glencloy
Dungiven
Feeny
Park
Mallaght
Sperrin Mountains
631m
683m
Banagh
Glenelly Valley
564m
464m
Upperlands
Maghera
Portglenone
Cullybackey
Ballymena
Ahoghill
Broughshane
Moorfields
Kilwaughter
Ballygalley
Carncastle
Black Cave Tunnel
Larne
Island Magee
Glynn
Tobermore
Bellaghy
Lough Beg
Kells
354m
Ballycarry
Ballynure
Whitehead
Carrickfergus
Draperstown
Desertmartin
Slieve Gallion 529m
Magherafelt
Toome
Randalstown
Ballyclare
Doagh
Round Tower
Antrim
Newtown-abbey
Ulster Folk and Transport Museum
Copeland Isl.
Owenkillew
Moneymore
Ballyronan
Templepatrick
Belfast Castle
Belfast Lough
Cultra
Helen's Bay
Bangor
Donaghadee
Millisle
Mountfield
Creggan
Carrickmore
Cookstown
Coagh
Newport Trench
Belfast Airport
Crumlin
Holywood
Belfast City Airport
Stormont
Pomeroy
Ardboe
Lough Neagh
Glenavy
Dundonald
Newtownards
Carrowdore
Comber
Mount Stewart House and Gardens
Greyabbey
Ballywalter
IRELAND
Sixmilecross
Stewartstown
BELFAST
Castlecaulfield
Coalisland
Dungannon
Aghalee
Lisburn
Carryduff
Ballygowan
Kircubbin
Ballyhalbert
315m
Ballygawley
Greystone
Moy
Moira
Lagan
Lurgan
Craigavon
The Temple
Gardens of Rowallane
Saintfield
Strangford Lough
Hillsborough
Dromore
Portadown
Killyleagh
Cloghy
Carnteel
Aughnacloy
Benburb
Blackwatertown
Loughgall
Portaferry
Aquarium Exploris
Strangford
Richhill
Banbridge
Dromara
Ballynahinch
Crossgar
Castle Ward
Caledon
Armagh
Tandragee
Emyvale
Navan Fort
Tynan
Clare
Scarva
535m
Downpatrick
Saul
Killard
Ballyquintin Point
Tedavnet
Middletown
Loughbrickland
Katesbridge
Down Cathedral
Clough
Markethill
Poyntz Pass
Ballyward
Tyrella
Ardglass
Monaghan
Keady
Ballyroney
Castlewellan
Dundrum
Killough
Jordan's Castle
Smithborough
367m
Rathfriland
St. John's Point
Ulster Canal
Clontibret
Newtown-hamilton
Bessbrook
Derrymore House
Newcastle
Dundrum Bay
Castleblayney?
Camagh
Belleek
Hilltown
Corvoy
Newry
Mayobridge
Mourne Mountains
Slieve Donard 852m
746m
Newbliss
Camlough
Ballybay
Slieve Gullion 577m
Narrow Water Castle
Warrenpoint
Rockcorry
Castleblayney
Crossmaglen
Forkill
510m
Rostrevor
Lisnacree
Annalong
Irish Sea
130m
Cootehill
238m
Omeath
Kilkeel
Cullaville
Carlingford
Greencastle
Cranfield Point
Shantonagh
Shercock
Riverstown
Boharboy
Lough Sillan
Inniskeen
Fane
Dundalk
Dún Dealgan
Chanonrock
Canningstown
Carrickmacross
Dundalk Bay
Bailieborough
341m
Kingscourt
Glyde
Louth
Castlebellingham

S. 615

A
B
C
1
2
3
4
Atlantic
Ocean
200 m
50 m
Benwee Head
Portacloy
Porturlin
Port Durlainne
Downpatrick Head
Erris Head
Broad Haven
232m
Belderrig
Céide Fields
Rathlackan
Killala Bay
Pollatomish
132m
314
380m
Ballycastle
Rathfran Abbey
Corclogh
Glenamoy
Gleann na Muaidhe
Enniscrone
Belmullet
Barnatra
Béal an Mhuirthead
Carrowmore Lough
Killala
The Mullet
232m
332m
Moyne Abbey
Inishkea North
313
Bangor
152m
Inishkea South
Each Léim
Blacksod Bay
Gaoth Sáile
Owenmore
105m
368m
N59
Crossmolina
Duvillaun More
64m
722m
Deel
Lough Conn
Achill Island
Slievemore
Doona
Ballycroy National Park
312
N26
672m
Dooagh
Croaghan Mtn.
668m
Doogort
Ballycroy
629m
Nephin
807m
Deserted Village
N59
Nephin Beg Range
700m
Achill Head
Dooagh
Keel
Pontoon
466m
714m
Beltra
Achill Sound
383m
Lough Feeagh
Beltra Lough
430m
Strade Abbey
N58
Cliff Scenery
Curraun
Mulrany
Museum of Country Life
Bellavary
543m
Newport
Carrickahowley Castle
Castlebar
Cloghmore
Caisleán an Bharraigh
Turlough
Clew Bay
463m
Westport
N5
Murrisk Abbey
Murrisk
Aghagower
Clare Island
Louisburgh
Croagh Patrick
330
Ballintuber Abbey
Roonah Quay
765m
Liscarney
Killavally
Cregganbaun
N84
Lough Carra
Inishturk
192m
394m
Killadoon
273m
335
N59
Partree
Doo Lough Pass
Partry Mountains
Killary Harbour
Mweelrea
Tourmakeady
Inishbofin
Erriff
819m
Inishkea
Bofin
Delphi
673m
Ballinrobe
Kylemore Abbey
Lough Nafooey
Maumtrasna
Lough Mask
334
Leenane
Cleggan
Letterfrack
336
Neale
Joyce Country
Clonbur
Cong Abbey
Connemara National Park
The Twelve Pins
Finnisclin
418m
730m
703m
Maam
345
Cong
Mannin Bay
Clifden
N59
Connemara
Lough Inagh
Lough Corrib
69m
Ross Errilly Abbey
Recess
Maam Cross
Ballyconneely
342
Cashel Bay
Oughterard
Aughnanure Castle
301m
341
Roundstone
Derryrush
347m
Carrowmore
355m
Scríob
293m
N59
Glinsk
Glinsce
340
Ros Muc
Moycullen
Cárna
336
Killciaran
Cill Ciaráin
155m
Casla
166m
GALWAY
GAILLIMH
Kilkieran Bay
Carraroe
An Cheathrú Rua
Rossaveel
Ros an Mhíl
Inverin
Salthill
Lettermullen
Leitir Mealláin
Indreabhán
336
Spiddle
An Spidéal
North Sound
Galway Bay
Black Head
Burren
Kilmurvey
Dun Aenghus
Kilronan
Inishmore
124m
Ballyvaughan
N67
Killeany
Inishmaan
Fanore
Aillwee Cave
Ailladie
The Burren
Poulnabrone
Aran Islands
Oileáin Árainn
Inisheer
Lisdoonvarna
Caherconnell
Caherconnell Stone
South Sound
Doolin
O'Brian's Tower
Leamaneh Castle
Cliffs of Moher
Kilfenora
St. Brigid's Well
Ennistimon
Lough Inchiquin
Liscannor
Lahinch
Lahinch Seaworld
Liscannor Bay
Dysert O'Dea
N85
Miltown Malbay
Spanish Point
Inagh
Slieve Callan

S. 616

D
E
F
S. 610
S. 615
S. 617
1
2
3
4
Sligo Bay
Raghly
Drumcliff
High Cross
Sligo
Sligeach
Easky
Rosses Point
Strandhill
Dromore West
Knocknarea
Carrowmore
Parke's Castle
Lough Gill
Church Island
Dromahair
Manorhamilton
Blacklion
Marble Arch
Florence Court
Bellanaleck
Lisbellaw
Brookeborough
Maguiresbridge
Lisnaskea
Upper Lough Erne
Springfield
Kilglass
Culleens
Beltra
Ballysadare
Knockalongy
544m
Collooney
Ballintogher
Dowra
Cuilcagh
667m
Derrylin
Newtownbutler
Crom Castle
Ballinagleragh
Iron Mountains
586m
Drumkeeran
Lough Allen
Coola
Unshin River
Áth
Slieve Gamph or the Ox Mts.
417m
Cloonacool
277m
Ballymote
362m
Carrowkeel
Ballyfarnan
Lough Arrow
Keadew
Drumshanbo
Ballinamore
Newtown Gore
Bellyconnell
Belturbet
Butlers Bridge
Killashandra
Garadice Lough
Mullany's Cross
Aclare
Tobercurry
Bunnanaddan
Banada
Ballinafad
Lough Key
Curry
Moy
Gorteen
Boyle Abbey
Boyle
Leitrim
Fenagh
Garvagh
Carrigallen
Crossdoney
Cavan
Charlestown
Lough Gara
197m
Carrick-on-Shannon
Cara Droma Ruisc
Cloone
Mohill
Drumsna
Ratallen Cross Roads
188m
Moyne
Arvagh
786m
Bellanagh
Cross Keys
Ballyjames
Knock Airport
Kilkelly
237m
Tawnyinah
Ballaghaderreen
138m
137m
Clogher
Frenchpark
Kiltamagh
Elphin
Lough Boderg
Dromod
Farnaght
Scrabbi
71m
Drumlish
276m
Lough Gowna
Dring
Loughglinn
180m
Bellanagare
Strokestown House (Famine Museum)
Knock
Ballyhaunis
162m
Rathcroghan
Castlerea
Tulsk
Strokestown
152m
Shannon
Newtown Forbes
Castle Forbes
Granard
Ballinalee
Finnea
Abbeylara
Castleplunket
157m
Ballinlough
Brickeens
Ballintober
Four Mile House
261m
Curraghroe
Longford
Lisryan
Coole
Cloonfad
Ballymoe
Killashee
Edgeworthstown
Ballindine
Williamstown
148m
135m
Lanesborough
201m
Castlepollard
Lough Derravaragh
115m
Rathowen
Milltown
Sinking
Dunmore
Glennamaddy
Roscommon
Emmoo
Keenagh
Multyfarnham
Suck
103m
Creggs Passage
REPUBLIC OF IRELAND
Ballynacargy
Bunbrosna
Lough Owel
Kilkerrin
Clonbern
Athleague
Rindown Castle
Ballymahon
Moyvore
Rathconrath
Mull
Belclare
Tuam
Newbridge
Moylough
134m
132m
Lough Ree
Tang
Ballymore
183m
168m
Barnaderg
Ballygar
Glassan
Loughanavally
Lough Ennell
Horseleap
Mount Bellew
Shiven
Ballyforan
Kiltoom
Ballykeeran
Athlone
Castletown
201m
Clare
Ardnasodan
Menlough
Caltra
Castleblakeney
Abbert
108m
Auclogheen
Glentane
Ahascragh
92m
Dundonnell
Moate
Horseleap
Ballynagore
126m
Ballymacward
Kilbeggan
Durrow Abbey
Tyrrellspass
Monivea
Gorteen
Ballydangan
Ballynahown
132m
Clara
Derrygolan
Claregalway
Kilconnell
Ballinasloe
Clonmacnoise
Ballycumber
Clodiagh
Tullamore
Athenry
Raford
Aughrim
Kiltullagh
New Inn
Kellys Grove
Shannonbridge
Ferbane
Brosna
Kiltormer
Laurencetown
Clonfert
Clondelara
Clonony
Blue Ball
Killeigh
The Turoe Stone
29m
Cloghan
Ballydavid
Eyrecourt
Shannon Harbour
Lough Boora
Kilcolgan
Loughrea
Banagher
Clonygowan
Kilchreest
Killimor
Meelick
Kilcormac
Clonaslee
Rosenallis
Ardrahan
Kinvara
214m
Tynagh
Kylebrack
Abbey
Thoor Ballylee
Slieve Aughty Mountains
Portumna
Birr
Kinnitty
489m
Slieve Bloom Mountains
Mountmellick
Gort
368m
Derrybrien
Killyon
483m
511m
Dolmen
Kilmacduagh
Woodford
Lough Cutra
Clareen
Arderin
529m
Portlaoise
Lough Derg
Ballingarry
213m
Ballinderry
Boheraphuca
Flagmount
Borrisokane
Shinrone
Nore
Mountrath
401m
379m
157m
Mt. St. Joseph Abbey
Roscrea
Borris in Ossory
Castletown
Crusheen
Mountshannon
Whitegate
Cloghjordan
183m
224m
Aghaboe
Feakle
Inishcealtra (Holy Island)
Puckaun
Dunkerrin
Ballybrophy
Abbey
Barefield
Tulla
Bodyke
Scarriff
Portroe
237m
Ballycolla
Bernagh
Arra Mountains
Moneygall
Rathdowney
N4
N5
N15
N16
N17
N18
N26
N52
N55
N59
N60
N61
N62
N63
N65
N80
N83
N87
M6
M7

A
B
C
1
2
3
4
S. 610
S. 612
S. 618
614
Sligo Bay
Easky
Dromore West
Rosses Point
Drumcliff
Strandhill
Sligeach
Parke's Castle
Knocknarea
Carrowmore
Church Island
Dromahair
Beltra
Culleens
Knockalongy
544m
Ballysadare
Collooney
Ballintogher
Coola
Drumkeeran
Manorhamilton
Glencar Lough
465m
Belcoo
Blacklion
Marble Arch
Florence Court
Bellanaleck
Springfield
Lisbellaw
Brookeborough
Maguiresbridge
Lisnaskea
278m
Upper Lough Erne
Lough Macnean Upper
Cuilcagh
667m
Derrylin
Newtownbutler
Crom Castle
406m
Iron Mountains
586m
Ballinagleragh
Dowra
Lough Allen
458m
Ballyfarnan
Keadew
Lough Arrow
Lough Key
Drumshanbo
Ballinamore
Bellyconnell
Belturbet
Butlers Bridge
Newtown Gore
Killashandra
Garadice Lough
Fenagh
Garvagh
Leitrim
Carrick-on-Shannon
Cara Droma Rúisc
Cloone
Mohill
Drumsna
Carrigallen
Crossdoney
Cavan
321m
Arvagh
188m
Moyne
786m
Bellanagh
Cross Keys
Ballyjamesduff
Scrabbi
Ox Mts.
417m
Cloonacool
277m
Ballymote
362m
Carrowkeel
Tobercurry
Mullany's Cross
Aclare
Banada
Bunnanaddan
Ballinafad
Gorteen
Boyle Abbey
Boyle
Curry
Moy
Charlestown
Lough Gara
197m
Knock Airport
Kilkelly
237m
Tawnyinah
Ballaghaderreen
138m
Ratallen Cross Roads
137m
Clogher
Kiltamagh
Frenchpark
Elphin
Bellanagare
Loughglinn
180m
Strokestown House (Famine Museum)
162m
Rathcroghan
Tulsk
Strokestown
Lough Boderg
152m
Dromod
Farnaght
Rinn
71m
Drumlish
276m
Dring
Lough Gowna
Granard
Finnea
Knock
Ballyhaunis
Castlerea
Castleplunket
Castle Forbes
Newtown Forbes
Ballinalee
Abbeylara
Brickeens
157m
Ballinlough
Ballintober
Four Mile House
261m
Curraghroe
Killashee
Longford
Lisryan
Coole
Edgeworthstown
Cloonfad
Ballymoe
Ballindine
Williamstown
148m
135m
Lanesborough
201m
Rathowen
Castlepollard
Lough Derravaragh
Milltown
Sinking
Dunmore
115m
Glennamaddy
Suck
Roscommon
Emmoo
Keenagh
Multyfarnham
Inny
Bunbrosna
Ballynacarrigy
201m
Kilkerrin
Creggs Passage
103m
Rindown Castle
REPUBLIC OF IRELAND
Ballymahon
Lough Owel
Clonbern
Athleague
Moyvore
Rathconrath
Mullingar
Belclare
Tuam
Newbridge
Moylough
134m
132m
Lough Ree
Tang
Ballymore
183m
168m
Barnaderg
Ballygar
Glassan
Loughanavally
Horseleap
Mount Bellew
Shiven
Ballyforan
Ballykeeran
Castletown
Lough Ennell
Abbert
Kiltoom
Athlone
201m
Ardnasodan
Menlough
Caltra
Castleblakeney
Dundonnell
Moate
Horseleap
Ballynagore
Tyrrellspass
Claregalway
108m
Glentane
Ahascragh
92m
126m
Ballymacward
Monivea
Gorteen
Shannon
Kilbeggan
Clara
Durrow Abbey
Derrygolan
Athenry
Kilconnell
Ballinasloe
Ballydangan
Clonmacnoise
Ballynahown
132m
Ballycumber
Tullamore
Aughrim
Raford
Kiltullagh
New Inn
Kellys Grove
Shannonbridge
Clodiagh
Ferbane
Brosna
Clondelara
Cloghan
Blue Ball
The Turoe Stone
Kiltormer
Laurencetown
Clonfert
Clonoly
29m
Lough Boora
Killeigh
Kilcolgan
Ballydavid
Eyrecourt
Shannon Harbour
Loughrea
Banagher
Clonygowan
Kilchreest
Killimor
Meelick
Kilcormac
Clonaslee
Ardrahan
214m
Tynagh
Rosenallis
Kinvara
Thoor Ballylee
Kylebrack
Abbey
Kinnitty
489m
Mountmellick
368m
Birr
Killyon
511m
Dolmen
Gort
Derrybrien
Portumna
Slieve Aughty Mountains
483m
Slieve Bloom Mountains
Kilmacduagh
Woodford
Clareen
Arderin
529m
Portlaoise
Lough Cutra
Ballingarry
213m
Lough Derg
Ballinderry
Boherapucha
Nore
Mountrath
Flagmount
Borrisokane
Shinrone
401m
379m
157m
Mt. St. Joseph Abbey
Roscrea
Borris in Ossory
Castletown
Crusheen
Mountshannon
Whitegate
Cloghjordan
Feakle
Inishcealtra (Holy Island)
Puckaun
183m
Dunkerrin
224m
Aghaboe
Bodyke
Scarriff
Ballybrophy
Portroe
237m
Tulla
Arran Mountains
Moneygall
Ballycolla
Rathdowney
Slieve Bernagh
N4
N5
N6
N15
N16
N17
N18
N26
N52
N54
N55
N59
N60
N61
N62
N63
N65
N66
N80
N87
M6
M7

D
E
F
1
2
3
4
S. 611
S. 619
Armagh
Navan Fort
Tynan
Middletown
Emyvale
Tedavnet
Monaghan
Keady
Markethill
Tandragee
Clare
Poyntz Pass
Loughbrickland
Katesbridge
Ballyward
Downpatrick
Saul
Killard
Ballyquintin Point
Down Cathedral
Clough
Tyrella
Ardglass
Dundrum
Killough
Jordan's Castle
St. John's Point
Dundrum Bay
Castlewellan
Ballyroney
Rathfriland
Newcastle
Slieve Donard 852m
Mourne Mountains
746m
Hilltown
Mayobridge
Derrymore House
Bessbrook
Belleek
Newtownhamilton
Clontibret
Carnagh
Camlough
Newry
Narrow Water Castle
Warrenpoint
Slieve Gullion
577m
Forkill
510m
Omeath
Rostrevor
Lisnacree
Annalong
Kilkeel
Greencastle
Carlingford
Cranfield Point
Boharboy
Riverstown
Crossmaglen
Cullaville
Castleblayney
Ballybay
Rockcorry
Newbliss
Corvoy
Ulster Canal
Smithborough
Cootehill
238m
130m
Shantonagh
Shercock
Lough Sillan
Carrickmacross
Iniskeen
Chanonrock
Dundalk
Dún Dealgan
Blackrock
Dundalk Bay
Louth
Castlebellingham
Annagassan
Canningstown
Bailieborough
341m
Kingscourt
Glyde
Ardee
Dee
Drumcondra
Nobber
Virginia
Mullagh
Lough Ramor
Togher
Dunleer
Grangebellew
247m
Collon
Monasterboice
Ballymakenny
Clogherhead
Termonfeckin
Mellifont Abbey
Drogheda
Droichead Átha
Slane
Dowth
Newgrange
Knowth
Brú na Bóinne
Bettystown
Laytown
Julianstown
Moynalty
Carnaross
Carlanstown
Wilkinstown
Kells
Ceanannas
Crossakeel
Kilberry
Cross Keys
Fordstown
Navan
140m
Duleek
Nanny
Gormanston
Balbriggan
Balrothery
Clonalvy
Balrath
Ardcath
Naul
Skerries
Clonmellon
Athboy
Delvin
Boyne
Tara
Bective
Trim
Trim Castle
Garristown
179m
Lusk
Rush
Lambay Island
Irish Sea
50 m
Ballivor
Laracor
Dunshaughlin
Ballyboghill
Ashbourne
Ratoath
Donabate
Portraine
Newbridge House
Swords
Malahide Castle
Malahide
Portmarnock
Ireland's Eye Island
St. Doulagh's Church
Howth
Rathmolyon
145m
Summerhill
Mullagh
Longwood
Royal Canal
Kilcock
Maynooth
Clonee
Blanchardstown
Enfield
Leixlip
Lucan
Donadea
Carbury
Celbridge
Castletown House
Clondalkin
DUBLIN
BAILE ÁTHA CLIATH
Dublin Bay
James Joyce Tower
Sandycove
DÚN LAOGHAIRE
Killiney
Rathcoole
Saggart
Allenwood
Clane
Sallins
Grand Canal
Bog of Allen
Rathangan
Kilteel
Brittas
537m
Naas
Nás
Kill
650m
Bray
Bray Head
Kilbride
Enniskerry
Powerscourt House and Gardens
Kippure
Great Sugar Loaf
Greystones
Delgany
234m
Milltown
Newbridge
Cushina
Kildare
Blessington
Russborough House
754m
727m
Ballymore Eustace
Kilcullen
Irish National Stud
Poulaphouca Res.
Hollywood
Mullaghcleevaun 850m
Newtown
Newcastle
Roundwood
Fontstown
Dunlavin
545m
Wicklow National Park
Wicklow Mountains
Glendalough
Mount Usher Gardens
Rathnew
Wicklow
Wicklow Head
Ashford
Laragh
383m
Crookstown
Stratford
Timolin
Moone
Rath of Mullamast
High Cross
Athy
Lugnaquilla Mt. 926m
664m
654m
383m
Glenealy
Rathdrum
Ballylynan
Baltinglass
Avondale Forest Park
Meeting of the Waters
Aghavannagh
665m
Kiltegan
Castledermot
Rathvilly
Hacketstown
Aughrim
Avoca
Mizen
Ballickmoyler
Browne's Hill Dolmen
M1
M3
M4
M7
M9
M11
M50
E 01
E 20
N1
N2
N3
N4
N9
N11
N33
N51
N52
N53
N54
N78
N80
N81

A
B
C
S. 612
1
2
3
4
Atlantic Ocean
Mouth of the Shannon
Spanish Point
Miltown Malbay
Inagh
Slieve Callan 391m
Mutton Island
Quilty
Shanavogh
Mal Bay
Creegh
176m
Doonbeg
Kilmihil
Lissycasey
Ballynacally
Kilkee
Cooraclare
Killadysert
138m
Kilrush
Knock
Labasheeda
Doonaha
Scattery Island
Killimer
82m
Foynes
Carrigaholt
Kilbaha
Carrigafoyle Castle
Tarbert
174m
Loop Head
Ballylongford
Glin Castle
Glin
Ballybunnion
268m
Newtown Sandes
Ardagh
50 m
Athea
Newcastle West
Ballyduff
Rattoo Round Tower
Listowel
Kerry Head
219m
Finuge
Duagh
332m
Ballyheige
Causeway
Lixnaw
Six Crosses
Abbeyfeale
Ballyheige Bay
Banna Strand
Abbeydorney
Kilkinlea
Ardfert
Mullaghareirk
Mullaghare 409 m
Barrow
Slieve Mish Mountains
357m
Brandon Point
Fahamore
Brandon Bay
Tralee Bay
Smerwick Harbour
Brandon
Fenit
Tralee
Trá Lí
Rockchapel
Brandon Mt. 953m
Castlegregory
Tullaree
Crag Cave
Blennerville Windmill
Castleisland
Ballydavid
Baile na nGall
Cloghane
827m
Camp
Baurtregaum 853m
Kilmalkedar
Caherconree Fort
Newmarket
Smerwick
Ceann Sibéal
Dún an Óir
Gallarus Oratory
618m
Castlemaine
Scartaglin
Ballydesmond
Balliferriter
Ballynana
Conair Pass
Annascaul
Inch
Milltown
Inishtooskert
Dunquin
Dún Chaoin
Dingle
Farranfore
Aughils
232m
Blasket Islands
An Blascaod Mór
517m
Ventry
Ceann Trá
Dingle Town
An Daingean
Kerry
Slea Head
Dunbeg Promontory Fort
Killorglin
Great Blasket
Kerry Bog Village
Aghadoe Church
Killarney
Cill Áirne
Rathmore
Inishrickillane
Glenbeigh
Caragh Lake
Laune
Innisfallen Island
Ross Castle
Millstreet
Dingle Bay
Feaklecally
Lough Caragh
Muckross Friary
Gap of Dunloe
Lough Leane
691m
Kells
Glencar
Muckross House
The Paps 696m
Torc Cascade
Killarney National Park
Doulus Head
Leacanabuaile Stone Fort
Teermoyle Mt. 775m
Boheeshil
Carrauntoohill 1041m
Ladies View
Poulgorm Br.
Glanleam Gardens
Valentia Island
Cahirciveen
Kissane's Farm
Reeks
Mangerton Mtn. 840m
Derrynasaggart Mountains
Baile Mhic
Skellig Experience
271m
Knights Town
Lissatinnig Br.
Macgillycuddy's
Moll's Gap
Sullane
BrayHead
Portmagee
500m
684m
Kilgarvan
399m
Iveragh
Blackwater Bridge
Kenmare
Béal Átha an Ghaorthaidh
227m
Lough Currane
415m
Inchigeela
Ballinskelligs
Baile an Sceilg
Waterville
Sneem
Guagán Barra Forest Park
River Lee
Parknasilla
Knockboy
Skellig Islands
Bolus Head
Ballinskelligs Bay
Derrynane House
Staigue Stone Fort
707m
The Pass of Keimaneigh
Coomakista Pass
Caherdaniel
Lauragh
Shanlaragh
Skellig Michael
Healy Pass
Shehy Mountains
Togher
Derrynane National Historic Park
Kenmare River
Ardgroom
Beara
Caha Mountains
Glengarriff
Ilnacullin Gardens
Kealkill
537m
Scariff Island
Garinish Island
Dunmanway
Eyeries
Castletown-berehaven
Hungry Hill 686m
Adrigole
Whiddy Island
Bantry
Cod's Head
Allihies
491m
Bantry House
Dereen taggart Stone Circle
Puxley Mansion
Bantry Bay
Ballydonegan
Bear Island
Gouladoo
Cullomane Cross Roads
Drimoleague
Michael Memorial
Dursey Head
Lehanore Hillfort
Dunboy Castle
Sheep's Head Peninsula
Durrus
Kilravock Gardens
Dursey Island
346m
Ahakista
Kilcrohane
Mt. Gabriel 408m
Ballydehob
Leap
172m
Glandore
Skibbereen
Union Hall
Sheep's Head
Schull
Dunmanus Bay
Liss Ard Gardens
Toormore
315m
199m
Castletownshend
Three Castles Head
Goleen
Long I.
Baltimore
Lough Hyne
Roaringwater Bay
Clear Island
Toe Head
Crookhaven
Sherkin Island
Mizen Head
Barley Cove
Cape Clear
N85
N67
N68
N69
N21
N22
N23
N70
N71
N72
555
560
561
569
572
577
582
585
586
587
592
N86
O'Dea

D
E
F
1
2
3
4
S. 613
S. 619
Nenagh
Ballybrophy
Ballycolla
Rathdowney
Durrow
Castlecomer
Ballyragget
Johnstown
Freshford
Urlingford
Kilcooley Abbey
Kilkenny
Cill Chainnigh
Thurles
Durlas
Holycross Abbey
Holycross
Horse
Littleton
Gortnahoo
Twomileborris
Kilmanagh
Ballingarry
Killenaule
Callan
Kells
Bennettsbridge
Mullinahone
Cloneen
Fethard
Ninemilehouse
Slievenamon
722m
Kilmaganny
Knocktopher
Ahenny
Tullaghought
Carrick-on-Suir
Carraig na Siúire
Kilsheelan
Clonmel
Cluain Meala
Ormond Castle
Curraghmore
Clonea
WATERFORD
PORT LÁIRGE
Comeragh Mts.
Knockanaffrin
755m
792m
Monavullagh Mts.
Kilmacthomas
Seefin
595m
Lemybrien
Stradbally
Bunmahon
Annestown
Clonea Bay
Ballynacourty
Dungarvan Harbour
Helvick Head
An Rinn
Dungarvan
Dún Garbhán
Ardmore
Youghal
Eochaill
Youghal Bay
Knockadoon Head
Ballymacoda
Ballycotton
Shanagarry
Ballymaloe
Cloyne
Whitegate
Guileen
Power Head
Crosshaven
Ringaskiddy
Cork Harbour
Cobh
An Cóbh
Fota Wildlife Park
Fota Island
Carrigtohill
Castlemartyr
Midleton
Killeagh
Dungourney
Kinsalebeg
Clashmore
Aglish
Strancally Castle
Ballynoe
Tallow
Bride
Conna
Tallowbridge
Lismore
Lismore Castle
Cappoquin
Blackwater
Ballyduff
Fermoy
Rathcormack
Watergrasshill
Ballincurrig
Glenville
Nagles Mountains
Mallow
Mala
Killavullen
Ballyhooly
Castletownroche
Kilworth
Araglin
Glanworth
Knockmealdown Mts.
Knocknafallia
795m
Mt. Melleray Monastery
Ballynamult
Ballymacarbry
The Vee
Clogheen
Ballyporeen
Mitchelstown
Mitchelstown Caves
Galty Mountains
Galtymore Mt.
919m
Cahir
Cahir Castle
Ballylooby
Ardfinnan
Newcastle
Ballyderahan
Newinn
Athassel Priory
Bansha
Tipperary
Golden
Rock of Cashel
Cashel
Hore Abbey
Rosegreen
Ballinure
Dundrum
Donohill
Good's Cross
Ballagh
Cappagh White
Doon
Cappamore
Milestone
Upperchurch
Ballycahill
Rear Cross
Borrisoleigh
Templemore
Toomyvara
Templetouhy
Dolla
Silvermine Mts
Keeper Hill
695m
Newport
Birdhill
Killaloe
Portroe
Arran Mountains
Scarriff (Holy Island)
Bodyke
Slieve Bernagh
Glennagalliagh
533m
Broadford
O'Briensbridge
Cloonlara
Annacotty
Limerick
Luimneach
Moroe
Caherconlish
New Pallas Grean
Pallas Grean
Golden Vale
Herbertstown
Lough Gur
Hospital
Emly
Knocklong
Galbally
Lisvarrinane
Glen of Aherlow
Kilmallock
Bruree
Bruff
Holycross
Meanus
Fedamore
Croom
Patrickswell
Adare
Rathkeale
Kilcornan
Clarina
Kildimo
Bunratty
Bunratty Castle & Folk Park
Sixmilebridge
Cratloe
Quin
Quin Abbey
Knappogue Castle
Craggaunowen Project
Kilkishen
Barefield
Ballingarry
Rockhill
Ballyagran
Kilmeedy
Charleville
Ráth Luirc
Milford
Dromina
Ardpatrick
Kilfinnane
Ballylanders
Blackpool
Knockanevin
Kildorrery
Funshion
Kilcolman Castle
Buttevant
Doneraile
Awbeg
Liscarroll
Castlecor
Ballyclogh
Lombardstown
Mushera Mountains
Rylane Cross
Grenagh
Donoughmore
Crean's Cross Roads
Blarney Castle
Blarney
White's Cross
Dripsey
Coachford
R. Lee
Ballincollig
CORK
CORCAIGH
Douglas
Passage West
Carrigaline
Ballinhassig
Crookstown
Garranes Ring Fort
Cross Barry
Templemartin
Innishannon
Belgooly
Bandon
Kinsale
Charles Fort
Kilbrittain
Timoleague
Courtmacsherry
Lispatrick
Frower Point
Old Head of Kinsale
Clonakilty
Butlerstown
Courtmacsherry Bay
Seven Heads
Irish Sea
E 20
E 201
E 30
M7
M8
M18
M20
N18
N20
N24
N25
N27
N28
N62
N69
N71
N72
N73
N74
N75
N76
N77

A
B
C
1
2
3
4
S. 614
S. 616
Barefield
Tulla
Bodyke
Scarriff
Nenagh
Moneygall
Ballybrophy
Ballycolla
Rathdowney
Durrow
Castlecomer
Quin Abbey
Quin
Slieve Bernagh
Glennagalliagh 533m
Kilkishen
Knappogue Castle
Craggaunowen Project
Broadford
Killaloe
462m
Toomyvara
481m
Templemore
Templetouhy
201m
Johnstown
Freshford
O'Briensbridge
Birdhill
Silvermine Mts
Keeper Hill 695m
Borrisoleigh
Hurlers Cross
Sixmilebridge
Cloonlara
Newport
Bunratty Castle & Folk Park
Bunratty
63m
Annacotty
Rear Cross
Upperchurch
Ballycahill
Thurles
Urlingford
352m
Kilcooley Abbey
Kilkenny
Cill Chainnigh
465m
Milestone
428m
Holycross Abbey
Holycross
Twomileborris
Gortnahoe
Littleton
335m
Kilmanagh
Pallaskenny
New Kildimo
Clarina
LIMERICK
LUIMNEACH
Moroe
Cappamore
Kilcornan
Patrickswell
Caherconlish
Doon
Cappagh White
Ballagh
Horse
283m
Ballingarry
Adare
New Pallas Grean
Golden Vale
Good's Cross
Dundrum
Ballinure
Killenaule
Callan
Bennettsbridge
Rathkeale
Fedamore
Donohill
243m
Kells
Croom
Herbertstown
Meanus
Pallas Grean
Lough Gur
Rock of Cashel
Cashel
Golden
Hore Abbey
Mullinahone
Cloneen
Holycross
Bruff
Hospital
Emly
Tipperary
125m
132m
Rosegreen
Fethard
Ninemilehouse
Knocktopher
Ballingarry
274m
Bruree
Knocklong
Bansha
Athassel Priory
Newinn
140m
Slievenamon 722m
Kilmaganny
Kilmeedy
Rockhill
Ballyagran
Kilmallock
Galbally
Lisvarrinane
Glen of Aherlow
Ballyderahan
316m
Ahenny
Tullahought
Charleville
Ráth Luirc
Blackpool
Ballylanders
Galtymore Mt. 919m
Cahir
Cahir Castle
Kilsheelan
Carrick-on-Suir
Carraig na Siúire
Dromcolliher
Ardpatrick
Kilfinnane
Galty Mountains
Clonmel
Cluain Meala
Milford
Dromina
519m
Knockanevin
Ballylooby
Ardfinnan
521m
Comeragh Mts
Ormond Castle
Piltown
Mitchelstown Caves
Clogheen
Newcastle
Knockanaffrin 755m
Curraghmore
Kilcolman Castle
Liscarroll
Funshion
Mitchelstown
Ballyporeen
The Vee
Ballymacarbry
442m
792m
Clonea
Buttevant
Kildorrery
304m
Knockmealdown Mts.
Mt. Melleray Monastery
Monavullagh Mts.
Kilmacthomas
WATERFORD
194m
Awbeg
Doneraile
Araglin
Knocknafallia 795m
Castlecor
Castletownroche
Glanworth
Kilworth
Ballynamult
Seefin 595m
Kill
Ballyclogh
Ballyhooly
Ballyduff
Lismore Castle
Cappoquin
Lemybrien
Mallow
Mala
Killavullen
Fermoy
178m
Blackwater
Lismore
Stradbally
Bunmahon
Lombardstown
429m
Tallowbridge
181m
Clonea Bay
Rathcormack
Conna
Tallow
Dungarvan
Dún Garbhán
Ballynacourty
418m
Nagles Mountains
Bride
Dungarvan Harbour
Boggeragh Mountains
Ballynoe
Strandcally Castle
Aglish
An Rinn
Helvick Head
Rylane Cross
Grenagh
Glenville
Watergrasshill
Clashmore
302m
Donoughmore
190m
197m
Ballincurrig
205m
Crean's Cross Roads
Blarney Castle
Blarney
White's Cross
CORK
CORCAIGH
205m
Dungourney
Kinsalebeg
Dripsey
Killeagh
Youghal
Eochaill
Ardmore
Macroom
R. Lee
Midleton
Youghal Bay
Coachford
Douglas
Fota Island
Carrigtohill
Castlemartyr
Ballincollig
Fota Wildlife Park
Cobh
An Cóbh
Cloyne
Ballymacod
Crookstown
Passage West
Ballymaloe
Knockadoon Head
Cork Harbour
Shanagarry
Garranes Ring Fort
Cross Barry
Carrigaline
Templemartin
Ringaskiddy
Whitegate
89m
Ballycotton
Ballinhassig
50 m
220m
Crosshaven
Guileen
185m
Power Head
Inishannon
Enniskean
Belgooly
Bandon
Charles Fort
Kinsale
Kilbrittain
129m
Timoleague
Frower Point
Courtmacsherry
Lispatrick
Clonakilty
141m
Butlerstown
Old Head of Kinsale
Courtmacsherry Bay
Seven Heads
M7
M8
M18
N18
N20
N22
N24
N25
N27
N28
N62
N69
N71
N72
N73
N74
N75
N76
N77
E 20
E 30
E 201

D
E
F
S. 615
1
2
3
4
Avondale Forest Park
Meeting of the Waters
Castledermot
Kiltegan
Aghavannagh
665m
Ballickmoyler
Rathvilly
Hacketstown
Aughrim
Avoca
Browne's Hill Dolmen
Carlow
Tullow
Clonmore
433m
Woodenbridge
281m
Mizen Head
Arklow
Tinahely
607m
422m
Shillelagh
457m
Inch
Leighlinbridge
206m
Ballon
Derry
Muine Bheag
Clonegall
Carnew
254m
Myshall
Gorey
Whitehall
457m
Bunclody
423m
Courtown
Mount Leinster
796m
Clogh
Riverchapel
Gowran
Camolin
Blanchville House
Borde
217m
Ferns
235m
Dungarvan
Tullaherin
Monamolin
Graiguenamanagh
734m
Blackstairs Mountains
Kiltealy
Bann
Marshalstown
Cahore Point
Thomastown
Enniscorthy
Inis Córthaidh
Oulart
Ford
Jerpoint Abbey
519m
Barrow
153m
Inistioge
74m
28m
Clonrouche
182m
Blackwater
Oilgate
74m
269m
New Ross
Adamstown
183m
Castlebridge
Wexford Bay
192m
Curracloe
Dungans-town
Camaross
Irish National Heritage Park
Glenmore
294m
John F. Kennedy Arboretum
Wexford
Loch Garman
Wexford Harbour
Taghmon
Johnstown Castle
Gusserane
Dunbrody Abbey
Wellington-bridge
Rosslare
Piercetown
Ballyhack
Arthurs-town
Killinick
Rosslare Harbour
604m
Bridgetown
Passage East
Tintern Abbey
Tagoat
Greenore Point
Duncannon
Duncormick
Lady's Island
Churchtown
Fethard
Hook Peninsula
Ballyteige Bay
Kilmore Quay
Carnsore Point
132m
Cloherhagh
Dunmore East
Waterford Harbour
Slade
Hook Head
Brownstown Head
Saltee Islands
Irish Sea
Saint George's Channel
N78
430
N81
725
N80
747
753
N11
M11
705
702
746
N80
702
725
741
705
730
700
E 01
N11
N30
730
E 30
N25
733
N25
733
E 30
N25
E 01
736
675

Atlantic Ocean
SCOTLAND
610 / 611
612 / 613
614 / 615
616 / 617
618 / 619
Meen Laragh
Malin
Dungloe
Derry
Donegal
NORTHERN IRELAND
Antrim Mountains
Glenariff
Larne
Lough Neagh
Bangor
Ballina
Sligo
Enniskillen
Belfast
Collooney
Armagh
Westport
Leenane
Clifden
Connemara
Newry
Clough
Tulsk
Roundstone
Dundalk
Tuam
Ardee
Kells
Lough Ree
Galway
Athlone
Mullingan
Drogheda
Isle of M
Lisdoonvarna
Tullamore
Maynooth
Portumna
Dublin
Ennis
Shannon
Lough Derg
Portlaoise
Dún Laoghaire
Kilrush
Wicklow Mountains
Limerick
Carlow
Wicklow
Tralee
Dingle
Kerry
Cashel
Kilkenny
Arklow
Killarney
Iveragh
Clonmel
Beara
Waterford
Wexford
Bantry
Cork
Kinsale
Irish Sea
WALES